Barbara Denscher
Der Operettenlibrettist Victor Léon

Theater | Band 103

Barbara Denscher (Mag. phil. Dr. phil.) studierte Germanistik, Anglistik und Theaterwissenschaft in Wien sowie Dänisch in Kopenhagen. Sie ist als freischaffende Publizistin tätig. Ihre Forschungsschwerpunkte sind die österreichische Kulturgeschichte des 19. und 20. Jahrhunderts sowie Aspekte des internationalen Kulturtransfers.

Barbara Denscher

Der Operettenlibrettist Victor Léon
Eine Werkbiografie

[transcript]

Bibliografische Information der Deutschen Nationalbibliothek
Die Deutsche Nationalbibliothek verzeichnet diese Publikation in der Deutschen Nationalbibliografie; detaillierte bibliografische Daten sind im Internet über http://dnb.d-nb.de abrufbar.

© 2017 transcript Verlag, Bielefeld

Die Verwertung der Texte und Bilder ist ohne Zustimmung des Verlages urheberrechtswidrig und strafbar. Das gilt auch für Vervielfältigungen, Übersetzungen, Mikroverfilmungen und für die Verarbeitung mit elektronischen Systemen.

Umschlagkonzept: Kordula Röckenhaus, Bielefeld
Umschlagabbildung: Victor Léon, Porträtfoto aus der Festschrift zur Produktion der Operette »Die geschiedene Frau« im Carl-Schultze-Theater, Hamburg, 1909/10. Wienbibliothek im Rathaus, Handschriftensammlung, Léon-Nachlass 11/1.6.55.
Satz: Barbara Denscher
Druck: Majuskel Medienproduktion GmbH, Wetzlar
Print-ISBN 978-3-8376-3976-6
PDF-ISBN 978-3-8394-3976-0

Gedruckt auf alterungsbeständigem Papier mit chlorfrei gebleichtem Zellstoff.
Besuchen Sie uns im Internet: *http://www.transcript-verlag.de*
Bitte fordern Sie unser Gesamtverzeichnis und andere Broschüren an unter: *info@transcript-verlag.de*

Inhalt

Einleitung | 9

**„Eine fleißige Natur, war ich im Lernen geübt":
Kindheit und Jugend** | 15

Karrierebeginn als Journalist | 25

**„Mein Meister und Mitarbeiter F. Zell":
Erste Theaterarbeiten** | 35

An Prater- und Provinzbühnen | 47

**Der erste große Erfolg:
„D'Artagnan und die drei Musketiere"** | 53

**Von der „Schreibtischladengruft" zum
Bühnenerfolg: „Der Doppelgänger"** | 63

**„Dieser wirklich brillante Stoff":
Zusammenarbeit mit Johann Strauss** | 69

„Schlechte Zeiten sind's heute für den Literaten" | 91

„Franz Josef Brakl, mein Münchner Entdecker" | 99

„Einen Helfer in dem jungen Baron Waldberg gefunden" | 105

„Eine der fleißigsten Schriftsteller-Compagniefirmen" | 117

**„Der Macher von der Josefstadt":
Victor Léon und Ignaz Wild** | 135

**Operetten-Libertinage der Jahrhundertwende:
„Der Opernball"** | 151

Das Ende einer erfolgreichen Zusammenarbeit | 165

**„Das Modell" und „Die Pariserin":
Musik von Suppé – und anderen** | 171

„Unausgesetzt wollte er ein Opernlibretto von mir" | 181

„Ein Griff ins volle Leben":
Victor Léons „Zeitbilder" | 203

„Schließlich wird Victor Léon gewinnen":
Libretti für Johann Strauss – Sohn und Enkel | 217

Wer ist N. Dolna? Vielfältige Produktion
in den Jahren 1901 und 1902 | 235

„Meine Tochter Felicitas war Deine Entdeckerin":
Beginn der Zusammenarbeit mit Franz Lehár | 249

„Der Rastelbinder" – Eine Migrantengeschichte | 255

„Operettenmacher, die sich an dem griechischen
Olymp vergreifen": „Der Göttergatte" | 271

„...eine neue Spezie" – Victor Léon als Entdecker und
Förderer junger Komponisten | 275

„Die Librettisten verschwanden":
Die vielen Wahrheiten über „Die lustige Witwe" | 285

„Teilweise nach einer fremden Grundidee":
Das Libretto der „Lustigen Witwe" | 293

„Endlich eine Operette, wie sie sein soll":
„Die lustige Witwe" wird zum Welterfolg | 305

„Nach Lehár nun wieder einen Kerl ‚entdeckt'":
Beginn der Zusammenarbeit mit Leo Fall | 319

„Very, very naughty indeed":
„Die geschiedene Frau" | 333

Zwei sehr unterschiedliche Charaktere:
Ende der Zusammenarbeit mit Leo Fall | 343

„In Anbetracht der grossen Geschäfte" –
Operette macht vermögend | 351

„Der große Name":
Projekte mit Leo Feld und Robert Stolz | 357

„Wir müßen zusammen ein ernstes Wort sprechen":
Ärger mit dem „Fürstenkind" | 367

„Nicht zu gemeinsamen Erfolgen geschaffen":
Victor Léon und Oscar Straus | 379

„Gold gab ich für Eisen":
Ein Singspiel mit Kriegspropaganda | 389

Victor Léons Schaffen während des Ersten Weltkriegs | 397

Von der „Gelben Jacke" zum „Land des Lächelns" | 407

„Der so schwierige Boden des Burgtheaters":
Das Schauspiel „Ein dunkler Ehrenmann" | 421

„Mit mitarbeiterlicher Verständnisinnigkeit":
Victor Léon und Heinz Reichert | 427

Bühnenstücke und Radioarbeiten gemeinsam mit Ernst Decsey | 435

Die letzte Operette und einige Tonfilm-Ambitionen | 453

„Der anonym bleibende Autor":
Zunehmende Resignation in den 1930er Jahren | 461

„Ich bin gesund, aber etwas unnütz auf der Welt":
Die letzten Lebensjahre | 467

Aufgeführte Bühnenwerke von Victor Léon | 477

Literatur | 485

Bildnachweis | 497

Personenregister | 499

Dank | 517

Einleitung

„Victor Léon hat viele Dutzend Textbücher für Opern und Operetten geschrieben, allein und mit anderen. Das Buch zur ‚Lustigen Witwe' befindet sich darunter, außerdem noch viele andere gute, ja glänzende Textbücher, in denen sich eine Fülle prächtig geformter Figuren bewegt. Er hat ausgezeichnete Stücke geschrieben, wie ‚Gebildete Menschen' oder ‚Ein dunkler Ehrenmann', die alle einen echt volkstümlichen Einschlag haben und in denen Léon seine Kunst des witzigen, dramatisch zugreifenden Dialogs sorgfältiger pflegt als in den Textbüchern. Im Laufe der Jahre hat man diesem ungewöhnlichen und ungewöhnlich fruchtbaren Mann sehr viel und sehr oft unrecht getan. Aus Hochmut. Weil er Operetten schreibt. Und ... aus anderen Gesinnungen. Weil Operetten klotzig Geld einbringen. Er ist im deutschen Sprachbereich ein Theatermeister vom selben Rang wie Meilhac in Frankreich. Der aber ist zu Paris Mitglied der Akademie gewesen. So etwas könnte Victor Léon nie passieren."[1]

Es war eine treffende Charakterisierung des literarischen Schaffens von Victor Léon[2], die der Schriftsteller Felix Salten im Rahmen einer Besprechung von Léons Theaterstück „Mädchen für Alles" lieferte. Als Saltens Artikel im Jänner 1928 in der „Neuen Freien Presse" erschien, war Victor Léon gerade 70 Jahre alt geworden und konnte auf ein schriftstellerisches Werk verweisen, mit dem er über lange Zeit die Wiener Theaterszene dominiert hatte. Vor allem in den ersten Jahrzehnten des 20. Jahrhunderts gab es kaum einen Tag, an dem sein Name nicht auf den Spielplänen aufschien, und es war keine Seltenheit, wenn am selben Abend an zwei Wiener Bühnen Stücke von Léon zu sehen waren, manchmal auch an drei und hin und wieder sogar an vier.

Victor Léon verfasste, teilweise alleine, teilweise mit Koautoren, mehr als 100 Bühnenwerke. Internationale Anerkennung brachten ihm seine Operettenlibretti ein, mit denen er das Genre in deutlicher Weise prägte. Neben dem von Salten erwähnten Textbuch zu Franz Lehárs Operette „Die lustige Witwe", das er gemeinsam mit Leo Stein schrieb, schuf Léon die Libretti zu einer Reihe von weiteren erfolgreichen und bis heute immer wieder gespielten Werken, wie etwa – um nur die allerbekanntesten

---

1   Neue Freie Presse, 22.1.1928, S. 16.
2   Victor Léons Vorname wurde zu Lebzeiten des Schriftstellers manchmal „Viktor" geschrieben. Léon selbst allerdings hat stets die Form „Victor" verwendet, die sich auch in den offiziellen Dokumenten findet.

zu nennen – „Wiener Blut", Musik Johann Strauss[3], „Der Opernball", komponiert von Richard Heuberger, „Der Rastelbinder" von Franz Lehár und „Der fidele Bauer" von Leo Fall.

Zwar erhielt Victor Léon – als das, laut Felix Salten, österreichische Pendant zu Henri Meilhac – keine Ehrung, die der Aufnahme in die Académie française entsprochen hätte, aber er war bis in die 1930er Jahre auch einer breiteren Öffentlichkeit durchaus bekannt. Er gehörte zur „Theaterprominenz" und war beispielsweise wiederholt im Kreis jener Künstlerinnen und Künstler zu finden, die vom „Neuen Wiener Journal" nicht nur nach ihren aktuellen Projekten, sondern auch nach ihren Urlaubsplänen befragt wurden. Mit dem sogenannten Anschluss Österreichs an das nationalsozialistische Deutschland aber endete diese öffentliche Präsenz. Aufgrund seiner jüdischen Herkunft erhielt Victor Léon 1938 Berufsverbot. Viele der Operetten, zu denen er die Libretti geschrieben hatte, wurden zwar weiterhin gespielt, Léons Name aber schien dabei nicht mehr auf, sondern war von den Theaterzetteln, aus den Programmen und den Textbüchern – und damit aus der allgemeinen Wahrnehmung – gestrichen worden.

Antisemitische Ressentiments gegenüber Victor Léon – und gegenüber vielen seiner jüdischstämmigen Schriftstellerkolleginnen und -kollegen – hatte es aber auch schon zuvor gegeben. Auf sie spielt Felix Salten an, wenn er schreibt, dass Léon viel und oft aus „anderen Gesinnungen" unrecht getan wurde. Zu den antisemitischen Klischees gehörte jenes der geschäftemachenden Juden, das auch durch den „Operettenboom" im Wien des späten 19. und frühen 20. Jahrhunderts eine scheinbare Bestätigung erfuhr. Die Ursachen für diesen Boom sind zu einem wesentlichen Teil in der Veränderung der sozialen Struktur der Stadt zu finden. Wien befand sich damals in einem gewaltigen Wachstumsprozess: Hatte es 1830 (im Rahmen des heutigen Gebietsumfanges) 378.510 Einwohner gehabt, so waren es 1869 bereits 875.460 und 1910 sogar 2.057.140.[4] Die Bevölkerungszahl war also innerhalb von 80 Jahren um das rund Fünfeinhalbfache gestiegen.

Diese demografischen Veränderungen hatten auch Auswirkungen auf die Theaterszene. Die Nachfrage nach Unterhaltungsangeboten nahm deutlich zu – und damit auch das Interesse an dem damals „modernen" Genre der Operette, was wiederum zu einem verstärkten Bedarf an entsprechenden Werken führte. Für Komponisten und Librettisten eröffneten sich damit neue, gewinnversprechende Tätigkeitsbereiche. Aktiv wurden darin vielfach jüdische Künstler, die – ebenfalls im Zuge der Migrationswelle jener Zeit – aus den verschiedenen Teilen der Habsburgermonarchie nach Wien zugewandert waren und die in den sich erst konstituierenden Formen einer modernen Populär- und Massenkultur entsprechende Berufsmöglichkeiten fanden.

Als Produkt der Populärkultur aber galt die Operette als ästhetisch minderwertig. Drastischen Ausdruck gab dieser Beurteilung der deutsche Schriftsteller Erich Eckertz, der, nachdem er am 22.11.1910 an der Wiener Universität einen Vortrag mit

---

3 In der vorliegenden Arbeit wird der Name des Komponisten mit Doppel-S geschrieben, nur bei Zitaten wird eine allfällige Schreibung mit Scharf-S übernommen. Die Namensform „Strauss" gilt allgemein als die historisch korrekte. Siehe dazu die Website des Wiener Instituts für Strauss-Forschung, http://www.johann-strauss.at/wissen/ss.shtml

4 Baltzarek, Franz: Das territoriale und bevölkerungsmäßige Wachstum der Großstadt Wien im 17., 18. und 19. Jahrhundert. In: Wiener Geschichtsblätter. Wien 1980. Heft 1, S. 13.

dem Titel „Die Wiener Operettenpest" gehalten hatte, in der „Neuen Musik-Zeitung" vom „Widerwillen" schrieb, „der ja jedem musikalischen und geistigen oder auch nur instinktsauberen Menschen dieser Erscheinung [d.h. der Operette] gegenüber eignen muß"[5]. Bezeichnend – weil eine Bündelung all dieser Klischees und Ressentiments – ist in diesem Zusammenhang die Diskussion, die es 1907 im Wiener Gemeinderat um den Bau des Johann Strauss-Theaters[6] gab. Es bestehe, so die Ansicht zahlreicher Gemeinderäte,

„kein Bedürfnis nach einem weiteren Operettentheater. Es wäre im Gegenteil im Interesse der Wiener Volksbildung und der Förderung der Kunst wünschenswert, wenn diese Anstalten, in denen sich heute die albernsten Librettoproduktionen, Verrohungs- und Verdummungselemente mehr denn je breit machen, zurückgedrängt würden, um edler Kunst Platz zu machen und so eine Geschmacksverbesserung zu ermöglichen. Eine solche ist in Wien so lange erschwert, als die Theater von der jüdischen Clique beherrscht werden. Dieser Ring, in erster Linie die jüdischen Textfabrikanten Julius Bauer, Viktor Leon, Alois Landesberg[7], Leo Stein, Taufstein etc., haben ein hervorragendes finanzielles Interesse daran, daß in Wien eine neue Operettenbühne errichtet werde, die den Textlieferanten alljährlich eine sichere Tantiemensumme abwirft. Die geplante Theatergründung bedeutet also nichts anderes als eine weitere Kräftigung jenes jüdischen Bühnentrusts, der seit Jahrzehnten für seine merkantilen Zwecke die Verrohung des Wiener Geschmackes betreibt."[8]

Derartige Haltungen bildeten eine Basis für die später von den Nationalsozialisten auch im kulturellen Bereich betriebene Diffamierungs- und Vernichtungspolitik. Markantes Beispiel dafür ist, wie man den Komponisten Franz Lehár beurteilte, der zwar nicht jüdischer Herkunft war, der aber, wie es 1934 in einem Schreiben der NS-Kulturbehörden hieß, „für die Kulturpolitik des Dritten Reichs ein strittiges Problem" darstellte, denn: „Der Aufbau seiner Operetten zeigt eine gewisse internationale Kitsch-Schablone. Die von Lehár vertonten Texte entbehren, von Juden geliefert, jeglichen deutschen Empfindens. Lehárs Können verschwendet sich an diese Sujets in kulturpolitisch bedauerlichem Sinne."[9]

Diese basierend auf der NS-Ideologie etablierte Bewertung, dass Operetten vor allem aufgrund ihrer Texte als „minderwertige" Produkte einzustufen seien, sollte fortan – und teilweise bis heute – die Einschätzung des Genres prägen. Dies zeigt sich nicht nur in landläufigen Ansichten zum vermeintlichen „Operettenkitsch", sondern hat auch Auswirkungen auf die wissenschaftliche Auseinandersetzung mit dem Thema. Diese blieb im Wesentlichen auf die Musik beschränkt: So etwa gibt es zum Operettenschaffen von Franz Lehár und Johann Strauss eine umfangreiche Literatur, und auch über andere Komponisten, die mit Victor Léon zusammenarbeiteten, wie

---

5 Eckertz, Erich: Gegen die Wiener Operette. In: Neue Musik-Zeitung, 1911, Heft 9, S. 189.
6 Das Johann Strauss-Theater, das sich im 4. Bezirk, Favoritenstraße 8, befand, wurde am 30.10.1908 eröffnet. Ab 1931 wurde das Gebäude unter dem Namen Scala als Kino genutzt, 1948-1956 beheimatete es das Neue Theater in der Scala. 1959/60 wurde das Gebäude abgerissen.
7 Gemeint ist vermutlich der Librettist Alexander Landesberg.
8 Grazer Tagblatt, 21.2.1907, S. 14.
9 Zit. nach: Wulf, Joseph: Musik im Dritten Reich. Frankfurt/Main 1989. S. 437f.

Richard Heuberger, Leo Fall oder Oscar Straus, liegen entsprechende Arbeiten vor. Mit den Librettisten hingegen hat man sich bislang kaum auseinandergesetzt, in den meisten Fällen fehlt jegliche biografische und werkgeschichtliche Aufarbeitung. Aber erst, wenn auch die Autoren als wesentliche Akteure im Spannungsfeld von historischen Entwicklungen, sozialen Bedingungen und kulturellen Praktiken verortet werden können, wird es möglich sein, den Stellenwert der Operette als kulturgeschichtliches Phänomen und als frühe Form globalen Entertainments entsprechend zu bewerten.

Victor Léon und Franz Lehár, 1904

Auch zu Leben und Werk von Victor Léon hat es bisher keine größeren, fundierten Arbeiten gegeben. Die einzige selbständige Publikation über Léon ist ein 39 Seiten schmales, vom Schriftsteller Peter Herz verfasstes Buch[10], das jedoch nur kurze Werkbeschreibungen enthält und sich in der biografischen Darstellung auf einige Anekdoten beschränkt. Dabei aber ist hinreichend Material vorhanden. Denn im Ge-

---

10 Herz, Peter: Die Librettisten der Wiener Operette. Viktor Léon, Wien 1973.

gensatz zu vielen anderen jüdischstämmigen Autorinnen und Autoren, bei denen die Auslöschung der physischen Existenz – die Ermordung im Zuge des nationalsozialistischen Terrors – auch zur Vernichtung vieler Dokumente ihres Schaffens führte, ist im Fall des 1940 verstorbenen Victor Léon der Nachlass erhalten geblieben. Zu verdanken ist dies und auch die Tatsache, dass Léon bis zu seinem Tod relativ unbehelligt in seinem Wiener Haus bleiben konnte, vor allem seiner langjährigen Vertrauten Anna Stift (später verehelichte Hebein, 1899-1994). Ab 1917 waren Stift und Léon durch eine außereheliche Beziehung miteinander verbunden, die bis zum Tod Léons anhielt. Anna Stift, die nicht jüdischer Herkunft war, gehörte zu jenem persönlichen Umfeld von engagierten Menschen, dem es gelang (was damals in seltenen Fällen möglich war), Léon und auch dessen Ehefrau Ottilie vor nationalsozialistischer Verfolgung zu bewahren.

Victor Léon hatte Anna Stift als Teilerbin und vor allem auch als Verwahrerin seines schriftlichen Nachlasses und seiner Fotosammlung eingesetzt. Stift behielt die Dokumente bis zu ihrem Tod bei sich, ihre Erben verkauften den umfangreichen Bestand dann an das Wiener Antiquariat Inlibris[11], von dem die Wienbibliothek im Rathaus 1995/96 den schriftlichen Nachlass Victor Léons erwarb.[12] Léons umfangreiche Fotosammlung, die neben Familienfotos vor allem zahlreiche Porträts von Komponisten und Schauspielern und Schauspielerinnen enthielt, ging, da keine österreichische Institution daran Interesse hatte, an die Houghton Library-Theatersammlung der Harvard University in Cambridge/Massachusetts.

Der in der Handschriftensammlung der Wienbibliothek aufbewahrte Nachlass Victor Léons[13] umfasst 48 große Boxen mit 894 Mappen und mehreren tausend Einzeldokumenten. Dabei handelt es sich um hand- und maschinschriftliche Texte zu Bühnenstücken und Erzählungen, um journalistische Arbeiten, um Notizen und autobiografische Aufzeichnungen, um Privatbriefe, Verlags- und Theaterkorrespondenz, um Verträge, Rechnungen und vieles mehr. Für die vorliegende Werkbiografie wurde der Nachlass erstmals wissenschaftlich ausgewertet. Zugrunde liegt dabei das Konzept einer „reflektierten Biografie". Diese Form der Darstellung, so erläutert Hans Erich Bödeker in dem Band „Biographie schreiben", „begreift den untersuchten Menschen zwar als ein einzigartiges, moralisch gesprochen autonomes, historisches Individuum, doch zugleich begreift sie ihn als Teil seiner historischen Lebenswelten. Die untersuchte Person steht nicht mehr länger für sich selbst, sondern wird vielmehr als Teil einer Sozialgruppe interpretiert."[14] Daher sei, so Bödeker, „vor allem auch der geschichtliche Prozeß in die zu schreibende Biographie einzubeziehen; historische Ereignisse schlagen sich im Lebenslauf nieder, sie bestimmen Lebenserfahrungen, beeinflussen Meinungen und regen zu neuen Handlungen an."[15]

---

11 Zum Ursprungsbestand, so wie er vom Antiquariat angeboten wurde, siehe: Antiquariat Inlibris (Hg.): Zur Geschichte der Wiener Operette. Autographen, Photographien und Dokumente aus den Nachlässen von Leo Fall, Viktor Léon, Heinz Reichert, Lotte Lehmann, Eduard Strauß, Gustav Lewy, K. A. Sachse, Ignaz Wild. Wien [1997].
12 Der Ankauf durch die Wienbibliothek erfolgte in drei Tranchen. Siehe: Wienbibliothek: Zuwachsprotokoll Handschriften, 31.5.1995, 28.12.1995, 2.1.1996.
13 Wienbibliothek im Rathaus, Nachlass Victor Léon, ZPH 906.
14 Bödeker, Hans Erich (Hg.): Biographie schreiben. Göttingen 2003. S. 20.
15 Ebd., S. 29.

Das historische Umfeld und der kulturelle Kontext, in denen Victor Léon lebte und in denen seine Werke entstanden, bilden somit einen wesentlichen Teil dieser Untersuchung. Ziel ist es, auf eine Persönlichkeit aufmerksam zu machen, die mit ihren Werken nicht nur die deutschsprachige Theaterszene über Jahrzehnte entscheidend mitgeprägt hat, sondern die auch ein Wegbereiter einer modernen, globalen Entertainmentkultur war. Darüber hinaus soll auch eine gesicherte Grundlage für Detailanalysen – für die sich im Schaffen Léons zahlreiche Ansatzpunkte finden – geboten werden.

Die vorliegende Werkbiografie ist eine überarbeitete Fassung der Dissertation „,Ich textiere Ihnen alles'. Leben und Werk von Victor Léon (1858-1940)", die 2016 von der Universität Wien zur Erlangung des Doktorgrades angenommen wurde.

Die im Text enthaltenen Zitate wurden in der Originalorthografie übernommen. Markiert – in Form von [!] – wurden nur auffällige Schreibungen, um zu vermeiden, dass diese als fehlerhafte Transkriptionen gedeutet werden. Nicht markiert hingegen wurden geläufige historische Varianten, wie etwa th- und c-Schreibungen (z.B. thun, That, Act, Correspondent usw.) oder das Fehlen von Dehnungs-e in Verben (z.B. componiren, textiren, applaudiren usw.). Ebenfalls nicht markiert wurden in den Zitaten die oftmals in den Zitaten fehlenden Akzentzeichen bei Namen wie Léon oder Lehár, die vielfach differierenden Schreibungen von Vornamen (z.B. Carl bzw. Karl, Joseph bzw. Josef), sowie die häufigen Unterstreichungen, Sperrungen und Kursivierungen, da dies die Lesbarkeit stark beeinträchtigen würde.

Generell wurde auf gendergerechte Formulierungen geachtet. Wo in Einzelfällen Sammelbezeichnungen im Maskulin verwendet wurden, stehen diese, sofern nicht inhaltlich bedingt, auch für die weibliche Form.

„Eine fleißige Natur, war ich im Lernen geübt": Kindheit und Jugend

Victor Léon hieß eigentlich Victor Hirschfeld. Da er aber seine ersten literarischen und journalistischen Arbeiten schon als Gymnasiast herausbrachte, höheren Schülern in Österreich-Ungarn jedoch das Publizieren verboten war, musste er ein Pseudonym verwenden – so wie es auch andere junge Schriftsteller, wie etwa Hugo von Hofmannsthal, taten. Zur Frage, warum er als Nom de Plume Léon wählte, findet sich in seinen nachgelassenen Schriften keine Antwort. Sicher spielte die mit dem Namen verbundene und gerade im Judentum sehr bedeutsame Löwen-Symbolik eine Rolle. Dass Name und Person mit der Vorstellung eines Löwen verbunden wurden, belegt in Léons Erinnerungen an seine Studienzeit an der Schauspielschule die Erwähnung, dass ihn einer der Lehrer „immer ‚leo leonis' nannte, den schulmäßigen Genetiv gebrauchend"[1].

Geboren wurde Victor Léon in Senica im Nordwesten der Slowakei. In der kleinen Stadt, die bis zum Ende der österreichisch-ungarischen Monarchie zu Ungarn gehörte, gab es eine seit langem bestehende jüdische Gemeinde. 1855 wurde Victor Léons Vater Jakob Heinrich Hirschfeld[2], der aus dem nahegelegenen Šaštin stammte,

---

1   Léon, Victor: Allerlei aus meinem Theaterleben. Léon-Nachlass 4/1.2.4. Bei diesen autobiografischen Aufzeichnungen handelt es sich um einzelne Episoden, die Léon jeweils mit „Allerlei aus meinem Theaterleben" betitelte. Die Texte schrieb er auf die Rückseiten von Reklamezetteln und Rechnungen. Aus den vorhandenen Datumsangaben auf den Vorderseiten der Blätter ist erschließbar, dass Léon die Aufzeichnungen im bzw. nach Mai 1933 verfasst hat. In Ausschnitten und zum Teil leicht verändert sind die Erinnerungen im „Neuen Wiener Journal" erschienen (14.5.1933, 28.5.1933, 2.7.1933, 24.9.1933). Im vorliegenden Text folgen die Zitate der Originalfassung aus dem Nachlass.

2   Jakob Heinrich Hirschfeld, geb. 20.1. od. 21.1. 1819 od. 1820 in Šaštin, gest. 6.10.1902 in Wien. Die unterschiedlichen Geburtsdaten finden sich so im „Stammbaum der Familien Deutsch und Hirschfeld" (Beilage zu: Jüdisches Archiv. Zeitschrift für jüdisches Museal- und Buchwesen, Geschichte, Volkskunde und Familienforschung. Jg.1, 1927/28). Das „Biographische Handbuch der Rabbiner" gibt als Geburtsdatum den 20.1.1819 an. Siehe Brocke, Michael – Julius Carlebach (Hg.): Biographisches Handbuch der Rabbiner. Teil 1. Die Rabbiner der Emanzipationszeit in den deutschen, böhmischen und großpolnischen Ländern 1781-1871. 2 Bde., München 2004. Bd. 1, S. 449.

Rabbiner in Senica. 1856 heiratete Hirschfeld die in Prag geborene Pauline Ausch[3], im Jänner 1858 kam Victor, das erste Kind des Ehepaares, zur Welt. Zum genauen Geburtsdatum von Victor Léon finden sich unterschiedliche Angaben, die von 1.1.1858[4] über 2.1.1858[5], 4.1.1858 und 1.1.1860[6] bis zu 5.9.1860[7] reichen.

Als das korrekte Datum kann der 4.1.1858 angenommen werden, der sich in zahlreichen Dokumenten findet. So etwa im Geburtseintrag in den Matriken der Israelitischen Kultusgemeinde Senica[8] und auf einem Wiener Meldezettel, der 1937 für Victor Léon als Ersatz für frühere Meldenachweise ausgestellt wurde, und zwar, wie auf dem Zettel vermerkt ist, wegen „Geburtsdaten Richtigstellung"[9]. Gefeiert wurde Léons Geburtstag allerdings, wie aus im Nachlass enthaltenen Glückwunschschreiben hervorgeht, stets am 1. Jänner. Dies mag auf eine familiäre Tradition zurückzuführen sein, durch die der Erstgeborene symbolhaft mit dem Jahresbeginn verbunden wurde. Auch Victor Léon sagte einmal in einem Interview, dass sein Geburtstag der 1. Jänner sei.[10]

Victor Léons Vater stammte aus einer Familie, die sich im wissenschaftlichen und kulturellen Leben Österreich-Ungarns einige Anerkennung erwerben konnte[11] und die eng mit dem Judentum verbunden war. Léons Großvater Emanuel Isak Hirschfeld war in Šaštin Rabbinats-Assessor gewesen, und nicht nur Léons Vater, sondern auch sein Onkel Moritz Hirschfeld wurde Rabbiner. Moritz Hirschfelds Sohn – und damit Victor Léons Cousin – war der Musikwissenschaftler Robert Hirschfeld, der am Wiener Konservatorium Musikästhetik lehrte und als Kritiker unter anderem für das „Neue Wiener Tagblatt", die „Neue Freie Presse", die „Wiener Sonn- und Montagszeitung" und die „Wiener Zeitung" tätig war. Zwei weitere Brüder von Léons Vater, Josef Hirschfeld und Maximilian Hirschfeld, waren Ärzte und beide ebenfalls journalistisch tätig.

Jakob Heinrich Hirschfeld war ein ambitionierter, vielseitig interessierter Intellektueller. Als er 1853 ein Promotionsansuchen an die Philosophische Fakultät der Universität Halle richtete, verwies er auf: „Erstens: Zeugnisse über regelmäßige öffentliche Studien u.z. […] über Absolvirung der Philosophie und der ersten 3 theoretischen Jahre der Medizin. Alles dieses als öffentlicher ordentlicher Hörer an den

---

3   Pauline Ausch, geb. 1.5.1838 in Prag, gest. 26.1.1897 in Wien.
4   Gürbich, C.: Chronologisches Verzeichnis der Schüler der Jacobson-Schule von 1868 bis 1885. In: Arnheim, Josef: Bericht über die Jacobson-Schule in Seesen am Harz für die Zeit von Ostern 1884 bis Michaelis 1885. Hannover 1885. S. 15.
5   Austrittsverzeichnis, Matriken der Israelitischen Kultusgemeinde Wien.
6   Meldezettel, ausgestellt 8.3.1910, und Meldezettel, ausgestellt 18.12.1921, Wiener Stadt- und Landesarchiv.
7   Passierschein zur Fahrt mit dem Balkanzug, ausgestellt am 17.4.1918 in Wien. Léon-Nachlass 37/3.20.
8   E-Mail von Georg Gaugusch an B. Denscher, 17.1.2016.
9   Meldezettel, ausgestellt 11.5.1937, Wiener Stadt- und Landesarchiv.
10 „Unser heutiges Telefongespräch: Mit Victor Léon". In: Das Echo, Nr. 95, 1934. Abschrift im Léon-Nachlass 19/1.10.1.
11 Ausführliche Details zum Stammbaum der Familie Hirschfeld finden sich in: Gaugusch, Georg: Wer einmal war. Das jüdische Großbürgertum Wiens 1800-1938. Wien 2011. S. 1169ff.

Hochschulen Wien, Prag & Pest. Zweitens: Zeugnisse über eine literarische Wirksamkeit durch verschiedene Aufsätze wissenschaftlicher Natur."[12] Mit den philosophischen und medizinischen Studien habe er sich, so Hirschfeld, „blos aus Neigung" beschäftigt, denn er sei „für die theologische Laufbahn erzogen" worden und besitze aufgrund von entsprechenden „Studien und hierauf bestandenem Examen" ein „Rabbiner-Diplom". Außerdem habe er „ein Werkchen geschrieben: ‚Die jüdischen Aerzte des Mittelalters' welches Manuscript sich wohl zu einer Dissertation als erforderliches ‚Specimen eruditionis' vielleicht eignen dürfte."

Hirschfelds Promotionsansuchen stand in Zusammenhang mit seiner Bewerbung um die Rabbinerstelle in Senica. In dem „Concours" um das Amt sei es, so schrieb er, „zweckmäßig zuförderst die Doctorwürde zu erwerben": „Es wäre ihm[13] dieses am erwünschtesten von der hochlöblichen Facultät zu Halle, welches ihm jedoch nur in absentia möglich ist u.z. [...] infolge der Schwierigkeit und Langwierigkeit in der derzeitigen Erreichung eines österreichischen Reisepasses nach dem Auslande, während er doch in Rücksicht auf den nur noch kurz anberaumten Concours keine Zeit zu verlieren habe". Der Dekan der Philosophischen Fakultät Halle lehnte das Ansuchen jedoch ab.[14] Wo Jakob Heinrich Hirschfeld den Doktortitel, den er in der Folge führte, erworben hatte, ist nicht bekannt.

Als Rabbiner in Senica machte sich Jakob Heinrich Hirschfeld vor allem durch sein pädagogisches Talent einen Namen. Darauf verweist ein Artikel aus der „Allgemeinen Zeitung des Judenthums" aus dem Juli 1857. Thema des Artikels ist der schlechte Zustand der jüdischen Schulen in Ungarn. Als positives Gegenbeispiel wird dabei die Schule von Senica (deutscher Name: Szenitz) angeführt:

„In Szenitz besteht nicht nur eine Schule, und zwar eine vierclassige Hauptschule unter der eben so umfassend einsichtigen, als eifrigst thätigen Leitung des Herrn Rabb. Dr. Hirschfeld, der ihr als Director vorsteht, sondern sie befindet sich in so blühendem Zustande, und genießt einen solchen Ruf ihrer Vorzüglichkeit, daß selbst Eltern aus fern gelegenen Gemeinden mit großen Opfern ihre Kinder in die hiesige Schule bringen. Und in der That, wo sollte eine Schule bestehen und blühen, wenn nicht in einer Gemeinde, wo Herr Dr. Hirschfeld an der Spitze steht? Wir sagen dies nicht in Bezug auf seine Eigenschaften als Gelehrter oder Kanzelredner, sondern eben in Bezug auf seine ganz außergewöhnliche, hingebungsvolle Thätigkeit auf dem Gebiete der Jugenderziehung."[15]

Im Mai 1858, als Sohn Victor knapp fünf Monate alt war, übernahm Jakob Heinrich Hirschfeld den Posten eines Comitats-Oberrabbiners im ungarischen Fünfkirchen (Pécs). Dort kamen die beiden Töchter Adele[16] und Eugenie[17] zur Welt, das jüngste

---

12 Promotionsansuchen von Jakob Heinrich Hirschfeld, 27.5.1853. Universitätsarchiv Halle, UAH Rep 21 II, Nr. 78, S. 218.
13 Hirschfeld schrieb über sich selbst in dritter Person als „Unterzeichneter" bzw. „Gefertigter".
14 Vermerk zum Promotionsansuchen von Jakob Heinrich Hirschfeld, 30.5.1853. Universitätsarchiv Halle, UAH Rep 21 II, Nr. 78, S. 219.
15 Allgemeine Zeitung des Judenthums, 20.7.1857, S. 410f.
16 Adele Hirschfeld (später, verheiratet, Adele Schmidt), geb. 23.3.1860 in Pécs, gest. 22.1.1940 in Wien. In den Matriken der Israelitischen Kultusgemeinde Wien ist als Ge-

Kind der Familie, Leo[18], wurde 1869 in Augsburg geboren. Auch in seinem neuen Amt war Jakob Heinrich Hirschfeld sehr erfolgreich, wieder wurde in Berichten vor allem seine Tätigkeit als Schulleiter positiv hervorgehoben. Einen bedeutenden Karriereschritt machte Hirschfeld dann 1863 mit der Berufung zum Distriktsrabbiner von Augsburg. Als die Familie im April 1863 Pécs verließ (was von der dortigen jüdischen Gemeinde in „sehr solenner Weise"[19] bedauert wurde), war Victor Léon fünf Jahre alt – es ist also anzunehmen, dass er an seine frühe Kindheit in Ungarn nur wenige Erinnerungen hatte und dass Augsburg für ihn zur ersten prägenden Lebensstation wurde.

In Augsburg, das eine im 19. Jahrhundert stark anwachsende jüdische Gemeinde beheimatete[20], war Jakob Heinrich Hirschfeld aktiv am Ausbau der Gemeindeeinrichtungen beteiligt. Er regte den Bau eines jüdischen Gemeindezentrums an, zu dem neben einer Synagoge auch Rabbiner- und Lehrerwohnungen gehörten. Der Bau wurde im Frühjahr 1864 begonnen, und am 7.4.1865 wurde die Synagoge eingeweiht. Die „Allgemeine Zeitung des Judenthums" berichtete dazu:

„Vor einem sehr zahlreich versammelten Publikum, in dem die christlichen Confessionen ein bedeutendes Contingent bildeten, und in Anwesenheit von Repräsentanten der königlichen Regierung, des Stadtmagistrats, wie sämmtlicher Stadtbehörden und des Officierkorps hielt Herr Dr. Hirschfeld eine Einweihungsrede, welche nicht blos durch ihren rhetorischen Werth, sondern auch durch die kühne Darstellung des liberalen Geistes im Judenthume lebhafte Sensation hervorrief. Die Journale besprechen sämmtlich diese Rede mit ungetheiltem Beifall."[21]

Besonderes Aufsehen erregte es, dass die neue Augsburger Synagoge, als erste in Bayern, mit einer Orgel ausgestattet war. Denn die Frage nach der Zulässigkeit von Instrumentalmusik in einer Synagoge war ein Thema, das zu jener Zeit zu heftigen Auseinandersetzungen zwischen orthodoxen und liberalen Juden führte und auch

---

burtsjahr 1859 oder 1860 angegeben. 1860 als korrektes Geburtsjahr ergibt sich aus einer Mitteilung von Eugenie Hirschfeld an Victor Léon vom 16.3.1930: „Heute in 8 Tagen ist Adelens 70. Geburtstag" (Eugenie Hirschfeld: Karte an Victor Léon, 16.3.1930. Léon-Nachlass 23/2.1.1.6).

17 Eugenie Hirschfeld, geb. 7.2.1862 in Pécs, gest. 8.8.1942 in Wien. In den Matriken der Israelitischen Kultusgemeinde Wien findet sich die Angabe: „7.2.1862 Fünfkirchen oder 1.1.1863 Wien". Dass der Geburtstag im Februar war, legt die Tatsache nahe, dass sich Eugenie Hirschfeld wiederholt um den 7.2. brieflich bei Victor Léon für Geburtstagsgeschenke bedankte (Léon-Nachlass 23/2.1.1.6). Zur Biografie von Eugenie Hirschfeld siehe: Arnbom, Marie-Theres: Damals war Heimat. Die Welt des Wiener jüdischen Großbürgertums. Wien 2014, S. 63ff.
18 Leo Hirschfeld (Dichtername Leo Feld), geb. 14.2.1869 in Augsburg, gest. 5.9.1924 in Florenz.
19 Allgemeine Zeitung des Judenthums, 21.7.1863, S. 459.
20 Von 1861 bis 1875 wuchs die Zahl der jüdischen Einwohner Augsburgs von 283 auf 889 an. Siehe: http://www.alemannia-judaica.de/augsburg_synagoge.htm
21 Allgemeine Zeitung des Judenthums, 2.5.1865, S. 273.

Kontroversen innerhalb der Augsburger jüdischen Gemeinde hervorrief.[22] Diese könnten einer der Gründe dafür gewesen sein, dass Jakob Heinrich Hirschfeld mit 1.7.1871 aus dem Rabbineramt entlassen wurde. Möglicherweise aber hatte Hirschfeld durch seine Persönlichkeit für Irritationen innerhalb der Gemeinde gesorgt. Ein Hinweis darauf findet sich in der Schrift „Ein Gang durch die Geschichte der Juden in Augsburg": „Der Rabbiner Dr. Hirschfeld, dem es trotz seiner vielen guten Gaben nicht immer gelang, den notwendigen Kontakt mit Gemeinde und Gemeindeverwaltung zu erhalten, wirkte hier, ohne definitiv angestellt zu sein, bis zum Jahre 1871. Seine religiöse Richtung war gemäßigt liberal mit einem stark opportunistischen Einschlag."[23]

Laut dem „Biographischen Handbuch der Rabbiner" war Jakob Heinrich Hirschfeld ab 1871 als Rabbiner in München tätig.[24] Belege dafür konnten jedoch nicht gefunden werden.[25] Allerdings befinden sich im Léon-Nachlass drei von Léons Eltern verfasste Briefe aus dem April 1872, die als Ortsangabe München haben.[26] Es mag sein, dass Jakob Heinrich Hirschfeld nach seiner Entlassung für einige Zeit in München lebte, um von dort aus nach einer neuen Tätigkeit zu suchen. So etwa werden in den Briefen aus München einige Male Reisen Hirschfelds nach Berlin erwähnt, möglicherweise zog er in Betracht, dort Fuß zu fassen. Dann aber fiel die Wahl auf Wien, wo auch andere Mitglieder der Familie Hirschfeld lebten. Dort war Jakob Heinrich Hirschfeld in der Folge journalistisch tätig und von 1876 bis 1882 auch als Lehrer für jüdische Religion am sogenannten Landstraßer Gymnasium im dritten Wiener Gemeindebezirk beschäftigt.[27]

Victor Léon kam erst einige Zeit später als seine Eltern und seine Geschwister nach Wien, denn er war von September 1871 bis Juli 1873 Internatsschüler in der Jacobson-Schule in Seesen bei Braunschweig.[28] Israel Jacobson (1768-1828), auf den die Errichtung der Schule zurückging, gilt als „der Begründer der gottesdienstlichen und pädagogischen Reformbewegung im deutschsprachigen liberalen Judentum"[29].

---

22 Fischer, Hermann – Theodor Wohnhaas: Die Orgel in bayerischen Synagogen im späten 19. Jahrhundert. In: Zentralinstitut für Fränkische Landeskunde und Allgemeine Regionalforschung an der Universität Erlangen-Nürnberg (Hg.): Jahrbuch für fränkische Landesforschung 33. Stegaurach 1973. S. 1ff.

23 Grünfeld, Richard: Ein Gang durch die Geschichte der Juden in Augsburg. Festschrift zur Einweihung der neuen Synagoge am 4.4.1917. Augsburg 1917, S. 58.

24 Brocke – Carlebach: Biographisches Handbuch, Bd. 1, S. 449.

25 Andreas Heusler vom Stadtarchiv München schreibt dazu (E-Mail an B. Denscher, 15.12.2009): „In den Meldeunterlagen des Stadtarchivs konnte ich bedauerlicherweise weder Jakob Heinrich Hirschfeld noch dessen Sohn Victor ermitteln. Andere Hinweise auf einen um 1870 in München tätigen Rabbiner Hirschfeld liegen mir ebenfalls nicht vor".

26 Léon-Nachlass 23/2.1.1.4. Alle drei Briefe gingen an Victor Léon, der damals Internatsschüler in Seesen war.

27 Siehe: Jahresberichte des k. k. Staatsgymnasiums im 3. Bezirke in Wien.

28 Im Schulverzeichnis ist Léons Schuleintritt mit 10.9.1871, der Austritt mit 9.7.1873 verzeichnet. Siehe: Chronologisches Verzeichnis der Schüler der Jacobson-Schule von 1868 bis 1885. S. 15.

29 Bautz, Friedrich Wilhelm (Hg.): Biographisch-bibliographisches Kirchenlexikon. Bd. 18. Herzberg 2001. Spalte 711.

Er richtete 1801 in Seesen (das in dem von ihm als Rabbiner betreuten Landkreis lag) ein „Institut für arme Juden-Kinder" ein. Dieses erlangte rasch einen sehr guten Ruf, was dazu führte, dass auch christliche Eltern die Aufnahme ihrer Kinder beantragten. Nach der entsprechenden amtlichen Genehmigung wurde das Institut 1805 zur ersten interkonfessionellen Schule Deutschlands und war ab 1870 eine staatlich anerkannte Realschule. Damit stiegen auch die Schülerzahlen stark an: Hatte man in der Anfangszeit jeweils rund 60 Schüler unterrichtet, waren es mit Beginn des Schuljahres 1871, als Léon in die Schule eintrat, 155 Schüler (87 jüdische, 68 evangelische).[30]

Auf dem Lehrplan stand zu Victor Léons Schulzeit unter anderem Sprachunterricht in Englisch und vor allem in Französisch (zwischen fünf und acht Wochenstunden), was eine frühe Anregung für Léons spätere intensive Auseinandersetzung mit französischer Literatur gewesen sein könnte. Die Schule verfügte über eine Bibliothek, die 1871 rund 600 Werke umfasste[31], und regelmäßig fanden Theateraufführungen statt[32], was wohl den Interessen und Neigungen Léons sehr entgegenkam. Außerdem erhielt er in Seesen, wie aus Briefen seines Vaters hervorgeht[33], auf eigenen Wunsch auch Flötenunterricht. Victor Léon scheint ein guter Schüler gewesen zu sein. Ein besonderes Lob übermittelte ihm sein Vater in einem Schreiben vom 29.4.1872. Der Brief sei, so Hirschfeld, eine Anerkennung, „die du vollkommen verdienst für deine Bravheit. Du hast mich mit deinen hebräischen und lateinischen Übersetzungen ins Deutsche sehr erfreut."[34] Dieses Lob und weitere Erwähnungen des Hebräischunterrichts in Briefen des Vaters belegen, dass Victor Léon auch eine fundierte jüdische Ausbildung erhielt.

Aus den Briefen, die Léons Eltern ihrem Sohn nach Seesen schrieben, geht auch hervor, dass dieser sehr unter der Trennung von seiner Familie litt. Wiederholt ist davon die Rede, dass Victor in den Ferien für mehrere Wochen nach Hause kommen dürfe: Darauf könne er, so versicherte ihm sein Vater, „mit Bestimmtheit rechnen"[35]. Peter Herz berichtet in einer im Léon-Nachlass enthaltenen kurzen Léon-Biografie[36], dass Léon einmal aus dem Internat ausgerissen sei und zu Fuß von Seesen bis Linz gegangen sei, wo ihm dann jemand eine Fahrkarte nach Wien geschenkt habe. Zwar enthält der Bericht einige biografische Unkorrektheiten, dennoch bestätigt er den Eindruck, dass sich Léon im Internat nicht wohl gefühlt hatte. Nach zwei in Seesen absolvierten Schuljahren konnte Victor Léon im Sommer 1873 zu seiner Familie zurückkehren. Um jene Zeit, also im Alter von 15 Jahren, scheint er auch sein erstes – allerdings nicht im Nachlass erhalten gebliebenes – Stück geschrieben zu haben. In seinen autobiografischen Aufzeichnungen findet sich dazu der folgende Text:

---

30 Arnheim, Josef: Zur Geschichte der Anstalt. In: Ders.: Bericht über die Jacobson-Schule in Seesen am Harz für die Zeit von Ostern 1867 bis Michaelis 1871. Hannover 1871. S. 43.
31 Ebd., S. 45.
32 Ebd., S. 44. Allerdings wird nicht angegeben, welche Stücke aufgeführt wurden.
33 Léon-Nachlass 23/2.1.1.4.
34 Jakob Heinrich Hirschfeld: Brief an Victor Hirschfeld [Léon], 29.4.1872, Léon-Nachlass 23/2.1.1.4.
35 Jakob Heinrich Hirschfeld: Brief an Victor Hirschfeld [Léon], 22.4.1872. Léon-Nachlass 23/2.1.1.4.
36 Vierseitiges Typoskript, Léon-Nachlass 44/4.3.2.

„Womit ich den Anfang machte meines Schreibens für's Theater? Na womit? Natürlich mit einer sehr fünfactigen Tragödie mit äußerst fünffüßigen Jamben à la Schiller, die mit vierfüßigen Trochäen à la Grillparzer abwechselten je nach dem Character und Temperament der einzelnen Gestalten. Ich erachtete dieses Mixtum compositum als bedeutende Neuerung in der Poetik. Sie hat sich nicht durchgesetzt. Dies begab sich, als ich auf der Schwelle stand vom unteren Gymnasium zum oberen. Dem Meisterwerk gab ich den betörenden Titel ‚Mirabella', nicht zu verwechseln mit der gleichnamigen Obstart, den kleinen, meist gelblichen, französischen Pflaumen. Dieser Name bezog sich vielmehr auf eine bildhaft schöne Frau, die im fünften Acte sterben mußte. Mußte! Daher der Name: Tragödie. Sie gefiel mir so gut – nicht allein die Frau, viel mehr noch meine Dichtung, daß ich sie kalligraphieren ließ (das ließ man damals von berufsmäßigen Schönschreibern) und sofort dem in jener Zeit regierenden König Ludwig II. von Bayern widmete, der als Mäzen ein gewisses Renommée besaß. Ich faßte ungemeines Vertrauen zu diesem Monarchen als splendiden Kunstförderer. Hatte er sich doch Richard Wagner gegenüber wirklich generös benommen. Warum sollte er dies nicht auch bei mir tun? Bei meinem Trauerspiel? Bei meiner ‚Mirabella', die ich zu seiner ‚Mirabella' machte? Ich rechnete auf einen tragbaren Orden oder auf eine güldene Busennadel mit höchstseinen Initialen in Brillanten oder auf eine munifizente Ehrengabe von mindestens 100 Mark. Ich wurde bitter enttäuscht. Sehr bitter. Es fehlte ihm denn doch an richtigem Idealismus, diesem Ludwig, dem Zweiten. Er retournierte mir meine, das heißt seine ‚Mirabella', und zwar unfrankiert, baute weiter seine Märchenschlösser am Chiemsee, unterstützte weiter Richard Wagners Kunst aber nicht die meine. Na, wenn schon! Ich bin auch ohne ihn etwas geworden beim Theater. Ein bisserl was wenigstens. Aber so hat's angefangen. So traurig. Mit einem Trauerspiel, das mir unfrankiert aus München zurückflog."[37]

Im Frühjahr 1877 schloss Victor Léon das Gymnasium ab und begann dann, wie er in seinen Erinnerungen schreibt, an der Universität Wien ein Germanistikstudium. Allerdings scheint sein Name nicht in den Matrikeln der Universität auf. Möglicherweise hat er die Vorlesungen bei „Professor Tomaschek, der deutsche Literatur tradierte"[38] als Gasthörer besucht. In „Allerlei aus meinem Theaterleben" deutet Léon zwei Mal an, dass er das Universitätsstudium nicht konsequent betrieb: Einmal schreibt er, dass ihn häufiger Theaterbesuch „allerdings sehr von jenem Fleiße ablenkte, den ich für mein germanistisches Studium benötigte"; ein anderes Mal erwähnt er, dass er Anfang der 1880er Jahre „periodisch nach der Schweiz zur Weiterführung meines väterlicherseits gewünschten Studiums" gegangen sei. Von einem Abschluss ist allerdings nirgends die Rede. Eine Immatrikulation Léons an den damaligen deutschsprachigen Universitäten der Schweiz – Basel[39], Bern[40] und Zürich[41] – ist nicht feststellbar, und auch in den französischsprachigen Universitäten von

---

37 Léon: Allerlei aus meinem Theaterleben. Léon-Nachlass 4/1.2.4.
38 Im Wintersemester 1877/78 hielt der Germanist Carl Tomaschek eine Vorlesung zur „Geschichte der deutschen Literatur seit der Mitte des XVII. Jahrhunderts" (Öffentliche Vorlesungen an der k.k. Universität zu Wien im Winter-Semester 1877/8. Wien 1877. S. 47).
39 E-Mail von Lorenz Heiligensetzer, Universitätsbibliothek Basel, an B. Denscher, 15.3.2012.
40 Universitätsarchiv Bern, Datenbank, http://www.unibe.ch/
41 Universität Zürich, Matrikeledition, http://www.matrikel.uzh.ch/

Genf[42], Lausanne[43] und Neuchâtel[44] scheint er nicht in den Matrikeln auf. Nachweisbar hingegen ist, dass Victor Léon am 15.9.1877 in die Schauspielschule des „Conservatoriums für Musik und darstellende Kunst der Gesellschaft für Musikfreunde in Wien" aufgenommen wurde.[45] In „Allerlei aus meinem Theaterleben" berichtet er, dass er dafür eine Aufnahmeprüfung ablegen musste, bei der er den Hamlet-Monolog „Sein oder Nichtsein" vortrug.

Die Schauspielschule des Konservatoriums war die Vorläuferinstitution der „Hochschule für Musik und darstellende Kunst" und des „Max Reinhardt Seminars". Die seit 1812 bestehende „Gesellschaft der Musikfreunde" hatte 1817 das Konservatorium als Gesangs- und Chorschule gegründet, in den Folgejahren wurden nach und nach Instrumentalklassen eingerichtet, ab 1836 gab es eine Abteilung für Tanz. Die Schauspielschule wurde erst wesentlich später, 1874, gegründet. Die Ausbildung dort umfasste zwei Jahrgänge: „Der erste Jahrgang enthielt als obligate Gegenstände die folgenden Disziplinen: mündlicher Vortrag […], Literaturgeschichte […], Poetik und Mythologie, Mimik und Tanz, französische Sprache, Turnen und Fechten, Klavier und Gesang; der zweite: Literaturgeschichte, Theorie und Geschichte der Schauspielkunst, englische Sprache, Mimik und Tanz, historische Kostümkunde, weiters als fakultative Gegenstände Gesang, Klavier, Turnen und Fechten."[46]

Die Gründung der Schule, die im Musikvereinsgebäude untergebracht war, entsprach dem Bedürfnis nach einer geregelten Schauspielausbildung, daher war die Resonanz auch in Fachkreisen sehr positiv und man konnte bekannte Schauspieler als Unterrichtende verpflichten: „Es begann die Reihe der großen Meister, die hauptsächlich vom Burgtheater kamen und an der Schule des Musikvereins nun ihrerseits eine Generation anerkannter Bühnenkünstler heranzogen. Da unterrichteten – um nur einige zu nennen – Konrad Hallenstein, Adolf Sonnenthal, Friedrich Mitterwurzer, Louis Gabillon oder Karl Arnau."[47] Von Beginn an gab es großes Interesse für die Ausbildung an der Schauspielschule: Bereits im ersten Jahrgang zählte man 32 Schülerinnen und Schüler, für den Jahrgang 1877/78, dem auch Léon (unter dem Namen Victor Hirschfeld) angehörte, wurden 18 Frauen und 10 Männer aufgenommen.

Während Léons erstem Studienjahr an der Schauspielschule wurde auch sein erstes in Buchform erhaltenes Stück aufgeführt. Es war das einaktige Lustspiel „Postillon d'amour", das davon handelte, dass ein junger Mann zu schüchtern ist, um dem von ihm verehrten Mädchen seine Liebe zu gestehen. Er bittet einen Freund, dies für ihn zu tun; dieser aber überbringt das Liebesgeständnis irrtümlicherweise an die Cousine des Mädchens, in die er sich dabei verliebt. Es droht ein Duell zwischen den beiden Männern, rasch aber klärt sich alles auf und die „richtigen" Paare finden zuei-

---

42 E-Mail von Dominique Torrione-Vouilloz, Archives de l'université de Genève, an B. Denscher, 23.3.2012.
43 E-Mail von Olivier Robert, Chef de service, Archives de l'université de Lausanne, an B. Denscher, 5.6.2012.
44 E-Mail von Office des archives de l'État de Neuchâtel an B. Denscher, 19.6.2012.
45 Matrikel Victor Hirschfeld, Archiv der Gesellschaft der Musikfreunde, Wien.
46 Lach, Robert: Geschichte der Staatsakademie und Hochschule für Musik und darstellende Kunst in Wien. Wien 1927, S. 51.
47 100 Jahre Wiener Schauspielschule. Hg. im Selbstverlag des Vereines der „Freunde der Musikakademie in Wien". Wien [1952], S. 10.

nander. Trotz dieser sehr einfachen Konstruktion lässt das Stück bereits einige der spezifischen Qualitäten und Charakteristika des späteren dramatischen Schaffens von Victor Léon erkennen. Zwar ist manches überzeichnet, dennoch ist die Handlung realistisch und die Personen mit ihren Haltungen, Wünschen und Problemen durchaus wirklichkeitsnah. Aufgeführt wurde das Lustspiel am 15.3.1878 von Schülerinnen und Schülern der Schauspielschule. Wie es dazu kam, darüber berichtete Victor Léon in seinen Erinnerungen:

„Nun kam einmal im Kreise der Schauspielschulcollegen die Rede auf Memorieren, auf Rollenauswendiglernen. Eine fleißige Natur, war ich im Lernen geübt und prahlte damit. Man sollte mir eine Aufgabe stellen. So groß und schwer sie auch immer sei, ich würde sie innerhalb 24 Stunden lösen. Gelänge es mir nicht, so sollte ich verpflichtet sein, die ganze Blase bei Gause[48] freizuhalten. Gelänge es mir aber, so müßten die Schauspielschüler meinen in der Lade ruhenden Einacter ‚Postillon d'amoûr' aufführen. Die Bedingung wurde angenommen und die boshafte Bande stellte mir keine geringere Aufgabe, als den ersten Teil ‚Faust' binnen 24 Stunden zu rezitieren. Und die Sache gelang mir. Am nächsten Abend – es waren noch nicht einmal 24 Stunden vergangen – trug ich im Bühnenlehrzimmer des Conservatoriums den ganzen ersten Teil ‚Faust' […] frei aus dem Gedächtniß vor, fast ohne zu stocken, ohne mich wesentlich zu irren. Allerdings war mir gerade ‚Faust' schon seit der Mittelschule und durch das Burgtheater äußerst vertraut gewesen. – Nun mußten aber die dramatischen Jünglinge und Jungfrauen meinen ‚Postillon d'amoûr' sofort studieren. Ich setzte ihn in Scene. Meine erste Regieleistung, die mir seitens der Professoren viel Lob eintrug. Es war mir gestattet, die Übungsbühne des Conservatoriums für die Proben zu benützen. Aber nicht gestattet wurde mir von der Direktion (Josef Hellmesberger sen.), das Stück im Conservatorium aufführen zu lassen. Wir spielten es im fürstlich Sulkowskyschen Haustheater[49], einer kleinen Bühne in Matzleinsdorf, die unter der Direction eines ehemaligen Burgtheaterinspizienten stand."[50]

Bei der Aufführung im Sulkowskytheater hieß das Stück noch nicht „Postillon d'amour" (dieser Titel findet sich erst in der Druckausgabe[51]) sondern „Falsche Fährte"[52]. Es war eines von drei Werken, die an jenem Abend von den Schauspielschülerinnen und Schauspielschülern aufgeführt wurden. Ebenfalls auf dem Programm standen die Komödie „Die Eifersüchtigen" des damals sehr populären deutschen Lustspielautors Roderich Julius Benedix und das dramatische Gedicht „Der Strike der Schmiede" des französischen Schriftstellers François Coppée. Rund eineinhalb Jahrzehnte später, 1892/93, verwendete Victor Léon diesen im Original „La grève

---

48 Bierlokal in der Wiener Johannesgasse.
49 Das Theater, das nach seinem früheren Besitzer, Fürst Ludwig Sulkowski, benannt war, wurde ab 1861 vom Inspizienten und Komparseriechef des Burgtheaters Valentin Niklas v.a. als Übungs- und Probebühne für junge Schauspieler und Schauspielerinnen geführt. Das Theater befand sich im 5. Bezirk, an der damaligen Adresse Matzleinsdorfer Straße 45-51, heute Wiedner Hauptstraße 123, 123a, 125 und Gassergasse 44. 1908 wurde das Gebäude, in dem sich das Theater befand, abgerissen.
50 Léon: Allerlei aus meinem Theaterleben. Léon-Nachlass 4/1.2.4.
51 Léon, Victor: Postillon d'amour. Wien 1879.
52 Zensurakt im NÖ Landesarchiv, NÖ Reg. Präs Theater ZA 1878/1164 K 22.

des forgerons" betitelten Text als Basis für ein Opernlibretto – vielleicht in Erinnerung an den Abend im Sulkowskytheater.

Im Frühsommer 1878 schloss Victor Léon das erste Studienjahr an der Schauspielschule mit folgendem Zeugnis ab (die Benotungsskala reichte von 1 bis 4, wobei 1 die beste Note war und 4 den Ausschluss aus der Schauspielschule bedeutete): Mündlicher Vortrag: 2, Poetik: 1, Literaturgeschichte: 1, Geschichte der Schauspielkunst: 1, Kostümkunde: 2, Französische Sprache: 1, Musik & Tanz: 2, Turnen & Fechten: 2.[53] In seinen Erinnerungen schreibt Léon allerdings, dass der Unterricht an der Schauspielschule nicht seinen Erwartungen entsprochen habe und „total zwecklos" gewesen sei, da er „doch das Theater praktisch kennen lernen" wollte. Dies mag der Grund dafür gewesen sein, dass er irgendwann während des zweiten Studienjahres von der Schauspielschule abging. Auf seinem Matrikelbogen sind zwar Fachgegenstände für den zweiten Jahrgang eingetragen („Dramatische Darstellung, Englische Sprache, Musik & Tanz"), aber es sind keine Noten verzeichnet, und in der Schülerliste zum Schuljahr 1878/79 scheint Léon nicht mehr auf.

Rund zwei Jahre nach seinem Abgang von der Theaterschule, im September 1880, befasste sich Victor Léon in einem Artikel für die „Neuesten Theater-Nachrichten" mit dem „Theaterschul-Wesen in Wien"[54], das er sehr negativ beurteilte. Über die Schauspielschule des Konservatoriums schreibt er, dass sie zwar einen guten Lehrplan biete, dass der Unterricht aber „ein dermaßen oberflächlicher" sei, „daß der Schüler, wenn er nicht den regsten Eifer zeigt und nicht schon fundamentale Vorkenntnisse besitzt, um nichts klüger und um nichts gelernter die Anstalt verläßt." Ein weiterer Kritikpunkt Léons (und vielleicht ebenfalls einer der Gründe für sein vorzeitiges Ausscheiden aus der Schule) waren die hohen Kosten: „Leider können nur reiche Leute diese Schauspielschule besuchen. 15 Gulden per Monat, zwei Jahre hindurch, kann nicht Jeder geben und bedenkt man, daß die Lehrmittel wie die sonstigen Utensilien, wie Garderobe u.s.w. während der Lehrjahre benötigt werden, so beläuft sich eine derartige dramatische Ausbildung immerhin auf ein kleines Kapitälchen."

---

53 Matrikel Victor Hirschfeld, Archiv der Gesellschaft der Musikfreunde, Wien.
54 „Ueber das Theaterschul-Wesen in Wien". In: Neueste Theater-Nachrichten, 8.9.1880, S. 2f. Der Artikel ist nicht namentlich gezeichnet, aus einer Erwähnung in einem weiteren Beitrag für die Neuesten Theater-Nachrichten („Ueber Schauspiel-Dilettantismus", 8.11.1880, S. 5f.) geht jedoch hervor, dass Léon der Autor ist.

Karrierebeginn als Journalist

Für Victor Léons Vater wäre es, als er, 52-jährig, von der jüdischen Gemeinde in Augsburg entlassen wurde, vermutlich schwierig gewesen, anderswo eine derart renommierte Rabbinerstelle zu erhalten. Daher wandte sich Jakob Heinrich Hirschfeld nach der Übersiedelung nach Wien einem ganz anderen Tätigkeitsbereich zu, nämlich dem Journalismus. Schon bei seinem früheren Wien-Aufenthalt, in den 1850er Jahren, bevor er die Rabbinerstelle in Senica übernahm, hatte er für Zeitungen gearbeitet.[1] Nun kehrte er in dieses Berufsfeld zurück, das gerade zu jener Zeit viele Möglichkeiten bot. Denn mit der Liberalisierung der Pressegesetze der Habsburgermonarchie in der zweiten Hälfte des 19. Jahrhunderts kam es zu einem Aufblühen des Pressewesens und zur Gründung einer Vielzahl von Zeitungen und Zeitschriften. Die Entstehung zahlreicher Printmedien führte zur Herausbildung neuer Berufsfelder und neuer Erwerbsmöglichkeiten, die in einem hohen Maße von der gebildeten jüdischen Bevölkerung genutzt wurden. Der Historiker Wolfgang Häusler vermerkt dazu: „Der Überschuß jüdischer Intelligenz, der im Berufsleben nur ungenügend versorgt werden konnte, da die Beamtenlaufbahn ja nur schwer zugänglich war, strömte zur Journalistik."[2] Ähnlich sah auch Theodor Herzl in seiner 1896 publizierten Schrift „Der Judenstaat" die Beschäftigungsproblematik. Herzl schreibt, die „causa proxima" für den zunehmenden Antisemitismus sei „unsere Ueberproduktion an mittleren Intelligenzen, die keinen Abfluss nach unten haben und keinen Aufstieg nach oben"[3].

Am Beginn von Jakob Heinrich Hirschfelds „zweiter" journalistischer Laufbahn in Wien stand seine Tätigkeit bei der „Wiener Sonntags-Zeitung". Die Wochenzeit-

---

1 Ein Beleg für Jakob Heinrich Hirschfelds frühe journalistische Tätigkeit ist seine in einem Feuilleton geäußerte Bemerkung „Es war im Jahre 1852. Ich wurde Redacteur eines Wiener Volksblattes" (Wiener Sonntags-Zeitung, 26.7.1874, S. 1). Allerdings präzisiert er nicht, bei welchem Blatt er beschäftigt gewesen war. Marie-Theres Arnbom schreibt in ihrem Buch „Damals war Heimat", dass Jakob Heinrich Hirschfeld ab 1850 Mitarbeiter der „Wiener Zeitung" gewesen sei (Arnbom: Damals war Heimat, S. 35).
2 Häusler, Wolfgang: Toleranz, Emanzipation und Antisemitismus. Das österreichische Judentum des bürgerlichen Zeitalters (1782-1918). In: Drabek, Anna – Wolfgang Häusler – Kurt Schubert – Karl Stuhlpfarrer – Nikolaus Vielmetti (Hg.): Das österreichische Judentum. Voraussetzungen und Geschichte. 3. Aufl. Wien 1988. S. 105.
3 Herzl, Theodor: Der Judenstaat. Versuch einer modernen Lösung der Judenfrage. Leipzig 1896. S. 15f.

schrift war 1871 gegründet worden[4] und befand sich, wie dem „Verzeichniß der in Wien erscheinenden Zeitungen" im Wiener Adressbuch zu entnehmen ist[5], zunächst im Besitz des Buchdruckers Jakob Weiner, von dem sie Jakob Heinrich Hirschfeld 1874 erwarb. In der ersten erhaltenen Ausgabe des Blattes (3.5.1874) ist Hirschfeld als Eigentümer und Chefredakteur angegeben, im Adressbuch des Jahres 1875 als Herausgeber und Chefredakteur.[6] Bereits 1876 aber findet sich sein Name nicht mehr in Zusammenhang mit der „Wiener Sonntags-Zeitung".

Jakob Heinrich Hirschfeld scheint die „Wiener Sonntags-Zeitung" in der kurzen Zeit, in der sie von ihm geführt wurde, inhaltlich entscheidend geprägt zu haben. In den ersten erhaltenen Ausgaben hatte das Blatt den Untertitel „Rundschau auf dem Gebiete der Politik, Volkswirthschaft, wie des geistigen und socialen Lebens" und brachte vor allem fachspezifische Beiträge für verschiedene Berufsgruppen, wie Ankündigungen von Fachmessen, Berichte über landwirtschaftliche Ausstellungen und Hinweise auf Versammlungen etwa der „Fleischselcher-Genossenschaft" und der „Wachszieher-Genossenschaft". Ab der Ausgabe vom 28.6.1874 fehlte der Untertitel, und auf der ersten Seite jener Ausgabe hatte Hirschfeld die Ankündigung platziert:

„An unsere Leser! Mit dem 1. Juli 1874 tritt die Wiener Sonntags-Zeitung nicht nur in ein neues Quartal, sondern in ein neues Stadium ein. Unbeschadet ihrer bisherigen Aufgabe, als Organ für volkswirthschaftliche Interessen, wie als Fachpresse für die Genossenschaften zu dienen, wird sie von nun ab wesentlich ein Sonntagsblatt von allgemeinem Interesse sein.
Populäre Mittheilungen aus allen Zweigen des Wissens, Interessantes aus dem Leben und für das Leben, wie Anregungen für Geist und Gemüth werden den Inhalt dieses Blattes bilden. Die Redaction".[7]

Neben Feuilletons, populärwissenschaftlichen Beiträgen, Erzählungen und Anekdoten brachte die „Wiener Sonntags-Zeitung" nun auch die Spielpläne der großen Wiener Bühnen und in der Rubrik „Theaterschau" Meldungen über das Wiener Theaterleben. So etwa findet sich in der „Theaterschau" vom 16.8.1874 ein Bericht über die 100. Aufführung der – damals europaweit populären – Operette „Angot, die Tochter der Halle" von Charles Lecocq (Libretto Louis François Clairville, Paul Siraudin und Victor Koning), die in der deutschen Fassung von Anton Langer im Carl-Theater zu sehen war. Gezeichnet ist der Beitrag mit „V.H.", und es kann angenommen werden, dass dies für „Victor Hirschfeld" steht. Der damals 16-Jährige berichtete über die Aufführung:

---

4   Die „Wiener Sonntags-Zeitung" ist ab Jg. 4, Nr. 123 (3.5.1874) im Bestand der Österreichischen Nationalbibliothek vorhanden und konnte bisher in keiner anderen Sammlung nachgewiesen werden. Wenn man davon ausgeht, dass das Blatt von Beginn an ohne Ausnahme jeden Sonntag erschien, so muss die Nummer 1 spätestens am 31.12.1871 herausgekommen sein.
5   Adolph Lehmann's allgemeiner Wohnungs-Anzeiger 1872, S. 788; 1873, S. 894; 1874, S. 922.
6   Lehmann 1875, S. 934.
7   Wiener Sonntags-Zeitung, 28.6.1874, S. 1.

„Das Donnerstag den 13. d.M. abgehaltene ‚Angot'-Jubiläum hatte ein massenhaftes Publicum ins Carl-Theater gezogen. Daß die Operette in so kurzer Zeit hundert Aufführungen erlebt hat, ist viel; mehr noch aber will es bedeuten, daß bei der hundertsten Aufführung das Haus eben so voll war, wie bei der ersten, und am Wunderbarsten ist es, daß dieses volle Haus mitten im Hochsommer erzielt werden konnte. Director Jauner hatte zu der merkwürdigen Vorstellung alle jene Darsteller zusammentrompetet, welche die Rollen in ‚Angot' creirt haben, bis auf Einen, Herrn Küstner, den Darsteller des Pomponnet, den, da Ersterer einrücken mußte und sich jetzt bei unseren Vaterlandsvertheidigern befindet, Herr Urban gab. Frl. Link und Frl. Mayerhoff, die Herren Knaack, Eppich und Blasel wurden auf das Schmeichelhafteste bewillkommt und rühmlichst ausgezeichnet. Frl. Link, die Darstellerin der ‚Lange' wurde außerdem noch durch zwei Lorbeerkränze geehrt, deren einer von dem tüchtigen und leistungsfähigen Carl-Theaterorchester und der andere von Seite des Publicums gespendet worden war. Auch Frau Schäfer, die kecke Hallendame, nahm an dem reichlich gespendeten Applaus des P.T. Publicums, daß [!] sie da nicht giften wollte, Theil, und mußte ihr: ‚So reist sie ungebunden' wie gewöhnlich wiederholen. Trotz der tropischen Hitze, die im Theater herrschte, mußten alle Glanz-Partien zweimal vorgetragen werden, woraus sich schließen läßt, daß diese unverwüstliche ‚Angot' noch eine 200malige Aufführung erleben kann."[8]

Victor Léons Vater firmierte neben der Tätigkeit bei der „Wiener Sonntags-Zeitung" 1874/75 auch als Herausgeber der „Allgemeinen Fleischer-Zeitung"[9] und als Redakteur der „Wiener Bäcker- und Müller-Zeitung"[10]. Beides waren Blätter, die neben fachspezifischen Informationen auch Feuilletons und Erzählungen enthielten und ähnlich wie die „Wiener Sonntags-Zeitung" gestaltet waren. Aber nicht nur Jakob Heinrich Hirschfeld, sondern auch zwei seiner Brüder waren journalistisch tätig: Josef Hirschfeld, Medizinalrat, „Magister der Geburtshilfe" und „Badearzt in Ischl"[11] gab ab 1867 die Zeitschrift „Der Cursalon" heraus. Das Blatt, das eines der ersten in Österreich war, das sich dem zunehmend boomenden Bade- und Kurtourismus widmete, wurde nach Josef Hirschfelds Tod, ab 1879, von dessen Bruder Maximilian Hirschfeld, der ebenfalls Arzt war, redaktionell geleitet. Außerdem ist Maximilian Hirschfeld zwischen 1880 und 1883 im Wiener Adressbuch auch als Redakteur der „Oesterr. ungar. Adelsgallerie" verzeichnet.

---

8 Wiener Sonntags-Zeitung, 16.8.1874, S. 3.
9 Die erste in der Österreichischen Nationalbibliothek erhaltene Ausgabe der „Allgemeinen Fleischer-Zeitung" ist Jg. 4, Nr. 150 vom 6.12.1874. Das Blatt erschien, wie auf dem Titelblatt vermerkt, „jeden 8. Tag". Nimmt man regelmäßiges Erscheinen an, so muss die erste Ausgabe spätestens am 5.9.1871 herausgekommen sein. Bis zur Ausgabe vom 18.1.1875 fand sich in der Zeitung der Vermerk „Begründet und herausgegeben von Dr. J.H. Hirschfeld. Verantwortlicher Redakteur: A. Münzner", ab 26.1.1875 ist Otto Maaß (in dessen Druckerei, Wien 1, Walfischgasse 10, die Zeitung hergestellt wurde) als Mitherausgeber, ab 3.2.1875 als der alleinige Herausgeber genannt.
10 Die „Wiener Bäcker- und Müller-Zeitung" erschien erstmals am 8.1.1876 und wurde von Otto Maaß herausgegeben. Ein Nachweis von Jakob Heinrich Hirschfelds Tätigkeit bei diesem Blatt findet sich im Wiener Adressbuch von 1876, wo sich bei seinem Namen der Vermerk „Redact. d. Allg. Fleischer Ztg. u. d. Müller-, Bäcker- u. Conditoren-Ztg." findet (Lehmann 1876, S. 252).
11 So verzeichnet bei Lehmann zwischen 1870 und 1878.

Von besonderer Bedeutung für die Biografie von Victor Léon aber wurden jene Initiativen, die Sigmund Popper, ein Schwager seines Vaters, im Bereich des Zeitungswesens setzte. Popper, verheiratet mit Jakob Heinrich Hirschfelds Schwester Amalie[12], war – als eine typische Gründerzeitfigur – in Wien in unterschiedlichen Berufsfeldern tätig: so etwa als „Bank- und Wechslergeschäftsinhaber"[13], als Gesellschafter und Prokurist einer Baumwollhandlung[14], als „türkischer Großhändler"[15] (d.h. im Orienthandel tätig) und auch als „Administrator d. Wochenschrift ‚Cursalon'"[16], also der von Léons Onkel Josef Hirschfeld herausgegebenen Zeitschrift. 1876 gründete Sigmund Popper seine eigene Zeitschrift, das „Bade- und Reise-Journal". Es war dies eine während der sommerlichen Kursaison von April bis September erscheinende Wochenzeitschrift, die Berichte über Kurorte und Kuranwendungen, Informationen zu Hotels, Bahn- und Schiffsverbindungen und zahlreiche Annoncen aus dem Kur- und Gesundheitsbereich brachte. Auch das „Bade- und Reise-Journal" gehörte zu den Periodika, für die Victor Léons Vater tätig war. Denn Sigmund Popper firmierte zwar als Eigentümer und Herausgeber, als Redaktionsadresse aber war in den Jahren 1876 und 1877 die jeweilige Wohnadresse von Jakob Heinrich Hirschfeld angegeben, der unter dem Pseudonym „Dr. Jacques Heinrich" Beiträge für das Journal schrieb.

Am 15.4.1877 kam die Nummer 1 des zweiten Jahrganges des „Bade- und Reise-Journals" heraus. Das Blattkonzept war im Wesentlichen dasselbe wie im ersten Jahr, allerdings war als weiteres inhaltliches Element eine Rubrik mit literarischen Texten hinzugefügt worden. Eröffnet wurde die neue Rubrik mit dem ersten Teil der sechsteiligen Fortsetzungsgeschichte „Die Badereise". Im Mittelpunkt der Erzählung steht ein junger Mann, der, um den Liebeskummer zu vergessen, den die kurze Begegnung mit einer Unbekannten bei ihm verursacht hat, von einem Freund die Stelle eines Vorlesers bei einer Baronin in einem Tiroler Kurort übernimmt. Allerdings sagt er der Baronin nicht, dass er nicht der „echte" Vorleser sei, und als dieser dann doch im Kurort erscheint und sich überdies herausstellt, dass die Unbekannte die Nichte der Baronin ist, kommt es zunächst zu einigen Verwicklungen, dann aber – als Abschluss der Erzählung – zur Verlobung des jungen Mannes mit der Nichte der Baronin. Verfasst wurde „Die Badereise", deren weitere Teile in den folgenden Ausgaben des „Bade- und Reise-Journals" abgedruckt waren, von Victor Léon, der auch als Autor angegeben war. Es war das erste Mal, dass sein Name in ungekürzter Form in einer Publikation aufscheint, und es ist der erste Beleg für die Verwendung des Pseudonyms „Victor Léon". Insgesamt schrieb Victor Léon 1877 und 1878 fünf mehrteilige Erzählungen und ein Feuilleton für das „Bade- und Reise-Journal"[17], danach lieferte er keine Beiträge mehr für das Blatt, dessen literarischer Teil wieder aufgelassen wurde.

---

12 Arnbom: Damals war Heimat, S. 20.
13 Gerichtshalle. Organ für Rechtspflege und Volkswirthschaft, 23.12.1875, S. 5.
14 Ebd. und Lehmann 1877, S. 655.
15 Das Vaterland, 21.12.1882, S. 6.
16 Lehmann 1877, S. 655.
17 „Die Badereise", 15.4.1877-20.5.1877; „Das letzte Opfer", 27.5.1877-10.6.1877; „Die Neuvermählten", 17.6.1877-29.7.1877; „Olga", 5.8.1877-19.8.1877; „In dunkler Nacht", 2.9.1877-16.9.1877; „Ein Lobgedicht auf Wien". Feuilleton, 14.9.1878.

Am 8.9.1877 startete das Team Popper-Hirschfeld mit einem neuen Periodikum: Es war die Zeitschrift „Die Hausfrau". Als „Herausgeber und Verleger" waren „J. und S. Popper" angegeben – und auf dem Titelblatt fand sich der Vermerk: „Redigirt von Victor Léon". Léon, der zu jener Zeit gerade sein Studium an der Schauspielschule begann, hatte damit im „Familienunternehmen" eine prominente Funktion erhalten.

Titelkopf der Zeitschrift „Die Hausfrau", 1877

Das Zielpublikum der „Hausfrau", die sich als „Organ für die gesammten Frauen-Interessen" definierte, waren Frauen der liberalen, gebildeten Mittelschicht. Die Zeitschrift trat, wie sich aus zahlreichen Beiträgen ablesen lässt, für das Frauenwahlrecht ein und forderte Gleichberechtigung in allen gesellschaftlichen Bereichen, sie verwies regelmäßig in Artikeln auf die Notwendigkeit, Frauen alle Bildungsmöglichkeiten zu öffnen und berichtete eingehend über die Aktivitäten der verschiedenen Frauenvereine. Die ideologische Linie war dabei die der gemäßigten Frauenbewegung: So etwa wurde zwar die Institution der Ehe nicht in Frage gestellt (sondern vielmehr immer wieder als ideale Form der Partnerschaft beschrieben), jedoch ein modernes Scheidungsrecht gefordert.

Im Hauptteil, den „Blättern für Haus und Wirtschaft", brachte die Zeitschrift vielfältige Informationen und Ratschläge zur Haushaltsführung – so etwa gab es regelmäßig Berichte über die neuesten Küchengeräte und über aktuelle Trends der Wohnungseinrichtung. Außerdem fanden sich im Hauptteil immer wieder Beiträge zu medizinischen Fragen, und Léons Vater Jakob Heinrich Hirschfeld, der auch in der „Hausfrau" wieder als Autor vertreten war, beschäftigte sich unter anderem mit Problemen der Erziehung.

Die Themen des zweiten Teils der Zeitschrift, des „illustrirten belletristischen Beiblattes" „Der Damen-Salon", waren, wie es im Leitartikel zur Probenummer hieß:

„Dichtungen in Prosa und Poesie, Berichte über Literatur und Kunst, namentlich über Theater und Musik, Mittheilungen über Mode und was sonst die elegante Welt interessirt.
Der Damensalon stellt es sich besonders zur Aufgabe, literarische Producte von Damen zur Veröffentlichung zu bringen, sowohl von anerkannten hervorragenden Schriftstellerinnen, die

uns auch bereits ihre schätzenswerthe Mitarbeiterschaft zugesagt, als auch Geisteserzeugnisse von aufstrebenden Talenten, wenn sie der Veröffentlichung würdig, so daß der Damensalon zur Förderung der Literatur in und aus dem weiblichen Kreisen dienen wird."[18]

Das Vorhaben, „literarische Producte von Damen zur Veröffentlichung zu bringen", war offenbar nicht so leicht umzusetzen, wie es sich die Blattmacher gedacht hatten: Denn die von Frauen geschriebenen Beiträge für den „Damen-Salon" waren vor allem in den ersten Ausgaben der Zeitschrift in der Mehrzahl Sachberichte oder Essays, die sich mit Themen wie „Weibliche Ärzte"[19], „Krieg der Tyrannin Mode"[20] oder „Die Bildung der Frau"[21] beschäftigten. Erst in späteren Ausgaben waren Frauen auch mit literarischen Texten – vor allem Erzählungen – vertreten. Unter den Beiträgerinnen fanden sich Schriftstellerinnen wie Rosa Barach, Ada Christen, Margarethe Halm und Johanna Leitenberger.

Der überwiegende Teil der literarischen Beiträge kam allerdings in den ersten 22 Ausgaben des „Damen-Salons" von Victor Léon. Bereits in der Probenummer war er mit dem ersten Teil der Fortsetzungsgeschichte „Eine Liaison" vertreten. In 22 Folgen geht es darin um eine junge Frau, Johanna, die als Gesellschafterin in einen gräflichen Haushalt kommt, ohne zunächst zu wissen, dass der Hausherr ihr ehemaliger Geliebter ist, von dem sie verlassen wurde, den sie aber immer noch liebt. Das Wiedersehen löst einen Schock in ihr aus, dennoch übernimmt sie es, die Tochter des Grafen, die noch ein Kleinkind ist, als Gouvernante zu betreuen. Zunächst scheint alles gut zu gehen, dann aber macht Johanna dem Grafen eines Tages eine Eifersuchtsszene. Sie wird entlassen, kehrt jedoch bei einem Fest heimlich zurück, entführt das Kind und will es in einem Fluss ertränken. Das Kind kann von einem Freund des Grafen gerettet werden, Johanna aber wird wahnsinnig und stirbt.

Ebenfalls in der Probenummer war auch der erste Teil eines langen Gedichtes von Victor Léon abgedruckt, dessen zweiter Teil in der Ausgabe vom 22.9.1877 folgte. Unter dem Titel „Krieg dem Kuße! Eine Epistel an zärtliche Damen" erzählt es, dass ein Kleinkind starb, weil es seine an Diphterie erkrankte Mutter durch zu vieles Küssen mit der Krankheit angesteckt hatte. Das Fazit des in seiner sprachlichen Gestaltung etwa holprigen Textes lautet: „Und da wir es nun Alle wissen: / Verschont die Kleinen mit dem Küssen".

Noch ein weiteres Mal publizierte Victor Léon im „Damen-Salon" ein umfangreiches Gedicht. Betitelt „Madonna" erschien es in zehn Folgen vom 15.12.1877 bis zum 23.2.1878. Es erzählt (reimlos, aber in rhythmischer Sprache) von einem Maler, der in ein Nonnenkloster kommt, um ein Madonnenbildnis zu malen. Er verliebt sich in die junge Klosterschwester, die ihm als Modell dient. Sie erwidert seine Zuneigung und verlässt für ihn das Kloster. Der Maler präsentiert sie seinem Vater als seine Braut, doch da stellt sich heraus, dass sie die lange vermisste Schwester des Malers ist. Dieser begeht daraufhin Selbstmord, die Nonne kehrt wieder in das Kloster zurück.

---

18 Die Hausfrau, 8.9.1877, S. 1.
19 Verfasst von Dora Tiroler. Die Hausfrau, 8.9.1877, Damen-Salon, S. 3.
20 Verfasst von Louise Hiller. Die Hausfrau, 29.9.1877, Damen-Salon S. 3.
21 Verfasst von Amalie Thilo. Die Hausfrau, 20.10.1877, Damen-Salon S. 2.

An literarischen Texten publizierte Victor Léon im „Damen-Salon" außerdem die als „Historiette" bezeichnete vierteilige Erzählung „Das letzte Opfer"[22], die er zuvor (gegliedert in drei Folgen) im „Bade- und Reise-Journal" veröffentlicht hatte. Die Erzählung spielt im Jahr 1876, während des sogenannten „Dritten Carlistenkrieges", in Spanien. Ein Mann versteckt sich aus politischen Gründen bei seiner Schwester und wird von deren eifersüchtigen Ehemann, der im Versteck einen Nebenbuhler glaubt, ermordet. Ein weiterer literarischer Text Léons war als „Historietten aus dem Badeleben"[23] betitelt. Es handelt sich dabei um eine zweiteilige Erzählung, die in bäuerlichem Milieu spielt: Ein junger Mann liebt die Tochter des Bauern, bei dem er als Knecht arbeitet und muss deswegen den Hof verlassen. Das Mädchen wird krank vor Kummer, weshalb der Bauer auf Anraten eines Arztes mit ihr in einen Kurort fährt. Dort trifft das Mädchen, ohne dass es der Bauer weiß, den Geliebten, wird wieder gesund, und der Bauer gibt schließlich die Einwilligung zur Heirat der beiden.

An sich war in der „Hausfrau" der Platz für literarische Texte im „Damen-Salon" reserviert. Drei Mal aber finden sich auch im Hauptteil der Zeitschrift Gedichte von Victor Léon. Alle drei Texte fallen in die Kategorie der Gelegenheitsdichtung: Am 24.11.1877 war es ein „Hochzeitscarmen zur Feier der Vermählung des Verlegers und Eigenthümers der ‚Hausfrau' und des ‚Damensalon', ihres Chefs, Herrn Julius Popper"[24]. Thema des einfach gebauten, humoristischen Gedichts war, dass sich Julius Popper zur „Hausfrau" noch eine zweite Frau genommen habe. Gezeichnet war es: „Die Redaction und Expedition. In deren Namen: Victor Léon". Das zweite Gedicht Léons erschien auf der Titelseite der „Hausfrau" und war ein „Dramatisches Festgedicht" mit dem Titel „Zur Feier der silbernen Hochzeit des Allerhöchsten Kaiserpaares. Mein Österreich!"[25]. In diesem patriotischen Text treten die allegorischen Figuren Austria und deren Töchter Hungaria, Bohemia, Istria und Bosnia auf, um Österreich und das Kaiserpaar zu preisen. Auch das dritte Gelegenheitsgedicht, erschienen am 10.5.1881, war auf der Titelseite platziert. Unter dem Titel „Zum 10. Mai 1881"[26] wurde darin in pathetischer Weise die Vermählung des österreichischen Kronprinzen Rudolf mit Stephanie von Belgien gefeiert.

Victor Léon nutzte seine Position als Redakteur der „Hausfrau" und des „Damen-Salons" aber nicht nur, um eigene literarische Texte zu publizieren, sondern auch, um Beiträge zum aktuellen Theatergeschehen zu veröffentlichen. Diese Texte erschienen in unregelmäßiger Folge in der Rubrik „Theater-Causerie", gezeichnet wurden sie von Léon mit unterschiedlichen Kürzeln, wie etwa „-n", „L-n" und „V-r L-n". Die erste „Theater-Causerie" erschien in der Probenummer der „Hausfrau" und beginnt mit einem kritisch-satirischen Bericht von der Saison-Eröffnungsvorstellung des Wiener Burgtheaters:

„Sie ist vorüber, die theaterlose Zeit, und der Recensent muß wieder seines Amtes walten, muß wieder allwöchentlich die Runde durch die Theater machen, muß sich wieder amusiren oder auch langweilen. Ja, ohne Scherz, langweilen! Beinahe wäre ihm dies passirt und dazu noch in

---

22 Die Hausfrau, Damen-Salon, 6.4.1878, 13.4.1878, 20.4.1878, 27.4.1878.
23 Die Hausfrau, Damen-Salon, 1.4.1879, 15.5.1879.
24 Die Hausfrau, 24.11.1877, S. 4.
25 Die Hausfrau, 25.4.1879, S. 1f.
26 Die Hausfrau, 10.5.1881, S. 1.

unserem erhabensten Musentempel, in den geheiligten Räumen des Burgtheaters. Man gab ‚Nathan' und es war die Eröffnungsvorstellung. Außerdem war es Samstag und hatte Nachmittags geregnet. Weiters stand auf dem Zettel: Recha, Frl. Walbeck; Templer, Krastl. Trotz all' dieser beunruhigenden Umstände beschloß der Recensent, sich zu opfern und wollte hin zur hehren Stätte. Ein volles Haus mit obligatem Luft- und Schwitzbade war das Mindeste, was er erwartet hatte. Doch siehe, o Schrecken, o Wonne, wollt ich sagen, das Haus war fast leer und nur in den oberen Regionen hatte sich ein hör- und schaulustiges Völklein junger Musenfreunde eingefunden. Die Glücklichen, die Harmlosen! Ich beneide sie. – Also das Haus war leer und dies war der einzige Umstand, in welchem ich getäuscht wurde. Krastl und die Walbeck mußt' ich leider hören. Templer und Recha – wie für einander geschaffen! Herr Krastl war zum Bedauern des ganzen Auditoriums nicht heiser und Frl. Waldbeck spielt – es steht einmal fest in der öffentlichen Meinung – das Stubenmädchen aus Moser's ‚Hector'[27] vortrefflich. Die Arme scheint übrigens zerstreut zu sein; sie wird sich vergriffen haben. Sie wollte wahrscheinlich die Rolle des besagten Stubenmädchens und erwischte die Recha. Ja, mein Fräulein, nur immer die fünf Sinne bei einander! Es ist dies eine Hauptbedingung bei der Schauspielerin. Die Daja wurde nicht von der Haizinger gespielt, der Klosterbruder auch nicht von Laroche, der von seinem Tusculum in Gmunden schreibt, er werde schon in einigen Tagen in Wien eintreffen, um in einer seiner besten Rollen ‚mit ungeschwächter Kraft vor das geliebte Wiener Publicum zu treten'. Was soll man nun noch mehr von dieser Vorstellung erzählen? Reusche hat zwar Laroche's Rolle ganz gut gegeben, aber Reusche ist dennoch nicht Laroche. Lewinsky, Mitterwurzer und die Straßmann haben den Abend gerettet. Lewinsky gebührt der Löwenantheil. Sein Nathan ist eine Meisterleistung, in dieser Rolle steht der Künstler wahrhaft unübertroffen da."[28]

In dieser ersten „Theater-Causerie" berichtete Léon außerdem von der Saisoneröffnung des Stadttheaters, das mit Shakespeares „Sommernachtstraum" einen, wie er schrieb, „vollständigen Erfolg" erzielte. In der nächsten von Victor Léon verfassten „Theater-Causerie", veröffentlicht in der Ausgabe vom 13.10.1877, standen wieder Aufführungen des Burgtheaters und des Stadttheaters im Mittelpunkt. Während er die drei „Novitäten" im Stadttheater („Graf Königsmark" von Paul Heyse, „Sand in die Augen" von Eugène Labiche und „In die Mode gebracht" von F. Zell) nur kurz erwähnte, beschäftigte er sich ausführlich mit der Aufführung von Shakespeares „Macbeth" am 10.10.1877 im Burgtheater. An den schauspielerischen Leistungen hatte er dabei nichts auszusetzen, lobte Friedrich Mitterwurzer als Macbeth und Charlotte Wolter als Lady Macbeth, kritisierte aber heftig die Bearbeitung des Dramas durch den damaligen Burgtheater-Direktor Franz von Dingelstedt, der, so Léon,

„besser gethan hätte, an Shakespeare's ‚Macbeth'-Tragödie nicht Hand anzulegen. Die Tragödie, welche wir sahen, war nicht die furchtbare des großen Dichters, die uns Entsetzen und Schrecken einflößen soll, sie war fast bis zur Sentimentalität herabgesunken. [...] Sehen wir aber auch von dem Capitel der Empfindungen und Affecte ab, so finden wir fühlbare Mängel, hervorgerufen theils durch Kürzung, theils durch Weglassung ganzer Scenen, deren Fehlen sogar das Verständniß der Handlung beeinträchtigt."[29]

---

27 Gemeint ist der populäre Schwank „Hector" von Gustav von Moser.
28 Die Hausfrau, 8.9.1877, Damen-Salon, S. 4.
29 Die Hausfrau, 13.10.1877, Damen-Salon, S. 4.

Bis Jänner 1879 verfasste Victor Léon noch zwölf weitere „Theater-Causerien".[30] Neben der Beurteilung der schauspielerischen Leistungen beschäftigte er sich darin auch mit allgemeineren Fragen dramatischer Gestaltung. So etwa, als er von einer Aufführung von George Sands „Die wilden Mauprats" in der Dramatisierung von Alexandre Dumas berichtete. Das Stück hatte am 11.2.1878 im Stadttheater Premiere gehabt, und es war „nichts Günstiges", was Léon über die Produktion zu sagen hatte. Sein negatives Urteil erklärte er mit der generellen Problematik der Dramatisierung von Romanen:

„Roman und Drama, so viel Verwandtes auch diese Dichtungsarten besitzen, sind dennoch nicht von einer solchen Affinität, daß beliebig eins für andere [!] substituirt werden könne. Wir haben trefflich dramatisirte Romane; unseren Leserinnen seien nur die Birch-Pfeiffer'schen Stücke wie ‚Dorf und Stadt', ‚Waise aus Lowood' in's Gedächtnis gerückt. Das waren eben Romane, wo der Grad der Affinität mit dem Drama ein solcher war, daß man das Experiment einer Dramatisirung wagen durfte und mit berechtigten Hoffnungen auf einen Erfolg zählen konnte. Und was bedingt die Opportunität der Umgestaltung des Romanes in's Drama. Des Dramas Handlung muß eine klare, in knappen Grenzen in sich abgeschlossene sein, läßt sich diese ohne Einbuße aus dem Romane schaffen, so wird derselbe gewiß auch als Bühnenstück Halt und Stütze haben, vorausgesetzt, daß der Roman sie hatte. – Und was nun eben die Handlung anlangt, so taugt die der ‚wilden Mauprats' durchaus nicht für die Bretter. Sie ist zu reich, zu verwickelt, stellenweise mit derben Effecten ausgestattet."[31]

Das Burgtheater und das Stadttheater waren jene Bühnen, über die Victor Léon am häufigsten berichtete. Wiederholt aber ging er auch auf Aufführungen der Schauspielschule des Konservatoriums ein – also jener Schule, an der er selbst Schüler war. Léon war dabei in seiner Beurteilung nicht sehr differenziert, meinte etwa einmal, dass den Aufführungen „auch eine strenge Kritik nur Lob sprechen kann"[32], und offenbar ging es ihm in Bezug auf diese Bühne vor allem darum, seine an den Aufführungen mitwirkenden Kolleginnen und Kollegen namentlich zu nennen.

Ab dem Herbst 1878 schränkte Victor Léon seine Mitarbeit bei der Zeitschrift „Die Hausfrau" immer mehr ein. Ab der Ausgabe vom 10.9.1878 war sein Name nicht mehr auf dem Titelblatt vermerkt. Auch „Der Damen-Salon" wurde eingestellt, zum letzten Mal fand sich das Beiblatt in der „Hausfrau" vom 10.9.1878. Jene zwei „Theater-Causerien", die Léon in der Folge noch verfasste, erschienen im Hauptteil des Blattes. Am 8.1.1879[33] beschäftigte er sich mit einer Produktion von Heinrich Laubes „Prinz Friedrich" am Stadttheater und mit der Uraufführung der Operette „Die letzten Mohikaner" (Text F. Zell, Musik Richard Genée) im Theater an der Wien. In seiner letzten „Theater-Causerie", erschienen am 16.1.1879[34], berichtete Léon von der Burgtheater-Premiere des Vortages, bei der „Das Haus Darnley" von Edward Bulwer-Lytton zu sehen gewesen war, er räsonierte über den geringen Erfol-

---

30 20.10.1877, 17.11.1877, 5.1.1878, 16.2.1878, 9.3.1878, 16.3.1878, 23.3.1878, 6.4.1878, 4.5.1878, 10.7.1878, 8.1.1879, 16.1.1879.
31 Die Hausfrau, 16.2.1878, Damen-Salon, S. 3.
32 Die Hausfrau, 5.1.1878, Damen-Salon, S. 3.
33 Die Hausfrau, 8.1.1879, S. 5.
34 Die Hausfrau, 16.1.1879, S. 5.

gen des Ringtheaters, den er auf mangelnde schauspielerische Qualitäten zurückführte, und er vermerkte zu einer Aufführung des „Ländlichen Charakterbildes" „Die Grille" von Charlotte Birch-Pfeiffer im Thalia-Theater, dass „als Zuschauer […] größtentheils nur leere Bänke" fungierten.

Fast zwei Jahre lang, von Frühjahr 1877 bis Anfang 1879, war Victor Léon intensiv journalistisch tätig gewesen. Diese Periode war für seine weitere Entwicklung wohl in vielem prägend gewesen: Die Zeitschriften, die im Umfeld seiner Familie produziert wurden, vermittelten durchwegs eine offene und politisch liberale Haltung und waren Neuerungen in allen gesellschaftlichen Bereichen aufgeschlossen. Durch seine Mitarbeit, in deren Mittelpunkt thematisch die Literatur und vor allem das Theater standen, lernte Léon die zeitgenössische Wiener Theaterszene genau kennen, er entwickelte als Rezensent Kriterien zur Beurteilung von Theaterstücken und schauspielerischen Leistungen, und er setzte sich mit Themen auseinander, die für sein späteres Schaffen von zentraler Bedeutung werden sollten, wie etwa die Dramatisierung von Prosavorlagen, die Übersetzung von fremdsprachigen Stücken und die Charakteristika des Genres Operette.

„Mein Meister und Mitarbeiter F. Zell":
Erste Theaterarbeiten

Victor Léons Laufbahn als Operettenlibrettist begann 1877. Am Anfang stand dabei eine Jugendfreundschaft: nämlich jene mit dem Komponisten Ludwig Engländer. Die Familie Hirschfeld wohnte damals im 9. Wiener Gemeindebezirk, in der Liechtensteinstraße 13.[1] In seinen autobiografischen Aufzeichnungen erinnerte sich Léon: „Der Wohnung meiner Eltern benachbart war jene einer Familie namens Engländer. Deren Sohn Ludwig wollte Componist werden. Operettencomponist. Als Nachbarkinder mit – wenn auch nicht gleichen – Bühnenbestrebungen waren wir bald befreundet."[2]

Der von Léon verwendete Ausdruck „Nachbarkinder" ist allerdings nicht als Altersangabe zu verstehen. Denn Victor Léon war 1877 bereits 19 Jahre alt und Ludwig Engländer sogar noch etwas älter. Geboren wurde Engländer 1850 oder 1853[3] in Wien, verstorben ist er am 13.9.1914 in New York, wohin er 1882 emigriert war. Unter dem anglifizierten Familiennamen Englander machte er in den USA als Dirigent und Komponist Karriere. Er schrieb die Musiken zu zahlreichen Bühnenwerken, vor allem zu komischen Opern, Operetten und Revuen, die um die Jahrhundertwende mit viel Erfolg an Broadway-Theatern gespielt wurden. Cecil Smith beschreibt in seinem Buch „Musical Comedy in America" Ludwig Engländers Musikstil als „conspicuously Teutonic, sounding like memories of the restaurants in his native Vienna"[4]. Diese künstlerische Affinität zu seiner Geburtsstadt mag der Grund dafür gewesen sein, dass Engländer um 1911, als seine Erfolge in den USA allmählich nachließen, nach Wien kam, hier einige Zeit lebte und versuchte, auch künstlerisch Fuß zu fassen. In Wien wurden seine Operetten „Vielliebchen" (1911, Libretto Rudolf Österreicher und Carl Lindau) und „Kittys Ehemänner" (1912, Libretto Emil Kolberg und Fritz

---

1 Lehmann 1877, S. 384.
2 Léon: Allerlei aus meinem Theaterleben. Léon-Nachlass 4/1.2.4.
3 In „The New Grove. Dictionary of Music and Musicians" ist als Geburtsdatum der 23.10.1853 angegeben (The New Grove. Dictionary of Music and Musicians. 2. Aufl. London 2001. Bd. 8, S. 240); in der Todesanzeige, die am 14.9.1914 in der „New York Times" erschien, hingegen heißt es: „Ludwig Englander, a noted comic opera composer, died yesterday in his sixty-fourth year", was als Geburtsjahr 1850 ergibt.
4 Smith, Cecil Michener – Glenn Litton: Musical Comedy in America. 2. Aufl. New York 1981. S. 77.

Lunzer) uraufgeführt, sie sind heutzutage aber ebenso wenig auf den Spielplänen zu finden wie die anderen Werke von Ludwig Engländer.

Die Zusammenarbeit von Ludwig Engländer und Victor Léon blieb auf die Frühzeit der Karrieren der beiden beschränkt und begann, wie sich Léon später erinnerte, als Engländer eine „veritable Operette" komponierte,

„deren Held der populäre Abruzzenräuberhauptmann Rinaldo Rinaldini war. Er hatte sich nach dem gleichnamigen Roman ein Libretto zusammengedichtet, kam aber damit über sehr holprige Anfänge nicht hinaus. Die Musik, die er sich dazu einfallen ließ, war das bessere Produkt, wie dies bis auf den heutigen Tag ja meistens der Fall ist. Mir speziell erschien Engländers Musik ungemein gefällig. In späterer Zeit auch dem Publicum; namentlich in Amerika. Also da es ihm mit dem ‚Dichten' nicht so zusammenging, machte er mir den Vorschlag, ihm bei seiner Banditenoperette textlich zu helfen. Ich, der ja nach der Classik des Burgtheaters gravitierte, stand dem Operettengenre noch ferner als der Erde etwa der entfernteste Fixstern. Ich hatte ganz zufällig ‚Orpheus in der Unterwelt' und ‚Die schöne Galathee' je einmal gesehen und empfand diesen Vorschlag in meinem obergymnasiastischen Dünkel fast als Beleidigung. Aber Ludwig Engländer ließ nicht locker und er kriegte mich herum, die Sache doch mindestens zu probieren. Seinem colportagehaften Rinaldostoff konnte ich nichts abgewinnen. Sicherlich beeinflußt vom ‚Orpheus' und der ‚Galathee' proponierte ich ihm eine Geschichte aus der homerischen Odyssee: ‚Nausikaa'. Natürlich wollte ich das Libretto – gleich ‚Orpheus' und ‚Galathee' – parodistisch gestalten. Das tat ich. Und er componierte drauf los."[5]

Ein Textbuch zur „Nausikaa" findet sich nicht im Léon-Nachlass. In seinen Erinnerungen aber gibt Victor Léon einen – wenn auch knappen – Hinweis darauf, wie er die Geschichte der Tochter des Phäakenkönigs als Operettenlibretto adaptierte: Aus dem schiffbrüchigen Odysseus des homerischen Epos machte er den „Finanzminister von Steuerheimos", der aufgrund einer Zeitungsannonce nach Utopien kommt, das zwar an sich, wie das homerische Land der Phäaken, ein Reich des Überflusses ist, das sich aber gerade in einer Finanzkrise befindet. Welche Rolle Nausikaa in der Operette spielt, geht aus Léons Aufzeichnungen nicht hervor.

Wenn sich Victor Léon für einen antiken Stoff entschied, so hing dies damit zusammen, dass er offenbar meinte, dass dies seinem Libretto mehr Distinktion verleihen werde als der damals überaus populäre „Rinaldo Rinaldini" des Goethe-Schwagers Christian August Vulpius. Léon bezeichnete Vulpius' Räuberroman als „colportagehaft" und benutzte damit einen zu seiner Zeit häufiger als heutzutage verwendeten und durchwegs negativ konnotierten Begriff. Kolportageartige Werke galten als „Verdummungslitteratur" für „einen geistig sehr untergeordneten Leser- und Kundenkreis"[6]. Léon, der die Beschäftigung mit einer Operette ohnehin in seinem „obergymnasiastischen Dünkel fast als Beleidigung" empfand, wollte sich auf dieses Genre zumindest nicht mit einem als literarisch minderwertig geltenden Stoff einlassen.

Als Vorbilder für seine Stoffwahl verweist Victor Léon auf die Operetten „Orpheus in der Unterwelt" von Jacques Offenbach und „Die schöne Galathee" von

---

5   Léon: Allerlei aus meinem Theaterleben. Léon-Nachlass 4/1.2.4.
6   Petzholdt, Julius: Aus dem Kreise des Colportagehandels. In: Neuer Anzeiger für Bibliographie und Bibliothekswissenschaft. Jg. 34, 1873. S. 48.

Franz von Suppé, die zu den bekanntesten Operettenbearbeitungen antiker Stoffe zählen. Léon liefert damit als Zeitzeuge eine authentische Bestätigung für die Überlegungen von Volker Klotz, der ebendiese Werke (zusammen mit Offenbachs „Die schöne Helena" als drittes Stück aus dem antiken Themenkreis) als Beispiele dafür nennt, wie „die Operette den öffentlichen Kredit großer und berühmter Stoffe [nutzte], um sich aus dem Abseits einer unerheblichen Kleinkunst zu befreien."[7] Allerdings, so Klotz, sei eine derartige Verwendung der „erhabenen Patina" antiker Stoffe nur in der frühen Phase der Operettenentwicklung „von den späten fünfziger Jahren bis in die siebziger Jahre des 19. Jahrhunderts" notwendig gewesen, dann hatte sich die Operette als anerkanntes Genre durchgesetzt und wandte sich „zeitgenössischen, geschichtlichen und exotischen Stoffen" zu.

Nachdem er sich entschlossen hatte, zu Ludwig Engländers Musik den Nausikaa-Stoff zu adaptieren, machte sich Victor Léon offenbar rasch an die Arbeit und schrieb, wie er sich erinnerte, „in unfaßbar kurzer Zeit" zwei Akte des Librettos.

„Da bekam ich am 6. Februar 1877 eine Correspondenzkarte: ‚Bitte, lieber Herr, kommen Sie, sobald Sie können, zu mir. Achtungsvoll F. Zell., III., Oelzeltgasse 3. Hochparterre. Tür 2.' – Was kann dieser Herr F. Zell ‚sobald ich kann' von mir wollen? Wer ist überhaupt dieser F. Zell in der Oelzeltgasse 3? An einem schulfreien Tag ging ich hin. An der angegebenen Hochparterretüre 2 stand aber nicht der Name ‚F. Zell' sondern: Camillo Walzel. Ich vermutete, daß Herr Zell der Zimmerherr des Herrn Walzel sei und zog die Glocke. Ein Dienstmädchen öffnete. Ich fragte, ob hier Herr F. Zell wohne? Das Dienstmädchen bejahte. Und ob er zuhause sei? ‚Der Herr Capitän ist zuhause', war die Antwort. Der Herr Capitän?? Die Sache wurde immer mysteriöser. Was kann ein Capitän von mir wollen? Ehe ich dies noch ausgedacht hatte, war ich auf ein ‚Bitte!' schon in ein Zimmer getreten. Da saß ein Herr mit einem schneeweißen Kopf, einem pechschwarzen Schnurrbart in einem sehr freundlichen, geradezu schönen Gesichte, an einem mit Papieren bedeckten Schreibtisch. Er fragte: ‚Was wünschen Sie?' Ich zeigte ihm die Karte, die ich von ihm erhalten. ‚Ach, Sie sind das?!' Ich hatte keine Ahnung, was ich sein sollte. Er bot mir einen Sessel an und sagte verwundert: ‚So jung sind Sie? Und schon so routiniert?' Ich muß ein sehr dummes Gesicht gemacht haben, denn er lachte auf, griff dabei nach einem dicken Schulheft und fragte: ‚Also Sie haben das geschrieben? Unglaublich!' Ich warf einen scheuen Blick auf das Heft und erkannte – mein Operettenbuch ‚Nausikaa'. Ich stammelte maßlos überrascht: ‚Bitte schön, woher haben Sie das?' Darauf er: ‚Das hat mir Herr Kapellmeister Brandl gegeben.' – ‚Wer???' fragte ich mit einem Vierteldutzend lauten Fragezeichen. Und da stellte sich nach und nach Folgendes heraus: mein Freund Engländer hatte seinem Lehrer Brandl[8], der erster Capellmeister am Carltheater war, die ‚Nausikaa'-Musik vorgespielt und ihm – ohne mein Wissen – mein Libretto gezeigt. Brandl gefiel mein Erzeugniß; nur meinte er, es müsse von einer theaterkundigen Hand in die Hand genommen werden. Und diese sei jene des Herrn F. Zell."[9]

---

7 Klotz, Volker: Operette. Porträt und Handbuch einer unerhörten Kunst. Kassel 2004. S. 144.
8 Johann Brandl (1835-1913) war Komponist und Dirigent. Er schrieb die Musik zu neun Operetten und über 100 Bühnenstücken.
9 Léon: Allerlei aus meinem Theaterleben. Léon-Nachlass 4/1.2.4.

F. Zell[10] war das Pseudonym von Camillo Walzel, der am 11.2.1829 als Sohn einer Opernsängerin und eines k.u.k. Artillerieleutnants im deutschen Magdeburg zur Welt gekommen war. Ab 1847 lebte Walzel in Wien und war zunächst Angehöriger verschiedener Regimenter der österreichisch-ungarischen Armee und ab 1856 Kapitän der Donaudampfschifffahrtsgesellschaft. Seine Karriere im Bereich der Operette begann Walzel mit Übersetzungen französischer Werke.[11] Ab den 1870er Jahren war er als Librettist tätig und verfasste gemeinsam mit Richard Genée zahlreiche Libretti, so etwa zu den Johann Strauss-Operetten „Cagliostro in Wien" und „Eine Nacht in Venedig", zu Franz von Suppés „Fatinitza" und „Boccaccio" und zu den Operetten „Gräfin Dubarry", „Der Bettelstudent" und „Gasparone" von Carl Millöcker. Von 1884 bis 1889 war Walzel künstlerischer Direktor des Theaters an der Wien. Er starb am 17.3.1895 in Wien.

Camillo Walzel alias F. Zell

Im Februar 1877, als das erste Treffen zwischen Victor Léon und Camillo Walzel stattfand, war Walzel in der Wiener Theater- und Musikszene unter seinem Pseudonym F. Zell bereits eine bekannte Persönlichkeit, und es ist merkwürdig, dass Léon

---

10 Walzel verwendete das Pseudonym ausschließlich in dieser Form, d.h. mit „F.". In der Literatur wird das „F." bisweilen als „Friedrich" wiedergegeben, allerdings gibt es für die Korrektheit dieser Auflösung keinen Nachweis.

11 Walzel übersetzte u.a. für das Theater an der Wien Jacques Offenbachs Operetten „Eine Kunstreiterin oder Ein weiblicher Haupttreffer" (1864) und „Die schöne Helena" (1865, Übersetzung gem. mit J. Hopp), sowie Charles Lecocqs „Teeblüte" (1869).

nichts von ihm wusste. Es könnte jedoch sein, dass Léon im Rückblick diese erste Begegnung nicht in allen Details genau so dargestellt hat, wie sie sich abspielte, lässt doch der Text eine gewisse humoristische Überformung erkennen. Vielleicht aber hatte der junge Victor Léon zu jener Zeit tatsächlich kein Interesse an der Operette und ihren damals erfolgreichen Wiener Vertretern, was allerdings Camillo Walzel sehr erstaunte:

‚Aber das ist doch unmöglich! Die populärsten Operetten sind ja von mir und Genée. Das <u>wissen</u> Sie nicht? – ‚Nein. Und wer ist denn Genée?' Er schüttelte sich vor Lachen: ‚Genée ist erster Kapellmeister am Theater an der Wien, Componist, Theaterschriftsteller und mein ständiger Mitarbeiter. Jetzt gibt man doch gerade im Carltheater ‚Fatinitza' von uns mit Musik von Suppé. Ihr eigentümliches Schauen scheint mir zu sagen, daß Sie davon <u>auch</u> nichts wissen?' Ich wußte auch nichts davon. Und gar nichts von Operetten. ‚Ja, sagen Sie mir, wie konnten Sie dann dieses Libretto schreiben, das mir altem Theaterhasen geradezu routiniert vorkommt? Oder – sind Sie aufrichtig – hat Ihnen dabei nicht Jemand geholfen?' Ich stieß ein empörtes ‚Aber nein! Was glauben Sie denn?!' heraus. ‚Dann muß ich Ihnen sagen, Sie scheinen für die Operette direct prädestiniert. [...] Lassen Sie mir das Buch noch einige Zeit. Ich werde Ihnen dann sagen, wie man das so richtig theatermäßig machen müßte. Also es hat mich gefreut. Sie interessieren mich. Ich schreibe Ihnen, wann Sie wieder kommen sollen.' Er gab mir die Hand. Ich ging."

Schon bevor er mit Léon in Kontakt getreten war, hatte Camillo Walzel am 23.1.1877 in einem Brief an Ludwig Engländer geschrieben:

„Lieber Herr Engländer!
Die plötzliche Absage der heutigen Probe gab mir ganz unvermuthet einen freien Vormittag, den ich zum Theil mit gewissenhafter Durchlesung Ihres Operettenentwurfes ausfüllte! Weit davon entfernt davon in maßloses Entzücken versetzt worden zu sein kann ich sagen, daß ich den mir vorliegenden Act mit <u>Vergnügen</u> gelesen habe, denn H. Hirschfeld verräth ein <u>ganz entschiedenes</u> Talent in dem schwierigeren Theile der Aufgabe eines Librettisten – er entwickelt die Motivation sehr geschickt aus der Situation, hat das große Finale z. b. [!] mit Gewandtheit aufgebaut, weiß mit dem Rhythmus gut umzugehen und hat einen amüsanten, vortrefflichen Gedanken gehabt, den nämlich, daß der Finanzminister v. Steuerheim infolge einer Zeitungsannonce nach Utopien engagirt, dieses Land des märchenhaften Überflusses ebenso verkracht findet, wie – exempla sunt odiosa – Österreich! Alles Übrige an dem Entwurfe ist vollkommen nutzlose Arbeit, denn bedaurlicher Weise arbeitete H. nach der antiquirten franz. Operettenschablone"[12].

Dem ersten Treffen zwischen Camillo Walzel und Victor Léon folgten bald weitere, Walzel wurde für Léon zu einem „Mentor", der ihn mit den aktuellen Tendenzen im Operettengenre bekannt machte und ihm „freien Besuch der Wiener Operettentheater"[13] verschaffte. Mit Bezug auf Léons „Nausikaa" aber meinte Walzel: „Die Zeit der dummen Könige, der blödsinnigen Generale und Minister ist Gott sei Dank vo-

---

12 Camillo Walzel: Brief an Ludwig Engländer, 23.1.1877. Léon-Nachlass 29/2.1.11.
13 Léon: Allerlei aus meinem Theaterleben. Léon-Nachlass 4/1.2.4.

rüber. Bringen Sie Menschen, wirkliche Menschen auf die Bühne – ein <u>Stück</u>. Dramatische, menschlich mögliche Situationen will das Publikum."[14]

Léon ließ das „Nausikaa"-Libretto unvollendet – nicht zuletzt auch deshalb, weil ihn Walzel bald als Mitarbeiter heranzog. Das erste gemeinsame Projekt war allerdings keine Operette, sondern das Lustspiel „Die Büste". Dieses basierte auf der Novelle „Le Buste" des französischen Schriftstellers Edmond About (1828-1885) und war eine Liebes- und Verwechslungsgeschichte: Ein junger, armer Bildhauer, der in ein Schloss bei Paris kommt, um die Büste der reichen Schlossbesitzerin anzufertigen, wird aufgrund eines Missverständnisses und ohne, dass er davon weiß, für einen Prinzen gehalten. Dadurch entstehen, als sich der Bildhauer und die Nichte der Schlossherrin ineinander verlieben, zahlreiche Konflikte. So fühlt sich der junge Mann durch die Anrede als Prinz von den im Schloss Anwesenden verspottet, während diese sein Beharren darauf, ein Bildhauer zu sein, als Hochmut deuten. Niemand glaubt ihm, dass er wirklich an der Büste arbeite – und erst als diese fertig ist, klärt sich der Irrtum auf. Allerdings braucht es dann noch einiges an Überzeugungsarbeit, damit die Tante, die den vermeintlichen Prinzen gerne als Ehemann ihrer Nichte gesehen hätte, den Künstler als Bräutigam akzeptiert.

Victor Léon hatte – auf den „vehementen Wunsch" hin, einmal „ein echtes und rechtes Theaterstück" zu schreiben – von Camillo Walzel den Auftrag erhalten, Abouts Novelle zu übersetzen und für eine Dramenfassung zu bearbeiten.

„Ich lief nach Hause, durchflog die hübsche Erzählung, in welcher ein armer Bildhauer, ein Bohemién, für einen Fürsten gehalten wird und – es ist wahrhaftig keine Aufschneiderei, es ist so wahr, wie die Wahrheit manchmal selbst zu sein pflegt – ich machte sofortestens einen szenischen Entwurf, begann zu schreiben, schrieb und schrieb einen halben Tag und eine ganze Nacht hindurch und noch ein paar Stunden drüber und am nächsten Nachmittag brachte ich meinem Meister sehr fix und sozusagen fertig: <u>‚Seine Durchlaucht' Lustspiel in drei Bildern nach Aboûts Novelle ‚Le Buste'</u>[15]. Der war paff. ‚So rasch? Na, das muß eine liebliche Sache sein!' lächelte er mit verletzender Ironie. Ich durfte ihm die ‚liebliche Sache' vorlesen. Er war noch paffer."[16]

Wie diese erste Fassung, die Léon vorlegte, aussah, ist nicht bekannt, da kein Manuskript davon erhalten geblieben ist. Aus Léons Erinnerungen geht lediglich hervor, dass Walzel nach dem ersten Vorlesen gemeint hatte, dass der Text „sehr der Retouche" bedürfe und dass das Stück von drei auf zwei Akte gekürzt werden müsse, da das Sujet „nicht eine Scene mehr" vertrage. Léon berichtet, dass er in der Folge intensiv an dem Stück gearbeitet habe. Am 28.5.1877 teilte ihm Camillo Walzel brieflich mit, dass er den ersten Akt „mit wärmsten Dank" erhalten habe, und er gab Léon „Anhaltspunkte"[17] für den zweiten Akt, den er dann eine Woche später in Händen hatte: „Vielen Dank, lieber Hr. Hirschfeld, für Ihre Sendung! Ich habe auch den

---

14 Ebd.
15 Die Titeländerung von „Seine Durchlaucht" zu „Die Büste" erfolgte, so Léon in seinen Erinnerungen, nach der Fertigstellung des Textes, einen Grund für die Änderung gibt er nicht an.
16 Léon: Allerlei aus meinem Theaterleben. Léon-Nachlass 4/1.2.4.
17 Camillo Walzel: Brief an Victor Léon, 28.5.1877. Léon-Nachlass 25/2.1.2.152.

zweiten Akt mit gleichem Interesse gelesen und mit Vergnügen entdeckt, daß Sie dem spröden Stoffe mit viel Geschick eine acceptable Form gaben auch hie und da einige Geistesblitze aufsetzten, die ich dankbar in die Kost nehmen werde!"[18]

Aus Walzels Briefen wird deutlich, dass das Lustspiel „Die Büste" in enger Kooperation von Walzel und Léon entstand. Walzel legte die Struktur des Stückes fest und gab verschiedene Anweisungen, die Léon dann umsetzte. Vor allem aber sind die beiden Schreiben die einzigen Beweisstücke dafür, dass Victor Léon durchaus die Koautorenschaft an der „Büste" beanspruchen konnte. Denn nirgendwo sonst ist sein Name in Zusammenhang mit dem Werk, das am 4.4.1878 am Wiener Burgtheater uraufgeführt wurde, zu finden: nicht auf dem Theaterzettel, den Ankündigungen in den Zeitungen und auch nicht in der gedruckten Fassung des Textes, die 1878 in der Reihe „Neues Wiener Theater"[19] erschien. In seinen Erinnerungen schreibt Victor Léon dazu:

„Nun erschienen in den Zeitungen die üblichen Ankündigungen der Novität. Ich vermißte meinen Namen. Nur F. Zell war als Autor genannt. Ich lief natürlich gleich zu ihm und hörte: daß mein Name – wie ich wisse – wohl auf dem eingereichten Exemplar gestanden habe, daß aber Director Dingelstedt den Wunsch geäußert hätte, ihn als einen total unbekannten, nicht auf dem Zettel zu nennen. Ich wollte es nicht recht glauben. Wieder blies ich Trübsal. Aber was konnte ich machen? [...] Das Lustspiel hielt sich im Repertoire. Daß ich dabei so unbeachtet blieb, wurmte mich. Und daß ich so unbetantiemt blieb, wurmte meine Eltern und mich natürlich auch. Mein Vater redete mir zu, ich müsse mein Recht suchen. Ja, <u>wie</u> denn? Ich solle Herrn von Sonnenthal[20] mein Leid klagen. Nach langem Her und Hin wagte ich es. Ich getraute mich endlich, zu Sonnenthal zu gehen, der am Lugeck wohnte. Ich zeigte ihm die Briefe und die Karten, die mir mein Meister und Mitarbeiter F. Zell geschrieben und bat ihn um Rat: was ich tun solle? Und Sonnenthal sprach: ‚Was Sie tun sollen? Sie sollen dem Herrn F. Zell dankbarst die Hände küssen, daß Sie durch ihn die hohe Ehre hatten, im Burgtheater aufgeführt zu werden.'"

Diese Erlebnisse gehören wohl mit zu den Gründen dafür, dass sich Victor Léon später in Tantiemen- und Urheberrechtsfragen stets sehr streitbar gab. Die umfangreiche diesbezügliche Korrespondenz, die sich in seinem Nachlass erhalten hat[21], zeigt, dass er immer wieder Anwälte in derartigen Angelegenheiten beschäftigte. Außerdem gehörte Léon 1897 zu den Gründungsmitgliedern der „A.K.M", der österreichischen Urheberrechtsgesellschaft, und fungierte als deren erster Schriftführer. Prägend für Victor Léon war sicher auch das von ihm beschriebene Drängen seines Vaters, dass er sein „Recht suchen" müsse. Zu sehen ist diese entschiedene Haltung von Jakob Heinrich Hirschfeld in Zusammenhang mit der Emanzipation der jüdischen Bevölkerung Österreich-Ungarns. Denn erst zehn Jahre zuvor, mit dem Staatsgrundgesetz

---

18 Camillo Walzel: Brief an Victor Léon, 6.6.1877. Léon-Nachlass 25/2.1.2.152.
19 Die Büste. Lustspiel in zwei Acten von F. Zell. Nach der gleichnamigen Novelle Edmond About's. Repertoire-Stück des k.k. Hofburgtheaters. Neues Wiener Theater, Nr. 92. Wien 1878.
20 Adolf von Sonnenthal hatte bei der Produktion von „Die Büste" im Burgtheater Regie geführt.
21 Léon-Nachlass 27.

vom 21.12.1867, hatte diese den Status rechtlich gleichberechtigter Bürger erhalten – gemäß Artikel 14 des Gesetzes: „Der Genuß der bürgerlichen und politischen Rechte ist von dem Religions-Bekenntnisse unabhängig". Eine wesentliche Lebenserfahrung von Jakob Heinrich Hirschfeld war es also gewesen, einer aufgrund der Religion diskriminierten, rechtlich benachteiligten und teilweise rechtlosen Bevölkerungsgruppe anzugehören. Dies mag auch der Grund dafür gewesen sein, dass er seinen Sohn um Rat zu dem ebenfalls der jüdischen Religion angehörenden Adolf von Sonnenthal schickte, zu dem er, als Glaubensgenossen, offenbar mehr Vertrauen hatte als zu staatlichen Instanzen.

Die Premiere der „Büste" am 4.4.1878 war ein voller Erfolg. Im Gegensatz zum Genrebild „Comtesse Dornröschen" von Anton Günther, das am selben Abend im Burgtheater uraufgeführt wurde und durchwegs schlechte Kritiken erhielt, wurde „Die Büste" „überaus günstig aufgenommen"[22]. Das Werk blieb über mehrere Jahre im Repertoire des Burgtheaters und wurde bis in die 1890er Jahre an zahlreichen weiteren Bühnen gezeigt – so etwa gleich im Uraufführungsjahr am Berliner Hoftheater, am Deutschen königlichen Landestheater in Prag und am Deutschen Theater in Pest.

In der künstlerischen Entwicklung von Victor Léon stellt die Zusammenarbeit mit Camillo Walzel eine prägende Phase dar. Walzel der als „einer der besten Bearbeiter französischer Stücke"[23] galt, machte Léon nicht nur auf die zeitgenössische französische Literatur als Quelle aufmerksam (eine Quelle, aus der Léon später noch oft schöpfen sollte), sondern im Rahmen der Arbeit an der „Büste" vermittelte er ihm auch, wie fremde Texte entsprechend zu adaptieren seien, um auf den deutschsprachigen und natürlich vor allem auf den Wiener Bühnen die bestmögliche Wirkung zu erzielen. Zentraler Punkt war dabei Walzels Forderung nach der Darstellung von „wirklichen Menschen" und „menschlich möglichen Situationen". Was damit gemeint war, wird bei der Analyse der Adaption von Edmond Abouts Text deutlich. In den Grundzügen haben Léon und Walzel die Handlung so in ihr Stück übernommen, wie sie in der Novelle erzählt wird, auch der Schauplatz und die Namen der Personen wurden beibehalten. Eine wesentliche Änderung aber, die Léon und Walzel vornahmen, betrifft die erste Begegnung zwischen dem Bildhauer und dem jungen Mädchen und den Grund dafür, dass der Bildhauer für einen Prinzen gehalten wird: In Abouts Novelle ist das junge Mädchen (das sowohl hier als auch im Lustspiel von Léon und Walzel Victorine heißt und das, da seine Mutter früh verstorben ist, bei seiner Tante, Madame Michaud, lebt) Angehörige einer alten, vornehmen französischen Adelsfamilie. „Ils datent de saint Louis"[24], wird erläutert, und über den Vater Victorines (der in der Novelle eine Randfigur ist und im Lustspiel nicht auftritt, sondern nur einmal kurz erwähnt wird) weiß der Erzähler zu berichten: „Si vous trouvez dix hommes plus aristocrates que lui entre le quai d'Orsay et la rue de Vaugirard, vous aurez de bons yeux"[25]. Die Familie verfügt über große Besitzungen, deren Erträgnisse ihr ein Vermögen eingebracht haben. Übertroffen aber wird dies von jenem Millionenerbe, das der verstorbene Ehemann der Tante, ein Industrieller, seiner Witwe hinterlassen

---

22 Neue Freie Presse, 5.4.1878, S. 6.
23 So charakterisiert in einem Nachruf im Pester Lloyd, 18.3.1895, S. 2.
24 About, Edmond: Le Buste. In: Ders.: Les Mariages de Paris. Paris 1920. S. 133.
25 About: Le Buste, S. 134.

hat. Die beiden jungen Männer, die neben dem Bildhauer um Victorine werben, gehören ebenfalls angesehenen adeligen Familien an und wurden von der Tante und dem Vater als geeignete Ehemänner für das Mädchen, das sich für einen der beiden entscheiden soll, ausgesucht.

In der Bearbeitung von Léon und Walzel hingegen kommt die Familie Victorines aus dem Kleinbürgertum. Die Tante hatte ihren verstorbenen Ehemann „im Omnibus" kennen gelernt: „Wir fuhren Beide [!] nach Montpellier zu Markte! Er war damals Maurerpolier, und ich handelte mit Butter und Eiern en gros!"[26] Zu Wohlstand kamen die beiden, als sie nach Paris zogen und der Maurerpolier „durch Fleiß und Ausdauer an den Demolirungen von Paris ein horrendes Vermögen"[27] verdiente.

Léon und Walzel versetzten ihre Protagonisten also in ein völlig anderes gesellschaftliches Umfeld, das sich radikal von dem in Abouts Novelle unterscheidet. Die Novelle, 1856 erstmals veröffentlicht, spielt in den adeligen Kreisen einer streng hierarchischen Klassengesellschaft, in der es kaum soziale Mobilität gibt. Zwar wird der Bildhauer am Ende der Geschichte von der Familie als Ehemann für Victorine akzeptiert, Vorbedingung dafür aber ist, dass Victorines Vater bereit ist, seinen Adelstitel auf den künftigen Schwiegersohn zu übertragen. Etwas mehr als zwei Jahrzehnte nach About präsentierten Léon und Walzel in ihrer Dramatisierung von „Le Buste" eine Gesellschaft, die sich wirtschaftlich und sozial im Umbruch befindet. Dies entsprach den Verhältnissen jener Zeit, in der durch die Industrialisierung Teile des Bürgertums zu Reichtum kamen. Damit entstand ein neuer Geldadel, während der alte Adel, der sich häufig den neuen Entwicklungen verschloss, vielfach in ökonomisch prekäre Verhältnisse geriet. Darauf bezieht sich im Stück Victorines Tante, wenn sie sagt, dass es der „letzte Wille" ihres Mannes gewesen sei, „daß Victorine, Tochter seines Bruders, eines armen Cuirassierofficiers, glänzend erzogen, und eines Tages Baronin, Marquise, Gräfin – was weiß ich werden sollte! ‚Wir haben die Mittel dazu,' sagte Michaud: ‚Wir können unserer Nichte einen Mann von Adel kaufen, 's sind genug davon am Lager!'"[28]

Wie Walzels Forderung nach „wirklichen Menschen" in „menschlich möglichen Situationen" zu verstehen war, wird vor allem in der Gestaltung der Figur der Victorine deutlich. Während in der Textfassung von Léon und Walzel die Tante stolz darauf ist, dass das Mädchen „glänzend erzogen" wurde – was das Bildungsbewusstsein des aufstrebenden Bürgertums widerspiegelt –, hat die Victorine in Abouts Novelle keinerlei Ausbildung erhalten, gemäß der traditionellen Ansicht der Familie, „qui pensait qu'un homme n'en sait jamais trop, mais qu'une femme en sait toujours assez"[29]. Das Mädchen wirkt daher auch ein wenig dumm, „un peu sotte"[30], während ihr Gegenstück im Lustspiel sich als klug und schlagfertig erweist.

Die unterschiedliche Bildung der beiden Frauenfiguren führt zu unterschiedlichen Ursachen für den Irrtum in Bezug auf die Identität des Bildhauers. In Abouts Novelle lebt Victorine, die niemals das Schloss verlässt, ganz in der Welt jener alten Romane und Erzählungen, die sie in der Schlossbibliothek findet. In ihren Tagträumen identi-

---

26 F. Zell: Die Büste, S. 10.
27 Ebd., S. 11.
28 Ebd., S. 11.
29 About: Le Buste, S. 138.
30 Ebd., S. 140.

fiziert sie sich selbst und die Menschen ihrer Umgebung vollkommen mit Personen aus diesen Geschichten. Daher meint sie, als der Bildhauer sie im Schlosspark bei der Lektüre überrascht, den „Prince de Fer", von dem sie soeben gelesen hat, vor sich zu haben – eine Vorstellung, in der sie dadurch bestärkt wird, dass sich der junge Mann als Daniel Fert vorstellt. Ganz anders verläuft das Kennenlernen der beiden im Lustspiel von Léon und Walzel: Da findet das erste Treffen während eines Balles statt. Victorine und der Bildhauer tanzen kurz miteinander, verlieren einander im Getümmel aber wieder aus den Augen. Als sich Victorine bei einer anderen Ballbesucherin nach dem Namen des Unbekannten, der ihr gut gefällt, erkundigt, meint sie im Musiklärm „Fürst von Neisse – oder Meissen"[31] zu verstehen, während sich die scherzhafte Auskunft der anderen Ballbesucherin auf den Beruf des Bildhauers als eines „Fürst des Meißels" bezogen hatte. Insgesamt ist festzustellen, dass mit der Victorine des Lustspiels „Die Büste" bereits eine jener weltoffenen, emanzipierten Frauengestalten die Bühne betritt, die typisch für Victor Léons weiteres Schaffen werden sollten.

Zwar blies Victor Léon, wie er schreibt, darüber Trübsal, dass er in den Ankündigungen der „Büste" nicht genannt wurde, die Anonymität aber ermöglichte es ihm, zwei Tage nach der Uraufführung eine Besprechung des Stückes im „Damen-Salon" der Zeitschrift „Die Hausfrau" zu publizieren. Während er die zweite Premiere des Abends, „Comtesse Dornröschen", als „langweiliges, fades und phrasenhaftes Product" abtat, berichtet er,

„daß Zell's Lustspiel: ‚Die Büste', ein ganz vortreffliches, durchaus geistvolles und witziges Stück, mit vielem Beifalle aufgenommen wurde. Das Ensemble war ein ganz vorzügliches; Hartmann generis masculini und feminini spielten beide sehr gut, Mitterwurzer und Schöne, sowie Frl. Janisch brachten ihre Rollen zur besten Geltung, aber über Allen steht Frau Straßmann, die aus ihrer allerdings vortrefflichen, humoristischen Rolle ein Cabinetsstück machte. Stück und Darsteller fanden stürmischen Applaus nicht blos zu den Actschlüssen, sondern – man möchte sagen – nach jedem Worte, denn jedes Wort sprühte von Laune, Geist und Witz. Das Burgtheater hat sich mit der ‚Büste' ein Repertoirestück comme il faut erworben."[32]

Ein dreiviertel Jahr später beschäftigte sich Victor Léon in einem Artikel noch einmal mit dem Schaffen seines „Meisters und Mitarbeiters" Camillo Walzel. Im Theater an der Wien hatte am 4.1.1879 die Uraufführung der Operette „Die letzten Mohikaner" stattgefunden, zu der Walzel das Textbuch und Richard Genée die Musik geschrieben hatten. Léon bezeichnete in seiner Besprechung das Werk als

„eine zugkräftige, ganz vortreffliche Operette, die auch sicherlich eine nachhaltige Anziehungskraft besitzt. Da wir Zell-Genée besitzen, brauchen wir nicht mehr neidisch hinüber nach der Stadt an der Seine zu schielen. Diese Compagnie hat mit ihren Werken schon längst das nun immer mehr und mehr im Verblassen begriffene französische Operettenthum übertroffen. Zell ist der beste deutsche Librettist und ein hervorragender Lustspieldichter. Genée ist ein ei-

---

31 F. Zell: Die Büste, S. 16.
32 Die Hausfrau, 6.4.1878, Damen-Salon, S. 4.

genartiger Componist, ein geschulter Musiker, der das Wesen der Operette aus dem Grunde kennt."[33]

Die Zusammenarbeit mit Camillo Walzel an der „Büste" war für Victor Léon zwar letztlich enttäuschend gewesen, dennoch widmete er seinem „Mentor" den Einakter „Postillon d'amour". In der 1879 erschienenen Druckfassung des Lustspiels findet sich auf Seite 3 die Zueignung: „Dem verehrten Bühnenschriftsteller F. Zell widmet sein dramatisches Erstlingswerk in Hochachtung und Dankbarkeit der Verfasser."[34]

Der Kontakt zwischen Léon und Walzel blieb bestehen und führte später zu einem weiteren Gemeinschaftswerk, das sich in zwei handschriftlichen Varianten im Nachlass von Victor Léon findet. Das kürzere der beiden Manuskripte[35] trägt den Titel „Madame Potiphar. Altegyptisches [!] Vaudeville in 1 Akt von Goutran de Chantilly. Deutsch von Victor Léon und F. Zell. Musik von Louis Roth". Problematisch ist dabei die Angabe des Verfassers des Originalstückes, denn ein Vaudeville-Autor namens Goutran de Chantilly konnte nicht eruiert werden.[36] Der Titel des zweiten, etwas umfangreicheren Manuskripts[37] lautet „Josef und Potiphar". Als Autor des Originals wurde auch hier zunächst „Goutran de Chantilly" vermerkt, was aber nachträglich von Léon gestrichen und durch „Eugène Furpille" ersetzt wurde. Furpille war ein im 19. Jahrhundert vielgespielter Autor. Gemeinsam mit Philippe Gille verfasste er das Libretto zu der von Léo Delibes vertonten, 1865 in Paris uraufgeführten komischen Oper „Le bœuf Apis", die eine Anregung für „Josef und Potiphar" gewesen sein könnte.

Die beiden Manuskripte „Madame Potiphar" und „Josef und Potiphar" unterscheiden sich inhaltlich kaum voneinander. Allerdings sind im letzteren, das auf der ersten Seite den Hinweis „Mise en scène von Viktor Léon" trägt, einige kleine Bühnenskizzen enthalten, und es findet sich darin auch ein Datierungshinweis: Denn Victor Léon, der für die Niederschrift seiner Texte oft die Rückseite von schon beschriebenem Papier verwendete, benutzte in diesem Fall Teile eines maschinschriftlichen Briefes an ihn, der das Datum 18.12.1894 trägt. „Josef und Potiphar" muss also nach diesem Datum entstanden sein. Offenbar war das Werk für eine Aufführung im Theater in der Josefstadt geplant. Denn das Manuskript enthält auch ein Zusatzblatt mit einigen Coupletstrophen, das mit dem Vermerk „Nachtrag" versehen ist und einen Stempel „Secretariat des k.k.priv. Theaters in der Josefstadt" trägt. Außerdem finden sich in der Musiksammlung der Österreichischen Nationalbibliothek zwei bruchstückhafte, handgeschriebene Klavierauszüge von Louis Roth[38], von denen der eine den Titel „Madame Potiphar. Operette in I Act nach dem Französischen von Victor Léon u. Camillo Zell. Musik von Louis Roth"[39], der andere „Josef und Potiphar. Mu-

---

33 Die Hausfrau, 8.1.1879, S. 5.
34 Léon: Postillon d'amour, S. 3.
35 Léon-Nachlass 1/1.1.18.
36 So etwa enthält der Katalog der „Bibliothèque nationale de France" keinen Autor mit diesem oder einem ähnlichen Namen.
37 Léon-Nachlass 3/1.1.54.
38 Louis Roth (1843-1929) war Komponist und Kapellmeister (u.a. im Theater an der Wien) und arbeitete mehrfach mit Camillo Walzel und Richard Genée zusammen.
39 Roth, Louis: Madame Potiphar, ÖNB, Mus. Hs. 5414.

sik von Louis Roth"[40] (ohne Angabe der Librettisten) trägt. Im Katalog der Musiksammlung ist beim Klavierauszug „Josef und Potiphar" überdies „Leihgabe Josefstädter Theater" notiert. Eine Aufführung des Stückes im Theater in der Josefstadt oder in einem anderen Theater ist jedoch nicht nachweisbar.

„Madame Potiphar" beziehungsweise „Josef und Potiphar" ist eine Parodie auf jene biblische Erzählung, die davon berichtet, wie die Ehefrau des hohen ägyptischen Beamten Potiphar dessen Sklaven Josef vergeblich zu verführen versucht. Die Komik der Parodie besteht vor allem darin, dass in die Handlung, die „im Palast des Potiphars zu Memphis, zirka 2000 Jahre vor Christus" spielt, zeitlich nicht passende Elemente eingebracht sind: So etwa ist Potiphar ein Reitstallbesitzer, der von Josef (der, so wie in der Bibel, Träume zu deuten versteht) Wetttipps für das kommende Derby verlangt; Madame Potiphar wiederum ist in einem „überfüllten Tramwaywaggon" auf den gutaussehenden Josef aufmerksam geworden. Zudem wird der biblische Bericht selbst thematisiert. So etwa verweigert sich Josef der Madame Potiphar mit den Worten: „Sehen Sie, wenn ich Ihnen jetzt den Gefallen thu', müsst der Moses alle fünf Bücher umschreiben! Die Schererei kann ich dem Mann nicht antun!" Im Gegensatz zur biblischen Geschichte schließt die Parodie mit einem Happy End: Josef landet nicht im Gefängnis, sondern er entkommt Madame Potiphar und ihrem eifersüchtigen Mann, weil der Pharao nach ihm schickt, damit er für ihn einen Traum deute.

---

40 Roth, Louis: Josef und Potiphar, ÖNB, Mus. Hs. 8728.

An Prater- und Provinzbühnen

In seinen Erinnerungen „Allerlei aus meinem Theaterleben" schreibt Victor Léon, dass er in der Anfangszeit seines dramatischen Schaffens vor allem Einakter geschrieben habe, da „deren Aufführungsmöglichkeit leichter herbeizuführen" gewesen sei. Bedarf an kurzen, unterhaltsamen Stücken, die mit relativ geringem Aufwand realisiert werden konnten, hatten zu jener Zeit unter anderem die populären Bühnen im Wiener Prater – und tatsächlich belieferte Victor Léon diese mit einer Reihe von Werken.

Der Prater, der zuvor als kaiserliches Jagdrevier nur bevorzugten adeligen Kreisen zugänglich gewesen war, wurde 1766 für die Allgemeinheit geöffnet und entwickelte sich rasch zu einem viel frequentierten Erholungs- und vor allem auch Vergnügungsgebiet für die Wiener Bevölkerung. Neben Zirkussen, Menagerien, Kuriositätenkabinetten, Ringelspielen und anderen für den sogenannten „Wurstelprater" typischen Einrichtungen gehörten zu den populären Attraktionen auch eine Reihe von Gaststätten, die über große Säle verfügten, in denen nicht nur Tanzveranstaltungen, sondern auch Konzert- und Theateraufführungen stattfanden.

Ein besonders populäres Praterlokal war das so genannte Dritte Kaffeehaus. Dieses war – so wie auch das Erste und das Zweite Kaffeehaus – Ende des 18. Jahrhunderts an der Hauptallee, die sich zu einer beliebten Promenade entwickelt hatte, errichtet worden. Anlässlich der Weltausstellung 1873 wurde das Etablissement umgebaut, der neue Veranstaltungssaal fasste bis zu 5000 Personen[1] und war damit einer der größten im Prater. 1877 kaufte der Theaterunternehmer Anton Ronacher das Gebäude und richtete darin ein Sommertheater ein, das Possen, Singspiele, Operetten und Varietédarbietungen brachte. Auch mehrere Werke von Victor Léon wurden im Dritten Kaffeehaus aufgeführt. So etwa der Einakter „Beim Schützenfest in Wien", der vom 17.7.1880 bis zum 24.7.1880 täglich auf dem Programm stand. In Titel und Handlung bezog sich diese „Gelegenheitsposse" auf das „Erste österreichische Bundesschießen", das an jenen Tagen im Prater stattfand und meist nur als das „Schützenfest" bezeichnet wurde. Es war eine groß angelegte Veranstaltung, an der nicht nur Schützenvereine aus Österreich-Ungarn, sondern auch aus Deutschland, England, Frankreich, Italien, der Schweiz und den USA teilnahmen. Eröffnet wurde das Bundesschießen am 18.7.1880 mit einem großen Festzug auf der Ringstraße, anschließend begannen die Schießwettbewerbe im Prater, die auf großes Publikumsinteresse

---

1 Pemmer, Hans – Nini Lackner: Der Wiener Prater einst und jetzt. Leipzig u. Wien 1935. S. 116.

stießen und von „etwa 200.000 Personen"[2] besucht wurden. Zu den Begleitveranstaltungen gehörten neben Konzerten auch Theateraufführungen, bei denen Stücke gezeigt wurden, die thematisch auf das Schützenfest abgestimmt waren. So etwa brachte das „Fürsttheater" die „Gelegenheitsposse mit Gesang" „Die Schützen in Wien" von Carl Schütz (Musik Karl Kleiber) – und „Anton Ronacher's Operetten Theater im k.k. Prater" (meist kurz Ronacher-Theater genannt) zeigte Victor Léons Posse, zu der Max von Weinzierl[3] die Musik komponiert hatte.

Die Hauptperson in Léons „Beim Schützenfest in Wien" ist eine junge Belgierin, die Tochter eines Gewehrfabrikanten, die nach Wien kommt, um hier, als Schütze verkleidet, an den Schießwettbewerben teilzunehmen. Außerdem will sie sich mit jenem jungen Wiener treffen, in den sie sich verliebte, als er anlässlich der Feiern zur Verlobung von Kronprinz Rudolf und Prinzessin Stephanie als Mitglied eines Chores in Brüssel war. Als Schütze verkleidet gibt sie sich beim Vater des jungen Mannes als ihr eigener Vater aus und macht mit ihm ihre eigene Verlobung aus, mit der die Posse dann auch endet. Gegen die Zulassung des Stückes gab es von Seiten der Zensurbehörde „kein Bedenken", jedoch wurde – in bemerkenswertem Amtsdeutsch – darauf verwiesen,

„daß zahlreiche durchaus loyal und patriotisch gehaltene Anspielungen auf die Verlobung des Kronprinzen mit der belgischen Prinzessin vorkommen, rücksichtlich welche die ergebenst gefertigte kk Polizeidirektion – welche von ihrem Standpunkte übrigens gegen diese Bethätigung der Verehrung des A.H. Kaiserhauses und die Kundgebung patriotischer Gesinnung einen Anstand nicht erhebt – die Frage, ob in der besagten Richtung gewisse Grenzen zu ziehen wären, dem Ermessen des hohen Präsidiums überlassen zu sollen erachtet."[4]

Auch das „hohe Präsidium", d.h. die k.k. Statthalterei als übergeordnete Instanz, hatte gegen das Stück nichts einzuwenden, und dem ebenfalls im Zensurakt enthaltenen Polizeibericht von der ersten Aufführung ist zu entnehmen, dass Léons Posse „von dem ziemlich zahlreich erschienenen Publicum beifällig aufgenommen" wurde.

Erfolgreich war Léon auch mit der „burlesk-mythologischen" Operette „O diese Götter", die am 8.8.1883 erstmals im Ronacher-Theater gezeigt wurde und dort bis zum Ende der Sommertheatersaison (Mitte September) zu sehen war. Im Mittelpunkt des im antiken Athen spielenden Stückes stehen der Bildhauer Praxiteles und seine Geliebte Phryne. Praxiteles hat Phryne gesagt, dass ihr sein wertvollstes Werk gehöre. Phryne weiß nicht, worum es sich dabei handelt, hat aber vor, das Werk zu verkaufen, um den Erlös für neue Kleider zu verwenden. Erst durch das Eingreifen von Zeus wird ihr klar, dass Praxiteles das gemeinsame Kind meinte: Denn dieses rettet der Bildhauer als erstes aus den Flammen, als der Göttervater das Atelier in Brand setzt.

---

2 Wiener Zeitung, 27.7.1880, S. 3.
3 Max von Weinzierl, geb. 16.9.1841 in Bergstadtl (Hory Matky Boří/Tschechien), gest. 10.7.1898 in Mödling, war Chordirigent (u.a. beim Wiener Männergesang-Verein und bei der Wiener Singakademie) und Theaterkapellmeister. Er komponierte Lieder, Instrumentalwerke und v.a. zahlreiche Bühnenmusiken zu Possen.
4 NÖ Landesarchiv, NÖ Reg. Präs Theater ZA 1880/4580 K 24.

„Das amüsante Libretto bekundet ein beachtenswerthes Talent"[5], schrieb die „Neue Freie Presse" in ihrer – allerdings sehr kurzen – Premierenkritik über „O diese Götter". Lob gab es auch für die „melodiös[e] und geschickt instrumentirt[e]" Musik, die Carl Stix[6] komponiert hatte. Einige Jahre nach den Aufführungen im Ronacher-Theater wurde Léons Textbuch noch einmal vertont und erhielt den Titel „Phryne". Die Musik zu dieser – inhaltlich kaum veränderten – Fassung stammte von dem deutschen Komponisten Bernhard Triebel[7]. Wann und wo „Phryne" erstmals gezeigt wurde, ist nicht eindeutig nachweisbar. Im „Opernlexikon" von Franz Stieger ist als Uraufführungsdatum der 23.11.1893 und als Uraufführungsort das Residenz-Theater in Wiesbaden angegeben.[8] Allerdings sind bereits im Mai 1888 in Friedrich Hofmeisters „Musikalisch-literarischem Monatsbericht" die Veröffentlichungen des „Phryne"-Textbuches und von Notendrucken einzelner Musikstücke aus der Operette verzeichnet.[9] Da derartige Publikationen im Allgemeinen erst nach erfolgter Uraufführung erschienen, dürfte „Phryne" bereits 1888 (oder davor) erstmals gezeigt worden sein.

Ein weiteres Stück von Victor Léon, das in Anton Ronachers Theater im Wiener Prater aufgeführt wurde, war, ab 1.5.1884, „Die Königin von Arragon". Schauplatz dieser „Komischen Operette in einem Akte" ist das fiktive Königreich Arragon, dessen historisches Vorbild offensichtlich das mittelalterliche iberische Königreich Aragonien war (weshalb auf dem ersten der Zensur vorgelegten Manuskript der Stücktitel „Die Königin von Arragonien [!]" lautete, jedoch wurde die Endung „ien" vom Zensor gestrichen[10]). So wie das historische Aragonien ist auch das Arragon in Léons Operette von Angriffen durch die Mauren bedroht. Das Operettenkönigreich ist dem, wie er bezeichnet wird, „Maurenhäuptling" Mirham Kadar tributpflichtig. Da aber die Staatskasse leer ist, flüchtet Königin Esmeralda aus dem Palast, als Kadar erscheint, um die fälligen Gelder zu kassieren. Als Kadar darauf besteht, mit Esmeralda zu sprechen, hat die „königliche Wäschebewahrerin" Netti Spitzberger eine rettende Idee: Sie, ihre Tochter Marina und der Ministersohn Alonzo verkleiden sich nacheinander als Königin und sprechen jeweils in dieser Rolle mit Kadar. Dieser ist dadurch zunehmend verwirrt und lässt sich so lange hinhalten, bis Esmeralda mit militärischer Unterstützung zurückkehrt. Kadar gibt sich kampflos geschlagen, Marina wird zur Fürstin erhoben und heiratet Alonzo, und Hassan, der Sklave Kadars, ent-

---

5   Neue Freie Presse, 10.8.1883, S. 7.
6   Carl Stix, geb. 12.3.1860 in Wien, gest. 24.10.1909, absolvierte zu jener Zeit, als Victor Léon die Schauspielschule besuchte, eine Ausbildung am Wiener Konservatorium, und es ist möglich, dass Léon und Stix einander damals kennenlernten. Stix war als Oboist, Theaterkapellmeister und als Komponist tätig.
7   Vermutlich in seiner Erinnerung irritiert durch die Identität der beiden Stücke schrieb Victor Léon in „Allerlei aus meinem Theaterleben" (Léon-Nachlass 4/1.2.4.), dass Carl Stix die Musik zu beiden Operetten komponiert habe, Bernhard Triebel wird in diesen 1933 verfassten Aufzeichnungen nicht erwähnt.
8   Stieger, Franz: Opernlexikon. Teil II: Komponisten. 3. Bd. Tutzing 1978. S. 1115.
9   Hofmeister, Friedrich (Hg.): Musikalisch-literarischer Monatsbericht über neue Musikalien, musikalische Schriften und Abbildungen für das Jahr 1888. Leipzig 1888. S. 192 u. 212.
10 NÖ Landesarchiv, NÖ Reg. Präs Theater ZA 1883/5224 K 26.

puppt sich als Wenzel, der einst von den Mauren geraubte Ehemann Nettis und Vater Marinas.

Netti und Wenzel sind das komische Paar dieser Operette. Netti ist eine Wienerin, die durchwegs Dialekt spricht, Wenzel kommt aus Jičin und „böhmakelt", die anderen Personen sprechen Hochdeutsch. Das Aufeinandertreffen dieser verschiedenen Sprachformen macht deutlich, dass hier eigentlich nicht zusammenpassende Ebenen ineinandergefügt sind: Denn Netti und Wenzel repräsentieren in ihrem ganzen Gehaben das Österreich-Ungarn des späten 19. Jahrhunderts, während die Königin und ihre Entourage an einen mittelalterlichen, spanischen Hofstaat erinnern. Aus der Interaktion zwischen diesen beiden Bereichen entstehen Missverständnisse und zahlreiche komische Situationen. So etwa reagiert Netti auf die Meldung des Ministers an die Königin, dass die Mauren anrücken, mit der Feststellung: „Sie, ich sag' Ihna, Majestät, die Maurer, dör [!] san a recht grobe, nixnutzige Flegel!"[11] Sie verwechselt also die Mauren mit Maurern, worin sie später auch von Wenzel bestärkt wird, der erzählt, dass er „Schklaw bei Maurerhäuptling" sei und erklärend hinzufügt: „Maurerhäuptling ist was bei uns auf zu Haus in Jičin Polier oder Maurermeister"[12]. Als Alonzo als Königin verkleidet zu Kadar kommt und dieser sich über das männliche Aussehen der vermeintlichen Esmeralda wundert, kommentiert Hassan alias Wenzel dies mit der Feststellung: „Eine männliche Weib, das ist ja eine ganz neue Degenaturirung, wie Pan Darwin sagt"[13] – und verweist damit auf die zur Zeit der Entstehung des Stückes vieldiskutierten Forschungen von Charles Darwin (das dabei verwendete tschechische Wort „Pan" bedeutet „Herr").

Die Musik zur Operette „Die Königin von Arragon" stammt von Alfred Zamara[14]. Dieser hatte seine musikalische Ausbildung in den 1870er Jahren am Wiener Konservatorium erhalten, und dort lernten einander er und der damalige Schauspielschüler Victor Léon auch kennen. „Die Königin von Arragon", die im Ronacher-Theater „sehr beifällige Aufnahme fand"[15], war die erste gemeinsame Arbeit der beiden, der noch einige weitere folgen sollten. Auf der Titelseite des im Léon-Nachlass erhaltenen Manuskriptes der „Königin von Arragon" notierte Victor Léon später: „Allererste Operette, die ich verbrach, die Alfred Zamara componierte und die im Ronachertheater (Prater) aufgeführt wurde"[16]. Ob „Die Königin von Arragon" tatsächlich Léons „allererste Operette" war, sei dahingestellt, denn es gibt einige Operetten, zu denen Léon die Libretti verfasst hatte und die noch vor diesem Werk uraufgeführt wurden. Außerdem wurde „Die Königin von Arragon" nicht nur im Ronacher-Theater, sondern schon im Jahr zuvor, 1883, im Sommertheater in Mödling bei

---

11 Léon, Victor: Die Königin von Arragon. Hs. Manuskript im Léon-Nachlass 1/1.1.1. S. 33.
12 Léon: Die Königin von Arragon, S. 87.
13 Ebd., S. 75.
14 Alfred Zamara, geb. 28.4.1863 in Wien, gest. 11.8.1940 in Wien od. Baden bei Wien. Zamara, Sohn des Harfenisten Anton Zamara, war sowohl als Harfenist (Mitglied des Hofopernorchesters und Professor am Wiener Konservatorium) wie auch als Komponist (Opern, Operetten, Ballette, Harfenmusik) erfolgreich.
15 Neue Freie Presse, 2.5.1884, S. 6.
16 Léon: Die Königin von Arragon, Deckblatt.

Wien gezeigt, wo das Werk bei der Premiere vom „zahlreich versammelte[n], recht distinguirte[n] Publicum"[17] mit „rauschendem Beifall" bedacht wurde.

Im Ronacher-Theater im Prater kam rund drei Wochen nach der Premiere der „Königin von Arragon", am 20.5.1884, eine weitere Operette heraus, zu der Victor Léon das Libretto geschrieben hatte. Das Werk trug den Titel „Tao-Ti-Ti", die Musik zu dem Einakter hatte Franz Rumpel[18] komponiert. Schauplatz der burlesken Operette ist das Lustschloss eines chinesischen Mandarins in Peking, die Handlung spielt im 13. Jahrhundert: Tao-Te-Kin, der Sohn des Kaisers von China, und Ly-Dy, die Tochter des Mandarins, sind ineinander verliebt und wollen heiraten. Ly-Dys Vater aber teilt ihnen mit, dass eine Heirat nicht möglich sei, da Ly-Dy eigentlich ein Knabe sei, der, um politischen Verfolgungen zu entgehen, als Mädchen erzogen wurde. Die Aufregung über diese Enthüllung hält jedoch nicht lange an, denn Tao-Te-Kin erfährt von seiner Amme, dass er eigentlich ein Mädchen sei und Tao-Ti-Ti heiße, aber als Knabe erzogen wurde, um die Thronfolge zu sichern. Der Verlobung der beiden steht somit nichts mehr im Wege.

Werke von Victor Léon waren in den 1880er Jahren nicht nur in Anton Ronachers Theater, sondern auch auf anderen Praterbühnen zu sehen. So etwa zeigte das „Fürsttheater" ab 20.6.1885 die Burleske „Die Sudanesen" (Musik Wenzel Constantin Löw), und in „Drexlers Singspielhalle" wurde, wie Léon in seinen Erinnerungen schreibt, das Stück „Die Kaffeeschwestern" aufgeführt (Léon gibt dazu allerdings kein Aufführungsjahr an)[19]. Bei seinen Arbeiten für die Pratertheater verwendete Victor Léon teilweise die anagrammatische Pseudonymform Noël Corvit. So etwa finden sich „Die Sudanesen" in den Theaterprogrammen der meisten Wiener Zeitungen mit diesem Autorennamen. Auch auf das Manuskript des Schwanks „Zum Benefice", der eine Bearbeitung von „Postillon d'amour" ist, hat Léon diesen Namen geschrieben[20], und möglicherweise war auch dieses Stück für eine Aufführung im Prater gedacht.

Die späten 1870er und frühen 1880er Jahre waren jene Zeit, in der es für Victor Léon darum ging, beruflich Fuß zu fassen. Dabei stand durchaus nicht von Anfang an fest, dass er Operettenlibrettist werden würde – aber alle Tätigkeitsbereiche, in denen er sich versuchte, hatten mit dem Theater zu tun. So etwa schrieb er weiterhin Beiträge zu Theaterthemen für Zeitungen und Zeitschriften und war in den frühen 1880er Jahren auch als Dramaturg tätig. Seine erste Anstellung dieser Art hatte er, wie er in „Allerlei aus meinem Theaterleben" schreibt, über Vermittlung der Wiener „Theateragentur Gustav Lewy" am Carl-Theater erhalten.[21] Seine „‚dramaturgische' Function" sei allerdings, so erinnerte sich Léon, „eine äußerst pitoyable" gewesen:

---

17 Wiener Presse, 2.9.1883, S. 3. In der Meldung wird erwähnt, dass die Aufführung am „Donnerstag" stattfand, d.h. am 30.8.1883.
18 Franz Rumpel, geb. 25.10.1858 in Graz, gest. 17.12.1935 in Berlin, war Kapellmeister, Komponist und Volksliedforscher.
19 Léon: Allerlei aus meinem Theaterleben. Léon-Nachlass 4/1.2.4.
20 Léon-Nachlass 1/1.1.15.
21 Léon schreibt, dass er während der Direktionszeit von Franz Tewele am Carl-Theater tätig war. Tewele war von September 1878 bis Februar 1882 Direktor, im „Deutschen Bühnen-Almanach" ist Léon jedoch erst in der Ausgabe von 1882 als Mitarbeiter des Carl-Theaters verzeichnet, s. Entsch, Albert (Hg.): Deutscher Bühnen-Almanach. Berlin 1882, S. 369.

„Ich hatte Notizen für die Zeitungen abzufassen à la: ‚Im Carltheater beginnt die Nachmittagsvorstellung um 3 Uhr' oder: ‚Die Besetzung in der Samstag stattfindenden Premiere von (irgendwas) ist die folgende:' Außerdem bekam ich Stücke zu lesen, welche die Direction nie anzunehmen dachte und die ich an die betreffenden Autoren zurücksenden mußte mit dem typischen Schreiben: ‚Die Direction dankt bestens für das freundlichst eingereichte Stück, das gleichzeitig zurückfolgt, da es leider nicht in den Rahmen des Carltheaters paßt.' Das soll noch bis heute Schicksal und Hauptbeschäftigung der Dramaturgen sein. – Die einzige productive Arbeit, die mir übertragen wurde, war: für Willy Thaller (der aus Graz kam mit dem Renomée, der beste Nestroy-Darsteller zu sein, was er auch bald im Carltheater bestätigt erhielt) in irgendeiner irrelevanten Novität ein Auftrittslied zu schreiben."

Vom Carl-Theater wechselte Léon dann „auf verschwindend kurze Zeit an's Possen-Theater in der Josefstadt, wo ich schon gar nichts zu tun hatte (erst mehr als ein Jahrzehnt später begann gerade dort mein definitiver Aufstieg) und dann nahm mich auf noch weitaus verschwindendere Zeit das Theater an der Wien auf, wo man mir noch bedeutend weniger als nichts zu tun gab als ‚Dramaturg' und wo ich beinahe in's Schauspielerische gezwängt wurde."

Ob und wann Victor Léon in Wien als Schauspieler auftrat, ist nicht feststellbar, auf jeden Fall aber ist er in den Adressbüchern der Jahre 1881 bis 1884[22] mit der Berufsangabe „Schauspieler" verzeichnet. Fest steht, dass Léon 1882 in Pistyan (Piešťany/Slowakei) engagiert gewesen war. Denn in den „Neusten Theater-Nachrichten" war am 24.6.1882 in der Rubrik „Verschiedene Mittheilungen" unter dem Titel „Herr Viktor Léon hat früher keine Zeit" Folgendes zu lesen:

„Dieser talentirte Librettist und nebstbei jugendlicher Liebhaber, Herr Viktor Léon, trat sein erstes Provinz-Engagement am Sommer-Theater in Pistyan an. Vor einigen Tagen sollte er um 9 Uhr bei einer Probe erscheinen, da er aber auch um 10 Uhr noch nicht kam, machte Herr Regisseur Eglseer persönlich einen Sprung nach der Wohnung des jungen Schauspielers; dieser war gerade beim Toilettespiegel beschäftigt und richtete an den Regisseur in leutseligster Weise das Ansuchen, die Proben immer um 11 Uhr anzusetzen, da er früher keine Zeit habe."[23]

---

22 Lehmann 1881, S. 433; Lehmann 1882, S. 442 u. S. 595; Lehmann 1883, S. 442 u. S. 600; Lehmann 1884, S. 443.
23 Neueste Theater-Nachrichten, 24.6.1882, S. 4.

Der erste große Erfolg: "D'Artagnan und die drei Musketiere"

"Wer hätte nicht Dumas ‚Drei Musketiere' gelesen, wer hätte nicht wenigstens einmal in seinem Leben für den schönen ‚Athos' geschwärmt, mit dem frommen ‚Aramis' sympathisirt, über den drolligen ‚Porthos' gelacht und sich für den kecken Gascogner, für den liebenswürdigen Mauldrescher, für den verwegenen Knirps ‚D'Artagnan' begeistert?"[1]

Es waren rhetorische Fragen, die da in einem Artikel der „Neuesten Theater-Nachrichten" gestellt wurden, war doch Alexandre Dumas' Roman „Die drei Musketiere" eines der populärsten literarischen Werke des 19. Jahrhunderts. Daher hatte, wie die „Neuesten Theater-Nachrichten" meinten, Victor Léon auch „eine recht glückliche Idee" gehabt, als er das Werk als Basis für ein Operettenlibretto verwendete, denn er konnte, „im Vorhinein sicher sein, daß diese Figuren, auf die Bühne gebracht, das Publikum von vornherein interessren [!] werden." Tatsächlich wurde die Operette „D'Artagnan und die drei Musketiere"[2], zum ersten großen internationalen Erfolg für Victor Léon. Die Musik dazu komponierte Rudolf Raimann[3], den Léon seit seiner Studienzeit am Wiener Konservatorium kannte und der, wie es Léon in seinen Erinnerungen formuliert, eine „geradezu imperative Neigung für Operette"[4] hatte.

Dumas Roman, der 1844 in der französischen Originalfassung – „Les Trois Mousquetaires" – erschienen war und von dem 1845 die erste deutsche Übersetzung vorlag, hatte von Beginn an zu Dramatisierungen inspiriert: Dumas selbst erstellte eine Theaterfassung, die am 27.10.1845 im Théâtre de l'Ambigu-Comique in Paris uraufgeführt wurde. Es folgten zahlreiche weitere Bearbeitungen, sowie im 20. Jahr-

---

1 Neueste Theater-Nachrichten, 8.9.1883, S. 5.
2 Léon, Victor: D'Artagnan und die drei Musketiere. Wien 1881.
3 Rudolf Raimann, geb. 7.5.1861 in Veszprém, gest. 26.9.1913 in Wien. Raimann, der schon als Kind in Budapest mit eigenen Kompositionen auftrat und u.a. von Franz Liszt gefördert wurde, erhielt seine musikalische Ausbildung am Wiener Konservatorium. Ab 1877 war er als Theaterkapellmeister u.a. in Sopron, Graz, Köln und Wien (Carl-Theater, Theater an der Wien) tätig. Von 1889 bis 1894 leitete Raimann in Totis (Tata/Ungarn) die Kapelle des Fürsten Esterhazy und war dann Kapellmeister am Wiener Theater in der Josefstadt. Raimann komponierte die Musik zu mehr als 40 Bühnenwerken.
4 Léon: Allerlei aus meinem Theaterleben. Léon-Nachlass 4/1.2.4.

hundert auch eine Vielzahl von Verfilmungen. Die Abenteuer der Musketiere wurden auch mehrfach vertont, so etwa von Ralph Benatzky, der 1929 mit den Librettisten Rudolph Schanzer und Ernst Welisch die Operette „Die drei Musketiere" schrieb (Uraufführung 31.8.1929, Großes Schauspielhaus Berlin).

Victor Léon verarbeitete in seinem Werk im Wesentlichen zwei Episoden des umfangreichen Romans: den Beginn der Bekanntschaft d'Artagnans mit den drei Musketieren Aramis, Athos und Portos und die heimlichen Treffen zwischen der Königin Anna und deren Geliebten, dem Herzog von Buckingham. Die historischen Bezüge (d.h. die politische Situation im Frankreich des frühen 17. Jahrhunderts und der Machtkampf zwischen König Ludwig XIII. und Kardinal Richelieu), die in Dumas' Roman ein wesentliches Element sind, werden im Libretto nur angedeutet. Während die Romanhandlung 1825 beginnt und sich über mehrere Jahre erstreckt, spielen die in der Operette dargestellten Ereignisse an zwei Tagen des Jahres 1828.

Schauplatz des ersten Aktes ist der Pariser „Platz St. Germain, links das Haus der Madame Bonacieux"[5]. Die erste Szene spielt in der Morgendämmerung und beginnt mit einem Chor „hinter der Szene". Während dieses Wechselgesangs zwischen den Wachen der „Cardinalisten" und jenen der königlichen Musketiere drängt Constanze Bonacieux die Königin und den Herzog von Buckingham aus ihrem Haus heraus auf den Platz. Aus dem folgenden Terzett geht hervor, dass sich die Königin und der Herzog zu einem geheimen Rendezvous bei Constanze, der Vertrauten der Königin, getroffen hatten. Constanze mahnt die beiden, sich rasch voneinander zu trennen, „sonst wird die Wache Euch ereilen!"[6]. Im dem auf das Terzett folgenden Gespräch mit der Königin und dem Herzog erklärt Constanze den Grund für die Präsenz der Wachen und die Feindschaft zwischen den „Cardinalisten" und den Musketieren:

„Constanze: [...] Denn es gährt im Volke und sowohl des Königs wie des Cardinals Musketiere haben Arbeit genug, die Ruhe aufrecht zu erhalten.
Buckingham (spöttisch): Dabei liegen sich Cardinalisten und Königliche fortwährend selber in den Haaren.
Constanze: Das ist leicht begreiflich, die Musketiere des Königs sind eigentlich besser gesagt Musketiere der Königin; der Cardinal ist Ihnen, Majestät, feindlich gesinnt, folglich sind es auch seine Leute gegen die Ihrigen."[7]

Diese Information ist nicht so sehr für die Königin und den Herzog bestimmt (die über die Situation ohnehin Bescheid wissen), sondern für das Publikum. Diesem wird damit die historische Grundkonstellation in knapper Form erklärt, eine kurze Ergänzung folgt ein paar Szenen später, als Buckingham d'Artagnan und den drei Musketieren – und damit wiederum vor allem dem Publikum – erklärt: „Ihr wißt, daß Cardinal Richelieu zu Königin Anna in Liebe entbrannt ist; Ihr wißt, wie ihn die Königin abwies und wie der Minister nun unablässig auf Rache sinnt. Allüberall umgeben seine Spione die Königin."[8]

---

5   Léon: D'Artagnan, S. 3.
6   Ebd., S. 4.
7   Ebd., S. 5.
8   Ebd., S. 49.

Mehr ist nicht nötig, um die folgende Handlung zu verstehen, und damit war es für Victor Léon auch nicht notwendig, die im Roman umfang- und detailreich erzählte Intrige Richelieus gegen die Königin und Buckingham – die so genannte „Diamantspangenaffäre" – in das Libretto einzubeziehen. Auch die Figur der Constanze Bonacieux übernahm Léon aus dem Roman. Während sie aber bei Dumas mit einem Spitzel des Kardinals verheiratet ist, wird sie bei Léon zur „coquetten" Witwe. Die tragische Spannung innerhalb der komplexen Beziehungsstrukturen des Romans wird damit in der Operette zu einer leicht durchschaubaren erotischen Konstellation.

Im Gegensatz zum Roman, der damit beginnt, dass d'Artagnan seine Heimat, die Gascogne, verlässt und sich auf den Weg nach Paris macht, wird in der Operette die Hauptfigur erst in der zweiten Szene des ersten Aktes vorgestellt. In seinem „Entrée-Couplet", das vom Chor der Marktleute begleitet wird, und in einem nachfolgenden Monolog berichtet d'Artagnan, dass er nach Paris gekommen sei, um sich um die Aufnahme in das Regiment der Musketiere zu bewerben. Auch hier hat Léon den Handlungsverlauf gegenüber dem Roman stark verkürzt und den Inhalt des gesamten ersten Kapitels in dieser einen kurzen Szene zusammengefasst. In der Folge begegnet d'Artagnan nacheinander den drei Musketieren, wobei ihm sein ungestümes, naiv-offenes Verhalten – so wie im Roman – von jedem der drei eine Duellforderung einträgt. Noch bevor es zu den Duellen kommt, schlägt sich d'Artagnan mit zwei „Cardinalisten", die Constance entführen wollen. Die Szene endet damit, dass sich d'Artagnan und seine Gegner „kämpfend hinter die Coulissen"[9] zurückziehen.

Das Degengeklirr aber hat Neugierige angezogen, was zu einer Massenszene führt, in der nach und nach verschiedene Chorgruppen auf die Bühne kommen: zunächst Marktleute, dann ein „Rudel" Schulkinder, „sich munter balgend und hetzend", danach Blumenmädchen, Cardinalisten und Musketiere. Unter Trompetensignalen und „Sporengeklirre" folgt dann der Auftritt der „Falkoniers [Damen]"[10], „in bunten Costümen mit ihren weißen Falken". Nach dem „Falkonier-Walzer" werden die Falken losgelassen und „fliegen auf die Blumenmädchen, welche, sich fürchtend, davonlaufen". Beendet wird die Szene vom „Chor der Straßenkehrer", die, „mit Gießkannen und Besen bewaffnet"[11], den Platz räumen. Victor Léon war sich offenbar bewusst, dass eine derartige Massenszene einen beträchtlichen Personal- und Materialeinsatz erfordert, und daher notierte er im Anhang zum Textbuch: „Anmerkung für kleinere Bühnen. Die große Ensemble-Scene im ersten Acte kann ganz wegbleiben".[12]

Als Dank dafür, dass er sie beschützt hat, bietet Constance d'Artagnan ein Zimmer in ihrem Haus an. Gleich darauf bekommt er mit dem etwas tölpelhaften Zuckerbäcker Planchet auch einen Diener. Planchet ist in Constances Dienerin Friquette verliebt, und da diese für Soldaten schwärmt, hofft Planchet durch d'Artagnan, den er für einen General hält, beim Militär Karriere zu machen. Auch in Dumas' Roman trägt der Diener d'Artagnans den Namen Planchet, auch dort ist er ein nicht allzu kluger, etwas unbeholfener Charakter, allerdings fehlt im Roman der komische Aspekt in der Figurenzeichnung, der in der Operette stark hervortritt. Planchet und

---

9 Léon: D'Artagnan, S. 17.
10 In dieser Form geschrieben in der Regieanweisung (Léon: D'Artagnan, S. 24.)
11 Léon: D'Artagnan, S. 26.
12 Ebd., S. 99.

Friquette (zu der es im Roman kein direktes Vorbild gibt) sind damit das operettentypische Buffopaar. Den Schluss des ersten Aktes bildet das Treffen zwischen d'Artagnan und seinen Duellgegnern Aramis, Athos und Porthos. Doch noch bevor es zum ersten Zweikampf kommt, werden die vier von einigen Cardinalisten attackiert. Eine Gruppe Musketiere kommt dazu, und der Akt endet mit einer großen Gefechtsszene.

Der erste Teil des am folgenden Tag spielenden zweiten Aktes beginnt damit, dass Aramis, Athos und Porthos mit d'Artagnan, mit dem sie mittlerweile befreundet sind, ihren Sieg über die Cardinalisten feiern. Buckingham kommt dazu und bittet die vier, ihm zu helfen, damit er vor seiner Abreise nach England noch einmal die Königin treffen könne. Da diese wegen der erhöhten Wachsamkeit der Cardinalisten den Königspalast nicht verlassen könne, müsse das Rendezvous dort stattfinden, und zwar am besten im „Kleinen Zeremoniensaal", dem Schauplatz des folgenden Aktteils. Denn da im „Großen Zeremoniensaal" im Beisein des Königs die Aufnahme d'Artagnans in das Regiment der Musketiere erfolgen soll, scheint der kleine Saal ein sicherer Treffpunkt zu sein. Doch das Rendezvous wird jäh durch Constance, die drei Musketiere und d'Artagnan unterbrochen: das Programm sei geändert worden, der König nehme nicht an der Zeremonie teil, die deshalb im kleinen Saal stattfinde. Da sich im Vorraum schon die Festgäste versammeln, gibt es für die Königin keine Möglichkeit mehr, den Saal ungesehen zu verlassen. D'Artagnan schlägt vor, dass die Königin die für ihn vorbereitete Musketieruniform anziehen und statt ihm den Eid leisten solle, während er und Buckingham sich über ein Fenster aus dem Louvre abseilen würden. Der Plan gelingt, niemand erkennt während der folgenden Zeremonie die Königin.

Der dritte Akt spielt am Abend desselben Tages in einem Hof des Louvre. Aramis, Arthos und Porthos treten gemeinsam mit der Königin auf, die immer noch die Musketieruniform anhat, um so wieder unerkannt in den Palast zu gelangen. Auch Buckingham, der zu einem letzten Treffen mit ihr kommt, trägt, um nicht erkannt zu werden, eine derartige Uniform, und nach und nach treffen noch weitere als Musketiere verkleidete Personen ein: Planchet, der von den Cardinalisten verhaftet wurde, weil man ihn für d'Artagnan hielt, der aber fliehen konnte; Constance, die in Musketieruniform die Königin sicher in den Palast geleiten will; Friquette, die sich als Musketier verkleidet hat, um so Planchet zu befreien, und schließlich auch d'Artagnan. Als sowohl eine Gruppe Cardinalisten als auch Wachen des Königs erscheinen, nutzt die Königin das Durcheinander, um sich in den Palast zu begeben, sich umzuziehen und in der letzten Szene in weiblicher, königlicher Kleidung wieder aufzutreten. Sie flüstert d'Artagnan die Bitte zu, Buckingham zu retten, worauf dieser laut verkündet, die Königin habe ihn eben zum Kommandanten ihrer Leibgarde ernannt. Als solcher befiehlt er dem vermeintlichen Musketier Buckingham, sofort ein Pferd zu nehmen und einen Wagen, der auf dem Weg nach Le Havre sei zu verfolgen. Dadurch kann Buckingham den Cardinalisten, die diese List nicht durchschauen, unerkannt entgehen. Die Operette endet mit einem Jubellied der Musketiere.

Bei der Umformung der Romanvorlage in eine Operette setzte Victor Léon neben dem komischen vor allem auf den erotischen Aspekt der Handlung. Ganz wesentlich ist dabei das Spiel mit den Geschlechterrollen, wobei sich Léon zweier Elemente bediente, die für die Gattung Operette zu jener Zeit typisch waren. Es sind dies zum einen die sich aus der Handlung ergebende temporäre Verkleidung von Frauen als

Männer und zum anderen die Einführung von Hosenrollen als strukturelles Element des Werkes. Denn nicht nur die Falkoniers in der Massenszene des ersten Aktes werden von Frauen in Männerkleidern verkörpert, sondern auch für die Rolle des d'Artagnan hatte Léon eine Frau vorgesehen, was aus den „Bemerkungen"[13] im Anhang zum Textbuch hervorgeht: Bei der „Specification der Gesangspartien" ist dort bei d'Artagnan „Mezzo Sopran" vermerkt – und tatsächlich wurde etwa bei der Premiere der Operette am 19.9.1881 im Hamburger Carl Schultze-Theater die Rolle von „Frl. G. Solbrig"[14] verkörpert.

Die Hosenrolle, diese „‚Sonderform' der Inszenierung von Weiblichkeit", war, wie Marion Linhardt in ihrem Buch „Inszenierung der Frau – Frau in der Inszenierung. Operette in Wien zwischen 1865 und 1900" darlegt, „eines der wichtigsten Kennzeichen für die Struktur der Gattung Operette vor 1880. [...] Der Aspekt des Erotischen, der unerhörte Reiz, der in den sonst unter mehreren Röcken und Unterröcken verborgenen Frauenbeinen lag, ist ein wichtiger Grund für die Gestaltung von Hosenrollen auf der Operettenbühne."[15]

Fast in jeder Operette gab es damals eine Hosenrolle (das bekannteste Beispiel ist sicher die Figur des Prinzen Orlofsky in der 1874 uraufgeführten „Fledermaus" von Johann Strauss). Dass aber in den 1880er Jahren die Anzahl der Hosenrollen immer geringer wurde, hing, so Linhardt, damit zusammen, dass zu jener Zeit immer öfter die Forderung nach Operetten mit realistischen Inhalten und wirklichkeitsgetreuen Figuren gestellt wurde – eine Forderung, zu der Hosenrollen natürlich nicht passten. Hingegen ortet Marion Linhardt ab den 1890er Jahren eine Zunahme von „Verkleidungsrollen", bei denen sich Frauen als Männer ausgeben. Auch dabei stand die „pikante Zurschaustellung von Frauenbeinen im Vordergrund"[16], durch den in den Handlungsablauf einbezogenen Kleidungswechsel ist jedoch auch der Forderung nach Realitätsnähe Genüge getan. Dass aber eine Frau, wenn sie Hosen anzog, gesellschaftliche Konventionen durchbrach, wird in Léons „D'Artagnan"-Libretto dadurch angedeutet, dass die als Musketier verkleidete Königin den Namen des Kleidungsstückes aus Scham gar nicht über die Lippen bringt:

„Königin: So schmuck Euch Musketieren auch diese Uniform steht, ich muß gestehen mir sind diese – diese – Dinger sehr unbequem!
Porthos (leise zu Aramis): Dinger?! Da meint sie wohl die Hosen?"[17]

Mit seinem 1881 uraufgeführten „D'Artagnan" befand sich Victor Léon also, was die „Inszenierung der Frau" betrifft, in einer sowohl operettengeschichtlichen als auch das eigene Schaffen betreffenden Übergangsphase. Obwohl er selbst zu jener Zeit in Artikeln bereits vehement realitätsnahe Operetten forderte, führte er doch auch Hosenrollen in sein Werk ein – und erhöhte gleichzeitig den erotischen Aspekt der Handlung durch das damals gerade erst in Mode kommende Verkleidungselement.

---

13 Léon: D'Artagnan, S. 99.
14 Hamburger Nachrichten, 20.9.1881, S. 5.
15 Linhardt, Marion: Inszenierung der Frau – Frau in der Inszenierung. Operette in Wien zwischen 1865 und 1900. Tutzing 1997. S. 108f.
16 Ebd., S. 113.
17 Léon: D'Artagnan, S. 79.

Entstanden ist „D'Artagnan und die drei Musketiere" vermutlich 1880/81, der früheste Hinweis auf das Stück findet sich in den „Neuesten Theater-Nachrichten" vom 8.4.1881. Das Blatt, das als „Organ der Theater-Agentur Stadler-Stubenvoll" fungierte, meldete in der Rubrik „Engagements-, Gastspiel- und Novitäten-Abschlüsse": „Lemberg: Neu „D'Artagnan"[18]. Einen Monat später, am 8.5.1881, brachten die „Neuesten Theater-Nachrichten" eine ganzseitige Übersicht über all jene Werke des „Verlages der Agentur Stadler-Stubenvoll", deren Produktion gerade in Planung war. Verzeichnet sind insgesamt 40 Stücke, und unter diesen wird bereits an vierter Stelle (nach den drei von Josef Hellmesberger jun. komponierten Operetten „Der schöne Kurfürst", „Der Graf von Gleichen und seine beiden Frauen" und „Kapitän Ahlström") „D'Artagnan und die drei Musketiere" genannt: „Operette in 3 Akten, von Viktor Léon; Musik von Rudolf Raimann – Am polnischen National-Theater in Lemberg in Vorbereitung"[19]. Dort, am National-Theater in Lemberg (Lwiw/Ukraine) fand dann am 14.9.1881 die allererste Aufführung von „D'Artagnan und die drei Musketiere" statt – allerdings nicht in deutscher Sprache, sondern auf Polnisch (von wem die Übersetzung stammte, ist nicht bekannt). Am 15.9. und am 20.9.1881 folgten weitere Aufführungen der Operette.[20]

Es geschieht wohl nicht allzu häufig, dass die erste Aufführung eines Bühnenwerkes nicht in der Originalsprache stattfindet. Auch im Fall von „D'Artagnan und die drei Musketiere" war dies zunächst nicht so geplant. Denn schon am 8.8.1881 hatten die „Neuesten Theater-Nachrichten gemeldet: „Das Carl-Schultze-Theater in Hamburg ist für die nächste Saison an den bisherigen Direktor des Stadt-Theaters in Ulm, Herrn Stick verpachtet worden. Das Theater wird am 1. September mit der neuen Operette ‚D'Artagnan und die drei Musketiere' eröffnet."[21] Dann aber gab es, aus unbekannten Gründen, eine Terminverschiebung und die erste Aufführung der Originalfassung von „D'Artagnan und die drei Musketiere" fand erst am 19.9.1881 im Carl-Schultze-Theater statt. Die Aufführung in Lemberg ist auf jeden Fall ein eindrucksvoller Beleg dafür, dass Victor Léon mit der Bearbeitung von Dumas' Roman einen für die Zeitgenossen sehr attraktiven Operettenstoff gewählt hatte. Offenbar waren die Verantwortlichen des Polnischen National-Theaters so vom Erfolg des Werkes überzeugt, dass sie es nicht für nötig hielten, die Wirkung des Originals abzuwarten, sondern schon vor der eigentlichen Uraufführung eine Übersetzung erstellen ließen und sich an die Inszenierung machten.

In Hamburg wurde die Operette „mit günstigem Erfolge"[22] aufgenommen, und bald wurde das Werk auch von anderen Bühnen übernommen. Ab 23.11.1881 stand „D'Artagnan" in Budapest, im Deutschen Theater in der Wollgasse, auf dem Spielplan, und vermutlich hatte das „Deutsche Theater" die Operette auch schon vor der

---

18 Neuste Theater-Nachrichten, 8.4.1881, S. 4.
19 Neuste Theater-Nachrichten, 8.5.1881, S. 4.
20 Marszałek, Agnieszka: Repertuar teatru polskiego we Lwowie 1881-1886. Kraków 1993. S. 32. Die „Neuesten Theater-Nachrichten" melden in der Ausgabe vom 24.2.1882, S. 5, dass die Operette „am polnischen Theater in Lemberg in zwei Wochen 7 Mal" aufgeführt worden sei, im „Repertuar teatru polskiego we Lwowie 1881-1886" sind allerdings nur die drei Aufführungen im September 1881 vermerkt.
21 Neuste Theater-Nachrichten, 8.8.1881, S. 3.
22 Hamburger Nachrichten, 20.9.1881, S. 5.

Budapester Premiere, im Oktober 1881, bei einem Gastspiel in Temesvar gezeigt.[23] Um die Jahreswende 1881/82 war „D'Artagnan und die drei Musketiere" dann in Linz und Znaim[24] zu sehen, und ab 1.4.1882 in tschechischer Sprache in Prag. Der Erfolg des Stückes dauerte auch in den folgenden Saisonen weiter an. Im Juni 1883 konnten die „Neuesten Theater-Nachrichten" mitteilen, dass es bereits „Aufführungen an 14 Bühnen und in 4 Sprachen" gegeben habe (zu Polnisch, Deutsch und Tschechisch war auch Ungarisch – mit Aufführungen in Arad und Großwardein – gekommen) und dass noch weitere Theater die Operette erworben hätten, nämlich das „Sommertheater in Nürnberg", das „Plattentheater in Zürich", die Theater von Franzensbad und Troppau und das „Stadttheater in Oedenburg".[25]

In Wien aber wurde „D'Artagnan und die drei Musketiere" nicht aufgeführt, was einer der Gründe dafür sein könnte, dass dieses Werk in der Literatur zu Victor Léon kaum je aufscheint und seine Bedeutung als Ausgangspunkt der internationalen Karriere Léons bislang übersehen wurde. Schon am 8.8.1881 allerdings hatten die „Neuesten Theater-Nachrichten" gemeldet, dass „D'Artagnan" nicht nur in Hamburg und Lemberg, sondern auch „am k.k. priv. Carltheater in Vorbereitung" sei[26], und am 20.11.1881 berichtete der Pester Lloyd, dass die Operette „im Theater an der Wien soeben zur Aufführung vorbereitet"[27] werde. Das Carl-Theater hatte „D'Artagnan" aber offenbar entgegen ursprünglichen Plänen nicht angenommen, und die geplante Produktion des Werkes am Theater an der Wien wurde abgesagt. Verantwortlich dafür machte die Agentur Stadler-Stubenvoll den Komponisten Rudolf Raimann. Am 8.4.1882 war dazu in den „Neusten Theater-Nachrichten" unter der Überschrift „Mittheilung an die geehrten Direktionen über die unterbleibende Wiener Aufführung der Operette ‚D'Artagnan und die drei Musketiere'" zu lesen:

„Wir haben von dem jungen Kapellmeister Rudolf Raimann dessen Komposition, die Operette ‚D'Artagnan und die drei Musketiere', in Form rechtens mittels gestempeltem und ordnungsmäßig ausgestelltem Kaufvertrag in's Eigenthum erworben und für alle Bühnen des In- und Auslandes mit den alleinigen Ausnahmen von Wien und Berlin baar [!] ausbezahlt. Für Wien und Berlin haben wir das Dispositionsrecht und das halbe Eigenthum.
Wir hatten nun für Wien mit Vertrag dto. 19. Oktober 1881 der Direktion des k.k. priv. Theaters an der Wien das Aufführungsrecht überlassen und sollte die Operette, in welcher keine Par-

---

23 Die Vermutung stützt sich auf eine Meldung in den Neuesten Theater-Nachrichten vom 8.9.1881, S. 2, in der es heißt: „Herr Direktor Müller [Robert Müller, Leiter des Deutschen Theaters] hat ferner die Operette ‚D'Artagnan und die drei Musketiere' erworben und bringt dieselbe als erste Operetten-Novität zur Aufführung. Direktor Müller ist einem Abschlusse mit der Meininger Hof-Theatergesellschaft nahe und würde, wenn dies zu Stande kommt, mit seiner Gesellschaft für einen Monat nach Temesvar gehen. Dieses Gastspiel würde mit der genannten Operette eröffnet werden." Tatsächlich gastierte das „Herzoglich Meiningen'sche Hoftheater" von 3.10.1881 bis 31.10.1881 im Haus des Deutschen Theaters in der Wollgasse, es kann daher angenommen werden, dass das Gastspiel in Temesvar stattfand.
24 Neueste Theater-Nachrichten, 24.2.1882, S. 5.
25 Neueste Theater-Nachrichten, 24.6.1883, S. 5.
26 Neueste Theater-Nachrichten, 8.8.1881, S. 4.
27 Pester Lloyd, 20.11.1881, 1. Beilage, S. 2.

tie für Herrn Schweighofer enthalten ist, in der Urlaubszeit dieses Künstlers, d.i. März oder April 1882, zur Aufführung gelangen.

Der Vater und der Bruder des Kapellmeisters Rudolf Raimann, diese Krämerseelen, waren jedoch nicht damit zufrieden, daß wir für ein Erstlingswerk einige hundert Gulden baar bezahlten, ein paar tausend Gulden für Vervielfältigung verausgabten und durch eifriges Bemühen es zu Stande brachten, daß dies Erstlingswerk bereits an sieben Bühnen aufgeführt, in drei fremde Sprachen übersetzt und für Wien angenommen wurde; sie wollten Geld – Geld – viel Geld sehen und konnten nicht begreifen, daß man Tantièmen erst nach der Aufführung einnehmen könne. Die Herren Buchdrucker Raimann senior und junior witterten Unrath, sie wandten sich ganz geheim an einen Advokaten und eines Tages erhielt Herr Direktor Steiner ein umfangreiches Schreiben des Hof- und Gerichts-Advokaten Dr. Grünwald, in welchem derselbe als Anwalt des Vaters des minorennen Kompositeurs Rudolf Raimann gegen die Aufführung der Operette ‚D'Artagnan und die drei Musketiere' am Theater an der Wien Protest erhob.

Herr Direktor Franz Steiner hat darauf hin die Vorbereitungen zur Inszenirung dieser Operette eingestellt und wird dieselbe in Wien nicht aufgeführt.

Indem wir dies zur Kenntniß bringen, (wozu wir uns besonders deshalb veranlaßt sehen, weil wir seit Monaten ankündeten, daß diese Operette im März oder April im Theater an der Wien aufgeführt werden wird) bemerken wir, daß wir für alle Bühnen, exklusive Wien und Berlin, unantastbares Eigenthums- und Verfügungsrecht besitzen und bemerken, daß wir die durch Druck billig erzeugten Materiale, als: Bücher, Partituren, Soli-, Chor- und Orchesterstimmen auch billig zu verkaufen in der Lage sind."[28]

Von Victor Léon sind zu der abgesagten Produktion des Stückes am Theater an der Wien keine Äußerungen auffindbar; in seinen Erinnerungen vermerkt er dazu nur, dass die Operette „über sämtliche Bühnen der Provinzen [ging], ohne je in einem Wiener Theater Unterkunft gefunden zu haben"[29].

Trotz der Auseinandersetzungen mit dem Vater und dem Bruder von Rudolf Raimann vertrat die Agentur Stubenvoll Léon und Raimann noch ein weiteres Mal. Am 24.5.1882 kündigten die „Neuesten Theater-Nachrichten" an: „Das talentirte junge Paar, Librettist Viktor Léon und Kompositeur Rudolf Raimann, haben eine neue Operette vollendet, an welcher sie seit Jahresfrist arbeiten: ‚Casanova' oder ‚Amor & Cie.'; der Beititel ist eine vorsichtige Reserve für den Fall als der Haupttitel auf Zensurschwierigkeiten stoßen sollte."[30] Von diesem Werk ist im Léon-Nachlass nur das Libretto zum 2. Akt erhalten geblieben[31], eine Aufführung konnte nicht eruiert werden.

Nicht aufgefunden werden konnte das Textbuch zu einer von Victor Léon in seinen Erinnerungen erwähnten „parodistischen Operette großen Stils"[32] mit dem Titel „Arche Noah". Mit ihr, so schreibt Léon, wollten er und Raimann endlich auch „Wien erobern", was jedoch misslang, denn „die Zensur verbot sie vom Titel bis zum letzten Wort".

---

28 Neueste Theater-Nachrichten, 8.4.1882, S. 2f.
29 Léon: Allerlei aus meinem Theaterleben. Léon-Nachlass 4/1.2.4.
30 Neueste Theater-Nachrichten, 24.5.1882, S. 4.
31 Léon-Nachlass 2/1.1.42.
32 Léon: Allerlei aus meinem Theaterleben. Léon-Nachlass 4/1.2.4.

Weit weniger erfolgreich als mit „D'Artagnan und die drei Musketiere" war Victor Léon mit einem weiteren Werk, für das er von der Wiener Agentur Stubenvoll vertreten wurde: Es war die Operette „Tizianello", für die Emil Rosé[33] die Musik komponiert hatte. Da Léons Libretto offenbar nicht erhalten geblieben ist (ebenso wenig Rosés Partitur), kann der Inhalt des Werkes nur aus den kurzen Hinweisen in den „Neuesten Theater-Nachrichten" und einer Rezension im „Pester Lloyd" erschlossen werden. Das als „burleske Operette" bezeichnete Werk sei, so die „Neuesten Theater-Nachrichten", „die lustige Entführungsgeschichte zweier hübscher Venezianerinnen aus dem Haus ihres strengen Vormunds" und „behandelt die Liebesabenteuer zweier Maler mit den Schwestern Gianzinta und Marita"[34]. Mit dem historischen Maler Tizianello (Tiziano Vecellio) hat das Werk also offenbar nichts zu tun, und auch zu Alfred de Mussets Novelle „Tizianello" gibt es keinen direkten Bezug.

Die Uraufführung der Operette am 30.3.1883 im Deutschen Theater in der Wollgasse in Budapest wurde zu einem derartigen Misserfolg, dass das Werk nach zwei Aufführungen abgesetzt wurde. Die Schuld an dem Debakel wurde Victor Léon zugeschrieben – und dies bemerkenswerterweise auch im Organ seiner Agentur, den „Neuesten Theater-Nachrichten", die am 8.4.1883 schrieben:

„Eine neue Operette in Pest. Herr Direktor Stanislaus Lesser, unermüdet im Inszenieren aller nur erdenklichen Novitäten, hat es gewagt, ein noch nirgends aufgeführtes Werk an seinem Theater zuerst aufzuführen, ‚Tizianello', komische Operette in drei Akten von Viktor Léon, Musik von Rosé. Der Name des Komponisteurs ist noch gänzlich unbekannt, auf Theaterzetteln wenigstens. Herr Viktor Léon dagegen genießt schon seit zwei Jahren das Vergnügen als Verfasser der Operette ‚D'Artagnan und die drei Musketiere' auf Theaterzetteln und in Theater-Referaten zu glänzen. Auch an demselben deutschen Theater in Pest wurde die letztgenannte Operette aufgeführt und sowohl vom Publikum als auch von sämmtlichen [!] Journalen freundlich beurtheilt. Der Name des Verfassers rief also in Pest auch für die Operette ‚Tizianello' eine günstige Stimmung hervor. Der Name des Komponisten ist eigentlich Rosenthal und Herr Rosenthal ist ein Pester Kind – dies fiel ebenfalls sehr günstig in die Wagschale [!]. Dazu kam noch, daß Herr Direktor Lesser die Operette in wahrhaft splendider Weise ausstattete. Daß trotz all' dieser günstigen Vorbedingungen die Operette nicht sehr gefiel, dafür ist der Librettist allein verantwortlich. Er hat ein Libretto zusammengedichtet, nach der Chablone [!], wie sie allenfalls vor 15 Jahren üblich war, und dasselbe mit einem ganz schalen und geistlosen Dialog versehen."[35]

Auch der „Pester Lloyd", der Emil Rosé „unverkennbares musikalisches Talent" zugestand, meinte, dass sich über das Libretto, das ein „Konglomerat von Flachheiten" sei, „wenig Gutes" sagen lasse:

---

33 Emil Rosé (eigentl. Emil Rosenthal), geb. in Budapest. Die Lebensdaten nicht bekannt. Das einzige nachweisbare Werk von Rosé ist, neben „Tizianello", die Operette „Held Marco" (Text Mór Jókai und Bernhard Buchbinder). Diese wurde vom Carl-Theater als „Novität" für die Saison 1888/89 angekündigt (s. Neue Freie Presse, 9.10.1888, S. 5), eine Aufführung ist jedoch nicht nachweisbar.
34 Neueste Theater-Nachrichten, 24.6.1883, S. 5.
35 Neueste Theater-Nachrichten, 8.4.1883, S. 1.

„Das Opus wimmelt von Albernheiten. So sagt z.B. die schöne Marita dem flatterhaften Maler Palestro: ‚Mein Herr, Sie sind ein Abgrund und wehe dem Mädchen, das an Ihrem Rande steht.' Und dergleichen Zeug gibt es noch mehr. Das Publikum hat denn auch diesen Text unverhohlen abgelehnt. Im Interesse des Erfolges wäre es wünschenswerth gewesen, daß der junge Tondichter ein besseres Libretto finde."[36]

Der Misserfolg in Budapest führte offenbar auch dazu, dass man in Wien Abstand von einer Produktion des „Tizianello" nahm. Am 11.2.1883 hatte die Tageszeitung „Die Presse" gemeldet: „Im Theater an der Wien spielte gestern der junge Componist Emil Rosé (Rosenthal) seine dreiactige Operette ‚Tizianello' unter Beifall vor. Herr Director Steiner acceptirte dieselbe sofort zur Aufführung."[37] Zu einer solchen Aufführung aber sollte es dann doch nicht kommen, und auch nirgendwo sonst konnte eine Produktion von „Tizianello" nachgewiesen werden.

---

36 Pester Lloyd, 31.3.1883, Beilage, S. 1.
37 Die Presse, 11.2.1883, S. 15.

Von der „Schreibtischladengruft" zum Bühnenerfolg: „Der Doppelgänger"

Während seines „väterlicherseits gewünschten" Studienaufenthaltes in der Schweiz hatte Victor Léon, so schreibt er in seinen Erinnerungen, „ein romantisches Operettenlibretto großen Stils" begonnen, das er nach seiner Rückkehr nach Wien dem Komponisten Alfred Zamara vorlegte:

„Ihm gefiel mein neues Operettenbuch – es hieß ‚Der Doppelgänger' – derart, daß er sich mit Vehemenz auf die Composition stürzte, die hinwiederum meine Begeisterung entfesselte. Unsere Producte gefielen uns gegenseitig. Im Jahr 1884 lag seine Partitur vor. Und nun wanderten wir zum Theater an der Wien, dessen Direction damals Fräulein von Schönerer innehatte, Schwester des parlamentarischen deutschnationalen und Antisemitenführers Georg Schönerer. Sie hatte sich als Schauspielerin in Deutschland betätigt und dann massenhaft Geld geerbt. Also wir klopften beim Theater an der Wien an voll Optimismus. Aber wie das schon so ist: wer glaubt namenlosen Anfängern außer diese an sich selbst? Man nahm unsere Operette nicht einmal zur Kenntniß. Sie wurde sozusagen blind abgelehnt und begann leise zu modern in der Schreibtischladengruft."[1]

Dann aber sei es Alfred Zamara gelungen, den damals in München sehr populären Opern- und Operettensänger Franz Josef Brakl[2], der am Theater am Gärtnerplatz engagiert war, für den „Doppelgänger" zu interessieren. Brakl gefiel die mit vielen komischen Elementen durchsetzte Operette, und er konnte erreichen, dass „Der Doppelgänger" zur Aufführung im Theater am Gärtnerplatz angenommen wurde. Zum einen war es wohl Brakls Status als Münchner Publikumsliebling, der bei der Entscheidung für den „Doppelgänger" ins Gewicht fiel: Denn ein Stück, in dem Brakl

---

1 Léon: Allerlei aus meinem Theaterleben. Léon-Nachlass 4/1.2.4.
2 Franz Josef Brakl, geb. 22.6.1854 in Tyrnau (Trnava/Slowakei), gest. 18.3.1935 in München. Brakl war Schüler an der Wiener Theaterschule von Valentin Niklas gewesen und war, nach Engagements u.a. in Wien, Berlin, Budapest und Brünn, 1878-1897 als Tenor am Münchner Theater am Gärtnerplatz tätig, 1897/98 hatte er kurzfristig die Direktion des Theaters inne. Ab 1893 war Brakl außerdem künstlerischer Leiter des Schlierseer Bauerntheaters und führte von Mitte der 1890er Jahre bis 1898 den Münchner Rubinverlag. 1905 zog sich Brakl aus dem Theaterleben zurück und betrieb in München die renommierte Galerie „Brakls moderne Kunsthandlung".

die Hauptrolle übernehmen wollte, werde, so war anzunehmen, auch bei den Fans des Sängers gut ankommen. Ausschlaggebend war zum anderen aber auch die Tatsache, dass das Theater am Gärtnerplatz in den 1880er Jahren, nach einer finanziellen Krise, einen besonderen Schwerpunkt auf die Aufführung von Operetten setzte und daher für neue – und möglichst nicht allzu teure – Werke dieses erfolgs- und einnahmenbringenden Genres sehr offen war.

„In den früheren Jahren wurden am Gärtnerplatztheater 50, 60, höchstens 70 abendfüllende Operetten aufgeführt"[3], schreibt Franz Josef Brakl in der von ihm 1890 verfassten „Gedenkschrift anlässlich des 25jährigen Bestehens des Gärtnerplatztheaters": „Aber es steigerte sich die Anzahl der musikalischen Wiederholungen ganz auffallend; und mit dieser Steigerung ging auch der wirthschaftliche Fortschritt des Institutes Hand in Hand." 1882, so gibt Brakl in einer Übersicht über die Aufführungszahlen an, gab es bereits 116 Operettenaufführungen, 1886 – in jenem Jahr, in dem auch „Der Doppelgänger" auf dem Spielplan stand – waren es 172, 1889 sogar 184. „Der Doppelgänger" wurde am 18.9.1886 uraufgeführt und gehört zu jenen Werken, die Franz Josef Brakl in seiner Gedenkschrift speziell erwähnt, da die Operette „der hochtalentirten zwei jungen Autoren, Victor Léon und Alfred Zamara, […] unbestrittenen Erfolg errang und in verhältnismässig kurzer Zeit 29 mal gegeben wurde"[4].

Das Werk spielt im Dänemark des 14. Jahrhunderts. König Christian ist in Dagmar, die Tochter eines Fischers, verliebt. Unter dem Vorwand, sich auf eine Reise zu begeben, verlässt er die Residenz und verdingt sich, ohne dass ihn jemand erkennt, unter dem Namen Waldemar Estridsen bei Dagmars Vater als Knecht. Während seiner Abwesenheit überlegen der Reichsmarschall Ludwig Albertsen, der Schatzmeister Knud Porse und der Hofnarr Lauritz Jonsen, wie sie die Macht an sich reißen können. Als sie Christian am Strand treffen, erkennen sie ihn nicht als den König und nehmen ihn in die Residenz mit. Sie wollen den Knecht, der dem König so ähnlich zu sein scheint, als den zurückgekehrten Herrscher ausgeben, um dann seine von ihnen vermutete Einfältigkeit zu benutzen, um selbst die Staatsgeschäfte zu übernehmen. Der vermeintliche Knecht aber benimmt sich, sobald er auf dem Thron sitzt, wie ein „echter" König. Damit aber wird er den drei Verschwörern rasch unbequem. Sie stellen ihn nun als Betrüger hin, der seine Ähnlichkeit mit dem König benutzt habe, um dessen Stelle einzunehmen. Damit erreichen sie, dass er vom Hof vertrieben wird. Doch kurz nachdem Christian die Residenz verlassen hat, erscheint dort sein Jugendfreund Sören, der um den wahren Sachverhalt weiß und die Situation aufklärt. Der König wird zurückgeholt und heiratet Dagmar, die Verschwörer werden verbannt.

Woher Victor Léon die Anregung zu diesem Libretto nahm, konnte nicht eruiert werden. Fest steht, dass einige der Namen an reale Figuren und Beziehungskonstellationen aus der dänischen Geschichte erinnern. Denn 1326 unternahmen dänische Adelige unter der Führung des Reichsmarschalls Ludvig Albertsen Eberstein und des Truchsesses Laurends Jensen einen Aufstand gegen König Christoffer II. und setzten Herzog Valdemar Eriksen als Marionettenkönig ein, 1329 übernahm Christoffer II. erneut die Macht. Léon scheint um diesen historischen Hintergrund gewusst oder ei-

---

3 Brakl, Franz Josef: Gedenkschrift anlässlich des 25jährigen Bestehens des Gärtnerplatztheaters. München 1890. S. 29.
4 Ebd., S. 33.

ne literarische Umsetzung der geschichtlichen Ereignisse gekannt zu haben. In der Druckausgabe der Gesangstexte schreibt Léon in einer dem Personenverzeichnis vorangestellten „Bemerkung": „Zur frei erfundenen Handlung des Libretto[s] ‚Der Doppelgänger' wurden – dies sei für Vertraute mit der Dänischen Geschichte bemerkt – nur Namen historischer Persönlichkeiten benutzt, ohne auf deren Charactere und die mit ihnen verbundenen Facten und Zeitverhältnisse Rücksicht zu nehmen. Ebenso sind mehrfache politische und geographische Momente nur fictive."[5]

Regie bei der Uraufführung des „Doppelgängers" führte der Direktor des Theaters am Gärtnerplatz, Georg Lang. Neben Franz Josef Brakl als König waren unter den Mitwirkenden noch zwei weitere Publikumslieblinge, nämlich der Bassbuffo Ernst Josef Krägel, der den Hofnarren spielte, und der beliebte Komiker Konrad Dreher als einer der Kronprätendenten. „Schon die hervorragende Besetzung versprach einen Erfolg, der sich auch mit solcher Kraft einsetzte, daß ‚Der Doppelgänger' Repertoirestück in München und aller deutschen Operetten- und Stadttheater wurde und nun auch vom Theater an der Wien Annahme fand"[6], so Léon in seinen Erinnerungen. Es war Franz Jauner, der zu jener Zeit gemeinsam mit Alexandrine von Schönerer und Camillo Walzel das Theater an der Wien leitete, der den „Doppelgänger" nach Wien brachte. Im Oktober 1886 reiste er nach München, um sich eine Aufführung der Operette anzusehen.[7] Offenbar entschieden sich Jauner, Schönerer und Walzel daraufhin relativ bald, das Stück im Theater an der Wien herauszubringen, denn schon am 29.12.1886 wurde von der Zensurbehörde die entsprechende Aufführungsgenehmigung[8] – ohne wesentliche Beanstandungen – erteilt. Die Premiere des „Doppelgängers" im Theater an der Wien fand allerdings erst am 1.10.1887 statt. Die musikalische Leitung dabei hatte Alfred Zamara, Regie führte Franz Jauner. Auch für die Wiener Aufführung hatte man eine prominente Besetzung aufgeboten: Karl Streitmann spielte den König, Josef Josephi den Hofnarren und Alexander Girardi war, als „Geert, Graf von Holstein", in einer weiteren komischen Rolle zu sehen.

„Die Ausstattung ist eine glänzende, und die Aufführung der trefflich studirten Operette, sowie die Inscenesetzung waren tadellos"[9], schrieb die „Neue Freie Presse" in ihrem Premierenbericht, und auch in den anderen Zeitungen gab es viel Lob für die schauspielerischen Leistungen, für Regie und Ausstattung. Weniger gut hingegen wurden die Musik und das Textbuch beurteilt. So etwa meinte die „Wiener Sonn- und Montagszeitung": „Der Librettist hat zu viel das Burgtheater besucht, der Componist zu häufig die große Oper und wahrscheinlich an Abenden, da Wagner und Richtungsgenossen die Freunde leichter, graciöser Musik überschrien haben."[10] Das Libretto wird zwar in den Kritiken als „vollkommen vernünftig"[11] und als „nicht oh-

---

5 Léon, Victor: Gesangs-Texte zu „Der Doppelgänger". Hamburg o.J. S. 2.
6 Léon: Allerlei aus meinem Theaterleben. Léon-Nachlass 4/1.2.4.
7 Vgl. Anmerkung in Strauss, Johann: Leben und Werk in Briefen und Dokumenten. Bd. 3. Tutzing 1990. S. 387.
8 NÖ Landesarchiv, NÖ Reg. Präs Theater ZA 1886/7451 K 28.
9 Neue Freie Presse, 2.10.1887, S. 6.
10 Wiener Sonn- und Montagszeitung, 3.10.1887, S. 4.
11 Der Humorist, 5.10.1887, S. 4.

ne Geschick durchgeführt"[12] gelobt, bemängelt aber wird in fast allen Besprechungen „die geringe Dosis an Humor, welche ihm innewohnt"[13]. Als „Der Doppelgänger" nach 14 Vorstellungen abgesetzt wurde, schrieb die „Wiener Theater-Zeitung": „Daß sie [die Operette] es nicht zu einem länger dauernden Erfolge bringen konnte, hat wohl das Textbuch verschuldet, welches, wenn auch mit vollem Verständniß für dramatische Wirksamkeit, doch zu ernst für einen [!] Genre gehalten ist, der [!] in allererster Linie und unter allen Umständen das Publicum erheitern muß."[14]

Um das „Doppelgänger"-Libretto hatte es offenbar vor der Premiere theaterinterne Diskussionen gegeben, denn am 18.9.1887 schrieben die „Wiener pikanten Blätter" in einem Bericht über die „in vollem Zuge" befindlichen Proben: „Von einer Umarbeitung der Girardi'schen Rolle, welche geplant war und welche Herr Director Walzel hätte vornehmen sollen, wurde abgesehen, da sich der Librettist, Herr Leon, dagegen energisch verwahrte."[15]

Das energische Beharren auf den eigenen Vorstellungen sollte typisch für Victor Léon werden, und im Laufe seiner weiteren Karriere geschah es wiederholt, dass er sich gegen geplante Textänderungen mit Vehemenz zur Wehr setzte. Was für eine Änderung an der Rolle von Alexander Girardi vorgenommen werden sollte, ist nicht bekannt. Léons Widerstand dagegen mag aber nicht nur inhaltliche Gründe gehabt haben, sondern auch daraus resultiert sein, dass Camillo Walzel die Umarbeitung hätte vornehmen sollen – also Léons einstiger „Mentor", von dem er sich bei der neun Jahre zurückliegenden Burgtheater-Produktion „Die Büste" ungerecht behandelt gefühlt hatte und von dem er sich nun nicht künstlerisch bevormunden lassen wollte.

Trotz aller Kritik war die Wiener Theaterszene durch den „Doppelgänger" auf das künstlerische Potenzial von Victor Léon und Alfred Zamara aufmerksam geworden. Das satirische Wochenblatt „Die Bombe" widmete den beiden am Tag nach der Premiere sogar das Titelblatt, auf dem die beiden wie Säuglinge in Wickelpolstern dargestellt sind. Auf der folgenden Seite war mit dem Vermerk „Zum Titelbilde" zu lesen:

„‚Wir sind in Thaten dieser Art noch Kinder!' Das thut aber nichts. Auch Kinder können uns, wenn sie Talent und Geist besitzen, Freude und Vergnügen bereiten, und den Autoren der neuen Operette ‚Der Doppelgänger' wird gar manche gute Eigenschaft nachgerühmt. Alfred Zamara, der Componist, ist ein edler Sprosse aus dem hochberühmten Geschlechte Derr [!] von der Harfe. Zupft man die besten Harfen, so wird auch Zamara genannt. Hoffen wir, daß man bald auch Zamara wird nennen müssen, was alle Werkel spielen werden.

Victor Léon, der Librettist, ist ein junger Schriftsteller, der es mit seinem Handwerk ehrlich und gewissenhaft nimmt, und es an Fleiß nicht fehlen läßt. Kaum hatte er aus seinem linken Aermel den ‚Doppelgänger' geschüttelt, als aus dem rechten auch schon das Buch zu Strauß' neuer Operette ‚Simplicissimus' herauskollerte. Mögen ihm im Leben seine Componisten Dasselbe [!] bescheeren [!], was schon in der Schule seine Lehrer ihm niemals vorenthielten: gute Noten."[16]

---

12 Neue Freie Presse, 2.10.1887, S. 6.
13 Neue Freie Presse, 2.10.1887, S. 6.
14 Wiener Theater-Zeitung, 1.11.1887, S. 1.
15 Wiener pikante Blätter, 18.9.1887, S. 3.
16 Die Bombe, 2.10.1887, S. 2.

Léon und Zamara auf dem Titelblatt der Zeitschrift „Die Bombe"

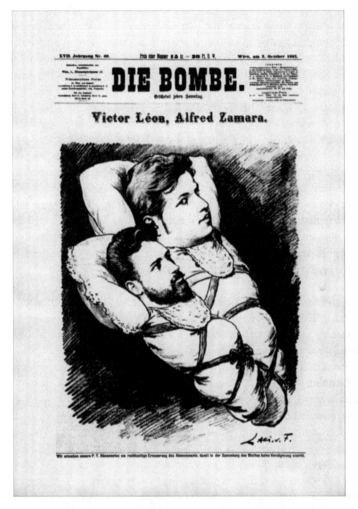

Victor Léon schrieb in seinen Erinnerungen über die Aufnahme des „Doppelgängers" in Wien: „Die Wiener Kritik war nicht gerade unliebenswürdig. Sie war soso lala. Dürfte dafür Gründe gehabt haben."[17] Als „Gründe" nennt Léon, dass man ihn „in manchen Blättern" des Plagiats beschuldigt habe. Denn ein Jahr vor dem „Doppelgänger" war im Theater an der Wien mit großem Erfolg die Operette „Der Hofnarr" (Musik Adolf Müller, Libretto Hugo Wittmann und Julius Bauer) uraufgeführt worden, aus der, wie die „Wiener pikanten Blätter" schrieben, Léon und Zamara einiges für ihr Werk „aufgewärmt" hätten.[18] Verwiesen wurde dabei vor allem auf das „Narrenlied" im letzten Akt des „Doppelgängers", das nichts anderes als „die in Musik gesetzte Rede des ‚Hofnarren'" aus dem Libretto von Wittmann und Bauer sei. Victor Léon verfasste daraufhin einen Leserbrief, der am 16.10.1887 unter dem Titel

---

17 Léon: Allerlei aus meinem Theaterleben. Léon-Nachlass 4/1.2.4.
18 Wiener pikante Blätter, 9.10.1887, S. 3.

„Das Narrenlied im ‚Doppelgänger'" in den „Wiener pikanten Blättern" abgedruckt wurde.

„Geehrter Herr Redacteur! Ihr Herr Referent macht in seiner vorwöchentlichen Kritik über den ‚Doppelgänger' den Vorwurf, daß mein Narrenlied mit der Erzählung des Carillon im ‚Hofnarr' Aehnlichkeit hätte. Dem ist nun durchaus nicht so"[19], leitete Léon seinen Brief ein, in dem er in der Folge darauf verwies, dass das Narrenlied im „Hofnarren" davon erzähle, dass der Narr durch Quälereien wahnsinnig werde, während sich das Lied im „Doppelgänger" mit der „Narrenpflicht" des Spotten-Müssens in allen Lebenssituationen beschäftige. Als Beleg fügte Léon auch den Liedtext bei. Darin ist vor allem die Beschreibung des Narren bemerkenswert. Denn dieser, eine „bucklige" und „häßlich-verwachsene Spotternatur", die von „der Höflinge Schaar" verlacht wird, ist ein Witwer, der sein Kind vom Hofleben entfernt hält. All dies erinnert an die Figur des Rigoletto in Giuseppe Verdis gleichnamiger Oper, und es scheint, dass Léon eher in diesem Werk als bei Bauer und Wittmann Anleihen genommen hatte. Seinen Leserbrief schloss Léon mit dem Hinweis: „Was nun die übrigen von Ihrem Herrn Referenten gerügten Aehnlichkeiten mit dem ‚Hofnarr' betrifft, so ist es ja männiglich bekannt, daß ‚Der Doppelgänger' (dessen Libretto übrigens auch bereits vier Jahre alt ist) vor dem ‚Hofnarr' in München aufgeführt wurde."

Victor Léon drehte damit den Plagiatsvorwurf um, was er in seinen Erinnerungen noch klarer macht, wenn er mit Bezug auf seinen Brief an die „Wiener pikanten Blätter" schreibt: „Ich konnte auch nachweisen, daß Hugo Wittmann einer Vorstellung meiner Operette in München beigewohnt habe und mit etwas überschüssigem und überflüssigem Temperament stellte ich die heikle Frage: ‚Wer ist da der Plagiator?'"[20] Dieser Briefteil allerdings fehlt in den „Wiener pikanten Blättern". In seinen Erinnerungen berichtet Léon überdies, dass seine Umkehr des Plagiatsvorwurfes sich auch negativ auf seine Kaffeehaus-Bekanntschaft mit Wittmanns Ko-Librettisten Julius Bauer ausgewirkt habe:

„Von Stund' an war es zwischen Bauer und mir aus und geschehen, die wir im damaligen Künstlercafé Scheidl (jetzt ‚Fenstergucker') Tag um Tag am selben Tische saßen. Kein Wort, kein Gruß mehr. Eines Tages – es war kurz vor Weihnachten – klagte Bauer am Stammtische, na, sagen wir, über heftiges Bauchweh. Franz Josef Brakl, mein Münchner Entdecker, hatte mir eine damals ganz neuartige Weihnachtsgabe spendiert: eine Holzrolle auf der in Zwischenräumen perforiertes Seidenpapier angebracht war. Später wurde Derartiges allgemein und die Franzosen nannten es ‚Papier de toilette'. Als ich's bekam, da fiel mir Julius Bauers intensives Bauchweh ein und da ich schon längst eine ‚passende' Veranlassung suchte, mit ihm wieder ‚gut' zu werden, sandte ich ihm die hygienische Papierholzrolle mit einigen Verszeilen".

---

19 Wiener pikante Blätter, 16.10.1887, S. 2.
20 Léon: Allerlei aus meinem Theaterleben. Léon-Nachlass 4/1.2.4.

„Dieser wirklich brillante Stoff":
Zusammenarbeit mit Johann Strauss

„Wie ich zu Johann Strauß kam" nannte Victor Léon einen Artikel, der am 26.8.1928 in der „Sonntags-Beilage" des „Neuen Wiener Tagblatts"[1] erschien. Léon erinnerte sich darin an seine erste persönliche Begegnung mit dem Komponisten und an die Entstehungsgeschichte der von Strauss und Léon gemeinsam geschaffenen Operette „Simplicius". Vermittelt wurde diese für die weitere Karriere Léons überaus bedeutungsvolle Zusammenarbeit durch Josef Priester, einen Wiener Kaufmann, der ein enger Freund der Familie Strauss war und für Johann Strauss als Berater und als eine Art Privatsekretär fungierte. Priester hatte Léon, wie dieser berichtet, im „Café Hoffellner in der Kärntnerstraße"[2], das „in den achtziger Jahren das vornehme Theatercafé" und „das Café der Operette" gewesen war, angesprochen:

„‚Sie, Herr Léon, wir kennen uns doch vom Sehen ... Also, ich möcht' Sie nur fragen: Hätten Sie kein Buch für Johann Strauß?' Ich sah ihn an wie ein Kretin. Täppisch. Ich glaubte mißhört zu haben. Stotterte: ‚Bi ... bi ... bitte, Herr Priester, was?' Er: ‚Ich hab' nämlich das Buch von Ihrem ‚Doppelgänger' kennengelernt. Ich hab' auch mehrere Kritiken gelesen. Sehen Sie, so was, das wär' etwas für Johann Strauß.' Ich wurde feuerrot. Schluckte nur, weil ich kein Wort hervorbringen konnte. Priester sagte weiter: ‚Ich hab' dem Meister davon gesprochen, hab' ihm die Handlung erzählt, er möcht' mit Ihnen reden'"

Stattgefunden hat dieses Gespräch im Februar 1887. Léon gibt in seinem Artikel zwar kein genaues Datum an, schreibt aber, dass zu jener Zeit die Strauss-Operette „Der Zigeunerbaron" „gerade vor der hundertsten Aufführung stand". Obwohl bei dieser Angabe entweder Léon selbst oder dem Setzer des Artikels ein Irrtum unterlaufen war, ist sie dennoch für die Datierung aufschlussreich: Die 100. Aufführung des „Zigeunerbarons" fand am 23.2.1886 im „Theater an der Wien" statt und kann somit nicht gemeint sein, da zu diesem Zeitpunkt der von Priester erwähnte „Doppelgänger" noch nicht produziert gewesen war. Léon bezieht sich daher wohl auf die

---

1   Neues Wiener Tagblatt, Sonntags-Beilage, 26.8.1928, S. 25f.
2   Das Café hieß allerdings nur bis 1882 „Café Hoffellner" und danach „Café Scheidl" und befand sich Ecke Kärntnerstraße – Walfischgasse.

150. Aufführung des „Zigeunerbarons", die am 19.2.1887 unter der Leitung von Strauss stattfand und die Léon nachweislich besucht hat.[3]

Gleich im Anschluss an das Gespräch im Kaffeehaus fuhren Priester und Léon per Pferdewagen zu Johann Strauss, der, so Léon, in einem „feudalen Palais" in der Igelgasse (heute Johann-Strauß-Gasse) wohnte. „Kaum hatte ich einen unsicheren Schritt über die Schwelle getan, stand ich vor Johann Strauß. Mit tiefer Verbeugung. Der Meister reichte mir die rechte Hand – in der linken hielt er einen Billardqueue. Er sagte: ‚Freut mich! Hab' schon Schönes von Ihnen gehört. Bitte, nehmen Sie Platz!'"

Auf die Frage von Johann Strauss, ob Léon neue Ideen für ein Operettenlibretto habe, berichtete dieser von zwei Entwürfen, an denen er gerade arbeite. Der eine trug den Titel „Rubens' Frau" und war von dem im Wiener Kunsthistorischen Museum befindlichen Gemälde „Das Pelzchen" von Peter Paul Rubens inspiriert. „Ich erzählte die Handlung ziemlich gut, ziemlich breit und länglich. Johann Strauß sah dabei mehrmals Herrn Priester an mit Blicken, die mir zu sagen schienen: Schon fad." Auch die biblische Geschichte „Die Frau des Uria" kam als mögliche Vorlage für ein Operettentextbuch bei Strauss und Priester nicht gut an. Die beiden fragten Léon, ob er denn nicht einen Stoff mit „starken dramatischen Momenten" habe.

„Da fuhr es in mich. Meine ganze Lebhaftigkeit wachte auf. Mein überschüssiges und überflüssiges Temperament wurde Herr über mich. Ich konnte nicht mehr sitzen. Stand auf. Sagte überlaut: ‚Natürlich hab' ich so was! Das sind doch grad die Sachen, die ich immer machen will und auf die niemand anbeißt!' Und ohne den sitzengebliebenen und mir nun – wohl über mein exzessives Benehmen – etwas froissiert erscheinenden Meister weiter zu beachten, spazierte ich, lief ich, rannte ich im Saal her und hin, sprudelte heraus mit unterstreichenden Gestikulationen."

Was Victor Léon derart temperamentvoll präsentierte, war das Konzept eines Operettenlibrettos, das er auf Basis des Romans „Der abenteuerliche Simplicissimus" von Hans Jacob Christoffel von Grimmelshausen verfasst hatte. Johann Strauss war davon so begeistert, dass er Léon bald unterbrach und erklärte: „Ich brauch' nix mehr zu wissen! Das mach' ich! Prachtvoll!". Er lud Léon ein, am selben Abend nochmals zu ihm zu kommen, um ihm das Textbuch, von dem fast zwei Akte fertiggestellt waren, vorzulesen. Es kam zu einem Vertragsabschluss, und in einem mit 15.2.1887 datierten Brief schrieb Johann Strauss an Victor Léon: „Sie haben mir heute den Entwurf eines Textbuches zu einer Operette oder eventuell komischen Oper, die den Titel ‚Simplicius Simplicissimus' führt, vorgelegt. Ich erkläre hiermit, daß ich genanntes Textbuch zur Composition acceptire, und dasselbe nach Maßgabe der Fertigstellung durch Sie und selbstverständlich meiner Disposition in Musik zu setzen mich verpflichte."[4] Nach Details zur Aufteilung der künftigen Einnahmen aus Aufführun-

---

3   In einem Brief vom Aufführungstag schreibt Léon an Johann Strauss: „Ich werde die Ehre haben, Sie heute Abend im Theater zu begrüßen." Victor Léon: Brief an Johann Strauss, 19.2.1887. Wienbibliothek H.I.N. 119.461.

4   Johann Strauss. Diktatbrief an Victor Léon, 15.2.1887. Wienbibliothek H.I.N.-223970.

gen der Operette[5], schließt der Brief von Johann Strauss mit dem „Nachtrag": „Ich übernehme noch die Verpflichtung, die in Rede stehende Operette ‚Simplicius Simplicissimus', als meine demnächstige Bühnennovität, vor jeder anderen zur Aufführung gelangen zu lassen."

Die Sache wurde rasch öffentlich bekannt: Am 16.2.1887 fand im „Theater an der Wien" eine Benefizvorstellung („Zum Besten des Allgemeinen Studenten-Unterstützungs-Vereines in Wien") der Strauss-Operette „Die Fledermaus" unter der Leitung des Komponisten statt. In den Berichten darüber erwähnten einige Wiener Zeitungen am folgenden Tag auch die geplante Zusammenarbeit von Strauss und Léon. So etwa schrieb das „Illustrirte Wiener Extrablatt":

„Johann Strauß hat endlich ein Libretto gefunden. Der Meister, der seit dem vorigen Sommer die Composition dreier Textbücher angefangen und wieder aufgegeben hatte, [...] entschied sich für ein Libretto von Herrn Victor Leon, welcher durch den glücklichen Erfolg des in München und anderen Städten gegebenen ‚Doppelgänger' ein bekannter junger Mann geworden ist. Wir freuen uns aufrichtig, daß unser Liebling, der Jean, endlich an die Arbeit gehen kann, weil uns jeder weitere Verzug auch in der nächsten Saison um den Genuß eines neuen Strauß'schen Werkes gebracht hätte."[6]

Für Victor Léon bedeutete die Zusammenarbeit mit Johann Strauss einen entscheidenden Karrieresprung, weil sich damit sein künstlerisches Renommee mit einem Schlag wesentlich erhöhte. Dies nicht zuletzt auch deshalb, weil Strauss nach dem Erfolg der Operette „Der Zigeunerbaron" (Textbuch Ignaz Schnitzer, Uraufführung 25.10.1885, Theater an der Wien) von zahlreichen Autoren Librettovorschläge erhielt. Das Angebot war so groß, dass Strauss Absageschreiben drucken ließ, auf denen er beschied: „Das mir gütigst zugedachte Manuscript bedaure ich, als für meine Zwecke nicht geeignet, anbei mit dem höflichsten Danke zurücksenden zu müssen".[7]

Dass Léons Buch für Strauss' Zwecke geeignet schien, war also eine besondere Auszeichnung. Allerdings kündigten sich erste Probleme und Unstimmigkeiten, denen zahlreiche weitere folgen sollten, bereits beim Vertragsabschluss an. Denn Léon hatte das „Simplicius"-Libretto schon zuvor an Alfred Zamara zur Komposition vergeben, und die Uraufführung, die wieder – wie beim „Doppelgänger" – am Münchner Gärtnerplatztheater stattfinden sollte, war bereits mit 15.8.1887 festgelegt.[8] In seinem Artikel für das „Neue Wiener Tagblatt"[9] schreibt Léon, dass er aus diesen Gründen Johann Strauss das Textbuch zunächst nicht überlassen wollte, dass er aber von Josef Priester und Strauss dazu überredet worden sei: „‚Dummheit!' machte Priester wegwerfend. ‚Wenn Sie so ein Glück haben, daß Johann Strauß Ihr Buch komponieren will ... das muß der Zamara doch einsehen, daß er Ihnen da nicht im

---

5   Strauss sollte 60 Prozent und Léon 40 Prozent „von jenen Beträgen erhalten, welche die Theater im Ganzen bezahlen", ausgenommen das „Theater an der Wien", bei dem auf Léon 5 Prozent „der Bruttoeinnahmen" entfallen sollten.
6   Illustrirtes Wiener Extrablatt. 17.2.1887, Abendausgabe, S. 3.
7   Engel, Erich Wilhelm: Johann Strauß und seine Zeit. Wien 1911, S. 319.
8   Eisenberg, Ludwig: Johann Strauß. Ein Lebensbild. Leipzig 1894. S. 276.
9   Neues Wiener Tagblatt, Sonntags-Beilage, 26.8.1928, S. 25f.

Wege stehen darf. Sehr gut!' Johann Strauß fügte diesen heftigen Worten in freundlicher Weise hinzu: ‚Machen Sie dem Herrn Zamara halt etwas andres.'"

Allerdings ließ sich das Problem nicht derart einfach und vor allem nicht diskret lösen, da die Sache in der Folge durch eine Reihe von Artikeln in der „Wiener Allgemeinen Zeitung" publik wurde. Am 18.2.1887, also drei Tage nach dem Vertragsabschluss zwischen Léon und Strauss, war da lesen:

„Ein Jubelruf geht durch die Lande: es klingt wie ein ‚habemus Papam!' – Johann Strauß hat ein Textbuch gefunden! und noch dazu hat er gefunden, daß diesmal Herr Schnitzer auf einen Finderlohn keinen Anspruch erheben darf. Darum hat aber dieses neue Textbuch nicht minder eine allerliebste Geschichte, die beinahe selbst einen ganz netten Operettenstoff abgeben könnte. Der Dichter des neuen Libretto[s] heißt Victor Leon, ein junger Schriftsteller, dem auch das Textbuch zu Zamara's ‚Doppelgänger' nachgesagt wird. Auch das Libretto, das jetzt Herr Strauß zu vertonen gedenkt, befand sich bereits in den Händen Zamara's und der Musiker war sogar schon so weit damit, daß er zwei Acte von diesem ‚Simplicius Simplicissimus' bereits componirt hatte. Dieser Tage nun soll der junge Dichter in der Wohnung Zamara's erschienen sein; der Musiker war nicht zu Hause, blos die Schwester desselben. Das Libretto lag so verführerisch auf dem Schreibtisch – da erfaßte den Dichter eine unnennbare Sehnsucht nach seinem Werke. Er flehte die Schwester Zamara's an, sie möge ihm das Buch nur auf kurze Zeit mitgeben, er könne sich vor Sehnsucht danach gar nimmer fassen – man weiß wie Frauen gutherzig sind – und heute befindet sich das Libretto in den Händen des Meisters Strauß, der sich wie ein Kind darüber freut, daß er das lange gesuchte Textbuch endlich gefunden."[10]

Am folgenden Tag ergänzte die „Wiener Allgemeine Zeitung" in ihrer Berichterstattung über die Affäre: „Unserer gestrigen Mittheilung über die Geschichte des neuesten Strauß'schen Librettos können wir noch das Detail hinzufügen, daß zwischen dem Dichter Herrn Leon und dem Componisten Herrn Zamara ein Vertragsverhältnis in Bezug auf den Text des ‚Simplicius Simplicissimus' besteht. Dieser Umstand, heißt es, dürfte in Herrn Strauß doch Bedenken erregen, ob er seine wohlerzogene Muse mit einem so zugelaufenen Texte verloben soll."[11] Am 22.2.1887 legte die „Wiener Allgemeine Zeitung" noch einmal mit einem Bericht nach und schrieb: „Die schönste Art, wie, nach unserer Meinung, ein Mann von dem großen Ehren- und Ruhmesbesitzstande eines Johann Strauß sich aus dieser Affaire ziehen kann, ist, daß er den jungen Componisten Herrn Zamara in dem speciellen Falle ‚Simplicius Simplicissimus' zu seinem Mitarbeiter macht."[12]

Von wem die „Wiener Allgemeine Zeitung" ihre Informationen in der Angelegenheit erhalten hatte, blieb unklar, eindeutig aber richteten sich die Attacken vor allem gegen Victor Léon. Dieser schrieb nach dem zweiten Artikel in einem Brief an Johann Strauss, dass „wohl kaum" Alfred Zamara hinter den Meldungen stehe, sondern dass dies „Schnitzers Geschoß"[13] sei, also von Seiten des „Zigeunerbaron"-Librettisten Ignaz Schnitzer komme. Dieser hatte für Strauss ein halbes Jahr zuvor ein Libretto für eine komische Oper, betitelt „Der Schelm von Bergen", geschrieben,

---

10 Wiener Allgemeine Zeitung, 18.2.1887, Morgenblatt, S. 6.
11 Wiener Allgemeine Zeitung, 19.2.1887, Morgenblatt, S. 7.
12 Wiener Allgemeine Zeitung, 22.2.1887, Morgenblatt, S. 7.
13 Victor Léon: Brief an Johann Strauss. 19.2.1887. Wienbibliothek, H.I.N.-119461.

und Strauss hatte auch schon mit der Komposition begonnen, die Arbeit an dem Werk aber wegen inhaltlicher Ähnlichkeiten zu der damals sehr erfolgreichen Operette „Der Mikado" von William Schwenck Gilbert und Arthur Sullivan wieder eingestellt.[14] Ob Ignaz Schnitzer durch die Ablehnung gekränkt war und aus Eifersucht auf den neuen Strauss-Librettisten Léon die Artikel lanciert hatte, ist umstritten. Der Herausgeber der Strauss-„Briefe und Dokumente" Franz Mailer meint mit Bezug auf den ersten Beitrag in der „Wiener Allgemeinen Zeitung", dass es „nicht völlig von der Hand zu weisen" sei, dass der „zu Recht empörte" Schnitzer diesen „veranlaßt oder gar selbst verfaßt"[15] hatte. Der Musikwissenschaftler Eberhard Würzl hingegen schreibt in seiner Dissertation über Johann Strauss, dass Léons Vermutung, es sei „Schnitzers Geschoß" gewesen, „nicht zutreffen dürfte"[16], gibt dafür allerdings keine weitere Begründung.

Immerhin konnte Victor Léon Johann Strauss am 19.2.1887 mitteilen, dass ihn Zamara „aus dem Vertrag gelassen habe"[17], und drei Tage später schrieb er an Strauss' spätere Ehefrau Adele[18], „daß die Stürme sich zu legen beginnen. Wenn es nicht schon bis zur Stunde geschehen, so geschieht es sicher morgen oder übermorgen, daß Alfred Zamara den Blättern eine Notiz zugehen läßt, die – glaube ich – sogar Herr Priester aufgesetzt. Ich sprach gestern mit Zamara; er hat mir beinahe völlig verziehen und es wird sich bei der am 5. März stattfindenden Premiere unseres ‚Doppelgänger' in Berlin sicher die Gelegenheit zur gänzlichen Reconciliation ergeben."[19] Tatsächlich meldete sich am 24.2.1887 noch einmal die „Wiener Allgemeine Zeitung" in der Angelegenheit zu Wort:

„Der Streit um den ‚Simplicius Simplicissimus' ist zur Zufriedenheit aller Parteien beigelegt. Herr Zamara, ein junger Componist von Talent und Gemüth, hat Herrn Leon, mit dem er ja doch in Bezug auf den ‚Doppelgänger' in glücklichster Ehe lebt, nicht im Wege stehen wollen. Der moralische und materielle Triumph, der dem jungen Schriftsteller Herrn Leon dadurch bevorsteht, daß ihn Johann Strauß auf den Flügeln seines Gesanges emporhebt, soll ihm nicht verkümmert werden. Herr Zamara begnügt sich mit der freundlichen Perspective, daß der ‚Doppelgänger' von Director Jauner bereits für's Theater an der Wien erworben wurde, und daß diese Operette schon am 5. März in Berlin zur Aufführung gelangt. Das Publicum seinerseits hat die Genugthuung, daß Strauß nun keine Ausrede mehr hat, seine Leier rosten zu lassen."[20]

---

14 Racek, Fritz: Johann Strauss. Zum 150. Geburtstag. Wien 1975, S. 93.
15 Strauss, Johann: Leben und Werk in Briefen und Dokumenten. Bd. 4. Tutzing 1992. S. 37.
16 Würzl, Eberhard: Johann Strauss. Höhen und Tiefen der Meisterjahre 1884-1894. Diss., Universität Wien, Wien 1987. Bd. 1, S. 125.
17 Victor Léon: Brief an Johann Strauss. 19.2.1887. Wienbibliothek, H.I.N.-119461.
18 Nach Strauss' Scheidung von seiner zweiten Ehefrau Ernestine „Lily" Dittrich (1882) wurde die verwitwete Adele Strauss zur Partnerin des Komponisten, den sie dann am 15.8.1887 heiratete. Adele Strauss nahm regen Anteil am Schaffen des Komponisten und war daher auch für Victor Léon eine wichtige Ansprechpartnerin.
19 Victor Léon: Brief an Adele Strauss, 22.2.1887. Wienbibliothek H.I.N.-119463.
20 Wiener Allgemeine Zeitung, 24.2.1887, Morgenblatt, S. 6.

Als Reaktion auf diesen Artikel schrieb Victor Léon am 26.2.1887 an Johann Strauss: „Hat die Notiz in der ‚Allg. Ztg.' Ihnen entsprochen? Zamara selbst war mit mir bei der Redaction. Nun ist hoffentlich über allen Wipfeln Ruh und Schnitzers ‚bewegt' Gemüth' wird sich ‚hoffentlich' auch zur Ruh' begeben."[21] Am 4.3.1887 schließlich meldete Léon aus Berlin „unter Discretion" an Johann Strauss: „Zamara componirt ein Buch von mir"[22]. Um welches Buch es sich dabei handelte, erwähnt er nicht, wahrscheinlich war es die Operette „Der Herr Abbé", die dann am 10.8.1889 im Münchner Theater am Gärtnerplatz uraufgeführt wurde.

Victor Léons „Urfassung" des „Simplicius"-Stoffes, also jenes noch nicht abgeschlossene Libretto, das er zunächst Alfred Zamara gegeben hatte und dann Johann Strauss vor Vertragsabschluss vorlegte, befindet sich nicht im Léon-Nachlass und scheint sich nicht erhalten zu haben. Vorhanden sind mehrere spätere Fassungen[23], die in Teilen deutlich voneinander abweichen, aus denen aber folgendes Grundkonzept erschlossen werden kann: Das Werk, das in Léons anfänglicher Planung ein Vorspiel und drei Akte umfasste, spielt, so wie auch Grimmelshausens „Simplicius Simplicissimus", im Dreißigjährigen Krieg. Der Schauplatz des Vorspiels ist ein Wald, in dem der rund 17-jährige Simplicius und sein Vater, der verwitwete Reichsbaron von Grübben, in einer Einsiedelei leben. Der Vater war, wie aus einem Monolog hervorgeht, früher Soldat gewesen. Um aber seinen beiden Söhnen die Sünde des Blutvergießens zu ersparen, hatte er den älteren, Arnim, in ein Kloster gegeben und sich mit Simplicius, als dieser erst wenige Monate alt war, in den Wald zurückgezogen. Simplicius, der noch nie einen anderen Menschen als den Vater gesehen hat, wuchs im Wald als naiver, weltfremder Tor auf und hält die Soldaten, die (in einer der Anfangsszenen) in der Einsiedelei erscheinen, wegen ihrer glänzenden Rüstungen zunächst für Engel, dann aber, als sie ihn zwingen, ins Heerlager mitzukommen, für Teufel. Im Lager gewöhnt sich Simplicius rasch an das Soldatenleben und wird zum „Trossbuben", d.h. zu einer Art Knecht des Generals. Auch sein Bruder Arnim, der aus dem Kloster entlaufen ist, kommt ins Lager. Er und die Tochter des Generals, Hildegarde, lieben einander. Der General hat nichts gegen eine Heirat der beiden einzuwenden, da eine Klausel im Testament der Mutter von Arnim und Simplicius besagt, dass nur durch eine Heirat zwischen Angehörigen der Familie des Generals und der Familie Grübben das Vermögen der Grübbens erhalten bleibe und nicht der Kirche zufalle. Bevor es aber zur Verlobung kommt, taucht ein weiterer Grübben, ein Vetter von Arnim und Simplicius, im Lager auf und hält um die Hand Hildegardes an. Kurz darauf erscheint auch der Einsiedler, und damit stellt sich heraus, dass auch Simplicius (der zuvor nichts von seiner adeligen Herkunft wusste) ein Grübben ist. Nun kommt auch er als Bräutigam in Betracht – doch die Entscheidung, wer von den dreien Hildegarde heiraten solle, wird durch die Notwendigkeit, in eine Schlacht zu ziehen, aufgeschoben. Der abschließende Akt spielt zwei Jahre später und bringt die Lösung der Probleme: Der Vetter, der unter Spionageverdacht geraten war, verzichtet zugunsten von Arnim auf die Heirat mit Hildegarde, und Simplicius wird die Marketenderinnentochter Tilly heiraten, mit der er sich schon zwei Jahre zuvor, als er ins Lager kam, gut verstanden hatte.

---

21 Victor Léon: Brief an Johann Strauss, 26.2.1887. Wienbibliothek H.I.N.-119453.
22 Victor Léon: Brief an Johann Strauss, 4.3.1887. Wienbibliothek H.I.N.-119452.
23 Léon-Nachlass 2/1.1.22 u. 1.1.23; 15/1.6.112 u. 1.6.113; 20/1.12.19.

Nach dem Vertragsabschluss mit Johann Strauss machte sich Victor Léon offenbar umgehend an die Arbeit am „Simplicius"-Libretto. Am 22.2.1887 schickte er „weitere Texte" an Adele Strauss[24], und am 26.2.1887 übermittelte er aus Berlin an Johann Strauss das Finale des ersten Aktes mit dem Vermerk: „Die Texte des ersten Actes sind nun völlig in Ihren Händen und ich will der frohen Hoffnung Raum geben, daß sie Ihnen entsprechen. Unbarmherzig wollen Sie alle etwaigen Längen wegstreichen; ich bitte Sie darum."[25] In der Folge jedoch kam es zu einer deutlichen Verlangsamung bei Léons weiterer Arbeit am Libretto. Am 6.4.1887 schrieb er an Adele Strauss: „Mit dem II. Acte bin ich bereits völlig gediehen. Ich werde denselben dieser Tage vorlegen."[26] Es blieb allerdings bei dieser Ankündigung, und noch im Juni klagte Johann Strauss in einem Brief an Josef Simon (den Schwager von Adele Strauss), dass ihm der „Simplicius" viel zu schaffen" mache und von der Komposition noch nicht viel fertiggestellt sei, „da ich keinen 2.tn Akt bis zum heutigen Tage in meinen Händen besitze!"[27]

Bislang wurde in der wissenschaftlichen Literatur zum „Simplicius" nicht versucht, mögliche Gründe für die von Victor Léon verursachte Verzögerung in der Arbeit an der Operette zu finden. Insgesamt wird das Verhalten Léons bei der Entstehung des „Simplicius" meist negativ bewertet – und dies wohl auch deshalb, weil die Darstellungen oft deutlich aus der Perspektive von Johann Strauss geschrieben sind. So etwa, wenn es um jenen Brief geht, den Victor Léon am 13.3.1887 an Strauss schickte.[28] Thema des Schreibens waren rechtliche Ansprüche, die der Hamburger Musikverlag Cranz stellte, der bei der zunächst mit Zamara als Komponisten geplanten „Simplicius"-Fassung als Verleger vorgesehen gewesen war.[29] Léon schrieb an Strauss, dass er in der Sache mehrmals mit einem Advokaten gesprochen habe, dass er und nicht der Verlag die Rechte am Buch innehabe, dass er aber keinen Prozess gegen Cranz führen wolle, da dies „wieder von der Presse breitgeschlagen" und „die zahlreichen Anfeindungen", denen er ausgesetzt sei, nur noch vergrößern werde – und er schloss diesen Bericht mit den Worten: „Das sind lauter Umstände, die meine moralische Verfassung mehr erschüttern, als Sie glauben und mich an der ruhigen Arbeit hindern." Der Johann Strauss-Biograf Franz Mailer vermerkt dazu: „Johann Strauß mag sich über die gegen Ende dieses Schreibens erwähnte Empfindlichkeit Léons seine eigenen Gedanken gemacht und diese auch im Freundeskreis keineswegs geheim gehalten haben; aber er konnte nun, da er sich für den ‚Simplicius'-Stoff entschieden hatte, nicht sofort in aller Öffentlichkeit aufbegehren."[30]

Franz Mailers Spekulation über die Gedanken von Johann Strauss sei eine Spekulation über die Gründe für die „Empfindlichkeit" Victor Léons gegenübergestellt. Zum einen resultierte diese sicher aus jener Neigung zu leichter Irritierbarkeit, die

---

24 Victor Léon: Brief an Adele Strauss, 22.2.1887. Wienbibliothek H.I.N.-119463.
25 Victor Léon: Brief an Johann Strauss, 26.2.1887. Wienbibliothek H.I.N.-119453.
26 Victor Léon: Brief an Adele Strauss, 6.4.1887. Wienbibliothek H.I.N.-119464.
27 Johann Strauss: Brief an Josef Simon, o.D. Wienbibliothek H.I.N.-121841. Der Brief ist nicht datiert, aus dem Inhalt aber geht hervor, dass er in Coburg geschrieben wurde, wo sich Johann Strauss ab 8.6.1887 aufhielt.
28 Victor Léon: Brief an Johann Strauss, 13.3.1887. Wienbibliothek H.I.N.-119455.
29 Eisenberg: Strauß, S. 276.
30 Strauss: Leben und Werk in Briefen und Dokumenten, Bd. 4, S. 50f.

sich in der Biografie von Léon immer wieder zeigt; zum anderen darf aber nicht vergessen werden, dass Léon gleich zu Beginn seiner Karriere, als ihn Camillo Walzel beim gemeinsam verfassten Stück „Die Büste" um die Anerkennung der Mitautorenschaft geprellt hatte, negative Erfahrungen in Bezug auf Rechtefragen gemacht hatte. Es ist daher nachvollziehbar, dass er gerade in diesem Punkt sehr sensibel war. Außerdem scheint sich Léon zur Zeit der Arbeit am „Simplicius"-Libretto in einer schwierigen privaten Situation befunden zu haben. Ein Hinweis darauf findet sich in einem Brief, den er am 14.5.1887[31] an Johann Strauss schrieb. Eberhard Würzl erwähnt dieses Schreiben in seiner Dissertation in folgender Weise: „Léon hatte sein Versprechen vom 6.4. nicht gehalten[32], wollte aber von Lewy[33] den auf ihn ‚entfallenden Theil des Einreichungshonorars vom Theater an der Wien' ausbezahlt bekommen. ‚Herr Lewy meinte, er müsse erst mit Ihnen Rücksprache nehmen' schrieb Léon am 14.5.1887 an Strauß."[34]

Würzl insinuiert mit dieser knappen Darstellung, dass Léon ein Honorar forderte, ohne die dafür nötige Leistung erbracht zu haben. Er erwähnt nicht, dass Léon auch schreibt, dass es ihm Strauss „freigestellt" habe – und zwar ohne jede Bedingung – das Honorar zu beheben. Vor allem aber fehlt ein wesentliches Detail des Briefinhaltes: Unter mehreren Entschuldigungen und mit „höflichen Bitten" verweist Léon darauf, dass er eine „größere [finanzielle] Verpflichtung zu decken" habe, dass die Zeit dafür dränge und er den Betrag dringend benötige. Worin die „größere Verpflichtung" bestand, geht zwar aus dem Brief nicht hervor, Tatsache jedoch ist, dass Léon zu jener Zeit eine bedeutende Veränderung in seinem Privatleben zu bewältigen hatte. Als er den Brief an Strauss schrieb, war seine Gefährtin Ottilie Popper schwanger, am 6.10.1887 kam die gemeinsame Tochter Felicitas zur Welt, Ende 1887 oder zu Beginn des Jahres 1888 bezog Léon, der bis dahin bei seinen Eltern gelebt hatte, eine eigene Wohnung.[35] Alle diese Faktoren sind zu berücksichtigen, wenn man nach Ursachen für die verzögerte Ablieferung des „Simplicius"-Librettos sucht. Schwierig dürfte die Arbeit am Textbuch für Léon aber auch deshalb gewesen sein, weil er von Strauss zu wenig konkretes Notenmaterial erhielt und sich bei der Texterstellung daher auf sein musikalisches Gedächtnis verlassen musste. Als er am 20.6.1887 den Text zum zweiten Akt an Strauss nach Coburg schickte, schrieb er dazu:

„Gestatten Sie, daß ich auch hinzufüge: ich habe im Vorspiel und ersten Act – soweit ich es notirt und im Gedächtniß hatte – die Texte Ihrer Musik angepaßt. Etliche Fehler dürften unterlaufen sein. – Auch den zweiten Act habe ich – natürlich wieder nur nach dem Gedächtnisse – Ih-

---

31 Victor Léon: Brief an Johann Strauss, 14.5.1887. Wienbibliothek H.I.N.-119459.
32 D.h. er hatte nicht, wie im Brief an Adele Strauss angekündigt, das Manuskript des 2. Aktes geschickt.
33 Gustav Lewy war Musikverleger und Theateragent. Johann Strauss hatte mit ihm am 8.4.1887 einen Vertrag über den Bühnenvertrieb des „Simplicius" abgeschlossen.
34 Würzl: Johann Strauss. Bd. 1, S. 127.
35 Erschließbar ist die Übersiedlung vom elterlichen Haushalt (Wien 3, Hörnesgasse 9) in eine eigene Wohnung (Wien 3, Marxergasse 38) aus Adressenangaben auf Briefen im Léon-Nachlass und dem Eintrag im Wiener Adressbuch (Lehmann 1889, S. 712).

ren mir bekannten Notizen entsprechend, textirt. – Ich glaube, daß ich so ziemlich das Richtige getroffen haben werde."[36]

Aus dem Brief geht auch hervor, dass sich Franz Jauner, der damalige Ko-Direktor des Theaters an der Wien, in die Arbeit am „Simplicius"-Libretto eingeschaltet hatte. Jauner wünsche, so schrieb Victor Léon an Johann Strauss,

„die sofortige Uebersendung des II. Actes an Sie, hochverehrter Meister, und die Mittheilung seiner Meinung über denselben. Diese letztere referire ich Ihnen rückhaltslos und wahrheits – fast wortgetreu.
Director Jauner, vom ersten Acte auf's Äußerste befriedigt, findet auch den zweiten Act seiner Form und Ausführung nach für gut. Auszusetzen hat er vier Punkte, von denen er aber wissen möchte, ob nicht auch Sie seine Meinung hierüber theilen."[37]

Der erste der vier Kritikpunkte Jauners lautete, dass die Liebesbeziehung zwischen Arnim und Hildegarde zu wenig deutlich werde, weswegen er die Einfügung eines entsprechenden Liedes für Arnim vorschlug. „Wenn ich meine Meinung hierüber äußern darf", merkte Léon an, „so glaube ich, daß es dem Director mehr um größere Rollen für Frl. Collin und Hr. Streitmann zu thun ist, als um das Liebespaar! Mit dem Liede für Arnim bin ich natürlich einverstanden, wenn Sie einverstanden sind." Strauss war offensichtlich nicht einverstanden, denn auf dem Schreiben Léons ist, in der Handschrift von Adele Strauss, notiert: „Diese Ansicht Jauners theilt Jean nicht". Der zweite Kritikpunkt betraf das militärische Avancement von Simplicius, das besser motiviert werden müsse: „Darin hat – auch meiner Meinung – der Director völlig Recht. Doch habe ich schon eine Aenderungsidee, die auch ihm entspricht und die am Finale und an der Composition nichts ändert." Weiters sei Jauner der Ansicht, „daß der Einsiedler zu Ende des II. Actes nicht stumm über die Bühne geführt werden dürfe." Diese Kritik aber wies Victor Léon zurück: „Simplicius darf ihn ja weder sehen noch hören. Auch stelle ich mir die Wirkung ungleich größer vor, wenn er stumm und gebunden über die Bühne geschleppt wird und aus dem Orchester klingt das Einsiedlermotiv als wenn er ein paar Tacte sänge." Schließlich habe Franz Jauner auch befunden, dass es nicht glaubwürdig sei, dass sich Simplicius erst im Finale über seine Gefühle zu Tilly klar werde. „Nun, was diesen Punkt anbelangt, so sind Sie, hochverehrter Meister, mir maßgebender", schrieb Léon dazu an Johann Strauss – und Adele Strauss notierte bei diesem Punkt am Blattrand: „Jauner auch nicht recht".

Johann Strauss stimmte also Jauners Kritik offenbar nur zum Teil zu, fand aber selbst einiges, was ihm am Libretto nicht gefiel. Seine Kritik ließ er durch Josef Priester an Victor Léon weiterleiten, und dieser schrieb am 29.6.1887 (neun Tage, nachdem er das Manuskript an Strauss geschickt hatte) nach Coburg:

„Herr Priester hat die Güte gehabt, mir Ihre Meinung über den zweiten Act zu vermitteln. Ich muß Ihnen gestehen, daß es mehr Erstaunen, denn eine andere Empfindung war, welche Ihr Brief hervorrief. Nicht Autoreneitelkeit ist es, die mich reden läßt, vielmehr die Überzeugung,

---

36 Victor Léon: Brief an Johann Strauss, 20.6.1887. Wienbibliothek H.I.N.-119454.
37 Ebd.

daß ich den II. Act durchaus bühnengerecht und wirksam, dabei originell und auch poetisch verfaßt habe. Director Jauner selbst hatte ja nur Bagatellen auszusetzen. Es ist mir unfaßbar, wie Sie dies streng und logisch gefügte, durchgehend motivirte Ganze ein ‚Stückwerk' nennen können; ebenso unfaßbar, daß Sie den Einklang mit dem I. Act vermissen."[38]

Victor Léon war über Strauss' Kritik am Text des zweiten Aktes offensichtlich sehr betroffen. Er verwies darauf, dass der Akt „Neues und Steigerung genug" bringe, dass „die Handlung fortwährend mächtig vorwärts" rücke und dass „das Interesse auf alle handelnden Personen gleichmäßig vertheilt" sei:

„Gerne räume ich es ein, daß in Vers und Prosa manches Verbesserungsbedürftige unterlaufen sein kann. Ist dies denn von Belang? Wie leicht läßt es sich auf tausend Arten anders machen! Selbst wenn diese oder jene Szene Ihrer subjectiven Empfindung, die ich unter allen Umständen hochschätze, nicht entsprechen sollte, so bitte ich sie mir anzugeben und ich will ja gerne sehen, was sich thun läßt, wie ich doch bisher Alles that, was wünschenswerth und was ich als wünschenswerth anerkannte."

Allerdings könne er sich, so Léon, „unter gar keiner Bedingung dazu verstehen", den zweiten Akt zur Gänze umzugestalten, und er betonte, dass es „nicht im Bereich der Denkbarkeit" liege, „– selbst wenn ich materiell nicht geschmälert würde – daß ich eine fremde Hand an meinen fertigen, gänzlich eigenthümlichen, wohldurchdachten und sorgsam gearbeiteten Werke soi-disant ‚mitarbeiten' ließe." Johann Strauss hatte Léon offenbar nahegelegt, sich einen Ko-Librettisten zu nehmen. In diesem Sinne schrieb Strauss auch an seinen Theateragenten Gustav Lewy: „Willst Du mir einen Gefallen erweisen – so bitte ich Dich Jauner aufzusuchen und ihn zu veranlassen, daß er Léon bestimmt – sich einen Mitarbeiter zu wählen."[39]

Der Brief an Gustav Lewy ist vor allem deshalb von Interesse, weil Strauss darin auch seine Einschätzung von Léons Stärken und Schwächen formuliert: „Dieser Kerl Leon macht mir jetzt viel zu schaffen", leitete er sein Schreiben ein, meinte dann aber, Léon sei „voll Talent und wird seine Carriere machen aber er hat noch keine Praxis […] Sein Simplicius ist als Stoff das hervorragendste aller Bücher in der Neuzeit. Ich behaupte, daß wenn nur der zweite Akt neben dem glänzenden Vorspiel u. 1ten Akt einigermaßen acceptabel [ist,] es schwer sein dürfte – ein zweites, ähnliches Buch finden zu können." Allerdings, so Strauss, gefalle ihm der zweite Akt in der vorliegenden Form „nicht in jeder Beziehung". Was ihn störte waren vor allem „diese 20 Meter lange[n] Verse – (dies seine schwächste Seite)", die „namentlich im lyrischen Gesang höchst miserabel" wirken. Außerdem fehle es im zweiten Akt noch an „logischer Verbindung". „Dieser Kerl Léon läßt sich nichts sagen", ereifert sich Strauss, und deshalb habe er ihm „einen sehr groben Brief geschickt".

Der „grobe Brief" (der sich nicht im Léon-Nachlass findet) führte dazu, dass Léon den Komponisten bat, ihm „all' jene Textstellen zu bezeichnen, die Ihrem Geschmacke nicht entsprechen. Ich will mir alle erdenkliche Mühe geben, sie in kürzester Zeit zu Ihrer Zufriedenheit umzugestalten."[40] Noch einmal verwies Léon dabei

---

38 Victor Léon: Brief an Johann Strauss, 29.6.1887. Wienbibliothek H.I.N.-119456.
39 Zit. nach: Strauss: Leben und Werk in Briefen und Dokumenten, Bd. 4, S. 82.
40 Victor Léon: Brief an Johann Strauss, 7.7.1887. Wienbibliothek H.I.N.-1194567.

auf das fehlende Notenmaterial: „Am Besten wäre es, da Sie ja die Situationen und den Character der einzelnen Nummern doch kennen, Sie senden mir Ihre Compositionen und ich unterlege den Text. Ich hätte dann wenigstens eine Richtschnur für Rhythmus und Länge der Nummern." Ausführlich ging Léon auf die Kritik an den, wie sie Strauss nannte, „20 Meter langen Versen" ein:

Um der ‚langgestreckten Verse' zu gedenken, so scheinen Sie übersehen zu haben, daß diese stets durch eine Cäsur getrennt sind, mithin Sie eine Verszeile fast immer wie zwei betrachten können. Wenn ich hie und da von der Gleichmäßigkeit des Rhythmus absah, so geschah dies nicht aus Unvermögen oder Unschlüssigkeit sondern aus Absicht, um die dramatische und poetische Bewegung zu erhöhen [...]. Paßt Ihnen diese neudeutsche Rhythmusänderung, wie sie seit Göthe [!] in der Lyrik gang und gäbe ist, nicht, so läßt sich ja alles sehr leicht streng rhythmisch gestalten."

Einen Mitarbeiter, so betonte Léon, lehne er weiterhin „auf's Entschiedenste" ab. Die einzige Ausnahme, zu der er bereit sei, wäre,

„wenn Herr Génée [!][41], aber nur Herr Génée, den ich als Meister der Textdichtung hochschätze, diese oder jene Nummer redigirt oder umtextirt. Doch muß ich Ihnen bemerken, daß ich der alleinige Autor des ja ganz fertigen Libretto bleibe und als solcher allein zeichne und daß ich mich – nicht aus materiellem Interesse – auch nicht dazu verstehen kann, Herrn Génée meinerseits zu honoriren. Wollen Sie dies nicht wieder als ‚characteristische Kühnheit' auffassen, hochverehrter Meister. Es widerstrebt mir aber im Innersten, mehr als ein nur allgemeines Zugeständnis zu machen, bei einer Sache, die ich – ich gebe mir wahrlich Mühe, dies zu thun – nicht schlecht finden kann".

Zu einer Mitarbeit von Richard Genée am „Simplicius" kam es nicht, die Diskussionen um das Libretto aber gingen unvermindert weiter. Am 19.7.1887 schrieb Franz Jauner an Johann Strauss, dass er „mit Léon bereits drei Zusammenkünfte hatte, welche so ziemlich heftiger Natur waren!"[42] Immerhin aber konnte er mitteilen, dass der zweite Akt „etwas umgearbeitet" und damit „entschieden beßer" geworden sei, wenn auch noch immer nicht „dramatisch richtig aufgebaut". „Trotzdem aber ist das Buch originell und interessant!!", betonte Jauner, und zur Frage eines Ko-Librettisten schrieb er: „Ich meine aber, er wird es allein fertig bringen, denn sein Ehrgeiz u. seine entschiedene Begabung werden ihn anspornen das Bestmögliche zu erreichen."

---

41 Richard Genée, geb. 7.2.1823 in Danzig, gest. 15.6.1895 in Baden bei Wien, war Komponist, Librettist und Kapellmeister (u.a. 1868-1878 am Theater an der Wien). Genée verfasste nicht nur (teilw. mit Koautoren) die Libretti zu eigenen Operetten, sondern auch zu Werken anderer Komponisten, wie etwa Franz von Suppé und Carl Millöcker. Er arbeitete eng mit Johann Strauss zusammen und schrieb für ihn die Textbücher zu „Die Fledermaus" (1874, gem. m. Karl Haffner), „Cagliostro in Wien" (1875, gem. mit F. Zell), „Das Spitzentuch der Königin" (1880, gem. m. Heinrich Bohrmann-Riegen), „Der lustige Krieg" (1881, gem. m. F. Zell) und „Eine Nacht in Venedig" (1883, gem. m. F. Zell).
42 Franz Jauner: Brief an Johann Strauss, 19.7.1887, Wienbibliothek H.I.N.-118764.

In den folgenden Wochen schienen Johann Strauss und Josef Priester einigen Druck auf Victor Léon ausgeübt zu haben. Er sei, so schrieb Strauss an Priester[43], über Léons Briefe verärgert und nur „dieser wirklich brillante Stoff" des „Simplicius" halte ihn davon ab, gegen Léon „unzart aufzutreten". Am liebsten wolle er, so Strauss, die Zusammenarbeit beenden – beziehungsweise, wie er es formulierte, „von Sistirung der Arbeit dem Leon die schmutzigen Ohren Leon's voll zu machen – glücklicherweise ist im Kontrakt kein Termin festgestellt – nur bedaure ich, daß wir ihm uns versicherten, keine andere Bühnenarbeit darf vor der Aufführung seines Simplicius daran kommen."

Am 17.8.1887 kam es in Franzensbad, wohin Johann und Adele Strauss nach ihrer am 15.8. in Coburg erfolgten Heirat gereist waren, zu einem Treffen von Victor Léon, Josef Priester und Johann Strauss. Dabei wurde vereinbart, dass Josef Priester an der Fertigstellung von „Simplicius" mitarbeiten solle. Die Details hielt Priester in einem an Léon adressierten Schreiben fest:

„Wir vereinigen uns zur gemeinsamen Fertigstellung des Textbuches der Operette ‚Simplicius', an deren Composition Johann Strauß gegenwärtig arbeitet. Wir verpflichten uns beide, diese Arbeit nach bestem Können – nach den dem Meister bekannten und von ihm gebilligten Grundzügen – so rasch als thunlich zu vollenden.
Nachdem der weitaus größere Theil der Arbeit von Ihnen geleistet wurde, so gebührt Ihnen naturgemäß auch der größere Antheil an den Erträgnißen. Ich acceptire daher ohne Weiteres Ihr Anerbieten, zufolge dessen Sie mir als Entgelt 20% Zwanzig [!] Procent der Ihnen aus der Operette ‚Simplicius' zufließenden Erträgniße überlassen[44]."

Gegen die Mitarbeit von Josef Priester hatte sich Victor Léon offenbar nicht wehren können. In welchem Ausmaß Priester in die Gestaltung des Librettos eingriff, ist nicht feststellbar. Es scheint jedoch, dass ihm vor allem eine steuernde, überwachende Rolle zukam und er die Wünsche von Johann Strauss durchzusetzen hatte, dass er aber die konkrete Formulierung des Textes Léon überließ. Darauf verweist ein Brief,

---

43 Johann Strauss: Brief an Josef Priester, [Juli 1887]. Wienbibliothek H.I.N.-222338.
44 Josef Priester: „Herrn Victor Leon (Hirschfeld) Schriftsteller aus Wien, derzeit in Franzensbad!", 17.8.1887. Léon-Nachlass 25/2.1.2.102. Priesters Anteil an den Erträgnissen wurde in der Folge herabgesetzt. Am 27.8.1887 schrieb Victor Léon an Priester: „Unserem Uebereinkommen gemäß beziehen Sie 20% meiner Bühnenerträgnisse und tragen in demselben Verhältnisse die Abgaben an Lewy und Grünwald. Das ist richtig! Nun habe ich aber ein Achtel meiner Bezüge an einen Ihnen wohlbekannten Geschäftsfreund von Strauß wie von mir um 1250 fl. verkauft. Mithin betragen meine Einkünfte um 12% weniger. Ich frage und bitte Sie nun und zweifle nicht, daß Sie darauf eingehen: ob Sie geneigt sind, an diesen 1250 fl. mit einem Fünftel zu partizipiren und Ihr Fünftel der Einkünfte dann abzüglich dieser 12% zu beziehen? Geschah ja dieser Verkauf lange, bevor ich die Ehre hatte, mit Ihnen in geschäftliche Beziehungen zu treten – und ich brauche das Geld. Sie werden nicht wollen, daß ich Ihnen auch ein Fünftel von dem gebe, was ich ja nicht beziehe." (Victor Léon: Brief an Josef Priester. 27.8.1887. Wienbibliothek H.I.N.-119462). Wie den Angaben im Johann Strauss-Nachlass-Inventar zu entnehmen ist, betrug Josef Priesters Tantiemenanteil bei „Simplicius" 18% (Jäger-Sunstenau, Hanns: Johann Strauss. Der Walzerkönig und seine Dynastie. Familiengeschichte, Urkunden. Wien 1965. S. 402).

den ihm Victor Léon zehn Tage nach dem Treffen in Franzensbad schrieb. Léon teilte Priester darin mit, dass er den zweiten Akt „schon ziemlich verändert und die gewünschten Modificationen in den Gesangstexten" gemacht habe.

Vor allem aber beschäftigte sich Léon in dem Schreiben mit dem Wunsch von Johann Strauss, den zweiten und dritten Akt des „Simplicius" in einem zusammenzufassen. Strauss hatte diesbezüglich bereits im Juli 1887 an Franz Jauner geschrieben:

„Meine Überzeugung für den Erfolg lautet dahin, mit dem 2ten Akt zu schließen – Alles was zur Lösung des Ganzen nöthig, ist in's 2te Finale zu werfen [...]. Wir würden dann um 10 Uhr mit der Geschichte fertig werden und höchst wahrscheinlich geht das Publicum dann vergnügter fort, als wenn wir um ¾11 Uhr schließen, und eigentlich nichts von Belang im 3ten Akt möglich aufzutischen ist. Die Verschmelzung des jetzigen 2ten Aktes, mit dem geplanten 3ten Akt, [ist] ein Haupterforderniß."[45]

Beim Treffen in Franzensbad war Victor Léon mit diesem Wunsch nach Änderung des von ihm geplanten Stückaufbaues konfrontiert worden und hatte sich, wie aus dem Brief an Priester hervorgeht, vergeblich dagegen zu wehren versucht. Strauss und Priester trugen ihm die Umarbeitung auf, und offenbar hatte er den Arbeitsfortschritt an Priester zu melden. Allerdings wollte sich Léon nicht so schnell geschlagen geben. „Ich kann mich mit der zweiactigen Form noch immer nicht recht befreunden; nicht etwa aus subjectiven sondern aus rein objectiven Gründen", schrieb er an Priester und ersuchte ihn, folgende Punkte „genauest in's Auge fassen zu wollen":

„1.) Der II. Act wird von ungebührlicher Länge; er dauert ungefähr 1½ Stunden. Das ist mehr als ein Publicum verträgt.
2.) Sehr wichtig! Wenn mit diesem voluminösen Act auch das Stück zu Ende ist, so gehen bekanntlich die Leute ebenso aus dem Theater wie nach einem dritten Act, ohne zu applaudiren. Hierdurch geht sowohl der Effect des Werkes verloren als auch die Finalmelodien entschieden leiden. Man muß dem Publicum Zeit zum Erfassen, zum Ausschnaufen und zum Wiederkäuen lassen. Nicht wahr?
3.) Die dramatischen, musicalischen und szenischen Effecte häufen sich in solcher Weise, daß sie naturgemäß wirkungslos verloren gehen müssen.
4.) Die nothwendigen Motivirungen, die hier alle aufeinander gestoppelt werden müßten, langweilen in solcher Form."

Auch über die von Strauss kritisierte Länge des Werkes hatte sich Léon, wie er Priester mitteilte, Gedanken gemacht:

„Ich habe eine Idee, wodurch der jetzige und auch schon geänderte II. Act sehr gekürzt und mit einer derartigen großen Spannung schließen würde, daß gewiß Niemand das Theater vor Schluß des sehr kurzen, neuen III. Actes verließe. Und Meister Strauß brauchte nicht eine Note mehr zu componiren als für zwei Acte. Es soll mich freuen, Ihnen diese Idee mittheilen zu

---

45 Strauss, Adele (Hg.): Johann Strauss schreibt Briefe. Berlin 1926. S. 52. Das Original des Briefes ist lt. Mailer nicht erhalten (s. Strauss: Leben und Werk in Briefen und Dokumenten, Bd. 4, S. 113).

können und noch mehr, wenn Sie und Strauß sie billigen, was entschieden im Interesse des Stückes läge."

Victor Léons Überlegungen zeigen, dass er sich intensiv mit der möglichen Bühnenwirkung und den Rezeptionsbedingungen des „Simplicius" beschäftigt hatte. Wie wenig dies von der Strauss-Forschung bislang beachtet wurde, belegt etwa die Tatsache, dass Eberhard Würzl Léons Brief an Priester zwar kurz erwähnt, zu Léons Ausführungen aber lediglich vermerkt: „Da sich Strauß mit seiner Forderung, der II. Akt müsse der Schlußakt sein, durchsetzte, ist es nicht nötig darauf einzugehen."[46]

Am selben Tag, an dem er an Josef Priester schrieb, schickte Victor Léon auch einen umfangreichen Brief an Johann Strauss.[47] Es ist, wie aus dem Inhalt erschlossen werden kann, die Antwort auf ein verschollenes Schreiben von Strauss, in dem dieser von der Reaktion von Ernst II., Herzog von Sachsen-Coburg und Gotha, auf das „Simplicius"-Libretto berichtet hatte. Dass Strauss während seines Aufenthaltes in Coburg das Textbuch an den musik- und theaterliebenden Herzog übermittelt hatte, geht aus einem Schreiben des „Geh.-Cabinets Sr. Hoheit des Herzogs von Coburg-Gotha" hervor. Darin wurde Strauss mitgeteilt, „daß Seine Hoheit der Herzog das freundlichst übersandte Libretto mit großem Interesse gelesen hat und es reizend findet. Es ist flott und geschickt gemacht, reich an komisch wirkenden Figuren und voll spannender Entwicklung. Das einzige Bedenken Seiner Hoheit ist, daß im Vorspiel etwas zuviel Geistliches den Operettencharakter stören dürfte."[48]

Den Inhalt dieses Briefes hatte Johann Strauss an Victor Léon weitergeleitet. Bei Léon löste es, wie er an Strauss schrieb, „übergroße Freude" aus, dass der Herzog das Libretto „so nachsichtig und auch so richtig beurtheilte". Auf die Bedenken des Herzogs in Bezug auf die Gestaltung des Vorspiels ging Léon im Brief an Johann Strauss dann ausführlich ein und entwickelte daraus generelle Überlegungen zum Operettengenre. Das Überwiegen des „geistlichen" Elementes im Vorspiel zum „Simplicius" erklärte Léon damit, dass „Simplicius" eine Entwicklungsgeschichte sei. Um „die Handlungsweise und das Wesen des Simplicius" zu verstehen, sei es notwendig, zu zeigen, „was für Keime in ihm liegen, unter welchen Eindrücken er aufgewachsen":

„Diese Keime müssen nun gute sein; aber nicht ‚gute' etwa im modernen philosophischen Sinne, sondern nur im volksthümlichen, ich möchte beinahe sagen, im mittelalterlichen; sie müssen sich ausprägen in Gottesfurcht und Höllenfurcht, deutlicher gesagt: in Liebe zum Guten und Rechten, in Verabscheuung des Bösen, der Sünde. Aber weiter durfte ich auch nicht gehen, wollte ich die Naivität des Simplicius nicht erschüttern. Allen anderen, allen weltlichen Eindrücken mußte er fern geblieben sein; diese dürfen erst später auf ihn wirken. Deshalb mußt' ich seinen Vater als den frommen, gottergebenen Einsiedler zeichnen, deshalb mußte das Geistliche im Vorspiele überwiegen. – Außerdem galt es aber auch, den Contrast zwischen dem Einsiedler und der rohen Soldateska zu schaffen."

Léon ging es um eine psychologische Fundierung der Charakterentwicklung, denn die „erste Forderung, die an den Bühnenliteraten herantritt, ist es, Menschen zu

---

46 Würzl: Johann Strauss, Bd. 1, S. 140.
47 Victor Léon: Brief an Johann Strauss, 27.8.1887. Wienbibliothek H.I.N.-119.458.
48 Zit. nach: Strauss: Leben und Werk in Briefen und Dokumenten, Bd. 4, S. 114.

zeichnen, wahre Menschen und durch Erfüllung dieser allersten Forderung im Genre der Operette ist sie schon auf ein künstlerisches Niveau gehoben und wird es auch noch mehr, wenn sich eine Handlung dazu gesellt mit menschlichen Conflicten, menschlichen Situationen. Diese Postulate haben mir bei Abfassung des ‚Simplicius' vorgeschwebt". Léon stellte diese Forderung nach einer realitätsbezogenen Handlung und einer psychologisch fundierten Charakterzeichnung in Zusammenhang mit grundsätzlichen Überlegungen zur Entwicklung des Operettengenres:

„Sie wissen es, mein hochverehrter Meister, und wir empfinden es Alle, daß das Genre der Operette sich auf dem Wege allen Fleisches befindet und diesen schon stark betreten [hat]. An uns ist es, wollen wir es erhalten, ihm andere Formen, haltbarere und edlere Gestalt zu geben. So habe ich es für meine literarische Aufgabe gehalten, für meine künstlerische Pflicht – wenn ich so reden darf – mitsteuern zu helfen, um das uns von den Franzosen überkommene, oberflächliche und gedankenlose, nur auf's niedrig sinnliche Amüsement berechnete Operettengenre aus dem Sumpf der Niedrigkeiten heraus, in ein besseres Fahrwasser, in eine klarere Strömung deutschen Geschmackes zu rudern. Das Weltkind Operette mußte und muß hiebei allerdings stets in der Mitte bleiben und darf und soll sich weder nach Prophete rechts oder nach Prophete links wenden. So will ich meine Aufgabe lösen. Vielleicht muthe ich mir zu viel zu, aber anstreben will ich's!"

Léons Brief an Johann Strauss und seine Überlegungen zur Entwicklung des Operettengenres wurden in der Literatur mehrfach zitiert und kommentiert. Franz Mailer nahm das Schreiben in die Strauss-Briefe und Dokumenten-Ausgabe auf[49] und schrieb dazu: „Wieweit Johann Strauß an diesen Ausführungen überhaupt interessiert war, läßt sich nicht einmal vermuten. Ein reales ‚endgiltiges' Libretto wäre ihm gewiß willkommener gewesen."[50]

Etwas genauer als Franz Mailer setzte sich Eberhard Würzl mit Léons Ausführungen auseinander. Den entsprechenden Abschnitt seiner Dissertation leitete er mit der Bemerkung ein: „Auch dieser, bisher nicht beachtete Brief ist ein Dokument für die Situation der Wiener Operette zu Beginn ihres Niedergangs"[51]. Würzl greift damit die oft geäußerte Meinung auf, dass jene Operetten, die ab dem Ende des 19. Jahrhunderts in Wien entstanden oder einen engen Konnex zu Wien und zur österreichisch-ungarischen Monarchie hatten, sich in ihrer musikalischen und vor allem auch in ihrer textlichen Beschaffenheit wesentlich von früheren Werken unterschieden. Dieser Unterschied wird dabei als eine irreversible Entwicklung hin zu minderer Qualität gesehen, weshalb Würzl auch von einem „Niedergang" spricht. In der Operettengeschichtsschreibung sind als Etiketten für die derart interpretierte Entwicklung die Bezeichnungen „Goldene Operetten-Ära" und „Silberne Operetten-Ära" zu finden.

Tatsächlich gab es Ende des 19. Jahrhunderts eine von vielen Seiten geführte Diskussion über eine Neuausrichtung des Genres. Die zentralen Fragen waren dabei, wie sich die deutschsprachige Operette vom französischen Vorbild lösen könne, wie eine eigenständige deutschsprachige Operettenform beschaffen sein solle und wie-

---

49 Strauss: Leben und Werk in Briefen und Dokumenten, Bd. 4, S. 136-138.
50 Ebd., S. 139.
51 Würzl: Johann Strauss, Bd. 1, S. 138.

weit die Operette in der komischen Oper aufgehen solle. Es ist somit nicht verwunderlich, dass sich Victor Léon mit diesen Fragen auseinandersetzte. Für den damals 29-jährigen gehörten sowohl die Werke des französischen Genrevorbilds Jacques Offenbach als auch jene von Millöcker, Strauss, Suppé und Zeller (die als Vertreter der „Goldene Operetten-Ära" gelten) zeitlich in die Väter- und teilweise sogar in die Großvätergeneration und mussten ihm wohl vielfach als veraltet und nicht den aktuellen Ansprüchen entsprechend erscheinen. Sein Bestreben war es, basierend auf der aktuellen Diskussion, neue Formen zu schaffen, wobei er, als Librettist, natürlich vor allem im inhaltlichen Bereich einen Traditionsbruch anstrebte. Zu Léons Ausführungen meint Eberhard Würzl: „Léon bringt hier keinen eigenen Gedanken, sondern variiert nur eine wiederholt propagierte deutsch-national gefärbte Ansicht"[52].

Auch Marion Linhardt stellt Léons genretheoretische Überlegungen in einen deutschnationalen Zusammenhang. In ihrem Buch „Inszenierung der Frau – Frau in der Inszenierung" schreibt sie, dass „die Entstehung des Deutschnationalismus in Österreich" einhergegangen sei „mit einer zunehmenden Ablehnung französischer Operetten und herber Polemik gegen die vermeintlich typisch französische Frivolität und Schlüpfrigkeit"[53]. Dies habe zur Verarbeitung historischer Stoffe und dem „Aufgreifen der ‚altdeutschen Mode'" geführt, wobei Linhardt den „Kulminationspunkt der Entwicklung" in Léons „programmatische[n] Äußerungen für eine Operettenreform Mitte der 1880er Jahre" und dabei vor allem in seinem Brief an Johann Strauss sieht.

Allerdings ist bei der Bewertung der Bestrebungen, eine Operette nach „deutschem Geschmack" (so Léon) zu schaffen, eine gewisse Vorsicht geboten. Hier einen direkten Konnex zur Entstehung des politischen Deutschnationalismus herzustellen, greift zu kurz und birgt die Gefahr einer historischen Fehlinterpretation in sich. So wie es auch Léon mit seiner Forderung nach „menschlichen Conflicten, menschlichen Situationen" immer wieder formulierte, war das deutsche Element im Operettengenre als eine Wendung hin zu Realismus und den damals neu entstehenden naturalistischen Strömungen innerhalb der dramatischen Literatur definiert. Léon selbst schrieb später in einem Rückblick auf seine Arbeit am „Simplicius": „Außerdem dämmerte so verschwommen etwas in mir wie Naturalismus, etwas, das bald hierauf Mode wurde: der Verismo. Der crasse Verismo. So war auch Simplicius angelegt und so auch grossenteils ausgeführt."[54]

In der Tat findet sich in den entsprechenden programmatischen Texten vielfach auch der Hinweis, dass die „deutschen" Operetten ernsthafter und weniger frivol seien als die französischen. Doch weder Victor Léon noch andere Librettisten, die Ende des 19. Jahrhunderts Textbücher schrieben, die von den Zeitgenossen als „deutsch" empfunden wurden, können deshalb in ihrem Schaffen als „deutschnational" bewertet werden. Ein bemerkenswertes Belegstück in diesem Zusammenhang ist die Operette „Des Teufels Weib", die am 22.11.1890 im Theater an der Wien Premiere hatte.

---

52 Ebd., S. 139.
53 Linhardt: Inszenierung der Frau, S. 173.
54 Léon, Victor: Girardi-Erinnerungen. Gelegentlich der gestrigen Ravag-Sendung des ‚Simplicius'. Léon-Nachlass 19/1.9. Léon verfasste diese in Form eines Typoskripts erhaltenen Erinnerungen, nachdem am 4.3.1934 von Radio Wien im Rahmen des Zyklus „Die Operetten von Johann Strauß" der „Simplicius" ausgestrahlt worden war. Die Druckfassung der „Girardi-Erinnerungen" erschien am 13.5.1934 im „Neuen Wiener Journal".

„An der Wien und an der Donau beherrschen augenblicklich die Franzosen das Repertoire, die leichtfertigen Franzosen mit ihren Stücken, in denen sie auch mit der Wahrscheinlichkeit höchst leichtfertig umspringen"[55], leiteten die „Wiener pikanten Blätter" ihren Premierenbericht ein. Auch das aktuelle Stück war französischen Ursprungs: Es basierte auf der Operette „Madame le diable" von Henri Meilhac und Arnold Mortier. Allerdings habe man, so vermerken die „Wiener pikanten Blätter", im Theater an der Wien für das Werk „einen deutschen Bearbeiter gefunden, der sich ernsthaft bemühte, das ‚Singspiel' nach deutschem Geschmacke zuzurichten". Der Librettist, dem dies, wie der sehr positiven Besprechung zu entnehmen ist, überzeugend gelang, war niemand anderer als Theodor Herzl, der ein paar Jahre später mit seinem Buch „Der Judenstaat" zum Begründer des politischen Zionismus werden sollte. Auch die „Neue Freie Presse" brachte einen ausführlichen Premierenbericht über das Stück, in dessen Mittelpunkt die turbulenten Erlebnisse eines Höllen-Sekretärs stehen, der aus der fröhlich-frivolen Unterwelt ins schwedische Uppsala reisen muss, um dort, unterstützt von seiner Frau, für mehr Untugend zu sorgen. Dies gibt, so die „Neue Freie Presse", „zu den drolligsten Szenen Anlaß" – doch:

„Ein Verdienst des Herrn Theodor Herzl bleibt es, durch tactvolle Bearbeitung des gewagten Stoffes das Libretto für die deutsche Bühne überhaupt möglich gemacht zu haben. Das französische Original enthält Stellen und Situationen, die sich im Deutschen kaum wiedergeben lassen; der Bearbeiter hat in der Beseitigung von Nuditäten und Verschleierung alles Anstößigen das Möglichste gethan, ohne den munteren Grundgedanken Meilhac's in seiner Wirkungsfähigkeit irgendwie zu beeinträchtigen."[56]

Wenn Victor Léon also in seinem Brief an Johann Strauss vom „deutschen Geschmack" spricht, dann bedeutet das durchaus nicht, dass er sich in seinem Operettenschaffen national definierte. Darauf verweisen auch die nachfolgenden Worte vom „Weltkind Operette", die er als übernationales Genre sieht. Dass er keineswegs eine anti-französische Linie verfolgte, belegen überdies seine intensive Beschäftigung mit dem französischen Operettenschaffen und seine vielfache Verwendung französischer Dramenstoffe.

Nachdem sich Victor Léon mit Strauss' Forderung nach einer zweiaktigen Operette abgefunden hatte, stellte er das „Simplicius"-Libretto im Herbst 1887 fertig. Die Uraufführung des Werks fand am 17.12.1887 mit prominenter Besetzung im Theater an der Wien statt: Alexander Girardi verkörperte die Titelrolle, Josef Josephi war in der Rolle des Einsiedlers zu sehen, Karl Streitmann als Arnim. Für die Inszenierung zeichnete Franz Jauner verantwortlich, die musikalische Leitung am Uraufführungsabend hatte Johann Strauss selbst übernommen. Im Mittelpunkt der Premierenberichte der Wiener Zeitungen des folgenden Tages stand allerdings weniger die Operette

---

55 Wiener pikante Blätter, 30.11.1890, S. 3.
56 Neue Freie Presse, 23.11.1890, S. 6. Im Zusammenhang mit dem Lob für den Librettisten wagt die „Neue Freie Presse" auch eine Voraussage – die sich allerdings, wie Herzls weitere Laufbahn zeigt, nicht erfüllen sollte: „Der heutige Erfolg dürfte ihn wahrscheinlich bestimmen, es bei dem ersten Schritte nicht bewenden zu lassen, und wir werden ihn wol [!] noch oft als Textdichter von musikalischen Werken an der Seite unserer Componisten auf dem Theater begegnen."

an sich, als vielmehr ein Vorfall, der sich während der Vorstellung ereignet hatte. „In den Anfangsscenen des letzten Actes verbreitete sich im Parquet ein brenzlicher Geruch"[57], beschreibt die „Neue Freie Presse" den Auslöser dafür, dass im Theatersaal eine Panik entstand, da viele Zuschauer glaubten, dass ein Brand ausgebrochen sei. Brände waren in den Theatern jener Zeit eine ständig drohende Gefahr[58], am 8.12.1881 hatte der Brand des Wiener Ringtheaters 384 Todesopfer gefordert. Zahlreiche Besucher der „Simplicius"-Premiere versuchten daher, so schnell wie möglich das Theater zu verlassen. Allerdings stellte sich rasch heraus, dass es keinen Brand gab, sondern dass

„die Federspitzen am Helmbusche eines Statisten zu glimmen begonnen hatten; die Federspitzen waren durch das Drahtwerk einer vergitterten Coulissenlampe der Flamme zu nahe gekommen. Als sie zu glimmen anfingen, rief ein Camerad dem Statisten zu: ‚Dein Federbusch brennt ja!' worauf dieser rasch den Hut abnahm und die Federn in der Hand zerdrückte. So rasch und unbemerkt sich das Ganze auch abspielte, war doch der Geruch ins Parquet hinabgedrungen und hatte hier jene heftige Unruhe erzeugt."[59]

Von der Bühne herab bemühte man sich darum, das Publikum zu beruhigen: „Herr Joseffy war der Erste, welcher, im Eremitengewand auf der Scene stehend, laut ins Parquet schrie: ‚Es ist nichts, ich bitte, zu bleiben – hier ist keine Gefahr". Nachdem auch Theaterdirektor Camillo Walzel auf der Bühne erschienen war[60] und mitgeteilt hatte, dass keine Brandgefahr bestehe, ließ Johann Strauss das Orchester wieder mit der Musik einsetzen, was vom Publikum als Zeichen verstanden wurde, dass alles in Ordnung sei: „Im Ganzen mochten hundert Personen das Haus verlassen haben, viele waren wieder zurückgekehrt, doch wies das Haus sichtbare Lücken auf."[61]

Trotz der Panik rund um den vermeintlichen Theaterbrand war die Aufführung, wie die Zeitungen übereinstimmend meldeten, durchaus erfolgreich. So etwa schrieb „Die Presse":

„Die Darstellung des Werkes [...] war eine ganz vortreffliche. Girardi lieferte als Simplicius ein interessantes Cabinetsstück der werdenden Civilisirung eines ‚reinen Thoren'. Herr Josephi entfesselte als Einsiedler durch den gemüthstiefen Vortrag seiner Lieder wahre Applaussstürme und auch die übrigen Darsteller erwarben sich Verdienste um das Werk. Mit dem größten und unbestrittensten Erfolg feierte die Scenirungskunst des Theaters an der Wien, welche dem ersten Acte ein Lagerbild abgewann, wie wir es farbenprächtiger und stimmungsvoller nicht einmal von den ‚Meiningern' zu sehen bekamen. – Johann Strauß, sowie die Hauptdarsteller wur-

---

57 Neue Freie Presse, 18.12.1887, S. 6.
58 So etwa berichtete die „Wiener Theater-Zeitung" in ihrer Ausgabe vom 15.1.1886 (S. 14), dass es 1882 weltweit 25, 1883 22, 1884 zehn und 1885 ebenfalls zehn große Theaterbrände gegeben habe.
59 Neue Freie Presse, 18.12.1887, S. 6.
60 Diese Details sind hier deshalb eingefügt, weil in der späteren Johann Strauss-Literatur meist lediglich Strauss als jener genannt wird, der das Publikum beruhigte und zur Rückkehr in den Theatersaal veranlasste.
61 Neue Freie Presse, 18.12.1887, S. 6.

den auf offener Scene und nach den Actschlüssen durch lebhaften Beifall und mehrfachen Hervorruf ausgezeichnet."[62]

Allerdings verschwand „Simplicius" bereits nach 29 Aufführungen[63] wieder aus dem Programm des Theaters an der Wien. Dieser, wie es Johann Strauss-Biograf Norbert Linke nennt, „größte Operetten-Reinfall von Strauß"[64] muss jedoch unter den auf maximalen Profit ausgerichteten Bedingungen des Privattheaters gesehen werden. Die Auslastung der „Simplicius"-Vorstellungen war keineswegs schlecht: So erzielte das Theater an der Wien bei der zweiten Aufführung, am 18.12.1887, Einnahmen von 2844 Gulden und damit, wie Ludwig Eisenberg in seiner Strauss-Biografie vermerkt, „die höchste Einnahme, welche bei normalen Preisen im Theater an der Wien möglich ist"[65]. Auch die folgenden Aufführungen waren gut besucht, die 25., die am 11.1.1888 unter der musikalischen Leitung von Johann Strauss stattfand, war ausverkauft. Aber schon nach fünf weiteren Vorstellungen wurde das Werk bei einer Einnahmenhöhe von 2400 Gulden (d.h. 84,4% der maximal möglichen Einnahmen) vom Spielplan genommen, weil es, so Eisenberg, „auf das Galeriepublikum keine Zugkraft mehr übte".

In der Folge beauftragte Johann Strauss den Schriftsteller Ludwig Dóczi[66], mit dem er seit Jänner 1888 an der „Ritter Pásmán"[67] arbeitete, mit der Umgestaltung des Librettos[68]. Von Victor Léon ist dazu kein Kommentar erhalten, einem Brief von Johann Strauss an Franz Jauner ist jedoch zu entnehmen, dass die Vorgangsweise von Strauss „nach allen Richtungen Unzufriedenheit nach sich" zog:

„Sie irren lieber Freund, wenn Sie glauben, daß die Mitinteressirten (unter welche, wie ich nun erfahren habe, auch Cranz zu zählen ist, da er einen Theil der Tentiemen [!] des Hrn. Leon käuflich an sich gebracht hat) nach meiner Pfeife zu tanzen gewillt sind. Namentlich der Letztere kann sich nicht genug wundern, wie es mir beifallen konnte, eine Zusage ohne eingeholte Verständigung mit den Theilnehmern gemacht zu haben."[69]

Dass jedoch Victor Léon keine weiteren Einwände gegen die Bearbeitung durch Ludwig Dóczi erhob, mag zum einen daran liegen, dass er seine Autorenrechte zum Teil an den Verlag Cranz abgetreten hatte (was ein neuerlicher Hinweis auf seine

---

62 Die Presse, 18.12.1887, S. 18.
63 Die Operette stand vom 17.12.1887 bis zum 15.1.1888 en suite auf dem Spielplan. Vielfach ist in der Literatur von 30 Aufführungen die Rede, wobei vermutlich übersehen wird, dass am 24.12.1887 (Weihnachtsabend) alle Wiener Theater geschlossen blieben.
64 Linke, Norbert: Johann Strauß (Sohn) mit Selbstzeugnissen und Bilddokumenten. Reinbek bei Hamburg 1996. S. 141.
65 Eisenberg: Johann Strauß, S. 286.
66 Ludwig Dóczi (Schreibung teilw. Dóczy), geb. 27., 29 od. 30.11.1845 in Sopron od. Deutschkreutz, gest. 30.8.1919 in Budapest. Dóczi war Jurist, Beamter (u.a. im Außenministerium), Schriftsteller und Übersetzer.
67 Uraufführung 1.1.1892, Hofoper Wien. „Ritter Pásmán" war das nächste auf „Simplicius" folgende musikdramatische Werk von Johann Strauss.
68 Ein Manuskript befindet sich in der Wienbibliothek, H.I.N.-201914.
69 Johann Strauss, Johann: Brief an Franz Jauner. o.D. Wienbibliothek H.I.N.-45.688.

damals prekäre finanzielle Situation ist), zum anderen aber auch daran, dass sich Dóczis Version nur geringfügig von Léons Libretto unterschied. Dóczi hatte einige Szenen umgestaltet, aus dem Simplicius-Part eine Hosenrolle gemacht und ein paar Umformulierungen vorgenommen. In dieser Fassung wurde „Simplicius" 1888/89 in Budapest, Prag, Graz und Sankt Petersburg gezeigt. Eine weitere textliche Bearbeitung erfolgte 1890 durch Carl Lindau[70], der die Dialoge überarbeitete und das Stück kürzte. In Lindaus Fassung wurde die Operette 1891 in Bratislava, 1893 in Baden bei Wien und 1894 im Theater an der Wien gezeigt. Bei beiden Neufassungen wurde in Ankündigungen und auf Theaterzetteln allerdings stets nur Victor Léon als Librettist genannt.

Obwohl Johann Strauss bald nach der Uraufführung des „Simplicius" eine Bearbeitung des Librettos veranlasst hatte, darf daraus dennoch nicht geschlossen werden, dass ihm das Léonsche Textbuch insgesamt missfallen hatte. Wenn Strauss-Biograf Norbert Linke schreibt: „Mit neuen Textunterlegungen (Ludwig von Dóczi) erlebte ‚dieser geistige Schwächling' in Prag, Graz und Budapest noch einige Aufführungen"[71], dann wird hier ein Strauss-Zitat zu einer undifferenzierten Abqualifizierung des Librettos verwendet und suggeriert, dass dies das letztgültige Urteil des Komponisten über das Textbuch gewesen sei. Das Zitat: „Der Simplicius – dieser geistige Schwächling macht mir viel zu schaffen – ich arbeite an ihm rastlos – er braucht mehr Mühe als andere Vorwürfe"[72] stammt jedoch aus einer frühen Phase der Entstehungsgeschichte des Werkes (Juni 1887), als Strauss noch ungeduldig auf den Text zum zweiten Akt wartete. Die Bezeichnung „geistiger Schwächling" mag dabei von Strauss durchaus nur auf die Figur des Simplicius und nicht auf das gesamte Textbuch gemünzt gewesen sein. In späteren Schreiben aber zeigte sich Strauss wiederholt zufrieden mit dem Libretto, das er immerhin als „das hervorragendste aller Bücher in der Neuzeit"[73] bezeichnete. Dass im Hause Strauss das „Simplicius"-Libretto grundsätzlich positiv beurteilt wurde, bestätigt auch ein Brief von Adele Strauss, die am 20.12.1887 an einen Bekannten schrieb: „Die gestrige Montagsvorstellung war eine sehr gute u. wurde vom Publikum auch vollkommen gewürdigt u. ausgezeichnet. Ich sage Ihnen, lieber Freund, daß der Simplicius Text immer mehr gefallen wird!"[74]

Auch die zeitgenössische Presse brach nicht so „einmütig den Stab über dem Libretto"[75], wie es später oft in der Strauss-Literatur behauptet wurde, die meist ausschließlich dem Textbuch die Schuld am relativ geringen Erfolg der Operette gab.

---

70 Carl Lindau (eigentl. Karl Gemperle), geb. 26.11.1853 in Wien, gest. 15.1.1934 in Wien, war Schauspieler und Schriftsteller. Lindau schrieb Lustspiele und Operettenlibretti und gemeinsam mit Victor Léon 1889 die deutschsprachige Fassung der Operette „Capitän Wilson" von Arthur Sullivan.

71 Linke: Johann Strauß, S. 141.

72 Johann Strauss: Brief an Josef Simon. o.D., Wienbibliothek H.I.N.-121.841. Mit dem Begriff „Vorwürfe" sind Textbücher gemeint.

73 Johann Strauss: Brief an Gustav Lewy. In: Strauss: Leben und Werk in Briefen und Dokumenten, Bd. 4, S. 82.

74 Adele Strauss: Brief an Johann Batka. In: Strauss: Leben und Werk in Briefen und Dokumenten, Bd. 4, S. 177.

75 Racek: Johann Strauss, S. 94.

Schwächen fanden manche Kritiker nach der Uraufführung jedoch nicht nur im Libretto, sondern auch in der musikalischen Gestaltung. Eine der ausführlichsten Auseinandersetzungen mit dem Werk stammt von dem renommierten Wiener Publizisten Max Kalbeck. Seinen Text, der am 20.12.1887 im prominenten, auf den Seiten 1 und 2 platzierten Feuilleton der Tageszeitung „Die Presse" erschien, leitete er folgendermaßen ein:

„Welch ein abenteuerlicher Gedanke, dem abenteuerlichen Simplicius Simplicissimus des ehrenfesten und gestrengen Herrn Christoph von Grimmelshausen, straßburgischen Amtsschultheißen und fürtrefflichen Romanschreibers, zum Helden einer Operette zu machen! Diese moderne Extravaganz ist dem seltsamen Vaganten von seiner Frau Meuder [!] nicht an der Wiege gesungen worden, und so gescheit und verderbt der arme Schelm auch in den wilden Zeitläuften des dreißigjährigen Krieges wurde – für eine Caricatur, wie sie die Spaßmacher der Operettenbühne benöthigen, war und ist er doch zu gut. So haben es auch Johann Strauß und sein Librettist, Victor Léon, keineswegs gemeint, denn sie hatten, wenn nicht Besseres, so doch Anderes mit ihrem Simplicius vor"[76].

Strauss und Léon wollten, so Kalbeck, eine komische Oper schaffen (und diese Meinung ist mittlerweile in der Strauss-Literatur vielfach zu finden). Allerdings sei dies nicht gelungen, und aus dem „Simplicius" sei „jenes eigenthümliche Misch- und Zwittergeschöpf entstanden, welches sich in keine der bestehenden Rubriken der dramatisch-musikalischen Kunst einreihen läßt." Die Mischform von Operette und komischer Oper sei, so Kalbeck, deutlich an der musikalischen Gestaltung erkennbar, in der operngemäße Ansätze zu sehr von typischen Operettenelementen überdeckt werden:

„Warum auch war Strauß so unvorsichtig, sein Publicum mit einer solchen Fülle von elektrisirenden Marsch- und Tanzweisen zu überschütten, daß es gar nichts Anderes von ihm hören möchte, als immer wieder einen Marsch, eine Polka oder einen Walzer? Damit hat er seinen Beruf als Operncomponist sich wesentlich erschwert; er könnte die schönsten Arien und Ensembles componiren, man würde dennoch enttäuscht fragen: Wo bleibt der Walzer? Möglich, daß er sich selbst diese Gewissensfrage vorlegt und dieselbe entweder aus Vorsicht – oder auch, weil er wirklich nicht anders kann, mit den lieb[r]eichsten Tanzmelodien beantwortet."

Johann Strauss hatte sich, so schrieb Kalbeck, bei seiner Suche nach einem geeigneten Libretto für Victor Léons „Simplicius" entschieden, weil er „nach einer populären, wohlbeleumundeten Persönlichkeit" suchte, „wie etwa der Trompeter von Säkkingen eine ist". Kalbeck spielt damit auf die Oper „Der Trompeter von Säkkingen"[77] des deutschen Komponisten Victor Ernst Nessler an. Das Werk, das so wie „Simplicius" im Dreißigjährigen Krieg spielt, war einer der großen Musiktheatererfolge jener Zeit. Nach der Uraufführung am 4.5.1884 in Leipzig stand die Oper bald auf den Spielplänen vieler deutschsprachiger und auch internationaler Bühnen (1885 Berlin, Prag, Rotterdam; 1887 New York; 1889 St. Petersburg; 1892 London). Am 30.1.1886 wurde der „Trompeter von Säkkingen" erstmals an der Wiener Hofoper

---

76 Die Presse, 20.12.1887, S. 1f.
77 So die Schreibung der Originalfassung, später teilw. auch „Säckingen".

gezeigt, wo er bis 1904 im Repertoire blieb. Es war dieser Erfolg von Nesslers Oper, der Johann Strauss veranlasst hatte, ebenfalls nach einem historischen Stoff für eine Oper zu suchen[78] – „und der Simplicius Victor Leon's schien ihm der rechte Mann dazu", so Kalbeck, der über Léons Gestaltung des Librettos schrieb:

„An vielen Stellen seines Buches bethätigt er einen scharfen Sinn für das Theatralisch-Wirksame und die glückliche Hand, das Schickliche zu ergreifen und festzuhalten. Seine Sprache bewegt sich zwar mit Vorliebe in conventionellen Geleisen und streift das Poetische nur mit dem Saum ihres Gewandes, aber sie befleißigt sich dabei eines natürlichen und gefälligen Ausdruckes und weiß sich durch den geschmeidigen Wechsel ihrer Rhythmen dem Musiker zu verpflichten."

Wie Victor Léon in der Zeit nach der Uraufführung des „Simplicius" auf die Resonanz, die das Stück bei den Kritikern und beim Publikum fand, reagierte, ist nicht bekannt. Erst als er 1934 für das „Neue Wiener Journal" einen Beitrag über Alexander Girardi schrieb, ging er auch auf den „Simplicius" ein. Girardi hatte sich, so Léon, von der Rolle des Simplicius „einen grossen schauspielerischen Erfolg" versprochen:

„,Endlich was Anderes, endlich ein Mensch, ein echter Naturmensch' – das war seine beständige Rede [...] Je intensiver er sich mit dieser Rolle beschäftigte, desto grösser wurde seine freudige Stimmung, seine freudige Erwartung und Ungeduld: ,Da werden mich die Leut' einmal anders sehen!' Und es kam auch anders. Ganz anders, als es sich Johann Strauss, Girardi, Jauner, die Schönerer und alle in der Operette Mitwirkenden vorgestellt hatten: das Publikum ging auf diese Figur absolut nicht ein. Das Publikum wollte Girardi weder als beginnende Bestie, noch als verzweifeltes, betendes Kind sehen – sondern nur: als Girardi und nicht anders"[79].

---

78 Dies wird von der Strauss-Forschung allgemein bestätigt, vgl. dazu z.B. Linke: Johann Strauss, S. 141; Racek: Johann Strauss, S. 93.; Decsey, Ernst: Johann Strauß. Ein Wiener Buch. Wien, 1948. S. 216.
79 Léon: Girardi-Erinnerungen, Léon-Nachlass 19/1.9.

„Schlechte Zeiten sind's heute für den Literaten"

Einige Wochen vor der „Simplicius"-Premiere wurde Victor Léon Vater: Am 6.10.1887 kam seine Tochter Felicitas zur Welt, deren Geburt in den Matriken der Israelitischen Kultusgemeinde Wien mit dem Vermerk „uneheliche Tochter der Ottilie Popper aus Prag" eingetragen ist. Der Name Léons scheint dabei nicht auf, erst in späteren Verzeichnissen ist Léon als Vater angegeben. Victor Léon hat Ottilie Popper[1] in Briefen stets als „meine Frau" bezeichnet und in seinem Testament als „meine Gattin Ottilie, geborene Popper"[2]. Unklar ist, wann und wo die beiden geheiratet haben, da sich im Léon-Nachlass keine Heiratsurkunde findet und die andernorts vorhandenen Daten differieren.

Am 8.8.1888 erschien in der „Kleinen Chronik" der Abendausgabe der „Neuen Freien Presse" die kurze Meldung: „Der Schriftsteller Victor Léon hat sich mit Fräulein Ottilie Popper vermält [!]."[3] Dies passt zeitlich zur Eintragung der unehelichen Geburt von Tochter Felicitas. Victor Léon selbst hat jedoch später 1886 als Jahr der Heirat angegeben: So etwa 1931 in einem Ansuchen um „Zusicherung der Aufnahme in den Wiener Heimatverband und Verleihung der Wiener Landesbürgerschaft"[4] und in der Einkommensteuererklärung aus dem Jahr 1938[5]. Nur in einem einzigen Schriftstück findet sich ein Ort der Eheschließung: Nämlich in jenem in französischer Sprache abgefassten Brief, den Léon mit der Bitte um Zusendung der Kopie seiner Heiratsurkunde (deren Original er verloren habe) an den Bürgermeister der Stadt Dolhasca in Rumänien schickte: „Moi, Victor HIRSCHFELD, auteur dramatique (aussi nommé Victor Léon) [...] je me suis marié à la Mairie de Dolhaska au mois de decembre 1886 avec Ottilie POPPER, née le 10 avril 1869 à Prague (Tchécoslovaquie) demeurante à ce temps à Botoscany (Roumanie)"[6].

Die Stadt Dolhasca, in deren Rathaus Victor Léon laut seinem Schreiben 1886 Ottilie Popper geheiratet hatte, befindet sich im Nordosten Rumäniens. Rund 40 Kilometer nördlich davon liegt das als Poppers damaliger Wohnort genannte Botoscany (heute Botoşani). Eine Eheschließung von Victor Léon und Ottilie Popper 1886 in Dolhasca konnte allerdings in Anfragen an die Stadtverwaltungen von Dolhasca und

---

1   Ottilie Popper, geb. 10.4.1869 in Prag, gest. 13.4.1942 in Wien.
2   Léon-Nachlass 37/3.21.
3   Neue Freie Presse, Abendblatt, 8.8.1888, S. 1.
4   Léon-Nachlass 29/2.2.2.
5   Léon-Nachlass 36/3.5.
6   Kopie im Léon-Nachlass 28/2.1.8.

Botoşani und an das Nationalarchiv Suceava nicht verifiziert werden. Laut Auskunft des Nationalarchives wurde ein entsprechender Nachweis „nach Durchsicht des standesamtlichen Hochzeitsregisters" nicht gefunden.[7] Das Fehlen jeglicher direkt auf eine Eheschließung bezogener Dokumente könnte als Hinweis darauf interpretiert werden, dass Victor Léon und Ottilie Popper nicht rechtsgültig miteinander verheiratet gewesen waren. Von dieser Möglichkeit ging Léons langjährige Geliebte Anna Stift aus, als es in den 1960er Jahren zwischen ihr, die von Léon als Teilerbin eingesetzt worden war, und den Léon-Enkeln zu Differenzen um die Rechte-Nachfolge kam. Im Léon-Nachlass, der auch teilweise Anna Stifts späteren Schriftverkehr enthält, findet sich dazu ein Schreiben des Wiener Rechtsanwalts Erik Habernal, in dem es heißt:

„Unter Bezugnahme auf Ihre Vorsprache bei der AKM vom 30.v.M. und unsere nachfolgende telefonische Rücksprache, in welcher Sie mich beauftragt haben, Ihnen noch einmal den dokumentarischen Nachweis über die illegitime, bezw. [!] überhaupt nicht existierende Verwandtschaft der Brüder Viktor und Franz Marischka zu dem verewigten Schriftsteller Viktor Leon (Hirschfeld) darzulegen, was nunmehr geschieht wie folgt: Viktor Leon Hirschfeld hatte eine Lebensgefährtin, namens Ottilie Popper mit welcher er niemals verheiratet war.
Zum Nachweis hiefür lege ich Ihnen vor:
1.) Photokopie der Bestätigung der Israelitischen Kultusgemeinde vom 1. August 1960, aus welcher hervorgeht, dass eine Eheschliessung des Herrn Viktor Leon Hirschfeld mit Ottilie Popper in den d.a.Trauungsmatriken nicht aufscheint.
2.) Photokopie der Bestätigung der Pfarre Maria Hitzing [!], dass nach Durchsicht der Trauungsbücher 1935-1945 (im Jahr 1935 hat sich Viktor Leon taufen lassen) eine Ehe des Viktor Leon Hirschfeld mit Ottilie Popper nicht aufscheint.
3.) Ich kann mich in diesem Belange auch auf den Verlassenschaftsakt des Bezirksgerichtes Hietzing über den Nachlass nach dem am 23.2.1940 verstorbenen Herrn Viktor Leon Hirschfeld 1 A 1/41 berufen, in welchem in ONr. 65 die nachstehende ‚Gefälligkeitsbestätigung' des Pfarrers Coelestin Schmidt erliegt, welche natürlich in den Trauungsbüchern des Pfarramtes Hietzing nirgends aufscheint und die als ‚Prothese' für eine mangelnde Heiratsurkunde zwischen Viktor Leon Hirschfeld und der Ottilie Popper durch den damaligen Rechtsanwalt Herrn Dr. von Spaun vorgelegt worden ist und welche nachstehenden Wortlaut hat.
2. Oktober 1939 [,] Bestätigung: Pfarramtlich wird bestätigt, dass die Ehe des Hirschfeld Viktor und der Ottilie geb. Popper durch die vollzogene Taufe als sakramentarische Ehe gilt. Coelestin Schmidt m.p.
Diese Bestätigung, welche erstens falsch und zweitens vordatiert ist, wurde natürlich zu dem Zweck auf unsauberen Wegen beschafft, um dem Finanzamt für Gebühren als Erbschaftssteuerbemessungsbehörde die Augen auszuwischen und befremdlicherweise hat sich dieses Finanzamt durch diese ‚Bestätigung' hineinlegen lassen!"[8]

Die Bemühungen Victor Léons in den 1930er Jahren um eine kirchliche Legitimierung der Gemeinschaft mit Ottilie Popper mögen, so wie es der Rechtsanwalt insinu-

---

7   E-Mail an Gabriela Nedoma von: Romania Ministerul Administraţiei şi Internelor Arhivele Naţionale. Serviciul Judeţean Suceava al Arhivelor Naţionale. Nr. 308, Suceava, 13.4.2011. Gezeichnet I. Colibaba, Arhivist. Gabriela Nedoma wird für die Kommunikation mit den rumänischen Behörden und für die Übersetzungen gedankt.
8   Erik Habernal: Brief an Anna Stift, 7.9.1962. Léon-Nachlass 23/2.3.2.5.

iert, mit finanziellen Überlegungen zu tun gehabt haben. Schwieriger ist es aus dieser Sicht allerdings, eine schlüssige Erklärung für den Brief an den Bürgermeister von Dolhasca zu finden. Einen möglichen Hinweis könnte die Mascha Kaléko-Biografie von Gisela Zoch-Westphal geben. Zoch-Westphal schreibt darin, dass die Eltern der Schriftstellerin erst nach der Übersiedlung von Galizien nach Berlin „eine gesetzliche Eheschließung vornahmen", denn: „Im galizischen ‚Schtetl' hatte eine Ehe als geschlossen gegolten, wenn der Rabbiner Mann und Frau zusammengab"[9]. Es mag sein, dass auch Victor León und Ottilie Popper in Dolhasca oder Botoşani in dieser Weise miteinander verbunden wurden.

Wie auch immer das rechtliche Verhältnis zwischen Victor Léon und Ottilie Popper gewesen sein mag, auf jeden Fall lebten die beiden mehr als fünf Jahrzehnte lang miteinander. Nach der Geburt von Tochter Felicitas – genannt Lizzy – wurde 1887/88 der gemeinsame Haushalt etabliert. Allerdings waren die Einkünfte, die Léon als Librettist bezog, damals noch nicht so hoch, dass er davon eine Familie erhalten konnte. Daher bemühte er sich zu jener Zeit darum, auch in anderer Form publizistisch tätig zu sein und lieferte wieder vermehrt Beiträge für Zeitungen und Zeitschriften. Zu den Abnehmern gehörte unter anderem das im Verlag seines Verwandten Julius Popper erscheinende „Illustrirte Bade-Blatt", für das Léon Erzählungen zeitgenössischer französischer Schriftsteller und Schriftstellerinnen, wie etwa Gabriel Liquier, Catulle Mendès, Jeanne Thilda oder Louis Ulbach, übersetzte.

Auch die „Wiener pikanten Blätter"[10] belieferte Léon mit Übersetzungen aus dem Französischen. Daneben publizierte er dort eigene Texte, wie etwa das „Lustspiel in 3 Scenen" „Die Bajadere"[11]. Dabei handelte es sich um ein kurzes Drei-Personen-Stück: Ein Maler will die Zofe einer wohlhabenden jungen Frau malen, weil sie, wie er sagt, ein ideales Modell für eine Bajadere sei. Bei der jungen Frau löst dies zunächst einiges an Empörung und Eifersucht aus, doch mit der Versicherung des Malers, dass er auch von der jungen Frau ein Bild malen werde, findet das Stück seinen versöhnlichen Abschluss.

Zweieinhalb Wochen nachdem „Die Bajadere" in den „Wiener pikanten Blättern" erschienen war, meldete die „Wiener Theater-Zeitung", die das Organ des Theaterverlages und der Theateragentur von Ignaz Wild[12] war, dass Victor Léon „ein einactiges Lustspiel ‚Die Bajadère' vollendet" habe, „das demnächst zur Versendung an die Bühnen gelangt"[13]. Allerdings ist „Die Bajadere" in dem regelmäßig in der „Wie-

---

9   Zoch-Westphal, Gisela: Aus den sechs Leben der Mascha Kaléko. In: Kaléko, Mascha: Die paar leuchtenden Jahre. Hg. von Gisela Zoch-Westphal. München 2003. S. 229.
10 Die „Wiener pikanten Blätter" brachten Nachrichten aus dem Gesellschaftsleben, Erzählungen, Feuilletons und vor allem Neuigkeiten aus dem Bereich des Theaters. Der Begriff „pikant" im Namen der wöchentlich erscheinenden Zeitschrift verwies auf den satirischen Ton, in dem viele der Beiträge gehalten waren.
11 Wiener pikante Blätter, 12.2.1888, S. 5f.
12 Ignaz Wild (bis 1904 Nathan Ignaz Stiassny), geb. 13.5.1849 in Trebitsch (Třebíč/Tschechien), gest. 19.10.1909 in Wien, war zunächst Schauspieler. Ab 1877 führte er in Wien eine Theater- und Konzertagentur und gab 1878-1899 die „Wiener Theater-Zeitung" heraus. Wild leitete 1885-1903 das Ischler Sommertheater und war 1894-1899 Direktor des Wiener Theaters in der Josefstadt.
13 Wiener Theater-Zeitung, 1.3.1888, S. 38.

ner Theater-Zeitung" abgedruckten Verlagsverzeichnis danach nur noch ein einziges Mal, am 1.12.1888, und ohne jeden Hinweis auf eine Aufführung zu finden.[14]

Ein Abnehmer für kurze dramatische Texte und Erzählungen war auch die „belletristisch-musikalische" Zeitschrift „An der schönen blauen Donau". Diese definierte sich als „Unterhaltungsblatt für die ganze Familie", erschien von 1886 bis 1890 zwei Mal pro Monat als eigenständiges Periodikum und später als Beilage zur Tageszeitung „Die Presse". Zu den Autorinnen und Autoren, von denen Texte in „An der schönen blauen Donau" zu finden sind, gehören unter anderen Ludwig Anzengruber, Bertha von Suttner, Felix Dörmann, Marie von Ebner-Eschenbach, Theodor Herzl, Betty Paoli, Felix Salten, Arthur Schnitzler und Ferdinand von Saar. Der Schwank, mit dem Victor Léon in der Zeitschrift vertreten ist, hatte den Titel „Schneeverweht" und erschien in der Ausgabe vom 1.3.1888 in der Rubrik „Haustheater".

„Schneeverweht" ist eine Bearbeitung von Victor Léons Erstlingswerk „Postillon d'amour". Der Inhalt blieb im Wesentlichen unverändert, außer dass Léon die Jahreszeit änderte, um eine aktuelle Anspielung einzufügen. Denn einer der Protagonisten, dessen Eisenbahnreise durch Schneeverwehungen verzögert wurde, kauft sich, um die Wartezeit in einer Provinzstadt mit Lektüre zu verkürzen, Émile Zolas Roman „La Terre". Da das Werk, so erzählt er, „in deutscher Sprache verboten"[15] sei, musste er in der Buchhandlung nach der französischen Ausgabe verlangen und machte damit „sämmtliche [!] Bediensteten schamroth". „Man ist hier in der culturellen Entwicklung – scheint es – noch ein wenig zurück", meint er dazu. Für die Leserschaft von „Schneeverweht" war diese Anspielung klar verständlich, denn tatsächlich war Zolas 1887 erschienener Sozialroman in Österreich und Deutschland zeitweise wegen moralischer Bedenken verboten beziehungsweise nur in französischer Sprache erhältlich gewesen.[16]

Auch die „Wiener Allgemeine Zeitung" gehörte zu den Abnehmern von Victor Léons Texten. Am 4.3.1888 brachte sie einen Bericht über eine Soirée, die der Komponist Johann Strauss und seine Ehefrau Adele Strauss am 2.3.1888 in ihrem Haus gegeben hatten.[17] Nach der kurzen Erwähung der anwesenden „Schaar [!] distinguirter Gäste, der Kunst, der Literatur, der Gesellschaft angehörig", widmete Léon den Hauptteil seines Beitrags der detailreichen Beschreibung des „prächtigen Hauses". Damit lieferte er eine anschauliche Ergänzung zu anderen zeitgenössischen Berichten über das Gebäude, das während des Zweiten Weltkrieges durch einen Bombentreffer zerstört wurde und an dessen Stelle sich heute eine Wohnhausanlage befindet. In seiner Beschreibung führte Léon von der Gebäudeeinfahrt über den Vorsaal, das Speisezimmer, das Boudoir von Adele Strauss und das Arbeitszimmer von Johann Strauss bis zum so genannten „Kaffeehaus", das ein großer, langgestreckter Saal war:

„Den größten Theil des Saales nimmt ein Billard ein, das mit läutendem Markirungs-Apparat versehen ist. Unweit von diesem Brett, an schwere und schön geschnitzte Eichenschränke grenzend, befindet sich ein Kugelmarkirungs-Apparat, ein Queue-Ständer, eine Eichen-Console

---

14 Wiener Theater-Zeitung, 1.12.1888, S. 109.
15 An der schönen blauen Donau, 1.3.1888, S. 111.
16 Bachleitner, Norbert: Der englische und französische Sozialroman des 19. Jahrhunderts und seine Rezeption in Deutschland. Amsterdam 1993, S. 278.
17 Wiener Allgemeine Zeitung, 4.3.1888, Morgenblatt, S. 6f.

nebst eleganter Waschvorrichtung und auf dieser Console liegen Werke über das Billardspiel, dem Meister Strauß fleißig huldigt. Hinter dem Billard steht der Spieltisch, der von Strauß, seiner Gemahlin und den Intimen fast alltäglich zu dem gewohnten ‚Tapper'[18] benützt wird. Verschiedene Möbelstücke, eine große Stehuhr, ein Globus ergänzen die Einrichtung des ‚Kaffeehauses'. Nicht vergessen darf man eine von Tilgner meisterhaft modellirte Büste Girardi's, die von hohem Postament auf den Spieltisch herabgrüßt."

In allen Zimmern des Hauses, so berichtet Léon, liegen Notenpapier und gespitzte Bleistifte für Johann Strauss bereit: „Man glaubt ihn nur tarock- oder billardspielend – er componirt; wie ihm ein passender Gedanke kommt, notirt er ihn auf den bereit liegenden Blättern." An dieser Stelle seines Textes lässt es sich Léon nicht entgehen, auf ein Detail aus der Entstehungsgeschichte des „Simplicius" zu verweisen. Denn, so weiß er zu erzählen, ein Musikstück aus dieser Operette hatte Strauss im ersten Entwurf auf einem Leintuch notiert:

„Auch auf dem Nachttischchen des Meisters befinden sich Notenpapier und Bleistift. Einstmals erwachte er in der Nacht; im Traume war ihm ein Motiv eingefallen. Er will's notiren. Rücksicht gegen seine schlafende Gemalin [!] hält ihn jedoch ab, Licht zu machen. Er tappt nach Papier und Bleistift, findet aber nur letzteren. Rasch entschlossen, benützt nun Strauß das Leintuch als Conceptpapier, und da er im Finstern nicht gut die Notenlinien ziehen und die Notenköpfe zeichnen konnte, so notirte er das Motiv in Buchstaben. [...]
Am andern Morgen übertrug Strauß das ihm nächtlings eingefallene Motiv in musikalischer Schreibweise auf Notenpapier. Es entstand die Walzer-Romanze ‚Ich denke gern zurück'[19], mit welcher Herr Joseffy im ‚Simplicius' Furore gemacht und welche die populärste Pièce aus dem genannten Werke geworden ist..."

Léon schloss seinen Beitrag mit dem Hinweis, dass er sich „die Schilderung der Soirée für eine zweite Skizze" „verspare". Diese zweite Skizze lieferte er zwei Tage später in Form eines fiktiven Briefes an eine „verehrte Freundin".[20] Darin schildert er den Ablauf der Soirée, zu der mehr als 100 Gäste geladen waren – unter ihnen der Pianist Alfred Grünfeld, der Theaterdirektor Franz Jauner, die Schriftsteller Vinzenz Chiavacci, Ludwig Ganghofer und Ludwig Hevesi, der Journalist und Zeitungsverleger Moritz Szeps, der Bildhauer Viktor Tilgner und der Maler Karl von Blaas. Nach dem Souper, „zu welchem Sacher ein ebenso copiöses als exquisites Menu beigestellt", begann im Tanzsalon im ersten Stock des Hauses der Hausball und in einem anderen Raum das Spiel an den Roulette-Tischen. Geendet habe die Soirée erst am nächsten Tag um neun Uhr morgens.

Auch dieser zweite Bericht Léons ist ausführlich und detailreich – und es ist eine ironische Untertreibung, wenn Léon einleitend schreibt, dass ihm die notwendigen Worte fehlen, um den Abend zu schildern und dass er lieber den Text zu einem „schwierigen Ensemble" als einen Bericht über die Soirée schreiben würde:

---

18 Variante des Tarockspiels.
19 Bekannt geworden unter dem Titel „Donauweibchen-Walzer".
20 Wiener Allgemeine Zeitung, 6.3.1888, Morgenblatt, S. 6.

„Wissen Sie, was das heißt, verehrte Freundin, ein Ensemble textiren? Sie ahnen es kaum! Es ist die Sisyphusarbeit des Librettisten. Man wird nicht fertig mit ihr. Kaum hat der textirende Sisyphus den Stein hinaufgerollt, kaum ist er mit dem Textunterlegen e i n e r Stimme fertig geworden – hurtig, mit Donnergepolter, entrollt ihm der tückische Marmor, so scheint's, und er hat die nämliche Arbeit bei einer zweiten, bei einer dritten, vierten Stimme, bei zwölf Stimmen! Wehe ihm, wenn gar ein ‚getheilter Chor' dabei ist! Die deutsche Sprache ist zu arm, um diese Qualen zu schildern, sie ist fast zu arm, um die Worte für all' diese Stimmen zu finden."

Trotz seiner vielfältigen publizistischen Bemühungen war die materielle Situation Victor Léons Ende der 1880er Jahre schwierig. Dies lässt ein Brief erahnen, den er am 19.2.1889 an einen namentlich nicht genannten Adressaten in der Redaktion der Wiener „Neuen Freien Presse" schrieb:

„Hochverehrter Herr Doctor!
Um Ihnen Ihre kostbare Zeit nicht zu rauben, nehme ich mir die Freiheit, ein ganz ergebenes Anliegen, das ich mir sonst erlaubt haben würde, mündlich vorzutragen, mit diesen höflichen Zeilen Ihrem geneigten Wohlwollen zu unterbreiten.
Gerüchtweise verlautet es, daß in der Redaktion der ‚Neuen Freien Presse' eine Stelle frei würde u.z. jene eines Mitarbeiters der Theater-Rubrik und des localen Theiles. Schlechte Zeiten sind's heute für den Literaten, der seine Sach' auf nichts Anderes gestellt hat als auf sich selbst und das gute Glück. Dieser Umstand veranlaßt mich, ja legt mir dringend das Gebot auf, eine sichere Stelle anzustreben.
Ich unterfange mich daher, an Sie, hochverehrter Herr Doctor, der Sie mich stets durch Ihre Liebenswürdigkeit auszuzeichnen so gütig waren, die Bitte zu richten: falls das erwähnte Gerücht auf Wahrheit beruhen (oder sonst eine geeignete Stelle in der Redaktion der ‚N. Fr. Pr.' oder bei einem anderen Journale frei werden) sollte, daß Sie die besondere Geneigtheit haben mögen, Ihren vielmögenden Einfluß für meine bescheidene Person geltend zu machen.
Allerdings war ich noch bei keinem Tagesjournal intern thätig; doch glaube ich in der Annahme nicht unbescheiden zu sein, daß meine geringen Fähigkeiten mich auch in einer Redaktion einen mir anvertrauten Platz ausfüllen ließen. Darf ich vielleicht zur Empfehlung beifügen, daß ich ernste akademische Studien hinter mir habe, im Französischen und Englischen so ziemlich perfect bin; auch das Italienische und Spanische ist mir durchaus nicht fremd. Schon zahlreiche Aufsätze von mir haben in hiesigen und auswärtigen Tagesjournalen Aufnahme gefunden.
Darf ich hoffen, daß Sie die Güte und Geneigtheit haben werden, meiner zu gedenken?
Mit dem Ausdrucke der vorzüglichsten Hochachtung und Ergebenheit
Victor Léon"[21]

Der „hochverehrte Herr Doctor", bei dem es sich vermutlich um Eduard Bacher, den Herausgeber und Chefredakteur der „Neuen Freien Presse" handelte, hatte offenbar nicht die „Güte und Geneigtheit", Léons „zu gedenken" – auf jeden Fall trat dieser keine Stelle bei der „Neuen Freien Presse" an.

Auch mit einer neuen Operettenproduktion musste Victor Léon zu jener Zeit erfahren, dass er das „gute Glück" als Literat nicht immer auf seiner Seite hatte. Am 2.2.1889 kam im Wiener Carl-Theater „Capitän Wilson" heraus. Es war die von Léon gemeinsam mit Carl Lindau erarbeitete deutschsprachige Fassung der Oper

---

21 Victor Léon: Brief an Unbekannt. 19.2.1889. Wienbibliothek H.I.N.-158.097.

„The Yeoman of the Guard" von William Schwenck Gilbert und Arthur Sullivan. Die Erfolgsaussichten schienen die allerbesten zu sein: Immerhin hatten in den Jahren zuvor bereits zwei Werke des Duos Gilbert und Sullivan, „The Mikado" und „Patience", im Rahmen von Gastspielen der Londoner „D'Oyly Carte Opera Company" im Carl-Theater begeisterte Aufnahme gefunden.[22] Mindestens ebenso gut war die von F. Zell und Richard Genée erarbeitete deutsche Fassung des „Mikados" angekommen, die am 2.3.1888 im Theater an der Wien Premiere hatte und dort über mehrere Saisonen im Repertoire blieb.

„The Yeomen of the Guard" wurde am 3.10.1888 am Londoner „Savoy Theatre" – dem Stammhaus der „D'Oyly Carte Opera Company", der Gilbert und Sullivan eng verbunden waren – erstmals gezeigt. Mit 423 En-suite-Vorstellungen in London und einer Produktion in New York, die bereits zwei Wochen nach der Uraufführung startete und es auf 100 Wiederholungen brachte, war das Werk ein großer Erfolg – obwohl es die einzige Produktion von Gilbert und Sullivan ist, die nicht mit einem Happy End schließt.

Das Stück spielt im London des 16. Jahrhunderts. Colonel Fairfax, der von seinem Cousin als Hexer verleumdet wurde, ist im Tower inhaftiert und soll hingerichtet werden. Um zu vermeiden, dass der Cousin sein Vermögen erbt, will Fairfax heimlich die Sängerin Elsie heiraten. Elsie, die bereits mit dem Narren Jack Point verlobt ist, lässt sich auf die Verbindung nur ein, weil ihr versichert wird, dass sie demnächst wohlhabende Witwe sein werde. Dem Wächter (Yeoman of the Guard) Meryll, dessen Tochter Phoebe in Fairfax verliebt ist, aber gelingt es, Fairfax zu befreien. Damit bleibt Fairfax, der später begnadigt wird, mit Elsie verheiratet. Jack Point verliert daraufhin aus Verzweiflung den Verstand, und Phoebe muss den Kerkermeister heiraten, damit dieser nicht ihren Vater als Fluchthelfer verrate.

Victor Léon und Carl Lindau, die aus dem Colonel Fairfax einen Capitän Wilson machten, ließen das Stück (das in ihrer Fassung die Genrebezeichnung Operette erhielt) mit der Hochzeit von Phoebe und Jack Point gut ausgehen. Außerdem änderten sie teilweise auch die Figurencharakteristiken, was in einer Besprechung in den „Wiener pikanten Blättern" als besonderes Verdienst hervorgehoben wurde:

„Die Figur des Kerkermeisters (Knaack[23]), die sich als die wirksamste des Stückes erwies, wurde sozusagen neugeschaffen, mit Zuhilfnahme von ‚Frosch'[24] und ‚Hans Styx'[25], ebenso erfuhr der ursprünglich melancholisch angelegte Narr ‚Jack Point' eine Metamorphose, indem er zur lustigen Figur ward, desgleichen die sentimentale Phoebe, die in Wien Mary getauft und zum lustigen Backfisch gemacht wurde."[26]

Die Premiere von „Capitän Wilson" am 2.2.1889 war ein „außerordentlicher Erfolg"[27], dennoch wurde die Produktion in den Zeitungen kaum beachtet. Neben der

---

22 „The Mikado" war von 1.9.1886-27.9.1886 und von 10.5.1887-27.5.1887 im Carl-Theater zu sehen, „Patience" von 28.5.1887-8.6.1887.
23 Gemeint ist der Schauspieler Wilhelm Knaack.
24 Figur aus der Operette „Die Fledermaus".
25 Figur aus der Operette „Orpheus in der Unterwelt".
26 Wiener pikante Blätter, 10.2.1889, S. 2.
27 Neue Freie Presse, 3.2.1889, S. 2.

Besprechung in den „Wiener pikanten Blättern", die wohl ihrem „Hausautor" Léon verbunden waren, finden sich nur wenige kurze Notizen zu „Capitän Wilson". Dies hängt vor allem damit zusammen, dass für Neuigkeiten aus dem Theaterleben gerade in den Tagen rund um die „Capitän Wilson"-Premiere kein Platz war. Denn die öffentliche Aufmerksamkeit war ganz auf ein großes Thema gerichtet: den Selbstmord des österreichischen Thronfolgers Kronprinz Rudolf am 30.1.1889. Artikel dazu füllten in den ersten Februartagen die Zeitungen fast zur Gänze; am 5.2.1889, als das Begräbnis stattfand, und auch am nächsten Tag blieben alle Wiener Theater geschlossen (die Hoftheater bis einschließlich 9.2.1889), zahlreiche Bälle und andere Vergnügungsveranstaltungen wurden abgesagt. Für „Capitän Wilson" gab es in dieser Stimmung nur wenig Interesse, weshalb das Werk am 10.3.1889, nach 17 Vorstellungen, wieder vom Spielplan genommen wurde.

Bei einem Gastspiel des Carl-Theaters von 27.3.1889 bis 13.4.1889 im Budapester Deutschen Theater in der Wollgasse wurde „Capitän Wilson" vier Mal (3.4., 4.4., 5.4., 7.4.) und offenbar mit einigem Erfolg aufgeführt. So etwa berichtete der „Pester Lloyd", dass die Produktion mit „frenetischem Applaus"[28] aufgenommen wurde und „Außerordentliches" geboten habe, da alle Mitwirkenden „mit der größten Liebe ihre Rollen aufgefasst hatten und durchführten"[29]. Zu einer Wiederaufnahme von „Capitän Wilson" in Wien aber kam es nicht mehr. Denn das Carl-Theater, das seit 1.9.1887 von Franz Steiner als Pächter geführt worden war, ging mit 6.5.1889 in Konkurs. Carl Blasel, der den Theaterbetrieb dann am 6.9.1889 wieder aufnahm, begann seine Direktionszeit mit einem vollkommen neuen Spielplan.

---

28 Pester Lloyd, 4.4.1889, Beilage, S. 3.

29 Auch die anderen Vorstellungen des Carl-Theaters fanden in Budapest, wie den Berichten des „Pester Lloyd" zu entnehmen ist, durchwegs positive Aufnahme. Auf dem Programm des Gastspieles standen neben „Capitän Wilson" die Operetten „Colombine" (Musik Hans von Zois, Text Bernhard Buchbinder), „Ein Deutschmeister" (Musik Carl Michael Ziehrer, Text Richard Genée und Bruno Zappert) und „Die Fledermaus" (Musik Johann Strauss, Text Richard Genée und Karl Haffner), sowie das „Lebensbild mit Gesang" „Drei Paar Schuhe" (Musik Carl Millöcker, Text Anton Berla). Als Abschlussvorstellung am 13.4.1889 wurden verkürzte Fassungen von drei Werken gegeben: nämlich nochmals „Drei Paar Schuhe", sowie die Operetten „Don Cesar" (Musik Rudolf Dellinger, Text Oscar Walther) und „Der Sänger von Palermo" (Musik Alfred Zamara, Text Bernhard Buchbinder).

„Franz Josef Brakl, mein Münchner Entdecker"

Seit der Uraufführung der Operette „Der Doppelgänger" 1886 im Münchner Theater am Gärtnerplatz hatte Victor Léon offenbar guten Kontakt zu dieser Bühne und vor allem zum Münchner Publikumsliebling Franz Josef Brakl, der sich seinerzeit für die Annahme des „Doppelgängers" eingesetzt hatte. Brakl und Léon begannen an gemeinsamen Bühnenwerken zu arbeiten, bei denen Brakl nicht nur die Hauptrolle übernahm, sondern auch als Ko-Librettist von Léon tätig war. Das erste Gemeinschaftswerk war das „burleske Singspiel" „Der Savoyarde", zu dem Ottokar Feith[1] die Musik komponiert hatte und das am 9.6.1888 im Gärtnerplatztheater uraufgeführt wurde.

„Der Savoyarde" spielt Ende des 18. Jahrhunderts in Genua und ist eine turbulente Liebes- und Verwechslungsgeschichte: Tonio, ein junger Maler, ist in Camilla, die Tochter des reichen Privatiers Scarpatti verliebt. Camilla aber ist bereits einem anderen Mann versprochen, den allerdings weder sie noch ihr Vater persönlich kennen. Um Camilla zu entführen, nimmt Tonio, als Köchin verkleidet, eine Stelle bei Scarpatti an und spielt seine Rolle so überzeugend, dass sich Scarpatti in die vermeintliche Köchin verliebt. Dies wiederum missfällt der in Scarpatti verliebten Columbine. Zusätzliche Verwirrung stiften der aus Savoyen stammende Sänger Pipino, den man fälschlicherweise für Camillas unbekannten Verlobten hält, und Tonios Freund Coloretto, der sich als jenen Notar ausgibt, der Camilla und ihren Verlobten trauen soll, was er aber wegen seiner scheinbaren Umständlichkeit nicht zustande bringt. Auch „der Savoyarde" Pipino verliebt sich zunächst in die vermeintliche Köchin, dann in Camillas Schwester Rosinetta. Bei diversen nächtlichen Rendezvous' kommt es zu zahlreichen Missverständnissen, schließlich aber finden die „richtigen" Paare – Tonio und Camilla, Pipino und Rosinetta, Scarpatti und Columbine – zusammen.

Die Uraufführung von „Der Savoyarde" am Gärtnerplatztheater war, das belegen die Berichte in den Münchner Zeitungen, sehr erfolgreich. Vom Publikum besonders bejubelt und von der Kritik durchwegs gelobt wurde der Darsteller der Titelrolle, Adolf Brakl, der Bruder von Franz Josef Brakl. Der Part des Savoyarden stelle, so

---

1 Zu Ottokar Feith (auch Feyth geschrieben) konnten keine weiteren biografischen Angaben gefunden werden. Aus den Berichten über die Uraufführung des „Savoyarden" in der „Wiener Theater-Zeitung" (1.8.1888, S. 69ff.) geht lediglich hervor, dass er aus Wien stammte und dass „Der Savoyarde" seine erste größere musikalische Arbeit war. Im „Opernlexikon" von Franz Stieger ist Feith lediglich mit diesem Werk verzeichnet (Stieger: Opernlexikon. Teil II, Bd. 1, S. 336).

schrieb der „Baierische Courier", „an den Darsteller wie an den Sänger bedeutende Anforderungen, und hier war denn Herr Adolf Brakl, unser lieber Gast, ganz und gar an seinem Platze. Pipino ist eine der allerbesten Rollen, die wir von Adolf Brakl gesehen und gehört haben und wird dem ‚Savoyarden' überall den Weg bahnen."[2]

Tatsächlich wurde „Der Savoyarde" von einer Reihe von Bühnen übernommen. Schon wenige Wochen nach der Münchner Uraufführung gab man das Stück im Chemnitzer Thalia-Theater und im Dresdener Residenz-Theater, in den folgenden Monaten wurde es von Bühnen in Czernowitz, Pilsen, Saaz (Žatec/Tschechien) und Essegg (Osijek/Kroatien) zur Aufführung angenommen[3], und in der Sommersaison 1889 war es in „Prag, Marienbad, Carlsbad, Franzensbad, Teplitz, Chemnitz, Nürnberg etc."[4] zu sehen. Im Münchner Gärtnerplatztheater stand „Der Savoyarde" auch in der Saison 1888/89 wieder auf dem Spielplan, den Titelpart verkörperte nunmehr Franz Josef Brakl.

Das Libretto des „Savoyarden" wurde in den Kritiken durchwegs als „lustig und unterhaltend, mit guten Witzen und wirksamen Szenen reichlich versehen"[5] gelobt. In welchem Umfang Franz Josef Brakl, der überall als Koautor genannt wurde, an der Abfassung des Textes beteiligt gewesen war, ist nicht feststellbar. Es könnte sein, dass Victor Léon eine textliche Basis lieferte, die Brakl dann den spezifischen Aufführungs- und Rezeptionsbedingungen am Gärtnerplatztheater anpasste. Hinweise darauf lassen sich in einzelnen Zeitungsberichten finden – so etwa im „Münchener Boten", der schreibt, dass das Libretto „den Darstellern der Hauptrollen, für welche dieselben geschrieben, Gelegenheit [gibt], ihren Launen freien Spielraum zu lassen, die denn auch den ausgiebigsten Gebrauch davon machten."[6]

Die Figurenzeichnung war also der Persönlichkeit der jeweiligen Darstellerinnen und Darsteller angepasst, und das hatte vermutlich Franz Josef Brakl getan, der das Ensemble natürlich gut kannte. Dieses „Auf-den-Leib-Schreiben" der Rollen mag auch der Grund dafür gewesen sein, dass die Figur des Scarpatti im Personenverzeichnis des Textbuches nicht nur als „Privatier" aufscheint, sondern auch mit dem Zusatz „ehemals Tänzer". Scarpattis Beziehung zum Tanz ist jedoch für die Entwicklung der Handlung ohne Belang und es wird auch kaum auf sie verwiesen. In der „Notar-Szene" aber befällt Scarpatti aus Ärger über die Umständlichkeit des als Notar verkleideten Coloretto ein „Tanzkrampf", der bei den anderen handelnden Personen große Heiterkeit auslöst, die sich noch steigert, als auch Coloretto mitzutanzen beginnt. Bei der Lektüre des Textbuches wirkt dieser „Tanzkrampf" unpassend und übertrieben, bei der Uraufführung im Theater am Gärtnerplatz aber wurde er zu einer der bejubelten Szenen. Denn die Figur des Scarpatti wurde vom populären Sänger und Komiker Eduard Brummer verkörpert, der „dank seiner hervorragenden gymnastischen Eigenschaften ganz prächtig"[7] agierte, „urkomisch als Tänzer"[8] wirkte und

---

2 Baierischer Courier, zit. nach: Wiener Theater-Zeitung, 1.8.1888, S. 70.
3 Wiener Theater-Zeitung, 1.10.1888, S. 93.
4 Wiener Theater-Zeitung, 26.1.1889, S. 10.
5 Münchener Neueste Nachrichten, zit. nach: Wiener Theater-Zeitung, 1.8.1888, S. 70.
6 Münchener Bote, zit. nach: Wiener Theater-Zeitung, 1.8.1888, S. 70.
7 Allgemeine Zeitung, zit. nach: Wiener Theater-Zeitung, 1.8.1888, S. 69.
8 Baierischer Courier, zit. nach: Wiener Theater-Zeitung, 1.8.1888, S. 70.

gemeinsam mit Konrad Dreher als Coloretto in dieser offenbar speziell auf die beiden abgestimmten Szene „stürmische Heiterkeitsausbrüche"[9] auslöste.

Wenn das „Münchener Tageblatt" das Libretto von „Der Savoyarde" nicht nur als „farbensprühendes Brillantfeuerwerk" beschreibt, sondern auch betont: „Die vorkommenden Witze und Wortspiele werden nicht vom Darsteller extemporirt, sondern sie stammen sammt [!] und sonders vom Verfasser selbst, was man bekanntlich nicht jedem Librettodichter nachsagen kann"[10], dann bezieht sich dieses Lob direkt auf Franz Josef Brakl, denn Léon wird in der Kritik überhaupt nicht erwähnt. Es war auch nur Franz Josef Brakl, der am Ende der Premierenvorstellung auf der Bühne „durch Ueberreichung eines prächtigen Lorbeerkranzes geehrt"[11] wurde – obwohl (das ist diversen Zeitungsberichten zu entnehmen) Victor Léon bei der Uraufführung des „Savoyarden" im Theater anwesend gewesen war.

Mehrfach wird in den Besprechungen des „Savoyarden" darauf verwiesen, dass das Werk die Genrebezeichnung „Singspiel" trägt. Die „Allgemeine Zeitung" geht darauf ausführlicher ein und mutmaßt, dass sich die Librettisten und der Komponist mit ihrem Werk „von der Gattung der landläufigen Operette" unterscheiden wollten:

„Diese letztere hat in den letzten Jahren eine Richtung angenommen, die auf die große Oper weist; man schwärmt für historische Stoffe, tragische Conflicte und große Ensembles mit lärmendem Orchester-Aufwand. Dabei schwebte aber doch das ganze Genre in der Luft, war nicht Fisch und nicht Fleisch und blieb zuletzt doch nichts anderes als eine Operette, in welcher meist das Aufgebot des musikalischen und textlichen Brimboriums in keinem Verhältniß zum eigentlichen Inhalt und Gehalt des schnell vergänglichen Werkes stand. Der Kritik auf bleibenden und höheren Werth will anscheinend die Bezeichnung burleskes Singspiel zuvorkommen. ‚Der Savoyarde' will nicht mehr sein als eine ins Musikalische übertragene Posse, bei welcher man sich ohne sonderliche Verstandesscrupel gut zu amusiren vermag."[12]

„Der Savoyarde" wird in dieser Besprechung in den damals aktuellen Diskurs um die weitere Entwicklung des Genres Operette gestellt. Es war ein Diskurs, bei dem sich Franz Josef Brakl 1886 mit einer eigenen Publikation mit dem Titel „Moderne Spieloper"[13] zu Wort gemeldet hatte. „Zweck dieses Buches" sei es, so schreibt Brakl in seiner „Introduktion": „Einer verkannten, viel geschmähten Kunstgattung zu ihrer berechtigten, voll ebenbürtigen Stellung nach bester Thunlichkeit zu verhelfen, eine Lanze zu brechen für die Operette, die moderne Spieloper!"[14]

Die Synonymsetzung von „Operette" und „moderner Spieloper" ist ein wesentlicher Punkt in Brakls Ausführungen. Die Bezeichnung „Operette" sei, so meint er, „entschieden unglücklich und verfehlt", trage zur Geringschätzung des Genres bei und sollte daher vermieden werden. Denn da „Operette" die Diminutivform von „Oper" sei, würden die Werke dieses Genres als Arbeiten minderen Wertes betrachtet: „Jetzt rächt es sich, daß die Herren nicht unbescheiden genug waren, ihre kleinen

---

9 Münchener Neueste Nachrichten, zit. nach: Wiener Theater-Zeitung, 1.8.1888, S. 70.
10 Münchener Tageblatt, zit. nach: Wiener Theater-Zeitung, 1.8.1888, S. 70.
11 Baierischer Courier, zit. nach: Wiener Theater-Zeitung, 1.8.1888, S. 70.
12 Allgemeine Zeitung, zit. nach: Wiener Theater-Zeitung, 1.8.1888, S. 69.
13 Brakl, Franz Josef: Moderne Spieloper. München 1886.
14 Ebd., S. 2.

Arbeiten mit ‚Singspiel' oder ‚Liederspiel', ihre größeren, mehraktigen Compositionen gleich offen und kühn mit ‚Spieloper' zu bezeichnen."[15]

Allerdings verzichtet Brakl auf eine genauere Begriffsdefinition und ist auch in der Verwendung der Bezeichnungen „Operette" und „Spieloper" nicht konsequent: Spricht er einmal von der „Identität der Operette mit der Spieloper"[16], so schreibt er einige Seiten später, dass „Operette und Spieloper verwandt sind"[17], einander aber nicht „vollständig ähneln", der Unterschied zwischen ihnen jedoch nicht „klar, kurz und bündig nachzuweisen" sei. Als die wichtigsten Vertreter der „modernen Spieloper" nennt Brakl die Komponisten Johann Strauss, Franz von Suppé, Carl Millöcker und Richard Genée sowie den Librettisten F. Zell. Ausführlich geht er auch auf das Werk von Jacques Offenbach ein, den „Vater, nicht zwar der modernen Spieloper, wohl aber ihrer etwas trivialen, übermüthigen, ja manchmal – es kann nicht geleugnet werden – sogar lasciven und frivolen, echt französischen Bastardtochter!"[18]

Damit wird deutlich, dass Brakls „moderne Spieloper" auch unter dem Aspekt der damaligen Bemühungen um die Etablierung einer spezifisch deutschsprachigen Operettenform als Gegenposition zur französischen zu sehen ist. Es war dies ein Thema, das Victor Léon später in der Zusammenarbeit mit Johann Strauss in wesentlich pointierterer Form als Franz Josef Brakl aufgriff. Es ist anzunehmen, dass Léon Brakls Buch kannte, vielleicht war er auch einer von jenen „Freunden, Fachmännern und Musikern"[19] gewesen, die Brakl bei der Abfassung des Textes unterstützt hatten. Immerhin schreibt Brakl, dass eine Hauptforderung an „die Herren Librettisten" laute: „Wir wollen Menschen auch in der Operette sehen, Menschen mit möglichen Schwächen – aber doch immer Menschen, keine Zerrbilder und Fratzen"[20]. Das klingt sehr ähnlich wie jene Überlegungen, die Victor Léon bereits 1880 in dem Aufsatz „Etwas über die Operette und ihr Libretto"[21] formuliert hatte. Darin hatte er die damals aktuellen Diskussionen über das „Ende der Operette" darauf zurückgeführt, dass sich die Librettisten „in der Erfindung der womöglich unmöglichsten Situationen, der womöglich unmöglichsten Charaktere, denen sie noch gewaltsam die unmöglichsten Tics aufsetzten, um sie ja recht unmöglich aufzuputzen, aufgezehrt" hätten. Da aber „der Geschmack des Publikums an mit Musik reich gewürzten, komischen Stücken" durchaus vorhanden sei, müssten sich die „Autoren und Direktoren" nur „bemühen, das Gericht in neuer Präparirung zu serviren" und Stücke mit „wirklichen Menschen" und „menschlich-möglichen Situationen" auf die Bühne bringen.

Zwar hatte Franz Josef Brakl in seinen theoretischen Überlegungen angeregt, den Begriff „Operette" durch „moderne Spieloper" zu ersetzen – in der Praxis aber hielt er sich selbst nicht daran. Und daher war es eine „Operette", die rund ein Jahr nach dem „Savoyarden", am 10.8.1889, am Gärtnerplatztheater als weiteres Gemeinschaftswerk von Brakl und Victor Léon herauskam: „Der Herr Abbé", zu dem Alfred Zamara die Musik komponiert hatte. Mit diesem Werk griff Victor Léon noch einmal

---

15 Ebd., S. 12.
16 Ebd., S. 13.
17 Ebd., S. 21.
18 Ebd., S. 55.
19 Ebd., S. 4.
20 Ebd., S. 74.
21 Neueste Theater-Nachrichten, 24.8.1880, S. 2f.

das Musketier-Thema auf, das er acht Jahre zuvor in der Operette „D'Artagnan und die drei Musketiere" erfolgreich verarbeitet hatte. Im Gegensatz zu dem früheren Werk aber hat „Der Herr Abbé" nur wenig mit Dumas' Roman zu tun. Von dort übernommen wurde lediglich die Figur des Grafen Tréville, des Kommandanten der königlichen Musketiere, und als Grundkonflikt die Feindschaft zwischen den Musketieren des Königs und den sogenannten Cardinalisten, den Gefolgsleuten des Kardinals Richelieu. Léonard, einer der Cardinalisten, ist in Trévilles Tochter Ninon verliebt, die aber auf Wunsch ihres Vaters ihren Cousin heiraten soll. Um Ninon nahe zu sein, gibt sich Léonard als jenen Abbé aus, der als der neue Vorleser in Trévilles Haus erwartet wird. Da der echte Abbé, mit dem Léonard die Kleider getauscht hat, eine heimliche Beziehung zu Trévilles Haushälterin hat, kommt es zu einer Reihe von Verwechslungen und Missverständnissen. Als dann aber der als Bräutigam für Ninon vorgesehene Cousin erscheint und mitteilt, dass er nicht heiraten könne, da er Priester geworden sei, und sich überdies herausstellt, dass Léonard auf seinen Wunsch bei den königlichen Musketieren aufgenommen wurde, steht einer Hochzeit zwischen ihm und Ninon nichts mehr im Wege. Die Uraufführung von „Der Herr Abbé" brachte „einen vollen Erfolg"[22], in der Saison 1889/90 wurde die Operette auch in Frankfurt gezeigt, weitere Aufführungen aber konnten nicht eruiert werden.

Über das persönliche Verhältnis zwischen Franz Josef Brakl und Victor Léon ist nichts bekannt. Der Münchner Starrummel rund um Brakl war jedoch für den dabei zum wenig beachteten Mitarbeiter „degradierten" Léon eine sicher nicht allzu angenehme Erfahrung. Dadurch könnten bei Léon Vorbehalte gegen eine intensivere Kooperation mit Brakl entstanden sein. Einen Hinweis darauf gibt ein Brief, den der Komponist Rudolf Raimann im Juli 1888 an Victor Léon schickte. Daraus geht hervor, dass Léon und Raimann damals an einer Operette arbeiteten, die den Titel „Der Papuakönig" tragen sollte.[23] Seiner Bitte, dass Léon das Textbuch an die Direktion des Wiener Carl-Theaters schicke, fügte Raimann dann noch hinzu: „Was die Mitarbeiterschaft Brackls [!] betrifft so kann [davon] keine Rede sein, [...] denn ohne dir zu schmeicheln bin ich mit deinen Arbeiten mehr als zufrieden u. wünsche mir nur immer einen Librettisten von deiner Qualität!"[24] Victor Léon hatte offenbar angenommen, dass Raimann Franz Josef Brakl als Ko-Librettisten heranziehen wolle, und Raimanns Bemühung, ihn diesbezüglich zu beruhigen, lässt darauf schließen, dass er damit nicht einverstanden gewesen war.

Es mag sein, dass Victor Léon die „Nebenrolle" als Ko-Librettist von Franz Josef Brakl aufgrund der unsicheren materiellen Situation, in der er sich Ende der 1880er Jahre befand, akzeptierte. Bezeichnend ist, dass er später, in seinen Erinnerungen, die schriftstellerische Zusammenarbeit mit Brakl unerwähnt ließ. Zwar kommt Brakl in „Allerlei aus meinem Theaterleben" mehrmals vor – Léon bezeichnet ihn als seinen „Münchner Entdecker", erzählt ausführlich von Brakls Verdiensten um die Operette „Der Doppelgänger", geht auf dessen Leistungen als Sänger und Schauspieler ein und berichtet sogar davon, dass Brakl „der universell bekannte Besitzer des heute größten Münchner Kunsthandelspalastes" sei. Nirgendwo aber erwähnt Léon, dass er gemeinsam mit Franz Josef Brakl Libretti verfasst habe.

---

22 Wiener Zeitung, 12.8.1889, S. 6.
23 Eine Aufführung des Werkes konnte nicht eruiert werden.
24 Rudolf Raimann: Brief an Victor Léon, 18.7.1888. Léon-Nachlass 25/2.1.2.103.

Neben „Der Savoyarde" und „Der Herr Abbé" ist noch ein weiteres Gemeinschaftswerk von Brakl und Léon erhalten geblieben: „Edelweiß", ein als „Volksoper" bezeichnetes Stück, zu dem Karl Komzák[25] die Musik schrieb. Das Werk spielt Anfang des 18. Jahrhunderts, während des Spanischen Erbfolgekrieges, in dem von Italienern und Franzosen besetzten Innsbruck. In allerlei Verkleidungen gelingt es einigen Männern, die Stadt zu befreien, wobei auch diverse Liebesbeziehungen ihren glücklichen Abschluss finden. Uraufgeführt wurde „Edelweiß" am 28.11.1891 im Salzburger Stadttheater. Es folgten „vielbeachtete Aufführungsserien"[26] im Münchner Gärtnerplatztheater, im Wiener Carl-Theater und an zahlreichen anderen deutschsprachigen Bühnen. Aber weder auf den Theaterzetteln noch in der Textedition[27] und auch nicht in musikhistorischen Nachschlagewerken scheint der Name Victor Léons in Zusammenhang mit dem Werk auf. Auch in den Komzák-Biografien von Max Schönherr und Anton Gabler[28] wird ausschließlich Franz Josef Brakl als Librettist von „Edelweiß" genannt. Die „Wiener Theater-Zeitung" jedoch brachte, als Publikationsorgan des Theaterverlages von Ignaz Wild, in ihrer Verlagsübersicht im Dezember 1888 sowie im Jänner, August und September 1889 jeweils auch einen Hinweis auf „Edelweiß" und gab dabei stets auch Léon als Autor an. In dem Premierenbericht, der nach der Salzburger Uraufführung von „Edelweiß" in der „Wiener Theater-Zeitung" erschien, wird dann allerdings lediglich Franz Josef Brakl als Librettist – und als einer der Hauptdarsteller – genannt: „Die Partie ist ihm wie auf den Leib geschrieben und bietet seinem vielseitigen Talente reichliche Gelegenheit zu wirksamster Entfaltung."[29] Bei Hinweisen auf „Edelweiß" in späteren Ausgaben der „Wiener Theater-Zeitung"[30] scheint dann überhaupt nur noch der Komponist Karl Komzák auf.

Im Léon-Nachlass findet sich auch ein im Mai 1890 von Brakl und Léon mit dem Komponisten Georg Ritte abgeschlossener Vertrag über ein einaktiges Singspiel mit dem Titel „Der Herr Major"[31]. Ein Manuskript dazu ist jedoch nicht im Nachlass vorhanden, und es gibt keine Hinweise auf eine Produktion dieses Werkes.

---

25 Karl Komzák, geb. 8.11.1850 in Prag, gest. 23.4.1905 in Baden bei Wien. Nach der Ausbildung am Prager Konservatorium war Komzák Militärkapellmeister in Linz, Innsbruck und ab 1882 in Wien. Ab 1893 leitete er das Kurorchester in Baden bei Wien.
26 Schönherr, Max – Eugen Brixel: Karl Komzák. Vater – Sohn – Enkel. Ein Beitrag zur Rezeptionsgeschichte der österreichischen Popularmusik. Wien 1989. S. 261.
27 Brakl, Franz Josef: Edelweiß. Volksoper in 2 Akten und 1 Vorspiel. Leipzig o.J.
28 Gabler, Anton: Karl Komzák, Wien 2010.
29 Wiener Theater-Zeitung, 15.12.1891, S. 3.
30 Siehe u.a. Wiener Theater-Zeitung 15.12.1891, S. 8; 15.1.1892, S. 8.; 1.3.1892, S. 8; 1.4.1892, S. 8; 10.5.1892, S. 8.
31 Léon-Nachlass 35/3.1.

„Einen Helfer in dem jungen Baron Waldberg gefunden"

Mitte der 1880er Jahre begann Victor Léon eine Zusammenarbeit, die zwar zunächst noch wenig öffentliche Beachtung fand, die aber für seinen weiteren Karriereverlauf von einiger Bedeutung werden sollte. Sein damals neuer Partner war Heinrich von Waldberg. Mit ihm schrieb Léon in den folgenden Jahren zahlreiche Stücke – mehr als mit jedem anderen Ko-Librettisten. Nachweisbar sind 19 gemeinsame Werke, darunter auch, als größter Erfolg des Autorenduos, die Operette „Der Opernball", zu der Richard Heuberger die Musik komponierte.

Porträt des Autorenduos Léon-Waldberg in „Der Humorist", 10.10.1894

Heinrich von Waldberg, der ein Philosophiestudium absolviert hatte, war zwei Jahre jünger als Victor Léon und hatte, als die Zusammenarbeit der beiden begann, noch keine nachweisbare literarische Arbeit publiziert. Geboren wurde er am 2.3.1860 im rumänischen Iași als der dritte Sohn[1] einer wohlhabenden jüdischen Familie: Seine Mutter Anna entstammte der in Iași ansässigen Bankiersfamilie Kahane, sein Vater Moses, geboren in Lemberg (Lwiw/Ukraine), war ebenfalls Bankier. Für seine Vermittlertätigkeit beim Abschluss eines Handelsvertrags zwischen Österreich-Ungarn und Rumänien und bei einem ähnlichen Übereinkommen mit Serbien war Moses von Waldberg 1884 von Kaiser Franz Joseph in den Freiherrnstand erhoben worden. Um 1880 übersiedelte die Familie Waldberg nach Wien, wo sie in der Innenstadt (Bankgasse 8) ein Palais bewohnte.

Auch wenn sich ihre Familien in ihrem gesellschaftlichen Status und in ihren finanziellen Möglichkeiten erheblich voneinander unterschieden, so waren einander Heinrich von Waldberg und Victor Léon in ihrer Herkunft doch in vielem sehr ähnlich. Beide Familien kamen aus dem Ostjudentum, und bei beiden zeigte sich ein stark ausgeprägter Bildungswille, bei dem die akademische Ausbildung ein wesentliches Ziel war. Vor allem aber ist bei beiden eine intensive Auseinandersetzung mit dem Judentum und dem damals hochaktuellen Konflikt zwischen orthodoxen und liberalen Strömungen feststellbar. Während sich Victor Léons Vater, Jakob Heinrich Hirschfeld, als Rabbiner zum liberalen Judentum bekannte, was, wie erwähnt, zu einem folgenreichen Konflikt mit seiner Gemeinde führte, fand bei Heinrich von Waldberg die Auseinandersetzung innerhalb der Familie selbst statt. Waldbergs Vater, Moses von Waldberg, war Anhänger der orthodoxen Richtung des Judentums und verfügte über bedeutendes theologisches Wissen. Vehement zu Wort meldete er sich 1864 mit dem Buch „Kakh hi darkah shel Torah" („So ist der Weg der Thora"). Es war dies eine polemische Attacke gegen das 1861 erschienene Buch „Darkah shel Torah" („Der Weg der Thora"), das eine kritische Auseinandersetzung mit traditionellen Überlieferungen ist. Waldbergs Angriff gegen das Buch traf ein Familienmitglied: Denn der Verfasser von „Darkah shel Torah" war Waldbergs Schwager, der renommierte Gelehrte und Schriftsteller Hirsch Mendel Pineles. Überdies soll der betont orthodoxe Moses von Waldberg einiges Aufsehen erregt haben, als er anlässlich der Verleihung des Freiherrntitels „in der traditionellen Tracht mit Kaftan und langer Pajeslocke in der Hofburg zur Dankes-Audienz erschien"[2].

Sowohl für Heinrich von Waldberg als auch für Victor Léon gehörten also Auseinandersetzungen zwischen orthodoxen und liberalen Glaubenshaltungen und damit auch zwischen Konservativismus und Moderne in gleicher Weise zum familiären Erfahrungshorizont. Es waren prägende Erlebnisse, die ähnliche Haltungen evozierten. Beide wandten sich von der traditionellen, religiös bestimmten jüdischen Kultur ab und beide wählten ihre berufliche Laufbahn im Bereich der modernen, international angelegten Unterhaltungskultur.

Das erste nachweisbare Gemeinschaftswerk des später sehr erfolgreichen Duos Léon-Waldberg wurde zum veritablen Misserfolg. Es war der Schwank „Die Rhein-

---

1 Heinrich von Waldbergs Brüder waren der Jurist Julius von Waldberg (um 1852-1905) und der an der Universität Heidelberg tätige, renommierte Literaturwissenschaftler Max von Waldberg (1858-1938).
2 Baumgartner, Marianne: Der Verein der Schriftstellerinnen und Künstlerinnen in Wien (1885-1935). Wien 2015. S. 237.

töchter", für den Julius Stern[3] die Musikeinlagen komponiert hatte und der am 10.4.1886 im Stadttheater von Teplitz-Schönau (Teplice/Tschechien) erstmals aufgeführt wurde. In dem nordböhmischen Kurort hatte man sich offenbar einiges von dem Stück erwartet, über das der „Teplitz-Schönauer Anzeiger" schrieb: „Diese Vorstellung hat nicht blos den Reiz einer Novität für sich, sondern gewinnt noch dadurch für das hiesige Theaterpublicum an Interesse, als Baron Waldberg seit 14 Jahren ein alljährlich wiederkehrender Curgast in Teplitz ist und sich hier einer ausgebreiteten Bekanntschaft erfreut."[4]

Diese Bekanntheit schützte Waldberg allerdings nicht davor, dass der „Teplitz-Schönauer Anzeiger" in der nächsten Ausgabe „Die Rheintöchter" mit einem kräftigen Verriss bedachte. Die Handlung sei, so hieß es, ein „plumpes Flickwerk" und könne daher auch nicht nacherzählt werden, die Charakterisierung der Figuren reiche „kaum über stümperhafte Steinmetzarbeit hinaus", der Dialog sei „matt und schal", „und was endlich – in ganz kleinen Gaben – an Witz und Witzen geboten wird, trägt fast ausnahmslos Kalauer Marke [!], jene gefürchtete Marke, die man gemeinhin als ‚zu dumm' zu charakterisiren pflegt."[5] Das Publikum habe daher „zum Theile schon nach dem trostlos öden ersten Acte das Haus" verlassen.

Ganz anders sah die Sache in einer Meldung des in Wien erscheinenden „Illustrirten Bade-Blatts" aus. Dieses brachte eine Besprechung[6], die dann ausführlich und in deutlich ironischer Absicht (betont auch durch Sperrungen und Ausrufezeichen) im „Teplitz-Schönauer Anzeiger" zitiert wurde. „Wir hoffen und wünschen", so leitete der „Anzeiger" den Beitrag ein,

„durch die nachfolgend reproducirte Recension mit der Erinnerung an jenen grausamen ‚Schwank' wenigstens e i n heiteres Moment zu verknüpfen. Das ‚Ill. Wiener Badeblatt' vom 20. April schreibt nach einer, die Leitung und Leistungen unseres Stadttheaters anerkennenden Einleitung Folgendes: ‚Die jüngste Novität dieser Bühne: ‚Die Rheintöchter', Schwank in drei Acten von Victor Léon und Baron Heinrich v. Waldberg, Musik von Julius Stern, ging Samstag den 10. d. M. erstmalig in Scene und errang einen d u r c h s c h l a g e n d e n   E r f o l g (!). Das zahlreich anwesende Publikum k a m   a u s   d e m   L a c h e n   n i c h t   h e r a u s (!) und a m ü s i r t e   s i c h   t r e f f l i c h (!) an der g l ü c k l i c h   e r f u n d e n e n   H a n d l u n g (!), die neuzeitliche Momente m i t   v i e l   L a u n e (!) satirisirt. Der Eine der Autoren, welcher bei der Première der ‚Rheintöchter' anwesend war, wurde n a c h   j e d e m   A c t e (!) s t ü r m i s c h (!) gerufen. Die Darstellung war eine geradezu ausgezeichnete und sind neben dem Director als Regisseur und der mit sehr großem Humor spielenden Frau Directrice Lechner Herr Frank als trefflicher Komiker, Fräul. Hieß und Herr Indra in lobendster Weise zu nennen.' – Wie leicht eine Novität doch einen ‚durchschlagenden Erfolg' erzielen kann, wenn ihr Autor (Victor Léon) – M i t a r b e i t e r des ‚Ill. Wiener Badeblattes' ist!"[7]

---

3   Julius Stern, geb. 13.5.1858 in Wien, gest. 6.1.1912 in Wien, studierte am Wiener Konservatorium und war ab 1879 als Theaterkapellmeister tätig (u.a. am Theater an der Wien, am Theater in der Josefstadt und am Raimund-Theater). Stern komponierte Opern, Operetten, Wienerlieder und zahlreiche Musiken zu Possen und Schwänken.
4   Teplitz-Schönauer Anzeiger, 10.4.1886, S. 6.
5   Teplitz-Schönauer Anzeiger, 14.4.1886, S. 7.
6   Illustrirtes Bade-Blatt, 20.4.1886, S. 2.
7   Teplitz-Schönauer Anzeiger, 1.5.1886, S. 5.

Der „Teplitz-Schönauer Anzeiger" hatte den Text wortwörtlich aus dem „Illustrirten Bade-Blatt" übernommen und lediglich weggelassen, dass es sich bei dem „Einen der Autoren", der bei der Premiere anwesend war, um Heinrich von Waldberg gehandelt hatte. Victor Léon war tatsächlich Mitarbeiter des „Illustrirten Bade-Blattes" und hatte für die Ausgabe vom 20.4.1886 nicht nur eine französische Erzählung bearbeitet, sondern auch einen großen Leitartikel (mit Betrachtungen zur neuen Kursaison) geschrieben. Es mag daher durchaus sein, dass er auch den nicht gezeichneten Premierenbericht verfasst hatte. Im Allgemeinen brachte das „Illustrirte Bade-Blatt" keine Meldungen über Theateraufführungen, und vermutlich sollte der Artikel über „Die Rheintöchter" Werbung für das Stück machen. Allerdings gelang es nicht, weitere Bühnen für das Werk zu interessieren. Auch das Wiener Carl-Theater, das, wie vor der Premiere im „Teplitz-Schönauer Anzeiger" gemeldet worden war[8], das Stück erworben hatte, verzichtete in der Folge auf eine Aufführung.

Wesentlich erfolgreicher waren Victor Léon und Heinrich von Waldberg mit ihrem nächsten Werk, das den Titel „Atelier Mazabon" trug und bei dem es sich wieder um einen Schwank handelte. Die Uraufführung von „Atelier Mazabon" fand am 30.7.1887 im Sommertheater in Ischl[9] statt. Der Kurort im oberösterreichischen Salzkammergut war die Sommerresidenz von Kaiser Franz Joseph und damit für den Adel und das wohlhabende Bürgertum ein beliebter Ferienort. Ein wesentlicher Bestandteil des Ischler Unterhaltungsangebotes war das Theater, das ab 1885 von Ignaz Wild geleitet wurde. Der umtriebige Wiener Theateragent verstand es, die Bühne, die mehreren hundert Zuschauern Platz bot[10] und an der es von Juni bis September nahezu jeden Abend eine Vorstellung gab, zu einem attraktiven Auftrittsort für Schauspielerinnen und Schauspieler zu machen. Wie er dabei vorging, beschreibt Helga Freese-Eberstaller in ihrer Dissertation über das Ischler Theater:

„Direktor Wild ersann eine neue Methode[,] um große Kräfte billig zu bekommen und sein Haus auch bei schönem Wetter zu füllen. Immer wenn der Kaiser das Theater besuchte, und er tat dies oft und gerne, lag ein Teppich vor dem Eingang des Theaters. Wild brauchte also bloß den Teppich aufzulegen und die Prominenten drängten sich, bei ihm zu spielen und das Publikum machte sich eine Ehre daraus, dem Beispiel des Kaisers zu folgen. Wenn dann trotz des Teppichs der Kaiser am Abend nicht erschien, so war er eben im letzten Moment verhindert worden, aber Wild hatte sein volles Haus und Prominente und Prominenteste, die gerne vor dem Kaiser gesungen und gespielt hätten, standen gratis auf dem Theaterzettel."[11]

Geboten wurden hauptsächlich populäre Stücke, die bereits an den großen Wiener Theatern erfolgreich gewesen waren. In der Saison 1887 waren es unter anderen Operetten wie „Die Fledermaus", „Der Bettelstudent", „Der Zigeunerbaron", „Der

---

8 Teplitz-Schönauer Anzeiger, 10.4.1886, S. 6.
9 Der Kurort wurde erst 1906 in Bad Ischl umbenannt.
10 Leitinger, Sandra: Das Sommertheater Bad Ischl. Diplomarbeit, Universität Wien, 2001. Leitinger schreibt, dass das Theater im Jahr 1928 430 Zuschauern Platz bot. Für die Zeit davor gibt es keine konkreten Angaben, da aber das Theater nach der Jahrhundertwende mehrfach verkleinert worden war, ist der Fassungsraum für die Zeit der Uraufführung von „Atelier Mazabon" höher anzusetzen.
11 Freese-Eberstaller, Helga: Das Ischler Theater. Diss., Universität Wien, 1948. S. 62f.

Hofnarr" und „Fatinitza" und Komödien wie „Der Raub der Sabinerinnen". „Atelier Mazabon" bildete da eine Ausnahme, was das „Fremdenblatt" mit dem Hinweis kommentierte, dass Ignaz Wild „auch mitunter aufstrebenden Talenten unter die Arme"[12] greife. Neben diesem Engagement für junge Talente war aber sicher auch mitentscheidend, dass der Schwank in Wilds Theaterverlag herausgekommen war. Dass „Atelier Mazabon" nur ein Mal aufgeführt wurde, entsprach dem generellen Spielplankonzept, denn auch die schon bekannten Erfolgsstücke wurden meist nur ein- bis zweimal pro Saison gezeigt.

Die Uraufführung von „Atelier Mazabon" war mit 30.7.1887 terminlich gut platziert: Denn am selben Tag fand, nachmittags, im Ischler Kursalon ein Konzert des populären „Udel-Quartetts" statt, das von „zahlreichen Mitgliedern der Aristokratie"[13] besucht wurde und daher dem „Neuen Wiener Abendblatt" einen großen Beitrag wert war. Dabei war dann auch noch Platz für einen Bericht über die Theaterpremiere:

„Am gleichen Abende kam in dem trefflich geleiteten Theater eine Novität von zwei in Wien lebenden Autoren, Viktor Leon und Baron Heinrich von Waldberg zur Aufführung. Das Stück, ein Schwank in drei Akten, führt den Titel ‚Atelier Mazabon', spielt in der Gegenwart in Bukarest, der Heimat des Autors Baron Waldberg und behandelt, nach bestem französischen Muster, die Geschichte eines eifersüchtigen Zahnarztes, der sich von seiner Gattin betrogen glaubt. Der Erfolg war ein vollständiger, die vielen heiteren, wenn auch nicht neuen, Mißverständnisse und Verwicklungen, welche der Schwank enthält, machten lachen und besonders der dritte Akt, der eine Gerichtsszene auf die Bühne bringt, erregte große Heiterkeit. Von in Wien bekannten Darstellern wirkten in der Novität Herr Gimnig als Dentist und Herr Friese in der Rolle des Agenten ‚Teitelbaumescu!' sehr verdienstlich mit."[14]

Diese Besprechung in einer der auflagenstärksten Zeitungen[15] der österreichisch-ungarischen Monarchie kann als großer medialer Erfolg für Léon und Waldberg gewertet werden. Einen sehr ausführlichen Bericht über die Aufführung – und zugleich eine Inhaltsangabe zum Stück, von dem im Léon-Nachlass kein Manuskript erhalten ist – brachte das „Ischler Wochenblatt":

„Das Ereignis der verflossenen Theaterwoche war in erster Linie das Gastspiel der Damen Fräulein Palmay und Virág, sowie die Novität ‚Atelier Mazabon', denen sich die Benefiz-Vorstellung des beliebten Operettensängers Herrn C. Endtresser würdig anreihte. Von der Novität zu reden, entstammt dieselbe der Feder des Baron Waldberg, welcher den ganz amusanten und mit Geschick geschriebenen Schwank in Compagnie mit dem bekannten Schriftsteller Victor Léon gedichtet hat. Die Arbeit selbst scheint eine französische Abstammung zu verraten, ist wenigstens im Genre der modernen französischen Possen geschrieben, jedoch in der Art der – wie wir freudig bekennen – besseren Producte; mit flüchtigen Strichen gezeichnet, ist die Handlung des heiteren [!] Stückchens folgende: Der junge Baron Gordazzi steht zur jungen Frau des Rechtsanwaltes Malinescu in gut freundschaftlichen Beziehungen; im Atelier Ma-

---

12 Fremdenblatt, zit. nach: Wiener Theater-Zeitung, 1.1.1888, S. 3.
13 Neues Wiener Abendblatt, 1.8.1887, S. 2.
14 Ebd.
15 Das „Neue Wiener Abendblatt" war die Abendausgabe des „Neuen Wiener Tagblattes".

zabon, wo er mit derselben – zufällig zusammentrifft, wird er von Mazabon für Malinescu, von Malinescu für Mazabon angesehen. Auf Grund einer sehr mißglückten Zahnoperation, welche Gordazzi unternimmt und die den Rechtsanwalt seines ‚s' beraubt, klagt dieser den vermeintlichen Mazabon auf Schadenersatz. In einem Restaurant trifft Gordazzi die Frau Mazabon, eine Nichte von Stefaniu, dessen Tochter Frossa Gordazzi's Braut ist. Im Begriffe, Frau Mazabon nach Hause zu begleiten, überrascht der eifersüchtige Mazabon seine Gattin bei dem vermeinten Rendezvous mit dem vermeintlichen Malinescu, und klagt nun diesen wegen Ehebruch und auf Scheidung von seiner Frau. Der dritte Akt führt uns in – den Gerichtssaal selbst, wo diese beiden Processe in drastischer Weise verhandelt werden, so drastischer, als nicht blos die doppelten Verwechslungen an sich komisch sind, sondern als auch die Autoren mit geistvoller Ironie die Schwächen der rumänischen Rechtspflege persifliren. Der dritte Act ist hiedurch einer der besten des Stückes, wodurch eine äußerst glückliche Steigerung erzielt wird. Der Erfolg war ein äußerst günstiger und die Aufnahme, welche die lustige Posse fand, eine ungewöhnlich freundliche und wurde Herr Baron Waldberg nach allen Actschlüssen stürmisch gerufen."[16]

Wenn „Herr Baron Waldberg nach allen Actschlüssen stürmisch gerufen" wurde, so war dies sicher nur zum Teil eine Anerkennung für die Qualität des Stückes. Applaudiert wurde wohl auch deshalb, weil man dem Autor als einem Angehörigen der eigenen sozialen Gruppe seine Reverenz erweisen wollte. Denn das Ischler Publikum bestand fast ausschließlich aus Kur- und Sommerfrischegästen[17]: Es waren Angehörige des Adels und des Großbürgertums, und viele der Theaterbesucher waren jüdischer Herkunft. Während also in der Kooperation der beiden Autoren Victor Léon eindeutig derjenige war, der über wesentlich mehr schriftstellerische Routine und Theatererfahrung verfügte, stellte Heinrich von Waldberg über seinen sozialen Status eine Verbindung zu jener Gesellschaftsschicht her, die mit ihren Interessen und geschmacklichen Vorlieben das Unterhaltungstheater jener Zeit entscheidend mitprägte.

Der Erfolg von „Atelier Mazabon" beruhte, wie den Berichten zu entnehmen ist, sehr wesentlich auf der Komik der Gerichtsszene im letzten Akt des Schwankes. Die Persiflage auf die, wie es das „Ischler Wochenblatt" nannte, „Schwächen der rumänischen Rechtspflege" wirkte durch ihre ironische Doppeldeutigkeit: Denn das Publikum konnte sich über die schwankhaft überspitzte Handlung amüsieren, die zum einen damals gängige Klischees über die Zustände in den Balkanländern bestätigte, die aber zum anderen auch durchaus auf reale Zustände verwies. Vor allem die jüdischen Zuschauer wussten um die Diskriminierung und die Rechtsunsicherheit, denen die jüdische Bevölkerung in dem seit 1878 unabhängigen Rumänien ausgesetzt war.[18]

---

16 Ischler Wochenblatt, 7.8.1887, S. 3.
17 Die Zusammensetzung des Theaterpublikums war ein paar Jahre später Thema eines Beitrags im „Ischler Wochenblatt" (24.9.1893, S. 4). Darin wird bedauert, „daß die sehr zahlreiche Bevölkerung von Ischl sich im Großen und Ganzen vom Theater ferne hält".
18 Der Historiker Dan Diner schreibt zur damaligen Situation in Rumänien: „Es verwundert daher nicht, wenn die anhaltende Schlechterstellung der Juden in Rumänien in den 1880er Jahren einen stetigen und zur Jahrhundertwende hin anschwellenden Strom der Auswanderung nach sich zog [...]. Um 1900 rangierte Rumänien in Sachen jüdischer Auswanderung noch vor dem Russischen Reich". In: Diner, Dan: Gedächtniszeiten. Über jüdische und andere Geschichten. München 2003. S. 255.

Durch das Lachen über die Gerichtsszene konnten sie eigene bittere Erfahrungen im Sinne des von Volker Klotz beschriebenen „Lachtheaters" verarbeiten:

„Lachen können die Zuschauer nur, wenn das, was die Bühne im Augenblick sichtbar und hörbar entstellt, ihre persönlichen und öffentlichen Alltagserfahrungen aufrührt. Was dann bei diesem Lachen herauskommt, hängt ab von den besonderen historischen, gesellschaftlichen und psychischen Umständen. Es kann die Lachenden beruhigen: meine und unsre Verhältnisse sind längst nicht so schief wie die vorgeführten; sie können bleiben, wie sie sind. Oder es kann die Lachenden beunruhigen: meine und unsre Verhältnisse sind ähnlich schief wie die vorgeführten; sie sollten anders werden."[19]

Die satirische Zeitkritik von „Atelier Mazabon" zielte aber nicht nur auf die Situation in Rumänien, sondern auch auf so manche Missstände in der österreichisch-ungarischen Monarchie. Ein für das zeitgenössische Publikum sofort erkennbarer Hinweis darauf ist der im Stück vorkommende Name „Teitelbaumescu", der eine Pseudo-Romanisierung des jüdischen Familiennamens Teitelbaum ist. Unter der jüdischen Bevölkerung der österreichisch-ungarischen Monarchie war der Name Teitelbaum relativ häufig[20] – in der vorgeblich rumänischen Form aber kommt er nicht vor, und wohl deshalb hat das „Neue Wiener Abendblatt" bei der Erwähnung des „Agenten Teitelbaumescu" ein Rufzeichen gesetzt. Mit der Person des Teitelbaumescu war klargestellt, dass mit dem Schauplatz von „Atelier Mazabon" durchaus nicht nur Bukarest gemeint war. Léon und Waldberg wandten damit in „Atelier Mazabon" jene von Moritz Csáky (am Beispiel der Operette „Die lustige Witwe") beschriebene „verfremdete Politik-Kritik"[21] an, bei der der Auseinandersetzung mit aktuellen politisch-sozialen Zuständen auf dem Balkan auch „Spott über die eigenen ‚hausgemachten' Zustände" unterlegt" ist, sodass die Handlung von den Zuschauern als „Spiegel ihrer eigenen Verfaßtheit wiedererkannt" werden konnte.

In der zweiten auf die Uraufführung folgenden Ischler Sommertheatersaison stand „Atelier Mazabon", am 13.8.1889, noch einmal auf dem Spielplan. Schon im Mai 1888 aber kündigte die „Wiener Theater-Zeitung" ein weiteres Werk von Victor Léon und Heinrich von Waldberg an, das den Titel „Wir Bulgaren" hatte. Dabei handelte es sich allerdings (wie aus Zeitungsberichten über die Produktion hervorgeht[22]) lediglich um eine Bearbeitung von „Atelier Mazabon", in der nur einige wenige Namen verändert worden waren – so etwa war aus dem Agenten Teitelbaumescu der Agent Mandelbaumescu geworden. Auch der Schauplatz war, trotz des Titels „Wir Bulgaren", in dieser Stückfassung Bukarest. Aufführungen von „Wir Bulgaren" sind in den Jahren 1888 und 1889 unter anderem in Graz, Gmunden, Leitzmeritz (Litoměřice/Tschechien), Teplitz-Schönau und Pressburg (Bratislava) nachweisbar. Einige Jahre später nahmen sich Léon und Waldberg den Stoff noch einmal vor und machten daraus den Schwank „Der Nachfolger". Dieser wurde am 19.7.1897 von der Zen-

---

19 Klotz, Volker: Bürgerliches Lachtheater. Komödie, Posse, Schwank, Operette. 4. Aufl. Heidelberg 2007. S. 15f.
20 Vgl. Heimann-Jelinek, Felicitas (Hg.): Hier hat Teitelbaum gewohnt. Ein Gang durch das jüdische Wien in Zeit und Raum. Wien 1993.
21 Csáky, Moritz: Ideologie der Operette und Wiener Moderne. Wien 1996. S. 94f.
22 Vgl. z.B. Grazer Volksblatt, 5.6.1888, S. 8.

surbehörde „zur Aufführung im k.k. priv. Theater in der Josefstadt" zugelassen[23], eine Produktion des Stückes kam aber nicht zustande. In Buchform erschien „Der Nachfolger" 1898 im Münchner Rubinverlag.

Drei Jahre, nachdem sie mit „Atelier Mazabon" ihren ersten Erfolg hatten feiern können, brachten Victor Léon und Heinrich von Waldberg erstmals auch in Wien ein gemeinsames Werk heraus. Es war die „Posse mit Gesang in 4 Acten" „Mamsell Gigerl", die am 13.9.1890 im Theater in der Josefstadt uraufgeführt wurde. Mit dem im Stücktitel enthaltenen Begriff „Gigerl" hatten Léon und Waldberg einen damals in der Wiener Umgangssprache geläufigen Ausdruck aufgegriffen, der ein kleines Huhn[24] und im übertragenen Sinn einen Modenarren und Stutzer – also einen ‚eitlen Gockel' – bezeichnete. Der Gigerl – bei dem es sich üblicherweise um einen Mann handelte – war eine Figur, die den gesellschaftlichen Wandel im späten 19. Jahrhundert symbolisierte: Er war Angehöriger einer neuen Mittelschicht, die finanziell erfolgreich war und sich modisch gab, die sich aber in ihrem selbstbewussten Auftreten, in ihrer Kleidung und ihrem Benehmen nicht an die traditionellen Verhaltensnormen des etablierten Bürgertums hielt und damit Spott und Missfallen auslöste.

Als Wiener Volkstypen populär gemacht wurden die Gigerln vor allem durch die Humoresken von Eduard Pötzl[25]. Die Gigerln tauchten bald in zahlreichen Wienerliedern auf, und auch auf den Theaterbühnen waren sie präsent. Besonders erfolgreich war die „Localposse mit Gesang" „Die Gigerln von Wien" von Josef Wimmer[26]. Das Werk, zum dem Karl Kleiber[27] die Musik komponiert hatte, wurde am 8.9.1888 im Theater in der Josefstadt erstmals gezeigt und dort in der Folge 267 Mal aufgeführt.[28] An diesen Erfolg, so schrieben die „Wiener pikanten Blätter", wollte Josef Wimmer mit einem weiteren Stück anschließen:

„In der richtigen Empfindung, daß es in erster Linie der Titel ‚Die Gigerln von Wien' gewesen, welchem er die oben gestreifte Lebensdauer, die Zugkraft seines Stückes verdankte, war er auch dieses Mal darauf bedacht, schon mit dem Titel einen Trumpf auszuspielen. Seine diesbezügliche Denkarbeit war von Erfolg gekrönt; er hatte einen Zugkraft versprechenden Namen für sein neustes Werk gefunden und theilte denselben der Direction des Josefstädter-Theaters unter dem bekannten Siegel der Verschwiegenheit mit. In seiner Herzensfreude über den glück-

---

23 NÖ Landesarchiv, NÖ Reg. Präs Theater ZA 1897/5052 K 35.
24 Kluge, Friedrich: Etymologisches Wörterbuch der deutschen Sprache. 23. Aufl. Berlin 1995, S. 324.
25 Eduard Pötzl, geb. 17.5.1851 in Wien, gest. 21.8.1914 in Mödling bei Wien, war einer der populärsten Publizisten seiner Zeit. Vor allem seine Humoresken, in deren Mittelpunkt Wiener Typen und Wiener Lokalereignisse standen, waren überaus erfolgreich.
26 Josef Wimmer, geb. 23. 1. 1834 in Wien, gest. 9.12.1903 in Wien, war Publizist, gründete 1858 gemeinsam mit O. F. Berg die satirische Zeitschrift „Tritsch-Tratsch" und verfasste zahlreiche Volksstücke und Possen.
27 Karl Kleiber (nicht verwandt mit dem Dirigenten Carlos Kleiber), geb. 21.12.1838 in Reiserhof bei Herzogenburg (Niederösterreich), gest. 15.6.1902 in Wien, war Theaterkapellmeister und komponierte zahlreiche Bühnenmusiken zu Possen und Schwänken.
28 1941 schuf Alexander Steinbrecher eine musikalische Neubearbeitung des Werkes, die seither mehrfach an verschiedenen deutschsprachigen Bühnen inszeniert wurde, u.a. 2003 in den Wiener Kammerspielen.

lichen Fund konnte er aber nicht umhin, auch einige an dieser Bühne wirkende Seelenmaler mit ins Vertrauen zu ziehen, ihnen im Uebermaß der Vaterfreude ebenfalls den Titel unter Discretion mitzutheilen. Diese aber, auch Stammgäste eines von Theaterangehörigen stark frequentirten Kaffeehauses, vermochten es nicht, reinen Mund zu halten, sondern erzählten in dem gedachten Kaffeehause im Kreise der Theaterleute von dem glücklichen Titel. Einer von Jenen, die um diese Erzähler herum saßen, schrieb den gehörten Titel in sein Notizbuch, ging heim und begann zu diesem Knopf einen Rock, id est zu diesem Titel ein ‚Stück' zu machen.

Er arbeitete mit vollem Dampf und bald war das Werk vollendet, das er nun spornstreichs bei der Direction des Josefstädter-Theaters überreichte, um dort das Prävenire zu spielen. Der Director stutzte, als er den ihm wohlbekannten Titel las und die erste Eingebung, welche er hatte, war: Das Stück ungelesen sofort zu retourniren. Aber als er an die Ausführung dieses Vorhabens schreiten wollte, erinnerte er sich, daß sich mittlerweile zwischen ihm und dem Verfasser der ‚Gigerln von Wien' einer geringfügigen Ursache wegen Differenzen ergeben hatten, welche sich so zuspitzten, daß dieser die Erklärung abgab: Für das Josefstädter-Theater niemals mehr eine Komödie zu schreiben. An diese Erinnerung knüpfte er die Erwägung, daß Herr Blasel[29] vielleicht auf den Titel ‚fliegen', die Komödie des Autors Nr. 2 daher annehmen und – der Teufel schlaft [!] nicht – des Titels wegen ein gutes Geschäft machen könnte. Diese Erwägung lag nahe, denn der vielumworbene Titel lautet: ‚Weibliche Gigerln'. Der Herr Director des Josefstädter-Theaters änderte daher sofort seine Absicht, nahm das Stück des Autors Nr. 2 an und bestimmte es zur Eröffnung der Saison."[30]

„Autor Nr. 2" war niemand anderer als Victor Léon, mit dem der Direktor des Theaters in der Josefstadt, Theodor Giesrau, am 12.6.1890 einen Vertrag über die Annahme von „Die weiblichen Gigerln. Posse mit Gesang in 3 Akten" abschloss.[31] Das Titel-Plagiat sorgte in Theaterkreisen für einige Aufregung, und das war wohl auch der Grund dafür, dass in den Premierenankündigungen der Zeitungen, auf den Theaterzetteln und auch auf der ersten Publikation des Stücktextes[32] kein Autor genannt wurde, sondern nur der Komponist, bei dem es sich wieder um Karl Kleiber handelte. Allerdings meldeten die „Wiener pikanten Blätter" schon am 24.8.1890, rund drei Wochen vor der Premiere, dass man in Erfahrung gebracht habe, wer der anonyme Verfasser des Stückes sei, mit dem das Theater in der Josefstadt die Saison eröffnen werde: „Dieser heißt Victor Leon, aber er hat einen Helfer in dem jungen Baron Waldberg gefunden"[33].

Allerdings kam das Werk nicht unter dem zunächst geplanten Titel „Die weiblichen Gigerln" heraus, sondern als „Mamsell Gigerl". Vielleicht wollte man damit weiteren Auseinandersetzungen mit Josef Wimmer aus dem Wege gehen, der „Weibliche Gigerln " „als sein geistiges Eigenthum reclamirt[e]"[34]. Dafür aber nahm man mit dem neuen Titel – ob mit Absicht oder durch Zufall – Anleihen bei einem anderen aktuellen Erfolgsstück. Es war die Vaudeville-Operette „Mamsell Nitouche"

---

29 Carl Blasel, damals Direktor des Wiener Carl-Theaters.
30 Wiener pikante Blätter. 3.8.1890, S. 3.
31 Léon-Nachlass 35/3.1.
32 [Léon, Victor – Heinrich von Waldberg]: Mamsell Gigerl. Posse mit Gesang in 4 Acten. Textbuch, Wien o. J.
33 Wiener pikante Blätter, 24.8.1890, S. 3.
34 Ebd.

(Musik Hervé, Libretto Henri Meilhac und Albert Millaud), die 1883 in Paris uraufgeführt worden war und in der deutschsprachigen Fassung von Richard Genée seit 19.4.1890 im Theater an der Wien auf dem Spielplan stand.

Auch wenn sich Léon und Waldberg durch Wimmers Posse und durch seine Titelideen hatten inspirieren lassen, so lieferten sie doch ein inhaltlich eigenständiges Werk. In „Mamsell Gigerl" nehmen die Ereignisse ihren Ausgang darin, dass ein armer Wiener Schneidermeister namens Berger im Auftrag einer wohlhabenden, jungen Kundin eine Garderobe entwirft, die aus Kleidungsstücken und Accessoires besteht, die der Männermode entlehnt sind: „Herrenüberrock, Gilet ausgeschnitten, Herrenhemd, Herrenkrawatte, Herrenhut, Lorgnette, langer Schirm"[35]. Nach Fertigstellung der Teile aber weigert sich die Kundin, die extravaganten Stücke zu übernehmen, die ihr nun doch zu auffällig sind. Ihr Vater, der zur letzten Anprobe mitgekommen ist, will 1000 Gulden darauf setzen, dass sich keine Frau finden werde, „die sich in diesem Anzug auf die Strasse wagt"[36]. Zum allgemeinen Erstaunen – und zur Empörung ihres Verlobten – nimmt Bergers Tochter Hedwig die Wette an. Im zweiten Akt, der im Wiener Stadtpark spielt, sorgt Hedwig in der „Gigerl"-Kleidung für einiges Aufsehen und wird von zahlreichen Frauen angesprochen, die ebenfalls eine derartige Garderobe haben wollen, denn, so sagt eine von ihnen: „Wir wollen uns so auffällig als möglich tragen, nur um die Männer zu ärgern"[37]. Hedwig nennt als Bezugsquelle die „Maison Bergé", also die Schneiderwerkstatt ihres Vaters, der im weiteren Verlauf durch die vielen Aufträge für Damen-Gigerlkostüme seine finanzielle Lage entscheidend verbessern kann. Der Konflikt zwischen Hedwig und ihrem Verlobten aber spitzt sich zu, als ein aus Berlin angereister Redakteur eines Modejournals sich für das Gigerl-Kostüm und auch für dessen Trägerin zu interessieren beginnt. Allerdings hält er sie für jene Kundin, für die die Garderobe ursprünglich entworfen worden war. Die folgenden Verwicklungen lösen sich jedoch rasch auf, Hedwig legt das Gigerl-Kostüm wieder ab und heiratet ihren Verlobten.

Mit der Figur der Hedwig brachten Léon und Waldberg eine selbstbewusste Frau auf die Bühne, die es wagt, sich über Konventionen und Vorurteile hinwegzusetzen. Durch ihr Auftreten im Gigerl-Kostüm bricht Hedwig in eine typische Männer-Domäne ein und stellt die traditionellen Geschlechterrollen in Frage. Sie findet dabei eine Reihe von Gesinnungsgenossinnen, die „Gigerlinnen", die in einer großangelegten Chor-Szene männliche Verhaltensweisen satirisch aufs Korn nehmen:

„Wir werden zwar auch ausgelacht, / Wie sich das öfters trifft. / Doch das uns keine Sorge macht, / Weil's Neue stets verblüfft! / Es wird von uns die Damenmod' / Jetzt gründlich reformirt / Und auch in Umgangsform und Ton / Was Neues eingeführt! / Beim Gruß verbeugen wir uns nicht / Wir zieh'n den Hut vom Kopf, / Wir grüssen so – wir sagen ‚Tschau!' / Wie mancher andre Tropf! - / Der neuste Weaner Schan[38] / Der reißt an Jeden mit! / Die Weaner Madeln, Frau'n, / Die sein jetzt Alle pschütt!"[39].

---

35 [Léon, Victor – Heinrich von Waldberg]: Mamsell Gigerl, S. 38.
36 Ebd., S. 37.
37 Ebd., S. 57.
38 Schan = Wesensart. Abgeleitet von französisch „genre" (Hornung, Maria: Wörterbuch der Wiener Mundart. Wien 1998. S. 604).
39 Pschütt = vornehm, schmissig (Hornung: Wörterbuch der Wiener Mundart, S. 190).

Wir geh'n allein in das Café, / Und spielen Carambol, / Wir schlagen uns für unsre Ehr' / Auf Säbel und Pistol! / Wenn uns ein hübscher Herr gefällt, / So steigen wir ihm nach, / Zum Stelldichein wird er bestellt / Das geht bei uns sehr gach! / Durch die belebten Strassen Wien's / Flanir'n wir elegant, / Wir schau'n coquett – durch die Lorgnette, / Und finden All's charmant! Am Rennplatz findet man uns stets, / Wann's regnet noch so sehr / Trotz hoher Steuer setzen wir / Beim Totalisateur! / Wir wissen, welcher Starter heut' / Sein Futter hat verschmäht, / Und ob der Favorit noch gut / Auf seinen Füssen steht! / Und bei der Praterfahrt herauf / Treib'n wir die Pferde an, / Zu schärfsten Trab, so ist es chic, / Führ'n wir auch d' Leut' zusamm'!"[40]

Die 1000 Gulden, die Hedwig durch ihren Auftritt gewonnen hat, nimmt sie „als Mitgift"[41] an, das Angebot des Moderedakteurs jedoch, als „Mamsell Gigerl" auf der Titelseite des Journals abgebildet zu werden, lehnt sie ab. Denn, so sagt sie, indem sie sich an die Gigerlinnen wendet: „Und Sie, meine Damen, werden über kurz oder lang auch zu der Einsicht gelangen, daß der Beruf einer Frau nicht darin besteht, den Beifall einiger Modegecken zu erringen, sondern in dem Streben einen Mann glücklich zu machen!"[42] Die patriarchale Ordnung mit ihren traditionellen Rollenzuteilungen war damit in der Schlussszene wiederhergestellt – anderes wollten und konnten Léon und Waldberg wohl dem Publikum im Theater in der Josefstadt nicht zumuten. Dort war „Mamsell Gigerl" zwar bei der Premiere „überaus freundlich aufgenommen"[43] worden, hatte aber bald, wie „Der Humorist" hämisch vermerkte, „in Folge mangelhaften Zuspruches seitens der Männerwelt abgewirthschaftet"[44] und verschwand nach 21 En-suite-Vorstellungen wieder aus dem Spielplan.

Auf nur eine einzige Vorstellung brachte es die Operette „Der bleiche Gast", die am 6.9.1890 im Hamburger Carl-Schultze-Theater gezeigt wurde. Zur Musik von Josef Hellmesberger jun.[45] und Alfred Zamara hatten Victor Léon und Heinrich von Waldberg eine Liebes- und Gespenstergeschichte geschrieben, die auf der Erzählung „Der tote Gast" von Heinrich Zschokke basierte. Wie die „Hamburger Nachrichten" berichteten, stieß das Werk auf eine „Opposition" von Seiten des Publikums, „die man bisher in diesem Theater noch nicht erlebt hatte"[46] – weshalb „Der bleiche Gast" umgehend abgesetzt wurde.

Wenig Erfolg hatten Victor Léon und Heinrich von Waldberg – zunächst – auch mit der Komödie „Frau Fama", mit der sie sich an jener „Lustspiel-Concurrenz" beteiligten, die im Frühjahr 1890 vom Wiener Volkstheater ausgeschrieben worden war. Das Werk, in dessen Mittelpunkt eine junge Schauspielerin steht, deren Verlobung mit einem Bankierssohn beinahe in die Brüche geht, weil man ihr – zu Unrecht

---

40 [Léon, Victor – Heinrich von Waldberg]: Mamsell Gigerl, S. 70 ff.
41 Ebd., S. 124.
42 Ebd., S. 125.
43 Die Presse, 14.9.1890, S. 11.
44 Der Humorist, 10.10.1890, S. 2.
45 Josef Hellmesberger jun., geb. 9.4.1855 in Wien, gest. 26.4.1907 in Wien, war der Sohn des Hofkapellmeisters Josef Hellmesberger. Hellmesberger jun. war Geiger (u.a. Sologeiger des Wiener Hofopernorchesters und der Hofmusikkapelle), Dirigent (u.a. Hofkapellmeister und Leiter der Wiener Philharmonischen Konzerte) und Komponist.
46 Hamburger Nachrichten, 8.9.1890, S. 6.

– einen unmoralischen Lebenswandel nachsagt, schien auf die Juroren[47] keinen besonderen Eindruck gemacht zu haben. „Frau Fama" erreichte unter den insgesamt 262 eingereichten Stücken keinen der vorderen Plätze.[48] Allerdings wurde das Lustspiel rund drei Jahre später, ab 12.10.1893, unter dem Titel „Man sagt" im Deutschen Theater in Berlin aufgeführt, worauf es dann auch das Wiener Volkstheater ins Repertoire nahm. Der „Wiener Sonn- und Montagszeitung" war dies in der Rubrik „Aus dem Souffleurkasten" folgenden satirischen Kommentar wert:

„Haben's g'lesen, Herr Oberreschisseur [!], daß das Lustspiel ‚Man sagt' von Herrn v. Leon und Herrn Baron v. Waldberg am Deutschen Theater in Berlin so gut gefallen hat? Man sagt, daß das Stück ursprünglich ‚Frau Fama' geheißen hat und eines von den Stücken gewesen ist, die bei der Lustspiel-Concurrenz des Deutschen Volkstheaters den Preisrichtern zu Prämiirung [!] vorgelegen sind. Man sagt, daß sich die Herren Professor Zimmermann und Baron Berger dafür eingesetzt haben, daß aber der Hofrath v. Doczy alle Herren überschrieen [!] und es auch durchgesetzt hat, daß ein Stück mit dem III. Preis prämiirt wurde, das sich als absolut unaufführbar erwiesen hat und thatsächlich bis heute auch noch nicht aufgeführt worden ist. Man sagt, daß in der Jury blos noch der Herr Director die Ansicht des Herrn Hofrathes getheilt hat. Man sagt, als ‚Frau Fama' unter dem Titel ‚Man sagt' vom Deutschen Theater in Berlin angenommen worden war, hat der Herr v. Leon – Sie, der hat's dick hinter den Ohren – das Stück nochmals dem Director Herrn v. Bukovics überreicht und jetzt hat's diesem großartig gefallen, so daß er's sofort angenommen hat. Freilich, da das Deutsche Theater in Berlin das Stück angenommen hat, sagt man ... ah was! Ich werde da alles den Leuten nachtratschen, fällt mir nicht ein, hab' mir eh erst letzthin 's Maul verbrannt, kurz und gut, ich geb' nichts auf eine Schüry in künstlerischen Angelegenheiten"[49]

„Man sagt" hatte am 29.9.1894 am Volkstheater seine erfolgreiche Wien-Premiere und wurde von einer Reihe weiterer Bühnen, unter anderem in Graz, Innsbruck, Prag und Teplitz-Schönau, übernommen.

---

47 Die Juroren waren Alfred von Berger, Emmerich Bukovics, Ludwig Dóczi, Friedrich Schütz und Robert Zimmermann (s. Die Presse, Abendblatt, 16.5.1890, S. 4).
48 Den Wettbewerb gewann Wilhelm Wartenegg von Wertheimstein mit der Komödie „Der Ring des Ofterdingen", die am 12.3.1891 im Volkstheater uraufgeführt wurde.
49 Wiener Sonn- und Montagszeitung, 16.10.1893, S. 3.

„Eine der fleißigsten Schriftsteller-Compagniefirmen"

„Was am Libretto zu loben ist, die wohlklingenden, leicht ansprechenden Gesangstexte und der mitunter recht drollige Dialog, ist wohl nur den deutschen Bearbeitern zugutezuschreiben."[1] Dieses Lob galt Victor Léon und Heinrich von Waldberg. Denn sie hatten die englische „comic opera" „Erminie", deren Originallibretto von Claxson Bellamy und Harry Paulton stammte und zu der Edward Jakobowski[2] die Musik komponiert hatte, ins Deutsche übertragen. Am 7.11.1890 hatte das Werk unter dem nur minimal veränderten Titel „Erminy" und mit der Genrebezeichnung Operette am Wiener Carl-Theater Premiere. Die „Banditen-Comödie"[3], in der sich ein Straßenräuber für den von ihm überfallenen Grafen ausgibt und beinahe die dem Grafen zugedachte Tochter eines Lords heiratet, war im englischsprachigen Raum sehr erfolgreich gewesen. Bald nach der Uraufführung am 26.10.1885 in Birmingham war „Erminie" an zahlreichen britischen Bühnen und 1886/87 in 571 En-suite-Vorstellungen im „Casino Theater" am New Yorker Broadway zu sehen gewesen.

Im Carl-Theater erhielt „Erminy" vom Premierenpublikum „ungeteilten Beifall"[4], und der anwesende Komponist Edward Jakobowski wurde „nach den Actschlüssen wiederholt gerufen und dem Publicum vorgestellt, ja sogar nach dem zweiten Acte mit einem gewaltigen Lorbeerkranze ausgezeichnet"[5]. Auch den Kritikern gefiel die Musik, weniger gut aber kam bei ihnen die „dünnfadige Liebesgeschichte"[6] an. Die „Neue Freie Presse" schloss daher ihren Premierenbericht mit der Bemerkung: „Ob seiner [Jakobowskis] ‚Erminy', die in England und hauptsächlich in Amerika sich außerordentlicher Erfolge zu erfreuen hatte, auch in Wien ein gleiches Schicksal be-

---

1   Wiener Abendpost (Abendausgabe der Wiener Zeitung), 8.11.1890, S. 3.
2   Der in London geborene Edward Jakobowski (1856-1929) hatte den Großteil seiner Kindheit und Jugend in Wien verbracht und dort, u.a. bei Richard Genée, seine musikalische Ausbildung erhalten.
3   Die Presse, 8.11.1890, S. 10.
4   Aufführungsbericht im Zensurakt, NÖ Landesarchiv, NÖ Reg. Präs Theater ZA 1890/6277 K30.
5   Wiener Abendpost (Abendausgabe der Wiener Zeitung), 8.11.1890, S. 3.
6   Ebd.

schieden sein dürfte, wird sich erst zeigen müssen. Mit Sicherheit kann man dies nicht behaupten."[7]

Tatsächlich kam die Carl-Theater-Produktion mit nur 16 Aufführungen bei weitem nicht an die Erfolge des Werkes im englischsprachigen Raum heran. Dennoch war es kein absoluter Misserfolg, sondern ein Durchschnittsergebnis, wie es damals auch bei vielen anderen Stücken zu verzeichnen war. Immerhin konnte mit 16 gut verkauften Vorstellungen im Carl-Theater bereits ein relativ großes Publikum erreicht werden, denn der Zuschauerraum bot zu jener Zeit 1832 Personen Platz. Im Vergleich dazu waren die meisten Broadway-Bühnen um einiges kleiner. Das New Yorker Casino Theater etwa fasste 875 Zuschauer. Insofern hatte die „Wiener Abendpost" recht, wenn sie in Bezug auf die Aufführungszahlen meinte: „Allerdings ist New-York größer als Wien und seine Genre-Theater sind klein."[8]

Das zentrale Kriterium bei der Programmgestaltung der großen, privat geführten Wiener Bühnen in der Art des Carl-Theaters war der kommerzielle Erfolg. Zu erreichen war dieser durch einen auf breite Unterhaltung angelegten, abwechslungsreichen Spielplan. Carl Blasel, der zur Zeit der „Erminy"-Produktion das Carl-Theater leitete, soll, als er 1887 die Direktion übernahm, auf die Frage nach seinem Konzept für das Theater geantwortet haben: „Mein Programm ist: den [!] Pacht und die Steuern, die Beleuchtung und die Gagen pünktlich zahlen und – die Leut' unterhalten. Dös [!] is mein Programm!"[9]

Ein häufiger Spielplanwechsel war, wie Marion Linhardt in „Residenzstadt und Metropole" darlegt, durchaus typisch für die kommerzielle Wiener Theaterlandschaft in den letzten Jahrzehnten des 19. Jahrhunderts, denn: „Neben Aufführungsserien einiger überdurchschnittlich erfolgreicher Stücke hatte in Wien stets der Repertoirebetrieb vorgeherrscht, der mit häufig wechselndem Programm und einer Vielzahl von Novitäten den Bedürfnissen eines abwechslungshungrigen Publikums entsprach, das ‚seinem' Theater weitgehend treu blieb und kaum andere Bühnen besuchte."[10]

Relativ einfach gebaute, zugkräftige Stücke wie „Erminy" passten gut in das „Programm" von Theaterdirektoren wie Carl Blasel. Das anerkannte auch der – nicht namentlich genannte – Theaterkritiker der „Presse", der in seiner ausführlichen Besprechung zwar zahlreiche Details am Stück auszusetzen fand, aber dennoch zu dem Schluss kam: „Alles in Allem eine Vorstellung, deren Besuch man mit gutem Gewissen anrathen kann. Man wird zwar stellenweise gähnen, stellenweise auch sich ärgern, weil es zu dumm wird, aber man hat dafür auch manche Gelegenheit zum Lachen, und das ist doch die Hauptsache."[11]

Auf die „Erminie"-Bearbeitung folgte als nächste Gemeinschaftsproduktion von Victor Léon und Heinrich von Waldberg die Operette „Der Bajazzo". Premiere war am 7.12.1892 im Theater an der Wien, die Musik stammte von Alfons Czibulka[12]. Léon und Waldberg hatten seit 1889/90 an dem Werk gearbeitet, und zunächst war

---

7 Neue Freie Presse, 8.11.1890, S. 7.
8 Wiener Abendpost (Abendausgabe der Wiener Zeitung), 8.11.1890, S. 3.
9 Rosner, Leopold: Fünfzig Jahre Carl-Theater (1847-1897). Wien 1897. S. 39.
10 Linhardt: Residenzstadt und Metropole, S. 105.
11 Die Presse, 8.11.1890, S. 10.
12 Alfons Czibulka, geb. 14.5.1842 in Kirchdrauf (Spišské Podhradie/Slowakei), gest. 27.10.1894 in Wien, war Komponist und Militär- und Theaterkapellmeister.

geplant gewesen, dass es von Franz von Suppé vertont werde.[13] Als Suppé aus gesundheitlichen Gründen absagte, wandte sich Victor Léon an Johann Strauss[14], der aber kein Interesse an der Komposition hatte, die dann schließlich von Alfons Czibulka übernommen wurde.

Der für die Operette titelgebende „Bajazzo" ist Clown bei einem kleinen Zirkus. Er und eine Seiltänzerin, die als „Königin der Luft" die Hauptattraktion der Truppe ist, sind ineinander verliebt. Der Zirkusdirektor, der auch Onkel und Vormund der Seiltänzerin ist, verweigert jedoch seine Zustimmung zur Heirat der beiden. Das Paar beschließt zu fliehen, was aber nur dem Clown gelingt. Er tauscht in der Folge die Kleider mit einem jungen Adeligen, der ebenfalls auf der Flucht ist, weil er fürchtet, einen Nebenbuhler im Streit um die Geliebte ermordet zu haben. Es kommt zu einer Reihe von Verwechslungen, und erst kurz bevor der Clown als vermeintlicher Mörder in den Kerker geführt werden soll, können die wahren Identitäten geklärt werden. Die Verletzung des Nebenbuhlers des Adeligen erweist sich als harmlos, und Clown und Seiltänzerin dürfen heiraten.

So wie die meisten Werke von Victor Léon und Heinrich von Waldberg basierte auch „Der Bajazzo" auf einer fremdsprachigen Vorlage. Anregungen für ihr Libretto hatten sich Léon und Waldberg in diesem Fall bei der Komödie „Paillasse" von Adolphe d'Ennery und Jean Louis Marc-Fournier geholt. So etwa ist auch in „Paillasse" die Verhaftung eines Clowns, der die Kleider von jemandem anderen anhat, ein wesentliches Element der Handlung. Das Werk, das 1850 in Paris uraufgeführt wurde und 1851 in einer ersten deutschen Übersetzung vorlag[15], war bis in die 1880er Jahre immer wieder auf den Spielplänen zu finden. Allerdings unterließen Léon und Waldberg einen Hinweis auf ihre Vorlage, was „Die Presse" in ihrem Bericht über die „Bajazzo"-Premiere zu der Bemerkung veranlasste: „Der literarische Anstand hätte erfordert, daß die Affiche die französischen Autoren nenne, welchen die wesentlichsten Motive und Auftritte der Operette entnommen wurden."[16]

Victor Léon und Heinrich von Waldberg hatten zunächst vorgehabt, die Operette „Die Königin der Luft" zu nennen. Warum die Änderung zu „Der Bajazzo" erfolgte, ist nicht bekannt. Auf jeden Fall aber brachte man sich damit unwillentlich in Konkurrenz zur Oper „Pagliacci" von Ruggero Leoncavallo. Denn diese war am 5.12.1892 – also zwei Tage vor der Uraufführung der Operette – in der Berliner Oper erstmals in deutscher Sprache als „Der Bajazzo" aufgeführt worden.[17] Die Übereinstimmung der Stücktitel veranlasste den Wiener Korrespondenten des „Berliner Tageblatts" zu der – für Czibulka, Léon und Waldberg wenig schmeichelhaften – Bemerkung, dass Leoncavallos Werk ein „hochinteressantes Musikdrama" sei, „‚Der Bajazzo' aber, der am Mittwoch im Theater an der Wien zum ersten Mal das Licht

---

13 Vgl. Anzenberger, Friedrich: Alfons Czibulka. Militärkapellmeister und Komponist. Wien 2000. S. 70.
14 Vgl. Strauss, Johann: Leben und Werk in Briefen und Dokumenten. Bd. 5. Tutzing 1996. S. 36.
15 Ennery, Adolphe d' – Jean Louis Marc-Fournier: Bajazzo! Übersetzung C. Alphons Paul, Berlin 1851. In den 1870er und 1880er Jahren folgten einige weitere Übersetzungen von „Paillasse".
16 Die Presse, 8.12.1892, S. 11.
17 Die Uraufführung von „Pagliacci" hatte am 22.5.1892 in Mailand stattgefunden.

der Lampen erblickte, ist nichts Anderes als eine leichtgeschürzte, bescheidene Operette"[18].

Die Titelgleichheit mit der Oper war jedoch nicht beabsichtigt gewesen. Léon, Waldberg und die anderen an der Produktion Beteiligten hatten wohl erst sehr spät – zu spät – davon erfahren, dass Leoncavallos Werk in der deutschen Fassung unter demselben Namen wie die Operette herauskommen werde. Denn in Wien war die Oper in italienischer Sprache zwar im September 1892 im Rahmen der „Internationalen Ausstellung für Musik und Theaterwesen" zu sehen gewesen[19], doch der Titel „Pagliacci" wurde dabei in Ankündigungen und Berichten stets als „Die Hanswurste" übersetzt. Es ist ein kurioser Zufall, dass genau an jenem Tag, an dem die Oper erstmals im Ausstellungstheater gezeigt wurde, am 17.9.1892, die Direktion des Theaters an der Wien um die Genehmigung der Titeländerung von „Die Königin der Luft" zu „Der Bajazzo" ansuchte (die Zulassung erfolgte zwei Tage später).[20] Noch Mitte November 1892, als im Theater an der Wien bereits die Proben für die Premiere der Operette begonnen hatten, wurde Leoncavallos Werk stets „Die Hanswurste" genannt (so etwa, als „Die Presse" von einem Rechtsstreit zwischen Leoncavallo und dem Verlag Ricordi berichtete)[21].

Die Hauptrollen in der „Bajazzo"-Produktion des Theaters an der Wien spielten „der genialste Komiker Wiens"[22], Alexander Girardi, als Clown und die populäre Soubrette Therese Biedermann als Seiltänzerin. Die beiden wurden bei der Premiere ebenso bejubelt, wie der Komponist Alfons Czibulka, der die Aufführung dirigierte und der „durch Ueberreichung eines riesigen Lorbeerkranzes mit weiß-rothen Schleifen ausgezeichnet"[23] wurde. Auch von den Kritikern bekamen die Darstellerinnen und Darsteller sowie die Musik viel Lob, die Urteile über das Libretto hingegen waren eher mittelmäßig. Es sei, so schrieb „Die Presse", „ein ziemlich rohes Gefüge, welches indessen manchmal durch Wortwitz nicht ungeschickt aufgeputzt erschien"[24]. Freundlicher formulierte es das „Wiener Salonblatt": „Das Libretto bringt neben einer bedenklichen Anzahl von bösen Kalauern einige nette Scenen, und wenn man beim Eintritt in das Haus mit dem Ueberzieher vorsichtshalber auch alle strengeren Ansprüche abgelegt hat, so kann man sich sogar stellenweise ein wenig amusiren."[25] Die „Wiener Sonn- und Montagszeitung", meinte, dass die Handlung zu dürftig und „mit kindischem Flitterzeug" ausstaffiert sei und lieferte dazu die Beschreibung einer Zirkusszene:

„Es klirren die Schellen, es funkeln die Metallplättchen und es schillern die grellfarbigen Lappen – falscher Glanz, unechter Schimmer, werthloser Tand, auf das naivste Publicum berechnet. Wenn sich Girardi mittels eines Trapez über den Bühnenraum schwingt oder bei der Be-

---

18 Berliner Tageblatt, 10.12.1892, Erstes Beiblatt, S. 1.
19 Insgesamt wurde „Pagliacci" fünf Mal, am 17., 18., 20., 25. und 30.9., im Ausstellungstheater im Prater aufgeführt.
20 NÖ Landesarchiv, NÖ Reg. Präs Theater ZA 1892/6111 K 31.
21 Die Presse, 20.11.1892, S. 15.
22 Wiener Salonblatt, 11.12.1892, S. 8.
23 Neuigkeits-Welt-Blatt, 11.12.1892, S. 15.
24 Die Presse, 8.12.1892, S. 11.
25 Wiener Salonblatt, 11.12.1892, S. 8.

grüßung seiner kleinen Paquerita ihr die Hand unterhalb seines Beines entgegenstreckt; wenn Frau Biedermann dem Director Monstroso zwischen die Füße kriecht und ihm eine Nase dreht; wenn ein Zwerg in die Länge gezogen, einem Buckligen der Höcker abgeschnitten, einem Dickwanst der Bauch plattgedrückt wird; wenn endlich ein geachttheilter Mensch in einen Kasten gesteckt wird, aus dem er stramm und fest wieder heraustritt – so sind das Späße à la Kratky-Baschik[26] seligen Angedenkens, aber sie dürfen nicht den Hauptspaß und den Hauptbestandtheil eines Bühnenstückes bilden, das in einem Theater ersten Ranges aufgeführt werden und als Kunstwerk gelten soll."[27]

Bis Ende Dezember 1892 war die Operette „Der Bajazzo" elf Mal im Theater an der Wien zu sehen, dann standen dort zunächst ein Gastspiel von Sarah Bernhardt und am 10.1.1893 die Uraufführung der Johann Strauss-Operette „Fürstin Ninetta" (Libretto Julius Bauer und Hugo Wittmann) auf dem Programm. Da sowohl die Strauss-Premiere als auch das Bernhardt-Gastspiel seit längerem geplante und auch vielfach in den Zeitungen angekündigte „Höhepunkte" waren, scheint der kurz davor uraufgeführte „Der Bajazzo" von vornehrein nicht auf eine längere Laufzeit angelegt gewesen zu sein.

Auch die Léon-Waldberg-Operette „Die Chansonnette", zu der Rudolf Dellinger[28] die Musik komponiert hatte, war von der Direktion des Theaters an der Wien als eine derartige Überbrückungsproduktion bis zur nächsten größeren Premiere in den Spielplan genommen worden – und sie ist ein gutes Beispiel dafür, dass kurze Laufzeiten nicht unbedingt etwas über den Erfolg eines Stückes aussagen.

„Die Chansonnette", die am 16.9.1894 im Dresdner Residenztheater uraufgeführt wurde und ab 16.2.1895 im Theater an der Wien zu sehen war, spielt in Mailand und Turin. Mazzuchetti, ein Turiner Bankbeamter, hat keine Aussicht auf einen besseren Posten, da der Bankdirektor Bonelli Beförderungen seiner Mitarbeiter stets von Rendezvous mit deren Ehefrauen abhängig macht, worauf Mazzuchetti nicht eingehen will. Besser als mit seinem Chef versteht sich Mazzuchetti mit dessen Sohn Rodolfo. Rodolfo lebt in Mailand, und als Mazzuchetti dort eine Waffenübung absolvieren muss, lädt ihn Rodolfo zu einem Künstlertreffen zu Ehren der Chansonnette Ninetta ein. Als unerwartet Bonelli erscheint, stellt ihm Rodolfo, um Ärger mit dem standesbewussten Vater zu vermeiden, die Künstler als wohlhabende Mailänder Bürger und Ninetta als Mazzuchettis Frau vor. Ninetta geht auf die Avancen Bonellis ein, worauf dieser, weil er glaubt, sie sei Mazzuchettis Frau, Ninetta verspricht, Mazzuchetti zu befördern. Dieser aber weiß nichts davon, und als er wieder zuhause ist und einen

---

26 Anton Kratky-Baschik (geb. 1810, 1811 od. 1821, gest. 1889) war Zauberkünstler und Schausteller. 1873 errichtete er anlässlich der Weltausstellung im Wiener Prater ein Zaubertheater, das mit rund 1000 Plätzen eines der damals weltweit größten Etablissements dieser Art war und von Kratky-Baschiks Erben bis 1911 weitergeführt wurde.
27 Wiener Sonn- und Montags-Zeitung, 12.12.1892, S. 3.
28 Rudolf Dellinger, geb. 8.7.1857 in Graslitz (Kraslice/Tschechien), gest. 29.9.1910 in Dresden, erhielt seine musikalische Ausbildung am Prager Konservatorium und begann seine Berufslaufbahn 1880 in Brünn als Klarinettist und Theaterkapellmeister. Ab 1883 war Dellinger am Carl-Schultze-Theater in Hamburg tätig, von 1893 bis zu seinem Tod am Residenztheater in Dresden. Dellinger komponierte sieben Operetten, von denen „Don Cesar" (Libretto Oscar Walther, Urauff. 1885) bis ins 20. Jahrhundert häufig aufgeführt wurde.

Brief Bonellis an seine Frau findet, in dem dieser die Beförderung bestätigt und ein weiteres Rendezvous einfordert, glaubt Mazzuchetti, dass ihn seine Frau betrogen habe und will sich scheiden lassen. Als überdies Ninetta, die Mazzuchetti die Situation erklären will, und Bonelli, der Mazzuchettis Frau für die Chansonnette hält, erscheinen, wird die Verwirrung komplett – und löst sich im dritten Akt in einem Happy End auf.

Victor Léon und Heinrich von Waldberg hätten mit dem Textbuch „einen glücklichen Wurf" gemacht, schrieb die „Neue Freie Presse" in ihrem Bericht über die Wiener Erstaufführung und meinte außerdem:

> „Es frappirt an der Handlung, daß sie mit dem Sujet des Bisson'schen Stückes ‚Monsieur le Directeur'[29], welches am Mittwoch in Paris zum erstenmale in Scene ging, die größte Aehnlichkeit besitzt. Auch hier will ein Director, der Chef einer Bank, einen Beamten avanciren lassen, um sich dafür die Gunst der Gattin desselben zu erwirken; es ist jedoch nicht die Frau des Beamten, welche die Leidenschaft des Directors wachgerufen hat, sondern die Chansonnetten-Sängerin Vivanti, die ohne Wissen des protegirten Ehemannes die Rolle seiner Frau gespielt hat. Wäre das Libretto, das schon vor langer Zeit dem Componisten übergeben worden, nach der Aufführung des französischen Werkes entstanden, die Autoren wären gewiß nicht der Beschuldigung entgangen, ihren Vorwurf dem Bisson'schen Stücke entnommen zu haben."[30]

Hätte der (nicht namentlich genannte) Rezensent der „Neuen Freien Presse" gewusst, dass Victor Léon im Frühjahr 1894 in Paris gewesen war, um sich dort bei Verlagen nach neuen, für Übersetzungen ins Deutsche geeigneten Stücken umzusehen, dann hätte er die Sache vermutlich ein wenig anders beurteilt. Denn tatsächlich scheint Léon für seine „Chansonnette" einige Anleihen bei „Monsieur le directeur!" (oder einem Vorgängerstück dazu) genommen zu haben. Auf jeden Fall aber wurde „Die Chansonnette" im Theater an der Wien zu einem „entschiedenen Erfolg", an dem – so die „Neue Freie Presse" – „das Libretto das Hauptverdienst hat", denn „die Verwicklungen und der Dialog sind weit entfernt davon, den Fabriksstempel zu tragen, sondern zeigen von schriftstellerischem Streben" und „unterhalten das Publicum oft außerordentlich"[31]. Ähnlich positiv wie in der „Neuen Freien Presse" waren auch die Kritiken in anderen Wiener Zeitungen. Durchwegs gab es Lob für die Mitwirkenden, die Musik und auch für das „brillante"[32], „lustig und fix gemachte"[33] Libretto.

Wenn aber die „Wiener Zeitung" nach der Premiere der „Chansonnette" meinte: „Die Operette dürfte, nach dem heutigen Erfolge zu schließen, viele Wiederholungen erleben"[34], so irrte sie mit dieser Prognose. Nach der 25. En-suite-Aufführung, die am 12.3.1895 stattfand, wurde das Stück vom Spielplan des Theaters an der Wien genommen. Dass dies allerdings nicht an der mangelnden Wirkung des Werkes lag, belegt – neben den positiven Zeitungsberichten – auch die Tatsache, dass „Die Chan-

---

29 Die Komödie „Monsieur le directeur!" von Alexandre Bisson und Fabrice Carré wurde am 12.2.1895 im Pariser Théâtre du Vaudeville uraufgeführt.
30 Neue Freie Presse, 17.2.1895, S. 7.
31 Ebd.
32 Der Humorist, 20.2.1895, S. 2.
33 Neues Wiener Journal, 17.2.1895, S. 7.
34 Wiener Zeitung, 17.2.1895, S. 8.

sonnette" in der Folge an zahlreichen anderen Bühnen gezeigt wurde. So etwa erwies sich die Operette 1895/96 im Berliner Theater unter den Linden mit zahlreichen Vorstellungen „als besonders zugkräftig"[35].

Der Grund dafür, dass das Werk im Theater an der Wien relativ bald abgesetzt wurde, lag in der Programmplanung der Bühne. Denn „Die Chansonnette" war nur als kurzfristiges Überbrückungsstück gedacht gewesen, dessen wenig aufwendige, kostengünstige Produktion es erlaubte, alle Kräfte auf die nächste Uraufführung – es war jene der Operette „Die Karlsschülerin" (Musik Carl Weinberger, Libretto Hugo Wittmann) – zu konzentrieren.[36] Dass die Theaterdirektion auch gar nicht mit einem besonderen Erfolg des Stückes gerechnet hatte, beweist der ausführliche Premierenbericht in der Zeitschrift „Der Humorist", der folgendermaßen beginnt:

„Wie sich doch eine so tüchtige und geschäftskundige Bühnenleiterin, wie Frl. v. Schönerer nun einmal schon ist, irren kann! Acceptirt da ein Vaudeville ‚Die Chansonette' von den Herren Victor Léon und H. v. Waldberg, Musik von Rudolf Dellinger, um damit eine Lücke des Repertoirs [!] auszufüllen, und erlebt einen durchschlagenden Erfolg! Das ist doch ein Zufall, wie er diesem Theater just nicht oft passirt? Alles war schon in schönster Ordnung vorbereitet, um der ‚Chansonette' ein glänzendes Leichenbegängnis zu bereiten; die ältesten, schäbigsten Decorationen wurden zur ‚würdigen' Ausstattung dieser Novität hervorgeholt, in den Blättern wurde schon für die nächstfolgende Operettenneuheit Stimmung gemacht, das Publicum wurde in rücksichtsvoller, zartsinniger Weise auf einen regelrechten Durchfall vorbereitet und – siehe da, das Schicksal ist oft schon so grausam – die ‚Chansonette' gefiel ganz außerordentlich und errang eine überaus freundliche Aufnahme, wie sie heuer noch keiner einzigen Neuheit, weder der Kalbeck-Davis-Strauß'schen Jubel[37]-, noch der Bauer-Wittmann-Millöcker'schen Reclame-Operette[38] an dieser Bühne beschieden war, trotz der schäbigen Eleganz, mit der man das Léon-Waldberg-Dellinger'sche Vaudeville ausstattete, und trotz der Leichenbittermiene, welche die Direction vor der Erstaufführung desselben so verheißungsvoll zur Schau trug. Ist so etwas nicht ärgerlich für eine Directorin, die sich gerne mit der Gloriole der Tüchtigkeit, der Unfehlbarkeit und der Selbstherrlichkeit umgibt? – Ja, das Publicum ist eben manchmal schon so bos-

---

35 Volks-Zeitung, 27.8.1895, S. 3.
36 Die Uraufführung von „Die Karlsschülerin" fand am 21.3.1895 statt. Zwischen der letzten Aufführung der „Chansonnette" und der ersten der „Karlsschülerin" gab es ein Gastspiel der damals am Leipziger Stadttheater engagierten Sängerin Annie Dirkens, die in der Operette „Die Fledermaus" als Adele zu sehen war.
37 Bei der erwähnten „Kalbeck-Davis-Strauß'schen Jubel-Operette" handelt es sich um „Jabuka" von Johann Strauss (Libretto Gustav Davis und Max Kalbeck) Der Ausdruck „Jubel-Operette" bezieht sich auf die Tatsache, dass das Werk am 12.10.1894 im Rahmen einer Festvorstellung zum 50-Jahr-Jubiläum der Komponistentätigkeit von Johann Strauss uraufgeführt wurde.
38 Gemeint ist die Operette „Der Probekuss", zu der Carl Millöcker die Musik und Julius Bauer und Hugo Wittmann das Libretto geschrieben hatten. Die Uraufführung fand am 22.12.1894 im Theater an der Wien statt. Die Bezeichnung „Reclame-Operette" könnte sich darauf beziehen, dass diese auf einer Boccaccio-Erzählung basierende Verwechslungsgeschichte vor der Uraufführung in den Wiener Zeitungen intensiv beworben und als „Regeneration der Wiener Operette" angekündigt wurden, was „Der Humorist" als übertriebene Propaganda kritisierte (Der Humorist, 1.1.1895, S. 2f.).

haft und findet an Stücken Gefallen, welche die Bühnenvorsehung eigentlich als Kanonenfutter bestimmt."[39]

Es entsprach der Blattlinie des „Humoristen", dass der Artikel über den unerwarteten Erfolg der „Chansonnette" etliche Seitenhiebe gegen die Direktorin des Theaters an der Wien, Alexandrine von Schönerer, enthielt. Denn die Zeitschrift war generell kritisch gegenüber Schönerer, die sich, wie es etwa im Bericht über die Uraufführung der Millöcker-Operette „Der Probekuss" hieß, „nur auf ‚bewährte' Autoren capricirt", die „das Gefallen der Tagespresse finden", „statt sich zu bemühen, neue und junge Talente zu entdecken und zu fördern"[40]. Diese negative Haltung gegenüber Schönerer war sicher auch ein Grund dafür, dass „Die Chansonnette" in der Zeitschrift besondere Beachtung fand. Denn das Librettistenduo Léon und Waldberg gehörte nicht zu den von Schönerer favorisierten „bewährten" Autoren – und hatte somit in diesem Fall die Sympathie des „Humoristen", dessen Herausgeber Isidor Siegmund Kohn den Beitrag über „Die Chansonnette" verfasst hatte.

Vor allem gegenüber Victor Léon scheint Alexandrine von Schönerer eine sehr distanzierte Haltung eingenommen zu haben. Dies dokumentiert ein Brief[41], den Léon am 2.12.1891 an Schönerer schrieb. Léon arbeitete damals an einem Operettenlibretto mit dem Titel „Der Woywode"[42], zu dem er Termin- und Besetzungsvorschläge an Schönerer schickte. Sein Schreiben an das „hochverehrte, gnädige Fräulein" leitete er mit der Bemerkung ein: „In der Angelegenheit, welche ich mir die Freiheit nahm, Ihnen hier vorzutragen, würde ich mir erlaubt haben, bei Ihnen vorzusprechen. Bei dem Vorurtheil jedoch, das Sie gegen mich zu haben scheinen – wüßte ich doch nur warum? – hätte ich riskirt, daß Sie mir die Ehre des Empfanges verweigern. Und das wollte ich nicht riskiren!"

Aus dem Brief geht auch hervor, dass Alexandrine von Schönerer verlangt hatte, dass Léon bei einer eventuellen Produktion des „Woywoden" im Theater an der Wien nicht als Autor genannt werden dürfe. Diese Forderung resultierte offenbar aus Schönerers Ansicht, dass Léon keine guten Kontakte zu den Zeitungen habe und daher eine Produktion, die seinen Namen trage, schlechte Presseresonanz hervorrufen würde (was Isidor Siegmund Kohns Kritik, Schönerer lege vor allem Wert auf „das Gefallen der Tagespresse", bestätigt). Victor Léon akzeptierte zwar in diesem Fall die Forderung nach Anonymität, hielt sie aber für „überflüssig, ja nachtheilig" und vermerkte in seinem Brief an Schönerer: „Ich will es bei dieser Gelegenheit nicht unterlassen, auf den Irrtum hinzuweisen, als ob ich mit den Journalisten schlecht stünde. Es ist gerade das Gegentheil der Fall. Ich stehe mit allen ohne Ausnahme sehr gut und gerade mit den hervorragenderen auf freundschaftlichem, ja intimen Fuße."

Allerdings war Alexandrine von Schönerers Meinung, dass Léon mit seinen Arbeiten in Pressekreisen kein besonders hohes Prestige habe, durchaus nicht unbegründet. Vor allem während seiner Zusammenarbeit mit Heinrich von Waldberg war Léon oftmals recht harschen Attacken in den Zeitungen ausgesetzt. So etwa schrieb die „Wiener Sonn- und Montags-Zeitung" anlässlich der Wiener Premiere des Lust-

---

39 Der Humorist, 20.2.1895, S. 2.
40 Der Humorist, 1.1.1895, S. 2.
41 Léon-Nachlass 26/2.1.3.10.
42 Eine Aufführung des „Woywoden" ist nicht nachweisbar.

spiels „Man sagt", dass León und Waldberg „mitunter wohl daran gethan hätten, das Wesen der Arbeitstheilung in Folgendem zu erblicken: Einer streicht, was der Andere geschrieben"[43].

Bald etablierte sich für das produktive Duo Léon-Waldberg in den Zeitungen auch eine spezielle Etikettierung: Es waren die Bezeichnungen „Firma" und „Fabrik", die immer wieder für die Beschreibung der Zusammenarbeit der beiden Librettisten verwendet wurden – oft in Verbindung mit weiteren Begriffen aus den Bereichen Industrie und Handel. So etwa bezeichnete die „Wiener Sonn- und Montags-Zeitung" die Operette „Die Chansonnette" in ihrem (an sich sehr positiven) Premierenbericht als „Vaudeville von Victor Leon und H. Waldberg – einer Firma, die Bühnenstücke jeder Façon und Qualität liefert"[44]; und das „Neue Wiener Journal" schrieb, ebenfalls anlässlich der „Chansonnette"-Premiere: „Das Textbuch stammt aus dem bekannten Fabriksetablissement mit Dampfbetrieb, für Schwankconserven und Librettipräparate, der Herren Leon und Waldberg"[45]. Der Schriftsteller und Kritiker Hermann Bahr meinte in seiner sehr lobenden Besprechung der „Chansonnette", dass Victor Léon von einem „Kleinliteraturtreibenden" zu einem „Großindustriellen der Bühne" geworden sei, der gemeinsam mit seinem „Compagnon" Waldberg „glänzende Geschäfte macht"[46]; und Isidor Siegmund Kohn schrieb nach der Uraufführung des Schwanks „Brüderlein fein":

„Eine der fleißigsten Schriftsteller-Compagniefirmen ist die der Herren Léon und Waldberg. Sie haben sich durchaus kein bestimmtes Ziel gesetzt, ihr Ehrgeiz geht nicht dahin, den besten Lustspieldichtern der Jetztzeit den Rang abzulaufen, oder Schwänke zu schreiben, welche die berühmtesten Franzosen überbieten können. Nein, Léon und Waldberg arbeiten in jedem Genre, heute einen Schwank, morgen ein Libretto, dann dieses, später jenes, und im Allgemeinen haben die Herren Glück, sie ernten viel Beifall, streichen ganz artige Tantièmen ein"[47].

Als am 28.1.1899 im Theater an der Wien die Operette „Ihre Excellenz" uraufgeführt wurde, schrieb das „Neue Wiener Journal", dass nun auch Richard Heuberger, der die Musik komponiert hatte, „in die Firma getreten" sei[48]. Als dominante Persönlichkeit des Unternehmens galt Victor Léon, der in der Zeit der Zusammenarbeit mit Heinrich von Waldberg auch noch andere Stücke (teilweise allein, teilweise gemeinsam mit anderen Autoren) verfasste, während Waldberg es damals ausschließlich bei der Kooperation mit Léon beließ. Im „Humoristen" konzentrierte sich daher Isidor Siegmund Kohn bei seinem Bericht über die Uraufführung von „Ihre Excellenz" auch ganz auf Léon und leitete den umfangreichen Beitrag folgendermaßen ein:

„Herr Victor Léon betreibt die Bühnenschriftstellerei sehr gewerbsmäßig und ist heute in der Erzeugung von Operettentexten, Possen und Volksstücken wohl schon zu den Großindustriellen zu zählen. Er appretirt alte Lustspiele, wendet die abgetragensten Stoffe, daß sie ‚fast wie

---

43 Wiener Sonn- und Montags-Zeitung, 1.10.1894, S. 3.
44 Wiener Sonn- und Montags-Zeitung, 18.2.1895, S. 3.
45 Neues Wiener Journal, 17.2.1895, S. 7.
46 Die Zeit, 23.2.1895, S. 125.
47 Der Humorist, 20.2.1899, S. 2
48 Neues Wiener Journal, 29.1.1899, S. 8.

neu' aussehen, er krempelt Novellen und Erzählungen, mit mehr oder weniger Geschick, zu Bühnenvorgängen um, kurz, er scheint eine ‚Fabrik mit Dampfbetrieb zur Herstellung von Theaterstücken' etablirt zu haben. Seine Devise lautet offenbar: ‚Die Masse muß es bringen', denn im bisherigen Verlaufe dieser Saison wurden hier nicht weniger als drei neue Stücke[49] aufgeführt, die theils von ihm allein, theils in Compagnie mit einem zweiten Schriftsteller verfaßt wurden, und noch im Laufe dieses Monats wird ein viertes Werk[50], an dessen Erzeugung Herr Léon gleichfalls betheiligt ist, das Rampenlicht erblicken. Bei solcher Art von Bühnendichterei noch eine gediegene Arbeit zu verlangen, wäre ebenso ungerecht, als unbillig. Er liefert dem Componisten die Worte zur Vertonung ‚nach Gewicht in plombirten Säcken' in's Haus, ändert einige Dialogstellen, indem er ein paar actuelle Witze, die gerade nicht immer geschmackvoll sein müssen, hineinstreut und – der Tantièmenbringer ist fertig!"[51]

Kohns Formulierung „Fabrik mit Dampfbetrieb", die in Bezug auf Victor Léon auch von anderen Kritikern verwendet wurde, war im Fabrikwesen des späten 19. Jahrhunderts sehr geläufig. Der Dampfbetrieb, das heißt der Einsatz von Dampfmaschinen, war eine der modernen Technologien jener Zeit. Unternehmen der unterschiedlichsten Branchen trugen in ihrem Firmennamen daher diesen Zusatz und benutzten ihn auch in ihrer Werbung. „Fabrik mit Dampfbetrieb" verwies auf Schnelligkeit, Effektivität und vor allem auch auf Zeitgemäßheit. Übertragen auf die Tätigkeit von Victor Léon war „Dampfbetrieb" einerseits das Gegenbild zu jenem langsamen Schöpfungsakt, der gemeinhin mit künstlerischer Arbeit assoziiert wurde, andererseits wurde Léon damit in ironischer Weise als typischer Repräsentant des modernen Industriezeitalters charakterisiert.

Die retrospektiv „prominenteste" Erwähnung fand Victor Léon in der „Demolirten Litteratur" von Karl Kraus. Der Text, der die erste größere Satire von Kraus war und von November 1896 bis Jänner 1897 in vier Teilen in der Zeitschrift „Wiener Rundschau" erschien, wandte sich in schärfster polemischer Weise gegen die Schriftsteller des sogenannten „Jung-Wien". Die Autorengruppe, für die vor allem die Abkehr vom Naturalismus und ein betonter Ästhetizismus typisch waren, hatte ihren Treffpunkt im Wiener Café Griensteidl. Dieses wählte Kraus daher als Schauplatz für seine Attacken, die sich vor allem gegen Hermann Bahr, als die zentrale Persönlichkeit der Gruppe, sowie unter anderen gegen Richard Beer-Hofmann, Felix Dörmann, Hugo von Hofmannsthal, Felix Salten, Arthur Schnitzler – und eben auch gegen Victor Léon richteten. Über Léon schrieb Kraus:

„Endlich einmal ein wirklich Nervöser! Das tut förmlich wohl in dieser Umgebung des posierten Morphinismus. Es ist kein Künstler, nur ein schlichter Librettist, der hier den anderen mit gutem Beispiel vorangeht. Abgehetzt, von den Aufregungen der Theaterproben durch und

---

49 Jene beiden Stücke, die in der Saison 1898/99 vor „Ihre Excellenz" aufgeführt wurden, waren das „Zeitbild" „Eine gute Partie", das Léon gemeinsam mit Paul von Schönthan verfasst hatte und das am 5.11.1898 im Wiener Carl-Theater uraufgeführt wurde, und die Operette „Katze und Maus", die mit dem Libretto von Léon und Ferdinand Groß und der Musik von Johann Strauss jun. am 23.12.1898 im Theater an der Wien erstmals gezeigt wurde.
50 Bei dem „vierten Werk" handelte es sich um den Schwank „Brüderlein fein" von Léon und Waldberg, der am 18.2.1899 im Raimund-Theater Premiere hatte.
51 Der Humorist, 1.2.1899, S. 2.

durch geschüttelt, nimmt er geschäftig Platz: Kellner, rasch alle Witzblätter! Ich bin nicht zu meinem Vergnügen da! Während seine modernen Tischgenossen in das geistige Leben Wandel zu bringen bemüht sind, sehen wir ihn dem Handel Eingang in die Literatur verschaffen. Seine Beziehungen zur Bühne sind die eines produktiven Theateragenten, und er entwickelt eine fabelhafte Fruchtbarkeit, die sich auf die meisten Bühnen Wiens erstreckt. Nach jeder einzelnen seiner Operetten glaubt man, jetzt endlich müsse er sich ausgegeben haben. Doch ein Antäus der Unbegabung, empfängt er aus seinen Mißerfolgen immer neue Kräfte. Er erscheint fast nie allein auf dem Theaterzettel, und pikant müßte es sein, die beiden Kompagnons an der Arbeit zu sehen. Hier ergänzen sich die Individualitäten wohl so, daß, was dem einen an Humor fehlt, der andere durch Mangel an Erfindung wettmacht. Der andere ist talentlos aus Passion, der eine muß davon leben. Doch scheint das Geschäft seinen Mann zu nähren. Heute gehört ihm eine Villa, am Attersee herrlich gelegen – mit Aussicht auf den Waldberg."[52]

Zwar ist die Polemik von Karl Kraus von durchaus rüder Heftigkeit, bei der Charakterisierung des Schaffens von Victor Léon greift sie jedoch im Wesentlichen jene Aspekte auf, die auch in den bereits erwähnten zeitgenössischen Artikeln zu finden sind. Auch Kraus thematisiert Léons – für die Zeitgenossen offenbar außergewöhnliche – Produktivität, seine starke Präsenz in der Wiener Theaterszene und den kommerziellen Erfolg seiner Stücke. Mit dem Satz: „Der andere ist talentlos aus Passion, der eine muß davon leben" verweist Kraus auf die Tatsache, dass Léons Koautor Heinrich von Waldberg vermögend war und für ihn, im Gegensatz zu Léon, die Schriftstellerei nicht als „Brotberuf" dienen musste. Die von Kraus erwähnte „Villa, am Attersee herrlich gelegen" befindet sich in Unterach am Attersee (heutige Adresse: Hugo Wolf Weg 15), wo Léon 1894 ein Grundstück gekauft hatte und eine Villa errichten ließ.

Der Text von Karl Kraus und die anderen Erwähnungen in zeitgenössischen Publikationen dokumentieren, dass sich Victor Léon im Laufe der 1890er Jahre zu einer der zentralen Persönlichkeiten im Wiener Theaterleben entwickelt hatte. Seine gute Kenntnis der internationalen und vor allem der französischen Literatur, seine Fähigkeit, fremdsprachige Texte zu übersetzen und in eine für die deutschsprachigen und vor allem für die Wiener Verhältnisse passende Bühnenform zu bringen, seine hohe Arbeitsbelastbarkeit sowie sein Wissen um aktuelle Trends und Moden – all das machte ihn zu einem der erfolgreichsten Repräsentanten jener populärkulturellen Theaterformen, die ganz wesentlich auf breite Publikumsresonanz und kommerziellen Erfolg ausgerichtet waren.

Ein immer wiederkehrendes Thema in den Besprechungen der Stücke von Victor Léon und Heinrich von Waldberg war der Einsatz humoristischer Elemente, vor allem die häufige Verwendung von Wortwitzen. So etwa berichtete „Der Humorist" über die Uraufführung des Lustspiels „Man sagt", dass sich das Publikum über die „zahllosen Witzworte und Wortwitze prächtig amusirte"[53]. Léon und Waldberg standen damit in der – gerade in Wien stark ausgeprägten – Tradition des jüdischen Humors, bei dem die sprachliche Komponente von wesentlicher Bedeutung ist. Die in dieser Form zum Ausdruck kommende verbale Kreativität resultierte sehr wesentlich

---

52 Karl Kraus, Karl: Die demolirte Litteratur. In: Kraus: Frühe Schriften 1892-1900. Hrsg.: Joh. J. Braakenburg. München 1979. Bd. 2, S. 293.
53 Der Humorist, 1.10.1894, S. 2.

aus der weitverbreiteten Mehrsprachigkeit der jüdischen Bevölkerung der Habsburgermonarchie. Victor Léon etwa hatte während seiner Schulzeit Unterricht in französischer, englischer, lateinischer und hebräischer Sprache erhalten, er selbst erwähnte, dass ihm „auch das Italienische und Spanische [...] durchaus nicht fremd"[54] seien, und es ist anzunehmen, dass ihm, als Rabbinersohn mit ostjüdischem Hintergrund, auch das Jiddische geläufig war. Für Heinrich von Waldberg ist eine ähnliche Mehrsprachigkeit anzunehmen, und vermutlich beherrschte er, aufgewachsen in Iași, auch das Rumänische. Neben der Mehrsprachigkeit begünstigten auch die schriftlichen Formen des Hebräischen und Jiddischen die Neigung zum Wortwitz. Marcus G. Patka schreibt dazu in seinem Buch „Wege des Lachens": „Im Hebräischen werden wie im Jiddischen nur die Konsonanten geschrieben und die Vokale selbständig ergänzt. Dies ermöglicht einen großen Reichtum an Wortwitz, wenn durch einen ‚falschen' Vokal eine völlig neue Bedeutung entsteht. Diese Tradition geht noch auf den Talmud zurück, der zudem keine Interpunktion hat, wodurch er mehr interpretiert als rezitiert werden musste."[55]

Beim Lob über die vielen „Witzworte und Wortwitze", die Victor Léon und Heinrich Waldberg in ihre Stücke einzubringen verstanden, gab es aber auch immer wieder gewisse Vorbehalte. So etwa meinte das „Neue Wiener Journal" im Premierenbericht über „Die Chansonnette", dass das Libretto „lustig und fix gemacht"[56] sei und „Drolerien die schwere Menge" enthalte, schränkte aber ein: „Der Erfolg wäre dem Buche sicher gewesen auch ohne die kleinen Cochonerien [!]." Auf „kleine Schweinereien" und zweideutige Anspielungen in den Texten von Victor Léon und Heinrich von Waldberg wurde in den Kritiken immer wieder hingewiesen. So fand auch „Der Humorist" in der „Chansonnette" entsprechende Passagen: „Diese sind manchmal von einer Zweideutigkeit, stellenweise sogar von einer ‚Eindeutigkeit', daß man sie nicht immer als ‚zimmerrein' bezeichnen kann. Aber lustig ist die Geschichte und das Publicum muß oft und viel lachen."[57]

Ähnliche Reaktionen rief auch jenes Stück von Léon und Waldberg hervor, das ein paar Monate nach der Premiere der „Chansonnette", am 21.9.1895, im Wiener Theater in der Josefstadt zur Saisoneröffnung auf dem Programm stand. Es war das Vaudeville „Die Doppelhochzeit", das auf „einer Idee des Labiche"[58] basierte und zu dem Josef Hellmesberger jun. die Musik komponiert hatte. Das Stück handelt davon, dass ein junges Mädchen auf Wunsch ihrer Familie einen alten, wohlhabenden Mann heiraten soll, während der junge Mann, in den sie verliebt ist, ein armer Musiker, von einer reichen Witwe, der er Geld schuldet, zur Heirat gezwungen wird. Die beiden Trauungen finden gleichzeitig in einem Bukarester Standesamt statt. Dort vertauscht der Beamte aus Versehen in den Dokumenten die Namen der Bräute und bringt so – ohne dies zu bemerken – offiziell die „richtigen" Paare zusammen. Noch bevor der Irrtum entdeckt (und zum Auslöser für das Happy End) wird, verbringen die alters-

---

54 Victor Léon: Brief an Unbekannt. 19.2.1889. Wienbibliothek H.I.N. 158.097.
55 Patka, Marcus G.: Wege des Lachens. Jüdischer Witz und Humor aus Wien. Weitra 2010. S. 59.
56 Neues Wiener Journal, 17.2.1895, S. 7.
57 Der Humorist, 20.2.1895, S. 2.
58 So vermerkt auf den Ankündigungen des Stückes in den Theaterprogrammen der Zeitungen. Ein Labiche-Stücktitel wurde allerdings nicht angegeben.

mäßig zueinander passenden Paare aufgrund weiterer Irrtümer und Verwechslungen miteinander die Nacht.

„Die Doppelhochzeit" fand, wie die „Wiener Sonn- und Montagszeitung" berichtete, „von Seiten des zahlreich anwesenden eleganten Publicums die freundlichste Aufnahme"[59]. Das „Neue Wiener Journal" hob besonders die „gut geführte Handlung" hervor, die „große Heiterkeit" auslöste, meinte allerdings nach einer sehr kurz und allgemein gefassten Inhaltsangabe: „Wir schämen uns, die weiteren Vorgänge zu erzählen. Intimitäten der Brautnacht und brillante Witze! Sie hätten aber theilweise hinter der Courtine erzählt werden sollen. Man zieht seine Gedanken nicht bei offener Scene splitternackt aus."[60]

Von der erfolgreichen Uraufführung berichtete auch „Der Humorist", den „die Geschicklichkeit" erstaunte,

„mit der die Librettisten eine an sich ganz einfache Idee: die Vertauschung zweier zueinander nicht passender Brautpaare, zu verwickeln und in kurzweiliger Weise zu einem Dreiacter auszuspinnen verstehen. Die Herren Léon und Waldberg sind eben ganz tüchtige Bühnenroutiniers, die mit den Theaterpraktiken sehr wohl vertraut sind. Droht ihnen einmal der Faden auszugehen, gleich sind sie mit einem Scherz, einem Wortwitz und – wenn's nicht anders geht – auch mit einem Zötlein bei der Hand, um die Situation zu retten."[61]

Bei den „Zötlein" und den anderen „Cochonnerien", die von den Rezensenten in den Werken von Léon und Waldberg entdeckt wurden, handelte es sich jedoch durchaus nicht um explizit obszöne Formulierungen. Als Witze funktionierten sie so, wie es Sigmund Freud in seiner 1905 publizierten Studie „Der Witz und seine Beziehung zum Unbewussten" beschrieben hat:

„Das technische Mittel, dessen sie [die Zote] sich zumeist bedient, ist die Anspielung, d.h. die Ersetzung durch ein Kleines, ein im entfernten Zusammenhang Befindliches, welches der Hörer in seinem Vorstellen zur vollen und direkten Obszönität rekonstruiert. Je größer das Mißverhältnis zwischen dem in der Zote direkt Gegebenen und dem von ihr im Hörer mit Notwendigkeit Angeregten ist, desto feiner wird der Witz, desto höher darf er sich dann auch in die gute Gesellschaft hinauf wagen."[62]

Das Verfahren der verdeckten Anspielungen, deren Doppeldeutigkeit sich erst in der gesprochenen Umsetzung auf der Bühne – meist verbunden mit entsprechender Mimik und Gestik – offenbarte, führte dazu, dass die Texte von Léon und Waldberg meist ohne allzu viele Beanstandungen von der Zensurbehörde genehmigt wurden. Aus jenen Streichungen aber, die von den Zensoren dennoch vorgenommen wurden, lässt sich gut erkennen, wie die „Zötlein" und „Cochonnerien" beschaffen waren, da ja die beanstandeten Stellen die extremste, nicht mehr offiziell akzeptable Form dieser Witze darstellten. So etwa setzte der Zensor einige Striche in jener Scene der

---

59 Wiener Sonn- und Montags-Zeitung, 23.9.1895, S. 5.
60 Neues Wiener Journal, 22.9.1895, S. 6.
61 Der Humorist, 1.10.1895, S. 2.
62 Freud, Sigmund: Der Witz und seine Beziehung zum Unbewussten. Leipzig 1905. S. 82f.

"Doppelhochzeit", in der Aristizza, die jüngere Braut, den beiden Bräutigamen davon erzählt, dass sie einmal einen Schönheitswettbewerb gewonnen habe:

„Aristizza: Das ging gar nicht so glatt, wie man glaubt – Zur Concurrenz zugelassen waren nur junge, unbescholtene Mädchen von 20-40 Jahren, die noch keinen Preis errungen hatten. Wir Alle entsprachen. Nur der Tochter des Bürgermeisters wurde aus Protection eine Bedingung nachgesehen –
Hiller: Ah, die hatte schon einen Preis bekommen?
Aristizza: ~~(verschämt) Das nicht, aber ein Kind.~~
Lazaridi: ~~Wie man nur so was thun kann!~~
Aristizza: Drei alte, sehr erfahrene Männer, die angesehensten des Ortes bildeten das Preisrichtercollegium. Jeder hatte sein Ressort!
Hiller: Wie ein Ministerium! Der eine für Äußeres, der zweite für ~~Inneres~~, nur der dritte wahrscheinlich ohne Portefeuille.
Aristizza: Erst kam der sogenannte Wuchspreisrichter. Er nahm ein Metermaß, maß mich von unten bis oben, nickte zufrieden und sagte: Das Mädchen hat 18 Faust!
Hiller: Gretchen hatte nur einen!
Aristizza: Darauf verlangte er, daß ich ihm die Zunge zeige. Jung, sagte er, sehr jung!
Lazaridi: Das muß ein Pferdehändler gewesen sein!
Aristizza: Das war er auch. Dann kam der Andere! Er war schrecklich mißtrauisch ~~und wollte Alles auf die Echtheit prüfen!~~ ... – Ich gab ihm eins auf die Hand und sagte: Man bittet ~~die ausgestellten Gegenstände nicht zu berühren.~~"[63]

Der Hinweis auf das uneheliche Kind der Bürgermeisterstochter war zu jener Zeit der rigiden öffentlichen Sexualmoral also für den Zensor ebenso wenig tolerierbar wie die durchaus eindeutige Anspielung auf die Zudringlichkeiten des zweiten Preisrichters. Doppeldeutig, aber für den Zensor akzeptabel hingegen war die Textstelle: „Das Mädchen hat 18 Faust" – „Gretchen hatte nur einen!". Der Begriff „Faust" bezieht sich hier zum einen auf ein in Österreich-Ungarn verwendetes Längenmaß, andererseits auf die Figur des Faust aus Goethes gleichnamigem Drama. Die Feststellung, dass Gretchen – im Gegensatz zu Aristizza – nur einen Faust hatte, bringt somit eine erotische Komponente ein, während die Angabe von Aristizzas Körpergröße in Faust wohl schon deshalb für Gelächter sorgte, weil Faust ausschließlich zur Messung der Höhe von Pferden verwendet wurde.

Rund ein Jahr nach der „Doppelhochzeit", am 12.10.1896, kam im Theater in der Josefstadt das nächste Gemeinschaftswerk von Victor Léon und Heinrich von Waldberg heraus: Es war das Vaudeville „Toledad", das ähnliche Pressereaktionen wie „Die Doppelhochzeit" hervorrief. So etwa schrieb die „Neue Freie Presse": „Den Lacherfolg, den es errang, verdankt das Stück zum großen Theile den heiteren, freilich häufig mehr als equivoquen Scenen, die mitunter selbst das in derlei französischen Schwänken gewohnte, weitgehende Maß von Ungenirtheit überbieten."[64] Die „Wiener Sonn- und Montags-Zeitung" leitete ihren Premierenbericht mit der Feststellung ein:

---

63 NÖ Landesarchiv, NÖ Reg. Präs Theater TB K 387/11, S. 43ff.
64 Neue Freie Presse, 13.10.1896, S. 7.

„Wir sahen an dieser Bühne ‚Tata-Toto'[65], ‚Die Schäfchen'[66] und ‚Parfum'[67] und dachten nach jeder dieser Nuditäten, sie könne an Frivolität nicht übertroffen werden, wurden aber stets eines Besseren oder eigentlich eines Schlechteren belehrt. Die jüngste Novität, das Vaudeville ‚Toledad' von Fabrice Carré, deutsch von Leon und Waldberg, ist wohl schon das ‚Höchste' in diesem Genre, d.h. bis wieder etwas noch ‚Höheres' kommt."[68]

„Toledad" basierte auf der französischen Operette „L'Enlèvement de la Toledad" von Fabrice Carré, zu der Edmond Audran die Musik komponiert hatte und die am 17.10.1894 im Pariser Théâtre des Bouffes-Parisiens uraufgeführt worden war. Die Titelheldin Toledad ist eine Chansonnette, die als unnahbar gilt. Dies veranlasst den Pariser Lebemann Gaston dazu, mit einem Freund zu wetten, dass er Toledad verführen werde. Toledads Tante, die davon erfährt und ihre Nichte schützen will, überredet ihren eigenen Verlobten Antonio, sich zum Schein als Toledads Verlobten auszugeben. Antonio nimmt die Beschützerrolle so ernst, dass er Toledad lästig wird und diese sich, um Antonio zu entkommen, von Gaston nach Monte Carlo entführen lässt. Allerdings ist sie seiner, noch bevor er versuchen kann, sie zu verführen, überdrüssig und lässt sich von Antonio, der den beiden nachgereist ist, wieder nach Paris zurückbringen. Dort findet eine allgemeine Versöhnung statt, Toledad heiratet Antonio, ihre Tante einen Theaterdirektor – und Gaston gewinnt seine Wette, da er von Toledad die schriftliche Bestätigung erhält, dass er der „beste Galan" von Paris sei.

Die Premiere von „Toledad" im Theater in der Josefstadt war sehr erfolgreich, das Stück „wurde von dem vollbesetzten Hause mit reichem Beifalle aufgenommen"[69] und in der Folge 36 Mal en suite aufgeführt. Ebenso wie „Die Doppelhochzeit" wurde auch „Toledad" von der Zensurbehörde ohne allzu viele Streichungen genehmigt. Neben der (stets im Zensurakt enthaltenen) Inhaltsangabe schrieb der Zensor auch eine Beurteilung, die länger war als sonst meist üblich und grundsätzliche Überlegungen zum Charakter der aus dem französischen Repertoire übernommenen Stücke enthält:

„Das vorliegende Bühnenwerk zählt zu jenen, [!] der französischen Bühnenliteratur eigenthümlichen Stücken, welche auf einem unsittlichen Motiv aufgebaut, keinen sittlichen Endzweck zu dienen vermögen und in denen mit den Grundsätzen der Moral ein loses Spiel getrieben wird. Allerdings zeichnen sich die fraglichen Erzeugnisse andererseits dadurch aus, dass selbst den bedenklichen Momenten der Firniss des Salons nicht fehlt, und das Publikum pflegt denn auch

---

65 Das Vaudeville „Tata-Toto" von Paul Bilhaud und Albert Barré (Musik Antoine Banès), übersetzt von Victor Léon und F. Zell, stand ab 28.9.1994 auf dem Spielplan des Theaters in der Josefstadt.
66 Gemeint ist das erfolgreiche Vaudeville „Die kleinen Schäfchen" von Armand Liorat (Musik Louis Varney), das in der deutschen Bearbeitung von Heinrich Bolten-Baeckers ab 22.11.1895 im Theater in der Josefstadt zu sehen war.
67 Gemeint ist die Komödie „Le parfum" von Ernest Blum und Raoul Toché, die in der Josefstadt ab 6.3.1896 gezeigt wurde. Allerdings trug die Wiener Fassung des Erfolgsstückes, die von Ludwig Fischl und Alexander Landesberg stammte, den Titel „Im Pavillon".
68 Wiener Sonn- und Montags-Zeitung, 19.10.1896, S. 3.
69 Aufführungsbericht im Zensurakt, NÖ Landesarchiv, NÖ Reg. Präs Theater TB K 388/14.

der Mehrheit nach, trotz conventioneller Klagen über die Unmoral französischer Stücke, sich an der Vorführung derselben zu belustigen."[70]

Der vom Zensor erwähnte „Firniss des Salons" entspricht der von Sigmund Freud beschriebenen Technik der feinen Anspielung, durch die sich der Witz „auch in die gute Gesellschaft hinauf wagen"[71] darf. Vor allem aber formulierte der Zensor auch klar jenen Widerspruch, der im späten 19. und frühen 20. Jahrhundert nicht nur auf dem Theater, sondern in vielen Bereichen vor allem des bürgerlichen Lebens zutage trat. Rigiden öffentlichen Moralpostulaten stand oft eine völlig anders geartete private Praxis gegenüber. Dies führte zu jener öffentlichen Doppelmoral, die in der Literatur, etwa von Arthur Schnitzler, vielfach thematisiert wurde.

Wenn jene Art von Stücken, wie sie Victor Léon, Heinrich von Waldberg (und auch viele andere Autoren jener Zeit) schrieben, als unmoralisch bewertet wurden, so lag dies zum einen daran, dass in diesen Werken vor allem solche Themen aus dem Bereich der Geschlechterbeziehungen aufgegriffen wurden, die tabuisiert oder zumindest stark reglementiert waren. Bezeichnend ist die Kritik der „Wiener Sonn- und Montagszeitung" an jener Szene aus der Operette „Die Chansonnette", in der die Titelheldin sowohl vom Bankdirektor als auch von dessen Sohn heftig – und, wie angedeutet wird, durchaus mit Erfolg – umworben wird. Die „Sonn- und Montagszeitung" meinte dazu: „Die Moral wäre an der Tagesordnung gewesen, wenn die Verfasser an Stelle von Vater und Sohn, [...] die sich eine Chansonnettensängerin streitig machen, etwa Onkel und Neffe gesetzt hätten, was den ‚dramatischen Conflict', so davon in einer Operette überhaupt die Rede sein darf, um nichts geschwächt hätte."[72]

Zum anderen aber lag das vermeintlich Unmoralische vor allem in der Umsetzung der Stücke auf der Bühne. Die im Text enthaltenen Doppeldeutigkeiten und „equivoquen" Anspielungen enthielten dabei durch entsprechende Betonung, durch Mimik und Gesten oft eindeutigen Charakter. Daher notierte der Zensor im Zensurakt zu „Toledad" auch, dass „bezüglich der auf Seite 35 bezeichneten Stelle (‚heben Sie das Röckchen') zu bemerken [wäre], dass bei den eventuellen einschlägigen Gesten der öffentliche Anstand nicht verletzt werden darf."[73]

Die bezeichnete Stelle ist Teil eines Terzetts, in dem der Theaterdirektor Poulet zwei jungen Mädchen, die vorsingen wollen, um engagiert zu werden, erklärt, worauf es ihm besonders ankomme:

„Poulet: Sie müssen lernen ohne Frage / Vor allem erst den richt'gen Gang. (Spricht) Na, machen Sie ein paar Schritte so! Jetzt werfen Sie eine Kußhand – brav, brav! Und jetzt heben Sie das Röckchen, ein bißchen mehr, noch ein bißchen! Ausgezeichnet.
Alle drei: Zierlich trippeln und dann ein Knix / Macht die Stimme auch einen Gix / Hat man nur gewisse Sachen, / Kann man den Erfolg schon machen! / Kleines Füßchen und klein der Mund / Voll die Büste, die Arme rund, / Hat man solche schöne Sachen / Läßt sich der Erfolg leicht machen.

---

70 NÖ Landesarchiv, NÖ Reg. Präs Theater TB K 388/14.
71 Freud: Der Witz und seine Beziehung zum Unbewussten. S. 83.
72 Wiener Sonn- und Montagszeitung, 18.2.1895, S. 3.
73 NÖ Landesarchiv, NÖ Reg. Präs Theater TB K 388/014.

Melié: Sie machen wirklich mir Courage, / Mir that schon der Gedanke weh, / Um zu kriegen hier eine Gage, / da müßt man haben s' hohe C.
Poulet: Wenn die Stimme schlecht auch oft klinget, / Man applaudirt doch immer fest. / Wenn jene Dame, die was singet, / Per Zufall auch was sehen läßt!"[74]

Die Formulierung „auch was sehen läßt" wurde vom Zensor als unzulässig markiert, denn zu offensichtlich war die Möglichkeit einer entsprechenden Darstellung auf der Bühne. Hermann Bahr bezieht sich in seinem Bericht über die „Toledad"-Premiere auf ebendiese Terzett-Szene und schreibt: „Niemals ist der heutige Zustand unserer Theater lustiger verspottet worden: man denke sich jene Capitel aus Nana[75], aber nicht in dem verdrießlichen Ton des predigenden Pedanten, sondern wie ein heiterer Philosoph die Sitten seiner Welt gelassen hinnimmt."[76] Dass bei der von Bahr begeistert aufgenommenen Vorstellung („Ein brillantes Stück wird brillant gespielt") primär die Darstellung den Eindruck der Frivolität erzeugte, lässt sich an Bahrs Bemerkung über Gustav Maran erkennen, der die Rolle des Lebemannes Gaston spielte: „Glänzend ist Herr Maran; es ist bekannt, daß er aufgeregte Greise mit einer unbeschreiblichen Lüsternheit gibt, man kann nicht graziöser obscön sein".

Die starke Betonung von Gestik und Mimik als ein Spiel der Mehrdeutigkeit mit oft obszönem Charakter war nichts Neues, sondern vielmehr ein traditionelles Element des Wiener Volkstheaters, wie es unter anderem von Johann Nestroy gepflegt wurde. Ein Stück war in diesem Zusammenhang dann erfolgreich, wenn es problemlos die Zensur passieren konnte, vordergründig im Textlichen keinen Anstoß erregte und doch für die Umsetzung auf der Bühne reichlich Gelegenheit für vieldeutige Gesten, Gebärden und Betonungen lieferte. „Toledad" von Victor Léon und Heinrich von Waldberg war ein gelungenes Beispiel dafür. „Die mit allerlei Pikanterien gespickte, von den bewährten Schriftstellern Léon und Waldberg sehr wirksam aufgeputzte Pièce hatte einen starken Erfolg"[77], schrieben die „Wiener Bilder" über die Premiere, um dann, nach Lob für die schauspielerischen Leistungen und dem Hinweis „im Publicum sah man tout Vienne" zu schließen: „Uebrigens ist das Stück nicht so arg, als es gerne scheinen möchte."

So wie beim Stück „Toledad", das im französischen Original als „opérette", in den Premierenankündigungen der deutschsprachigen Fassung als „Vaudeville" und in den Berichten der Zeitungen sowohl als „Vaudeville" als auch als „Schwank" bezeichnet wurde, wechselten auch bei anderen Werken von Léon und Waldberg die Genrezuschreibungen. So etwa wurde „Die Chansonnette" im Zensurakt[78] und in der Druckausgabe der Lieder[79] „Operette" genannt, in den Aufführungsankündigungen

---

74 Léon, Victor – Heinrich von Waldberg: Bibi. Zensur-Textbuch, NÖ Landesarchiv, NÖ Reg. Präs Theater TB K 388/14, S. 35f. Das Stück wurde zunächst mit dem Titel „Bibi" der Zensur vorgelegt, kurz vor der Premiere erfolgte die Umbenennung in „Toledad".
75 Bahr bezieht sich auf Émile Zolas 1880 erschienenen Roman „Nana". Dieser beginnt damit, dass die Titelheldin als Varietésängerin vorgestellt wird, die zwar weder singen noch spielen kann, aber durch ihre stark erotische Ausstrahlung erfolgreich ist.
76 Die Zeit, 17.10.1896, S. 50.
77 Wiener Bilder, 18.10.1896, S. 10.
78 NÖ Landesarchiv, NÖ Reg. Präs Theater ZA 1895/443 K 33.
79 Léon, Victor – Heinrich von Waldberg: Die Chansonnette. Leipzig 1894.

hingegen „Vaudeville". „Die Doppelhochzeit" wiederum wurde sowohl im Zensurakt[80] als auch auf den Theaterzetteln als „Vaudeville" bezeichnet, hingegen gilt das Werk in der Literatur zum Komponisten Josef Hellmesberger jun. als Operette. Zu diesen unterschiedlichen Genrezuschreibungen (die auch bei Werken anderer Autoren jener Zeit zu finden sind) vermerkt Marion Linhardt:

„Obwohl die eindeutige Abgrenzung von Gattungen im Sinne einer Systematik mit den historischen Gegebenheiten also offensichtlich nicht vereinbar ist, hatten Gattungsbezeichnungen im Feld des Wiener Unterhaltungstheaters gleichwohl eine wichtige Funktion. Grenzziehungen zwischen verschiedenen Bereichen des Repertoires wurden durchaus getroffen, doch nicht aus einem ästhetisch-klassifizierenden Interesse heraus, sondern aus theaterpraktischen und kommerziellen Erwägungen. Gattungsbezeichnungen waren bedeutsam für die Konzessionen, denen die einzelnen Häuser unterstanden, bedeutsam unter Werbegesichtspunkten und bedeutsam im Hinblick auf die gesellschaftliche Anbindung der einzelnen Theater."[81]

„Kommerzielle Erwägungen" waren wohl auch der Grund dafür, dass Stücke wie „Toledad" von einer „opérette" zum „Vaudeville" wurden, da sich – so Marion Linhardt – „für die Wiener mit der Bezeichnung Vaudeville die Aussicht auf besondere Pikanterien"[82] verband.

---

80 NÖ Landesarchiv, NÖ Reg. Präs Theater ZA 1895/5838 K 33.
81 Linhardt, Marion: Residenzstadt und Metropole. Zu einer kulturellen Topographie des Wiener Unterhaltungstheaters (1858-1918). Tübingen 2006. S. 19.
82 Ebd., S. 91.

„Der Macher von der Josefstadt":
Victor Léon und Ignaz Wild

„Lieber Herr Leon! ‚Frau Lieutenant' (Brigitte) sah ich in Berlin, die Bearbeitung ist ganz gut, aber für uns nicht lustig genug, auch mehr Gesang müssen wir haben. Ich werde also Sie und Herrn Baron Waldberg doch bitten sich der Sache anzunehmen."[1] Victor Léon und Heinrich von Waldberg nahmen sich der Sache an, um die sie Ignaz Wild, damals Direktor des Theaters in der Josefstadt, am 28.1.1897 in einem Brief ersucht hatte. Sie bearbeiteten das Vaudeville „La dot de Brigitte"[2] von Paul Ferrier und Antony Mars, und der Komponist Rudolf Raimann ergänzte die Originalmusik von Gaston Serpette und Victor Roger um einige Stücke. Zunächst gaben Léon und Waldberg ihrer Werkfassung den Titel „Der Commis Voyageur", und erst kurz vor der Premiere wurde daraus „Frau Lieutenant".[3]

Der „Commis Voyageur", auf den sich der ursprüngliche Titel bezog, ist ein junger Leutnant, der Brigitte, die Tochter eines Landschullehrers, heiratet. Da der Schwiegervater aber alles Militärische hasst, gibt sich der Leutnant ihm und auch seiner Ehefrau gegenüber als Handlungsreisender aus. Längere Abwesenheiten, wenn er bei seiner Kompanie sein muss, erklärt er mit Geschäftsreisen. Seinem Oberst wiederum hat der Leutnant seine Verehelichung verheimlicht, weil er die bei einer Heirat geforderte Kaution nicht aufbringen konnte. Alles geht so lange gut, bis der Oberst, ein berüchtigter Schürzenjäger, während eines Manövers ausgerechnet im Haus des jungen Ehepaars einquartiert wird. Er stellt Brigitte nach, doch zum nächtlichen Rendezvous erscheint, ohne dass es der Oberst bemerkt, dessen eigene Frau, was zu einer Reihe von komischen Verwicklungen führt.

Die Premiere von „Frau Lieutenant" fand am 13.1.1900 statt. Damals war bereits Josef Jarno Direktor des Theaters in der Josefstadt. Er hatte kurz zuvor, im Oktober 1899, die Nachfolge von Ignaz Wild angetreten und einige Stücke übernommen, die Wild im Repertoire gehabt oder für dieses geplant hatte. „Frau Lieutenant" kam beim Publikum und auch bei der Kritik gut an. Der Grund dafür, dass das Stück dennoch

---

1   Ignaz Wild: Brief an Victor Léon, 28.1.1897. Léon-Nachlass 26/2.1.3.11.
2   „La dot de Brigitte" wurde am 6.5.1895 im Pariser Théâtre des Bouffes-Parisiens uraufgeführt. Bei der Berliner Fassung, die Wild nicht gefiel, handelte es sich um eine von Hermann Hirschel erstellte Übersetzung, die 1897 im Berliner Verlag Entsch in Buchform erschien.
3   NÖ Landesarchiv, NÖ Reg. Präs Theater ZA 1897/5752 K 35.

nur 14 Mal aufgeführt wurde, war, so meinte das „Neue Wiener Journal", dass es allzu erkennbar „aus dem Novitätenvorrath der früheren Direction"[4] stammte und Jarno ein eigenes Repertoire aufbauen wollte.

Im Rahmen von Victor Léons Biografie ist „Frau Lieutenant" vor allem wegen des eingangs zitierten Schreibens von Ignaz Wild interessant. Denn dieses dokumentiert, dass sich Victor Léon und Heinrich von Waldberg in den knapp zehn Jahren, die seit ihrer ersten gemeinsamen Arbeit vergangen waren, als gefragte Textbearbeiter etabliert hatten. Nicht sie boten den Theaterdirektionen Stücke an, sondern die Werke wurden ihnen zur Bearbeitung angetragen. Léon und Waldberg waren somit im wahrsten Sinne des Wortes „die erste Adresse", wenn es darum ging, vorhandene – meist französischsprachige – Stoffe den speziellen Bedürfnissen der Wiener Theaterszene anzupassen. Daher setzte Ignaz Wild in seinem Brief auch mit dem Hinweis auf ein zweites mögliches Projekt fort: „Auch ‚Dindon' wäre für die beiden Herren eine Aufgabe, die lohnend werden kann, wenn verschiedene Umarbeitungen an dem Stück vorgenommen würden. In nächster Woche habe ich Premiere[5], aber dann möchte ich die Herren zu mir bitten, damit wir uns zum Abschluße einigen."

In Bezug auf die Komödie „Le dindon" von Georges Feydeau konnten sich Wild, Léon und Waldberg aber offenbar nicht einigen: Das bis in die Gegenwart immer wieder aufgeführte Werk stand zwar – unter dem Titel „Ehemänner" – ab 4.11.1897 auf dem Spielplan des Theaters in der Josefstadt, die Bearbeitung aber stammte von Otto Eisenschitz[6]. Dieser übernahm rund zwei Monate später auch die Adaption des Vaudevilles „Japhet und seine zwölf Frauen" („Les douze femmes de Japhet") von Maurice Desvallièrs und Antony Mars, das Wild, wie aus einem weiteren Brief hervorgeht[7], eigentlich von Victor Léon bearbeiten lassen wollte. Vielleicht aber hatte der vielbeschäftigte Léon einfach nicht genügend Zeit, um sich diesen beiden Stücken zu widmen. Ignaz Wild schien um die Terminknappheit seines Librettisten gewusst zu haben, lässt er doch der Bitte, Léon möge ihn im Theater besuchen, hinzufügen: „Falls Ihnen Zeit erübrigt"[8]. In den literarischen Tätigkeitsbereich von Léon und Waldberg hätten die Werke auf jeden Fall gut gepasst, da die beiden Librettisten auf Bearbeitungen aus dem aktuellen französischen Repertoire spezialisiert waren. Ein großer Teil ihres gemeinsamen Oeuvres bestand aus derartigen Stücken, und auch viele jener Werke, die Victor Léon allein oder in Kooperation mit anderen Autoren schuf, basierten auf französischen Vorlagen.

---

4 Neues Wiener Journal, 14.1.1900, S. 9.

5 Es handelte sich um die Premiere des Singspiels „Die Ladenmamsell" (Originaltitel „The Shop Girl", Text Henry Jackson Wells Dam, Musik Ivan Caryll; Wiener Bearbeitung von Carl Lindau), die am 5.2.1897 im „Theater in der Josefstadt" stattfand.

6 Otto Eisenschitz, geb. 21. od. 22.2.1863 in Wien, war als Übersetzer aus dem Italienischen und Französischen tätig und schrieb einige Theaterstücke. Ab den späten 1890er Jahren war Eisenschitz Dramaturg am Theater in der Josefstadt und ab 1910 am Wiener Bürgertheater. Im März 1942 wurde er in das KZ Theresienstadt deportiert und dort am 11.9.1942 ermordet.

7 Friedmann Schulhof: Brief an Victor Léon, 22.3.1897. Léon-Nachlass 26/2.1.3.11. Der Brief wurde in Wilds Auftrag verfasst und ist vom Sekretär des Theaters in der Josefstadt, Friedmann Schulhof, unterschrieben.

8 Ebd.

Dass Victor Léon zu einem der prominentesten Vertreter des französisch inspirierten Wiener Unterhaltungstheaters wurde, hängt zu einem beträchtlichen Teil mit seiner Verbindung zu Ignaz Wild zusammen. Die beiden kannten einander seit den späten 1880er Jahren, als Wild in seinem Theaterverlag Stücke von Léon herausbrachte und in dem von ihm geleiteten Ischler Sommertheater „Atelier Mazabon" von Léon und Waldberg zeigte. Intensiviert wurde die Zusammenarbeit, als Wild im Mai 1894 die Direktion des Theaters in der Josefstadt übernahm, Léon zu seinem künstlerischen Berater machte und ihn als Dramaturgen und Regisseur beschäftigte.

Ignaz Wild schien den um neun Jahre jüngeren Victor Léon als Theaterfachmann sehr geschätzt zu haben, und als er bei seiner Direktionsübernahme daranging, das Theater in der Josefstadt in großem Umfang umzugestalten, hatte Léon dabei wesentlichen Anteil. Während Wilds Vorgänger Carl Blasel und Theodor Giesrau dem Publikum vor allem Wiener Volksstücke und Possen geboten hatten, setzte Wild von Anfang an auf Französisches. Unter seiner Direktion entwickelte sich das Theater in der Josefstadt zu jener Wiener Bühne, die in ihrem Spielplan den höchsten Anteil an französischen Stücken hatte. Wie Wolfgang Sabler[9] errechnet hat, basierten im Zeitraum von 1890 bis 1900 44,3 Prozent der Aufführungen im Theater in der Josefstadt auf Werken mit französischer Ausgangssprache, wobei es sich fast ausschließlich um zeitgenössische Stücke handelte. Wenn man bedenkt, dass unter Ignaz Wilds Vorgängern fast nur Werke deutschsprachiger und vornehmlich österreichischer Autoren auf dem Programm gestanden waren, so ist der französische Anteil während der Direktionszeit Wild prozentuell noch um Wesentliches höher anzusetzen.

Diese Präferenz für französische Werke stieß in den Wiener Theaterkreisen zunächst auf einige Skepsis. Victor Léon berichtet dazu in seinen Erinnerungen, dass während einer öffentlichen Generalprobe in der Hofoper im Frühjahr 1894 ein Journalist,

„zu dem anwesenden Direktor Jauner, auf mich weisend [sagte]: ‚Der wird's uns im Herbst zeigen! Der ist jetzt der Macher von der Josefstadt!' Jauner sah mich spöttisch an und in unverkennbar wegwerfendem, urwienerischem Ton sagte er: ‚Er soll's uns nur zagen!' Es war nämlich damals schon bekanntgeworden, dass wir aus dem Possentheater ein mondänes Boulevardtheater, ganz nach Pariser Geschmack, machen wollten, eine Absicht, der man mit begreiflichem Skeptizismus begegnete, da man nicht annehmen konnte, dass Wild die Goldgrube, die Direktor Blasel vermögend gemacht hatte, anders als ein echt wienerisches Possentheater ‚vom Grund' führen werde. Aber Wild hatte Vertrauen zu mir, fuhr – wie ich vorschlug – mit mir nach Paris, um sich zunächst dort umzuschauen."[10]

Nachdem Ignaz Wild und Victor Léon bei ihrem Aufenthalt in Paris anfangs ohne größeren Erfolg „die geeigneten Theater alle abgegrast hatten", ging Léon, wie er berichtet, „zu dem grossen Verleger Choudens und ersuchte ihn, mich in seinen Ver-

---

9 Sabler, Wolfgang: Das Theater des Nachbarn. Zur ungleichen Rezeption deutscher und französischer Bühnenwerke in Paris und Wien im letzten Jahrzehnt des 19. Jahrhunderts. In: Fritz, Bärbel – Brigitte Schultze – Horst Turk (Hg.): Theaterinstitution und Kulturtransfer. 1. Fremdsprachiges Repertoire am Burgtheater und auf anderen europäischen Bühnen. Tübingen 1997. S. 201f.
10 Léon, Victor: Direktor Wild in der Josefstadt. Léon-Nachlass 19/1.10.1.1.

lagswerken stöbern zu lassen. Er sandte mir sofort eine ganze Kiste älterer und neuerer Vaudevilles ins Hotel. Ich las und las, Tage und Nächte lang, und fand etwas!"

Gefunden hatte Léon das Manuskript zur „opérette" „Toto" von Paul Bilhaud und Albert Barré, die – mit der Musik von Antoine Banès – am 10.6.1892 im Pariser Théâtre-Libre[11] uraufgeführt worden war. Im Mittelpunkt des Stückes steht ein Zwillingspaar: Toto ist Zögling an jener Militärakademie, deren Schulaufseher Cabestan Totos Zwillingsschwester Tata heiraten soll. Tata aber liebt Totos Freund Gaston. Cabestan hat es vor allem auf Tatas Mitgift abgesehen, außerdem will er sich durch die Heirat mit Tata seiner Geliebten Cesarine entledigen. Toto veranlasst Gaston, Tata zu entführen, während er selbst sich als Frau verkleidet und so zur Verlobungsfeier mit Cabestan kommt. Diesen, der ihn für Tata hält, überredet er, ihn zu entführen. Das hört Cesarine, die sich, um sich an ihrem untreuen Geliebten zu rächen, nun ebenfalls als Tata verkleidet, woraufhin Cabestan, der sie nicht erkennt, sie anstatt dem verkleideten Toto entführt. Die beiden Paare – Tata und Gaston und Cesarine und Cabestan – versäumen den Zug, mit dem sie fliehen wollten und übernachten in einem Hotel. Dorthin folgen ihnen der empörte Vater von Tata und Toto sowie die gesamte Verlobungsgesellschaft. Doch Toto, der sich nochmals als Tata ausgibt, kommt vor ihnen im Hotel an, das Tata mittlerweile unbemerkt verlassen kann. Als Toto schließlich von seinem Vater erkannt wird, klären sich alle Verwechslungen auf und Tata und Gaston dürfen einander heiraten.

Victor Léon konnte Ignaz Wild überreden, „Toto" für die Eröffnungsvorstellung seiner Direktionszeit anzukaufen. Allerdings riet der Verleger Paul de Choudens von dieser Stückwahl ab, da das Werk in Paris ein absoluter Misserfolg – „le plus grand four noir à Paris"[12] – gewesen sei. Léon aber ließ sich dadurch nicht irritieren. „Wenn's auch für Paris nichts war, für Wien ist es etwas!", „beschwor" er Ignaz Wild, dem Choudens das Werk „spottbillig" überließ. Unter dem Titel „Tata-Toto"[13] und mit der Genrebezeichnung „Vaudeville" kam die erfolglose Pariser „opérette" dann am 28.9.1894 als erste Produktion der neuen Saison und der neuen Direktionsära im Theater in der Josefstadt heraus.

In den Premierenankündigungen der Zeitungen war als Übersetzer von „Tata-Toto" neben Victor Léon auch F. Zell angegeben. Wieweit Léons früherer „Mentor" Camillo Walzel, der wenige Monate nach der „Tata-Toto"-Premiere starb, tatsächlich am Text mitgearbeitet hatte, ist nicht eruierbar; in Victor Léons Erinnerungen an die Entstehung von „Tata-Toto" wird er nicht erwähnt. Ausführlich hingegen berichtet Léon, dass aus dem Pariser „four noir" in Wien ein „grand succès" wurde. Wesentlich zu diesem großen Erfolg der Eröffnungsvorstellung trug auch die Tatsache bei, dass das Theater in der Josefstadt renoviert und umgestaltet worden war. Léon

---

11 In der Literatur wird das Premierentheater von „Toto" meist mit seinem ursprünglichen Namen „Théâtre des Menus-Plaisirs" genannt, allerdings hieß die Bühne von 1888-1897 „Théâtre-Libre", danach „Théâtre Antoine".

12 Léon: Direktor Wild in der Josefstadt. Léon-Nachlass 19/1.10.1.1.

13 Die einaktige Komödie „Toto chez Tata" von Henri Meilhac und Ludovic Halévy, die ab 1875 unter dem Titel „Toto bei Tata" für mehrere Jahre mit großem Erfolg im Theater an der Wien und im Carl-Theater auf dem Spielplan stand, hat zwar einen ähnlichen Titel und die Hauptperson, Toto, ist ebenfalls ein Schüler, sonst aber gibt es zwischen diesem Werk und „Tata-Toto" keine inhaltlichen Gemeinsamkeiten.

schreibt, dass er es gewesen war, der Ignaz Wild dazu überredet hatte, „den mehr als primitiven Zuschauerraum gefälliger gestalten zu lassen. Die Sitzgelegenheiten im Parkett – die zum Teil aus braungelb gestrichenen Eisenblechsesseln bestanden und zum Teil aus nicht gestrichenen, gewöhnlichen Holzbänken ohne Rückenlehne – ersetzten wir durch elegante Fauteuils, das Stehparterre wurde abgeschafft, die Logen rot besamtet, die Galerie bekam mehr Bequemlichkeit."[14]

Ob es tatsächlich der Überzeugungsarbeit von Victor Léon bedurft hatte, oder ob die Initiative zur Umgestaltung des veralteten Theaterbaus nicht auch von Ignaz Wild selbst gekommen war, sei dahingestellt. Die Arbeiten wurden jedenfalls „schon im April d. J., unmittelbar nachdem Herr Wild zum Director bestellt worden war, in Angriff genommen"[15]. Zur Eröffnung war alles fertig, und in zahlreichen Zeitungsartikeln wurde über die Renovierung des Theaters berichtet. Ausnahmslos war man sich darin einig, dass die Neugestaltung eine deutliche Verbesserung darstellte. So etwa schrieb „Die Presse":

Die alten Stammgäste des Hauses, die so oft über den allgemach ungastlich gewordenen Bau klagten, werden das Haus kaum wiedererkennen. Der Charakter des Theatersaals, in den man nunmehr durch breite Eingänge gelangt, ist ein intimer geblieben, aber er ist nun auch ein überaus freundlicher. Elektrisches Licht hat die Dämmerung von einst verdrängt, bequeme Sitze wurden an die Stelle von unbequemen gesetzt, die Brüstungen der Galerien prangen in reicher Vergoldung. Von der dritten Galerie abgesehen, gibt es heute im ganzen Hause nur Sitzplätze. Durch die Verschönerung des Gebäudes, welche einen Aufwand von fl. 52.000 erforderte, hat der neue Director um die Zukunft des Hauses sich verdient gemacht."[16]

Ebenso positiv wie das neue Aussehen des Theaters bewerteten die Kritiker das Eröffnungsstück „Tata-Toto" – auch wenn dabei die Hinweise, dass „eine verfängliche Situation die andere"[17] jage, nicht fehlten. Viel Lob gab es für die Darstellerinnen und Darsteller, allen voran für die Soubrette Olga Dwořak. Sie spielte den als Doppelrolle angelegten Part von Tata und Toto. Es war, so wurde anerkennend festgestellt, „ein schweres Stück Arbeit, das sie zu leisten hat. Sie hat sich fünfzehn- bis zwanzigmal umzukleiden"[18], was sie „mit Chik [!] und Anmuth"[19] tat.

---

14 Léon: Direktor Wild in der Josefstadt. Léon-Nachlass 19/1.10.1.1.
15 Die Presse, 27.9.1894, S. 11.
16 Die Presse, 27.9.1894, S. 11. Eine ungefähre Vorstellung von der Höhe der aufgewendeten Geldmittel liefern zeitgenössische Zeitungsanzeigen: Etwas weniger als für die Renovierung des Theaters, nämlich 50.000 Gulden, war 1894 für ein zweistöckiges Eckhaus im 7. Wiener Bezirk zu bezahlen. Stellenangebote gab es z.B. für einen „Comptoiristen und Correspondenten" in einer Fabrik, dem 70 bis 80 Gulden monatlich zugesagt wurden, für eine Erzieherin, die 25 bis 30 Gulden pro Monat erhielt, und für eine Köchin und Haushälterin, die mit 15 Gulden pro Monat entlohnt wurde (Neue Freie Presse, 29.9.1894, S. 16ff.).
17 Die Presse, 29.9.1894, S. 9.
18 Neues Wiener Journal, 29.9.1894, S. 7.
19 Wiener Theaterzeitung, 1.10.1895, S. 2.

Olga Dvořak als Toto

Durchwegs wurde in den Premierenberichten auch auf die Regie von Victor Léon verwiesen. Das ist deshalb bemerkenswert, weil in den Wiener Theaterkritiken jener Zeit meist der Regisseur beziehungsweise die Regisseurin[20] unerwähnt blieben und das Hauptinteresse den Darstellern galt. Mit der „Tata-Toto"-Premiere kündigte sich eine erste Trendwende an, die allmählich dazu führte, dass die Inszenierungen als eigenständige und individuelle künstlerische Leistungen wahrgenommen wurden. Léons Regiearbeit bei „Tata-Toto" wurde von den Kritikern als „geschickt"[21], „ge-

---

20 Regieführende Frauen waren in der Wiener Theaterszene damals allerdings kaum vertreten, eine der wenigen Ausnahmen war Alexandrine von Schönerer, die Direktorin des Theaters an der Wien.
21 Wiener Theaterzeitung, 1.10.1894, S. 2.

schmackvoll"[22], „meisterhaft"[23] und als „der beste Theil des Abends"[24] gelobt. Hermann Bahr schrieb in der „Zeit" von einer „weisen Regie"[25], und die „Wiener Theaterzeitung" konstatierte: „Die Vorstellung war sehr sorgfältig vorbereitet"[26]. Diese offenbar auffallende Sorgfalt hing sicher auch damit zusammen, dass Victor Léon genügend Zeit für seine Regiearbeit bekommen hatte: „Ganz nach Pariser Manier gewährte mir Wild nicht weniger als dreissig Proben zur Inszenierung"[27], schreibt er in seinen Erinnerungen – und gibt damit einen Hinweis auf den offenbar sonst üblichen wesentlich geringeren Probenaufwand.

Genauere Details zur Inszenierung von „Tata-Toto" sind in den Zeitungsberichten jedoch nicht zu finden. Lediglich die „Neue Freie Presse" geht auf das Tempo des Spiels und auf eine Szene näher ein:

„Ueberraschend war die Schnelligkeit, mit der Fräulein Dworzak ihre Costüme wechselt, was sie während des Abends unaufhörlich thun muß. In raschem Wechsel ist sie bald Toto in der Uniform, bald Tata im Damenkleide; dann wieder verkleidet sich Toto als Tata und zeigt in der Mädchenkleidung den stürmischen Militärzögling; endlich sehen wir sogar, wie in zwei Zimmern im Hintergrunde, deren Thüren sich abwechselnd öffnen, anscheinend Toto und Tata zugleich anwesend sind, der Eine allmälig, einer Verabredung gemäß, Mädchenkleider anlegt, um nochmals Tata zu werden, die Andere sich ihrer Toilette begibt, um zu derselben Intrigue als Toto zu erscheinen – ein Kunststück der Inscenirung und raschen Ankleidefertigkeit, das sehr amüsirte."[28]

Die Premiere von „Tata-Toto" am 28.9.1894 wurde zu einem Wendepunkt, an dem nicht nur das Theater in der Josefstadt mit seinem Programm einen völlig neuen Kurs einschlug, sondern an dem sich auch wesentliche Veränderungen in der Wiener Theaterlandschaft abzuzeichnen begannen. Denn das von Wild und Léon initiierte Abgehen vom traditionellen Wiener Volkstheater und die Hinwendung zum französischen Repertoire führte auch zu einer Veränderung der Publikumsstruktur, die bereits bei der Premiere merkbar war: „Das Publicum gehörte anderen Kreisen an als jenen, aus denen während der letzten Jahre das ‚Premièren-Publicum' des Theaters in der Josefstadt zusammengesetzt war. Die Wiener Lebewelt, die schriftstellerischen Kreise und die Bühnen erschienen zahlreich vertreten"[29], schrieb „Die Presse", und „Der Humorist" vermerkte: „Das Theater in der Josefstadt wird in Hinkunft nicht mehr, wie früher, ein Theater für die Josefstadt ausschließlich, es wird eine Unterhaltungsstätte für die Großstadt Wien sein, die sich zufällig im 8. Bezirke befindet."[30] Der „Humorist"-Herausgeber Isidor Siegmund Kohn verwies in der Folgezeit wiederholt in anerkennender Weise darauf, dass der „muthige Director" Ignaz Wild „das ehedem

---

22 Die Presse, 29.9.1894, S. 9.
23 Der Humorist, 1.10.1894, S. 3.
24 Neues Wiener Journal, 29.9.1894, S. 7.
25 Die Zeit, 6.10.1894, S. 11.
26 Wiener Theaterzeitung, 1.10.1894, S. 2.
27 Léon: Direktor Wild in der Josefstadt. Léon-Nachlass 19/1.10.1.1.
28 Neue Freie Presse, 29.9.1894, S. 7.
29 Die Presse, 29.9.1894, S. 10.
30 Der Humorist, 1.10.1894, S. 2.

spießbürgerliche Josefstädter Theater" in „ein Theater für die Lebewelt metamorphosirte"[31].

Lange Zeit war die starke Bindung des Publikums an jeweils eine bestimmte Bühne typisch für die Wiener Theaterlandschaft, die – weitgehend entsprechend der sozialen Gliederung der Stadt – in einzelne Theater- beziehungsweise Vergnügungsbezirke zerfiel, zwischen denen es nur eine geringe Mobilität gab. Marion Linhardt hat sich in ihrem Buch „Residenzstadt und Metropole" eingehend mit diesem Spezifikum der „theatralischen Topographie" beschäftigt und beschreibt es als Phänomen des in Wien bis ins späte 19. Jahrhundert dominierenden spätfeudalen Residenzstadtcharakters.[32]

Die „Tata-Toto"-Premiere markierte somit jenen Punkt in der Entwicklung, an dem auch für die Zeitgenossen ein erstes Aufbrechen der engen Grenzen der Wiener Theaterbezirke spürbar wurde. Die Reaktionen auf die Premiere lassen dabei ein sich veränderndes urbanes Selbstverständnis erkennen: Man begann die Stadt, in der man lebte, als moderne Metropole zu sehen, deren Unterhaltungsangebot nicht mehr lokal beschränkt, sondern von breiter Ausstrahlung und internationalem Gepräge war. Dies spricht auch der (nicht namentlich genannte) Rezensent der „Wiener Zeitung" an, der die „völlige Umwandlung" des Theaters in der Josefstadt in ein „Variétés-Theater" im französischen Stil, in dem „kleine Waaren" angeboten werden, „die man Frivolités nennt", für gelungen und passend hält, denn: „Wien ist eine Weltstadt, sie hat Raum für Alles, auch für ein Theater für Erwachsene." Ergänzt wird diese Feststellung durch den – ironischen – Zusatz: „Deßhalb [!] sei das geehrte Publicum ersucht, kleine Kinder in der Bewahranstalt zurückzulassen."[33]

Auch der Schriftsteller Arthur Schnitzler besuchte die Premiere von „Tata-Toto" und schrieb am Tag danach an seinen Freund und Dichterkollegen Richard Beer-Hofmann: „Gestern Eröffnung Josefstadt; mit Dank des Herrn Léon im Frack, mit gekränkter Miene. Sehr amusant, abgesehn [!] vom 1. Akt"[34]. Was der Grund für Léons gekränkte Miene war, ist nicht bekannt. In seinen Erinnerungen findet sich kein Hinweis auf eine Kränkung, und „Tata-Toto", bei dessen Premiere die Theaterbesucherinnen als eine Art Damenspende „kleine Notizbüchelchen mit Bleistiften versehen"[35] geschenkt bekamen, erwies sich als überaus erfolgreiches Stück: Das Vaudeville wurde bis zum 7.1.1895 insgesamt 101 Mal en suite aufgeführt, es wurde später in der Josefstadt mehrfach wiederaufgenommen und war auch in zahlreichen anderen deutschsprachigen Theatern zu sehen.

Bedeutsam für Victor Léons Biografie ist „Tata-Toto" auch deshalb, weil es sein erstes Stück war, das nachweislich in Übersee gezeigt wurde: Am 11.2.1897 kam es in New York heraus, und zwar an dem damals deutschsprachigen, von Heinrich Conried[36] geleiteten Irving Place Theatre. Die Premiere wurde zum großen Erfolg, über den die „New York Times" schrieb:

---

31 Der Humorist, 10.1.1895, S. 2.
32 Linhardt: Residenzstadt und Metropole, S. 42ff.
33 Wiener Abendpost (Abendausgabe der Wiener Zeitung), 29.9.1894, S. 3.
34 Schnitzler, Arthur – Richard Beer-Hofmann: Briefwechsel 1891-1931. Wien 1992, S. 60.
35 Neues Wiener Journal, 29.9.1894, S. 7.
36 Heinrich Conried (eigentl. Heinrich Cohn), geb. 3.9.1855 in Bielitz (Bielsko-Biała, Polen), gest. 27.4.1909 in Meran. Conried war kurze Zeit als Schauspieler am Burgtheater tätig,

"To judge by the constant laughter and applause from the audience which crowded the Irving Place Theatre last evening, ‚Tata-Toto', the vaudeville operetta, or operetta-vaudeville, was as entirely satisfying as Director Conried could desire. The piece is down on the programme as a vaudeville, but the plot running through it is too clearly defined to make the word entirely applicable, and there are enough bright, attractive songs brought in here and there to warrant its being called an operetta, though there was more dialogue than is usually to be found in the operetta proper. ‚Tata-Toto' is a translation from the French, by Victor Leon, and it retains much of its French piquancy in the German version."[37]

Die zweite Premiere der Direktionszeit Wild im neugestalteten Theater in der Josefstadt fand am 8.1.1895 statt. Wieder handelte es sich um die Bearbeitung eines relativ neuen französischen Stückes: Es war das Vaudeville „Le premier mari de France" von Albin Valabrègue, das am 2.2.1893 im Théâtre des Variétés in Paris uraufgeführt worden war. In der deutschsprachigen Fassung trug das Werk die Genrebezeichnung „Schwank" und den Titel „Der Mustergatte". Dieser „Mustergatte" ist ein älterer Ehemann, der von allen wegen seiner strengen Moral gepriesen wird – während in Wirklichkeit er jenes Verhältnis mit einer Lebedame hat, dessen sein Schwiegersohn verdächtigt wird, der, wie sich letztlich herausstellt, der eigentliche „Mustergatte" ist.

In den Ankündigungen des Stückes, das sowohl beim Publikum als auch bei den Kritikern gut ankam, ist zwar kein Bearbeiter oder Übersetzer angegeben, dass es aber Victor Léon gewesen war, der die in der Josefstadt gespielte Fassung erarbeitet hatte, ist dem Premierenbericht der „Wiener Zeitung" zu entnehmen, in dem es heißt: „Die Fassung des Schwankes rührt von dem kleinen Lessing der Josephstadt Herrn V. Léon her"[38]. Victor Léon, der von der „Wiener Zeitung" der „kleine Lessing" genannt wurde, weil er kurz zuvor einen Sammelband mit Lessing-Texten herausgegeben hatte[39], führte beim „Mustergatten" auch Regie. Isidor Siegmund Kohn vermerkte dazu im „Humoristen": „Die Inscenirung ist exquisit und geschmackvoll: sie gereicht Herrn Victor Léon zur Ehre."[40] Außer diesen beiden kurzen Erwähnungen findet sich in Zusammenhang mit dem „Mustergatten" allerdings kein weiterer Hinweis auf Victor Léon.

Die nächste Premiere der ersten Spielzeit unter Direktor Wild fand rund fünf Wochen später, am 15.2.1895, statt. Es war die Komödie „Le veglione ou Le bal masqué" von Alexandre Bisson und Albert Carré, uraufgeführt am 8.2.1893 im Théâtre du Palais-Royal in Paris. In der Übersetzung, die vom deutschen Schriftsteller Benno Jacobson stammte, trug das Werk (in dessen Mittelpunkt ein Ehepaar steht, das durch seine Eifersucht in eine Reihe komischer Situationen gerät) den Titel „Der

---

dann Direktor des Bremer Stadttheaters. 1878 emigrierte er nach New York, war Theatermanager und 1903-1908 Direktor der Metropolitan Opera.
37 New York Times, 12.2.1897, S. 7.
38 Wiener Abendpost (Abendausgabe der Wiener Zeitung), 9.1.1895, S. 3.
39 Léon, Victor: Dramaturgisches Brevier. Ein populäres Hand- und Nachschlagebuch für Bühnenschriftsteller, Schauspieler, Kritiker und Laien. Excerpte aus sämmtlichen dramaturgischen Schriften Lessings. Nach Materien geordnet und mit Erläuterungen versehen. München 1894.
40 Der Humorist, 9.1.1895, S. 3.

Maskenball". Das Stück, das zuvor schon mit großem Erfolg am Berliner Residenztheater gezeigt worden war, wurde in der Josefstadt von Victor Léon inszeniert, der dafür einiges Lob bekam: „Die Insceniering durch den Regisseur Victor Leon war eine geschmackvolle"[41], urteilte „Die Presse", und die „Wiener Zeitung" schrieb: „Es wurde gut gespielt nach Herrn Victor Léons Angaben"[42]. Dennoch war „Der Maskenball" in Wien bei weitem nicht so erfolgreich wie in Berlin, wozu Isidor Siegmund Kohn im „Humoristen" vermerkte: „Daß der ‚Maskenball', der seinerzeit ein Zug- und Cassenstück des berliner [!] Residenztheaters war und Monate hindurch das Repertoir [!] dieser Bühne beherrschte, hier keine stärkere Wirkung zu erzielen vermochte, daran trägt in erster Linie der Umstand Schuld, daß vorher in den Stücken ‚Der Mustergatte' und ‚Tata-Toto' weitaus Lustigeres und Amüsanteres geboten wurde"[43].

Drei Wochen nach der Premiere, am 2.3.1895, wurde „Der Maskenball" im Programm des Theaters in der Josefstadt von der Posse „Wiener Touristen" von Carl Lindau und Friedrich Antony abgelöst. „Wiener Touristen" war die erste Produktion der Direktionszeit Wild, an der Victor Léon weder als Autor noch als Regisseur mitwirkte. Schon etwas mehr als einen Monat später aber stand mit dem Vaudeville „Die eiserne Jungfrau" das nächste von Léon bearbeitete und inszenierte Werk auf dem Spielplan. Das Stück basiert auf der „opérette en 3 actes" „Le brillant Achille" (Musik Louis Varney, Text Charles Clairville und Fernand Beissier)[44] und wurde im Theater in der Josefstadt erstmals am 7.4.1895 gezeigt, nachdem die Premiere „durch Censurschwierigkeiten und das Unwohlsein des Frl. Dworák wiederholt hinausgeschoben"[45] worden war.

Olga Dworák spielte in der „Eisernen Jungfrau" die Rolle der Apothekertochter Rosa, die in den Lebemann Achille Toupart verliebt ist. Diesem gefällt die junge Frau, da er aber ungebunden bleiben will, geht er prinzipiell nur Beziehungen mit verheirateten Frauen ein. Das wissen jedoch weder Rosa noch ihr Vater, der Toupart eine fingierte Heiratsanzeige seiner Tochter zuschickt. Er tut dies, weil er meint, Rosa dadurch vor dem berüchtigten Frauenhelden zu schützen – und bewirkt genau das Gegenteil. Toupart macht der vermeintlich verheirateten Rosa den Hof, kompromittiert sie dadurch und wird von Rosas Vater gezwungen, sie zu heiraten. Rosa, die Toupart nun durchschaut, beschließt, sich an ihm zu rächen. Sie verweigert jeden sexuellen Kontakt mit ihm und gibt sich zynisch und abweisend. Erst als Toupart nach einem Duell mit einem vermeintlichen Rivalen eine Ohnmacht vortäuscht und die entsetzte Rosa ihre Liebe zu ihm gesteht, kommt es zur Versöhnung.

„Die eiserne Jungfrau" kam weder beim Publikum noch bei der Kritik gut an, obwohl von den Rezensenten die schauspielerischen Leistungen, die Musik und auch die Regie durchwegs gelobt wurden:

---

41 Die Presse, 16.2.1895, S. 11.
42 Wiener Abendpost (Abendausgabe der Wiener Zeitung), 16.2.1895, S. 3.
43 Der Humorist, 20.2.1895, S. 3.
44 Die Uraufführung von „Le brillant Achille" fand am 21.10.1892 im Pariser Théâtre de la Renaissance statt.
45 Wiener Sonn- und Montags-Zeitung, 8.4.1895, S. 5.

„Wol [!] wurden die Komiker Maran und Rauch nebst dem Capellmeister Kappeller, der zu nichtssagenden, obschon wortreichen Liedertexten eine gefällige Musik geschrieben hat, wiederholt hervorgerufen; wol wurde ferner die Soubrette Fräulein Dworak mit Wagenrädern aus Blumen bedacht, und der Regisseur Leon konnte auf der Bühne erscheinen, halb selbst herbeieilend, halb widerstrebend von der Soubrette herbeigezogen. Aber dieser schon herkömmliche Begeisterungsjubel wurde durch Zischlaute getrübt, und während der letzten Scene suchte das Publicum mit einer für die Vorstellung nicht ganz schmeichelhaften Eile die Garderoben auf."[46]

Der Grund für das Missfallen war – auch darin stimmten die Kritiker überein –, dass die Handlung nicht immer schlüssig und das Stück insgesamt langweilig waren. Ursache dafür aber waren ebenjene „Censurschwierigkeiten", die es in der Vorbereitung der Produktion gegeben hatte. Das Theater hatte das Stück im Februar 1895 zur Genehmigung eingereicht[47], woraufhin die Polizeidirektion als erste Zensurinstanz[48] am 26.2.1895 bei der k.k. Statthalterei das Verbot einer Aufführung beantragte. In seiner Beurteilung des Stückes vermerkte der Zensor dazu,

„daß die Pikanterie, wie sie in den gewöhnlichen, auch auf hiesigen Bühnen aufgeführten französischen Schwänken üblich ist, in dem vorliegenden Bühnenwerke das Maß des Erlaubten wol [!] weit überschreitet. Wird noch in Betracht gezogen, daß durch die Darstellung einzelne Situationen, wie z.B. die 15. Scene des II. Aktes, wo die Mitwirkenden in Badecostümen auftreten, noch stärker wirken, so ist wol die Befürchtung gerechtfertigt, daß durch die Aufführung dieses Werkes der öffentliche Anstand, die Schamhaftigkeit u. die Moral beleidigt werden müßten, und es scheint das Verbot der Aufführung im Punkte 4 der Theater-Ordnung umso mehr begründet, als auch durch die Eliminirung einzelner Stellen dem nicht abgeholfen werden kann, da das Unmoralische diesem Bühnenwerke Selbstzweck ist."[49]

Die k.k. Statthalterei als übergeordnete Instanz sah auf Ersuchen des Theaters in der Josefstadt zwar von einem Verbot ab, verlangte aber eine Überarbeitung des Stückes. Das Theater legte Anfang März 1895 diese von Victor Léon erstellte Fassung[50] vor und verwies dabei darauf, dass „das Stück auf mehreren deutschen Bühnen wie in dem den Ruf einer anständigen Bühne genießenden Centraltheater in Berlin, in Leipzig u.s.w. sogar in dem viel schlüpfrigeren Originaltext anstandslos aufgeführt wurde"[51]. Daher hätte die Direktion des Theaters in der Josefstadt „an die Möglichkeit eines Verbotes in Wien gar nicht gedacht, sich wegen Anschaffung der Ausstattung bereits in bedeutende Kosten (4000 Gulden) gestürzt u. wäre die Nichtzulassung

---

46 Die Presse, 8.4.1895, S. 2.
47 Bei diesem eingereichten Text handelte es sich um das gedruckte Exemplar, wie aus Seitenverweisen im Zensurakt zu erschließen ist.
48 Zum Ablauf des Theaterzensurverfahrens s. Langer-Ostrawsky, Gertrude: Der Strich des Zensors. Die Theaterzensur-Abteilung im Niederösterreichischen Landesarchiv. In: Brandtner, Andreas – Max Kaiser – Volker Kaukoreit (Hg.): Sichtungen. Archiv – Bibliothek – Literaturwissenschaft. 6./7. Jg., 2003/2004. Wien 2005. S. 227.
49 NÖ Landesarchiv, NÖ Reg. Präs Theater ZA 1895/1417 K 33.
50 NÖ Landesarchiv, NÖ Reg. Präs Theater TB K 387/04
51 NÖ Landesarchiv, NÖ Reg. Präs Theater ZA 1895/1417 K 33.

des Stückes, auf welches große Hoffnungen gesetzt wurden, für das Theater ein schwer zu überwindender Schlag."

Die Zensurbehörde forderte in der Folge auch im überarbeiteten Textbuch noch eine Reihe weiterer Streichungen und Änderungen, erteilte dann aber doch die Aufführungsgenehmigung. Wie sehr das Stück jedoch durch die Streichungen und Änderungen gelitten hatte, fiel auch jenem Zensurbeamten auf, der bei der Premiere anwesend war und danach in dem im Zensurakt erhaltenen Aufführungsbericht vermerkte: „Durch die Umarbeitung, welche behufs Erlangung der Aufführungsbewilligung an dem Stücke vorgenommen wurde, hat dasselbe an Verständlichkeit wesentliche Einbußen erlitten"[52]. Auch den Kritikern war bewusst, dass der Charakter des Werks durch die Forderungen der Zensur erheblich verändert worden war. So etwa meinte das „Neue Wiener Journal" lakonisch: „Das Original soll durch Pikanterien gewürzt sein, welche die Censur gestrichen haben dürfte."[53]

Für die erste Saison der Josefstadt-Direktion von Ignaz Wild hatte Victor Léon also drei der insgesamt fünf neuen Stücke bearbeitet und vier der fünf Produktionen inszeniert. Die Erfahrungen, die Victor Léon bei seinen Regiearbeiten machte, verarbeitete er dann 1896, während seines Sommeraufenthalts in seiner Villa in Unterach, zu einer 44 Seiten umfassenden Publikation mit dem Titel „Regie. Notizen zu einem Handbuch". Das Vorwort dazu schrieb Hermann Bahr, der darauf hinwies, dass es „noch nicht lange her [sei], dass man überhaupt nach dem Regisseur fragt, seinen Namen wissen will und ihn neben die Schauspieler, ja neben den Dichter stellt."[54] Doch auch wenn es allmählich vermehrtes Interesse für die Regie gebe, „wissen die Leute nicht, was sie sich dabei eigentlich denken sollen; ja, sie glauben oft den Regisseur zu recensieren und merken gar nicht, dass sie ihn mit dem Maler, dem Maschinisten, dem Beleuchter, dem Schneider und dem Tapezierer verwechseln."

Victor Léon beginnt seine, wie sie Bahr nennt, „Grammatik der Regie" mit einem kürzeren Abschnitt über die „Regie in künstlerischem Sinne"[55]. Er wolle dabei, so schreibt er, jene Punkte aufzeigen, die „ein Bühnenstück künstlerisch lebendig machen". Léon plädiert dabei für einen eng dem aufzuführenden Stück verbundenen, möglichst realistischen Inszenierungsstil:

„Der Regisseur hat dafür zu sorgen, dass das jeweilige Stück im Stil (aus s e i n e r Zeit heraus) gespielt werde; dies heisst dann ‚natürlich spielen'. [...] Der Regisseur hat aber auch dafür zu sorgen, dass der Stil in seinen äusseren Formen gewahrt bleibe: in Bezug auf Zeitcharakter, übertragen auf das Gehaben der darzustellenden Figuren, auf Kostüme, Möbel, Utensilien u.s.w. (Wie lächerlich und unkünstlerisch daher das häufige Unternehmen, ‚Kabale und Liebe' modern, im Frack, spielen zu lassen [...])".[56]

Den Hauptteil seines Regie-Handbuchs widmet Victor Léon dem „Gang der Proben" – von der Leseprobe bis zur Generalprobe. Er gibt dabei detaillierte praktische An-

---

52 Ebd.
53 Neues Wiener Journal, 8.4.1895, S. 3.
54 Bahr, Hermann: Geleitwort. In: Léon, Victor: Regie. Notizen zu einem Handbuch. München 1897. S. 3f.
55 Léon: Regie, S. 11.
56 Léon: Regie, S. 12.

weisungen: So etwa, dass bei der Leseprobe nicht die Darstellerinnen und Darsteller selbst lesen sollen („Denn bekanntlich gibt es ausgezeichnete Schauspieler, die nicht zu ‚lesen' vermögen"[57]), sondern der Regisseur, denn „da hört und sieht jeder", wie er das Stück „auffasse" und es „verstanden und wiedergegeben wissen" wolle. Die darauffolgende Stellprobe sei „fundamental; sie legt den Grundstein, auf dem weitergebaut wird"[58]. Da sie „von grösster physischer Anstrengung für Regisseur und Schauspieler ist [...], soll dieselbe nie zu lange dauern, etwa 2½ Stunden."[59] Der Regisseur solle die Proben nicht, „wie's die schlechte Gepflogenheit ist"[60] von einem „auf der Bühne plazierten Regietisch" aus leiten, sondern „von verschiedenen Seiten des Zuschauerraumes aus". Die Schauspieler und Schauspielerinnen dürfe er nicht zu oft unterbrechen, „nur das Gröbste corrigiere der Regisseur sofort"[61], alles andere notiere er sich und sage es „jedem p r i v a t und l e i s e ". Die Generalprobe sollte, so Léon, „immer mindestens zwei Tage vor der Vorstellung stattfinden [...]. In dieser allerletzten Probe verlange man keineswegs, dass die Darsteller ‚spielen'. Hier genügt das Markieren, das rasche Durchfliegen des Textes in den nötigen Stellungen."[62] Einen ganzen Abschnitt widmet Léon dem Souffieren, das er am liebsten ganz abschaffen würde. Da dies aber an den deutschsprachigen Theatern nicht möglich sei, weil es „an der nötigen Anzahl von Proben gebricht, die eben eine absolute Wortsicherheit verschaffen"[63] (im Gegensatz zu Frankreich, dem „Goldland der Proben, wo man es unter 40-50 répétitions nicht thut"[64]),

„so wäre es doch sehr geraten, den Souffleur etwa in der immer freien ‚ersten Coulisse' unterzubringen. Dadurch profitiert man, dass der abscheuliche Kasten dem Publikum und den Darstellern aus den Augen geschafft wird [...], ferner dass der Souffleur im Auditorium nicht mehr so gehört wird, dass weiters das unerträgliche Liebäugeln der Schauspieler mit ihm nicht mehr so augenfällig wäre, ja mit der Zeit ganz wegfiele und endlich, dass man aufhören würde, so viele Scenen immer ‚vorn' zu spielen, die eigentlich ganz anderswo gespielt werden müssten."[65]

Diese und alle weiteren Ausführungen in Léons Regie-Handbuch sind deshalb interessant, weil sie nicht nur Hinweise auf Léons eigenen Regiestil geben, sondern auch, aufgrund der Negativbeispiele, eine Vorstellung von den offenbar an vielen Theatern jener Zeit üblichen Probenbedingungen.

Dem Theater in der Josefstadt blieb Victor Léon als Regisseur wie auch als Autor bis zum Ende der Direktionszeit von Ignaz Wild, das heißt bis 1899, verbunden, auch wenn seine Präsenz auf dem Spielplan des Theaters bald merklich abnahm und er mehr und mehr Stücke für andere Bühnen schrieb. Das letzte Werk, das er unter der

---

57 Ebd., S. 18.
58 Ebd., S. 20.
59 Ebd., S. 22.
60 Ebd., S. 25.
61 Ebd., S. 26.
62 Ebd., S. 41.
63 Ebd., S. 30.
64 Ebd., S. 17.
65 Ebd., S. 30.

Ägide von Ignaz Wild an der Josefstadt herausbrachte (und das auch zur letzten Premiere von Wilds Direktionszeit wurde) war das Vaudeville „Tohu-Bohu". Dieses basierte auf der „vaudeville-opérette" „L'Auberge du Tohu-Bohu" von Maurice Ordonneau, Text, und Victor Roger, Musik, die am 10.2.1897 im Théâtre des Foliesdramatiques in Paris uraufgeführt worden war.

In seiner Bearbeitung, die in einer handschriftlichen Fassung im Nachlass erhalten ist[66], nannte Léon das Vaudeville „Tohu-Bohu. Hotel zum Narrenthurm". Dieser Titel (der dann für die Aufführung verkürzt wurde) verweist auf ein Stück im Stück. Denn „Tohu-Bohu, das Hotel zum Narrenturm" ist eine Pantomime, die eine Gauklertruppe, die in einer kleinen französischen Stadt gastiert, in ihrem Repertoire hat. Florette, die Direktorin der Truppe, verspricht, dem jungen Maler Blanchard zu helfen, der Cecile, die Tochter eines reichen Tuchhändlers liebt. Cecile aber soll auf Wunsch ihres Vaters einen Grafen heiraten. Diesen kennen allerdings weder sie noch ihr Vater persönlich, ein erstes Treffen der drei soll in einem Hotel stattfinden. Doch Florette vertauscht die Hausschilder, und jenes Haus, das Cecile und ihr Vater, die als erste eintreffen, für das Hotel halten, ist in Wirklichkeit ein Privathaus. Dort gibt sich ein Mitglied der Truppe Florettes als Graf aus und macht dabei einen derart schlechten Eindruck auf Ceciles Vater, dass dieser beschließt, dem Grafen seine Tochter nicht zur Frau zu geben. Dem echten Grafen gegenüber, der erst später eintrifft, gibt sich dann Florette als Cecile aus und erzählt ihm, dass sie schon mehrere Geliebte gehabt habe und Mutter von zwei Zwillingspaaren sei. Daraufhin will auch der Graf auf die geplante Heirat verzichten – und als der Schwindel schließlich doch auffliegt, erlaubt der Tuchhändler die Heirat Ceciles mit Blanchard, da dieser, wenn er eine solche Komödie aufführen lasse, sicher auch ein guter Geschäftsmann sei.

In der Fassung von Victor Léon war das Stück bereits im Oktober 1897 am Berliner Thalia-Theater aufgeführt worden und hatte dort, wie der Direktor des Theaters, Wilhelm Hasemann, nach der Premiere an Léon schrieb, „einen grossen, fast stürmischen Erfolg gehabt, der sich allem Anschein nach auch zum Cassenerfolg gestalten wird."[67] In Wien wurde „Tohu-Bohu" erstmals am 28.4.1899 gezeigt. Das Stück kam dabei, wie den Premierenberichten zu entnehmen ist, beim Publikum gut an und wurde von der „Wiener Zeitung" als typische Produktion der Ära Wild-Léon beschrieben:

„Im Theater in der Josephstadt wurde gestern, während bereits die Wild-Saison für Ischl heranblüht, noch eine Pariser Novität gegeben. Salon Wild bezieht jährlich seine Schlafröcke u.s.w. aus Paris, und die Probirmessieurs Eibenschitz [!] und Léon setzen ihnen die Wiener Localknöpfe an. So ist die Josephstadt zum Faubourg geworden. Die deutsche Literatur weint, aber in der Josephstadt lacht man. Das kleine Theater besitzt gewandte und gut angezogene Mädchen von Erfahrung, drastische Komiker und ein so flink zusammenwirkendes Ensemble, daß man vielen Wiener Bühnen zurufen muß: Geht hin und thut desgleichen. Das Stück, das man gestern gab, ist die Posse von gestern, nicht ganz gleich mit all den anderen der letzten Lustjahre, aber ähnlich. Verwechsel und ausgleiten in Spiel und Wort, lautet das Recept. Es heißt ‚Tohu-Bohu' – auch der Titel darf nicht mehr deutsch sein! – und hat Heiterkeit erregt."[68]

---

66 Léon Nachlass 1/1.1.20.
67 Wilhelm Hasemann: Brief an Victor Léon, 19.10.1897. Léon-Nachlass 26/2.1.3.17.
68 Wiener Zeitung, 29.4.1899, S. 33.

Auch wenn „Tohu-Bohu" Heiterkeit erregte, so wurde es mit insgesamt nur sechs Aufführungen nicht, wie in Berlin, zum „Cassenerfolg".

Ignaz Wild hatte das Theater in der Josefstadt zwar bis 1905 gepachtet, stieg aber frühzeitig aus dem Vertrag aus. Über die Gründe dafür schreiben Anton Bauer und Gustav Kropatschek, dass sich Wild „oftmals nicht an die Vorschriften der Theaterzensur" hielt und deshalb von den Behörden „vielmals getadelt und verwarnt" wurde: „Das verdroß ihn schließlich, und da er zudem kränklich war, trat er am 8. Oktober 1899 von der Direktion des Josefstädter Theaters zurück und übergab sie Josef Jarno."[69] Dass das Argument der Kränklichkeit jedoch vielleicht nur ein vorgeschobenes war, deutet der „Humorist" an, der anlässlich des Direktionswechsels mit vielsagenden Anführungszeichen schrieb: „Director Wild zieht sich ‚gesundheitshalber' von der Direction des josefstädter [!] Theaters zurück und beschränkt seine Thätigkeit nur mehr auf die Leitung des ischler [!] Sommertheaters und die Verwaltung seines Vermögens."[70]

Mit dem Ende der Direktionszeit von Ignaz Wild endete auch Victor Léons Zeit als „Macher von der Josefstadt". Nach dem Vaudeville „Frau Lieutenant" brachte der neue Josefstadt-Direktor Josef Jarno nur noch ein einziges weiteres Stück von Léon an der Josefstadt heraus. Es war die zweiaktige Burleske „Der Hosenkönig", bei der als Autor allerdings „Rudyard Stone" angegeben war. Victor Léon selbst erwähnt das Stück nirgendwo in seinen Aufzeichnungen, dass er aber der Autor ist, lässt sich unter anderem aus drei im Nachlass erhaltenen Briefen erschließen, die Jarno im September 1901 an Léon sandte[71]. In den ersten beiden Briefen, verfasst am 1.9. und 3.9.1901, schreibt er, dass er den „Hosenkönig", den ihm Léon übermittelt hatte, gelesen habe, dass ihm die Komödie gefalle, weil sie sehr humorvoll sei, dass er sie auch produzieren wolle, aber noch keinen geeigneten Termin dafür habe. Der dritte Brief, verfasst am 16.9.1901, handelt dann – in einem merkbar verärgerten Ton – davon, dass Léon über seinen Berliner Verlag A. Entsch von Jarno einen fixen Termin und vor allem die Besetzung der weiblichen Hauptrolle mit Annie Dirkens einfordern hatte lassen. Dazu vermerkte Jarno, dass er das Stück nur aufführen werde, wenn es ihm Léon ohne „Soubrettenzwang" und Terminvorgabe überlasse. Jarno konnte sich offenbar gegen Léons Forderungen durchsetzen, denn „Der Hosenkönig" wurde am 14.11.1901 im Theater in der Josefstadt aufgeführt, die weibliche Hauptrolle spielte dabei Julie Kopácsi-Karczag. Sie verkörperte die Varieté-Künstlerin Bibiana, die von drei Männern umschwärmt wird, von denen einer ein Schneider – der „Hosenkönig" von London – ist. Die Konkurrenz der drei im Werben um Bibiana und das unvermutete Auftauchen der Ehefrauen sorgen für zahlreiche turbulente und komische Situationen.

Erhalten geblieben ist „Der Hosenkönig" lediglich in den Zensurakten im Niederösterreichischen Landesarchiv.[72] Die Zensurbehörde genehmigte die Aufführung, wobei der Zensor vermerkte, „dass das vorliegende Bühnenwerk im Wesentlichen

---

69 Bauer, Anton – Gustav Kropatschek: 200 Jahre Theater in der Josefstadt. 1788-1988. Wien 1988. S. 83.
70 Der Humorist, 20.10.1899, S. 4.
71 Josef Jarno: Briefe an Victor Léon, 1.9., 3.9. u. 16.9.1901. Léon-Nachlass 26/2.1.3.11.
72 Stone, Rudyard [Victor Léon]: Der Hosenkönig. Zensur-Textbuch, NÖ Landesarchiv, NÖ Reg. Präs Theater ZA 1901/6529 K 39.

dasselbe Sujet behandelt, wie der mit dem Erlasse vom 15. März 1899 Z.1871 Pr. zur Aufführung im Carl-Theater zugelassene und daselbst am 22. April 1899 zum ersten Male dargestellte 3 aktige Schwank ‚Oberst Pemperton' von Carl Laufs und Jean Kren". Diese starke inhaltliche Ähnlichkeit mit „Oberst Pemperton" mag der Grund dafür gewesen sein, dass Victor Léon (der auch in den Zensurakten zum Stück nicht als Autor aufscheint) ein Pseudonym wählte. Durch dieses ließen sich später nicht nur Anton Bauer und Gustav Kropatschek täuschen, die in ihrer Josefstadt-Geschichte Rudyard Stone als Autor des Werkes angeben[73], sondern auch in den Premierenberichten einiger Wiener Kritiker galt „Der Hosenkönig" als ein englisches Originalstück, das „importirt und appretirt worden ist"[74]. Das „Neue Wiener Journal" hingegen wusste, dass sich „hinter dem ehrenwerten Herrn Rudyard Stone der ebenso ehrenwerte Herr Victor Leon"[75] verberge. Auch „Der Humorist" kannte den wahren Verfasser und gab überdies „J. Wilhelm" als Koautor an.[76] Gemeint ist damit der Librettist Julius Wilhelm (1871-1941), der damals am Beginn seiner Laufbahn stand und wenig später auch am Libretto der Operette „Der Rastelbinder" mitarbeiten sollte. Sowohl das „Neue Wiener Journal" als auch „Der Humorist" verwiesen auf die Ähnlichkeit mit „Oberst Pemperton", meinten aber übereinstimmend, dass die Produktion im Theater in der Josefstadt „ein anderes Gesicht" habe als das „dumme"[77] Stück von Laufs und Kren.

Nach insgesamt zwölf En-suite-Aufführungen wurde „Der Hosenkönig" nicht mehr in der Josefstadt gezeigt. Im Mai 1921 aber war das Stück als Produktion der Rolandbühne im Lustspieltheater im Prater zu sehen. Die Burleske hatte mit „Lottis Generalstab" einen neuen Titel bekommen, war aber im Übrigen nicht verändert worden und wieder schien als Autor Rudyard Stone auf.[78]

Im Theater in der Josefstadt wurde nach dem „Hosenkönig" kein weiteres neues Stück von Victor Léon mehr aufgeführt. Zwar findet sich im Léon-Nachlass ein kurzer Brief von Josef Jarno aus dem August 1908, in dem Jarno bedauert, ein von Léon angekündigtes Textbuch nicht bekommen zu haben. „Es täte mir aufrichtig leid, wenn Sie Ihren mir so sympathischen Entschluß wieder geändert hätten"[79], schließt Jarno sein Schreiben. Er hatte also in Erwägung gezogen, in der Josefstadt ein Stück, das ihm Léon vorgeschlagen hatte, aufzuführen – Léon aber hatte offenbar die Sache nicht weiterverfolgt. Um welches Werk es sich handelte, ist nicht bekannt.

---

73 Bauer – Kropatschek: Josefstadt. S. 285. Bauer und Kropatschek geben für den „Hosenkönig" nur eine einzige Aufführung an, tatsächlich aber waren es zwölf.
74 Wiener Zeitung, 15.11.1901, S. 9.
75 Neues Wiener Journal, 15.11.1901, S. 11.
76 Der Humorist, 20.11.1901, S. 2.
77 Neues Wiener Journal, 15.11.1901, S. 11.
78 Stone, Rusyard [Victor Léon]: Lottis Generalstab. Zensur-Textbuch, NÖ Landesarchiv, NÖ Reg. Präs Theater TB K 479/17. Aufgrund eines Tippfehlers im Textbuch ist der Autor im Zensurarchiv als „Stone Rusyard" verzeichnet.
79 Josef Jarno: Brief an Victor Léon, 5.8.1908. Léon-Nachlass 26/2.1.3.11.

Operetten-Libertinage der Jahrhundertwende: „Der Opernball"

Der größte Erfolg des Librettistenduos Victor Léon und Heinrich von Waldberg war die Operette „Der Opernball" mit der Musik von Richard Heuberger[1]. Die Uraufführung fand am 5.1.1898 im Theater an der Wien statt. Regie führte die Direktorin des Hauses, Alexandrine von Schönerer, die im Verlauf des Jahres 1898 den „Opernball" noch weitere 95 Mal aufführen ließ. Sehr rasch wurde das Werk, das sich bis heute auf den Spielplänen findet, von zahlreichen in- und ausländischen Bühnen übernommen: So etwa war es noch im Uraufführungsjahr in Berlin, Brünn, Prag, Helsinki und Basel zu sehen.[2]

Das Libretto zum „Opernball" basiert auf der Komödie „Les Dominos roses" von Alfred Delacour und Alfred Hennequin, die am 17.4.1876 im Théâtre du Vaudeville in Paris uraufgeführt worden war. Mit diesem Stück hatten Léon und Waldberg eine etwas andere Wahl als sonst getroffen – denn meist waren es neue, erst vor kurzem in der Originalsprache herausgekommene Texte, die sie als Vorlage benutzten, oder zumindest solche, die dem Wiener Publikum kaum bekannt waren. „Les Dominos roses" hingegen war schon 1877 unter dem Titel „Die Rosa-Dominos" mit großem Erfolg im Wiener Stadt-Theater aufgeführt worden und als „legendäre" Produktion in der Erinnerung von Publikum und Kritikern präsent geblieben. Dies führte dazu, dass dem „Opernball" zwar von vorneherein ein hohes Zuschauerinteresse sicher war, dass aber das Textbuch – zumindest zu Beginn, als der große Erfolg des Werkes noch nicht feststand – sehr kritisch an der populären Vorlage gemessen wurde.

Zur Frage, warum Léon und Waldberg beim „Opernball" von ihrem üblichen Konzept der Novität abgingen, gibt es von Seiten der beiden Librettisten keine konkrete Antwort – und zur Frage, von wem die Initiative zur Stoffwahl ausging, liegen widersprüchliche Aussagen von Waldberg und Heuberger einerseits und Léon andererseits vor. Der Musikwissenschaftler Peter Grunsky konnte für seine Dissertation

---

1 Richard Heuberger, geb. 18.6.1850 in Graz, gest. 28.10.1914 in Wien. 1867-1873 Studium an der Technischen Universität in Graz (Bauingenieur), gleichzeitig Chormeister des „Techniker-Sängerchores". 1876 übersiedelte Heuberger nach Wien und war als Komponist (Opern, Operetten, Chorwerke, Ballette), Chordirigent, Musikkritiker, Musikschriftsteller und als Lehrer am Wiener Konservatorium tätig.

2 Grunsky, Peter: Richard Heuberger. Leben und Werk. Diss., Universität Wien, 1998, Bd. 1, S. 169.

und für seine Richard Heuberger-Biografie[3] den in Privatbesitz befindlichen Nachlass des Komponisten einsehen. Darin, so Grunsky, befinden sich handschriftliche Aufzeichnungen, in denen Heuberger auch über die Wahl der „Rosa-Dominos" als Operettenvorlage berichtet:

„Der Plan, das Lustspiel ‚Die rosa Dominos' einer Oper oder Operette zugrunde zu legen, ging gleichzeitig von Herrn von Waldberg und von mir aus. Ich hatte ihn zur Besprechung einer Angelegenheit dieser Art in ein Kaffeehaus in der Inneren Stadt Wien gebeten und war mit der von meiner Frau besonders lebhaft genährten Absicht gekommen, ihm ‚Rosa Domino' [!] vorzuschlagen. Als von Waldberg kam – er hatte noch nicht seinen Rock abgelegt –, sagte er auf meine Anregung, ohne daß ich ihm das Stück genannt hätte: ‚Ich weiß nur eins: Rosa Domino!' Die Sache war entschieden."[4]

Victor Léon hingegen berichtet in einem im Nachlass erhaltenen, 17-seitigen Typoskript, das auf der ersten Seite den handschriftlichen Zusatz „Beiträge zu einer Biographie Heuberger" trägt:

„Als der so eminent begabte Richard Heuberger – nach dem in der Hofoper erzielten Erfolge einer Oper ‚Gringoire' von Ignaz Brüll, zu der ich das Buch verfasst habe – an mich herantrat, ihm ebenfalls ein Opernlibretto zu schreiben, refüsierte ich. Aber – ich hatte seine so ganz ausserordentliche Begabung für graziöse, leichtfüssige und – ich möchte sagen – pointierte Melodik erkannt, er erschien mir im musikalischen Sinne als ein deutscher Pariser – aber: ich stellte mich ihm zur Verfügung für eine Operette. Ihn ergriff zunächst ein Horror. Ich hatte damals gerade ein Buch (mit Heinrich von Waldberg) unter der Feder, den ‚Opernball'. Davon sprach ich ihm. Er wollte es immerhin kennen lernen. Als er es gelesen – soweit es damals fertig war – kam er direkt enthusiastisch: dies sei ja die komische Oper, wie er sich sie wünsche, jedoch ohne Dialog und durchcomponierbar. Ich widersprach ihm nicht, meinte aber: als Operette hätte die Sache mehr Chancen. Er erwiderte: Er mache keine Operetten. Indessen hatte er an dem Buche – wie man so sagt – ‚einen Narren gefressen'. Er componierte es. Er componierte es als Operette."[5]

Wie der tatsächliche Ablauf war, ist wohl nicht mehr nachvollziehbar. Victor Léons Erwähnung der Oper „Gringoire" deutet allerdings auf einen relativ frühen Kontakt zwischen Heuberger und Léon hin, denn „Gringoire" war am 4.10.1892 erstmals in Wien gezeigt worden, die gemeinsame Arbeit am Opernball allerdings erfolgte erst 1895/96.[6] Vielleicht war der Plan zur Bearbeitung der „Rosa-Dominos" nach ersten Gesprächen zwischen Léon und Heuberger zunächst nicht weiterverfolgt worden und das spätere Wieder-darauf-Zurückkommen tatsächlich von Heuberger ausgegangen. Die Aufzeichnungen Richard Heubergers aber liefern auf jeden Fall einen kleinen Hinweis darauf, welche Rolle Heinrich von Waldberg in der Zusammenarbeit mit

---

3 Grunsky, Peter: Richard Heuberger. Der Operettenprofessor. Wien 2002.
4 Ebd., S. 106.
5 Léon, Victor: Beiträge zu einer Biographie Heuberger, S. 1. Léon-Nachlass 19/1.8. Das Typoskript ist nicht datiert, ist aber, wie aus dem Inhalt erschließbar, nach dem Tod Heubergers, d.h. nach 1914, entstanden.
6 Grunsky: Diss., Bd. 1, S. 143.

Victor Léon hatte: Denn Waldberg erscheint hier als eine Art Emissär, der auch die Aufgabe hatte, die jeweils fertigen Textteile an den Komponisten weiterzugeben. Dies geht aus der Bemerkung Heubergers hervor: „Von Waldberg lieferte bald genügend Text; ich begann eifrig zu komponieren."[7]

Mit ihrem „Opernball"-Libretto hielten sich Victor Léon und Heinrich von Waldberg im Wesentlichen an den Handlungsablauf der Komödie von Delacour und Hennequin. Als Basis für ihr Libretto verwendeten sie, wie wortwörtliche Übernahmen beweisen, die deutsche Übersetzung von Rudolf Schelcher.[8] Ein Zurückgehen auf das französische Original war für ihre Zwecke wohl nicht notwendig; außerdem zeigt ein Textvergleich zwischen den „Rosa-Dominos" und „Les Dominos roses", dass sich Schelcher ohnehin eng an das Original gehalten hatte.

So wie der erste Akt der „Rosa-Dominos" spielt auch jener des „Opernballs" in der Pariser Wohnung von Marguerite und Georges Duménil. Zu Gast bei ihnen sind Marguerites Freundin Angèle und deren Mann Paul Aubier, die in Orléans zuhause sind und während des Karnevals einige Tage in Paris verbringen. Hinzu kommen Madame und Monsieur Beaubuisson, die Angèles Tante und Onkel sind, sowie Angèles Cousin Henri, ein junger Seekadett. Marguerite und Angèle beschließen, ihre Ehemänner auf die Probe zu stellen. Denn während Marguerite meint, dass jeder Mann seine Frau betrüge, wenn er nur die Gelegenheit dazu erhalte, ist Angèle überzeugt, dass ihr Mann dies nie tun würde. Um festzustellen, wer recht habe, diktieren sie dem Stubenmädchen Hortense für jeden der beiden Männer einen Brief. Beide Schreiben, die durch ein Briefpapier mit aufgedruckter Adelskrone vornehm und geheimnisvoll wirken, enthalten eine Einladung zu einem Rendezvous beim Opernball, ohne dass jedoch eine Absenderin angegeben ist. Das Erkennungszeichen beim Ball soll der rosa Domino der unbekannten Briefschreiberin sein. Einen solchen capeartigen Seidenumhang mit Kapuze besitzt Marguerite von früheren Ballbesuchen, und sie trägt Hortense auf, bei einer Schneiderin einen gleichen Domino für Angèle fertigen zu lassen. Hortense meint, dass der Domino schon abgetragen sei und die Schneiderin für beide Frauen einen neuen Umhang herstellen solle. Denn in dem vorhandenen will sie selbst inkognito zu einem Rendezvous in die Oper. Ohne dass es Marguerite und Angèle bemerken, schreibt sie einen dritten Brief, den sie dem in sie verliebten Henri zukommen lässt, während die beiden anderen Briefe an Georges und Paul gehen.

Der zweite Akt spielt am selben Abend in der Pariser Oper, wo sich nicht nur die von den Briefen angelockten Georges, Paul und Henri einfinden, sondern auch Beaubuisson, der den Besuch seiner Ehefrau bei einer Freundin dazu nutzt, mit der Schauspielerin Fedora in einem Chambre séparée zu soupieren. In den drei benachbarten Séparées finden die brieflich angekündigten Rendezvous statt. Angèle und Marguerite haben beschlossen, jeweils zum Treffen mit dem Mann der anderen zu gehen: Angèle zu Georges und Marguerite zu Paul. Hortense hat mittlerweile ihr Stelldichein mit Henri. Keiner der drei Männer kann herausfinden, wer seine maskierte Rendezvouspartnerin im rosa Domino ist. Daher kommt es im Verlauf des Abends zu einer Reihe von Verwechslungen. Denn als Hortense, die sich auf den

---

7 Ebd., S. 143.
8 Delacour, Alfred – Alfred Hennequin: Die Rosa-Dominos. Posse in drei Aufzügen. Deutsch von R. [Rudolf] Schelcher. Leipzig o.J.

Heimweg machen will, im Foyer zunächst auf Georges und dann auf Paul trifft, die aus ihren Séparées gerufen worden waren, wird sie von diesen nicht erkannt, sondern für die jeweils eigene Rendezvouspartnerin gehalten. Als Georges Hortense küsst, sieht dies Marguerite, die gerade aus ihrem Séparée tritt. Da Marguerite nichts von der Anwesenheit Hortenses weiß, hält sie diese für Angèle. Der gleiche Irrtum unterläuft wenig später Angèle, als sie meint, dass die Frau im rosa Domino, die ihr Mann im Foyer umarmt, Marguerite ist.

Der dritte Akt spielt am nächsten Morgen, wieder in der Wohnung von Marguerite und Georges. Angèle ist verweint, weil sich Paul durch den Ballbesuch als untreu erwiesen hat, Marguerite gibt sich etwas gelassener und meint, dass man die „kleinen Lügen" der Ehemänner eben hinnehmen müsse. Noch bevor aber die beiden ihre Männer wegen des Opernballbesuches zur Rede stellen können, entdeckt Georges einen auf dem Schreibtisch vergessenen Bogen des Briefpapiers und errät, dass Angèle und Marguerite die geheimnisvollen Domino-Trägerinnen waren. Er warnt Paul und beide geben nun vor, ohnehin gewusst zu haben, dass ihre Frauen auf dem Opernball waren. Als dann aber sowohl Georges als auch Paul erwähnen, dass ihre Rendezvous-Partnerinnen zwar zunächst sehr zurückhaltend waren, zum Schluss aber hingebungs- und temperamentvoll, und dass der eine den Domino seiner Partnerin zerriss und der andere mit der Zigarette ein Loch einbrannte, kommt es zum Eklat. Denn als die Männer erfahren, dass sie mit der Frau des jeweils anderen zusammen waren, drohen sie einander ein Duell an, während Marguerite und Angèle, in der Meinung, die Hingebungsvolle sei die jeweils andere gewesen, einander die Freundschaft aufkündigen wollen. Allerdings zeigt sich, dass die Dominos beider Frauen unversehrt sind, und es ist Hortense, die schließlich die Sache aufklärt: Denn ihr Domino ist zerrissen und hat ein kleines Brandloch. Die Ehepaare versöhnen sich miteinander, und zwischen Hortense und Henri scheint sich eine weitere Beziehung anzubahnen.

Der Text des „Opernballs" hält sich in weiten Teilen an jenen der „Rosa Dominos", hinzugefügt aber wurden – den Anforderungen der Operette entsprechend – zahlreiche Gesangsstücke. Das bekannteste davon ist das Duett von Hortense und Henri aus dem 2. Akt „Geh'n wir in's Chambre séparée", das bis heute sehr populär und bei vielen Konzerten und auf zahlreichen Tonträgern zu hören ist. Das kurze Duett steht am Beginn der Begegnung von Hortense und Henri in der Oper: Die beiden treffen einander, nach einem „verlegenen" „Madame" von Henri und einem „coquetten" „Monsieur" von Hortense sagt Henri: „Sie seh'n, ich bin zur Stell'! O, sagen Sie mir, wer Sie sind". Hortense antwortet: „Gemach! Nicht gar so schnell!" und, so die Regieanweisung, „nimmt seinen Arm, lehnt sich an ihn" und stimmt das Duett an: „Geh'n wir in's Chambre séparée / Ach, zu dem süßen tet à tet [!] – / dort beim Champagner und beim Souper / Man leichter sich Alles gesteht!"

In den „Rosa Dominos" gibt es keine derartige Szene eines ersten Treffens vor dem Séparée. Dass Hortense und Henri einander in der Oper gefunden haben, erschließt sich in der Komödie aus Henris erstem Auftritt im zweiten Akt (der in den „Rosa Dominos" nicht in der Oper, sondern „in einem feinen Restaurant"[9] spielt): Henri kommt „sehr rot" aus einem der Séparées, bestellt „noch eine Flasche Champagner" und berichtet in einem Monolog, dass seine Rendezvous-Partnerin sich noch nicht demaskieren wolle, dass sie dies aber „mit Hilfe der zweiten Flasche" hoffent-

---

9 Ebd., S. 33.

lich tun werde, da sie ohnehin „schon recht lustig" sei[10]. Der Originaltext ist hier also weniger direkt als das Operettenlibretto und operiert wesentlich stärker mit Anspielungen.

Notentitelblatt „Im Chambre Séparée" (Ausschnitt)

Jene Änderungen und Ergänzungen, die von Léon und Waldberg für das Libretto vorgenommen wurden, waren nach der Uraufführung des „Opernballs" einer der Hauptkritikpunkte der Rezensenten. So etwa schrieb das Wiener „Fremden-Blatt":

„Die Herren Victor Léon und H. v. Waldberg hatten den Einfall, den pikanten Schwank ‚Die Rosa-dominos', der einst im seligen Stadttheater Lachstürme hervorrief, zu einem Operettentext zu verarbeiten. Der Einfall war gut und die Verarbeitung gerieth so – gründlich, daß dieses zweistündige theatralische Sprühteufelchen in dem librettistischen Prokrustesbette fast zu doppelter Länge ausgewalzt wurde. Und das ist schade! […] Die Operette ‚Der Opernball' kann sich nur dann eines dauerhaften Erfolges erfreuen, wenn sich die Autoren entschließen, mit den vielen Zuthaten aufzuräumen und sich getreuer an die flotte Lustspielfaçon des Originals zu halten."[11]

In einer weiteren Besprechung, die einige Tage später erschien, konzedierte das „Fremden-Blatt" den beiden Librettisten allerdings, dass sie durch die Personenkonstellation des Stückes und die Wünsche der Darstellerinnen zu zahlreichen Erweiterungen gezwungen gewesen waren:

---

10 Ebd., S. 37.
11 Fremden-Blatt, 6.1.1898, S. 8f.

„Man denke nur: Nicht weniger als vier Damen, darunter zwei Primadonnen, waren in der Heuberger'schen Operette ‚Der Opernball' befriedigend zu beschäftigen. Welch eine Pein für die Librettisten, für den Komponisten und für die Direktorin. Man hat den Librettisten Leon und Waldberg den Vorwurf gemacht, daß sie das Buch ihrer Operette mit zu vielen Coupleteinlagen versehen hätten. Es werfe einen Stein auf sie, wer gegenüber den Bitten, Forderungen, Drohungen, Klagen und Thränen vierer Operettenkünstlerinnen hartherziger sein könnte, als die weichherzigen Operettendichter Leon und Waldberg."[12]

Bei den „vier Damen", die „befriedigend zu beschäftigen" waren, für die also größere Gesangspartien zu textieren waren, handelte es sich um die Darstellerinnen der Angèle, der Marguerite, der Hortense und um jene des Henri, da dieser Part als Hosenrolle konzipiert war (was ebenfalls eine Änderung gegenüber den „Rosa Dominos" war). Hinzu kamen noch zwei weitere größere Frauenrollen, nämlich die als Typus der „komischen Alten" angelegte Madame Beaubuisson und die Schauspielerin Fedora. Diese relativ hohe Zahl an markanten Frauenrollen war auch der Grund dafür, dass das Werk erst rund eineinhalb Jahre nach seiner Fertigstellung[13] uraufgeführt wurde, allerdings nicht, wie zunächst vorgesehen, im Carl-Theater. In seinen „Beiträgen zu einer Biographie Heuberger" schreibt Victor Léon dazu:

„Zur Zeit, als das Stück aufführungsreif geworden, war ich Oberregisseur und artistischer Functionär am Wiener Carltheater unter Director Jauner. Ich hatte die Verpflichtung alles, was ich in diesem Genre schrieb, zunächst dem Carltheater anzubieten. Dies geschah auch mit dem ‚Opernball'. Jauner fand Gefallen an Buch und Musik, aber durchaus nicht an der Menge der Damenpartien. ‚Das können wir ja nie aufführen', sagte er zu mir. ‚Ich versteh' Sie überhaupt nicht; wie können Sie als practischer Theaterfachmann sechs bedeutendere Damenrollen schreiben. Wir sind doch froh, wenn wir zwei richtig besetzen können, höchstens drei!' Es war also nichts."[14]

Auch Heinrich von Waldberg bestätigte später (als „Der Opernball" 1931 in der Wiener Staatsoper aufgeführt wurde) in einem Zeitungsartikel, dass Franz Jauner den „Opernball" zwar für das Carl-Theater annahm, dann aber wegen Besetzungsproblemen keinen Aufführungstermin festlegte. Jauners Verhalten führte dazu, dass Léon und Waldberg das „Opernball"-Projekt Alexandrine von Schönerer vorlegten und diese sich bereit erklärte, die Operette im Theater an der Wien herauszubringen.[15] Dazu Heinrich von Waldberg: „Jetzt zögerte aber Jauner, das Werk freizugeben. ‚Am Ende wird es ein großer Erfolg, und man ist der Blamierte.' So bestand Jauner da-

---

12 Fremden-Blatt, 9.1.1898, S. 9.
13 Die fertige Partitur lag am 16.5.1896 vor (vgl. Grunsky: Diss., Bd. 1, S. 145); das Textbuch wurde von der Zensurbehörde – ohne wesentliche Streichungen – am 22.7.1896 zur Aufführung genehmigt (NÖ Landesarchiv, NÖ Reg. Präs Theater ZA 1896/5410 K 34).
14 Léon: Biographie Heuberger, S. 2. Léon-Nachlass 19/1.8.
15 Als am 5.1.1898 im Theater an der Wien der „Opernball" uraufgeführt wurde, gab es auch im Carl-Theater eine Uraufführung – nämlich jene von Theodor Herzls Schauspiel „Das neue Ghetto".

rauf, daß wir ausdrücklich in einem Revers feststellten, nur auf unser Verlangen habe er auf die Operette verzichtet."[16]

Alexandrine von Schönerer hatte offenbar keine Probleme mit der Besetzung der weiblichen Rollen: Die Rolle der Hortense wurde von Annie Dirkens verkörpert, die Angèle von Marie Ottmann, die Marguerite von Hansi Reichsberg, als Madame Beaubuisson war Lori Stubel zu sehen und als Fedora Therese Biedermann. Den Henri spielte bei der Uraufführung Johanna Frey – allerdings war sie nur die zweite Besetzung, die für Ilka Pálmay eingesprungen war. Offiziell hieß es, dass Pálmay, die damals einer der Stars der Operettenszene war, „in Folge einer leichten Erkrankung"[17] nicht spielen konnte. Tatsächlich aber, so berichteten die Zeitungen, war der Grund für Pálmays Absage die Rivalität zwischen ihr und Annie Dirkens. So etwa schrieb das „Fremden-Blatt":

„Die Künstlerin [Ilka Pálmay] hatte sich von der Bühne aus in ihre Garderobe begeben, um mit Herrn Godlewsky[18] die Schritte eines englischen Tanzcouplets zu studiren, das sie im ‚Opernball' hätte singen sollen. Da tönten plötzlich fremde Töne an ihr Ohr. Fräulein Dierkens[19] probirte eben ein Lied, das sie, Frau Palmay, bisher noch nicht gekannt hatte. Es war also offenbar – so dachte sie – eine für Fräulein Dierkens speziell vorbereitete Einlage. Frau Palmay machte noch die Probe bis zum Schlusse mit und mußte dann erklären, daß sie weiter nicht mitthun könne, denn sie war wirklich krank geworden."[20]

Auch Victor Léon berichtet in seinen „Beiträgen zu einer Biographie Heuberger" von Ilka Pálmays Absage. Pálmay habe sich, so Léon, „immer als Gräfin betrachtet sehen" wollen und sich auch entsprechend gegeben – ganz im Gegensatz zu Annie Dirkens und zur Fedora-Darstellerin Therese Biedermann, die zwar auch adelig verheiratet beziehungsweise liiert waren[21], die aber – so Léon – „in der Wahl ihrer Wörter nicht gerade zimperlich" waren und auf Pálmays Verhalten in provokanter Weise reagierten:

„Die Palmay tat immer so, als überhörte sie die kleinen und grösseren Derbheiten, die wohl absichtlich, um sie zu ärgern, gerade in ihrer Gegenwart bei den Proben fielen. Je mehr sie das tat, desto aggressiver wurden die genannten Colleginnen. Und als es einmal gar zu arg wurde, fuhr die Palmay sie an: ‚Vergessen Sie nicht, dass ich Gräfin bin!' Worauf die Biedermann höhnte: ‚Geh', tu' Dir nix an, Du g'spreizte Nocken!' Und die Dierkens: ‚Na, weisst Du, so eine Gräfin wie Du, die bin ich schon lange!' Statt jeder Entgegnung verliess die Palmay die Probe. Der

---

16 Neues Wiener Tagblatt, 16.1.1931, S. 9.
17 Der Humorist, 10.1.1898, S. 4.
18 Carl Godlewsky (auch: Godlewski), 1862-1949, war Akrobat, Tänzer und Choreograph. Ab 1893 war er Solotänzer und später Ballettmeister an der Wiener Oper.
19 Der Name der Künstlerin kommt sowohl in der Form „Dirkens" als auch „Dierkens" vor; die in Dokumenten verwendete Form ist „Dirkens".
20 Fremden-Blatt, 9.1.1898, S. 9.
21 Annie Dirkens heiratete einige Monate nach der „Opernball"-Uraufführung, am 14.7.1898, Wilhelm von Hammerstein-Equord und wurde dadurch zur Baronin; Therese Biedermann war seit Anfang der 1890er Jahre mit Richard Edlem von Singer verheiratet.

Direction teilte sie mit: sie spiele nicht mit der Dierkens. Das begab sich einen Tag vor der Generalprobe. Alle Bemühungen, sie zum Spielen zu bewegen, waren vergebens."²²

Die Absage von Ilka Pálmay war, so Léon, „eine Katastrophe, nahezu ein Todesurteil für das Werk", auch wenn die Zweitbesetzung Johanna Frey eine „gute Kraft" war: „Aber das Wiener Publikum will immer eine spezielle Attraktion. Diese wäre die Palmay gewesen. Da sie fehlte, fehlte auch die Zugkraft für das Publikum. In Wien kommt oder kam es eben mehr auf den Darsteller als auf das Werk an."²³

Theaterdirektorin und „Opernball"-Regisseurin Alexandrine von Schönerer fürchtete, dass die Produktion zu einem Misserfolg werden könnte. Sie setzte daher alles daran – so berichtet Léon –, um Ilka Pálmay zu einem Auftreten zu bewegen. Es gelang ihr (wenn auch mit Verspätung), und ab 29.1.1898 spielte Pálmay den Henri. Ihr erstes Auftreten in dieser Rolle fand anlässlich der 25. Aufführung des „Opernballs" statt, was der Vorstellung, wie die „Neue Freie Presse" schrieb, den Charakter „einer glänzenden Premiere" verlieh: „Zur Feier des Jubiläums dirigierte der Componist die Vorstellung; [...] Die Darsteller, die unzähligemal mit Herrn Heuberger gerufen wurden, erhielten massenhafte und prächtige Blumenspenden überreicht. Nach der heutigen Aufnahme des ‚Opernball' ist kein Zweifel, daß dem Werke jetzt erst recht eine neue Zukunft bevorsteht."²⁴

Auf jene Kritik an dem allzu langen Text, die nach der Uraufführung laut geworden war, hatten Victor Léon und Heinrich von Waldberg offenbar entsprechend reagiert, denn, so vermerkt die „Neue Freie Presse": „Das Libretto amüsirt, nachdem kluge Kürzungen daran vorgenommen wurden, bis zum Schlusse durch seine übermüthige Laune." Besonderes Lob gab es erwartungsgemäß für Ilka Pálmay: „Den jungen, sich an seinen frühzeitigen Abenteuern sonnenden Seecadet charakterisirte sie mit so hinreißender Laune, elegant und degagirt, daß sie unaufhörlich fröhlichste Stimmung im Hause verbreitete. Es war ein auserlesenes Vergnügen, Frau Palmay vereint mit Fräulein Dirkens wirken zu sehen [...] Selten dürften zwei so ausgezeichnete Soubretten gemeinschaftlich in einem Stücke thätig sein."²⁵

Mit den Publikumslieblingen Ilka Pálmay in der Rolle des Henri und Annie Dirkens als Hortense kam auch jene Szene besonders gut an, mit der Léon und Waldberg das Stück eröffnen, die aber in den „Rosa-Dominos" fehlt. Die Operettenhandlung setzt mit einem Duett ein, in dem der junge Seekadett dem Stubenmädchen vorprahlt, dass er eine Reise um die Welt gemacht, dabei immer nur an sie gedacht und für sie auch ein Lied gedichtet habe. Hortense antwortet darauf nach jeder Strophe mit dem Refrain: „Wer's glaubt, wer's glaubt, wer's glaubt". Dann übernimmt sie den Hauptpart, spottet, dass Henri noch nie eine Weltreise gemacht habe, sondern bisher nur „die Schulbank blank gewetzt" und das Lied irgendwo abgeschrieben habe, worauf nun Henri jeweils mit dem „Wer's glaubt"-Refrain antwortet. Im anschließenden Dialog erzählt Henri, dass er von seiner Reise das „Costüm einer Südseeinsulanerin" mitgebracht habe. Als Hortense dieses sehen will, zieht Henri einige bunte Federn aus seiner Tasche und sagt: „Ich habe sie eben gekauft" – was seine

---

22 Léon: Biographie Heuberger, S. 3f. Léon-Nachlass 19/1.8.
23 Ebd., S. 4.
24 Neue Freie Presse, 30.1.1898, S. 8.
25 Ebd.

Prahlerei in komischer Weise deutlich macht. Hortense reagiert mit der Frage: „Färbige Federn? Ist das Alles?", worauf Henri erwidert: „Wenn die Südseeinsulanerinnen nicht mehr anhaben...? Es dürfte auch Sie famos kleiden!" Mit Hortenses – laut Regieanweisung „schamhaftem" – Ausruf „Aber junger Herr!" endet die Szene. Erst danach folgt der Auftritt des Ehepaares Beaubuisson, mit dem in den „Rosa Dominos" das Stück beginnt.

Mit dem Einfügen dieser Eröffnungsszene veränderten Léon und Waldberg die Gewichtung in der Personenkonstellation gegenüber der französischen Vorlage. Waren dort Hortense und Henri als zweitrangige Rollen angelegt, so wurden die beiden im „Opernball" – als das operettentypische Buffopaar – zu zentralen Akteuren, was bei der Produktion 1898 im Theater an der Wien durch die Starbesetzung mit Pálmay und Dirkens besonders betont wurde. Der Auftritt von Hortense und Henri verlieh dem Stück von Beginn an jenen erotischen Charakter, der vielfach prägend für die Operette des späten 19. Jahrhunderts war. Dabei war es nicht so sehr das Einander-Umwerben der beiden, das die erotische Wirkung ausmachte, sondern diese basierte vor allem darauf, dass zum einen der Part des Henri im „Opernball" als Hosenrolle und damit als eine für die Zeitgenossen besonders effektvolle Inszenierung von Weiblichkeit angelegt war, und dass zum anderen die Figur des Stubenmädchens per se stark mit sexuellen Assoziationen verbunden war. Stubenmädchen wurden im Unterhaltungstheater jener Zeit oft als kokett und als durchaus bereitwillig gegenüber den sexuellen Annäherungen ihrer Dienstgeber präsentiert. Es waren dies Klischees, die der Lebenswelt des Publikums zu entsprechen schienen – allerdings handelte es sich in der Realität weniger um sexuelle Bereitwilligkeit als darum, dass Stubenmädchen (wie alle Dienstboten) ihren Arbeitgebern weitgehend rechtlos ausgeliefert waren[26] und damit auch Opfer sexueller Übergriffe wurden.

Die Hortense des „Opernballs" verkörpert zwar den Rollentypus des Stubenmädchens, unterscheidet sich aber merklich von den entsprechenden Figuren in anderen Stücken der Zeit und vor allem auch von der Hortense in den „Rosa Dominos". Im Stück von Delacour und Hennequin endet der Part der Hortense mit dem Ende des zweiten Aktes. Danach verschwindet sie im wahrsten Sinne des Wortes von der Bildfläche und hat keinen weiteren Auftritt mehr. Die Lösung des Rätsels um den dritten Domino bringt der Hausdiener Germain in der letzten Szene des Stückes in Form des beschädigten Kleidungsstückes, das er Marguerite übergibt:

„Germain: Hortense ist fort, Madame.
Marguerite: Fort? Ohne mich zu fragen.
Germain: Sie hat alle ihre Sachen mitgenommen und nur diesen Domino in ihrem Zimmer zurückgelassen."[27]

---

26 So etwa wurde in Österreich erst 1911 das Züchtigungsrecht der Dienstgeber gegenüber ihren Hausangestellten gesetzlich aufgehoben, und erst 1920 wurden die arbeitsrechtlichen Grundlagen der Dienstverhältnisse per Gesetz festgeschrieben. Siehe dazu: Casutt, Marcus: Häusliches Dienstpersonal (insbesondere Dienstmädchen) im Wien des 19. Jahrhunderts. Diss., Universität Wien, 1995.

27 Delacour – Hennequin: Die Rosa-Dominos, S. 82f.

Nachdem auf dem Domino die entsprechenden Indizien entdeckt werden (in den „Rosa-Dominos" sind es nicht nur ein Riss und ein Brandloch, sondern auch ein Kaffeefleck) und damit klar ist, dass Hortense die mysteriöse dritte Rendezvous-Partnerin war, sagt Marguerite „spöttisch" (so die Regieanweisung): „Meine Herren – mein Kompliment zu Ihrer Eroberung!"; und Angèle flüstert ihrem Mann zu: „Das geschieht dir recht." Diese beiden Bemerkungen machen deutlich, welch geringen Status Hortense als Frau innerhalb der in den „Rosa Dominos" präsentierten bourgeoisen Gesellschaft hat: Sie ist lediglich Sexualobjekt, und da sie – sozusagen als Teil des Haushaltsinventars – ohnehin stets verfügbar ist, erscheint die Mühe der Männer, sie zu erobern, als lächerlich. Mit dem Stubenmädchen außerhalb des Hauses, in einem repräsentativen Rahmen, ein erotisches Zusammentreffen zu haben, ist derart deplatziert, dass die Ehefrauen umso leichter mit Spott darüber hinweggehen können. In den „Rosa Dominos" folgt daher auch umgehend die Versöhnung der Ehepaare, und mit der Aussicht, im nächsten Karneval den Ball gemeinsam zu besuchen, endet das Stück. Über das Schicksal Hortenses macht sich niemand irgendwelche Gedanken – obwohl sie, wie anzunehmen ist, mit ihrem Weggehen ihre gesicherte materielle Existenz aufs Spiel setzt. Hortense aber scheint die Begegnungen während der Ballnacht als so demütigend empfunden zu haben, dass sie für sich keine andere Möglichkeit sah, als vor den Beteiligten zu flüchten. Dies wird bei ihrem letzten Auftritt deutlich, als sie ungeduldig auf die bestellte Kutsche wartet und dabei klagt: „Sind das Abenteuer! Und mein armer Domino, in welchem Zustand! Verbrannt – zerrissen – befleckt!"[28] Dieses „Verbrannt – zerrissen – befleckt" ist eine klare sexuelle Anspielung, die durch die staccatoartige Steigerung hin auf das Befleckt-Sein des „armen" Dominos durchaus auch Vergewaltigungs-Assoziationen enthält. Dass es – anders als in der Operette – drei Übergriffe sind, kommt daher, dass auch Henri zum „Täter" wird. Denn im Gegensatz zum „Opernball" fehlt in den „Rosa Dominos" jene spielerisch-komische Verliebtheitsbeziehung zwischen Hortense und Henri, die von Léon und Waldberg gleich mit der ersten Szene etabliert wird. Für den Henri der „Rosa Dominos" ist Hortense nicht ebenbürtige Partnerin, sondern, so wie für die beiden anderen Männer, lediglich Sexualobjekt – und damit ist es symbolhaft, dass er mit seiner Zigarette ein Loch in den Domino brennt, während Paul für den Riss sorgt und Georges – der als Dienstgeber die stärkste Verfügungsgewalt über das Stubenmädchen hat – den Domino „befleckt". Als dann am Ende des dritten Aktes Hortenses Verschwinden bekannt wird, ist die einzige Reaktion darauf Marguerites empörtes „Fort? Ohne mich zu fragen", womit die Sache für sie und die anderen Anwesenden im Hause Duménil – ebenso wie für das Publikum der Zeit um 1876/77 – offenbar ausreichend kommentiert ist.

Victor Léon und Heinrich von Waldberg hingegen haben für Hortense im „Opernball" eine größere und vor allem auch wesentlich selbstbewusstere Rolle vorgesehen, als ihr in den „Rosa Dominos" zugedacht war. So etwa geht in der Operette die direkte Aufforderung zum Tête-à-Tête nicht etwa von Henri, sondern von Hortense aus. Sie ist es, die das „Geh'n wir in's Chambre séparée" anstimmt, und sie ist insgesamt in der Beziehung der beiden zueinander die Überlegene. Dass der junge Seekadett in sie verliebt ist, schmeichelt ihr, sie versteht sich gut mit ihm, macht sich aber auch gerne über ihn lustig – und eben deshalb wählt sie ihn ganz gezielt als

---

28 Ebd., S. 53.

Partner für das Opernball-Rendezvous aus. In den „Rosa Dominos" hingegen ist es für Hortense nur eine Verlegenheitslösung, dass sie die Einladung zum Ball an Henri gibt, weil sie keinen anderen geeigneten Partner weiß.

Welch zentrale Rolle Hortense im „Opernball" spielt, machten Léon und Waldberg auch dadurch deutlich, dass sie ihr im dritten Akt eine große, einleitende Soloszene zuteilten. Darin berichtet Hortense über den Verlauf des Abends in der Oper, der sie nicht, wie in den „Rosa Dominos", zum Opfer, sondern zur Siegerin im Verwirrspiel und Geschlechterkampf machte. Denn während die Ehepaare erst ihre Enttäuschungen über das Verhalten der jeweiligen Ehepartner überwinden und neue Verwirrungen aufklären müssen, bis es zur Versöhnung kommen kann, ist Hortense in dieser ersten Szene des dritten Aktes „vergnügt", „übermüthig", tanzt, singt, erinnert sich lachend daran, dass der „Seebär" Henri im Chambre séparée sehr „unbeholfen" war, es ihm außerdem „an Moneten gefehlt" habe und daher das Souper, das er servieren ließ, „sehr mager" ausfiel. Die beiden anderen Männer seien im Gegensatz dazu „viel unternehmender" gewesen, Hortense war froh, als sie die beiden „vom Halse hatte", kam dann aber „erst recht ins Gedränge", als sie im Ballsaal Cotillon und Cancan tanzte. „Kichernd" schließt sie: „An den Opernball werd' ich denken" und „beginnt wieder zu tanzen, kommt immer mehr in Feuer und tanzt ab"[29].

Im Gegensatz zu den „Rosa Dominos" ist es Hortense selbst, die das Rätsel um den dritten Domino aufklärt, wobei sie die Schäden an dem Kleidungsstück mit der Feststellung kommentiert: „Ja, wenn die Herren so ungeschickt sind!" Zwar klingt auch in Margueritee darauf folgender Bemerkung: „Meine Herren, ich gratuliere Ihnen! Dazu sind Sie auf den Opernball gegangen!" eine auf sozialem Hochmut basierende Ironie an, Hortense aber wirkt in keiner Weise gedemütigt und ist auch nicht gezwungen, ihre Position im Haus aufzugeben. Bemerkenswert ist vor allem auch die Reaktion Henris: Während er in den „Rosa Dominos" nach der Entdeckung, dass – die nicht mehr anwesende – Hortense der dritte Domino war, enttäuscht auf einen Stuhl sinkt, ist er im „Opernball" erfreut und wendet sich direkt an Hortense mit der rhetorischen Frage: „Also Sie waren die Aristokratin?" – was, da Henri ja im Verlauf des Stückes gleichermaßen für Hortense wie für die unbekannte Aristokratin schwärmt, eine Fortsetzung der Beziehung möglich macht.

Victor Léon und Heinrich von Waldberg lassen in ihrer Präsentation der Hortense also eine veränderte Haltung gegenüber der theatralen Rolle und dem realen Status eines Dienstmädchens erkennen. Der „Opernball" unterscheidet sich in diesem Punkt ganz wesentlich von der Johann Strauss-Operette „Die Fledermaus", mit der er oft verglichen wurde und wird. Zwar handelt auch die 1874 uraufgeführte „Fledermaus" von Verwechslungen bei einem Ball, zwar gibt es auch dort ein Stubenmädchen, das den Ball unerlaubterweise in einem Kleidungsstück ihrer Dienstgeberin besucht, aber die Librettisten Karl Haffner und Richard Genée stellten am Ende die gesellschaftliche Ordnung dadurch wieder her, dass die junge Frau sich in eine neue – und durchaus auch sexuell zu verstehende – Abhängigkeit begibt. Sie bittet den Gefängnisdirektor, den sie beim Ball kennenlernte, sie zur Schauspielerin ausbilden zu lassen und hat auch nichts dagegen, als diese Rolle des „Förderers" dann vom reichen russischen Prinzen Orlofsky übernommen wird, der sich „als Kunstmäzen solch Ta-

---

29 Léon, Victor – Heinrich von Waldberg: Der Opernball. Zensur-Textbuch, Heft 3, S. 1ff. NÖ Landesarchiv, NÖ Reg. Präs Theater TB K 259/06.

lent nicht entgeh'n" lässt. Das Stubenmädchen Hortense im „Opernball" hingegen hat am Ende der Geschehnisse an Individualität, Selbständigkeit und Unabhängigkeit dazugewonnen. Darin zeichnen sich Ansätze zu gesellschaftlichen Veränderungen und vor allem auch ein neues Frauenbild ab, und es erstaunt, dass dieser Aspekt in der (relativ spärlichen) Literatur zum „Opernball" bisher nicht beachtet wurde. So etwa schenkt Volker Klotz in seinem Buch „Operette" der Rolle der Hortense keine Beachtung, sondern formuliert als Resümee der Operette: „Die Männer möchten, aber können nicht, weil sie letztlich so müssen, wie ihre Frauen wollen, dass sie sollen. Ein billiger Trost für die allemal kurz gehaltenen Frauen."[30]

Das Frauenbild, das Victor Léon und Heinrich von Waldberg im „Opernball" präsentierten, wurde von den Zeitgenossen durchaus kontrovers aufgenommen. Wenig Gefallen am Libretto fand etwa der renommierte Kritiker Max Kalbeck. In seiner Besprechung der Operette – prominent platziert auf den Seiten 1 und 2 des „Neuen Wiener Tagblatts" vom 6.1.1898 – ging er ausführlich auf die Gestaltung der Rolle der Hortense ein. Dabei bezog er sich zunächst auf die französische Vorlage und beschrieb Hortense als ein „liederliches Mädchen", „dessen sittliche Grundsätze schon zu tief erschüttert sind, als daß sie noch beschädigt werden könnten"[31]. Kalbeck reproduzierte damit die gängigen Stubenmädchen-Klischees, für ihn war Hortense das negative Gegenbild zu den, wie er schreibt, „anständigen Frauen" Marguerite und Angèle. Besonders missfiel es ihm daher, dass Léon und Waldberg das Stubenmädchen nicht, den „Rosa Dominos" entsprechend, nach dem zweiten Akt verschwinden ließen, sondern ihm die Eröffnungsszene des dritten Aktes zuteilten, „damit die halb ohnmächtige Bacchantin noch einmal in der Erinnerung die Freuden der schwelgerischen Nacht durchpeitsche – ein widerliches Schauspiel, das nur von der die melodramatische Scene einleitenden und begleitenden Musik erträglich gemacht wird. Die Delicatesse der Franzosen ließ das Frauenzimmer verschwinden und behielt dafür den Domino zurück."[32]

Aber nicht nur so manchen Zeitgenossen missfiel die Léon-Waldbergsche Zeichnung des Stubenmädchens, sondern auch die Filmschaffenden der NS-Zeit fanden sie änderungsbedürftig, als 1939 eine Verfilmung der Operette entstand. Produziert wurde der Streifen von der eng dem nationalsozialistischen Regime verbundenen Berliner Terra-Filmkunst GmbH. Regie führte Géza von Bolváry, Heubergers Musik war von Peter Kreuder bearbeitet worden und als Darstellerinnen und Darsteller hatte man mit Marte Harell, Heli Finkenzeller, Fita Benkhoff, Will Dohm, Paul Hörbiger, Hans Moser und Theo Lingen die Stars jener Zeit engagiert. Das Drehbuch stammte von Ernst Marischka[33], dem Bruder von Léons Ex-Schwiegersohn Hubert Marischka.

---

30 Klotz: Operette, S. 433. Insgesamt bewertet Klotz das „Opernball"-Libretto eher schlecht, bezeichnet es als „klobig germanisierten Dutzendschwank" und „rechtsrheinische Verballhornung" eines eleganten französischen Originals, was auf den „allgemeinen Tiefstand der Wiener Operettenschreiberei um 1900" verweise. Allerdings liefert Klotz zu seiner sprachlich-inhaltlichen Kritik keine detaillierten Belege.

31 Neues Wiener Tagblatt, 6.1.1898, S. 2.

32 Ebd.

33 Ernst Marischka, geb. 2.1.1893 in Wien, gest. 12.5.1963 in Chur. Marischka, heute bekannt v.a. als Drehbuchautor und Regisseur der 1955-1957 entstandenen „Sissi"-Filme, war seit 1913 im Filmbereich tätig und während der NS-Zeit mit zahlreichen Werken erfolgreich.

Trotz dieser familiären Verbindung hatte Victor Léon keine Möglichkeit, auf die Gestaltung Einfluss zu nehmen. Seit 1938 waren er und auch Heinrich von Waldberg aufgrund ihrer jüdischen Herkunft mit Berufsverbot belegt; und für Ernst Marischka, der sich 1939 als NSDAP-Parteianwärter bezeichnete[34] und der in der NS-Zeit zu den vielbeschäftigten – also dem Regime genehmen – Kulturschaffenden gehörte, wäre eine Verbindung mit den beiden verfemten Librettisten kaum opportun gewesen. Die Namen Victor Léons und Heinrich von Waldbergs scheinen in Zusammenhang mit dem Film nirgendwo auf, weder im Vor- oder Abspann noch in Ankündigungen und Besprechungen. „Buch Ernst Marischka nach der gleichnamigen Operette von Richard Heuberger" lautete die Autorenangabe. Dieses Verschweigen der Librettisten wurde auch fortgeführt, als 2004 eine DVD mit dem Film erschien: Auch da verabsäumte man es, Léon und Waldberg zumindest auf dem beigefügten Informationsblatt zur Produktion zu nennen[35].

Eine der Änderungen, die Ernst Marischka für die Verfilmung des „Opernballs" vornahm, betrifft die Rolle des Stubenmädchens, das wieder viel von jener Unabhängigkeit verlor, die ihr Léon und Waldberg in der Operette zugestanden hatten. Marischka stellte in seiner Textfassung dem Stubenmädchen, das von Fita Benkhoff verkörpert wurde, einen Hausdiener, gespielt von Theo Lingen, als Partner zur Seite (in der Operette kommt dieser Diener nicht vor, in den „Rosa Dominos" ist es eine kleine, auf wenige kurze Auftritte beschränkte Rolle). Stubenmädchen und Hausdiener sind miteinander verlobt, wobei der überkorrekte und sich sehr autoritär gebende Diener der dominierende Part ist. Daher bettelt ihn das Stubenmädchen auch demütig um Verzeihung an, als sie, zurückgekehrt vom Opernball, weinend – und ganz und gar nicht glücklich und beschwingt – in der Küche sitzt und ihr der Diener die Lösung der Verlobung androht. Erst als er wieder versöhnt ist, finden die Geschehnisse für das Stubenmädchen einen „guten" Abschluss. Derart „geordnete", patriarchalische Verhältnisse entsprachen weit mehr der nationalsozialistischen Ideologie als die Operetten-Libertinage der Jahrhundertwende. So ist es im Film auch nicht Henri, mit dem das Stubenmädchen auf dem Ball ein Rendezvous hat (die Rolle des Henri ist in der Verfilmung gestrichen), sondern ihr Dienstgeber Georg, in den sie verliebt ist, der allerdings ihre Schwärmerei in freundlich-souveräner Weise zurückweist. Bezeichnend ist auch, dass die Aufforderung „Geh'n wir in's Chambre séparée" im Film nicht als Duett vorkommt, sondern als Solonummer, die nicht vom Stubenmädchen gesungen wird, sondern zunächst von einem Musiker, der in Angèle (im Film: Helene) verliebt ist, dann von einer auf der Bühne im Tanzsaal auftretenden Sängerin.

Die auffälligste Veränderung, die Ernst Marischka für das Filmdrehbuch am „Opernball"-Stoff vornahm, war die Verlegung des Schauplatzes von Paris nach Wien. Dabei wurden auch die Namen der Protagonisten verändert: aus Marguerite und Georges Duménil wurden Elisabeth und Georg Dannhauser, Angèle und Paul Aubier heißen im Film Helene und Paul Hollinger und kommen nicht aus Orléans,

---

34 Eine tatsächliche NSDAP-Mitgliedschaft von Ernst Marischka kann nicht nachgewiesen werden, Vgl. Rathkolb, Oliver – Peter Autengruber – Birgit Nemec – Florian Wenninger: Straßennamen Wiens seit 1860 als „Politische Erinnerungsorte". Wien 2013. S. 254. Online unter: http://www.wien.gv.at/kultur/abteilung/pdf/strassennamenbericht.pdf
35 Opernball. Hans Moser Edition. Kinowelt 500863. Leipzig 2004.

sondern aus St. Pölten. Hortense wurde zu Hanni, Madame und Monsieur Beaubuisson zu Hermine und Eduard von Lamberg und der Oberkellner in der Oper, der bei Léon und Waldberg, wie auch in den „Rosa Dominos", Phillippe heißt, wurde zu Anton Hatschek und erhielt, verkörpert von Hans Moser, eine stark aufgewertete Rolle.[36]

Diese Änderung des Schauplatzes im „Opernball"-Film hängt direkt mit der realen politischen Situation zusammen: Als der Streifen am 22.12.1939 in Hamburg uraufgeführt wurde, herrschte seit fast vier Monaten Krieg, und Frankreich war einer der Hauptgegner Nazideutschlands. Paris eignete sich damit nun nicht mehr als Inbegriff von erstrebenswerten, prachtvollen Vergnügungen. Wien hingegen wurde als Ort der Lebensfreude präsentiert, und mit dem Komikerpaar Hans Moser und Theo Lingen, die in der sprachlichen Gestaltung und in klischeehaften Verhaltensweisen als „typischer Wiener" und „typischer Preuße" gezeichnet waren, wurde in betont humoriger Weise auf die deutsch-österreichische Verbindung verwiesen.

Die Verlegung des Schauplatzes von Paris nach Wien hatte es schon vor der Verfilmung des „Opernballs" einmal gegeben, und zwar bei jener Inszenierung der Operette, die am 11.9.1915 in Graz Premiere hatte. Auch dabei war ein Krieg die Ursache für die Änderung: Seit rund einem Jahr tobte der Erste Weltkrieg, Frankreich war Kriegsgegner von Österreich-Ungarn, und Léon und Waldberg konnten in dieser Situation wohl kaum gegen diese Adaption (bei der zwar auch die Namen, sonst aber nichts am Libretto verändert wurden) Einspruch erheben. Bei der nächsten Inszenierung des Werkes in Graz, 1926, spielte man die Operette wieder in der Originalfassung, so wie das bis zum Zweiten Weltkrieg auch überall sonst üblich war. Insofern ist es ein unbedachtes Fortführen nationalistischer und nationalsozialistischer Inszenierungsusancen, wenn heutzutage bei manchen „Opernball"-Produktionen Wien als Schauplatz gewählt wird.

---

36 Bei der zweiten Verfilmung des „Opernballs", 1956, bei der Ernst Marischka Regie führte und dabei sein Drehbuch aus dem Jahr 1939 im Wesentlichen übernahm, spielten Hans Moser und Theo Lingen dieselben Rollen wie bei der ersten Verfilmung. Auch die anderen Rollen waren wieder mit Stars besetzt, so etwa Hertha Feiler und Johannes Heesters als Elisabeth und Georg Dannhauser und Sonja Ziemann und Josef Meinrad als Paul und Helene Hollinger. In der Rolle der Hanni war Dorit Kreysler zu sehen, während die Hanni des Jahres 1939, Fita Benkhoff, nun Hermine von Lamberg verkörperte, ihren Mann spielte Rudolf Vogel. 1970/71 entstand unter der Regie von Eugen York ein Fernsehfilm der Operette, der sich wesentlich stärker am Original orientierte und von diesem auch Schauplatz und Namen übernahm.

Das Ende einer erfolgreichen Zusammenarbeit

Ein Jahr nach der Uraufführung des „Opernballs", am 28.1.1899, kam – wieder im Theater an der Wien – ein weiteres Gemeinschaftswerk von Victor Léon, Heinrich von Waldberg und Richard Heuberger heraus. Es war die Operette „Ihre Excellenz", die, so wie der „Opernball", auf einer französischen Komödie basierte. Es handelte sich dabei um das Vaudeville „Niniche", zu dem Alfred Hennequin und Albert Millaud den Text und Marius Boullard die Musik geschrieben hatten. „Niniche" war am 15.2.1878 im Pariser Théâtre des Variétés uraufgeführt worden und stand unter dem Originaltitel ab 12.10.1878 auf dem Spielplan des Wiener Carl-Theaters. Wie populär das Werk damals war, belegt auch die Tatsache, dass bereits knapp einen Monat nach der Wiener Premiere von „Niniche", ab 7.11.1878, im Theater in der Josefstadt die Posse „Ninischerl" von Bruno Zappert zu sehen war. Der damals sehr erfolgreiche Wiener Komödien-Autor Zappert brachte damit unter „vielem Beifall" eine „Parodie auf das übersprudelnd lustige Kassenstück des Carl-Theaters"[1] auf die Bühne.

Für ihr Operettenlibretto hatten Victor Léon und Heinrich von Waldberg das Originalstück nur geringfügig verändert. Die Protagonistin von „Ihre Excellenz" ist eine ehemalige Tänzerin, die unter dem Künstlernamen Niniche in Paris berühmt gewesen war und nun seit zwei Jahren mit dem Fürsten de Merimac verheiratet ist. Merimac, der Botschafter eines südamerikanischen Königreiches namens Macronia in Frankreich ist, ahnt nichts vom Vorleben seiner Frau, kennt nicht ihren Künstlernamen und weiß auch nicht, dass sie vor einigen Jahren ein Verhältnis mit dem Kronprinzen von Macronia hatte. Im Seebad Trouville, wo Merimac mit seiner Frau gerade Urlaub macht, erreicht ihn der Auftrag des Königs von Macronia, nach Paris zu fahren, um von Niniche die Herausgabe jener Briefe zu fordern, die der Kronprinz einst an die Tänzerin schrieb und die ihn nun kompromittieren könnten. Dies löst eine turbulente Jagd nach den Schreiben aus, an der sich auch Niniche, einer ihrer früheren Verehrer und auch der filouhafte Bademeister von Trouville beteiligen und die letztlich für alle gut ausgeht.

Es kann durchaus sein, dass Victor Léon die Dramenvorlage für das „Ihre Excellenz"-Libretto schon von den „Niniche"-Aufführungen 1878 im Carl-Theater und dem „Ninischerl" im Theater in der Josefstadt her kannte. Als nahezu sicher kann auf jeden Fall angenommen werden, dass er jene Aufführung von „Niniche" besucht hat, die am 22.12.1895 im Rahmen eines Gastspiels der französischen Sängerin und Schauspielerin Anna Judic im Wiener Carl-Theater zu sehen war. Denn Anna

---

1 Neue Freie Presse, 8.11.1878, S. 7.

Judic war ein internationaler Star, und auch wenn die Vorstellungen in französischer Sprache stattfanden, so war doch das Publikumsinteresse an ihren Auftritten sehr groß. Léon, der damals bereits als „Oberregisseur und artistischer Functionär"[2] dem Carl-Theater eng verbunden war, hatte sich vermutlich nicht die Gelegenheit entgehen lassen, die Künstlerin zu sehen. Die „Niniche" war eine von Judics Paraderollen, die sie schon bei der Uraufführung des Vaudevilles in Paris gespielt hatte und die ihr vom „Niniche"-Koautor Albert Millaud, mit dem sie verheiratet war, sozusagen auf den Leib geschrieben worden war. Sehr gut passte diese Rolle auch für Ilka Pálmay, und das könnte ein Grund dafür gewesen sein, dass Léon und Waldberg „Niniche" als Librettovorlage heranzogen, als Alexandrine von Schönerer nach dem Erfolg des „Opernballs" „nun wieder ein Werk Heubergers haben wollte. Und zwar wieder etwas, in welchem die Palmay dominieren könne."[3] Ilka Pálmay war dann auch tatsächlich der Star der Uraufführung von „Ihre Excellenz".

„Ihre Excellenz" fand – inszeniert von Alexandrine von Schönerer – eine „glänzende Aufnahme", das Premierenpublikum tat „seinen Beifall stürmisch kund"[4], und am Libretto hatte diesmal kein Kritiker etwas auszusetzen. An den Erfolg des „Opernballs" allerdings konnten Léon, Waldberg und Heuberger mit „Ihre Excellenz" nicht (wie allgemein erwartet worden war) anschließen. Bis 27.3.1899 wurde die Operette im Theater an der Wien 41 Mal gezeigt, danach nur mehr einige wenige Male in der Saison 1899/1900. „Aus unbegreiflichen Gründen ist dieses Werk von der Operettenbühne total verschwunden", schreibt Peter Grunsky und meint, dass dies daran liegen könne, dass das Publikum „mit der allzu feinen Partitur Heubergers nicht viel anzufangen" wisse[5]. Tatsächlich finden sich schon in zeitgenössischen Rezensionen Vorbehalte gegen Heubergers Komposition, die als „schwer" und „lärmend"[6] empfunden wurde. Am ausführlichsten ging darauf Isidor Siegmund Kohn im „Humoristen" ein. Er sah das Problem vor allem darin, dass Heuberger eine musikalisch neue, „regenerierte" und sich der Oper – vor allem den Werken Richard Wagners – annähernde Form von Operette schaffen wollte:

„So eine regenerirte Musik hat etwas Eigenes an sich. Sie ist nicht immer melodiös, ist auch nicht immer sangbar, sie geht auch nicht in die Füße und sie ist sehr schwer im Ohr zu behalten, aber – sie imponirt! Für den Operetten-Regenerator ist die Orchestrirung die Hauptsache; mögen die Sänger und Sängerinnen auf der Bühne oben sich Kehle und Lunge herausschreien, mögen sie mit ihrem Wotan-Geheul und Walküren-Geseufze die Freuden des irdischen Daseins noch so herzbewegend schildern, das ist dem Componisten egal: es ist etwas Neues, etwas von dem Althergebrachten Abweichendes, es ist die regenerirte Operette, mit einem Worte: es ist die Operetten-Secession! Herr Heuberger hat der pikanten ‚Niniche', die auch in der, übrigens nicht ungeschickten Behandlung der Herren Léon und Waldberg nicht von ihrer Pikanterie eingebüßt hat, einige zentnerschwere Musiknummern angehängt, die fast alle, trotz der glänzenden Instrumentirung, ohne nachhaltige Wirkung bleiben. So kommt es, daß diese leichte, lebens- und genußfrohe Dame, die dem prikelnden [!] Humor der pariser [!] Autoren ihre Exis-

---

2 Léon: Biographie Heuberger, S. 1. Léon-Nachlass 19/1.8.
3 Ebd., S. 6.
4 Neue Freie Presse, 29.1.1899, S. 8.
5 Grunsky: Diss., Bd. 1, S. 190.
6 Neues Wiener Journal, 29.1.1899, S. 8.

tenz verdankte, hier eine recht schwerfällige Figur macht, und weder sich, noch uns ihres Daseins froh werden läßt."[7]

Als das Werk 1940 von Bruno Hardt-Warden und Rudolf Zindler unter dem Titel „Eine entzückende Frau" in einer bearbeiteten Fassung[8] herausgebracht wurde, war es daher vor allem die Musik, an der Änderungen vorgenommen wurden. Der Text wurde im Wesentlichen von „Ihre Excellenz" übernommen, allerdings die Schauplätze verändert: Der erste Akt wurde von Trouville nach Abbazia verlegt, der zweite von der Pariser Wohnung Niniches in deren Garderobe im Theater an der Wien und der dritte von einem Pariser Hotel in das Wiener Hotel Monopol. Nachweislich aufgeführt wurde „Eine entzückende Frau" 1940/41 in dem von Rudolf Zindler geleiteten, stark der NS-Kulturpolitik verbundenen Theater des Volkes in Berlin und 1941 in dem (von 1941 bis 1944, während der deutschen Okkupation, bestehenden) Deutschen Theater in Oslo, das ebenfalls von Zindler geleitet wurde. Die Operette „Ihre Excellenz" ist damit ein bezeichnendes Beispiel für die Entwicklung der von jüdischen Librettisten geprägten Wiener Operette: Während der NS-Zeit wurde das Schaffen dieser Autoren sowohl in materieller als auch in ideeller Weise geraubt und gezielt „arisiert". Eine Restitution konnte und kann dabei stets nur ungenügend sein. Zwar können geraubte Rechte wieder zurückgegeben werden, das künstlerische Renommee der Autoren und das Prestige der Werke, die sie geschaffen haben, aber haben schweren Schaden erlitten. Denn nicht nur sind Persönlichkeiten, die für das Unterhaltungstheater so bedeutend waren wie etwa Victor Léon, bis heute weitgehend vergessen oder verkannt, sondern das von Léon und seinen Kollegen als aktuell und modern konzipierte Genre Operette selbst hat durch die propagandistisch motivierte Aneignung durch die Nationalsozialisten einen starken Imageverlust erlitten und gilt dadurch im deutschsprachigen Raum vielfach als konservativ, spießig und „ewiggestrig". Vor allem was die Aufführungspraxis betrifft, mangelt es der Operette seit der NS-Zeit und bis heute oft an jener Widerständigkeit, Ironie und frechen Provokation, die vormals für das Genre typisch waren.[9]

Zehn Monate nach der Uraufführung von „Ihre Excellenz", am 4.11.1899, kam im Theater an der Wien mit „Die Strohwitwe" die nächste Operette von Victor Léon und Heinrich von Waldberg heraus. Die Musik zu diesem Werk stammte von Albert Kauders[10], Regie führte Georg Lang, der stellvertretende Direktor des Theaters an der Wien. Auf welche literarische Vorlage das Libretto zurückgeht, wurde im Fall der „Strohwitwe" nicht angegeben – die „Wiener Zeitung" vermerkte dazu lakonisch „nach dem eigentlichen Vater darf nicht geforscht werden"[11]. Das Werk spielt im England der 1840er Jahre, wo die Tochter eines Seifenfabrikanten und der Sohn eines Lords heiraten müssen, weil der junge Mann dabei erwischt wurde, wie er der

---

7 Der Humorist, 1.2.1899, S. 2.
8 Zu den Details der musikalischen Änderungen siehe Grunsky: Diss., Bd. 1, S. 191.
9 Zu diesem Thema siehe v.a. Clarke, Kevin: Aspekte der Aufführungspraxis oder: Wie klingt eine historisch informierte Spielweise der Operette? In: Frankfurter Zeitschrift für Musikwissenschaft, Jg. 9, 2006, S. 21ff.
10 Albert Kauders, geb. 20.1.1854 in Prag, gest. 27.4.1912 in Tulln. Opern- und Operettenkomponist sowie Musikkritiker bei Wiener Zeitungen.
11 Wiener Zeitung, 5.11.1899, S. 9.

jungen Frau, als sie bei einem Ball in Ohnmacht gefallen war, einen Kuss gab. Durch die Verehelichung soll die Ehre der jungen Frau wiederhergestellt werden. Allerdings vereinbaren die Väter des Paares, die aufgrund ihres unterschiedlichen gesellschaftlichen Standes nichts miteinander zu tun haben wollen, dass die Ehe gleich nach der Trauung wieder geschieden werde. Die beiden ineinander verliebten jungen Leute weigern sich jedoch dem zuzustimmen, worauf sie sich auf Geheiß der Väter nicht mehr treffen dürfen. Dem jungen Mann aber gelingt es, seine Ehefrau zu entführen, und letztlich kommt es zur allgemeinen Versöhnung.

Das Werk, für das zunächst der Titel „Die Schwiegerväter" geplant war[12], kam beim Premierenpublikum und bei den meisten Kritikern gut an, fand sich aber nicht allzu lange im Programm des Theaters an der Wien. So wie schon bei „Ihre Excellenz" ortete Isidor Siegmund Kohn auch diesmal wieder Schwächen in der Musik, „die nicht schön, nicht melodiös, nicht originell und nicht operettenhaft ist"[13]. Dass Albert Kauders von der Presse „als ein Reformator der Operette angepriesen" werde, sei darauf zurückzuführen, dass Kauders „Musikkritiker zweier hervorragender und gelesener Tagesblätter" sei. In Wahrheit aber, so Kohn, „steht das Libretto der Herren Léon & Cie. inhaltlich thurmhoch über die [!] Musik des Herrn Kauders; man hat eben wieder einmal einen Erfolg in der Presse inscenirt, der aber für die Theatercassa von keinem nachhaltigen Werte ist."

Rund zwei Monate nach der Uraufführung von „Die Strohwitwe", am 13.1.1900, kam im Theater in der Josefstadt mit dem Vaudeville „Frau Lieutenant" das letzte Gemeinschaftswerk von Victor Léon und Heinrich von Waldberg heraus. Danach ist keine weitere Zusammenarbeit der beiden Librettisten nachweisbar. Warum Léon und Waldberg ihre berufliche Partnerschaft nach fast 13 sehr erfolgreichen Jahren aufgaben, ist nicht bekannt. In der Folge gab es kaum Kontakt zwischen den beiden. Um 1930 aber meldete sich Heinrich von Waldberg mit einigen Briefen und Karten bei Victor Léon.[14] Der Ton, in dem diese Schreiben gehalten sind, ist freundlich aber distanziert: Waldberg spricht Léon zwar stets mit „Lieber Freund", jedoch mit der Anredeform „Sie" an. Léon aber war mit den meisten anderen Librettisten oder Komponisten, mit denen er über einen längeren Zeitraum zusammenarbeitete, wie etwa Leo Stein, Leo Fall oder Franz Lehár, per Du gewesen. Eine engere freundschaftliche Beziehung scheint es zwischen Léon und Waldberg also nicht gegeben zu haben, und es ist durchaus vorstellbar, dass es Victor Léon gewesen war, von dem die Beendigung der Zusammenarbeit ausgegangen war. Immerhin war es für ihn um 1900 nicht mehr nötig, aus dem sozialen Status seines Koautors Anerkennung für seine Theaterarbeiten zu beziehen, denn mittlerweile hatte er selbst durch seine Erfolge beachtliches gesellschaftliches Renommee erlangt. Es mag sein, dass Léon – als der dominierende, dynamischere und kreativere Teil des Duos – sich nun einen

---

12 Unter dem Titel „Die Schwiegerväter" wurde die Operette von der Zensurbehörde am 25.7.1899 zur Aufführung zugelassen; im Oktober 1899 erfolgte die Änderung in „Die Strohwitwe" (NÖ Landesarchiv, NÖ Reg. Präs Theater ZA 1899/3658 K 37). Im „Österreichischen Musiklexikon" werden beim Eintrag zu Albert Kauders „Die Schwiegerväter" und „Die Strohwitwe" fälschlicherweise als zwei selbständige Werke angeben (OEML, Band 2, S. 977).
13 Der Humorist, 10.11.1899, S. 2.
14 Léon-Nachlass 25/2.1.2.150 und 29/2.1.9.

Partner wünschte, der mehr in die Kooperation einbringen konnte als Waldberg. Einen Hinweis darauf gibt eine Bemerkung des mit Léon befreundeten Hermann Bahr, der 1895 in seiner Besprechung von „Die Doppelhochzeit" schrieb: „Man kennt ja die Art dieser Autoren: Herr Leon weiß stets eine lustige Idee zu finden [...], aus der er dann mit Geschmack, Routine und Takt die glücklichsten Wirkungen zieht, und Herr von Waldberg steht auf dem Zettel."[15]

Nachdem Heinrich von Waldberg nicht mehr gemeinsam mit Victor Léon auf den Theaterzetteln stand, verschwand sein Name bald weitgehend aus der öffentlichen Wahrnehmung. Waldberg schrieb nur relativ wenige weitere Libretti und trat nie als alleiniger Verfasser eines Werkes auf. Wie gering seine Präsenz war, belegt in drastischer Form ein Artikel, den der Kritiker Max Kalbeck am 16.5.1919 im „Neuen Wiener Tagblatt" publizierte. Tags zuvor war im Burgtheater Victor Léons Drama „Ein dunkler Ehrenmann" uraufgeführt worden, und Kalbeck begann seine Premierenkritik mit der Feststellung: „‚Léon und Waldberg', die angesehene Wiener Autorenfirma, die den Markt der Operette Jahrzehnte hindurch mit solider Ware versorgte, mußte gelöscht werden."[16] Der Grund für die Auflösung der „Autorenfirma" sei, so Kalbeck, dass der „liebenswürdige" Heinrich von Waldberg gestorben sei. Darin irrte Kalbeck – allerdings bemerkte er diesen Irrtum zu spät, als die Zeitung bereits gesetzt war. In der Abendausgabe des Blattes musste er daher eine Richtigstellung platzieren:

„Mir ist gestern ein kleines Unglück passiert, das sich heute in ein großes Glück verwandelt hat. In dem Feuilleton über Léons Schauspiel ‚Ein dunkler Ehrenmann' habe ich den trefflichen Wiener Schriftsteller und Dichter Heinrich Waldberg in die Unsterblichen eingehen lassen, das heißt totgesagt, während er sich der irdischen Kritik gottlob noch nicht entzogen hat. Wie mir von hundert Seiten auf einmal mitgeteilt wird, befindet sich der Dichter bei bestem Wohlsein. Vor Jahr und Tag hatte ich die mich betrübende Anzeige seines Todes in einer Zeitung gelesen, und der Nekrologist hatte den Dichter wahrscheinlich mit einem Gleichnamigen verwechselt. So mag das Gerücht entstanden sein, das dadurch an Wahrscheinlichkeit gewann, daß Waldberg als Schriftsteller längere Zeit für die Oeffentlichkeit verstummt war. Da er mit Léon zusammen ein vieraktiges Lustspiel ‚Man sagt' geschrieben hat, weiß er selbst am besten, was von einem On dit zu halten ist und daß es zu den Eigentümlichkeiten eines solchen gehört, niemals Recht zu behalten."[17]

Zur Biografie von Heinrich von Waldberg sind nur wenige und mangelhafte Daten vorhanden[18], es gibt keine geschlossene Aufarbeitung seines Werkes und die einzigen bislang bekannten Autografe von ihm sind jene Schreiben, die sich im Léon-Nachlass befinden. Über das spätere Schicksal von Heinrich von Waldberg, der nicht verheiratet gewesen war und keine Kinder hatte, geben zwei Dokumente in beklemmender Weise Ausdruck: Das eine ist der im Wiener Stadt- und Landesarchiv verwahrte Meldenachweis, der belegt, dass Waldberg, der über Jahrzehnte am Wiener

---

15 Die Zeit, 28.9.1895, S. 205.
16 Neues Wiener Tagblatt, 16.5.1919, S. 3.
17 Neues Wiener Abendblatt, 16.5.1919, S. 4.
18 So etwa gibt Peter Grunsky in seiner Heuberger-Dissertation als Lebensdaten von Heinrich von Waldberg fälschlich „geb. 1861, gest. 1935" an (Grunsky: Diss, Bd 1, S. 156).

Kärntnerring[19] gewohnt hatte, 1940 zur Aufgabe seiner Wohnung gezwungen war. Die folgenden rund eineinhalb Jahre lebte er zunächst in einer Pension, dann in einer anderen Wohnung und ab 11.2.1942 im Jüdischen Altersheim in der Seegasse 16. Am 8.10.1942 wurde er von dort – so der Dokumenteneintrag – nach Theresienstadt „abgemeldet", was bedeutet, dass man den 82-Jährigen in das Vernichtungslager deportierte. Das zweite erhaltene Dokument ist die Todesfallanzeige[20] aus Theresienstadt, in der es in perfid euphemistischer Weise heißt, dass Heinrich von Waldberg am 19.10.1942 an „Altersschwäche" gestorben sei. Die brutalen Fakten finden sich in der Internet-Datenbank www.holocaust.cz: Heinrich von Waldberg wurde mit dem „Transport IV/13" nach Theresienstadt gebracht, mit dem 1339 Menschen von Wien ins Vernichtungslager deportiert und 1066 dort ermordet wurden. Unter den gemeinsam mit Heinrich von Waldberg Deportierten befand sich auch Waldbergs Neffe Alexander Waldberg[21], der sich, wie in den Meldeunterlagen verzeichnet ist, seit 3.7.1942 in Gestapo-Haft befand. Sein Leidensweg ging am 12.10.1944 von Theresienstadt nach Auschwitz, wo er unmittelbar nach der Ankunft ermordet wurde.

---

19 In den im Wiener Stadt- und Landesarchiv verwahrten historischen Wiener Meldeunterlagen ist Heinrich von Waldberg von 11.11.1903 bis 30.7.1940 mit der Adresse „1, Kärntner Ring 10" verzeichnet. Ab 27. 7.1940 liegt eine Meldung an der Adresse Opernring 11 (Pension Opernring) vor, ab 5.12.1941 an der Adresse Ebendorferstraße 3/1/2/15.
20 Siehe: www.holocaust.cz
21 Alexander Waldberg, geb. 20. 11. 1887 in Wien, war Beamter (lt. Meldeunterlagen „Regierungsrat").

„Das Modell" und „Die Pariserin":
Musik von Suppé – und anderen

Hatte im Herbst 1894 der neue Josefstadt-Direktor Ignaz Wild mit der Renovierung des Theaters von sich und seiner Bühne reden gemacht, so galt die Aufmerksamkeit ein Jahr später dem Carl-Theater und dessen Direktor Franz Jauner. Denn auch Jauner hatte sein Haus umgestalten lassen, und auch in diesem Fall war die Wiedereröffnung, die am 4.10.1895 stattfand, gleichzeitig der Beginn einer neuen Direktionsära (der zweiten von Franz Jauner, der das Carl-Theater schon von 1871 bis 1878 geleitet hatte).

„Ein erwartungsvoll gestimmtes Publicum, in dem alle Kreise glänzend vertreten waren, die sich in Wien für das Theater interessiren, fand sich heute zur Eröffnungsvorstellung ein. Vor Allem [!] feierte das Haus als solches in der neuen prächtigen Toilette seine Première. Die Umwandlung machte allgemein den freundlichsten Eindruck. Wien hat um einen behaglichen, reich ausgestatteten Theatersaal mehr – verschwunden ist der lange, hohe Kasten des Leopoldstädter Schauspielhauses, dem nur allerlei bühnengeschichtliche Reminiscenzen einen Affectionswerth verliehen, welcher aber im Uebrigen vollständig den Comfort entbehrte, mit dem die moderne Zeit ihre Kunstasyle ausstattet"[1],

berichtete „Die Presse". Zum „Comfort der modernen Zeit" gehörten elektrische Beleuchtung, die Erweiterung von Foyers und Garderoben und vor allem eine neue Platzaufteilung. Zuvor hatte das Carl-Theater einen Fassungsraum für 1832 Zuschauer gehabt, nun nur noch für 1340. Unter der Leitung des Architekten Victor von Weymann wurde dies baulich dadurch bewerkstelligt, dass die vierte Galerie aufgelassen und die Saaldecke herabgesetzt wurden, wodurch auch der von der „Presse" erwähnte Eindruck eines „langen, hohen Kastens" verschwand. Die Umgestaltung hatte zur Folge, dass es wesentlich weniger Stehplätze gab als zuvor und dass die früheren nicht-nummerierten Galeriesitze gänzlich verschwunden waren.[2] Diese Änderung des Platzangebotes verweist auch auf eine soziale Veränderung in der Publikumsstruktur. Denn mit der massiven Reduktion der billigen Plätze wurde ein großer

---

1 Die Presse, 5.10.1895, S. 9.
2 Genaue Daten zur Platzaufteilung der Theater sind in den jährlichen Ausgaben von „Lehmann's Allgemeinem Wohnungs-Anzeiger" zu finden.

Teil jener Zuschauer und Zuschauerinnen ausgesperrt, die sich die teureren nicht leisten konnten.

Mit dem 4.10. hatte Direktor Franz Jauner einen ganz besonderen Tag für die Eröffnung seines Theaters gewählt. Denn an diesem Datum wurde in der Habsburgermonarchie stets der Namenstag des regierenden Kaisers Franz-Joseph gefeiert. Die meisten Wiener Theater waren aus diesem Anlass glanzvoll beleuchtet und brachten Festvorstellungen. Victor Léons Name war an jenem 4.10.1895 gleich zwei Mal auf den Spielplänen zu finden: Im Theater in der Josefstadt, wo zum kaiserlichen Namenstag „Die Doppelhochzeit" von Léon und Waldberg gegeben wurde, und im Carl-Theater, das – genauso wie ein Jahr zuvor das Josefstädter Theater – die Spielzeit im neugestalteten Haus mit der Uraufführung eines Stückes begann, an dem Léon mitgearbeitet hatte. Diese starke Präsenz Léons zeigt deutlich, welch renommierte Position er im Wiener Theaterleben erlangt hatte: Bei besonderen Anlässen und bei Neuerungen und Modernisierungen war er als zuverlässige, erfolgssichernde Kraft mit dabei.

Das Stück, mit dem das neugestaltete Carl-Theater eröffnet wurde, war die Operette „Das Modell", für die Victor Léon gemeinsam mit Ludwig Held das Libretto geschrieben hatte. Als Komponist war – und blieb auch späterhin – Franz von Suppé angegeben. Wie viel von der Musik aber tatsächlich von ihm stammte, wurde schon in den zeitgenössischen Kritiken diskutiert und ist bis heute ein Thema. Denn, so legt der amerikanische Musikwissenschaftler Jeremy Christian Starr[3] detailliert dar, Suppé hatte zwar Anfang des Jahres 1895 mit der Komposition begonnen, der 76-Jährige war aber zu jenem Zeitpunkt schon schwer an einem Magenleiden erkrankt und starb am 21.5.1895. Für „Das Modell", an dem er bis Anfang März[4] gearbeitet hatte, konnte er nur fünf Musikstücke fertigstellen. Alle weiteren Kompositionen stammten von Julius Stern und Alfred Zamara, die dafür als Basis Musikmaterial aus Suppés Nachlass verwendeten. Den Grund dafür, dass nur Franz von Suppé als Komponist angegeben war, sieht Jeremy Christian Starr in der Publikumswirksamkeit des bekannten Namens: „Would the audience have similarly lauded ‚Das Modell' if it was billed as being by Stern and Zamara and not Suppé? Since it was clearly attributed to Suppé at the operetta's initial premiere and international run, the composers were probably convinced the latter would be more successful."[5] Es mag also durchaus sein, dass es vor allem der Name Suppé war, der zum Erfolg der Operette „Das Modell" beitrug. Nach der Uraufführung stand das Werk sieben Wochen lang en suite[6] auf dem Spielplan des Carl-Theaters. Anlässlich der 30. Aufführung, die am 1.11.1895 stattfand und eine Nachmittagsvorstellung war, vermerkte „Der Humorist":

---

3   Starr, Jeremy Christian: Performance edition of Franz von Suppé's Overture to Das Modell. Diss. University of Iowa, 2010.
4   Keller, Otto: Franz von Suppé. Der Schöpfer der Deutschen Operette. Leipzig 1905. S. 141.
5   Starr: Diss. S. 17.
6   Insgesamt gab es bis zum 22.11.1895 55 En-suite-Aufführungen (mehrmals mit zwei Vorstellungen pro Tag).

„Wie nicht anders zu erwarten, ist das Carltheater nach vollzogener Umgestaltung in ein elegantes, den Anforderungen der Neuzeit vollkommen entsprechendes Theater, unter der wiedererstandenen Direction Franz v. Jauner's eine Bühne ersten Ranges geworden, der sich die Gunst, das Interesse und die Sympathie des wiener [!] Publicums intensiv zuwendet. Der geniale Theaterfachmann Jauner hat wieder einmal eine glänzende Probe seines eminenten Regietalentes mit der bis in's Detail gelungenen Aufführung der Suppé'schen Operette ‚Das Modell' abgelegt und seit seiner Eröffnung, am 4. October l. J., ist das Carltheater allabendlich ausverkauft und beherrscht ‚Das Modell' mit ungeschwächter Zugkraft das Repertoir [!]. Sogar die Nachmittags-Aufführungen dieser Operette, die vor dichtgefülltem Hause stattfinden, üben nicht nur keine nachtheilige Wirkung auf den Besuch des Carltheaters aus – wie einige wohlmeinende Freunde dieses Institutes anfänglich befürchteten – sondern sie fördern noch die Theilnahme des Publicums in erhöhtem Maße für das letzte Werk des verewigten Maëstro und geben dem tüchtigen Director Jauner Recht, der eben der Ansicht war, daß auch für ein Sonntag-Nachmittagspublicum das Beste gerade gut genug wäre und man nicht ein Werk erst bis zur Unmöglichkeit allabendlich herabwerkeln müsse, um es dann einem p.t. Publicum ‚bei bedeutend ermäßigten Preisen' als etwas ganz Apartes zu bieten. Indem er für eine tüchtige und künstlerisch vollwertige zweite Besetzung der Hauptrollen Sorge trug, konnte er seine Absicht zur Ausführung bringen und – der Erfolg spricht für ihn."[7]

Zum Erfolg der Wiener Uraufführungsproduktion trug wesentlich auch die Ausstattung[8] bei, über die die „Neue Freie Presse" berichtete: „Solche Pracht sah man bisher in Wien noch auf keiner Operettenbühne. Eine verschwenderische Hand hat alle die hübschen Theatermädchen in die farbigsten Gewänder gekleidet. Decorationen, Trachten, die Bewegung auf der Bühne sind eine wirkliche Freude für die Augen."[9]

Die Operette „spielt in einer italienischen Stadt, heutzutage"[10] (d.h. Ende des 19. Jahrhunderts). Die Wäscherin Coletta und der Zeitungsverkäufer Niccolo sind ineinander verliebt, der eifersüchtige Niccolo will Coletta aber nur dann heiraten, wenn sie nicht mehr für den jungen Maler Tantini Modell steht. Niccolo selbst wiederum gibt Coletta einigen Grund zur Eifersucht, denn er schwärmt für die elegante Witwe Silvia Perezzi, in der er jenes „Ideal" sieht, von dem er in Romanen gelesen hat. Aufgrund eines Missverständnisses hält ihn Perezzi für den Verlobten ihrer Stieftochter Stella und lädt ihn zu einem Fest ein. Dies erbost Coletta so sehr, dass sie einwilligt, bei der Darbietung lebender Bilder, die der Maler beim Fest organisiert, leichtbekleidet in der Rolle der Galathee und der Phryne aufzutreten. Niccolo macht Coletta deswegen während des Festes eine heftige Eifersuchtsszene. Als sich herausstellt, dass er nicht der vermeintliche Verlobte ist, wird er aus dem Haus gejagt. Am

---

7   Der Humorist, 1.11.1895, S. 3.
8   Die Bühnenausstattung stammte von „Kautsky's Söhne & Rottonara", einer vor allem für die Hoftheater tätigen, überaus angesehenen Firma. Eigentümer waren zu jener Zeit die Theatermaler Hans Kautsky und Franz Angelo Rottonara sowie der Theatertechniker Fritz Kautsky. Gegründet worden war die Firma von Maler Jan Kautsky, dessen dritter Sohn (neben Hans und Fritz) der sozialdemokratische Politiker Karl Kautsky war. Ab der Jahrhundertwende waren „Kautsky's Söhne & Rottonara" auch international (u.a. in Deutschland, Großbritannien und den USA) als Theaterausstatter tätig.
9   Neue Freie Presse, 5.10.1895, S. 7.
10 Léon Victor – Ludwig Held: Das Modell. Leipzig [1895] S. 2.

nächsten Tag versöhnen sich Niccolo und Coletta miteinander, und das Finale wird zu einem Happy End, zu dem auch die Hochzeit von Stella mit ihrem Verlobten und jene der Witwe Perezzi mit einem Salami-Fabrikanten gehören.

Victor Léon verfasste das „Modell"-Libretto gemeinsam mit dem um 21 Jahre älteren und in der Wiener Theaterszene sowohl als Autor wie auch als Kritiker sehr angesehenen Ludwig Held[11]. Zur Zusammenarbeit kam es, wie sich Léon später erinnerte, auf Verlangen von Franz Jauner. Dieser hatte Léon den Auftrag erteilt, für die Wiedereröffnung des Carl-Theaters ein Libretto zu schreiben, das für eine Vertonung durch Franz von Suppé geeignet sei:

„Der Aufführungsvertrag mit Jauner wurde geschlossen. Er äusserte aber einen sehr dringenden Wunsch, den ich ihm erfüllen müsse: ‚Schaun S', lieber Freund', sagte er, ‚möchten S' Ihnen net ein' Journalisten dazu nehmen? Is g'scheiter. Besonders bei einer Theatereröffnung. Sie versteh'n mich! Net?' – ‚Aber ja, Direktor, wenn Ihnen ein Gefallen geschieht – wen denn?' – ‚Den Held, ein alter Freund von mir, mit dem ich schon Glück g'habt hab'. – ‚Bitte, ganz einverstanden.'"[12]

Victor Léon dürfte den Hauptpart der Arbeit am Libretto von „Das Modell" geleistet haben, denn er wird in allen Ankündigungen des Stückes, auf den Theaterzetteln und auch in den gedruckten Fassungen der Operette stets als erster der beiden Autoren genannt. Die Kommunikation mit Franz von Suppé hingegen hatte Ludwig Held übernommen, der, wie Briefe[13] belegen, seit langem in freundschaftlichem Kontakt zum Komponisten stand. Am 22.2.1895 schrieb Suppé an Held: „Erkläre Ihnen hiemit daß ich Ihr Libretto ‚Das Modell' gelesen und es zur Composition annehme, vorausgesetzt daß mir die nöthigen Gesangstexte angepaßt werden. Ich habe bereits begonnen und hoffe sehr bald damit fertig zu werden."[14]

Ludwig Helds Renommee in den Wiener Theater- und Zeitungskreisen war, wie es Franz Jauner erwartet hatte, ein Garant dafür, dass das Libretto zu „Das Modell" durchwegs mit Wohlwollen aufgenommen wurde. Die Kritiker fanden am Textbuch kaum etwas auszusetzen, die oft herben Invektiven, die Victor Léon zu jener Zeit für andere Stücke hinnehmen musste, blieben aus. „Das Textbuch von Victor Leon und Ludwig Held ist in vornehmer Lustspielmanier gehalten", schrieb etwa das „Neue Wiener Journal"[15], und die „Wiener Zeitung" fand den Text „geschickt und amüsant

---

11 Ludwig Held, geb. 14.4.1837 in Regensburg, gest. 2.3.1900 in Wien, leitete 1868 kurzzeitig das Münchner Theater am Gärtnerplatz und war ab den frühen 1870er Jahren in Wien tätig. Held war langjähriger Theaterredakteur des „Neuen Wiener Tagblatts", Übersetzer französischer Stücke und Autor von Possen und Operettenlibretti. Gemeinsam mit Moritz West schrieb er u.a. die Textbücher zu „Der Vagabund" (1886, Musik Carl Zeller), „Bellmann" (1887, Musik Franz von Suppé), „Der Vogelhändler" (1891, Musik Carl Zeller) und „Der Obersteiger" (1894, Musik Carl Zeller).
12 Léon, Victor: Das letzte Werk Franz v. Suppés. Wie es entstand. Typoskript, Léon-Nachlass 19/1.10.1. S. 3f.
13 Franz von Suppé: 3 Briefe an Ludwig Held. ÖNB, Autogr. 128/12-1-3 Han.
14 Franz von Suppé: Brief an Ludwig Held, 22.2.1895. ÖNB, Autogr. 128/12-3 Han.
15 Neues Wiener Journal, 5.10.1895, S. 7.

gemacht"[16]. Wesentlich breiteren Raum als dem Libretto aber widmeten die Rezensenten in ihren Premierenberichten den Darstellern und vor allem den Darstellerinnen. Im Mittelpunkt des Interesses stand dabei „die Diva des Carltheaters"[17] Julie Kopacsi-Karczag[18], die in der Rolle der Wäscherin Coletta zu sehen war. Das „Markenzeichen" der populären Soubrette war, wie Marion Linhardt in ihrem Buch „Inszenierung der Frau – Frau in der Inszenierung" schreibt, „ihre sprichwörtliche Kunst des ‚Nicht-Toilettierens'; blieb sie während eines ganzen Stückes vollständig angezogen, wurde dies in den Rezensionen meist gesondert bemerkt. Viele der Rollen, die sie übernahm, wurden auf ihre Vorliebe für knappe Bekleidung und Auskleideszenen hin angelegt"[19]. Auch in „Das Modell" gab es derartige Szenen. Vor allem war es der Auftritt der Coletta als Phryne in den lebenden Bildern, den Kopacsi-Karczag in weitgehender „Costumelosigkeit"[20] (nur mit einem Trikot bekleidet) absolvierte – „in ihrer gesunden, jungen, ein bischen [!] derben Grazie und der rein naiven, vor ziemlich starker Enthüllung ihres Körper-Monuments nicht erschreckenden Freude an ihrer wohlgebildeten Leiblichkeit"[21]. Wie „rein naiv" Kopacsi-Karczags Freude an der Enthüllung war, sei dahingestellt – Tatsache ist, dass derartige Szenen überaus publikumswirksam waren. Das geht auch aus einer Bemerkung im Premierenbericht des „Illustrirten Wiener Extrablatts" hervor: Im Gegensatz zur „pikanten Ungarin" Kopacsi-Karczag habe es Betty Stojan, die Darstellerin der Stella, „wahrlich nicht so leicht" gehabt, „denn diese mußte bis zu den Zähnen bekleidet debutiren"[22].

Marion Linhardt widmet in ihrem Buch Julie Kopacsi-Karczag ein eigenes Kapitel und geht dabei ausführlich auf deren Rolle in „Das Modell" ein.[23] Diese sieht Linhardt als repräsentativ für eine „gewandelte Funktion des Weiblichen" in der Operette des späten 19. Jahrhunderts, wobei eine „sehr plakative Erotisierung der Frauendarstellung zu beobachten" sei. Coletta, das „Modell", werde – ob gemalt, ob in lebenden Bildern oder als Klischeetypus der kokett-selbstbewussten Wäscherin[24] – als „Frau im Bild" präsentiert, was „Ansatzpunkt für erotische Wunschvorstellungen" sei: „Die Präsentation der Frau als Bild […] stellt jenen weiblichen Zug in den Vordergrund, der in den Augen des männlichen Betrachters nach den Wahrnehmungs-

---

16 Wiener Abendpost (Abendausgabe der Wiener Zeitung), 5.10.1895, S. 3.
17 Der Humorist, 1.11.1895, S. 3.
18 Julie Kopacsi-Karczag, geb. 13.2.1867 in Komárom (Komárno/Slowakei), gest. 26.1.1957 in Wien. Begann ihre Karriere in Debrecen und Budapest und war 1894-1896 am Wiener Carl-Theater engagiert. Kopacsi-Karczag gab zahlreiche Gastspiele, u.a. in Deutschland, Russland und den USA, und war später meist an dem von ihrem Mann Wilhelm Karczag geleiteten Theater an der Wien tätig.
19 Linhardt: Inszenierung der Frau, S. 308.
20 Die Presse, 5.10.1895, S. 9.
21 Wiener Abendpost (Abendausgabe der Wiener Zeitung), 5.10.1895, S. 3.
22 Illustrirtes Wiener Extrablatt, 5.10.1895, S. 5.
23 Linhardt: Inszenierung der Frau, S. 333ff.
24 Die vermeintliche Freizügigkeit der Wäscherinnen spiegelt sich auch in zahlreichen zeitgenössischen Bildern und Karikaturen, auf denen die Wäscherinnen meist leicht bekleidet und oft in Gesellschaft von „Gigerln" dargestellt werden. Siehe dazu das Kapitel „Fesch und Resch" in: Kos, Wolfgang (Hg.): Wiener Typen. Klischees und Wirklichkeit. Wien 2013. S. 322-329.

mustern des 19. Jahrhunderts der attraktivste sein mußte, den der Verfügbarkeit in der scheinbaren Freizügigkeit."²⁵

Dass das Frauenbild, das Coletta repräsentiert, zwar einerseits erotischen Wunschvorstellungen entsprach, aber andererseits in scharfem Kontrast zu den geltenden gesellschaftlichen Moralvorstellungen stand, wird im Konflikt zwischen Coletta und Niccolo deutlich. Der Kolporteur (der von Julius Spielmann verkörpert wurde) wird als geschäftstüchtiger Kleinunternehmer präsentiert, der die neuesten Zeitungen der unterschiedlichsten Richtungen im Angebot hat: „Ob politisch, / Nicht semitisch, / Chauvinistisch, / Monarchistisch, / Belletristisch, / Realistisch, / Symbo- und / Naturalistisch, / Socialistisch, / Anarchistisch, / Russenfeindlich, / Dreibundfreundlich, / Hat für mich ja nicht Bedeutung, / Wenn ich nur verkauf', die Zeitung"²⁶

Niccolo hofft darauf, genügend Geld zu verdienen, um selbst eine Zeitung zu gründen – während Coletta davon träumt, als Modell „in jeder Stellung und Geberde" gemalt zu werden und damit „kolossalen" Erfolg zu haben:

„Niccolo: Ich schreibe selbst die Leitartikel!
Coletta: Ich gebe selbst die Stellung an!
Niccolo: Die Hauptsach' ist ein guter Titel!
Coletta: Die Hauptsach' ist, man ziehe wenig an!
Niccolo: Ich schreibe: ‚Bilder-Corruption. / Die Sittlichkeit ist gesunken tief / Bei unsern modernen Bildern, / Die Maler wissen rein nichts Anderes mehr / Als frivole Bilder zu schildern! / Es ist der Regierung dringende Pflicht, / Da nach dem Rechten zu schauen; / Der Maler darf zwar Alles malen, / Nur nicht unangezogene Frauen!'
Coletta: Mein nächstes Bild heißt: ‚Coletta im Bad!' / Man sieht mich, wie ich entsteige g'rad, / Der Körper hat diese Pose / Und schimmert verlockend im feuchten Glanz / Wie der Tropfen auf einer Rose! / Der Fuß, der ist nach vorn gestellt, / Der Arm ruht schwellend im Nacken, / Die Hüfte … na, kurz die Männerwelt, / Die wird dieses Bild schon packen!
Niccolo: Wenn man sich mit so was brüstet, / Dann mach' ich die Feder spitz / Und schreibe sittlich entrüstet / In einer Local-Notiz: ‚Coletta im Bad, es ist ein Scandal, / Das Nähere siehe: Rubrik Criminal!'
Coletta: Das dient mir nur zur Reclame! / Das Bild sieht sich ein Jeder an, / Gefällt es auch nicht jeder Dame, / Gefällt es doch jedem Mann!
Niccolo: Und ich bleibe in der Opposition, / Und mein Blatt macht deshalb Sensation!"²⁷

Zu orten ist in „Das Modell" aber nicht nur die von Marion Linhardt beschriebene „gewandelte Funktion des Weiblichen in der Operette", sondern es wird in dem Werk auch der sich wandelnde reale gesellschaftliche Status von Frauen und das sich verändernde Geschlechterverhältnis merkbar. Zum Ausdruck kommt dies vor allem in einem Terzett im zweiten Akt, das von Coletta, der Witwe Silvia Perezzi und deren Stieftochter Stella gesungen wird und das mit der Strophe beginnt: „Schau, schau! / Ja, die Männer / Gerne wären / Stets die Herren / Bei der Frau! / O, die schönen Zeiten sind vorbei / Der Frauensclaverei, / Wo die Frau sich hat voll Respect / Vor dem

---

25 Linhardt: Inszenierung der Frau, S. 347.
26 Léon – Held: Das Modell. S. 12.
27 Ebd., S. 34f.

Mann immer nur versteckt! / Gleiches Recht für Alle, einerlei, / Ob Mann, ob Frau, man sei, / Mit dem Männerregiment / Hat es, Gott sei Lob, heut' ein End'!"[28]

Es ist Silvia Perezzi, die bei diesem Terzett den Hauptpart übernimmt. Sie, die etwas Ältere, Erfahrenere, definiert sich als „moderne" Frau, die alle Zweifel von Coletta und Stella an der neuen Rollenverteilung zwischen Mann und Frau mit dem Aufruf zur Seite schiebt: „Setzet Euch zur Wehr!"[29] Dem folgt als Abschluss des Terzetts nochmals die Feststellung aus der Eingangsstrophe: „Ja, die schönen Zeiten sind vorbei / Der Frauensclaverei" und vor allem auch die Forderung: „Gleiches Recht für Alle, einerlei, / Ob Mann, ob Frau, man sei". Für das Publikum des Jahres 1895 war dies ein deutlicher Hinweis auf die damals aktuellen und teilweise sehr heftig geführten Diskussionen um weibliche Selbstbestimmung, die rechtliche Gleichstellung der Frau und das Frauenwahlrecht.

„Das Modell" blieb sechs Jahre lang im Repertoire des Carl-Theaters, war international erfolgreich und wurde bereits 1896 auch in New York, im deutschsprachigen Terrace Garden Theater, gezeigt. Die „New York Times" schrieb dazu unter dem Titel „‚Das Modell' scores a success":

„The first American presentation of Suppe's final work, ‚Das Modell', took place last night in Terrace Garden, and received approval from a large audience. Although the noted Viennese composer died before the operetta was fully completed, those who undertook the task of finishing it did their work so well that the score is harmoniously carried to the end. The book, too, is creditable, and Victor Léon and Ludwig Held, the authors, have succeeded in stringing together many comical incidents and sufficient plot to maintain the interest."[30]

Zweieinviertel Jahre nach der Uraufführung von „Das Modell", am 26.1.1898, brachte das Carl-Theater noch einmal eine Suppé-Operette heraus. Es war „Die Pariserin", deren Libretto wieder ein Gemeinschaftswerk von Victor Léon und Ludwig Held war und die, so wie „Das Modell", von Franz Jauner inszeniert wurde. Doch was beim „Modell" so erfolgreich gewesen war, funktionierte diesmal nicht mehr: Aus verschiedenen Kompositionen von Franz von Suppé – vor allem aus der schon damals wenig gespielten Operette „Die Frau Meisterin"[31] – war eine Bühnenmusik arrangiert worden[32], die, so die Kritiker, nicht homogen wirkte und auch nicht mehr dem Geschmack der Zeit entsprach. Die „Wiener Zeitung" vermerkte dazu: „Die Musik Suppé's ist aus einer alten Possen-Musik und nachgelassenen Liedern des Autors zusammengestellt, darüber wurde ein funkelnagelneuer Text gleichwie die Speckdecke auf das Rebhuhn gelegt"[33].

Dass die musikalische Gestaltung auch aus heutiger Sicht problematisch erscheint, bestätigt Jeremy Christian Starr, der die „Pariserin" als „synthetic Suppé

---

28 Ebd., S. 38.
29 Ebd., S. 40f.
30 New York Times, 3.7.1896.
31 „Die Frau Meisterin" (Libretto Karl Costa), uraufgeführt am 20.1.1868 im Carl-Theater, war die erste abendfüllende Operette Suppés gewesen.
32 Die musikalische Leitung der Produktion hatte der Kapellmeister des Carl-Theaters, Adolf Ferron.
33 Wiener Zeitung, 27.1.1898, S. 15.

product"[34] bezeichnet. Zum relativ geringen Erfolg der Produktion, die in der Saison 1897/98 insgesamt zwölf Mal im Carl-Theater zu sehen war, mag auch eine missglückte Werbekampagne beigetragen haben. Denn „Die Pariserin" war vom Verlag Weinberger zunächst als die im Suppé-Nachlass aufgefundene „vollständig fertiggestellte Partitur einer bisher nicht aufgeführten Operette"[35] angekündigt worden; „diese Nachricht erregte Sensation" – als sie allerdings noch vor der Uraufführung widerrufen wurde, war „die Spannung [...] nicht mehr so intensiv wie früher"[36].

Neben der Regie Franz Jauners und den Leistungen der Schauspielerinnen und Schauspieler (auch diesmal wieder waren Betty Stojan und Julius Spielmann in Hauptrollen zu sehen) wurde auch das Libretto in den meisten Kritiken positiv beurteilt. Man war sich darin einig, dass es witzig gemacht sei – „mit Humor und auch mit Verstand, welch' letzterer bekanntlich in den Operetten im Allgemeinen sich nicht aufdringlich zu geberden [!] pflegt."[37]

Die Operette spielt Ende des 19. Jahrhunderts in Basel, während einer Waffenübung der Schweizer Miliz. Die „Pariserin" ist die Ehefrau eines Baseler Hoteliers, der ihr als Geburtstagsüberraschung ihr eigenes Porträt schenken will. Der Maler, den er beauftragt, das Bild heimlich herzustellen, hält sich, um die Porträtierte gut zu treffen, häufig in deren Nähe auf. Dies führt zu dem Gerücht, die beiden hätten ein Verhältnis miteinander, was schließlich auch der Hotelier und die Verlobte des Malers glauben. Da sich überdies die „Pariserin" durchaus bereit zeigt, auf die vermeintlichen Annäherungen des Malers einzugehen, kommt es zum Eklat, der sich allerdings rasch in einem Happy End auflöst.

Die Zensurbehörde, der das Manuskript der „Pariserin" ein paar Wochen vor der Uraufführung vorgelegt worden war, hatte, wie sie an das Statthalterei-Präsidium meldete, keine Bedenken gegen die Aufführung – ergänzte aber: „Falls nicht etwa aus, der hierämtlichen Beurtheilung sich entziehenden Rücksichten der internationalen Courtoisie Anstände zur Geltung kommen"[38]. Hinter der bürokratischen Formulierung verbirgt sich die Sorge, dass das Präsidium, das über die Zulassung zu entscheiden hatte, an der Wahl der Schweiz als Operettenschauplatz und an den Verweisen auf das Schweizer Milizsystem Anstoß nehmen könnte. Größere Beanstandungen aber blieben aus, lediglich ein paar kleinere Streichungen wurden, wie üblich, gefordert – die klischeehafte Darstellung der Schweiz aber blieb erhalten und war eines der zentralen Elemente des Stückes:

„Das Operettenhafteste in dieser Operette ist die Schilderung von Land und Leuten der Schweiz. Die Schweizer sind sämmtlich [!] Gastwirthe, Kellner oder Hausknechte und nebenbei Mitglieder des Volksheeres, der Oberkellner ist in der Regel Oberlieutenant; doch kommt es auch vor, daß der Hotelier gemeiner Soldat ist und sein Hausknecht, der Corporal ist, ihn drangsalirt. Diese humoristische Auffassung, die man als Besitzer eines Rundreisebillets in der Schweiz bekommen kann, zieht sich durch das Stück."[39]

---

34 Starr: Diss. S. 9.
35 Der Humorist, 1.2.1898, S. 2.
36 Ebd.
37 Neues Wiener Tagblatt, 29.1.1898, S. 8.
38 NÖ Landesarchiv, NÖ Reg. Präs Theater ZA 1898/167 K 36.
39 Neue Freie Presse, 27.1.1898, S. 7.

Zum „Hit" der Operette „Die Pariserin" wurde ein Couplet mit dem Titel „Schau'n wir nach im Morgenblatt". Der Blick in die Morgenzeitung bildet darin in jeder der insgesamt fünf Strophen das Fazit zum vorhergehenden Bericht von aktuellen Ereignissen beziehungsweise diversem Klatsch und Tratsch. Auf das Couplet, das „stürmischen Beifall" hervorrief, wurde auch in Premierenberichten verwiesen, denn, so das „Neue Wiener Tagblatt": „Hier bot sich übrigens dem Hause Gelegenheit zu einer politischen Demonstration, denn eine Strophe dieses Couplets, in der darauf verwiesen wird, daß heutzutage nur Derjenige Carrière mache, der das ‚Powidaln' verstehe, wurde von einer dröhnenden Applaussalve des ganzen Hauses begleitet."[40] Es war die vierte Strophe des Couplets, die derart gut beim Publikum ankam:

„Junger Mensch, in Böhmen lebt er, / Eine Stellung gern erstrebt er, / Das ist riesig schwierig dorten, / Findt' verschlossen alle Pforten, / Thut er sich auch noch so bucken, / Thun sie mit den Achseln zucken / Und sag'n ihm: bei diesen Zeiten / Muss man haben Fähigkeiten.
Ja, was soll der Mensch jetzt machen, / Spricht unzählig viele Sprachen, / Kann französisch, englisch, dänisch, / Ungarisch und italienisch, / Russisch, holländisch und spanisch, / Selbst chinesisch und japanisch, / Dass Einem fast die Sinne schwinden, / Kann trotzdem keine Stellung finden;
Warum kein Platz er g'funden hat, / Schau'n wir nach im Morgenblatt, / ‚Können muss maa heut' vor All'n / Powidaln!'"[41]

Mit dem „Powidaln" – abgeleitet von „Powidl", jenem Zwetschkenmus, das als böhmische Spezialität gilt – ist das Tschechisch-Sprechen gemeint. Für das zeitgenössische Publikum war sofort klar, dass die Strophe auf die Ereignisse und Entwicklungen rund um die so genannte „Badenische Sprachenverordnung" anspielte. Im Zusammenhang mit den zunehmenden Nationalitätenkonflikten innerhalb der österreichisch-ungarischen Monarchie und als Reaktion auf die Forderungen der immer stärker werdenden tschechischen Nationalbewegung hatte Ministerpräsident Kasimir Felix Badeni am 5.4.1897 festgelegt, dass in Böhmen und Mähren nicht nur das Deutsche, sondern auch das Tschechische als Amtssprache zugelassen sei. Wer in diesen beiden Gebieten eine Anstellung als Beamter anstrebte, musste beide Sprachen beherrschen und eine Sprachprüfung absolvieren. Die Verordnung führte zu heftigen Protesten von Seiten der deutschsprachigen Bevölkerung Böhmens und Mährens, zu schweren Ausschreitungen in Prag und Wien und in der Folge zu einer Parlamentskrise und dem Sturz Badenis am 28.11.1897. Die Sprachenverordnung wurde zunächst teilweise geändert und 1899 wieder aufgehoben.

Mit ihrem Couplet bezogen sich Victor Léon und Ludwig Held also direkt auf die aktuellen Ereignisse. Inhaltlich bestätigten sie die anti-tschechische Haltung, die bei der Mehrheit des Wiener Publikums vorhanden war. Dass der vermeintlich humorvolle Bezug auf die tschechische Sprache, der im Wiener Unterhaltungstheater über Jahrzehnte in zahllosen Stücken zu finden ist, auch viel Herablassung und gezieltes Lächerlich-Machen enthielt, wird hier besonders deutlich: Während in der Strophe

---

40 Neues Wiener Tagblatt, 29.1.1898, S. 8.
41 Suppé, Franz von: Schau'n wir nach im Morgenblatt. Couplet aus der Operette: „Die Pariserin". Sammlung von Wienerliedern, Volksliedern und Couplets [Fing. T.], Wienbibliothek Sign. 997 M.

eine Reihe von anderen Sprachen klar benannt werden, bleibt das Tschechische – unter „einer dröhnenden Applaussalve" – auf ein komisches „Powidalen" reduziert. Das Couplet „Schau'n wir nach im Morgenblatt" war – inmitten der Sprachenkrise – sehr populär und wurde bereits kurz nach der Uraufführung der „Pariserin", als Einzeldruck angeboten.[42] Bedingt durch den aktuellen Bezug ging es jedoch nicht in den über längere Zeit tradierten Bestand der typischen Wiener Couplets ein.

Gemeinsam mit Ludwig Held verfasste Victor Léon noch ein weiteres Libretto für eine Operette. Diese kam unter dem Titel „Der Cognac-König" und mit der Musik von Franz Wagner[43] am 20.2.1897 im Carl-Theater heraus. Allerdings war der Verwechslungsgeschichte rund um einen Geschäftsreisenden, der für einen Grafen gehalten wird, kein anhaltender Erfolg beschieden. Zwar wurde das Textbuch, das auf dem Comédie-Vaudeville „La Frontière de Savoie"[44] von Eugène Scribe und Jean-François Bayard basiert, durchwegs als amüsant und gut gemacht gelobt, weniger Gefallen aber fanden die Kritiker an der Musik. So etwa schrieb Isidor Siegmund Kohn im „Humoristen":

„Das Libretto zum ‚Cognac-König' ist zweifellos eines der besten, die uns in den letzten Jahren präsentirt wurden, und ist nur eines zu bedauern, daß es keinem bedeutenderen Tonheros, als Herrn F. Wagner, zur Vertonung anvertraut wurde. Herr Wagner ist zwar ein talentirter ‚Musi-Macher', aber zur Composition einer ganzen ausgewachsenen Operette reicht sein bescheidenes Können nicht aus. Einige hübsche Lieder, Walzer und Polka's machen noch immer keine Operettenmusik."[45]

„Der Cognac-König" wurde im Carl-Theater insgesamt neun Mal aufgeführt. Dass das Werk für Direktor Franz Jauner keine prioritäre Produktion gewesen war, ist einer Bemerkung im „Humoristen" zu entnehmen, wonach Jauner das Werk „endlich zur Auffführung" gebracht habe, „um sich einer früher eingegangenen contractlichen Verpflichtung zu entledigen"[46]. Mit wem diese Verpflichtung eingegangen worden war, ob mit dem Komponisten oder den Librettisten, wird allerdings nicht erwähnt.

---

42 Hofmeister: Monatsberichte, Februar 1898, S. 59.
43 Franz Wagner, geb. 23.8.1853 in Wien, gest. 7.3.1930 in Graz. Wagner komponierte die Musik zu einigen wenigen Operetten, Possen und Schwänken und machte sich vor allem als Zithervirtuose einen Namen.
44 „La Frontière de Savoie" wurde am 20.8.1834 im Théâtre du Gymnase Dramatique in Paris uraufgeführt.
45 Der Humorist, 1.3.1897, S. 2.
46 Ebd.

„Unausgesetzt wollte er ein Opernlibretto von mir"

Während im deutschsprachigen Raum und vor allem innerhalb der Wiener Theaterszene gegen Ende des 19. Jahrhunderts vielfach der „Niedergang der Operette" beklagt wurde, erlebte die Oper zu jener Zeit einen neuen Aufschwung. Die Ursachen dafür waren vielfältig, sehr wesentlich aber war die große Resonanz, welche die Werke von Richard Wagner und Giuseppe Verdi international gefunden hatten. Das Genre Oper galt nicht nur als ästhetisch anspruchsvoll, sondern vor allem auch als modern. Im Gegensatz zur Operette hatte die Oper dadurch hohe Akzeptanz, und in diesem Bereich tätig zu sein, verlieh entsprechendes Renommee. Komponisten wie etwa Richard Heuberger bemühten sich deshalb intensiv darum, hier zu reüssieren. Victor Léon bestätigt dies in seinen Aufzeichnungen „Beiträge zu einer Biographie Heuberger", wenn er schreibt: „So gross auch der Erfolg des ‚Opernball' war, so sehr berühmt, ja populär er Heuberger machte, er gravitierte unentwegt nach der Oper. Unausgesetzt wollte er ein Opernlibretto von mir."[1]

Der Opernboom erhöhte die Nachfrage nach entsprechenden Textbüchern, und es ist somit nicht erstaunlich, dass auch für Victor Léon, der stets eng in die aktuellen Entwicklungen des Musiktheaters eingebunden war, das letzte Jahrzehnt des 19. und das erste des 20. Jahrhunderts eine Zeit der Oper war. Sowohl davor wie auch danach zeigte Léon kaum Interesse für dieses Genre – im Zeitraum von 1892 bis zirka 1905 jedoch schrieb er Libretti beziehungsweise Librettoentwürfe für mehr als 20 Opern.

Die erste Oper mit Textbuch von Victor Léon, die nachweislich aufgeführt wurde, war der Einakter „Gringoire", zu dem Ignaz Brüll[2] die Musik komponiert hatte und der am 19.3.1892 in der Münchner Hofoper Premiere hatte. Das Libretto basiert auf der gleichnamigen „comédie historique" des französischen Schriftstellers Théodore de Banville, die am 23.6.1866 an der Comédie-Française uraufgeführt wurde und in der Folge auch international erfolgreich war. So etwa stand „Gringoire" zwischen 13.1.1867 und 10.3.1888 57 Mal auf dem Spielplan des Burgtheaters, und möglicherweise lernte Victor Léon das Stück dort kennen.

---

1 Léon: Biographie Heuberger, S. 5. Léon-Nachlass 19/1.8.
2 Ignaz Brüll, geboren 7.11.1846 in Proßnitz (Prostějov/Tschechien), gestorben 17.9.1907 in Wien, war sowohl als Pianist wie auch als Komponist erfolgreich. Neben Orchesterwerken schrieb er zahlreiche Stücke für Klavier sowie insgesamt elf Opern.

Der Titel „Gringoire" verweist auf den französischen Dichter und Schauspieler Pierre Gringoire (ca. 1475-1538), der vor allem durch Victor Hugos Roman „Der Glöckner von Notre Dame" bekannt wurde. In Victor Léons Libretto hat die Titelfigur nur wenig mit der historischen Persönlichkeit zu tun: Gringoire ist darin ein Straßensänger, der, weil er ein Lied gegen den König gesungen hat, hingerichtet werden soll. Da es ihm aber gelingt, dass er durch die Erzählung seiner Lebensgeschichte die Tochter eines Freundes des Königs so sehr rührt, dass sie ihn heiraten will, wird er begnadigt.

Léon hielt sich eng an Banvilles Schauspiel, das er „gewandt und mit musikalischem Verständnis bearbeitet[e]", wie der einflussreiche Kritiker Eduard Hanslick in einem Essay über das „liebenswürdige Werk" schrieb.[3] Nicht nur von Hanslick, sondern auch von zahlreichen anderen Kritikern wurden Musik und Libretto von „Gringoire" wohlwollend beurteilt, dennoch aber hielt sich das Werk nicht allzu lange auf den Spielplänen. In der Münchner Oper sind zwölf Aufführungen nachweisbar, in Wien war „Gringoire" zwischen 4.10.1892 und 31.3.1894 13 Mal zu sehen und wurde seither nicht mehr gezeigt.

Wenn Victor Léon seine Opern-Tätigkeit mit einer Zusammenarbeit mit Ignaz Brüll begann, so zeigt dies, dass er durchaus ambitioniert in diesen Bereich eingestiegen war. Denn immerhin zählte Brüll damals „zu den geachtetsten und beliebtesten Tonkünstlern Wiens"[4], und er hatte – anders als alle anderen Komponisten, für die Léon in der Folge noch Opernlibretti schreiben sollte – auch schon vor der Zusammenarbeit mit Léon eine Reihe von erfolgreichen Opern herausgebracht, allen voran „Das goldene Kreuz", uraufgeführt am 22.12.1875 in Berlin. Das Werk, zu dem Salomon Hermann Mosenthal das Libretto geschrieben hatte, wurde Ende des 19. und zu Beginn des 20. Jahrhunderts europaweit viel gespielt. Es war für Victor Léon also erfolgversprechend, wenn er mit Brüll zusammenarbeitete.

Das erste Treffen zwischen Ignaz Brüll und Victor Léon fand im August 1891 in Unterach am Attersee statt. Léon hatte Brüll damals in der „Villa Berghof" besucht, deren Eigentümer der Komponist gemeinsam mit den Ehemännern seiner beiden Schwestern war.[5] Besprochen wurden bei diesem Treffen, wie sich Brüll später in einem Brief an Léon erinnerte[6], mögliche gemeinsame Projekte, und dabei entstand auch die Idee, aus Banvilles „Gringoire" eine Oper zu machen. Der Vorschlag dazu kam von Ignaz Brüll, und Victor Léon hatte dafür (so vermerkt Brüll in seinem Brief) zunächst nicht allzu viel übrig, weil ihm der Stoff als zu altmodisch erschien. Doch er scheint seine Vorbehalte bald überwunden zu haben, denn am 25.8.1891 fertigte Ignaz Brüll einen Vertrag aus, demgemäß Victor Léon für ihn ein „einactiges Opernlibretto, vorläufig ‚Gringoire' betitelt"[7], schreiben werde.

---

3   Hanslick, Eduard: Fünf Jahre Musik (1891-1895). (Der ‚Modernen Oper' VII. Teil). Kritiken. 3. Aufl. Berlin 1896. S. 57ff.
4   Ebd., S. 57.
5   Friederike Brüll war mit Bernhard Strisower verheiratet, Hermine Brüll mit Julius Schwarz. Die beiden Schwäger von Ignaz Brüll führten gemeinsam das Wiener Bankhaus „Strisower & Schwarz".
6   Ignaz Brüll: Brief an Victor Léon, 14.5.1902. Léon-Nachlass 24/2.1.2.8.
7   Ignaz Brüll: Brief an Victor Léon, 25.8.1891. Léon-Nachlass 24/2.1.2.9.

Ein dreiviertel Jahr nach dem ersten Treffen in Unterach und zweieinhalb Monate nach der Münchner Uraufführung von „Gringoire" schlossen Ignaz Brüll und Victor Léon erneut einen Vertrag ab.[8] Gegenstand war diesmal ein Opernlibretto, das Léon auf Basis des Lustspiels „Schach dem König" von Hippolyt August Schaufert schreiben sollte. Das Stück rund um den englischen König Jakob I., der das Tabakrauchen unter Strafe gestellt hat, dann aber selbst dabei ertappt wird, war am 9.12.1868 am Wiener Burgtheater als Siegerstück eines vom Theater ausgeschriebenen Lustspielwettbewerbes erstmals gezeigt worden und in der Folge immer wieder auf dem Spielplan zu finden.[9] Victor Léon machte aus Schauferts Werk ohne größere inhaltliche Änderungen das Libretto für eine ebenfalls „Schach dem König" betitelte komische Oper. Diese wurde am 24.11.1893 am Münchner Nationaltheater uraufgeführt, fand allerdings nur relativ wenig Resonanz.

1897 entstand die dritte gemeinsame Oper von Victor Léon und Ignaz Brüll. Wie schon bei „Gringoire" war es auch diesmal Ignaz Brüll, von dem der Vorschlag für das Libretto kam. Am 27.1.1897 schrieb er an Victor Léon: „Ich sende Ihnen heute einen Band komischer Operntexte von Scribe. Bitte, lesen Sie drin ‚Broskovand' (Seite 49) und theilen Sie mir dann freundlichst Ihre Ansicht mit. Wäre dies zu bearbeiten? Es müßte, denke ich, komische Oper mit Dialog bleiben."[10]

Léon war offenbar der Ansicht, dass sich Eugène Scribes 1858 entstandene opéra-comique „Bros-Kovand" für eine Bearbeitung eigne, und unterzeichnete am 31.3.1897 einen entsprechenden, von Brüll aufgesetzten Vertrag.[11] Die geplante Oper hat darin den Titel „Rozsa Sándor". In der Endfassung hieß das Werk, das am 2.3.1898 im Theater an der Wien uraufgeführt wurde, dann „Der Husar". Dieser Titel der in Ungarn spielenden Oper verweist auf die Hauptperson: einen jungen Husaren, der in ein Dorf kommt, wo man gerade die Hochzeit der Tochter eines Gutsbesitzers vorbereitet. Man hält ihn für den Bräutigam und er wird mit dem Mädchen verheiratet. Der Husar klärt den Irrtum nicht auf, denn er hat einen Mann, der ihm sein Pferd stehlen wollte, erschossen und hofft nun, durch die Heirat in Sicherheit zu sein. Als aber die Tat bekannt wird, hält man ihn für den berüchtigten Banditen Sándor Rózsa[12]. Dann jedoch stellt sich heraus, dass der Erschossene Sándor Rózsa war, der Husar wird als Held gefeiert und darf mit der Gutsbesitzertochter verheiratet bleiben.

„Das Libretto, welches Herr Léon (nach einem Scribe'schen Stoffe) verfaßt hat, bietet dem Componisten dankbare Gesangstexte und praktische Ensemblegruppirungen; die Handlung nimmt sich von der Bühne herab jedenfalls besser aus, als sie dem Leser erscheinen würde, wenn man sie erzählte"[13], schrieb das „Neue Wiener Journal" in einer insgesamt sehr wohlwollenden Kritik. Auch die meisten anderen Rezensenten nahmen das Werk positiv auf, und das Premierenpublikum zeigte sich begeis-

---

8 Ignaz Brüll: Brief an Victor Léon. 1.6.1892. Léon-Nachlass 24/2.1.2.9.
9 Zwischen 9.12.1868 und 29.6.1900 wurde „Schach dem König" insgesamt 68 Mal im Burgtheater gezeigt.
10 Ignaz Brüll: Karte an Victor Léon, 27.1.1897. Léon-Nachlass 24/2.1.2.9.
11 Léon-Nachlass 24/2.1.2.9.
12 Mit Sándor Rózsa brachte Léon eine historische Persönlichkeit in das Libretto ein: Rózsa (1813-1878), dessen Biografie mehrfach literarisch verarbeitet wurde, war Anführer einer Räuberbande und beging in Ungarn zahlreiche Gewalttaten.
13 Neues Wiener Journal, 3.3.1898, S. 6.

tert: „Die Annahme der Oper war eine außerordentlich warme; man fühlte, daß ein echter Künstler dieses schöne Werk geschaffen habe. Zum Schlusse wurde ein ganzer Garten von Blumen und Lorbeer auf die Bühne gebracht."[14]

„Der Husar" ist die einzige der drei gemeinsam mit Ignaz Brüll geschaffenen Opern, die Léon in seinen im Nachlass erhaltenen Aufzeichnungen erwähnt – und es ist bemerkenswert, welchen Charakter diese Erwähnung hat. Der Text findet sich in den „Beiträgen zu einer Biographie Heuberger", und zwar im Abschnitt über den „Opernball". Nach anfänglichen Schwierigkeiten bei dieser Operettenproduktion kam, so schreibt Léon, mit dem Auftreten Ilka Pálmays „der mächtige Erfolg", dann aber: „Wieder ein Missgeschick. Das Theater war verpflichtet, zu einem gewissen Termin die Spieloper ‚Der Husar' von Ignaz Brüll (Libretto von mir) aufzuführen. Man konnte ‚Opernball' nur bis zur fünfzigsten Aufführung geben. Nach dieser musste die Première des ‚Husar' sein. Und was tat Gott? Der ‚Husar' versagte. Sechs Tage später stand wieder der ‚Opernball' auf dem Repertoire."[15]

Victor Léon hatte also erlebt, dass die triumphale Aufführungsserie einer seiner Operetten ausgerechnet durch eine seiner Opern unterbrochen wurde, und im direkten Vergleich wurde dadurch für ihn mehr als deutlich, dass er mit Operetten wesentlich größere Erfolgschancen hatte als mit Opern. Retrospektiv und besehen mit der für Léon typischen Ironie erschien ihm daher die geringe Resonanz, die „Der Husar" fand, fast wie eine Art Gottesgeschenk.

Die im Léon-Nachlass erhaltenen Schreiben[16] von Ignaz Brüll an Victor Léon belegen, dass die beiden auch nach der gemeinsamen Arbeit an „Der Husar" in Kontakt blieben – und zwar auch deshalb, weil Léon bei Brüll Schulden hatte. Im Vertrag zum „Husaren" ist vermerkt, dass Léon solange nur ein Viertel statt die Hälfte der Bühnenerträgnisse des Werkes erhalten solle, bis damit jene 300 Gulden, die er Brüll schulde, abbezahlt seien. Dies war erst nach zehn Jahren der Fall, und am 5.2.1907 bestätigte Brüll in einem Brief an Léon „mit bestem Dank den richtigen Empfang der ganzen Ihnen seinerzeit von mir geliehenen Summe. Sie schulden mir also nichts mehr"[17].

Wie der Ton von Ignaz Brülls Schreiben an den „verehrten Freund" Léon erkennen lässt, scheint die Geldangelegenheit der guten Beziehung der beiden zueinander keinen Abbruch getan zu haben. Drei Mal erwähnte Brüll in seinen Briefen eventuelle weitere gemeinsame Projekte: Am 14.5.1902 schrieb er, dass er aus Zeitgründen ein von Léon vorgeschlagenes Libretto ablehnen müsse (um welches Stück es sich konkret handelte, geht aus dem Schreiben nicht hervor). In einem weiteren Brief aus dem Mai 1902[18] geht es um Details von Verlagsverträgen für eine „Oper à la Lortzing" und die Frage, in welchem Ausmaß „die Wichertschen Erben" an Tantiemen „participiren" würden. Es scheint also, dass Brüll und Léon daran dachten, ein Stück des kurz zuvor verstorbenen deutschen Schriftstellers Ernst Wichert als Vorlage für eine Oper zu verwenden. Am 2.8.1907 schrieb Brüll dann an Léon, dass er

---

14 Neue Freie Presse, 3.3.1898, S. 7.
15 Léon: Biographie Heuberger, S. 4f. Léon-Nachlass 19/1.8.
16 Insgesamt 14 Briefe bzw. Karten aus dem Zeitraum 1891-1907. Léon-Nachlass 24/2.1.2.8. u. 24/2.1.2.9.
17 Ignaz Brüll: Brief an Victor Léon, 5.2.1907. Léon-Nachlass 24/2.1.2.8.
18 Ignaz Brüll: Brief an Victor Léon, 21.5.1902. Léon-Nachlass 24/2.1.2.9.

sich freue, dass Léon etwas für ihn schreiben wolle: „Dafür bin ich Ihnen verbunden und wünsche, Sie fänden etwas für mich – denn für den ‚Kleinen Lord' kann ich mich nicht erwärmen. Er mag ja auf die Thränendrüsen von Kindern und Kindlichen wirken – ‚man merkt die Absicht'. Ich hatte Mühe, zu Ende zu lesen."[19] Victor Léon hatte Brüll also eine Opernfassung des 1886 erschienenen Romans „Der kleine Lord" der britischen Schriftstellerin Frances Hodgson Burnett vorgeschlagen, was offensichtlich nicht nach Brülls Geschmack war.

Am 24.3.1892, fünf Tage nachdem „Gringoire" in München uraufgeführt worden war, kam am Neuen Deutschen Theater in Prag bereits Léons nächstes Werk im Operngenre heraus. Es hieß „Friedel mit der leeren Tasche" und war von Max Josef Beer[20] vertont worden. Die Oper spielt im 15. Jahrhundert und ist eine Liebes- und Intrigengeschichte rund um den Tiroler Herzog Friedrich IV. Zwar kam das Werk, wie den Prager Zeitungen zu entnehmen ist, beim Premierenpublikum gut an und die Kritiker fanden sowohl für die Musik als auch für das Libretto lobende Worte, dennoch geriet „Friedel mit der leeren Tasche" bald wieder in Vergessenheit.

Auch die zweite Gemeinschaftsarbeit von Max Josef Beer und Victor Léon war nur wenig erfolgreich, gilt aber immerhin als Beers Hauptwerk und als eines der Beispiele für den musikalischen Verismus im Bereich der deutschsprachigen Oper: Es ist der Einakter „Der Strike der Schmiede", dessen Libretto auf dem dramatischen Gedicht „La grève des forgerons" von François Coppée basiert. Der Text war ein beliebtes Deklamationsstück und in dieser Form hatte ihn Victor Léon schon früh kennengelernt. Denn an jenem 15.3.1878, an dem seine Mitschülerinnen und Mitschüler von der Wiener Schauspielschule sein Stück „Falsche Fährte" im Sulkowskytheater aufführten, stand dort auch „Der Strike der Schmiede" auf dem Programm.

Im Mittelpunkt der Handlung steht ein alter Schmied, der, weil er und seine Familie zu verhungern drohen, während eines Streiks um bessere Arbeitsbedingungen und höhere Löhne zum Streikbrecher wird und einen anderen Schmied, der ihn deswegen verhöhnt, im Streit erschlägt. Libretto und Musik zu „Der Strike der Schmiede" entstanden 1892/93. 1893 nahm Max Josef Beer mit dem Werk an einem Opern-Kompositionswettbewerb teil, der unter der Schirmherrschaft von Herzog Ernst II. von Sachsen-Coburg stand, war dabei allerdings nicht erfolgreich.[21] Die Uraufführung fand erst einige Jahre später, am 18.2.1897, in Augsburg statt. Es folgten Aufführungen an einigen wenigen anderen Opernhäusern, so etwa 1898 in Bremen und 1899 in Budapest. 1919 wurde „Der Strike der Schmiede" auch an der Wiener Volksoper gezeigt, blieb dort jedoch mit nur zwei Aufführungen (4.6. und 6.6.1919)

---

19 Ignaz Brüll: Brief an Victor Léon, [Poststempel 2.8.1907]. Léon-Nachlass 24/2.1.2.8.

20 Max Josef Beer, geb. 25.8.1851 in Wien, gest. 25.11.1908 in Wien, war im Hauptberuf Beamter der niederösterreichischen Statthalterei. Beer komponierte eine Reihe von Klavierwerken, sowie Lieder, eine Operette und einige Opern.

21 Insgesamt wurde zu diesem Wettbewerb 124 Opern eingereicht, von denen zwei prämiert wurden: „Die Rose von Pontevedra" mit der Musik von Josef Forster und „Evanthia", Musik Paul Umlauft. Diese beiden Werke wurden in Verbindung mit dem Wettbewerb im Sommer 1893 in Gotha aufgeführt. „Der Strike der Schmiede" war eines der wenigen anderen Wettbewerbswerke, das in der Folge von einem Opernhaus angenommen wurde.

als „antiquiertes" Werk „aus einer schon längst verflossenen Epoche musikdramatischer Geschichte"[22] erfolglos.

Geringe Resonanz war auch jenem Libretto beschieden, das Victor Léon 1896 für Hans von Zois[23] schrieb: Es war die zweiaktige komische Oper „Clotildes Hochzeit". Das Werk spielt im Verlauf eines Tages in einer spanischen Kleinstadt. Der junge Leutnant Riego hat sich in die schöne Clotilde verliebt, darf sie aber nicht heiraten, weil sein Vater auf einer adeligen Schwiegertochter besteht. Riegos Freund Alfonso, der adelig ist, schlägt vor, dass er Clotilde heirate, denn da er wegen eines versäumten Gefechtsappells degradiert werden soll und sich deshalb umbringen will, werde Clotilde als Witwe adelig sein und Riego könne sie dann heiraten. Die Hochzeit findet statt, aber unmittelbar danach wird bekannt, dass die Degradierung aufgehoben wurde. Die daraus entstehenden vermeintlichen Komplikationen lösen sich rasch auf, als sich herausstellt, dass Clotilde und Alfonso ineinander verliebt sind und Riego bereits einen Flirt mit einer anderen jungen Frau begonnen hat.

„Clotildes Hochzeit" wurde 1898 in Regensburg uraufgeführt[24], weitere Produktionen des Werkes konnten nicht ermittelt werden. Für Victor Léon aber dürfte der geringe Erfolg zumindest finanziell nicht allzu bitter gewesen sein, denn in dem Vertrag, den Hans von Zois am 23.4.1896 mit ihm geschlossen hatte, wird Léon ein Garantiehonorar von 500 Gulden zugesichert, „und zwar von Sr. Durchlaucht dem souveränen Fürsten von und zu Liechtenstein, der Ihnen diesen Betrag in zwei Raten zu je 250 Gulden, je nach Uebergabe eines Actes an mich, durch seinen Cabinetsrath Herrn Carl v. In der Maur zur Auszahlung bringt."[25]

Jene 500 Gulden, die Victor Léon für „Clotildes Hochzeit" garantiert wurden, lagen etwas über der Höhe anderer Honorare, die er in jenen Jahren für Opernlibretti erhielt. Als er etwa im Winter 1890/91 für den ungarischen Komponisten und Schriftsteller Géza Zichy[26] dessen Erzählung „Alár" in ein Libretto umwandelte, zahlte ihm Zichy dafür 300 Gulden – und ergänzte das Honorar durch zwölf Flaschen Balaton-Weines aus dem Jahr 1834 („ein Unikum", das „mit Musse und Verständnis" zu trinken sei, wie Zichy in einem Brief an Léon betonte[27]).

---

22 Wiener Abendpost (Abendausgabe der Wiener Zeitung), 5.6.1919, S. 3.
23 Hans von Zois, geb. 4.11.1861 in Graz, gest. 5.1.1924 in Graz, hatte seine musikalische Ausbildung in Graz und am Wiener Konservatorium erhalten und war als Musikpädagoge, Pianist und Komponist tätig. Zois komponierte zahlreiche Klavierstücke und Lieder, sowie mehrere Opern und Operetten.
24 Oesterreichisches Musiklexikon, Bd. 5, S. 2746. Ein genaues Datum der Uraufführung ist nicht angegeben.
25 Hans von Zois: Vertrag mit Victor Léon, 23.4.1896. Léon-Nachlass 29/2.1.11.
26 Géza Graf Zichy, geb. 22. od. 23.7.1849 in Sztára (Staré/Slowakei), gest. 14. od. 15.1.1924 in Budapest, studierte in Bratislava Jus, war dann im Verwaltungsdienst tätig und Mitglied des Magnatenhauses des ungarischen Reichstages. Obwohl er als 14-Jähriger bei einem Jagdunfall den rechten Arm verloren hatte, machte er sich als Klaviervirtuose einen Namen und unternahm viele Konzertreisen. Zichy komponierte fünf Opern, zahlreiche Lieder und Instrumentalwerke, war Präsident des ungarischen Nationalkonservatoriums und 1891-1894 Intendant der Budapester Oper.
27 Géza Zichy: Brief an Victor Léon, 19.10.1890. Léon-Nachlass 25/2.1.2.162.

Der Operntext, den Léon für Zichy schrieb, spielt, wie auch die Originalerzählung, im Mittelalter: Der Ritter Alár muss eine andere Frau heiraten, als diejenige, die er liebt und geht, nachdem er zum Mörder an seinem Schwager geworden ist, als Kreuzritter nach Palästina. Erst nach Jahren kehrt er wieder heim und erfährt, dass seine Ehefrau ins Kloster gegangen sei und seine Geliebte Selbstmord begangen habe. Erzählung und Oper enden damit, dass Alár von der einstigen Amme seiner Geliebten erdolcht wird.

Victor Léon lernte die ursprünglich ungarischsprachige Erzählung in einer deutschen Übersetzung kennen, die Zichy für ihn hatte anfertigen lassen. Léons Libretto wurde dann wiederum ins Ungarische übersetzt, denn Zichy erwartete offenbar, dass das Werk nur in Budapest aufgeführt werde, was er in einem Brief an Léon folgendermaßen kommentierte: „Ich habe in Wien gar keine Chancen für meine Oper selbst wenn der Text vorzüglich und die Musik eminent wäre. Warum? Nun Ihnen werde ich über die Verhältnisse der Wiener Oper nichts Neues erzählen können – Ich werde mir den Text in ungarischer Sprache zurecht machen."[28]

„Alár" wurde am 11.4.1896 in der Budapester Oper uraufgeführt. In den Ankündigungen und auf dem Theaterzettel war dabei lediglich der Name von Géza Zichy zu finden. Denn Zichy hatte vertraglich von Léon verlangt, dass dieser darauf verzichte, dass sein „Name als Bearbeiter auf dem Zettel oder auf einer Druckausgabe des ‚Alár' genannt werde."[29] Daher schrieb etwa August Beer, der Chefkritiker des „Pester Lloyds", in seinem sehr positiven Premierenbericht: „Das Libretto hat der Komponist nach seiner eigenen Novelle selbst verfaßt"[30]. Nicht nur bei der Kritik, sondern auch beim Budapester Publikum kam die Oper „Alár" gut an und war bis ins 20. Jahrhundert auf den Spielplänen des Opernhauses zu finden.

Victor Léons erfolgreichstes Werk im Bereich der Oper war „Der polnische Jude", der 1901 in Prag uraufgeführt wurde. Die Musik dazu hatte der tschechische Komponist Karel Weis[31] geschrieben, wobei die Zusammenarbeit zwischen ihm und Léon aber alles andere als harmonisch abgelaufen war. Léon schickte dazu im Dezember 1902, als die Oper erstmals in Wien aufgeführt wurde, einen umfangreichen Bericht an Wiener Zeitungsredaktionen. Darin schreibt er über den Beginn der Zusammenarbeit, dass Karel Weis zu ihm gekommen war „mit dem Ersuchen, ihm ein Libretto für die böhmische Oper in Prag zu schreiben, deren Kuratoren seine Protektoren seien. Er spielte mir seine Oper ‚Viola'[32] vor, und da ich aus derselben die

---

28 Ebd.
29 Géza Zichy: Brief an Victor Léon, 1.11.1890. Léon-Nachlass 25/2.1.2.162.
30 Pester Lloyd, 12.4.1896, S. 3.
31 Karel Weis, geb. 13.2.1862 in Prag, gest. 4.4.1944 in Prag, erhielt seine musikalische Ausbildung am Prager Konservatorium und an der Prager Orgelschule. Weis war als Organist, Geiger und Dirigent tätig, komponierte Opern, Operetten, Kantaten, Orchesterwerke, Ballett- und Filmmusiken und publizierte ab 1929 die zahlreiche Bände umfassende Volksliedsammlung „Český jih a Šumava v lidové písni" („Der tschechische Süden und der Böhmerwald im Volkslied"). Sein Name ist im vorliegenden Text in der tschechischen Form geschrieben, in der Literatur ist der Vorname auch als Karl, Carl oder Karol zu finden, der Nachname auch als Weiss oder Weiß.
32 Karel Weis' Oper „Viola", die auf Shakespeares „Twelth Night" basiert, wurde am 17.1.1892 in Prag uraufgeführt.

Ueberzeugung von seiner musikalischen Begabung gewonnen, erzählte ich ihm in nuce den Stoff des Erckmann-Chatrian'schen Stückes, wie ich ihn mir, zum Opernlibretto gestaltet, dachte."[33]

Beim „Erckmann-Chatrian'schen Stück" handelte es sich um „Le juif polonais" des französischen Autorenduos Émile Erckmann und Alexandre Chatrian. Das Drama spielt in einem Dorfgasthaus im Elsass: Beim Verlobungsfest der Tochter des Bürgermeisters wird erzählt, dass vor Jahren ein jüdischer Händler aus Polen, der im Gasthaus übernachtet hatte, am folgenden Tag unweit des Dorfes beraubt und ermordet worden war. Dem Bürgermeister ist diese Erzählung sichtlich unangenehm, und als am Höhepunkt des Festes plötzlich wieder ein polnischer Jude auftaucht und um Unterkunft bittet, bricht der Bürgermeister ohnmächtig zusammen. Er durchleidet einen Alptraum, in dem er vor Gericht gesteht, dass er der Mörder des polnischen Juden sei. Als der Henker erscheint, um ihn abzuführen, wacht er mit einem Schrei auf. Am nächsten Morgen aber wird er tot in seinem Bett gefunden.

„Le juif polonais", uraufgeführt am 15.6.1869 im Pariser Théâtre Cluny, war ein vielgespieltes und international erfolgreiches Stück. Auch Karel Weis fand an dem Stoff Gefallen („Das Sujet in meiner Fassung und Darstellung enthusiasmierte ihn", so Léon dazu in seinem Schreiben an die Zeitungen). Im Frühjahr 1899 schloss Weis einen Vertrag mit Léon ab, der auch eine Honorargarantie für das Libretto enthielt. Léon schreibt dazu in seinem Brief an die Zeitungen: „Diese Summe hatte er mir in zwei gleichen Teilen nach Ablieferung je eines Aktes zu bezahlen. Ich schickte ihm den ersten Akt. Er schickte mir die erste Rate. Nach einiger Zeit trat er an mich heran, ihm Aenderungen in diesem Akt zu machen, die mir jedoch nicht plausibel erschienen" – weshalb Léon die Änderungen auch nicht durchführte. „Einige Monate später schickte ich ihm den II. Akt. Er bezahlte die zweite Rate der Garantiesumme nicht, vielmehr klagte er mich auf Zurückzahlung der ersten Rate und auf Schadenersatz, weil ich ihn angeblich in der Komposition behindert habe, da ich die Aenderungen nicht machen wollte. Ueberdies erklärte er in seiner Klage das Libretto für unkomponierbar."

Am 26.9.1899 fand am Landesgericht für Zivilsachen in Wien die erste Verhandlung in dieser Sache statt. Unter dem Titel „Der Verarbeitungswerth eines Librettos" berichtete die „Neue Freie Presse" darüber in ihrer Gerichtssaalrubrik:

„Der Klagevertreter Dr. Wiener aus Prag begründete das Verlangen [nach Lösung des Vertrages] damit, daß das von Herrn Leon verarbeitete Libretto für den beabsichtigten Zweck nicht tauge, da es an keiner Stelle Gelegenheit zur Ausdehnung eines musikalischen Gedankens biete, daß es den gestellten Bedingungen nicht entspreche und nur die Hälfte des Werthes repräsentire, der in dem Vertrage stipulirt wurde. Auf Beschluß des Gerichtes und Antrag der Parteienvertreter hätten nun Sachverständige vernommen werden sollen. Es ergaben sich hiebei Schwierigkeiten. Professor Heuberger vertont Libretti von Herrn Leon, Herr Weinberger verlegt Leon's Werke, Dr. Hirschfeld[34] ist ein Vetter des Beklagten, Director Mahler[35] lehnte we-

---

33 Victor Léon: Brief an Unbekannt, 9.12.1902 (Kopie). Léon-Nachlass, alte Sign. ZPH 906/16.
34 Robert Hirschfeld, Musikwissenschaftler und Kritiker.
35 Gustav Mahler, damals Direktor der Hofoper.

gen Ueberbürdung, Director v. Jauner wegen Krankheit ab, und Herr Kalbeck konnte wegen einer zwischen ihm und Herrn Leon bestehenden Gegnerschaft nicht herangezogen werden."[36]

Dass diese Darlegung der vielfältigen Bezüge Léons zur Wiener Theaterszene durchaus komische Züge hatte, fiel auch Karl Kraus auf. Er widmete dem Verfahren einen Beitrag in seiner Zeitschrift „Die Fackel"[37], den er mit einer für ihn typischen allgemeinen Attacke gegen Librettisten einleitete:

„Der Wert eines Librettos ist jüngst vor dem Landesgericht abgeschätzt worden. Endlich! Allzulange hat man unsere Librettisten ihren ordentlichen Richtern entzogen. Allmählich sieht man ein, dass die Jury der klebrigen Herren, die auf den geschenkten Parquetsitzen ihr cartelliertes Urtheil abgeben, befangen sei, und man gewinnt wieder zum Landesgericht als der einzigen competenten Instanz Zutrauen. Herrn Victor Léon haben sie zuerst gefasst. [...] Mit den Sachverständigen hatte es freilich seine Schwierigkeiten, und es kam wegen allgemeiner Befangenheit nicht zur Aussage. Befangenheit bei Abgabe des Gutachtens ist nur vor Gericht ein Hindernis. Ein Kritiker erklärt, dass er die Werke des Herrn Léon ‚vertone', ein anderer, dass er mit ihm verwandt, ein dritter, dass er mit ihm verfeindet sei; dieser verlegt seine Erzeugnisse, jener macht ihm Reclamenotizen. Der Vorsitzende ringt die Hände; er kennt das Wiener Theaterleben nur so en passant und wusste nicht, dass es in der Wiener Kritik gar keine Sachverständige und nur Befangene gebe. Da bleibt nur noch Herr Buchbinder übrig. Der ist wenigstens nie befangen. Die Verhandlung wird vertagt, und der betriebsame Herr Léon stürzt zu neuen Geschäften ....".

Es war der Schriftsteller Bernhard Buchbinder, der in der Folge gemeinsam mit dem Komponisten Eduard Kremser als Gutachter bestellt wurde. Wie sowohl Victor Léon in seinen Aufzeichnungen als auch die „Neue Freie Presse" in einem weiteren Artikel berichten, befanden Buchbinder und Kremser, dass der erste Akt des Textbuches bearbeitet werden müsse, der zweite aber sei „nach den Gutachtens-Protocollen sehr gut"[38]. Das Verfahren endete nach der zweiten Verhandlung am 10.10.1899 mit einem außergerichtlichen Vergleich.

„Dieser Ausgleich kostete mich mit allen Expensen, Gutachterspesen, Schadenersatz u.s.w. zirka 2500 Gulden. Das Libretto fiel an mich zurück – diskreditiert und wertlos. – – Als ich nun dem Herrn Karl Weis die ‚Schadenersatzsumme'[39], zu der ich mich so rasch verstanden, zuschickte, refusierte er dieselbe, und kurz darauf trat er wieder an mich heran: ich möchte ihm doch das Libretto ‚Der polnische Jude' überlassen.
Ich wusste mit dem arg diskreditierten Buche nichts mehr anzufangen. Ich überliess es ihm, wogegen ich die Schadenersatzsumme nicht zu bezahlen hatte. –
Er begann zu komponieren."[40]

---

36 Neue Freie Presse, 27.9.1899, S. 7. Die Darstellung in der „Neuen Freien Presse" deckt sich im Wesentlichen mit den Aufzeichnungen Léons.
37 Die Fackel, 1899, Heft 18, S. 24ff.
38 Neue Freie Presse, 11.10.1899, S. 7.
39 Diese betrug laut „Neue Freie Presse" (11.10.1899, S. 7) 1300.- Gulden.
40 Victor Léon: Brief an Unbekannt, 9.12.1902 (Kopie). Léon-Nachlass, alte Sign. ZPH 906/16.

Mit Zustimmung von Victor Léon ließ Karel Weis vom damals in Prag tätigen Musikkritiker Richard Batka[41] („den persönlich zu kennen ich nicht das Vergnügen habe", so Léon) einige „minime Aenderungen" am Text vornehmen: „Die Aenderungen waren irrelevant und von verschwindender Geringfügigkeit. Nachdem ich noch da und dort Korrekturen vorgenommen, ,sanktionierte' ich sie."

Am 3.3.1901 wurde „Der polnische Jude" mit großem Erfolg in Prag uraufgeführt und rasch von zahlreichen anderen Bühnen übernommen. So etwa war die Oper noch im Uraufführungsjahr in Dresden, Zürich, Frankfurt, Hamburg, Köln, Leipzig, Nürnberg und Stuttgart zu sehen, 1902 dann unter anderem in Berlin und auch in Wien. Anlässlich der Wiener Erstaufführung des Werkes am 10.12.1902 im Theater an der Wien machte Victor Léon im erwähnten Schreiben an Zeitungsredaktionen seiner Empörung darüber Luft, dass auf den Theaterzetteln, in den Besprechungen und auf den Druckfassungen des „Polnischen Juden" stets Richard Batka als Koautor angegeben war. Detailliert legte Léon Szene für Szene dar, wie viele Zeilen von ihm und wie viele von Batka geschrieben worden waren: „Im ganzen Libretto sind also von Herrn Batka: 119 Zeilen. Und von mir: 583 Zeilen, nebst Idee, Figuren, Szenenführung, Lösung, Regiebemerkungen – wie ich es aus meinem Originalmanuskript Jedermann und stündlich beweisen kann. Der Name des Herrn Batka steht also, wie Herr Karl Weis mit Recht behauptet, unberechtigt auf dem Buche."

Der Hinweis auf Karel Weis bezieht sich auf zwei Briefe des Komponisten, die im Léon-Nachlass in Form von Abschriften erhalten sind.[42] Aus ihnen geht hervor, dass Weis offenbar nicht damit einverstanden war, dass der Name Richard Batkas gleichrangig neben den von Léon gesetzt wurde. So etwa beteuerte Weis: „Dr. Batka lässt in die Welt schreiben, dass er den grösseren Teil am Buche des P.J. gemacht hat. Ich trage keine Schuld daran und will auch seiner Prahlerei Schranken legen." Victor Léon wandte sich in der Folge auch direkt an Richard Batka, an den er am 14.3.1901 schrieb:

„Herr Karl Weis schreibt mir unaufgefordert, also in ganz spontaner Weise u.a. wörtlich Folgendes: ,Dr. Batka hat nur textlich hie und da nach meinen Angaben gearbeitet. Wenn Dir. Neumann in die Welt telegrafiren lässt, das Buch sei von Dr. Batka bearbeitet, so ist es einfach nicht wahr und ein absichtliches Unrecht gegen Sie. Ich trage daran keine Schuld.'
So schmeichelhaft es für mich ist, Ihren Namen neben dem meinigen genannt zu sehen, müßte ich Sie – unter diesen von Herrn Weis mitgetheilten Umständen – doch höflichst bitten, mir wenigstens das Autorenrecht des Librettos ungeschmälert zu belassen. Habe ich doch durch diese Oper nur Ärger, Arbeit, große Mühe und über 2000 Gulden Kosten gehabt, ohne an dem monet. Nutzen jetzt partizipiren zu können. Ich bin da das Opfer einer – ich möchte fast sagen literarischen Dreyfusiade geworden.

---

41 Richard Batka, geb. 14.12.1868 in Prag, gest. 24.4.1922 in Wien, war, nachdem er in Wien Germanistik und Musikgeschichte studiert hatte, als Musikkritiker u.a. beim „Prager Tagblatt" tätig. 1908 übersiedelte er nach Wien, war hier u.a. Mitherausgeber der Zeitschrift „Der Merker" und Professor für Musikgeschichte an der Musikakademie. Batka verfasste zahlreiche musikhistorische Schriften und einige Libretti.
42 Léon-Nachlass 25/2.1.2.155.

Ich höre also, daß Dir. Neumann Sie als Mitautor bezeichnet hat; wahrscheinlich auch gegen Ihren Willen. Ich rechne, sehr verehrter Herr Collega, auf die Erfüllung meines Ersuchens, das wohl mehr als gerechtfertigt ist."[43]

Richard Batka ging jedoch, wie der weitere Verlauf der Sache zeigte, auf Léons Ersuchen um Überlassung des Autorenrechts nicht ein.

Die Bemerkung im Brief von Victor Léon, dass es laut Karel Weis vor allem der Theaterdirektor Angelo Neumann war, der die Mitarbeiterschaft von Richard Batka am „Polnischen Juden" besonders betonte, ist durchaus aufschlussreich. Denn das Werk war an dem von Neumann geleiteten Neuen Deutschen Theater in Prag uraufgeführt worden – und nicht, wie Weis' erste Oper „Viola", am Národní divadlo (Nationaltheater). Das Národní divadlo hatte die Annahme des „Polnischen Juden" verweigert, weil die Oper ein deutschsprachiges Libretto hatte. In jener Zeit der zunehmenden Nationalitätenkonflikte innerhalb der Habsburgermonarchie und kurz nach der Krise rund um die „Badenische Sprachenverordnung" wäre die Aufführung einer Oper mit einem deutschen Text, der von einem Wiener Autor stammte, am tschechischen Nationaltheater vermutlich von vielen als Provokation empfunden worden. Am Neuen Deutschen Theater war „Der polnische Jude" dann wiederum die erste Oper eines tschechischen Komponisten, die an diesem Haus aufgeführt wurde. Vielleicht war in dieser heiklen Situation der sowohl deutsch- also auch tschechischsprechende und aus Prag stammende Richard Batka eine Art ausgleichender Faktor, auf den von Neumann besonders verwiesen wurde. Denn die Empörung in tschechisch-nationalen Kreisen ging teilweise so weit, dass Karel Weis wegen seiner Zusammenarbeit mit Victor Léon als „Vaterlandsverräter" attackiert wurde. Dass die nationale Frage bei der Uraufführung des „Polnischen Juden" eine nicht geringe Bedeutung hatte, beweist folgende Passage aus einem mit „Prager Theaterbrief" betitelten Beitrag in der Zeitschrift „Der Humorist" vom 11.3.1901:

„Ein tschechischer Tonkünstler im deutschen Theater. Bravo! Da wäre ja endlich eine Bresche in die meterdicke Mauer nationaler Verblödung geschlagen worden! Bravo! Das war endlich ein erlösender Schritt nach vorwärts, nicht spottend der Aufklärung unserer Zeit. Und als der Tscheche Weiß auf der Bühne erschien, da rief das Publicum ,bravo' und ,Vyborne' und zwei Kränze mit schwarz-roth-goldenen und roth-weißen Schleifen flogen dem Künstler zu."[44]

Sicher wusste Victor Léon von diesen Widrigkeiten rund um die Prager Uraufführung des „Polnischen Juden", und dies war wohl mit ein Grund, warum er sich seine Sachverhaltsdarstellung zum Libretto so lange „versparte", „bis die Oper in Wien aufgeführt wird, wo ich annehmen muss, dass man aus der Sache auf meine Person reflektiert. Muss ich schon – aus genugsam bereuter Uebereiltheit – auf materielle Vorteile aus dieser Oper verzichten, in Wien, wo ich lebe und zuhause bin, will ich mir wenigstens die moralischen und künstlerischen Autorrechte retten."

In den – im Allgemeinen recht positiven – Besprechungen der Wiener Aufführung des „Polnischen Juden" wurde Léons Schreiben an die Zeitungen mehrfach er-

---

43 Victor Léon: Brief an Richard Batka, 14.3.1901. Wienbibliothek H.I.N. 34952.
44 Der Humorist, 11.3.1901, S. 5.

wähnt. Besonders ausführlich ging das „Neue Wiener Journal" darauf ein: „Die Sache steht nun so: nicht nur, daß das geistige Eigenthum des Autors geschädigt wurde, er ist durch die seltsamen Machinationen des Componisten auch um den Ertrag seiner Arbeit gebracht worden. Wenn je, so ist in diesem Fall ein Protest berechtigt."[45] Der Rezensent der „Wiener Zeitung" hingegen meinte: „Ob neben Herrn Léon auch Herr Batka auf dem Zettel prangen dürfe, möge der Dreiviertel-Autor mit dem Viertel-Autor privatim abmachen"[46] – und schloss seine Besprechung mit der Feststellung: „Der Text als Unterlage für musikalische Bearbeitung ist die gute, ehrliche Arbeit einer technisch sicheren Hand. Oder waren es zwei Hände? Möge jeder der beiden Librettisten vom Lobe seinen Teil nehmen."

Rund vier Jahre nachdem „Der polnische Jude" in der Fassung von Weis, Léon und Batka im Theater an der Wien zu sehen gewesen war, brachte die k.k. Hofoper eine zweite, gleichnamige Vertonung des Dramas von Erckmann und Chatrian heraus.[47] Die Musik zu diesem „Polnischen Juden" stammte vom französischen Komponisten Camille Erlanger, das Libretto von Henri Caïn und Pierre-Barthélémy Gheusi war von Felix Vogt ins Deutsche übersetzt worden. Die Oper (die von der Wiener Kritik als „ungewöhnlich langweilig"[48] und als „minderwertiges Machwerk"[49] abgelehnt wurde) war am 11.4.1900 an der Pariser Opéra-Comique uraufgeführt worden – also zu einem Zeitpunkt, an dem Victor Léon und Karel Weis bereits seit einem Jahr an ihrer Fassung des Stoffes arbeiteten. Es kann somit ausgeschlossen werden, dass Léon und Weis die Anregung zu ihrer Oper aus Erlangers „Juif Polonais" bezogen hatten.

1915 wurde „Der polnische Jude" in der Fassung von Weis, Léon und Batka an der Wiener Volksoper aufgeführt.[50] Aus diesem Anlass veröffentlichte das „Fremden-Blatt" einen Beitrag von Batka mit dem Titel „Wie der ‚Polnische Jude' von Karl Weis entstand"[51]. Batka erwähnte darin kurz die Unstimmigkeiten, die es zwischen Weis und Léon gegeben hatte, und erzählte dann ausführlich über seine eigene Zusammenarbeit mit Weis. Interessant ist dieser Bericht deshalb, weil er erkennen lässt, dass Weis als Komponist tatsächlich ein schwieriger Partner für einen Librettisten war:

„Es war keine leichte Arbeit mit ihm! Er gehörte noch insofern der älteren czechischen Komponistengeneration an, als er von der neueren, synkopenreichen, rhythmisch subtilen Deklamation nichts wußte. Er komponierte daher am liebsten deutsch, beherrschte aber anderseits die deutsche Sprache damals doch nur teilweise. Dabei war er, was die Betonung und die Prosodie betrifft, überaus heikel und gewissenhaft, mißtraute auch der Gründlichkeit seiner Mitarbeiter und ruhte nicht eher, bis ihm alles in Ordnung schien."

---

45 Neues Wiener Journal, 11.12.1902, S. 7.
46 Wiener Abendpost (Abendausgabe der Wiener Zeitung), 11.12.1902, S. 5.
47 Aufführungen am 4., 7. und 10.10.1906.
48 Neues Wiener Journal, 5.10.1906, S. 2.
49 Der Humorist, 10.10.1906, S. 2.
50 Nachweisbar sind dazu Vorstellungen am 27.1., 2.2., 8.2. und 28.2.1915.
51 Fremden-Blatt, 28.1.1915, S. 1f.

Auch war Weis, so erinnerte sich Batka, nicht bereit, bei seiner Komposition in irgendeiner Weise auf den Text Rücksicht zu nehmen: „An seinen Noten, wie er sie im Kopfe trug, änderte er da meist keinen Ton mehr. Die Aufgabe des Librettisten bestand da großenteils in der Erfindung einer dem Rhythmus der Noten entsprechenden Wortfolge, wenn man will: in einem sprachtechnischen Experiment." Zwar habe er sich, so Batka, durch die Zusammenarbeit mit Weis, die eine fast „unerträgliche Sklaverei" gewesen war, „eine gewisse Gewandtheit im Unterlegen von Text unter gegebene Melodien" erworben, doch: „Damals freilich hat mich seine ‚Pedanterie' – denn er wollte, bei seiner unzureichenden Sprachkenntnis selbst erlaubte Freiheiten des Ausdruckes nicht zulassen – nicht selten innerlich in knirschende Wut gebracht und ich hätte ihm das Buch am liebsten vor die Füße geworfen."

Da sich bei dem cholerisch veranlagten Victor Léon „knirschende Wut" meist nicht nur „innerlich" manifestierte und er wesentlich weniger kompromissbereit war als Richard Batka, ist durchaus nachvollziehbar, dass jene Änderungswünsche, die Weis zum ersten Akt des „Polnischen Juden" gehabt hatte, die Léon „jedoch nicht plausibel erschienen", zum Konflikt zwischen den beiden hatten führen müssen.

Trotz aller Schwierigkeiten wurde für Karel Weis „Der polnische Jude", der das zweite seiner insgesamt 15 musikdramatischen Werke war, zu einem wesentlichen Karriereschritt. Das Werk stand bis in die späten 1930er Jahre auf den Spielplänen vieler europäischer Bühnen und wurde 1921 in englischer Sprache als „The Polish Jew", übersetzt von Sigmund Spaeth und Cecil Cowdrey, auch an der Metropolitan Opera in New York gezeigt (Premiere 9.3.1921). Zwar gab es nur drei Vorstellungen, operngeschichtlich bedeutsam aber ist die Tatsache, dass es erst das zweite Werk eines tschechischen Komponisten war (nach Smetanas „Verkaufter Braut"), das an der Metropolitan Opera aufgeführt wurde. Sollte Victor Léon aber jenes Textbuch erhalten haben, das anlässlich der New Yorker Produktion veröffentlicht worden war[52], dann hatte er wohl erneut Grund zur Empörung: Denn da war sein Name als „Victor Leonard" angegeben.

Im Prager Národní divadlo fand am 18.6.1926 die erste Aufführung der Oper in tschechischer Sprache unter dem Titel „Polský žid" (Übersetzung Josef Vymětal) statt. Auch für die Neuproduktion, die zum 100-Jahr-Jubiläum der Uraufführung des Werkes am 3.3.2001 an der Prager Staatsoper – dem früheren Neuen Deutschen Theater – gezeigt wurde, zog man die tschechische Fassung heran. Sowohl dabei als auch schon 1926 wurde übrigens Victor Léons Name korrekt angegeben.

Karel Weis war sich bewusst, dass er den Erfolg und die Anerkennung, die ihm „Der polnische Jude" eingebracht hatte, zu einem wesentlichen Teil Victor Léon zu verdanken hatte. Immerhin hatte ihm dieser die allseits gelobte Stückidee und den letztendlich gut komponierbaren Text geliefert. Daher schrieb Weis am 22.1.1906 in einem Brief an Léon:

„Ich biete Ihnen zum Drittenmale in meinem Leben die Hand zur gemeinschaftlichen Arbeit –! Ich sehe Sie, wie Sie aufspringen, wie Sie zu schimpfen anfangen (natürlich über mich), wie Sie in Ihrer Wut die ganze Zimmereinrichtung umwerfen –! Beruhigen Sie sich und denken Sie nur ein wenig zurück! Ich habe Ihnen gewiss absichtlich und durch mein Verschulden gar kein

---

52 Spaeth, Sigmund – Cecil Cowdrey: The Polish Jew. Published by Fred Rullman, Inc., at the Theatre Ticket Office, 111 Broadway, New York, 1921.

Leid zugefügt und war immer redlich bemüht, die Kränkung, die Sie getroffen hat aus der Welt zu schaffen, und bin es jetzt umso mehr, als ich erfahren habe, dass Sie gar nicht der reiche Mann sind, für den ich Sie immer gehalten habe. Es ist gefehlt worden!! Sie wissen doch ganz gut, dass ein Komponist ohne Konferenzen mit dem Librettisten nicht arbeiten kann. Sie haben mich deren nie gewürdigt! Hätten Sie mich gelegentlich nach Wien zitiert, wäre alles mit einigen Besprechungen zu Ihrer vollsten Zufriedenheit erledigt gewesen. Anstatt dessen haben Sie mir gegenüber nur Unterschätzung und einen unbegreiflichen Eigensinn an den Tag gelegt. – Nun hören Sie! Ich bin der Mann der Zukunft in der Operette. Lachen Sie nicht! Überall, wo ich meine Motive vorgespielt habe, in Wien, Berlin, Dresden etc. hat man die begeistert anerkannt.

Es hat mich immer mehr zur Operette hingezogen, als zur Oper und dieser Drang führte mich vor Jahren auch zu Ihnen. Natürlich ist der Unterschied zwischen heute und damals ziemlich gross. Damals war ich unbekannt – heute hat mein Name einen guten Klang. Heute suche ich weder nach Stoffen, noch nach Bühnen oder Verlegern.

Was nun zu Ihnen führt, ist meine unerschütterliche Überzeugung, dass Sie ein genialer Mensch sind – was ich ja immer behauptete und weswegen ich noch unlängst mit einem bekannten Wiener ‚Kunstkritiker‘ in Streit geraten bin – und mein aufrichtiger Wille, Ihnen den erlittenen Schaden nach Kräften zu ersetzen. Denn ich kann es doch nicht vergessen, dass ich eigentlich Ihnen meinen ersten grossen Erfolg zu verdanken habe. Ich biete Ihnen also ehrlich meine Hand zur Versöhnung an."[53]

Weis bot Victor Léon außerdem an, gemeinsam eine Operette zu schaffen – und er schloss seinen Brief mit dem Satz: „Wollen Sie nicht, dann schmeissen Sie diesen Brief in den Ofen und die Sache ist erledigt." Victor Léon schmiss den Brief zwar nicht in den Ofen, denn das Schreiben ist im Original im Léon-Nachlass erhalten, aber er ging keine neuerliche Zusammenarbeit mit Weis ein. Da half es auch nichts, dass Angelo Neumann am 8.8.1907 an ihn schrieb:

„Hochgeehrter Herr!
Ohne den Vorzug zu haben, Sie persönlich zu können [!], gestatte ich mir an Sie eine Anfrage zu richten. Ist es ganz unmöglich, die bestehenden Differenzen zwischen Ihnen und dem Komponisten Karl Weis auszugleichen? Derselbe war soeben bei mir, ich bin daher in die Angelegenheit durch ihn eingeweiht. Nachdem Weis bereit ist, jedes Opfer zu bringen um einen solchen Ausgleich herbeizuführen und ich überzeugt bin, dass das wirklich grosse Talent Arm in Arm mit Ihnen angetan ist auf dem Gebiete (der Operette) die grössten Erfolge zu erzielen, würde ich es gerade mit Stolz begrüssen, wenn ich diese Aussöhnung fördern könnte. Vom polnischen Juden, der nun Aussicht hat auch in Amerika und England gegeben zu werden, so sagt mir Weis, wäre er bereit die Tantiemen mit Ihnen zu teilen. Er ist ferner auch bereit Ihnen den ganzen bisher zugefügten Schaden auf geeignete Weise zu ersetzen. Diese Zeilen würden ungeschrieben geblieben sein, wenn ich es nicht geradezu für ein Verbrechen halten würde, ein so hervorragendes musikalisches Talent brach liegen zu sehen, dem nichts fehlt als ein Victor Leon."[54]

---

53 Karel Weis: Brief an Victor Léon, 22.1.1906. Léon-Nachlass 25/2.1.2.155.
54 Angelo Neumann: Brief an Victor Léon, 8.8.1907. Léon-Nachlass 25/2.1.2.91.

Als Angelo Neumann diesen Brief an Léon schickte, war dieser gerade auf dem Höhepunkt seiner Karriere als Operettenlibrettist: „Die lustige Witwe" beherrschte seit rund eineinhalb Jahren die internationale Musiktheaterszene, und mit der eben erst uraufgeführten Operette „Der fidele Bauer" konnte Léon einen weiteren großen Erfolg feiern. Mit dem „Lustige Witwe"-Komponisten Franz Léhar und mit Leo Fall, der die Musik zum „Fidelen Bauern" geschrieben hatte, klappte die Zusammenarbeit offenbar so, wie Léon es sich vorstellte – und daher hatte er wohl kaum Interesse an einer neuerlichen Kooperation mit Karel Weis. Erst viele Jahre später suchte Victor Léon wieder Kontakt zu Weis: Im Léon-Nachlass ist ein Brief des Prager „Oberpolizeirats in der Polizeidirektion" Bohuslav Skorna vom 16.7.1930 erhalten[55], aus dem hervorgeht, dass Léon bei der Prager Polizeidirektion wegen der Adresse von Karel Weis angefragt hatte. Skorna übermittelte die Anschrift und schrieb, dass er Weis, mit dem er „sehr gut bekannt" sei, von Léons Anfrage informiert habe: „Er war sehr erfreut, als er von mir erfuhr, dass Sie sich nach Jahren wieder um ihn interessieren." Ob aber auch ein direkter Kontakt zwischen Léon und Weis folgte, ist nicht bekannt.

Filmankündigung in der Kinematographischen Rundschau, 28.2.1915

---

55 Bohuslav Skorna: Brief an Victor Léon, 16.7.1930. Léon-Nachlass 25/2.1.2.123.

Wie hoch die Publikumswirksamkeit von Victor Léons Fassung des „Polnischen Juden" von Vertretern der zeitgenössischen Unterhaltungsbranche eingeschätzt wurde, zeigt die Tatsache, dass das Werk 1914 auch verfilmt wurde. Produzent war mit der Berliner „Messter Film GmbH" die Firma des deutschen Filmpioniers Oskar Messter, der früh das wirtschaftliche Potential des neuen Mediums erkannt hatte und als Begründer der deutschen Kino- und Filmindustrie gilt. Regie bei der Verfilmung des „Polnischen Juden" führte Hans Oberländer, einer der produktivsten Regisseure jener Zeit, die Hauptrolle spielte Hans Mierendorff.

In Österreich-Ungarn war der als „Sensationsschlager ersten Ranges"[56] beworbene Stummfilm erstmals am 23.2.1915 zu sehen. Anlässlich des Filmstarts schrieb die „Kinematographische Rundschau":

„Die erfolgreiche Oper ‚Der polnische Jude', die sowohl durch ihren dramatischen Aufbau wie durch eine tiefempfundene Vertonung zu den wirksamsten Werken der musikalischen Bühne gehört, hat nun auch im Film Eingang gefunden. Der Stoff, der in seiner Vergeltungstendenz an die Schöpfung der Schicksalstragödie Zacharias Werner[s] und seine Dichtart erinnert, wurde für die Bühne von unserm Wiener Librettisten Viktor Léon sehr gewandt bearbeitet, daß der Verfilmer nicht mehr viel dazu beizutragen hatte, um ihm auch im Film die Lebenswahrheit und die logische Folge der Begebenheiten zu erhalten. [...] Die Messterfilmfabrik, die das Werk verarbeitet hat, hat viel Fleiß darauf verwendet und durch das Milieu und die gute Durchführung der Charakterzeichnungen ein einheitliches ganz hervorragendes Kunstwerk geschaffen."[57]

In seinen biografischen Aufzeichnungen hat sich Victor Léon kaum zu seinem Opernschaffen geäußert. Zu den wenigen Werken, die er erwähnt, gehören jene beiden, die er 1904/05 für Richard Heuberger verfasst hat: „Barfüßele" und „Die letzte Nacht". „Barfüßele" ist die Dramatisierung der gleichnamigen, 1856 erschienenen Erzählung von Berthold Auerbach, in deren Mittelpunkt eine arme, doch lebensfrohe und überdies sehr tüchtige Gänsemagd steht, die schließlich einen reichen Bauernsohn heiratet. In seinen „Beiträgen zu einer Biographie Heuberger" schreibt Victor Léon zu diesem Werk lediglich, dass Heuberger das Libretto „in ganz entzückenden Einfällen lieblichster Musik, empfundenster Musik" umgesetzt habe und dass „Barfüßele" an der Wiener Volksoper uraufgeführt wurde, wo es „ausnehmend gefiel"[58]. Dabei unterlief Léon, der in seinen Erinnerungen meist exakt und detailgenau ist, jedoch ein Fehler, der als Indiz dafür gewertet werden kann, dass das Opernschaffen für ihn retrospektiv nur einen geringen Stellenwert hatte. Denn die Uraufführung von „Barfüßele" fand nicht in Wien statt, sondern am 11.3.1905 an der Hofoper in Dresden. An der Volksoper war das Werk erst ab 22.12.1905 zu sehen.

Das Textbuch zur Oper „Die letzte Nacht" war eine Art Versöhnungsgeschenk von Victor Léon an Richard Heuberger. Denn Heuberger war ursprünglich als Komponist für die Operette „Die lustige Witwe" vorgesehen gewesen, Léon aber hatte ihm dann das Buch wieder entzogen und ihm als Ersatz dafür das Libretto zu „Die letzte Nacht" geschrieben. Es war dies, wie Léon in seinen „Beiträgen zu einer Bio-

---

56 Kinematographische Rundschau, 21.2.1915, S. 8.
57 Kinematographische Rundschau, 28.2.1915, S. 64.
58 Léon: Biographie Heuberger, S. 8. Léon-Nachlass 19/1.8.

graphie Heuberger" vermerkt, eine „Verpflichtung", die er gegenüber dem verärgerten Komponisten fühlte – und derer er sich rasch entledigte: „Nach wenig mehr als einer Woche konnte ich es [das Libretto] dem Meister geben."[59]

„Die letzte Nacht" basiert auf dem Drama „L'Abbesse de Jouarre" von Ernest Renan. Dieses spielt zur Zeit der Französischen Revolution in Paris und handelt von einer jungen Äbtissin, „die im Angesicht des sicheren Todes das Gelübde der Keuschheit brach und dann – begnadigt wurde[60]". „L'Abbesse de Jouarre" wurde 1886 in Buchform publiziert und erregte großes Publikumsinteresse[61], eine Aufführung aber wurde zunächst von den französischen Behörden aus religiösen Gründen untersagt. Ebenso reagierte man zwei Jahrzehnte später in Deutschland, als die Oper „Die letzte Nacht" in Dresden uraufgeführt werden sollte: „Also: Zensurverbot. Und kein katholisches oder muckerisch protestantisches Hoftheater durfte, konnte oder wollte dieses Werk aufführen"[62].

Auch Gustav Mahler, damals Direktor der Wiener Hofoper, lehnte 1905 eine Aufführung der „Letzten Nacht" ab. 1912/13 gab es Pläne für eine Produktion an der Wiener Volksoper. Dabei sollte, wie aus einem Brief von Volksoperndirektor Rainer Simons hervorgeht, Victor Léon Regie führen: „Ohne Sie lasse ich ‚Die letzte Nacht' nicht auf die Bühne! Seien Sie also so lieb und teilen mir mit, welcher Zeitpunkt Ihnen genehm ist, damit ich die Einstudierung darnach richten kann"[63]. Am 16.10.1912 ließ Simons dann wissen, dass er versuchen werde, „die letzte Nacht nach dem 14. November herauszubringen"[64]. Allerdings kam die Produktion aus unbekannten Gründen nicht zustande.

1915 gab es nochmals eine Bemühung, das Werk an der Volksoper aufzuführen. Die Initiative dazu ging vom Münchner Drei Masken Verlag aus, der an Victor Léon schrieb, dass man nach dem Tod Heubergers (der am 28.10.1914 verstorben war) versuchen wolle,

„dieses Werk, das bisher zu placieren nicht möglich war, an einer Bühne unterzubringen. Dem aber stehen zwei Hindernisse entgegen. Das erste ist, dass wir von Herrn Heuberger wohl den Klavierauszug des Werkes erhalten haben – der ja auch gedruckt vorliegt – nicht aber die Partitur. Es müsste also festgestellt werden, ob sich im Nachlaß des Herrn Heuberger die Partitur dieser Oper vorfindet.
Sodann enthält aber der Vertrag die Bestimmung, dass Ihnen am Tage nach der Premiere M2500.- als Honorar ausgezahlt werden sollten. Es entspricht weder den Zeitumständen, noch den Verwertungsmöglichkeiten einer derartigen Einakter-Oper überhaupt, dass der Verlag für

---

59 Ebd. S. 15.
60 Ebd. S. 16. Peter Grunsky schreibt in seiner Heuberger-Biografie (Richard Heuberger. Der Operettenprofessor. S. 96), dass die Äbtissin eine Begnadigung ablehnt und sie gemeinsam mit ihrem Geliebten auf der Guillotine endet. Dies entspricht allerdings weder Léons Libretto noch dem französischen Original, denn in beiden Werken wird sie, weil sie schwanger ist, begnadigt.
61 Über den Katalog der Bibliothèque nationale de France lassen sich für das Erstveröffentlichungsjahr 1886 zehn Auflagen von „L'Abbesse de Jouarre" nachweisen.
62 Léon: Biographie Heuberger, S. 16. Léon-Nachlass 19/1.8.
63 Rainer Simons: Brief an Victor Léon, 20.9.1912. Léon-Nachlass 26/2.1.3.12.
64 Rainer Simons: Brief an Victor Léon, 16.10.1912. Léon-Nachlass 26/2.1.3.12.

eine einaktige Oper ein solches Honorar auf sich nimmt. Da wir annehmen, dass aber auch Ihrerseits ein Interesse an der Aufführung des Werkes vorhanden ist, ersuchen wir Sie, auf dieses Honorar zu verzichten."[65]

Ob das Vorhaben an der fehlenden Partitur, an Léons Honorarforderungen oder an erneuten Vorbehalten gegen den Inhalt der Oper scheiterte, ist nicht mehr feststellbar. Bis heute jedenfalls wurde „Die letzte Nacht" auf keiner Bühne gezeigt.

War die Uraufführung der „Letzten Nacht" an der Dresdner Hofoper der Zensur zum Opfer gefallen, so gab es dort mit der nächsten Oper, zu der Victor Léon das Libretto geschrieben hatte, keine derartigen Probleme: Das Werk, eine komische Oper, trug den Titel „Die Schönen von Fogaras", Alfred Grünfeld hatte dazu die Musik komponiert und die Uraufführung fand, wie geplant, am 7.9.1907 in Dresden statt. Das Libretto, das Victor Léon bereits 1904 verfasst hatte[66], basiert auf dem Roman „Szelistyei Asszonyok" („Die Frauen von Szelistye") des ungarischen Schriftstellers Kálmán Mikszáth. Die Handlung spielt Mitte des 15. Jahrhunderts in einer kleinen ungarischen Stadt, aus der fast alle männlichen Bewohner für König Matthias Corvinus in den Krieg ziehen müssen. Die Frauen sind darüber empört, und als drei von ihnen beim König vorsprechen und sich eine der drei außerdem als eine frühere Geliebte des Regenten entpuppt, dürfen die Männer wieder heimkehren.

Ursprünglich sollte die Oper den Titel „Das Weiberdorf"[67] tragen, die Änderung in „Die Schönen von Fogaras" erfolgte, wie aus einem Brief von Alfred Grünfelds Bruder Ludwig, der als Konzert- und Theateragent die Vertragsverhandlungen führte, auf Wunsch des Dresdner Generalmusikdirektors Ernst von Schuch.[68] Der Titel „Die Schönen von Fogaras" war dem Original näher, und er verwies auf den Schauplatz der Oper, den Léon von Szelistye (heute Săliște/Rumänien), wo Mikszáths Roman spielt, nach Fogaras (heute Făgăraș/Rumänien) verlegt hatte (was möglicherweise aus Rücksicht auf die für Deutschsprechende leichtere Aussprache des Ortsnamens Fogaras geschah). Dass man vom Titel „Das Weiberdorf" abging, hing aber vielleicht auch damit zusammen, dass man eine Assoziation mit dem gleichnamigen, 1900 erschienenen und sehr erfolgreichen Roman von Clara Viebig vermeiden wollte.

Irritation rief die geplante Oper bei Kálmán Mikszáth hervor, der am 5.1.1907 an den aus Budapest stammenden und in Wien lebenden Komponisten und Musikkritiker Josef Heller schrieb: „Die Nachricht der Umwandlung meines Romans ‚Szelistyei Asszonyok' in die Oper ‚Das Weiberdorf', hat mich äusserst überrascht, den [!] ich wurde davon bei niemanden im voraus berichtet. Sie möchten mir grosse Gefälligkeit

---

65 Drei Masken Verlag: Brief an Victor Léon, 7.5.1915. Léon-Nachlass 26/2.1.4.8

66 Die Datierung ist aus einem Brief erschließbar, den Léon am 18.8.1904 an Alfred Grünfeld schrieb (Wienbibliothek, Sign. H.I.N.-124508).

67 Der Titel „Das Weiberdorf" findet sich sowohl in Léons Brief an Alfred Grünfeld vom 18.8.1904 als auch auf einer in der Österreichischen Nationalbibliothek verwahrten Musikhandschrift (Grünfeld, Alfred u. Victor Léon: Das Weiberdorf. Komische Oper in drei Akten. ÖNB, Mus.Hs.2347 Mus).

68 Ludwig Grünfeld: Brief an Victor Léon, 20.9.1906. Léon-Nachlass 28/2.1.8.

erweisen, wenn Sie mich benachrichtigen möchten, wer hat den Text geschrieben, und mit welchem Rechte."[69]

Von Heller erfuhr Mikszáth, wie aus einem weiteren Brief (15.1.1907) hervorgeht, von Léons Autorenschaft, für die keine vertragliche Grundlage bestand. Ob Mikszáth diesbezüglich irgendwelche rechtlichen Schritte unternahm, ist nicht bekannt. An Heller schrieb er, dass er hoffe, „dass es noch nicht ausgeschlossen ist, dass, nachdem wir uns gemeinschaftlich verstanden haben, eine solche Lösung finden können, welche so mich, wie die Verfasser der Oper befreudigen [!] wird."

Sowohl für Kálmán Mikszáth als auch für Josef Heller war die Sache von einigem Interesse, da sie zu jener Zeit, gemeinsam mit dem Librettisten Julius Horst[70] an einer ebenfalls als „Das Weiberdorf" betitelten Operettenfassung des Romans arbeiteten. Das Wiener Carl-Theater hatte das Werk Mitte 1907 zur Aufführung angenommen[71], allerdings kam dann keine Produktion zustande.[72] Das Projekt könnte aber ebenfalls ein Grund dafür gewesen sein, dass Grünfeld und Léon ihren ursprünglich geplanten Operntitel änderten.

Victor Léon war, wie aus einem Brief an Alfred Grünfeld hervorgeht, mit seinem Libretto zur gemeinsamen Oper sehr zufrieden:

„Ich bin Einer, dem Eitelkeit und Selbstberäucherung fremder denn fremd ist. Wohl aber empfinde ich immer, ob mir etwas geglückt ist oder nicht. Und beim ‚Weiberdorf' – gestatten Sie mir das zu sagen – habe ich eine so klare Empfindung, wie der liebe Herrgott, als er am sechsten Tage die Welt besah ‚und sah, daß sie gut war'. Es ist ein handlungsreiches, lustiges und klares Libretto, das nur noch Kürzungen verlangt. Wo Sie solche anbringen können, thun Sie es ohneweiters und ich bin blindlings damit einverstanden. Denn – wie sagt Shakespeare? – ‚Kürze ist die Würze!' Und wie sage ich? ‚Was gestrichen ist, kann nicht durchfallen!' Also streichen Sie!"[73]

Vielleicht hatte Alfred Grünfeld nicht genug gestrichen, denn „Die Schönen von Fogaras" fielen zwar nicht durch, sondern wurden bei der Uraufführung von Publikum und Kritik sogar durchwegs positiv aufgenommen[74], verschwanden aber bald wieder von den Spielplänen.

Wenn Victor Léon eine intensivere Beschäftigung mit dem Operngenre relativ bald wieder aufgab, so lag dies sicher zum Teil an der im Vergleich zu den Operetten geringen Resonanz und Anerkennung, die ihm die Opern einbrachten. Außerdem entsprach ihm, der bei allen seinen Projekten auf eine zügige und „unbefangene" Arbeitsweise setzte, wohl nicht die von einer gewissen Ehrfurcht gegenüber dem Genre

---

69 Mikszáth, Kálmán: Levelezése [Briefwechsel]. Hungarian Electronic Library, Széchenyi-Nationalbibliothek, Budapest, http://mek.oszk.hu/00900/00946/index.phtml
70 Julius Horst scheint in Mikszáths Briefen in der Schreibung „Horszt" auf.
71 Siehe: Grazer Tagblatt, 28.7.1907, S. 6.
72 In einem am 25.8.1933 in der Zeitschrift „Radio-Wien" (S. 47) veröffentlichen Artikel über Josef Heller heißt es, dass die Produktion von „Das Weiberdorf" „wegen des Verkaufs des Theaters" nicht zustande kam
73 Victor Léon: Brief an Alfred Grünfeld, 18.8.1904. Wienbibliothek, Sign. H.I.N.-124508.
74 Erfolgreich war vor allem die Sopranistin Erika Wedekind, die Schwester des Schriftstellers Frank Wedekind, die eine der Hauptrollen sang.

geprägte Haltung so mancher Komponisten. Ein Beispiel dafür ist die Zusammenarbeit mit Julius Stern. Léon und Stern, beide gleich alt, kannten einander bereits seit ihrer Studienzeit am Wiener Konservatorium, berufliche Kontakte brachte dann Sterns Tätigkeit als Theaterkapellmeister an den großen Wiener Operettenbühnen. Außerdem hatte Stern unter anderem Léons Operette „Madonna" vertont[75], die Musikeinlagen für den Schwank „Die Rheintöchter" von Léon und Waldberg komponiert und die musikalische Einrichtung der von Léon (gemeinsam mit Carl Lindau) bearbeiteten Gilbert & Sullivan-Operette „Capitän Wilson" besorgt. Bei all dem schien es nie Probleme gegeben zu haben. Schwierig wurde die Zusammenarbeit erst, als sich Stern und Léon um 1897 an ein gemeinsames Opernprojekt machten. Das geplante Werk trug den Titel „Narciss" und basierte auf der gleichnamigen, 1856 in Berlin uraufgeführten Tragödie von Albert Emil Brachvogel. Aus den Briefen, die dazu im Léon-Nachlass erhalten sind, geht hervor, dass sich Julius Stern, Léons Meinung nach, zu viel Zeit mit der Komposition ließ. Léon drängte ihn, die Sache endlich „fertig zu machen", worauf ihn Stern wissen ließ:

„Lieber Victor, ‚Narciss' ist für mich nicht ein Werk, das ich ‚fertig mache', sondern eine Oper, an der ich nur in den Augenblicken wirklicher Sammlung u. Inspiration arbeite. Daher kommt es, daß – während ich oft mehrere Tage mit Eifer darüber her bin – wieder Tage der Ermüdung kommen u. an solchen ich wol [!] empfinde, daß ich nichts Vollwertiges schaffen würde, sollte ich mich zur Geburt zwingen."[76]

Bemerkenswert ist, dass Stern fortsetzt, dass er derartige „Tage der Ermüdung" lieber dafür benutzen wolle, eine Operette „fertig zu machen", was ein „Kinderspiel" sei und überdies „ein paar Gulden" einbringe, die Stern, wie er betonte, sehr benötige. „Narciss" hingegen könne „nur besser u. daher einträglicher werden, wenn ich mir Zeit lasse." Victor Léon scheint auf Sterns Wunsch nach mehr Zeit für die Komposition schließlich eingegangen zu sein, und aus den Jahren 1901 und 1902 sind weitere Schreiben Sterns erhalten, in denen die Oper erwähnt wird.[77] Allerdings dürfte Léon keinen größeren Wert mehr auf eine Identifikation mit dem Werk gelegt haben. Denn als es schließlich am 23.2.1907 im Stadttheater Breslau (Wrocław/Polen) unter dem Titel „Narciss Rameau" uraufgeführt wurde, war in den Ankündigungen und auch auf dem im Breslauer Verlag Böhm & Taussig erschienenen Textbuch als Librettist „V. Hirschfeld" angegeben. Auch in dem ausführlichen Premierenbericht, der am 1.3.1907 in der Wiener Theaterzeitschrift „Der Humorist" erschien[78], nennt der Breslauer Korrespondent Erich Freund den Librettisten Viktor Hirschfeld und scheint nicht gewusst zu haben, dass es sich dabei um dem damals in Theaterkreisen bereits

---

75 Zu Stern und zur Operette „Madonna" schrieb die Wiener „Morgen-Post" am 15.1.1885 (S. 5): „Capellmeister Julius Stern vom Theater an der Wien wurde von Director Conried ab Mai für New York engagiert. Gleichzeitig hat Director Conried die dreiactige Operette des genannten Capellmeister's, ‚Madonna', Text von Victor Leon, zur Aufführung angenommen und das Aufführungsrecht derselben für ganz Amerika erworben." Wann und wo die Aufführungen stattfanden, ist jedoch nicht bekannt.
76 Julius Stern: Brief an Victor Léon, 15.3.1897. Léon-Nachlass 28/2.1.9.
77 Léon-Nachlass 28/2.1.9.
78 Der Humorist, 1.3.1907, S. 6.

weithin bekannten Victor Léon handelte. Freund meinte übrigens, dass das Textbuch „literarisch wertlos, nach dem durchschnittlichen Libretto-Schema gemacht" sei, während er der Musik – „die für sich selbst bestehen kann" – mehr abgewinnen konnte und die Aufführung als „tadellos" beurteilte.

Ein „Spätwerk" im Bereich von Victor Léons Opernschaffen ist „Der weiße Adler", der am 22.12.1917 an der Wiener Volksoper herauskam.[79] Es handelt sich dabei um eine Liebesgeschichte, in deren Mittelpunkt der polnische Nationalheld Tadeusz Kościuszko steht. Der titelgebende „Weiße Adler" ist das polnische Wappentier, das oft auch in Zusammenhang mit Kościuszko und dem von ihm 1794, im Zuge des polnischen Freiheitskampfes, angeführten Aufstand gegen Russland und Preußen als Symbol verwendet wird. Die Musik zu dieser Oper war vom Komponisten Raoul Mader, der 1917-1919 die Volksoper leitete, aus Werken von Frédéric Chopin zusammengestellt worden. Das Libretto verfasste Victor Léon gemeinsam mit Heinrich Regel, der vor allem als Autor von Büchern zu Balletten für die Hofoper tätig war. Regel hatte schon zuvor mehrfach mit Raoul Mader zusammengearbeitet. Dies und die Tatsache, dass er in einigen Rezensionen vor Léon als erster der beiden Librettisten genannt wurde, deutet darauf hin, dass er den größeren Anteil an der Entstehung des Textes hatte. Victor Léon hat sich zum „Weißen Adler", der acht Mal an der Volksoper aufgeführt wurde, nicht geäußert.

Neben Opernlibretti schrieb Victor Léon auch einige Bücher zu Balletten und Pantomimen. Nachweisbar sind die Texte zu sieben Werken: „Der Brief an den lieben Gott"[80], „Die Zigarette"[81], „Dschungel"[82] (gemäß Untertitel „teilweise nach Kiplings Erzählung"), „Max und Moritz"[83] („frei nach Busch"), „Nervus rerum"[84], „Nordlicht" und „Struwwelpeter". Auf dem Manuskript zu „Der Brief an den lieben Gott" ist Fritz Lehner als Komponist angegeben, und Victor Léon hat handschriftlich ergänzt: „(Wohltätigkeitsvorstellung) 1899 (?)".

Eindeutig datierbar sind lediglich die Produktionen der beiden Ballette „Nordlicht" und „Struwwelpeter". „Nordlicht", zu dem Eduard Poldini[85] die Musik komponiert hatte, wurde unter dem ungarischen Titel „Èszaki fény" am 8.5.1894 in der Budapester Oper uraufgeführt. Die Produktion kam jedoch derart schlecht an, dass sie nach drei Aufführungen abgesetzt wurde. Der Misserfolg wurde vor allem der Hand-

---

79 Der zunächst geplante Titel war „Der polnische Reiter", siehe Vertrag mit dem Verlag Doblinger, 5.4.1917. Léon-Nachlass 35/3.1.
80 Léon-Nachlass 8/1.6.30.
81 Léon-Nachlass 2/1.1.25, 13/1.6.78, 13/1.6.79 u. 13/1.6.80. Auf das Titelblatt eines der Exemplare (13/1.6.79) hat Léon die Jahreszahl 1889 geschrieben. Dies könnte ein Hinweis auf Entstehungs- oder Aufführungsjahr sein.
82 Léon-Nachlass 13/1.6.82 u. 13/1.6.83.
83 Léon-Nachlass 4/1.1.74.
84 Léon-Nachlass 2/1.1.27. Die dreieinhalb handgeschriebenen Seiten des Ballettentwurfes waren zunächst mit „Der Herr der Welt" betitelt, was Léon dann durchgestrichen und durch den Titel „Nervus rerum" ersetzt hat.
85 Eduard Poldini, geb. 13.6.1869 in Budapest, gest. 28.6.1957 in Vevey/Schweiz, erhielt seine musikalische Ausbildung in Budapest und Wien und lebte ab 1908 in der Schweiz. Er komponierte u.a. Musik zu Opern und Singspielen und war v.a. mit Klavierstücken erfolgreich.

lung angelastet. Diese spielt in Grönland, wo ein von „Eskimos" gefangen gehaltener dänischer Forschungsreisender und dessen Ehefrau von der „Nordlichtfee" und den „Eiskobolden" befreit werden. Der Kritiker des „Pester Lloyds" vermerkte dazu: „Das trostlos langweilige, mit geradezu rührender Unbeholfenheit verfaßte Sujet wirkte sogar stellenweise mit unfreiwilliger Komik, wie z.B. bei dem läppischen Aufmarsch der Eskimopriester oder der Jagd auf die Eisbären. Zu bedauern ist nur Herr Poldini, der seine nette Musik an diesen getanzten Unsinn verschwendet hat"[86].

Wesentlich positiver waren die Reaktionen auf den „Struwwelpeter", zu dem Richard Heuberger die Musik komponiert hatte. Das Werk war, so schreibt Victor Léon in seinen „Beiträgen zu einer Biographie Heuberger", infolge von Heubergers Wunsch nach einem Opernlibretto entstanden. Léon aber fehlte „der richtige Stoff", deshalb schlug er Heuberger „ein Surrogat vor: ein Ballett"[87]. „Es ist eigentlich eine Kindercomödie, getreu nach dem bekannten Bilderbuche aus diversen Unarten zusammengestellt und durch effectvolle Höllenscenen erweitert"[88], schrieb der Rezensent der „Wiener Zeitung", als „Struwwelpeter" am 8.1.1898 erstmals in der Wiener Hofoper gezeigt wurde (die Uraufführung fand am 5.1.1897 im Dresdner Hoftheater statt).

Victor Léon hatte das Buch zum „Struwwelpeter" seiner im Jahr der Uraufführung neunjährigen Tochter Lizzy gewidmet. Bei der Wiener Aufführung führte dies, wie das „Fremden-Blatt" berichtete, zu einer kleineren Komplikation:

„Man kann sich denken, wie frappirt […] Herr Leon war, als man ihm […] die Nachricht überbrachte, daß das Textbuch zum Ballet [!] ‚Struwwelpeter', das er geschrieben hatte, auf höhere Anordnung konfiszirt worden sei! Leon konnte sich darüber kaum fassen. Er ging im Geiste all die unschuldigen Verse durch, die er als Textbuch des Ballets geschrieben, und konnte nichts Staatsgefährliches entdecken. Eiligst begab er sich in das Opernhaus und erfuhr, daß der Grund der Konfiskation ganz harmloser Natur war. Die erste Seite des Buches zeigte nämlich das Köpfchen seines Töchterchens, dem der Vater das Werkchen seinerzeit zugedacht hatte. Diese Ornamentik privaten Charakters paßte nicht für ein Theatertextbuch und so wurde eine Neuauflage desselben ohne das Köpfchen veranstaltet."[89]

„Der Struwwelpeter", so erinnerte sich Victor Léon später kurz und lakonisch, „fand natürlich viel Interesse, ohne aber kräftig durchgreifen zu können"[90] – und dies war wohl mit ein Grund dafür, dass er seine Tätigkeit im Bereich des Balletts ebenso wieder aufgab wie jene im Bereich der Oper.

---

86 Pester Lloyd, 9.5.1894, S. 6.
87 Léon: Biographie Heuberger, S. 5. Léon-Nachlass 19/1.8.
88 Wiener Zeitung, 9.1.1898, S. 7.
89 Fremden-Blatt, 9.1.1898, S. 10.
90 Léon: Biographie Heuberger, S. 5f. Léon-Nachlass 19/1.8.

„Ein Griff ins volle Leben":
Victor Léons „Zeitbilder"

Arthur Schnitzler war erstaunt: „Ueberraschung, dass dieser fleißige Fabrizirer [!] ein ganz tüchtiges Volksstück zustande gebracht"[1], notierte er am 12.11.1895 in seinem Tagebuch. Mit dem „fleißigen Fabrizirer" meinte er Victor Léon und mit dem „tüchtigen Volksstück" dessen „Gebildete Menschen". Doch nicht nur Arthur Schnitzler, der an diesem Novemberabend die Uraufführung des Werkes im Wiener Raimund-Theater besucht hatte, fand Gefallen daran (und zwar offenbar so sehr, dass er sich die „Gebildeten Menschen" im Laufe des folgenden Jahres noch zwei weitere Male ansah[2] und später, 1922, auch eine Neuinszenierung im Raimund-Theater besuchte[3]), sondern auch die Kritiker. Sie hatten kaum etwas auszusetzen und spendeten viel Lob für das Ensemble und den Autor, der „nach dem zweiten und dritten Acte erscheinen [konnte], um für lebhaften Beifall zu danken"[4].

Das Raimund-Theater behielt das Stück über mehrere Jahre im Repertoire, und die „Gebildeten Menschen" wurden bald auch von internationalen Bühnen übernommen: So etwa sah Arthur Schnitzler das Stück am 6.11.1896 im Berliner Thaliatheater; der Schauspieler Felix Schweighofer berichtete 1902 in einem Brief an Victor Léon, dass er mit den „Gebildeten Menschen" seine „größten Erfolge in New York u. Rußland's größten Theatern zu verzeichnen hatte"[5], und am 6.11.1903 fand im Pariser Théâtre Populaire unter dem Titel „La famille Müller" die Premiere der französischsprachigen Fassung des Werkes statt (Übersetzung Maurice Vaucaire). Dass das Werk lange Zeit auf den Spielplänen zu finden war, ist auch den Tantiemenabrechnungen des Münchner Rubinverlages zu entnehmen[6], die von der ersten vorhandenen Abrechnung aus dem Jahr 1903 bis zur letzten aus dem Jahr 1931 stets Aufführungen des Stückes an deutschsprachigen Bühnen verzeichnen. Zwischen 1925 und 1935 wurde „Gebildete Menschen" außerdem fünf Mal in einer Hörfunk-

---

1 Schnitzler, Arthur: Tagebuch 1893-1902. Wien 1989. S. 161.
2 Ebd., S. 180 u. S. 224.
3 Schnitzler, Arthur: Tagebuch 1920-1922. Wien 1993. S. 379.
4 Die Presse, 13.11.1895, S. 11.
5 Felix Schweighofer: Brief an Victor Léon, 27.8.1902. Léon-Nachlass 25/2.1.2.119.
6 Léon Nachlass 40/4.3.4. u. 41/4.3.7.9.

fassung von der österreichischen „Radio Verkehrs AG" (Ravag)[7] und am 14.9.1926 auch von Radio Leipzig ausgestrahlt.

1902 erhielt Victor Léon für „Gebildete Menschen" den „Bauernfeldpreis", den der österreichische Schriftsteller Eduard von Bauernfeld (1802-1890) testamentarisch gestiftet hatte. Der Preis wurde seit 1896 vergeben und galt in der ersten Hälfte des 20. Jahrhunderts als prestigereiche literarische Auszeichnung, mit der unter anderen auch Arthur Schnitzler, Felix Dörmann, Hermann Bahr, Hermann Hesse, Karl Schönherr und Max Mell bedacht wurden. 1902 ging der „Bauernfeldpreis" neben Victor Léon auch an Gustav Frenssen und an Margarete Langkammer (Pseudonym Richard Nordmann), die beide, so wie Léon, jeweils 2000 Kronen Preisgeld erhielten. Je 1000 Kronen als Auszeichnung für ihr Gesamtschaffen bekamen 1902 die Schriftsteller Jakob Julius David und Stephan Milow.

Im Mittelpunkt von „Gebildete Menschen" steht das Brüderpaar Joseph und Adolf Müller. Die beiden hatten jahrelang keinen Kontakt zueinander, wobei der Bruch zwischen ihnen von Joseph ausgegangen war. Dieser hatte Jus studiert, war als Advokat tätig gewesen und wollte mit dem Bruder, der die Schule abgebrochen hatte und Schlossergeselle geworden war, nichts zu tun haben, da er nicht in Josephs wohlhabende und vor allem gebildete Kreise passte. Zum Zeitpunkt der Handlung, die innerhalb eines Nachmittags in Wien abläuft, ist die materielle Situation der beiden Brüder jedoch ganz anders als früher: Joseph hat durch den Zusammenbruch der Bank, bei der er beschäftigt gewesen war, seinen Arbeitsplatz und in der Folge auch sein Vermögen verloren. Mit seiner Frau, seinem Sohn, den drei Töchtern und einem Untermieter lebt er, arbeitslos, in ärmlichen Verhältnissen. Adolf hingegen hat die Tochter des Schlossermeisters, bei dem er als Geselle beschäftigt gewesen war, geheiratet und den Betrieb des Schwiegervaters geerbt. Ein Patent auf automatische Schlösser, das er „um einen Pappenstiel" ankaufte, erwies sich als überaus gewinnbringend, Adolf konnte den Betrieb bald erweitern, wurde reich und ist nun als Kommerzialrat, Mitglied des Wiener Gemeinderats und als Vorstand des Gewerbevereins eine hoch angesehene Persönlichkeit. Dennoch lehnt sein Bruder Joseph weiterhin jeden Kontakt mit ihm ab, auch als ihm sowohl seine Ehefrau als auch sein Freund Lucius raten, sich an seinen Bruder um finanzielle Hilfe zu wenden. Ohne dass Joseph davon weiß, sucht jedoch seine älteste Tochter Adolf auf, der sofort bereit ist, die Familie Josephs mit einem hohen Geldbetrag zu unterstützen. Es kommt zu einem Treffen der Brüder, bei dem zunächst noch einmal der alte Zwist zwischen ihnen aufbricht, der dann aber in einer Aussprache bereinigt werden kann. Als sich am Ende des Stückes überdies herausstellt, dass sich Josephs zweitälteste Tochter und Adolfs Sohn, ohne um ihre Verwandtschaft zu wissen, ineinander verliebt haben, lösen sich alle Unstimmigkeiten in familiärer Harmonie auf.

Der Erfolg von „Gebildete Menschen" basierte sehr wesentlich darauf, dass es Victor Léon gelungen war, aktuelle Themen und Probleme, die ein breites Publikum interessierten, bewegten und teilweise auch beunruhigten, in einer Form zu präsentieren, bei der das Geschehen seinen Höhepunkt und Abschluss in einer positiven und nahezu schwankhaften Konfliktlösung findet. Damit ist „Gebildete Menschen" auch ein Beispiel für das von Volker Klotz beschriebene „bürgerliche Lachtheater". In den

---

7 „Gebildete Menschen" stand am 28.10.1925, 28.2.1926, 26.8.1927, 24.5.1931 u. 2.8.1935 auf dem Programm der Ravag.

„Gebildeten Menschen" präsentierte Léon ein Gesellschaftsbild, mit dem sich das Publikum in vielfacher Weise identifizieren konnte. So ist Joseph Müller ein typischer Vertreter des konservativen Bildungsbürgertums, dessen Selbstwertgefühl in hohem Maß auf seinem sozialen Status basiert und das sich – in jener Zeit der großen gesellschaftlichen Umbrüche – entschieden gegen vermeintlich niedrigere soziale Gruppen abzugrenzen versucht. Deshalb lehnt es Joseph bei seiner Arbeitssuche auch ab, „jeden Posten anzunehmen, der sich etwa geboten hätte", denn, so meint er: „Ein gebildeter Mensch kann sich einmal nur in jener Sphäre bethätigen, auf den ihn seine Erziehung und seine specielle Bildung hinweisen."[8] Diese Haltung resultiert, wie Josephs Freund Lucius klar erkennt, aus der Angst vor dem Verlust an Sozialprestige:

„Eitelkeit, falsche Scham, das deckt sich übrigens – das sind die Hemmschuhe! [...] Man kann auf Erwerb ausgehen, auf welchen immer, und dennoch seinem Bildungsbedürfnisse genügen. Ihr aber zittert, daß man euer Elend bemerke, ihr verheimlicht es, wie und wo ihr könnt! ‚Armut ist keine Schande', dies Wort führt ihr stets im Munde, aber den Bissen Brot darbt ihr euch ab, um einen anständigen Rock zu tragen. Ihr versagt euch die physische Notwendigkeit, um der leidigen konventionellen zu genügen!"[9]

Lucius, der sowohl Joseph als auch Adolf seit Jugendzeiten kennt und zwischen den beiden Brüdern zu vermitteln versucht, will, dass Joseph die eigene Situation objektiv beurteile. Joseph gehöre, so versucht ihm Lucius klarzumachen, dem „gebildeten Proletariat"[10] an, jener Gruppe von „gebildeten Menschen", die keine ihnen angemessene Arbeit finden können. Lucius thematisiert damit ein aktuelles Problem, denn im späten 19. Jahrhundert nahm die Zahl der Akademiker stark zu, es kam zu einer Akademikerschwemme, mit der auch Joseph bei seiner Suche nach einer passenden Stelle konfrontiert ist: „Die jungen Juristen vermehren sich ja heutzutage wie die – wie die – Schnecken nach dem Regen! Sie gehen rein umsonst als Konzipienten!"[11] – so klagt er.

Im Gegensatz zum Bildungsbürger Joseph verkörpert dessen Bruder Adolf den sozialen Aufsteiger, der sich zu Ansehen und Wohlstand hochgearbeitet hat. Sein Erfolg beruht nicht auf formaler Bildung, sondern auf Flexibilität und der Bereitschaft, sich mit neuen Entwicklungen auseinanderzusetzen und diese entsprechend zu nutzen. Er ist eine jener Unternehmerpersönlichkeiten, die es durch Geschäftstüchtigkeit und kluges Agieren in jener Zeit der rasanten Industrialisierung und Technisierung rasch zu einem bedeutenden Vermögen brachten. Im Gegensatz zum reserviert und passiv wirkenden Joseph ist Adolf eine dynamische Erscheinung, wenn auch „etwas linkisch und brutal in der Art zu reden, spricht stark Wiener Dialekt, giebt [!] sich aber hier und da Mühe, hochdeutsch zu sprechen."[12]

Beschrieben als „ein klein wenig vierschrötig"[13] bringt Adolf zahlreiche komische Momente in die Handlung ein. Besonders gut kam beim zeitgenössischen Publi-

---

8 Léon, Victor: Gebildete Menschen. Leipzig [1898] S. 12.
9 Ebd., S. 32f.
10 Ebd., S. 35.
11 Ebd., S. 12.
12 Ebd., S. 44.
13 Ebd., S. 44.

kum ein kleiner Seitenhieb gegen die Wiener Gemeinderäte an. Bei der Begegnung der beiden Brüder im dritten Akt entschuldigt sich Adolf bei Joseph für seine zu Beginn des Treffens recht rüde Art damit, dass er eben kein „gebildeter Mensch" sei und erklärt: „Unsereiner, wenn er auch Kommerzialrat und Gemeinderat is, wenn er ein' Zorn kriegt, wird er halt ordinär – das is schon so bei die Gemeinderä – bei uns!"[14] Dieser Hinweis auf die Gemeinderäte sollte gemäß der Anweisung der Zensurbehörde gestrichen werden.[15] Allerdings hielt sich Victor Léon, der bei der Uraufführung Regie führte, nicht daran und beließ die Stelle im Stück. Als der populäre Komiker Adolf Fröden in der Rolle des Adolf Müller den Gemeinderäte-Hinweis dann in „sehr verständlich pointirten Worten"[16] brachte, „tönte stürmischer und anhaltender Beifall im Hause", was die „Neue Freie Presse" auch als „politische Demonstration" wertete. Derartige Verstöße gegen die Anweisungen der Zensurbehörde wurden normalerweise im polizeilichen Aufführungsbericht vermerkt – der bei der Uraufführung anwesende Beamte, dem das Stück, wie seinem Bericht zu entnehmen ist, offenbar gut gefiel („Das Stück hat eine gut ersonnene Handlung und führt richtig characterisirte, lebenswahre Figuren vor") meldete jedoch lediglich: „In censurpolizeilicher Beziehung wurde Bemerkenswerthes nicht wahrgenommen"[17].

Adolf Müller ist als jovialer, warmherziger und freigebiger Mensch charakterisiert, der aber eben leicht „ein' Zorn kriegt". Daher führt das Zusammentreffen mit Joseph zunächst dazu, dass er diesem seine Meinung über „gebildete Menschen" kundtut:

„Adolf: Stolz bist auf deine Bildung, riesig stolz – is das aber eine Bildung, wenn man sein' jüngeren Bruder in die Welt hinausjagt und sich net um ihn kümmert? Is das eine Bildung, wenn man seine Brüderlichkeit all' sein Lebtag verleugnet hat? Is das eine Bildung, wenn man [...] am offenen Grab von der Mutter steht, wie du und ich, und du find'st net das Wörtl: ‚Geh' Bruder, ich hab's net so bös g'meint mit dir' – du find'st es net, nein!! Du schämst dich ordentlich, daß ich da neben dir steh' und hast eine Angst, daß es irgend wer merken könnt': der gemeine Schlosserg'sell da im schäbigen Rock – das is der Bruder vom noblen Herrn Doktor im schönen Pelz! Geh', schäm' dich, sag' ich dir, schäm' dich, schäm' dich!
Joseph: (ebenfalls erregter). Beruhige dich doch!
Adolf: (noch hitziger). Ich soll mich beruhigen? Hab' ich das notwendig? Ich bin ja ‚wer', Gott sei Dank! Jawohl, ich bin ‚wer', wann ich auch nie nix g'lernt hab' [...] und ich hab's doch zu was 'bracht! – Und du? Wer bist denn du heut'? Der Herr Doktor! Und was is weiter dahinter? Mir machst du keine Spombanadeln vor! Mir net! Gut geht's dir? Hahaha! Miserabel geht's dir! Hundselendig! [...] Aber noch immer bist du zu stolz, zu eingebildet auf den ‚geistigen Unterschied', um zu mir z'kommen und ein brüderliches Wort z'reden, noch immer verachtest du mich."[18]

Wenn Adolf betont, dass auch er „wer" sei, dann verweist er sehr deutlich darauf, dass die traditionellen sozialen Rangordnungen sich im späten 19. Jahrhundert in ei-

---

14 Ebd., S. 91.
15 NÖ Landesarchiv, NÖ Reg. Präs Theater ZA 1894/5263 K 33.
16 Neue Freie Presse, 13.11.1895, S. 7.
17 NÖ Landesarchiv, NÖ Reg. Präs Theater ZA 1894/5263 K 33.
18 Léon: Gebildete Menschen, S. 90.

nem radikalen Umbruch befanden. Das Ziel, „wer" zu sein und damit aus der vermeintlich anonymen Masse herauszutreten und gesellschaftliche Anerkennung zu erlangen, konnte nunmehr auch über andere Wege als die bisher üblichen erreicht werden. Adolf, der das geschafft hatte, ist der klare Sympathieträger in „Gebildete Menschen". Dies führte – wohl auch in Verbindung mit Léons Verwendung des Marx'schen Begriffes des „gebildeten Proletariats" – dazu, dass die Wiener Tageszeitung „Die Presse" in ihrem insgesamt positiven Premierenbericht schrieb:

„Unsere socialistisch und communistisch angehauchte ‚Moderne' liebt es, auf die Bildung den Stein zu werfen, und so statten die Autoren, die nach volksthümlichen Beifall geizen, den gebildeten Menschen mit Dünkel, Anmaßung, Herzlosigkeit aus, um im Gegensatze dazu den ungebildeten Menschen, der nichts lernen wollte, der aber trotzdem das Herz am rechten Flecke hat, umso glänzender glorificieren zu können."[19]

Bei seiner Kritik an „gebildeten Menschen" vom Schlage seines Bruders stellt Adolf allerdings nicht den Wert von Bildung an sich in Frage, sondern er wendet sich gegen ausgrenzenden Bildungshochmut. Sein eigenes Schulversagen resultierte vor allem aus einer überstrengen Erziehung:

„Wie schwer hab'n die mir's g'macht z' Haus! Wie schwer! Für jeden kleinen Fehler haben s' mich g'straft, für jeden kindischen Bubenstreich – alle Buben sind ja Buben – mein Bruder Pepi ausg'nommen, der war nie einer – wie ich sag', g'schlagen hat mich der gottselige Vater, daß ich grün und blau word'n bin, eing'sperrt in finstere Kammerln, daß ich mich net auskennt hab' vor Angst, und wann ich einmal net gleich a Antwort auf a Frag' g'wußt hab' oder ein' Tintenpatzen g'macht oder d' Hosen zerrissen oder so was – da hat man mir beim Essen die Mehlspeis net geb'n und das war mir's Ärgste. Vor lauter Strafen und Strafen und Strafen hab' ich mir endlich aus die Strafen nix mehr g'macht – bin halsstarrig worden, trotzig, und was ich erst net können hab', das hab' ich nachher net wollen! (In gedämpftem und fast wehmütigem Ton.) Schad' drum – ich war ja ein dummer Bub' und ich g'spür's überall und immer, wie's mir abgeht, das bissel Bildung – [...] Wie hätt' ich reden können im Gemeinderat oder sonst wo – wo mir jetzt immer das richtige Wort fehlt – was wär' ich g'worden, wenn ich so – so – sozusagen ein Fundament g'habt hätt'!"[20]

Mit dieser Anklage Adolfs gegen die Erziehungsmethoden des Vaters brachte Victor Léon ein brisantes Thema in sein Stück ein. Denn körperliche Züchtigungen waren als pädagogische Maßnahme im familiären Bereich und in den Schulen zu jener Zeit weit verbreitet. Allerdings meldeten sich gerade in den 1890er Jahren, die als der Beginn der modernen Reformpädagogik gelten, vermehrt kritische Stimmen zu Wort, die eine breite Erziehungsdiskussion auslösten.

Victor Léon hatte also mit seinen „Gebildeten Menschen" den Finger am Puls der Zeit – und er hat in dem Stück vermutlich auch einiges an Autobiografischem verarbeitet. Wenn Lucius im Gespräch mit Joseph sagt: „Die in Eitelkeit befangenen Eltern wollen's durchaus, daß das Söhnlein ‚studiere'"[21], so entspricht dieser elterliche

---

19 Die Presse, 13.11.1895, S. 11.
20 Léon: Gebildete Menschen, S. 69.
21 Ebd., S. 35.

Druck auch Léons eigenen Erfahrungen, auf die er in seinen Erinnerungen mit der Bemerkung verwies, dass sein Aufenthalt in der Schweiz zu Beginn der 1880er Jahre nicht aufgrund eigener Interessen, sondern „zur Weiterführung meines väterlicherseits gewünschten Studiums"[22] stattgefunden hatte. Allerdings erreichte Léon auch in der Schweiz keinen Studienabschluss und damit nicht den Bildungsstatus des Vaters. Im Gegensatz zu Victor Léon erfüllte dessen Bruder Leo Hirschfeld (späteres Pseudonym: Leo Feld) die väterlichen Erwartungen: Mit einer Dissertation über „Grillparzer in seinem Verhältnis zu den Klassikern" wurde er an der Universität Wien zum Doktor der Philosophie promoviert[23] – und zwar am 16.3.1895, also knapp acht Monate, bevor „Gebildete Menschen" uraufgeführt wurde. Für Léon war also gerade zu jener Zeit, in der er mit dem Stück beschäftigt war[24], die Konstellation des ausbildungsmäßig ungleichen Brüderpaares ein aktuelles familiäres Thema. Dass Jakob Heinrich Hirschfeld von seinem erstgeborenen Sohn ein Studium erwartet hatte und sich offenbar nie damit abfinden wollte, dass dieser keinen akademischen Grad erreicht hatte, dokumentiert jene „Correspondenz-Karte", die er am 6.7.1902 an seinen Sohn nach Unterach am Attersee schickte.[25] Der damals 83-jährige Hirschfeld gratulierte darauf zur erfolgreichen Premiere der Operette „Gräfin Pepi", und er adressierte seine Nachricht mit „Wohlgeboren Herrn Dr. Victor Léon".

Adressseite der Karte von Jakob Heinrich Hirschfeld

Der persönliche Erfahrungshintergrund, den Victor Léon in seine dramatische Aufbereitung eines aktuellen Themas einbrachte, trug sicher zur Unmittelbarkeit und zur

---

22 Léon: Allerlei aus meinem Theaterleben. Léon-Nachlass 4/1.2.4.
23 Archiv der Universität Wien, Rigorosenakten der Philosophischen Fakultät, PH RA 843 Hirschfeld, Leo (1894.05).
24 Den Vertrag mit dem Raimund-Theater für die Produktion von „Gebildete Menschen" hatte Victor Léon am 16.5.1894 erhalten (Léon-Nachlass 26/2.1.3.6.).
25 Jakob Heinrich Hirschfeld: Karte an Victor Léon, 6.7.1902, Léon-Nachlass 23/2.1.1.3.

starken Wirkung der „Gebildeten Menschen" bei. Als das Stück 1936 vom Wiener Akademietheater neu produziert wurde (Premiere 2.2.1936, Regie Philipp Zeska), leitete Felix Salten seine ausführliche Rezension in der „Neuen Freien Presse" mit dem Satz ein: „Das war ein Griff ins volle Leben". Victor Léon sei, schreibt Salten, „vor etlichen Dezennien ein echtes, innerlich wahres Volksstück" gelungen. Zwar habe sich mittlerweile „das Leben sehr verändert; von den einstigen Fundamenten des sozialen Baus sind wichtige Teile weggerutscht und im Schlamm dieser Gegenwart eingesunken [...] Trotzdem, der gesunde Kern ist in diesem Volksstück erhalten geblieben. Es war mit Willi Thaler, dem es seine Auferstehung verdankt, genau so schlagkräftig, ganz ebenso wirksam, wie immer."[26] Nicht nur Willi Thaller[27], der in der Rolle des Adolf zu sehen war und der, wie Salten berichtet, Applaussstürme hervorrief, wurde vom Publikum bejubelt, sondern auch Victor Léon, der „oft hervortreten [musste], um dem Dank des Publikums zu danken."

Bemerkenswert ist an Felix Saltens Rezension vor allem, dass er darin auch eine Gesamtwertung von Victor Léons schriftstellerischem Schaffen verpackte. Mit der Aufführung der „Gebildeten Menschen" im Akademietheater sehe man auch,

„welch ein großes Talent Viktor Leon besaß und wie merkwürdig der Entwicklungsgang dieses Talents keineswegs durch Mißgeschick, sondern durch Glück aufgehalten, durch eine Kette von Erfolgen gehemmt wurde. Ein leidenschaftlicher Bühnenmensch, ein geborner Komödiendichter, dem das Schaffen leicht fiel, eine witzige, einfallsreiche Natur, etwa vom Format der Scribe, Meilhac oder Halévy, geriet er allzufrüh in den betäubenden, berauschenden Theaterbetrieb, dem er verschwenderisch die Fülle der Kraft hingab. Viktor Leon war der erfinderische Librettist von Johann Strauß, von Suppé, von Millöcker; seine guten Textbücher halfen mit zum Aufstieg von Lehar, Leo Fall, Oscar Straus. Er gewann vielleicht irdische Güter, doch er verlor die Herrschaft über die deutsche Komödie und das Volksstück, die ihm sicher gewesen wäre. Man braucht nur die Gestalten, die er in ‚Gebildete Menschen' formt, auf sich wirken zu lassen und zweifelt keinen Moment an Leons ungewöhnlichen Fähigkeiten. Springlebendig sind die beiden Brüder in ihrer grundverschiedenen Art, sprühend von einfachster Wahrheit die drei Mädchen, die sich nach ihrem Temperament glaubhaft voneinander abheben. Mit virtuosem Handgelenk ist die Szenenfolge geführt und der zugleich ebenso rührsame wie erquickend heitere Schluß vorbereitet."

Während „Gebildete Menschen" in Besprechungen meist als „Volksstück" gilt, hatte Victor Léon selbst das Werk „Zeitbild" genannt und damit eine Genrebezeichnung gewählt, die deutlich darauf verwies, dass die dargestellte Problematik aus aktuellen Lebensbedingungen und den herrschenden sozialen oder politischen Verhältnissen resultiert. Impliziert ist dabei auch „Zeitkritik", und diese kam bei jenen Autoren, die Ende des 19. und zu Beginn des 20. Jahrhunderts den Begriff „Zeitbild" für ihre Stücke wählten, meist von liberaler oder politisch linker Seite. Es war somit aus zeitgenössischer Sicht durchaus konsequent, wenn die konservative Wiener Tageszeitung

---

26 Neue Freie Presse, 4.2.1936, S. 9.
27 Willi (eigentl. Wilhelm) Thaller, geb. 17.8.1854 in Graz, gest. 1.4.1941 in Wien, war ein populärer Volksschauspieler und ab 1924 Mitglied des Wiener Burgtheaters.

„Die Presse" in ihrem Premierenbericht Victor Léon mit seinem Stück in die Riege der „socialistisch und communistisch angehauchte[n] ‚Moderne'"[28] stellte.

Im Nachlass von Victor Léon findet sich ein einzelner Zettel, auf dem sich Léon Notizen zu einem „Zeitbild in 4 Acten" mit dem Titel „Modernes Proletariat" gemacht hatte.[29] Die Aufzeichnungen gehen zwar über das Personenverzeichnis nicht hinaus, dieses aber erinnert an „Gebildete Menschen", denn auch bei „Modernes Proletariat" gibt es zwei in ihren Berufen sehr unterschiedliche Brüder, von denen der eine Beamter ist, der andere „Bauspeculant". Möglicherweise war dieser Entwurf ein erstes Konzept für „Gebildete Menschen", oder aber Léon hatte tatsächlich ein – dann nicht ausgeführtes – Stück über das „Moderne Proletariat" geplant.

Ausgeführt und aufgeführt wurden nach „Gebildete Menschen" noch einige weitere Stücke, die Victor Léon explizit als „Zeitbilder" bezeichnete. Keines davon war allerdings derart erfolgreich wie „Gebildete Menschen". Zum veritablen Durchfall wurde Léons zweites „Zeitbild", das Drama „Die Unmoralischen", das am 2.1.1897 im Wiener Raimund-Theater in der Regie des Autors erstmals gezeigt wurde:

„Schon nach dem zweiten Acte entstand ein Kampf zwischen Zischern und der beifallspendenden Claque; als der Autor trotzdem erschien, wurde die Stimmung ziemlich drohend, das Zischen wurde vehementer, man hörte unverständliche Rufe, die Vertreter der Polizei erschienen beschwichtigend im Parterre wie auf der Galerie. Nach dem dritten Acte wurde dies Bild noch lebendiger; kurz bevor der Vorhang fiel, hatte man in die Reden der Darsteller hineingezischt, um einzelne Sentenzen abzulehnen, Rufe: ‚Ruhe! Das ist eine Frechheit!' wechselten."[30]

So beschrieb die „Neue Freie Presse" die turbulenten Reaktionen des Publikums bei der Uraufführung von „Die Unmoralischen". Die Empörung, die das Stück hervorrief, rührte daher, dass Victor Léon in diesem „Zeitbild" die Institution Ehe thematisierte und dabei vor allem die diesbezüglichen Gesetze und die moralische Autorität der katholischen Kirche in Frage stellte. Denn im Mittelpunkt steht ein angesehener Professor der Wiener Kunstakademie, dem der Verlust seiner gesellschaftlichen Stellung droht, wenn bekannt werden sollte, dass er mit Fanny, der Mutter seiner beiden Kinder, mit der er seit langem glücklich zusammenlebt, nicht verheiratet ist. Eine Eheschließung war den beiden nicht möglich gewesen, weil der Professor in jungen Jahren kurz verheiratet gewesen war, aber, weil ihn seine Frau betrogen hatte, geschieden wurde. Eine Wiederverheiratung Geschiedener jedoch war nach den Gesetzen der katholischen Kirche nicht möglich. Besonders empört über diese Familiensituation ist ein Pfarrer, der als Onkel und Ziehvater des Professors gilt, der aber, wie aus Andeutungen hervorgeht, dessen leiblicher Vater ist. Er selbst, so betont er, habe gebeichtet und sei somit „sündenrein"[31], der Professor und Fanny hingegen seien, da sie gegen das Sakrament der Ehe verstoßen hätten, sündige Ehebrecher, denen „ewige Verdammnis"[32] drohe. Die „Christenpflicht"[33] verlange es, so der Pfarrer, dass

---

28 Die Presse, 13.11.1895, S. 11.
29 Léon-Nachlass 4/1.2.37.
30 Neue Freie Presse, 3.1.1897, S. 8.
31 Léon, Victor: Die Unmoralischen. Ein österreichisches Zeitbild in 3 Akten. München [1898]. S. 128.
32 Ebd., S. 58.

sich die beiden voneinander trennen, was der Professor jedoch vehement ablehnt. Die Lösung des Konfliktes bringt erst die Nachricht, dass die Ex-Frau des Professors bereits verstorben sei, denn als Witwer ist ihm auch nach den Gesetzen der katholischen Kirche eine Wiederverheiratung möglich.

Schon die Zensurbehörde, der das Manuskript von „Die Unmoralischen" im September 1896 vorgelegt worden war, hatte Vorbehalte gegen eine Aufführung. Begründet wurden diese mit der „Gestalt des Pfarrers" und mit der „dem Stücke zu Grunde liegende[n] Tendenz, welche in der Rede des Doctor Richard Höffing [...] ausgesprochen wird"[34]. Höffing ist ein Freund des Professors, der ihm gegen die Vorwürfe des Pfarrers den Rücken zu stärken versucht. Die Stelle, die von der Zensur beanstandet wurde, lautete:

„Und daß Sie so stark waren, sich hinwegzusetzen über all den konventionellen Krimskrams und drüber wegsehen konnten über die landläufige Sitte und was man so Sittlichkeit nennt, das stellt Sie ja moralisch höher in den Augen eines jeden Klarschauenden! [...] Und das überrascht mich von Ihnen eigentlich gar nicht! Ich kenne ja Ihre Lebensanschauungen, Ihre Ansichten über das, was die Leute Moral nennen! Da ist ja alles so zurechtgedrechselt, wie man's grad braucht! [...] Sie aber, Professor, stehen moralisch höher, weil Sie hinaus sind über die Vorurteile, weil Sie sich erhoben haben über all' das Konventionell-Moralische!"[35]

Die Zensurbehörde forderte eine Reihe von Streichungen und Änderungen, die – wie im Aufführungsbericht vermerkt ist – bei der Premiere „genauestens eingehalten" wurden. Ausdrücklich verlangt wurde die Änderung des Untertitels des Werkes: Aus dem ursprünglichen „Ein österreichisches Zeitbild in 3 Akten" hatte das Wort „österreichisches" entfernt zu werden – denn zu offensichtlich war die schon dadurch angedeutete Kritik an aktuellen Zuständen. Dass sich die Kritik, die im Stück zum Ausdruck kam, vor allem gegen die katholische Kirche richtete, stieß dann bei der Uraufführung auf breite Ablehnung. Der Misserfolg beruhe darauf, so formulierte es der bei der Premiere anwesende Zensurbeamte in seinem Bericht, „daß der Verfasser in ganz überflüssiger und geschmackloser Weise oft religiöse Dinge hereinzerrt, deren Besprechung nicht danach angethan war, den Beifall des Publikums zu erregen"[36].

Das Drama wurde nach nur drei Vorstellungen (am 2.1., 3.1. und 5.1.1897) vom Spielplan des Raimund-Theaters genommen. 1898 veröffentlichte Victor Léon in Franz Josef Brakls Münchner „Rubinverlag" ein „Vollständiges Regiebuch mit sämtlichen Regiebemerkungen" zu „Die Unmoralischen". Interessant ist an dieser gedruckten Fassung (die den originalen Untertitel „Ein österreichisches Zeitbild in 3 Akten" trägt), dass Victor Léon darin den Schluss verändert und noch um einiges radikaler und unversöhnlicher gestaltet hat. Denn im Gegensatz zur Raimund-Theater-Fassung[37] ist hier die Ex-Frau des Professors noch am Leben. Um den Konflikt zu lösen, versucht der Professor zunächst, seine Lebensgefährtin Fanny dazu zu überre-

---

33 Ebd., S. 59.
34 NÖ Landesarchiv, NÖ Reg. Präs Theater ZA 1896/6846 K 34.
35 Léon: Die Unmoralischen, S. 123f.
36 NÖ Landesarchiv, NÖ Reg. Präs Theater ZA 1896/6846 K 34.
37 Léon, Victor: Die Unmoralischen. Zensur-Textbuch, NÖ Landesarchiv, NÖ Reg. Präs Theater TB K 603/04.

den, zum Protestantismus überzutreten, da dieser eine Wiederverheiratung Geschiedener erlaube. Fanny, vom Pfarrer unter starken psychischen Druck gesetzt, weigert sich jedoch, denn „das hieß' die Sünd' noch vergrößern!"[38]. Damit bleibe ihm, so meint der Professor am Ende dieser Stückfassung, nichts anderes mehr übrig, als auf einen „Zufall" zu hoffen:

„Pfarrer: Das soll heißen, Du wartest auf den Tod Deiner geschiedenen Frau –?
Professor: Ja – das soll's heißen – oder schafft ein unmoralisches Gesetz aus der Welt –
Pfarrer: Das Christentum ist aus diesem Haus geschieden! Ich geh' und kann nur weiter beten für Euch! (wendet sich zum Gehen)
Fanny (sich innig an ihn wendend): Beten!!
Professor (achselzuckend): Beten?!?
(Der Vorhang fällt)."[39]

Etwas mehr als ein Jahr nach „Die Unmoralischen", am 12.2.1898, brachte Victor Léon – wieder im Raimund-Theater – sein nächstes „Zeitbild" heraus. Dieses trug den Titel „Die lieben Kinder" und handelt von einem jungen Arzt, der in eine reiche Familie eingeheiratet hat und sich nun seiner schlichten, in ärmlichen Verhältnissen lebenden Eltern schämt. Trotzdem bemüht er sich um sie und unterstützt sie auch finanziell, was der Vater, ein Altwarenhändler, nur widerwillig anerkennt. Nach einigen Konflikten wird schließlich doch gegenseitiges Verständnis und eine Versöhnung erreicht. „Ein gutes Wiener Stück hat Herr Léon dem Raimund-Theater gegeben", leitete die „Wiener Zeitung" ihren Bericht über die Uraufführung ein und setzte fort:

„Die Bezeichnung Zeitbild weckt Nebengedanken, die nicht zutreffen. Daß Kinder ungebildeter braver Leute, die, um ihre Brut unterrichten zu lassen, Opfer gebracht haben, aus dem Kreise der Eltern herauswachsen und sich in diesem nicht mehr behaglich fühlen, war zu allen Zeiten da und wird immer vorkommen. Sie verdienen deßhalb auch nicht die Ironie, welche in dem Titel ‚Die lieben Kinder' liegt. Thun sie nur ihre Pflicht, so kann man sie nicht herb anklagen, ebenso wie die Eltern ihrerseits mit Recht sich beschweren dürfen, nicht jenen Grad von Liebe zu finden, den sie selbst bieten. In diesem Conflicte eines hervorragenden Arztes und seiner Familie den zwei Theilen so gerecht zugewogen zu haben, daß Beide recht und Beide unrecht haben, ist der feine Zug Léons, der sein Stück in den edleren Stand der Wiener Volksstücke erhob."[40]

Mit „Die lieben Kinder" war Victor Léon wieder zu jener Thematik von Bildung und sozialem Status zurückgekehrt, die ihm bei „Gebildete Menschen" so viel Erfolg eingebracht hatte und die auch diesmal beim Publikum gut ankam. Allerdings brachten es „Die lieben Kinder" bei weitem nicht auf so viele Aufführungen wie die „Gebildeten Menschen". In einer adaptierten Fassung aber wurde das Stück später zu einem der größten Erfolge des Autors überhaupt: Es bildete die Basis für das Libretto zur

---

38 Léon: Die Unmoralischen, S. 128.
39 Ebd., S. 129.
40 Wiener Zeitung, 13.2.1898, S. 8.

1907 uraufgeführten Operette „Der fidele Bauer", zu der Leo Fall die Musik komponierte und die bis heute auf den Spielplänen zu finden ist.

Im selben Jahr wie „Die lieben Kinder", 1898, kam ein „Zeitbild" heraus, das Victor Léon gemeinsam mit Paul von Schönthan[41] verfasst hatte. Der Titel des Stückes, das am 5.11.1898 im Wiener Carl-Theater uraufgeführt wurde, lautete „Die gute Partie". „Das Stück spielt in Wien in der Gegenwart und geisselt scharf die in manchen Familien mit heirathsfähigen Töchtern geübte Vorspiegelung einer thatsächlich nicht vorhandenen Wohlhabenheit, um Bewerber anzulocken"[42], fasste der Zensurbeamte, der keine Einwände gegen die Zulassung des Werkes hatte, den Inhalt zusammen. Wenn Victor Léon gehofft hatte, dass die Zusammenarbeit mit Paul von Schönthan, der als Verfasser von Lustspielen und Humoresken sehr bekannt war, ein Erfolgsgarant sein werde, dann wurde er enttäuscht. Denn „Die gute Partie" kam weder beim Publikum noch bei den Rezensenten gut an. Das Stück wurde als langweilig und umständlich kritisiert, und die wenigen positiven Anmerkungen bezogen sich nicht auf Léon, sondern auf Schönthan – so etwa, wenn im „Neuen Wiener Journal" zu lesen war: „Wenn der letzte Act durchfällt, so nehmen die Leute an, das ganze Stück sei durchgefallen. So hielt man es auch gestern, und vergaß zum Schlusse vollständig der vielen glitzernden Wortbonbons, die wohl Paul v. Schönthan über den Strudelteig der Handlung gestreut hat."[43] Das Stück, für das zunächst eine dichtere Aufführungsserie geplant gewesen war (so etwa sind im Theaterprogramm der „Neuen Freien Presse" vom 8.11.1898 Vorstellungen am 11.11., 13.11. und 15.11. angekündigt), wurde nach den drei Aufführungen vom 5., 6. und 8.11. und einer Nachmittagsvorstellung am 27.11.1898 abgesetzt. Unter anderem Titel – aus „Die gute Partie" wurde „Die armen Mädchen" – sowie mit veränderten Personennamen und der Verlegung des Schauplatzes von Wien nach Berlin war das Werk ab 2.1.1902 im Altonaer Stadttheater (Hamburg) zu sehen, brachte es aber auch dort nur auf wenige Aufführungen.

Am Wiener Volkstheater kam am 24.9.1904 ein weiteres von Victor Léon als „Zeitbild" bezeichnetes Stück heraus. Der Titel des Werkes, „Tischlein deck' dich!", bezieht sich auf die Situation im Hause eines aus einfachen Verhältnissen zu Reichtum aufgestiegenen Industriellen, dessen drei Kinder ein verwöhntes, ausschweifendes Luxusleben führen. Das Gegenbild dazu sind ihr Onkel und dessen Tochter, die bescheiden und zufrieden leben und damit letztlich zum Vorbild für die Industriellen-Kinder werden. „Victor Leon, der niemals Rastende, ist wohl, als er das vieractige Zeitbild ‚Tischlein deck' dich!' zwischen zwei Operettenbüchern schrieb, durch einen recht argen Anfall von Moralsucht heimgesucht gewesen"[44], meinte der Schriftsteller und Kritiker Ottokar Tann-Bergler in seinem Premierenbericht im „Neuen Wiener Journal". Das Stück sei zwar „oft ganz lustig vorgetragen" gewesen, insgesamt aber sei die Erzählung „von dem Millionärssöhnchen, das die Tage und Nächte

---

41 Paul von Schönthan, geb. 19.3.1853 in Wien, gest. 4.8.1905 in Wien, Journalist und Dramatiker. Schönthan schrieb zahlreiche Erzählungen und einige Theaterstücke. Sein größter Theatererfolg war die gemeinsam mit seinem älteren Bruder Franz von Schönthan verfasste, 1884 uraufgeführte Komödie „Der Raub der Sabinerinnen".
42 NÖ Landesarchiv, NÖ Reg. Präs Theater ZA 1898/5072 K 36.
43 Neues Wiener Journal, 6.11.1898, S. 8.
44 Neues Wiener Journal, 25.9.1904, S. 11.

vergigerlt", „das Geld des Vaters hinauswirft" und sich schließlich „der lieben Cousine wegen bessert" eine „greise Geschichte". Mit diesem Urteil spricht Tann-Bergler dem Werk den Anspruch darauf ab, ein aktuelles „Zeitbild" zu sein. Ähnlicher Meinung waren auch andere Rezensenten, so etwa jener der „Neuen Freien Presse", der „Tischlein deck' dich!" als ein Stück „im Stile und Geiste der älteren Komödie"[45] beschrieb.

Hochaktuell – jedoch nicht als „Zeitbild" bezeichnet – war hingegen jenes Gemeinschaftswerk von Victor Léon und dessen Bruder Leo Feld, das am 9.2.1905 im Raimund-Theater uraufgeführt wurde. Das Stück trug den Titel „Fräulein Lehrerin" und kam unter dem Pseudonym „A. Magister" heraus. Während die meisten Zeitungen in ihren Premierenberichten das Pseudonym nicht zu entschlüsseln wussten und die „Neue Freie Presse" berichtete: „Im Publikum wurde auf eine Dichterin weiblichen Geschlechts geraten"[46], schrieb das „Neue Wiener Journal":

„Die gestrige Premiere im Raimund-Theater war bekanntlich von einem Geheimnis umgeben. Man riet seit einigen Tagen hin und her, wer der Verfasser des Volksstückes ‚Fräulein Lehrerin' sei, der sich hinter dem Pseudonym ‚A. Magister' versteckte. [...] Während der gestrigen Vorstellung zog man nun ein halbes Dutzend Namen in Kombination; nach dem ersten Akt entschied man sich für Herrn Hawel[47], während einige Herrn Viktor Léon nannten, wohl hauptsächlich darum, weil einige Kinderszenen vorkommen und man die Vorliebe Léons für die Kleinen kennt [...] Wir sind nun in der Lage, das Geheimnis zu lüften: der Verfasser ist Dr. Leo Feld, übrigens ein Bruder Viktor Léons."[48]

Dass Leo Feld aber nicht der alleinige Autor war, sondern das Stück gemeinsam mit seinem Bruder geschrieben hatte, belegen die Namensnennungen auf der Druckausgabe des Werkes[49] und entsprechende Hinweise in Briefen von Leo Feld.[50] Wie dabei die Arbeitsaufteilung war, ist jedoch, da kein Originalmanuskript vorhanden ist, nicht feststellbar.

Es mag sein, dass die Schwester von Victor Léon und Leo Feld, Eugenie Hirschfeld, die Bürgerschullehrerin[51] war, Anregungen und Informationen für das Zeitbild lieferte. Denn „Fräulein Lehrerin" war eine Reaktion auf ein neues Schulgesetz, das am 25.12.1904 für Wien und Niederösterreich erlassen worden war. Die, wie das Gesetz hieß, „Regelung der Rechtsverhältnisse des Lehrstandes an den öffentlichen Volksschulen"[52] sorgte für viel öffentliches Aufsehen. Die heftigen Proteste, die es auslöste und die vor allem von Frauenorganisationen und von der Sozialdemokrati-

---

45 Neue Freie Presse, 25.9.1904, S. 11.
46 Neue Freie Presse, 10.2.1905, S. 13.
47 Rudolf Hawel, geb. 19.4.1860 in Wien, gest. 25.11.1923 in Wien, Verfasser zahlreicher Volksstücke und realistischer Prosawerke.
48 Neues Wiener Journal, 10.2.1905, S. 7.
49 Léon, Victor – Leo Feld: Fräulein Lehrerin. Wien 1905.
50 Léon-Nachlass 23/2.1.1.2.
51 Die Bürgerschule war eine dreiklassige Schulform, die nach der fünfklassigen Volksschule besucht werden konnte. 1927 wurde sie durch die Hauptschule abgelöst.
52 Landes-Gesetz- und Verordnungsblatt für das Erzherzogtum Österreich unter der Enns. Jg. 1904, XXX. Stück, S. 171ff.

schen Partei nahestehenden Gruppen kamen, richteten sich in erster Linie gegen die schweren Benachteiligungen von Lehrerinnen. Denn mit dem neuen Gesetz wurde nicht nur eine geringere Bezahlung der weiblichen Lehrkräfte festgeschrieben, sondern auch das Verbot zu heiraten. Zuvor hatte es ein solches „Lehrerinnenzölibat" in Wien und Niederösterreich nicht gegeben, seine Einführung aber entsprach einer damals aktuellen Entwicklung. Denn in den letzten Jahrzehnten des 19. und zu Beginn des 20. Jahrhunderts wurden in vielen Teilen Österreich-Ungarns und Deutschlands Eheverbote für Lehrerinnen gesetzlich festgelegt.[53] Einer der wesentlichen Gründe dafür war die von konservativen politischen Kräften betriebene Betonung eines bürgerlich-patriarchalen Familienideals mit einer klaren Rollenaufteilung, bei der den Frauen ausschließlich der familiäre Bereich zugewiesen war. „Soweit Frauen überhaupt erwerbstätig wurden, hatten sie demnach mit der Eheschließung aus dem Erwerbsberuf auszuscheiden"[54], schreibt dazu der Historiker Ulrich Nachbaur in seiner Studie zum Lehrerinnenzölibat. Dementsprechend hieß es im Paragraph 80 des neuen Schulgesetzes für Wien und Niederösterreich: „Jede nach Wirksamkeit dieses Gesetzes stattfindende Verehelichung einer weiblichen Lehrperson, mag letztere provisorisch oder definitiv angestellt sein, wird als freiwillige Dienstentsagung angesehen."[55]

Eine derartige „Dienstentsagung" könnte sich Toni Lehner, die Protagonistin im Volksstück „Fräulein Lehrerin", jedoch nicht leisten, denn sie muss für den Unterhalt ihrer nach dem Tod des Vaters verarmten Familie sorgen. Daher ist sie auch überglücklich, als ihr der Hausbesitzer Hartriegel, der auch Wiener Gemeinderat ist, eine Stelle als Lehrerin verschafft. Außerdem stundet Hartriegel ihr auch die fällige Wohnungsmiete und kann auf Wunsch Tonis den arbeitslosen Musiker Strobl als Beamten bei den Wiener Gaswerken unterbringen. Allerdings ahnt Toni nicht, dass Hartriegel all dies nur tut, um sich Toni, die er zur Geliebten will, gefügig zu machen. Hartriegel wiederum weiß nicht, dass Strobl nicht nur ein Freund der Familie Lehner ist, sondern dass er und Toni heiraten wollen, sich dies aber bisher finanziell nicht leisten konnten. Klar wird die Sache am nächsten Tag beim Verlobungsfest. Zu diesem ist nicht nur Hartriegel eingeladen, sondern auch dessen Freund, der Polizist Hochleitner, der die für Toni und Strobl bestürzende Nachricht vom neuen Schulgesetz bringt, das eine Heirat für Toni erneut unmöglich macht. In einer (den dritten Akt des Stückes einleitenden) Lehrerinnenversammlung gegen das neue Gesetz berichtet sie von ihrer Situation. Hartriegel, der, ebenso wie Hochleitner und Strobl, bei der Versammlung anwesend ist, beschimpft sie öffentlich und kündigt an, dass er dafür sorgen werde, dass Strobl entlassen werde. Es kommt zu einem Aufruhr und einem Handgemenge zwischen ihm und Strobl, woraufhin Hochleitner die Versammlung offiziell auflöst. Das Stück endet damit, dass Toni und Strobl beschließen, zwar nicht zu heiraten, aber als „Mann und Weib zusammen zu halten für Zeit und Ewigkeit."[56] Die Entscheidung, ohne Trauschein zusammenzuleben, war allerdings zu Beginn des

---

53 Nachbaur, Ulrich: Lehrerinnenzölibat. Zur Geschichte der Pflichtschullehrerinnen in Vorarlberg im Vergleich mit anderen Ländern. Regensburg 2011. S. 86.
54 Ebd., S. 95.
55 Landes-Gesetz- und Verordnungsblatt für das Erzherzogtum Österreich unter der Enns. Jg. 1904, XXX. Stück, S. 184.
56 Léon, Victor – Leo Feld: Fräulein Lehrerin. Zensur-Textbuch, NÖ Landesarchiv, NÖ Reg. Präs Theater TB K 605/02, S. 120.

20. Jahrhunderts durchaus mutig, denn sie stand im Gegensatz zu den herrschenden bürgerlichen Moralvorstellungen und wurde bei Lehrerinnen mancherorts sogar disziplinarrechtlich geahndet.[57]

Am 7.2.1905 erhielt das Raimund-Theater die Aufführungsbewilligung für „Fräulein Lehrerin" (wobei, wie aus dem Zensurakt hervorgeht[58], auch die Zensurbehörde nicht wusste, wer das Stück geschrieben hatte). Allerdings hatte die Behörde, wie aus den internen Vermerken ersichtlich ist, zunächst einige Bedenken gegen die Zulassung des Werkes gehabt, da dieses ein

„Tendenzdrama ist, das sich nicht blos – wie bereits eingangserwähnt[!] – gegen die neue Gesetzesbestimmung, sondern auch gegen die dermalige Majorität des niederösterreichischen Landtages und des Wiener Gemeinderates [d.h. die Christlichsoziale Partei] richtet. Dies geht insbesondere aus der Handlungsweise und der Schilderung des Gemeinderates Hartriegel [...] hervor.
Auch auf die Wiener Polizeibehörde ist der Verfasser nicht gut zu sprechen; denn der im Stücke wiederholt auftretende Polizei-Kommissär Hochleitner ist gerade nicht darnach angetan, das Ansehen dieser Behörde beim Publikum zu heben."[59]

Es sei daher, so heißt es im Zensurakt weiter, „bei diesen ins Gewicht fallenden Bedenklichkeiten", fraglich, ob man das Stück zulassen solle: „Für die Zulassung kann nur der Umstand angeführt werden, dass derlei Werke, die vielleicht im Zulassungsfalle ohne besonderen Effekt erzielt zu haben, bald in die wohlverdiente Vergessenheit versinken, durch das Aufführungsverbot in den Augen des stets sensationslüsternen Publikums eine ihrem Werte ganz und gar nicht entsprechende Bedeutung erlangen."

Zwar geriet „Fräulein Lehrerin" tatsächlich bald wieder in Vergessenheit, was jedoch nicht damit zusammenhing, dass das Werk keinen „Effekt erzielt" hätte. Denn vom Publikum „wurde ihm ein reicher Beifall zuteil"[60], und die Kritiken waren durchwegs positiv. Auch wenn es manchen Rezensenten als etwas „schwerfällig"[61] erschien, da es „einige Dialoglängen"[62] aufweise, so wurde doch allgemein gelobt, dass mit dem Stück in wirkungsvoller Weise „in die heißeste Aktualität hineingegriffen"[63] werde. Dieser starke Zeitbezug bestimmte allerdings auch das Schicksal des Werkes: Denn 1911 wurde das Eheverbot für Lehrerinnen in Wien und Niederösterreich wieder abgeschafft, „Fräulein Lehrerin" war damit – als echtes „Zeitstück" – nicht mehr aktuell.

---

57 Nachbaur: Lehrerinnenzölibat, S. 97.
58 NÖ Landesarchiv, NÖ Reg. Präs Theater ZA 1905/445 K 44.
59 Ebd.
60 Arbeiter-Zeitung 10.2.1905, S. 8.
61 Neues Wiener Tagblatt, 10.2.1905, S. 11.
62 Der Humorist, 11.2.1905, S. 2.
63 Arbeiter-Zeitung 10.2.1905, S. 8.

„Schließlich wird Victor Léon gewinnen":
Libretti für Johann Strauss – Sohn und Enkel

Die öffentliche Anteilnahme war groß, als am 6.6.1899 der drei Tage zuvor verstorbene Komponist Johann Strauss in Wien beerdigt wurde. Tausende Menschen säumten die Straßen, als der Sarg, begleitet von einem „schier unübersehbaren Trauergefolge"[1], von Strauss' Wohnhaus zur Einsegnung in die Evangelische Stadtkirche in der Dorotheergasse und von dort zum Zentralfriedhof gebracht wurde. Ausführlich berichteten die Zeitungen tags darauf über die mehrstündige Zeremonie[2] und kündigten auch an, dass die Hofoper zum Gedenken an Strauss ihr Programm ändere. Statt, wie geplant gewesen war, am 9.6. Rossinis „Barbier von Sevilla" und am 10.6. Nicolais „Die lustigen Weiber von Windsor" zu bringen, gab man an beiden Tagen „Die Fledermaus". Das Werk blieb dann auch nach der Sommerpause auf dem Spielplan, und auch andere Bühnen zeigten vermehrt Operetten von Johann Strauss. Denn mit dem Tod des Komponisten hatte ein neues Interesse für ihn und sein Werk eingesetzt, was der Schriftsteller Karl Kraus in seiner Zeitschrift „Die Fackel" in der für ihn typischen satirischen Weise kommentierte:

„Inzwischen haben die Theaterwucherer den ersten Schritt gethan, das Andenken Johann Strauß' zu verzinsen. Partituren werden angekündigt, die ‚echt Strauß'sche Motive' enthalten. Aus dem Archivstaub sehen wir bisher unaufgeführte Erstlingswerke des Verstorbenen zauberhaft ans Licht getandelt. Hastig werden ein paar Noten, die sich vielleicht in seinem Nachlasse finden mögen, zusammengerafft und jenen Librettis [!] unterlegt, die Johann Strauß bei Lebzeiten weit von sich wies. Die Buchmacher und Buchbinder[3] rühren sich, die Zeitungen verlicitie-

---

1 Neue Freie Presse, 7.6.1899, S. 5.
2 Ob auch Victor Léon beim Strauss-Begräbnis anwesend war, ist ungewiss. Er selbst hat dazu keinen Hinweis hinterlassen, und in der Neuen Freien Presse, die am 7.6.1899 (S. 5f.) einen ausführlichen Bericht über das Ereignis brachte, werden unter den zahlreichen Trauergästen auch „die Schriftsteller Hermann Bahr, Ferdinand Groß, Freiherr v. Waldberg" genannt, nicht jedoch Victor Léon. Da aber Léon zu diesem Zeitpunkt mindestens so bekannt war wie sein Ko-Librettist Waldberg, könnte dies darauf hindeuten, dass er nicht anwesend war.
3 Anspielung auf den Journalisten und Schriftsteller Bernhard Buchbinder. Buchbinder hatte am 4.6.1899 in einem auf den Seiten 1 und 2 des „Neuen Wiener Journals" platzierten Feuilleton einen sehr pathetisch gehaltenen Nachruf auf Johann Strauss veröffentlicht, den

ren ein Erbe und alles, was bei uns eine Pokerpartie um den Rest von Cultur spielt, ist auf den Beinen. Schließlich wird Victor Léon gewinnen. Seiner Sache sicher, erscheint der Taussig[4] der Operettenbörse auf dem Plan; der todte Johann Strauß wird ihm nicht entkommen ... Es lag etwas wie Größe darin, als am vorigen Sonntag die Coulissiers der Blätter berichten konnten: ‚Heute treffen Victor Léon und Leo Stein in Unterach am Attersee zusammen, um über die Wahl der Handlung des Librettos schlüssig zu werden.'– – –"[5].

Die – in ihrem Wortlaut leicht veränderte – Zeitungsmeldung hatte Karl Kraus dem „Wiener Tagblatt" entnommen. Dieses hatte am 20.6.1899 in einer kurzen Notiz berichtet, dass Victor Léon und Leo Stein ein Operettenlibretto zu Musik von Johann Strauss schreiben werden.[6] Details dazu brachte das Blatt dann am 25.6.1899:

„Wie wir bereits gemeldet haben, werden die Librettisten Victor Léon und Leo Stein ein Textbuch zu einer neuen Operette verfassen, welcher ausschließlich Tanzmotive von Johann Strauß unterlegt werden. Die beiden Autoren, die sich vor Kurzem erst zu gemeinsamer Arbeit vereinigt haben, treffen heute in Unterach am Attersee zusammen, um über die Wahl der Handlung des Operettenwerkes schlüssig zu werden. Diese Arbeit wurde noch zu Lebzeiten Meisters Strauß mit seiner Einwilligung vereinbart. Die Strauß'schen Melodien werden von Kapellmeister Adolf Müller bearbeitet werden. Besonders zu bemerken ist, daß die Musik, wie schon eingangs erwähnt, nur Strauß'sche Motive enthalten wird, und sich daher das Werk von der Art und Weise, wie nach Suppé's Tode die Operette ‚Das Modell' durch Ergänzungen und selbstständige Einlagen der Herren Zamara und Stern fertiggestellt wurde, gar sehr unterscheiden wird. An welchem Theater, ob an der Wien oder in der Leopoldstadt, diese neue Strauß-Operette zur Aufführung gelangen wird, ist bis heute noch unbestimmt. Beide Bühnen bewerben sich um die erst im Entstehen begriffene Operette. Den Verlag wird Herr Josef Weinberger haben."[7]

Die „erst im Entstehen begriffene Operette" sollte, wie bald zu erfahren war, den Titel „Wiener Blut" tragen – und sie wurde zu einem sehr populären und bis heute auf den internationalen Operettenbühnen präsent gebliebenen Werk. Wie weit Johann Strauss noch selbst an der Entstehung von „Wiener Blut" beteiligt war, ist im Detail nicht mehr nachvollziehbar. Fest steht jedoch, dass er der Idee, eine Operette aus vorhandenen Musikstücken zusammenzustellen, prinzipiell nicht abgeneigt gewesen war. Dies geht aus einem Brief hervor, den er am 12.4.1899 an die Direktorin des Theaters an der Wien, Alexandrine von Schönerer, schrieb und in dem er ihr die Aufführungsrechte am „nächsten von mir, sei es neu sei es mit Benützung bereits von

---

er mit den Sätzen einleitete: „Senkt die Standarten! Der Walzerkönig ist gestorben. Der Alleinherrscher im Reiche des Dreivierteltaktes ist todt."
4   Theodor von Taussig (1849-1909) war einer der führenden Bank- und Börsenfachleute der österreichisch-ungarischen Monarchie.
5   Die Fackel, Nr. 9, Ende Juni 1899, S. 18f.
6   Wiener Tagblatt, 20.6.1899, S. 8.
7   Wiener Tagblatt, 25.6.1899, S. 9.

mir componirten Musik zu componirenden Werkes"⁸ zusichert. Es kann durchaus sein, dass Strauss ein Vorbild in der so erfolgreich aus vorhandenen Musikstücken zusammengestellten Operette „Das Modell" von Franz von Suppé sah und daher auch zu entsprechenden Gesprächen mit Victor Léon, der ja gemeinsam mit Ludwig Held das Libretto geschrieben hatte, bereit war. Léon selbst erinnerte sich später, dass er Strauss im Frühjahr 1899

„das beinahe ausgeführte Libretto ‚Wiener Blut' brachte und ihn im Namen der Direction des Wiener Carltheaters sowie in jenem des Musikverlegers Josef Weinberger in Wien bat, die Composition dieser Operette zu übernehmen, mit welcher das Carltheater die nächste Saison im September beginnen wollte. Johann Strauss [...] entgegnete zunächst, daß er sich nicht mehr stark genug fühle (er war damals 74 Jahre alt), um eine solche Arbeit in einer verhältnismäßig so kurzen Zeit fertig zu stellen, sich verpflichten könne. Trotzdem wollte er aber das Buch kennen lernen. Sollte es ihm gefallen und ihn musikalisch anregen, so ließe sich vielleicht doch darüber sprechen. Ich las ihm vor, was bereits fertig vorlag und erzählte ihm das Weitere. Das Libretto gefiel ihm außerordentlich. Nur wiederholte er, daß er die Arbeit doch zu groß finde und er den ganzen der Erholung bestimmten Sommer, den er, wie gewöhnlich, in Ischl verbringen werde, opfern müsse und bei allem Fleiß doch zweifle, die Operette bis zu dem geforderten Termin fertig stellen zu können. Da machte ich ihm den Vorschlag, die massenhafte Tanzmusik, die er bereits componiert habe (es waren weit über tausend Werke) für diese Operette doch zu benützen, umsomehr als ja viele seiner Compositionen längst vergessen waren. Dieser Vorschlag gefiel ihm sehr. Er erklärte sich einverstanden."⁹

Wenn Léon schreibt, dass er im Namen der Direktion des Carl-Theaters, das heißt für Franz Jauner, bei Strauss vorsprach, so zeigt dies, dass sich nicht nur Alexandrine von Schönerer bemühte, Strauss mit einem neuen Werk an ihr Haus zu binden, sondern auch Jauner, der auch letztlich den Zuschlag erhalten sollte.

Wie Victor Léon weiter berichtet, erstellte Johann Strauss „eine Liste aller jener Werke, deren Themen er verwenden wollte". Der Verleger Josef Weinberger machte die Kompositionen, von denen sich viele nicht im Besitz von Strauss befanden, ausfindig und stellte Strauss „eine große Kiste voll Noten" zur Verfügung. Wie weit Johann Strauss das musikalische Material dann auch tatsächlich bearbeitet hat, geht aus Léons Erinnerungen nicht hervor. Er schreibt lediglich, dass Strauss „mit dem Aufgebot aller Kräfte rastlos bis in den Monat Mai" mit der Sache beschäftigt war. Der Strauss-Biograf Norbert Linke allerdings meint dazu: „Mehr als die Nennung einzelner Titel von Tanzmelodien und die eventuelle Reihung derselben kann Victor Léon im Frühjahr 1899 vom kranken Strauß nicht mehr erfahren haben."¹⁰ Als Strauss um den 22.5.1899 an einer Erkältung und in der Folge an einer Lungenentzündung erkrankte, ersuchte er Léon, „den Kapellmeister des Theaters an der Wien, Adolf Mül-

---

8   Strauss, Johann: Brief an Alexandrine von Schönerer, 12.4.1899. Zit. nach: Strauss: Leben und Werk in Briefen und Dokumenten. Bd. 9. Tutzing 2002. S. 183.
9   Léon, Victor: Über Wiener Blut und Johann Strauss. Hs. Manuskript, Léon-Nachlass 4/1.2.31.
10 Linke: Johann Strauß, S. 160.

ler[11], der ihm auch schon bei früheren Werken ein Hilfsarbeiter war, zu veranlassen, zu ihm zu kommen, damit dieser ihm auch bei der Fertigstellung des ‚Wiener Blut' helfen möge. Müller kam; Johann Strauss besprach mit ihm alles, was nötig war". Daher konnte Müller die Komposition nach Strauss' Tod auch, so Léon, „ganz und getreu im Geiste und nach dem Willen des großen Meisters" fertigstellen. Und auch Victor Léon hatte jemanden, der ihm bei „Wiener Blut" „als Mitarbeiter behilflich war": „Mein Freund, der Librettist Leo Stein"[12].

Leo Stein, der drei Jahre jünger als Victor Léon war, stand zu jenem Zeitpunkt noch am Anfang seiner später sehr erfolgreichen Karriere als Operettenlibrettist. Geboren am 25.3.1861 als Leo Rosenstein im galizischen Lemberg (Lwiw/Ukraine), absolvierte er in seiner Heimatstadt ein Jusstudium und übersiedelte 1888 nach Wien, wo er einige Jahre als Jurist bei der Südbahn-Gesellschaft tätig war. Die erste Operette, an der Leo Stein, als Koautor von Julius Horst, mitgearbeitet hatte, trug den Titel „Lachende Erben" und kam, mit der Musik von Carl Weinberger, am 24.10.1892 am Carl-Theater heraus. Es folgten einige weitere Arbeiten in diesem Genre, doch erst mit „Wiener Blut" wurde Leo Stein zum bekannten und auch gefragten Namen in der Operettenszene. Offenbar war Stein ein guter Teamarbeiter, denn von den rund 50 Textbüchern, auf denen sein Name zu finden ist, schrieb er nur drei alleine: „Vera Violetta" (1907) und „Lumpus und Pumpus" (1910) mit der Musik von Edmund Eysler, sowie „Polenblut" (1913) mit der Musik von Oskar Nedbal. Seine größten Erfolge aber entstanden in Zusammenarbeit mit anderen Autoren: So etwa schrieb er gemeinsam mit Victor Léon neben „Wiener Blut" auch das Textbuch zu „Die lustige Witwe"; gemeinsam mit Alfred Maria Willner und Robert Bodanzky jenes zur Operette „Der Graf von Luxemburg" (1909, Musik Franz Lehár); und gemeinsam mit Bela Jenbach das Libretto zu „Die Csárdásfürstin" (1915, Musik Emmerich Kálmán). Leo Stein, der am 28.7.1921 in Wien starb, war bei diesen Gemeinschaftsarbeiten für die Texterierung der Lieder zuständig. Dies geht aus dem Nachruf auf ihn hervor, der am 30.7.1921 in der „Neuen Freien Presse" erschien. Der anonym gebliebene Verfasser sprach darin eine bis heute für die Forschung geltende Problematik an, wenn er meinte, dass es sich „bei Kompagniearbeiten, und namentlich bei Operettenlibretti nicht genau feststellen läßt, was der eine, was der andere dazu beigetragen hat, und was der dritte und vierte, der so oft gar nicht genannt wird."[13] Im Fall von Leo Stein allerdings wisse man, dass „die Grundideen, die Stoffe der Bücher" gewöhnlich nicht von ihm stammten: „Seine starke Seite war das Finden von populären Gesangsrefrains, von Worten und Wendungen, die in der Luft liegen und, geschickt geformt, den Komponisten anregen, mit der Melodie zugleich im Publikumsohr haften bleiben und überall sofort nachgesungen werden. In den meisten seiner Operetten finden sich solche sichere, textliche Schlager, deren Art und Weise vorbildlich geworden sind."

Mit diesen Fähigkeiten war Leo Stein eine gute Ergänzung zu Victor Léon, dessen „starke Seite" vor allem sein Gespür für wirksame dramatische Stoffe war, der stets viele Ideen für Operettenlibretti hatte, der aber kein ausgeprägtes lyrisches Ta-

---

11 Adolf Müller, geb. 15.10.1839 in Wien, gest. 14.12.1901 in Wien, komponierte die Musik zu zahlreichen Operetten. Eines seiner erfolgreichsten Werke war der 1892 uraufgeführte „Millionenonkel" (Libretto F. Zell und Richard Genée).
12 Léon: Über Wiener Blut und Johann Strauss.
13 Neue Freie Presse, 30.7.1921, S. 8.

lent besaß (so etwa hat er, mit Ausnahme weniger Jugendwerke, keine Gedichte hinterlassen und sich auch nie im Genre des Schlagers betätigt). Außerdem scheint Stein über eine ruhige Autorität verfügt zu haben – ein Feuilletonist bezeichnete es einmal als „runde Behaglichkeit"[14] –, die es ihm möglich machte, Victor Léon bei der gemeinsamen Arbeit in gewisser Weise zu lenken, ihn zum Beispiel zu Textänderungen zu veranlassen und auch Léons oft überbordendes Temperament ein wenig einzudämmen. Dies geht aus seinen Briefen an Léon hervor[15], und dies bestätigte auch sein Sohn Fritz, der seinen Vater als „humorvoll, versöhnlich und ausgleichend" beschrieb, Léon hingegen als „voller Unruhe, temperamentvoll, aggressiv, stets zu Neuerungen bereit, selbst wenn diese gefahrvoll für den Erfolg eines Werkes war [!]. Beide Buchautoren ergänzten einander darum aufs beste."[16]

Victor Léon und Leo Stein kannten einander aus der Wiener Theater- und Literatenszene – so wie Léon war auch Stein Gast im Literaten-Café Griensteidl – und über die 1897 gegründete Vereinigung der österreichischen Autoren, Komponisten und Musikverleger „AKM", deren Vorstand beide angehörten (Victor Léon war überdies erster Schriftführer der AKM). Der erste Nachweis für eine Zusammenarbeit von Léon und Stein ist ein im Léon-Nachlass erhaltenes Schriftstück. Auf Briefpapier mit dem Namensaufdruck von Victor Léon schrieb Leo Stein am 19.5.1899 an „Herrn Victor Léon Schriftsteller in Wien":

„Sie nehmen mich zum Mitarbeiter der Wiener Operette, welche vorläufig für R. Heuberger bestimmt ist und die wir gemeinsam auf Grund des von Ihnen verfaßten Scenariums arbeiten werden.
In das Erträgniß derselben, also in Tantièmen, Honorare, Einreichhonorare, Verlagshonorar theilen wir uns derart, daß Heuberger oder ein anderer gleichwerthiger Componist, der in unserem gemeinsamen Einvernehmen zu bestimmen ist, die Hälfte bezieht (mit Ausnahme des Verlagshonorars, an dem der betreffende Componist nicht participirt) und wir die andere Hälfte und zwar erhalten Sie von derselben zwei Drittel und ich ein Drittel.
Die Eingänge cassiren Sie directe ein und führen dann meinen Antheil an mich ab.
Sollte das vorhandene Sujet nicht zu einer Operette, sondern einem Vaudeville oder Schwanke verwendet werden, dann wird ein separates Uebereinkommen zwischen uns getroffen werden.
Wien, am 19. Mai 1899. Achtungsvoll Leo Stein"[17]

Die Verwendung des Briefpapiers von Victor Léon lässt darauf schließen, dass das Treffen zwischen den beiden Autoren, das zur Vereinbarung der Zusammenarbeit führte, bei Léon stattfand und dass die beiden ihre Kooperation auch umgehend fixieren wollten – Stein also keine Zeit blieb, eigenes Papier zu verwenden. Vielleicht hat Léon seinem neuen „Mitarbeiter" auch einfach das Blatt Papier vorgelegt und ihm den Vertrag diktiert. Denn dass Léon bei derartigen Vereinbarungen manchmal sogar im wahrsten Sinne des Wortes „federführend" war, belegen der mit Eduard Poldini abgeschlossene Vertrag zum Ballett „Nordlicht" und jener mit Hans von Zois zu „Clotildes Hochzeit". Beide Verträge schrieb Léon mit eigener Hand, adressierte an

---

14 Neues Wiener Journal, 8.10.1905, S. 4.
15 Léon-Nachlass 25/2.1.2.127 u. 25/2.1.2.128.
16 Stein, Fritz: 50 Jahre Die lustige Witwe. Wien 1955. S. 12.
17 Leo Stein: Brief an Victor Léon, 19.5.1899. Léon-Nachlass 25/2.1.2.126.

sich selbst und ließ sie dann lediglich von Poldini[18] beziehungsweise Hans von Zois[19] unterzeichnen.

Bei der „Wiener Operette", die Victor Léon und Leo Stein gemeinsam zu schreiben vereinbarten, handelte es sich – mit hoher Wahrscheinlichkeit – um „Wiener Blut". Denn auch dieses Werk war zunächst Richard Heuberger zugedacht. In seinen „Beiträgen zu einer Biographie Heuberger" schreibt Léon, dass er nach der Operette „Ihre Excellenz", die auf einem Vaudeville von Alfred Hennequin und Albert Millaud basierte, „schon der Abwechslung wegen etwas Wienerisches" schreiben wollte, „eine lustige Sache, die während des Wiener Congresses spielte und zum Teil in wienerischer Mundart war"[20]. Heuberger ging auf die Idee ein und machte sich an die Komposition.

„Allerdings konnte er sich mit den durch das locale Colorit des Stoffes zwangsläufig gebotenen wienerischen Urwüchsigkeiten in manchen Texten nicht befreunden. Und nach und nach fand er, dass diese volkstümliche Art und auch das wienerisch Volkstümliche das die Musik verlangte, ihm nicht liege. Er nannte derartige Nummern ,Grasel-Lieder' (Grasel war nämlich ein populärer österreichischer Bandit). Er mühte sich mit diesen, für das Stück sehr wichtigen Piècen so sehr ab, dass ihm direct die Lust verging."

Die Schwierigkeiten, die Heuberger mit der Komposition hatte, einerseits – und andererseits der Wunsch, Johann Strauss zu einer neuen Operette zu überreden, brachten Léon offenbar auf die Idee, Strauss das Buch vorzulegen, obwohl er vertraglich an Heuberger gebunden war. Als sich Strauss dann bereit erklärte, ein neues Werk zu komponieren beziehungsweise aus Vorhandenem zusammenzustellen, stand Léon vor dem Problem, Heuberger zur Freigabe des Librettos zu bewegen. Er löste es, indem er Heuberger anbot, ein Ersatzstück zu liefern. Es war die Operette „Der Sechs-Uhr-Zug", die Léon ebenfalls gemeinsam mit Leo Stein schrieb und die am 20.1.1900 im Theater an der Wien uraufgeführt wurde. Allerdings ist es unwahrscheinlich, dass es dieses Werk war, das im Vertrag zwischen Léon und Stein gemeint gewesen war. Denn die dort verwendete Bezeichnung „Wiener Operette" passt nicht auf den „Sechs-Uhr-Zug", der eine Adaption der Komödie „Décoré" von Henri Meilhac[21] ist. Hingegen passt „Wiener Operette" sehr gut auf „Wiener Blut". Dass der endgültige Titel im Vertrag zwischen Victor Léon und Leo Stein nicht verwendet wird, liegt daran, dass er erst gewählt wurde, als Johann Strauss als Komponist feststand und sein gleichnamiger, 1873 entstandener Walzer in das Werk aufgenommen wurde. Als der Vertrag erstellt wurde, war aber eben „vorläufig" noch Richard Heu-

---

18 Léon-Nachlass 25/2.1.2.99.
19 Léon-Nachlass 29/2.1.11.
20 Léon: Biographie Heuberger, S. 7. Léon-Nachlass 19/1.8.
21 „Décoré" wurde am 27.1.1888 mit großem Erfolg am Pariser Théâtre des Variétés uraufgeführt und war bald danach an zahlreichen internationalen Bühnen zu sehen, u.a. auch 1888 unter dem Titel „Dekorirt" (Übersetzung F. Zell) im Theater an der Wien. Im Mittelpunkt des Werkes stehen zwei Pariser Freunde, die mit dem Sechs-Uhr-Zug zu erhofften Liebesabenteuern fahren, an denen sie allerdings dann aufgrund zahlreicher Verwicklungen gehindert werden.

berger als Komponist vorgesehen – wobei das „vorläufig" erkennen lässt, dass Léon bereits mit der Freigabe des Librettos spekulierte.

Als sich Victor Léon und Leo Stein am 25.6.1899 in Léons Villa in Unterach am Attersee zur gemeinsamen Arbeit trafen, waren sie sich „über die Wahl der Handlung des Operettenwerkes" vermutlich im Wesentlichen einig. „Wiener Blut" spielt an einem Tag während des Wiener Kongresses von 1814/15. Graf Zedlau, der Gesandte des deutschen Kleinstaates Reuß-Schleiz-Greiz in Wien, hat, obwohl verheiratet, während des Kongresses ein Verhältnis mit der Tänzerin Franziska Cagliari, die eigentlich Kagler heißt und die Tochter eines Wiener Karussellbesitzers ist, begonnen und stellt außerdem auch einer „Probiermamsell", also einer Mitarbeiterin in einer Schneiderei, nach. Seinem Kammerdiener Josef diktiert er einen Brief, mit dem er die Probiermamsell zu einem Rendezvous bittet, ohne dass er und Josef ahnen, dass es sich bei der jungen Frau um Josefs Verlobte Pepi handelt. Als Zedlaus Ehefrau Gabriele, die aus Wien stammt, unerwartet in ihre Heimatstadt zurückkehrt, kommt es zu einer Reihe von komplikationsreichen Verwechslungen. Denn der Fürst Ypsheim-Gindelbach, der als Premierminister von Reuß-Schleiz-Greiz der Vorgesetzte Zedlaus ist und der Ordnung in dessen Privatleben bringen will, hält Gabriele für die Tänzerin Cagliari und diese für Zedlaus Ehefrau. Bestärkt wird er darin vom Karussellbesitzer Kagler, der nicht weiß, dass Zedlau verheiratet ist, sondern überzeugt ist, dass Zedlau bald seine Tochter heiraten werde und sich deshalb Ypsheim-Gindelbach gegenüber als „Schwiegervater" bezeichnet. Franziska Cagliari wiederum meint, dass Gabriele Zedlaus neue Geliebte sei, weil ihr Ypsheim-Gindelbach, um die Situation zu retten, in recht ungeschickter Weise Gabriele als seine Ehefrau vorgestellt hat. Noch mehr verwirrt wird die Situation dadurch, dass Ypsheim-Gindelbach dann die Probiermamsell Pepi als Tänzerin Cagliari präsentiert. Am Abend findet in Hietzing (damals noch Vorort von Wien) ein Volksfest statt, an dem alle teilnehmen und bei dem sich, nach einigen weiteren Missverständnissen, die wahren Identitäten klären. Gabriele versöhnt sich mit Zedlau; der eifersüchtige Josef verzeiht Pepi, dass er sie bei einem Stelldichein mit Zedlau überrascht hat, und sie ihm, dass er den Brief im Namen Zedlaus an sie geschrieben hatte; und Ypsheim-Gindelbach umwirbt Franziska Cagliari.

Bei diesem Volksfest in Hietzing, das den dritten Akt von „Wiener Blut" bildet, sorgen diverse Rendezvous in den Lauben des Kasinogartens für erotische Verwicklungen (was stark an die Séparéeszenen in der Operette „Der Opernball" erinnert). Der Schauplatz – auf den schon im ersten Akt mit dem Duett „Drauß't in Hietzing gibt's a Remasuri" von Pepi und Josef verwiesen wird – war dem zeitgenössischen Wiener Publikum gut bekannt, und er war eng mit der Biografie von Johann Strauss verbunden: Es war das „Casino Dommayer", ein populärer Vergnügungsbetrieb, der aus einem Restaurant, einem großen Tanzsaal und einem Garten mit Musikpavillon bestand und sich auf dem Areal des heutigen „Parkhotels Schönbrunn" befand. Beim „Dommayer" (wie der Betrieb meist kurz genannt wurde) hatte am 15.10.1844 Johann Strauss mit seiner Kapelle seinen ersten öffentlichen Auftritt gehabt.

Zum Zeitpunkt der Handlung von „Wiener Blut", 1814/15, hatte es das „Casino Dommayer" allerdings noch nicht gegeben, da es erst 1833, nach dem Umbau des zuvor auf dem Areal bestehenden „Caffeh- und Traiteurhauses", als großangelegtes Vergnügungslokal eröffnet wurde. Der historischen Korrektheit zogen Victor Léon und Leo Stein jene Aura einer riesigen Lustbarkeit vor, die den Wiener Kongress in der populären Erinnerung umgab. Denn der neun Monate, vom 18.9.1814 bis zum 9.6.1815, dauernde Kongress, der nach der Niederlage des Napoleonischen Frankreichs in langen Verhandlungen zu einer umfassenden territorialen Neuordnung Europas geführt hatte, blieb in der Retrospektive vor allem mit der Vorstellung einer unausgesetzten Folge von Festen und Feiern verbunden. Sehr wesentlich zu diesem Klischeebild des „tanzenden Kongresses" trug die dem österreichischen Diplomaten Charles Joseph de Ligne zugeschriebene und vielzitierte Bemerkung bei: „Le congrès danse beaucoup, mais il ne marche pas", die im Deutschen meist als „Der Kongress tanzt, aber er kommt nicht vorwärts" wiedergegeben wird. Tatsächlich entwickelte sich rund um den Kongress ein üppiges gesellschaftliches Leben, allerdings sollte dies, so der Historiker Karl Vocelka, „nicht über die Tatsache hinwegtäuschen, dass mit dem Wiener Kongress eine hart erarbeitete Friedensordnung entstanden war, die in vielen Bereichen bis zum Ersten Weltkrieg bestehen blieb."[22] Mit dem Kongress wurde Wien „zum Tagungsort der glänzendsten Fürsten- und Diplomatenversammlung, die Europa je gekannt hatte"[23] und präsentierte sich als macht- und prachtvolle europäische Metropole. Nie mehr später in der Geschichte der Habsburgermonarchie hatte Wien ein derart positives Image als imperiale, weltoffene und lebensfrohe Stadt. Aus der Perspektive des Jahres 1899, als die Monarchie in ihrem Bestehen zunehmend durch innen- und außenpolitische Konflikte bedroht war, entstand so das verklärende Narrativ von der Kongresszeit und dem nachfolgenden Biedermeier als der „guten alten Zeit". Es war eine Zeit, in der Österreich den Rang des führenden Staates im deutschsprachigen Raum einnahm, während Deutschland in viele Kleinstaaten zersplittert war. Einer davon war das Fürstentum Reuß-Greiz[24]: Im Osten des nunmehrigen deutschen Bundeslandes Thüringen gelegen, war es mit 316 km^2 flächenmäßig ungefähr so groß wie das heutige München. Mit 226 km^2 noch etwas kleiner als Reuß-Greiz war das westlich davon gelegene Fürstentum Reuß-Schleiz[25], das auf eine andere Linie des seit dem 16. Jahrhundert in mehrere Linien zersplitterten Adelsgeschlechtes Reuß zurückgeht.

Victor Léon und Leo Stein fassten die beiden Kleinstaaten in ihrem „Wiener Blut"-Libretto zum fiktiven Fürstentum Reuß-Schleiz-Greiz zusammen. Allerdings hielten sie selbst im Originalmanuskript[26] diese Namensform nicht konsequent durch: Im Personenverzeichnis sind zwar sowohl Zedlau als auch Ypsheim-Gindelbach als Vertreter des Staates Reuß-Schleiz-Greiz angegeben, an anderen Stellen des Manuskriptes findet sich allerdings auch die Form Reuß-Greiz-Schleiz.

---

22 Vocelka, Karl: Geschichte Österreichs. Kultur – Gesellschaft – Politik. 6. Aufl. München 2002. S. 175.
23 Zöllner, Erich: Geschichte Österreichs. 4. Aufl. Wien 1970. S. 346.
24 Residenzstadt des bis 1918 bestehenden Reuß-Greiz, das in der historischen Forschung meist als „Reuß älterer Linie" bezeichnet wird, war die thüringische Stadt Greiz.
25 Residenzstadt von Reuß-Schleiz war bis 1848 das thüringische Schleiz, dann wurde nach der Vereinigung des Fürstentums mit weiteren Herrschaften des Hauses Reuß die Residenz dieses Fürstentums „Reuß jüngerer Linie" (das bis 1918 bestand) nach Gera verlegt.
26 Léon, Victor – Leo Stein: Wiener Blut. Typoskript, Léon-Nachlass 17/1.6.126. Auf dem Titelblatt dieses Typoskripts ist von Léon handschriftlich vermerkt: „Corrigiert. Letzte Fassung. Von Victor Léon. Druckreif!".

Sicher spielte es bei der Wahl des Landesnamens auch eine Rolle, dass das zungenbrecherartige Reuß-Schleiz-Greiz komisch wirkte. Im Verlauf der Handlung wird es mehrfach verballhornt – so etwa vom Karussellbesitzer Kagler, der sich, als sich ihm Ypsheim-Gindelbach als „Des Landes Reuß-Greiz-Schleiz Verweser" vorstellt, „bemüht" – so die Regieanweisung – „die Worte nachzusprechen", aber nur ein: „Was? Schleiz-Greiz-Reiz!"[27] herausbringt. Der Landesname passte überdies gut zur wienerischen Diktion des Librettos. So etwa jammert der Kammerdiener Josef gleich in der Introduktion des Werkes, als er den Grafen Zedlau wegen dringender Geschäfte sucht, aber nirgends finden kann: „O Reuss-Greiz-Schleiz, / Ich hab' mit dir ein Kreuz!"[28]

Die „wichtigen Staatsaffären" von Reuß-Schleiz-Greiz bestehen, wie ebenfalls gleich zu Beginn der Operette zu erfahren ist, in der Vermeidung eines „Verdrusses" mit Dessau[29], womit das Fürstentum als bedeutungsloser, etwas lächerlicher Zwergstaat präsentiert wird. Deshalb hat auch Karussellbesitzer Kagler noch nie von dem Fürstentum gehört und ist davon überzeugt, dass sein präsumtiver Schwiegersohn Zedlau nicht in Greiz, sondern in Graz tätig sei. Ebenso lächerlich wie das Fürstentum Reuß-Schleiz-Greiz ist auch dessen Premierminister Fürst Ypsheim-Gindelbach. Sein ungeschicktes Verhalten bei den Liebesverwicklungen des Grafen Zedlau sei, so beklagt er selbst, mit dem politischen Agieren eines Kleinstaatenvertreters zu vergleichen: „Das war nicht politisch, / Auch nicht diplomatisch, / Das war so Duo – dez[30] –, / Das war so kleinstaatisch! / Das war mit einem Wort / So drum herum, / Das war nicht diplomatisch, / Sondern einfach dumm!"[31]

Reuß-Schleiz-Greiz erscheint den Wiener Akteuren der Operette nicht nur als bedeutungslos und komisch, sondern auch als langweilig. Deutlich wird dies in der Person des Grafen Zedlau, von dem sich seine aus Wien stammende Ehefrau Gabriele bald nach der Hochzeit zu ihren Eltern zurückgezogen hat, denn – so Gabriele: „Ich bin ein echtes Wiener Blut / Und Sie aus Reuß-Schleiz-Greiz, / Solch eine Ehe tut nicht gut, / Das ahnt' ich meinerseits. / Ich war so keck, ich war so flott / Und Sie so streng solid, / da ahnt' ich's gleich – du lieber Gott – / Was in der Eh' mir blüht."[32]

Dem Publikum von „Wiener Blut" wurden von Victor Léon und Leo Stein also Vertreter Deutschlands präsentiert, denen man sich überlegen fühlen und über die man lachen konnte. Léon und Stein reagierten damit auf die zeitgenössische Stimmung, denn es wirkte wohl befreiend, sich zumindest auf der Operettenbühne über den Nachbarstaat lustig zu machen, während in der Realität die stetig steigende Dominanz des Deutschen Kaiserreiches in Europa zu einem zunehmenden politischen Minderwertigkeitsgefühl in Österreich-Ungarn führte.

Der für die Operette namensgebende Walzer war am 22.4.1873 beim „Ball der k.k. Hofoper" (der allerdings nicht im Operngebäude, sondern im Musikvereinssaal stattfand) erstmals aufgeführt worden. Mit „Wiener Blut" hatte Johann Strauss den Titel einer zu ebenjener Zeit sehr erfolgreichen Publikation aufgegriffen: Es war die

---

27 Ebd., S. 30.
28 Ebd., S. 4f.
29 Ebd., S. 3f.
30 Duodezstaat ist eine veraltete Bezeichnung für Zwergstaat.
31 Léon – Stein: Wiener Blut, S. 38.
32 Ebd., S. 50f.

Skizzensammlung „Wiener-Blut. Kleine Culturbilder aus dem Volksleben der alten Kaiserstadt an der Donau" des Wiener Schriftstellers Friedrich Schlögl (1821-1892), die im Jänner 1873 publiziert wurde und im April 1873 bereits in zweiter Auflage vorlag. Im Vorwort zu seinem Buch vermerkt Schlögl, dass er mit seinen Texten, die in den Jahren zuvor in loser Folge im „Neuen Wiener Tagblatt" erschienen waren, versucht habe, „das Wiener Volksleben der letzten Dezennien in einzelnen Parthien zu schildern"[33]. Dabei beschäftigt er sich unter anderem mit Wiener Fest- und Feiertagsbräuchen, berichtet über Bälle ebenso wie über Trabrennen oder die Stimmung in den Heurigenlokalen, und er zeichnet Porträts von Wiener Typen, wie etwa „Der Hausmeister", „Unsere Köchinnen" oder „Deutschmeister-Edelknaben". Schlögl zeigt dabei auch negative Seiten des Wiener Lebens auf, so etwa, wenn er den „Wiener Bettlern" eine eigene Skizze widmet oder im Abschnitt „Wie und wo sich Wien unterhält" davon berichtet, dass noch 1868 eine Hinrichtung zum „Volksfest" und „superben Amusement"[34] wurde.

Das „Wiener Blut" beschreibt Friedrich Schlögl als ein „leichtes Blut"[35], wer Wiener Blut in sich habe, sei fröhlich, leichtlebig und gutmütig. Diese Vorstellung verfestigte sich sehr schnell. Bereits 1875, zwei Jahre nach dem Erscheinen von Schlögls Skizzensammlung, vermerkte das „Biographische Lexikon des Kaiserthums Oesterreich", dass der Buchtitel „bereits zum geflügelten Worte geworden"[36] sei; und in dem 1885 von Gustav Pick verfassten „Fiakerlied", das zu einem der populärsten Wienerlieder werden sollte, heißt es: „Mei' Bluat ist so lüfti und leicht wia da Wind, / I' bin halt an echt's Weanakind."[37]

Leichtigkeit wird dem „Wiener Blut" auch von Victor Léon und Leo Stein zugeschrieben, dennoch hat in ihrem Libretto die Blutmetapher einen anderen Charakter als in Schlögls Buch. Denn bei Friedrich Schlögl hat die Vorstellung vom „Wiener Blut" auch eine chauvinistische, teilweise in unverhüllten Rassismus übergehende Komponente. Das „Wiener Blut" ist bei ihm Merkmal der „allmälig aussterbende[n] Race des unvermischten ‚Urwieners', des ‚Wiener Vollblut'[!]"[38]. Ein Beispiel für das typische „Wiener Blut" liefert er mit der Skizze „Unsere Lehrbuben", die er mit der Feststellung beginnt: „Nach meinem Dafürhalten gibt es in Wien doch nur zweierlei Nationalitäten in der bloßfüßigen Diätenclasse des vielköpfigen Lehrbubenstandes: den ‚reinen' Czechen und das unverfälschte ‚Wiener Blut'. Alle übrigen Völkerstämme und Racen des gemeinsamen Vaterlandes sind in dieser vielgebeutelten Menschenbranche in Wien nur sporadisch vertreten".[39] Gerade im Vergleich mit den „reinen Czechen" zeigten sich, so Schlögl, die Eigenheiten des „Wiener Bluts". So etwa, wenn es unter den Lehrbuben Streitigkeiten oder mit dem Lehrherren Konflikte gebe: Der „böhmische Bua" erweise sich dabei als gewalttätig und hinterlistig, ersin-

---

33 Schlögl, Friedrich: Wiener Blut. Kleine Culturbilder aus dem Volksleben der alten Kaiserstadt an der Donau. Wien 1873. S. 4.
34 Ebd., S. 146.
35 Ebd., S. 333.
36 Wurzbach, Constantin von: Biographisches Lexikon des Kaiserthums Oesterreich, Bd. 30, S. 130.
37 Pick, Gustav: Wiener Fiakerlied. Wien o.J. [S. 1, Einblattdruck].
38 Schlögl: Wiener Blut, S. 1f.
39 Ebd., S. 327.

ne „in seinem Rache brütenden Schädel die hämischsten Pläne" und hege „die teuflische Ambition", seinen Gegner „unter Berichterstattung haarsträubender Vorfallenheiten anzuschwärzen"[40]. Ganz anders hingegen sei „das leichte ‚Wiener Blut'. Der präsumtive Deutschmeister greift in seiner Aspiranten-Periode, wenn noch der Knieriem über ihn geschwungen wird, zu keinen schmählichen Rachemitteln. Er wird, weil er in steter oratorischer Opposition, zwar noch mehr geprügelt, als sein geschmeidigerer nationaler Antipode, dennoch beschränkt sich sein ganzes Wiedervergeltungssystem auf die Ausklügelung einiger lustiger Streiche".[41]

Bei Friedrich Schlögl ist das „Wiener Blut" eine Art exklusiver genetischer Faktor, der ausschließlich durch die Geburt zu erwerben ist. Bei Victor Léon und Leo Stein hingegen bezeichnet das „Wiener Blut" ein Bündel von Verhaltensweisen, die jeder annehmen kann – auch der Graf Zedlau: „Ich ward ein Wiener Blut", bekennt er in der Versöhnungsszene mit seiner Frau. Zwar beinhaltet die Aneignung des „Wiener Blutes" hier in operettentypischer Frivolität auch: „Aus dem soliden und strengen Mann / Wurde der flotteste Don Juan!" – doch relativiert Zedlaus Ehefrau Gabriele dies folgendermaßen:

„Gräfin: Entschuldigen Sie sich, bitte nicht, / Sie wurden Mann von Welt, / Ich hoffe, das ist kein Gerücht, / Weil mir grad das gefällt. / Was einst Ihnen fehlte, das Fesche, der Mut – / Sie haben's –
Graf: Was hab' ich?
Gräfin: Das Wienerblut!"[42]

Zum „Wiener Blut" zu werden, bedeutet somit auch weltoffen und liberal zu sein – und gerade an diesen Aspekt ist zu erinnern, wenn, wie es etwa im Wiener Gemeinderatswahlkampf des Jahres 2010 geschah, die Operette „Wiener Blut" für ausgrenzend-rassistische Propaganda verwendet wird. Damals affichierte die rechtspopulistische FPÖ Plakate mit dem Slogan „Mehr Mut für unser ‚Wiener Blut'. Zu viel Fremdes tut niemandem gut" und spielte bei Wahlveranstaltungen des Spitzenkandidaten Hans Christian Strache Musik aus der Operette „Wiener Blut".

Uraufgeführt wurde „Wiener Blut" am 26.10.1899[43] im Wiener Carl-Theater – obwohl Alexandrine von Schönerer, die Direktorin des Theaters an der Wien, eigentlich die Erstaufführungsrechte an dem Werk hatte. Doch Schönerer hatte offenbar auf die Forderungen der Librettisten und des Verlegers nicht eingehen wollen. Das geht aus Briefen hervor, die sie im Juli 1899 an die Johann Strauss-Witwe Adele und an Adolf Müller, der damals gerade an der musikalischen Kompilation von „Wiener Blut" arbeitete, schrieb. An Adele Strauss meldete Schönerer am 7.7.1899: „Mit den Herren Weinberger – Léon – Stein konnte vorläufig eine Einigung nicht erzielt wer-

---

40 Schlögls Text ist auch ein Beleg für die vehementen anti-tschechischen Ressentiments im Wien des späten 19. Jahrhunderts.
41 Schlögl: Wiener Blut, S. 332f.
42 Léon – Stein: Wiener Blut, S. 53.
43 Am Tag zuvor war im Wiener Musikverein des am 25.10.1825 geborenen Johann Strauss mit einer großen „Trauer-Feier" gedacht worden. Auf dem Programm stand dabei die Aufführung von „Ein deutsches Requiem" von Johannes Brahms.

den, die Herren halten sonderbarerweise den berühmt-populären Namen Strauß – sich zu Gute!!!"[44] Vier Tage später schrieb Schönerer an Adolf Müller:

„Was nun die Strauß-Operette anbelangt, werden Sie ja wissen, daß es den beiden Autoren gelungen ist das sehr paßende Wienerische Congreß-Süjet von Heuberger dafür frei zu bekommen, daß aber eine Einigung derzeit mit mir nicht möglich war, da die kleinen Schäcker: Victorchen und Leochen plötzlich für die Berühmtheit und Popularität des Walzerkönig's bezahlt werden wollten; damit will ich doch lieber warten bis sie wenigstens Eines von Beiden geworden oder so – ‚künstlerisch bescheiden' – wie es der große Jean trotz seiner Riesenerfolge stets geblieben! – Hoffentlich werde ich durch die fertige Operette seinerzeit anderer Meinung."[45]

Schönerer bemühte sich allerdings noch weiter um das Werk und ersuchte am 10.8.1899 Adele Strauss, „daß Sie nunmehr Ihren schwerwiegenden Einfluß auch bei der Weinberger, Léon, Stein-Compagnie geltend machen werden, damit diese es mir nicht unmöglich machen die betreffende Operette nach Straußischen Motiven, auf derjenigen Bühne zur Aufführung zu bringen, die die Stätte seiner größten Triumphe war."[46]

Die „Weinberger, Léon, Stein-Compagnie" schien jedoch nicht von ihren Forderungen abgegangen zu sein, und so kam „Wiener Blut" an das Carl-Theater. Dort allerdings sollte sich das Werk als nicht allzu erfolgreich erweisen – was bereits der bei der Uraufführung anwesende Beamte der Zensurbehörde ahnte, als er in seinem Premierenbericht notierte: „Die Vorstellung begann um 7 Uhr und endete gegen 3/4 11 Uhr nachts. Die lange Dauer derselben trug zur Ermüdung des Publikums wesentlich bei und entfernte sich ein Theil des Auditoriums noch vor dem Schlusse aus dem Theater. Ob die Theater-Direction durch die Vorführung dieser Novität den für diese Saison erhofften Treffer gemacht hat, ist wohl fraglich."[47]

Das Kalkül, dass die Zusammenstellung populärer Strauss-Kompositionen besonders attraktiv wirken werde, ging bei dieser ersten Produktion von „Wiener Blut" nicht auf – im Gegenteil: Das Werk sei nichts anderes als eine Mischung von „zwanzig bis dreißig Kilo alter Strauß'scher Walzer, Polkas (Mazurka und Schnell), Märsche u.s.w. [...] mit drei Kilo Wiener Posse und den Musikstücken angedichteten Texten"[48], vermerkte die „Wiener Abendpost"; und der „Humorist" meinte, dass „die Operette ‚Wiener Blut' als ein hübsches Bühnenwerk bezeichnet werden [darf], das im Auslande sicherlich weit besser gefallen wird, als hier in Wien, wo man die in dem Stücke verwendeten Melodien seit Jahren von den Leierkasten her schon kennt, und die daher für uns des Reizes der Neuheit entbehren."[49] Auch das Textbuch kam

---

44 Alexandrine von Schönerer: Brief an Adele Strauss, 7.7.1899. Wienbibliothek H.I.N. 118.779.
45 Alexandrine von Schönerer: Brief an Adolf Müller, 11.7.[1899]. Wienbibliothek H.I.N. 77.068.
46 Alexandrine von Schönerer: Brief an Adele Strauss, 10.8.[1899]. Wienbibliothek H.I.N. 118.781.
47 NÖ Landesarchiv, NÖ Reg. Präs Theater ZA 1899/7291 K 37.
48 Wiener Abendpost (Abendausgabe der Wiener Zeitung), 27.10.1899, S. 6.
49 Der Humorist, 1.11.1899, S. 3.

bei den meisten Kritikern nicht besonders gut an und wurde als trocken und zu wenig humorvoll bezeichnet. „Und dennoch", so „Der Humorist:

„müssen wir – gerechterweise – feststellen, daß die Herren Leo Stein und Victor Léon eine respectable Arbeit lieferten, eine schriftstellerische Arbeit, die so schwierig und undankbar ist, daß sie kaum ein zweites Librettistenpaar in dieser Art zur Ausführung hätte bringen können. Man bedenke, was es heißt, zu einer completen, fertigen Tanzmusik, die einen Theaterabend ausfüllt, Gesangstexte zu verfassen, die mit den Geschehnissen einer frei erfundenen Handlung im Connex stehen müssen!"[50]

Die – stark antisemitisch ausgerichtete – Zeitschrift „Kikeriki" brachte nach der Uraufführung von „Wiener Blut" eine deutlich gegen die Librettisten gerichtete Karikatur: Dabei wurde ein wütender Johann Strauss gezeigt, der sich „im Himmel einen kurzen Urlaub genommen hat, weil er etwas thun will" – nämlich vor dem Carl-Theater mit dem Libretto von „Wiener Blut" auf Victor Léon und Leo Stein einzuschlagen.

Karikatur aus der Zeitschrift „Kikeriki", 12.11.1899

Entgegen den Erwartungen, dass sich „Wiener Blut" zu einem „Sensationsereignisse ersten Ranges" entwickeln werde, brachte es die Operette lediglich auf 31 En-suite-Vorstellungen[51], und wurde nach acht weiteren Aufführungen[52] (von denen fünf am wenig repräsentativen Nachmittagstermin stattfanden) am 28.1.1900 vom Spielplan genommen. Damit konnte die finanzielle Krise, in der sich das Carl-Theater seit einiger Zeit befand, nicht, wie erhofft, saniert werden. Als auch die nachfolgenden Produktionen, die Operetten „Der kleine Corporal" (Musik Ludwig Engländer, Libretto Harry Bache Smith, deutschsprachige Bearbeitung Carl Lindau, Arnold Golz und Emil Golz) und „Rhodope" (Musik Hugo Felix, Libretto Alexander Engel) keine Erleichterung der ökonomischen Situation brachten, beging Theaterdirektor Franz Jauner am 23.2.1900 Selbstmord. Einen direkten und ausschließlichen Zusammenhang zwischen Jauners Selbstmord und der Produktion von „Wiener Blut" gibt es – entge-

---

50 Der Humorist, 1.11.1899, S. 2f.
51 26.10.1899-25.11.1899.
52 17.12.1899 (nachmittags), 25.12. (nachm.), 26.12. (nachm.), 31.12. (nachm.), 1.1.1900 (nachm.), 10.1.1900, 22.1.1900, 28.1.1900.

gen manchen Darstellungen in der Literatur⁵³ – nicht: Die wirtschaftlichen Schwierigkeiten des Carl-Theaters waren generell auf kostspielige Inszenierungen zurückzuführen und vor allem auch darauf, dass einige private Geldgeber ihre finanziellen Zuwendungen reduziert oder ganz eingestellt hatten.⁵⁴

Das relativ geringe Interesse an der „Wiener Blut"-Produktion des Jahres 1899 im Carl-Theater resultierte sicher auch aus einer Übersättigung, nahmen doch gleich nach dem Tod des Komponisten zahlreiche Theater Strauss-Operetten in ihr Programm auf. Gegen die Konkurrenz von so populären Werken wie „Die Fledermaus" oder „Der Zigeunerbaron" hatte „Wiener Blut" zunächst nur geringe Chancen. Das sollte sich jedoch allmählich ändern, und als das Werk am 23.4.1905 schließlich doch im Theater an der Wien herauskam (wo mittlerweile Wilhelm Karczag und Karl Wallner die Direktion übernommen hatten), wurde es, in der Regie von Sigmund Natzler, zum großen Erfolg. Auch die Kritiker fanden nun durchwegs Gefallen an der Operette, und das „Neue Wiener Journal" schrieb:

„Das Werk ist vor etlichen Jahren im Carl-Theater gegeben worden und man hat damals gegen die betriebsamen Routiniers gewettert, die mit Tantièmenhänden nach dem Melodienschatz des Meisters gegriffen hatten. Inzwischen ist es auf dem Kunstmarkt noch lärmender geworden, Stürmer und Dränger von einst verschachern ihre tintenfeuchten Fragmente. So verzeiht man denn heute dieses Nachlaßgeschäft, amüsiert sich bei den Dutzendfröhlichkeiten des harmlosen Librettos, das mit dem Kongreßmilieu kokettiert und erquickt sich an der blühenden, sprühenden Musik."⁵⁵

Mit der Produktion im Theater an der Wien setzte der bis heute anhaltende internationale Erfolg von „Wiener Blut" ein. Die große Resonanz, die das Werk fand, führte in den 1930er Jahren auch zu Filmprojekten. So etwa schrieb der Verlag Weinberger am 23.12.1931 an Victor Léon, dass sich der deutsche Filmregisseur und -produzent Carl Heinz Wolff für das Werk interessiere⁵⁶, und auch Léon selbst machte sich, wie aus einem im Nachlass erhaltenen Blatt hervorgeht, Notizen zu einer Verfilmung von „Wiener Blut".⁵⁷

Durch die politische Entwicklung in Deutschland wurde die Realisierung eines entsprechenden Filmes allerdings zunächst verhindert. Der im Textbuch enthaltene Kontrast zwischen dem imperialen Wien und dem komisch-kleinstaatlichen Reuß-Schleiz-Greiz missfiel den nationalsozialistischen Kulturbehörden, außerdem waren beide Autoren, Léon und Stein, jüdischer Herkunft. Am 14.9.1937 schrieb der Verleger Josef Weinberger an Léon:

---

53 So etwa, wenn Wolfgang Maderthaner über die „Wiener Blut"-Produktion im Carl-Theater schreibt: „Ihr anfänglicher Misserfolg stürzte Jauner in ein finanzielles Desaster, und er beging schließlich am 23. Februar 1900 im Direktionszimmer des Carltheaters Selbstmord." In: Csendes, Peter – Ferdinand Opll (Hg.): Wien. Geschichte einer Stadt. Von 1790 bis zur Gegenwart. Wien 2006. S. 211.
54 Details dazu finden sich im Nachruf auf Jauner in der Neuen Freien Presse, 24.2.1900, S. 9.
55 Neues Wiener Journal, 26.4.1905, S. 9.
56 Verlag Josef Weinberger: Brief an Victor Léon, 23.12.1931, Léon-Nachlass 27/2.1.4.29.
57 Léon-Nachlass 4/1.2.34.

„Wie Sie sich erinnern werden, wurde mit der Elekta-Filmgesellschaft im Jahre 1934 ein Vertrag über die Filmrechte ‚Wiener Blut' abgeschlossen. Der Vertrag hat eine Laufzeit von fünf Jahren, beginnend am 1. Jänner 1935. Auf die Filmrechte wurde seinerzeit eine Zahlung von ca. S 48.000.- geleistet.

Die deutsche Zensurbehörde hat seinerzeit die Aufführung des Films verboten, so daß er bisher nicht hergestellt werden konnte. Nun teilt mir die Filmgesellschaft mit, daß die Erlaubnis zur Herstellung des Films in Aussicht gestellt wurde für den Fall als der Film in Österreich gedreht wird.

Zu diesem Zweck will die Elektafilm ihre Rechte an die hiesige Donau-Filmgesellschaft weiter veräußern, wozu sie nach dem abgeschlossenen Vertrag berechtigt ist, allerdings unter Aufrechterhaltung ihrer eigenen Haftung.

Die Filmgesellschaften ersuchen mich nun mit Rücksicht darauf, daß sie durch höhere Gewalt gehindert wurden, den Film schon früher zu drehen, die bisher abgelaufene Frist in die Vertragsfrist von fünf Jahren nicht einzurechnen".[58]

Am 12.2.1940, also wenige Tage vor seinem Tod, erhielt Victor Léon dann ein Schreiben von Hans Sikorski, der für die dem NS-Propagandaministerium unterstehende Cautio-Treuhandgesellschaft auch den Verlag Weinberger „arisiert" hatte. Sikorski kündigte an, „erneut versuchen" zu wollen,

„den Stoff ‚Wiener Blut' bei einer Filmgesellschaft unterzubringen. Wie Sie wissen, sind die Filmrechte im Jahre 1934 verkauft und im Jahre 1937 verlängert worden, aber immerhin laufen die Rechte nur noch zwei Jahre und es ist nicht anzunehmen, daß die Besitzer der Filmrechte jetzt den Film noch drehen, weil ja die Zeit nicht mehr ausreicht, um den Film auszuwerten. Diese Tatsache will ich benützen, um nunmehr den Stoff erneut an den Film zu verkaufen".[59]

Das Schreiben Sikorskis hatte zur Folge, dass Victor Léon noch am selben Tag alle Filmrechte an „Wiener Blut" an den Verlag Weinberger übertrug.[60] Tatsächlich wurde dann 1942 ein „Wiener Blut"-Film produziert. Die Namen von Victor Léon und Leo Stein schienen dabei allerdings nirgends auf. Das Drehbuch schrieben Ernst Marischka, der rund drei Jahre zuvor auch das Drehbuch zur „Opernball"-Verfilmung verfasst hatte, und der deutsche Schriftsteller Axel Eggebrecht. Sie übernahmen die Grundkonstellation des Operettenlibrettos, das heißt die während des Wiener Kongresses erfolgende Wandlung des Gesandten von Reuß-Schleiz-Greiz zum Lebemann, änderten aber die meisten Namen und auch zahlreiche weitere Details. So etwa ersetzten sie die Figuren der Probiermamsell Pepi und des Kammerdieners Josef durch ein deutsch-österreichisches Dienerpaar, das von Hans Moser und Theo Lingen verkörpert wurde. Wie auch schon zuvor im „Opernball"-Film wird durch diese beiden klischeehaften Repräsentanten eines „typischen Wieners" und eines „typischen Deutschen", die nach einigen komischen Auseinandersetzungen gute Freunde werden, die deutsch-österreichische Verbindung beschworen. Es war dies jene Form der indirekten politischen Propaganda, zu der Erwin Leiser in seinem Buch „‚Deutschland, erwache!' Propaganda im Film des Dritten Reiches" vermerkt: „Im Dritten

---

58 Josef Weinberger: Brief an Victor Léon, 14.9.1937. Léon-Nachlass 27/2.1.4.29.
59 Hans Sikorski: Brief an Victor Léon, 12.2.1940. Léon-Nachlass 27/2.1.4.29.
60 Victor Léon: Brief an den Verlag Weinberger, 12.2.1940. Léon-Nachlass 30/2.2.3.

Reich wurden ca. 1150 Spielfilme hergestellt. Davon sind nur rund ein Sechstel direkte politische Propaganda. Dennoch hatte jeder Film damals eine politische Aufgabe. Wenn in den Unterhaltungsfilmen des Dritten Reiches sogar der Hitler-Gruß fehlte, war es leichter, ein unpolitisches Publikum weiterhin glauben zu lassen, daß es das alte, traute Idyll noch gab."[61]

Teil der Idyllisierung war im „Wiener Blut"-Film auch die Präsentation eines überaus kitschigen Österreich-Bildes – mit dem Stereotyp der fast ständig singenden, tanzenden, essenden, trinkenden und etwas schlampigen Menschen –, das es in dieser Form in der Operette „Wiener Blut" nicht gibt. Unter der Regie von Willi Forst wurde „Wiener Blut" zu einem der populärsten und erfolgreichsten Filme des Dritten Reiches. Gemessen an den Einspielergebnissen liegt „Wiener Blut", das sieben Millionen Mark einbrachte, gemeinsam mit dem ersten deutschen Farbspielfilm „Frauen sind doch bessere Diplomaten" (1941) an dritter Stelle der Filmproduktion des Dritten Reiches. Finanziell erfolgreicher waren nur „Die große Liebe" (1942) mit acht Millionen Mark und „Wunschkonzert" (1940) mit 7,6 Millionen Mark.[62]

Relativ eng an das Operettenoriginal hielt sich jene von deutschsprachigen Fernsehstationen oft gespielte TV-Verfilmung von „Wiener Blut", die 1972 in der Regie von Hermann Lanske als Koproduktion der Filmfirma Unitel mit dem Zweiten Deutschen Fernsehen (ZDF) entstand. Das Drehbuch hatte Lanske gemeinsam mit dem Schriftsteller Hugo Wiener verfasst, Victor Léon und Leo Stein wurden dabei als Verfasser des Operettenlibrettos genannt.

Zum Symbol der tragischen Sehnsucht nach einer vergangenen, besseren Zeit wird „Wiener Blut" in dem als „Volksoperette" bezeichneten Drama „Jedem das Seine" von Silke Hassler und Peter Turrini (Uraufführung 8.3.2007, Stadttheater Klagenfurt). Thema sind die so genannten „Todesmärsche", bei denen Juden und Jüdinnen, meist aus Osteuropa, zu Ende des Zweiten Weltkrieges in Konzentrationslager getrieben wurden. Eine kleine Gruppe von Juden aus Ungarn, von denen einer Opernsänger in Budapest war, wird auf ihrem Weg in das Konzentrationslager Mauthausen in einer Scheune in Niederösterreich inhaftiert und führt dort, vollkommen improvisiert, „Wiener Blut" auf. 2011 kam, unter dem Titel „Vielleicht in einem anderen Leben", die Verfilmung dieses Stückes heraus, bei der Elisabeth Scharang Regie führte.

Im Gegensatz zu „Wiener Blut" hatte die zweite unter Mitwirkung von Victor Léon zusammengestellte „posthume" Strauss-Operette keinen derart über die Jahrzehnte anhaltenden Erfolg – obwohl sie bei der Premiere vom Publikum bejubelt und auch von den Kritikern durchwegs gelobt wurde. Das Werk trägt den Titel „Gräfin Pepi" und wurde von Ernst Reiterer[63] aus Musikstücken der Operetten „Blindekuh" und „Simplicius" zusammengestellt. Victor Léon schrieb dazu – ohne Koautor – das Libretto, „erfand ganz frei eine neue, amusante Handlung, unterlegte neue Gesangstexte, sorgte für gute Rollen und gute Späße"[64]. Die Titelfigur „Gräfin Pepi", Tochter eines Wiener Fiakerkutschers und von Beruf Operettensängerin, hat ein Verhältnis

---

61 Leiser, Erwin: „Deutschland, erwache!" Propaganda im Film des Dritten Reiches. Reinbek bei Hamburg 1978. S. 17.

62 Ebd., S. 59f.

63 Ernst Reiterer, geb. 27.4.1851 in Wien, gest. 27.3.1923 in Wien, Dirigent und Komponist.

64 Neues Wiener Tagblatt, 6.7.1902, S. 9.

mit einem leichtlebigen jungen Mann. Diesen hat ein alter Graf, um die auf die Erbschaft wartende Familie zu ärgern, adoptiert und will ihn mit seiner Nichte verheiraten, die allerdings in den Sekretär des Grafen verliebt ist. Alle daraus entstehenden Probleme können jedoch gelöst werden, und die Operette endet mit einer Doppelhochzeit.

Plakatwerbung für „Gräfin Pepi", 1902

Uraufgeführt wurde „Gräfin Pepi" am 5.7.1902 im Wiener Prater, im Sommer-Theater des Vergnügungsparks „Venedig in Wien". Regie führte der Direktor des Theaters und Leiter von „Venedig in Wien", Gabor Steiner, die musikalische Leitung hatte Ernst Reiterer. Wie sehr die posthume Vermarktung des Schaffens von Johann Strauss Züge eines Personenkultes angenommen hatte, ist am „Gräfin Pepi"-Plakat mit großem Strauss-Porträt erkennbar. Auch den Bühnenvorhang des Sommer-Theaters zierte ein Bild des Komponisten, was beim Premierenpublikum „Begeisterungsstürme"[65] auslöste.

Bis zum Saisonschluss der Freilichtbühne am 28.9.1902 stand „Gräfin Pepi" allabendlich auf dem Programm. Für Victor Léon aber schien dieses Werk keinen besonders hohen Stellenwert gehabt zu haben: In seinem Nachlass findet sich kein Hinweis darauf, und er war auch nicht, wie sonst fast immer bei seinen Werken, bei der Uraufführung anwesend, sondern befand sich bereits in seiner Sommervilla in Unterach am Attersee. Dorthin schrieb ihm am Tag nach der Premiere sein Vater, der „Gräfin Pepi" gesehen hatte: „Theurer Sohn! Ich gratulire dir zu dem ganz ausserordentlich großen Erfolg, der dir in deiner Abwesenheit hier geworden. Es ist das eine große Geschicklichkeit. Strauss wird sich im Grabe freuen und dir dankbar sein. Herzlichst der Papa."[66]

Auch ein Telegramm wurde am Tag nach der Uraufführung von „Gräfin Pepi" an Léon nach Unterach geschickt: „Montag ausverkauft. Erfolg grandios Zeitungen glänzend einstimmend. Wird riesiges Geschäft. Publikum gestern begeistert"[67]. Der Absender hieß Johann Strauss – und war ein Sohn von Eduard Strauss und damit der Neffe von Johann Strauss. Er nannte sich meist Johann Strauss junior und hatte 1898 eine Operette komponiert, zu der ebenfalls Victor Léon, gemeinsam mit Ferdinand

---

65 Neues Wiener Journal, 6.7.1902, S. 10.
66 Jakob Heinrich Hirschfeld: Karte an Victor Léon, 6.7.1902, Léon-Nachlass 23/2.1.1.3.
67 Johann Strauss jun.: Telegramm an Victor Léon [6.7.1902], Léon-Nachlass 25/2.1.2.136.

Groß[68] das Textbuch geschrieben hatte. Das Werk trug den Titel „Katze und Maus" und basierte auf der populären, 1851 an der Comédie-Française uraufgeführten und europaweit erfolgreichen Komödie „Bataille de dames" von Eugène Scribe und Ernest Legouvé. Das Libretto, das sich relativ eng an das Original hielt, wurde durchwegs gelobt: Es sei, „elegant, geschmackvoll und mit guter Bühnenkenntnis gemacht. Man erkennt den feinen Causeur Groß und den gewandten Bühnentechniker Leon"[69], urteilte etwa das „Neue Wiener Journal" nach der Uraufführung, die am 23.12.1898 im Theater an der Wien stattfand.

Weniger gut als das Textbuch wurde die Musik von Johann Strauss jun. beurteilt: Sie sei zu wenig innovativ, habe zu viele Elemente älterer Operetten und Opern in sich, wirke eintönig. Dass diese durchwegs harschen Kritiken auch mit einer Ablehnung der Person des Komponisten zusammenhingen, lässt die Bemerkung des „Neuen Wiener Journals" erkennen, dass Strauss jun. zwar sein Werk aus einem „Potpourri von bekannten Melodien"[70] zusammengestellt, dabei aber wenigstens nicht „das Familiengut" „angetastet" habe. Das war wohl eine Anspielung darauf, dass Johann Strauss jun. gemeinsam mit seiner Mutter einen großen Teil des Vermögens seines Vaters verschwendet hatte, weshalb Eduard Strauss 1897 seine Ehefrau unter Kuratel stellen ließ und jeden Kontakt zu seinem Sohn abbrach. Bei der Uraufführung von „Katze und Maus" war daher auch kein Mitglied der Familie Strauss anwesend. Das Werk wurde nach 17 Aufführungen vom Spielplan des Theaters an der Wien genommen, eine spätere Produktion an einem anderen Theater konnte nicht nachgewiesen werden – und für Victor Léon blieb „Katze und Maus" die einzige Zusammenarbeit mit diesem Johann Strauss.

---

68 Ferdinand Groß, geb. 8.4.1848 in Wien, gest. 21.12.1900 in Wien, war Journalist und Schriftsteller.
69 Neues Wiener Journal, 24.12.1898, S. 6.
70 Neues Wiener Journal, 24.12.1898, S. 6.

Wer ist N. Dolna? Vielfältige Produktion in den Jahren 1901 und 1902

Das 20. Jahrhundert begann für Victor Léon mit vielfältiger Produktion. Er arbeitete – in einigen Fällen alleine, in einigen mit Koautor – an mehreren Operetten, einigen Komödien, sowie an einer Reihe von Schwänken, Possen und Volksstücken. Nicht alles davon wurde fertiggestellt, und nur wenige jener Werke, die aufgeführt wurden, hielten sich über längere Zeit auf den Spielplänen, auch wenn die meisten vom Publikum – und teilweise auch von der Kritik – positiv aufgenommen wurden. Es waren vielfach relativ schnell geschriebene Stücke, die dem Wunsch nach einem raschen Wechsel an „Novitäten" in den Programmangeboten der Theater entsprachen. Aktuelles und Unterhaltsames stand dabei im Mittelpunkt, wie etwa bei dem Schwank „Töff-Töff", den Victor Léon gemeinsam mit Alexander Engel[1] schrieb und der am 6.2.1901 im Berliner Schauspielhaus uraufgeführt wurde. In humorvoller Weise beschäftigt sich das Stück mit dem gesellschaftlichen und technischen Wandel zu Beginn des Automobilzeitalters: Rittmeister von Möllhausen ist empört darüber, dass direkt neben seinem Pferdegestüt eine Automobilfabrik errichtet wurde. Seine Tochter Suse allerdings ist in den Fabrikdirektor Mahlmann verliebt und versucht, zwischen diesem und ihrem Vater zu vermitteln. Dies führt zunächst zu einer Reihe von komischen Verwirrungen, letztlich aber zu einem Happy End und zur Hochzeit von Suse und Mahlmann.

Derartige Stücke des Unterhaltungstheaters griffen Themen auf, die sozusagen „in der Luft lagen" und daher auch für andere Autoren interessant waren – die dann manchmal schneller oder erfolgreicher in der Umsetzung waren. So geschehen, als Victor Léon im Frühjahr 1901 gemeinsam mit dem Schriftsteller Felix Dörmann[2] an einer Komödie arbeitete. Der Titel des Stückes ist nicht bekannt, vorhanden aber sind

---

1   Alexander Engel, geb. 10.4.1868 in Neczpál (Necpaly/Slowakei), gest. 17.11.1940 in Wien. Schriftsteller und Feuilletonist. Engel gehörte Ende des 19. und zu Beginn des 20. Jahrhunderts zu den meistgespielten Wiener Lustspielautoren.
2   Felix Dörmann (eigentl. Felix Biedermann), geb. 29.5.1870 in Wien, gest. 26.10.1928 in Wien, war ein sehr produktiver Schriftsteller, der sich zunächst v.a. als Lyriker einen Namen machte und später auch zahlreiche Theaterstücke, Prosawerke und Operettenlibretti veröffentlichte (u.a. als sein berühmtestes Libretto 1907 gemeinsam mit Leopold Jacobson „Ein Walzertraum" zur Musik von Oscar Straus). Ab 1912 war Dörmann auch als Filmproduzent und -regisseur tätig.

zwei Hinweise auf das Werk in Schreiben Léons an den Komponisten Carl Weinberger. Am 29.4.1901 fragte er diesen in einem Brief: „Wollen Sie die paar Nummern zu dem Stück schreiben, das ich mit Dörmann mache?"[3] Weinberger wollte und konnte nicht – weil er den Stoff, den ihm Léon vorgeschlagen hatte, bereits in einer anderen Fassung bearbeitete. Denn am 19.8.1901 schrieb ihm Léon: „Also Buchbinder hatte dieselbe Idee wie ich mit dem Volkstheater? Mit mir und Dörmann wär's aber doch interessanter gewesen!"[4] Aus „derselben Idee", die auch Léon und Dörmann hatten, machte Bernhard Buchbinder den Schwank „Der Spatz", der am 14.1.1902 im Wiener Volkstheater mit der Musik von Weinberger uraufgeführt wurde. „Der Spatz", ein Mann namens Joseph Spatz, ist ein „Adabei" der Wiener Gesellschaft, der jenes Büchlein, in dem er Klatsch und Skandale protokolliert, verliert und damit eine turbulente Jagd nach den kompromittierenden Notizen auslöst. Das Stück entstand, wie in den Premierenankündigungen vermerkt wurde, „mit Benutzung eines fremden Stoffes" – den offenbar auch Victor Léon gekannt und als publikumswirksam eingeschätzt hatte.

Carl Weinberger[5] war einer der gefragtesten Wiener Operettenkomponisten jener Zeit und familiär fest im Theaterleben der Stadt verankert: seine Mutter, Helene Weinberger, war als Sängerin eine der ersten Offenbach-Interpretinnen Wiens, sein Stiefvater[6] Hugo Wittmann war renommierter Feuilletonist und Theaterkritiker der „Neuen Freien Presse" sowie Verfasser zahlreicher Operettenlibretti. Für Victor Léon war es somit durchaus attraktiv, mit Weinberger zusammenzuarbeiten, und daher unterbreitete er dem Komponisten, wie mehrere Briefe belegen[7], im Laufe des Jahres 1901 noch einige weitere mögliche Projekte. So etwa, am 6.7.1901, eine Operette, für die, so Léon, eine bereits vorhandene Komposition verwendet werden könnte – nämlich die Musik, die Weinberger mehr als zehn Jahre zuvor für die Operette „Pagenstreiche" geschaffen hatte. Das Werk, zu dem Stiefvater Hugo Wittmann auf der Basis der gleichnamigen Posse von August von Kotzebue das Libretto verfasst hatte, war am 28.4.1888 im Theater an der Wien uraufgeführt worden, verschwand allerdings bald wieder aus dem Repertoire. Victor Léon aber hatte eine Idee, wie das vorhandene musikalische Material zu verwerten wäre:

---

3   Victor Léon: Brief an Carl Weinberger, 29.4.1901. Wienbibliothek H.I.N. 171.855.
4   Victor Léon: Korrespondenzkarte an Carl Weinberger, 19.8.1901. Wienbibliothek H.I.N. 171.861.
5   Carl Weinberger (auch Charles Weinberger), geb. 3.4.1861 in Wien, gest. 1.11.1939 in Wien, war nach einem Studium an der Wiener Hochschule für Bodenkultur kurzzeitig als Bankbeamter tätig, um sich dann ganz der Musik zu widmen. Er komponierte die Musik zu mehr als 20 Operetten sowie zahlreiche Lieder und Klavierstücke. Ab den 1920er Jahren gerieten seine Werke zunehmend in Vergessenheit, wodurch Weinberger in eine finanziell prekäre Lage geriet. Die Ehrenpension, die er ab 1929 von der Stadt Wien erhielt, wurde ihm nach der Machtübernahme der Nationalsozialisten zunächst gestrichen, da Weinbergers Ehefrau Käthe Susman Jüdin war. Erst kurz vor Weinbergers Tod wurde ihm die Pension erneut zuerkannt.
6   Zu Weinbergers Vater ist nichts bekannt.
7   Insgesamt sind aus dem Jahr 1901 neun Briefe bzw. Postkarten erhalten, die Victor Léon an Weinberger schrieb. Siehe Wienbibliothek, Signaturen H.I.N. 171.855-H.I.N. 171.862.

„Ich dachte mir eine g'spaßige Bauernoperette war schon lange nicht mehr da und da habe ich das Bauernstück ‚Dem Ahnl sei Geist'[8] erworben (die Tegernseer spielten es jetzt auch im Raimundtheater), das wirklich sehr komisch ist und brillante Situationen hat. Ich habe mich nun darangemacht, es zur Operette zu adaptiren u. z. so, daß ich Ihre Musik fast völlig benütze, auch die Finale (auch die Geistererscheinung), so daß Sie nur noch ein paar Nummern und ein paar Stellen in den Finales dazu zu componiren haben werden. Eine sehr leichte Arbeit also für Sie. Brillante Rollen für Greisenegger, Treumann, Biedermann, Pagin u.A. An's Carltheater müßten wir ja doch denken. Ich wollte so Mitte September fertig sein. Wenn Sie aber so arbeitswüthig sind, können wir auch schon Mitte August damit fertig sein, falls Sie mit dem Stoff einverstanden sind, was Sie thun sollten und sich auf mich verlassen. Nur darauf muß ich Sie aufmerksam machen: 50% können Sie da nicht beziehen. Erstens weil ich ja den Originalautoren einen Antheil von meinen Tantièmen geben muß und zweitens, weil Sie ja fast keine Arbeit haben werden oder doch nur sehr geringe und eine vorhandene, instrumentirte Musik, die ich complet für ein neues Buch verwerthe, für Sie wieder lebendig und ertragsfähig wird."[9]

Der Brief zeigt, wie geschäftsmäßig strukturiert Victor Léon an Projekte wie dieses heranging: Einer Marktanalyse folgten der Ankauf des notwendigen Materials[10], eine erste Feststellung der nötigen Arbeitsschritte, Überlegungen zum voraussichtlichen Abnehmer, ein Zeitplan und eine Kalkulation der Ertragsaufteilung.

Carl Weinberger jedoch fand an „Dem Ahnl sei' Geist" keinen Gefallen. Das Werk schien ihm zu wenig Handlung zu haben – wozu Victor Léons meinte: „Bitte, lassen Sie alle schlechten und guten Librettis der letzten Jahre Revue passiren! Wo finden Sie mehr Handlung – außer in meinen Büchern – und mehr Komik als im ‚Ahnl'? Mangel an Vorgang sehe ich darin gar nicht. […] Haben Sie aber principielle Bedenken gegen den ‚Ahnl' – nun dann also nicht!"[11]

Léon nahm Weinbergers Vorbehalte gegen den „Ahnl" also offensichtlich nicht allzu schwer. Immerhin hatte er, wie er in seinem Brief gleich mit dem nächsten Satz mitteilte, noch einen weiteren Themenvorschlag, nämlich den Lysistrata-Stoff. Allerdings ließ er Weinberger wissen: „Aber da müßten Sie viel, sehr viel dazu componiren. Wollen Sie das? Ist mir auch recht!"[12] Weinberger wollte offenbar nicht, und auch dieses Projekt kam nicht zustande. Die Komödie des Aristophanes als Grund-

---

8 „Dem Ahnl sei' Geist", verfasst vom Wiener Schauspieler Carl von Carro und dem Grazer Juristen Rudolf Kuschar war eines der populärsten Volksstücke der Jahrhundertwende. Im Mittelpunkt der 1894 herausgekommenen Posse steht ein Jagdaufseher, der statt einiger Wilderer Geister verhaftet. Das in bayrisch-österreichischer Mundart gehaltene Werk gehörte u.a. zum Repertoire des „Tegernseer Bauerntheaters". Dieses gab von 28.5.1901 bis 15.7.1901 ein Gastspiel im Wiener Raimund-Theater und zeigte dort, neben einer Reihe anderer Stücke, auch „Dem Ahnl sei' Geist".
9 Victor Léon: Brief an Carl Weinberger, 6.7.1901. Wienbibliothek H.I.N. 171.856.
10 Die Rechte von „Dem Ahnl sei' Geist" lagen beim Münchner Rubinverlag, dessen damaliger Inhaber Louis Köhler das „Tegernseer Bauerntheater" 1900 gegründet hatte. Da Victor Léon gute Beziehungen zum Rubinverlag hatte, bei dem auch einige seiner Werke herausgekommen waren, wird es für ihn nicht allzu schwierig gewesen sein, die Rechte für eine Bearbeitung des Werkes zu erhalten.
11 Victor Léon: Brief an Carl Weinberger, 11.7.1901, Wienbibliothek H.I.N. 171.857.
12 Victor Léon: Brief an Carl Weinberger, 11.7.1901, Wienbibliothek H.I.N. 171.857.

lage für eine Operette zu verwenden, war jedoch ebenfalls eine jener Ideen, die sozusagen in der Luft lagen. Aufgegriffen wurde sie damals auch vom deutschen Librettisten Heinrich Bolten-Baeckers und dem Komponisten Paul Lincke, die daraus die „Phantastische Operetten-Burleske" „Lysistrata" machten, die am 31.3.1902 mit großem Erfolg im Berliner Apollo-Theater uraufgeführt wurde.

Schließlich aber konnten sich Victor Léon und Carl Weinberger im Verlauf des Jahres 1901 doch noch auf ein gemeinsames Projekt einigen: Es war die Operette „Das gewisse Etwas", die im 15.3.1902 im Carl-Theater uraufgeführt wurde und bei der wieder Leo Stein als Koautor tätig war. Léon und Stein hatten ihr Libretto, wie in den Premierenankündigungen vermerkt war, „nach einer französischen Grundidee" gestaltet. Diese Grundidee, die von den beiden Librettisten im Wesentlichen unverändert übernommen wurde, findet sich in der Komödie „Ma femme manque de chic" von Henri Debrit und William Busnach (Uraufführung 15.11.1884 im Pariser Théâtre des Menus-Plaisirs). In Wien kannte man das Stück bereits, allerdings nicht in der französischen Originalfassung, sondern in jener italienischen Übersetzung – Titel: „Mia moglie non ha Chic" – die am 30.4.1900 im Raimund-Theater im Rahmen eines „Gastspiels von Ermete Novelli mit seiner italienischen Gesellschaft"[13] zu sehen gewesen war.[14]

Das „gewisse Etwas" fehlt der jungen Ehefrau Gabriele – das meint zumindest ihr Mann Felicien, mit dem gemeinsam Gabriele bei ihren Eltern in einer französischen Provinzstadt lebt. Felicien, der aus Paris stammt, sehnt sich nach seiner früheren Geliebten, der Grisette Cascarette, und er ahnt zunächst nicht, dass es ausgerechnet Cascarette ist, die von Gabriele bei einem Parisbesuch kontaktiert wird, um den von Felicien gewünschten „Chic" zu erlernen. Beim Grisettenball, der in jenem Hotel stattfindet, in dem Gabriele, Felicien, Gabrieles Vater und ihr Cousin Aristide Quartier genommen haben, wird Gabriele bei einer Schönheitskonkurrenz zur „Königin der Grisetten" gewählt. Felicien, der zum Ball gekommen ist, um Cascarette zu treffen und nicht weiß, dass auch Gabriele beim Ball anwesend ist, erkennt sie in ihrem neuen, „chicen" Auftreten zunächst nicht. Er ersteigert ein Souper mit der „Königin der Grisetten", da er annimmt, dass diese, wie in allen Jahren zuvor, Cascarette sei. Es kommt zu einem Streit zwischen Felicien und Gabriele, die sich von Aristide, der sie seit langem verehrt und die Situation für sich ausnützen will, in ein Restaurant begleiten lässt. Dorthin kommen nach und nach auch Felicien, Cascarette, Gabrieles Vater (der auf ein Tête-à-Tête mit Cascarette hofft) und schließlich auch Gabrieles Mutter, die – argwöhnisch geworden – den anderen nach Paris nachgereist war. In

---

13 Der zu jener Zeit international erfolgreiche Schauspieler und Schriftsteller Ermete Novelli gastierte mit seiner römischen Theatertruppe von 25.4. bis 5.5.1900 im Raimund-Theater und präsentierte ein täglich wechselndes, italienischsprachiges Programm.

14 Sowohl im Bericht über die Aufführung von „Mia moglie non ha Chic" im „Neuen Wiener Journal" (1.5.1900, S. 8) als auch auf jenem italienischsprachigen Manuskript des Werkes, das zur Aufführungsgenehmigung bei der Zensurbehörde eingereicht wurde (NÖ Landesarchiv, NÖ Reg. Präs Theater TB K 596/08) werden als Autoren des französischen Originals Tristan Bernard und Albin Valabrègue angegeben. Allerdings ist von diesen beiden Autoren kein Gemeinschaftswerk mit diesem Titel nachweisbar, auch zeigt ein Textvergleich, dass es sich bei „Mia moglie non ha Chic" und auch bei „Das gewisse Etwas" um Übersetzungen bzw. Bearbeitungen der Komödie von Debrit und Busnach handelt.

den Séparées treffen die Paare in wechselnden Kombinationen aufeinander, es kommt zu Streit, Eifersuchtsszenen und schließlich zu einer allgemeinen Versöhnung.

Die Bezeichnung „Vaudeville-Operette", die Léon und Stein für ihre Bearbeitung des französischen Originals wählten, war durchaus treffend, denn „Das gewisse Etwas" ähnelte stark jenen Vaudevilles mit betont frivolem Charakter, die seit den 1890er Jahren im Wiener Unterhaltungstheater populär waren. So etwa findet sich das Motiv der biederen Ehefrau, die von einer Pariser Grisette den „richtigen" Umgang mit Männern lernen will, in ähnlicher Form in dem Vaudeville „Wie man Männer fesselt" von Antony Mars und Maurice Hennequin, das 1898/99 zum Erfolgsstück des Theaters in der Josefstadt wurde.[15] Auch musikalisch brachte „Das gewisse Etwas" Bekanntes: Von dem „Dutzend Nummern", die Carl Weinberger dem Libretto „beigestellt" hatte, war, so vermerkte das „Neue Wiener Journal"[16], „ein Theil beste Auslese Weinberger". Der Komponist schien also bereits Vorhandenes verwendet zu haben (ganz so, wie es ihm Léon bereits für „Dem Ahnl sei' Geist" vorgeschlagen hatte). Während aber noch kurze Zeit zuvor Victor Léon und die jeweiligen Komponisten und Autoren, mit denen er zusammenarbeitete, oft für wesentlich aufwendiger gestaltete Werke herbe Kritik einstecken mussten, waren die Reaktionen auf „Das gewisse Etwas" größtenteils positiv, die Uraufführung wurde „ein starker Erfolg"[17]. Victor Léon und Leo Stein, so meinten die Rezensenten, hätten die „gelungene französische Drolerie" zu einem „lustigen Bühnenstück geformt"[18], dessen Handlung sich „durch logische Führung" auszeichne, „der Dialog durch Frische und Flottheit, die Gesangstexte durch gefällige Formgewandtheit"[19]. Die Darstellung „darf als eine erstclassige bezeichnet werden; die Inscenirung besorgte Herr Victor Léon mit Geschick und Umsicht"[20], und auch „dem von Zemlinsky[21] energisch geführten Orchester spenden wir das gebührende Lob."[22] Diese so wohlwollenden Beurteilungen sind sicher zum Teil durch das Prestige, das Carl Weinberger durch seine Verbindungen zur Wiener Theater- und Zeitungsszene genoss, zu erklären. Darüber hinaus aber lassen die Reaktionen auf „Das gewisse Etwas" auch etwas von der generellen Stimmung im Kulturleben der Jahrhundertwende erkennen. Ein deutlicher Hinweis darauf findet sich in der „Neuen Freien Presse", deren Aufführungskritik mit der Feststellung schloss: „Die Todtgesagten leben dem Sprichwort zufolge am längsten. Vielleicht gilt dies auch von der todtgesagten Operette."[23]

---

15 „Wie man Männer fesselt" – im Original „Les fêtards" – hatte, in der deutschsprachigen Bearbeitung von Otto Eisenschitz, am 28.10.1898 im Theater in der Josefstadt Premiere und stand dort in der Folge mehr als 200 Mal auf dem Spielplan.
16 Neues Wiener Journal, 16.3.1902, S. 9.
17 Illustrirtes Wiener Extrablatt, 16.3.1902, S. 5.
18 Neues Wiener Tagblatt, 16.3.1902, S. 9.
19 Neue Freie Presse, 16.3.1902, S. 9.
20 Der Humorist, 20.3.1902, S. 2.
21 Alexander von Zemlinsky, geb. 14.10.1871 in Wien, gest. 15.3.1942 in Larchmont/USA. Der später sehr renommierte Komponist war 1900-1904 Kapellmeister am Carl-Theater.
22 Illustrirtes Wiener Extrablatt, 16.3.1902, S. 5.
23 Neue Freie Presse, 16.3.1902, S. 9.

Der vermeintliche Verfall oder gar der Tod der Operette war ein Thema, das zu jener Zeit immer wieder in den Feuilletons auftauchte. Die Ansicht, dass das Genre im Untergang begriffen sei, basierte auf musikalischen und textlichen Weiterentwicklungen, die nur bedingt das Gefallen von konservativen Kritikern und dem traditionell orientierten Teil des Publikums fanden. Verstärkt wurde das Gefühl, dass das Ende einer musikalischen Ära gekommen sei, durch die Tatsache, dass in den letzten Jahren des 19. Jahrhunderts die damals bekanntesten in Wien tätigen Operettenkomponisten gestorben waren: neben Johann Strauss (1825-1899) waren es Franz von Suppé (1819-1895), Carl Zeller (1842-1898) und Carl Millöcker (1842-1899), der – was als besonders symbolträchtig empfunden wurde – am 31.12.1899 starb.

Das Schlagwort vom „Tod der Operette" steht aber auch in Zusammenhang mit einem gewissen Kulturpessimismus des späten 19. Jahrhunderts. Dieses war in Österreich-Ungarn (wie auch in vielen anderen Teilen Europas) von einem vehementen politischen, sozialen und ökonomischen Wandel geprägt gewesen. Industrialisierung und Technisierung brachten neue Produktionsformen und damit nicht nur neue wirtschaftliche, sondern vor allem auch neue soziale Strukturen. Die zunehmende Mobilität führte zu massiven demografischen Veränderungen, Massenbewegungen entstanden und erste Formen globaler Vernetzungen begannen sich herauszubilden. All dies rief ambivalente Reaktionen hervor: Zukunftsoptimismus ebenso wie Zukunftsangst. Die Jahrhundertwende verstärkte diese Ambivalenz, die „magische" Jahreszahl 1900 signalisierte den Beginn eines neuen Zeitalters, das nicht nur als Ära des Fortschritts begrüßt, sondern das auch wegen nicht einschätzbarer neuer Entwicklungen gefürchtet wurde. Diese zwiespältige Haltung prägte das gesellschaftliche Leben und war auch im kulturellen Bereich merkbar. Auch hier „lagen zukunftsselige Gewissheit und zukunftsbanger Pessimismus dicht beieinander. Beides kam aus der Mitte der Gesellschaft, nicht jedoch oder nicht ausschließlich von ihren Rändern. Im gebildeten Bürgertum gefiel man sich in Klagen über den Verlust überlieferter Kulturwerte, rieb sich erschrocken die Augen über Moralverzehr und Unübersichtlichkeit, registrierte den ‚Kampf des Neuen mit dem Alten'"[24], schreibt dazu der Historiker Jens Flemming in seiner Studie „‚Krisen' und ‚Fragen'. Zur Physiognomie der Jahrhundertwende".

Die Kritiker aus der bürgerlichen „Mitte der Gesellschaft", die den Tod der Operette befürchteten, begrüßten „Das gewisse Etwas" als ein Werk, das Bekanntes und Bewährtes brachte und damit die Weiterführung – das Weiterleben – der traditionell etablierten Operettenform zu sichern schien. Die Tatsache, dass das Stück textlich und musikalisch zu einem beträchtlichen Teil aus Versatzstücken bestand, war aus dieser Sicht nicht von Belang.

---

24 Flemming, Jens: „Krisen" und „Fragen". Zur Physiognomie der Jahrhundertwende. In: Grunewald, Michel – Uwe Puschner (Hg.): Krisenwahrnehmungen in Deutschland um 1900. – Zeitschriften als Foren der Umbruchszeit im wilhelminischen Reich. Bern 2010. S. 358.

Eine der wenigen schlechten Kritiken[25] zu „Das gewisse Etwas" findet sich bezeichnenderweise in der Wiener „Arbeiter-Zeitung" – also in einem Periodikum, das sich explizit nicht an die „Mitte der Gesellschaft" wandte:

„Die gestrige Novität ‚Das gewisse Etwas' wird als ‚Vaudeville-Operette' bezeichnet, und als Autoren nennen sich die Herren Viktor Léon und Leo Stein und – als ‚Komponist' – Karl Weinberger. Die Namen erklären den überlauten äußeren Erfolg. Eine Gesangsnummer nach der anderen wurde wiederholt. Es war einfach schrecklich. Das Thema des Stückes ist aus der ‚Mamsell Nitouche' und etlichen anderen Possen, in allen Details aus ‚Wie man Männer fesselt' bekannt. Die neueste Behandlung ist völlig geistlos und läppisch und von einer unsagbaren Langweiligkeit. Ein paar ekelhafte und dumme Zoten über künstliche Busen und Aehnliches bilden den Aufputz. Ueber die Musik ist nichts zu sagen, sie ist längst bekannt ... Unter den Darstellern ragte Fräulein Zwerenz in der Rolle einer Cocotte weit hervor. Sie hatte Pikanterie, Grazie und Eleganz. Herr Blasel gab einen Thaddädl mit gewohnter Drolligkeit. Herr Treumann sollte ein Pariser Elegant sein! Und nun die Hauptsache: Frau Palmay spielt wieder. Wieder und – noch. Aber noch einmal, es war ein großer Erfolg. Die Verehrer der Palmay und die Freunde des Herrn Weinberger werden es bezeugen. Die letztgenannten sogar schwarz auf Weiß."[26]

Der Erfolg, den „Das gewisse Etwas" bei der Premiere gehabt hatte, hielt auch bei den folgenden Vorstellungen an, und so konnte Victor Léon am 26.3.1902 an Carl Weinberger melden: „Gestern war's im Carltheater wieder totalst ausverkauft."[27]

Mit seiner Zusammenarbeit mit Carl Weinberger hatte Victor Léon zur richtigen Zeit auf den richtigen Komponisten gesetzt. Weinberger verstand es, für jene Operetten im französischen Lustspielstil, die ab den 1890er Jahren populär waren, die passende Musik zu liefern: „Im Zentrum stehen lyrische oder schwungvolle Solonummern, Duette, Terzette, die nicht zuletzt dazu dienen, die durchwegs besonders profilierte weibliche Hauptfigur angemessen in Szene zu setzen. Weinbergers Kompositionen waren in diesem Sinn auf die wichtigsten Operettendarstellerinnen seiner Zeit zugeschnitten: auf Ilka Pálmay, Julie Kopacsi-Karczag und Annie Dirkens"[28], schreibt Christian Glanz in „Die Musik in Geschichte und Gegenwart", und bezeichnenderweise endete die Aufführungsserie von „Das gewisse Etwas" am 11.4.1902, als auch das Gastspiel von Ilka Pálmay am Carl-Theater zu Ende ging.

Das Werk wurde in der Folge von anderen Bühnen angenommen, so etwa für die Saison 1902/03 vom Berliner Central-Theater, wo die Produktion allerdings aus „sittenpolizeilichen Gründen"[29] verboten wurde. Die Berliner Zensur war damit strenger

---

25 Schlecht kritisiert wurde „Das gewisse Etwas" auch im „Deutschen Volksblatt" (16.3.1902, S. 10), was der generell tendenziösen Linie des sich offen als antisemitisch deklarierenden Blattes entsprach.
26 Arbeiter-Zeitung, 16.3.1902, S. 7.
27 Victor Léon: Brief an Carl Weinberger, 26.3.1902. Wienbibliothek H.I.N. 171.868.
28 Glanz, Christian: Weinberger, Charles. In: Finscher, Ludwig (Hg.): Die Musik in Geschichte und Gegenwart. Allgemeine Enzyklopädie der Musik. Stuttgart 2001. Bd. 17, Spalte 692.
29 Léon-Nachlass 27/2.1.5.4.: „Copie Geschäftszahl CG II 154/4 8". Diese Kopie eines Urteils des k.k. Landesgerichtes Wien in Zivilsachen bezieht sich auf eine Klage, die der Lei-

als die Wiener, die zwar auf die „zahlreichen einzelnen Frivolitäten" im Stück verwies, jedoch meinte: „Gegen die Zulassung der Operette [...] obwalten im Allgemeinen keine Bedenken"[30].

Wesentlich mehr Einwände als gegen „Das gewisse Etwas" hatte die Wiener Zensur gegen die Operette „Die verwunschene Prinzessin" gehabt, die am 4.1.1901 am Carl-Theater herauskam. Dies mag zunächst erstaunen, denn das Werk, dessen Libretto Victor Léon – ohne Koautor – zur Musik von Eduard Gärtner[31] geschrieben hatte, trägt die Bezeichnung „Operette aus der Märchenzeit" und wirkt auf den ersten Blick durchaus „harmlos": Prinz Ohnereich von Nirgendland wurde von einem alten Waldfaun in einen Faun verwandelt, weil er in der Johannisnacht ein Moosweiblein geküsst hat. Der Prinz kann nur dann seine ursprüngliche Gestalt wiedererlangen, wenn er innerhalb von drei Tagen eine Prinzessin zur Frau erhalten und ein Königreich gewinnen kann. Er kommt in das Land eines Märchenkönigs, der abdanken und sein Reich jenem übergeben will, den seine Tochter zu heiraten bereit ist. Um zu verhindern, dass Prinz Ohnereich um die Prinzessin wirbt, verwandelt der alte Waldfaun diese in ein Bauernmädchen und ein Bauernmädchen in die Prinzessin, ohne dass sich die beiden der Verwandlung bewusst sind. Der Plan des Waldfauns geht aber nicht auf, denn der Prinz und das vermeintliche Bauernmädchen verlieben sich ineinander, das „echte" Bauernmädchen hingegen hält auch als Prinzessin treu zu ihrem Verlobten, einem jungen Jäger, wodurch zum Schluss alle Verwandlungen aufgehoben werden.

Diese Märchenhandlung hat Victor Léon mit zahlreichen aktuellen Anspielungen gespickt, wodurch, wie der Zensor konstatierte, „nicht unschwer eine Beziehung auf gegenwärtige Verhältnisse hergestellt werden kann"[32]. Was die Behörde so sehr – und mehr als alle „Frivolitäten" in anderen Stücken – störte, war die Tatsache, dass viele der Anspielungen in satirischer Weise auf die politische Situation in Österreich-Ungarn und die lange Regierungszeit von Kaiser Franz Joseph gemünzt waren. Dies führte zur Forderung nach zahlreichen Textänderungen und Streichungen. Beanstandet wurde von der Zensur unter anderem der Auftrittsmonolog des Märchenkönigs:

„Uns're Krone drückt, / Die Euch so beglückt, / Unser Scepter wird zu schwer! / Unser Thron wird hart, / Wenn auch weich und zart / Tapeziert wurde er!
Ach, wir sind regierungsmüd', / Können rühren kaum ein Glied! / Eine Staatsaction / Ist gerathen schon, / Und die heisst Abdication!

---

ter des Central-Theaters, Jose Ferenczy, gegen Léon, Stein und Weinberger eingereicht hatte. Ferenczy forderte die Vorauszahlung, die er an die Librettisten und den Komponisten für die Berliner Aufführungen von „Das gewisse Etwas" geleistet hatte, zurück und erhielt in dieser Sache Recht. Im Rahmen der Darstellung des „Tatbestandes" wird auch das Verbot des Stückes durch den „Kgl. Polizeipräsidenten zu Berlin" erwähnt.

30 NÖ Landesarchiv, NÖ Reg. Präs Theater ZA 1902/1390 K 40.
31 Eduard Gärtner, geb. 1862 in Wien, gest. 2.7.1918 in Wien, war vorrangig als Sänger und Gesangspädagoge tätig. Er komponierte einige Tänze und, als sein einziges nachweisbares musikdramatisches Werk, die Operette „Die verwunschene Prinzessin".
32 NÖ Landesarchiv, NÖ Reg. Präs Theater ZA 1900/7871 K 38.

X – Jahre sind es her, / X – Jahre und noch mehr – – – / Glorreich / Und eiweich / Regierten wir und das schon sehr!
X – Jahre sind vorbei / X – Jahre und noch zwei; / Matt sind wir, / Satt sind wir / Der Regiererei!
Wir geruhen nun, / Uns jetzt auszuruh'n, / Wir geruh'n, / Nichts mehr zu thun!
Armes Vaterland, Du thust uns leid! / S' ist beschlossen schon, / Wir geh'n in Pension / In der nächsten Zeit!"[33]

Der gesamte Monolog wurde vom Zensor als bedenklich markiert, sofort gestrichen wurden die Zeilen: „Eine Staatsaction / Ist gerathen schon, / Und die heisst Abdication!" Die Regieanweisung zum Auftritt des Königs: „Der Märchenkönig ist sehr affectirt, temperamentslos, näselt, hie und da verfällt er in den schnarrenden Lieutenantston"[34] wurde vom Zensor ebenso beanstandet wie die Feststellung des alten Waldfauns: „Na ja, s' ist leider das alte Lied, / Dass bei uns so gar nichts für Bildung geschieht!"[35]

Zu den zahlreichen gestrichenen Stellen gehörte unter anderem der Refrain in einem „Chor des Hofstaates": „Wir sind einmal gewöhnt an diese Dynastie – / Was Bess'res kommt wahrhaftig nach doch nie!"[36]; und gekürzt wurden die vom Chor des Hofstaates gesungenen Zeilen:

„So wandern wir zum Königsschloss / Aus dem uns Gunst und Gnade floss; / Ein Jubelschrei Tönt nebenbei, / Weil man ja patriotisch ist / Zu jeder Frist!
Es leben [!] Serenissimus / So ruft man, weil man's rufen muss; / Des Landes Sitt' / Bringt es so mit, / Da ruft man immerfort ob früh, ob spat: / Vivat!"[37]

Durch das Streichen der Zeilen „Weil man ja patriotisch ist / Zu jeder Frist! / Es leben [!] Serenissimus / So ruft man, weil man's rufen muss" wurde diese Stelle erheblich entschärft. In ähnlicher Weise griff der Zensor an jener Stelle ein, an der der Märchenkönig dem Prinzen einen Rat in Bezug auf das Regieren gibt. Dabei wurde der folgende, inhaltlich zentrale Teil gestrichen:

„Märchenkönig: Also hören Sie! Das ganze Geheimniss [!] der Regierungskunst besteht darin:
Prinz: Ich bin höchst gespannt!
Märchenkönig: Man muss nämlich in der äusseren Politik – – äh – Dummheiten machen, um die Aufmerksamkeit von der inneren – – äh - abzulenken! Und dann muss man in der inneren Politik – – äh – Dummheiten machen, um die Aufmerksamkeit von der äusseren – – äh – – abzulenken! Verstehen Sie? Das ist das ganze Geheimniss der Regierungskunst!"[38]

---

33 Léon, Victor: Die verwunschene Prinzessin. Zensur-Textbuch, NÖ Landesarchiv, NÖ Reg. Präs Theater TB K 266/06. S. 18.
34 Ebd., S. 18.
35 Ebd., S. 7.
36 Ebd., S. 16.
37 Ebd., S. 61.
38 Ebd., S. 84.

Trotz aller Änderungen und Streichungen blieb „Die verwunschene Prinzessin" ein betont satirisch-zeitkritisches Werk, das beim Publikum sehr gut ankam. „Das dichtgefüllte Haus nahm die Novität mit reichstem Beifalle auf"[39], notierte der bei der Uraufführung anwesende Zensurbeamte in seinem Bericht. Viel Lob gab es für das Libretto – es sei, so meinte etwa Bernhard Buchbinder im „Neuen Wiener Journal", „das beste Textbuch aus dem Etablissement Leon"[40]; und der Rezensent des „Neuen Wiener Tagblattes" schrieb: „Herr Léon wandelt insoferne neue Bahnen, als er die Manier Raimund's, die ja keines näheren Hinweises bedarf, nunmehr auf die Operette anwendet. Kein übler Gedanke das, namentlich, wenn man ihn mit so viel Geschicklichkeit und Bühnenkenntnis durchführt, wie es Léon gethan."[41]

Sehr positiv wurden auch die schauspielerischen Leistungen, Alexander Zemlinskys musikalische Leitung und Victor Léons Inszenierung beurteilt. Wenn sich „Die verwunschene Prinzessin" dennoch nicht über längere Zeit auf den Spielplänen halten konnte, so lag dies vor allem an der Musik. Für lyrische und dramatische Szenen finde Eduard Gärtner zwar die richtige Tonsprache, meinte etwa „Der Humorist", doch: „Für die parodistischen Scherze und satyrischen Einfälle des Librettisten fehlt ihm der Humor und Esprit und da hat der Componist den Textdichter ganz im Stiche gelassen". Sicher sei, so „Der Humorist" weiter, von Eduard Gärtner noch „manches Schöne zu erhoffen", doch „seine Zukunft muß er nicht gerade auf dem Gebiete der Operette suchen."[42]

Weit weniger Lob erhielt Victor Léon für sein „Volksstück" „Die Choristin", das am 5.10.1901 im Wiener Raimund-Theater uraufgeführt wurde und nach fünf weiteren Aufführungen wieder aus dem Spielplan verschwand. Die titelgebende Choristin ist eine junge Sängerin, die ein Verhältnis mit einem Grafen hat. Als ihr Vater, ein Briefträger, ihr eines Tages einen Geldbrief des Geliebten zu überbringen hat und ihr dabei heftige Vorwürfe wegen ihres Lebensstils macht, schickt sie – erschüttert darüber, wie sehr sich der Vater kränkt – den Brief zurück und beendet das Verhältnis. Die Kritiker lobten zwar, dass das Stück packend und einzelne Figuren „famos gezeichnet" seien[43], allerdings „hätte manche Scene eine kräftige Reduction vertragen"[44], und insgesamt sei die Handlung allzu unwahrscheinlich[45]. Zwar versuchte Victor Léon das Werk auch für den „Raimundpreis" ins Gespräch zu bringen und schickte am 6.5.1902 einen entsprechenden Brief an ein – nicht namentlich genanntes – „Mitglied des Raimundpreis-Richtercollegiums"[46]. Seine Bemühungen, dass „Die Choristin" mit dem speziell für Volksstücke gestifteten Preis ausgezeichnet werde, blieben allerdings erfolglos. Jahre später griff Léon den Stoff noch einmal auf und machte daraus das „Volksstück mit Gesang" „Wiener Volkssänger". Mit der Musik von Robert Mahler wurde das Werk am 21.5.1920 am Raimund-Theater uraufgeführt und im Februar und März 1921 einige Male im Linzer Landestheater gezeigt.

---

39 NÖ Landesarchiv, NÖ Reg. Präs Theater ZA 1900/7871 K 38.
40 Neues Wiener Journal, 5.1.1901, S. 10.
41 Neues Wiener Tagblatt, 5.1.1901, S. 9.
42 Der Humorist, 10.1.1901, S. 2.
43 Neues Wiener Journal, 6.10.1901, S. 9.
44 Ebd., S. 9.
45 Neue Freie Presse, 6.10.1901, S. 8.
46 Victor Léon: Brief an Unbekannt, 6.5.1902. Léon-Nachlass, alte Sign. ZPH 906/16.

Wesentlich bessere Kritiken als für „Die Choristin" bekam Victor Léon für die am 8.2.1902 im Raimund-Theater erstmals aufgeführte „Faschingsposse mit Gesang und Tanz" „Tarok". Das Stück, zu dem Rudolf Raimann die Musik komponiert hatte, war speziell für den populären Schauspieler Alexander Girardi konzipiert, der von Oktober 1901 bis April 1902 am Raimund-Theater gastierte. In „Tarok" spielte Girardi einen leidenschaftlich dem Tarockspiel ergebenen Wiener Zuckerbäcker, der sich durch diese Spielsucht und durch sein früheres Verhältnis mit einer Volkssängerin zahlreiche – und durchwegs ins Komische gewendete – Probleme mit seiner jungen Ehefrau und vor allem mit seinem Schwiegervater, einem – schlecht Tarock spielenden – Wildbrethändler einhandelt.

Im Zensurakt[47] wird als Autor von „Tarok" „F. H. Riedler" genannt. Léon wollte zunächst das Stück nicht unter seinem eigenen Namen herausbringen, und der einzige, der im Raimund-Theater wusste, dass er es geschrieben hatte, scheint Direktor Ernst Gettke[48] gewesen zu sein. Dieser fragte in einem Brief vom 2.9.1901, in dem er Léon auch mitteilte, dass Girardi das Stück „in der jetzigen Fassung mit der Musik" „acceptirt": „Wollen Sie nun nicht die Anonymität aufgeben? Zu halten ist sie ja schließlich doch nicht. – Girardi müßte ich schon den Autor nennen – und Sie verlieren ja jede Mitwirkung bei der Einrichtung und Einstudierung!"[49]

Vielleicht war es dieser Hinweis, dass er nicht selbst bei der Inszenierung von „Tarok" mitwirken könne, der Léon veranlasste, das Stück schließlich doch unter seinem Namen herauszubringen. Warum er dies zunächst nicht getan hatte, ist nicht bekannt, vielleicht wollte er abwarten, wie das Stück bei Girardi ankam und gab erst, als es dieser „acceptirt" hatte, sein Pseudonym auf. Diese taktische Vorsicht mag damit zusammenhängen, dass sich Léon zu jener Zeit intensiv darum bemühte, mit dem Publikumsliebling Girardi zusammenzuarbeiten. So hatte er im Anschluss an „Tarok" noch ein weiteres Werk für ihn in Planung, das er gemeinsam mit Leo Stein schreiben wollte und das im Theater an der Wien uraufgeführt werden sollte. Detailliertere Aufzeichnungen zu diesem Stück, das den Titel „Komödispieler" tragen sollte, haben sich im Léon-Nachlass nicht erhalten. Aus den wenigen Hinweisen in jenen Briefen, die Stein im Sommer 1902 an Léon nach Unterach schickte, geht hervor, dass es sich um eine in bäuerlichem Milieu spielende Posse handeln sollte. Mehrfach erwähnt Stein den offenbar als einen der Höhepunkte des Stückes geplanten Schluss des ersten Aktes, bei dem die von Girardi verkörperte Hauptperson, ein „junger Bauer", in einem „Automobil von Ochsen gezogen"[50] auf der Bühne erscheinen sollte – eine Idee, die Girardi, als ihm Stein davon erzählte, „brillant" fand[51]. Dennoch war Leo Stein von dem Projekt, mit dem er und Léon eine engere Zusammenarbeit mit dem Theater an der Wien anstrebten, nicht überzeugt. Für die Aktualität der Idee spreche „vielleicht auch der Umstand, dass das Deutsche Theater in Berlin 2 Bauernstücke (wenn ich nicht irre von Dreyer u. Hartleben) und das Josefstädter Theater ein Stück ‚Der Bauernphilosoph' ankündigen". Dennoch, so meinte Stein, sei der „Ko-

---

47 NÖ Landesarchiv, NÖ Reg. Präs Theater ZA 1901/6027 K 39.
48 Ernst Gettke, geb. 10.10.1841 in Berlin, gest. 4.12.1912 in Berlin, Schauspieler, Theaterleiter und Dramatiker. Gettke war von 1893 bis 1907 Direktor des Raimund-Theaters.
49 Ernst Gettke: Brief an Victor Léon, 2.9.1901. Léon-Nachlass 26/2.1.3.6.
50 Leo Stein: Brief an Victor Léon, o.D. Léon-Nachlass 25/2.1.2.127.
51 Leo Stein: Brief an Victor Léon, o.D. Léon-Nachlass 25/2.1.2.127.

mödispieler" „nicht das Stück, das das Th.a.d.W. braucht, wir verrennen uns da unbedingt, die Grundidee schreit nach einem satirischen Lebensbild u. wir machen partout eine derbe Posse daraus."[52] Allerdings ließ sich Victor Léon von Steins Bedenken nicht davon abhalten, sich für die Realisierung des Girardi-Projektes zu engagieren – was er offenbar Stein per Telegramm mitteilte, woraufhin dieser nach Unterach schrieb:

„Erhalten habe Deine Depesche. Bin paff! Die Liebe zum Komödispieler ließ Dich nach Ischl fahren. Ich hab' ja nichts dagegen, wenn Du dich von Girardi in deinem Glauben an den Stoff bestärken u. aneifern läßt, aber die Bilder ihn lesen lassen darfst du nicht. Girardi kann nicht nach flüchtig hingeworfenen Skizzen urtheilen. Er muß etwas Fertiges sehen. Er wird dir also sagen, was du ja vermuthet hast: ‚Lieblicher, die Figur g'fallt mir!'. Bei sich wird er aber anders denken u. wir haben erst recht einen Schmarren. Glaub' mir, Victor, da kenn' ich mich besser aus. Wir werden erst recht nicht wissen, was zu thun oder uns hineinverbeißen u. dann aufsitzen. Ich hab' ihm ja alles aus dem Komödispieler schon erzählt, was in den Skizzen zu finden ist. Nun könnte ihn nur die weitere Ausführung reizen."[53]

Das gemeinsame „Komödispieler"-Projekt von Léon und Stein scheint sich bald zerschlagen zu haben und wird in der Korrespondenz zwischen den beiden nach dem Sommer 1902 nicht mehr erwähnt.

Am 14.11.1902 kam am Wiener Raimund-Theater das Schauspiel „Die große Leidenschaft" von „N. Dolna" heraus. „Die Verfasserin des Werkes heisst nach Angabe des Directions-Secretärs Aigner ‚Blau' und ist in Ungarn, bei Pressburg, wohnhaft"[54], ist im Zensurakt, nach dem Hinweis, dass N. Dolna ein Pseudonym sei, vermerkt. Auch einige Zeitungen schrieben, dass die Autorin Blau heiße, das „Illustrirte Wiener Extrablatt" konnte überdies melden, dass sie aus Malaczka[55], „dem lieblichen Markte im Comitate Preßburg"[56], komme. Mehr allerdings wusste man nicht zu berichten – und offenbar ahnte niemand, dass „Die große Leidenschaft" viel mit Victor Léon zu tun hatte. Die Belege dafür finden sich im Nachlass Léons: Es sind zwei Manuskripte des Stückes, ein Brief von Raimund-Theater-Direktor Ernst Gettke und ein Schreiben, das eine Rosa Balas aus Malatzka am 20.11.1901 an Léon schickte, um ihm zu bestätigen, „dass wir folgendes Uebereinkommen getroffen haben"[57]:

„1. Ich liefere Ihnen mehrere Sujets zu Theaterstücken in Form von Skizzen, von welchen Sie eines nach Ihrer freien Wal [!] zu dramatisiren übernehmen.
2. Sie übernehmen die Verpflichtung, aus dem von mir Ihnen mitgetheilten Stoffe nach Ihrem besten Können ein Theaterstück zu gestalten, übernehmen jedoch keinerlei Garantie dafür, dass

---

52 Leo Stein: Brief an Victor Léon, 1.9.1902. Léon-Nachlass 25/2.1.2.127
53 Leo Stein: Brief an Victor Léon, o.D. Léon-Nachlass 25/2.1.2.127.
54 NÖ Landesarchiv, NÖ Reg. Präs Theater ZA 1902/6681 K 40.
55 Die vom „Illustrirten Wiener Extrablatt" verwendete Schreibung „Malaczka" (bzw. eigentlich korrekt: Malacka) ist der ungarische Name der rund 35 Kilometer nördlich von Bratislava gelegenen Stadt Malacky, die zur Zeit der k.u.k. Monarchie oft auch in der deutschen Form „Malatzka" geschrieben wurde.
56 Illustrirtes Wiener Extrablatt, 15.11.1902, S. 4.
57 Balas, Rosa: Übereinkommen mit Victor Léon, 20.11.1901. Léon-Nachlass 35/3.1.

die von Ihnen fertiggestellte Arbeit von irgendeiner Bühne angenommen oder aufgeführt werden müsse."

Für die Dramatisierung, die Léon innerhalb von vier Monaten fertigzustellen habe, werde er 3000 Kronen erhalten sowie, sobald die Aufführungserträgnisse des Stückes 6000 Kronen übersteigen, auch die Hälfte der Tantiemen. Allerdings verfügte Rosa Balas im abschließenden Punkt ihres Vertrages mit Léon: „Sie verzichten darauf, dass Ihr Name als der des Autors des Stückes genannt werde und erklären sich einverstanden, dass lediglich mein Name als der der Verfasserin angegeben werde." Dass Léon auf diesen Vertrag einging, ist aus den beiden Manuskripten im Nachlass ersichtlich. Das eine, bei dem der offenbar ursprünglich geplante Titel „Gräfin Valerie" gestrichen und durch „Die große Leidenschaft"[58] ersetzt wurde, umfasst den ersten Akt und ist zur Gänze von Léon mit der Hand geschrieben; das andere ist ein Typoskript des gesamten Stückes[59], in das Léon einige handschriftliche Korrekturen eingefügt hat.

„Die große Leidenschaft" spielt in der Gegenwart in Wien: Durch den Konkurs einer Aktiengesellschaft verliert der wohlhabende ungarische Wissenschaftler Kárpáth sein Vermögen, weshalb seine Verlobte Valerie die Verbindung zu ihm löst und einen reichen, verwitweten Grafen heiratet. Kárpáth schließt sich einer zweijährigen Expedition nach Asien an, wo er die Urheimat der Magyaren erforschen will. Nach seiner Rückkehr wird er zum Ehrenprofessor der Budapester Universität ernannt, und auch seine finanzielle Lage ist mittlerweile wieder saniert. Er verliebt sich in die Tochter, die Valeries Ehemann aus erster Ehe hat, und will diese heiraten. Der Graf, der nichts von Kárpáths früherer Beziehung zu Valerie weiß, hat nichts dagegen, will aber auch Valeries Zustimmung. Diese wird von heftiger Eifersucht auf ihre Stieftochter erfasst, verweigert zunächst die Zustimmung und begeht schließlich Selbstmord.

Victor Léon hielt sich bei seiner Arbeit an der „Großen Leidenschaft" an den im Vertrag mit Rosa Balas festgelegten zeitlichen Rahmen, und innerhalb von vier Monaten war das Manuskript so weit fertig, dass es an das Raimund-Theater geschickt werden konnte. Am 28.3.1902 schrieb Direktor Gettke an Balas:

„Gnädige Frau, Ihr Schauspiel ‚Die große Leidenschaft' gelangte um 6 Uhr Abends heut in meine Hände. Um 9 Uhr hatte ich es gelesen und um 10 Uhr waren die Verträge ausgefüllt.
Ich bitte den von mir nicht unterschriebenen Vertrag mit Ihrem Namen zu versehen, und mir zurückzusenden.
Den Termin der Aufführung habe ich bis 30. April 1903 ausgedehnt, hoffe aber das Stück im Oktober d.J. geben zu können.
Nun bitte ich Sie noch, Ihr Incognito zu lüften. Wollen Sie es der Welt gegenüber festhalten, so sind Sie meiner Diskretion sicher."[60]

Die Diskretion Gettkes und die Indiskretion des Theatersekretärs, verbunden mit einem Hörfehler, waren vermutlich der Grund dafür, dass der Name der Autorin dann

---

58 Léon-Nachlass 4/1.3.7.
59 Léon-Nachlass 39/4.2.2.
60 Ernst Gettke: Brief an Rosa Balas, 28.3.1902. Léon-Nachlass 26/2.1.3.6.

als „Blau" an die Zensurstelle und zu den Zeitungen gelangte. Dass sich Gettkes Brief an Balas im Léon-Nachlass befindet, deutet darauf hin, dass die Kommunikation zwischen dem Theater und der „Autorin" über Léon ging. Gettke wusste somit wohl auch um Léons Rolle bei der Entstehung des Stückes, das nach drei Aufführungen (14.11., 15.11., 17.11.1902) und kräftigen Verrissen in den Zeitungen von Balas wieder zurückgezogen[61] wurde.

Es mag sein, dass die Annahme der „Großen Leidenschaft" durch Gettke eine Gefälligkeit gegenüber Victor Léon gewesen war, mit dem der Raimund-Theater-Direktor gerade zu jener Zeit eng zusammenarbeitete. Die beiden schrieben gemeinsam einen Schwank, der den Titel „Der Detektiv" trug und am 22.12.1902 im Raimund-Theater Premiere hatte.

Es sind mehrere Detektive, die in dem Stück auftreten und dabei für einige Verwirrung sorgen: Ein Seifen-Fabrikant aus Brünn lässt seine Geliebte, der er in Wien eine Ausbildung zur Sängerin finanziert, von einem Detektiv überwachen, aber auch er selbst wird, im Auftrag seiner misstrauisch gewordenen Ehefrau, überwacht. Auch der junge Advokat, der sich für eine der Töchter des Fabrikanten interessiert, gibt sich als Detektiv aus, ein weiterer tritt als Double des Fabrikanten auf, und schließlich ist auch eine Detektivin in die Affäre verwickelt.

Der Schwank kam beim Publikum gut an, „für die Darsteller und die wiederholt erschienenen Autoren gab es Beifall in Hülle und Fülle"[62], und wenn auch von den Rezensenten „einige sacksiedegrobe Worte"[63] und gewisse Längen bemängelt wurden („Kürzen die Dichter, so wird der Erfolg umso größer sein"[64]), so wurde „Der Detektiv" doch von den meisten als „vorausberechnetes Zugstück"[65] insgesamt positiv beurteilt. Bis Ende Jänner 1903 brachte das Raimund-Theater 37 En-suite-Vorstellungen des Schwankes, der in der Folge auch von einigen anderen Bühnen (so etwa dem Brünner Stadttheater und dem Deutschen Volkstheater in Prag) übernommen wurde. 1915, Ernst Gettke war damals bereits seit drei Jahren tot, griff Victor Léon das Stück nochmals auf und machte daraus, mit geringen Änderungen, gemeinsam mit Heinz Reichert[66] die „Posse mit Gesang" „Man steigt nach", zu der Oscar Straus die Musik schrieb und die am 2.5.1915 im Carl-Theater uraufgeführt wurde.

---

61 Vgl. Der Humorist, 20.11.1902, S. 2.
62 Neues Wiener Journal, 23.12.1902, S. 7.
63 Der Humorist, 1.1.1903, S. 2.
64 Die Zeit, 23.12.1902, S. 3.
65 Neues Wiener Journal, 23.12.1902, S. 7.
66 Heinz Reichert (eigentl. Heinrich Blumenreich), geb. 27.12.1877 in Wien, gest. 16.11.1940 in Los Angeles, schrieb zahlreiche Operettenlibretti, u.a. gemeinsam mit Alfred Maria Willner „Das Dreimäderlhaus" (Musik: Heinrich Berté) und gemeinsam mit Bela Jenbach „Der Zarewitsch" (Musik Franz Lehár). Reichert, der ab 1928 Vorstandsmitglied der Gesellschaft der Autoren, Komponisten und Musikverleger war, musste wegen seiner jüdischen Herkunft 1938 in die USA emigrieren.

„Meine Tochter Felicitas war Deine Entdeckerin": Beginn der Zusammenarbeit mit Franz Lehár

„Drei Achtel Künstler, fünf Achtel Allrightman. Gut angetan nach der Mode. Kragen und Krawatte nahezu einwandfrei. Der Rock von keinem ungeschickten Schneider. Das üppige Haar beinahe nicht frisiert. Ein genialischer Schopf neigt sich – man könnte glauben – mit Akzentuierung des Musikalismus über Deine heute so sehr belorberte [!] Stirn, die sich hoch wölbt von einem Gewimmel von ungebornen Noten, die ungeduldig ihrer klangschönen Fügung harren. Der direkt zum Bestaunen haranguierende, äußerst verwogene [!] Schnurrbart hat die höchst – eigentlich allerhöchst – dahingeschiedene Fasson des neckisch-heroischen Es-ist-erreicht. Und – was die Eigentümlichkeit, die pikante Primeur dieses Konterfeis ausmacht – es ist das erste Zivilbild des ehemaligen Militärkapellmeisters."[1]

So beschrieb Victor Léon in einem Artikel, der zum 60. Geburtstag von Franz Lehár im „Neuen Wiener Journal" erschien, jene Porträtfotografie des Komponisten, die er, rund 27 Jahre zuvor, anlässlich des Erfolges der Operette „Der Rastelbinder" von Lehár geschenkt bekommen hatte. Besonders wertvoll, so schreibt Léon, sei das Bild, das über seinem Schreibtisch hänge, für ihn deshalb, weil es Lehár mit der Widmung „Meinem Entdecker" versehen hatte. Dies sei allerdings, so Léon, eine „bestrickend liebenswürdige Übertreibung": „Nein, lieber, guter Franz, ich bin nicht Dein Kolumbus. Sofern Du überhaupt einer Entdeckung bedurftest, ist Dir diese von jemand anderen geworden, von einem Wesen, von dem Du erst viel später erfuhrst, daß Du diesem Deinen Eintritt in die Phalanx der erfolgstürmenden Operettenkomponisten zuschreiben mußt. Und gerade der heutige Tag, ein markierter Tag der besinnlichen Rückschau, des lautfröhlichen und zugleich auch stillernsten Gedenkens ... er gibt mir Anlaß, es Dir in Erinnerung zu rufen. Meine Tochter Felicitas war Deine Entdeckerin."

Die „Entdeckung" von Franz Lehár als Operettenkomponist durch Victor Léons Tochter Felicitas ist ein zentrales Narrativ der Lehár-Biografik. Lehár, geboren am 30.4.1870 in Komorn (Komárno/Slowakei), war, nach einer musikalischen Ausbildung am Prager Konservatorium, kurze Zeit Violinist und Konzertmeister am Stadttheater Barmen-Elberfeld (heute Wuppertal) gewesen und trat dann als Musiker in die österreichisch-ungarische Armee ein. Er war zunächst als Geiger in einer von sei-

---

1 Léon Viktor: Meinem Freunde Lehar. Zu seinem 60. Geburtstag am 30. April. Neues Wiener Journal, 27.4.1930, S. 9.

nem Vater, Franz Lehár senior, geleiteten Militärkapelle tätig und erhielt 1890 eine Anstellung als Kapellmeister. Nach Stationierungen in Losonc (Lučenec/Slowakei), Pula, Triest und Budapest kam Lehár 1899 nach Wien. Damals hatte er bereits eine Oper komponiert: „Kukuška", zu der Felix Falzari das Libretto geschrieben hatte und die nach der Uraufführung in Leipzig (28.11.1896, Stadttheater) auch einige Male in Königsberg und Budapest gespielt wurde, aber insgesamt nur geringe Beachtung fand. Populär hingegen wurden bald seine Marsch- und Walzerkompositionen. Mit der von ihm geleiteten Kapelle des Infanterieregiments Nr. 26 gab Lehár zahlreiche öffentliche Konzerte – so etwa, im Winter des Jahres 1900/01, auf dem Platz des damals neugestalteten Wiener Eislauf-Vereins, wo auch Felicitas – Lizzy – Léon auf ihn aufmerksam wurde. In seinem Beitrag zu Lehárs 60. Geburtstag lieferte Victor Léon dazu eine detaillierte Erzählung:

‚‚‚Aber Lizzy, warum kommst du heut' schon wieder so spät vom Eislaufplatz?!' Das sprach die pädagogische Mama. Der nicht so pädagogische Papa aber sprach zu der zwölfjährigen jungen Dame: ‚Es ist doch wirklich nix dabei, ob du eine halbe Stunde früher oder später nach Hause kommst, wenn du dich nur amüsiert hast.'
‚Aber gottvoll, Papa, himmlisch! Ich kann mich nie entschließen, die Schlittschuhe runter zu tun, wenn der fesche Militärkapellmeister dirigiert.'
‚Wawawas? Fescher Militärkapellmeister? Wer ist denn das?'
‚Keinen Schimmer. Aber weißt du, er spielt da einen todschicken Marsch – ich hab' gehört, er hat ihn selber komponiert – ich sag' dir, Papa, der Marsch ... also der ist einfach gottvoll, himmlisch, todschick! Ich sag' dir, die Leute sind wie verrückt auf den. Sie applaudieren wie toll. Ich auch. Und immer und immer wieder muß ihn der Kapellmeister wiederholen. In allen deinen Operetten ist auch nicht ein Marsch, der so ... der so ... ich weiß gar nicht, was ... der so, sagen wir, comme il faut wäre, wie der! Komm' doch einmal auf den Eislaufplatz und hör' dir ihn an. Er heißt: Jetzt geht's los! Und du, Papa, wie der Kapellmeister dirigiert ... also, weißt du, so mit Schwung, mit Elan, mit Feuer, mit Verve ...'
‚Nonono!'
‚Hinreißend! Einfach todschick!'
Ein paar Tage später:
‚Also, Papa, weißt du, wie der todschicke Kapellmeister heißt? Lehar heißt er.'
‚Lehar? Schön. Ich hab' nix dagegen.'
Es kam der Sommer desselbigen Jahres 1901. Wie immer damals, wenn es Sommer wurde, die Fahrt nach Unterach. Knapp vor dieser brachte der Postmann ein Paket. In diesem war ein Klavierauszug: ‚Kukuska'. Lyrisches Drama in drei Aufzügen von Felix Falzari. Musik von Franz Lehar. Mit einigen urbanen Worten der Widmung auf der Titelseite. Dabei ein Brief, in welchem dieser Herr Franz Lehar es für nötig fand, sich zu entschuldigen, daß er mir ‚unbekannterweise' seine Oper schicke. Und weiters: daß er sich ‚glücklich schätzen würde' wenn ich ihm ‚eine Operndichtung zur Komposition anzuvertrauen so gütig sein würde.' Derlei Pakete und derlei Briefe waren und sind mir nichts weniger als Raritäten. Unhöflich ließ ich Brief Brief, sträflich indolent Paket Paket sein.
Wochen später. In Unterach. Es regnete. Natürlich. Salzkammergut. Es war just kein Wetter, um sich ihm auszusetzen. Hausarrest. Ich höre Klavierspiel. Lizzy. Was spielt sie nur da? Smetana? Dworzak? Tschaikowsky? Das hört sich ja so slawisch an. Und unverfälscht. Und von schöner Eigenart und eigenartiger Schönheit. Na, was kann denn das sein? Ich geh' ins Klavierzimmer und hör' zu. In einer Pause, die Lizzy macht, frage ich: von wem? Und, woher?

‚Aus ‚Kukuska', von Lehar? [!]'
‚Was ist Kukuska? Wer ist Lehar?'
‚Aber, Papa, das ist doch der fesche Militärkapellmeister vom Eislaufplatz! Weißt du nicht mehr?'
Ich fand keine Zusammenhänge in dieser offenbaren Selbstverständlichkeit. Lizzy stellte sie her. Sie habe den Klavierauszug der Oper ‚Kukuska' aus Wien mitgenommen, nur, weil Franz Lehar darauf stand. Sie habe sich in diese so ganz andere Musik total vernarrt. Besonders in die so ungewöhnlich getroffenen russischen Lieder, die so im Volkston singen, als kämen sie aus der Seele des russischen Volkes. Und Lizzy sagte: ‚Weißt du, Papa, ich hab' so die Impression: der kann viel. Mit dem solltest du etwas schreiben!'
‚Eine Oper?' Ich verzog meine Züge.
‚Der kann doch auch eine Operette komponieren!' (Womit sie nicht diese über jene stellen wollte.) ‚Oder glaubst du nicht, daß diese slawischen Gesänge auch in einer Operette große Wirkung machen würden? Ganz bestimmt. Und was Neues wär' es!'
Nachdenklichkeit überkam mich.
‚Und dann, Papa, denk' doch nur an den Marsch: ‚Jetzt geht's los!' Das wär' ja ein richtiger Operettenschlager! Geh', Papa, schreib' was mit diesem Lehar, du wirst sehen, das wird ein großer Erfolg. Das spür' ich so.'
Dann in Wien. Im Herbste. Du hattest von mir ein paar Zeilen bekommen, lieber Franz. Erinnerst Dich? Zu einer Oper hätt' ich mich nicht [!], schrieb ich Dir. Könntest Du aber an eine Operette denken, dann bäte ich um Deinen Besuch. Du kamst. Ich war nicht zu Hause. Lizzy empfing Dich. Sie war die erste, die Du sahst, sie war die erste, mit der Du sprachst in meinem Hause. Sie war's, die Dir den Willkommgruß bot – sie, die Dich ‚entdeckt' hat. Ich traf Dich in angelegenster Zwiesprache mit ihr. Du hattest jenes schier ununterbrochene Lächeln, das Du noch heute ununterbrochen hast: drei Viertel scharmant [!], ein Viertel ironisch. Ein Mixtum compositum, das Dich ein Viertel interessant, drei Viertel sympathisch macht. Lizzys Gesichterl flammte. Und ich sah, daß Deine vier Viertel auf sie ungeheuerliche Wirkung machten. Außerdem hattest Du damals noch ein fünftes Viertel: es war der Zauber der Montur. Du warst angetan mit der schmucken Uniform.
Und dann kam – nach einigem Hin und Her – mein, das heißt unser, das heißt Dein ‚Rastelbinder'."[2]

Diese zentrale Passage aus Léons insgesamt noch um einiges längerem Artikel findet sich deshalb hier in ausführlicher Form, weil in fast allen Lehár-Biografien darauf Bezug genommen und der Text in Ausschnitten auch zitiert wird, was jedoch meist ohne Quellenangabe geschieht. Bemerkenswert ist, wie bedenkenlos dabei oft mit dem Originaltext umgegangen wird. So etwa ergänzt Stan Czech diesen mehrfach um Erfundenes, dem er dann durch die Verwendung von direkter Rede den Anschein eines Originalzitates gibt – so etwa, wenn er beim verspäteten Heimkommen Lizzys die Reaktion Léons folgendermaßen wiedergibt: „‚Mach dir nix draus, mein goldiges Lizzerl, wenn Mama ein bisserl brummt', begütigte er. ‚'s ist wirklich nix dabei, ob du eine halbe Stund' früher oder später kommst, wenn du dich nur amüsiert hast.'"[3]

Auch in anderen Lehár-Biografien werden die von Léon geschilderten Begebenheiten erzählerisch stark ausgeschmückt. Für Maria von Peteani und Bernard Grun

---

2 Neues Wiener Journal, 27.4.1930, S. 9f.
3 Czech, Stan: Schön ist die Welt. Franz Lehárs Leben und Werk. Bern 1957. S. 100.

etwa lieferte die Konstellation von jungem Mädchen, aufstrebendem Komponisten und erfolgreichem Librettisten die Folie für eine klischeehafte Jahrhundertwenden-Episode. Dafür wurde das Alter von Léons Tochter entsprechend angepasst: bei Peteani ist sie „ein sechzehnjähriger Engel"[4], bei Grun zwar erst 15, dafür aber „der weibliche Archetypus der Jung-Wiener Moderne um die Jahrhundertwende: klug, hübsch, alert und sportive – Schnitzler-isch, Sezessions-bewußt, Mahler-begeistert."[5] Maria von Peteani meint überdies zu wissen, dass es einen ersten Kontakt zwischen Lizzy und Lehár schon auf dem Eislaufplatz gegeben habe, wo sich Lehár während der Konzerte „manchmal das Vergnügen gestattete", „schnell seine Schlittschuhe anzuschnallen und ein paar Runden mit ihr zu laufen"[6].

Bei Ernst Decsey, der einer der ersten Lehár-Biografen und überdies Koautor und guter Bekannter von Victor Léon war, ist Lizzy korrekterweise „kaum dreizehnjährig"[7]. Wenn Decsey allerdings schreibt, dass sich der Eislaufplatz, auf dem Lehár mit seiner Militärkapelle auftrat, „neben dem Konzerthaus"[8] befunden habe, dann übersieht er dabei, dass das Wiener Konzerthaus erst zwischen 1911 und 1913 errichtet wurde. Dieser Datierungsfehler findet sich auch in der Lehár-Biografie von Franz Endler[9] und in jener von Ingrid und Herbert Haffner[10].

Über den ersten Besuch Franz Lehárs bei Victor Léon im Herbst 1901[11] schreibt Bernard Grun: „Der Herr Kapellmeister – lange schon zu einer Operette entschlossen – machte sich auf den Weg nach Hietzing. Vor Léons Villa in der Wattmanngasse blieb er eine Sekunde stehen, atmete tief – dann läutete er die Türglocke."[12] Hier ist Grun allerdings ein krasser Fehler unterlaufen: Denn 1901 lebte die Familie Léon nicht in Hietzing, sondern in der Seidlgasse im dritten Wiener Bezirk, die Villa in der Wattmanngasse bezog sie erst 1910. Auch Stan Czech verlegt den Schauplatz des ersten Treffens von Franz Lehár und Victor Léon fälschlicherweise in die Wattmanngasse; ebenso Ingrid und Herbert Haffner, die in ihrer Lehár-Biografie das Alter Lizzys mit 15 angeben.

Diese Beispiele, denen sich noch einige weitere hinzufügen ließen, zeigen generell die Problematik aller essayistischen Biografik, die um eine möglichst literarische Gestaltung bemüht ist und versucht, vermeintliche biografische Leerstellen zu füllen – was in den angeführten Fällen mit Spekulativem oder schlichtweg Erfundenem erfolgte. Da auch Victor Léons Text von einem deutlich literarischen Duktus geprägt

---

4   Peteani, Maria von: Franz Lehár. Seine Musik – Sein Leben. Wien 1950. S. 58.
5   Grun, Bernard: Gold und Silber. Franz Lehár und seine Welt. München 1970. S. 79.
6   Peteani: Franz Lehár, S. 56.
7   Decsey, Ernst: Franz Lehár. München 1930. S. 38.
8   Ebd., S. 38.
9   Endler, Franz: Immer nur lächeln...: Franz Lehár – Sein Leben – Sein Werk. München 1998. S. 68.
10 Haffner, Ingrid – Herbert Haffner: Immer nur lächeln... Das Franz Lehár Buch. Berlin 1998. S. 49.
11 Dass es spätestens ab Herbst 1901 Kontakt zwischen Lehár und Léon gab, ist durch eine im Léon-Nachlass erhaltene Karte belegbar. Datiert mit 14.12.1901 hatte Lehár darauf an Léon geschrieben: „Euer Hochwohlgeboren! Anbei erlaube ich mir das Textbuch einzusenden und morgen komme ich zur bestimmten Stunde (½12)." Léon-Nachlass 24/2.1.2.77.
12 Grun: Gold und Silber, S. 79.

war, inspirierte er so manche Lehár-Biografen offenbar zu einer weiteren Ausgestaltung.

Felicitas Léon, die 1908 den Schauspieler Hubert Marischka geheiratet hatte, war am 27.11.1918 im Alter von 31 Jahren an den Folgen einer Blinddarmentzündung gestorben. Für Victor Léon, der eine sehr enge Beziehung zu seiner Tochter gehabt hatte, war dies ein überaus schmerzhafter Schlag, den er offenbar nie ganz überwinden konnte. Vielmehr waren für ihn mit zunehmendem Alter Rückblicke auf die eigene Karriere vielfach mit Erinnerungen an Lizzy verbunden. So etwa, als er 1924 dem Komponisten Leo Fall einen Brief zum 50. Geburtstag schrieb. Léon verweist darin auf den ersten gemeinsamen Erfolg, die Uraufführung der Operette „Der fidele Bauer", die 1907 in Mannheim stattfand, und ergänzt: „Weißt Du noch, als wir dorthin unsere Autoreise machten, die lustige und abenteuerliche? Sonne war um uns, denn sie war in uns. Und der Frühling war um uns und zog mit uns in der strahlenden Lichtgestalt Lizzy's. Und steigt in mir das Gedenken an diese hoffnungsreiche und segenvolle Zeit auf – muß ich auch mit wehwundem Herzen dieses geliebten Kindes gedenken".[13]

Ebenso wie im Brief an Leo Fall trägt auch im Artikel zum 60. Geburtstag von Franz Lehár das Bild Lizzys Züge einer von Wehmut geprägten Verklärung. Noch deutlicher wird dies in jenem von Léon mit der Hand geschriebenen Text, der die erste Fassung des späteren Zeitungsartikels darstellt. Er findet sich im Léon-Nachlass und trägt den Titel „In memoriam ... Bei Gelegenheit des 50. Geburtstages von Franz Lehár"[14]. Im Wesentlichen ist dieser Text ident mit dem zehn Jahre später im „Neuen Wiener Journal" erschienenen – offenbar war also schon 1920 die Publikation eines Lehár-Geburtstagsbeitrages von Léon geplant. Dass es dazu nicht kam, mag am Titel und an der – in der späteren Zeitungsfassung gestrichenen – Einleitung gelegen sein, in der Léon erklärt, worauf sich das „In memoriam" bezieht:

„In memoriam nicht nur der Berühmtwerdung deiner Persönlichkeit, der Entfaltung deines vielgewürdigten Werkes, nicht nur in memoriam des heilvollen Zusammenwirkens mit dir, das mir ein huldreiches Schicksal spendete, schreibe ich diese Erinnerungssätze. Ich lege sie nieder – durchschüttert von einem Wehgefühl, das nicht weichen will und nicht weichen soll – in memoriam meiner Tochter Felicitas, der Lizzy, die allzu früh hinübergeeilt ist in Sphären, wo die Engel daheim sein sollen. O du guter Kinderglaube ..."

Im letzten Absatz sowohl des handschriftlichen Textes aus dem Nachlass wie auch des zehn Jahre später im „Neuen Wiener Journal" publizierten Beitrages erinnert Léon daran, wie er und seine Tochter Franz Lehár 1918 einmal in dessen Wohnung besuchten, um sich die ersten Kompositionen zur Operette „Die gelbe Jacke" (die ebenfalls von Lizzy inspiriert war) anzuhören: „Es war ihr letzter Besuch bei Dir. Les derniers adieux sans le savoir. Nimm heute eine weiße Rose aus den blumigen Gewinden, die man Dir als Festgrüße streut," – an dieser Stelle setzte Victor Léon im Zeitungsbeitrag fort mit den Worten: „und schmücke das Bild Lizzys, Deiner ‚Entdeckerin'." Den Text, den er zum 50. Geburtstag Lehárs geplant hatte, hingegen schloss er mit: „und leg' sie auf's Grab der Lizzy ... in memoriam ...".

---

13 Victor Léon: Brief an Leo Fall, 5.2.1924. ÖNB, Nachlass Leo Fall, F88.Leo.Fall. 137, 22.
14 Léon-Nachlass 14/1.6.104.

Victor Léons Geburtstagstext für Franz Lehár sagt viel über die enge Beziehung aus, die Léon zu seiner Tochter hatte. Verfehlt aber ist es, ihn als einen in allen Details authentischen Bericht zum Beginn von Léons Zusammenarbeit mit dem Komponisten verstehen zu wollen. Zwar ist es durchaus plausibel, dass es Lizzy war, die ihren Vater auf die publikumswirksamen Auftritte des Militärkapellmeisters Lehár aufmerksam gemacht hatte, ob aber alle jene Einzelheiten, die Léon später für den Lehár-Geburtstag niederschrieb, den realen Abläufen entsprachen, sei dahingestellt.

Tatsache ist, dass sich Franz Lehár, seit er mit der Oper „Kukuška" erste Theatererfahrungen gesammelt hatte, darum bemühte, im musikdramatischen Bereich Fuß zu fassen. In einem Zeitungsbeitrag aus dem Jahr 1912 erinnerte er sich daran:

„Auch in Wien begab ich mich natürlich auf die Suche nach einem Buche. Unter anderen wendete ich mich an Viktor Léon, den damals erfolgreichsten Wiener Librettisten, und sandte ihm meine Oper ‚Kukuschka'. Er antwortete mir, daß er zu stark in Anspruch genommen sei. Nach einiger Zeit schrieb er mir jedoch, falls ich noch die Absicht habe, eine Operette zu schreiben, möge ich ihn besuchen. Als ich ihn fragte, wieso er jetzt auf mich gekommen sei, sagte er mir, er habe meinen Marsch ‚Jetzt geht's los' gehört, der ihm viel mehr für meine Eignung zum Operettenkomponisten zu sprechen scheine als ‚Kukuschka'. Er gab mir das Vorspiel zum ‚Rastelbinder', und dies ist eigentlich meine erste Operette."[15]

In ganz ähnlicher Form hatte Lehár bereits 1905 im „Neuen Wiener Journal"[16] und 1907 in der „Zeit"[17] vom Beginn seiner Zusammenarbeit mit Victor Léon berichtet. Ein Vaudeville mit dem Titel „Klub-Baby", das laut einigen Lehár-Biografen[18] jenes Werk war, das Léon beim ersten Treffen für eine Komposition vorschlug, scheint in den drei Artikeln nicht auf – sondern Lehár erzählt hier wie dort, dass ihm Léon als Allererstes das Vorspiel zum „Rastelbinder" gegeben habe. Vermutlich haben die späteren Lehár-Biografen den Hinweis auf das „Klub-Baby" von Ernst Decsey übernommen. Dieser erwähnte das Werk 1924 in einem Zeitungsartikel zum Thema „Wie Lehár wurde": „Er [Léon] läßt Lehar kommen, gibt ihm ein leichtes Vaudeville zur Komposition, ‚Das Klub-Baby'; aber es wollte musikalisch nicht gedeihen."[19] In Decseys Lehár-Biografie aus dem Jahr 1930 allerdings scheint das „Klub-Baby" nicht mehr auf. Bei Victor Léon selbst konnte bislang kein Hinweis auf ein Vaudeville mit diesem Titel gefunden werden, und auch im Nachlass ist nichts Entsprechendes vorhanden.

---

15 Neues Wiener Journal, 28.1.1912, S. 4.
16 Neues Wiener Journal, 11.6.1905, S. 6.
17 Die Zeit, 25.10.1907, S. 1f.
18 So etwa bei Grun: Gold und Silber, S. 80. Auch Stefan Frey erwähnt in seiner Lehár-Biografie „Was sagt ihr zu diesem Erfolg" das „Klub-Baby" und führt es im Werkverzeichnis unter „Fragmente" an, wobei er allerdings vermerkt: „Autograph: Verbleib unbekannt". (Frey, Stefan: „Was sagt ihr zu diesem Erfolg". Franz Lehár und die Unterhaltungsmusik des 20. Jahrhunderts. Frankfurt/Main 1999. S. 420).
19 Dr. E.D. [Ernst Decsey]: Jubilierende Operetten. Wie Lehar wurde. – Die Fledermaus. In: Tagespost [Graz], 25.3.1924, S. 1.

„Der Rastelbinder" – Eine Migrantengeschichte

Die am 20.12.1902 im Wiener Carl-Theater uraufgeführte Operette „Der Rastelbinder" war das erste Gemeinschaftswerk von Franz Lehár und Victor Léon. Allerdings war Léon nicht der alleinige Verfasser des Librettos, sondern er hatte einen Koautor, der jedoch in der bislang zum „Rastelbinder" vorliegenden Literatur nicht aufscheint. Es war der Schriftsteller Julius Wilhelm: Im Léon-Nachlass erhaltene Briefe[1] lassen erkennen, dass Wilhelm einiges zur inhaltlichen Konzeption und zur Gestaltung des Textbuches beitrug, dass aber Victor Léon mit Wilhelms Mitarbeit nicht restlos zufrieden gewesen war und dass es schließlich zu einem Zerwürfnis zwischen Wilhelm und Léon kam.

Die beiden ersten der insgesamt sieben vorliegenden Schreiben stammen von demselben Tag, dem 18.7.1902. In dem einen Brief teilt Wilhelm mit, dass er den zweiten Akt „retour erhalten" habe und dass Léon „das Vorspiel und die Couplet-Strophe […] Montag oder Dienstag" bekommen werde. Ausführlicher ist das zweite Schreiben, das Wilhelm an jenem Tag an Léon nach Unterach schickte und in dem er sich noch einmal auf den retour erhaltenen zweiten Akt bezieht:

„Mir liegt sehr viel daran in der Lehár'schen Operette als Mitarbeiter genannt zu sein. Ich sehe nun ganz gut ein, daß Sie, nachdem Sie meinen zweiten Akt refusirten, nicht dazu verpflichtet wären mich zu nennen. Ich mache Ihnen nun folgenden annehmbaren Vorschlag. Ich verzichte auf die Hälfte der mir von Ihnen zustehenden Prozente (20%) wenn Sie mich als Mitautor nennen. Ich erhalte demnach 10% aller auf Sie entfallenden Einkünfte.
Im Falle Sie mit meiner Proposition einverstanden sind, bitte ich um einige diesbezügliche Zeilen und auch Sie erhalten dann von mir einen in demselben Sinne lautenden Vertragsbrief.
Sind Sie meinem Vorschlage aus irgend einem Grunde abgeneigt, so ist eine Antwort Ihrerseits nicht nötig.
Ihnen kann die Nennung meines Namens nicht schaden, mir sehr nützen".

Ob oder was Victor Léon auf diesen Vorschlag antwortete, ist nicht bekannt. Auf jeden Fall arbeitete er, wie aus einer kurzen Mitteilung bezüglich eines Treffens am 17.9.1902 erschließbar ist, trotz der offenbaren Unzufriedenheit mit dem zweiten Akt weiter mit Julius Wilhelm am „Rastelbinder". Drei Tage vor der Uraufführung der Operette, am 17.12.1902, aber schrieb Wilhelm dann folgenden Brief an Léon:

---

1   Léon-Nachlass 25/2.1.2.157.

„Geehrter Herr Léon!
Ich habe erfahren, daß sowohl beim Vertragsabschlusse, als auch im weiteren Verlaufe aller Besprechungen, Proben etc. der Direktion des Carl-Theaters vollständig verschwiegen wurde, daß die Idee zum ‚Rastelbinder' von mir stammt und daß ich an der Ausgestaltung des Stoffes wesentlichen Antheil genommen habe. Es hat also von Vorneherein die planvolle Absicht bestanden mich tot zu schweigen.
Ich habe in Folge dessen die Sache gestern dem Rechtsanwalte zur Wahrung meiner Interessen übergeben und bestehe nun mit vollem Nachdruck darauf, daß mein Name in folgender Form auf dem Zettel, im Buch, in den Zeitungsnotizen u.s.w. genannt wird:
‚Der Rastelbinder' Operette in einem Vorspiel und 2 Akten (nach einer Idee von Julius Wilhelm) von Viktor Léon.
Hochachtungsvoll Julius Wilhelm
Ich habe gleichzeitig der Direktion des Carl-Theaters entsprechende Mittheilung gemacht."

Julius Wilhelm hatte mit seiner Forderung keinen Erfolg: Weder auf dem Theaterzettel, noch im Textbuch oder in den Zeitungsmeldungen wurde sein Name genannt. Allerdings entwickelte sich daraus offenbar eine Rechtssache, die sich an die viereinhalb Jahre hinzog. Am 27.4.1907 schrieb Wilhelm an Léon: „Sie senden mir, spätestens acht Tage vom heutigen Datum angefangen, zur Postsparkassenbank den Betrag von 800 Kronen. Mit diesem Betrage sind all meine Ansprüche an Einnahmen aus Aufführungen und dem Verlage der Operette ‚Der Rastelbinder' für immerwährende Zeiten befriedigt". Am 1.5.1907 bestätigte er dann in einer kurzen Mitteilung den Empfang der 800 Kronen. Damit war die Sache beigelegt, die nur ein vorläufiges Ende der Zusammenarbeit von Victor Léon und Julius Wilhelm bedeutete. Denn 1913 fanden sich die beiden noch einmal zu einem gemeinsamen Projekt zusammen: Es war ein Stück mit dem Titel „Der träumende Moriz", das aber nicht fertiggestellt wurde.[2]

Was und wie viel Julius Wilhelm zum Textbuch der Operette „Der Rastelbinder" beigetragen hat, ist im Detail nicht feststellbar. Seine Briefe an Victor Léon legen nahe, dass er zumindest das Vorspiel mitgestaltet hat. Dieses führt in ein slowakisches Dorf. Dort macht sich eine Gruppe von „Rastelbinderbuben", also Söhne von Handwerkern, die Drahtwaren herstellen, bereit, das Dorf zu verlassen, um als Wanderhändler ihre Produkte (wie etwa Siebe, Mausfallen oder Drahtgebinde, die zerbrochenen Gefäßen Halt geben) zu verkaufen.[3] Nach „Rastelbindersitte"[4] wird jeder der Knaben, obwohl noch kaum dem Kindesalter entwachsen, mit einem Rastelbinder-

---

2   Ein Konzept zu „Der träumende Moriz", in dessen Mittelpunkt das Motiv des Doppelgängers steht, findet sich im Léon-Nachlass 3/1.1.56. Aus einem Brief, den Julius Wilhelm am 1.6.1913 an Victor Léon schrieb (Léon-Nachlass 25/2.1.2.158) geht hervor, dass Wilhelm von der „weiteren Ausarbeitung" des Textes abriet, weil es bereits ein Stück mit ähnlicher Handlung gebe.

3   Zu den typischen Rastelbinderprodukten gehörten auch Drahtgestelle, die zum Absetzen heißer Gegenstände, wie etwa Bügeleisen, verwendet wurden. Von diesen „Rasteln", die ein dialektales Diminutiv zum Wort „Rost" sind, leitet sich der Begriff Rastelbinder her. Siehe Hornung: Wörterbuch der Wiener Mundart, S. 576.

4   Léon, Victor: Der Rastelbinder. Zensur-Textbuch, NÖ-Landesarchiv, NÖ Reg. Präs Theater TB K 268/01. S. 8.

mädchen verlobt, um so eine spätere Familiengründung im Dorf zu sichern: „Muss man doch zu Haus Weib finden, wenn kommt man zurück nach viele, viele Jahr' von Rastelbinderwanderschaft."[5]

Eines dieser Kinderpaare sind der 13-jährige Janku, der nach dem Tod seiner Eltern von einer Rastelbinderfamilie als Pflegekind aufgenommen wurde, und Suza, die neunjährige Tochter dieser Familie. Während die anderen Rastelbinderbuben von ihren Eltern ein paar Gulden mit auf die Wanderschaft bekommen, können Jankus arme Pflegeeltern ihm nicht einmal ein paar Kreuzer mitgeben. Doch Suza gelingt es, den jüdischen Händler Wolf Bär Pfefferkorn, der gerade ins Dorf gekommen ist, um den Bauern Zwiebel und Knoblauch abzukaufen, dazu zu bewegen, ihr einen Gulden für Janku zu geben.

Der erste Akt spielt zwölf Jahre später („heutzutage") in Wien, Schauplatz ist der Laden des Spenglermeisters Glöppler, bei dem Janku als Geselle tätig ist. Dies hat er, wie einem Gespräch zwischen Glöppler und Janku zu entnehmen ist, Pfefferkorn zu verdanken. Denn als Janku auf seiner Wanderschaft nach Wien kam, verschaffte ihm Pfefferkorn beim Spenglermeister eine Lehrstelle. Glöppler ist mit Janku, der sich mittlerweile Schani nennt, sehr zufrieden und freut sich, dass seine Tochter Mizzi und Janku heiraten werden und er damit einen tüchtigen Geschäftsnachfolger bekommt. Das Verlobungsfest wird bereits vorbereitet und dafür auch ein von Pfefferkorn empfohlenes Dienstmädchen aufgenommen. Es ist Suza, die mit Hilfe Pfefferkorns nach Wien gekommen ist, um ihren Verlobten zu treffen. Bei diesem handelt es sich aber nicht, wie Pfefferkorn glaubt, um den „Kinder-Bräutigam" Janku, sondern um den aus demselben Dorf stammenden Bauernsohn Milosch, der in Wien seinen Militärdienst absolviert und als Freund von Janku zur Verlobungsfeier eingeladen ist. Janku und Suza, die einander zunächst gar nicht erkennen, haben ihre Kinderverlobung längst vergessen und sind, als Pfefferkorn davon erzählt, tief verzweifelt, da sie sich an das Verlöbnis gebunden fühlen und außerdem von Mizzi und Milosch, die die Zusammenhänge nicht kennen, der Untreue beschuldigt werden.

Der Schlussakt des „Rastelbinders" spielt in einer Wiener Militärkaserne. Dorthin kommen zunächst Mizzi und Suza, dann Janku und Pfefferkorn. Sie alle sind auf der Suche nach Milosch, der, wie sie befürchten, aus Enttäuschung über Suzas vermeintliche Untreue Selbstmord begehen will. Es kommt zu einigen komischen Verwechslungen, da sowohl die beiden jungen Frauen als auch Janku und Pfefferkorn, um die Kaserne betreten zu können, Uniformen anziehen. Bald ist Milosch gefunden, und als Pfefferkorn versichert, dass Kinderverlobungen keine offizielle Gültigkeit haben, kommt es zur allgemeinen Versöhnung.

Bei der Uraufführung des „Rastelbinders" am 20.12.1902 im Carl-Theater führte Victor Léon Regie, die musikalische Leitung hatte Alexander Zemlinsky. Die Premiere wurde zum großen Erfolg: Das Publikum spendete „stürmischen Beifall"[6], und „es gab Hervorrufe, Blumen und Lorbeer"[7]. In einigen Lehár-Biografien ist jedoch zu lesen, dass die Premiere in den Zeitungen negativ kommentiert worden sei. Vor allem Victor Léons Libretto sei dabei schlecht weggekommen. „Die Kritik [...] war

---

5   Ebd., S. 8.
6   Aufführungsbericht im Zensurakt, NÖ-Landesarchiv, NÖ Reg. Präs Theater ZA 1902/7646 K 40.
7   Illustrirtes Wiener Extrablatt, 21.12.1902, S. 10.

mehr als herb"[8], heißt es etwa bei Franz Endler, und ebenso pauschal fasst auch Norbert Linke die Reaktionen zusammen, wenn er schreibt: „Die Wiener Presse fand die jüdischen Teile unmöglich, das Libretto geschmacklos"[9]. Es hat den Anschein, dass die Darstellung bei Endler und Linke lediglich auf einem 1907 in der Wiener Zeitung „Die Zeit" erschienenen Artikel basiert: In diesem erzählt Franz Lehár, dass in dem ersten Zeitungsbeitrag, den er und Victor Léon nach der Uraufführung des „Rastelbinders" zu lesen bekamen, das Werk „verhöhnt, verschimpft, vernichtet" wurde, weitere Kritiken „auch nicht besser" gewesen seien und sich Léon bei ihm entschuldigt habe, dass er „ein so schlechtes Buch geschrieben habe".[10] Vielleicht hatte der Ärger darüber, dass er, wie er im selben Artikel berichtet, seine Rechte am „Rastelbinder" relativ billig an den Verlag Weinberger verkauft hatte, Lehárs Erinnerungen derart negativ gefärbt. Tatsache ist jedoch, dass eine Analyse der Besprechungen, die in Wiener Zeitungen und Zeitschriften nach der „Rastelbinder"-Uraufführung erschienen sind, durchaus nicht den Eindruck einer allgemeinen Ablehnung – weder der Musik noch des Textbuchs – vermittelt. In Bezug auf das Libretto zeigt die Durchsicht von insgesamt 15 Periodika[11] unterschiedlicher politischer Couleurs zwar kritische, aber großteils positive Beurteilungen.

Nicht weiter erstaunlich ist, dass sich die Kritiker in ihren Ausführungen zum „Rastelbinder"-Text vor allem auf die Figur des Wolf Bär Pfefferkorn konzentrierten. Denn Victor Léon war sicher ein gewisses Wagnis eingegangen, als er sich – in jener Zeit des zunehmenden Antisemitismus – dafür entschied, einen ostjüdischen Händler in den Mittelpunkt einer Operette zu stellen. Pfefferkorn, dessen „Grundcharakter" Léon in der Regieanweisung als „gemüthvoll-komisch mit einem leisen Stich in's Ironische"[12] beschreibt, ist der eigentliche Hauptakteur des Stückes, der die Handlung vorantreibt, Konflikte auslöst und sie auch wieder zur allgemeinen Zufriedenheit bereinigt, der für Spannung ebenso wie für komische Situationen sorgt und der durch seine Lebensklugheit und Hilfsbereitschaft sehr gewinnend wirkt. Sein Lebensmotto, das er auch Janku mit auf den Weg gibt, lautet: „Dos is ä einfache Rechnung, / Mei' Kind, vergess' die nit: / Auch Wohlthun tragt Dir Zinsen, / Und das ist der rechte Profit."[13]

Pfefferkorn ist „der das Stück tragende, echt genommene, fast rührende Jude"[14], so die sozialdemokratische „Arbeiter-Zeitung", und eigentlich, so meinte die christlichsoziale „Reichspost", sollte der Titel der Operette „Der gute arme Jud'"[15] lauten. Tatsächlich scheint die Benennung „Der Rastelbinder" – zumindest auf den ersten

---

8 Endler: Immer nur lächeln, S. 82.
9 Linke: Franz Lehár, S. 36.
10 Franz Lehár: Mein Werdegang. In: Die Zeit, 25.10.1907, S. 1f.
11 Die zum Thema „Rastelbinder"-Uraufführung untersuchten Periodika sind: Arbeiter-Zeitung, Das Vaterland, Deutsche Zeitung, Deutsches Volksblatt, Die Zeit, Fremden-Blatt, Figaro, Der Humorist, Illustrirtes Wiener Extrablatt, Neue Freie Presse, Neues Wiener Journal, Neues Wiener Tagblatt, Reichspost, Wiener Zeitung, Wiener Sonn- und Montagszeitung.
12 Léon: Rastelbinder, Zensur-Textbuch, S. 13.
13 Ebd., S. 25.
14 Arbeiter-Zeitung, 21.12.1902, S. 8.
15 Reichspost, 23.12.1902, S. 10.

Blick – wenig passend, denn der titelgebende Rastelbinder Janku ist, verglichen mit Pfefferkorn, eine ebenso zweitrangige Figur wie Suza, Milosch, Mizzi und Glöppler. Es mag sein, dass Victor Léon deshalb auf einen zu sehr auf Pfefferkorn bezogenen Titel verzichtete, weil er negative Reaktionen befürchtete. Immerhin sollen die Direktoren des Carl-Theaters, Andreas Aman und Leopold Müller, der Ansicht gewesen sein, dass die Produktion nur wenig Erfolg haben werde und rieten daher Louis Treumann[16], der den Pfefferkorn-Part übernommen hatte, die Rolle abzugeben. Denn, so sollen sie gesagt haben: „Wenn Sie den Juden singen, sind Sie in Wien erledigt. Sie können sich einen Revolver kaufen!"[17]

Die Direktoren sollten nicht recht behalten: Die Rolle des Wolf Bär Pfefferkorn bedeutete für Treumann den Durchbruch als Charakterkomiker und brachte ihm von der Mehrzahl der Kritiker viel Lob ein. So etwas schrieb das „Neue Wiener Journal", das die gesamte „Darstellung und das Zusammenspiel" der „Rastelbinder"-Uraufführung „ganz erstklassig" fand, über Treumann:

„Es fiel ihm die schwierigste Aufgabe zu: einen allerdings sehr sympathisch gezeichneten Hausirjuden darzustellen. Er entledigte sich der Rolle mit einer nicht genug zu lobenden Discretion. Diese Figur ist eine seiner besten Leistungen; scharf charakterisirt und mit den Zügen liebenswürdiger Bonhommie ausgestattet. Dabei eine Herzlichkeit in den Gesangsstellen, die auf Gemüthswirkung berechnet sind, daß man sich nicht genug verwundern kann."[18]

Auch das „Illustrirte Wiener Extrablatt" fand, dass Treumann den „braven, jüdischen Zwiebelhändler" „brillant spielte", er müsse sich aber davor hüten „in den Stegreif zu steigen", denn, so warnte das Blatt: „Die Rastelbinder-Operette kann leicht in eine Klabriaspartie übergehen."[19] Dieser Hinweis auf die „Klabriaspartie" bezog sich auf die populäre Posse „Eine Partie Klabrias im Café Spitzer" von Adolf Bergmann. Sie war das Zugstück der unweit des Carl-Theaters beheimateten „Budapester Orpheumgesellschaft", die eine beliebte jüdische Jargonbühne war.[20] Die Handlung des meist nur kurz als „Klabriaspartie" bezeichneten Einakters bestand lediglich darin, dass ei-

---

16 Louis Treumann (eigentl. Alois Pollitzer), geb. 1.3.1872 in Wien, gest. 5.3.1943 in Theresienstadt. Treumann, Sohn einer jüdischen Kaufmannsfamilie, begann seine Tätigkeit am Theater 1889 in Laibach (Ljubljana) als Souffleur und Inspizient. Seinen ersten Auftritt als Schauspieler hatte er 1890 in Budapest, in den Folgejahren war er an Bühnen in Österreich-Ungarn und Deutschland tätig (u.a. Cottbus, Pilsen, Salzburg, Graz, München). 1899 wurde Treumann von Franz Jauner an das Carl-Theater engagiert, von wo er 1905 an das Theater an der Wien wechselte, an dem er bis 1908 Ensemblemitglied blieb. Es folgten Engagements an renommierten deutschsprachigen Bühnen (u.a. Neues Operetten-Theater und Metropol-Theater in Berlin) und auch einige Filmrollen. Treumann war bis 1935 schauspielerisch tätig. Am 28.7.1942 wurden er und seine Ehefrau Stefanie nach Theresienstadt deportiert, wo sie dem Naziterror zum Opfer fielen.
17 Dr. E.D. [Ernst Decsey]: Jubilierende Operetten. Wie Lehar wurde. – Die Fledermaus. In: Tagespost [Graz], 25.3.1924, S. 2.
18 Neues Wiener Journal, 21.12.1902, S. 11.
19 Illustrirtes Wiener Extrablatt, 21.12.1902, S. 9.
20 Wacks, Georg: Die Budapester Orpheumgesellschaft. Ein Varieté in Wien 1889-1919. Wien 2002. S. 56ff.

nige arme Männer – ein paar Juden und ein Tscheche[21] – im Kaffeehaus das Kartenspiel Klabrias spielen und einander Witze erzählen. Diese simple Struktur gab den Schauspielern die Möglichkeit, viel Stegreifkomik, oft auch derberer Art, einzubringen. Uraufgeführt am 8.11.1890 von der „Budapester Orpheumgesellschaft" blieb das Stück bis 1925 mit über 5000 Aufführungen im Repertoire der Bühne. Die „Klabriaspartie" fand jedoch nicht nur viel begeisterte Zustimmung[22], sondern auch vehemente Ablehnung, die vielfach aus assimilierten jüdischen Kreisen kam. Denn die jüdischen Kartenspieler trugen viele – wenn auch überzeichnete – Züge jener seit den 1880er Jahren in großer Zahl aus Osteuropa nach Wien eingewanderten Juden, „welche vor der Not und Hoffnungslosigkeit in ihren armen Stettln flohen. Sie waren tief in der jüdischen Tradition verwurzelt, sprachen Jiddisch und ernährten sich und ihre Familien mühsam als kleine Handwerker, Taglöhner, Hausierer oder Händler."[23] Es war eine Bevölkerungsgruppe, mit der sich die assimilierten Wiener Juden nicht identifizieren konnten und wollten, sondern die sie vielmehr als „eine Peinlichkeit"[24] empfanden.

Auch der Wolf Bär Pfefferkorn im „Rastelbinder" ist ein Ostjude, der seine slowakische Heimat verlässt und sich in Wien ansiedelt und der jene typische, als „Jüdeln" bezeichnete Sprachform spricht, die „jiddisches Vokabular in einem Wiener Dialekt mit westjiddischer Syntax"[25] benutzte. Auch wenn Victor Léon in der Regieanweisung ausdrücklich vermerkte, dass Pfefferkorn „weder in Kleidung, noch in Sprechen und Gehaben zu carrikiren"[26] sei, konnte die Präsentation einer derartigen Figur auf einer Operettenbühne bei Teilen des Publikums auch Missfallen auslösen, da sie den Charakteren der jüdischen Jargonbühnen zu ähnlich zu sein schien. In diesem Sinne ist auch die Bemerkung des „Fremden-Blattes" zu verstehen, das nach der Uraufführung des „Rastelbinders" schrieb: „In der Operette wird übermäßig viel gepascht, gepfiffen, gejodelt und – leider! – auch gejüdelt. Oder war es dem Carl-Theater wirklich darum zu thun, den nachbarlichen Singspiel-Unternehmungen in der Taborstraße[27] und in der Rothen Sterngasse[28] Konkurrenz zu machen? Die Leopold-

---

21 Während die jüdischen Klabriasspieler jüdischen Jargon sprachen, „böhmakelte" der Tscheche, der u.a. auch von Hans Moser verkörpert wurde.
22 Eine ausführliche Würdigung der „Klabriaspartie" publizierte der Schriftsteller und sozialdemokratische Funktionär Jacques Hannak am 1.1.1931 in der „Arbeiter-Zeitung" (S. 13). Für Hannak ist „diese Aneinanderreihung an sich zusammenhangloser Witze" eine „unerbittliche Selbstpersiflage" von Menschen, die „zwischen die Mahlsteine der gesellschaftlichen Entwicklung" geraten sind. Auf jeden Fall, so Hannak, werde die „Klabriaspartie" „einen dauernden Ehrenplatz in der Geschichte des jüdischen Witzes einnehmen".
23 Lappin, Eleonore: Juden in Wien. In: Eppel, Peter (Hg.): Wir. Zur Geschichte und Gegenwart der Zuwanderung nach Wien. Wien 1996. S. 63.
24 Ebd., S. 64.
25 Wacks: Budapester Orpheumgesellschaft, S. 40.
26 Léon: Rastelbinder, Zensur-Textbuch, S. 13.
27 Gemeint ist die Budapester Orpheumgesellschaft.
28 Gemeint ist das 1901 eröffnete „Leopoldstädter Orpheum" (nach seinem Direktor Moritz Edelhofer auch „Edelhofers Volksorpheum" genannt), ein, wie sich der Schriftsteller Felix Salten später erinnerte, „kleines Wirtshaus", in dem „sich täglich ostjüdische Volkssänger"

städter Bühne kann mit ihrem neuesten Stück in der That jeder ‚Klabriaspartie' erfolgreich die Spitze bieten."[29] Insgesamt aber war das Urteil des „Fremden-Blattes" über die „Rastelbinder"-Uraufführung durchaus positiv: Die Figur des Pfefferkorn sei zwar „vom Standpunkt des guten Geschmacks bedenklich", der „treffliche Charakterkomiker" Louis Treumann aber „bewährt sich als Künstler selbst in einer so exponirten […] Rolle".

Mizzi Günther als Suza und Louis Treumann als Pfefferkorn

Anerkennung (wenn auch mit ein wenig Ironie) gab es auch dafür, dass Victor Léon mit dem slowakischen Schauplatz des Vorspiels ein neues Operettenambiente erschlossen hatte: „Viktor Léon, der unermüdliche Erfinder und Finder von Operettensujets, hat nun auch die Slovakei mit ihrer Rastelbinderindustrie und Zwiebelkultur für die leichtgeschürzte Muse entdeckt. Auf diesem neuen Terrain operiert er mit entschiedenem Geschick und nicht ohne Anflug von Poesie."[30]

„produzierten" (Salten, Felix: Gedenkrede für Theodor Herzl. Zum fünfundzwanzigsten Jahrestag seines Todes. In: Neue Freie Presse, 23.6.1929, S. 3.)
29 Fremden-Blatt, 21.12.1902, S. 11.
30 Ebd.

Von den untersuchten 15 Kritiken zur Uraufführung des „Rastelbinders" sind lediglich drei dezidiert negativ: jene im „Neuen Wiener Tagblatt", in der „Neuen Freien Presse" und in der „Deutschen Zeitung". Für das „Neue Wiener Tagblatt" hatte der renommierte Musikkritiker Ludwig Karpath die Uraufführungskritik geschrieben. Für Karpath, der vor allem an Lehárs Komposition viel auszusetzen fand, war „die Figur des von einer falschen Sentimentalität erfüllten Pfefferkorn, deren Vorbild in Berg's Posse ‚Einer von unsere Leut' zu finden ist, direct widerwärtig."[31] Auch die „Neue Freie Presse" fand Ähnlichkeiten zwischen dem „Rastelbinder" und dem Stück „Einer von unsere Leut'" von O.F. Berg[32], das am 11.10.1859 am Carl-Theater uraufgeführt worden war und das sich lange erfolgreich auf den Spielplänen hielt. Pfefferkorn sei ein „Zwillingsbruder" von O.F. Bergs armem, jüdischem Händler Isaak Stern, der einen Dieb entlarvt und damit einem zu Unrecht verdächtigten Mann aus dem Gefängnis hilft. Allerdings unterscheide sich Pfefferkorn von Stern „durch einen in der Sache unbegründeten Ueberfluß von Geschmacklosigkeiten und Unappetitlichkeiten, mit denen ihn der Autor aus einem schier unerschöpflichen Füllhorn begabt hat."[33] Worin die „Geschmacklosigkeiten und Unappetitlichkeiten" bestanden, darüber gibt der namentlich nicht genannte Rezensent allerdings keine Auskunft.

Während die Kritik an der Figur des Ostjuden Pfefferkorn in der „Neuen Freien Presse" und im „Neuen Wiener Tagblatt" aus liberaler beziehungsweise jüdisch-assimilierter Perspektive erfolgte, trug die scharfe Ablehnung des „Rastelbinders" in der deutschnationalen „Deutschen Zeitung" (die stark der politischen Linie des damals regierenden Wiener Bürgermeisters Karl Lueger verpflichtet war) klar antisemitische Züge. Die Attacke richtete sich dabei auch generell gegen das Carl-Theater, dem offenbar eine allzu „judenfreundliche" Programmlinie vorgeworfen werden sollte: „Mit der neuen Operette ‚Der Rastelbinder' von Viktor Léon, Musik Franz Lehar, hat die Leopoldstädter Bühne wohl ihr höchstes Ziel erreicht. Ein Handeljude ist der Held und der Mittelpunkt des Stückes, er hat die beste Rolle, kommt fast nicht von der Bühne, gibt ohne Unterlaß ein Lozelach nach dem andern zum Besten, verherrlicht das Judentum u.s.f. mit Grazie."[34] Auf den „schäbigen Inhalt" des Librettos brauche Victor Léon „nicht stolz zu sein"; und Louis Treumann, „der ewige Jude des Stückes, mag für jüdischen Geschmack ausgezeichnet gewesen sein, für arische Sterbliche war die natürliche ‚Ungezwungenheit' seiner Darstellung doch viel zu stark. [...]. Das heutige Premièrenpublikum fand die Operette sehr gut, ein anderes, das nicht auf den Ton der Budapester Orpheum-Gesellschaft gestimmt ist, dürfte wohl das strikte Gegenteil davon empfinden und äußern."

Diese abschließende Vermutung der „Deutschen Zeitung" bestätigte sich nicht: „Der Rastelbinder" fand viel Zustimmung und wurde zu einem großen, anhaltenden Erfolg. Bis zum Saisonschluss Ende Mai 1903 stand die Operette fast täglich auf dem Programm, und am 12.9.1903 wurde auch die neue Spielzeit des „Carl-Theaters" damit eröffnet. Wenige Tage später, am 18.9.1903, feierte man das „ungewöhnliche

---

31 Neues Wiener Tagblatt, 21.12.1902, S. 9.
32 O.F. Berg, (eigentl. Ottokar Franz Ebersberg), geb. 10.10.1833 in Wien, gest. 16.1.1886 in Wien, Journalist und Schriftsteller.
33 Neue Freie Presse, 21.12.1902, S. 12.
34 Deutsche Zeitung, 21.12.1902, S. 9.

und seit vielen Jahren keinem Operettenwerke beschiedene Jubiläum"[35] der 150. Aufführung. Franz Lehár dirigierte, und über ihn und die anderen Mitwirkenden „ergoß" sich „ein wahres Sturzbad äußerlicher Ehren": „Mit Blumen und Kränzen wurde eine förmliche Verschwendung getrieben und wenn die Leute gestern noch nicht aufgehört haben zu applaudieren, so applaudieren sie noch heute."[36]

„Der Rastelbinder" blieb über Jahre im Repertoire des Carl-Theaters und wurde von zahlreichen Bühnen übernommen. Die Figur des Wolf Bär Pfefferkorn war bald vor allem in Wien so populär, dass sie auch zur Hauptperson einer „Burleske mit Gesang" wurde, die ab 23.4.1904 im Jantsch-Theater im Prater gezeigt wurde. Das Stück mit dem Titel „Wolf Bär Pfefferkorn auf Reisen" war von C. Karl und Karl Strobl verfasst worden, die Musik stammte von Josef Fromm. Pfefferkorn ist in dieser Burleske derselbe lebenskluge, hilfsbereite und skurril-komische jüdische Handelsmann wie in der Operette. Er begleitet ein armes, frischvermähltes Ehepaar, dem von einem ehemaligen Verehrer der jungen Frau als Wette eine Fußreise von Wien nach Triest aufgezwungen wurde. Während der Wanderung kann er einige Gefahren und Intrigen von dem Paar abwenden und so sicherstellen, dass es die Wette gewinnt.

Der große Erfolg der Operette „Der Rastelbinder" beruhte sehr wesentlich auf der Musik von Franz Lehár, dennoch darf der Anteil, den Victor Léons Libretto daran hatte, nicht unterschätzt werden. Während es die Operette „Wiener Frauen" (Libretto Ottokar Tann-Bergler und Emil Norini), an der Lehár zur selben Zeit wie am „Rastelbinder" gearbeitet hatte und die einen Monat vor diesem am Theater an der Wien uraufgeführt worden war, gemäß der von Otto Keller erstellten Aufführungsstatistik[37] bis 1921 an deutschsprachigen Bühnen auf insgesamt 143 Aufführungen brachte, wurde „Der Rastelbinder" im selben Zeitraum 2742 Mal gezeigt. Im Gegensatz zu den Librettisten der „Wiener Frauen" hatte Victor Léon offensichtlich ein Textbuch geschrieben, das Lehár zu einer wirkungsvollen Komposition inspirierte und das Publikum in besonderer Weise ansprach.

Der Erfolg des „Rastelbinders" ist sicher auch darin begründet, dass Victor Léon mit seinem Libretto ein Zeitbild geschaffen hatte, das zwar – mit zahlreichen komischen Elementen und einer generell harmonisierenden Grundhaltung – dem entsprach, was das Publikum vom Unterhaltungstheater erwartete, das aber dennoch nahe an der sozialen und politischen Wirklichkeit des frühen 20. Jahrhunderts angesiedelt war. Zentrales Element innerhalb dieses präzise ausgearbeiteten Realitätsrahmens ist die Auseinandersetzung mit der Problematik von Migration und Assimilation. Somit erscheint der Titel „Der Rastelbinder" durchaus passend und plausibel. Denn auch wenn Wolf Bär Pfefferkorn eine dominante Rolle spielt, handelt die Operette nicht so sehr von der Situation der jüdischen, sondern primär von jener der slowakischen Bevölkerung der Habsburgermonarchie. Das Dorf, das der Schauplatz des Operettenvorspiels ist und aus dem Suza, Janku und Milosch kommen, liegt, wie gleich zu Beginn aus einem Dialog zu erfahren ist, im „Trentschiner Komitat". Diese Verwaltungseinheit mit der Stadt Trentschin (Trenčín/Slowakei) als Zentrum befand sich, wie die gesamte Slowakei, in der ungarischen Reichshälfte. Die slowakischen Gebiete, die als „Ober-Ungarn" bezeichnet wurden, waren stark agrarisch geprägt,

---

35 Die Zeit, 19.9.1903, S. 3.
36 Neues Wiener Journal, 19.9.1903, S. 9.
37 Keller, Otto: Die Operette in ihrer geschichtlichen Entwicklung. Leipzig 1926. S. 427ff.

um 1910 lebten rund 70 Prozent der Bevölkerung von der Landwirtschaft. Zum überwiegenden Teil waren es arme Kleinbauern, denn „der Groß- und Mittelgrundbesitz lag fast ausschließlich in den Händen des magyarischen oberungarischen Adels"[38]. Diese Situation führte zu einer massiven Migrationsbewegung, bei der zwischen den 1870er Jahren und dem Ersten Weltkrieg rund eine Million Menschen die ober-ungarischen Komitate verließen.[39] Das Trentschiner Komitat im äußersten Nordwesten der ungarischen Reichshälfte war eine jener Regionen, in denen die wirtschaftlichen Verhältnisse besonders schlecht waren. Darauf verweist in der Operette „Der Rastelbinder" gleich die allererste Szene, die mit einem Chor beginnt: „Der Slovak, / Der Slovak, / Rackert sich den ganzen Tag! / Keinen Kreuzer Geld im Sack, / Doch dafür viel Müh' und Plag!"[40]

Wenn die Knechte und Mägde, die den Chor bilden, während des Gesangs „beschäftigt sind, Zwiebel in Säcke zu füllen [und] die bekannten Strohzöpfe zu flechten, die mit Zwiebeln gebunden werden"[41], so entsprach das ganz den Vorstellungen, die das Publikum von einem slowakischen Ambiente hatte. Denn der Zwiebelhandel war eine Tätigkeit, die – vor allem aus Wiener Sicht – als typisch für die Bevölkerung jener Region der österreichisch-ungarischen Monarchie galt.

Ebenso wie die slowakischen Zwiebelhändler gehörten auch die Rastelbinder zur Gruppe der oft beschriebenen und abgebildeten „Wiener Typen"[42]. Auch sie kamen aus der Slowakei und vor allem aus der Region um Trentschin, in der neben der Landwirtschaft die Erzeugung von Drahtwaren einen wichtigen Erwerbszweig bildete. Das Trentschiner Komitat galt daher auch als die „Heimat der Rastelbinder". So etwa trug ein populärer, um 1890 entstandener und bis heute vielfach im Antiquariatshandel zu findender Holzstich den Titel „Aus dem Trencsiner Komitat, der Heimat der Rastelbinder". Als Wanderhändler verkauften die Rastelbinder ihre Waren im gesamten Bereich der Habsburgermonarchie und auch darüber hinaus: „Die Slovaken Ober-Ungarns sind der auf dem ganzen Festlande bekannteste Volksstamm der Stephanskrone. An den Ufern der Themse und auf den Pariser Boulevards kennt man so gut wie auf der Ringstraße die ‚Rastelbinder'"[43], hieß es dazu in einem Artikel der „Neuen Freie Presse". Bemerkenswert ist, dass hier, wie auch in anderen Publikationen des späten 19. und frühen 20. Jahrhunderts, die Bezeichnung „Rastelbinder" als Synonym für die gesamte slowakische Bevölkerung Österreich-Ungarns verwendet wird. Es könnte durchaus sein, dass dieser Aspekt bei Léons Wahl des Librettotitels mitgespielt hat, denn damit war sofort ein starker geografischer und sozialer Bezug etabliert.

1870 hielten sich 1123 slowakische Drahtbinder in Wien auf[44], mit dem starken Ansteigen der Zuwanderung in die Hauptstadt in den letzten Jahrzehnten des 19.

---

38 Holotík, Ľudovít: Die Slowaken. In: Wandruszka, Adam – Peter Urbanitsch (Hg.): Die Habsburgermonarchie 1848-1918. Wien 1980. Band 3, 2. Teilband, S. 786.
39 Ebd., S. 786.
40 Léon: Rastelbinder, Zensur-Textbuch, S. 4.
41 Ebd., S. 4.
42 Siehe dazu v.a. Kos, Wolfgang (Hg.): Wiener Typen. Klischees und Wirklichkeit. Wien 2013.
43 Neue Freie Presse, 11.3.1873, S. 4.
44 Das Vaterland, 21.5.1870, S. 5.

Jahrhunderts[45] ist ihre Zahl für das Uraufführungs-Jahr der „Rastelbinder"-Operette wohl noch um einiges höher anzusetzen. Wie schlecht die Lebensverhältnisse vieler Rastelbinder in Wien waren, beschreibt ein in der „Wiener Sonn- und Montagszeitung" erschienener Artikel, der unter dem Titel „Aus dem Wiener Leben. Wo sich die Armuth nährt" über die Rastelbinder berichtet: „Sie halten Nachlese wie die Ratten auf den Marktplätzen und erquicken sich in Gier wie diese an fast ungenießbaren Abfällen."[46]

Ihre Produkte und die von ihnen erbrachten diversen Reparaturarbeiten boten die Rastelbinder zu sehr niedrigen Preisen an. Damit allerdings wurden sie zu einer Konkurrenz für die ansässigen Wiener Spengler. So etwa berichtete die Tageszeitung „Die Debatte" am 10.10.1868, dass sich bei einer Versammlung des Sechshauser Handels- und Gewerbevereins einige Spengler „über die Konkurrenz der Rastelbinder" und den Schaden, den „die hausirenden Slowaken" den örtlichen Gewerbetreibenden verursachen, beklagt hatten.[47] Als Händler mit konkurrierendem Angebot war in der Operette „Der Rastelbinder" auch Janku zum Wiener Spenglermeister Glöppler gekommen. Denn, so erinnert sich Glöppler:

„Vor ungefähr zwölf Jahren guckte ein kleiner Schlovak da bei dieser Ladenthür herein und rief: ‚Kafte Mauselfallen, Blechhefen! Drahtenbinder is do!' Und als ich diesem Kleingewerbler klar machte, dass ich nichts brauche, weil ich selbst diese Industrie betreibe, da machte er ein so vertepschtes Gesicht wie die Katz' beim Regenwetter. Meine Herren! Es war das Gespenst des Hungers, das dem Rastelbinderbuben aus den bleichen Backenknochen blickte."[48]

Mit der Herkunft aus armen Verhältnissen in der Provinz, der Migration nach Wien, die zunächst in die ärmsten sozialen Schichten der Stadt führt, und mit der geglückten Integration in das mittelständische Bürgertum war Jankus Biografie ein für das Publikum der Jahrhundertwende zeittypisches Schicksal. Janku repräsentiert den Migranten, der es geschafft hat, sich vollständig zu integrieren und zu assimilieren. Deutlich wird dies in seiner Sprechweise, in der das slowakisch geprägte Idiom dem Wiener Dialekt gewichen ist, und in der „Verwienerung" seines Vornamens: Denn „Schani", wie Janku nun von allen genannt wird, ist die wienerische Koseform von Johann, der deutschen Entsprechung für das slawische Janku. Dass Jankus Assimilierung auch unter einem gewissen Druck seiner Umgebung erfolgt ist, geht aus einem von ihm gesungenen Lied hervor: „Mei Schatz, mei Braut, / Hat mir vertraut, / Ganz leis', net laut: / S' wär ein Slowak / Nicht ganz ihr G'schmack! / Sie hätt's halt so gern / Ich sollt ein Wiener werdn."[49] Nun sei er also, so Janku stolz, „a Wienerkind,

---

45 John, Michael – Albert Lichtblau: Schmelztiegel Wien – einst und jetzt. Zur Geschichte und Gegenwart von Zuwanderung und Minderheiten. Wien 1990. S. 14ff.
46 Wiener Sonn- und Montagszeitung, 18.10.1869, S. 4.
47 Die Debatte, 10.10.1868, S. 2.
48 Léon: Rastelbinder, Zensur-Textbuch, S. 34.
49 Ebd., nicht paginierte Beilage.

so wie's im Büchel steht, / Ich bin kein ‚Brzesina'[50] – / Der kein Wort deutsch versteht!"

Das Gegenbild zu Janku ist Suza. Sie ist eine nicht-assimilierte Migrantin: Äußerlich sichtbar ist dies dadurch, dass sie auch in Wien die „Tracht ihres Dorfes"[51] trägt, und hörbar ist es in ihrer mit slowakischen Ausdrücken durchsetzten Sprechweise, die auch zu einigen Missverständnissen führt. So etwa, wenn sie auf Fragen Glöcklers stets demütig „Ja, pan" antwortet, also statt des deutschen Wortes „Herr" das slowakische Äquivalent „pan" verwendet. „Was will's denn mit Japan?" fragt sich Glöckler irritiert, um dann – in schwankhafter Komik – festzustellen: „Das muss eine Chineserin sein!"[52]. Glöcklers Tochter Mizzi reagiert weniger gutmütig auf Suzas sprachliche Schwierigkeiten und meint, dass Suza „plunzendumm"[53] sei.

Suza ist mit falschen Vorstellungen von ihren Berufsmöglichkeiten nach Wien gekommen. Dies wird in den unterschiedlichen Ausdrücken deutlich, die sie und Mizzi, die mit ihr eine Art Anstellungsgespräch führt, verwenden. Suza sagt, dass sie in Wien „als Magd"[54] arbeiten wolle und meint, damit über jene Fertigkeiten zu verfügen, die Mizzi von einem „Dienstmädel" erwartet.

„Mizzi: Also Sie sind das Dienstmädel?
Suza: Ale[55] bitt' ich, küss' ich die Hand!
Mizzi: Sind Sie schon einmal im Dienst gewesen?
Suza: O, schon wie ich war ganz kleine Mädlitschku!
Mizzi: Können S' kochen?
Suza: Ale bitt' ich, nein.
Mizzi: Aber in der Küche kennen Sie sich doch ein bissel aus?
Suza: Ale bitt' ich, nein.
Mizzi: Aber 's Essen werden S' doch auftragen können?
Suza: Das Essen? Ale bitt' ich, nein.
Mizzi: Also nur die Zimmer aufräumen können Sie?
Suza: Die Zimmer? Ale bitt' ich, nein.
Mizzi: Ja, wenn Sie schon im Dienst waren, was haben Sie denn da gemacht?
Suza: Ale bitt' ich, gearbeit' hab' ich, so viel gearbeit'.
Mizzi: Ja, was denn?
Suza: Wie ich bin gewesen ganz kleine Mädlitschku hab' ich Gansel hinaus getrieben auf Wiesen.
Mizzi: Na, dös können S' bei mir net thun. Und nachher?
Suza: Wie ich bin gewesen grössere Mädlitschku hab' ich Zwiefel in Sackel hineingethan.
Mizzi: Das is Alles?

---

50 Dieser Familienname (oft auch Březina oder Brezina geschrieben), der „Bschesina" ausgesprochen wird, war eine Spottbezeichnung für die slowakisch- und tschechischstämmige Bevölkerung Wiens.
51 Léon: Rastelbinder, Zensur-Textbuch, S. 52.
52 Ebd., S. 64f.
53 Ebd., S. 55.
54 Ebd., S. 53.
55 Das slowakische „ale" bedeutet „aber".

Suza: Und wie ich bin gewesen ganz grosse Mädlitschku, hab' ich Gansel gestopft, dass Gansel geworden sind so fett wie Schweindel."[56]

Suza verfügt also über Fertigkeiten, die sie im Dorf zu einer tüchtigen Arbeitskraft machen, die aber in der Stadt nicht benötigt werden und dadurch dort keinerlei Wert haben. Mizzi stellt sie nur deshalb ein, weil dies bereits mit Pfefferkorn so verabredet wurde, ist aber unzufrieden mit ihr und beschimpft sie: „Stehen Sie doch nicht so blöd da, Sie Trampel! Den Tisch abräumen hab' ich g'schafft!"

Auch Janku verwendet das wienerische Schimpfwort „Trampel" – also jene stark pejorartive Bezeichnung für eine schwerfällige Person – in Bezug auf Suza. Wenn er beteuert, dass er nicht daran denke, „grad' so einen schlovakischen Trampel [zu] heirathen"[57], so zeigt sich darin die große emotionale Distanz, die er zu seiner Heimat hat. Suza repräsentiert für ihn seine ärmliche Herkunft, mit der er nichts mehr zu tun haben will und die ihm peinlich ist. Als Suza wegen ihrer Ungeschicklichkeit beim Speisenservieren schließlich auch von Glöppler als „Trampel" bezeichnet wird, kommt ihr Pfefferkorn zu Hilfe:

„Pfefferkorn: Wird'n Se nix gemein!
Glöppler: Herr Pfefferkorn?
Mizzi: Herr Pfefferkorn? Was mischen Sie sich denn hinein?
Pfefferkorn: Paton, (Pardon), Paton, ich bitt' recht sehr, / Ich hab' gebringt das Mädel her, / Ich will, dass man se gut behandelt, / Sonst werd mit mir was angebandelt!"[58]

Trotz aller dieser Schwierigkeiten wird Suzas Migrationsgeschichte – operettenmäßig – gut enden: Suza wird Milosch heiraten und mit ihm in die Slowakei zurückkehren. Denn auch Milosch fühlt sich in Wien nicht wohl: „Mich zieht's nach der Heimath, nach unser'm Dorf, nach meinem Bauernhof und – – – nach meiner Braut! [...] Drei Jahr' hab' ich sie jetzt schon net g'seh'n!"[59] Angespielt wird hier darauf, dass in der österreichisch-ungarischen Monarchie eine Eheschließung erst nach Absolvierung des Militärdienstes, der drei Jahre dauerte, erlaubt war.

Während seiner Militärdienstzeit hatte Milosch zwar einige „Briefelein" an Suza geschickt, doch, so klagt sie, „ konnt' ich keines lesen, / Weil ich nicht lesen kann. / Und ich schrieb ihm kein Briefelein, / Ich hätt's gar gern gethan. / Doch konnt' ich keines schreiben, / Weil ich nicht schreiben kann!"[60] Suza ist Analphabetin, was zu Beginn des 20. Jahrhunderts bei der ländlichen Bevölkerung in den slowakischen Gebieten der Habsburgermonarchie keine Seltenheit war. Noch 1910 konnten 42 Prozent der Slowaken weder lesen noch schreiben.[61] Dies lag zum einen an der sehr

---

56 Léon: Rastelbinder, Zensur-Textbuch, S. 54f.
57 Ebd., S. 72.
58 Ebd., S. 82.
59 Ebd., S. 36.
60 Ebd., S. 53.
61 Katus, László: Die Magyaren. In: Wandruszka, Adam – Peter Urbanitsch (Hg.): Die Habsburgermonarchie 1848-1918. Wien 1980. Band 3, 1. Teilband, S. 484. Insgesamt gab es in Bezug auf die Analphabetenrate einen deutlichen Unterschied zwischen der österreichischen und der ungarischen Reichshälfte. Während in Österreich die Analphabetenrate um

schlechten sozialen Lage, die dazu führte, dass viele Kinder statt des Schulbesuchs als Arbeitskräfte eingesetzt wurden (so wie Suza, die schon als „ganz kleines Mädlitschku" Gänse hüten musste), zum anderen aber auch an der Bildungspolitik in der ungarischen Reichshälfte. Denn mit dem Ziel einer allgemeinen Magyarisierung erschwerte man den Zugang zu nicht-ungarischsprachigem Unterricht, wodurch vor allem „die bäuerlichen Massen [...] in den Analphabetismus gedrängt"[62] wurden. Hatte es 1869 über 1800 Volksschulen mit slowakischer Unterrichtssprache gegeben, so waren es 1900 nur noch 528, „und das, obwohl in ganz Ungarn in dieser Zeit die Gesamtzahl der Volksschulen um 23,4 Prozent gestiegen war."[63]

Mit dem „Rastelbinder" brachte Victor Léon also eine für seine Zeit typische Migrationsgeschichte mit allen ihren sozialen Implikationen auf die Operettenbühne. Alteingesessene Wiener sind darin genauso vertreten wie eben erst aus der Provinz zugewanderte, und die Probleme im Zusammenleben dieser Gruppen sind breit gefasst als Gegenüberstellung von großstädtischen und ländlichen Lebenswelten. Pfefferkorn ist der Vermittler zwischen diesen zwei Bereichen, ihm gelingt es, sich hier wie dort als Geschäftsmann und als geschätzter Ratgeber zu etablieren. In Bezug auf die Rückständigkeit seiner slowakischen Heimat ist er kritisch und meint etwa in Bezug auf die Kinderverlobungen: „Dass so ä dumme Sitt' besteht? / Die Leut' sin' sehr verschroben!"[64]

Wahrscheinlich wusste Victor Léon einiges über die Situation, die Traditionen und auch die Rückständigkeit in den slowakischen Dörfern aus familiären Erzählungen. Sein Vater, Jakob Heinrich Hirschfeld, war in dem der „Heimat der Rastelbinder" benachbarten Komitat Neutra geboren worden, die Kleinstadt Senica, wo er als Rabbiner tätig gewesen war und wo auch Léon seine ersten Lebensjahre verbracht hatte, liegt rund 70 Kilometer südwestlich von Trentschin. Hirschfeld, der sich in Senica als Schulleiter und durch seine „hingebungsvolle Thätigkeit auf dem Gebiete der Jugenderziehung"[65] einen Namen gemacht hatte, kannte die Zustände und hat vermutlich später davon seinem Sohn berichtet.

Für das Wiener Publikum des beginnenden 20. Jahrhunderts hielt die Operette „Der Rastelbinder" mit ihren vielen aktuellen Bezügen aber nicht nur zahlreiche Identifikationsmöglichkeiten bereit, sondern sie lieferte auch reichlich Stoff für Amüsement. Die komischen Szenen waren dabei dem Stil des Unterhaltungstheaters der Zeit angepasst, vor allem der in einer Kaserne spielende zweite Akt, den Stefan Frey – durchaus passend – als „Militärklamotte"[66] bezeichnet. Manchen an sich wohlmeinenden Kritikern allerdings missfiel dieser Schlussakt. So etwa jenem des

---

1910 insgesamt 16,52 Prozent betrug (Wandruszka: Habsburgermonarchie 3/1, S. 77), lag sie zum selben Zeitpunkt im Königreich Ungarn bei 43,6 Prozent (Wandruszka: Habsburgermonarchie, 3/1, S. 484).

62 Alexander, Manfred – Janko Prunk: „Kleines Volk" und politische Macht. Slowaken und Slowenen im 19. und 20. Jahrhundert im Vergleich. In: Alexander, Manfred – Frank Kämpfer – Andreas Kappeler (Hg.): Kleine Völker in der Geschichte Osteuropas. Stuttgart 1991. S. 81.
63 Holotík: Die Slowaken, S. 791.
64 Léon: Rastelbinder, Zensur-Textbuch, S. 21.
65 Allgemeine Zeitung des Judenthums, 20.7.1857, S. 411.
66 Frey: Was sagt ihr zu diesem Erfolg, S. 66.

"Neuen Wiener Journals", der meinte, dass derartige "Kasernenscenen" bereits aus vielen anderen Stücken bekannt und hier ungeschickt und "willkürlich aufgepfropft" seien: "Daß ein so bühnenkundiger Librettist, wie Victor Leon es ist, nach zwei so vortrefflich gemachten Acten auf diesen Einfall gerathen konnte, ist nicht recht verständlich."[67]

Zu den populären Unterhaltungselementen, die Léon im Schlussakt einsetzte, gehört unter anderem der Auftritt von Frauen in Männerkleidern – und das gefiel dann offenbar doch auch dem Kritiker des "Neuen Wiener Journals", der über Mizzi Günther in der Rolle der Suza schrieb: "Sie sah im Nationalcostüm ebenso brillant aus wie später in der Husaren-Uniform". Für komische Szenen sorgt auch Wolf Bär Pfefferkorn, dem als vermeintlichem Soldaten mehrmals hintereinander die Haare und Bart geschnitten werden, bis er schließlich kahlköpfig ist. Das kommentiert er dann mit dem für das Publikum der Jahrhundertwende sofort verständlichen Hinweis, dass er „auf der Stell' zu der Anna Csillag"[68] müsse – also zu jener damals sehr bekannten Wiener Unternehmerin, die mit ihren langen Haaren als Reklamefigur für die in ihrer Firma hergestellten Haar- und Bartwuchsmittel warb.

Zur Groteske wird jene Szene, in der ein Korporal Pfefferkorn befiehlt, ein Pferd in den Stall zu reiten:

„Pfefferkorn: (entsetzt) Was soll ich? Reiten soll ich?
Corporal: Aufsitzen!
Pfefferkorn: Ich bin heinte schon genug aufgesessen!
Corporal: Aufsitzen! Oder – – –
Pfefferkorn: Geduld – pomali – gleich sitz' ich!
(Scene ad libitum, wo Pfefferkorn sich vergeblich bemüht, auf's Pferd zu steigen, wobei er auf der anderen Seite herunterfällt, am Hals hängt, oder unter das Pferd kommt und dergl. – Nach vielen komischen Anstrengungen gelingt es ihm; er sitzt aber dann so, dass er das Gesicht zum Schweif des Pferdes hat.)
Wos is dos? Das Ross hat'n Kopp verloren!
Corporal: Kerl, Sie sitzen ja verkehrt!
Pfefferkorn: Verkehrt? Wieso? Ah so! Hob ich gor nix bemerkt!
(will sich umdrehen, es gelingt nicht.)
Ich bitt' Sie, wie kann ich mir da umundum dreh'n?
Corporal: Himmelkreuz – – –
Pfefferkorn: Psch! Ruhe! Thun Se mir den Hengst nix aufregen! Es wird scho' geh'n!
(Spiel ad libitum)".[69]

Die „ad libitum" gestaltbaren Szenen kamen vor allem dem ersten Pfefferkorn-Darsteller Louis Treumann sehr entgegen, der für sein tänzerisches und akrobatisches Talent berühmt war und dieses, wie den Premierenberichten zu entnehmen ist, auch ausgiebig zur Geltung brachte. Die Pferde-Szene endet damit, dass es Pfefferkorn, nach einigen weiteren Ungeschicklichkeiten, schließlich doch schafft, das Pferd in den Stall zu bringen:

---

67 Neues Wiener Journal, 21.12.1902, S. 10.
68 Léon: Rastelbinder, Zensur-Textbuch, S. 136.
69 Ebd., S. 134.

„Pfefferkorn: [...] Ae so ä Gasbock! Na wart'! Der Selcher wird' schon über Dir kommen! Glauben Sie, der arrogante Krampen hat gewart', bis ich heruntergestiegen bin? E Schmiss hat er mir gegeben! E so e Antisemit!"[70]

Marion Linhardt, die sich in ihrem Beitrag zum Sammelband „Judenrollen" sehr genau mit der Figur des Wolf Bär Pfefferkorn auseinandergesetzt hat, schreibt, dass die Kasernenszene im „Rastelbinder" ihre komische Wirkung aus dem Stereotyp der angeblichen Militäruntauglichkeit von Juden beziehe. Zu Pfefferkorns groteskem Kampf mit dem Pferd meint Linhardt, dass dieser möglicherweise „auf den alten, vielfach auch im Bild wiedergegebenen Topos" verweise, dass Tiere „‚instinktiv' eine Abneigung gegen ‚Juden' hätten."[71] Linhardts Ausführungen muss allerdings relativierend hinzugefügt werden, dass komisch-unbeholfene Versuche, ein Pferd zu besteigen, auch zum klassischen Repertoire von Zirkusclowns gehören. Vor allem ist Pfefferkorn weder in dieser noch in irgendeiner anderen Szene des „Rastelbinders" ein verlachter Außenseiter, sondern ein integriertes und mit seiner leichten Schrulligkeit beliebtes Mitglied der Gesellschaft (der negative Part kommt in dieser Szene dem Korporal zu), und Pfefferkorns Gleichsetzung von Pferd und Antisemit ist klar auf positive Zustimmung durch das Publikum berechnet.

---

70   Ebd., S. 135.
71   Linhardt, Marion: „Wer kommt heut' in jedem Theaterstück vor? Ä Jud!". Bilder des ‚Jüdischen' in der Wiener Operette des frühen 20. Jahrhunderts. In: Bayerdörfer, Hans-Peter – Jens Malte Fischer (Hg.): Judenrollen. Darstellungsformen im europäischen Theater von der Restauration bis zur Zwischenkriegszeit. Tübingen 2008. S. 203.

„Operettenmacher, die sich an dem griechischen Olymp vergreifen": „Der Göttergatte"

Zu den Veränderungen, die innerhalb der Operettenszene um die Wende vom 19. zum 20. Jahrhundert merkbar wurden, gehörte auch eine Veränderung bei der Zusammenarbeit von Librettisten und Komponisten. Waren zuvor längerfristige, kontinuierliche Kooperationen häufig gewesen – bekannte Beispiele sind etwa Henri Meilhac und Ludovic Halévy mit ihren Libretti für Jacques Offenbach oder, im Bereich der Wiener Operette, F. Zell und Richard Genée mit ihren Texten für Millöcker, Strauss und Suppé – so bildeten sich nun oft von Werk zu Werk neue Allianzen. Auch Victor Léon war zu Beginn seiner Karriere mit der über ein Jahrzehnt dauernden Zusammenarbeit mit Heinrich von Waldberg dem damals gängigen Kooperationsmodell gefolgt – und wenn die beiden damals häufig als „Firma" oder „Fabrik" bezeichnet wurden, so könnte man in Anlehnung daran ihre Produktionsform als eine „früh-unterhaltungsindustrielle" bezeichnen, die bei einem hohen Grad an Effizienz gleichbleibende Ergebnisse lieferte. Die seit dem Beginn des 20. Jahrhunderts zunehmende Internationalisierung und weitere Kommerzialisierung der Unterhaltungsindustrie jedoch verlangte Vielfalt, Dynamik und flexibles Reagieren auf die jeweiligen Erfordernisse des Marktes. Produziert wurde nunmehr, um in der Wirtschaftsterminologie zu bleiben, bevorzugt in „wechselnden Teams". Über längere Zeit bestehende Arbeitsgemeinschaften hingegen, wie etwa jene der beiden Librettisten Julius Brammer und Alfred Grünwald, wurden zur Ausnahme.

Auch Victor Léon schrieb, nachdem er 1900 sein letztes gemeinsam mit Heinrich von Waldberg verfasstes Werk („Frau Lieutenant") herausgebracht hatte, nie wieder mit ein und demselben Koautor mehrere Werke in Folge. Allerdings hatte er weiterhin bevorzugte Kooperationspartner. Einer der Autoren, mit denen er offenbar besonders gut zusammenarbeitete, war Leo Stein – und daher wählte Léon ihn als Ko-Librettisten, als er im Frühjahr 1903 daranging, ein weiteres Operettentextbuch für Franz Lehár zu schreiben.

Das Werk trägt den Titel „Der Göttergatte" und ist eine Parodie auf den antiken Amphitryon-Mythos. Es beginnt mit einem szenischen Prolog, in dem der „Bühnen-Schriftsteller" Mänandros in den Jupiter-Tempel in Theben kommt, um den Göttervater „um einen Stoff zu einem Operettenlibretto"[1] zu bitten. Dafür müsste er eigent-

---

1 Léon, Victor – Leo Stein: Der Göttergatte. Zensur-Textbuch, NÖ Landesarchiv, Theater TB K 268/17, Vorspiel, S. 11.

lich eine Drachme in die „Grammophonaufnahmestelle" werfen, „durch welche die Gebete direkt in den Olymp grammophonirt werden"[2]. Da er aber dem Tempeldiener eine Freikarte für die Operettenaufführung verspricht, darf er das Gebet gratis aufnehmen:

„Mänandros: Also los! Jupiter, erhöre mich, den armen Dichter Mänandros. Ich habe ein neues Genre entdeckt: Die Operette! Die Operette! Jupiter, erhöre mich! Schenke mir einen Stoff dazu! Amen! Amen! – So jetzt fühle ich mich erleichtert und gestärkt!
Tempeldiener: Und Du glaubst, dass (verneigt sich) Jupiter? –
Mänandros: Ich bin sogar so sicher, dass ich bereits mit einem Componisten abgeschlossen habe! Er kann sofort mit dem Combiniren anfangen.
Tempeldiener: Wer ist denn dieser Componist?
Mänandros: Ich höre ihn kommen! Er soll nur inzwischen mit der Ouverture beginnen. Bis er fertig ist, habe ich mit Jupiter's Hilfe das Buch für ihn!
(Lehar tritt in's Orchester)
Aha, da ist er schon! Er kann ruhig sagen: Ich bin an Ort und stehle!
(in's Orchester sprechend)
Beginnt nur die Ouverture!
(zum Tempeldiener)
Servus, Schames! (ab)"[3]

Die Librettisten ironisierten mit diesem Vorspiel sich selbst, den Komponisten und die gesamte Aufführung; und sie wandten jenes stilistische Mittel des Zusammenfügens von historisch disparaten Elementen an, dessen sich Léon auch schon in seinen frühen Stücken zur Erzielung komischer Effekte bedient hatte.

Im Olymp findet zu Beginn des ersten Aktes gerade eine Parlamentssitzung statt. Im Mittelpunkt dabei steht ein Aufstand in Macedonien, gegen den „automobil" gemacht wurde, und die Sprachenfrage, bei der es vor allem um die Bevorzugung der „röhmischen" Sprache im Parlament geht – womit, was für das zeitgenössische Publikum klar erkennbar war, auf den virulenten Konflikt um die offizielle Stellung des Tschechischen innerhalb der Habsburgermonarchie angespielt wurde. Danach kommt auch Mänandros' Bitte um ein Operettenlibretto zur Sprache. Jupiter willigt ein, dem Librettisten als Anregung für ein Textbuch sein Abenteuer mit Alkmene vorzuspielen. Dabei hatte er in der Gestalt des thebanischen Feldherren Amphitryon eine Liebesnacht mit dessen Ehefrau Alkmene verbracht, während sich Gott Mercur zu Alkmenes Zofe Charis in der Gestalt von deren Ehemann Sosias begab. Die Doppelung der Ehemänner führte zu großer Verwirrung, die Jupiter schließlich aufklärte. Dabei musste er allerdings erkennen, dass auch er getäuscht wurde: Denn seine Ehefrau Juno hatte, als sie Jupiters Absichten in Bezug auf Alkmene bemerkte, deren Gestalt angenommen und die Liebesnacht mit Jupiter-Amphitryon verbracht.

Die Uraufführung des „Göttergatten" am 20.1.1904 im Wiener Carl-Theater wurde vom Publikum bejubelt und kam bei der Kritik durchwegs gut an. Viel Lob gab es für die Musik und auch für die Inszenierung der Operette durch Victor Léon: „Sie ist decorativ und in den lebhaft geschmackvoll gestellten Massenbildern ein kleines Re-

---

2 Ebd., Vorspiel, S. 7.
3 Ebd., Vorspiel, S. 12f.

giekunststück"⁴, schrieb das „Neue Wiener Journal", das – wie auch andere Zeitungen – vor allem den „Kindermarsch" aus dem zweiten Akt als besonders gelungen hervorhob. Für diesen hatte Léon eine „siebzigköpfige Kinderarmee"⁵ auf die Bühne gebracht. Lob gab es für die Schauspieler und Schauspielerinnen (vor allem für Mizzi Günther in der Rolle der Juno) und für die Ausstattung der Produktion („Maler Leo Kober⁶ zeichnete die schönen Kostüme; es wäre ein Unrecht, ihm die verdiente Anerkennung zu versagen"⁷). Über das Textbuch vermerkte das „Neue Wiener Journal", es sei „stellenweise von feinster Wirkung; ein sauberes, literarisch geführtes Libretto, mit guten Witzworten aufgeputzt."⁸ Etwas zurückhaltender war die „Neue Freie Presse", die meinte, dass der Grundgedanke des Werkes „so übel nicht" sei, dass die „Breittretung des Kleist-Molièrschen Amphytrionmotivs [!]" jedoch „etwas langweilig" und „hie und da zotig" sei. Immerhin aber könnte es sein, dass auch „Der Göttergatte", so wie sein „Vorgänger", „Der Rastelbinder", „zu dreistelligen Aufführungsziffern gelangen werde"⁹.

An die „Rastelbinder"-Rekorde kam „Der Göttergatte" allerdings, wie sich bald zeigen sollte, nicht heran: Nach 37 En-suite-Vorstellungen verschwand das Werk zunächst einmal aus dem Spielplan des Carl-Theaters. Den Grund für den relativ geringen Erfolg sah die Theaterleitung offenbar in jenen textlichen Längen, auf die in den meisten Kritiken hingewiesen worden war. In der folgenden Saison, am 25.3.1905, kam „Der Göttergatte" daher am Carl-Theater in einer gekürzten Fassung heraus. Interessanterweise basierte diese auf der ungarischen Übersetzung des Librettos. Darauf verweist die Bemerkung im „Neuen Wiener Journal", dass die Bearbeitung „von J. Holtai"¹⁰ stamme. Gemeint ist Jenő Heltai¹¹, in dessen „Mulató istenek" („Nachtclub der Götter") betitelter Übersetzung die Operette ab 10.2.1905 im Budapester „Magyar Színház" zu sehen war. Der „Pester Lloyd" schrieb dazu, „daß die ungarische Bearbeitung hoch über dem Originaltext steht", da es Heltai geglückt sei, „alles lästige, störende Prosabeiwerk zu beseitigen; in Wien hat namentlich die Länge, oder vielmehr die Langweiligkeit des szenischen Prologs den richtigen Erfolg des Werkes verhindert."¹²

Dirigiert wurde die Budapester Premiere von Franz Lehár, der „nach den Aktschlüssen unzählige Male vor die Rampen [!] gerufen"¹³ wurde. Es kann durchaus sein, dass auf Veranlassung von Lehár, der dann sechs Wochen später auch die erste Aufführung des gekürzten „Göttergatten" im Carl-Theater leitete, Heltais Änderungen in das deutschsprachige Libretto übernommen wurden. „Das Vorspiel gewann

---

4 Neues Wiener Journal, 21.1.1904, S. 8.
5 Ebd.
6 Leo Kober, geb. 24.9.1876 in Brünn, gest. 1931 in New York, Maler und Grafiker.
7 Wiener Abendpost (Abendausgabe der Wiener Zeitung), 21.1.1904, S. 5.
8 Neues Wiener Journal, 21.1.1904, S. 8.
9 Neue Freie Presse, 21.1.1904, S. 9.
10 Neues Wiener Journal, 26.3.1905, S. 12.
11 Jenő Heltai, geb. 11.8.1871 in Budapest, gest. 3.9.1957 in Budapest, Schriftsteller, Journalist und Theaterdirektor. Heltai hatte 1902 auch das Libretto, das Léon und Stein zu Carl Weinbergers Operette „Das gewisse Etwas" geschrieben hatten, ins Ungarische übertragen.
12 Pester Lloyd, 11.2.1905, S. 7.
13 Ebd., S. 8.

durch radikale Kürzungen, [...] und die Lösung des dramatischen Knotens [...] wird im zweiten Akt mit wohltuender Raschheit durchgeführt. Dadurch hat das Werk wesentlich gewonnen und diesmal einen durchgreifenden Effekt erzielt"[14], schrieb der „Humorist", und auch die „Neue Freie Presse" meinte, dass die Operette durch die Kürzungen „entschieden gewonnen"[15] habe. Dennoch konnte sich „Der Göttergatte" nicht allzu lange auf den Spielplänen halten. Gemäß der Statistik von Otto Keller brachte es das Werk bis 1921 an deutschsprachigen Bühnen auf 99 Aufführungen[16] – und hatte damit die „dreistelligen Aufführungsziffern" knapp verfehlt.

Einige Jahre später beauftragte Franz Lehár das Librettistenduo Julius Brammer und Alfred Grünwald mit der Umarbeitung des „Göttergatten"-Textbuches. Die beiden übernahmen das Motiv des betrogenen Betrügers und versetzten die Handlung ins Spanien der Gegenwart, wo eine Ehefrau sich als ihre eigene Schwester ausgibt und so ihren sie vernachlässigenden Ehemann zurückgewinnt. Unter dem Titel „Die ideale Gattin" wurde das Werk am 11.10.1913 im Theater an der Wien uraufgeführt und war – mit 703 Aufführungen an deutschsprachigen Bühnen bis 1921[17] – um einiges erfolgreicher als „Der Göttergatte". 1921 arbeiteten Brammer und Grünwald das Libretto nochmals um, betitelten es „Die Tangokönigin" und versetzten die Handlung nach Argentinien (Uraufführung 9.9.1921 im Wiener Apollo-Theater).

Die Ursache dafür, dass „Der Göttergatte" beim Publikum nicht die erwartete Resonanz gefunden hatte, könnte das antike Ambiente gewesen sein, das Victor Léon und Leo Stein für das Werk gewählt hatten. Es war eine deutliche Anlehnung an die Götterparodien in Jacques Offenbach-Operetten, wie etwa „Orpheus in der Unterwelt" (1858) und „Die schöne Helena" (1864). Es mag sein, dass, wie das „Neue Wiener Journal" vermutete, Léon und Stein damit diese Form, die „außer Curs" geraten war, „wieder popularisiren wollten"[18]. Allerdings wirkte das antike Setting mittlerweile etwas veraltet und wenig originell. In diesem Sinne schrieb die „Neue Freie Presse": „Nach wie vor ist man geneigt, den modernen Operettenmachern, die sich an dem griechischen Olymp vergreifen wollen, ein warnendes ‚Hands off!' zuzurufen..."[19]

---

14 Der Humorist, 1.4.1905, S. 2.
15 Neue Freie Presse, 26.3.1905, S. 12.
16 Keller: Die Operette, S. 432.
17 Ebd., S. 428.
18 Neues Wiener Journal, 21.1.1904, S. 8.
19 Neue Freie Presse, 21.1.1904, S. 9.

„...eine neue Spezie" – Victor Léon als Entdecker und Förderer junger Komponisten

Mit Fleiß und Beharrlichkeit, mit viel Selbstbewusstsein, einer gehörigen Portion Durchsetzungsvermögen und mit seinem Sinn für publikumswirksame Stoffe und Inszenierungen hatte sich Victor Léon einen prominenten Platz in der Wiener Theaterszene gesichert. Spätestens seit der Jahrhundertwende hatte er so viel Autorität und Einfluss, dass er auch den Karriereverlauf von aufstrebenden Künstlern entscheidend beeinflussen konnte. Daher bemühte sich nicht nur der junge Franz Lehár um eine Zusammenarbeit mit ihm, sondern, wie entsprechende Briefe im Léon-Nachlass zeigen, auch andere Komponisten.

Einer von ihnen war Béla von Ujj[1]. Der Musiker, der im Alter von sieben Jahren erblindet war, galt als überaus begabt, hatte jedoch mit seinen frühen Werken nur geringen Erfolg. Auch der erste Versuch einer Zusammenarbeit mit Victor Léon missglückte: Am 9.6.1902 hatten Léon und Ujj einen Vertrag für ein „Der Kasperl" betiteltes Werk abgeschlossen[2], für das auch schon eine Aufführung im Theater an der Wien geplant war.[3] Allerdings kam diese nicht zustande, und es scheint, dass der Grund dafür ein Zerwürfnis zwischen Léon und Ujj war. Dies ist in einem Brief angedeutet, den Béla von Ujj am 7.3.1903 an Léon schickte und den er mit den Sätzen einleitete: „Durch Weinberger erfuhr ich, daß Sie mir aus der momentan so mißlichen Lage heraus zu helfen sich bereit erklärt haben. Ich weiß sehr gut, welche moralische Überwindung, und wie sage ich nur gleich, welchen Opfermut Sie nach all dem damit beweisen."[4]

Zwar geht Ujj weder darauf ein, worin seine „momentan so mißlichen Lage" bestand, noch präzisiert er, was es mit „all dem" auf sich hatte. Deutlich erkennbar aber

---

1 Béla von Ujj, geb. 2.7.1873 in Wien, gest. 1.2.1942 in Wien, erhielt seine Ausbildung am Wiener Blindenerziehungsinstitut und wurde musikalisch vom Komponisten Karl Komzák gefördert. Ujj komponierte Opern, Operetten, Lieder, Märsche und kammermusikalische Werke. Außerdem verfasste er musiktheoretische Schriften und einige Erzählungen.
2 Der Vertrag befindet sich im Léon-Nachlass 35/3.1. Von Léons Text zu „Der Kasperl" ist im Nachlass lediglich der 3. Akt vorhanden (Léon-Nachlass 3/1.1.49.4).
3 Vgl. dazu einen entsprechenden Brief von Theaterdirektor Karl Wallner an Victor Léon vom 29.11.1902. Leon-Nachlass 26/2.1.3.10.
4 Béla von Ujj: Brief an Victor Léon, 7.3.1903. Léon-Nachlass 25/2.1.2.146.

ist auf jeden Fall, dass Ujj nicht unbedingt damit gerechnet hatte, dass Léon noch einmal mit ihm zusammenarbeiten werde. Daher setzt er in seinem Brief fort:

„Ich möchte Ihnen gerne für diesen, möglicher Weise für meine Existenz Ausschlag gebenden Entschluß so recht aus tiefen [!] Herzen Dank sagen.
Nur bin ich ein recht plumper Briefschreiber und weiß es nicht recht anzufangen. Ich will auch gar keine Phrasen machen und Ihnen nur ganz schlicht ein ehrliches Vergelt's Gott sagen. Ich glaube nicht erwähnen zu müssen, daß, so weit es in meiner Macht steht, ich Ihnen die Arbeit, die Ihnen die Texturungen nothwendig machen müssen, möglichst zu erleichtern bestrebt sein werde."

Victor Léon hatte sich also, offenbar über Vermittlung des Verlegers Josef Weinberger, bereit erklärt, noch einmal ein Buch für Béla von Ujj zu schreiben. Es war jenes zur Operette „Der Herr Professor", die am 4.12.1903 im Theater an der Wien uraufgeführt wurde. Die Hauptrolle dabei spielte Alexander Girardi: Er verkörperte den Gymnasialprofessor Roderich Venarius aus dem böhmischen Olmütz, der in den Ferien nach Pompeji reisen will, um dort Ausgrabungen durchzuführen. Am Vorabend der Abreise erhält Venarius von einem Schüler, der ihm einen Streich spielen will, ein paar in Opium getränkte Zigarren, die er nichtsahnend raucht und daraufhin in einen tiefen Schlaf fällt. Im Traum sieht er sich nach Pompeji versetzt, kann durch eine Sprengung die antike Stadt freilegen, trifft in dieser auf noch lebende Pompejaner, muss in der Arena gegen einen Löwen kämpfen (der sich allerdings bald gelangweilt gähnend zurückzieht), verliebt sich in eine Hetäre und kehrt mit ihr und einigen weiteren Pompejanern zurück nach Olmütz. Dort sorgt seine Geliebte für großes Aufsehen, weil sie in ihrem antiken Gewand, das die Olmützer für ein Nachthemd halten, mit der Militärmusik durch die Stadt marschiert. Venarius verliebt sich in eine andere Pompejanerin, die seiner Cousine ähnlich sieht, küsst sie – und erwacht aus seinem Traum, weil ihn die Cousine weckt, damit er rechtzeitig zum Bahnhof komme. Venarius, der seine Cousine bisher kaum beachtet hat, stellt fest, dass er in sie verliebt ist und verzichtet auf die Reise nach Pompeji.

Die Uraufführung von „Der Herr Professor", bei der Alexander Zemlinsky die musikalische Leitung hatte und Victor Léon Regie führte, kam beim Publikum des Theaters an der Wien sehr gut an. Das im Untertitel als „burlesk-fantastische Operette" bezeichnete Werk war als Parodie auf den seinerzeit weitverbreiteten Roman „Die letzten Tage von Pompeji" von Edward Bulwer-Lytton angelegt, was an einer Reihe von Handlungsmotiven und an zahlreichen Namen erkennbar ist: So etwa sind die beiden von Venarius verehrten Pompejanerinnen nach den weiblichen Hauptpersonen des Romans, Ione und Nydia, benannt. Léon bediente mit solchen Verweisen auf Bulwer-Lytton bildungsbürgerliche Ansprüche des Publikums, dem er gleichzeitig mit spektakulären Szenen wie der Sprengung Pompejis, den „pikanten" Hetärenauftritten und vielen komischen Einlagen die erwarteten unterhaltsamen Effekte bot.

Besonders bejubelt wurde Alexander Girardi, der als „böhmakelnder" Professor „stürmische Heiterkeit"[5] auslöste. Neben der Anerkennung der schauspielerischen Leistung war diese Begeisterung auch Ausdruck eines gerade für das Wiener Theater typischen Starkults. Girardi war der unumstrittene Publikumsliebling jener Zeit, und

---

5 Illustrirtes Wiener Extrablatt, 5.12.1903, S. 7.

daher schien damals auch niemanden das zu stören, was retrospektiv an der Besetzung sofort auffällt: dass nämlich Girardi für den Part des Venarius mit 53 Jahren relativ alt war. Noch dazu war die Rolle des Onkels von Venarius, eines pensionierten Gymnasialprofessors, der den Neffen in dessen Traum nach Pompeji begleitet, mit Franz Glawatsch besetzt – und dieser war 21 Jahre jünger als Girardi. Bei der Uraufführung aber ging das Rollenkonzept mit Girardi als Star voll auf – und fand auch besondere Anerkennung:

„Nach dem zweiten Act wurden Girardi, der Componist Ujj und der Buchmacher Leon in die Hofloge gerufen, wo sich Erzherzogin Isabella und Erzherzog Friedrich befanden. Das erzherzogliche Paar dankte Girardi für die Mühe, die er dem Werke gewidmet habe, und für den bereiteten Genuß.
‚Sie sind großartig, Herr Girardi' – sagte Erzherzogin Isabella – ‚glauben Sie, daß die Operette gehen wird?'
Girardi: ‚Bei jeder Première sind die Leute immer spießig. Sie kommen mit dem Hackel in's Theater. Aber sie sind gerecht. Bei den Reprisen ist man milder gestimmt.'
Herr v. Ujj und Herr Leon empfingen ebenfalls Complimente.
Erzherzog Friedrich war überrascht, zu hören, daß Leon bereits 61 Libretti geschrieben und auch für die Hofoper gearbeitet habe.
Erzherzogin Isabella wünschte dem Componisten Glück und freute sich seines Erfolges. Daß man ihn wiederholt hervorgerufen habe, sei ein Beweis von Interesse im Publicum.
Nach Schluß der Vorstellung wurden die Directoren Karczag und Wallner in die Hofloge befohlen. Erzherzogin Isabella und Erzherzog Friedrich spendeten volle Anerkennung der reichen Ausstattung und der sorgfältigen Einstudirung der Operette.
‚Wir wünschen wegen des blinden Componisten, daß die Operette bleibenden Erfolg haben möge.' Mit diesen Worten verabschiedete sich das erzherzogliche Paar."[6]

Die Tatsache, dass Béla von Ujj blind war, hatte durchaus einen gewissen Anteil an der großen Beachtung, die der Operette bei der Uraufführung zuteilwurde. Das klingt auch im Premierenbericht des „Neuen Wiener Journals" an:

„Als nach dem zweiten Act der Vorhang unter starkem Beifall niederging und sich dann wieder hob, erschien inmitten der Schauspieler ein schlanker, junger Mensch, der sich etwas linkisch verbeugte: der Componist. Ueber dem einen Auge trägt er eine Binde, das andere starrt in's Leere. Der junge Mann ist blind, ganz blind. Als man ihn so sah, nahm der Applaus große Dimensionen an; immer wieder wurde der Vorhang in die Höhe gezogen und immer stärker klatschte das Publicum Beifall. Nun darf man allerdings nicht glauben, daß es ein Mitleidserfolg war; freilich, das Unglück rührt häufig die Herzen. Aber Bela v. Ujj, dessen Erstlingsoperette gestern in Scene ging, hat den Applaus herausgefordert; nicht durch sein Erscheinen – dieses hat nur den Ton wärmer gestimmt – sondern durch die hübsche, feine Musik, die er zu dem Buche Victor Léons geschrieben."[7]

Dem „Herrn Professor" war zwar nicht jener „bleibende Erfolg" beschieden, den ihm das Erzherzogspaar gewünscht hatte, immerhin aber wurde die Operette von einigen

---

6 Ebd.
7 Neues Wiener Journal, 5.12.1903, S. 5.

deutschsprachigen Bühnen übernommen (so etwa im Juni 1904 vom Neuen Königlichen Opernhtheater in Berlin) und blieb im Theater an der Wien nach 34 En-suite-Vorstellungen noch einige Zeit weiter im Repertoire.

Am 4.3.1905 kam am Wiener Carl-Theater mit der Operette „Kaisermanöver" ein weiteres Gemeinschaftswerk von Victor Léon und Béla von Ujj heraus. Es handelte sich dabei um eine Verwechslungskomödie im Militärmilieu: Der ungarische Husarenleutnant Körösi fährt während des Manövers, das in der Nähe seines Schlosses stattfindet, unerlaubterweise nach Budapest, um dort seine Geliebte Jolan mit seinem Besuch zu überraschen. Jolan aber trifft kurz nach Körösis Abreise im Schloss ein, wo bald darauf auch der das Manöver leitende General und ein chinesischer Militärattaché erscheinen. Um die Abwesenheit Körösis zu vertuschen und ihm so eine Bestrafung durch den General zu ersparen, veranlasst Jolan Körösis Offiziersdiener Pista, sich als Körösi auszugeben. Der Rollentausch klappt jedoch nur kurze Zeit, denn als auch Pistas Geliebte und Körösi selbst im Schloss eintreffen „entsteht das verrückteste Durcheinander, bis sich schließlich alles, wie bei jeder rechtschaffenen Operette, in Wohlgefallen auflöst."[8]

Das Premierenpublikum nahm das Stück mit viel Beifall auf, insgesamt aber war das Interesse am „Kaisermanöver" um einiges geringer als beim vorhergehenden Gemeinschaftswerk von Léon und Ujj, und „Kaisermanöver" brachte es lediglich auf 15 Aufführungen. Die Zeitungsberichte zur Uraufführung waren in ihren – wenn auch mehrheitlich positiven – Urteilen eher verhalten. „Es gibt gute und weniger gute Szenen, aber die guten sind so wirksam, daß man immer wieder in Stimmung kommt", schrieb das „Neue Wiener Journal", das auch folgenden „Foyerwitz" in seine Besprechung einfügte: „Diese Operette erinnert an eine Sparkasse; sie lebt von Einlagen."[9] Gemünzt war dies auf eine parodistische Einlage im zweiten Akt, die auch in anderen Kritiken als besonders gelungen hervorgehoben wurde: Der Offiziersdiener Pista, dargestellt von Louis Treumann, berichtet in diesem „Spielduett" Jolan, verkörpert von Mizzi Günther, von einem Vergnügungsabend, den er einmal im Offizierscasino einer Provinzgarnison miterlebt hatte. Die Erzählung, die durch zahlreiche pantomimische Elemente und Gesang ergänzt wird, reicht vom Eintreffen der Gäste („markiert Eintreten, Säbelnachschleppen"[10]) über das quietschende Cellospiel eines Leutnants und den Liedgesang der Tochter eines Obersts („kaum hörbar, hie und da lauter und falsch, sehr affektiert"[11]) bis zum Auftritt eines Soldaten, der „ohne jede Pointierung, recht blöd"[12] ein Couplet vorträgt und dafür ebenso bejubelt wird wie zuvor die Oberst-Tochter und der Leutnant. Jolan beteiligt sich mehr und mehr an der Darstellung, übernimmt die Rolle jener übergewichtigen Generalsgattin, die „sehr schmachtvoll mit Triller"[13] eine Opernarie zum Besten gibt und spielt die schlecht Deutsch sprechende Ehefrau des tschechischen Regimentsarztes, die gemeinsam mit dem ebenso schlecht Deutsch sprechenden polnischen Oberstleutnant

---

8   Neues Wiener Journal, 5.3.1905, S. 11.
9   Ebd.
10 Léon, Victor: Kaisermanöver. Zensur-Textbuch, NÖ Landesarchiv, Theater TB K 269/09. Nachtrag S. 1.
11 Ebd., S. 3.
12 Ebd., S. 4.
13 Ebd., S. 5.

„mit utrierter Geste und gezwungenstem Wienerisch"[14] das Duett „Der fesche Fiaker und das resche Wienermadel" vorträgt. Den Abschluss des von Pista geschilderten Vergnügungsabends bildet der Auftritt eines theaterbegeisterten alten Rittmeisters, der gerne Schauspieler imitiert und der von seinem letzten Aufenthalt in Wien berichtet, bei dem er jeden Abend im Carl-Theater war: „Sehr ein guter Musentempel – kann ich allen Kameraden recommandieren. Alsdann, da hab' ich dort in einer ganz funkelnagelneuen Operett' einen Komiker gesehn, er heisst – glaub' ich – Treubach oder Treuberg – nein Treufrau, oder wie. Auf allgemeines Verlangen werd' ich ihn also copieren!"[15] Louis Treumann spielte hier also den Pista, der den Rittmeister spielt, der Louis Treumann imitiert, und zwar, wie in der Regieanweisung vermerkt ist „ganz echt" – worauf Mizzi Günther in der Rolle der Jolan, die eine Zuhörerin beim Vergnügungsabend spielt, meint: „Aber, Herr Rittmeister, den Treumann kenn' ich ja auch! So wie Sie das gemacht haben, ist es ja gar keine Spur von ihm!"

Diese mehrfachen Brechungen im Spiel mit den Identitäten gefielen den Kritikern ebenso wie dem Publikum. Louis Treumann und Mizzi Günther erhielten dafür viel Lob, die Duoszene „erregte wegen des famosen Zusammenspiels sogar Applausstürme."[16] Auch die „Neue Freie Presse", die zwar insgesamt dem „Kaisermanöver" nicht allzu viel abgewinnen konnte („Der Text hält sich, was Milieu und Handlung, Personen und Dialogscherze anlangt, in den ausgetretensten Geleisen"[17]), lobte die Einlage als das „wertvollste Stück" der Operette und betonte insgesamt vor allem die schauspielerischen Leistungen der Produktion: „Das Ensemble des Carl-Theaters war vorzüglich, und mit aufrichtigem Bedauern vernimmt man die Nachricht, daß bereits zu Beginn der nächsten Saison nur vereinzelte Säulen von entschwundener Operettenpracht Zeugnis geben sollen."

Die „Neue Freie Presse" verwies damit auf jenen Personalwechsel, der mit Beginn der Spielzeit 1905/06 an den beiden großen Wiener Operettenbühnen stattfand: Mizzi Günther, Louis Treumann und einige weitere Schauspielerinnen und Schauspieler verließen das Carl-Theater und gingen an das Theater an der Wien, während von dort Alexander Girardi, der wegen Unstimmigkeiten mit Direktor Karl Wallner seinen Vertrag gekündigt hatte, ins Carl-Theater wechselte.

Für Louis Treumann war der Wechsel mit einer Veränderung seines darstellerischen Profils verbunden. Marion Linhardt hat diese Veränderung genau analysiert und dargelegt, dass Treumann „am Anfang seiner Karriere wie Girardi der Fachgruppe der Lustigen Personen angehörte", sich dann als „grotesker Gesangskomiker mit Schwerpunkt Tanz" präsentierte und mit dem Wechsel ins Theater an der Wien

„in dem für die Wiener Operette neuen Fach des sinnlichen Liebhabers [...] zu seinem bleibenden Image fand. Die Verschiebungen, die sich in Treumanns darstellerischem Profil beobachten lassen, sind untrennbar verbunden mit grundlegenden Verschiebungen in den dramaturgischen Modellen der Wiener Operette hin zur internationalisierten Gesellschaftsoperette des 20. Jahrhunderts. Durch Treumann fand, so wäre als These zu formulieren, die Moderne Eingang

---

14 Ebd., S. 7.
15 Ebd., S. 8f.
16 Der Humorist, 10.3.1905, S. 3.
17 Neue Freie Presse, 5.3.1905, S. 12.

in die Operettendramaturgie, während die lokal geprägte Tradition des Kasperl oder Wurstel an Bedeutung verlor."[18]

Entscheidenden Einfluss auf diese Entwicklung hatte Victor Léon, der, so Linhardt „fast wie ein Puppenspieler" im Hintergrund agierte und „in klugem Taktieren Treumann an den erfolgversprechendsten Positionen des Operettenmarktes platzierte und damit der Operettendramaturgie entscheidende Wendungen gab."[19] Léon hatte erkannt, dass Louis Treumann der kommende Star des Wiener Unterhaltungstheaters war (im Gegensatz dazu wurde ihm allerdings, wie sich zeigen sollte, erst einige Jahre später klar, dass Alexander Girardi allmählich nicht mehr in das Rollenfach des Liebhabers passte).

Sein Debüt im Theater an der Wien hatte Louis Treumann am 14.10.1905 in der Uraufführung der Operette „Vergeltsgott". Die Premiere war mit einiger Spannung erwartet worden, und zwar nicht nur wegen des ersten Auftretens von Treumann, sondern auch, weil die Musik zur Operette von einem Neuling stammte, nämlich von Leo Ascher[20]. Dieser hatte in Wien Jus studiert, parallel dazu das Konservatorium besucht und vor „Vergeltsgott" nur einige kleine Klavierkompositionen und Lieder für Kabarettbühnen herausgebracht. Sein erklärtes Ziel war es, wie Sabine Vernik-Eibl in ihrer Dissertation[21] darlegt, Operettenkomponist zu werden, und deshalb wandte er sich wegen eines Textbuches an Victor Léon. An die erste Begegnung mit Léon erinnerte sich Ascher später in seinen autobiografischen Aufzeichnungen:

„Ich hatte keinerlei Beziehungen, weder zu Direktoren, noch zu Verlegern, dafür das stolze Bewusstsein, das Wiener Konservatorium glänzend absolviert zu haben, zudem noch ein Doktordiplom in der Tasche. Also klopfte ich eines Tages mit der ganzen Naivität meiner 24 Jahre gleich bei – Herrn Victor Leon an. Ich wurde höflich empfangen. Nach meinem Begehr gefragt, antwortete ich: ‚Ich bitte Sie, sehr verehrter Herr Leon, mir ein Operettenlibretto zu schreiben. (Das richtige Verständnis für Herrn Leons sehr verwundertes Gesicht ist mir erst viele Jahre später aufgegangen!)

Ich wurde aufgefordert, eigene Kompositionen zu spielen. [...] Mein erster Erfolg bestand darin, dass mir Herr Leon am Schlusse meines ersten Besuches eine Nummer ‚zur Probe' zum Komponieren mitgab. [...] Die Nummer schien Herrn Leon zu gefallen, denn ich bekam wieder eine Nummer ‚zur Probe' zu komponieren. So ging es in flottem Tempo weiter, meine ‚Probe'-Arbeit wurde unausgesprochen ‚definitiv' und die im Herbste 1904 begonnene Operette lag im Frühjahr 1905 vollständig fertig vor.

[...] Im Frühjahre 1905 spielte ich bei Herrn Leon den Herren Direktoren Karczag, Wallner und Steininger meine Operette vor, die sogleich als 1. Herbstnovität für das Theater an der

---

18 Linhardt: Residenzstadt und Metropole, S. 183f.
19 Ebd., S. 198.
20 Leo Ascher, geb. 17.8.1880 in Wien, gest. 25.2.1942 in New York. Ascher schrieb die Musik zu über 30 Operetten, komponierte zahlreiche Lieder und Chansons sowie einige Filmmusiken. 1938 musste er wegen seiner jüdischen Herkunft aus Österreich flüchten und emigrierte nach New York, wo er u.a. als Pianist für Radiostationen tätig war.
21 Vernik-Eibl, Sabine: Leben und Werk der Komponisten Georg Jarno und Leo Ascher. Diss., Universität Wien, 2011. S. 131.

Wien und gleichzeitig als 1. Verlagswerk für den eben gegründeten ‚Verlag des Theaters an der Wien' erworben wurde."²²

Victor Léon hatte Leo Aschers musikalisches Potential offenbar schnell entsprechend einzuschätzen vermocht. Dass er sich auf eine Zusammenarbeit mit dem „Neuling" einließ, hängt mit der von Léon angestrebten Neuorientierung im Bereich der Operette zusammen. Aschers mangelnde Bekanntheit war dabei kein Nachteil – sondern vielmehr ein Vorteil. Der Komponist konnte von Léon als jung und modern lanciert werden – und passte damit auch gut in das Konzept einer Neupositionierung von Louis Treumann. Dabei ging es Léon vor allem darum, Treumann als Schauspielcharakter deutlich anders zu definieren und wirken zu lassen als Alexander Girardi. Dieser hatte am 7.10.1905 einen sehr erfolgreichen Einstand im Carl-Theater feiern können. Mit der Uraufführung der Operette „Die Schützenliesel" hatte man dort auf musikalisch Bewährtes gesetzt: Die Musik stammte von Edmund Eysler²³, als dessen „Spezialität" „Schlager, die voll Bodenständigkeit sind,"²⁴ galten. Durchaus bodenständig war auch das Libretto, das Leo Stein und Carl Lindau für die „Schützenliesel" geschrieben hatten. Girardi verkörperte in diesem rund um den Königssee spielenden Stück einen bayrischen Reservisten, der nach einigen Verwicklungen seine Verlobte heiraten kann. „Er gestaltete seine Figur aus dem Volke mit einer Meisterschaft, die einmütigen Jubel fand"²⁵ und konnte dabei sein drastisch-komisches Talent voll ausspielen.

Victor Léon wusste, dass Girardi in diesem Bereich kaum zu überbieten war, und daher schrieb er in der Vorbereitung zur „Vergeltsgott"-Produktion an Louis Treumann: „Bei Deinem Debüt darfst Du nicht die Ambition haben wollen, Girardi als Komiker zu übertrumpfen. Du weißt, wie viele eingefleischte Girardianer im Theater sitzen werden, bereit – <u>nicht</u> zu lachen. Kommst Du aber anders und zeigst von vornherein, daß es gar nicht Dein Wille ist, das Erbteil Girardi's anzutasten, dann werden sie Alle, die Freunde und die Feinde, an Deinem Wagen ziehen."²⁶

Die Figur, die Léon für Treumann in „Vergeltsgott" kreiert hatte, war die des Grafen Karinsky. Dieser ist ein junger polnischer Graf, der in New York sein gesamtes Vermögen durchgebracht hat. Nach einem Kostümfest, für das er sich als Bettler verkleidet hat, will er sich erschießen, schläft aber in seiner Schwermut auf einer Parkbank ein. Beim Aufwachen findet er seinen Hut voller Münzen, die ihm Vorübergehende, die ihn für einen echten Bettler hielten, hineinwarfen. Eine Bettler-

---

22 Ascher, Leo: Wie ich anfing. Maschinengeschriebenes, unveröffentlichtes Manuskript. Leo Ascher Music Collection, Millersville University, Pennsylvania. Zit. nach: Vernik-Eibl: Leben und Werk der Komponisten Georg Jarno und Leo Ascher, S. 131f.
23 Edmund Eysler (eigentl. Salomon Eisler), geb. 12.3.1874 in Wien, gest. 4.10.1949 in Wien. Eysler komponierte die Musik zu über 60 Operetten, Singspielen und Possen. Sein erfolgreichstes Werk war die 1927 uraufgeführte Operette „Die gold'ne Meisterin" (Libretto Julius Brammer und Alfred Grünwald). Geschützt durch seine Ehefrau und Bekannte konnte der jüdischstämmige Eysler die Zeit des Nationalsozialismus in Wien überleben.
24 Neues Wiener Journal, 8.10.1905, S. 13.
25 Ebd.
26 Victor Léon: Brief an Louis Treumann, 20.9.1905. Privatbesitz. Zit. nach: Linhardt: Residenzstadt und Metropole, S. 200.

bande, die das beobachtet hat und Karinsky als möglichen Konkurrenten fürchtet, zwingt ihn, sich ihr anzuschließen. Karinsky beginnt ein Doppelleben: Unter falschem Namen ist er als Bettler unterwegs und verdient damit so viel Geld, dass er, wenn er nicht mit der Bande unterwegs ist, als Graf leben kann. Als solcher kann er es sich nun auch leisten, die Tochter des Polizeipräsidenten, in die er sich während des Kostümfestes verliebt hat, zu heiraten. Als allerdings Jessie, die eifersüchtige Tochter des Bandenchefs, die in Karinsky verliebt ist, davon erfährt, kontaktiert sie einen Journalisten, der in einem Zeitungsartikel von Karinskys Doppelleben berichtet. Dieser wird daraufhin von seiner Frau verlassen. Sechs Jahre später kommt Karinsky, der die Bettelei aufgegeben hat, in seinem nunmehrigen Beruf als Elektriker durch Zufall in ein Haus, wo er seine Frau und seinen kleinen Sohn, von dessen Existenz er bis dahin nichts wusste, vorfindet und es schließlich zur Versöhnung kommt.

Louis Treumann, Elli Wolf und Phila Wolff in „Vergeltsgott"

Victor Léon hatte mit „Vergeltsgott" ein – vor allem im Vergleich zur konkurrierenden „Schützenliesel" – ganz und gar nicht „bodenständiges" Libretto verfasst, in dem er eine ungewohnt dramatische Handlung an einem ungewohnten Schauplatz spielen ließ. Am Erfolg dieses Konzeptes hatte es Zweifel gegeben, und in Theaterkreisen hatte man, wie „Der Humorist" berichtete, der Operette „einen solennen Durchfall vorausgesagt und alle, die sich für dieses Werk und für das Erstauftreten des neuengagierten Komikers Louis Treumann interessierten, vor dem Besuche der Premiere gewarnt, da es ‚unbedingt zu einer Katastrophe' kommen müsse."[27]

Die Katastrophe blieb aus und „Vergeltsgott" wurde zum großen Erfolg. Die darstellerische Neupositionierung Louis Treumanns war Victor Léon, der auch Regie führte, gelungen. Durchwegs wurde in den Kritiken hervorgehoben, dass sich Treumann in der Rolle des Karinsky vom Komiker zum Charakterdarsteller gewandelt habe. So etwa schrieb die „Neue Freie Presse": „Herr Treumann gibt eine Charakterrolle mit enormem Aufwand an ehrlicher schauspielerischer Arbeit und stellenweise geradezu verblüffendem Gelingen. Man darf auf die weitere Entwicklung dieses Darstellers, der allzu lange in die tiefsten Niederungen unwürdigen Clowntums hinuntergedrückt worden ist, aufrichtig gespannt sein."[28]

Auch mit Leo Ascher als Komponisten schien Victor Léon die richtige Wahl getroffen zu haben: „Die Musik Leo Aschers hat die flotte Ungezwungenheit der Brettl- und Ueberbrettlmanier"[29], schrieb die „Neue Freie Presse" und auch das „Neue Wiener Journal" sprach von „eine[r] Art Ueberbrettlkunst"[30]. Diese Verweise auf das damals aktuelle Kabarett (das Berliner „Überbrettl" war 1901 gegründet worden) zeigen, dass Aschers Kompositionen in ihrer „burschikose[n] Unbekümmertheit"[31] als jung und modern empfunden wurden – und jedenfalls durchaus nicht als „bodenständig".

Neben dem Lob für die Musik und die Darsteller und Darstellerinnen gab es in den Kritiken viel Positives über Victor Léons Libretto zu lesen. Betont wurde vor allem, dass Léon mit „Vergeltsgott" ein Textbuch geschrieben habe, das in seiner dramatischen Gestaltung vom herkömmlichen Operettenstil abweiche:

„Statt einer zusammenhanglosen, handlungsarmen Szenenreihe, mit Gesangs- und Tanzeinlagen willkürlich vermengt, hat er in seinem ‚Vergeltsgott' ein vernünftiges, dramatisch wirksames Lebensbild gezeichnet, in welchem Musik und Gesänge die Entwicklung der Handlung nicht störend, sondern angenehm unterbrechen, ohne sie aufzuhalten. Freilich eine Operette schlechthin, in dem Sinne, wie man heutzutage über dieses im Wert und Ansehen stark herabgekommene Genre denkt, ist die jüngste Hervorbringung Léons nicht, aber was tut's?"[32]

Die „Neue Freie Presse" konstatierte – mit der Bemerkung „Es gibt noch Zeichen und Wunder" –, dass sich „Vergeltsgott" deutlich von den üblichen Operettenlibretti unterscheide, da das Werk nicht nur „eine fortschreitende Handlung" enthalte, sondern weil darin auch „der erfolggekrönte Versuch gemacht" werde, „ein bestimmtes

---

27 Der Humorist, 20.10.1905, S. 2.
28 Neue Freie Presse, 15.10.1905, S. 12.
29 Ebd.
30 Neues Wiener Journal, 15.10.1905, S. 11.
31 Neue Freie Presse, 15.10.1905, S. 12.
32 Der Humorist, 20.10.1905, S. 2.

Milieu zu charakterisieren"[33]. Mit „Vergeltsgott" wurde Victor Léon von den Zeitgenossen also als jemand wahrgenommen, der auf dem Weg war, das Operettengenre zu verändern und zu erneuern – und so leitete die Zeitschrift „Der Floh" ihren Uraufführungsbericht mit der Feststellung ein: „Die bühnenkundige Hand Léons hat eine neue Spezie [!] geschaffen: die ‚dramatische Operette'."[34] Retrospektiv kann diese „dramatische Operette", wie sie sich in „Vergeltsgott" präsentiert, aufgrund ihres Schauplatzes und ihrer auf die moderne Lebenswelt bezogenen Handlung durchaus als eine Vorform des späteren Musicals bezeichnet werden.

Im Theater an der Wien war „Vergeltsgott" bis zum 6.5.1907 in insgesamt 69 Aufführungen zu sehen. Bei späteren Produktionen (so etwa 1907 im Berliner Lessingtheater und 1912 im Wiesbadener Walhallatheater) trug das insgesamt relativ erfolgreiche Werk[35] den Namen „Der Bettelgraf", der auch für fremdsprachige Fassungen titelgebend wurde, wie etwa für die ungarische Version der Operette, „A koldusgróf", die am 26.1.1906 im Budapester Magyar Színház Premiere hatte. Eine Stummfilmfassung von „Der Bettelgraf" wurde 1917, in der Regie von Béla Balogh, von der ungarischen Astrafilm produziert.

Nach „Vergeltsgott" gab es für lange Zeit keine weitere Zusammenarbeit zwischen Victor Léon und Leo Ascher. Offenbar hatte Léon doch einige Zweifel an Aschers kompositorischen Fähigkeiten bekommen. Dies geht aus einem Brief[36] hervor, den Ascher am 19.4.1910 an Léon schrieb und in dem er diesen bat, wieder mit ihm zusammenzuarbeiten. Ascher erwähnt, dass Léon Bedenken gegenüber Aschers „Technik des Instrumentierens" habe, und versichert ihm deshalb, dass er „in Orchesterdingen viel, sehr viel gelernt habe – ‚ausgelernt'". Léon solle ihm daher probeweise ein paar Nummern schicken:

„Sie haben dann Gelegenheit, sich einfach auf praktischem Wege von meiner Kompositions- und Instrumentations-Technik zu überzeugen. Für die letztere bitte die Nummern einem Ihnen competenten Musikfachmann (Ihre verehrte Frau Gemahlin hat Herrn v. Zemlinsky genannt) vorzulegen. Und davon bitte Ihre endgültige Entscheidung, mit mir zu arbeiten, abhängig zu machen".

Victor Léon war offenbar nicht zu überzeugen gewesen: Denn zum zweiten – und letzten – Gemeinschaftswerk kam es erst 1928 in Form der Operette „La Barberina".

---

33 Neue Freie Presse, 15.10.1905, S. 11.
34 Der Floh, 15.10.1905, S. 6.
35 In der Statistik von Otto Keller liegt „Vergeltsgott" mit 343 deutschsprachigen Aufführungen bis 1921 auf Platz 96 der insgesamt 306 zwischen 1900 und 1921 entstandenen Operetten (Keller: Die Operette, S. 430).
36 Leo Ascher: Brief an Victor Léon, 19.4.1910. Léon-Nachlass 24/2.1.2.2.

„Die Librettisten verschwanden":
Die vielen Wahrheiten über „Die lustige Witwe"

„Die Wahrheit über Lehars ‚Lustige Witwe'" hieß ein Artikel, der am 1.1.1931 im „Neuen Wiener Journal" abgedruckt war.[1] Verfasser war Karl Wallner, der von 1901 bis 1910 gemeinsam mit Wilhelm Karczag das Theater an der Wien geleitet hatte. Aus Anlass des 25-Jahr-Jubliäums der „Lustigen Witwe" – die Operette, zu der Franz Lehár die Musik und Victor Léon gemeinsam mit Leo Stein das Libretto geschrieben hatten, war am 30.12.1905 im Theater an der Wien uraufgeführt worden – erzählte Wallner, wie es in der Einleitung hieß, „über eine der interessantesten Episoden aus seiner Direktionsära". Dabei ging es Wallner vor allem darum, „in eigener Sache das Wort [zu] ergreifen": So etwa berichtete er, dass er von Beginn an von der Musik Lehárs begeistert gewesen war und dass er auch am Libretto der „Lustigen Witwe" mitgearbeitet habe.

Wenige Tage später konterte Victor Léon, ebenfalls im „Neuen Wiener Journal"[2], dass die „Wahrheiten", die Wallner über die „Lustige Witwe" erzähle „nicht ganz der wahren Wahrheit entsprechen", sondern auf „Lücken im Erinnerungsvermögen" zurückzuführen seien. Ausführlich legte Léon dar, dass Wallner dem Werk „nicht nur mit Skepsis [...] sondern auch mit Mangel an Interesse" gegenübergestanden sei, und zur Tatsache, „daß Herr Direktor Wallner sich als ‚Mitarbeiter' geriert", meinte Léon nur: „Darüber sich zu echauffieren, ist mehr als müßig".

Diese Auseinandersetzung um die „wahre" Geschichte der „Lustigen Witwe" ist bezeichnend für die Rezeption des Werkes. Denn zu kaum einer anderen Operette wurden im Laufe der Zeit derartig viele – und teilweise einander widersprechende – Erinnerungen publiziert wie zur „Lustigen Witwe". Die Reminiszenzen der mehr oder weniger an der Entstehung des Werkes Beteiligten waren über Jahrzehnte populärer Lesestoff in Zeitungen und Zeitschriften, und sie wurden auch – oft kaum kritisch hinterfragt – in diverse Franz Lehár-Biografien aufgenommen.

Tatsächlich ist die Entstehungsgeschichte der „Lustigen Witwe" reich an bemerkenswerten Details. So etwa war zunächst nicht Franz Lehár, sondern Richard Heuberger als Komponist vorgesehen gewesen. Heuberger hatte auch schon, im Frühjahr

---

1   Wallner, Karl: Die Wahrheit über Lehars „Lustige Witwe". In: Neues Wiener Journal, 1.1.1931, S. 16.
2   Léon, Victor: „Das is ka Musik ...". Die wahre Wahrheit über „Die Lustige Witwe". In: Neues Wiener Journal, 6.1.1931, S. 7.

1905, intensiv an der Musik gearbeitet, dann aber war ihm das Libretto von Victor Léon entzogen worden. Wie es dazu kam, darüber berichtete Léon später in seinen „Beiträgen zu einer Biographie Heuberger". Heuberger sei zwar, so Léon, „wie geschaffen" für „die pariserische Art dieser Operette"[3] gewesen, aber er war nicht imstande, in die Komposition auch die notwendige „slavische Note" einzubringen. Diese aber war unverzichtbar, weil das Stück in den Kreisen der Angehörigen der Pariser Botschaft des fiktiven südslawischen Kleinstaates „Pontevedro" (mit dem Montenegro gemeint war) spielte:

„Ich empfand ja nur zu klar, dass in dieser Sache das autochthon Slavische prävalieren müsse, den handelnden Gestalten ihre Eigenart, ihre vitale Kraft gab. Ihren jeweiligen Unterschied gerade vor den mithandelnden Parisern. Als ich dies Heuberger zu bedenken gab, bestritt er es nicht, meinte aber, indem er manches Beispiel aus guter Theatermusik anführte (‚Czar [!] und Zimmermann' u.dgl.), dass ich zu weit ginge, dass zumal in diesem leichten Genre, das mit Lebensechtheit und Lebenswahrheit ja nicht allzuviel zu tun hatte, auch musikalisch eine leichte Andeutung des sozusagen bodenständigen Momentes genüge. Diese Meinungsverschiedenheit war leider Anlass zu so mancher Verstimmung."[4]

Bestätigt wurde Léon in seiner Meinung über Heubergers Komposition durch Louis Treumann, der die männliche Hauptrolle, den Grafen Danilo, spielen sollte und darauf drängte, die Musikstücke, die für ihn vorgesehen waren, kennenzulernen:

„Ich sagte ihm, dass die Sache noch nicht so weit sei, als dass ich Heuberger veranlassen könne, seine Musik einem ihm gänzlich Fremden – denn das war Treumann – vorzuspielen. Heuberger würde es auch gar nicht tun. Treumann liess aber nicht nach und nach vielem Hin und Her platzte er heraus: ‚Muss es Meister Heuberger denn wissen, dass ich die Musik höre?'
‚Wie meinst Du das?'
‚Sehr einfach. Er kommt doch oft zu Dir. Ich werde in einem Zimmer nebenan sein, er wird keine Ahnung haben, dass ich zuhöre und Du machst es so, dass Du mit ihm, wenn schon nicht das Ganze, wenigstens meine Hauptnummern spielst.'
Da konnte ich nicht Nein sagen. Dies geschah. Heuberger spielte – und zwar unter dem Vorwand, dass meine Frau, die mit ihm sehr gut war, die Musik hören wolle – Heuberger spielte die complete Composition, ahnungslos, dass im Nebenzimmer Louis Treumann heimlicher Lauscher war.
Während man im Klavierzimmer die Jause servierte, begab ich mich zu Treumann hinein. Und was hörte ich?
‚Sehr schön! Wirklich sehr schön! Vielleicht ein bisserl zu fein und ein bisserl zu hoch für das grosse Publicum, aber so was erwartet man ja von Heuberger; bei Heuberger macht das nix – nur ...'
‚Nun?'
‚Nur – also sei mir nicht bös, ich will mir auch kein Urteil erlauben, ich sag' Dir nur meine Empfindung, also ich bin in dieser Operett' ja (er witzelte) ein Slowak[5]; ich weiss schon, ein

---

3 Léon: Biographie Heuberger, S. 9. Léon-Nachlass 19/1.8.
4 Ebd., S. 10.
5 Anspielung auf Treumanns Rolle als slowakischer Zwiebelhändler in „Der Rastelbinder".

Balkanslave, der Graf Danilo ist doch ein Sohn der schwarzen Berge, ein Montenegriner und Hanna, meine Geliebte, ist doch auch eine geborene Cetinjerin – oder nicht?'
‚Jaja, was denn?'
‚Na also (er wurde etwas nervös), das bemerkt man nicht aus der Musik ... das muss man doch bemerken, musikalisch muss man das bemerken, verstehst Du? Oder ist das nicht notwendig? Wenn ich da in so ein' montenegrinischen Affengewandel dastehn werd' mit ein' kleinen Kappel schief auf'm Kopf – Du hast mir doch das Bild vom echten Prinzen Danilo geschickt, wie ich ausschau'n werd' – also wenn ich so balkanisch, schwarzbergisch, slawisch dasteh ... ich bitt' Dich um Gotteswillen, da muss ich doch so was singen wie ein' Kolo oder wie man diese Tanz' heisst – so einen Gesang aus'm Volk, weisst Du, so eine echt nationale Nummer, wo man einen meschuggenen Tanz dazu machen kann – oder nicht? Weisst Du, den grössten Respect vor Heuberger – mir gesagt, sein Talent als Componist möcht' ich haben als Schauspieler – die feinen, weisst Du, so ein bisserl pariserisch angeschminkten Sachen gefallen mir ja ausgezeichnet, ich werd' sie sehr gut singen, verlass' Dich darauf, aber ich bitt' Dich, ich bitt' Dich sehr, red' mit Heuberger, er soll mir so ein paar russischserbischmontenegrinischbalcanischslowakische Schlagerl schreiben. Glaub' mir, das ist notwendig!"[6]

Nach einigem Zögern und ohne Treumanns Urteil zu erwähnen, habe er, so berichtet Léon, ein paar Tage später versucht, Heuberger zu Änderungen im Musikstil zu bewegen. Heuberger lehnte dies jedoch ab, gab Léon auf dessen Verlangen das Libretto zurück und erhielt in der Folge als Ersatz dafür das Textbuch zur Oper „Die letzte Nacht": „Wir schieden in Frieden und Freundschaft. Und nun ging ich in's Theater an der Wien, um der Direction Bericht zu erstatten und den Vertrag über ‚Die lustige Witwe' rückgängig zu machen"[7], schließt Victor Léon seine diesbezüglichen Erinnerungen.

Die Episode, dass Louis Treumann heimlich Heubergers Klavierspiel zuhörte und damit zum Auslöser für den Komponisten-Wechsel wurde, findet sich in fast allen Darstellungen zur Entstehung der „Lustigen Witwe" und wurde auch von Treumann selbst bestätigt. 1936 erzählte er in einem Artikel in der „Neuen Freien Presse"[8] dazu außerdem, dass er, als Léon ihn fragte, wen er „für den richtigen Komponisten hielte", Franz Lehár vorgeschlagen habe. Ob die Anregung, Lehár zu kontaktieren, tatsächlich von Treumann kam oder (wie sowohl Léon als auch Lehár später berichteten[9]) vom Sekretär des Theaters an der Wien, Emil Steininger, ist nicht feststellbar. Ein nachweislicher Irrtum von Louis Treumann war es hingegen, als er im Artikel der „Neuen Freien Presse" sagte, dass Léon (ebenfalls auf seine – Treumanns – Anregung) Heuberger als Ersatz für die „Lustige Witwe" das Libretto zu „Barfüßele" geschrieben habe. Dieser Irrtum, der in einige Lehár-Biografien übernommen wur-

---

6 Léon: Biographie Heuberger, S. 11f. Léon-Nachlass 19/1.8.
7 Ebd., S. 14f.
8 Treumann, Louis: Entstehungsgeschichte eines Welterfolges. In: Neue Freie Presse, 30.12.1936, Abendblatt, S. 3.
9 Léon: „Das is ka Musik ...". Die wahre Wahrheit über „Die Lustige Witwe". In: Neues Wiener Journal, 6.1.1931, S. 7; . Lehár, Franz: Aus der Geschichte meiner Karriere. In: Die Stunde, 27.4.1930, S. 5.

de[10], steht nicht nur im Widerspruch zu Léons Erinnerungen, sondern auch zum zeitlichen Ablauf der Ereignisse. Denn „Barfüßele" wurde am 11.3.1905 erstmals aufgeführt, die Auseinandersetzung um das „Lustige Witwe"-Libretto fand aber erst im Mai 1905 statt. Erschließbar ist dies aus einem im Léon-Nachlass enthaltenen Brief, den Heuberger am 26.5.1905 als offensichtlich zeitnahe Reaktion auf die Auseinandersetzung schrieb:

„L.L.
Der bittere Eindruck, den mir Dein wildes Wesen u. deine wegwerfenden Worte machten kostete mich eine schlaflose Nacht. Bös' war ich Dir nicht. Ich kann an Jemand, den ich kenne u. gern habe nie ernstlich irre werden.
Anders denke ich über deine verrückte Lösung des Kontraktes ohne meine formelle Einwilligung. Du hattest kein Recht mit dem Theater a.d.W. und mit Herzmansky zu sprechen – im ersten Zorn – u. ohne von mir zu wissen, wie ich darüber denke. – Ich habe die feste Absicht die Operette zu machen u. will – um dir einen Beweis der Schätzung deines Urtheils zu geben den Anfang des Entrées des Grafen ändern. Ich bitte dich nur um eine Textänderung.
Ich glaube, Stein hat – in bester Absicht – dich so sehr verstimmt. Er hätte wahrscheinlich auch die ‚Opernball'-Musik verworfen. Du sahest damals tiefer!
Glaube mir, ich will ja populär schreiben u. ich werd's erreichen. Gemein kann u. will ich nicht sein. Das willst Du ja auch nicht. Es sind ja bisher schon eine Anzahl sehr plastischer Melodien da u. im 2. Akt, wo viel Gelegenheit dazu ist, werden noch mehr kommen.
Vergiß daß wir beide – auch ich, was ich tief bedaure – harte Worte gesprochen haben – gieb das Buch her, ich stürze drauf.
Ich habe seit einem Monat alle Stunden aufgegeben, um arbeiten zu können, stecke also auch – außer mit meinem enormen Fleiß – mit Geld drin.
Sei herzlichst gegrüßt
Dein Richard"[11]

Heubergers Brief lässt erkennen, dass er und Léon durchaus nicht, wie sich Léon später zu erinnern meinte, „in Frieden und Freundschaft" voneinander geschieden waren, nachdem sie sich auf ein Ersatztextbuch geeinigt hatten. Vielmehr hoffte Heuberger – vergeblich, wie sich bald zeigen sollte – die begonnene Arbeit an der Operette fortsetzen zu können und war auch zu Änderungen bereit. Bemerkenswert ist, dass Heuberger offenbar Leo Stein für denjenigen hielt, der an Léons Unzufriedenheit mit der Komposition schuld war. Louis Treumann hingegen wird nicht erwähnt: Heuberger hatte also tatsächlich nichts von diesem heimlichen Zuhörer bei der Präsentation der fertigen Musikstücke gewusst.

Interessant ist Heubergers Schreiben in Bezug auf vertragliche Details zur „Lustigen Witwe". Denn es legt nahe, dass es sowohl mit dem Theater an der Wien als auch mit dem Verlag Doblinger beziehungsweise dessen Geschäftsführer Bernhard Herzmansky Verträge gab, in die sowohl Léon als auch Heuberger als Vertrags-

---

10 So etwa bei Frey: „Was sagt ihr zu diesem Erfolg", S. 72; Haffner: Immer nur lächeln, S. 59; Mayer, Anton: Franz Lehár – Die lustige Witwe. Der Ernst der leichten Muse. Wien 2005. S. 56. In den beiden letzteren Werken findet sich mit 1906 ein falsches Uraufführungsjahr von „Barfüßele".

11 Richard Heuberger: Brief an Victor Léon, 26.5.1905. Léon-Nachlass 24/2.1.2.49.

partner eingeschlossen waren und die von Léon unmittelbar nach der Auseinandersetzung mit Heuberger aufgekündigt wurden. Auch Victor Léon schrieb später in einem Artikel, dass, als sich das Buch noch „in Richard Heubergers Händen" befand, „vom Theater an der Wien die Operette als solche blind angenommen und von Herzmansky für den Musikverlag angekauft"[12] worden war. Erwähnt werden die Verträge auch in Peter Grunskys Dissertation über Richard Heuberger, jedoch ohne Quellenangabe.[13] Auf eine Anfrage nach Vertragsdetails teilte Martin Sima von der Geschäftsführung des Doblinger Verlages allerdings mit: „Uns liegt weder ein Vertrag noch Korrespondenz zwischen Bernhard Herzmansky sen. (dem damaligen Doblinger-Geschäftsführer) und Richard Heuberger vor. Wahrscheinlich haben die beiden nur mündlich konferiert und es kam nie zu einer darüber hinausgehenden Vereinbarung."[14] Hingegen befindet sich im Archiv des Doblinger Verlages ein Vertrag zur „Lustigen Witwe", der von Victor Léon, Leo Stein und Franz Lehár unterzeichnet und mit 2.1.1905 datiert ist – also mit einem Tag, der mehr als vier Monate vor dem Wechsel der Komponisten liegt. „Wann dieses [das Datum] aber eingesetzt wurde, lässt sich anhand des Vertrages nicht feststellen"[15], vermerkt dazu Martin Sima. Möglicherweise hatte man den Beginn der Zusammenarbeit mit Lehár rückdatiert, um eventuelle rechtliche Ansprüche von Heuberger zu umgehen.

Zu jenen Teilen aus Heubergers Komposition, die Victor Léon missfielen, gehörte, wie aus Heubergers Brief hervorgeht, das „Entrée des Grafen". Dies lässt darüber spekulieren, ob Léon schon damals geahnt hatte, dass diese Szene zu einem der Höhepunkte der „Lustigen Witwe" werden sollte. Denn bei seinem ersten Auftritt singt Graf Danilo das später berühmt gewordene „Da geh' ich zu Maxim" – und interessant wäre es zu erfahren, wie sich Heubergers Komposition dazu angehört hatte.

„Da geh' ich zu Maxim" ist die Devise des pontevedrinischen Botschaftsattachés Danilo Danilowitsch, der den Besuch des Pariser Amüsierlokals „Maxim" der Büroarbeit vorzieht. Als jedoch die junge pontevedrinische Bankierswitwe Hanna Glawari nach Paris kommt, erhält Danilo vom Botschafter einen speziellen Auftrag: Um zu verhindern, dass durch eine Heirat Hannas mit einem Franzosen ihr großes Vermögen außer Landes komme, was den Staatsbankrott Pontevedros bedeuten würde, müsse Danilo die Witwe heiraten. Danilo widersetzt sich, denn Hanna und er waren früher einmal ein Liebespaar gewesen, eine Heirat mit der damals noch armen jungen Frau aber hatte der Graf aus Rücksicht auf seine standesbewusste Verwandtschaft nicht gewagt. Nun will sich Danilo nicht nachsagen lassen, dass er an Hanna nur – wie ihre vielen anderen Verehrer – ihres Geldes wegen interessiert sei. Daher verweigert er Hanna, als die beiden einander in der Botschaft treffen und deutlich wird, dass sie einander immer noch lieben, auch eine Liebeserklärung. Um Danilo aus der Reserve zu locken und gleichzeitig die Ehefrau des Botschafters, Valencienne, vor einem Skandal zu bewahren, erklärt Hanna, dass sie Rosillon, den heimlichen Verehrer Valenciennes, heiraten werde. Dies führt zu einer großen Eifersuchtsszene, nach der Danilo empört ankündigt, nun wieder „zu Maxim" zu gehen. Mit einem Trick ge-

---

12 Léon: „Das is ka Musik …". Die wahre Wahrheit über „Die Lustige Witwe". In: Neues Wiener Journal, 6.1.1931, S. 7.
13 Grunsky: Diss., Bd. 1, S. 227.
14 Martin Sima: Brief an Barbara Denscher, 4.5.2010.
15 Ebd.

lingt es Hanna schließlich, ein Happy End herbeizuführen: Sie sagt, dass im Testament ihres verstorbenen Mannes festgelegt sei, dass sie im Falle einer neuerlichen Heirat ihr gesamtes Vermögen verliere. Daraufhin macht ihr Danilo – während sich die anderen Bewerber zurückziehen – einen Heiratsantrag, und erst nach diesem ergänzt Hanna, dass im Testament auch verfügt sei, dass das Vermögen an ihren künftigen Mann gehe.

Victor Léon, Leo Stein und Franz Lehár, 1907

Als Franz Lehár das Libretto zur „Lustigen Witwe" zu einer ersten, probeweisen Ansicht erhielt, war er von dem Stoff sofort begeistert: „Noch in der Nacht las ich das Buch und zeitig früh schon lief ich zu Léon mit der Bitte, mir die ‚Lustige Witwe' zu überlassen."[16] Lehár bekam den Kompositionsauftrag und notierte Anfang Juni 1905 erste Skizzen zu Musikstücken.[17] Zwar war Victor Léon zunächst noch nicht zufrieden und mahnte Lehár: „Mir fehlt die starke und eigenartige Musik, das absolut Zwingende"[18]; dann aber verlief die Zusammenarbeit problemlos. Unstimmigkeiten hingegen gab es mit den Direktoren des Theaters an der Wien, Wilhelm Karczag und Karl Wallner. Denn dass diese nicht derart begeistert von dem Werk waren, wie es Wallner später darzustellen versuchte, beweist ein kurzes Schreiben, das Leo Stein am 4.10.1905 an Victor Léon schickte. Er teile Léons Ansicht, schrieb Stein, dass die Sache so gemacht werden müsse, „wie wir Zwei es haben wollen", und wenn dies den Direktoren nicht passe, könnten sie die Operette ja freigeben.[19] Dazu kam es

---

16 Lehár, Franz: Aus der Geschichte meiner Karriere. In: Die Stunde, 27.4.1930, S. 5.
17 Zur Datierung siehe Linke: Franz Lehár, S. 41.
18 Zitat aus einem Brief, den Victor Léon am 21.7.1905 an Lehár geschrieben hatte und den Lehár später in einem Artikel erwähnte (Lehár, Franz: Militärkapellmeister und „Lustige Witwe". In: Neues Wiener Tagblatt, 24.12.1911, S. 21).
19 Leo Stein: Postkarte an Victor Léon, 4.10.1905. Léon-Nachlass 25/2.1.2.128.

nicht, die Arbeit am Projekt ging weiter, und am 24.12.1905[20] konnte Franz Lehár die Partitur abschließen.

Soweit die wesentlichen belegbaren Schritte in der Entstehungsgeschichte der „Lustigen Witwe". In der Historiografie zu dieser Operette ist allerdings mit dem Zeitpunkt, an dem Franz Lehár die Komposition übernahm, eine deutliche Zunahme der Anekdotendichte festzustellen. Zurückzuführen ist dies vor allem auf das Renommee und die Popularität des Komponisten, dessen erfolgreicher Karriereverlauf genügend Stoff für die beliebte Form der „Musikeranekdote" lieferte und der selbst in vielen Interviews und Artikeln bereitwillig entsprechendes Material beisteuerte.

Zu den oftmals kolportierten Episoden aus der Entstehungsgeschichte der „Lustigen Witwe" gehört jene, dass Lehár, gleich nachdem er das Libretto erhalten hatte, mit der Komposition begann. 1930 erzählte er dazu in einem Artikel in der Zeitung „Die Stunde": „Bereits am Abend rief ich Léon zum Telephon, legte das Sprachrohr auf das Klavier und spielte ihm den eben fertig komponierten ‚Dummen Reitersmann' vor. Bald folgten die nächsten Nummern und Léon war gewonnen."[21] Ein weiteres zentrales Element im Narrativ von der Entstehung der „Lustigen Witwe" ist die Reaktion der Theater an der Wien-Direktoren auf Lehárs Musik. 1912 berichtete der Komponist davon folgendermaßen: „Als ich sie [die Musik] aber dann in meiner Wohnung den Direktoren Karczag und Wallner vorspielte, wurde sie sehr kühl aufgenommen. Die Librettisten verschwanden wortlos und Direktor Wallner erklärte mir unumwunden: ‚Lieber Lehar, du hast uns sehr enttäuscht. Das ist keine Operettenmusik, eher Vaudevillenmusik'."[22]

Als am 31.12.1938 „Die lustige Witwe" am Deutschen Opernhaus in Berlin aufgeführt wurde, erinnerte sich Franz Lehár in einem Interview mit dem „Berliner Lokal-Anzeiger" wieder einmal an diese beiden Begebenheiten. Die Telefonepisode erzählte er dabei folgendermaßen:

„Man [hatte] mir das Textbuch nur probeweise gegeben. ‚Vielleicht, daß Ihnen 'was dabei einfällt …', hat man mir gesagt. Aber man erwartete, daß mir nichts einfallen würde. Am selben Abend aber schrieb ich das Lied vom ‚Reitersmann'. Ich spielte es dem maßgeblichen Manne ferndrahtlich vor, indem ich den Hörer des Telephons aufs Klavier legte. ‚Das geht schon an', erwiderte er hoffnungsvoll."[23]

Und über das Vorspielen vor den Theaterdirektoren berichtete Lehár:

„Ich vergesse niemals, wie peinlich es war, als ich die vollendete Operette den Wiener Theaterdirektoren vorführte. Während ich spielte, schlich sich einer nach dem anderen ins Nebenzimmer. Und derweil ich unverdrossen die Tasten bearbeitete, hörte ich das Urteil: ‚Das is ka Musik!'…"

---

20 Siehe: Linke: Franz Lehár, S. 41.
21 Lehár, Franz: Aus der Geschichte meiner Karriere. In: Die Stunde, 27.4.1930, S. 5.
22 Neues Wiener Journal, 28.1.1912, S. 4.
23 Berliner Lokal-Anzeiger, 18.12.1938.

Die Librettisten waren also verschwunden – nicht nur, wie in Lehárs Darstellung aus dem Jahr 1912, aus dem Zimmer, sondern aus der gesamten Episode. Im Artikel von 1930 bezog sich Franz Lehár immer wieder auf Victor Léon (den Ko-Librettisten Leo Stein hatte er damals offenbar bereits vergessen), acht Jahre später aber wird überhaupt kein Autor mehr erwähnt: „Man" hatte dem Komponisten das Buch gegeben, und zwar, wie Lehár nahelegt, in einer eher abweisenden Art. Victor Léon wurde zum „maßgeblichen Mann" anonymisiert.

Es kann durchaus sein, dass die Redaktion des „Berliner Lokal-Anzeigers" gewisse Änderungen an Lehárs Erzählungen vorgenommen hat, der Text ist somit nicht unbedingt als authentisches Lehár-Zitat zu betrachten. Ein bedrückendes Dokument aber ist er für die Art und Weise, wie zur Zeit des Nationalsozialismus jüdische Künstler wie Léon, Stein und viele andere marginalisiert und totgeschwiegen wurden. In der Banalität des Geplauders wurde bereits die Brutalität der folgenden Ereignisse vorbereitet.

„Teilweise nach einer fremden Grundidee":
Das Libretto der „Lustigen Witwe"

„Teilweise nach einer fremden Grundidee" – so stand es auf dem am 9.11.1905 bei der Zensurbehörde eingereichten Originalmanuskript zur Operette „Die lustige Witwe", und dieser Vermerk findet sich auch auf den späteren Ausgaben des Werkes. Victor Léon und Leo Stein bekannten sich also dazu, dass sie ihr Libretto auf Basis eines vorhandenen Dramentextes verfasst hatten. Von wem dieser Text stammte, ließen sie jedoch offen. Autor und Stück herauszufinden war allerdings für das zeitgenössische Publikum nicht allzu schwer. Es handelte sich um den französischen Dramatiker Henri Meilhac und dessen Komödie „L'Attaché d'ambassade". Uraufgeführt am 12.10.1861 im Théâtre du Vaudeville in Paris war das Stück bald auch in Wien zu sehen gewesen: Zunächst ab 14.10.1862 im Carl-Theater mit dem Titel „Der Gesandtschafts-Attaché", dann, ab 18.4.1863, auch im Burgtheater. Dort trug die Komödie den Titel „Ein Attaché" und wurde für die nächsten Jahrzehnte zu einer der erfolgreichsten Produktionen des Hauses, die bis 5.6.1905 insgesamt 111 Mal auf dem Programm stand.[1]

Fritz Stein, der Sohn von Léons Koautor Leo Stein, schreibt in seinem Buch „50 Jahre Die lustige Witwe", dass die Idee, Meilhacs Stück zu verwenden, von seinem Vater stamme. Dieser habe die in der Reihe „Wiener Theater-Repertoir"[2] erschienene Druckfassung des Werkes in der Bibliothek seines Freundes, des Librettisten Carl Lindau entdeckt.[3] Franz Marischka, der Enkel von Victor Léon, wiederum erzählt in seinem Erinnerungsband „Immer nur lächeln", dass sein Großvater „Die lustige Witwe" auf Basis eines „Reclam-Heftchens"[4] geschrieben habe, das er 1903 in London erworben habe.[5] Keiner der beiden Berichte ist verifizierbar, aber auch keiner widerlegbar. Möglich ist auch, dass Léon und Stein die Komödie von einer Auffüh-

---

1 Rub, Otto: Das Burgtheater. Statistischer Rückblick auf die Tätigkeit und die Personalverhältnisse während der Zeit vom 8. April 1776 bis 1. Januar 1913. Wien 1913. S. 90.
2 Meilhac, Henri: Der Gesandtschafts-Attaché. Wiener Theater-Repertoir 124. 1864.
3 Stein: 50 Jahre Die lustige Witwe, S. 15.
4 Bei dem von Marischka erwähnten „Reclam-Heftchen" handelt es sich vermutlich um: Meilhac, Henri: Der Attaché. Reclams Universal-Bibliothek Bd. 440, Leipzig [mehrfach neu aufgelegt, u.a. ca.1873 und ca. 1890].
5 Marischka, Franz Zwetschi: „Immer nur lächeln". Geschichten und Anekdoten von Theater und Film. Wien 2001. S. 66.

rung im Burgtheater her kannten. Ein Stück von Henri Meilhac zu verwenden, lag wohl auch deshalb nahe, weil das „Lustige Witwe"-Libretto ja zunächst für Richard Heuberger geplant gewesen war, für den Léon und Stein schon zuvor mit „Der Sechs-Uhr-Zug" ein auf einem Meilhac-Stück basierendes Operetten-Libretto geschrieben hatten.

Ein Vergleich zwischen dem „Attaché d'ambassade" und der „Lustigen Witwe" zeigt, dass Victor Léon und Leo Stein die Grundzüge des Handlungsablaufs und der Personenkonstellationen aus der französischen Komödie übernahmen. Da aber bei den Rechtsnachfolgern des 1897 verstorbenen Henri Meilhac nicht um die Genehmigung zur Verwendung des „L'Attaché d'ambassade" angesucht worden war, führte dies, als die „Lustige Witwe" – als „La Veuve joyeuse" – auch in Frankreich herauskam, 1911/12 zu einem Plagiatsprozess. In der Literatur zur „Lustigen Witwe" wird dieser Prozess meist nur in eher anekdotischer Form erwähnt, wobei vor allem hervorgehoben wird, dass, „der spätere französische Präsident Raymond Poincaré die Autoren verteidigte"[6]. Zu korrigieren ist hier allerdings, dass nicht die Autoren – also Victor Léon und Leo Stein – geklagt waren, sondern die Übersetzer Robert de Flers und Gaston Arman de Caillavet sowie der Verleger Max Eschig, der für Frankreich die Verwertungsrechte an der „Lustigen Witwe" innehatte. Zu entnehmen ist dies der Zeitschrift „Le Droit d'Auteur", die das offizielle Organ des Berner Rechteschutzbüros war. Sie widmete dem Verfahren um die „Veuve joyeuse" eine ausführliche Dokumentation[7] (die auch die Probleme erkennen lässt, die es im Bereich der damals noch relativ jungen und nur von wenigen Ländern unterstützten Bestrebungen zum Schutz des Urheberrechts gab). Eine Klage gegen Léon und Stein war nicht erhoben worden, da dafür keine entsprechende Rechtsgrundlage vorhanden war: Österreich ist der 1886 abgeschlossenen „Berner Übereinkunft zum Schutz von Werken der Literatur und Kunst", die in Frankreich von Beginn an gültig war, erst 1920 beigetreten. Im Plagiatsprozess wurden sowohl Max Eschig als auch die Übersetzer Flers und Caillavet zu Entschädigungszahlungen von mehreren tausend Francs verurteilt. Wer in diesem Verfahren von Raymond Poincaré verteidigt wurde, konnte nicht festgestellt werden, da zwar eine Reihe von Anwälten genannt werden, Poincaré in der Dokumentation von „Le Droit d'Auteur" aber nicht erwähnt wird.

Auf den ersten Blick sind die Übereinstimmungen zwischen dem „Attaché d'ambassade" und der „Lustigen Witwe" tatsächlich ziemlich groß. Auch in Meilhacs Stück gibt es die wegen ihres Reichtums umschwärmte Bankierswitwe und den Mitarbeiter der Botschaft eines kleinen Fürstentums, der verhindern soll, dass das Vermögen der Witwe durch eine Heirat ins Ausland geht, hier wie dort endet das Stück mit der Aussicht, dass die beiden einander heiraten werden. Der Kleinstaat, dessen finanzielle Rettung ein wesentliches Element innerhalb der Handlung ist und in dessen Pariser Botschaft der erste Akt beider Stücke spielt, heißt in der „Lustigen Witwe" Pontevedro und im „Attaché d'ambassade" Birkenfeld – und in beiden Fällen war damit ein real existierender Staat gemeint.

Zwar ist Pontevedro ein erfundener Name, allerdings wusste das Publikum zur Uraufführungszeit der „Lustigen Witwe" aufgrund verschiedener Personennamen

---

6   Frey: Was sagt ihr zu diesem Erfolg, S. 70. Leider gibt Stefan Frey keine Quelle für Poincarés Verteidigertätigkeit beim Verfahren um die „Lustige Witwe" an.

7   Le Droit d'Auteur, 15.9.1911, S. 125ff.; und Le Droit d'Auteur, 15.9.1912, S. 127ff.

und Anspielungen, aufgrund der Kostüme und der Musik, dass Montenegro gemeint war. Die Benennung Pontevedro wurde infolge einer Forderung der Zensurbehörde gewählt. Im dem am 9.11.1905 vorgelegten Manuskript hieß das Operetten-Fürstentum noch Montenegro. Der Zensor hatte daran nichts auszusetzen, sondern vermerkte lediglich in seiner Beurteilung des Stückes: „Gegen die Zulassung dieses Bühnenwerkes obwalten unter der Voraussetzung keine Bedenken, dass nicht etwa seitens der diplomatischen Vertretung Montenegro's Rekriminationen wegen der – übrigens ziemlich harmlosen – Verspottung ihres Staates erhoben werden"[8]. Allerdings hatte das „k.k. n.ö. Statthalterei-Präsidium Wien", das als übergeordnete Instanz über die Zulassung eines Stückes entschied, Bedenken und verfügte, dass „Die lustige Witwe" nur unter der Bedingung aufgeführt werden dürfe, „daß die Bezeichnungen ‚Montenegro', ‚montenegrinisch', ‚Cetinje', dann der Name ‚Cyrill' (II. Akt, S. 27) durch andere unverfängliche Ausdrücke ersetzt werden." „Pro domo" wurde im Zensurakt dann nach der Uraufführung ergänzt: „Bei der Aufführung wurde die Bezeichnung ‚Montenegro' u.s.f. durch ‚pontevedrinisch' u.s.f. ersetzt". Dass man dieses geforderte Ersetzen von Montenegro durch Pontevedro jedoch in den Druckfassungen des Librettos nicht allzu sorgfältig vornahm, belegt das im Verlag Doblinger erschienene Soufflierbuch zur „Lustigen Witwe".[9] So etwa findet sich darin in der Einleitung zum zweiten Akt die Regiebemerkung, dass das Bühnenbild mit „montenegrinischen Emblemen, Fahnen, Wappen"[10] geschmückt sein solle und die Botschaftsangehörigen in „montenegrinischer Tracht" auftreten. Auch die von der Statthalterei beanstandete Erwähnung von Cetinje, das damals (und bis 1918) die Hauptstadt Montenegros war, blieb im Text, und so begann Hannas Eingangslied zum zweiten Akt mit den Zeilen: „Ich bitte hier jetzt zu verweilen, / Wo alsogleich nach heimatlichem Brauch / Das Fest der Fürsten so begangen wird, / Als ob man in Cetinje wär' daheim!"[11]

Hatten Victor Léon und Leo Stein mit Montenegro beziehungsweise Pontevedro ein auf dem Balkan liegendes Fürstentum gewählt, so handelte es sich beim Birkenfeld im „Attaché d'ambassade" um ein deutsches. Das Fürstentum Birkenfeld, das bis 1919 bestand, war rund 500 Quadratkilometer groß und lag im Südwesten des heutigen deutschen Bundeslandes Rheinland-Pfalz. Von 1801 bis 1817 gehörte das Gebiet zu Frankreich und wurde dann, im Zuge der territorialen Änderungen durch den Wiener Kongress, Teil des Großherzogtums Oldenburg (das sich allerdings in Norddeutschland befand, Birkenfeld war somit eine Exklave). Birkenfeld, das, wie gleich in der ersten Szene des „Attaché d'ambassade" betont wird, „moins grand que Paris"[12] war, musste dem französischen Publikum des Uraufführungsjahres 1861 als kurioser Kleinstaat erscheinen, dessen politische Bedeutungslosigkeit dadurch karikiert wird, dass sich in Meilhacs Komödie der Botschafter des Fürstentums, Baron Scarpa, stolz als einen Mann präsentiert, der in überlegener, fast napoleonischer Weise die

---

8   NÖ Landesarchiv, NÖ Reg. Präs Theater ZA 1905/3098 K 45.
9   Léon, Victor – Leo Stein: Die lustige Witwe. Vollständiges Soufflierbuch mit sämtlichen Regiebemerkungen. Wien [1906].
10 Ebd., S. 51.
11 Ebd., S. 51.
12 Meilhac, Henri: L'Attaché d'ambassade. Paris 1861. S. 3.

Geschicke Europas lenkt – „un homme qui manie l'Europe"[13]. Diese ironisierende Gegenüberstellung des mächtigen Frankreichs und des deutschen Kleinstaates ist aus der politischen Situation jener Zeit zu verstehen, die von dem angespannten Verhältnis zwischen Frankreich und den deutschen Staaten (vor allem Preußen) bestimmt war.

Es ist ein merkwürdiger historischer Zufall, dass Meilhacs „L'Attaché d'ambassade" neun Jahre vor dem Deutsch-Französischen Krieg von 1870/71 uraufgeführt wurde – und „Die lustige Witwe" neun Jahre vor dem Ausbruch des Ersten Weltkrieges. Doch dieser Zufall macht deutlich, dass derartige Werke der Populärkultur auch als aufschlussreiche Indikatoren im Rahmen einer Mentalitätsgeschichte gelesen werden können. Daraus wird auch verständlich, warum Victor Léon und Leo Stein aus Birkenfeld Montenegro beziehungsweise Pontevedro machten. Hatte in der sechs Jahre vor der „Lustigen Witwe" uraufgeführten Operette „Wiener Blut" der ironisierende Verweis auf einen deutschen Kleinstaat (Reuß-Schleiz-Greiz) nicht nur als historisches Element, sondern auch als aktueller Seitenhieb auf das deutsche Hegemonialstreben fungiert, so war nunmehr die politische Situation und damit auch die öffentliche Stimmung in Österreich-Ungarn von der sich verschärfenden Krise auf dem Balkan geprägt – die dann neun Jahre später zum Ersten Weltkrieg führte, bei dem auch Montenegro zu den Kriegsgegnern der Donaumonarchie gehörte. Daher – und auch wegen der zunehmenden politischen Annäherung zwischen dem Deutschen Reich und Österreich-Ungarn – wurde aus Meilhacs Stück eben nicht der Bezug auf Birkenfeld übernommen, sondern jener zu Montenegro hergestellt, das mittlerweile, wie der gesamte Balkan, die Gemüter vehement beschäftigte.

Das kleine Fürstentum Montenegro war, als es nach fast vier Jahrhunderten osmanischer Oberhoheit 1878 unabhängig wurde, wirtschaftlich kaum entwickelt und die Bevölkerung weitgehend verarmt. Zwar setzte Ende des 19. Jahrhunderts ein Reformprozess ein, es „wurden Straßen und Infrastruktureinrichtungen gebaut, die Überreste des osmanischen Feudalsystems durch eine Landreform beseitigt. Freilich erhielten hohe Staatsfunktionäre einen bedeutenden Teil des Bodens, und der Herrscher selbst [Nikola I.] wurde zum größten Grundbesitzer."[14] Erst 1905 bekam das Land, aufgrund des Drucks einer wachsenden Opposition gegen den autokratischen Führungsstil von Fürst Nikola I., eine Verfassung, dennoch blieb die innenpolitische Lage angespannt. Außenpolitisch hatte Montenegro enge Beziehungen zu Serbien und vor allem zu Russland. Das offizielle Verhältnis zwischen Montenegro und Österreich-Ungarn war, wie es der amerikanische Historiker John D. Treadway formulierte, „generally cool, though usually correct"[15]: „Montenegro's economic underdevelopment was one of the chief features of her foreign policy and her relations with Austria-Hungary and Russia. The financial appetite of the diminutive state seemed insatiable, due partly to the country's inherent poverty and partly the mismanagement of the treasury, extravagance, and occasional fraud."[16]

---

13 Ebd., S. 4.
14 Miomir Dašić: Montenegro bis 1918. In: Melčić, Dunja (Hg.): Der Jugoslawien-Krieg. Handbuch zu Vorgeschichte, Verlauf und Konsequenzen. 2. Aufl. Wiesbaden 2007. S. 117.
15 Treadway, John D.: The Falcon and the Eagle. Montenegro and Austria-Hungary, 1908-1914. West Lafayette 1998. S. 11.
16 Ebd., S. 14.

In Österreich-Ungarn galt Montenegro, so schreibt Moritz Csáky, als „Synonym für ein rückständiges Land"[17]. Für das Wiener Publikum zur Uraufführungszeit der „Lustigen Witwe" sei es nur unschwer zu entschlüsseln gewesen, dass mit dem „Pontevedro" der Operette das reale Montenegro gemeint war. Aufgrund der politischen Entwicklung auf dem Balkan, die entsprechende Wahrnehmung in den Zeitungen fand, sowie durch Reiseberichte und literarische Texte war man über die Region relativ gut informiert. Dadurch wurden auch etliche der Namen, die in der „Lustigen Witwe" vorkommen, mit Montenegro assoziiert „und konnten von auch nur halbwegs gebildeten Zuschauern ohne weiteres dekodiert werden."[18] So etwa jene des männlichen Protagonisten und des Botschaftsfaktotums, Danilo und Njegus, die an den Namen des Fürsten Danilo Petrović-Njegoš erinnerten, der 1852 Montenegro zum Fürstentum erhoben hatte. Überdies war Danilo auch der Name des montenegrinischen Kronprinzen, der übrigens, geboren 1871, nur knapp ein Jahr älter war als der erste Operetten-Danilo Louis Treumann. Zeta, wie der pontevedrinische Botschafter in der Operette heißt, ist der Name eines Flusses in Montenegro und eines im Mittelalter auf dem Gebiet des späteren Montenegro bestehenden (nach dem Fluss benannten) Fürstentums. Außerdem bezeichnet das montenegrinische „чета" [sprich: tscheta] eine kleine Truppeneinheit. Der Familienname der Operetten-Protagonistin – Glawari – verweist auf die montenegrinische Oberschicht und ist vom Wort „главар" [glawar], das „Anführer" bedeutet, abgeleitet. Zudem finden sich im Originaltextbuch auch in den Dialogen mehrfach montenegrinische Ausdrücke: So etwa wenn Njegus dem müde und beschwipst in der Botschaft eintreffenden Danilo, der ein wenig „Dremam! Dremam!"[19] – „Dösen! dösen" – will, „Dobre spavajte!" – „Schlafen Sie gut!" – wünscht. Oder wenn Danilo zu Hanna sagt: „Bitte wollen wir uns nicht in unserer Muttersprache Grobheiten sagen"[20] – und dann losschimpft: „Zar od mene budalsć gradite?" („Wollen Sie mich zum Narren machen?"). Vor allem Danilo ist in seiner Sprechweise deutlich regional verortbar. Neben den montenegrinischen Einsprengseln im Text trug dazu in den frühen Inszenierungen der Operette offenbar auch eine von einem deutlichen slawischen Akzent geprägte Sprechweise bei. Wie charakteristisch diese für die Figur wurde, belegt eine Regieanweisung aus der 1915 uraufgeführten Posse „Man steigt nach" von Victor Léon (Musik Oscar Straus). Denn eine der darin auftretenden Figuren, ein k.k. Kapitän, ist nicht nur durch seinen Familiennamen Vučić, sondern auch durch die Anmerkung „spricht in hartem Jargon à la Danilo"[21] deutlich als Person slawischer Herkunft gekennzeichnet.

Die in der „Lustigen Witwe" vorkommenden regionalen Anspielungen wurden natürlich nicht nur in Wien, sondern vor allem auch im südslawischen Raum verstanden und teilweise als Verspottung Montenegros interpretiert. Mehrfach kam es bei Aufführungen der Operette zu Protesten, so etwa am 27.2.1907 bei der Premiere im

---

17 Csáky: Ideologie der Operette, S. 90.
18 Ebd., S. 93.
19 Léon, Victor – Leo Stein: Die lustige Witwe. Zensur-Textbuch, NÖ Landesarchiv, NÖ Reg. Präs Theater TB K 338/27. Heft 1, S. 27.
20 Ebd., S. 31.
21 Léon, Victor: Man steigt nach. Zensur-Textbuch, NÖ Landesarchiv, NÖ Reg. Präs Theater TB K 274/01, S. 19.

Triestiner Teatro Filodrammatico. Das „Neue Wiener Journal" berichtete am folgenden Tag darüber:

„Abends fand hier die erste Vorstellung von Lehars ,Lustige Witwe' unter persönlicher Leitung des Komponisten statt. Noch vor dem Auftreten des Fräuleins Mila Theren [in der Rolle der Witwe] entstand plötzlich im Zuschauerraum ein ohrenbetäubender Lärm, welcher beinahe eine Viertelstunde dauerte. Ein Teil der Besucher pfiff und schrie aus Leibeskräften; gleichzeitig flatterten von der Galerie rote Zettel in den Saal, auf welchen in mangelhaftem Italienisch zu lesen war, daß die Italiener die Montenegriner nicht beleidigen lassen wollen. Die Polizei holte ungefähr fünfzig Lärmmacher heraus und wies sie aus dem Theater. Die Operette wurde dann unter großem Beifall weitergespielt. Man nimmt an, daß diese pseudoitalienische Demonstration von Slawen[22] veranstaltet wurde, da die im Theater zahlreich anwesenden Italiener sich lebhaft an dem Applaus beteiligten."[23]

Mit Pontevedro allerdings war, so erläutert Moritz Csáky, durchaus nicht nur Montenegro gemeint, sondern zahlreiche der Anspielungen sind auch als ironisch verfremdete Hinweise auf die Situation der österreichisch-ungarischen Monarchie zu verstehen. So etwa, wenn Danilo – empört über die vermeintliche Verlobung Hannas mit Camille – seine Meinung in Sachen Ehe folgendermaßen darlegt:

„Ein Zweibund sollte stets sie sein, / Doch bald stellt sich ein Dreibund ein – / Der zählt oft nur nach schwachen Stunden! / Vom europäischen Gleichgewicht, / Wenn einer sich verehelicht, / Von dem ist bald nichts mehr zu spüren, / Der Grund liegt meistens nur darin, / Es gibt Madame zu viel sich hin / Der Politik der off'nen Türen! / Jawohl, ich schild're nicht zu stark, / 's ist etwas faul im Staate Dänemark!"[24]

Dem Publikum der Uraufführungszeit der „Lustigen Witwe" wurden mit dieser Textpassage mehrere leicht erkennbare politische Anspielungen geliefert: Der „Zweibund" war ein 1879 zwischen dem Deutschen Reich und Österreich-Ungarn geschlossener Vertrag, der die beiden Partner zur gegenseitigen militärischen Unterstützung im Fall eines russischen Angriffs verpflichtete. 1882 wurde der Zweibund dann durch den Beitritt Italiens zum Dreibund erweitert. Durch diese vor allem vom deutschen Reichskanzler Otto von Bismarck betriebene Bündnispolitik sollte, mit einem Schlagwort der Zeit, ein „europäisches Gleichgewicht" – ein Ausgleich der Mächte – hergestellt werden. Allerdings führte sie vor allem zu vermehrter militärischer Aufrüstung und stieß damit zunehmend auch auf Ablehnung. Diese kam in Österreich-Ungarn vorrangig aus „den breiten Schichten des neuen städtischen Bürgertums",

„jenes Bürgertums also, das auch zu den primären Rezipienten der zeitgenössischen Operetten zählte. Die spöttisch-ironische Verunglimpfung des Zwei- und Dreibundes und die Parteinahme für das ,europäische Gleichgewicht' und für eine ,Politik der offenen Türen', ein ursprünglich

---

22 Das „Neue Wiener Tagblatt", das ebenfalls von dem Vorfall berichtete (28.2.1907, S. 13) schreibt, dass die „heftige Demonstration" von „Slowenen" veranstaltet wurde.
23 Neues Wiener Journal, 28.2.1907, S. 7 f.
24 Léon – Stein: Lustige Witwe. Zensur-Textbuch, Heft 2, S. 44f.

(1899/1900) von den USA propagierter politischer Slogan, der sich für die Wirtschafts- und Handelsfreiheit der europäischen Staaten in China einsetzte, bald jedoch im übertragenen Sinne mit Handelsfreiheit ganz allgemein assoziiert wurde, spiegelt also durchaus die politische Mentalität jener Bevölkerungsteile, die zu den hauptsächlichen Besuchern der ‚Lustigen Witwe' gehörten."[25]

Bekräftigt wird die „verfremdete Politik-Kritik"[26] durch den Hinweis Danilos, dass er „nicht zu stark" schildere, dass „etwas faul im Staate Dänemark" sei – wobei dieses Shakespeares „Hamlet" entlehnte Zitat als Beispiel für jenen Tribut gesehen werden kann, den Léon in seinen Libretti immer wieder bildungsbürgerlichen Ansprüchen zollte.

Auch der von der Zensur im Originalmanuskript der „Lustigen Witwe" beanstandete Name „Cyrill" steht in Zusammenhang mit einer politischen Anspielung. Auch diese kommt von Danilo, der Hanna beschreibt, wie es wäre, wenn sie „zu Maxim" ginge:

„Wie sie den Saal betreten, glaubt natürlich Jeder: Aha! ein neues Grisettchen! Anatole, der Oberkellner schiesst gleich herbei: ‚Bitte Herzogin' – Anatole tituliert alle Grisetten ‚Fürstin', ‚Herzogin' – na ja, sie können's doch einmal werden – [...]
Sämtliche anwesenden Monocles fixieren die neue Erscheinung! Die Kapelle spielt so einen süssen Walzer, wo man so in dreiviertel drei Viertel seiner Tugend vergisst ... Auf einmal schiessen zehn solche Einglasäugige auf Sie zu – und Sie werden nicht wissen wie, da tanzen Sie mit einem hocheleganten Commis – Er stellt sich Ihnen vor: ‚Mein Name ist Grossfürst Cyrill! Ich bete Sie an. Bei Ihrem Anblick hat sich meiner eine innere Unruhe bemächtigt ... Wir Russen haben immer innere Unruhen ... Kommen Sie mit mir ... es gibt ein grand plaisir ... dem Kellner aber bleibt er schuldig das Bier."[27]

Dass es hier um eine Anspielung auf die aktuelle Situation in Russland und die revolutionären Ereignisse des Jahres 1905 ging, war für das zeitgenössische Publikum durch den Hinweis auf die „inneren Unruhen" erkennbar. Der Name des „Großfürsten Cyrill" wurde zwar aufgrund der Zensurforderungen zu „Byrill"[28] verändert, dennoch war die Assoziation zu Großfürst Kyrill Romanow, der ein Cousin des Zaren war, eindeutig. Danilos Hinweis, dass aus Grisetten auch Fürstinnen oder Herzoginnen werden können, mag durchaus als ein vom bürgerlichen Publikum gut aufgenommener Seitenhieb auf die zeitgenössische Adelsgesellschaft verstanden werden – ebenso wie die Bemerkung, dass der angebliche Großfürst bei Maxim sein Bier schuldig bleibt. Diese Textstelle, auf die ein empörtes „Was für eine Gesellschaft!" von Hanna folgt, wurde vom Zensor beanstandet und fehlt in der Druckausgabe der Operette.

Die „lustige Witwe" Hanna Glawari besitzt, so wie die Bankierswitwe Madeleine Palmer in Meilhacs „L'Attaché d'ambassade", ein Vermögen von 20 Millionen. Zwar ist weder im „Attaché" noch in der „Lustigen Witwe" eine Währung angege-

---

25 Csáky: Ideologie der Operette, S. 97.
26 Ebd., S. 94.
27 Léon – Stein: Lustige Witwe. Zensur-Textbuch, Heft 2, S. 27.
28 Léon – Stein: Lustige Witwe. Soufflierbuch, S. 75.

ben[29], anzunehmen aber ist, dass hier wie dort französische Francs gemeint sind. Dies bestätigen auch die Premierenberichte einiger Zeitungen, in denen Hanna Glawaris Vermögen mit „20 Millionen Francs" präzisiert wird.[30] Die 20 Millionen werden in beiden Stücken im Verlauf der Handlung mehrfach erwähnt. In diesem Zusammenhang ist auf eine Festellung des französischen Wirtschafts- und Sozialwissenschaftlers Thomas Piketty zu verweisen. In seinem Buch „Das Kapital im 21. Jahrhundert" schreibt Piketty (zwar bezogen auf Romane, aber auch auf dramatische Werke anwendbar):

„Im Roman des 18. und 19. Jahrhunderts ist überall von Geld die Rede, und zwar nicht nur als abstrakte, sondern auch und vor allem als konkrete, sinnlich erfahrbare und anschauliche Größe: Die Romanschriftsteller geben fortwährend Beträge in Francs oder Livres an, die sich auf die Einkünfte und Vermögen verschiedener Figuren beziehen. Sie tun das nicht, um uns mit Zahlen einzudecken, sondern weil diese Angaben dem Leser eine Vorstellung von genau definierten sozialen Stellungen und allseits bekannten Lebensstandards vermitteln."[31]

Da der Geldwert in Frankreich – wie auch in Österreich-Ungarn – bis zum Ersten Weltkrieg relativ stabil blieb, waren derartige Angaben über einen langen Zeitraum gültig. Madeleine Palmer und Hanna Glawari waren also ungefähr gleich reich. Wenn im Verlauf der beiden Stücke das Vermögen der jeweiligen Witwe mehrfach genau beziffert wird, und wenn Danilo, von Hanna bei der Damenwahl zum Tanz aufgefordert, diesen Tanz den Verehrern der Witwe um 10.000 Francs zum Kauf anbietet, so diente eine derartige Textstelle dazu, „mit wenigen Worten ein Milieu, Lebensformen, Rivalitäten, ja eine ganze Gesellschaft realitätsgetreu zu beschreiben."[32]

So wie dem pontevedrinischen Botschafter Baron Zeta geht es auch dessen Birkenfelder Gegenstück Baron Scarpa darum, das Vermögen der Witwe für die fast leere Staatskasse zu sichern: „La fortune de madame Palmer, fortune énorme, représente une notable partie des finances de l'électorat de Birkenfeld … il faut donc que cette fortune ne sorte pas de notre pays. Si elle passe dans les mains d'un séducteur parisien, l'électorat sera […] gêné, positivement gêné."[33] Daher soll, so wie Danilo in der „Lustigen Witwe", auch der „Attaché d'ambassade" Graf Prax verhindern, dass die Witwe einen Franzosen heirate: „Je veux que vous attachiez aux pas de cette femme et que toutes les fois qu'il sera question d'un mariage pour elle, vous brisiez ce mariage."[34] Anders als Baron Zeta in der Operette aber schlägt der Birkenfelder Botschafter nicht vor, dass der Attaché selbst die Witwe heiraten solle. Denn die Beziehung zwischen den beiden Hauptpersonen ist in Meilhacs Komödie eine ganz andere als in der Operette. Prax und Madeleine Palmer sind einander zu Beginn des Stückes unbekannt, es besteht zwischen ihnen, anders als bei Danilo und Hanna Glawari, keinerlei frühere Verbindung.

---

29 Montenegro hatte erst ab 1906 eine eigene Währung, den Perper (bis 1918). Davor wurde ausländisches Geld als Zahlungsmittel verwendet.
30 Z.B. Neues Wiener Tagblatt, 31.12.1905, S. 17.
31 Piketty, Thomas: Das Kapital im 21. Jahrhundert. 2. Aufl. München 2014. S. 145.
32 Ebd., S. 147.
33 Meilhac: L'Attaché d'ambassade, S. 35.
34 Ebd., S. 36.

Damit fehlt im „Attaché" jenes Element, das in der „Lustigen Witwe" das zentrale Movens ist: Die Weigerung Danilos, seine ungebrochen starke Zuneigung zu seiner früheren Geliebten Hanna einzugestehen. In dem daraus entstehenden Beziehungskonflikt, der von Hanna und Danilo mit der Ansage einer „Kriegserklärung" eingeleitet wird, stehen die beiden einander als gleichwertige Gegner gegenüber. Es sind Gegner, die im Grunde dasselbe Ziel verfolgen, nämlich zueinander zu kommen. Danilo versucht dabei – um in der Kriegs-Diktion zu bleiben – die Belagerer zu vernichten, und Hanna will den Gegner mit verschiedenen Manövern zur Kapitulation – also zu einem Liebesgeständnis – zwingen. Sie agiert selbstbewusst und besteht darauf, unbeeinflusst ihre Partnerwahl zu treffen – so etwa bei der Damenwahl, bei der Hanna, umworben von zahlreichen „Tanzkandidaten", alle hinhält, um schließlich den widerstrebenden Danilo zu wählen.

Die Damenwahl ist aber nicht nur ein Abschnitt im „Beziehungskrieg" zwischen Hanna und Danilo, sondern auch wieder eine Szene mit realen politischen Bezügen. „Es kämpfen die Damen schon lange / Um das nämliche Recht mit dem Mann. / Jetzt haben Madame hier das Wahlrecht / Und fangen damit gar nichts an"[35], so klagen die Herren, die von Hanna zum Tanz aufgefordert werden wollen. Um sie zur Wahl zu bewegen, „agitieren" und „affichieren" sie und bitten Hanna: „Lesen Sie mein Wahlplakat"[36]. Hier wird die Frauenrechtsbewegung satirisch apostrophiert, vor allem aber zielen die Anspielungen auf die zu Beginn des 20. Jahrhunderts heftig geführte Debatte um das allgemeine Wahlrecht. In Österreich-Ungarn gab es ein Kurienwahlrecht, bei dem die Gewichtung der Stimmen von der Steuerleistung abhing. Damit hatten große Teile der Bevölkerung nur ein eingeschränktes beziehungsweise kein Wahlrecht. Erst 1907 wurde das allgemeine, direkte und gleiche Wahlrecht eingeführt, das jedoch nur für Männer galt, das allgemeine Frauenwahlrecht gibt es in Österreich erst seit 1918. Gerade in den Wochen vor der Uraufführung der „Lustigen Witwe" nahm die Debatte an Vehemenz zu. Der Auslöser dafür war, dass als Resultat der revolutionären Unruhen in Russland Zar Nikolaus II. am 30.10.1905 in einem Manifest eine „Ausdehnung des Wahlrechtes"[37] verkündet hatte. In den Zeitungen Österreich-Ungarns wurde darüber ausführlich berichtet. Das Thema hatte damit hohe öffentliche Aufmerksamkeit, die in der Folge durch eine Reihe von Protestkundgebungen noch zusätzlich gesteigert wurde. So etwa fanden am 28.11.1905 in zahlreichen Städten Österreich-Ungarns Massenkundgebungen statt: In Krakau und Brünn zum Beispiel demonstrierten jeweils an die 20.000 Menschen für ein allgemeines, gleiches und direktes Wahlrecht, in Graz waren es 25.000 und in Wien rund 250.000.[38] Als rund einen Monat später im Theater an der Wien „Die lustige Witwe" erstmals aufgeführt wurde, beherrschte das Wahlrecht weiterhin (und für noch geraume Zeit) die öffentliche Diskussion. Das Thema war also im allgemeinen Bewusstsein sehr präsent, rief sowohl Zustimmung wie auch Ablehnung hervor und führte teilweise auch zu Verunsicherung. Somit entsprach es sicher der Stimmung von Teilen des Premierenpublikums der „Lustigen Witwe", wenn Hanna auf das „Agitieren" und auf das „Affichieren" der „Wahlplakate" mit den Worten reagiert:

---

35 Léon – Stein: Lustige Witwe. Zensur-Textbuch, Heft 1, S. 41.
36 Ebd., S. 41f.
37 Siehe: Neues Wiener Journal, 31.10.1905, S. 1.
38 Siehe: Neues Wiener Journal, 29.11.1905, S. 4; Arbeiter-Zeitung, 29.11.1905, S. 1.

„Nichts hass' ich so wie Politik,[39] / Verdirbt sie beim Mann den Charakter, / So raubt sie uns Frauen den Chik [!]"[40] Dennoch nutzt sie ihr Wahlrecht (um letztlich Danilo zu wählen): „Doch wollt' Ihr durchaus kandidieren / Und leistet auf mich nicht Verzicht, / Und gibt mir das Ballrecht das Wahlrecht – / Erfüll' ich die Ballbürgerpflicht!"[41]

Szenen wie diese zeigen, dass die Handlung der „Lustigen Witwe" in einen hochaktuellen Realitätsrahmen gestellt war. Dennoch darf die Operette nicht als unmittelbar zeitkritisches Stück verstanden werden. Vielmehr umgibt der Rahmen eine Art Vexierspiegel, der die Lebenswelt des frühen 20. Jahrhunderts in satirisch verfremdeter und vielfach auch komödienhaft verharmloster Form wiedergab. In diesem Sinne zeittypisch sind in der „Lustigen Witwe" die beiden zentralen Frauenfiguren, Hanna und Valencienne. Hanna ist die emanzipierte Frau, die sich selbstbewusst und unabhängig gibt und die in Bezug auf die Ehe provokativ meint: „Ein flotter Ehestand soll's sein, / Ganz nach Pariser Art! / Er sagt ,Madame' – ich sag' ,Monsieur', / Ganz nach Pariser Art! / Wo jeder seine Wege geht, / Ganz nach Pariser Art"[42]. „Und säh' die Ehe anders aus"[43], dann würde sie sich nicht darauf einlassen, betont Hanna, der daraufhin bestätigt wird, dass sie „ganz scheidungsfähig" aussehe. Vor allem aber ist Hanna entscheidungsfähig – und hat sich eindeutig für Danilo entschieden.

Valencienne nimmt die Gegenposition zu Hanna ein, und ihr Idealbild von der Ehe ist ganz anders beschaffen: „Das ist der Zauber der stillen Häuslichkeit, / Die Welt liegt draußen so fern und weit! / Das ist der Zauber, der uns gefangen hält, / Wir sind für uns allein die ganze Welt."[44] Valencienne träumt zwar davon, diesen „Zauber der stillen Häuslichkeit" gemeinsam mit ihrem Geliebten Camille zu erleben, dennoch wagt sie es nicht, sich offen zu dieser Beziehung zu bekennen, da sie, wie sie betont, eine verheiratete und „anständige" Frau sei. Das Publikum des frühen 20. Jahrhunderts konnte in der Situation Valenciennes deutliche Anspielungen auf die (in der Literatur jener Zeit häufig thematisierten) traditionellen Eheknozepte mit ihren vielfach heuchlerischen Moralvorstellungen finden. Wenn etwa der Rezensent des „Humoristen" meint, dass die Operette „mit mehr Berechtigung ,Die solide Witwe' oder ,Die anständige Frau' denn ,Die lustige Witwe' heißen könne"[45], so verweist dies auf die Ambivalenz des Begriffes der Anständigkeit: Denn die provokantemanzipierte Hanna ist anständiger als die „anständige Frau" Valencienne, sie ist eine „solide" – ehrbare – Witwe.

In Henri Meilhacs „L'Attaché d'ambassade" wird die Institution Ehe nicht thematisiert, und die traditionellen Rollenzuschreibungen werden in dem vier Jahrzehnte vor der „Lustigen Witwe" entstandenen Stück nicht hinterfragt. Auch Madeleine Palmer, die Protagonistin des „Attaché", wird von den Männern wegen ihres großen

---

39 Diese Zeile wurde später durch das besser singbare „Verhaßt ist mir Politik" ersetzt (vgl. Léon – Stein: Lustige Witwe. Soufflierbuch, S. 42.)
40 Léon – Stein: Lustige Witwe. Zensur-Textbuch, Heft 1, S. 42.
41 Ebd.
42 Léon – Stein: Lustige Witwe. Zensur-Textbuch, Heft 2, S. 45.
43 In späteren Fassungen lautet die Formulierung: „Und sollt' die Ehe anders sein" (Léon – Stein: Die lustige Witwe. Soufflierbuch, S. 93).
44 Léon – Stein: Lustige Witwe. Soufflierbuch, S. 32.
45 Der Humorist, 10.1.1906, S. 3.

Vermögens umworben. Doch anders als in der „Lustigen Witwe" hat dieses Umwerben teilweise den Charakter kompromittierender Zudringlichkeit. Denn im Gegensatz zur selbstbewusst auftretenden Hanna Glawari wirkt Madeleine Palmer passiv und ist als alleinstehende Frau der Männerwelt gleichsam ausgeliefert. Während in der „Lustigen Witwe" Hanna selbst – in abgeklärter Weise – über ihre Situation und ihr Verhältnis zu den Männern reflektiert: „Ein Mann wie der andere! Wenn mir jetzt einer sagt: ‚Ich liebe Sie!' – dann glaub' ich ihm auf's Wort – ja er liebt sie – meine Erbschaft nämlich!"[46], so ist es im „Attaché d'ambassade" der Attaché Prax, der Madeleine, bei der ersten Begegnung der beiden, sozusagen die Augen über ihre Situation öffnet: „Chaque fois qu'un homme vous dira cette phrase la plus douce qu'une femme puisse entendre: Je vous aime... vous soufflera à l'oreille: Ce n'est pas toi qu'il aime, c'est la fortune du banquier."[47]

Noch weiß Madeleine nicht, wer Prax ist, dennoch nimmt sie von vorneherein an, dass auch er ihr sagen werde, dass er sie liebe, was er mit dem Hinweis, dass er dies nicht tue – „parce que je ne vous aime pas"[48] – verneint. Anders als bei Danilo, der gerade durch seine Versicherung, dass er Hanna nie sagen werde, dass er sie liebe, zum Ausdruck bringt, dass er sie eben doch liebt, steht Prax Madeleine zunächst gleichgültig gegenüber und verliebt sich erst allmählich in sie. Konsequenterweise spielt daher im „Attaché" der zweite Akt einen Monat nach dem ersten, in der „Lustigen Witwe" hingegen nur einen Tag später. Ob aber Madeleine Prax' Gefühle erwidert oder ob sie ihn nur deshalb heiratet, weil sie erkannt hat, dass er nicht auf ihr Vermögen reflektiert, bleibt letztlich offen. Insgesamt erhält der Charakter der Madeleine im Verlauf der Handlung nur wenig Kontur, ebenso bleiben auch andere Figuren, die in der „Lustigen Witwe" ausgeprägte Züge tragen, im „Attaché" eher undifferenziert: so etwa der ‚gute Geist' der Botschaft, der im „Attaché" Figg heißt und Prax treu ergeben ist, der jedoch nichts von der skurrilen Komik seines Operetten-Gegenstückes Njegus hat.

Im Mittelpunkt von Meilhacs Komödie steht, dem Titel entsprechend, der Botschafts-Attaché Prax. Prax ist wie Danilo häufiger Gast in einem Pariser Lokal, und auch er kommt bei seinem ersten Auftritt von dort. Während es bei Danilo das 1893 eröffnete und bis heute bestehende „Maxim's" ist, frequentiert Prax das „Frères Provençaux", das sich beim Palais Royal befand (keines der beiden Lokale war jedoch in Wirklichkeit ein Grisettenlokal). So wie Danilo hält auch Prax seinen Arbeitseinsatz in der Botschaft äußerst gering, und auch er hat einige Liebschaften hinter sich, die ihn beinahe finanziell ruiniert hätten – was er seinem Botschafter gegenüber so kommentiert: „On ne se doute pas de ce qu'il peut tenir d'argent dans la main d'une femme, surtout quand cette main est petite."[49] Mit nahezu denselben Worten sagt Danilo im Gespräch mit Baron Zeta: „Exzellenz glauben gar nicht, wieviel Geld in der Hand einer Frau Platz hat, besonders wenn die Hand klein ist."[50] Allerdings ist Prax ein wesentlich rüderer Charakter als Danilo: Manchmal ist er so sehr betrunken, dass er halbe Nächte mitten auf der Straße liegt; jene Pariser Galans, die sich um

---

46 Léon – Stein: Lustige Witwe. Zensur-Textbuch, Heft 1, S. 32.
47 Meilhac: L'Attaché d'ambassade, S. 28.
48 Ebd., S. 27.
49 Ebd., S. 34.
50 Léon – Stein: Lustige Witwe. Zensur-Textbuch, Heft 1, S. 38.

Madeleine bemühen, attackiert er mit barschen Hinweisen auf Liebesverhältnisse und Schulden. Madeleine erschrickt, als er ihr seinen weithin berüchtigten Namen nennt; der Botschafter beschreibt ihn als „oberflächlich und ausschweifend" – „futile et dissolu"[51] –, und er sich selbst als einen Wüstling, der erst durch die Liebe zu Madeleine aus seinem üblen Lebenswandel errettet wurde und entdeckte, dass er auch ein Herz habe: „C'est vous qui m'avez sauvé! Un jour le débauché s'est agenouillé à vos pieds. Quand il s'est relevé, ce débauché était un homme; parce qu'il avait aimé. Je croyais n'avoir pas de cœur, vous m'avez prouvé que j'en avais un."[52]

Im Unterschied zur „Lustigen Witwe", in der sowohl Hanna als auch Danilo Pontevedriner sind, gehören die beiden Protagonisten im „Attaché" nicht derselben Nation an: Prax kommt aus Birkenfeld, Madeleine Palmer hingegen wurde erst durch ihre Heirat zur Birkenfelderin und ist nach dem Tod ihres Mannes in ihre Heimatstadt Paris zurückgekehrt. Insofern enthält die Konstellation Prax – Madeleine auch gängige nationale Klischees: Prax ist der grobe, taktlose Deutsche, Madeleine die elegante, noble Französin.

Victor Léon und Leo Stein haben sich also von der „Grundidee", die sie in Henri Meilhacs „L'Attaché d'ambassade" gefunden haben, zu vielen Handlungsdetails inspirieren lassen und manches fast wortwörtlich übernommen. Dennoch haben sie dem Geschehen vor allem durch die Zeichnung und Gewichtung der Charaktere eine andere Ausrichtung gegeben und aus der Entwicklungsgeschichte des Attachés Prax die Emanzipations- und Beziehungsgeschichte von Hanna Glawari gemacht.

---

51 Meilhac: L'Attaché d'ambassade, S. 7.
52 Ebd., S. 93.

„Endlich eine Operette, wie sie sein soll":
„Die lustige Witwe" wird zum Welterfolg

Am 30.12.1905 fand im Theater an der Wien die Uraufführung der Operette „Die lustige Witwe" statt. Rund um diese Premiere und die Vorbereitungen dazu ist es im Lauf der Zeit zu einer üppigen „Legendenbildung" gekommen. So etwa sollen die Direktoren des Theaters, Wilhelm Karczag und Karl Wallner, aufgrund ihrer Skepsis gegenüber dem Werk nur wenige Proben genehmigt haben. Victor Léon, der Regie führte, wollte die Operette daraufhin zurückziehen. Er wurde davon aber, wie er später erzählte[1], von den Hauptdarstellern Mizzi Günther und Louis Treumann abgebracht, die sich, gemeinsam mit dem übrigen Ensemble, bereit erklärten, auch nachts zu proben. Auch für die Ausstattung waren, so wird vielfach berichtet, nur geringe Mittel zur Verfügung gestellt worden. In den Details sind diese Darstellungen, die durchwegs Jahre oder Jahrzehnte nach der Uraufführung der „Lustigen Witwe" publiziert wurden, nicht verifizierbar, als Tatsache kann immerhin angenommen werden, dass für die Produktion nicht mehr – aber vermutlich auch nicht weniger – Mittel zur Verfügung gestellt wurden, als für die meisten anderen Produktionen, von denen man sich einen durchschnittlichen Kassenerfolg erwartete.

Eindeutig widerlegbar ist, dass die Uraufführung der „Lustigen Witwe", wie in einigen Lehár-Biografien zu lesen ist, „schlecht besucht"[2] war und sich der Beifall „in Grenzen gehalten"[3] habe. Den Gegenbeweis dazu liefert der im Zensurakt aufbewahrte Polizeibericht, in dem der bei der Premiere anwesende Beamte vermerkte:

„Der durchschlagende Erfolg, welchen die Novität erzielte, kam in lebhaften Beifallskundgebungen und dem Verlangen nach Wiederholung zahlreicher Gesangsnummern zum Ausdrucke. Die oftmaligen Hervorrufe nach den Aktschlüssen galten in erster Linie dem Komponisten der auch selbst dirigierte, und den Darstellern der Hauptrollen, Mizzi Günther und Louis Treumann. […] Die Aufführung fand bei vollem Hause statt und währte von 7 bis nach ¼11 Uhr abends."[4]

---

1 Léon: „Das is ka Musik …". Die wahre Wahrheit über „Die Lustige Witwe". In: Neues Wiener Journal, 6.1.1931, S. 7.
2 Haffner: Immer nur lächeln, S. 65.
3 Mayer: Franz Lehár – Die lustige Witwe, S. 59.
4 Aufführungsbericht im Zensurakt, NÖ Landesarchiv, NÖ Reg. Präs Theater ZA 1905/3098 K 45.

Ebenso widerlegbar ist Franz Lehárs Aussage, dass die Wiener Zeitungen die Uraufführung der „Lustigen Witwe" „sehr flüchtig" behandelt hätten, „ohne auf die Musik näher einzugehen."[5] So etwa brachten die „Neue Freie Presse"[6], das „Neue Wiener Journal"[7] und das „Neue Wiener Tagblatt"[8] am 31.12.1905 umfangreiche Berichte von der Uraufführung, in allen wurde ausführlich – und überaus positiv – auf die Musik eingegangen. Sogar die „Arbeiter-Zeitung"[9], die an sich dem Genre Operette gegenüber distanziert bis ablehnend eingestellt war, konnte nicht umhin, auf die „musikalische Kraft" des Werkes hinzuweisen. Viel Lob gab es in den Zeitungen für das von Lehár „meisterlich geführte Orchester"[10], für die Darsteller und Darstellerinnen, vor allem für Mizzi Günther und Louis Treumann, und auch für das Libretto von Victor Léon und Leo Stein, das als „sehr unterhaltsam" und „gut gebaut"[11], „reich an wirksamen Situationen, logisch und auch sonst gut gegliedert"[12] und als „lustig und keineswegs unvernünftig"[13] beurteilt wurde.

Der renommierte Musikkritiker des „Neuen Wiener Tagblatts" Ludwig Karpath – der, so wird erzählt[14], gegen den Willen der Theaterdirektoren bei der Generalprobe anwesend gewesen war und sich schon dabei begeistert von der „Lustigen Witwe" gezeigt hatte – resümierte nach der Uraufführung: „Endlich eine Operette, wie sie sein soll: ein feines, sauberes und doch ungemein amüsantes Buch, dazu eine geistreiche, entzückende Musik."[15] Karpath und auch etliche andere Kritiker erkannten von Beginn an das Erfolgspotential, das in der „Lustigen Witwe" steckte. So etwa prophezeite das „Wiener Montags-Journal" „eine lange Reihe von Wiederholungen"[16], und der mit „H." zeichnende Rezensent der Zeitschrift „Figaro" meinte, dass das Werk „nach allen Seiten und Richtungen hin" passe: „Der Text paßt zur Musik, die Musik zum Text, der Tanz zu Musik und Text, und das ganze [!], was wohl das Wichtigste ist, scheint dem lieben Publikum ganz außerordentlich zu passen."[17]

Allerdings soll „der finanzielle Erfolg dieser Operette anfangs nicht besonders"[18] gewesen sein. Der damalige Ko-Direktor des Theaters an der Wien, Karl Wallner, erinnerte sich später, dass die Einnahmen am Premierenabend 5200 Kronen betrugen und bei der folgenden Silvestervorstellung 5900 Kronen. Dann aber, so Wallner, „sanken die Einnahmen. Am 5. Januar 1906 waren sie bloß 2000 Kronen hoch, nur Sonntags [!] hatten wir etwa 5000 Kronen. Im Durchschnitt mußten wir damals 200

---

5 Neues Wiener Journal, 28.1.1912, S. 4.
6 Neue Freie Presse, 31.12.1905, S. 14.
7 Neues Wiener Journal, 31.12.1905, S. 14.
8 Neues Wiener Tagblatt, 31.12.1905, S. 17.
9 Arbeiter-Zeitung, 31.12.1905, S. 9.
10 Neues Wiener Tagblatt, 31.12.1905, S. 17.
11 Neues Wiener Journal, 31.12.1905, S. 14.
12 Neues Wiener Tagblatt, 31.12.1905, S. 17.
13 Wiener Sonn- und Montags-Zeitung, 1.1.1906, S. 7.
14 Decsey: Franz Lehár, S. 45f.
15 Neues Wiener Tagblatt, 31.12.1905, S. 17.
16 Wiener Montags-Journal, 1.1.1906, S. 3.
17 Figaro, 6.1.1906, S. 7.
18 Wallner, Karl: Die Wahrheit über Lehars „Lustige Witwe". In: Neues Wiener Journal, 1.1.1931, S. 16.

bis 300 Kronen als Freikarteneinnahmen bei etwa 2000 bis 3000 Kronen Gesamteingängen buchen."[19] Schon am 10.1.1906 aber konnte die Theater-Zeitschrift „Der Humorist" melden: „Im Theater a. d. Wien beherrscht die Operette ‚Die lustige Witwe', von V. Léon und Leo Stein, Musik von Franz Lehár, mit anhaltendem Kassenerfolge das Repertoire. Am 23. d. M. findet die 25. en suite-Aufführung dieses Bühnenwerkes statt."[20]

Louis Treumann und Mizzi Günther in „Die lustige Witwe", 1906

Ab Ende Februar 1906 sollte, so war es geplant gewesen, „Die lustige Witwe" auf dem Spielplan des Theaters an der Wien von der Operette „Tip-Top" (Musik Josef Stritzko, Libretto Sigmund Schlesinger und Ignaz Schnitzer) abgelöst werden. Der Programmwechsel aber fand nicht statt. Denn der 25. Aufführung der „Lustigen Witwe" folgten am 17.2.1906 die 50. und am 7.4.1906 die 100., die mit einer Festvorstellung gefeiert wurde: Die Theaterbesucherinnen erhielten als Andenken einen Sonderdruck der Noten des „Ballsirenen-Walzers", „alle Darsteller, ja selbst die Billeteure hatten Blumen mit Schleifen an der Brust"[21], „nach jedem Akte ging ein wahrer Applausorkan durch das Haus"[22], immer wieder mussten sich auch Franz Lehár,

---

19 Ebd.
20 Der Humorist, 10.1.1906, S. 3.
21 Neues Wiener Tagblatt, 8.4.1906, S. 13.
22 Neues Wiener Journal, 8.4.1906, S. 12.

der die Vorstellung dirigierte[23], „und seine glücklichen Librettisten dem übervollen Hause zeigen"[24]. Besonderen Jubel gab es für Mizzi Günther und Louis Treumann, die beide in den Tagen zuvor erkrankt gewesen waren[25]: „Treumann erschien stürmisch begrüßt noch vor Beginn der Vorstellung vor dem Vorhang, um in einer kleinen Ansprache darauf hinzuweisen, daß er total heiser sei. ‚Das macht nichts!' rief man ihm aus dem Publikum zu."[26] Am Ende der Vorstellung „türmten sich auf der Bühne Blumenkörbe und silberne Lorbeerkränze. Echte Jubelstimmung durchwehte das Haus."[27]

Nach insgesamt 119 En-suite-Vorstellungen endete mit 29.4.1906 die erste Aufführungsserie der „Lustigen Witwe" im Theater an der Wien. Hatte man die geplante Produktion der Operette „Tip-Top" bis auf weiteres verschieben können, so war dies bei den Gastspielen des französischen Schauspielers Charles Le Bargy und seiner Truppe (30.4.-3.5.1906), des Berliner Lessingtheaters (4.5.- 5.6.1906) und des Wiener Bürgertheaters (10.6.-30.6.1906) nicht möglich. Dafür aber wurde „Die lustige Witwe" in der bisherigen Besetzung und nicht allzu weit vom „Stammhaus" entfernt weitergespielt: Denn vom 1.5. bis zum 30.6.1906 war sie als „Gesamtgastspiel des Theaters an der Wien" im Jubiläums-Stadttheater (d.h. in der heutigen Volksoper) zu sehen. Im Herbst 1906 kehrte „Die Lustige Witwe" dann zurück ins Theater an der Wien, wo die Erfolgsserie unvermindert weiterging. Am 11.1.1907 fand die 300. Aufführung statt, über die in den Zeitungen ausführlich berichtet wurde. So etwa schrieb die „Neue Freie Presse":

„Dieser unerhörten Aufführungsziffer zu Ehren wurde heute im Theater an der Wien ein Jubiläumsrummel veranstaltet, der alles hinter sich zurückließ, was man bisher bei solchen Anlässen hier erlebt hat. Das girlandengeschmückte Haus war von einem eleganten Publikum dicht gefüllt, das sich um die auf Namen lautenden Karten seit Wochen beworben hatte. Das Dirigentenpult wies die Ziffer ‚300' in goldenen Lorbeerblättern auf, und als der glückliche Komponist, Herr Lehar, im Orchester erschien, wurde er mit einem Tusch und großem Beifalle empfangen.

Die Aufführung der Operette, die in völlig neuer und zum Teile glänzender Ausstattung erschien, war eine der besten in der langen Reihe und von echter frischer Premièrenstimmung erfüllt. Namentlich die künstlerischen Leistungen der Frau Günther, die sich in einer höchst übermütigen Laune befand, und des Herrn Treumann haben sich noch vervollkommnet.

Nach dem ersten und zweiten Akt äußerte sich die Bedeutung des Abends bloß in einer noch nicht dagewesenen Menge von Blumenspenden in jeglicher Form und in unzähligen Hervorrufen. Nach dem dritten Akt gab es aber eine Neuerung; Direktor Wallner trat vor und verlas eine zwei Konzeptseiten lange Dankesrede an Lehar, dem er für die Treue, welche er der Bühne seines ersten Erfolges bewiesen, dankte, ihn gleichzeitig bittend, sie ihr auch ferner zu bewahren. Er dankte auch den Librettisten, worauf Herr Viktor Léon in humoristischer Weise erwiderte.

---

23 Die vorhergehenden Vorstellungen hatte Robert Stolz dirigiert.
24 Neues Wiener Journal, 8.4.1906, S. 12.
25 Die Rolle der Hanna Glawari hatten zwischen 27.3. und 6.4. abwechselnd Dora Keplinger und Phila Wolff übernommen; den Danilo spielte am 5.4. und 6.4. Franz Glawatsch.
26 Neues Wiener Journal, 8.4.1906, S. 12.
27 Neues Wiener Tagblatt, 8.4.1906, S. 13.

Dann ergriff Lehar, ganz wie in Kopenhagen[28], eine Geige und spielte den ‚Sirenen'-Walzer zum Tanze auf. Es sprachen noch der Komponist sowie Mizzi Günther und Treumann einige Dankesworte, und mit der Prophezeiung der 400. Aufführung endete der Abend."[29]

Die prophezeite 400. Aufführung fand dreieinhalb Monate später, am 24.4.1907, statt und wurde mindestens ebenso aufwendig gefeiert wie die vorangegangenen Jubiläen, denn immerhin war es „ein Ereignis, wie es bis nun in der Wiener Theaterchronik noch nie zu verzeichnen war."[30] Dementsprechend groß war der Publikumsandrang, der „jeden bisher erzielten Rekord"[31] schlug:

„Das Theater war schon wochenlang vor dem Jubiläum ausverkauft, in den letzten Tagen waren von Agioteuren Phantasiepreise für Sitze gefordert und sogar bezahlt worden.
Auch im Zuschauerraum saß mancher Jubilar. Einige hatten die ‚Lustige Witwe' zehnmal, andere gar zwanzigmal und öfter und – schier unglaublich klingt die Mär – eine Dame gar 372mal angehört. So oft nämlich, als Treumann als Danilo aufgetreten ist."[32]

Franz Lehár hatte für das Jubiläum eine eigene Festouvertüre mit dem Titel „Eine Vision" komponiert, „die mit minutenlangem Beifall aufgenommen wurde"[33]. Zwischen den einzelnen Akten und vor allem nach der Vorstellung wurden alle Mitwirkenden mit „Beifallssalven" und „Blumensträußen in Mammutdimensionen"[34] bedacht, die Hauptdarsteller und die Librettisten erhielten silberne Lorbeerkränze. Bis zum 7.5.1907 gab es im Theater an der Wien elf weitere Vorstellungen der „Lustigen Witwe", dann folgte ein mehrwöchiges Gastspiel des Berliner Lessing-Theaters. Im Herbst 1907 (7.9.-4.10.1907) waren 28 weitere „Lustige Witwe"-Vorstellungen zu sehen, bis die Aufführungsserie am 5.10.1907 mit der so lange aufgeschobenen „Tip-Top"-Uraufführung beendet wurde. „Die lustige Witwe" blieb jedoch weiterhin im Repertoire des Theaters an der Wien, und am 23.10.1911 konnte – wieder mit einer Festvorstellung – die 500. Aufführung gefeiert werden.

Mittlerweile war das Werk von zahlreichen Bühnen in ganz Europa übernommen worden. Eine der frühesten Produktionen außerhalb von Wien war jene in Brünn, die ab 25.3.1906 im Deutschen Theater (heute Mahenovo divadlo) zu sehen war. Auch hier wurde die Premiere von Franz Lehár dirigiert, die musikalische Einstudierung hatte Robert Stolz vorgenommen. Der Danilo wurde in Brünn von Hubert Marischka gespielt. In dieser Rolle konnte der spätere Schwiegersohn von Victor Léon seinen ersten großen Erfolg verbuchen, der auch darauf zurückzuführen war, dass Marischka sehr genau Louis Treumanns Rollengestaltung studiert hatte. In der Rubrik „Brünner

---

28 Franz Lehár hatte am 3.12.1906 und am 5.12.1906 Aufführungen der Operette, die in der dänischen Fassung den Titel „Den glade enke" trägt, im Kopenhagener Casino Teatret geleitet und dabei im Stil von Johann Strauss selbst Geige gespielt.
29 Neue Freie Presse, 12.1.1907, S. 13.
30 Neues Wiener Journal, 25.4.1907, S. 7.
31 Neue Freie Presse, 25.4.1907, S. 10.
32 Neues Wiener Journal, 25.4.1907, S. 7.
33 Ebd.
34 Neue Freie Presse, 25.4.1907, S. 10.

Theaterbrief" des „Humoristen" hieß es dazu: „Herr Marischka hatte sich seinen Grafen Danilo streng nach dem ‚großstädtischen' Vorbilde zurechtgelegt. Wir verzeihen ihm diese Nachahmung in vollster Würdigung seiner Fähigkeiten, die sich hier in jeder Hinsicht bewährten; er war mit Lieb' und Lust bei der Sache und nahm mit Frl. Carena [d.i. Lola Carena, Darstellerin der Hanna Glawari] den wohlverdienten Haupterfolg des Abends für sich in Anspruch."[35]

Im Sommer 1906 stand „Die lustige Witwe" auch auf den Spielplänen von etlichen Kur- und Sommertheatern, so etwa in Baden bei Wien, in Bad Ischl, in Gmunden und in den böhmischen Kurorten Karlsbad und Marienbad. Hervorzuheben sind die Aufführungen in Bad Ischl und Marienbad, da diese auch „royales" Interesse fanden, was sicher zum Prestige der Operette beitrug. In Bad Ischl, wo Louis Treumann als Danilo und Dora Keplinger als Hanna Glawari gastierten, besuchte Kaiser Franz Joseph Ende August 1906 eine der Vorstellungen. Die „Neue Freie Presse" berichtete dazu: „Nach der Aufführung der von Lehar persönlich dirigierten Operette lobte der Kaiser die musikalischen Vorzüge des Werkes und das glänzende Spiel des Herrn Treumann und der Frau Keplinger vom Theater an der Wien. ‚Herr Treumann', bemerkte der Kaiser, ‚hat die Rolle auch vor dem König von England in Marienbad gespielt. Ich habe viel Schönes darüber gelesen'."[36]

Über jene Marienbader Aufführung, die am 20.8.1906 in Anwesenheit des englischen Königs Edward VII. und des Fürsten Ferdinand von Bulgarien stattgefunden hatte, war einiges in den Zeitungen berichtet worden – und Louis Treumann wusste Anekdotisches beizusteuern. Bei allen anderen Zuschauern, so erzählte er, sei die Vorstellung sehr gut angekommen, nur der englische König habe nicht applaudiert, sondern sei die ganze Zeit über ernst in seiner Loge gesessen. Ein Bekannter, der Kontakte zum Monarchen hatte, erkundigte sich bei diesem,

„warum er im Theater bei der ‚Lustigen Witwe' so ernst war. ‚Sind vielleicht die letzten Attentate in Rußland daran schuld, Majestät?' Kopfschütteln. ‚Oder die Balkanwirren?' Wieder ein Kopfschütteln. ‚Vielleicht die Entrevue mit Sr. Majestät dem Kaiser von Deutschland?' Abermaliges Kopfschütteln. Endlich unterbricht der König sein Schweigen: ‚Meine größte Sorge ist die: wer wird den Danilo in England so gut spielen, wie der Treumann?'"[37]

Ob Edward VII. dies wirklich so sagte, bleibt offen. Fraglich ist auch, ob er tatsächlich keinerlei positive Reaktion auf das Bühnengeschehen zeigte, denn immerhin berichtete das „Berliner Tageblatt" über die Marienbader Vorstellung: „Die Darsteller und der Komponist wurden wiederholt auf offener Bühne lebhaft gerufen. Auch König Eduard und Fürst Ferdinand spendeten reichen Beifall."[38] Die Sorge um einen geeigneten Danilo-Darsteller wurde dem Monarchen auf jeden Fall mit der ersten englischsprachigen Produktion der „Lustigen Witwe" genommen. Die Premiere der „Merry Widow" (Übersetzung Adrian Ross, Edward Morton und Basil Hood[39]) fand

---

35 Der Humorist, 1.4.1906, S. 3.
36 Neue Freie Presse, 28.8.1906, S. 8f.
37 Der Humorist, 1.9.1906, S. 3.
38 Berliner Tageblatt, 21.8.1906, S. 3.
39 Adrian Ross schrieb die englischen Liedtexte und Edward Morton die erste Fassung der Dialoge, die dann von Basil Hood komplett überarbeitet wurden.

am 8.6.1907 im Londoner Daly's Theatre[40] statt. Als Danilo war Joseph Coyne[41] zu sehen, ein aus New York stammender Schauspieler, der in London als Darsteller ein wenig schrulliger Charaktere zu einem Publikumsliebling geworden war. Die Rolle der Hanna Glawari, die in der englischen Fassung Sonia Sadoya hieß, verkörperte Lily Elsie[42], die gemeinsam mit Coyne für einen Sensationserfolg sorgte: Die Londoner Produktion lief bis 31.7.1909 und brachte es auf 778 En-suite-Aufführungen. Es war dies ein Rekord, der alle bis dahin verzeichneten Erfolge der „Lustigen Witwe" weit übertraf. Dabei schien die Produktion zunächst unter keinen günstigen Vorzeichen zu stehen: Franz Lehár, der mit Victor Léon und Leo Stein nach London gekommen war und die Premiere dirigieren sollte, war nicht nur über die Kleinheit des Orchesters, das lediglich 28 Musiker umfasste, empört, sondern vor allem auch darüber, dass Lily Elsie nicht besonders gut singen konnte – und es um die stimmlichen Qualitäten von Joseph Coyne noch schlechter bestellt war. „Coyne's solution was to recite in rhythm (anticipating Rex Harrison's technique in My Fair Lady by half a century)"[43], schreibt dazu der Musikologe Derek B. Scott. Aus den zahlreichen vorhandenen Tonträgern mit Rex Harrison in der Rolle des Professor Higgins in „My Fair Lady" lässt sich somit erschließen, wie der „Danilo, der nicht singen konnte"[44] seinen Part musikalisch anlegte.

Eine mögliche Erklärung für die aus Sicht von Franz Lehár etwas befremdliche Besetzung der Rolle der „Lustigen Witwe" mit Lily Elsie findet sich in dem Buch „Edwardian Theatre" des britischen Theaterhistorikers Albert E. Wilson. Er schreibt, dass sich George Edwardes, der Direktor des Daly's Theatre, die Aufführungsrechte der „Lustigen Witwe" für den relativ hohen Betrag von 1000 Pfund gesichert und auch vereinbart hatte, dass Mizzi Günther in London die Titelrolle spielen sollte. Allerdings änderte Edwardes dann aufgrund der Bühnenwirkung von Günther die Besetzung, denn: „She had a lovely voice but, as was the habit among heroines of German operetta in those days, she was buxom and without the allure of which London was likely to approve."[45] Nicht eindeutig feststellbar ist, ob und wann George

---

40 Das Daly's Theatre befand sich in der Cranbourn Street 2, an der Ecke zum Leicester Square. Das Theater, das über 1200 Zuschauerplätze umfasste, wurde 1893 eröffnet und 1937 abgerissen.

41 Joseph Coyne, geb. 27.3.1867 in New York, gest. 17.2.1941 in Virginia Water/Surrey, begann seine Karriere als Schauspieler und Sänger 1883 in New York, trat 1901 erstmals in London auf, wo er dann, ab 1906, ständig tätig war und sehr erfolgreich in zahlreichen Komödien und Operetten mitwirkte.

42 Lily Elsie, eigentl. Elsie Odder, geb. 8.4.1886 in Armley/Yorkshire, gest. 16.12.1962 in London, begann ihre schauspielerische Laufbahn im Alter von elf Jahren als Mitwirkende in Pantomimen und Music Hall-Shows. Aus ihrem damaligen Bühnennamen „Little Elsie" formte sie später ihren Künstlernamen. Ab 1903 war Lily Elsie am Londoner Daly's Theatre engagiert.

43 Scott, Derek B.: German operetta in the West End and on Broadway. In: Platt, Len – Tobias Becker – David Linton (Hg.): Popular Musical Theatre in London and Berlin. 1890 to 1939. Cambridge 2014. S. 65.

44 Frey: Was sagt ihr zu diesem Erfolg, S. 78ff. Stefan Frey hat in seiner Lehár-Biografie die Aufregung um den „Danilo, der nicht singen konnte" ausführlich dokumentiert.

45 Wilson, Albert E.: Edwardian Theatre. London 1951. S. 226.

Edwardes Mizzi Günther in der Rolle der Hanna Glawari gesehen hat, denn die Angaben in zeitgenössischen Berichten und in der Fachliteratur sind widersprüchlich. Laut A. E. Wilson hatte Edwardes seine Informationen durch einen Mitarbeiter erhalten, den er nach Wien zu den Vertragsverhandlungen geschickt hatte.[46] Andere Autoren[47] wiederum berichten, dass Edwardes 1906 selbst nach Wien gereist war, um dort „Die lustige Witwe" zu sehen. Der britische Sachbuchautor Alan Hyman schreibt in seinem Buch „The Gaiety Years", dass Mizzi Günther für die Produktion der „Merry Widow" nach London gekommen war, dann aber von Edwardes aufgrund ihres Aussehens nicht akzeptiert und mit einer hohen Entschädigungszahlung wieder nach Wien zurückgeschickt worden war.[48] Dem widerspricht die Darstellung in der Washingtoner Zeitung „Evening Star", die am 30.6.1907 in ihrer Rubrik „The Foreign Stage" in Zusammenhang mit einem Bericht über die Londoner „Merry Widow"-Premiere über die Hauptdarstellerin schrieb: „Lily Elsie, whom George Edwardes finally chose for ‚The Merry Widow' after postponing the London production of the piece for months in despair of finding anybody who could fill the title part. His first choice, naturally, was the actress who created the part in Vienna, but no terms could tempt her to come to London".[49] Von einer nicht für die englische Produktion passenden Bühnenwirkung Mizzi Günthers ist in diesem Bericht nicht die Rede. Tatsächlich aber unterschied sich die dralle Diva Mizzi Günther sowohl in ihrem Körperbau als auch mit ihren stimmlichen Fähigkeiten stark von der sehr zarten Lily Elsie, der dann Joseph Coyne als „gesanglich" passender Partner zur Seite gestellt wurde.

Zum Ausgleich für die Abwertung des musikalischen Aspektes in den Hauptpartien wurden in der Londoner Produktion andere Rollen aufgewertet. Ein verstärktes komisches Element (das Lehár ebenfalls missfiel) brachte der populäre Komiker George Graves ein. Er spielte die Rolle des Botschafters, der in der englischen Fassung Baron Popoff hieß. Graves' zahlreiche „gags" „made his grotesque Baron Popoff the part of a lifetime. And it helped to make ‚The Merry Widow' an overwhelming success in London."[50] Die Rolle des Botschaftsfaktotums, das in der englischen Fassung nicht Njegus, sondern Nisch heißt, wurde vom Komiker William Henry Berry verkörpert. Er bekam im dritten Akt der Operette ein zusätzliches Couplet mit dem Titel „Quite Parisian":

„I was born, by cruel fate, / In a little Balkan state, / Where we go about in the same old suits, / Sheep-skin jackets, and big red boots; / But I'm now a great success / In the way of modern dress; / From my London hat to my shiny toe, / Quite Rue de Pimlico. / That is the cut for me / Made in Piccaddillee! / For I am quite Parisian, / A most distinguished man, / And try to look

---

46 Ebd.
47 Z.B. Macqueen-Pope, Walter J. – David L. Murray: Fortune's Favourite. The Life and Times of Franz Lehár. London 1953. S. 47f.; sowie Platt, Len: Berlin/London : London/Berlin – an outline cultural transfer, 1890-1914. In: Platt, Len – Tobias Becker – David Linton (Hg.): Popular Musical Theatre in London and Berlin. 1890 to 1939. Cambridge 2014. S. 39.
48 Hyman, Alan: The Gaiety Years. London 1975. S. 146f.
49 Evening Star, 30.6.1907, S. 11.
50 Wilson: Edwardian Theatre, S. 227.

as English as I can. / Yes, I'm a gay Parisian, / And far above the common mob / Je suis très snob.
In my native land out East / Upon good black bread we feast; / With a wooden spoon from the pot we scoop / Curds and onions and cabbage soup. / But in Paris I can eat / À la mode petite marmite, / And I drink Cognac with that lovely stuff / Tarte à la pomme de truffe! / Give me suprême de veau, / Bœuf à la Chicago! / For I am quite Parisian, / A most distinguished man, / I dote on sausage à la black and tan! / Yes, I'm a gay Parisian, / I get tea courses for one bob / Je suis très snob. [...]"[51]

Adrian Ross, der den Text zu diesem Couplet geschrieben hatte, war in seiner Verulkung des „kleinen Balkanstaates", in dem Nisch aufgrund eines „grausamen Schicksals" geboren worden war, in dem die Menschen Schaffelljacken tragen und mit Holzlöffeln Kohlsuppe aus dem Topf schaufeln, um einiges schonungsloser, als es sich Victor Léon und Leo Stein in ihrem gesamten Libretto zur „Lustigen Witwe" erlaubt hatten. Im englischen Text hieß der „little Balkan state" nicht Pontevedro, sondern Marsovia, dass aber die Anspielungen auf den damals kleinsten Balkanstaat Montenegro zielten, war wohl auch dem Londoner Publikum klar.

Eine weitere Änderung gegenüber der deutschsprachigen Fassung der „Lustigen Witwe" betraf den Schauplatz des dritten Aktes. Im Original spielt dieser in Hanna Glawaris Palais, wo Njegus, auf Wunsch von Hanna, einige Räume nach dem Vorbild des „Maxim" dekoriert hat. In der Londoner Produktion von 1907 hingegen führt der dritte Akt in das Vergnügungslokal selbst. Über diesen Schauplatz hatte es schon während der Entstehung der Operette Diskussionen gegeben. Theater an der Wien-Direktor Karl Wallner berichtet in seinem Artikel über „Die lustige Witwe", dass er gewollt habe, dass der letzte Akt im Maxim spiele, was aber von Victor Léon abgelehnt worden sei.[52] In seiner Entgegnung auf Wallners Artikel erklärt Léon, dass er gegen diese Idee gewesen war, „weil wir in Wien damals noch nicht so weit waren, eine vornehme Gesellschaft mit Damen in ein ausgesprochenes Kokottenlokal kommen lassen zu dürfen."[53] In London hatte es diesbezüglich offenbar bereits eine liberalere Haltung gegeben, und die Schauplatzänderung wurde später in viele Inszenierungen der „Lustigen Witwe" übernommen.

Auch in der ersten New Yorker Produktion der „Merry Widow", für die man die Londoner Textfassung übernahm, spielte der dritte Akt im „Maxim". Die Premiere fand – viereinhalb Monate nach der Londoner – am 21.10.1907 im New Amsterdam Theatre[54] statt. Man war dort auf einen Erfolg vorbereitet – wenn auch die Dimensionen, die dieser in der Folge annehmen sollte, wohl von kaum jemandem erwartet worden waren. Am Tag vor der ersten Aufführung widmete die „New York Times" dem Werk einen umfangreichen Beitrag mit Fotos, Notenzeilen, genauer Inhaltsangabe und einem Hinweis auf den großen Erfolg des Werkes in Europa – „that has

---

51 Léon, Victor – Leo Stein – Adrian Ross: The Merry Widow. London [1907]. S. 189ff.
52 Wallner, Karl: Die Wahrheit über Lehars „Lustige Witwe". In: Neues Wiener Journal, 1.1.1931, S. 16.
53 Léon: „Das is ka Musik ...". Die wahre Wahrheit über „Die Lustige Witwe". In: Neues Wiener Journal, 6.1.1931, S. 7.
54 Das New Amsterdam Theatre, 214 W. 42nd Street, wurde 1903 eröffnet und war damals mit 1702 Plätzen das größte Theater New Yorks.

swept it like wildfire over Germany and Austria, and has, since last June received the ratification of London."[55]

Am Tag nach der Premiere konnte die „New York Times" dann in großen Lettern melden: „,THE MERRY WIDOW' PROVES CAPTIVATING"[56]. Nach der ergänzenden Schlagzeile „REPEATS FOREIGN SUCCESS" folgte ein ausführlicher Artikel über den großen Erfolg, den die Premiere gehabt hatte:

„The theatre was packed and all the available standing room was taken. It was one of the most brilliant audiences which has attended a New York first night in recent years. For the fame of this ‚widow' had preceded her, and very many persons in the audience had seen her in Europe and wished to know if she had lost any of her gayety in crossing the ocean. It should be stated at once that she had not, nor any of her melody either, as the audience quickly realized. The applause was almost terrifying in its intensity at times, and there were as many shouts of ‚Bravo!' as at a performance of ‚Pagliacci' when Caruso sings."

Der Bericht zeigt, welchen Status „Die lustige Witwe" erreicht hatte: Für den Kritiker der „New York Times" hatte die Premiere denselben Stellenwert wie die „Bajazzo"-Aufführungen mit Enrico Caruso, der damals der gefeierte Star der Metropolitan Opera war; und die „most brilliant audience" war offenbar zum Teil so finanzkräftig, dass sie es sich leisten konnte, nach Europa zu reisen, um dort an aktuellen gesellschaftlichen und kulturellen Trends zu partizipieren – und dazu gehörte eben auch der Besuch einer Vorstellung der „Lustigen Witwe". Deutlich wird daraus auch die Veränderung der Transferrichtung im Bereich der Populärkultur im Verlauf des 20. Jahrhunderts: Kamen in diesen ersten Jahrzehnten die vorbildgebenden und aufsehenerregenden Produktionen aus Europa in die USA, so sollte sich dies – wesentlich bedingt durch die politische Entwicklung in Europa und die Emigration vieler Kulturschaffender – später umkehren.

Die „New York Times" beschäftigte sich in ihrem Premierenbericht ausführlich mit dem Bühnenbild („a magnificent scenic and sartorial environment"), den Kostümen („The gowns in the first act were smart, in the second picturesque, and in the third dazzling") und den schauspielerischen Leistungen der Broadway-Stars Ethel Jackson als Witwe und Donald Brian als Danilo. Der Artikel schloss mit der Feststellung: „Altogether it is very likely that ‚The Merry Widow' will remain on Forty-second Street for a very long time, and if Mr. Savage is serious in his announced intention to open another theatre in New York with another company in the same piece he must be considered a wise man." Insgesamt brachte es „The Merry Widow" im New Amsterdam Theatre auf 416 En-suite-Aufführungen[57]. Henry W. Savage, der einer der einfluss- und erfolgreichsten amerikanischen Theaterproduzenten jener Zeit war, eröffnete für „Die lustige Witwe" zwar kein weiteres New Yorker Theater, engagierte aber mehrere Theatertruppen, mit denen er Aufführungen der Operette in

---

55 The New York Times, 20.10.1907.
56 The New York Times, 22.10.1907.
57 „The Merry Widow" stand von 21.10.1907 bis 17.10.1908 auf dem Spielplan des New Amsterdam Theatres. Zwischen 29.6.1908 und 30.8.1908 fanden die Vorstellungen in den „Aerial Gardens" statt, einer Freilichtbühne auf dem Dach des Theatergebäudes, die 693 Zuschauerplätze bot.

zahlreichen Städten der Vereinigten Staaten organisierte. Schon rund zwei Monate nach der New Yorker Premiere, am 29.12.1907, schrieb dazu die „New York Times":

„Before the end of the current theatrical season three companies will be playing ‚The Merry Widow' – in New York, Chicago, and Boston. The two companies now playing – in New York and Chicago – are located in immense theatres and are enjoying patronage that is positively abnormal. [...] It is understood that Savage will probably have six ‚Merry Widow' companies next season – and the returns of companies on tour with an attraction so far famed should be something to startle the dramatic and operatic universe. In fact, it seems now highly probable that for the next year or two Mr. Savage will devote his attention mainly to organizing and managing more ‚Merry Widows'"[58].

Der Erfolg der „Lustigen Witwe" in den USA hielt noch um einiges länger als erwartet an, und am 20.4.1913 konnte die in Oregon City erscheinende Wochenzeitschrift „Morning Enterprise" ankündigen: „Portland will have the pleasures of seeing the five thousandth performance in America of Henry W. Savage's unapproachable musical triumph, ‚The Merry Widow', on Sunday night, April 20th, when it comes to the Heilig theatre"[59].

Der große Erfolg, den die Operette in den Vereinigten Staaten hatte, führte dazu, dass dort die Bezeichnung „Merry Widow" eine Zeitlang als Synonym für Modernität, Exklusivität und Finesse verstanden wurde. Schon ganz im Sinne einer modernen Marketingstrategie wurde der Zusatz „Merry Widow" zum verkaufsfördernden Etikett für die unterschiedlichsten Produkte verwendet: Der Bogen reichte dabei von Kleidungs- und Schmuckstücken bis zu Süßwaren, Cocktails, Zigarren und vielem mehr. Ihren Höhepunkt erreichten die amerikanische Begeisterung für „Die lustige Witwe" und die damit zusammenhängende große Nachfrage nach „Merry Widow"-Produkten 1908/09. Eine Reaktion darauf waren zahlreiche Karikaturen und satirische Texte, in denen der „Merry Widow Craze" aufs Korn genommen wurde. So etwa war in einer ganzen Reihe von amerikanischen Zeitungen im Frühjahr 1908 das Gedicht „The Merry Widow" abgedruckt:

„The Merry Widow.
It's the ‚Merry Widow' this, / And the ‚Merry Widow' that; / It's the ‚Merry Widow' kiss / And the ‚Merry Widow' hat. / It's the ‚Merry Widow' craze / And the ‚Merry Widow' dance; / It's the ‚Merry Widow' plays / And the ‚Merry Widow' glance. / It's the ‚Merry Widow' sinner, / With the ‚Merry Widow' faults. / I've a ‚Merry Widow' wife, / And a ‚Merry Widow' brat; / I've a ‚Merry Widow' knife, / And a ‚Merry Widow' cat. / I've a ‚Merry Widow' auto car, / With a ‚Merry Widow' toot, / And a friend's wife has sued him / 'Tis a ‚Merry Widow'

---

58 The New York Times, 29.12.1907.
59 Morning Enterprise, 20.4.1913, S. 4. Diese Meldung und gleichlautende in anderen Zeitungen (z.B. The Sunday Oregonian, 20.4.1913) belegen, dass die 5000. Aufführung in Portland stattfand und nicht, wie etwa Fritz Stein schreibt (Stein: 50 Jahre Die lustige Witwe, S. 25), in San Francisco (wo „The Merry Widow" im Rahmen der Tournee von 30.3. bis 12.4.1913 im Cort Theatre zu sehen war).

suit. / And if I die tomorrow, / Why, let them play real loud / The ‚Merry Widow' waltz song / For the ‚Merry Widow' crowd."[60]

Zum berühmtesten Produkt in Verbindung mit der „Lustigen Witwe" wurde der „Merry Widow hat", dessen Gestaltung auf jenen großen Hut zurückging, den die prominente englische Modeschöpferin und Kostümbildnerin Lucile (d.i. Lucy Duff-Gordon) 1907 für die Londoner Erstproduktion der Operette entworfen hatte und der in der Zeitschrift „The Play Pictorial" beschrieben wurde als „an immense black crinoline hat, banded round the crown with silver and two huge pink roses nestling under the brim."[61]

Lily Elsie mit „Merry Widow Hat", 1907

Innerhalb kürzester Zeit wurden derart übergroße und meist üppig dekorierte Kopfbedeckungen vor allem in den Vereinigten Staaten zum begehrten Accessoire. Zwar wurden auch in Europa, vor allem in Großbritannien, in Zusammenhang mit „The Merry Widow" große Hüte modern, der Trend war aber nicht so ausgeprägt und so

---

60 Zit. nach: The Salt Lake Tribune, 12.4.1908, S. 22. In den Monaten April und Mai 1908 ist dieses Gedicht in zahlreichen US-Zeitungen auffindbar. Meist ist kein Autor angegeben, in einigen Fällen E.C. Ranck (z.B. in The Lexington Dispatch, 15.4.1906, S. 6).

61 Heilgers, Louise: Delightful Dresses at Daly's. In: The Play Pictorial, No 61, Vol. X, (1907).

weithin beachtet wie in den USA. Dort wurde „Merry Widow hat" zu einem festen Begriff, und dass dieser bis heute verwendet wird und verständlich ist, zeigt ein Bericht der „New York Times" über eine Filmpremiere im April 2001. Die Fotounterschrift zum Bild der bei der Premiere anwesenden Sängerin Diana Ross, die einen auffallend großen Hut aufhatte, lautete dort lediglich: „Diana Ross in a ‚Merry Widow' hat"[62].

Die kanadische Theaterwissenschaftlerin Marlis Schweitzer hat sich in ihrem Aufsatz „‚Darn that Merry Widow hat': The on- and offstage life of a theatrical commodity, circa 1907-1908" detailreich mit der Geschichte des aufsehenerregenden Hutes beschäftigt. Der „Merry Widow hat" sei weit mehr gewesen als eine Modetorheit, so Schweitzer. Durch seine Größe, mit der die Trägerin in der Öffentlichkeit unübersehbar wurde, mit der sie sich Raum schaffte und Männer auf Distanz hielt, sei der Hut im Zusammenhang mit den Emanzipationsbestrebungen zu Beginn des 20. Jahrhunderts zu sehen. Der „Merry Widow hat" „facilitated transgressive gender acts by disrupting the authority of the male gaze, enhancing the visibility of the public female body, and undermining assumptions about traditional feminine behavior, especially expressions of female sexuality."[63] Der große Erfolg der Operette „Die lustige Witwe" hänge auch mit der Attraktivität derartiger „Merry Widow"-Produkte zusammen, so Marlis Schweitzer: „Purchasing commodities inspired by the ‚Merry Widow' was one way to achieve cultural capital and gain membership in what historian Kristin Hoganson describes as a transnational ‚imagined community' rooted in shared consumer experiences."[64]

Der Erfolg der „Lustigen Witwe" blieb nicht nur auf Europa und die Vereinigten Staaten beschränkt. Bereits 1908 war die Operette auch in Australien (Melbourne und Sidney) zu sehen, 1909 in Neuseeland, Chile und Kuba. Bis 1910 wurde das Werk weltweit mehr als 18.000 Mal aufgeführt[65] und löste damit, so der Lehár-Biograf Stefan Frey, „eine der größten Theaterepidemien der Geschichte aus. Das Ausmaß ihrer Rezeption war bereits das echter Massenkultur, sowohl die geographische als auch die quantitative Ausbreitung innerhalb kurzer Zeit ist bezeichnend."[66]

„Die lustige Witwe" wurde auch an außergewöhnlichen Veranstaltungsorten gezeigt. So etwa berichtete 1910 das „Berliner Tagblatt":

„Bei einer Expedition nach den Victoria Falls wunderte sich der Afrikaforscher Kapitän d'Albertis nicht wenig, als im Urwaldhotel nach aufgehobener Tafel eine Bühne improvisiert wurde, auf der eine Afrika durchziehende europäische Operettengesellschaft ‚Die lustige Witwe' aufführte. Ein Extrazug brachte aus ganz Nord-Rhodesien die Farmer und ihre Damen herbei, die sich an dem lang entbehrten Kunstgenuß ungeheuer erbauten."[67]

---

62 New York Times, 29.4.2001.
63 Schweitzer, Marlis: „Darn that Merry Widow hat": The on- and offstage life of a theatrical commodity, circa 1907-1908. In: Theatre Survey – The Journal of the American Society for Theatre Research, Vol. 50, 2009. S. 202.
64 Ebd., S. 190.
65 Hadamowsky, Franz – Heinz Otte: Die Wiener Operette. Ihre Theater- und Wirkungsgeschichte. Wien 1947. S. 327.
66 Frey: Was sagt ihr zu diesem Erfolg, S. 91.
67 Berliner Tagblatt, 22.2.1910, S. 3.

Zu den Kuriositäten gehört auch eine Erwähnung der „Lustigen Witwe" in der Zeitschrift der „Schweizerischen Vereinigung für Heimatschutz" aus dem Jahr 1913. In Zusammenhang mit der Klage über die Gefährdung des „echten Volkstums" durch „Surrogate" heißt es dort: „Das Grammophon lässt auf mancher Alp schon seine klirrenden Töne erschallen, die ‚Lustige Witwe' hört man in weltabgeschiedenen Bergwirtshäusern bald mehr als die Ländler, deren besonders die Innerschweiz so zahlreiche und melodiöse aufzuweisen hätte."[68] Interessant ist nicht nur, wie sehr hier die Operette als das Gegenstück zum Bodenständigen und Traditionellen gesehen wird – also auch als ein Symbol für Modernität und Globalisierung –, sondern vor allem auch, wie stark das damals noch relativ neue Medium Schallplatte zur Verbreitung von Unterhaltungsmusik beitrug. Schon 1906, kurz nach der Uraufführung der „Lustigen Witwe", nahmen Mizzi Günther und Louis Treumann eine Reihe von Liedern aus der Operette auf Schallplatte auf; und 1907 entstand eine erste Gesamtaufnahme, in der die Hauptrollen von den beiden Darstellern der ersten Hamburger Produktion, Marie Ottmann und Gustav Matzner, gesungen wurden. 1909 wurde in Brasilien unter dem Titel „A Viúva Alegre" der erste von der „Lustigen Witwe" inspirierte Film gedreht. Diesem folgten zahlreiche weitere, in denen allerdings die Handlung oft stark von jener der Operette abwich.

Aus dem raschen Erfolg der „Lustigen Witwe" wurde in der Folge ein anhaltender, und bis heute gehört das Werk zu den am häufigsten gespielten Operetten. So etwa reiht die Website „Operabase" die „Lustige Witwe" als die weltweit zweiterfolgreichste Operette, die nur von der „Fledermaus" übertroffen wird. In einer Statistik von „Operabase", in der Opern und Operetten in einer Wertung zusammengefasst sind, findet sich „Die Fledermaus" auf Platz 11, „Die lustige Witwe" auf Platz 23 und Emmerich Kálmáns „Csárdásfürstin" (als einzige weitere Operette unter den fünfzig erfolgreichsten Werken) auf Platz 28.[69]

---

68 Heimatschutz. Zeitschrift der „Schweiz. Vereinigung für Heimatschutz", August 1913, S. 118.
69 http://operabase.com/visual.cgi?lang=de&splash=t (Zugriff 22.2.2017).

„Nach Lehár nun wieder einen Kerl ‚entdeckt'":
Beginn der Zusammenarbeit mit Leo Fall

Victor Léon war mitten in den Vorbereitungen zur Uraufführung der „Lustigen Witwe", als er eine neue Zusammenarbeit begann, die sich als sehr erfolgreich erweisen sollte. Zu Beginn gab sich Léon allerdings noch recht förmlich:

„Sehr geehrter Herr Capellmeister,
über Wunsch der Direktion des Theaters an der Wien ersuche ich Sie, mir Dienstag Nachmittag ¼4 Uhr das Vergnügen Ihres Besuchs schenken zu wollen. Verzeihen Sie jedoch, wenn ich Sie um Pünktlichkeit bitte; ich habe nämlich nach ½5 eine wichtige Zusammenkunft.
Hochachtungsvoll und sehr ergeben Victor Léon"[1]

Adressat dieses Briefes vom 18.12.1905 war der Komponist Leo Fall[2]. Der Anredeton sollte sich in den folgenden Briefen Victor Léons rasch ändern, und aus dem „sehr geehrten Herrn Capellmeister" wurde ein „lieber Kapellmeister" und bald auch der „liebe Leo". Für ihn schrieb Léon (zum Teil mit Koautoren) in den folgenden Jahren die Libretti zu vier Werken: „Der fidele Bauer", „Die geschiedene Frau", „Die Studentengräfin" und „Der Nachtschnellzug".

Kurz vor seinem ersten Besuch bei Victor Léon war Leo Fall mit seiner ersten Operette – „Der Rebell" – am Theater an der Wien durchgefallen. Das Textbuch zu dem satirisch angelegten Werk hatten Ernst Welisch und Rudolf Bernauer geschrieben: Der titelgebende „Rebell" ist ein Schweinezüchter, der einst, als Lakai, die Prinzessin von Balkonien verführt hatte und der diese nun, nach einigen Verwicklungen,

---

1   Victor Léon: Brief an Leo Fall, 18.12.1905. ÖNB, Nachlass Leo Fall, F88.Leo.Fall.137, 1 Mus.
2   Leo Fall, geb. 2.2.1873 in Olmütz (Olomouc/Tschechien) oder Holleschau (Holešov/Tschechien), gest. 16.9.1925 in Wien. Falls Vater war Militärkapellmeister, und auch Falls Brüder Richard und Siegfried waren Komponisten. Fall erhielt seine musikalische Ausbildung am Wiener Konservatorium und war zunächst als Kapellmeister in Hamburg und Berlin tätig. Seine Laufbahn als Komponist begann er mit Musikstücken für eine Berliner Kabarettbühne, den Bühnenmusiken zu einigen Possen und einer Oper. Den Durchbruch brachte die Operette „Der fidele Bauer", der weitere erfolgreiche Werke dieses Genres, wie etwa „Die Dollarprinzessin", „Die geschiedene Frau", „Die Rose von Stambul" und „Madame Pompadour" folgten. Ab 1906 lebte Leo Fall in Wien.

heiratet. Die Operette, „von der man sich im Theater außerordentliches versprach und die daher auch mit ungewöhnlichem Kostenaufwand in Szene gesetzt wurde"[3], fand jedoch weder beim Publikum noch bei der Kritik Anklang. Zurückgeführt wurde der Misserfolg vor allem auf das Libretto, das als allzu konventionell und langweilig empfunden wurde. Leo Falls Musik hingegen wurde fast durchwegs gelobt. Nach nur fünf Aufführungen wurde das Werk auf Falls Wunsch hin abgesetzt. Das „Neue Wiener Journal" meldete dazu:

„Der Komponist hat an die Direktion folgendes Schreiben gerichtet: ‚Sehr geehrte Direktion! Nach reiflicher Ueberlegung bin ich zur Einsicht gekommen, daß mein Werk ‚Der Rebell' einer gründlichen Umarbeitung des zweiten und dritten Aktes bedarf, und bitte Sie, geehrte Herren, die Aufführungen mit Sonntag den 3. d. M. abzuschließen, da ich hoffe, in einigen Wochen das geänderte Werk abliefern und alle Erfahrungen, die ich bei der Première gesammelt, zu Nutzen des Werkes verwerten zu können.'"[4]

Die Direktion des Theaters an der Wien beabsichtige, so das „Neue Wiener Journal", den „Rebellen" nach der Umarbeitung wieder ins Repertoire zu nehmen. Dies sollte allerdings nicht geschehen: Zwar wurden der zweite und dritte Akt in einer überarbeiteten Fassung am 13.1.1906 bei der Zensurbehörde eingereicht und von dieser auch genehmigt[5], zur angekündigten Wiederaufnahme aber kam es nicht. Erst am 3.2.1912 kam eine komplette Neufassung des Werkes unter dem Titel „Der liebe Augustin" im Neuen Theater am Schiffbauerdamm in Berlin heraus, die österreichische Erstaufführung fand am 12.10.1912 im Wiener Carl-Theater statt.

In seinem 1925 im „Neuen Wiener Journal" publizierten Beitrag „Wie ich mit Leo Fall arbeitete"[6] schreibt Victor Léon, dass er Fall bei der letzten Aufführung des „Rebellen" kennengelernt und ihn, dessen Musik ihm gut gefiel, für den nächsten Tag, also für den 4.12.1905, zu sich eingeladen habe. Dies steht in einem gewissen Widerspruch zu Léons Brief vom 18.12.1905, der nahelegt, dass ein erstes Treffen von Léon und Fall am 19.12.1905 „über Wunsch der Direktion des Theaters an der Wien" stattfand. Es mag sein, dass Léon hier aus der Distanz von 20 Jahren ein Erinnerungsfehler unterlaufen ist. Doch wie auch immer der Kontakt hergestellt wurde, ob auf Initiative von Léon oder über Wunsch der Theaterdirektion, fest steht, dass sich Léon und Fall bald auf ein gemeinsames Projekt einigen konnten – nämlich Léons Zeitbild „Die lieben Kinder", „ins Ländliche übertragen"[7], als Libretto für eine Operette zu verwenden. Dafür machte Léon aus dem Wiener Altwarenhändler des Zeitbilds einen oberösterreichischen Bauern namens Mathaeus Scheichelroither. Zur Wahl des Titels „Der fidele Bauer" vermerkte Victor Léon: „Titelnachbildung (aus Aberglauben) von ‚Die lustige Witwe'"[8].

---

3 Neues Wiener Journal, 3.12.1905, S. 13.
4 Neues Wiener Journal, 3.12.1905, S. 13.
5 NÖ Landesarchiv NÖ Reg. Präs Theater TB K 339/02 und ZA 1906/877 K 46.
6 Léon, Viktor: „Wie ich mit Leo Fall arbeitete". In: Neues Wiener Journal, 20.9.1925, S. 6.
7 Ebd.
8 Ebd.

In seinem Buch „Nachsommertraum im Salzkammergut"[9] schreibt Dietmar Grieser, dass es für die Figur des „Fidelen Bauern" ein reales Vorbild gegeben habe: Es sei der Landwirt Mathias Schoßleitner aus Oberwang bei Mondsee gewesen, ein „Original", über das in der Region viele Anekdoten erzählt wurden, von denen Leo Fall 1906, bei einem Sommeraufenthalt im Salzkammergut, gehört habe. Auf Falls Anregung seien dann, so Grieser, Teile der Operettenhandlung nach Oberwang verlegt worden. Auch Victor Léons Enkel Franz Marischka bestätigt in seinem Buch „Immer nur lächeln", dass Schoßleitner das reale Vorbild für den „fidelen Bauern" gewesen sei. Die Verlegung des Schauplatzes des Volksstückes von Wien ins Salzkammergut habe Victor Léon jedoch bereits vor der Zusammenarbeit mit Fall durchgeführt, als er für seine Tochter Lizzy (Marischkas Mutter) das Buch für eine Amateuraufführung umgeschrieben habe.[10]

Gleich das Vorspiel zur zweiaktigen Operette führt nach Oberwang, wo der Bauer Scheichelroither stolz seinen Sohn Stefan verabschiedet, der in Wien studieren wird. Der erste Akt spielt elf Jahre später: Stefan, der Arzt geworden ist, kehrt erstmals wieder zu einem Besuch in seinen Heimatort zurück, wo gerade Kirtag gefeiert wird. Stefan aber hat sich dem dörflichen Leben entfremdet und will damit nichts mehr zu tun haben. Zur tiefen Kränkung für seinen Vater wird es, als Stefan ankündigt, dass er schon am kommenden Tag weiterreisen werde, um die Tochter eines Berliner Geheimrates zu heiraten, dass aber Scheichelroither und auch Stefans Schwester Annamirl bei der Hochzeitsfeier nicht erwünscht seien. Der dritte Akt führt, sechs Monate später, nach Wien, wo Stefan als Arzt und Universitätsdozent in gehobenen Verhältnissen lebt. Seine bäuerliche Herkunft hat er seiner Frau Friederike verschwiegen. Umso dramatischer entwickelt sich die Situation, als nicht nur Stefans Schwiegereltern und ihr Bruder, ein Husarenleutnant, aus Berlin zu Besuch kommen, sondern unerwartet auch sein Vater, seine Schwester, deren Verlobter Vinzenz und dessen Vater, der Bauer Lindoberer, der Stefans Taufpate ist. Während sich Friederike freut, Stefans Familie kennenzulernen, sind ihre Eltern und ihr Bruder empört über Stefans Herkunft und verlangen von Friederike, dass sie ihren Mann verlasse. Das verweigert diese jedoch, und durch ihre große Herzlichkeit gelingt es ihr schließlich, eine allgemeine Versöhnung herbeizuführen.

Dass Victor Léon im „Fidelen Bauer" die Handlung ins Bäuerliche verlegte, hängt auch mit der damals großen Popularität dieses Milieus im Bereich des Unterhaltungstheaters zusammen. So etwa gab es in Wien alljährlich vielbesuchte Gastspiele des Tegernseer Bauerntheaters und des Schlierseer Bauerntheaters, die, meist im Juni, in großen Häusern wie dem Bürgertheater, dem Raimund-Theater oder dem Volkstheater stattfanden. Léon kannte die Zugkraft bäuerlicher Thematik und hatte schon vor dem „Fidelen Bauern" versucht, mit Projekten wie „Dem Ahnl sei' Geist" und „Komödispieler" entsprechende Stücke auf die Bühne zu bringen.

Ebenso wie im Zeitstück „Die lieben Kinder" sind auch im „Fidelen Bauer" sozialer Aufstieg durch Bildung und ein durch unterschiedliche Lebenswelten bedingter Generationenkonflikt die zentralen Themen. Auch wenn es in den „Lieben Kindern" deutlicher merkbar war, dass jüdische Assimilationsgeschichten den Erfahrungshintergrund des Stückes bildeten, so finden sich Anklänge daran durchaus auch im „Fi-

---

9　Grieser, Dietmar: Nachsommertraum im Salzkammergut. Frankfurt/Main 1999. S. 213ff.
10　Marischka: Immer nur lächeln, S. 81.

delen Bauern". Denn die heftige Ablehnung von Stefans Familie vor allem durch Friederikes Bruder Horst, den preußischen Offizier, für den es nicht mit seinem Ehrenkodex vereinbar ist, dass seine Schwester eines „Bauernsohnes Frau"[11] sei, und der daher den sofortigen Abbruch aller Beziehungen fordert, scheint ein wenig überzogen zu sein. Die Herkunft aus dem Bauernstand war zu Beginn des 20. Jahrhunderts nicht mehr derart sozial diskreditierend, dass eine solch vehemente Reaktion passend erscheint. Schlüssig ist die Geschichte jedoch, wenn man zum einen in der Konstellation Scheichelroither und Stefan auch einen Hinweis auf die Gegensätze von konservativ-orthodoxem und liberal-assimiliertem Judentum sieht und zum anderen die Ablehnung der Bauern durch die Berliner Geheimrats- und Offiziersfamilie als versteckten Verweis auf deutschnationalen Antisemitismus versteht. Zwar ging es Léon nicht vorrangig um eine derartige Interpretation des Werkes, aber er ließ offenbar bewusst Raum für entsprechende Assoziationen.

Die Entstehungsgeschichte des „Fidelen Bauern" lässt sich gut aus der umfangreichen erhaltenen Korrespondenz zwischen Victor Léon und Leo Fall ablesen. Darin ist auch erkennbar, dass Léon bei dem Projekt die dominierende Persönlichkeit war. So etwa bestand er darauf, dass die gemeinsame Arbeit vor allen anderen, mit denen Fall zu jener Zeit ebenfalls beschäftigt war (vor allem war es die Operette „Die Dollarprinzessin"), Vorrang haben müsse. Daher übermittelte er dem Komponisten am 2.2.1906 einen detaillierten Vertrag, in dem er festhielt:

„1.) Sie verpflichten sich zunächst dieses Libretto zu componieren und erst nach Fertigstellung desselben erneut Ihr anderes Buch zu vertonen u.z. verpflichten Sie sich – bei schriftlicher Lieferung des Textes meinerseits bis längstens 15. April – den Klavierauszug bis längstens 15. Juli d.J. fertiggestellt zu haben und das Werk in meiner Wohnung in Unterach der Direction des Theaters an der Wien (die ich einladen werde) vorzuspielen. Zur selben Zeit wird auch das Buch complet fertig vorliegen.
2.) Sie verpflichten sich, mir in Bezug auf Abschluß mit dem Theater an der Wien oder einer anderen Bühne – bei selbstverständlicher Wahrung Ihrer künstlerischen und materiellen Interessen – völlig freie Hand zu lassen.
3.) Das Bühnenerträgnis theilen wir uns (wie schon vereinbart) derart, daß Sie 45% beziehen, weshalb auf mich 55% entfallen.
4.) Das Honorar für den Verlag der Musik ist ganz Ihr Eigentum; jenes für den Verlag des Buches ganz meines. Die Operette wird zunächst dem Verlag ‚Harmonie' in Berlin übergeben, jedoch mit der einschränkenden Bedingung, daß falls das Theater an der Wien auf den Verlag der Operette Anspruch erheben sollte, die ‚Harmonie' denselben zur Gänze oder zum Theil dem Theater an der Wien abtreten muß, ohne daß wir eine weitere Verpflichtung an den Verlag ‚Harmonie' haben, ausgenommen jene, dem Verlag ‚Harmonie' die bis dahin erhaltenen Honorare durch das Theater an der Wien zurückerstatten zu lassen.
Der Verlag ‚Harmonie' verpflichtet sich, mir für das Buch viertausend Kronen zu bezahlen (das ist um 2000 Kr. weniger als mir Herzmansky bezahlt und das nämliche Honorar, das mir das Theater an der Wien für ‚Vergeltsgott' bezahlte); u.z. erhalte ich bei Abschluß dieses Vertrages 1000 Kronen, bei Abschluß des Stückes 1500 Kronen, am Tage nach der Premiere die restlichen 1500 Kronen.

---

11 Léon, Victor: Der fidele Bauer. Vollständiges Soufflierbuch mit sämtlichen Regiebemerkungen. Berlin [1907]. S. 110.

5.) Sie verpflichten sich, auch Ihre nächste Operette (natürl. nicht jene, die Ihnen das Th.a.d.W. gab, d.h. die Sie jetzt schreiben sollen) mit mir zu schreiben.
6.) Ein Zuwiderhandeln gegen einen dieser Punkte zieht die unweigerliche und keiner richterlichen Mäßigung unterliegende Zahlung einer Pönale von 4000 Kr. nach sich, die dem Zuwiderhandelnden auferlegt wird.
So, das wäre Alles. Sobald Sie mir diese Punktationen in Form eines Briefes unterschrieben schicken, sende ich Ihnen einen entsprechenden Gegenbrief und die ersten Texte und wir können an die Arbeit gehen."[12]

Der Vertrag gibt einen Einblick in die formalen Aspekte der Zusammenarbeit zwischen Operettenlibrettisten und -komponisten. Dass Léon sich das Recht auf alle Vereinbarungen mit Theatern vorbehielt, war nicht ungewöhnlich und in Anbetracht seines Einflusses und seines Status in Theaterkreisen eine erfolgversprechende Strategie. Die 45-zu-55-Prozent-Aufteilung der Bühnenerträgnisse bezeichnet Stefan Frey in seiner Leo-Fall-Biografie als einen „mehr als einseitigen Handel"[13]. Allerdings ist zu bedenken, dass Fall ein Anfänger im Operettengenre war, Léon hingegen ein erfolgreich etablierter Routinier. Vergleichbar ist dieses Verhältnis mit jenem zwischen Léon und Franz Lehár zur Zeit der Entstehung des „Rastelbinders": Auch Lehár war damals ein Anfänger, und er erhielt von den Bühneneinnahmen des „Rastelbinders" lediglich 40 Prozent.[14] Immerhin willigte Léon ein, dass die Operette bei „Harmonie", dem in Berlin ansässigen Verlag von Leo Falls Schwager Alexander Jadasson, verlegt werde, obwohl dieser weniger als der von Bernhard Herzmansky geführte Wiener Verlag Doblinger zahlte. Leo Fall wiederum akzeptierte die von Léon gestellten Bedingungen, worauf ihm dieser am 8.2.1906 schrieb:

„Lieber Herr Fall,
also wir sind einig! Glückauf uns Beiden! Es werden nicht noch Tage vergehen, so erhalten Sie die ersten Texte. Ich sage Ihnen schon heute, daß Sie sich nicht an dieselben halten müssen, wenn Ihr musikalischer Einfall andere Worte verlangt und Sie nur der Situation und der Stimmung folgen. Ich textiere Ihnen alles. Ich unterlege Ihnen auch fertige Nummern, sofern Sie mir für den Zweck passend scheinen. Also kurz: Thun Sie sich musikalisch, um Gottes willen, keinen Zwang an! Die <u>Musik</u> ist mir <u>Hauptsache</u> und darum unterordne ich mich ihr."[15]

Leo Fall war von den ersten Texten, die er von Victor Léon geschickt bekam, offenbar begeistert. Am 8.3.1906 schrieb er aus Berlin, wo er damals noch lebte, an Léon: „Besten Dank für den grandiosen I. Act! Großartig! Jetzt eine vollsaftige Musik dazu, hoffentlich gelingt mir diese Arbeit so um sich dieses Attribut zu verdienen, und ein Erfolg kann nicht ausbleiben. In 14 Tagen bin ich vielleicht in Wien und spiele

---

12 Victor Léon: Brief an Leo Fall, 2.2.1906. ÖNB, Nachlass Leo Fall F88.Leo.Fall.137,3 Mus.
13 Frey, Stefan – Christine Stemprok – Wolfgang Dosch: Leo Fall. Spöttischer Rebell der Operette. Wien 2010. S. 57.
14 Vgl. Tantiemenabrechnungen des Carl-Theaters (Léon-Nachlass 26/2.1.3.2.) und des Verlages Josef Weinberger (Léon-Nachlass 40/4.3.4).
15 Victor Léon: Brief an Leo Fall, 8.2.1906. ÖNB, Nachlass Leo Fall, F88.Leo.Fall.137,4 Mus.

Ihnen dann schon Manches daraus vor."[16] Victor Léon vermerkte in seinen später im „Neuen Wiener Journal" publizierten Aufzeichnungen über die Zusammenarbeit mit Fall: „Heute ist Fall aus Berlin gekommen. Hat vorgespielt. Meine Frau war dabei. Wir waren hingerissen. Diese Einfachheit, diese Melodik, diese feine Musikalität, diese Dramatik, dieses Gemüt, dieser echte Humor und diese verblüffende Kenntnis des Theaters ... ein zweiter Suppé – ein erster Leo Fall. Nach Lehar nun wieder einen Kerl ‚entdeckt'".[17]

Die Arbeit am Libretto und an der Komposition des „Fidelen Bauern" ging in den folgenden Monaten intensiv weiter. Victor Léon hatte zunächst ein dreiaktiges Libretto geplant, in dem der erste und der dritte Akt in Oberwang und der zweite in Wien spielen sollten. Allerdings gefiel Leo Fall der dritte Akt nicht, weshalb Léon die Struktur überarbeitete, den dritten Akt zur Gänze strich und stattdessen ein Vorspiel zur Operette schrieb (die Anregung dazu kam, wie Léon in seinen Aufzeichnungen vermerkt, von seiner Ehefrau Ottilie). Die Durchführung dieser und einiger anderer Änderungen[18] verzögerte zwar die Fertigstellung des Librettos („Die fehlenden Texte mache ich in zweiter Augusthälfte"[19], schrieb Léon am 19.7.1906 an Fall), schien aber ansonsten, wie aus der Korrespondenz hervorgeht, keine größeren Probleme verursacht zu haben. Als schwieriger hingegen erwies es sich, eine entsprechende Besetzung und vor allem eine Uraufführungsbühne für den „Fidelen Bauern" zu finden. Léon und Fall hatten gehofft, dass Alexander Girardi, der in „Die lieben Kinder" den Vater gespielt hatte, nun, in der Operettenfassung des Stücks, die Rolle des Bauern übernehmen werde. Girardi aber lehnte ab, wie der „verstimmte"[20] Léon, der durch den Verleger Josef Weinberger davon erfahren hatte, Leo Fall mitteilen musste:

„Sonntag abend telefonisch mit Weinberger: ‚G. hat der I. Act gefallen; er kann sich aber doch nicht entschließen, die Rolle zu spielen.' Auf mein sehr erstauntes: ‚Warum?'
‚Ja ... ich weiß nicht ... Sie wissen ja, er hat kein Faible für Alter ...'
Also wahrscheinlich ist dies der Grund und ich, persönlich, vermute auch, daß ihm die anderen Rollen, namentlich der Lindoberer, zu wirksam sind. Sonst wär's ja gar nicht zu verstehen, daß er, der solche Schmarrnrollen gespielt hat, sich zu dieser Kraft-Charakter- und komischen Rolle ‚nicht entschließen' kann."[21]

Leo Fall war über Girardis Absage offenbar weniger verärgert als Victor Léon und antwortete diesem: „Das Resultat G. betreffend überraschte mich nicht. Die Ablehnung erwartete ich nur aus diesem Grunde. Die alten Herren wollen jung bleiben. Doch das tut nix zur Sache. Mit dem Buch – von der Musik will ich nicht reden – werden wir Leuen einen großen Erfolg haben im – Theater a/d Wien. Director Wall-

---

16   Leo Fall: Brief an Victor Léon, 8.3.1906. Léon-Nachlass 24/2.1.2.23.
17   Léon, Viktor: „Wie ich mit Leo Fall arbeitete". In: Neues Wiener Journal, 20.9.1925, S. 6.
18   Zu Details der Änderungen s. Frey: Leo Fall, S. 60ff.
19   Victor Léon: Karte an Leo Fall, 19.7.1906. ÖNB, Nachlass Leo Fall F88.Leo.Fall.139,13 Mus.
20   Victor Léon: Brief an Leo Fall, 18.6.1906. ÖNB, Nachlass Leo Fall F88.Leo.Fall.137,14 Mus.
21   Ebd.

ner wird schimpfen, schimpfen – aber aufführen."[22] Diesbezüglich jedoch irrte sich Leo Fall. Er und Victor Léon hatten erwartet, dass das Theater an der Wien die Operette annehmen werde. Die Vorzeichen dafür schienen günstig zu sein, und am 9.4.1906 konnte Léon an Fall melden: „Gestern sprach ich mit der Direction [d.h. mit Wilhelm Karczag und Karl Wallner] über unsere Sache. Sie sind sehr angenehm ‚überrascht' gewesen, stellen Ihre ‚Dollarpr.' in zweite Reihe und geben zunächst uns."[23] Irgendwann im Sommer oder Herbst 1906[24] jedoch rief Wilhelm Karczag Victor Léon zu einer Besprechung „der Sache" ins Theater:

„Ich soll ihm die Handlung der Operette erzählen. Ich tu's. Er ist interessiert, gespannt, gerührt: der Sohn eines Bauern, dessen Vater sich für ihn aufopfert, damit er Karriere mache und sie macht, schämt sich dann seines bäuerlichen Vaters. ‚Sehr, sehr schön', sagt Karczag und umarmt mich. Das tut er oft. Ich strahle. ‚Aber Bauern', sagt er, ‚dreckige Bauern ... Nein! Das Publikum will im Operettentheater Salonmenschen sehen. Aristokraten, schöne und schön angezogene Weiber!' Er glaubt mir, daß die Musik wunderbar ist. Aber er will sie gar nicht hören. ‚Ich bitt' Sie, Bauern ... dreckige Bauern!'"[25]

Die Folge war, dass Karczag und Wallner auf den „Fidelen Bauern" verzichteten und nur „Die Dollarprinzessin" (Libretto Alfred Maria Willner und Fritz Grünbaum, Uraufführung 2.11.1907) brachten. Über Vermittlung von Louis Treumann aber kam Victor Léon in Kontakt mit dem Hoftheater in Mannheim. Treumann hatte Léon mit einem Vertreter des Theaters bekannt gemacht, der nach Wien gekommen war, um „eine künstlerisch geeignete Persönlichkeit zu veranlassen dort [in Mannheim] Operettenfestspiele zu leiten."[26] Den Vertreter des Hoftheaters nennt Victor Léon in einem Brief an Leo Fall[27] „Director Nollenberg". Eine Person dieses Namens konnte in Verbindung mit der Mannheimer Theaterszene allerdings nicht eruiert werden. Möglicherweise aber hatte Léon den Namen falsch verstanden und es handelte sich um den Theatermanager Heinrich Hollenberg, der 1905/06 das Mannheimer Apollo-Theater leitete. Auf jeden Fall konnte sich Léon mit dem Gast aus Mannheim einigen und übernahm die ihm angebotene künstlerische Leitung der Operettenfestspiele, stellte aber die Bedingung, „daß mir die Bildung des Festspielrepertoires überlassen werden muß. Daß ich engagieren kann wen ich will. Dies wird als selbstverständlich empfunden. Ich stelle die Bedingung, daß Treumann die Titelrolle im ‚Fidelen Bauer' spiele. Er sagt blind zu. Jetzt bin ich überm Damm."[28]

Léon war „überm Damm", weil er mit dieser Vereinbarung nicht nur die Bühne für die Uraufführung des „Fidelen Bauern" gefunden, sondern gleich auch den

---

22 Leo Fall: Brief an Victor Léon, 21.6.1906. Léon-Nachlass 24/2.1.2.23.
23 Victor Léon: Brief an Leo Fall, 9.4.1906. ÖNB Nachlass Leo Fall F88.Leo.Fall.137,7 Mus.
24 Aus der Korrespondenz zwischen den beiden ist ersichtlich, dass Léon und Fall mindestens bis in den Juni 1906 davon ausgingen, dass „Der fidele Bauer" im Theater an der Wien uraufgeführt werde.
25 Léon, Viktor: „Wie ich mit Leo Fall arbeitete". In: Neues Wiener Journal, 20.9.1925, S. 6.
26 Ebd.
27 Victor Léon: Brief an Leo Fall, 11.12.1906. ÖNB, Nachlass Leo Fall, F88.Leo.Fall.137,16 Mus.
28 Léon, Viktor: „Wie ich mit Leo Fall arbeitete". In: Neues Wiener Journal, 20.9.1925, S. 6.

Hauptdarsteller engagiert hatte. Offenbar hatte Léon schon von Beginn an Louis Treumann als Alternativbesetzung zu Alexander Girardi gesehen und ihn auch in die Entstehung des Werkes eingebunden. Dies geht aus dem Brief hervor, den Léon am 30.1.1906 an Fall schickte und in dem er unter anderem schrieb, dass Treumann von der Wirksamkeit des Stoffes „begeistert" und von der Figur des Bauern „wie besessen"[29] sei.

Die Mannheimer Operettenfestspiele waren Teil eines großangelegten Veranstaltungsprogramms, mit dem 1907 das 300-jährige Stadtjubiläum gefeiert wurde. Typisch für die Zeit wurde dabei neben dem kulturellen Bereich auch der wirtschaftliche stark berücksichtigt. So etwa gab es eine messeartige Schau, auf der sich die Wirtschafts- und Industrieunternehmen der Region präsentierten. Zum Jubiläumsprogramm gehörte die Eröffnung des Mannheimer Industriehafens ebenso wie die Eröffnung der Kunsthalle, die vom 1.5. bis zum 20.10.1907 eine über 800 Werke umfassende „Internationale Kunst-Ausstellung" beherbergte, in der auch zahlreiche Werke zeitgenössischer österreichischer Künstler, wie etwa Albin Egger-Lienz, Josef Hoffmann, Gustav Klimt und Kolo Moser, zu sehen waren. Für großes Aufsehen sorgte am 12.7.1907 das „Attische Fest", bei dem die Tänzerin Isadora Duncan auf einer speziell errichteten Freiluftbühne vor mehreren tausend Zuschauerinnen und Zuschauern eine Choreographie zu Musiken aus Glucks „Iphigenie auf Aulis" und „Alceste" präsentierte. Neben einem Vergnügungspark, in dem es nicht nur zahlreiche Gaststätten – unter anderem auch ein Restaurant „Zur lustigen Wittwe" [!] –, sondern auch, als besondere Attraktion, ein „Kinematographen-Theater" gab, war vor allem die „Grosse Gartenbau-Ausstellung" ein besonderer Anziehungspunkt, die unter anderem einen vom renommierten Architekten Peter Behrens gestalteten Künstlergarten umfasste.

„Außer der Ausstellung finden [...] noch in der Zeit vom 5.-12. Mai und 22.-29. September Jubiläumsfestspiele im Grossherzoglichen Hoftheater statt, ein Musikfest vereinigt in der Zeit vom 31. Mai bis 4. Juni eine grosse Menge Musikfreunde in Mannheims Mauern, und vom 16. Juli[30] bis 31. August werden in beiden Theaterhäusern Operettenfestspiele zur Aufführung gelangen. Dass auch sonst in Mannheim im Jubiläumsjahr allerhand aussergewöhnliche Veranstaltungen geboten werden, liegt auf der Hand."[31]

Diese dem Führer durch die Kunst- und Gartenbau-Ausstellungen entnommene Beschreibung der Mannheimer Jubiläumsaktivitäten wird deshalb hier in extenso zitiert, weil bislang in der Literatur zum „Fidelen Bauern" eine Darstellung des zeitgenössischen Zusammenhangs der Operettenfestspiele fehlt. Vielmehr erwecken die Darstellungen oft den Eindruck, dass es sich um eine einzelne Veranstaltungsreihe gehandelt

---

29 Victor Léon: Brief an Leo Fall, 30.1.1906. ÖNB, Nachlass Leo Fall, F88.Leo.Fall.137,2 Mus.
30 Die Operettenfestspiele begannen allerdings bereits am 14.7.1907.
31 Ausstellungsleitung der Jubiläums-Ausstellung Mannheim 1907 (Hg.): Führer durch die Internationale Kunst- und Grosse Gartenbau-Ausstellung. Mannheim 1907, S. 67f.

habe[32], teilweise wird sogar behauptet, dass Victor Léon die Festspiele initiiert hätte.[33] Übergangen wird dabei, dass die Operettenfestspiele Teil eines großangelegten, repräsentativen Unternehmens waren. Mannheim wollte sich als moderne, dynamische Stadt präsentieren, die es sich leisten konnte, für das Jubiläum renommierte Akteure aus dem Kultur- und Wirtschaftsbereich zu verpflichten. Dieser Aspekt sollte auch beim Engagement von Victor Léon als künstlerischem Leiter der Operettenfestspiele nicht übersehen werden. Denn offensichtlich hatte Léon damals weit über Wien hinaus den Status als eine der führenden Persönlichkeiten des aktuellen, ein breites Publikum ansprechenden Unterhaltungstheaters.

Das Interesse an den Jubiläumsveranstaltungen war enorm. Insgesamt kamen rund 4,6 Millionen Besucher und Besucherinnen nach Mannheim, was nahe an die Besucherzahlen der Weltausstellungen jener Zeit herankam.[34] Die Veranstaltungen – auch die Operettenfestspiele – fanden daher deutschlandweit in den Zeitungen Resonanz. So auch die Uraufführung des „Fidelen Bauern" am 27.7.1907. Diese verlief nicht nur, wie Stefan Frey schreibt, „laut Léons späteren, vom Alter vergoldeten Erinnerungen ,glanzvoll'"[35], sondern auch gemäß einem am 31.7.1907 im „Hamburgischen Correspondent" publizierten Beitrag, in dem es unter anderem hieß: „,Der fidele Bauer', die neue Operette von Leo Fall, hatte in Mannheim bei ihrer Uraufführung in glänzender Darstellung einen vollen Erfolg. […] Den Autoren[36], die wiederholt gerufen wurden, bereitete das Publikum zum Schluß stürmische Ovationen."[37] Auch die „Berliner Börsenzeitung" berichtete, dass „im Mannheimer Hoftheater" „Leo Falls neue Operette ,Der fidele Bauer' einen sehr starken Erfolg erzielt"[38] habe, ähnliche Meldungen finden sich in zahlreichen weiteren Blättern.

Unerwähnt bleibt in der Literatur meist auch, dass Victor Léon nicht nur den „Fidelen Bauer", sondern insgesamt vier Werke für die Aufführungen in Mannheim ausgewählt hatte. Zu allen vier hatte er die Libretti geschrieben, und von allen wurden die Premierenabende in Mannheim von den jeweiligen Komponisten dirigiert: Es waren, neben dem „Fidelen Bauern", Franz Lehárs „Rastelbinder" und „Die lustige Witwe" sowie Leo Aschers „Vergeltsgott". Als weiteren Kapellmeister hatte Victor Léon Robert Stolz nach Mannheim geholt; als Orchester der Operettenfestspiele hatte die Mannheimer Stadtverwaltung das renommierte Münchner Kaim-Orchester (die späteren Münchner Philharmoniker) engagiert. Die choreografische Leitung der Ope-

---

32 So etwa erwähnen weder Walter Zimmerli noch Stefan Frey in ihren Fall-Biografien im Zusammenhang mit den Operettenfestspielen das Stadtjubiläum (s. Zimmerli, Walter: Leo Fall – Meister der Wiener Operette. Zürich 1957. S. 16; Frey: Leo Fall, S. 64 u. S. 70ff).

33 So etwa schreibt Bernard Grun: „Léon entschloß sich, einen Teil der Lustigen Witwe-Tantiemen auf ein waghalsiges Experiment zu riskieren: Er mietete für die Sommersaison das Mannheimer Hoftheater und organisierte Operettenfestspiele, deren Clou die Uraufführung des Fidelen Bauer war" (Grun: Gold und Silber, S. 145).

34 Siehe Nieß, Ulrich: Mannheim und sein Stadtjubiläum 1907. In: Nationaltheater Mannheim (Hg.): Dominique Dumais – Tracing Isadora. Programmheft 26, 2013/2014. S. 26.

35 Frey: Leo Fall, S. 71.

36 In den Rezensionen jener Zeit werden häufig sowohl Librettisten als auch Komponisten als „Autoren" bezeichnet. Gemeint sind hier also Victor Léon und Leo Fall.

37 Hamburgischer Correspondent, 31.7.1907, Abend-Ausgabe, Beilage, S. 2.

38 Berliner Börsenzeitung, 1.8.1907, S. 6.

rettenaufführungen hatte Eduard Voitus van Hamme übernommen, der Solotänzer an der Wiener Hofoper und Lehrer am Wiener Konservatorium war. Mit Victor Léon, der bei allen Mannheimer Produktionen Regie führte, hatte Voitus van Hamme schon zuvor zusammengearbeitet (so etwa hatte er für die Uraufführungen des „Rastelbinders" und der „Lustigen Witwe" die Tänze arrangiert). Eröffnet wurden die Operettenfestspiele am 14.7.1907 „mit einem ‚musikalischen Prolog' von Leo Fall, den das Kaim-Orchester unter Leitung des Komponisten spielte, und einer Ansprache Viktor Léons, die einen kurzen Rückblick auf die Entwickelung [!] der Operette gab. Dann folgte eine Aufführung des ‚Rastelbinders' unter der Leitung des Komponisten Lehár."[39]

Nach mehr als 20 Aufführungen in Mannheim[40] wurde „Der fidele Bauer" bald auch an anderen Bühnen gezeigt: So etwa im Dezember 1907 im Münchner Gärtnerplatztheater und im Februar 1908 im Dresdner Zentraltheater. Die Wiener Erstaufführung fand am 1.6.1908 – und letztlich doch im Theater an der Wien – statt. Obwohl an jenem Tag sowohl der alljährliche Blumenkorso im Prater abgehalten als auch die „Kunstschau 1908" eröffnet wurden und die Zeitungen über beide Ereignisse ausführlich berichteten, fand auch die Premiere „der allenthalben bereits mit Erfolg gegebenen, in Wien noch unbekannten Operette"[41] viel Resonanz. Einer der Gründe für diese Aufmerksamkeit war, dass es sich um keine reguläre Produktion des Theaters an der Wien handelte (dieses hatte seine Spielsaison mit 31.5. beendet), sondern um ein von Victor Léon organisiertes Gastspiel, für das Léon ein eigenes Ensemble zusammengestellt hatte. „Es gehört viel Mut und festes Vertrauen zur eigenen Sache dazu, im Monat Juni ein Theater zu pachten und ein Ensemble zu engagieren, nur um ein Werk herauszubringen, für das die Direktionen kein Herz fanden"[42], schrieb dazu der Kritiker Fritz Blank in der Zeitschrift „Der Humorist". „Der fidele Bauer" habe „bei der Premiere einen starken Erfolg" errungen, berichtete Blank, der allerdings meinte, dass das Werk ein „Rührstück" aber keine Operette sei. Diese Ansicht teilten auch andere Kritiker, so etwa jener (nicht namentlich genannte) des „Neuen Wiener Journals": „Das Wort ‚Operette' ist hier Falschmeldung. Man hört einen ganzen Dorfroman, voll Sentimentalität. […] Es gibt viele Kinderszenen, die rühren sollen, es wird geschnadahüpfelt, geschuhplattelt, gejodelt und gehupft, die Tränen rinnen in Strömen, denn die ergreifenden Szenen wiederholen sich zum Anfang, in der Mitte und zum Schluß."[43] Die „auf alle Akte verteilten Sentimentalitäten" würden, so vermerkte das „Neue Wiener Tagblatt", „zumeist von einem Kinde bewirkt, das nunmehr zu einem ständigen Requisit Léonscher Operetten

---

39 Berliner Tageblatt, 16.7.1907, S. 3.

40 Die Angaben, wie oft und bis wann „Der fidele Bauer" auf dem Programm der Operettenfestspiele stand, variieren: Auf dem Titelblatt des im Harmonie Verlag erschienenen Soufflierbuchs ist vermerkt, dass die Operette nach der Uraufführung „bis zum 25. August" „21 Mal wiederholt" wurde, d.h. 22 Mal aufgeführt wurde; Stefan Frey schreibt, ohne Angabe einer Aufführungszahl, dass die letzte Vorstellung am 28.8.1907 stattfand (Frey: Leo Fall, S. 72); Walter Zimmerli gibt an, dass der „Fidele Bauer" 27 Mal en suite aufgeführt worden sei (Zimmerli: Leo Fall, S.16).

41 Der Humorist, 20.5.1908, S. 3.

42 Der Humorist, 10.6.1908, S. 2.

43 Neues Wiener Journal, 2.6.1908, S. 8.

zählt."[44] Denn so wie zuvor im „Rastelbinder" und in „Vergeltsgott" hatte Léon auch in das Libretto zum „Fidelen Bauern" eine markante Kinderrolle eingebaut. Es war jene von Heinerle, des unehelichen Sohnes einer wegen ihrer Haarfarbe „die rote Lisi" genannten armen Kuhmagd. Sowohl in Mannheim wie auch 1908 im Theater an der Wien spielten Klara Meissl[45] den Heinerle[46] und Grete Freund[47] die rote Lisi.

Postkarte mit „Lisi" und „Heinerle"

Die beiden kommen nur im ersten Akt der Operette vor, wo sie von einer Kirtagsbude zu anderen bummeln und Heinerle bittet, dass ihm seine Mutter „was

---

44 Neues Wiener Tagblatt, 2.6.1908, S. 13.
45 Klara Meissl war 1917/18 am Stadttheater Baden bei Wien engagiert und wirkte dort u.a. im April 1918 bei einer Produktion der Operette „Der Rastelbinder" mit, wo sie den Janku und ihre Schwester Jetty die Suza spielten (s. Der Humorist, 20.4.1918, S. 3). Weitere biografische Details konnten nicht eruiert werden.
46 Im Soufflierbuch findet sich kein Hinweis, dass der Heinerle zwingend mit einem Mädchen zu besetzen sei, und in anderen Produktionen übernahmen auch Knaben die Rolle, z.B. Curt Bois 1908 im Berliner Theater des Westens.
47 Grete Freund, geb. 3.7.1885 in Wien, gest. 28.5.1982 in Wien. Sängerin und Schauspielerin, verheiratet mit dem Regisseur Felix Basch. 1933 Emigration in die USA.

Schön's" kaufe, ihn „zum Kasperl lauf'n", „ein Zuckerl schleck'n" und „auf'm Ringelspielscheck'n" reiten lasse, worauf diese immer wieder ablehnend singt „Heinerle, Heinerle, hab' kein Geld!"[48] Dies wurde zum beliebtesten Musikstück der Operette, das bis heute immer wieder neu interpretiert wird.

Von den meisten Kritikern wurde die Premiere des „Fidelen Bauern" im Theater an der Wien – trotz Hinweisen auf die Sentimentalität der Handlung – durchaus wohlwollend beurteilt. Viel Lob gab es für die Musik, für die Darstellerinnen und Darsteller (vor allem für Louis Treumann in der Rolle des Bauern und für Max Pallenberg, der, wie auch schon in Mannheim, den Lindoberer verkörperte) und für die „von Léon mit allen Finessen eines gewiegten Regisseurs"[49] geleitete Inszenierung: „Hier bekundet er künstlerischen Sinn für Farbe, Plastik und Bewegung, und wegen des Kirchtags im ersten Akt, mit dem stimmungsvollen Uebergang von Jahrmarktlustigkeit in kirchliche Andacht, wird man sich die Operette ansehen."[50]

„Der fidele Bauer" war zwischen 1.6. und 30.6.1908 insgesamt 31 Mal[51] im Theater an der Wien zu sehen, danach begann die Sommersperre der Bühne. Für die Herbstsaison hatte Victor Léon, wie er am 30.6.1908 an Leo Fall schrieb, mit dem Theater an der Wien einen Übernahmevertrag für die Produktion abgeschlossen. Auch auf Léons Bedingung, Louis Treumann, der Anfang 1908 im Streit aus dem Ensemble des Theaters an der Wien ausgeschieden war, als „Fidelen Bauern" „gastieren zu lassen gegen entsprechendes Honorar", war man eingegangen. Treumann hatte jedoch, wie Léon an Fall berichtete, aufgrund der Differenzen mit der Theaterleitung „rundweg refüsirt":

„Er hätte uns, besonders mir, diesen Gefallen wirklich thun können! Sehr, sehr schad! Um nun in dem uninteressanten Personal wenigstens eine Attraktion zu haben, verlangte ich Pallenberg. Nach langem, quälendem Her und Hin wurde er engagirt und uns für jede Vorstellung auch im Raimundtheater zugesichert.
10% Wochendurchschnitt 14.000 Kr., Beginn 5. September in meiner Ausstattung, die mir abgelöst wurde. Besetzung der anderen Rollen im Einvernehmen.
Dieser Vertrag ist sehr günstig und nun haben wir gegründete Hoffnung auf eine lange Reihe von Aufführungen."[52]

Nach dem Abschluss der „Operetten-Gastspiele Victor Léon (Theater a/d Wien)" (so hatte er es sich auf sein Briefpapier drucken lassen) brach Léon zu einer längeren Urlaubsreise auf und hoffte weiterhin, dass Treumann auch im Herbst die Rolle des „Fidelen Bauern" spielen werde. Leo Fall bat er, Treumann klarzumachen, „daß er uns und sich um einen großen Triumph bringt und außerdem gefundenes Geld (im

---

48 Léon: Der fidele Bauer, S. 30.
49 Neues Wiener Tagblatt, 2.6.1908, S. 13.
50 Neue Freie Presse, 2.6.1908, S. 13.
51 Am 7.6. und 8.6. gab es je zwei Vorstellungen, am 18.6.1908 (Fronleichnam) blieb das Theater an der Wien, wie auch alle anderen Bühnen, geschlossen.
52 Victor Léon: Brief an Leo Fall, 30.6.1908. ÖNB, Nachlass Leo Fall, F88.Leo.Fall.137,17 Mus.

September) wegwirft. Sprich noch einmal ernstlich mit ihm."[53] Louis Treumann war jedoch nicht zu überzeugen gewesen. Die Rolle des Bauern übernahm Franz Groß, über den das „Neue Wiener Journal" schrieb: „Treumanns Schatten verdunkelte seine Leistung"[54].

Entsprechend dem Vertrag stand „Der fidele Bauer" im September 1908 auf dem Spielplan des Theaters an der Wien. Zwar begann die Aufführungsserie nicht, wie Victor Léon an Leo Fall geschrieben hatte, am 5.9., sondern erst am 6.9.1908. Dagegen aber hatte Léon vermutlich nicht allzu viel einzuwenden gehabt. Denn zur Saisoneröffnung am 5.9. gab sein Schwiegersohn Hubert Marischka, der bis dahin am Brünner Stadttheater engagiert gewesen war, in der Operette „Wiener Blut" als Kammerdiener Josef sein Wien-Debüt. Im „Fidelen Bauern" spielte er dann, wie auch schon in Mannheim, den Vinzenz.

Bis zum 27.9.1908 war „Der fidele Bauer" insgesamt 22 Mal im Theater an der Wien zu sehen, ab dem 9.10.1908 noch weitere sechs Mal im Raimund-Theater. Victor Léons „Hoffnung auf eine lange Reihe von Aufführungen" erfüllte sich damit in Wien zunächst nicht. Wesentlich erfolgreicher war das Werk an deutschen Bühnen. Im Berliner Theater des Westens stand es ab 23.10.1908, inszeniert von Victor Léon, auf dem Spielplan und blieb über mehrere Jahre und mit zahlreichen Aufführungen im Repertoire. Sehr erfolgreich war „Der fidele Bauer" auch im Hamburger Carl Schultze-Theater. Am 19.8.1909 fand dort, anlässlich der 275. Aufführung, eine Jubiläumsvorstellung statt. Der Felix Bloch Verlag betonte dazu in einem Schreiben an Victor Léon: „Es ist das ein seltener Fall in Hamburg, dass eine Operette 275 Male en suite gegeben wird."[55]

„Der fidele Bauer" war bis in die frühen 1930er Jahre auf den Spielplänen zahlreicher deutschsprachiger Bühnen zu finden. Im August 1933 aber wurden in Deutschland auf Veranlassung des NS-Landwirtschaftsministers Walther Darré weitere Aufführungen des Werkes verboten. Als Begründung gab Darré an, dass die Darstellung des Bauerntums in der Operette „satirisch-abfällig" sei und nicht vereinbar „mit dem Gedanken, daß der Bauernstand die Grundlage für das neue Deutschland ist"[56]. Joseph Wulf vermerkt dazu in seinem Dokumentationsband „Musik im Dritten Reich": „Hauptgrund war aber wahrscheinlich, daß sowohl Leo Fall als auch der Librettist Victor Léon Juden waren, denn der Text verunglimpft keineswegs den Bauernstand, sondern eher die vornehme Gesellschaft, insbesondere der Berliner Sanitätsräte und die Offiziere des Garde du Corps."[57]

Zwar wurde das Verbot des „Fidelen Bauern" wieder aufgehoben, an eine Aufführung des Werkes aber wagte sich in der Folge kaum mehr eine deutsche Bühne. Deutlich dokumentiert ist dies durch die im Léon-Nachlass erhaltenen Abrechnungen des Felix Bloch Verlages.[58] Bis 1929 – aus diesem Jahr stammen die letzten vollständigen Abrechnungen vor der nationalsozialistischen Machtübernahme in Deutschland

---

53 Victor Léon: Brief an Leo Fall. 17.7.1908. ÖNB, Nachlass Leo Fall, F88.Leo.Fall.137,18 Mus.
54 Neues Wiener Journal, 7.9.1908, S. 5.
55 Verlag Felix Bloch: Brief an Victor Léon, 30.8.1909. Léon-Nachlass 26/2.1.4.2.
56 Wulf, Joseph: Musik im Dritten Reich. Eine Dokumentation. Frankfurt/Main 1989. S. 29.
57 Ebd.
58 Léon-Nachlass 40/4.3.7.2. u. 40/4.3.7.3.

– sind alljährlich zahlreiche Produktionen des „Fidelen Bauern" dokumentiert, der, nach der „Lustigen Witwe", auf Platz zwei der am häufigsten gespielten Léon-Werke des Felix Bloch Verlages rangierte. Die nächste vollständig erhaltene Abrechnung stammt aus dem Jahr 1937. Darin finden sich mehrere hundert Aufführungen der „Lustigen Witwe" in insgesamt 48 deutschen Städten. „Der fidele Bauer" hingegen scheint nur noch mit zwei auf Deutschland bezogenen Einträgen auf: das eine Mal mit einer als „Tant.Diff. 1935/36" angegebenen Zahlung der Schauspiele Pforzheim und das andere Mal mit einer Aufführung am 13.9.1937 in der oberfränkischen Gemeinde Marktleugast.

Außerhalb Deutschlands wurde „Der fidele Bauer" weiterhin gespielt – 1937 unter anderem in Innsbruck, Luzern, Maribor, Salzburg und Sankt Gallen –, und Victor Léon bemühte sich offenbar darum, dass das Werk auch in Deutschland wieder gezeigt werde. Am 23.2.1938 aber bekam er vom Felix Bloch Verlag die Mitteilung: „Mit einer Wiederaufnahme des ‚Fidelen Bauer' in Deutschland ist, wie wir Ihnen immer wieder sagen müssen, nicht zu rechnen. Wir glauben, dass auch eventuelle, von Ihnen zu unternehmende Schritte daran nichts ändern können. Die Voraussetzungen wegen des Komponisten sind ja doch hier ganz andere, als etwa bei den Werken, die Franz Lehar komponiert hat."[59]

Nach dem Ende des Zweiten Weltkriegs konnte „Der fidele Bauer" wieder überall gespielt werden und gehört zu jenen Werken, die sich bis heute erfolgreich im Repertoire der Operettenbühnen gehalten haben.

---

59 Verlag Felix Bloch: Brief an Victor Léon, 23.2.1938. Léon-Nachlass 26/2.1.4.1.

„Very, very naughty indeed":
„Die geschiedene Frau"

Ein halbes Jahr, nachdem Victor Léon mit seinem „Operetten-Gastspiel" den „Fidelen Bauern" im Theater an der Wien vorgestellt hatte, brachte das Carl-Theater das nächste Gemeinschaftswerk von Léon und Leo Fall heraus. Es war die Operette „Die geschiedene Frau", die am 23.12.1908 in der Regie von Victor Léon uraufgeführt wurde. Das dreiaktige Werk beginnt in einem Gerichtssaal in Amsterdam. Dort wird gerade die Scheidung von Jana und Karel van Lysseweghe verhandelt. Scheidungsgrund ist, dass Karel bei einer Zugsfahrt im Nachtexpress von Nizza nach Amsterdam im selben Coupé wie die Frauenrechtlerin und Redakteurin der Zeitschrift „Die freie Liebe" Gonda van der Loo übernachtet hatte und Jana nun nicht glauben will, dass sich Karel, wie er beteuert, „der Dame nicht genähert"[1] habe. Vielmehr sei er, der die Nacht eigentlich im Speisewagen verbringen wollte, gezwungen gewesen, im Coupé zu bleiben, weil die Türe klemmte und sich nicht öffnen ließ. Der Schlafwagenkondukteur, der als Zeuge geladen ist, bestätigt dies. Neben weiteren Zeugen (unter ihnen Bedienstete von Jana und Karel, die vom guten Zusammenleben der beiden berichten) kommen auch zwei Sachverständige zu Wort: Der eine, ein Psychologe, meint, dass ein Mann in einer Situation wie Karel auf jeden Fall seine Frau betrüge, während der andere dem widerspricht. Karel versucht verzweifelt, Jana umzustimmen, sie jedoch besteht auf der Scheidung. Der zweite Akt spielt drei Monate später bei einem Fest in Karels Amsterdamer Villa. Unter den Anwesenden befindet sich neben Gonda auch der Gerichtspräsident, der die Scheidung von Jana und Karel durchführte. Zwischen ihm und Gonda beginnt sich eine Beziehung anzubahnen. Zur Überraschung aller erscheint auch Jana auf dem Fest. Sie bittet Karel, gegenüber ihrem Vater, der ebenfalls erwartet wird und der nichts von der Scheidung weiß, so zu tun, als wären sie noch verheiratet. Zu einer Zuspitzung der Situation kommt es, als auch der Schlafwagenkondukteur erscheint: Er wurde gekündigt, weil man ihm vorwarf, nicht genügend auf die Moral der Reisenden geachtet und den Skandal rund um Karel, Jana und Gonda ausgelöst zu haben. Um sich zu rehabilitieren, will er Karel dazu bringen, Gonda zu heiraten und stellt die Hochzeit gegenüber den Festgästen als schon beschlossen dar. Der Gerichtspräsident wiederum behauptet, dass Jana ihn heiraten wolle. Auf diese Weise will er Gonda für sich gewinnen, die behauptet, dass sie

---

1 Léon, Victor: Die geschiedene Frau. Vollständiges Soufflierbuch mit allen Regiebemerkungen. Wien [1909]. S. 37.

sich nur für Männer interessiere, die auch von anderen Frauen begehrt werden. Außerdem will er Jana und Karel wieder miteinander versöhnen. Der dritte Akt spielt am folgenden Tag im Ort Makkum, wo Jana und Karel genau ein Jahr zuvor geheiratet hatten. Dort soll Karel nun auf Bitte des Gerichtspräsidenten Treuzeuge bei der Hochzeit des Präsidenten mit Jana sein. Karel ist verzweifelt, denn er liebt Jana immer noch – und sie, wie sich herausstellt, liebt ihn und hat, wie sie ihm versichert, nie vorgehabt, den Gerichtspräsidenten zu heiraten. Damit geht dessen Strategie auf: Jana und Karel finden wieder zueinander, Gonda nimmt den Heiratsantrag des Präsidenten an – und die Operette endet mit der Ankündigung einer Doppelhochzeit.

Annie Dirkens in der Rolle der Gonda

„Aus der lustigen Witwe ist eine ‚geschiedene Frau' geworden, die im letzten Akte natürlich den eigenen Mann heiratet. Bis dahin jagen und haschen sie sich, sind furchtbar verliebt und wollen es einander nicht zeigen. Dieses erotische Gebräu hat schon Lehar sehr populär gemacht"[2], schrieb die Zeitschrift „Wiener Bilder" in ihrem Premierenbericht und lieferte damit eine treffende Charakterisierung der neuen Operette. Tatsächlich hatte Victor Léon ein Libretto geschrieben, das jenem der „Lustigen Witwe" in vielem ähnlich ist. Hier wie dort geht es um Themen wie die Rolle der

---

2   Wiener Bilder, 30.12.1908, S. 11.

Frau in Ehe und Gesellschaft, um Partnerwahl, Sexualmoral und Scheidung. In beiden Werken werden die unterschiedlichen Haltungen zu diesen Themen durch zwei Frauen repräsentiert, und in beiden Werken kommt der Vertreterin einer progressiven, der Frauenemanzipation verpflichteten Haltung die markantere Rolle zu. Dabei ist die Redakteurin der „Freien Liebe" Gonda van der Loo noch um einiges radikaler als die „lustige Witwe" Hanna Glawari, hingegen gibt sich die geschiedene Jana in ihren moralischen Ansprüchen um einiges rigider als die „anständige Frau" Valencienne in der „Lustigen Witwe". Der in trotziger Eifersucht um Jana kämpfende Karel erinnert an Danilo, und so wie dieser ist auch Karel, wie die „Wiener Bilder" vermerkten, eine „Treumann-Rolle". In der „Geschiedenen Frau" spielte Louis Treumann jedoch nicht mit, und „seine" Rolle wurde von Hubert Marischka übernommen, der dafür – im Gegensatz zu den beiden bejubelten Hauptdarstellerinnen Mizzi Zwerenz als Jana und Annie Dirkens als Gonda – nur mäßiges Lob erhielt. Er zog sich zwar „mit Anstand aus der Affäre", meinte der „Humorist", doch: „Für derlei gewichtige künstlerische Aufgaben ist er aber noch zu jung und nicht reif genug. Er macht alles recht nett, recht liebenswürdig, recht artig, aber nichts ist von eindringlicher Wirkung, nichts trägt die richtige ausgeprägte Physiognomie eines Mannes."[3] Das humoristische Wochenblatt „Wiener Caricaturen" kommentierte die Rollenbesetzung folgendermaßen: „Die Zwerenz und die Dirkens – die beiden graziösen Panterkatzen in einem Käfig, schon das garantiert [...] einen Sensationserfolg. Ach, wenn noch Treumann dazu gekommen wäre. Papa Léon verzeihe uns, aber sein Schwiegersohn, Herr Marischka, wird wohl der hübschen Frau Lizzy ein treuer Mann, aber niemals ein Treumann sein."[4]

Victor Léon wurde von den Kritikern vor allem für die Gestaltung des ersten Aktes der „Geschiedenen Frau" gelobt, da dieser Textteil, wie das „Neue Wiener Tagblatt" konstatierte, „von der Schablone der modernen Wiener Operette ein wenig ab[weiche]"[5]. „Das in der Operette neue Milieu eines Gerichtshofes überraschte"[6], schrieb das „Neue Wiener Journal", und auch in anderen Zeitungen wurde der „glänzende Expositionsakt"[7] als „originell und vortrefflich konstruiert"[8] hervorgehoben. Ein Vorbild für die Gerichtsszene könnte, so meint Operetten-Historiker Richard Traubner, die Operette „Trial by Jury" von William Schwenck Gilbert und Arthur Sullivan gewesen sein[9], die in Wien unter dem Titel „Im Schwurgericht" mehrfach zu sehen gewesen war.[10]

„Allem Anscheine nach wird ‚Die geschiedene Frau' das Carl-Theater recht lange der Repertoiresorgen entheben"[11], schlossen die „Wiener Bilder" ihren Premierenbe-

---

3 Der Humorist, 1.1.1909, S. 2.
4 Wiener Caricaturen, 3.1.1909, S. 5.
5 Neues Wiener Tagblatt, 24.12.1908, S. 11.
6 Neues Wiener Journal, 24.12.1908, S. 9.
7 Wiener Bilder, 30.12.1908, S. 11.
8 Der Humorist, 1.1.1909, S. 2.
9 Traubner, Richard: Operetta. A Theatrical History. New York 2003. S. 288.
10 „Trial by Jury", uraufgeführt am 25.3.1875 im Londoner Royalty Theatre, wurde u.a. 1886 in einem Gastspiel der „D'Oyly Carte Opera Company" im Carl-Theater gezeigt und 1901 in einer Bearbeitung von Carl Lindau in Danzers Orpheum.
11 Wiener Bilder, 30.12.1908, S. 11.

richt und sollten damit recht behalten. Am 1.4.1909 fand die 100. Vorstellung statt, und im Mai und Juni 1909 wurde „Die geschiedene Frau" in einem „Gesamtgastspiel des k.k. priv. Carl-Theaters" in der Volksoper gezeigt. Mit Beginn der Saison 1909/10 stand die Operette dann wieder auf dem Spielplan des Carl-Theaters. Dort gab es am 21.11.1909 ein doppeltes Jubiläum, denn die 230. Aufführung der „Geschiedenen Frau" bildete auch den Hauptteil einer großangelegten Feier zum 60-Jahre-Bühnenjubiläum des Schauspielers Carl Blasel (der in der „Geschiedenen Frau" Janas Vater verkörperte).

„Die geschiedene Frau" hatte also in Wien einen ungleich besseren Start als kurz zuvor „Der fidele Bauer", und auch international kam das Werk sehr gut an. Am 2.10.1909 war es erstmals in Berlin, im Theater des Westens, zu sehen. Dirigiert wurde die Aufführung von Leo Fall, die Inszenierung hatte Victor Léon gemeinsam mit Julius Donat besorgt. Ein paar Wochen vor der Premiere ließ Max Monti, der Direktor des Theaters des Westens, Léon wissen:

„Ich habe für diese Novität 21 Theaterproben bestimmt und soll es mich sehr freuen, Sie hier recht bald begrüssen zu können. Da mir Freund Sliwinski[12] mitteilte, dass Sie durch verschiedene andere Inscenierungen in Wien nur schwer abkommen könnten, würde ich den Vorschlag machen, vielleicht auf einige Tage und zwar in der Zeit zwischen 10. und 20. September zu den Vorproben hierherzukommen, um die Novität zu stellen, um dann wieder an Ihre Wiener Arbeit gehen zu können und zur Generalprobe und Premiere hier zu sein. Mein Regisseur Donat ist seit heute in Wien, um sich das Werk dreimal dort anzusehen. Da ich selbst die Operette ixmal [!] gesehen habe, können Sie versichert sein, dass wir genau nach Ihrer Intension [!] und nach der Wiener Einrichtung auch hier vorgehen werden. [...] Mit der Besetzung und Ausstattung hoffe ich bestimmt Ihre Zufriedenheit zu finden."[13]

Die „Wiener Einrichtung" kam auch in Berlin gut an. So wie im Carl-Theater war Annie Dirkens auch im Theater des Westens in der Rolle der Gonda zu sehen, ihr zur Seite agierten Marie Ottmann als Jana und Gustav Matzner als Karel. Dirkens, der Star der Produktion, war von Max Monti für 100 Vorstellungen engagiert worden, verlängerte dann aber aufgrund des großen Erfolges ihren Vertrag und spielte bis März 1910 über 160 Mal die Frauenrechtlerin. Am 20.4.1910 fand die 200. Aufführung statt (mit Mizzi Freihardt als Gonda), danach musste „Die geschiedene Frau" im Abendprogramm des Theaters des Westens der Operette „Die Tanzhusaren" (Musik Albert Szirmai, Buch Franz Rajna) weichen und wurde als Nachmittagsvorstellung gezeigt. Bald aber wurden die Plätze wieder getauscht, und ab Ende Mai 1910 waren die nur wenig erfolgreichen „Tanzhusaren" nachmittags und „Die geschiedene Frau" wieder abends zu sehen. Bis ins Frühjahr 1912 stand das Werk dann weiterhin regelmäßig auf dem Spielplan des Theaters des Westens.

Ähnlich erfolgreich wie in Berlin war „Die geschiedene Frau" auch im Hamburger Carl Schultze-Theater, wo die Operette am 14.11.1909 Premiere hatte und wo am

---

12 Adolf Sliwinski, Leiter des Verlages Felix Bloch.
13 Max Monti: Brief an Victor Léon, 28.8.1909. Léon-Nachlass 28/2.1.8.

31.5.1910 die 200. und am 4.10.1910 die 350. Aufführung gefeiert wurden.[14] Das Carl Schultze-Theater behielt „Die geschiedene Frau" dann noch bis 1913 im Repertoire. Neben der deutschsprachigen Originalfassung der „Geschiedenen Frau", die bald auch an zahlreichen weiteren Theatern gezeigt wurde[15], entstanden rasch Übersetzungen unter anderem ins Ungarische, Tschechische, Italienische, Niederländische, Schwedische und Norwegische.[16] Besonders erfolgreich war die erste englischsprachige Produktion, die unter dem Titel „The Girl in the Train" am 4.6.1910 im Londoner Vaudeville Theatre herauskam und dort 340 Mal gezeigt wurde. Wie zuvor „Die lustige Witwe" hatte auch diesmal der Theatermanager George Edwardes das Stück nach England gebracht, und wieder hatte Adrian Ross die Liedtexte übersetzt (der Übersetzer der Dialoge ist in den vorhandenen Ausgaben der Londoner Produktion nicht angegeben). Schon im Herbst 1910 wurde „The Girl in the Train" (in einer von Harry B. Smith überarbeiteten Fassung[17]) auch in den Vereinigten Staaten gezeigt: zunächst, ab 19.9.1910, im Forrest Theatre von Philadelphia, dann, ab 3.10.1910, im Globe Theatre in New York. Zwar gab es dort nur 40 Aufführungen, doch stand „The Girl in the Train" in den folgenden Jahren auf dem Programm etlicher Tourneetheater. Nach der New Yorker Premiere betitelte die „New York Times" ihren Bericht mit „‚Girl in the Train' is rather daring" und setzte fort: „Reports from Germany tell us that ‚Die geschiedene Frau' – literally ‚The Divorced Wife' – was very, very naughty indeed in its original version. The courtroom scene, even in English, is a bit daring."[18]

Zur Verharmlosung der als gewagt empfundenen Handlung hatte man in der englischen Version einige Änderungen vorgenommen. Die markanteste davon ist, dass Gonda in „The Girl in the Train" nicht Frauenrechtlerin und Redakteurin der „Freien Liebe" ist, sondern Schauspielerin. Die Themen Partnerwahl und Sexualität, die ihr zugeordnet sind und die in Léons Libretto gerade durch Gondas journalistische Tätigkeit und emanzipatorisches Engagement auch als gesellschaftlicher Diskussionsstoff definiert sind, wurden damit in der englischen Fassung in den Klischeebereich der vermeintlichen Freizügigkeit von Schauspielerinnen geschoben. Bemerkenswert ist, dass im deutschsprachigen Raum die Operettenhandlung durchaus nicht als besonders „naughty" empfunden wurde. Hatte es in den Rezensionen früherer Stücke von Victor Léon immer wieder Kritik an vermeintlichen „Cochonnerien" gegeben, so finden sich in den Wiener Premierenberichten zur „Geschiedenen Frau" keine Hinweise darauf, dass man das Werk als besonders schlimm und anstößig empfunden hätte. Auch die Zensurbehörde hatte am Textbuch kaum etwas auszusetzen. Zwar wurden vom Zensor im Textbuch einige Stellen als bedenklich markiert (so etwa die

---

14 Allerdings fanden nicht alle 350 Vorstellungen im Hamburger Stammhaus statt, sondern 150 Mal wurde die Operette während des Sommers 1910 bei Gastspielen des Theaters in anderen deutschen Städten gezeigt (s. Hamburger Anzeiger, 5.10.1910, S. 2.).

15 Am 25.7.1909 teilte der Wiener Theaterverlag O.F. Eirich Léon mit, dass man bereits mit 54 Theatern Verträge für die Produktion von „Die geschiedene Frau" gemacht habe. Léon-Nachlass 26/2.1.4.25.

16 Frey: Leo Fall, S. 274f.

17 Für Details dazu siehe Franceschina, John: Harry B. Smith: Dean of American Librettists. New York 2003. S. 201f.

18 New York Times, 4.10.1910.

Expertise eines der beiden Gutachter, der erklärt, dass ein Mann „im Falle der günstigen Gelegenheit immer auf seinen erotischen Vorteil bedacht ist"[19], für die Zulassung der Operette in Wien wurde aber letztlich nur eine einzige Streichung gefordert, nämlich jene der Formel „Im Namen Ihrer Majestät der Königin von Holland"[20] bei der Verkündung des Gerichtsurteils.

„Die geschiedene Frau" war bis in die späten 1920er Jahre vielfach auf den Spielplänen der Operettenbühnen zu finden.[21] 1926 kam das Werk in Form eines Stummfilms auch in die Kinos. Regie führte dabei Victor Janson, das Drehbuch hatten Jane Bess und Adolf Lantz auf Basis eines Entwurfes von Victor Léon erstellt. Dieses im Léon-Nachlass erhaltene, neunseitige Konzept[22] hält sich im Wesentlichen eng an die Handlung des Operettenlibrettos.[23]

Eine Neubearbeitung der „Geschiedenen Frau" kam am 1.2.1933 im Berliner Theater am Nollendorfplatz heraus. Die Initiative zu dieser Produktion stammte vom Operetten-Impresario Miksa Prèger[24] und vom Komponisten Erich Wolfgang Korngold[25] (der in den Jahren zuvor bereits eine Reihe von Operetten-Bearbeitungen geschaffen hatte[26]). Er halte, so schrieb Miksa Prèger am 24.12.1931 an Victor Léon,

„eine Aufführung der ‚Geschiedenen Frau' jetzt für den geeignetesten [!] Moment und würde mich riesig freuen, wenn Sie mich telephonisch verständigen lassen würden, wann wir diese Angelegenheit nochmals genau besprechen könnten, um wirklich etwas grosses [!] herauszubringen und Sie können versichert sein, dass diese Sache eine grosse Sensationsangelegenheit werden wird, die sehr viel Geld bringen würde."[27]

---

19 Léon, Victor: Die geschiedene Frau. Zensur-Textbuch, NÖ Landesarchiv, NÖ Reg. Präs Theater TB K 271/16, 1. Akt, S. 32.
20 Ebd. S. 39.
21 Siehe dazu auch die Tantiemenabrechnungen des Felix Bloch Verlages, Léon-Nachlass 40/4.3.7.3.
22 Léon-Nachlass 10/1.6.53.
23 Stark verändert hingegen wurde die Handlung der „Geschiedenen Frau" für jenen Spielfilm, der 1953 mit Marika Rökk und Johannes Heesters in den Hauptrollen (Regie Georg Jacoby, Drehbuch Walter Forster und Joachim Wedekind) herauskam.
24 Miksa Prèger, geb. vermutl. 13.7.1865 in Wiśnicz/Polen, gest. 1.5.1937 in Wien, Theaterunternehmer und Regisseur. In der Literatur wird der Name meist „Préger" geschrieben, Prèger selbst unterschrieb jedoch mit einem Gravis auf dem e, und in dieser Form findet sich der Name auch auf seinem Briefpapier aufgedruckt (s. die Briefe Prègers im Léon-Nachlass 26/2.1.3.14).
25 Erich Wolfgang Korngold, geb. 29.5.1897 in Brünn, gest. 29.11.1957 in Los Angeles, Komponist, Dirigent und Pianist. Der Sohn des Musikkritikers Julius Korngold galt mit seinen frühen Kompositionen als Wunderkind. Sein später größter Erfolg war die 1920 uraufgeführte Oper „Die tote Stadt". Ab 1935 war Korngold auch als Komponist von Filmmusiken in Hollywood tätig und lebte ab 1938 mit seiner Familie im Exil in den USA.
26 Siehe dazu Kevin Clarkes Studie: ‚Der Walzer erwacht – die Neger entfliehen'. Erich Wolfgang Korngolds Operetten(bearbeitungen) von ‚Eine Nacht in Venedig' 1923 bis zur ‚Stummen Serenade' 1954. In: Frankfurter Zeitschrift für Musikwissenschaft Jg. 12, 2009, S. 16ff.
27 Miksa Prèger: Brief an Victor Léon, 24.12.1931. Léon-Nachlass 26/2.1.3.14.

Neben einigen textlichen Änderungen seien, so Prèger, vor allem „eine Modernisierung resp. eine Uminstrumentierung der Musik und auch einige musikalische Zusätze" für die Adaptierung notwendig.[28] Léon war mit der Neubearbeitung einverstanden, die von ihm auch als eine Hommage an den 1925 verstorbenen Leo Fall gesehen wurde. Allerdings sollte sich das Projekt anders entwickeln, als es sich die Beteiligten vermutlich erwartet hatten. Schon bei der Suche nach einem Autor, der Léon bei dem Projekt unterstützen könne, ergaben sich erste Meinungsverschiedenheiten. Wie aus einem Brief Prègers hervorgeht[29], war im Jänner 1932 der Schriftsteller Hanns Sassmann engagiert worden, der aber einige Monate später auf Betreiben Victor Léons wieder aus dem Vertrag entlassen wurde. Am 12.8.1932 bat Prèger Léon „sich recht bald zu entschliessen, wer der Mitarbeiter der neuen Sache wird und wenn Sie Herrn Reicher[t], wie es bei mir der Fall ist, nicht für den richtigen Mann finden, wäre es vielleicht angebracht, dass Herr Beda dabei ist. Selbstverständlich, wenn es Ihnen recht sein wird."[30]

Victor Léon hielt Fritz Löhner-Beda[31], der einer der erfolgreichsten Librettisten jener Zeit war, nicht für den passenden Mitarbeiter, sondern für ihn war – trotz der Vorbehalte Prègers – Heinz Reichert „der richtige Mann". Gemeinsam mit Reichert nahm Léon eine Adaptierung des Librettos vor, bei der unter anderem aus den drei Akten eine Folge von acht Bildern wurde. Die Vorgeschichte im Zug, die im Original während der Gerichtsverhandlung nur erzählt wird, wurde in der Bearbeitung in einem eigenen Bild szenisch aufgelöst; und so wie in der englischen Fassung wurde nun auch in der deutschen Gonda zur Schauspielerin – und zwar, ganz zeitgemäß, zum Filmstar.

Probleme gab es dann bei der Rollenbesetzung: nicht nur, weil es damals zunehmend schwieriger wurde, Schauspieler und Schauspielerinnen für eine Theaterproduktion zu finden, da viele „durch den unglückseligen Tonfilm"[32] (wie Prèger das konkurrierende Medium bezeichnete) nicht verfügbar waren, sondern auch, weil Prèger mit den Vorschlägen von Léon nicht einverstanden war. Für die Rolle der Jana hatte ihm Léon Mady Christians genannt, die in der Stummfilmfassung der Operette als Gonda zu sehen gewesen war, über die Miksa Prèger jedoch meinte, sie sei „eine Person die keinen Ton in der Kehle hat"[33]. Noch weniger Verständnis hatte

---

28 Für Details zu Korngolds musikalischer Bearbeitung der „Geschiedenen Frau" s. Frey: Leo Fall, S. 222ff.; und Clarke: Der Walzer erwacht, S. 74ff.
29 Miksa Prèger: Brief an Victor Léon, 7.10.1932. Léon-Nachlass 26/2.1.3.14.
30 Miksa Prèger: Brief an Victor Léon, 12.8.1932. Léon-Nachlass 26/2.1.3.14.
31 Fritz Löhner-Beda, geb. 24.6.1883 in Wildenschwert (Ústí nad Orlicí/Tschechien), gest. 4.12.1942 im KZ Auschwitz, war Feuilletonist, publizierte einige Gedichtbände, schrieb zahlreiche Schlagertexte und verfasste, u.a. für Franz Lehár und Paul Abraham, die Libretti zu einigen der erfolgreichsten Operetten der 1920er und 1930er Jahre, u.a. „Viktoria und ihr Husar", „Die Blume von Hawaii", „Ball im Savoy", „Giuditta" (s. Denscher, Barbara u. Helmut Peschina: Kein Land des Lächelns. Fritz Löhner-Beda 1883-1942. Salzburg 2002).
32 Miksa Prèger: Brief an Victor Léon, 4.1.1933. Léon-Nachlass 26/2.1.3.14.
33 Ebd.

Prèger für Léons Vorschlag, dass Fritz Grünbaum[34] die Rolle des Schlafwagenkondukteurs übernehmen solle:

„Aber die Zumutung Herrn Fritz Grünbaum zu engagieren, der ausgezeichnet in der Klabrias-Partie ist und nebenbei gerade momentan einen eklatanten Durchfall erlitten hat[35], in demselben Haus, wo wir hineingehen. Sie raten dringend, keine Fehlbesetzung zu tun, das wäre die allergrößte gewesen!! [...] Sie stellen es sich leichter vor als die Chose hier in Berlin wirklich ist und ist der Boden, wegen der Nazis, ein sehr heisser für Judenbesetzungen und muss man sehr vorsichtig sein, um nicht der Gefahr des ausgepfiffen-werdens [!] sich auszusetzen."[36]

Für den Schlafwagenkondukteur fand Prèger dann mit Ludwig Stössel allerdings einen ebenfalls jüdischen Schauspieler, die Rolle der Jana übertrug er Maria Rajdl, und für die Gonda engagierte er „Frl. Lucie Mannheim, einen absoluten Berliner Liebling die eine unerhörte Schauspielerin, mit sehr grosser komischer Begabung, ist. Und wenn Ihnen die Christians als Jana recht wäre, so hat sie zehnmal mehr Stimme wie diese. Sie verlangt ein Chanson, diese Zusage hat sie bereits vom Prof. K. [Korngold]"[37] Lucie Mannheim bekam nicht nur ein, sondern zwei zusätzliche Chansons. Verfasst wurden diese von Max Kolpe[38], der gerade zu jener Zeit in Berlin als Schlagertexter und Drehbuchautor sehr gefragt war.[39]

Die Premiere der Neufassung der „Geschiedenen Frau" kam beim Publikum gut an und wurde auch in den Zeitungen wohlwollend beurteilt.[40] Dennoch kam es in der Folge zu einem emotionsgeladenen Briefwechsel zwischen Miksa Prèger und Victor Léon. Dabei ging es vor allem um die etwas schlüpfrigen Texte, die Kolpe für Lucie Mannheim geschrieben hatte und die offenbar nicht mit Léon abgesprochen gewesen waren. Am 11.2.1933 schrieb Prèger an Léon, dass er erfahren habe, dass sich Léon bei Fritz Wreede vom Felix Bloch-Verlag beschwert habe, dass die Änderungen im Libretto ohne seine Genehmigung erfolgt seien. Prèger weiter:

---

34 Fritz Grünbaum, geb. 7.4.1880 in Brünn, gest. 14.1.1941 im KZ Dachau, war Kabarettist, Schauspieler und Autor von Liedern, Theaterstücken und Operettenlibretti.
35 Gemeint ist die nur wenig erfolgreiche Operette „10 Minuten Glück" von Will Meisel, die am 23.12.1932 im Theater am Nollendorfplatz Premiere hatte.
36 Miksa Prèger: Brief an Victor Léon, 4.1.1933. Léon-Nachlass 26/2.1.3.14.
37 Ebd.
38 Max Kolpe, manchmal auch Colpet (eigentl. Max Kolpenitzky), geb. 19.7.1905 in Königsberg, gest. 2.1.1998 in München, war in den 1920er und frühen 1930er Jahren in Berlin tätig. Er flüchtete, da er jüdischer Herkunft war, vor dem Naziterror in die USA, wurde 1953 amerikanischer Staatsbürger und kehrte 1958 nach Deutschland zurück. Kolpe schrieb Kabarett- und Schlagertexte, verfasste Filmdrehbücher und schuf die deutschen Übersetzungen von bekannten Liedern wie „Where Have All the Flowers Gone" („Sag mir, wo die Blumen sind") und „Universal Soldier" („Der ewige Soldat").
39 Kolpe schrieb u.a. 1932 für den Hans Albers-Film „Der Sieger" den erfolgreichen Song „Hoppla, jetzt komm' ich"; und am 20.12.1932 war in Berlin der Musikfilm „Das Blaue vom Himmel" herausgekommen, für den Kolpe gemeinsam mit Billy Wilder das Drehbuch geschrieben und Paul Abraham die Musik komponiert hatten.
40 Eine Sammlung von Zeitungsausschnitten mit Berliner Premierenberichten findet sich im Léon-Nachlass 11/1.6.55.

„Ich kann Ihnen da nicht niederschreiben wie ich mich geweigert habe, gegen diese Schand Texte speciell gegen die Chansons der Frau Mannheim, die ich erst am Tage der ersten Generalprobe kennen lernte, da Herr Korngold angeblich Nächte verbracht hat mit dem Kolpe u. Frau Mannheim. Was sich an dieser Generalprobe vor Publicum abgespielt hat, kann ich Ihnen nicht niederschreiben. Ich musste Herrn Kolbe [!] aus dem Saal weisen, den Vorhang herunter lassen als ich diese Texte vor Allen hörte und Frau Mannheim […] drohte nicht aufzutreten wenn man Herrn Kolpe beleidigt, dem ich das Theater verbot. Vor solchen Gewaltsachen, vor solcher Disciplinlosigkeit bin ich noch nie gestanden, aber das ist noch nicht Alles. Herr Korngold hat dieses Chansons [!] in Ihrem Namen verlangt das [!] es der Schlus [!] des II. Bildes wird"[41].

Korngold habe auch noch weitere Änderungen veranlasst, gegen die Prèger, wie er beteuerte, nichts unternehmen konnte. Victor Léon und mit ihm offenbar auch Heinz Reichert ließen sich durch Prègers Erklärungen allerdings nicht beruhigen und antworteten:

„Ihre frdl. Zeilen vom 11/2 konnten unsere flammende Empörung über die Vergewaltigung unseres Werkes nur teilweise besänftigen.
Wir waren von vorneherein darauf gefasst, dass sich bei den Proben geringfügige Aenderungen ergeben werden. Dass man aber aus der ‚Geschiedenen Frau' eine Berliner Lokalposse macht, dass Aktschlüsse willkürlich geändert werden, dass Musiktexte gesungen werden, die unter dem Niveau einer Hamburger Matrosenkneipe stehen – das allerdings konnten wir nicht vermuten und dass [!] kann auch durch einen äusserlichen Aufführungserfolg und ein paar wohlmeinender [!] Kritiken nicht beschönigt werden. Derartige unverantwortliche Eingriffe in ein kontraktlich erworbenes Autorenrecht dürften in der Theatergeschichte wohl einzig dastehen und wir müssen uns nach wie vor, alle Konsequenzen aus dieser groben Vertragsverletzung vorbehalten."[42]

Am 13.2.1933 meldete sich dann Erich Wolfgang Korngold Ehefrau Luise mit einem Brief an Victor Léon zu Wort. Dabei ging es ihr darum, die Schuldzuweisungen Prègers an Korngold zu entkräften:

„Herr Preger hat 2, sich widersprechende Verträge gemacht. Einen mit Ihnen, den andern mit Frl. Mannheim. Dass Sie, Herr Leon, erst jetzt und scheinbar durch mich von diesem Vertrag der Mannheim erfahren, setzt mich in Erstaunen, da mein Mann, nachdem er durch ein telephonisches Gespräch mit der Mannheim erfahren hatte, dass Preger ihr vertraglich einen Berliner Textmacher für ihre chanssons [!] zugesichert hatte, noch am selben Abend in unserer Wohnung, in Elly Reicherts und meiner Gegenwart, Reichert davon Mitteilung machte. Später in Berlin machte er Preger darauf aufmerksam, dass sein Vorgehen ihm einen Prozess mit Ihnen eintragen würde, worauf Preger erwiderte: ‚Soll mich der Herr klagen'.
Was die Texte dieser chanssons anlangt, so sind diese, wie Sie sich vorstellen können, auch nicht gerade der Geschmack meines Mannes und er hat auch offen sein Misfallen [!], ja sogar

---

41 Miksa Prèger: Brief an Victor Léon, 11.2.1933. Léon-Nachlass 26/2.1.3.14.
42 Victor Léon und Heinz Reichert: Brief an Miksa Prèger, o.D. [Briefkopie]. Léon-Nachlass 26/2.1.3.14.

Besorgnis bis zum letzten Moment ausgedrückt. Als ‚fader Wiener' wurde er jedoch überstimmt und der persönliche Erfolg scheint Frl. Mannheim allerdings recht zu geben.

Letzten Endes fiel es niemandem ein, diese chansons als organisch der ‚Gesch. Frau' angehörig zu betrachten, sondern man sah die Sache als das, was sie ist: eine Berliner Angelegenheit der Mannheim. Ebenso zu werten, wie wenn etwa Slezak in der ‚Fledermaus' als Einlage einige Witze macht. Spässe, die sich sonst ernst, in besseren Sphären sich bewegende Künstler, in der Operette gestatten. Denn dass die Mannheim eine solche Künstlerin ist, kann ich Ihnen versichern und es wäre ebenso undankbar gegen sie gehandelt, wie eben gegen meinen Mann, wollte man gegen sie Stellung nehmen.

Herr Preger, dessen Unverlässlichkeit, Unaufrichtigkeit und intriguantes [!] Wesen ich von Anfang an erkannt habe und der sich in diesen Eigenschaften auch allen Mitgliedern auf das Unangenehmste offenbarte, hat sich meinem Mann gegenüber in so unqualifizierter Weise benommen, dass ihm auch in diesem Falle jede Entstellung des wahren Sachverhaltes zuzutrauen ist."[43]

Ob die von Luise Korngold in diesem Brief erbetene Aussprache zwischen ihrem Mann und Victor Léon stattgefunden hat, ist nicht bekannt; auf rechtliche Schritte wegen der Änderungen im Textbuch scheint Léon aber immerhin verzichtet zu haben.

Die Neufassung der „Geschiedenen Frau" stand im Theater am Nollendorfplatz bis zum 2.3.1933 auf dem Spielplan. „Sehr viel Geld", wie Prèger erhofft hatte, brachte die Produktion allerdings nicht ein, vielmehr musste er an Léon melden: „Geschäft elend bei diesen pol. Verhältnissen und unerhörten Grippe"[44] (womit die Grippeepidemie gemeint ist, von der Deutschland im Februar 1933 betroffen war). In Wien aber, wo Prèger „Die geschiedene Frau" Ende März 1933 herausbringen wollte, erwartete er sich „einen unerhörten Erfolg"[45]. Léon bat er, für die geplante Wiener Produktion „neue Texte für die Chansons zu machen". Ob Léon darauf einging, konnte nicht festgestellt werden, wie auch überhaupt eine Produktion in Wien nicht nachweisbar ist.

---

43 Luzi [Luise] Korngold: Brief an Victor Léon, 13.2.1933 [das auf dem Briefkopf angegebene Datum 13.2.1932 beruht, wie aus dem Briefinhalt erschließbar ist, auf einem Irrtum]. Léon-Nachlass 24/2.1.2.72.
44 Miksa Prèger: Brief an Victor Léon, 11.2.1933. Léon-Nachlass 26/2.1.3.14.
45 Ebd.

Zwei sehr unterschiedliche Charaktere: Ende der Zusammenarbeit mit Leo Fall

Rund vier Jahre, bis 1913, sollte es nach dem Uraufführungserfolg der „Geschiedenen Frau" dauern, bis sich Victor Léon und Leo Fall wieder zu einem Projekt zusammenfanden. Zwar hatte es in der Zwischenzeit nicht an Ideen für Gemeinsames gemangelt, doch es gab einige Verstimmungen zwischen Fall und Léon, die offenbar aus den sehr unterschiedlichen Charakteren und Arbeitsstilen der beiden Künstler resultierten: Leo Fall agierte meist unkoordiniert und hatte immer wieder Probleme, Termine einzuhalten und Abmachungen entsprechend nachzukommen[1]; Victor Léon hingegen arbeitete diszipliniert und systematisch, und er konnte bei konträrem Verhalten von anderen durchaus heftig reagieren. Zu Problemen scheint es schon bald nach der Uraufführung der „Geschiedenen Frau" gekommen zu sein. Dies geht aus einem Brief hervor, den Léon am 12.2.1909 an Fall schrieb und in dem er sich dafür bedankte, dass ihm Fall ein Widmungsexemplar der Operette geschickt hatte. Léon empfand diesen „Act der Freundschaft" offenbar auch als ein Zeichen der Versöhnung, denn:

„Es scheint, daß der klare Himmel unserer freundschaftlichen und künstlerischen Beziehungen durch – für mich uncontrollirbare – Einflüsse einigermaßen bewölkt wurde. Ich traue aber meinem Barometer; es setzt sich aus ehrlicher und herzlicher Zuneigung und ebensolchem künstlerischen Wollen zusammen, Empfindungen, die weitab vom ekelhaften Marktgetriebe liegen. Und dieses Barometer zeigte deutlich auf: Schön Wetter!"[2]

Die „Schönwetterperiode" sollte allerdings nicht allzu lange dauern. Victor Léon arbeitete zu jener Zeit gemeinsam mit seinem Bruder Leo Feld an einer Komödie mit dem Titel „Der große Name", die dann im Oktober 1909 im Wiener Volkstheater uraufgeführt wurde. Leo Fall hatte anscheinend Interesse gezeigt, die Bühnenmusik dafür zu schreiben. In einem Brief vom 14.4.1909 fragte ihn Léon, ob er die Komposi-

---

1 Zu Leo Falls Schwierigkeiten, die diversen Projekte, an denen er arbeitete, zeitlich und vertraglich entsprechend zu koordinieren, s. Frey: Leo Fall, S. 56ff.
2 Victor Léon: Brief an Leo Fall, 12.2.1909. ÖNB, Nachlass Leo Fall, F88.Leo.Fall.219 Mus.

tion nun tatsächlich übernehmen werde und was er dafür verlange.[3] Zwei Wochen später drängte Léon erneut, dass er „ja dem Volkstheater definitiven Bescheid geben" müsse, „und darum mußt Du mir sagen, ob Du die Musik zu ‚Der große Name' machen willst und unter welchen Bedingungen."[4] Leo Fall sagte offenbar zu, und am 1.6.1909 ersuchte ihn Victor Léon: „[Im] Falle du mit ‚Der große Name' schon so weit bist, möchte ich dich sehr bitten, mir das Buch zu schicken. [...] Die Premiere ist hier am 2. October, in Berlin 14 Tage später."[5] Fall aber schien darauf nicht reagiert zu haben, denn am 4.8.1909 beschwerte sich Léon bei Fall, dass er noch keine Antwort erhalten habe, „was nicht gerade sehr charmant ist. In kurzer Zeit fährst Du nach London. Und die Musik zum ‚großen Namen'?? Weiße[6] hat schon urgiert."[7] Immer noch aber gab es von Leo Fall keine Reaktion. Am 29.8.1909 schrieb ihm Léon eine weitere Karte: „Liebster, das Volkstheater urgiert heute telegrafisch die Musik, was ich dir auch depeschierte. Bitte schreib' mir, wann ich der Direction die Lieferung derselben in Aussicht stellen kann. <u>Es ist aber in der That allerhöchste Zeit!</u> Ich erwarte mit Ungeduld deine Nachricht."[8] Am selben Tag schickte Fall aus London folgendes Telegramm an Léon: „Liebster ich kann keinen Gassenhauer finden ich bin schon ganz nervös sende mir vielleicht anderen Text"[9]. Léon schickte keinen anderen Text. Um die Produktion zu retten, wurde der Vertrag mit Leo Fall gelöst und Robert Stolz mit der Komposition beauftragt, sodass die Uraufführung von „Der große Name" doch noch am 2.10.1909 über die Bühne gehen konnte.

1911 war dann ein neues Projekt im Gespräch. Dass Victor Léon aber mittlerweile im Umgang mit Leo Fall vorsichtig geworden war, zeigt der Brief, den er Fall am 16.6.1911 schrieb und in dem er ihn fragte: „Du meinst es doch sicherlich ernst und wirst mich in einer nach vieler Hinsicht so wichtigen Sache etwa aus Höflichkeitsrücksichten nicht vielleicht nur hinhalten wollen? Lieber, tu das nicht! Ich reservire Dir also den Stoff und freue mich wirklich sehr, daß wir wieder zusammenkommen."[10] Aber auch dieses nicht namentlich genannte Projekt kam offenbar nicht zustande.

1912 wurde wieder eine gemeinsame Arbeit in Angriff genommen. Da Leo Fall damals aber auch für ein anderes Projekt im Gespräch war (es handelte sich um die dann nicht realisierte Operette „Der gute König Dagobert", zu der Felix Salten das Libretto schreiben sollte), war es Victor Léon wichtig, sich abzusichern. Daher schrieb er an Fall: „Ich bitte Dich, halt' mich nicht wieder zum besten [!], das wäre

---

3 Victor Léon: Brief an Leo Fall, 14.4.1909. ÖNB, Nachlass Leo Fall, F88.Leo.Fall.219 Mus.
4 Victor Léon: Brief an Leo Fall, 29.4. [1909]. ÖNB, Nachlass Leo Fall, F88.Leo.Fall.219 Mus.
5 Victor Léon: Karte an Leo Fall, 1.6.1909. ÖNB, Nachlass Leo Fall, F88.Leo.Fall.219 Mus.
6 Volkstheaterdirektor Adolf Weiße.
7 Victor Léon: Karte an Leo Fall, 4.8. [1909]. ÖNB, Nachlass Leo Fall, F88.Leo.Fall.219 Mus.
8 Victor Léon: Karte an Leo Fall, 29.8.1909. ÖNB, Nachlass Leo Fall, F88.Leo.Fall.219 Mus.
9 Leo Fall: Telegramm an Victor Léon. 30.8.1909. Léon-Nachlass 24/2.1.2.24.
10 Victor Léon: Brief an Leo Fall, 16.6.1911. ÖNB, Nachlass Leo Fall, F88.Leo.Fall.137,20 Mus.

eine Gewissenlosigkeit sondergleichen von Dir"[11]. Außerdem forderte er eine „bindende Zusage": „Gibst Du mir diese schriftliche Zusage nicht – na, dann weiß ich, daß Du's nicht ernst gemeint hast und bin wenigstens nicht hingehalten."

Leo Fall

Diesmal wurde Léon von Fall nicht „hingehalten". Am 17.1.1913 wurde als drittes gemeinsames Werk der beiden „Die Studentengräfin oder Die stille Stadt" am Berliner Theater am Nollendorfplatz uraufgeführt. Das Stück mit dem Untertitel „Ein Singspiel aus der guten alten Zeit" spielt 1848 und basiert auf historischen Ereignissen rund um die Tänzerin Lola Montez, die von ihrem Geliebten, dem bayrischen König Ludwig I., zur Gräfin von Landsfeld ernannt worden war. Montez hatte auch eine Affäre mit einem Münchner Corps-Studenten und brachte ihn und andere Studenten dazu, ihr als eine Art Leibgarde zu dienen. Darauffolgende Proteste von anderen Studenten-Corps und Professoren sowie Interventionen des Königs riefen in München Unruhen hervor, die schließlich in der Märzrevolution 1848 mündeten. Im Singspiel führt der erste der drei Akte zu einem Studententreffen ins Münchner Hofbräuhaus, die beiden anderen spielen in der Kleinstadt Rothenstein. Dorthin hat sich der von der Polizei gesuchte Student und Geliebte von Lola Montez, der im Stück Ludwig Burckhardt heißt, geflüchtet. Er trifft dort auf seine Verlobte Molly, die ihn nicht, wie er geglaubt hatte, verlassen hatte, sondern die von ihrem Vater in die vor den Unruhen sichere „stille Stadt" geschickt worden war. In Rothenstein finden sich auch andere Münchner Studenten ein, außerdem der Maler Carl Spitzweg und schließlich Lola Montez. Sie hofft, dass Burckhardt sich für sie entscheiden werde, dieser aber kehrt letztlich zu Molly zurück.

Die Wahl dieses Stoffes mag ungewöhnlich für Victor Léon erscheinen, denn 1912, als das Singspiel entstand, waren derartige historische Sujets kaum mehr typisch für sein Schaffen. Allerdings war die Initiative zu dem Werk nicht von Léon

---

11 Victor Léon: Brief an Leo Fall, 26.4.1912. ÖNB, Nachlass Leo Fall, F88.Leo.Fall.219 Mus.

gekommen. Dies geht aus einem Brief an Leo Fall hervor, in dem Léon schrieb: „[Du] weißt, dass ich über Aufforderung des Künstlertheaters dabei bin, mit Director Fuchs, der gegenwärtig bei mir ist, etwas zu machen, von dem mir die Herren sagen, daß du es componieren wirst"[12]. Dass „die Herren" vom Münchner Künstlertheater und der Direktor der Bühne, Georg Fuchs[13], zusagen konnten, dass Leo Fall die Komposition übernehmen werde, lag daran, dass der „Drei Masken Verlag", von dem Fall damals vertreten wurde und an dem er auch zu 30 Prozent beteiligt war[14], in enger Verbindung zum Künstlertheater stand.[15] Auf den gedruckten Ausgaben der „Studentengräfin" ist als Zusatz stets vermerkt „Nach Ideen von Georg Fuchs". Worum es sich bei diesen Ideen gehandelt hatte, präzisierte das „Berliner Tageblatt" in seiner Premierenankündigung: „Das Buch zu dem neuen Singspiels Leo Falls ‚Die Studentengräfin' ist nach dem Entwurf einer Spitzwegkomödie, die Professor Georg Fuchs für Leo Fall, der ein eifriger Spitzwegsammler ist, konzipiert hatte, von Viktor Léon verfaßt."[16]

Carl Spitzweg war also aufgrund des Faibles, das Leo Fall für ihn hatte, zu einem der Protagonisten des Singspiels geworden. Außerdem wünschte sich Fall, wie aus einem Brief Léons hervorgeht, einen Stücktitel, der auf eines der bekanntesten Werke des Malers verwies, nämlich „Der Blumenfreund". Damit war Léon jedoch ganz und gar nicht einverstanden. Denn, so schrieb er an Fall, Lola Montez, die zentrale Figur des Werkes, „wurde zu ihrer Zeit in München nicht anders genannt als: die Studentengräfin. Ich bitte dich, bleiben wir dabei! Und um Gotteswillen nicht: Blumenfreund. Das zieht uns ja keine Katz' in's Theater, und hinterher ärgern sich die Leute, weil nichts vorkommt von Freund und nichts vorkommt von Blumen und schon gar nichts von Blumenfreund. Oder nennen wir's: ‚Lola Montez'?"[17] Es blieb bei der „Studentengräfin". Der Titelzusatz „Die stille Stadt" bezieht sich auf den eigentlichen Hauptschauplatz des Werkes, Rothenstein, und war zunächst ebenfalls als Haupttitel im Gespräch.[18]

Regisseur bei der Berliner Erstproduktion der „Studentengräfin" war Gustav Charlé, der Direktor des Theaters am Nollendorfplatz. Aber auch Victor Léon war bei den Proben anwesend, und zwischen ihm und Charlé kam es vier Tage vor der Premiere zu einer Auseinandersetzung, die offenbar so heftig war, dass Charlé seinen Anwalt einschaltete. Dieser schrieb an Léon, der im „Boarding-Palace" am Kurfürstendamm wohnte:

---

12 Ebd.
13 Georg Fuchs, geb. 15.6.1868 in Beerfelden, gest. 16.6.1949 in München. Schriftsteller und Theaterleiter. Mitgestalter der Darmstädter Künstlerkolonie, Mitinitiator und 1908-1914 Leiter des Münchner Künstlertheaters. Ab 1922 gehörte Fuchs der bayrischen Separatistenbewegung an und war wegen Teilnahme an einem Umsturzversuch 1923-1927 in Gefängnishaft.
14 Frey: Leo Fall, S. 112f.
15 Neuer Theater-Almanach. Berlin 1913, S. 555. Der Drei Masken Verlag firmiert dort als „Komitee" des Münchner Künstlertheaters.
16 Berliner Tageblatt, 4.1.1913, S. 2.
17 Victor Léon: Brief an Leo Fall. o.D. [Brief unvollständig, nur das zweite Blatt ist vorhanden]. ÖNB, Nachlass Leo Fall, F88.Leo.Fall.219 Mus.
18 Frey: Leo Fall, S. 123.

„Sie haben heute Herrn Direktor Gustav Charlé bei der Probe der Studentengräfin, als er Sie auf eine sachliche Unstimmigkeit aufmerksam machte, in Gegenwart des ganzen Personals geantwortet: ,Sie sind ja blöd'. Sie haben ferner der wiederholten Aufforderung des Herrn Direktor Charlé, das Theater zu verlassen, nicht Folge geleistet.
Herr Direktor Charlé beabsichtigt, gegen Sie wegen Beleidigung und Hausfriedensbruchs vorzugehen, sofern Sie sich nicht ihm gegenüber wegen dieses Vorfalls vor dem Personal umgehend entschuldigen. Ich bitte mir Ihre diesbezügliche Bereitwilligungserklärung unverzüglich zugehen zu lassen. Ich werde dann Herrn Direktor Charlé Ihre Erklärung zugehen lassen, und werden wir alsdann gemeinsam einen Termin bestimmen, in dem Sie sich entschuldigen können. Bis zur Erledigung der von Ihnen geforderten Erklärung verbietet Ihnen Herr Direktor Charlé, im Theater am Nollendorffplatz zu erscheinen. Im Falle der Zuwiderhandlung würden Sie sich eines neuen Hausfriedensbruches schuldig machen."[19]

Léon schien sich entschuldigt zu haben, denn er durfte das Theater wieder betreten. Die Stimmung aber blieb unterkühlt, und die Mitteilung, die Léon am folgenden Tag vom Theater erhielt, war betont sachlich gehalten und nicht unterschrieben, sondern lediglich mit dem Stempel des Theaters versehen: „Um ganz nach Ihren Itensionen [!] die Evolutionen des Chors, der Kränzeljungfrauen ,Ball ohne Männer' zu arrangieren werden Sie höfl. gebeten, die dafür morgen 10¾ Uhr angesetzte Probe freundlichst selbständig leiten zu wollen."[20]

Der „Studentengräfin" war bei ihrer Premiere in Berlin kein allzu großer Erfolg beschieden. Das Werk wurde vor allem wegen seiner Länge kritisiert. So etwa meinte die „Berliner Volkszeitung", dass die Handlung zwar „in ihren Einzelheiten manches Entzückende in Stimmung und Bild" biete, aber „von dem Textverfasser Victor Leon reich, überreich mit Beiwerk illustriert worden" sei, sodass „die lockere Geschichte ins Uferlose zerfließt."[21] Nachdem einige Kürzungen vorgenommen wurden, schrieb Leo Falls Schwager Alexander Jadassohn (der ebenfalls am „Drei Masken Verlag" beteiligt war) am 27.1.1913 an Léon, dass der Erfolg des Werkes

„schon bei der Premiere noch weitaus grösser hätte sein können, wenn man das Stück nicht von ½8-12 Uhr, sondern wie jetzt von 8 bis kurz vor 11 Uhr hätte spielen lassen. Noch jetzt ist der einzige Einwand des Publikums, dass das Stück im Verhältnis zu der darin enthaltenen Handlung ein wenig zu lang sei. Ich halte es für meine Pflicht, davor zu warnen, in Wien nicht etwa nochmals dasselbe gefährliche Experiment zu machen, das man in Berlin gemacht hat, denn der Premierenerfolg in Berlin wär ein weitaus grösserer gewesen, wenn das Stück gleich auf das richtige Mass gestrichen worden wäre. [...] Ich warne also – zugleich im Namen der übrigen Herren unseres Theaters und Verlages – vor Wiederholung des gefährlichen Experimentes in Wien."[22]

Zur Aufführung der „Studentengräfin" in Wien aber sollte es nicht kommen, obwohl es eine fixe Vereinbarung mit der Volksoper gab. Am 26.12.1912 schickte

---

19 Rechtsanwalt Artur W. Wolff: Brief an Victor Léon, 13.1.1913. Léon-Nachlass 27/2.1.5.24.
20 Theater am Nollendorfplatz: Brief an Victor Léon, 14.1.1913. Léon-Nachlass 26/2.1.3.17.
21 Berliner Volkszeitung, 19.1.1913, S. 3.
22 Alexander Jadassohn: Brief an Victor Léon, 27.1.1913. Léon-Nachlass 26/2.1.4.8.

Volksoperndirektor Rainer Simons Details zur geplanten Besetzung an Léon[23]; und am 10.1.1913 drängte er auf Zusendung des noch fehlenden Materials (es handelte sich dabei um den Klavierauszug zum dritten Akt), wobei er seinen Brief mit dem Hinweis schloss: „Heute ist bereits der 10. und in 21 Tagen soll die Aufführung sein"[24]. Die Wiener Premiere der „Studentengräfin" war also für den 31.1.1913 geplant. Dieser Termin war auch am 20.1.1913 in der Zeitschrift „Der Humorist" angekündigt.[25] Die „Neue Freie Presse" gab dann am 27.1.1913 den Premierentermin mit 1.2.1913 an[26], meldete jedoch zwei Tage später: „In der Volksoper wurde ‚Die Studentengräfin' im Einverständnis mit den Autoren vom Spielplan abgesetzt, da in mehreren künstlerischen Fragen eine gegenseitige Einigung nicht zu erzielen war."[27]

Am 20.12.1913 kam das nächste – und letzte – Gemeinschaftswerk von Victor Léon und Leo Fall heraus: „Der Nachtschnellzug". Léon hatte das Textbuch zu diesem als „Operettenschwank" bezeichneten Werk gemeinsam mit Leo Stein verfasst, die Uraufführung fand im Wiener Johann Strauss-Theater statt. Die Wahl war deshalb auf diese Bühne gefallen, weil Alexander Girardi, der die Hauptrolle spielen sollte, damals dort engagiert war. Girardi verkörperte im „Nachtschnellzug" einen schon etwas älteren Rittmeister, der während einer nächtlichen Bahnfahrt eine junge Frau küsst. Diese, eine Millionärstochter, sucht in der Folge nach dem ihr unbekannten Mann, den sie für einen Leutnant hält und den sie, da er ihr im Halbdunkel gut gefallen hatte, heiraten will. Als sie den Rittmeister findet, ist sie zunächst von ihm enttäuscht. Doch als sie erfährt, dass ihm wegen des Kusses die Entlassung aus dem Militärdienst droht, hat sie zunächst Mitleid mit ihm, um sich dann in ihn zu verlieben. Die Heirat und die Zusicherung, dass der Rittmeister beim Militär bleiben dürfe, bilden das Happy End des vieraktigen Stückes.

„Das Publikum bereitete der Novität eine sehr freundliche Aufnahme"[28], die Reaktionen der Kritiker waren jedoch eher verhalten. Zwar fand das „Neue Wiener Journal" in der „von Viktor Léon trefflich und geschmackvoll inszenierte[n] Vorstellung" ein „Bataillon von Scherzen und guten Witzen", meinte jedoch, dass der Musik „der persönliche Schwung" fehle und dass Leo Fall „viel mehr" könne, „als er in diesem Werke gegeben hat"[29]. Auch die „Neue Freie Presse" bedauerte, dass Fall „die Schätzer seines feinen und reichen Könnens" enttäuscht habe und befand außerdem: „Der Hauptvorwurf, den man dieser Operette machen muß, ist [d]er, daß die für Girardi bestimmte Rolle seiner großen und reifen Kunst so wenige würdige Gelegenheiten bietet."[30]

Schon im Februar 1914 verschwand „Der Nachtschnellzug" wieder aus dem Programm des Johann Strauss-Theaters – und Victor Léon und Leo Stein mussten erkennten, dass ihr Kalkül, mit dem Publikumsliebling Girardi einen sicheren Langzeiterfolg erzielen zu können, nicht aufgegangen war.

---

23 Rainer Simons: Brief an Victor Léon, 26.12.1912. Léon-Nachlass 26/2.1.3.12.
24 Rainer Simons: Brief an Victor Léon, 10.1.1913. Léon-Nachlass 26/2.1.3.12.
25 Der Humorist, 20.1.1913, S. 3.
26 Neue Freie Presse, 27.1.1913, S. 11.
27 Neue Freie Presse, 29.1.1913, S. 12.
28 Arbeiter-Zeitung, 21.12.1913, S. 11.
29 Neues Wiener Journal, 21.12.1913, S. 16.
30 Neue Freie Presse, 21.12.1913, S. 17.

Alexander Girardi und Gerda Walde in „Der Nachtschnellzug"

In einem Brief an Victor Léon schrieb Leo Stein über den geringen Erfolg des „Nachtschnellzugs":

„Wir haben aus dem Stoffe gemacht, was eben zwei solche Techniker aus einer kleinen lustigen Idee machen können: ein ulkiges, kurzweiliges Buch, das jeder Mensch gut findet. Wir haben nur den einen Fehler begangen, einen 64jährigen Mann ein erotisches Abenteuer zuzumuten. Uns hat eben der große Girardi vorgeschwebt und das Publikum von heute pfeift auf Tradition. Es will, wenn es sich um Füßeln, Filzen, Liebe und Heirat handelt, einen Mann haben, dem man die Potenz glaubt.
Da dieser Fehler in Wien nicht gutzumachen ist, können wir den ‚Nachtschnellzug' nur außerhalb Wien's – etwa in Hamburg – wiederbeleben. Dazu ist notwendig eine erstklassige Besetzung der Rittmeister-Rolle und 2-3 brillante Schlager, die Leo komponieren müßte. So gut wie die Schlagerpossen der letzten Jahre ist unser Buch auch, die Musik, von der ich – im Gegensatz zu Dir – nach wie vor entzückt bin, hat das Publikum abgelehnt. Auch hier in Berlin heißt es überall, die Sache soll sehr lustig sein, aber Leo Fall soll sie sich sehr leicht gemacht haben u. Girardi hätte versagt!"[31]

---

31 Leo Stein: Brief an Victor Léon, o.D. Léon-Nachlass 25/2.1.2.127.

Leo Stein wollte versuchen, wie er in seinem Brief ankündigte, Max Monti, den Direktor des Theaters des Westens, für den „Nachtschnellzug" zu interessieren. Allerdings konnte er diesen offenbar nicht überzeugen, denn es kam zu keiner Aufführung der Operette in Berlin.

In den auf den „Nachtschnellzug" folgenden Jahren versuchte Victor Léon noch mehrmals, Leo Fall für ein gemeinsames Projekt zu gewinnen: So etwa für einen Solo-Einakter mit dem Titel „Kind, du kannst tanzen", der für Mizzi Günther bestimmt war[32], und für eine Operette mit dem Titel „Die Volkssängerin". Allerdings blieben Léons Bemühungen, die wieder mit zahlreichen Bitten um eine klare Antwort verbunden waren, erfolglos. Im Mai 1917 kam es dann zu einem Zerwürfnis. Deutlich wird dies in einem Brief, in dem Victor Léon an Fall schrieb: „Da du mein Vertrauen mißbraucht und unqualifizierte Indiskretionen begangen hast, will ich nicht, daß du mein Buch ‚Die Volkssängerin' componierst. Sende mir die Acte, die ich dir gab, unverzüglichst zurück oder lass mich wissen, wann ich sie abholen lassen kann."[33]

Der nächste – und letzte – eruierbare schriftliche Kontakt zwischen Victor Léon und Leo Fall stammt aus dem Jahr 1924. Mit einem langen Brief gratulierte Léon dem Komponisten zum 50. Geburtstag, der – mit einem Jahr Verspätung[34] – am 2.2.1924 offiziell gefeiert wurde. Léon schrieb seinen Glückwunschbrief erst am 5.2.1924, „weil ich nicht wollte, daß in der berauschenden Flut der Beglückwünschungen, mit denen Du, der berühmte Künstler, überschwemmt wurdest, meine Worte untergehen."[35] Er erinnerte in dem berührenden Schreiben an seine mittlerweile verstorbene Tochter Lizzy, die 1907 mit zu den Operettenfestspielen in Mannheim gereist war und dort die Bekanntschaft mit ihrem späteren Ehemann Hubert Marischka gemacht hatte, und er ging ausführlich auf die gemeinsame Arbeit mit Leo Fall ein: „Dir konnte ich Stücke geben, die fernab von den alltäglichen Bedarfsschablonen lagen; Stücke, die das Bestreben hatten, das einzig Menschliche aufzuzeigen; Stücke, die durch deine Musik erst der edleren Vermenschlichung teilhaftig wurden und hiedurch künstlerische, den Tag überdauernde Werke."

---

32 Victor Léon: Karte an Leo Fall, 19.3.1915 [Poststempel]. ÖNB, Nachlass Leo Fall, F.88.Leo.Fall.219 Mus.

33 Victor Léon: Brief an Leo Fall, 20.5.1917. ÖNB, Nachlass Leo Fall, F.88.Leo.Fall.219. Mus.

34 Der Grund für die einjährige Verspätung ist nicht bekannt. Stefan Frey schreibt dazu: „Hatte sich Fall ein Jahr jünger gemacht oder war es schlicht eine Fehlinformation?" (Frey: Leo Fall, S. 209).

35 Victor Léon: Brief an Leo Fall, 5.2.1925. ÖNB, Nachlass Leo Fall, F.88.Leo.Fall.137,22 Mus.

„In Anbetracht der grossen Geschäfte" – Operette macht vermögend

„In Anbetracht der grossen Geschäfte, die wir mit Ihnen machen, wollen wir Ihnen für die beiden Operetten, die Sie gemeinschaftlich mit Leo Fall arbeiten und arbeiten werden und deren erste ‚Der fidele Bauer' ist, worüber jetzt Vertrag abgeschlossen wird, dieselben Ausnahms-Provisions-Bedingungen zugestehen wie bei der Operette ‚Die lustige Witwe'."[1] So schrieb der Felix Bloch Verlag am 24.10.1906, anlässlich des Vertragsabschlusses für „Der fidele Bauer" und „Die geschiedene Frau", an Victor Léon. Der Verlag nahm an, dass er auch mit diesen beiden Werken „grosse Geschäfte" machen werde – und sollte damit recht behalten. Die erste vollständige Jahresübersicht innerhalb der im Léon-Nachlass erhaltenen Tantiemenabrechnungen des Felix Bloch Verlages[2] stammt aus dem Jahr 1911. Léon erhielt damals für sieben durch den Verlag vertretene Werke Tantiemen: neben dem „Fidelen Bauern" und der „Geschiedenen Frau" waren es die beiden von Franz Lehár komponierten Operetten „Die lustige Witwe" und „Das Fürstenkind", die von Léon gemeinsam mit seinem Bruder Leo Feld verfasste Komödie „Der große Name" mit der Musik von Robert Stolz, sowie für zwei Stücke, für die Oscar Straus die Musik komponiert hatte, nämlich „Der Frauenmörder" und „Didi". Insgesamt bezahlte der Verlag 1911 Tantiemen in der Höhe von 124.462,61 Mark an Léon. Umgelegt auf die Kaufkraft entsprach dies im Jahr 2016 einem Betrag von 672.098,09 Euro.[3] Der größte Tantiemenbringer war 1911 „Die geschiedene Frau", die Léon in jenem Jahr 51.349,79 Mark einbrachte, gefolgt von der „Lustigen Witwe" (37.671,20 Mark).

Die großen Erfolge, die Victor Léon seit der „Lustigen Witwe" durch etliche seiner Werke beschieden waren, brachten ihm also nicht nur einen Zuwachs an Renommee, sondern auch einen beträchtlichen finanziellen Gewinn ein. 1910 gehörte Léon, wie dem Buch „Traumzeit für Millionäre" des Historikers Roman Sandgruber zu entnehmen ist[4], zu den Spitzenverdienern Österreichs. Sandgruber hat für seine

---

1 Felix Bloch Verlag: Brief an Victor Léon, 24.10.1906. Léon-Nachlass 26/2.1.4.1.
2 Léon-Nachlass 40/4.3.7.2. u. 40/4.3.7.3.
3 Die Umrechnung basiert auf der von der Deutschen Bundesbank am 2.2.2017 herausgegebenen Tabelle: „Kaufkraftäquivalente historischer Beträge in deutschen Währungen. Stand Januar 2017". Siehe: www.bundesbank.de
4 Sandgruber, Roman: Traumzeit für Millionäre. Die 929 reichsten Wienerinnen und Wiener im Jahr 1910. Wien 2013. S. 16 u. S. 387.

Untersuchung der Einkommensverhältnisse eine aus dem Jahr 1910 erhaltene Liste mit den Namen der höchsten Steuerzahler ausgewertet. Es waren dies jene Personen, die ein Jahreseinkommen von 100.000 Kronen und mehr versteuerten. Diese Gruppe der Spitzenverdiener umfasste 1910 im Bereich der rund 28,5 Millionen Einwohner zählenden österreichischen Reichshälfte 1.513 Personen, von denen 929 in Wien lebten[5] – und zu denen auch Victor Léon gehörte. Sein 1910 versteuertes Jahreseinkommen betrug 108.305 Kronen. Im Vergleich dazu verdienten etwa ein Dienstmädchen 100 bis 300 Kronen pro Jahr, ein Industriearbeiter 500 bis 1.500, ein Lehrer 1.200 und ein Universitätsprofessor zwischen 8.000 und 16.000 Kronen pro Jahr. Léon war der einzige Schriftsteller in jener vermögenden Gruppe, deren Zusammensetzung Sandgruber folgendermaßen beschreibt: „Kaiserhaus, hohe Adelige und Rentiers, Bankleute, Großhändler und Industrielle, einige Baumeister, ein paar Künstler, Wissenschaftler und Ärzte, kaum Politiker und Beamte, eine Reihe von Witwen und reichen Erbinnen und ein Kardinal."[6]

Auch drei Komponisten finden sich auf der Liste der 929 reichsten Wiener und Wienerinnen, alle drei waren im Bereich der Operette tätig und mit allen drei hatte Léon zusammengearbeitet: Es waren Franz Lehár (Jahreseinkommen 1910: 193.187 Kronen[7]), Oscar Straus (Jahreseinkommen 1910: 186.365 Kronen[8]) und Leo Fall (Jahreseinkommen 1910: 121.810 Kronen[9]). Wie sehr das Unterhaltungsmusiktheater zu Beginn des 20. Jahrhunderts ein Geschäft mit hohen Renditen war, zeigt aber vor allem das Beispiel des Musikverlegers Bernhard Herzmansky. Der Eigentümer des Wiener Musikverlages Doblinger hatte sich auf Operetten spezialisiert, was ihm 1910 ein Einkommen von 436.055 Kronen[10] bescherte.

Der zunehmende finanzielle Wohlstand führte auch zu Veränderungen im Lebensstil von Victor Léon. Hatten ihn schon zuvor Regiearbeiten und Aufführungen seiner Werke unter anderem nach Berlin, Paris oder London geführt, so konnte er sich nun auch vermehrt private Reisen leisten. So etwa unternahm er, gemeinsam mit Louis Treumann, im April 1906 eine Schiffsreise entlang der dalmatinischen Küste von Fiume (Rijeka/Kroatien) nach Cattaro (Kotor/Montenegro).[11] Der Monte Generoso, Venedig und Abbazia waren die Stationen einer Rundreise im September 1907[12]; und 1908 war Léon im Norden und Nordwesten Europas unterwegs. Dabei besuchte er unter anderem die dänische Hauptstadt Kopenhagen, das norwegische Bergen und Oban in Schottland. Von dort schickte er, auf Briefpapier des „Station Hotels", am 17.7.1908 Grüße „aus dem herrlichsten Küstenorte am atlantischen Oze-

---

5 Ebd., S. 21.
6 Ebd., S. 11.
7 Ebd., S. 386.
8 Ebd., S. 450.
9 Ebd., S. 337.
10 Ebd., S. 363.
11 Die Reiseroute ist aus Postkarten erschließbar, die Léon an Leo Fall schrieb (ÖNB, Nachlass Leo Fall, F88.Leo.Fall.139 Mus).
12 Siehe Léons Postkarten an Louis Treumann vom 5.9.1907 (Wienbibliothek H.I.N. 222.831) und 15.9.1907 (Wienbibliothek H.I.N. 233.973).

an"[13] an Leo Fall. Seinen Aufenthalt in Oban verarbeitete Léon dann in einem Reisefeuilleton mit dem Titel „Schottisch", das am 30.8.1908 im „Neuen Wiener Journal" erschien.

Ein deutliches Zeichen des finanziellen Wohlstandes war es auch, dass Victor Léon bereits 1906 Autobesitzer war.[14] Damit gehörte er einer kleinen, exklusiven Minderheit an: Denn in der gesamten österreichischen Reichshälfte der Habsburgermonarchie gab es zum Stichtag 1.4.1907 nur 2.314 Automobile.[15] 1907 kaufte Léon bei der Wiener Firma „Opel & Beyschlag" einen Wagen[16]; einen neuen (dessen Marke nicht bekannt ist) dann 1909[17]; und 1911 wechselte er zu einem Modell des renommierten italienischen Autoherstellers „Itala" über.[18] Ein Auto zu besitzen war zu jener Zeit „Ausdruck höchsten Luxus'"[19] – und davon war offenbar auch der Schriftsteller Arthur Schnitzler beeindruckt, der am 20.11.1908 in seinem Tagebuch vermerkte: „Vm. in Hietzing bei Victor Léon, den ich einiges geschäftliche [!] über Librettoverwertung fragte. Mit ihm in seinem Auto in die Stadt."[20]

Léon fuhr die Wagen nicht selbst, sondern hatte einen – wie er Leo Fall gegenüber betonte – „sehr guten"[21] Chauffeur. Von diesem ließ er sich auch in seiner Sommerfrische in Unterach fahren, wobei offenbar nicht immer die vorhandenen Tempobeschränkungen beachtet wurden. Dies geht aus einem offiziellen Schreiben hervor, das der Bürgermeisterstellvertreter von Mondsee am 16.7.1909 an Léon nach Unterach schickte:

„Seitens mehrerer Sommergäste in Mondsee wurde Klage geführt daß Euer Hochwohlgeboren vor einigen Tagen durch die Kienbergwandstraße in rasendem Tempo fuhren so daß die Passanten infolge der bedeutenden Straßenenge kaum im Stande waren rechtzeitig ausweichen zu können.

Ich erlaube mir Euer Hochwohlgeboren darauf aufmerksam zu machen, daß diese Straße früher gesperrt und nur unter der Bedingung für den Automobilverkehr fahrbar wurde wenn im langsamsten Tempo gefahren wird; eine Übertretung dieser Verfügung würde zweifellos die gänzliche Sperre wieder nach sich ziehen.

---

13 Victor Léon: Brief an Leo Fall, 17.7.1908. ÖNB, Nachlass Leo Fall, F88.Leo.Fall.137,18 Mus.

14 Erschließbar aus Erwähnungen des Autos in Schreiben an Leo Fall (s. ÖNB, Nachlass Leo Fall, F88.Leo.Fall.139,8 Mus und 139,10 Mus).

15 Statistik von „ÖGHK - Österreichische Gesellschaft für historisches Kraftfahrwesen": www.austria-motor-veterans.at/PDF/statistik.pdf

16 Vgl. Brief der Firma „Opel & Beyschlag", Wien 1, vom 23.4.1907, in dem eine Akontozahlung von 6.000.- Kronen für den Kauf eines Autos bestätigt wird. Léon-Nachlass 29/2.1.9.

17 Erwähnt in einem Schreiben an Leo Fall vom 1.6.1909 (ÖNB, Nachlass Leo Fall, F88.Leo.Fall.219 Mus).

18 Vgl. Ignaz Wanek jun., Generalvertretung der „Itala" Fabbrica di Automobili: Brief an Victor Léon, 19.5.1911. Léon-Nachlass 29/2.1.9.

19 Sandgruber: Traumzeit für Millionäre, S. 209.

20 Schnitzler: Tagebuch 1903-1908, S. 368.

21 Victor Léon: Brief an Leo Fall, 17.7.1908. ÖNB, Nachlass Leo Fall, F88.Leo.Fall.219 Mus.

Im Intereße [!] der Sicherheit der Passanten ersuche ich höflichst Euer Hochwohlgeboren, diese enge Straße nur im langsamsten Tempo zu befahren."[22]

Schon mit dem 1894 erfolgten Ankauf der Villa in Unterach am Attersee war Victor Léon zum Mitglied jener gesellschaftlichen Gruppe geworden, die das Sommerfrische-Leben im Salzkammergut prägte. Es waren Menschen unterschiedlichster Herkunft und verschiedenster Berufe – unter ihnen Künstler, Wissenschaftler, Industrielle und viele mehr –, für die der Aufenthalt in der Region rund um die kaiserliche Sommerresidenz in Bad Ischl zum Zeichen sozialer Distinktion wurde. Victor Léon war es durchaus wichtig, in diese Gruppe eingebunden zu sein und in ihr entsprechend wahrgenommen zu werden. Sein diesbezügliches Engagement zeigte sich unter anderem darin, dass er in Unterach „alljährlich das Arrangement des Kaiserfestes"[23] übernahm und dass er diese Feier (die anlässlich des Geburtstages von Kaiser Franz Joseph am 18.8. stattfand) „stets in großem Stile" veranstaltete. Worin genau das Programm der von Léon inszenierten Kaiserfeste bestand, ist nicht jedoch bekannt.

Sein finanzieller Wohlstand ermöglichte es Victor Léon, auch in Wien durch den entsprechenden Wohnort seine Zugehörigkeit zu der sowohl mit dem Theater als auch mit dem Kaiserhaus assoziierten sozialen Gruppe zu bekunden. Nachdem er 13 Jahre lang, von 1892 bis 1905, mit seiner Ehefrau Ottilie und seiner Tochter Lizzy in einer Mezzaninwohnung in der Seidlgasse 37 im dritten Wiener Gemeindebezirk gelebt hatte, übersiedelte die Familie Ende des Jahres 1905 in die Trauttmansdorffgasse 9 im dreizehnten Bezirk[24] – nahe von Schloss Schönbrunn, im Stadtteil Hietzing, der als Wohnort zahlreicher bekannter Persönlichkeiten hohes soziales Prestige hatte. Wenige Gehminuten von diesem ersten Hietzinger Wohnsitz entfernt, in der Wattmanngasse 22, erwarb Victor Léon eine Liegenschaft, auf der er jene Villa errichten ließ, die er dann bis zu seinem Tod bewohnte. Die Bauarbeiten, die unter der Leitung des Wiener Architekten Ludwig Ramler standen, gingen sehr rasch vor sich: Am 25.5.1909 legte Ramler eine „Baubeschreibung"[25] vor, in der er sich verpflichtete, das Gebäude bis 20.10.1909 „in allen Teilen fix & fertig" an Léon zu übergeben. Ludwig Ramler schien den Zeitplan im Wesentlichen eingehalten zu haben, wobei er allerdings unter einigem Druck von Seiten Léons gestanden sein dürfte. Denn dieser hatte schon am 3.7.1909 eine schriftliche Bestätigung seiner Rechtsanwälte erhalten, dass Ramler für jeden Tag, um den der Termin 20.10.1909 überschritten werde, eine Pönale von 100 Kronen zahlen müsse.[26] Immerhin konnte Ramler am 22.7.1909 an Léon nach Unterach melden, dass „das Mauerwerk des Souterrain seit Anfang der

---

22 Marktgemeinde Mondsee, Bürgermeisterstellvertreter: Brief an Victor Léon, 16.7.1909. Léon-Nachlass 28/2.1.9.
23 Victor Léon: Brief an Alfred Grünfeld, 18.8.1904. Wienbibliothek H.I.N.124508.
24 Im Nachlass erhaltene Briefe aus dem Oktober 1905 sind noch mit „Seidlgasse 37" adressiert (z.B. Léon-Nachlass 27/2.1.5.4), am 18.12.1905 gab Léon bei einem Brief an Leo Fall als Absenderadresse bereits „Trauttmansdorffgasse 9" an (ÖNB, Nachlass Leo Fall, F88.Leo.Fall.137,1 Mus).
25 Ludwig Ramler: Brief an Victor Léon, 25.5.1909. Léon-Nachlass, alte Sign. ZPH 924/13.
26 Gustav Harpner u. Leopold Katz: Brief an Victor Léon, 3.7.1909. Léon-Nachlass 27/2.1.5.10.

Woche bereits fertig ist & dass auch ein Teil des Hochparterre Mauerwerks schon steht"[27]. Am 6.12.1909 erteilte das Magistratische Bezirksamt dann den „Bewohnungs- und Benützungs-Konsens" für das Gebäude[28].

Fassadenentwurf für Victor Léons Villa in der Wattmanngasse 22, signiert von Ludwig Ramler und datiert mit 11.2.1909

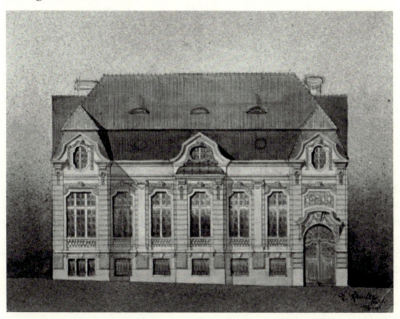

Für Victor Léons Tochter Lizzy war in der Villa in der Wattmanngasse kein Zimmer mehr vorgesehen, denn sie war, als der Bau geplant wurde, bereits verheiratet. Die Hochzeit mit dem Schauspieler Hubert Marischka hatte am 25.1.1908 stattgefunden und war, wie aus den im Léon-Nachlass aufbewahrten Einladungslisten hervorgeht, als großes gesellschaftliches Ereignis angelegt.[29] Erhalten sind mehrere Namenslisten, die, wie die unterschiedlichen Handschriften erkennen lassen, vom Brautpaar, von Ottilie Léon und von Victor Léon zusammengestellt wurden. Léons Liste jener Persönlichkeiten, die zur Hochzeit eingeladen werden sollten, ist die längste von allen: Sie umfasst insgesamt 273 Namen und liest sich wie ein „Who's who" der damaligen Kulturszene. Léon betrieb damit offenbar eine gezielte „Einladungspolitik": Für ihn war die Hochzeit der Tochter auch ein Ereignis, das den Status seiner Familie innerhalb der Wiener Gesellschaft dokumentierte und mit dem er seine Kontakte und auch jene seines Schwiegersohns Hubert Marischka festigen konnte. So finden sich auf Léons Namensliste eine Reihe von Theaterdirektoren (unter anderen Siegmund Eibenschütz vom Carl-Theater, Josef Jarno vom Theater in der Josefstadt, Wilhelm Karczag vom Theater an der Wien, Gustav Charlé vom Düsseldorfer Schauspielhaus

---

27 Ludwig Ramler: Brief an Victor Léon, 22.7.1909. Léon-Nachlass, alte Sign. ZPH 924/13.
28 Léon-Nachlass, alte Sign. ZPH 924/13.
29 Léon-Nachlass 33/2.4.1.

und Alexander Rotter vom Centraltheater in Dresden), Verleger (wie etwa Ernst Bloch, Emil Hertzka und Bernhard Herzmansky), Komponisten (unter ihnen Leo Ascher, Edmund Eysler, Leo Fall, Richard Heuberger, Victor Hollaender, Franz Lehár, Oscar Straus und Carl Michael Ziehrer), Kritiker wie Ludwig Karpath, sowie zahlreiche Schauspielerinnen und Schauspieler. Auch Wiener Zeitungsredaktionen erhielten Einladungen, so etwa das „Fremdenblatt", das „Neue Wiener Journal", das „Neue Wiener Tagblatt", die „Österreichische Volks-Zeitung" und „Die Zeit". Auf Léons Liste finden sich auch einige seiner Schriftstellerkollegen – unter ihnen Hermann Bahr, Richard Beer-Hofmann, Felix Dörmann, Hugo von Hofmannsthal, Arthur Schnitzler, Leo Stein, Heinrich von Waldberg und Stefan Zweig – nicht jedoch Karl Kraus. Wenn Stefan Frey in seiner Leo Fall-Biografie schreibt, dass „selbst Léons ausgewiesener Feind Karl Kraus, der wohl kaum gekommen sein dürfte"[30] eingeladen gewesen war, so übersieht er dabei, dass sich bei dem auf Léons Einladungsliste vermerkten Namen „Karl Kraus" der Zusatz „s. Gem." – also „samt Gemahlin" – und die Adressangabe „Neubaugasse 55" finden. Allerdings war der Schriftsteller Karl Kraus nicht verheiratet gewesen und wohnte in der Schwindgasse 3. Bei dem zur Hochzeit eingeladenen Karl Kraus aus der Neubaugasse handelte es sich um den renommierten Unternehmer und Inhaber der „Prag-Rudniker Korbwaren Fabrikation Karl & Josef Kraus". Diese war damals eines der bedeutendsten derartigen Unternehmen in Europa, für das Künstler der zeitgenössischen Wiener Avantgarde, wie etwa Josef Hofmann und Kolo Moser, Möbel entwarfen. Dieser Karl Kraus gehörte zur „Crème" der damaligen Wiener Gesellschaft, und es passte zum Charakter der Léon-Marischka-Hochzeit, dass er eingeladen war. Den „ausgewiesenen Feind Karl Kraus" einzuladen hingegen hätte – bei aller kalkulierten „Einladungspolitik" – nicht zum Charakter Victor Léons gepasst.

---

30 Frey: Leo Fall, S. 72.

„Der große Name": Projekte mit Leo Feld und Robert Stolz

Hätte Leo Fall, wie zunächst geplant, die Musik zur Komödie „Der große Name" geschrieben, dann wären er und Victor Léon am Tag der Uraufführung des Stückes mit drei gemeinsamen Werken auf dem Wiener Theaterspielplan vertreten gewesen. Denn an jenem 2.10.1909, als „Der große Name" im Volkstheater Premiere hatte, gab man im Raimund-Theater den „Fidelen Bauern" und im Carl-Theater „Die geschiedene Frau".

Es ist nicht bekannt, warum Fall die Komposition nicht durchgeführt hat. Vielleicht hatte er – wieder einmal – Probleme mit dem Einhalten von Terminvereinbarungen. Es ist aber auch möglich, dass ihm das Buch missfiel, das Victor Léon gemeinsam mit seinem Bruder Leo Feld geschrieben hatte. Denn im Mittelpunkt des „Großen Namens" steht ein sehr erfolgreicher, sympathisch gezeichneter Operettenkomponist, der in einigem an Franz Lehár erinnert – und es mag Leo Fall widerstrebt haben, für seinen damals schärfsten künstlerischen Konkurrenten eine Art musikalische Würdigung zu schaffen. Einen Ersatz für Leo Fall fand Léon in dem damals 29-jährigen Robert Stolz[1], den er 1907 als Dirigenten für die Operettenfestspiele in Mannheim engagiert hatte und der ab Herbst 1907 die Aufführungen der „Lustigen Witwe" im Theater an der Wien musikalisch leitete.

Der Träger des „großen Namens" ist in der Komödie von Feld und Léon der Komponist Josef Höfer, der eine enge Beziehung zu seiner Mutter hat, die mit ihm im selben Haushalt lebt und regen Anteil an der Karriere des Sohnes nimmt – genauso, wie es Christine Lehár tat, die bis zu ihrem Tod 1906 mit ihrem Sohn Franz eine Wohnung teilte. Der unverheiratete Höfer gilt, ähnlich wie Lehár (der erst 1924 heiratete), als Publikumsliebling, der vor allem bei den Frauen gut ankommt. Auch Höfer wurde durch eine Operette berühmt, die, so wie Lehárs „Lustige Witwe", zum Sensationserfolg wurde. Zu Beginn der Handlung von „Der große Name" steht gerade die 200. En-suite-Aufführung der Operette bevor. Weit weniger erfolgreich als Höfer ist Robert Brandt, der einst Höfers Studienkollege am Wiener Konservatorium war und dort als musikalisches Genie galt. Auch er wollte nach dem Studium, das er

---

1 Robert Stolz, geb. 25.8.1880 in Graz, gest. 27.6.1975 in Berlin, komponierte mehrere Dutzend Operetten und zahlreiche Schlager. Aus Opposition gegen das nationalsozialistische Regime emigrierte Stolz nach dem Anschluss Österreichs an Deutschland in die USA, wo er als Komponist von Filmmusiken erfolgreich war. 1946 kehrte er nach Wien zurück.

im Gegensatz zu Höfer, der bei der Abschlussprüfung durchgefallen war, als Jahrgangsbester absolviert hatte, eine Komponistenlaufbahn einschlagen. Allerdings wurde keines seiner Werke, bei denen es sich um klassische Musik handelt, je aufgeführt, weshalb sich Brandt als Orchesterviolinist mit Provinzengagements durchschlagen muss. Um Brandt zu helfen will Höfer die Wiener Philharmoniker dazu bringen, Brandts Hauptwerk, eine Symphonie, aufzuführen. Allerdings weist Höfers Librettist Last darauf hin, dass die Philharmoniker das Werk eines unbekannten Komponisten nicht annehmen würden, denn „die Welt glaubt erst dann an ein Talent, wenn das Talent einen Erfolg gehabt hat!"[2]. Daher gibt Höfer die Symphonie für sein eigenes Werk aus, woraufhin sie sofort von den Philharmonikern angenommen wird. Auch jener Verleger, der das Werk zuvor wegen des unbekannten Komponisten abgelehnt hatte, ist nun, weil er glaubt, es sei von Höfer, bereit, dafür einen Rekordpreis zu bezahlen. Die Aufführung der Symphonie im Musikverein wird zum großen Erfolg, den Höfer nutzt, um dem überraschten Publikum Brandt als neuen „großen Namen" zu präsentieren.

Die schwankartig gestaltete Auseinandersetzung mit dem zeitgenössischen Musikbetrieb kam gut an: Die Uraufführung von „Der große Name", bei der Victor Léon Regie führte, fand beim Publikum „sehr beifällige Aufnahme"[3], und die Berichte in den Zeitungen waren zum überwiegenden Teil wohlwollend. „Die Brüder Viktor Leon und Leo Feld haben miteinander ein ausgezeichnetes Theaterstück gezimmert; Herr Leon brachte die Schilderung des Operettenmilieus, Herr Feld hat mit der reineren Kunst Beziehungen, beide zusammen haben nun eine saubere, witzige, höchst angenehme Komödie zustande gebracht, die Herr Leon offenbar von allen Schmockereien und Herr Feld von allen Librettoroheiten gereinigt hat"[4], leitete etwa die „Arbeiter-Zeitung" ihre sehr positive Kritik des Gemeinschaftswerkes von Léon und Feld ein. Ähnlich wurde die Zusammenarbeit der beiden auch in anderen Zeitungen beschrieben. So etwa meinte die „Neue Freie Presse", dass Victor Léon „als der stärkere Theatermann" durch seine „dramaturgische Geschicklichkeit" „dem hübschen Einfall denn auch zu einem entscheidenden Erfolg" verholfen habe; „Leo Feld andererseits hatte reichlich Gelegenheit, feinere Lustspielwirkungen aus einer Vertiefung der drastischen Situationen herauszuholen und manches hübsche Wort in den Dialog zu streuen."[5]

Bemerkenswert ist ein Brief von Leo Feld an Victor Léon. Aus dem Schreiben geht nicht nur hervor, dass die Brüder zunächst vorgehabt hatten, den „Großen Namen" dem Raimund-Theater oder dem Theater an der Wien anzubieten (das Volkstheater hingegen wird nicht erwähnt), sondern auch, dass Victor Léon offenbar befürchtete, dass das Werk bald wieder von den Spielplänen verschwinden werde. Leo Feld meinte dazu:

„Ob Raimundtheater oder Theater a.d. Wien – sobald Dein Name draufsteht, ist das Stück <u>auffallend</u> u. sein Verschwinden, <u>da wie dort</u>, sehr wohl bemerkt. Misstraust Du aber der Sache so

---

2 Léon, Victor – Leo Feld: Der grosse Name. Berlin 1909. S. 59.
3 Aufführungsbericht im Zensurakt, NÖ Landesarchiv, NÖ Reg. Präs Theater ZA 1909/2662 K 50.
4 Arbeiter-Zeitung, 3.10.1909, S. 10.
5 Neue Freie Presse, 3.10.1909, S. 14.

– dann machen wir's doch so, wie sich's beim ‚Fräulein Lehrerin' so gut bewährt hat, lass' die Sache anonym heraus. Wir ändern den Titel und von der Direction aus wird die Nachricht verbreitet, dass ein Ministerialbeamter das Stück geschrieben hat. Spricht sich's trotzdem durch Indiscretionen herum, dass Du der Autor bist, so gibst Du durch die Anonymität sehr bestimmt zu erkennen, dass Du Dich mit dem Stück nicht identificierst."[6]

Leo Feld, 1912

Wie die Arbeit am Text im Detail zwischen Feld und Léon aufgeteilt war, ist nicht bekannt. Zumindest einen quantitativen Hinweis aber gibt eine Liste im Léon-Nachlass[7], auf der die Gemeinschaftswerke von Léon und Feld verzeichnet sind. Dabei ist jeweils Leo Felds Anteil an den Tantiemen in Prozent angegeben, woraus auf den jeweiligen Arbeitsanteil geschlossen werden kann. Beim „Großen Namen" sind es, so wie einige Jahre zuvor beim Volksstück „Fräulein Lehrerin", 40 Prozent.

Zum Premierenerfolg von „Der große Name" trugen sicher auch die Anspielungen auf zeitgenössische Persönlichkeiten und die – wenn auch insgesamt eher harmlosen – Seitenhiebe auf den Kulturbetrieb bei. So etwa ist in der Figur des Musikverlegers, der in der Komödie Manhardt heißt und der mehr an den Operetten verdient als die Komponisten, unschwer Bernhard Herzmansky zu erkennen. Der im Stück auftretende Hofkapellmeister Wiegand, der zwar froh ist, wenn Höfer Sonderkonzerte der Philharmoniker dirigiert, weil sich diese besonders gut verkaufen, der aber im Übrigen nichts von Höfers Kompositionen hält, erinnert an Gustav Mahler und ist in der frühesten vorliegenden Fassung des Stücks auch beschrieben als „glattrasiert à la

---

6 Leo Feld: Brief an Victor Léon, o.D., Léon-Nachlass 23/2.1.1.2.
7 Léon-Nachlass 23/2.1.1.7.

Mahler"⁸. Und wenn der souverän-gewitzte Librettist Last, der das Textbuch zu Höfers Operette geschrieben hat, in einer humorvollen Klage meint: „An d e r Operette werd' ich noch Millionär – schauerlich!"⁹ und auf Lob für die Musik erwidert: „Ich habe die Ehre, im Namen meines Mitarbeiters zu danken"¹⁰, dann war dem Publikum sicher klar, dass sich Léon hier selbst persiflierte (außerdem trägt der Librettist mit „Hubert" denselben Vornamen wie Léons Schwiegersohn). Ein Eigenzitat Léons ist es, wenn der Komponist Höfer sagt: „Wenn man von mir ein Autogramm verlangt, dann schreib' ich immer zurück: ‚Ich gebe prinzipiell kein Autogramm – Josef Höfer'"¹¹, denn so reagierte auch Victor Léon auf Autogrammbitten.

„Ich gebe prinzipiell kein Autogramm!"

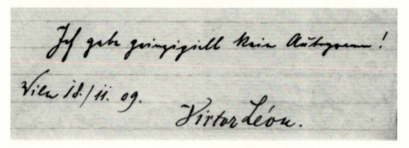

Eine der zentralen Szenen des Stückes ist jene im zweiten Akt, in der Höfer und Brandt ihren jeweiligen Zugang zur Musik erläutern. Brandt meint, dass er deshalb bisher mit keiner seiner Kompositionen Erfolg gehabt habe, weil er (unterstützt von seiner Ehefrau, einer Sängerin) nicht bereit sei, so wie Höfer Konzessionen an den Geschmack des Publikums zu machen. Darauf erwidert Höfer:

„Konzessionen, Konzessionen! Wie ihr das nur ausspracht – daß man sich ordentlich vor sich selber geniert! Ich werd' euch was sagen, Kinder, wenn ihr schon davon reden wollt! (sehr einfach, aber doch mit sehr fühlbarem Selbstbewußtsein.) Wenn man weiß, daß man mit seiner – leichten Ware Hunderttausenden was gibt – etwas, das ihnen Freud' macht – das sie heraushebt aus der täglichen Arbeit und aus den täglichen Sorgen – mein Lieber, das ist schon was!" [...]
Brandt: „Ich aber mein', daß es sich in der Kunst um das Gefühl der Besten, der Feinsten, der geistig Vornehmsten handelt, nicht um das der Masse!
Höfer: (ernst) Mein Lieber – vor Gott und der Kunst, da sind alle Menschen gleich! [...] Und wenn sie drinnen sitzen im Theater oder im Konzertsaal, die Feinsten und die Dümmsten – da ist jeder nur ein Mensch – da ist alles andere weg, draußen in der Garderobe, mit den Ueberziehern und Galoschen; ein Mensch, der nur eines will: Daß man ihn packt, ob in Freud' oder Schmerz, das ist ganz egal! Nur, daß man ihn heraushebt aus der Langweiligkeit und Traurigkeit seines Lebens!"¹²

---

8   Léon, Victor – Leo Feld: Der grosse Name. Zensur-Textbuch, NÖ Landesarchiv, NÖ Reg. Präs Theater TB K 561/01, S. 42.
9   Ebd., S. 44.
10 Ebd., S. 46.
11 Ebd., S. 21.
12 Ebd., S. 55f.

Diese Ausführungen Höfers, die bei der Uraufführung besonders gut ankamen und „lebhaften Beifall entfesselten"[13], sind wohl auch als künstlerisches Credo von Victor Léon zu verstehen. In der Figur des Brandt hingegen finden sich Karriereerfahrungen von Leo Feld. Zwar hatte Feld schon für sein erstes Theaterstück, die Komödie „Die Lumpen", 1899 den „Bauernfeld-Preis" bekommen (drei Jahre, bevor Victor Léon diese Auszeichnung erhielt) und galt als „der weitaus feinere Dichter"[14] der beiden Brüder, aber er war längst nicht so erfolgreich wie Léon. Seine Theaterstücke, bei denen es sich vorwiegend um Lustspiele handelte, hielten sich nicht lange auf den Spielplänen; die Oper „Der Traumgörge" von Alexander Zemlinsky, für die Leo Feld um 1904 das Libretto geschrieben hatte, wurde erst 1980, 56 Jahre nach Felds Tod, uraufgeführt[15]; und Engagements als Regisseur und Dramaturg – unter anderem in Berlin und Braunschweig – waren meist nur von kürzerer Dauer. Auch in ihrer Bereitschaft zu Konzessionen an das Unterhaltungsbedürfnis des Publikums und die außerdramatischen Usancen des Theaterbetriebes ähnelten Leo Feld und Victor Léon dem Duo Brandt und Höfer. Deutlich wird dies am Beispiel der 50. Aufführung von „Der große Name". Léon wollte dieses Jubiläum offenbar in entsprechender Weise – das heißt, wie damals üblich, auf der Bühne und vor Publikum – feiern, Feld hingegen lehnte dies strikt ab und schrieb an seinen Bruder:

„Ich finde es absurd und nicht einmal correct, die 50. derart zu feiern. Es ist ganz falsch, die Usancen der Operette auf eine Schauspielbühne übertragen zu wollen, denn bei der Operette ist der materielle Erfolg doch ein unvergleichlich anderer. Willst Du Dir wirklich von allen anderen Autoren den Vorwurf machen lassen, eine Unsitte eingeführt zu haben? Das sollen wir einfach aus Standesgefühl nicht thun. Für mich ist Bahr vollkommen maßgebend. Der hat an seinem ‚Concert' mehr verdient, fünfmal mehr verdient als wir mit dem ‚großen Namen' und es fällt ihm nicht ein, Jubiläum zu spielen!
Wird uns die Direction übrigens einen Kranz schicken? Na also! Nur wir wollen den Tag aufputzen? Nein, ich nicht."[16]

Wie die 50. Aufführung dann tatsächlich verlief – ob mit oder ohne Jubiläumsfeier – bleibt offen, da dazu keine entsprechenden Berichte gefunden wurden. Auf jeden Fall wurde „Der große Name" zu einem internationalen Erfolg: Auf die Wiener Uraufführung folgten Produktionen unter anderem in Berlin (1909), Kopenhagen (1910, Titel „Det berømte Navn", Übersetzung C.E. Jensen), Amsterdam (1910, „De Walskoning", Übersetzung Cor Ruys), New York (1911, „The Great Name", Übersetzung James Clarence Harvey) und Paris (1912, „Le Grand Nom", Übersetzung Pierre-

---

13 Aufführungsbericht im Zensurakt, NÖ Landesarchiv, NÖ Reg. Präs Theater ZA 1909/2662 K 50.
14 Neue Freie Presse, 3.10.1909, S. 14.
15 „Der Traumgörge" war von Gustav Mahler 1907 für die Wiener Oper angenommen worden, nach Mahlers Abgang als Operndirektor aber fühlte sich sein Nachfolger Felix Weingartner nicht an die Verträge gebunden und strich das Werk, das sich bereits im Probenstadium befand, vom Spielplan. Die Oper wurde erst in den 1970er Jahren in den Archiven der Staatsoper wiederentdeckt und am 11.10.1980 in Nürnberg uraufgeführt.
16 Leo Feld: Brief an Victor Léon, 20.5.1910. Léon-Nachlass 23/2.1.1.1.

Eugène Veber). Zur selben Zeit wie die französische Produktion, die im November 1912 im Théâtre des Arts auf dem Spielplan stand, waren in Paris auch „Das Konzert" von Hermann Bahr und „Der Leibgardist" von Franz Molnár zu sehen. Mit dem Vermerk: „Lieber Freund, ich sende Ihnen eine Pariser Kritik, die Sie hoffentlich erfreuen wird, da sie ganz spontan ist"[17] schickte Stefan Zweig, der mit Leo Feld befreundet war, dazu einen undatierten Zeitungsausschnitt aus „Paris-Midi" an Feld (den dieser dann an Victor Léon weitergab). In diesem Ausschnitt wird von den drei Premieren berichtet und dabei festgestellt: „De ces trois ouvrages, c'est le Grand Nom, auquel vont nos préférences, qui nous paraît le mieux venu".

Deutlich in Anlehnung an die Komödie von Léon und Feld entstand die 1938 in Düsseldorf uraufgeführte Operette „Der große Name", zu der Ursel-Renate Hirt das Libretto geschrieben und Eduard Künneke die Musik komponiert hatten. Auf einen diesbezüglichen Beschwerdebrief Victor Léons reagierte Künneke in seiner Antwort (die an den Verlag Bloch gerichtet war) selbstbewusst-herablassend und meinte unter anderem, dass „die Idee nicht so ausgefallen [ist], dass sie nicht auch in dem Hirn eines anderen Menschen entstehen konnte"[18]. Vermutlich aufgrund der politischen Situation, die Léon als jüdischen Schriftsteller rechtlos gemacht hatte, gingen er und der Verlag der Sache nicht weiter nach.

Würde man eine Art Erfolgsstatistik erstellen, so rangierte darin „Der große Name" für Victor Léon wohl eher im Mittelfeld. Für Leo Feld hingegen wurde das Werk zu einem Karrierehöhepunkt. Feld war sich bewusst, dass die Beachtung, die das Stück gefunden hatte, zu einem großen Teil mit dem Renommee seines Bruders zusammenhing – und so hoffte er, verständlicherweise, auch in Zukunft mit diesem zusammenzuarbeiten. Daher schrieb er an ihn:

„Du kennst nun meine Arbeitsweise u. weißt, wie angelegentlich und ernsthaft ich bei der Sache bin; ich glaube nicht, dass Deine andern Mitarbeiter in gleich productiver Weise an den gemeinsamen Arbeiten mit Dir betheiligt sind – wenigstens hast Du's mir oft gesagt, dass keiner soviel gearbeitet hat wie ich. Und drum möcht' ich Dich bitten: möchtest Du's nicht einmal mit einer Operette mit mir versuchen? Ich bin gewiss, dass ich auch dabei sehr brauchbar sein werde und schließlich – es handelt sich ja nur um einen Versuch! Siehst Du, dass es nicht geht, dann hebst Du eben die Verbindung wieder auf. Zeit werd' ich den Winter – leider Gottes! – genug haben, da doch mein kaum begonnenes Engagement (am Kl. Schauspielh.) wieder zerronnen ist – und was mir gerade unter diesen Verhältnissen es wäre, ein paar tausend Kronen verdienen zu können, das brauch' ich Dir nicht erst zu sagen. Also – eh' Du etwa später den Alex. Engel zum Nachfolger Steins avancieren lässt, versuch's einmal mit mir! Ich würde Dir's ehrlich danken."[19]

Interessant ist, dass Feld in seinem Schreiben einen Nachfolger für Leo Stein erwähnt. Dies mag mit der Entstehungsgeschichte der Lehár-Operette „Das Fürstenkind" zusammenhängen, die fünf Tage nach dem „Großen Namen", am 7.10.1909, im Wiener Johann Strauss-Theater uraufgeführt wurde. Denn zunächst war Leo Stein

---

17 Stefan Zweig: Brief an Leo Feld, o.D. Léon-Nachlass 25/2.1.2.163.
18 Eduard Künneke: Brief an den Verlag Felix Bloch Erben, 9.7.1939. Kopie im Léon-Nachlass 26/2.1.4.1.
19 Leo Feld: Brief an Victor Léon, o.D. Léon-Nachlass 23/2.1.1.1.

dabei als Ko-Librettist vorgesehen gewesen, hat dann aber nicht am „Fürstenkind" mitgearbeitet. Was der Grund dafür war, ist nicht bekannt, vielleicht gab es eine Verstimmung zwischen Stein und Léon, der dann mit seinem Bruder über einen anderen möglichen Mitarbeiter sprach.

Der von Leo Feld als potentieller Nachfolger für Leo Stein erwähnte Alexander Engel hatte gemeinsam mit Léon ein paar Jahre zuvor den Schwank „Töff-Töff" geschrieben. 1911 verfassten Engel und Léon einen weiteren Schwank, der unter dem Titel „Das bißchen Ehe" im Münchner Drei Masken-Verlag publiziert wurde.[20] Im Mittelpunkt des Stückes stehen zwei junge Schwestern, die miteinander nach Venedig reisen. Um dort vor zudringlichen Männern geschützt zu sein, gibt sich die eine als verheiratet und die andere als verwitwet aus, was dann, als sie sich verlieben, zu zahlreichen Verwicklungen führt. Unter dem geänderten Titel „Fräulein Witwe" wurde das Stück dann ab 24.3.1916 an der Wiener Residenzbühne aufgeführt.[21] Der Schwank kam sehr gut an, und am 2.1.1917 meldete die „Neue Freie Presse", dass „Fräulein Witwe" „bisher von mehr als 60 Bühnen erworben wurde"[22] und demnächst im Berliner Lustspielhaus, im Hamburger Thalia-Theater und im Stuttgarter Schauspielhaus gezeigt werde.

Einige Tage nach der Wiener Premiere von „Fräulein Witwe" brachte das „Neue Wiener Journal" in seiner Rubrik „Hinter den Kulissen" einen Beitrag, der in anekdotischer Form einen Eindruck von Victor Léons stets als freundlich beschriebenem Umgang mit Schauspielern und Schauspierinnen vermittelt und daher hier eingefügt werden soll:

„Der drollige Miniaturkomiker Rudi Merstallinger[23], der in kleinen Kinderrollen schon oft große Erfolge hatte, ist jetzt sehr glücklich. Er spielt in dem Schwanke ‚Fräulein Witwe' an der Residenzbühne einen Liftboy. Da ist ihm nun eine hübsche Ueberraschung vor der Premiere zuteil geworden. Er war nämlich bei den Proben mit seinem Liftboykostüm nicht zufrieden, weil es keine goldenen Knöpfe hatte. ‚Goldene Knöpfe' waren sein Ideal. ‚Da wirken die Scherze gleich anders', meinte er in seiner kindlichen Weise. Kurz vor der Generalprobe kommt der Sekretär des Theaters auf die Bühne, mit einem Paket beladen. Er ruft nach dem kleinen Merstallinger. Der Miniaturkomiker erscheint: ‚Da hast du – das wurde eben für dich abgegeben.' Der Kleine greift neugierig nach dem Paket. Er öffnet es behutsam. Und was findet er? Ein funkelnagelneues Liftboykostüm mit herrlichen goldenen Knöpfen – so wie er es sich erträumt hatte. Ein anonymer Spender war so nett zu dem lustigen Jungen. Später stellte sich heraus, daß ihm – Herr Viktor Leon, der eine der Autoren, den Anzug gespendet hatte"[24]

---

20 Ein Datierungshinweis für die Arbeit an „Das bißchen Ehe" findet sich in der „Wiener Sonn- und Montagszeitung", die am 9.10.1911 (S. 7) meldete: „(‚Das bißchen Ehe') ist der Titel eines dreiaktigen Schwankes, den Viktor Léon gemeinsam mit Alexander Engel eben vollendet hat."
21 Es handelte sich vermutlich um die erste Produktion des Werkes; frühere Aufführungen bzw. Produktionen unter dem Titel „Das bißchen Ehe" konnten nicht eruiert werden.
22 Neue Freie Presse, 2.1.1917, S. 13.
23 Rudolf Merstallinger (1900-1949) war damals knapp 16 Jahre alt.
24 Neues Wiener Journal, 1.4.1916, S. 11.

Trotz des Erfolges von „Fräulein Witwe" kam es zu keiner weiteren Zusammenarbeit von Engel und Léon. Zwar gibt es im Léon-Nachlass Hinweise auf ein gemeinsames Operettenprojekt (u.a. einen Brief von Engel mit der Erwähnung von „Skizzen zu unserem Operettenstoff"[25]), das jedoch nicht realisiert wurde.

Alexander Engel „avancierte" also nicht, wie Leo Feld befürchtet hatte, „zum Nachfolger Steins", und Victor Léon erfüllte seinem Bruder den Wunsch nach einer Mitarbeit an Operetten, wenn auch offenbar nur in jeweils geringem Ausmaß. Denn auf der Liste der Tantiemenanteile an gemeinsamen Arbeiten sind für Leo Feld etwa bei der Operette „Gold gab ich für Eisen" (1914, Musik Emmerich Kálmán) siebeneinhalb Prozent, bei „Liebeszauber" (1916, Musik Oscar Straus) 15 Prozent und bei „Liebchen am Dach" (1917, Musik Peter Stojanovits) ebenfalls 15 Prozent angegeben. Bei keiner dieser Operetten scheint Leo Feld jedoch offiziell als Koautor auf.

Auch bei dem Lustspiel „Der große Tenor", an dem er mitgearbeitet hatte, war Leo Felds Name weder auf dem Theaterzettel noch auf einer Ankündigung oder in einer Rezension zu finden. Sein Tantiemenanteil an dem Werk, das am 23.11.1912 in der Regie von Victor Léon am Wiener Volkstheater uraufgeführt wurde, betrug 25 Prozent. „Der große Tenor"[26] ist im Wesentlichen eine Bearbeitung des Schwanks „Das Wettrennen", den Léon fast zwei Jahrzehnte zuvor gemeinsam mit Heinrich von Waldberg verfasst hatte und der 1895/86 mit großem Erfolg unter anderem in Berlin, in Hamburg und am Wiener Raimund-Theater gezeigt worden war. So wie im „Wettrennen" steht auch im „Großen Tenor" ein alternder Sänger im Mittelpunkt, der während einer Vorstellung heiser wird und, ohne dass es das Publikum bemerkt, von seinem jungen Konkurrenten vertreten wird.

So wie für Leo Feld bedeutete auch für Robert Stolz die Zusammenarbeit mit Victor Léon – aufgrund von dessen „großem Namen" – einen deutlichen Prestigegewinn. Wie wichtig dem aufstrebenden Komponisten das Wohlwollen des längst arrivierten Librettisten war, zeigt sich auch in den Höflichkeitsfloskeln der Briefe, die Stolz an den „Hochverehrten Herrn Leon"[27] schrieb und die er unter anderem mit „Ihr ganz Ergebener, Dankbarer Sie verehrender Robert Stolz"[28] zeichnete. Stolz' Kompositionen für „Der große Name" waren von den Kritikern durchwegs gelobt worden. So etwa schrieb Ottokar Tann-Bergler im „Neuen Wiener Journal": „Der Komponist der in der Komödie vorkommenden Gesangnummern darf sehr stolz sein. Er hatte einen Walzer beigesteuert, der, nach Vorschrift der Autoren, internationale Beliebtheit genießt, sowie Anfang und Schluß der Symphonie, die zum Ereignis eines Konzertes der Wiener Philharmoniker wird. Und er wurde trotzdem nicht ausgelacht."[29] Er wette, so schloss Tann-Bergler seine Premierenkritik, dass Victor Léon „bereits wegen einer Robert Stolzschen Operette und einer Oper abgeschlossen" habe. Derart schnell kam ein Vertragsabschluss zwar nicht zustande, immerhin aber machte Léon dem Komponisten Hoffnungen auf ein weiteres gemeinsames Projekt,

---

25 Léon-Nachlass 24/2.1.2.20.
26 Im Léon-Nachlass finden sich mehrere Exemplare von „Der große Tenor" (Léon-Nachlass 8/1.6.37, 9/1.6.38 u. 9/1.6.39). Diese lassen erkennen, dass als Stücktitel zunächst „Götterdämmerung", dann „Der lachende Erbe" geplant gewesen waren.
27 Robert Stolz: Brief an Victor Léon, o.D. Léon-Nachlass 25/2.1.2.131.
28 Ebd.
29 Neues Wiener Journal, 3.10.1909, S. 13.

und am 13.4.1911 schrieb Stolz an Léon: „Verehrter Herr Léon halten Sie mich nicht für zudringlich, aber ich erlaube mir, Sie vielmals zu bitten falls nur irgend möglich, mir Ihr Vertrauen für die in Aussicht gestellte Sache zu schenken. Es gäbe für mich kein größeres Glück, als meine nächste große Sache wieder mit Victor Léon arbeiten zu dürfen"[30]

Zur nächsten – und allerdings auch letzten – großen gemeinsamen Sache von Victor Léon und Robert Stolz wurde die Operette „Die eiserne Jungfrau", die am 11.11.1911 im Wiener Raimund-Theater uraufgeführt wurde. Eigentlich hatte Léon das Werk am Carl-Theater herausbringen wollen, aber Direktor Siegmund Eibenschütz lehnte es ab und schrieb an Léon: „Die ‚eiserne Jungfrau' ist gewiss ein gutes Volksstück, nicht allzu-lustig [!], nicht allzu ernst, das eben als Volksstück gewiss auch einen Erfolg haben wird, dessen Stärke ich natürlich nicht voraus bestimmen kann. Aber als Operette, die es nun doch sein will, lässt das Werk meiner Meinung nach keinen Erfolg erhoffen, der eine Direktion reizen könnte, das Stück zur Aufführung zu bringen."[31] Eibenschütz hatte in doppelter Hinsicht recht. Erstens, weil „Die eiserne Jungfrau" tatsächlich auf einem Volksstück basierte und im Wesentlichen eine Umarbeitung von Léons Zeitbild „Tischlein deck' dich!" war.[32] Die Grundkonstellation ist in beiden Stücken gleich: Die Kinder eines Fabrikanten, der sich aus einfachen Verhältnissen zu einem reichen Mann hochgearbeitet hat, führen ein ausschweifendes Luxusleben, werden aber letztlich durch das Vorbild einer jungen, auf dem Lande lebenden Verwandten eines Besseren belehrt. Zweitens behielt Siegmund Eibenschütz auch darin recht, dass der Operette „Die eiserne Jungfrau" kein großer Erfolg beschieden sein werde. Die Kritiken waren verhalten bis schlecht, das Libretto wurde als „dickflüssige Sauce von Sentimentalität"[33] bezeichnet, die Musik als „gänzlich belanglos"[34]. Allerdings gab es durchwegs Lob für die Darsteller und Darstellerinnen, vor allem für Hansi Niese, die die „eiserne Jungfrau" verkörperte: „Hansi Niese kann alles und macht alles; sie ist sogar imstande, den neuesten Viktor Léon'schen Rührbrei ‚Die eiserne Jungfrau', der vom Kapellmeister Herrn Robert Stolz mit einer faden musikalischen Sauce übergossen wurde, als halbwegs genießbar zu servieren."[35]

Gerade an Hansi Niese aber wäre die Aufführung der Operette fast gescheitert. Denn sie verlangte, dass der männliche Hauptdarsteller, der in der Rolle des Fabrikantensohnes Felix die „eiserne Jungfrau" zum Abschluss der Operette heiratet, nicht, wie von Léon gewünscht, von Hubert Marischka, sondern von Otto Storm verkörpert werde. Denn, wie Alfred Cavar, der künstlerische Leiter des Raimund-Theaters, an Léon schrieb, Niese war „sich dessen bewusst",

---

30 Robert Stolz: Brief an Victor Léon, 13.4.1911. Léon-Nachlass 25/2.1.2.131.
31 Eibenschütz, Siegmund: Brief an Victor Léon, 14.2.1911. Léon-Nachlass 26/2.1.3.2.
32 Mit dem gleichnamigen Vaudeville „Die eiserne Jungfrau", das 1895 in der Bearbeitung und Regie von Victor Léon im Theater in der Josefstadt zu sehen gewesen war, hat die Operette von Léon und Stolz nichts gemeinsam.
33 Neues Wiener Journal, 12.11.1911, S. 13.
34 Wiener Zeitung, 12.11.1911, S. 6.
35 Der Humorist, 20.11.1911, S. 2.

„dass sie als Partner einen männlich gesetzter aussehenden Darsteller braucht. Bei der Korpulenz der Niese wird der Partner, durch Herrn Storm, dem Publikum doch glaubwürdiger und sympathischer, als wie mit einem ganz jungaussehenden Künstler.
Ich habe Ihnen doch wiederholt gesagt, dass ich Herrn Marischka ausserordentlich schätze und hätte die Hauptrolle statt Frau Niese die Kartousch gespielt, würde ich auch nie an einen anderen Partner als an Herrn Marischka gedacht haben. Frau Niese selbst, welcher ich damals Ihre Ansicht wegen Herrn Marischka mitteilte, sagte die Rolle könne sie unbedingt nur mit Herrn Storm spielen."[36]

Victor Léon hatte gedroht, dass er das Werk zurückziehen werde, wenn sein Schwiegersohn die Rolle nicht bekäme. Dass er schließlich doch Otto Storm akzeptierte, mag auch an einem fast flehentlichen Appell von Robert Stolz gelegen sein, der an Léon schrieb:

„Sie wissen lieber Herr Léon dass niemand glücklicher wäre als ich, wenn mein lieber Hubsl den Felix spielen würde, denn nur er kann nach meiner Einsicht die Rolle so spielen und singen, wie Sie und ich uns es vorgestellt haben! [...]
Trotzdem verehrtester Herr Léon würde eine Nichtaufführung der Operette im November meinen Ruin bedeuten, denn ich lebe jetzt doch nur von meinen Arbeiten, seitdem ich meine Kapellmeisterkarrière aufgegeben habe. Falls Cavar absolut nicht haben will, dass Hubsl darin gastiert, was in erster Linie mir furchtbar wäre, müssten wir doch irgend einen Ausweg finden, lieber Herr Léon, denn ein Zurückziehen der Operette, und selbe viell. 1 Jahr später aufführen, würde mir meine Carrière fast ruinieren, da ich um offen zu sein gezwungen bin, einige Procente davon jetzt zu verkaufen, um einer momentanen peinlichen Situation aus dem Wege zu gehen."[37]

Vielleicht hatte Victor Léon, der bei der „Eisernen Jungfrau" auch Regie führte, aber auch eingesehen, dass Otto Storm, der etwas älter war als Hansi Niese, tatsächlich besser zu ihr passte als der sieben Jahre jüngere Hubert Marischka.

„Die eiserne Jungfrau" war rund einen Monat lang, bis zum 16.12.1911, im Raimund-Theater zu sehen. Am 31.7.1914 kam das Werk dann in einer musikalischen Neubearbeitung und unter dem Titel „Das Lumperl" am Stuttgarter Hoftheater heraus. In dieser Fassung erwies sich die Operette als wesentlich erfolgreicher und wurde in der Folge an zahlreichen anderen Bühnen gezeigt. So etwa war „Das Lumperl" ab 4.4.1915 an der Grazer Oper zu sehen, wo „das schöne musikreiche Werk [...] glänzende Aufnahme von Seiten der Zuhörerschaft"[38] fand. Dennoch konnte es bei weitem nicht die Aufführungszahlen des „Großen Namen" erreichen und gehört heute zu den weniger bekannten Arbeiten von Robert Stolz.

---

36 Alfred Cavar: Brief an Victor Léon, 29.8.1911. Léon-Nachlass 26/2.1.3.6.
37 Robert Stolz: Brief an Victor Léon, 28.8.1911. Léon Nachlass 25/2.1.2.131.
38 Grazer Mittags-Zeitung, 7.4.1915, S. 3.

„Wir müßen zusammen ein ernstes Wort sprechen": Ärger mit dem „Fürstenkind"

Bernhard Herzmansky war verärgert, und das machte er gleich in der Einleitung zu jenem langen Brief klar, den er am 3.9.1908 aus Bad Ischl an Victor Léon nach Wien schickte: „Lieber Freund Victor! Wir müßen zusammen ein ernstes Wort sprechen. So kann die Sache mit Fürstenkind nicht weitergehen, sonst wird's überhaupt nicht fertig oder es wird nichts rechtes [!] draus."[1]

Der Unmut des Leiters des Wiener Musikverlages Doblinger war darauf zurückzuführen, dass Victor Léon noch immer keinen vollständig ausgearbeiteten Text zur Operette „Das Fürstenkind" vorgelegt hatte. Und dies, obwohl der Verlagsvertrag zu dem Werk, für das Franz Lehár die Musik schreiben sollte, bereits mehr als ein Jahr zuvor abgeschlossen worden war[2], die Uraufführung eigentlich für die Saison 1907/08 vorgesehen gewesen war[3] und Lehár schon seit längerem an der Komposition arbeitete. Über die Sache hatte es, wie aus Herzmanskys Brief hervorgeht, bereits eine heftigere Auseinandersetzung gegeben:

„Ich sagte dir: ‚du hast Lehár ein unfertiges Buch geschrieben' du warst drüber bös. Wir gingen die vorhandenen 2 Akte durch, du warst von der Composition des II. Aktes entzückt, du hast aber wol [!] auch selbst gesehen, wie viel textlich noch notwendig. Frohgemut gingen wir auseinander und hofften Lehár und ich heute einen gründlich durchgeführten II. Akt zu bekommen, statt dem schickst du eine geänderte Scene mit der Lehár absolut nichts anzufangen weiß – also soviel wie nichts."

Dass Victor Léon seine Vertragspartner derart warten ließ, hing wohl mit den anderen Verpflichtungen zusammen, die er zu jener Zeit eingegangen war. In den Mona-

---

1 Bernhard Herzmansky: Brief an Victor Léon, 3.9.1908. Léon-Nachlass 26/2.1.4.6.
2 Der Vertrag mit Bernhard Herzmansky betreffend das „Fürstenkind" ist im Léon-Nachlass in Form einer mit 15.5.1907 datierten Kopie erhalten, die einem Brief des Felix Bloch Verlages an Léon beigefügt ist (Léon-Nachlass 26/2.1.4.2.). In dem Vertrag ist auch Leo Stein als Autor genannt, allerdings hat er dann nicht am Textbuch mitgearbeitet und scheint später nicht in Abrechnungen oder Korrespondenzen zum Werk auf.
3 Laut Vertrag: „Die Premiere dieser Operette hat in der Saison 1907/8 im neuen Operetten-Teater [!] (Palfy-Holländer) Berlin oder an einer andern [!] erstklassigen Bühne stattzufinden."

ten nach der Vertragsunterzeichnung zum „Fürstenkind" war er mit den Operettenfestspielen in Mannheim beschäftigt gewesen, dann mit seiner Gastspiel-Produktion des „Fidelen Bauern" im Theater an der Wien und mit dem Text zur Operette „Die geschiedene Frau". Und gerade zu jener Zeit, als er „Das Fürstenkind" überarbeiten sollte, leitete er, als Regisseur, die Übernahme des „Fidelen Bauern" in den regulären Spielplan des Theaters an der Wien. Die Premiere war am 6.9.1908, und offenbar im Gegensatz zu Léon selbst hatte Bernhard Herzmansky vorausgesehen, dass diese vielen Verpflichtungen zu Problemen führen könnten: „Sagte dir, du wirst wegen der Proben jetzt nicht viel Zeit zur Arbeit finden, was du nicht zugabst. Es scheint aber doch der Fall zu sein. Also gut – dann laß die Premiere Sonntag vorüber sein und komm dann bitte her."[4]

Geplant war, dass „Buch und Musik" zum „Fürstenkind" am 1.11.1908 abgeliefert werden sollten – „Die Sache brennt also im höchsten Grad", mahnte Herzmansky. Zu sprechen hatte er mit Léon aber nicht nur über den zunehmenden Termindruck, sondern auch über grundsätzliche Gestaltungsfragen. Denn, so kritisierte er in seinem Brief, die von Léon bislang für die neue Operette gelieferten Liedtexte seien

„für Einzel-Nummern fast durchwegs nicht geeignet. Was mach ich mit der schönen Musik wenn sie außerhalb der Bühne nicht gesungen werden kann? Das Publikum wird oftmals erst auf eine Operette aufmerksam gemacht, wenn es einzelne Gesangsnummern außerhalb der Bühne hört und sie gefallen, namentlich die großen Schichten gehen erst dann in eine Operette hinein. Allgemein: populär gehaltene Gesangstexte [...] sind daher eine absolute Notwendigkeit."

Bernhard Herzmanskys Forderung ist auch eine Reaktion auf eine Entwicklung des Operettengenres, die in Zusammenhang mit dem technischen Fortschritt jener Zeit zu sehen ist. Denn nachdem Ende des 19. Jahrhunderts die ersten Grammophone auf den Markt gekommen waren, fand die mechanische Wiedergabe von Musik rasch weite Verbreitung. So wurden in Deutschland im Jahr 1900 zwei Millionen Schallplatten verkauft, 1902 waren es bereits fünf Millionen und 1911 zirka 36 Millionen.[5] Über das neue Medium konnte somit zum einen für neue Operetten geworben werden, und zum anderen brachte die Verbreitung von Operettenmusik über Schallplatte einen zusätzlichen finanziellen Gewinn. Benötigt wurden dafür relativ kurze, prägnante Musikstücke, die unabhängig vom Stückganzen als selbständige Werke rezipiert werden konnten. Es waren jene „Operettenschlager", die dann (in Zusammenhang mit der weiteren Entwicklung der Schallplatte und später vor allem auch des Radios) den Anstoß zur Entstehung eines manchmal als „Schlageroperette" bezeichneten Operettentypus' gaben. Wesentliche Strukturmerkmale sind dabei die starke Durchsetzung der Handlung mit einer Reihe von Liedern, die oft nur in einem losen Zusammenhang mit dem dramatischen Geschehen stehen, sowie die Zurückdrängung eines konsequenten Handlungsbogens zugunsten einer revueartigen Abfolge. Diese Entwicklung entsprach jedoch weder dem schriftstellerischen Talent noch den litera-

---

4   Bernhard Herzmansky: Brief an Victor Léon, 3.9.1908. Léon-Nachlass 26/2.1.4.6.
5   Galoppi, Stefan: Die Tonträgermedien in Österreich von 1900-1918. Diss., Universität Wien, 1987. S. 19 u. S. 107.

rischen Ambitionen von Victor Léon. In Kooperationen mit anderen Librettisten war er, wie erwähnt, vorranging für das dramatische Gesamtkonzept und die Dialoge, nicht aber für die Lieder zuständig. Am „Schlagerboom" des frühen 20. Jahrhunderts hatte er keinen Anteil, da er nie Texte zu eigenständigen Gesangstücken publizierte. Für ihn als Autor stand stets die Arbeit an einer geschlossenen dramatischen Handlung im Mittelpunkt.

Wie so oft bei seinen Libretti verwendete Victor Léon auch für das Buch zum „Fürstenkind" einen vorhandenen literarischen Text als Grundlage. Es ist „Le Roi des montagnes", ein 1857 erstmals publizierter, bis heute vielfach und in zahlreichen Übersetzungen aufgelegter und auch verfilmter[6] Abenteuerroman des französischen Schriftstellers Edmond About. Bereits 1857 erschien das Werk unter dem Titel „Der Bergkönig" auch in deutscher Sprache (Übersetzung Gottlieb Walter, Verlag Ludwig & Zang, Wien); weite Verbreitung fand es im deutschen Sprachraum dann vor allem durch die von August Baumeister besorgte Übersetzung, die um 1900 (und mit mehreren Neuausgaben in den folgenden Jahrzehnten) in Reclams Universal-Bibliothek herauskam und den Titel „Der Fürst der Berge" trug.

Sowohl Edmond Abouts Roman als auch Victor Léons Libretto spielen Mitte der 1850er Jahre in Griechenland, und in beiden Texten handelt es sich beim „Bergkönig" nicht um einen Fürsten, sondern um den Räuberhauptmann Hadschi Stavros. Dieser führt ein Doppelleben: Unter dem fingierten Adelstitel „Fürst von Parnes" gibt er sich als weltläufiger Geschäftsmann, der sein nicht unbeträchtliches Vermögen bei Londoner Banken angelegt hat und erfolgreich an den Börsen spekuliert; als Hadschi Stavros aber begeht er mit seiner Bande Überfälle, und zwar bevorzugt auf Touristen, die er als Geiseln nimmt, um Lösegelder zu erpressen. Da er mit dem Polizeihauptmann von Athen eng befreundet ist, hat er keine Verfolgung zu befürchten. Außerdem wird er von der lokalen Bevölkerung als Held verehrt, weil er immer wieder Geld an Arme verteilt und sich gewitzt der Obrigkeit widersetzt. Seine Tochter Photini, an der Stavros sehr hängt und die er, nach dem Tod ihrer Mutter, in Paris erziehen ließ, ahnt nichts vom Räuberdasein ihres Vaters und glaubt, dass er tatsächlich ein Fürst sei und sie selbst eine Prinzessin.

Das Vorspiel der zweiaktigen Operette führt in den Salon von Photinis luxuriöser Athener Wohnung. Photini hat einige Gäste eingeladen, darunter auch Bill Harris, einen in Griechenland stationierten amerikanischen Marineoffizier. Photini und Harris sind ineinander verliebt und wollen heiraten. Harris, dem „ein Bandit in der Seele verhasst"[7] ist und der die „Diebspoesie" rund um Stavros, der im Salon das Hauptgesprächsthema ist, nicht verstehen kann, wettet ausgerechnet mit dem Polizeihauptmann, dass er den Räuber innerhalb von zehn Tagen fangen werde. Damit, so hofft Harris, werde er sich auch Photinis Vater, den er noch nie getroffen hat und den auch er für einen Fürsten hält, als würdiger Schwiegersohn präsentieren. Der folgende erste Akt spielt im Parnes-Gebirge. Stavros hat von der Liebe Photinis zu Harris erfahren und seiner Tochter mitteilen lassen, dass er einer Heirat zustimme, wenn Harris seine Wette gewinne. Als seine Bande Harris, der auf der Jagd nach dem Räuber in die Berge gekommen ist, gefangen nimmt, verlangt Stavros von dem Amerikaner

---

6 „Le Roi de montagnes", Verfilmung aus dem Jahr 1964, Regie Willy Rozier, Frankreich.

7 Léon, Victor: Das Fürstenkind. Vollständiges Soufflierbuch mit sämtlichen Regiebemerkungen. Handschriftliches Exemplar, o.O., o.D. Léon-Nachlass 1/1.1.4. S. 43.

dessen gesamtes Vermögen als Lösegeld. Harris lehnt es ab, für sich zu zahlen – sagt aber, dass er bereit sei, es für seine Begleiterin, die ebenfalls gefangen genommen wurde, zu tun. Stavros will zunächst darauf eingehen, erkennt dann aber, dass es sich bei der Begleiterin um Photini handelt. In letzter Sekunde kann er sich vor ihr verbergen und lässt sowohl sie als auch Harris ohne jedes Lösegeld frei. Der zweite Akt spielt auf Harris' Schiff, das in einer Stunde aus Athen auslaufen soll. Um seine Wette doch noch zu gewinnen und Photini heiraten zu können, bedient sich Harris einer List. Da er erfahren hat, dass Stavros eine Tochter habe, die er sehr liebe, lässt er dem Räuber mitteilen, dass er diese Tochter auf dem Schiff als Geisel gefangen halte und mit sich nehmen werde. Stavros kommt daraufhin tatsächlich auf das Schiff und lässt sich, als er erkennt, dass Harris immer noch nicht weiß, wer Photinis Vater ist, bereitwillig gefangen nehmen. Der Fürst von Parnes, so sagt Stavros, sei sein guter Freund und werde bestimmt wollen, dass, nachdem nun die Wette entschieden sei, der Räuber wieder freigelassen werde. Erst als Photini, die, um sich von Harris zu verabschieden, auch auf das Schiff gekommen ist, Stavros freudig als ihren Vater, den Fürsten, begrüßt, erkennt Harris die wahren Zusammenhänge. Diese werden allerdings Photini gegenüber auch weiterhin geheim gehalten, Stavros aber gibt als „Fürst" seine Zustimmung zur Heirat und erklärt, dass er seinen Freund, den Räuber, bereits freigelassen habe, da er davon ausgehe, dass Harris damit ohnehin einverstanden sei.

Die Operette „Das Fürstenkind" wurde am 7.10.1909 im damals kaum ein Jahr alten Wiener Johann Strauss-Theater uraufgeführt. In Anbetracht der Tatsache, dass Bernhard Herzmansky schon mehr als ein Jahr zuvor gemahnt hatte, dass die Sache „im höchsten Grad" brenne, ist dies ein ziemlich später Premierentermin. Es hatte also weitere Verzögerungen der Produktion gegeben. Norbert Linke schreibt dazu in seiner Lehár-Biografie: „Weil das bewährte Duo Günther/Treumann zur Einweihung des Johann-Strauß-Theaters Favoritenstraße nicht zur Verfügung steht, wird die Premiere des ‚Fürstenkinds' um ein Jahr verschoben."[8] Allerdings ist zu bezweifeln, dass tatsächlich „Das Fürstenkind" für die am 30.10.1908 stattgefundene Theatereröffnung geplant gewesen war. Nicht nur der in Herzmanskys Brief mit 1.11.1908 angegebene Liefertermin für „Buch und Musik" steht dazu im Widerspruch, sondern auch diverse Zeitungsmeldungen sprechen dagegen. So etwa schrieb „Der Humorist" am 1.7.1908[9], dass das Theater „Ende Oktober, spätestens anfangs November" mit einer „Festaufführung von Johann Strauß' ‚Der Zigeunerbaron' eröffnet" werde und dass als „erste Novität" die Operette „Bub oder Mädel" von Bruno Granichstaedten bestimmt sei.[10] Erst mehr als einen Monat später, am 10.8.1908, wurde gemeldet:

„Direktor Leopold Müller hat das Aufführungsrecht der Operette ‚Das Fürstenkind' [...] für sein Johann Strauß-Theater erworben und geht dieses Stück als zweite Novität Mitte Dezember l. J., spätestens anfangs Jänner k. J. erstmalig in Szene. Als erste Neuheit dieser Bühne, die En-

---

8   Linke: Franz Lehár, S. 55.
9   Der Humorist, 1.7.1908, S. 2.
10 Auf dem Programm der Festaufführung zur Eröffnung des Johann Strauss-Theaters stand dann allerdings nicht „Der Zigeunerbaron", sondern die Operette „1001 Nacht", die eine Bearbeitung der Strauss-Operette „Indigo und die 40 Räuber" ist. Die Uraufführung von „Bub oder Mädel" fand am 13.11.1908 statt.

de Oktober l. J. eröffnet wird, ist bekanntlich die Operette ‚Bub oder Mädel', von F. Dörmann und Dr. Ad. Altmann, Musik von B. Granichstätten, zur Aufführung bestimmt."[11]

„Das Fürstenkind" war also offenbar nie für die „Einweihung" des Theaters vorgesehen, wie Linke annimmt, und auch die Verzögerungen, die es bei der Produktion gab, standen nicht in unmittelbarem Zusammenhang mit der Eröffnung der Bühne. Folgen hingegen kann man Linke in der Annahme, dass Franz Lehár die gewonnene Zeit bis zur Premiere des „Fürstenkindes" für eine Überarbeitung der Partitur nutzte. Am 9.7.1909 schrieb er an Victor Léon: „Alles was vom Fürstenkind fehlte, ist nun <u>vollkommen</u> fertig. Für Dich ist blos 1 Stunde Arbeit notwendig."[12]

Die Verschiebung von „Das Fürstenkind" führte dazu, dass 1909/10 in kurzen Abständen in Wien drei Lehár-Operetten uraufgeführt wurden: Denn rund einen Monat nach dem „Fürstenkind", am 12.11.1909, fand im Theater an der Wien die Premiere von „Der Graf von Luxemburg" (Libretto Robert Bodanzky, Leo Stein und Alfred Maria Willner) statt, und ab 8.1.1910 war im Carl-Theater die Operette „Zigeunerliebe" (Libretto Robert Bodanzky und Alfred Maria Willner) zu sehen. Diese dreifache Präsenz von Franz Lehár auf den Wiener Theaterspielplänen spiegelt sich auch in einer Karikatur in der satirischen Zeitschrift „Kikeriki" wider: Léhar wird dabei als, so die Bildunterschrift, „der vielseitige Werkelmann" präsentiert.

Franz Lehár als Werkelmann. Kikeriki, 23.1.1910

„Das Fürstenkind" erwies sich als das am wenigsten erfolgreiche dieser drei Werke. Während „Der Graf von Luxemburg" eine bis heute oft gespielte Operette geblieben ist und auch „Zigeunerliebe" hin und wieder aufgeführt wird, ist „Das Fürstenkind" weitgehend von den Spielplänen verschwunden. Diese Entwicklung wurde bereits relativ früh deutlich. So verzeichnet Otto Keller in seiner Tabelle der Aufführungszahlen von Operetten an deutschsprachigen Bühnen bis 1921 für „Der Graf von Luxem-

---

11 Der Humorist, 10.8.1908, S. 2.
12 Franz Lehár: Korrespondenzkarte an Victor Léon, 9.7.1909. Léon-Nachlass 24/2.1.2.77.

burg" 5564 Aufführungen[13] und für „Zigeunerliebe" 1883[14]. „Das Fürstenkind" hingegen, das nach der Wiener Produktion unter anderem in Berlin, Salzburg, Graz, Linz, Pilsen, Teplitz-Schönau und Znaim zu sehen war, wurde bis 1921 insgesamt 950[15] Mal gezeigt.

Nach der Uraufführung des „Fürstenkindes" wurde Victor Léon in den Wiener Zeitungskritiken vorgeworfen, dass er das „grotesk-komische Sujet"[16], das „nach Operette" „schreie"[17], in seinem Libretto mit zu wenig Humor und zu viel Sentimentalität umgesetzt habe. So etwa schrieb die „Arbeiter-Zeitung": „Was da an Rührung, Großmut, Liebe, Küssen geschnalzt und geschmalzt wird, würde ausreichen, drei gewöhnliche Léon-Operetten herauszubraten. Für eine war's dem Publikum zu viel."[18]

Mindestens ebenso heftig wie das Libretto wurde aber auch die sehr lyrisch gehaltene Musik Franz Lehárs kritisiert. „Das Fürstenkind" sei, so urteilte die „Neue Freie Presse", „ein Werk, das gern eine Oper sein möchte und es sich dennoch mit dem Operettenpublikum nicht verderben will."[19] Wenn die „Neue Freie Presse" überdies bemängelte, dass Lehár mit seiner Komposition „den Nummern und Schlagern" ängstlich ausweiche, so wurde damit indirekt auch Bernhard Herzmansky bestätigt, der in seinem Brief an Léon populäre „Einzel-Nummern" als Erfolgsgarant für eine Operette bezeichnet hatte.

Fünf Tage vor dem „Fürstenkind", am 2.10.1909, war im Wiener Volkstheater die Komödie „Der große Name" uraufgeführt worden, in der sich Victor Léon und sein Bruder Leo Feld unter anderem mit dem Thema des Stellenwerts von sogenannter „leichter" und „ernster" Musik beschäftigt hatten. „Der Humorist" verwies in seiner Besprechung des „Fürstenkindes" auf den „Großen Namen" und meinte, dass Léon dort „doziere", „daß die Operette dazu da sei, um die Leute, die abends im Theater nach den Mühen und Sorgen des Tages Zerstreuung suchen, zu unterhalten, zu belustigen und zu ergötzen […] Fünf Tage später langweilt er dasselbe Publikum, das sich ihm gar so gerne zu Dank verpflichtet hätte."[20]

Auch das „Neue Wiener Journal" griff (allerdings ohne einen Verweis auf den „Großen Namen") die offensichtlich als sehr aktuell empfundene Thematik des künstlerischen Wertes von Unterhaltungsmusik auf und vermerkte zum „Fürstenkind": „[…] unsere Komponisten beißen den ‚Musiker' heraus, meinen unkünstlerisch zu sein, wenn sie bloß amüsieren, und schielen lieber ins Opernhaus hinüber. Alles zu seiner Zeit: die Operette verlangt Melodie, leichten Rhythmus, Witz. Deswegen kann sie doch künstlerisch sein. Diese Binsenweisheiten zu wiederholen, scheint nicht überflüssig; es rächt sich, so oft sie vergessen werden."[21]

---

13 Keller: Die Operette, S. 427.
14 Ebd., S. 428.
15 Ebd., S. 428.
16 Der Humorist, 11.10.1909, S. 3.
17 Neues Wiener Journal, 8.10.1909, S. 9.
18 Arbeiter-Zeitung, 8.10.1909, S. 8.
19 Neue Freie Presse, 8.10.1909, S. 12.
20 Der Humorist, 11.10.1909, S. 3.
21 Neues Wiener Journal, 8.10.1909, S. 9.

Victor Léon nahm, wie aus einem in seinem Nachlass erhaltenen Manuskript ersichtlich ist[22], später einige Änderungen am „Fürstenkind"-Libretto vor. Diese bestanden in Textkürzungen und dem Einfügen einer „Introductionsscene", die in den Bergen spielt, wo einander die Räuber treffen, um Hadschi Stavros ihre Beute abzuliefern und er dabei klarstellt, dass auf keinen Fall die armen Bauern, sondern bevorzugt Touristen zu berauben seien. Außerdem erfährt Stavros in dieser Szene, die mit einem Räubermarsch beginnt, durch einen Brief seiner Tochter von deren Liebe zu Bill Harris. Eine weitere Änderung betraf den Stücktitel. Wie schon bei früheren Werken (so etwa bei der auf dem „L'Attaché d'ambassade" basierenden „Lustigen Witwe") hatte Léon auch bei diesem statt der männlichen Hauptfigur die weibliche in den Mittelpunkt gestellt – statt des „Roi des montagnes" Stavros das „Fürstenkind" Photini. Eine derartige Titelwahl hatte auch mit den mit Operette verbundenen erotischen Konnotationen zu tun. Allerdings war „Das Fürstenkind" in dieser Hinsicht nicht besonders aussagekräftig (inspiriert war Léon dabei vielleicht durch die Johann Strauss-Operette „Der Zigeunerbaron" gewesen, in der sich die vermeintliche „Zigeunermaid" Saffi als Fürstenkind erweist, was im Finale des 2. Aktes in der großen Chorszene „Ein Fürstenkind" gipfelt). Für seine Bearbeitung des Werkes wählte Léon als Titel „Die Räuberprinzessin", der auf das Publikum seiner Zeit vermutlich um einiges attraktiver gewirkt hätte – allerdings ist keine Aufführung dieser Neufassung des „Fürstenkindes" nachweisbar.

Eine Titeländerung wurde auch für die amerikanische Produktion des „Fürstenkindes" vorgenommen. Richard Traubner schreibt in seinem Buch „Operetta", dass der New Yorker Theaterproduzent Henry W. Savage eine Aufführung des „Fürstenkindes" in New York geplant hatte, die dann aber nicht realisiert worden sei.[23] Als Titel gibt Traubner „The King of the Mountains" an und übersieht dabei, dass „Das Fürstenkind" von Savage sehr wohl herausgebracht wurde, allerdings unter dem Namen „Maids of Athens". Die Premiere fand am 9.3.1914 im New Yorker New Amsterdam Theatre statt. Die englischsprachige Fassung stammte von der Schriftstellerin Carolyn Wells, die einige Kürzungen im Libretto vornahm. „Parts that were a bit wordy in spots have been pruned"[24], schrieb dazu „The Washington Times". Doch trotz guter Kritiken und umfangreicher Werbung, bei der vor allem darauf verwiesen wurde, dass das Werk von den Schöpfern der „Lustigen Witwe" stamme, war „Maids of Athens" nicht allzu erfolgreich. Die Operette (die in „The Washington Times" als „The ‚Merry Widow's' big sister"[25] angekündigt wurde) blieb einen Monat auf dem Spielplan des New Amsterdam, Aufführungen an anderen US-amerikanischen Bühnen sind nicht nachweisbar.

1927 wurde „Das Fürstenkind" in der Regie des aus Wien stammenden Ehepaares Luise Kolm-Fleck und Jakob Fleck für die Berliner Hegewald Filmproduktionsfirma verfilmt. Die Uraufführung des Stummfilms fand am 18.8.1927 in einem der damals renommiertesten Berliner Kinos, nämlich im Emelka-Palast am Kurfürstendamm, statt. Franz Lehár unterbrach, wie die „Berliner Börsenzeitung" berichtete,

---

22 Léon-Nachlass 20/1.12.11.
23 Traubner: Operetta, S. 237.
24 The Washington Times, 10.3.1914, S. 8.
25 The Washington Times, 1.3.1914, S. 16.

„seine Erholung in Bad Ischl"[26], um bei der Premiere die Ouvertüre selbst zu dirigieren. Trotz der Starbesetzung mit dem damals sehr populären Harry Liedtke als Hadschi Stavros war dem Streifen nur geringer Erfolg beschieden. Bemängelt wurde von den Kritikern vor allem die fehlende Dynamik. Auf den Rezensenten der „Berliner Film-Zeitung" wirkte der Film „photographiert"[27], und der „Hamburger Anzeiger" meinte: „Lehar am Klavier zu Beginn, Musik von Lehar mit gestellten Bildern, eingeschobene Liedtexte – all das macht noch lange keinen Film."[28]

Das Drehbuch zum Film stammte von Adolf Lantz[29], bei der Bewerbung des Streifens war jedoch meist nur Victor Léon als Autor angegeben. In welchem Ausmaß Victor Léon an der Filmfassung mitgearbeitet hatte, ist nicht feststellbar. Es kann jedoch angenommen werden, dass er sich in das Projekt eingebracht hatte. Denn Léon war in Bezug auf Bearbeitungen seiner Werke stets sehr aufmerksam und kritisch. Entsprechend heftig reagierte er daher auf einen Brief, den er am 8.1.1931 vom Verlag Felix Bloch erhielt. Dieser informierte Léon, dass es einen bestehenden Vertrag mit der Hamburger Volksoper über eine Aufführung von „Das Fürstenkind" gebe, doch dass nun der Leiter der Oper, „Direktor Richter"[30] dem Verlag mitgeteilt habe,

„dass er mit Herrn Michael Bohnen über ein evtl. Gastspiel in ‚Fürstenkind' verhandelt hätte, und dass Herr Bohnen auch für dieses Gastspiel viel Meinung gehabt hätte. Herr Direktor Richter habe aber in Berlin Meister Lehar und Herrn Dr. Beda gesprochen und die Herren hätten ihm erklärt, dass eine Neubearbeitung von ‚Fürstenkind' beabsichtigt wäre. Insbesondere Herr Dr. Beda-Löhner hätte ihn dringend ersucht, die Aufführung einstweilen nicht zu machen. Infolgedessen würde die Direktion von der Aufführung Abstand nehmen, müsse aber darauf bestehen, dass ihr die Neufassung überlassen würde.
Nachdem uns von derartigen Plänen bisher nichts bekannt war, erlauben wir uns, die höfliche Anfrage an Sie zu richten, ob tatsächlich solche Pläne bestehen, und ob es Ihren und den Intentionen Meister Lehars entspricht, wenn wir der Bühnenleitung eine entsprechende Zusage machen."[31]

Victor Léon wusste nichts von diesen Plänen und war darüber sehr aufgebracht. Vom Verlag forderte er eine genaue Darstellung des Sachverhalts, und an den Librettisten

---

26 Berliner Börsenzeitung, 16.8.1927, S. 12.
27 Berliner Film-Zeitung (Beilage der Berliner Volks-Zeitung), 24.8.1927, S. 1.
28 Hamburger Anzeiger, 3.9.1927, S. 3.
29 Adolf Lantz (geb. 1882 in Wien, gest. 1949 in London) war Regisseur, Drehbuchautor und 1910-1914 Leiter des Deutschen Schauspielhauses in Berlin. 1938 emigrierte er über Paris nach London.
30 Es handelte sich um Alexander Richter (geb. 1897 in Mödling, gest. 1971 in Hamburg), der gemeinsam mit seinem Vater Carl Richter (geb. 30.8.1870 in Wien, gest. 26.6.1943 in Hamburg) die sogenannten „Richter-Bühnen" in Hamburg, zu denen Volksoper, Operettenhaus und Carl-Schultze-Theater gehörten, leitete.
31 Verlag Felix Bloch: Brief an Victor Léon, 8.1.1931. Léon-Nachlass 26/2.1.4.2.

Fritz Löhner-Beda schickte er eine „unhöfliche, offene Karte"[32], auf die dieser antwortete,

„dass die ganze Angelegenheit auf falschen Informationen, auf Tratsch und Lüge beruht. Zur Sicherheit rekapituliere ich den Sachverhalt, wie er sich tatsächlich abspielte:
Als ich anlässlich der Uraufführung meiner Operette ‚Viktoria und ihr Husar' in Leipzig war (Juli 1930) kam ich auch mit Herrn Richter jun. zusammen, der das Werk für Hamburg erwerben wollte. Er erzählte mir unter Anderem, dass er die Absicht hatte, in dieser Saison ‚Fürstenkind' aufzuführen, jedoch davon abgekommen sei, weil er gehört hatte, diese Operette würde von Lehar neu bearbeitet! Darauf erwiderte ich, dass ich hiervon nichts wüsste, hingegen diese Umarbeitung nicht für ausgeschlossen hielte, zumal Lehar mit der Umarbeitung der ‚Gelben Jacke' so gute Erfahrungen gemacht hat.
Das ist alles. Ich glaube nicht, dass diese meine Bemerkung Sie, sehr geehrter Herr Leon, berechtigt, mir eine unhöfliche, offene Karte zu schreiben."[33]

Auch der Verlag versuchte zu beschwichtigen, schickte umgehend ein Telegramm und einen Expressbrief[34] an Léon und ersuchte ihn, „sich durch unser Schreiben vom 8.1. nicht beunruhigen zu lassen", da man „in der Regel die Aeusserungen der Herren Direktoren Richter erfahrungsgemäss nicht allzu wörtlich nehmen kann." Außerdem, so entschuldigte man sich, sei das Schreiben vom 8.1. „von Seiten unseres Büros" ohne Wissen des Verlagsleiters Fritz Wreede an Léon geschickt worden:

„Wir hatten nun heute Gelegenheit, mit Herrn Wreede telefonisch über die Angelegenheit zu sprechen, der uns sagte, dass evtl. Rotter's[35] ein grundsätzliches Interesse an der Erwerbung von ‚Fürstenkind' geäussert hätten, aber unter der – bei Rotter's ja beinahe selbstverständlichen Voraussetzung – dass die Operette irgendwie überarbeitet würde. Irgendwelche bindende Abmachungen oder Erklärungen sind aber in dieser Angelegenheit weder von Herrn Wreede noch von den Herren Rotter oder sonst irgend einer beteiligten Seite abgegeben worden, sodass das ganze Projekt vorläufig noch völlig in der Luft schwebt. Eben, weil es sich einstweilen um nichts anderes als eine gelegentlich einmal gefallene unverbindliche Aeusserung der Herren Rotter gehandelt hat, hat auch Herr Wreede bis jetzt die Angelegenheit noch in keiner Weise weiter verfolgt, bezw. Ihnen darüber berichtet."

Victor Léon aber ließ sich weder dadurch noch durch Fritz Löhner-Bedas Brief besänftigen. Vielmehr bestärkte ihn vermutlich gerade der Hinweis auf das Interesse der renommierten Berliner Theaterunternehmer Alfred und Fritz Rotter am „Fürsten-

---

32 Erwähnt in: Fritz Löhner-Beda: Brief an Victor Léon, 13.1.1931. Léon-Nachlass 25/2.1.2.81.
33 Ebd.
34 Verlag Felix Bloch Erben: Brief an Victor Léon, 10.1.1931. Léon-Nachlass 26/2.1.4.2. Das Telegramm ist nicht erhalten geblieben, wird aber in dem Brief erwähnt.
35 Die Brüder Alfred Rotter, geb. 14.11.1886 in Leipzig, gest. (ermordet durch Nationalsozialisten) 5.4.1933 in Gaflei/Liechtenstein, und Fritz Rotter, geb. 3.9.1888 in Leipzig, gest. vermutl. 1939 auf der Flucht aus Nazideutschland, betrieben in den 1920er und frühen 1930er Jahren in Berlin einen als Rotter-Bühnen bekannten Theaterkonzern, der insgesamt neun Bühnen umfasste.

kind" in seinem Verdacht, dass die Sache bereits weiter gediehen war, als Wreede behauptete. Die Erwähnung der Operette „Die gelbe Jacke" im Brief von Fritz Löhner-Beda ließ ihn überdies annehmen, dass Löhner-Beda stärker in das Projekt involviert war, als er zugeben wollte. Denn immerhin war es ja Löhner-Beda gewesen, der (gemeinsam mit Ludwig Herzer) 1929 das Textbuch von „Die gelbe Jacke", das Victor Léon 1922/23 für Lehár verfasst hatte, zu „Das Land des Lächelns" umgearbeitet hatte – und so wie auch die beiden anderen Operettenlibretti, die Löhner-Beda in jenen Jahren für Lehár geschrieben hatte, nämlich „Friederike" (1928) und „Schön ist die Welt" (1930), war auch „Das Land des Lächelns" an dem von den Rotters geführten Berliner Metropol-Theater herausgekommen. Auffällig war für Léon auch, dass der Felix Bloch Verlag in seinem erklärenden Schreiben betonte, „dass Meister Lehár in der Sache absolut unbeteiligt war" – und daher unterstrich er diese Passage ebenso wie alle Hinweise auf Fritz Löhner-Beda und ließ sie auch in einer maschinschriftlichen Kopie des Briefes[36] entsprechend markieren.

Offensichtlich hielt Victor Léon Löhner-Beda für die treibende Kraft in Sachen Umarbeitung des „Fürstenkindes", und daher zeigte er ihn am 15.1.1931 bei der „Genossenschaft dramatischer Schriftsteller und Komponisten" an. Wenige Tage später informierte ihn die Genossenschaft, dass vom Vorstand beschlossen worden sei, gegen Löhner-Beda „wegen Verdachtes des Vergehens gegen die Geschäftsmoral [...] das Disziplinarverfahren einzuleiten."[37] Zu den Beweisstücken, die Léon der „Genossenschaft" vorlegte, gehörte neben den Briefen Löhner-Bedas und des Felix Bloch Verlages auch eine Meldung aus dem „Neuen Wiener Journal" vom 6.1.1931, in der eine Umarbeitung des „Fürstenkindes" angekündigt wird, für die „von bekannten Librettisten ein neues, dem Geiste der Zeit entsprechendes Buch" und „neue Liedertexte" geschrieben werden sollten. Daraus könne geschlossen werden, so Léon, „daß Dr. Beda diese Notiz veranlaßt oder inspiriert habe."[38] Löhner-Beda allerdings wehrte sich erfolgreich gegen alle Vorwürfe, und am 17.2.1931 teilte die „Genossenschaft dramatischer Schriftsteller und Komponisten" Léon mit, dass der Vorstand nach einer Voruntersuchung beschlossen habe, das Verfahren einzustellen.[39]

Bald aber sollte sich herausstellen, dass Victor Léon in seinen Mutmaßungen betreffend Löhner-Beda und Lehár recht gehabt hatte: Auch Franz Lehár wünschte eine Neubearbeitung von „Das Fürstenkind", und er wollte dabei auf Fritz Löhner-Beda ebenso wenig verzichten wie auf den Tenor Richard Tauber, der in der neuen Fassung des „Fürstenkindes" die männliche Hauptrolle übernehmen sollte. Während Léon gegen Tauber nichts einzuwenden hatte, verweigerte er seine Zustimmung zur geplanten Mitarbeit von Löhner-Beda. Zum Vermittler in Sachen „Fürstenkind" wurde der Librettist Alfred Grünwald. Denn Léon hatte, wie er an Grünwald schrieb,

---

36 Léon-Nachlass 26/2.1.4.2.
37 Genossenschaft dramatischer Schriftsteller und Komponisten: Brief an Victor Léon, 23.1.1931. Léon-Nachlass 28/2.1.8.
38 Zit. nach: Genossenschaft dramatischer Schriftsteller und Komponisten: Brief an Victor Léon, 17.2.1931. Léon-Nachlass 28/2.1.8.
39 Genossenschaft dramatischer Schriftsteller und Komponisten: Brief an Victor Léon, 17.2.1931. Léon-Nachlass 28/2.1.8.

„um die guten Beziehungen zwischen ihm [Lehár] und mir nicht zu trüben – mir eine Art ‚Verbindungsoffizier' zur Bedingung gemacht; das heisst: einen Mann, mit dem ich die nötigen Aenderungen bespreche und der sie mit mir ventiliert, um sie dann LEHAR zu vermitteln und demnach die Rolle eines Vermittlers in künstlerischen Belangen übernimmt, falls sich in dieser Hinsicht Unstimmigkeiten ergeben sollten, was ja nicht nur möglich, sondern bei Lehár äusserst wahrscheinlich ist. Als diesen Friedensprokurator und mittätigen Mann vom Fach schlug ich spontan Sie vor."[40]

Am 6.7.1931 konnte Alfred Grünwald in seiner Rolle als „Verbindungsoffizier" an Léon melden:

„dass Lehar nach meiner nochmaligen Intervention nun nicht mehr so sehr auf der Mitarbeit Beda's besteht, so dass eigentlich dieses Hindernis behoben wäre. Lehar hat mir über meinen Wunsch Buch und Klavierauszug von ‚Fürstenkind' gegeben und der Zweck dieses Schreibens ist nun, Sie zu fragen, wie Sie sich die Weiterentwicklung dieser Angelegenheit denken. Ich werde hier sofort nach Lehars Eintreffen mit ihm konferieren und bald mit Aenderungsvorschlägen diverser Art kommen. Soweit ich es heute schon beurteilen kann, muss man die Partie des Stravos [!] der Individualität Taubers entsprechend aufs Gesangliche stellen und namentlich im zweiten Akt werden gewisse dramatische Aenderungen nötig sein.
Es wäre mir sehr lieb, wenn Sie lieber Herr Léon, da Sie ja nicht nach Ischl kommen wollen, in dieser Hinsicht jene pouvoirs erteilen würden, die Sie seinerzeit bei der Bearbeitung der ‚Gelben Jacke' erteilt haben."[41]

Auch wenn damit Löhner-Bedas Mitarbeiterrolle zur Gänze von Grünwald übernommen wurde, war Léon offenbar dennoch nicht zur Erteilung der erwünschten „pouvoirs" bereit. Grünwald machte daher, rund drei Wochen später, in einem weiteren Brief nochmals darauf aufmerksam, dass „eine erspriessliche Arbeit" nur möglich sei, wenn Léon ihm und Lehár „weitgehende Pouvoirs" einräume:

„Ich persönlich kann ja Ihren Standpunkt vollkommen verstehen, glaube aber doch auch Ihnen raten zu können, die Propositionen Lehars zu acceptieren, denn ich verspreche Ihnen, selbst wenn Sie mir alle Vollmachten geben, Ihnen vor endgültiger Fertigstellung die neue Version für alle Fälle zu zeigen, und wir hätten dann immer noch Gelegenheit Ihre persönlichen Wünsche zu berücksichtigen. Lehar fürchtet nur, dass, wenn Sie sich a priori das Einspruchsrecht vorbehalten, die Arbeit wegen jedem geringfügigen Detail ungewöhnlich in die Länge gezogen werden könnte, und das umso mehr, weil Sie ja nicht hier an Ort und Stelle, sondern vielfach auf Reisen sind. Die ganze Angelegenheit wäre gar nicht kompliziert, wenn Sie sich entschliessen könnten, genau denselben Weg einzuschlagen wie bei der ‚Gelben Jacke' worunter ich auch die finanzielle Seite verstehe. Sie schreiben sehr richtig, dass diesbezüglich vor der Arbeit Klarheit geschaffen werden müsste, auf der anderen Seite aber schreiben Sie in demselben Brief, dass sich die Beteiligung des Umarbeiters nach dem Wert seiner Arbeit richten müsste. Sie wissen, lieber, verehrter Herr Léon, dass solche Dinge später sehr schwer abzuschätzen sind und dass es immer gut ist, vorher vollständig im Klaren zu sein. Wenn ich Ihnen einen Rat geben dürfte, so ist es der, die Propositionen Lehars anzunehmen (mit meiner Zusicherung,

---

40 Victor Léon: Brief an Alfred Grünwald (Kopie), 13.7.1931. Léon-Nachlass 30/2.2.3.
41 Alfred Grünwald: Brief an Victor Léon, 6.7.1931. Léon-Nachlass 24/2.1.2.40.

dass schliesslich doch nichts ohne Ihr Wissen geschehen wird) denn Lehar würde sonst ‚Zigeunerliebe' oder eines seiner älteren Werke zu diesem Zweck adaptieren. Ich bitte Sie also um eine möglichst zustimmende Antwort, die ich im Interesse der ganzen Sache lebhaft begrüssen würde."[42]

Mit einer „zustimmende Antwort" aber ließ Victor Léon weiterhin auf sich warten. „Nun wäre es aber wirklich schade, diese Chance für das Werk ganz zu verlieren", schrieb ihm Alfred Grünwald am 15.9.1931 und warnte, dass in Ischl

„die üblichen Störungen eingetreten [sind], die jede Sache auf alle Fälle stören wollen. Man hat Lehar sehr zugesetzt, doch nicht wieder eine Sache zu bearbeiten, sondern lieber eine ganz neue zu machen. Soviel ich sicher weiss, hat dieses Manöver auch auf ihn gewirkt und er würde heute leichten Herzens auf das Projekt ‚Fürstenkind' verzichten, ihm ist also der Umstand, dass wir sch[e]inbar zu keiner Einigung kamen, nicht einmal unsympatisch [!]. Ich betrachte die Sache aber anders. Es wäre schade, die plausible Kombination Tauber Metropol auszulassen und noch mehr schade wäre es, das ‚Fürstenkind' das in einer etwas neuen Fassung ü b e r a l l e B ü h n e n gehen kann, einfach seinen Dornröschenschlaf weiter schlafen zu lassen."[43]

Schließlich erteilte Victor Léon doch alle „pouvoirs" zu einer Umarbeitung des „Fürstenkindes". Die neue, gegenüber dem Original nur wenig veränderte Fassung trug den Titel „Fürst der Berge". Die Premiere fand am 23.9.1932 in Berlin statt, jedoch nicht im Metropol-Theater, sondern im Theater am Nollendorfplatz. Auch war nicht, wie geplant, Richard Tauber als Hadschi Stavros zu sehen, sondern Michael Bohnen (Tauber trat am Premierenabend im Berliner Theater des Westens in der Operette „Das Dreimäderlhaus" auf). Die Operette wurde von der Berliner Kritik wohlwollend und vom Premierenpublikum mit „ungewöhnlich großem Beifall"[44] aufgenommen, stand bis Mitte November 1932 allabendlich auf dem Programm, wurde im Oktober 1932 auch in der Hamburger Volksoper gezeigt, verschwand jedoch dann wieder von den Spielplänen.

---

42 Alfred Grünwald: Brief an Victor Léon, 29.7.1931. Léon-Nachlass 24/2.1.2.40.
43 Alfred Grünwald: Brief an Victor Léon, 15.9.1931. Léon-Nachlass 24/2.1.2.40.
44 Vossische Zeitung, 24.9.1932, Morgen-Ausgabe, S. 3.

„Nicht zu gemeinsamen Erfolgen geschaffen": Victor Léon und Oscar Straus

Zu jener Zeit, als Franz Lehár seine ersten Operettenerfolge feierte, wurde man in der Wiener Unterhaltungstheaterszene auf einen Komponisten aufmerksam, der offenbar alle Anlagen hatte, dem gleichaltrigen Lehár künstlerisch Konkurrenz zu machen. Es war Oscar Straus, der am 6.3.1870 in Wien als Sohn eines jüdischen Bankiers geboren wurde und der seinen Nachnamen von „Strauss" zu „Straus" änderte, um Verwechslungen mit der Komponistenfamilie rund um Johann Strauss zu vermeiden. Straus hatte in Wien und in Berlin Musik studiert, war zunächst als Kapellmeister an Provinzbühnen und als Komponist für das 1901 in Berlin gegründete literarische Kabarett „Überbrettl" tätig. In Berlin lernte Straus den Schriftsteller Rideamus (eigentl. Fritz Oliven) kennen, der für ihn das Libretto zur Operette „Die lustigen Nibelungen" schrieb. Das Werk, eine Parodie auf das Nibelungenlied und eine satirische Attacke auf den Richard-Wagner-Kult jener Zeit, wurde am 12.11.1904 im Wiener Carl-Theater uraufgeführt und von der Kritik begeistert aufgenommen. Ebenso war es mit der am 10.3.1906 ebenfalls im Carl-Theater erstmals gespielten „komischen Märchenoperette" (so die Werkbezeichnung) „Hugdietrichs Brautfahrt", für die wieder Rideamus den Text verfasst hatte. Oscar Straus wurde in Wien als Neuerer begrüßt – so etwa schrieb der renommierte Musikkritiker Richard Specht anlässlich der Wiener Premiere der „Lustigen Nibelungen": „Ganz abgesehen vom absoluten Wert seines Werkes, ist die Nibelungenschlacht, die Straus gegen die Wiener Operette und ihr geschmackverwüstendes Wesen gewonnen hat, als die liebenswürdige und hoffentlich folgenreiche Tat eines feinen Musikers mit Nachdruck zu begrüßen."[1]

Es war somit wohl nur natürlich, dass es bald auch zu einer Kontaktaufnahme zwischen dem neuen Erfolgskomponisten und dem führenden Wiener Librettisten Victor Léon kam. Die Verbindung zwischen den beiden hatte offenbar Adolf Sliwinski, der damalige Leiter des Berliner Felix Bloch Verlages, hergestellt. Darauf lässt eine Korrespondenz-Karte schließen, die Straus am 18.1.1905 an Léon schickte. Straus, der zu jener Zeit noch vor allem in Deutschland tätig war, hatte ein Zimmer im „Hotel Continental" in der Wiener Praterstraße genommen und schrieb an Léon: „Herr Sliwinski hat mich Ihnen wohl avisirt. Ich melde Ihnen infolgedessen, daß ich heute hier angekommen bin u. gern mit Ihnen Rücksprache nehmen möchte. Vielleicht machen Sie mir das Vergnügen Ihres Besuches im Hotel. Andernfalls komme

---

[1] Die Zeit, 13.11.1904, S. 4.

ich auch gern zu Ihnen."² Bis aus der „Rücksprache" mit Léon ein konkretes Projekt wurde, sollte es jedoch noch mehr als zwei Jahre dauern: Am 8.11.1907 war in Danzers Orpheum in der Wiener Wasagasse, die erste – und relativ kleine – Gemeinschaftsarbeit von Straus und Léon zu sehen. Es war der als „melodramatische Szene" bezeichnete und in der Druckfassung nicht mehr als 14 Seiten lange Text „Der Frauenmörder"³.

Inhalt des Zweipersonenstückes, das in London spielt, ist die Begegnung der 17-jährigen Prostituierten Mary mit einem geheimnisvollen Mann, der ihr gegenüber zunächst sehr freundlich ist, sie dann in Todesangst versetzt, weil er sie glauben macht, er sei der Frauenmörder Jack the Ripper, dies schließlich aber als Scherz abtut. Am Ende steht ein Sexualakt. Ob die Begegnung Mary das Leben kosten wird, bleibt offen. Bemerkenswert ist der deutliche soziale Aspekt, den Léon in die kurze Szenenfolge eingebracht hat: Mary, die dem Mann treuherzig von sich erzählt, wurde als 14-jährige Fabrikarbeiterin vergewaltigt und ist nun Prostituierte, weil sie, ihre Mutter und ihre drei jüngeren Schwestern „nichts mehr zum Essen gehabt haben und nichts zum Anziehen! Und alle miteinander haben wir in einem Loch gewohnt"⁴.

Von der Zensur wurde „Ein Frauenmörder" zunächst verboten: „Zur Aufführung nicht zugelassen, weil durch die Darstellung der öffentliche Anstand in gröblicher Weise verletzt werden würde"⁵. Die Uraufführung, die ursprünglich für 5.11.1907 geplant gewesen war, musste aufgeschoben werden – bis dann, nach einer Reihe von Textkürzungen (wobei eine der umfangreichsten die Erwähnung einer Abtreibung nach Marys Vergewaltigung war⁶) und „unter der Voraussetzung einer möglichst unanstößigen Darstellung" am 8.11. doch die behördliche Aufführungsgenehmigung einlangte.

Einwände gegen das Stück gab es aber auch von Seiten des Felix Bloch Verlages. Dabei ging es jedoch nicht um den Text, sondern um die Musik und den Aufführungsort. Am 23.10.1907 schrieb Adolf Sliwinski an Victor Léon:

„Ich erhalte eine Depesche von Direktor Tuschl⁷, worin er mich bittet, meine Zustimmung zu geben, dass Oscar Straus die melodramatische Musik zu Ihrem Einakter ‚Frauenmörder' schreibt; Straus scheint hiermit bereits einverstanden zu sein.
Mir ist aber von der ganzen Sache bis jetzt nichts bekannt und möchte ich Sie daher bitten, mir etwas Näheres mitzuteilen. Halten Sie es überhaupt für richtig, Straus'sche Musik am Orpheum herauszulassen?"⁸

Offenbar konnte Victor Léon den Verleger davon überzeugen, dass das damals als Varietétheater genutzte Danzers Orpheum⁹ ein durchaus geeigneter Aufführungsort

---

2   Oscar Straus: Karte an Victor Léon, 18.1.1905. Léon-Nachlass 25/2.1.2.134.
3   Léon, Victor: Der Frauenmörder. Berlin 1907.
4   Ebd., S. 9.
5   Zensurakt, NÖ Landesarchiv, NÖ Reg. Präs Theater TB K 140/03.
6   Léon, Victor: Der Frauenmörder. Zensur-Textbuch S. 10. NÖ Landesarchiv, NÖ Reg. Präs Theater TB K 140/03.
7   Karl Tuschl, Direktor von Danzers Orpheum.
8   Adolf Sliwinski: Brief an Victor Léon, 23.10.1907. Léon-Nachlass 26/2.1.4.1.

für Musik von Oscar Straus sei. Ein Argument dabei war vielleicht auch, dass die Komposition nicht allzu umfangreich war, sondern lediglich aus „kleinen Orchestervorspielen"[10] zu den insgesamt sechs Szenen sowie drei kurzen, von Mary gesungenen Liedern bestand. Dass die Musik im „Frauenmörder" nur eine – für das Stückganze nicht unbedingt notwendige – Ergänzung war, belegt folgende maschinschriftliche Nachbemerkung in der Druckausgabe des Werkes: „Der Einacter ‚DER FRAUENMÖRDER' kann auch <u>ohne</u> Musik gegeben werden oder mit <u>Klavier</u>. Wenn die Darstellerin nicht singen kann, soll sie – wie es ja jetzt sehr modern ist – zur Musik <u>rezitieren</u>."[11]

„Der Frauenmörder" war bei seiner Uraufführung am 8.11.1907 (und auch bei allen folgenden Vorstellungen) nicht der einzige Programmpunkt in Danzers Orpheum. Den Anfang des Theaterabends bildete der vom Wiener Schriftsteller Wilhelm Ascher aus dem Französischen übersetzte Schwank „Die Rechnung" von Maurice de Marsan. Danach folgte „Der Frauenmörder", und den Abschluss bildete die „Vaudeville-Operette" „Ein tolles Mädel" mit dem Libretto von Wilhelm Sterk und der Musik von Carl Michael Ziehrer (auch dieses Werk wurde am 8.11.1907, dirigiert von Ziehrer, erstmals in Wien gezeigt[12]). Die Vorstellung erhielt durchwegs positive Kritiken, wobei auch „Der Frauenmörder" sehr gelobt wurde. Der Beifall galt nicht nur der Darstellerin der Mary, Gerda Walde (für die, wie auf der Textausgabe vermerkt ist[13], Léon das Stück geschrieben hatte), und Heinz Stillfried in der Rolle des mysteriösen Mannes, sondern auch Victor Léon, der das Stück selbst inszeniert hatte, und Oscar Straus, der die Aufführung des „Frauenmörders" musikalisch leitete. „Viktor Leon hat mit seiner sicheren Routine in diesem aufregenden Stückchen den Stil der Minutendramen Meteniers getroffen"[14], schrieb die „Neue Freie Presse", und auch das „Neue Wiener Tagblatt" konstatierte, dass der „packende" Text „zur Gattung des französischen sogenannten Minutendramas gehört"[15]. Gemeint waren damit jene kurzen, spannungsreichen und oft auf realen Geschehnissen basierenden Stücke, mit denen sich der französische Schriftsteller (und Gründer des für seine Horrorstücke bekannten Pariser Théâtre du Grand Guignol) Oscar Méténier (1859-1913) einen Namen gemacht hatte.

„Der Frauenmörder" war bis zum 12.1.1908 in Danzers Orpheum zu sehen und wurde in den Folgejahren, zum Teil unter geändertem Titel, auch von anderen Bühnen aufgeführt. So etwa brachte das Wiener Kabarett „Die Hölle" das Werk am 1.2.1911 unter dem Titel „Die andern Herren sind nicht so..." heraus. Schon davor war das Stück von Auguste Germain und Robert Trébor ins Französische übersetzt und als „Little Mary" ab 8.1.1909 in der Pariser Comédie-Royale gezeigt worden.

---

9   Danzers Orpheum befand sich in der Wasagasse 33 (9. Wiener Gemeindebezirk). Der Name der Bühne bezog sich auf Eduard Danzer, der das Theater 1872-1882 leitete. Der Entwurf des 1865 errichteten und in den 1930er Jahren zu einem Wohnhaus umgebauten Gebäudes stammte vom Architekten Otto Wagner.
10 Léon: Frauenmörder, S. 5.
11 Ebd., S. 18.
12 Die Uraufführung von „Ein tolles Mädel" hatte am 24.8.1907 in Wiesbaden stattgefunden.
13 Léon: Frauenmörder, S. 3.
14 Neue Freie Presse, 10.11.1907, S. 14.
15 Neues Wiener Tagblatt, 10.11.1907, S. 13.

Während die Zusammenarbeit zwischen Victor Léon und Oscar Straus beim „Frauenmörder" reibungslos funktioniert haben dürfte und es keinerlei Hinweise auf irgendwelche Meinungsverschiedenheiten gibt, kamen die beiden bei ihrem zweiten gemeinsamen Werk offenbar nicht besonders gut miteinander zurecht. Es handelt sich um die Operette „Didi", für die bereits 1906 ein erster Vertrag abgeschlossen worden war[16], an der Léon und Straus aber erst 1909 arbeiteten. Im Sommer 1909 schickte Straus eine Reihe von Karten und Briefe an Léon[17], in denen er sich wiederholt mit dem Libretto unzufrieden gibt, um Änderungen ersucht und dann oft auch mit den darauffolgenden Vorschlägen Léons nicht einverstanden ist. Offenbar verständigte er von diesen Schwierigkeiten auch den Verleger Bernhard Herzmansky, denn ein Brief, den Straus am 13.7.1909 aus Wien an Léon nach Unterach schickte, ist auf Papier des Verlages Doblinger geschrieben. Neben Änderungswünschen ließ Straus Léon darin auch wissen: „Ich habe die Empfindung, dass wir uns nicht verstehen. Ich zweifle keinen Augenblick an Ihrem oft bewährten Theaterblick, aber auch ich bilde mir ein, einen solchen zu besitzen, und zwar einen Blick, der nicht nur auf die Wirkung einzelner Nummern, sondern auf den Organismus des Ganzen gerichtet ist."[18]

Als Vorlage für sein Textbuch benutzte Victor Léon die 1889 uraufgeführte Komödie „Marquise" von Victorien Sardou.[19] Didi, die Titelfigur der Operette, ist eine gefeierte Pariser Varietésängerin, die sich, nachdem sie vom Theaterleben Abschied genommen hat, ins Privatleben zurückzieht. Als Wohnsitz erwirbt sie ein Schloss in der Normandie, und um auch die entsprechende gesellschaftliche Anerkennung von Seiten ihrer adeligen Nachbarn zu erhalten, heiratet sie einen verarmten Herzog. Dadurch bekommt auch sie einen Adelstitel und garantiert dem Herzog dafür als Gegenleistung eine lebenslange Pension. Allerdings ist daran die Bedingung geknüpft, dass der Herzog am Tag nach der Hochzeit das Schloss verlassen müsse und keine weiteren ehelichen Ansprüche stellen dürfe. Der Herzog aber verliebt sich in Didi, und nach etlichen Hindernissen finden die beiden zusammen.

Die Uraufführung von „Didi" im Wiener Carl-Theater war zunächst für Anfang Oktober 1909 geplant gewesen[20], wurde dann aber auf den 23.10.1909 verlegt. Der Grund für die Verschiebung war, wie einer Notiz in der Zeitschrift „Der Humorist"[21] zu entnehmen ist, der große Erfolg einer anderen Operette, deren Libretto ebenfalls von Victor Léon stammte. Es war „Die geschiedene Frau", die „mit unverminderter Zugkraft den Spielplan" „beherrscht[e]"[22]. Am 25.9.1909 hatte die 200. Aufführung

---

16 Am 31.8.1906 schickte der Verlag Felix Bloch einen bereits von Straus unterzeichneten Vertrag für die Operette „Didi" an Léon (Léon-Nachlass 26/2.1.4.2.); und in einem Brief vom 15.5.1907 informierte der Verlag Léon: „Ueber ‚Didi' haben wir mit Herzmansky [d.h. Musikverlag Doblinger] abgeschlossen" (Léon-Nachlass 26/2.1.4.2.).
17 Léon-Nachlass 25/2.1.2.135.
18 Oscar Straus: Brief an Victor Léon, 13.7.1909. Léon-Nachlass 25/2.1.2.135.
19 „Marquise" von Victorien Sardou wurde am 12.2.1889 im Pariser Théâtre du Vaudeville uraufgeführt und war (in der Übersetzung von Robert Buchholz) ab 17.1.1891 im Wiener Carl-Theater zu sehen gewesen.
20 Siehe: Der Humorist, 10.6.1909, S. 3.
21 Der Humorist, 10.9.1909, S. 3.
22 Ebd.

stattgefunden, und weiterhin sorgte das Werk für ein stets ausverkauftes Haus, weshalb zusätzliche Vorstellungen eingeplant worden waren. Ein derartiger Erfolg war Léon mit „Didi" nicht beschieden: Nach 26 Aufführungen wurde das Werk wieder vom Spielplan des Carl-Theaters genommen, der dann, nach drei Aufführungen von „Ein Walzertraum", erneut von der „Geschiedenen Frau" „beherrscht" wurde.

Liest man die durchwegs schlechten Kritiken, die nach der Uraufführung von „Didi" in den Wiener Zeitungen erschienen, so gewinnt man den Eindruck, dass das Werk vor allem an den hohen Erwartungen, die in die Zusammenarbeit von Victor Léon und Oscar Straus gesetzt worden waren, scheiterte. So etwa schrieb das „Neue Wiener Journal":

„Wäre das Textbuch der gestrigen Operette von Müller und die Musik von Mayer, so würde es sicherlich jeder annehmbar finden. Aber Oskar Strauß [!] und Viktor Léon. ‚Der große Name' verpflichtet. Man durfte von dieser Kollaboration wieder einmal d i e Operette erhoffen. Und so waren die Erwartungen aufs höchste gespannt. Gewiß hat auch die neue Arbeit der beiden anerkannten Autoren bestechende Vorzüge, und besonders im Detail ganz reizende Einfälle. Glückliche Ansätze stecken im Libretto und in der Musik, gelangen aber nicht zur vollen Entfaltung."[23]

Ähnlich lauten die Kritiken in anderen Zeitungen. Die „Neue Freie Presse" meinte, dass die „Langweiligkeit" des Librettos eine „lähmende Wirkung" auf den Komponisten ausgeübt habe, und resümierte: „Für einen Durchschnittskomponisten wäre das Ganze eine hübsche Leistung, für Oskar Straus ist es sehr wenig."[24]

Schon wenige Monate nach der Uraufführung von „Didi", im März 1910, war in einem Brief von Straus an Léon von einer Umarbeitung des Werkes die Rede[25], ein Jahr später wurde dies in einem weiteren Schreiben des Komponisten nochmals erwähnt.[26] Bald darauf schien das Projekt so weit beschlussreif gewesen zu sein, dass auch der Verleger Bernhard Herzmansky informiert wurde. Dieser schrieb am 8.7.1911 an Victor Léon, dass er zwar mit einer Umarbeitung einverstanden sei, dass er aber, gemäß Vertrag, dafür nichts bezahlen werde – und setzte fort: „Du wirst Dir sagen, der Herzmansky ist doch ein rechter Schmutzfink, dass er mich gleich von vorneherein auf diesen Punkt aufmerksam macht. Muss es aber tun, um Missverständnissen vorzubeugen. Du kennst mich wohl, dass ich mich in solchen Fällen nicht strenge an den Buchstaben halte und werde ich mich gewiss, falls daraus ein Geschäft wird, gerne revanchieren."[27] Es wurde kein Geschäft daraus, denn kurz darauf wurde das Projekt einer Umarbeitung von „Didi" von Oscar Straus beendet. Offenbar waren Komponist und Librettist erneut unterschiedlicher Meinung betreffend die Textgestaltung gewesen, weshalb Straus am 25.7.1911 an Victor Léon schrieb:

„Es handelt sich wahrhaftig nicht darum, ob mir die Neubearbeitung von ‚Didi' mehr oder weniger gefällt, ob ich Recht habe oder ob Sie Recht haben, es handelt sich überhaupt nicht so

---

23 Neues Wiener Journal, 24.10.1909, S. 13.
24 Neue Freie Presse, 24.10.1909, S. 16.
25 Oscar Straus: Brief an Victor Léon, 19.3.1910. Léon-Nachlass 25/2.1.2.134.
26 Oscar Straus. Brief an Victor Léon, 28.4.1911. Léon-Nachlass 25/2.1.2.134.
27 Bernhard Herzmansky: Brief an Victor Léon, 8.7.1911. Léon-Nachlass 26/2.1.4.6.

sehr um ‚Didi', an der mir – im Grunde genommen – nicht so viel liegt. Es handelt sich um Symptomatisches, welches anlässlich dieser Didi-Bearbeitung und anlässlich der nun schon fast zwei Jahre währenden Unterhandlungen und Versuchen an dieser Unglücks-Operette deutlich zu Tage getreten sind. Und diese symptomatischen Wahrnehmungen führen dahin, dass wir uns nicht verstehen, nicht zusammenpassen, nicht zu gemeinsamer Arbeit und zu gemeinsamen Erfolgen geschaffen sind."[28]

Oscar Straus schrieb in diesem Brief auch, dass er und Léon „vor nicht allzulanger Zeit Pourparlers – wenn auch noch unverbindlicher Natur – wegen einer neuen Arbeit gepflogen" hätten. Die zwei bereits vorliegenden Akte des Werkes – dessen Titel Straus nicht nennt – hätten ihm zwar „im Großen und Ganzen gefallen", aber es seien „noch einschneidende Änderungen" nötig – „ganz davon zu schweigen, dass der III. Akt, dessen Skizzierung nicht allzugrosse Erwartungen in mir erweckt, noch gar nicht geschrieben ist. Bei der bisherigen Art Ihres Arbeitens, resp. Zusammenarbeitens mit dem Componisten (wenn man dies so nennen kann) verspreche ich mir auch in diesem Falle kein mir congeniales Buch".

Offenbar wurde das Projekt, über das keine weiteren Details bekannt sind, wieder fallen gelassen. Dennoch setzte Oscar Straus 1913 erneut eine Initiative zur Zusammenarbeit und machte Léon das Angebot, gemeinsam mit Leopold Jacobson[29] das Libretto für die Operette „Die schöne Unbekannte" zu verfassen. Allerdings scheiterte dieses Kooperationsvorhaben gleich von Beginn an, wie aus einem Brief, den Jacobson am 26.4.1913 an Léon schrieb, hervorgeht:

„Geehrter Herr Léon,
unser gestriges telefonisches Nachtgespräch hat ergeben, daß Sie für die Ihnen winkende chancenreiche Arbeit nicht einmal so viel Entgegenkommen aufbrachten, um die von mir dringend erbetene Zusammenkunft in der für mich möglich erscheinenden Nachmittagsstunde zu bewilligen.
Diese Gleichgültigkeit und abweisende Art, mit der Sie gleich von vorneherein mir Ihren eigensten Standpunkt bekunden, läßt Herrn Oscar Straus und mich erkennen, daß ein Zusammenarbeiten unersprießlich wäre und veranlaßt uns, darauf zu verzichten.
Ich teile Ihnen dies mit, damit Sie sich mit der Sache nicht weiter zu beschäftigen brauchen."[30]

Am folgenden Tag schrieb Bela Jenbach[31], der damals als Mitarbeiter von Jacobson fungierte, einen wesentlich freundlicher gehaltenen Brief an Victor Léon, in dem er

---

28 Oscar Straus: Brief an Victor Léon, 25.7.1911. Léon-Nachlass 25/2.1.2.134.
29 Leopold Jacobson, geb. 30.6.1878 in Czernowitz, gest. 23.2.1943 im KZ Theresienstadt, war Verfasser zahlreicher Operettenlibretti. Am berühmtesten wurde sein gemeinsam mit Felix Dörmann verfasstes Textbuch zur Oscar Straus-Operette „Ein Walzertraum".
30 Léon-Nachlass 24/2.1.2.57.
31 Bela Jenbach (eigentl. Béla Jacobowicz), geb. 1.4.1871 in Miskolc (Ungarn), gest. 21.1.1943 in Wien, war Schauspieler und Librettist. Jenbach verfasste u.a. die Textbücher zu „Die Csárdásfürstin" (gem. mit Leo Stein; Musik Emmerich Kálmán) und „Der Zarewitsch" (gem. mit Heinz Reichert; Musik Franz Lehár).

diesen zunächst wissen ließ: „Ich stelle mich, falls Sie Arbeit für mich hätten, mit Freude zur Verfügung"[32] – und dann fortsetzte:

„Herr Jacobson telefonierte mir gestern Abends, daß die neue Verbindung mit Ihnen betreffs ‚Schöne Unbekannte' nicht zustande kam und ersuchte mich dringend den Ihnen übersendeten Entwurf gleich heute morgens abzuholen, da er ihn dringendst benötigt.
Ich selbst bin verhindert selbst zu kommen und so bitte ich vielmals Überbringer dieses das Manuscript gütigst ausfolgen zu wollen."

Zum Ko-Librettisten von Leopold Jacobson wurde in der Folge der deutsche Komödienautor Leo Walter Stein, uraufgeführt wurde „Die schöne Unbekannte" am 15.1.1915 im Wiener Carl-Theater.

Nach dem Misserfolg von „Didi" und den folgenden Unstimmigkeiten sollte es über fünf Jahre dauern, bis sich Victor Léon und Oscar Straus doch wieder zu einem Gemeinschaftswerk zusammenfanden. Es handelte sich um die „Posse mit Gesang" „Man steigt nach", die am 2.5.1915 im Carl-Theater erstmals aufgeführt wurde. Das Textbuch, das Léon dazu lieferte, war allerdings nicht neu, sondern die Bearbeitung des Schwanks „Der Detektiv", den Léon gemeinsam mit Ernst Gettke verfasst hatte und der 1902/03 mit einigem Erfolg im Raimund-Theater gezeigt worden war. Bei der Umarbeitung zur „Posse mit Gesang" fungierte dann Heinz Reichert als Koautor. In den meisten Premierenberichten der Zeitungen wurde zwar darauf verwiesen, dass man das Stück bereits kenne und dass es „in der neuen Form an Reiz und komischer Wirkung kaum gewonnen"[33] habe, von Seiten des Publikums aber fand „Man steigt nach" „eine sehr freundliche Aufnahme"[34]. Zu den – insgesamt nicht allzu umfangreichen – Änderungen und Ergänzungen, die Léon und Reichert bei der Umarbeitung des „Detektivs" zu „Man steigt nach" vorgenommen hatten, gehörte die Einfügung einer „gelungene[n] Parodie auf die falsche Tragik und wohlfeile Gefühlsduselei der neuestens so beliebt gewordenen Kinodramen"[35]. Die Einlage, die „wahre Lachstürme"[36] entfesselte, war von Victor Léons Schwiegersohn Hubert Marischka kreiert worden und bestand, wie den Zeitungsberichten zu entnehmen ist, aus dem satirisch überzeichneten Nachspielen einer Verführungsszene aus einem Stummfilm. Dies kam nicht nur beim Publikum, sondern auch bei den Kritikern durchwegs gut an. So etwa schrieb etwa das „Fremden-Blatt", die Parodie sei „eine witzige, geistreiche Rache, die das Theater da an seinem gefährlichsten Konkurrenten nimmt."[37]

„Man steigt nach" war über mehrere Wochen im Carl-Theater zu sehen, fand aber, abgesehen von einigen Aufführungen im Stadttheater von Teplitz-Schönau im Sommer 1915 und einer ungarischen Fassung, die im Mai 1916 unter dem Titel „Csak utána!" im Budapesti Szinház zu sehen war, keine größere Resonanz.

---

32 Léon-Nachlass 24/2.1.2.58.
33 Neues Wiener Journal, 4.5.1915, S. 11.
34 Aufführungsbericht im Zensurakt, NÖ Landesarchiv, NÖ Reg. Präs Theater ZA 1915/0692 K 55.
35 Wiener Zeitung, 3.5.1915, S. 6.
36 Der Humorist, 10.5.1915, S. 2.
37 Fremden-Blatt, 3.5.1915, S. 6.

Im Lauf des Jahres 1915 arbeiteten Victor Léon und Oscar Straus noch einmal an einem gemeinsamen Werk, das den Titel „Der Operettenkönig" tragen sollte.[38] Als das Werk dann am 28.1.1916 im Bürgertheater erstmals gezeigt wurde, hatte es jedoch einen anderen Titel, nämlich „Liebeszauber". Möglicherweise war man von „Der Operettenkönig" deshalb abgegangen, weil dieser Titel zu sehr mit konkreten Persönlichkeiten assoziiert werden konnte. Denn einige Jahre zuvor, 1911, war im Berliner Verlag Hermann Laue ein Buch mit dem Titel „Operettenkönige. Ein Wiener Theaterroman" erschienen, als dessen Verfasser „Franz von Hohenegg" angegeben war. Wer sich hinter diesem vermutlichen Pseudonym verbarg, ist nicht bekannt, auf jeden Fall aber wussten der Autor beziehungsweise die Autorin relativ gut über die Wiener Operettenszene Bescheid, gegen die er oder sie mit dem Werk eine sehr polemische Attacke richtete. Um wen es sich bei den titelgebenden „Operettenkönigen" handelte, war leicht zu entschlüsseln: Es waren Franz Lehár und Victor Léon, die im Roman unter den Namen Hans Neddar und Alfons Bonné auftreten. Die beiden werden als skrupellose Karrieristen beschrieben, die einem jungen Komponisten dessen Operette abluchsen, sie als ihr eigenes Werk ausgeben und den jungen Mann dadurch in den Selbstmord treiben. Weitere klar erkennbare Personen innerhalb dieser Handlung, die am Tag der 200. Aufführung der von Neddar komponierten und von Bonné textierten Operette „Die lustigen Weiber von Wien" (– ein deutlicher Hinweis auf „Die lustige Witwe") beginnt, sind unter anderen der Direktor des Theaters an der Wien Wilhelm Karczag (im Roman als Direktor Mikoczy Leiter des „Donautheaters"), sowie die Schauspielerin Mizzi Günther (die im Buch Mizzi Rittmann heißt) und der Schauspieler Louis Treumann (im Roman Arno Springer benannt). Sie alle sind Exponenten eines durchwegs als moralisch verdorbenen Milieus beschrieben. Zentrale Negativfigur in dem deutlich antisemitisch gefärbten Roman aber ist der Librettist Bonné. „Franz von Hohenegg" brachte dabei zahlreiche Details aus der Biografie Victor Léons ein, über die er offenbar recht gut informiert war. So heißt es über den Beginn der Berufslaufbahn Bonnés: „Er schrieb damals Ballberichte für kleinere Zeitungen und arbeitete an irgendeinem Winkelblatt als Theaterrezensent mit. Erst allmählich hatte er selbst sein Talent entdeckt und hatte allerdings erstaunlich verstanden, es schlau auszubeuten, so daß er heute bereits ein sehr wohlhabender Mann war und auf dem besten Weg zum Reichtum."[39]

Durch den Roman hatte die Bezeichnung „Operettenkönig" bezogen auf Victor Léon eine klar negative Konnotation erhalten. Es ist somit vorstellbar, dass es auf ihn zurückging, dass jene Operette, die er 1915 mit Oscar Straus geschaffen hatte, nicht „Der Operettenkönig", sondern „Liebeszauber" heißen sollte. Außerdem spielte in dem neuen Werk ein anonym erschienener Roman eine wesentliche Rolle – „Der Operettenkönig" wäre also den „Operettenkönigen" diesbezüglich wohl allzu nahe gewesen. In der Operette handelt das anonym publizierte Buch mit dem Titel „Liebeszauber" vom angeblichen Liebesverhältnis zwischen dem erfolgreichen Wiener Operettenkomponisten Helmer, der als Frauenheld gilt, und Clarisse, einer ehemaligen Operettendiva, die mit einem reichen Industriellen verheiratet ist. Es kommt zu zahlreichen Verwicklungen und vielen Eifersuchtsszenen, bis sich herausstellt, dass Clarisse den Roman selbst geschrieben hat. Denn da ihr Mann ihr das Theaterspielen

---

38 Siehe Ankündigung in: Neues Wiener Journal, 18.12.1915, S. 11.
39 Franz v. Hohenegg: Operettenkönige. Ein Wiener Theaterroman. Berlin [1911]. S. 57.

verboten hatte, wollte sie durch die – unwahren – Selbstbezichtigungen eine Scheidung herbeiführen, um so die Hauptrolle in Helmers neuer Operette übernehmen zu können. Das Stück endet mit einer allgemeinen Versöhnung, Clarisse bleibt bei ihrem Mann, und dieser erlaubt ihr, wieder aufzutreten.

Für die Grundkonstellation des Werkes – eine Frau gibt vor, ihren Mann betrogen zu haben – hatte sich Victor Léon offenbar einige Anregungen von der Komödie „Infedele" des italienischen Dramatikers Roberto Bracco geholt. Das empörte Otto Eisenschitz, der Braccos Stück, das 1895 unter dem Titel „Untreu" am Wiener Volkstheater gezeigt worden war[40], übersetzt hatte. Auch wenn Léon bestreite, das Stück zu kennen, sei doch das Plagiat (so Eisenschitz in einem Brief an Léon) durch einen wörtlich übernommenen Satz belegbar: „Also Sie kennen ‚Untreu' nicht ?!?!?! Aber Sie wussten sofort, welchen Satz ich meine, trotzdem ich ihn nicht citierte! Bravo! Nun weiss ich wenigstens, woran ich bin und wie ich mich zu verhalten habe."[41] Allerdings unternahm Eisenschitz in der Folge keine weiteren Schritte in der Sache – vielleicht auch, weil die Gesamthandlung des „Liebeszaubers" sich doch deutlich von „Untreu" unterscheidet.

Sowohl beim Publikum als auch bei den Kritikern kam die Premiere von „Liebeszauber", bei der Victor Léon Regie führte, gut an. „Die neue Operette fand nach allen Aktschlüssen stürmischen Beifall. […] Oskar Straus, der selbst dirigierte, konnte mit Viktor Léon zahlreichen herzlichen Hervorrufen Folge leisten", berichtete das „Neue Wiener Journal". Lob gab es sowohl für das „mit großem Geschick"[42] gestaltete Libretto als auch für die Komposition, in die Straus auch einige Musiknummern „aus seiner vor Jahren daneben gegangenen ‚Didi' […] herübergerettet"[43] hatte. Hevorgehoben wurde in fast allen Premierenberichten die „sehenswerte, prächtige Ausstattung"[44]. Besondere Beachtung und einen eigenen großen Artikel im „Neuen Wiener Journal" gab es für die Kostüme, die Rosy Werginz als Clarisse, Poldi Müller als deren Stieftochter und Ida Rußka als Verehrerin von Helmer trugen.

„Die neue Operette bringt den seltenen Fall, daß drei Damen in Hauptrollen beschäftigt sind und in jedem Akte ein anderes Kleid tragen müssen. Neun Toiletten sind, wenn die entsprechende Sorgfalt für sie verwendet wurde, fast eine kleine Modeausstellung, besonders in der jetzigen Saison, wo jede neue Idee eine Andeutung der künftigen Mode enthalten kann. Viel Neues wird denn auch in diesen Kleidern gezeigt, zum Teil sind sie wirklich schick, wenn auch nicht alle auf der gleichen Höhe stehen"[45].

So leitete die Moderedakteurin des „Neuen Wiener Journals", Elsa Tauber, ihren Beitrag ein, der aus einer detailreichen Beschreibung und Beurteilung der Kostüme bestand.

---

40 Wiener Erstaufführung 29.11.1895.
41 Otto Eisenschitz: Brief an Victor Léon. Léon-Nachlass 24/2.1.2.18.
42 Der Humorist, 1.2.1916, S. 2.
43 Ebd.
44 Der Humorist, 1.2.1916, S. 2.
45 Neues Wiener Journal, 30.1.1916, S. 13.

Neues Wiener Journal, 30.1.1916

Tauber lobte die Kostüme als geschmackvoll und originell, nur zu dem in der Illustration im „Neuen Wiener Journal" ganz rechts abgebildeten Kleid vermerkte sie, dass der „abendkleidmäßige Rock [...] unmöglich zu einer kurzen Umhülle und einem Hut getragen werden" könne. Daraus zog Tauber ein grundsätzliches Resümee betreffend die Vorbildfunktion des Theaters in Sachen Mode: „Ein Bestreben der Künstlerin einer Großstadtbühne soll es sein, sich dem Publikum in richtunggebenden Toiletten zu zeigen. Paris hat seinen Schlager fast immer zuerst an seinen Künstlerinnen vorgeführt, und wenn bei uns die Anforderungen auch nicht so weit gehen, so sollten doch krasse Fehler, welche die Illusion stören, vermieden werden."

Am 12.4.1916 konnte im Bürgertheater die 75. En-suite-Aufführung von „Liebeszauber" gefeiert werden, und einige Tage später meldete die „Neue Freie Presse": „Die dreiaktige Operette ‚Liebeszauber' von Viktor Léon, Musik von Oskar Strauß [!], wurde von der Komischen Oper in Berlin, vom Karl Schultze-Theater in Hamburg, vom Zentraltheater in Dresden, vom Schauspielhaus in Breslau, vom Stadttheater in Nürnberg, vom Wilhelmtheater in Magdeburg, vom Königstheater in Budapest, vom Opernhaus in Graz und in vielen anderen Städten wie Kopenhagen, Stockholm, Bukarest usw. erworben."[46]

Mit den in der Statistik von Otto Keller verzeichneten 315 Aufführungen an deutschsprachigen Bühnen bis 1921[47] war „Liebeszauber" das am meisten gespielte Gemeinschaftswerk von Victor Léon und Oscar Straus – reichte jedoch bei weitem nicht an jene Erfolge heran, die Straus mit anderen Werken erzielen konnte. Zu wirklich großen gemeinsamen Erfolgen waren Léon und Straus, wie der Komponist vorausgesehen hatte, offenbar tatsächlich nicht „geschaffen".

---

46 Neue Freie Presse, 21.4.1916, S. 10.
47 Keller: Operette, S. 430.

„Gold gab ich für Eisen":
Ein Singspiel mit Kriegspropaganda

Mit der Kriegserklärung Österreich-Ungarns an Serbien am 28.7.1914 begann der Erste Weltkrieg. Um in der Bevölkerung die entsprechende Kriegsbegeisterung zu wecken und zu festigen, wurde umgehend eine gewaltige Propagandamaschinerie in Gang gesetzt. Die Stimmungsmache erfolgte zunächst vor allem über die Zeitungen, die von dem bereits am 28.7.1914 gegründeten k.u.k. Kriegspressequartier mit Propagandamaterial versorgt wurden, sowie über eine Vielzahl von Plakaten und anderen öffentlichen Kundmachungen. Die Theater waren, aufgrund der Sommerpause, in der sich die meisten von ihnen zu Kriegsausbruch befanden, zunächst nicht betroffen. Auch änderte man von Seiten der Theaterdirektionen vorderhand nichts an den Planungen für die Herbstsaison, nahm aber zunächst den Spielbetrieb nicht wieder auf, sondern wollte das Ende der Kampfhandlungen abwarten, da man, wie ein Großteil der Bevölkerung, dachte, dass der Krieg bald und ohne große Opfer wieder vorbei sein werde. „Spezielle Kriegsklauseln in den Verträgen und Konzessionen ermöglichten es ihnen [den Theaterdirektoren] zumeist, die Theater zu schließen und das Personal zu kündigen. Als sich zeigte, dass der Krieg doch nicht so blitzartig gewonnen und beendet würde und die in den Städten verbliebene Bevölkerung durchaus ‚hungrig' nach Theateraufführungen war, beschlossen die Theaterleiter doch, den Betrieb wieder aufzunehmen"[1], schreibt dazu Eva Krivanec in ihrer Dissertation über die Situation der Theater im Ersten Weltkrieg.

Die Programme wurden der politischen Situation angepasst: Hatte man etwa im Theater in der Josefstadt vorgehabt, die neue Spielsaison am 14.8.1914 mit dem populären Schwank „Der Schrei nach dem Kind" von Alexander Engel und Julius Horst zu beginnen[2], so eröffnete man nun, mit mehrwöchiger Verspätung, am 30.9.1914 mit dem „Zeitbild" „Das Weib des Reservisten" von Bernhard Buchbinder. Am 4.10.1914 nahm auch das Raimund-Theater den Spielbetrieb wieder auf und zeigte ebenfalls ein „Zeitbild", dem die Autoren August Neidhart und Carl Lindau den durch seine Anspielung auf das kriegsverbündete Deutschland hochaktuellen Titel „Komm, deutscher Bruder" gegeben hatten. Und ganz im Sinne einer alle Bevölke-

---

1 Krivanec, Eva: Krieg auf der Bühne – Bühnen im Krieg. Zum Theater in vier europäischen Hauptstädten (Berlin, Lissabon, Paris, Wien) während des Ersten Weltkriegs. Diss., Universität Wien, 2009. S. 86.
2 Siehe: Der Humorist, 20.7.1914, S. 2.

rungsteile einschließenden Propaganda brachte das Raimund-Theater ab 14.10.1914 als Nachmittagsvorstellung für Kinder das Märchenstück „Max und Moritz ziehen in den Krieg" von Franz Scher. Im Theater an der Wien hatte man noch Anfang August 1914 geplant gehabt, am 1.9. mit der Lehár-Operette „Endlich allein" (Libretto Alfred Maria Willner und Robert Bodanzky) in die neue Spielzeit zu starten.[3] Aber auch diese Bühne brachte nun zur Saisoneröffnung, die erst am 17.10.1914 stattfand, ein Werk, das einen deutlichen Bezug zum Krieg hatte. Es war das Singspiel „Gold gab ich für Eisen", zu dem Victor Léon das Libretto und Emmerich Kálmán die Musik geschrieben hatten.

Schon der Titel des Werkes stellte klare Assoziationen zur damals aktuellen politischen Situation her. Denn „Gold gab ich für Eisen" war der Name einer Spendenaktion zur Kriegsfinanzierung, die Anfang August 1914 von der „k.k. Gesellschaft vom Österreichischen Silbernen Kreuze" ins Leben gerufen worden war. Historisches Vorbild war eine gleichnamige Aktion, die 1813 während der Napoleonischen Kriege in Preußen organisiert worden war. So wie damals erhielten auch im Ersten Weltkrieg die Spender als symbolische Anerkennung für ihre Beiträge, bei denen es sich hauptsächlich um Schmuck und andere Gegenstände aus Edelmetallen handelte, Eisenringe mit der Inschrift „Gold gab ich für Eisen". „Diese Ringe werden für die Spender, welche diese große Zeit der beispiellosen vaterländischen Erhebung miterlebt haben, und auch für ihre Nachkommen ein dauerndes Zeichen dieser unvergeßlichen Erlebnisse bilden", hieß es dazu in einer in zahlreichen Zeitungen veröffentlichten Meldung.[4] Die Aktion war von hohem patriotischem Pathos geprägt, und sie erzielte beachtliche Ergebnisse. So schrieb „Das interessante Blatt" am 12.11.1914:

„Die Aktion verausgabte bis 1. November 1914 mehr als 500.000 Eisenringe mit der Inschrift ‚Gold gab ich für Eisen' in deutscher, böhmischer, kroatischer, polnischer, slowenischer und italienischer Sprache. Der Erlös aus dem eingelaufenen Edelmetall sowie Barspenden ergab bis 1. November die Summe von 1,350.000 Kronen.
An das k.k. Münzamt wurden bis 1. November 1914 zur Einschmelzung Brutto Gold 825 Kilogramm, Brutto Gold und Silber gemischt 133 Kilogramm, Brutto Silber 539 Kilogramm ausgefolgt.
Außerdem liefen eine große Anzahl russischer, serbischer, japanischer, französischer Orden ein, weiters eine Anzahl den Künstlern gewidmeter Lorbeerkränze in Gold und Silber."[5]

Die Aufzählung der Orden, die gespendet worden waren und die aus Ländern stammten, die nunmehr Kriegsgegner Österreich-Ungarns waren, ist ein weiterer Beleg für die stark patriotisch-emotionale Komponente von „Gold gab ich für Eisen".

Das aus einem Vorspiel und zwei Akten bestehende Singspiel „Gold gab ich für Eisen" spielt im Herbst 1914 (zur Zeit der Uraufführung also in der unmittelbaren Gegenwart), und bereits in einer der ersten Szenen wird auf die Spendenaktion verwiesen. Denn der erste Akt, der, so wie auch der zweite, in dem an der ungarischen Grenze gelegenen Gubendorf angesiedelt ist, beginnt damit, dass Bäuerinnen zu dem

---

3 Siehe: Der Humorist, 1.8.1914, S. 2.
4 U.a. Wiener Zeitung, 3.8.1914, S. 6; Grazer Tagblatt, 6.8.1914, S. 2; Innsbrucker Nachrichten, 6.8.1914, S. 6; Czernowitzer Allgemeine Zeitung, 7.8.1914, S. 5.
5 Das interessante Blatt, 12.11.1914, S. 10.

im Ort gelegenen Schloss kommen, um dort ihre Eheringe und andere Schmuckstücke für die Aktion „Gold gab ich für Eisen" abzuliefern und dafür von Marlene, der Tochter der Baronin Gubendorf, eiserne Ringe zu bekommen. Marlene singt zum Abschluss der Szene eine Arie, deren Text ganz im Stil der Stimmungsmache der Zeit gehalten ist:

„Mein Vaterland, Du bist in Not, / Ringsum von Feinden schwer bedroht – / Wie könnt' ich Hilfe bringen? / Für unsern Kaiser, unsern Herrn, / Als schwache Frau, den Waffen fern, / Auch eine Waffe schwingen? / Den Ring, das Kreuz und hier vom Arm das gold'ne Band – Nimm's hin, mein liebes Vaterland! / Was mein an Schmuck, gern geb' ich's hin mit off'ner Hand, / Nimm's hin, mein liebes Vaterland!
Gold gab ich für Eisen, / Will Öst'reich, dir, beweisen, / Wie heiß Du wirst geliebt! / Auch w i r sind Landsturmleute, / Auch d e r kämpft tapfer heute, / Der Gold für Eisen gibt!
Doch nein! Weit mehr als gold'nen Tand / Gibt auch die F r a u dem Vaterland: / Gibt Söhne, Brüder, Gatten! / D i e sind das echte, laut're Gold, / Das stumm die Frau dem Eisen zollt. / Das Liebste, das wir hatten! / Den Sohn, den Mann, den Bruder opfern wir ja dir – / Mein Vaterland, wie reich, wie reich sind wir! / Wer dir dies gab, bewies, was glühend er empfand / Für dich, für dich, mein liebes Vaterland!"[6]

Wie aus einem im Zensurakt erhaltenen Typoskript[7] ersichtlich ist, hatte Victor Léon ursprünglich diese Szene mit Marlene und den Bäuerinnen, die nun die erste des ersten Aktes bildet, an den Beginn des Singspiels stellen wollen. Erst kurz vor der Premiere fügte er das Vorspiel ein, das auf ein Schlachtfeld führt. Franz, der Bruder Marlenes, ist schwer verletzt und scheint im Sterben zu liegen. Seinem Freund Alwin trägt er auf, die Mutter und Marlene von seinem Tod zu benachrichtigen und ihnen einige Erinnerungsstücke zu überbringen. Die beiden Frauen haben Franz 15 Jahre lang nicht gesehen, da er als Offizier bei einer Militärmission im Ausland tätig gewesen war und dann bei Kriegsausbruch sofort in Serbien stationiert wurde. Umso größer ist die Freude von Marlene und der Baronin, als sie erfahren, dass das Regiment, dem Franz angehört, an die russische Grenze verlegt und auf dem Weg dorthin in Gubendorf Zwischenstation machen werde. Alles wird für einen festlichen Empfang für Franz vorbereitet, der allerdings, als das Regiment im Dorf einzieht, fehlt. Mit dem Regiment kommt aber Alwin nach Gubendorf, und von ihm erfährt der Bauer Rabenlechner, ein Bekannter der Baronin, dass Franz tot sei. Rabenlechner meint, dass die Baronin diese Nachricht nicht überleben werde, und es gelingt ihm, Alwin dazu zu überreden, sich als Franz auszugeben, den ja nach 15-jähriger Abwesenheit ohnehin niemand erkennen würde. Die Täuschung gelingt, Alwin wird als vermeintlicher Sohn und Bruder im Schloss aufgenommen. Eine dramatische Zuspitzung erfährt die Situation jedoch dadurch, dass sich Alwin in Marlene verliebt und sie daher über seine wahre Identität aufklärt. Doch es gibt ein Happy End, denn Franz hat überlebt, kehrt nach Hause zurück, und Alwin und Marlene werden ein Paar.

Der Plot von „Gold gab ich für Eisen" war nicht neu: Das Stück basierte, wie auch auf dem Textbuch, den Theaterzetteln und den Ankündigungen in den Zeitun-

---

6 Léon, Victor: Gold gab ich für Eisen. Textbuch mit handschriftlichen Anmerkungen von Victor Léon. Léon-Nachlass 19/1.12.6. S. 5f.
7 NÖ Landesarchiv, NÖ Reg. Präs Theater TB K 344/03.

gen vermerkt war, auf einer „Grundidee Karl v. Bakonyis". Dabei handelte es sich um das Stück „Az obsitos", zu dem der ungarische Schriftsteller Karl Bakonyi[8] den Text und Emmerich Kálmán die Musik geschrieben hatten und das am 16.3.1910 im Budapester Vigszinház uraufgeführt worden war. Victor Léon hatte davon bereits 1911 (auf Basis einer Übersetzung, die zumindest teilweise von Kálmán erstellt worden war[9]) eine deutschsprachige Fassung geschaffen, die ab 27.10.1911 unter dem Titel „Der gute Kamerad" im Wiener Bürgertheater gezeigt wurde. Als Genrebezeichnung für das Werk war dabei „Theaterstück für Musik" angegeben, was, wie damals die „Arbeiter-Zeitung"[10] vermutete und später Stefan Frey in seiner Kálmán-Biografie bestätigte[11], wohl durch den als „Komödie mit Musik" bezeichneten „Rosenkavalier" von Richard Strauss und Hugo von Hofmannsthal inspiriert war.

Der wesentlichste Unterschied zwischen dieser ersten Bearbeitung des Stoffes durch Léon und „Gold gab ich für Eisen" besteht darin, dass in „Der gute Kamerad" Franz tatsächlich in einer Schlacht getötet wurde und dass diese Schlacht (entsprechend der ungarischen Originalfassung) 1859, während des Italienischen Unabhängigkeitskrieges, stattfand. Auch „Der gute Kamerad" endet mit der Verlobung von Marlene und Alwin, im Gegensatz zu „Gold gab ich für Eisen" ist dieses „Happy End" aber eben durchaus nicht ungetrübt. Die tragische Grundstimmung war ein wesentlicher Grund dafür, dass dem „Guten Kameraden" nur wenig Erfolg beschieden war. Die Kritiken waren zum Großteil schlecht, man ortete im Werk eine „Hypertrophie des Pathetischen"[12], sprach von einem „Meer von Rührseligkeit"[13] und meinte, „dieses Buch ist auf Trauerpapier gedichtet, und fast jedes Blatt der Partitur sollte schwarz umrändert sein."[14]

„Der gute Kamerad" war im Wiener Bürgertheater zwar 53 Mal en suite zu sehen und wurde auch von einigen anderen Bühnen übernommen – so etwa vom Stadttheater Salzburg (Jänner und Februar 1912), von der Grazer Oper (Mai 1912), vom Stadttheater Karlsbad (Juni 1912) und vom Kurtheater Bad Reichenhall (August 1912) –, dann aber verschwand das Werk von den Spielplänen. „Der penetrante Ruf der Traurigkeit hat das Stück ganz zu Grunde gerichtet"[15], schrieb Emmerich Kálmán an Victor Léon, den er bereits wenige Tage nach der Uraufführung bat, „meine Musik freizugeben [...] ich will dazu in 2-3 Jahren ein anderes Buch haben."[16]

Léon ging darauf jedoch nicht ein – auch nicht, als Kálmán am 8.4.1913 nochmals ersuchte „mir die Musik frei zu geben, vielleicht kann ich davon einiges, wenn

---

8 Karl Bakonyi, geb. 28.7.1873 in Nagyvárad (damals deutsche Namensform Großwardein, heute Oradea/Rumänien), gest. 25.10.1926 in Budapest. Verfasste neben einigen Erzählungen und Sprechtheaterstücken eine Reihe von Operettenlibretti.
9 Siehe dazu einen Brief Kálmáns an Léon vom 4.7.1911, in dem Kálmán mitteilt, dass er den dritten Akt übersetzt habe (Léon-Nachlass 24/2.1.2.62).
10 Arbeiter-Zeitung, 28.10.1911, S. 9.
11 Frey, Stefan: „Unter Tränen lachen". Emmerich Kálmán. Eine Operettenbiografie. Berlin 2003. S. 76.
12 Neues Wiener Journal, 28.10.1911, S. 10.
13 Neues Wiener Tagblatt, 28.10.1911, S. 16.
14 Wiener Abendpost (Abendausgabe der Wiener Zeitung), 28.10.1911, S. 8.
15 Emmerich Kálmán: Brief an Victor Léon, o.D. Léon-Nachlass 24/2.1.2.62.
16 Emmerich Kálmán: Brief an Victor Léon, 6.11.1911. Léon-Nachlass 24/2.1.2.62.

auch nicht mehr hier, vielleicht in Amerika einmal verwenden [...] Ich bitte Sie inständigst, sind Sie gut u. erfüllen Sie meine Bitte, vielleicht werde ich noch Gelegenheit haben Ihnen meine Dankbarkeit zu beweisen, u. Sie werden es nicht zu bereuen haben, wenn Sie mich diesmal freigeben."[17]

Victor Léon verweigerte die Freigabe, weil er, im Gegensatz zu Kálmán, „noch gewisse Hoffnungen an das Werk"[18] hatte. Dass diese Hoffnungen durchaus berechtigt waren, zeigte sich mit Ausbruch des Weltkriegs, als klar wurde, dass „Der gute Kamerad" nur einiger weniger Änderungen bedurfte, um von höchster Aktualität zu sein. Notwendig war es allerdings, dem Stück die Tragik zu nehmen, denn der Tod eines österreichischen Soldaten auf dem Schlachtfeld hätte nicht zur vorherrschenden Siegesstimmung gepasst. Vor allem aber wurden – neben Verweisen auf die Aktion „Gold gab ich für Eisen" – zahlreiche weitere Bezüge zur aktuellen Situation und zur herrschenden Propaganda hergestellt. So etwa war ein von mehreren Bauern gesungenes Couplet ganz im Stil jener vor allem zu Kriegsbeginn weitverbreiteten Sprüche[19] gehalten, mit denen in einer Mischung aus Brutalität und vermeintlichem Humor die Kriegsgegner herabgewürdigt und die Überlegenheit Österreich-Ungarns und Deutschlands betont wurden:

„Also sag', wo steht der Russ'? / Wo er Prügel kriegen muss! / Und die Österreicher – hier? / Wo man siegt, steh'n immer wir! / Öst'reich, Deutschland sind a Paar, / Wie noch auf der Welt kein's war! / Und daß die zwei jetzt zusammengeh'n, / Dös is halt schön! / Kommen mir und kommen die, / Fallt Europa auf die Knie! / Öst'reich hier und Deutschland da – / Allweil heißt's: Victoria!
Also der Franzos', / Der is in der Sohß (Sauce) [!] / Mit dem is gar nix mehr los! / Und dann Engelland – / Dös is gar a Schand'! / Ja, die nehmen d' Füß' in d' Hand! / [...] Serb' und Belgier – wo ist der? / Die gibt's bald gar nimmermehr!"[20]

Ebenso gut wie die Propagandasprüche kam jenes „lustige Zeppelin-Couplet"[21] aus dem zweiten Akt an, das den Kriegseinsatz der von Ferdinand von Zeppelin entwickelten Luftschiffe zum Thema hat. Denn zu Kriegsbeginn verfügte das Heer des Deutschen Reiches über neun Zeppeline, von denen sich „Militärs und Laien Wunderdinge"[22] erwarteten, da die Technik der Zeppeline zunächst noch jener der von den Kriegsgegnern eingesetzten Flugzeuge überlegen war. Die anfänglichen militärischen Erfolge, die durch den Einsatz der Luftschiffe erzielt werden konnten, wurden entsprechend propagandistisch umgesetzt, was wiederum auch in „Gold gab ich für Eisen" zum Ausdruck kam. Dabei wird die Brutalität des industrialisierten Kriegsgeschehens extrem verharmlost. Vor allem mit den im Refrain der insgesamt drei Strophen wiederholten Anklängen an das populäre Volkslied „Kommt ein Vogerl geflo-

---

17 Emmerich Kálmán: Brief an Victor Léon, 8.4.1913. Léon-Nachlass 24/2.1.2.63.
18 Zit. in: Emmerich Kálmán: Brief an Victor Léon, 8.4.1913. Léon-Nachlass 24/2.1.2.63.
19 Siehe dazu Weigel, Hans u.a.: Jeder Schuß ein Ruß. Jeder Stoß ein Franzos. Literarische und graphische Kriegspropaganda in Deutschland und Österreich 1914-1918. Wien 1983.
20 Léon: Gold gab ich für Eisen. Léon-Nachlass 19/1.12.6, S. 7.
21 Neue Freie Presse, 18.10.1914, S. 15.
22 Kleinheins, Peter – Wolfgang Meighörner (Hg.): Die großen Zeppeline. Die Geschichte des Luftschiffbaus. 3. Aufl. Berlin 2005. S. 146.

gen" wird suggeriert, dass die Bombenangriffe auf den Feind als eine Art Kinderspiel zu betrachten seien:

„Kommt ein Vogerl hergeflogen / Und das nennt sich Zeppe – Zeppelin –
Hat ein Bomberl in dem Schnaberl, / Dieser Zeppe – Zeppe – Zeppelin!
O, wie gern möcht' man den fangen, / Diesen Zeppe – Zeppe – Zeppelin –
Möcht' ihn so herunterlangen, / Aber Schnecken! Da trifft keiner hin!"[23]

Die Premiere von „Gold gab ich für Eisen" wurde, wie die Zeitungen übereinstimmend berichteten, vom Publikum mit viel Beifall aufgenommen, und auch bei den Kritikern kam das Werk größtenteils gut an. Lob gab es vor allem dafür, dass das Stück „zeitgemäß"[24] sei. So etwa schrieb das „Fremden-Blatt": „Schon der Titel ‚Gold gab ich für Eisen' packt die Leute durch seine sympathische Aktualität"[25]. Das „Wiener Montagblatt" vermerkte, dass das von Victor Léon „neu und aufs geschickteste bearbeitet[e]" Stück eine „Kolorierung aus dem Farbenkasten der jüngsten Zeit"[26] habe, und für „Die Neue Zeitung" war „Gold gab ich für Eisen" „eine vaterländische Operette im besten Sinne des Wortes"[27], mit der Emmerich Kálmán und Victor Léon „auch ihrerseits bewährte Waffenbrüderschaft bewiesen haben."

Besonderen Beifall gab es bei der Premiere, als Louise Kartousch (die, in einer Hosenrolle, einen jungen Rekruten spielte) nach dem Ende des ersten Aktes „eine Extraausgabe über die neuesten Erfolge unserer Truppen in Galizien vorlas."[28] Karl Kraus nahm diese Episode einen Monat später, am 19.11.1914, bei einer Vorlesung im Wiener Konzerthaus in seine Anti-Kriegsrede „In dieser großen Zeit" folgendermaßen auf: „Und Gold für Eisen fiel vom Altar in die Operette, der Bombenwurf war ein Couplet, und fünfzehntausend Gefangene gerieten in eine Extraausgabe, die eine Soubrette vorlas, damit ein Librettist gerufen werde."[29]

Allerdings war die Verlesung der Extraausgabe – bei der es sich um einen Ein-Blatt-Druck des „Neuen Wiener Tagblatts" handelte – nicht, wie aufgrund des Textes von Karl Kraus vermutet werden könnte, auf eine Einzelinitiative von Victor Léon erfolgt, und sie fand nicht nur im Theater an der Wien statt, sondern am selben Tag und in ähnlicher Form auch an andernorts: „Im Carltheater, wo das alte, aber modernisierte Kriegsstück ‚Zwei Mann von Heß' gegeben wurde, erschien am Schluß des ersten Aktes Direktor Siegmund Eibenschütz mit der Extraausgabe des ‚Neuen Wiener Tagblattes' auf der Bühne und brachte sie zur Verlesung. Im Publikum erhob sich stürmischer Jubel, und das Orchester intonierte die Volkshymne, die vom Publikum stehend mitgesungen wurde."[30] Ähnliche Szenen spielten sich bei einem Konzert des Tenors Alfred Piccaver und des Tonkünstlerorchesters im Wiener Musikvereinssaal ab: „Mitten während des Konzerts wurden die letzten günstigen Nachrichten vom

---

23 Léon: Gold gab ich für Eisen, S. 19.
24 Neue Freie Presse, 18.10.1914, S. 15.
25 Fremden-Blatt, 18.10.1914, S. 20.
26 Wiener Montagblatt, 19.10.1914, S. 3.
27 Die Neue Zeitung, 20.10.1914, S. 7.
28 Ebd.
29 Kraus, Karl: In dieser großen Zeit. In: Die Fackel, Heft 404, 5.12.1914, S. 2.
30 Neues Wiener Tagblatt, 18.10.1914, S. 15.

nördlichen Kriegsschauplatz bekannt, aus der Extraausgabe verlesen und die Volkshymnen der beiden verbündeten Monarchien mit Enthusiasmus vom Orchester gespielt, vom Publikum mitgesungen."[31]

Im Theater an der Wien wurde „Gold gab ich für Eisen" bis November 1916 in insgesamt 82 Vorstellungen gezeigt. Zwischen 1914 und 1916 wurde das Werk auch von einer Reihe anderer Bühnen Österreich-Ungarns[32] und Deutschlands übernommen[33], wobei es teilweise den Titel „Die schöne Marlene" trug.

Besonders bemerkenswert in der Rezeptionsgeschichte des Werkes ist es jedoch, dass es während des Ersten Weltkriegs auch in einer englischsprachigen Fassung zunächst in den USA und dann auch in Großbritannien herauskam. Die englischsprachige Fassung trug den Titel „Her Soldier Boy" und war von der amerikanischen Schriftstellerin Rida Johnson Young geschaffen worden. Johnson Young nahm einige Änderungen im Textbuch vor – so etwa verlegte sie den Schauplatz nach Belgien, fügte mit einem amerikanischen Kriegsberichterstatter und einer amerikanischen Rot-Kreuz-Schwester ein zweites Liebespaar ein, das als Buffo-Paar für den in der englischen Fassung stark erhöhten komischen Anteil der Handlung sorgte, sodass „Her Soldier Boy" zu einer „most entertaining show"[34] wurde. Die Premiere fand am 6.12.1916 im New Yorker Astor Theatre statt, wo das Stück überaus erfolgreich war und in der Saison 1916/17 an die 225 Mal en suite[35] gezeigt wurde, um dann auch von anderen US-amerikanischen Bühnen übernommen zu werden. Nicht nur Victor Léons Text, sondern auch Emmerich Kálmáns Musik wurde für die amerikanische Fassung bearbeitet. Federführend dabei war der 1909 aus Ungarn in die USA emigrierte Komponist Sigmund Romberg. Eingefügt wurde auch das 1915 von dem englischen Brüderpaar Felix Powell (Musik) und George Henry Powell (Text) geschaffene Marschlied „Pack Up Your Troubles in Your Old Kit-Bag, and Smile, Smile, Smile", das eine Art Durchhaltehymne war und das zu einem der Hits von „Her Soldier Boy" wurde.[36]

Unter dem leicht verkürzten Titel „Soldier Boy" wurde das Werk dann von 26.6.1918 bis 22.3.1919 in insgesamt 372 Vorstellungen im Londoner Apollo Theatre gezeigt. Für die Produktion wurde der Text nochmals überarbeitet, wofür der später als Kriminalschriftsteller weltberühmte Edgar Wallace zuständig war. Einige mu-

---

31 Ebd.
32 Aufführungen von „Gold gab ich für Eisen" gab es u.a. in: Graz (Opernhaus, ab 5.12.1914), Innsbruck (Landestheater, ab 25.12.1914), Prag (Neues Deutsches Theater, ab 26.12.1914), Pilsen (Deutsches Theater, ab 3.10.1915), Linz (Landestheater, ab 8.10.1916).
33 Otto Keller gibt insgesamt 383 Aufführungen von „Gold gab ich für Eisen" an deutschsprachigen Bühnen bis 1921 an (Keller: Operette, S. 429).
34 New York Tribune, 7.12.1916, S. 13.
35 Die Angaben zur Anzahl der En-suite-Aufführungen von „Her Soldier Boy" in New York differieren: Laut Ken Bloom (Bloom, Ken: Broadway. An Encyclopedia. New York 2004. S. 452) waren es 198; Stefan Frey gibt 204 an (Frey: Unter Tränen lachen, S. 106); und in einem Bericht der Zeitung „The Herald" anlässlich der Übernahme des Stückes an das Tulane Theatre in New Orleans im November 1917 heißt es: „,Her Soldier Boy', which comes here after its New York triumph of 225 consecutive performances at the Astor Theatre". (The Herald, 22.11.1917, S. 2).
36 Tyler, Don: Music of the First World War. Santa Barbara 2016. S. 19.

sikalische Adaptierungen wurden vom britischen Komponisten Frederick W. Chappelle vorgenommen. Im Gegensatz zur amerikanischen Produktion wurden bei der britischen weder Emmerich Kálmán noch Victor Léon genannt, und um jeden Hinweis auf Deutschsprachiges – und damit auf die Kriegsgegner – zu vermeiden, war der Name des amerikanischen Musikbearbeiters Sigmund Romberg auf den Londoner Programmen als „S. Rombeau" angegeben.[37] In Großbritannien reicht die Rezeptionsgeschichte von „Gold gab ich für Eisen" bis in den Zweiten Weltkrieg: Denn am 20.1.1941 brachte die BBC eine Radiofassung von „Soldier Boy".

Victor Léon war im Herbst 1915 nochmals mit „Gold gab ich für Eisen" befasst – wenn auch nicht in literarischer Hinsicht, sondern in Form eines Tantiemenprozesses. Dieser war von Karl Bakonyi angestrengt worden, der zwar für Léons Umarbeitung von „Az obsitos" zu „Der gute Kamerad" 27 Prozent der Tantiemen erhalten hatte (Léon bekam 29 Prozent, Kálmán 44), aber nichts für „Gold gab ich für Eisen". Victor Léon und sein Anwalt verwiesen darauf, dass bereits „Der gute Kamerad" keine Übersetzung von Bakonyis Werk gewesen sei, sondern eine Neubearbeitung der Grundidee, die überdies nicht von Bakonyi selbst stamme, sondern einer Zeitungsmeldung entnommen sei. Für die Verwendung dieser Grundidee für „Gold gab ich für Eisen" habe man Bakonyi „eine 15prozentige Beteiligung angeboten, die abgelehnt worden sei"[38]. Der Prozess endete „unter Intervention des Vorsitzenden und der Sachverständigen" (bei denen es sich um die beiden Librettisten Leo Stein und Robert Bodansky handelte) mit einem Vergleich, bei dem Bakonyi 19 Prozent zugestanden erhielt und die Prozesskosten geteilt wurden.

Im Nachlass von Victor Léon ist, neben „Der gute Kamerad" und „Gold gab ich für Eisen" noch eine weitere Bearbeitung von Karl Bakonyis Stück zu finden. Es ist das Operettenlibretto „Die drei Eismänner"[39]: Als Komponist ist wieder Emmerich Kálmán angegeben, und die Handlung ist im Kern die gleiche wie jene in „Gold gab ich für Eisen", außer dass die Soldaten durch Expeditionsteilnehmer ersetzt wurden. Denn Léon hatte Zeit und Ort des Geschehens geändert: Die Operette spielt, wie auf der ersten Manuskriptseite vermerkt, „1875 nach der Payer-Weyprecht'schen Nordpolexpedition; das Vorspiel an Bord des Nordpolfahrers ‚Tegetthoff' im Eismeer; die beiden Akte mehr als ein Jahr später in dem an der istrischen Grenze gelegenen steiermärkischen Dorfe Gubendorf".

Wann der Text zu „Die drei Eismänner" entstanden ist, geht aus dem vorhandenen Manuskript nicht hervor. Auf jener im Léon-Nachlass enthaltenen Liste der Werke, an denen Léons Bruder Leo Feld mitgearbeitet hat[40], ist Feld bei „Die drei Eismänner" mit einem Anteil von zehn Prozent angegeben, auf dem Manuskript aber scheint sein Name nicht auf.

---

37 Williams, Gordon: British Theatre in the Great War. London 2003. S. 213.
38 Fremden-Blatt, 27.10.1915, S. 14.
39 Léon-Nachlass 12/1.6.71.
40 Léon-Nachlass 23/2.1.1.7.

Victor Léons Schaffen während des Ersten Weltkriegs

Am 3.9.1914, als noch alle Wiener Bühnen – mit Ausnahme des Volkstheaters – geschlossen hatten und nicht feststand, ob und wann sie ihren Spielbetrieb wieder aufnehmen würden, erschien die erste Ausgabe einer neuen Zeitschrift mit dem Titel „Patriotisches Extrablatt der Bühnenkünstler". Herausgeber war der Theaterkritiker und Bühnenschriftsteller Robert Blum, der „Zur Einführung" schrieb:

„Als es klar wurde, daß leider wenig Hoffnung vorhanden sei die Theater in absehbarer Zeit zu eröffnen, kam es mir in den Sinn, eine Aktion ins Leben zu rufen, die den Bühnenkünstlern die Möglichkeit geben soll, sich sowohl geistig, als auch in eigener Person zu betätigen. Ich hoffe, diese immerhin schwierige Aufgabe mit der Gründung dieses Blattes gelöst zu haben. Das große Publikum wird Gelegenheit haben, unsere Theaterlieblinge, anstatt auf den weltbedeutenden Brettern in einer neuen originellen Domäne – als Helden der Feder kennen zu lernen. Die Bühnenkünstler aber können – entweder zugunsten ihrer armen Kollegen, oder auch zu ihrer eigenen Unterstützung, durch den Verkauf dieses Blattes sofort Geld verdienen. Ich betone sofort – denn von jedem Exemplar wird, wie am Kopfe des Blattes ersichtlich, der gleiche Betrag dem Kriegsfürsorgeamt und den armen Kollegen zu Handen der Beckmannstiftung[1], abgeführt."[2]

Das „Patriotische Extrablatt der Bühnenkünstler" war im Stil eines der gehobenen Unterhaltungsblätter der Zeit gestaltet und enthielt vor allem Feuilletons, Gedichte, Erzählungen, Rundfragen unter Prominenten und viele Grafiken. Nachweisbar ist die Zeitschrift bis zur Doppelnummer 37/38, die Ende Dezember 1916 herauskam.[3] Während in den späteren Ausgaben der Kreis der Beiträger und Beiträgerinnen zu-

---

1 Die „Friedrich Beckmann-Stiftung" zur Unterstützung notleidender Schauspielerinnen und Schauspieler wurde von der Sängerin Adele Muzzarelli (1816-1885), der Witwe des Burgschauspielers Friedrich Beckmann (1803-1866), eingerichtet. „Kurz vor ihrem Tode testierte sie ihr gesamtes, über 300.000 Kronen betragendes Vermögen zur Errichtung einer den Namen ihres verstorbenen Gatten tragenden Stiftung und betraute den Wiener Magistrat mit deren Verwaltung." (Neues Wiener Journal, 8.11.1910, S. 9).
2 Patriotisches Extrablatt der Bühnenkünstler, Nr. 1, 3.9.1914, S. 2.
3 Die Nummern 1 bis 37/38 sind vollständig in der Österreichischen Nationalbibliothek erhalten, Signatur 510050-D.

nehmend kleiner wurde, finden sich in den ersten die Namen zahlreicher „Bühnenkünstler", die dem Aufruf Robert Blums gefolgt waren und sich an der Gestaltung des Blattes beteiligten. Texte – meist eher kurz – lieferten unter anderen die Schauspieler Bernhard Baumeister, Max Devrient, Alexander Girardi und Carl von Zeska, Grafiken mit karikaturartigen Impressionen aus dem Theaterleben kamen von Burgschauspielerin Blanka Glossy, und auch Victor Léon unterstützte Blums Initiative. Sein Beitrag war die Erzählung „Die von der Damenkapell'n…", die in zwei Folgen, in den Nummern 2 und 3 des Blattes, abgedruckt wurde. Im Mittelpunkt der Erzählung, die Ende des 19. Jahrhunderts spielt, steht Clythia, die Tochter einer verarmten Offizierswitwe, die als Leiterin einer Damenkapelle die Militärkarriere ihres Bruders Gangolph finanziert. Gangolph weiß nichts von der Tätigkeit seiner Schwester, und als er durch einen Zufall davon erfährt, glaubt er sich sosehr in seinem gesellschaftlichen Ansehen geschädigt, dass er an Selbstmord denkt. Vor allem meint er, dass er nun nicht, wie geplant, Prisca, die Tochter eines Generals, heiraten könne. Die Generalsfamilie zeigt sich jedoch überraschenderweise von der Tüchtigkeit Clythias beeindruckt, Gangolph kann Prisca heiraten und Priscas Bruder heiratet Clythia.

„Ja, Du lieber Himmel, je trivialer so ein Geschehnis endet, desto befriedigender für die Beteiligten und vielleicht auch – für die Leser"[4], so lautet das Resümee, das Victor Léon mit dem Schlusssatz seines Textes zieht. Die Erzählung kann tatsächlich als eher leichtgewichtig und trivial bezeichnet werden, immerhin aber ist die Haltung des Erzählers durchaus kritisch gegenüber den Standesdünkeln und den gesellschaftlichen Zwängen innerhalb der Armee. Léons Beitrag unterscheidet sich damit und vor allem durch den Verzicht auf alle weiteren Verweise auf militärisches Geschehen deutlich vom Großteil der anderen Texte im „Patriotischen Extrablatt", die meist einen direkten Bezug zu den aktuellen Kriegsereignissen haben und oft von einer aggressiv nationalistischen und das Militär verherrlichenden Haltung geprägt sind.

In den vorhandenen Ausgaben des „Patriotischen Extrablattes" kommt Victor Léon nur noch ein weiteres Mal vor. In den Heften vom 24.12.1914 und vom 23.1.1915 brachte das Blatt „Eine zeitgemäße Rundfrage". Diese lautete: „Sind Sie für oder gegen den Boykott von Autoren, die den feindlichen Nationen angehören? Soll sich dieser Boykott nicht nur auf lebende, sondern auch auf verstorbene Komponisten und Schriftsteller erstrecken?"[5] Léon antwortete darauf:

> „Man könnte sagen: ‚Wie du mir, so ich dir' – boykottieren uns die Länder, mit denen wir jetzt im Kriege liegen, so tun wir desgleichen. Das könnte man sagen. Aber hätte man auch nur den Handelswert, das Geschäftliche im Auge und nicht das Viele, das sonst noch im Auge zu behalten wäre, so wäre eine solche Reziprozität trotzdem eine Unklugheit. Mehr als das: eine Unduldsamkeit. Beides sollen und wollen wir denn doch unseren momentanen Feinden überlassen. Denken wir mit Goethe praktisch im höheren und übertragenen Sinne:
> ‚Man kann nicht stets das Fremde meiden,
> Das Gute liegt uns oft so fern.
> Ein echter deutscher Mann mag keinen Franzen leiden,
> Doch ihre Weine trinkt er gern!'

---

4 Ebd., S. 6.
5 Patriotisches Extrablatt der Bühnenkünstler, Nr. 7/8, 24.12.1914, S. 6.

Die alten guten selbstverständlich. Und auch die neuen, sofern sie gut sind. Und unter ‚Franzen' sei alles zurzeit Gegnerische verstanden."[6]

Diese Antwort Victor Léons auf die Rundfrage, seine Erzählung „Die von der Damenkapell'n..." und auch weitere Texte aus der Zeit des Ersten Weltkrieges zeigen, dass Léon eine differenzierte Haltung gegenüber den damals aktuellen Ereignissen und Entwicklungen hatte. Zwar hatte er sich in seinem Singspiel „Gold gab ich für Eisen" mit den Propagandasprüchen und dem Zeppelin-Couplet dem Zeitgeist angepasst, aber schon bei seiner nächsten Bühnenarbeit, der am 2.5.1915 erstmals gezeigten Posse „Man steigt nach", gab er sich eben diesem Zeitgeist gegenüber kritischer. So etwa konnte er offensichtlich jenem seit Kriegsbeginn stark zunehmenden Deutschnationalismus nichts abgewinnen, der unter dem Schlagwort der „Sprachreinigung" gegen „die abscheuliche Verwelschung und Verengländerung unserer Muttersprache Stellung ergriff [...]."[7] Unterstützt durch entsprechende Artikel in zahlreichen Zeitungen wurden radikale Aktionen zur Beseitigung alles Fremdsprachigen gesetzt: Öffentliche Aufschriften und Geschäftsnamen mussten geändert werden, Speisekarten wurden umgeschrieben, und auch die Verwendung von Fremdwörtern in privaten Gesprächen galt als unpatriotischer Akt. In „Man steigt nach" präsentierten Victor Léon und sein Koautor Heinz Reichert einen jener Sprachpuristen: Es ist der Gymnasialprofessor Anton Windbichler, der als ein unleidlicher Besserwisser gezeichnet ist. Seinen ersten Auftritt hat Windbichler – laut Regieanweisung der „Typus des germanischen Gymnasiallehrers", „Rotblond, Vollbart, Brille, Jägerhemd"[8] – im ersten Akt bei einem Gespräch mit einem Oberkellner:

„Oberkellner: Herr Professor gehen in's Restaurationslokal?
Professor: Sie meinen: in die Bewirtungsstube! Bemühen Sie sich doch deutsch zu sprechen! Reinigen wir doch unser geliebtes Deutsch von diesen verunreinigenden Fremdwörtern.
Oberkellner: (dumm) Bitte sehr! – Soll ich die Dame gleich in ein Chambre séparée führen?
Professor: (streng) Sie meinen in einen ‚abgesonderten Raum'. O nein, wir haben die Oeffentlichkeit nicht zu scheuen.
Oberkellner: Also soll ich nichts reservieren?
Professor: (streng) ‚Zurückhalten', mein Lieber!
Oberkellner: Pardon –
Professor: (noch strenger) ‚Verzeihung'! – Sie brauchen nichts zurückzuhalten. – Ich bin in der Bewirtungsstube.
Oberkellner: Mein Kompliment!
Professor: Ihre ‚Verbeugung'!
Oberkellner: (verbeugt sich).
Professor: Deutsch! Immer deutsch! (Ab rechts).
Oberkellner: Dobre noz!"[9]

---

6   Patriotisches Extrablatt der Bühnenkünstler, Nr. 9/10, 23.1.1915, S. 7.
7   Reichspost, 16.3.1915, S. 10.
8   Léon – Reichert: Man steigt nach. S. 3f.
9   Ebd., S. 4.

Windbichlers ständiges Korrigieren führt hier zu dem absurd-komischen Abschluss, dass der Kellner auf Windbichlers Befehl „Deutsch! Immer deutsch!" mit einem slawischen „Dobre noz" – „Gute Nacht" – antwortet. Auch in weiteren Gesprächen eckt Windbichler mit seiner sprachlichen Deutschtümelei an und macht sich lächerlich. So etwa, wenn er auf die Bemerkung, dass er ein „Idiot" sei, zunächst nur mit „Sagen Sie: Dummkopf!"[10] reagiert. Die Ernsthaftigkeit eines drohenden Duells unterschätzt er, weil er ganz darauf konzentriert ist, die Verwendung der Ausdrücke „Zweikampf" statt „Duell" und „Zweikampfhelfer" statt „Sekundanten" einzufordern.[11] Dass eine derartige Parodie auf die aktuellen Sprachreinigungstendenzen nicht von allen goutiert wurde, belegt jene kritische Anmerkung in der „Neuen Freien Presse", in der es heißt, dass mit der Figur Windbichlers „das zeitgemäße Bestreben, Fremdworte zu verdeutschen, mit überflüssig viel Behagen verulkt"[12] werde.

Mit Ausnahme dieser „Verulkung" der Sprachreinigungstendenzen und der Zusatzstrophe eines Couplets, in der die Lebensmittelversorgung in Wien als viel besser beschrieben wird als „anderswo", finden sich in „Man steigt nach" keine weiteren Hinweise auf die aktuelle Situation und den Krieg. Isidor Siegmund Kohn schrieb dazu in der von ihm herausgegebenen Theaterzeitschrift „Der Humorist": „In allen Weltgegenden tobt der furchtbare Völkerkrieg, zu Wasser und zu Land, in den Lüften und unter dem Meere ringt die Freiheit mit der schwärzesten Reaktion, die Kultur mit der Barbarei, und bei uns in Wien wird allabendlich ‚Man steigt nach', von Viktor Léon und Heinz Reichert, Musik von Oskar Straus, gespielt... Ja, ja, wir leben nebbich in einer großen Zeit!"[13] Kohn missfiel die harmlos-simple Komik der Verwechslungskomödie von Léon und Reichert, wobei jedoch anzumerken ist, dass seine Verwendung der Floskel von der „großen Zeit", anders als bei Karl Kraus, nicht als kritisch gegenüber dem Krieg und dessen Begleiterscheinungen in den Zeitungen und im Theater verstanden werden darf. Denn „Der Humorist" gab sich als betont patriotisch und dem Militär verbunden: Mit der Ausgabe von 11.8.1914 änderte das Titelblatt seiner Zeitschrift und brachte statt der Porträts von Schauspielern und Schauspielerinnen, die drei Jahrzehnte lang stets auf Seite 1 zu finden gewesen waren, nunmehr bis Kriegsende die Bildnisse von Mitgliedern des österreichisch-ungarischen und des deutschen Kaiserhauses und vor allem von hochrangigen Angehörigen der beiden Armeen.

Inhaltlich entsprach „Man steigt nach" durchaus einem Trend der Zeit, denn mit der Fortdauer des Krieges war im Theaterbereich eine Abkehr von ereignisbezogenem Aktualitätsstreben zu verzeichnen. Eva Krivanec schreibt dazu:

„Je länger der Krieg zu dauern versprach, desto mehr wurden direkte Verweise auf die Gegenwart in den Stücken vermieden zugunsten von alltagsfernen oder nostalgischen Inhalten, von Fantasiewelten – das Publikum wollte zumindest für einige Stunden während des Theaterbesuchs Ablenkung finden.
Im Laufe der Sommer- und Herbstsaison 1915 änderten viele Unterhaltungstheater ihre Spielpläne, vor allem in Wien und Berlin, etwas später auch in Paris, weg von den Aktualitäts- und

---

10 Léon – Reichert: Man steigt nach. S. 8.
11 Ebd., S. 8f.
12 Neue Freie Presse, 3.5.1915, S. 10.
13 Der Humorist, 10.5.1915, S. 2.

Kriegsstücken hin zu den verschiedenen Formen leichter Unterhaltung, mit einer besonderen Hinwendung zu Operetten und Gesangspossen."[14]

Im Oeuvre von Victor Léon ist diese Entwicklung klar abzulesen: Auf das martialisch-patriotische „Gold gab ich für Eisen" folgten das nur noch in Ansätzen kriegsbezogene „Man steigt nach" und auf dieses eine Reihe von Operetten und Singspielen ohne offensichtlichen Bezug zur aktuellen Situation. So kam im Juli 1915 in Stuttgart-Bad Cannstatt unter dem Titel „Das Lumperl" eine Bearbeitung der Operette „Die eiserne Jungfrau", zu der Robert Stolz die Musik komponiert hatte, heraus. Léons nächste Wiener Premiere war das einaktige Singspiel „Otto oder Otto". Das Werk wurde am 1.9.1915 zur Saisoneröffnung des Wiener Varietétheaters Apollo erstmals gezeigt und blieb dort bis zum Ende der Spielzeit 1915/16 mit großem Erfolg im Repertoire. Star der Produktion war Victor Léons Schwiegersohn Hubert Marischka, der in drei verschiedenen Rollen zu sehen war: Er spielte einen bayrischen Grafen namens Ottokar, dessen ehelichen Sohn Otto und den unehelichen Sohn Ottokar, der beim Grafen als Bräuknecht arbeitet. Ottokar und Otto wissen nicht, dass sie Halbbrüder sind, sehen einander aber so ähnlich, dass es am Tag von Ottos Verlobung zu einigen turbulenten Verwechslungen kommt.

Als Komponist von „Otto oder Otto" war „Hans Tegern" angegeben, in Wirklichkeit aber hatte der damals 25-jährige und noch weitgehend unbekannte Friedrich Mayer[15] die Musik zum Singspiel geschrieben. Über die Gründe, warum er ein Pseudonym verwendet hatte, gab die „Wiener Illustrierte Zeitung" in ihrer Rubrik „Wiener Ringstraßen-Plausch" Auskunft:

„Ein sehr begabter, junger Komponist wurde von den Wiener Operettenbuchmachern im Vorjahre als vielversprechendes Talent entdeckt. Er kommt schon in den nächsten Wochen zu [!] einem großen Operettentheater mit einem abendfüllenden Werke heraus, vorher aber schon debutierte er mit einem flotten Einakter im Apollotheater. Um seinen Namen nicht vor der großen Premiere populär werden zu lassen, mußte sich der junge Komponist verpflichten, den Einakter mit einem Pseudonym zu zeichnen. Der Theaterzettel nannte ihn also Hans Tegern, seinen wirklichen ehrlichen Namen Friedrich Mayer soll das große Publikum erst nach der abendfüllenden Operette erfahren."[16]

Bei der erwähnten „abendfüllenden Operette" handelte es sich, wie mehrere Wiener Zeitungen im November 1915 berichteten[17], um „Der Millionendieb", zu der ebenfalls Victor Léon das Libretto geschrieben hatte. Allerdings fand die Uraufführung nicht „schon in den nächsten Wochen", sondern erst im September 1918 statt.

Friedrich Mayer blieb zunächst bei seinem Pseudonym Hans Tegern und lieferte unter diesem Namen auch die Musik zu Victor Léons nächstem Werk, das ebenfalls im Apollo aufgeführt wurde und in dem wieder Hubert Marischka mitwirkte. Der

---

14 Krivanec: Krieg auf der Bühne, S. 163.
15 Friedrich Mayer, geb. 1887 od. 1890 in Wien, gest. 19.11.1918 in Wien. Weitere biografische Daten konnten nicht eruiert werden.
16 Wiener Illustrierte Zeitung, 16.10.1915, S. 6.
17 U.a. Neues Wiener Journal, 21.11.1915, S. 18; Neue Freie Presse, 22.11.1915, S. 10; Deutsches Volksblatt, 24.11.1915, S. 8.

kurze „Variétéscherz in zwei Abteilungen" (so der Untertitel) hatte am 31.12.1915 als Hauptattraktion des Silvester-Programms Premiere und trug den Titel „Im Apollo", denn das Theater war nicht nur der Ort der Aufführung, sondern zum Teil auch der Ort der Handlung. Im Mittelpunkt stehen zwei junge Wiener Adelige, Bruder und Schwester, die inkognito im Apollo eine Kinoparodie aufführen und dabei von ihrem Großvater, der selbst ein begeisterter Besucher dieser Bühne ist, der aber nichts von den Theaterambitionen seiner Enkel ahnt, ertappt werden. Das Stück, in dem auch Apollo-Direktor Ben Tieber[18] eine kleine Rolle hatte – er spielte sich selbst –, stand bis Ende Jänner 1916 erfolgreich auf dem Spielplan.

Ab 1.4.1916 war dann im Apollo ein weiteres Werk von Victor Léon und mit Hubert Marischka zu sehen. Es war das kurze, einaktige Singspiel „Die Wachsfigur", für das Oscar Stalla[19] die Musik komponiert hatte. Marischka spielte einen Ehemann, den seine Frau zu Unrecht verdächtigt, in einem Wachsfigurenkabinett ein Rendezvous mit einer Geliebten zu haben. Sie will ihn dort überraschen, er aber hat von ihrem Verdacht erfahren, erschreckt sie als vermeintlich lebendig gewordene Wachsfigur und kann schließlich die Situation glücklich aufklären. Auch „Die Wachsfigur" kam gut an und wurde bis zum Saisonende (Mitte Mai) im Apollo gezeigt.

Victor Léon, der aufgrund seines Alters vom aktiven Militärdienst verschont geblieben war, konnte also auch während des Krieges seine anerkannte Position innerhalb des Wiener Unterhaltungstheaters recht gut behaupten. An den beiden größten Erfolgen jener Zeit aber hatte er keinen Anteil: Das Textbuch zur Operette „Die Csárdásfürstin" – Musik Emmerich Kálmán – kam von Leo Stein und Bela Jenbach; und das Libretto zum Singspiel „Das Dreimäderlhaus" – Musik Heinrich Berté – hatten Alfred Maria Willner und Heinz Reichert geschrieben. Während „Die Csárdásfürstin", die am 17.11.1915 im Wiener Johann Strauss-Theater Premiere hatte und dort 533 Mal en suite aufgeführt wurde, bis heute weltweit zu den meistgespielten Operetten zählt, ist „Das Dreimäderlhaus" kaum mehr auf den Spielplänen zu finden. Seinerzeit aber war es ebenso populär wie „Die Csárdásfürstin" und übertraf diese in den ersten Jahren sogar an Aufführungszahlen: Erstmals gezeigt wurde es am 15.1.1916 im Raimund-Theater, am 13.12.1917 feierte man dort die 600. Aufführung, und da war das Werk auch schon von zahlreichen anderen Bühnen übernommen worden.[20] Vor allem aber war „Das Dreimäderlhaus" für einige Zeit auch stilprägend. Im Mittelpunkt des Singspiels steht der Komponist Franz Schubert: Aus seinen Kontakten zu den Schwestern Fröhlich machten Librettisten Reichert und Willner eine sentimentale Liebesgeschichte, wobei sie als Grundlage für ihren Text den 1912 erschienenen Roman „Schwammerl" von Rudolf Hans Bartsch benutzten. Heinrich Berté stellte die Musik dazu aus Schubert-Kompositionen zusammen, die er durchwegs nur leicht bearbeitete.

---

18 Ben (eigentl. Bernhard) Tieber, geb. 18.2.1867 in Bratislava, gest. 29.5.1925 in Wien, war von 1905 bis zu seinem Tod Eigentümer des Apollo-Theaters (Wien 6, Gumpendorfer Straße 63; 1929 zum Kino umgestaltet), das er zu einer der erfolgreichsten Wiener Varietébühnen machte.

19 Oscar Stalla, 1879-1953, war Komponist und Kapellmeister des Theaters an der Wien.

20 Otto Keller beziffert die Aufführungen von „Das Dreimäderlhaus" an deutschsprachigen Bühnen bis 1921 mit 7.788 und von „Die Csárdásfürstin" mit 4.906 (Keller: Operette, S. 427).

„Der verblüffende Erfolg des ‚Dreimäderlhaus' hat den Operettenmarkt in Aufregung gebracht, man stöbert allerorten nach vergangener Musik. Das problematische Wagnis von gestern ist die Mode von heute geworden. In Deutschland sind gleich darauf Mozart und Schumann zu fröhlicher, aber kurzer Renaissance ‚bearbeitet' worden, aus den Jugendwerken von Johann Strauß soll kein Geringerer als Felix Weingartner ein neues Bühnenwerk schaffen, und zwei neue Schubertoperetten lauern bereits ungeduldig auf das Hinscheiden der ersten. Bei dieser Suche geriet man auch auf den vielleicht populärsten Vertreter der Wiener Volksmusik, Johann Schrammel"[21],

– schrieb das „Neue Wiener Tagblatt" am 17.5.1917. Auf Schrammel „geraten" waren der „Dreimäderlhaus"-Librettist Heinz Reichert und mit ihm gemeinsam Victor Léon. Ganz nach dem Muster des so erfolgreichen Singspiels benutzten sie als inhaltliche Basis einen Roman – es war Ernst Decseys 1911 erschienenes Buch „Du liebes Wien" – und machten daraus das Libretto für das im Untertitel ebenfalls als Singspiel bezeichnete[22] „Wiener Kinder". Die Musik, ein Arrangement von Melodien von Johann Schrammel, steuerte Oscar Stalla bei. An den Erfolg des „Dreimäderlhauses" kamen die „Wiener Kinder" jedoch bei weitem nicht heran. Die Uraufführung fand am 16.5.1917 im Johann Strauss-Theater statt, wo tags zuvor noch „Die Csárdásfürstin" gezeigt worden war. Bis Ende August standen die „Wiener Kinder" insgesamt 108 Mal en suite auf dem Spielplan, um dann wieder Platz für „Die Csárdásfürstin" zu machen. In der Folge wurde das Singspiel an einigen wenigen anderen Bühnen aufgeführt – so etwa ab 23.12.1917 in Baden bei Wien, im Jänner 1918 im Deutschen Theater in Kattowitz (Katowice/Polen) und im Mai 1918 im Münchner Gärtnerplatztheater –, geriet aber bald in Vergessenheit.

Ein wesentlicher Grund dafür, dass das vom „Dreimäderlhaus" übernommene Gestaltungskonzept bei den „Wiener Kindern" nicht entsprechend aufging, war sicherlich, dass zwar Johann Schrammels Musik sehr populär war, das Interesse an seiner Person aber gering. Im Gegensatz zu Franz Schubert, der Thema zahlloser Anekdoten und Erzählungen war und der vielen als Inbegriff des verkannten Genies galt, gab es über Schrammel nichts Außergewöhnliches zu berichten. Daher ist er in „Wiener Kinder" nur eine Randfigur. Im Mittelpunkt stehen zwei Schwestern und zwei junge Männer, von denen einer ein Musiker und Schüler von Schrammel ist. Die Handlung erstreckt sich über mehrere Jahre, und es geht im Wesentlichen darum, dass nach einigen Liebeswirren die richtigen Paare zueinander finden. „Die Figur Johann Schrammels geht durch die Operette und beteiligt sich an den Geschehnissen wahrscheinlich weil er es so von seinem Kollegen Schubert aus dem ‚Dreimäderlhaus' gelernt hat; er tritt für seine Musik ein und verhält sich im übrigen ziemlich passiv"[23], schrieb das „Neue Wiener Tagblatt". Übereinstimmend hieß es in den

---

21 Neues Wiener Tagblatt, 17.5.1917, S. 13.
22 Die Begriffe „Operette" und „Singspiel" waren nicht klar voneinander abgegrenzt. Während die Librettisten die Bezeichnung „Singspiel" offenbar als Hinweis auf den historischen, Alt-Wiener Hintergrund bevorzugten, wurden in den Kritiken die Bezeichnungen unterschiedslos verwendet. So etwa wird „Wiener Kinder" in den meisten Rezensionen als Operette bezeichnet, und in der „Neuen Freien Presse" sowohl als Operette als auch als Singspiel (Neue Freie Presse, 17.5.1917, S. 13f.).
23 Neues Wiener Tagblatt, 17.5.1917, S. 13.

Premierenberichten der Zeitungen, dass sich Person und Musik von Johann Schrammel nicht für eine Operette eigneten. Lob gab es immerhin für Victor Léons Regie – ohne dass dabei auf Details eingegangen wurde – und für die aufwendige Ausstattung der Produktion.

Nur drei Tage nach „Wiener Kinder" fand bereits die nächste Uraufführung eines Werkes statt, zu dem Victor Léon das Libretto geschrieben hatte. Die Operette, die ab 19.5.1917 auf dem Spielplan des Wiener Carl-Theaters stand, hatte den Titel „Liebchen am Dach", die Musik hatte Peter Stojanovits[24] komponiert und Unterstützung hatte Victor Léon von seinem Bruder Leo Feld erhalten, dessen Name zwar nirgendwo in Zusammenhang mit dem Werk aufscheint, dem Léon aber 15 Prozent der Tantiemen überließ.[25] Zwar stand diesmal keine historische Wiener Musikerpersönlichkeit im Mittelpunkt, das Ambiente aber war ähnlich wie in „Wiener Kinder" und basierte auf sentimentalen Klischees vom Alt-Wiener Leben: Der junge, reiche Baron Weyregg hat sich in die Klavierlehrerin Lisa verliebt, die im Dachgeschoss eines Vorstadt-Miethauses wohnt. Um ihr nahe zu sein, gibt er sich als armer Geiger aus, bezieht ebenfalls eine Dachkammer und kann – nach einigen Schwierigkeiten mit seinem über die Situation empörten Bruder – Lisa heiraten.

Der Titel, den Léon und Stojanovits für ihr Stück gewählt hatten, war in der Wiener Operettengeschichte nicht neu. Am 14.11.1861 war im Theater an der Wien die einaktige Operette „Liebchen am Dache" von Erik Nessel, Text, und Karl Ferdinand Konradin, Musik, uraufgeführt worden, die dann über längere Zeit erfolgreich im Repertoire blieb. Ohne Zweifel kannte Victor Léon das Werk und hat von ihm die Grundkonstellation übernommen, denn auch in Nessels Textbuch gibt es ein junges Paar, das eine in den Dachgeschossen spielende Liebesgeschichte verbindet. Allerdings war die Operette von Nessel und Konradin nach mehr als fünf Jahrzehnten schon so weit vergessen, dass ihr Einfluss auf Léons Libretto von den Rezensenten übersehen oder zumindest nirgendwo erwähnt wurde. In der „Neuen Freien Presse" wurde Léon auch dafür gerügt, dass ihm mit der Präposition „am" im Titel „ein grammatikalischer Fehler" unterlaufen sei.[26] Auch da wusste man also offenbar nichts vom Vorgängerstück, und bemerkenswerterweise hatte Léon das Werk ursprünglich, wie dem der Zensur vorgelegten Textbuch[27] zu entnehmen ist, „Liebchen vom Dach" genannt. Wann und warum aus dem „vom" ein „am" wurde, ist nicht bekannt.

Die Premierenkritiken zu „Liebchen am Dach" waren mittelmäßig. Victor Léon kam dabei im Allgemeinen recht gut davon. Man lobte seine Inszenierung und meinte, dass er mit dem eher einfach gebauten, volksstückartigen Libretto eine gute Textvorlage für Peter Stojanovits geliefert habe, für den „Liebchen am Dach" das Debut im Operettengenre darstellte. Stojanovits wurde zwar zugestanden, dass seine Kom-

---

24 Peter Stojanovits (auch Petar Stojanović oder Stojanovics), geb. 25.8. od. 7.9.1877 in Budapest, gest. 11.9.1957 in Belgrad, war Komponist, Violinist und Musikpädagoge. Stojanovits komponierte neben mehreren Operetten auch Opern, Ballette und Instrumentalwerke.
25 Siehe Tantiemenliste im Léon-Nachlass 23/2.1.1.7.
26 Neue Freie Presse, 20.5.1917, S. 12.
27 Léon, Victor: Liebchen vom Dach. Zensur-Textbuch, NÖ Landesarchiv, NÖ Reg. Präs Theater TB K 274/13.

position „sorgfältig gearbeitet, distinguiert und diskret in der Harmonik, Instrumentierung und Rhythmik"[28] sei, jedoch wurde bemängelt, dass „in der ganzen Partitur nicht ein einziger operettenmäßig plastischer und schlagkräftiger Einfall"[29] vorhanden sei und die Melodik „keineswegs auf neuen Pfaden"[30] wandle. „Was er hören läßt, klingt glatt, indessen eher von gestern, als von heute"[31], schrieb das „Fremden-Blatt", und die „Neue Freie Presse" meinte: „Man hört nur das Oftgehörte"[32]. Dem Publikum aber gefiel das „Oftgehörte": Im Carl-Theater stand „Liebchen am Dach" bis zum Sommer 1918 über 200 Mal auf dem Spielplan, ab 8.12.1917 war das Werk an der Grazer Oper zu sehen, und bereits am 30.11.1917 hatte es in einer ungarischen Fassung unter dem Titel „Padlásszoba" (Übersetzung Andor Gábor) im Pester Stadttheater Premiere.

Nach der bereits erwähnten Oper „Der weiße Adler" (Musik Raoul Mader), die am 22.12.1917 an der Wiener Volksoper uraufgeführt wurde, brachte Victor Léon bis zum Ende des Ersten Weltkriegs noch ein weiteres größeres Bühnenstück heraus. Es war jene Operette „Der Millionendieb", die schon für die Saison 1915/16 angekündigt gewesen war und zu der Friedrich Mayer, diesmal nicht unter Pseudonym, die Musik komponiert hatte. In diesem Werk ist nichts von sentimentaler Alt-Wiener Stimmung zu spüren, und es finden sich darin auch keine Hinweise auf den Krieg. Allerdings hatte die aktuelle Situation einige kleinere Auswirkungen auf den Text: Victor Léon hatte eine komödienhafte Handlung erfunden, bei der es im Wesentlichen darum geht, dass die geplante Hochzeit einer Unternehmerstochter platzt, weil die dem Bräutigam versprochene Millionenmitgift gestohlen wurde. Es beginnt eine großangelegte Suche nach dem Dieb, bei dem es sich, wie sich herausstellt, um einen Angestellten des Unternehmens handelt, der in die Braut verliebt ist und dem es mit dem Diebstahl nur darum ging, die Hochzeit zu verhindern. Da die junge Frau seine Gefühle erwidert und das Geld wieder auftaucht, steht letztlich der Verbindung der Unternehmerstochter mit dem Millionendieb nichts im Wege.

Als Schauplatz der Handlung hatte Victor Léon, wie aus dem Original-Textbuch ersichtlich ist[33], New York gewählt, wo der Vater Braut, Ephraim Webb, eine Fluglinie betreibt. Da aber seit 1917 auch die USA Kriegsgegner Deutschlands und Österreich-Ungarns waren, verlangte die Zensurbehörde entsprechende Änderungen. Léon verlegte die Handlung daher nach Rio de Janeiro, machte aus Mr. Webb einen Senhor Cruz und ließ diesen nicht Direktor einer „westamerikanischen", sondern einer brasilianischen „Luftschiffahrtscompany" sein. Auch andere Figuren des Stückes wurden umbenannt, und aus den Millionen Dollar der Mitgift wurden Millionen Réis. Diese wurden dann bei der Premiere des Stückes offenbar über „mille Réis" zu „Millireis", also zur wienerischen Form von „Milchreis", verballhornt. Denn „Der Humorist" schrieb dazu: „Die Diebstahlsgeschichte von den 500 Millionen Mille [!] Reis

---

28 Neues Wiener Tagblatt, 20.5.1917, S. 7.
29 Arbeiter-Zeitung, 20.5.1917, S. 11.
30 Fremden-Blatt, 20.5.1917, S. 11.
31 Ebd.
32 Neue Freie Presse, 20.5.1917, S. 12.
33 Léon, Victor: Der Millionendieb. Zensur-Textbuch, NÖ Landesarchiv, NÖ Reg. Präs Theater TB K 170/10.

wurde vom Publikum, das seit Jahren schon nicht mehr weiß, was Reis ist, überaus beifällig aufgenommen."[34]

Sowohl „Der Humorist" als auch das „Fremden-Blatt" bezeichneten den „Millionendieb" in ihren – sehr positiven – Premierenkritiken als einen dramatisierten Detektivroman, wobei das „Fremden-Blatt" hinzufügte, dass in Léons Libretto „die Findigkeit eines Stuart Webbs"[35] persifliert werde. Der Detektiv Stuart Webbs war der Protagonist einer populären Kriminalfilmserie, die ab 1914 in den deutschsprachigen Kinos zu sehen war. Dass Victor Léon mit dem „Millionendieb" (den „Der Humorist" als „Kino-Operette" bezeichnete[36]) auf die Stuart Webbs-Serie referierte, war in der ursprünglichen Textfassung, mit Mr. Webb als einer der Hauptfiguren, noch deutlicher gewesen.

Die Uraufführung von „Der Millionendieb" fand am 30.9.1918 in Dorn's Künstlerbühne im Wiener Etablissement Ronacher statt. Theaterdirektor Egon Dorn hatte dabei für eine aufsehenerregende Besetzung – nämlich:

„als besondere Lockung für die wiener [!] Operettenfreunde das gemeinsame Erstauftreten des populären Künstlerpaares Mizzi Günther und Louis Treumann, das seit ungefähr sechs Jahren nicht mehr an einer Bühne vereint wirkte. Begreiflicherweise genügte die einige Tage vorher veröffentlichte bloße Ankündigung dieses ‚Ereignisses', um die nötige Spannung des Publikums zu erzeugen und der Erstaufführung des Stückes gewissermaßen den Stempel einer Sensation aufzudrücken."[37]

Dorns Kalkül erwies sich als Erfolg bringend: „Der Millionendieb", der bis zum 30.11.1918 auf dem Spielplan blieb (dann beendeten die am Johann Strauss-Theater engagierte Mizzi Günther und der vom Carl-Theater kommende Louis Treumann ihr mit der Produktion verbundenes Gastspiel im Ronacher), wurde zum allabendlich ausverkauften „Zug- und Kassenstück allerersten Ranges"[38]. Bei der 50. Aufführung, die am 12.11.1918 stattfand, gab es „stürmische Ehrungen"[39] für die Darsteller und Darstellerinnen, für Victor Léon, der bei der Produktion auch Regie geführt hatte, und für den Komponisten Friedrich Mayer. Für Mayer war „Der Millionendieb" der letzte Erfolg seiner Karriere: Denn wenige Tage nach der 50. Vorstellung, am 19.11.1918, starb der damals 28-Jährige an der sogenannten Spanischen Grippe, der zwischen 1918 und 1920 weltweit Millionen von Menschen zum Opfer fielen.

---

34 Der Humorist, 1.10.1918, S. 3.
35 Fremden-Blatt, 4.10.1918, S. 8.
36 Der Humorist, 1.10.1918, S. 3.
37 Ebd.
38 Ebd.
39 Neue Freie Presse, 21.11.1918, S, 6.

Von der „Gelben Jacke" zum „Land des Lächelns"

Am 11.7.1914 brachte die „Neue Freie Presse" im Anzeigenteil, Rubrik „Realitätenverkehr. Verkäufe", eine kleine Annonce, mit der jene Villa, die Victor Léon gemeinsam mit seiner Ehefrau Ottilie[1] in Unterach am Attersee besaß, zum Kauf angeboten wurde:

„Villa Victor Léon in Unterach am Attersee (Salzkammergut) in unvergleichlich schöner Lage am See und Wald, schloßartig, mit allem erdenklichen Komfort (Badezimmer für Warmbad, großes Bade- und Boothaus am See, Sonnenbad, elektrisches Licht, Telephon, Billard etc.), elegantest möbliert, großer gepflegter Gartenpark, ist sofort preiswert zu verkaufen. Zu besichtigen während des Sommers. Agenten verboten."[2]

Warum Victor Léon das Anwesen verkaufen wollte, ist nicht bekannt. Möglicherweise hielt er es in der sich zuspitzenden politischen Situation kurz vor dem Ausbruch des Ersten Weltkriegs für opportun, sein Vermögen anders anzulegen. Allerdings fanden sich keine Käufer für die mehrere Parzellen umfassende Liegenschaft[3], die vermutlich nicht derart „preiswert" war, wie es die Annonce nahelegte. Auch in den folgenden beiden Jahren war die Villa in der „Neuen Freien Presse" annonciert[4], und wiederum kam es nicht zum Verkauf (was sich jedoch in Anbetracht der nach dem Ersten Weltkrieg in Österreich herrschenden Hyperinflation nachträglich als er-

---

1   Ottilie Léon bzw. Hirschfeld, wie sie im Grundbuch genannt wird, wurde am 25.5.1910 als Eigentümerin der Hälfte des Anwesens in das Grundbuch eingetragen (Grundbuch Bezirksgericht Mondsee, Grundbuchseintrag Präs. 25. Mai 1910 T.Z. 160).
2   Neue Freie Presse, 11.7.1914, S. 26.
3   In einer Vollmacht, die Victor und Ottilie Léon am 14.6.1929 dem Wiener Rechtsanwalt Ernst Brunner für die Verkaufsabwicklung erteilten, ist der Umfang der „Realität in Unterach" detailliert angegeben mit: „Haus Nr. 114, Grundbuch Unterach EZ 193 samt den Parzellen 160 Bauareal, 190/1 Wiese, 190/3 Garten, 190/5 Garten, 175/3 Garten" (Léon-Nachlass 27/2.1.5.3).
4   Neue Freie Presse, 15.8.1915, S. 42, und 30.7.1916, S. 38.

heblicher finanzieller Vorteil erweisen sollte). Das Ehepaar Léon behielt also vorderhand die Liegenschaft und verkaufte sie erst 1929.[5]

Victor Léons ehemalige Villa in Unterach am Attersee

Rund ein Vierteljahrhundert lang hatte Victor Léon alljährlich mehrere Wochen und oft auch Monate gemeinsam mit seiner Familie in Unterach am Attersee verbracht. Verknüpft ist der Ort in Léons Biografie mit viel Familiärem: So etwa wurde Tochter Lizzy am 1.10.1904 in der Pfarrkirche von Unterach getauft[6], und am 2.7.1918 kam in Unterach Léons drittes Enkelkind, Franz Marischka, zur Welt. Einen Monat später, am 4.8.1918, fand in der „Villa Léon" eine Wohltätigkeitsveranstaltung zugunsten der „armen Kinder in Unterach"[7] statt. Hauptakteurin war Victor Léons neunjährige Enkelin Elisabeth Marischka, die für den Abend eine Pantomime verfasst und inszeniert hatte und die, teilweise solo, teilweise mit zwei Freundinnen und ihrem dreijährigen Bruder Viktor, eine Reihe von Tänzen zum Besten gab. Für die Klavierbegleitung sorgte der Hofopernmusiker Anton Rusitschka. Die Veranstaltung, die von Sei-

---

5 Grundbuch Bezirksgericht Mondsee, Grundbucheintrag vom 28.6.1929, Zl. 373 und beigefügter Kaufvertrag T.Z. 373/29. Käufer des Anwesens waren der Münchner Dentist Alfons Schönhofer und dessen Ehefrau Marie Schönhofer. Im Kaufvertrag ist ein Kaufpreis von 30.000.- Schilling angegeben. Das Anwesen blieb bis 1957 im Besitz der Familie Schönhofer und wechselte danach einige Male die Eigentümer.

6 Siehe Trauungs-Buch der Pfarre Wien-Hietzing, 25.1.1908. Der Eintrag erfolgte anlässlich der Hochzeit von Lizzy Léon und Hubert Marischka.

7 Handgeschriebenes „Programm zu der großen Wohltätigkeits-Akademie", Léon-Nachlass 29/2.2.1.4. (auf Rückseite eines Briefes von Victor Léon an Anna Stift vom 6.8.1918).

ten der anwesenden Sommerfrische-Gäste „viel Beifall" fand, brachte nicht nur einiges an Spenden ein, sondern auch eine kleine Zeitungsmeldung, die sich im Léon-Nachlass erhalten hat.[8]

Anekdotisches zum Thema „Léon und Unterach" findet sich beim Schriftsteller Arthur Schnitzler, der am 25.8.1897 in seinem Tagebuch vermerkte: „Durch einen Herrn Weinberger zum 2. oder 3. Mal die Geschichte erfahren, dass Risa St. in Unterach von Frau Leon mit ihrem Gatten in der Kirche zärtlich erwischt worden. Das Komische ist, dass der alte Str. – einen neuen Altar für die Kirche widmen wird, um den Skandal zu vertuschen."[9] Bei Risa St. handelte es sich um Therese Strisower, die eine Nichte des Komponisten Ignaz Brüll und Tochter des Wiener Bankiers Bernhard Strisower war. „Komisch" war für Schnitzler die – sicher nicht ernst gemeinte – Vermutung, dass Bernhard Strisower einen neuen Altar spenden werde, vielleicht auch deshalb, weil Strisower Jude war. Übrigens hatte Arthur Schnitzler selbst zu Risa Strisower eine Beziehung, die vermutlich um einiges enger war als jene von Léon zu der jungen Frau.[10] Am 20.10.1897 verwies Schnitzler noch einmal auf die Unterach-Episode: „Bei Risa Str. (Sommergeklatsch; sie wurde erwischt, wie Victor Léon sie küsste)"[11].

Insgesamt aber sorgte Victor Léon in Unterach – und überhaupt – für relativ wenig „Geklatsch". Die Zeit, die er im Salzkammergut verbrachte, nutzte er zu einem großen Teil für seine schriftstellerische Arbeit. Sein letztes großes in Unterach konzipiertes Werk war das Libretto zur 1923 uraufgeführten Operette „Die gelbe Jacke", zu der Franz Lehár die Musik komponierte und die später, in einer bearbeiteten Fassung, unter dem Titel „Das Land des Lächelns" zum Welterfolg wurde. Die Grundidee zur „Gelben Jacke" stammte nicht von Victor Léon selbst, sondern von seiner Tochter Lizzy. In einem im Nachlass befindlichen Schreiben erinnerte sich Léon:

„Es war in Unterach, wo ich mit meiner Familie gewöhnlich den Sommer verbrachte, als eines Tages bei Tisch – es dürfte im Sommer 1915 gewesen sein – meine Tochter uns sagte, (meine Frau Ottilie und Hubert Marischka waren auch anwesend), sie glaube, eine gute Idee zu einer Operette zu haben. Nämlich: dass sich eine junge Engländerin in einen japanischen Gesandtschaftsattaché nur deshalb verliebe, weil er so ganz anders sei als die Männer in Europa. Sie heiratet ihn dann, geht mit ihm nach Japan und sieht, dass er in Japan keine Ausnahme bilde und dort Alle so seien wie er. Dieses Motiv führt zu dramatischen Conflikten. Der Stoff gefiel mir. Ich empfand, etwas Wirksames und Apartes daraus gestalten zu können, besonders wenn ich statt des Japaners einen Chinesen zum Helden nahm, dessen Eigenart und asiatischer Conservativismus viel stärker zum Ausdruck komme. Ich acztierte [!] die Anregung meiner Tochter und versprach ihr hierfür zehn Prozent der Tantiemen aus Theateraufführungen. Das Textbuch wurde ungefähr 1917 fertig und ich nahm als Komponisten Oskar Nedbal in Aussicht, der auch sofort erklärte, diese Operette componieren zu wollen. Er hatte aber vorher noch andere Arbeitsverpflichtungen; ich wollte nicht warten bis er diese erledigt habe. Es war eine glückli-

---

8   Léon-Nachlass 29/2.2.1.4. Der kleine Ausschnitt, von dem nicht bekannt ist, aus welcher Zeitung er stammt, ist einem Brief Victor Léons an Anna Stift vom 23.8.1918 angeheftet.
9   Schnitzler: Tagebuch 1893-1902, S. 260.
10 Siehe dazu Wagner, Renate: Arthur Schnitzler. Wien 1981. S. 85.
11 Schnitzler: Tagebuch 1893-1902, S. 267.

che Fügung, dass sich nun Franz Lehar für das Libretto interessierte, das er dann auch komponiert hat."[12]

Auch Victor Léons Enkel Franz Marischka berichtet in seinem Buch „Immer nur lächeln", dass die Idee zur „Gelben Jacke" von Lizzy Léon gekommen sei. Anders als Léon aber schreibt Marischka, dass seine Mutter als Protagonisten einen indischen Maharadscha vorgeschlagen habe. Dass aus diesem dann ein Chinese wurde, hänge damit zusammen, dass es dafür ein reales Vorbild gegeben habe: „Er war Leutnant der Republik China und als Liaison-Offizier dem k.u.k. Infanterieregiment Nr. 84 des Freiherrn von Bulfras [recte: Bolfras] zugeteilt. Sein Name: Prinz Sukong."[13]

Tatsächlich ist im Zeitraum 1913/14 ein chinesischer Offizier nachweisbar, der zunächst eine Ausbildung an der Militärakademie in Wiener Neustadt absolvierte[14] und ab Oktober 1913 „auf ein Jahr dem Infanterie-Regiment Nr. 84 in Krems zugeteilt"[15] war. Der Name des „chinesischen Unterleutnants"[16] ist in den zeitgenössischen Berichten mit „Prinz Shen Chen Lin von Sukong"[17] beziehungsweise „Shen-Chen-Ling"[18] angegeben. Franz Marischka schreibt, dass der Leutnant auch Gast im Hause Léon und ein Verehrer von Ottilie Léon gewesen sei:

„Durch den Prinzen erfuhr mein Großpapa alle Sitten und Gebräuche des damaligen China. So auch von der Zeremonie, bei der ein Ministerpräsident zu seiner Ernennung mit einer gelben Jacke bekleidet wird. Kurz entschlossen änderte er den indischen Maharadscha in einen chinesischen Prinzen namens Sou-Chong, und die Operette bekam den Titel *Die gelbe Jacke*. Meine Großmama, in Gedanken an ihren geliebten Prinzen, schrieb den Text für das Auftrittslied des Sou-Chong:
‚Immer nur lächeln und immer vergnügt,
immer zufrieden, wie's immer sich fügt.
Lächeln trotz Weh und tausend Schmerzen,
doch wie's da drin aussieht,
geht niemand was an...'"[19]

Ob der Arientext tatsächlich von Franz Marischkas „Großmama" verfasst wurde, ist nicht verifizierbar. Ottilie Léon nahm zwar regen Anteil am Schaffen ihres Mannes, es gibt allerdings keinen Hinweis darauf, dass sie je direkt an der Texterstellung mitgearbeitet hätte. Auf jeden Fall aber war der Refrain „Immer nur lächeln" so eingängig, dass er von Ludwig Herzer und Fritz Löhner-Beda übernommen wurde, als die beiden „Die gelbe Jacke" 1929 zum „Land des Lächelns" umarbeiteten. Verändert aber wurde von Herzer und Löhner-Beda der Haupttext der Arie. Sou-Chong singt

---

12 Victor Léon: Schreiben an das Bezirksgericht Hietzing (übermittelt und mit Briefkopf von Rechtsanwalt Paul Klemperer), o.D. Léon-Nachlass 30/2.2.3.
13 Marischka: Immer nur lächeln, S. 77.
14 Innsbrucker Nachrichten 4.8.1913, S. 5.
15 Fremden-Blatt, 19.10.1913, S. 5.
16 Ebd.
17 Innsbrucker Nachrichten 4.8.1913, S. 5.
18 Fremden-Blatt, 19.10.1913, S. 5.
19 Marischka: Immer nur lächeln, S. 78.

diese, als er als verspäteter Gast in das Haus der von ihm verehrten Lea (die im „Land des Lächelns" Lisa heißt) kommt und noch nicht weiß, dass sie die geplante Verlobung mit ihrem Jugendfreund Claudius (im „Land des Lächelns" Gustav, genannt Gustl) platzen ließ, weil sie in Sou-Chong verliebt ist. In der „Gelben Jacke" singt Sou-Chong bei seinem Entree:

„‚Ich konnte nicht kommen' ... und fragt man, warum? / Kann ich ihn sagen, den Grund? / Ich schlich mich scheu ums Haus herum / Wie ein geprügelter Hund. / Ich konnte nicht kommen, weil ich nicht kann – / Ich hab's über mich nicht gebracht, / Da zuzusehen, wie sie einem Mann / Sich verlobt – und ihn glücklich macht. / Doch wenn uns Chinesen das Herz auch bricht – / Wen geht das was an? Das zeigen wir nicht! / Immer nur lächeln und immer vergnügt, / Immer zufrieden, wie's immer sich fügt! / Lächeln trotz Weh' und tausend Schmerzen – / Denn wie's da drin aussieht, geht niemand was an.
Und soll ich nun bleiben? Wie fällt's mir so schwer, / Weh ist mir, bitterlich weh... / Warum, wozu kam ich hierher? / Daß ich als Braut sie nun seh'? / Und soll ich nun bleiben, hab' ich die Kraft? / Mir wird ja das Lächeln zur Qual... / Versengend glüht in mir die Leidenschaft, / Die sich tückisch ins Herz mir stahl. / Doch müßt' ich mich schämen, wollt' schwach ich sein, / Wen kümmert mein Schmerz? Nur mich ganz allein. / Immer nur lächeln [...]."[20]

Im „Land des Lächelns" lautet das Auftrittslied des Sou-Chong:

„Ich trete ins Zimmer, von Sehnsucht durchbebt... / Das ist der heilige Raum, / In dem sie atmet, in dem sie lebt, / Sie, meine Sonne, mein Traum! / O, klopf' nicht so stürmisch, du zitterndes Herz! / Ich hab' dich das Schweigen gelehrt. / Was weiß sie von mir, von all meinem Schmerz / Und der Sehnsucht, die mich verzehrt? / Doch wenn uns Chinesen das Herz auch bricht, / Wen geht es was an? Wir zeigen es nicht. / Immer nur lächeln und immer vergnügt, / Immer zufrieden, wie's immer sich fügt, / Lächeln trotz Weh und tausend Schmerzen – / Doch wie's da drin aussieht, geht niemand was an.
Ich kann es nicht sagen, ich sage es nie, / Bleibt auch mein Himmel versperrt. / Ich bin doch ein Spielzeug, ein Fremder für sie, / Nur ein exotischer Flirt. / Sie hat mich verzaubert, sie hat mich betört / Wie Haschisch, wie purpurner Wein. / Es kann ja nicht sein, daß sie mich erhört, / Nur im Traum darf ich selig sein. / Sie soll es nicht merken, nicht fühlen, o nein! / Wen kümmert mein Schmerz? Nur mich ganz allein. / Immer nur lächeln und immer vergnügt, / Immer zufrieden, wie's immer sich fügt, / Lächeln trotz Weh und tausend Schmerzen – / Doch niemals zeigen sein wahres Gesicht. / Immer zufrieden, wie's immer sich fügt, / Lächeln trotz Weh und tausend Schmerzen, / Doch wie's da drin aussieht, geht niemand was an."[21]

Der Vergleich der beiden Arien zeigt, dass sich Herzer und Löhner-Beda[22] wesentlich ausdrucksvollerer Bilder bedienten als Victor Léon, dessen Stärke, wie erwähnt, nicht im lyrischen Bereich lag. Außerdem eignet sich die Fassung von Herzer und

---

20 Léon, Victor: Die gelbe Jacke. Soufflierbuch mit Regiebemerkungen. Wien 1923. S. 11f.
21 Herzer, Ludwig – Fritz Löhner: Das Land des Lächelns. Wien 1929. S. 9f.
22 Die Liedtexte aus „Das Land des Lächelns" stammen vermutlich zum überwiegenden Teil von Fritz Löhner-Beda, der bei Gemeinschaftswerken fast immer für den lyrischen Part zuständig war (s. dazu: Denscher, Barbara – Helmut Peschina: Kein Land des Lächelns. Fritz Löhner-Beda 1883-1942. Salzburg 2002. S. 146).

Löhner-Beda auch als selbständiger „Schlager", während Léons Text stark an den unmittelbaren Handlungskontext gebunden und nur in diesem verständlich ist. Vor allem aber kündigen sich in der Pathetik der „Land des Lächelns"-Arienfassung bereits eine geänderte Grundstimmung und ein tragischerer Handlungsverlauf an.

Sowohl „Die gelbe Jacke" als auch „Das Land des Lächelns" spielen in Wien und Peking, als Zeitrahmen ist bei der „Gelben Jacke" 1910 bis 1912 und beim „Land des Lächelns" 1912 angegeben. Einen deutlichen Unterschied gibt es bei jener Wiener Gesellschaft, die in den beiden Werken präsentiert wird. In der „Gelben Jacke" ist Lea die Tochter des Kommerzialrates Limburger, der gemeinsam mit seinem Geschäftspartner Generaldirektor Wimpach, dem Vater von Claudius, Handelsbeziehungen zu China aufbauen möchte. Sou-Chong, der dabei vermitteln soll, wird daher von allen freundlich aufgenommen, das Verhalten ihm gegenüber ist freundschaftlich bis jovial. Die Handelsinteressen sind auch der Grund dafür, dass sich Claudius, als Repräsentant des Unternehmens, im zweiten Akt in Peking befindet. Von dort kann er dann Lea, die darüber empört ist, dass Sou-Chong gemäß chinesischer Tradition noch vier weitere Frauen heiraten muss, nach Wien zurückbringen. Im „Land des Lächelns" ist die Protagonistin Lisa die Tochter eines Feldmarschall-Leutnants und ihr Jugendfreund Gustl ein Dragoner-Leutnant, der sich als Militärattaché nach Peking versetzen lässt. Auch im „Land des Lächelns" ist die Hochzeit Sou-Chongs mit vier Chinesinnen der dramatische Höhepunkt der Handlung. Bei Herzer und Löhner-Beda folgt danach, im kurz gehaltenen dritten Akt, der tragische Abschluss: Gustl kann Lisa mit Hilfe von Sou-Chongs Schwester Mi, die sich in Gustl verliebt hat, aus Sou-Chongs Palast entführen. Fast scheitert die Flucht durch das Dazwischentreten von Sou-Chong, der aber letztlich erkennt, dass er Lisa nicht halten kann. Als Trost für sich und seine Schwester bleibt zum Abschluss wieder nur die Devise „Immer nur lächeln". In Victor Léons „Gelber Jacke" hingegen spielt der dritte Akt, ein Jahr nach den Geschehnissen in Peking, in Wien und bringt einen glücklichen Abschluss der Handlung. Denn nicht nur Lea und Sou-Chong, der sich von seinen vier chinesischen Ehefrauen noch vor der Hochzeitsnacht getrennt hat und an die Botschaft nach Wien zurückgekehrt ist, finden wieder zueinander, sondern auch Claudius und Mi, die mit ihrem Bruder mitgekommen ist, werden ein Paar.

Das von Léon ersonnene Happy End wurde also von Herzer und Löhner-Beda zugunsten eines tragischen Schlusses verworfen. Dieser wesentliche Unterschied zwischen den beiden Fassungen des Stoffes war auch für Karl Kraus ein Thema. In der für ihn typischen satirischen Weise schrieb er, als bekannt wurde, dass „Die gelbe Jacke" zum „Land des Lächelns" umgearbeitet werde:

„Bei Viktor Leon ergibt sich ein Anstand. Er läßt die Liebesgeschichte mit einem Happy end enden! Das geht nicht, das ist seit ‚Friederike'[23] altmodisch geworden. Da müssen die Schöpfer Beda und Herzer heran, denen es schon gelungen ist, Goethe dem deutschen Volk nahe zu bringen, und die nun auch an Leon Hand anlegen wollen, was vielfach Bedenken erregt. Doch behält schließlich eine künstlerische Erwägung die Oberhand über die Pietät.

---

23 Im Mittelpunkt der Operette „Friederike", die – mit dem Libretto von Ludwig Herzer und Fritz Löhner-Beda und der Musik von Franz Lehár – am 4.10.1928 uraufgeführt wurde, steht die Beziehung Goethes zu Friederike Brion.

Die neuen Librettisten Lehars sind der Ansicht, daß dem Meister die Aktschlüsse mit Liebesresignation viel mehr liegen, und daß Lehar in seinem Schaffen über die Happy end-Periode hinaus sei. [...] Aus diesem Grunde wird die junge Wienerin ihren Chinesen wieder verlassen und an den Strand der blauen Donau zurückkehren.
Das Vernünftigste, was sie tun kann."²⁴

Der geänderte Operettenschluss hatte aber nicht nur mit modischen Vorlieben des Publikums und mit der künstlerischen Entwicklung von Franz Lehár zu tun, sondern war wohl auch Ausdruck der unterschiedlichen Weltanschauungen der Librettisten, vor allem jener von Fritz Löhner-Beda. Denn Löhner-Beda war ein engagierter Zionist, der sich mit einer Reihe von Publikationen (wie mit den satirischen Gedichtbänden „Getaufte und Baldgetaufte", erschienen 1908, und „Israeliten und andere Antisemiten", erschienen 1909) gegen jede Art der Assimilation wandte und der sich als Mitglied zionistischer Vereinigungen für die jüdisch-nationalen Ideen von Theodor Herzl einsetzte. Ein gleichberechtigtes Miteinander-Leben von Menschen unterschiedlicher Konfessionen oder Ethnien schien ihm kaum möglich – und somit konnte, umgesetzt auf der Operettenbühne, auch die Beziehung zwischen Lisa und Sou-Chong nicht funktionieren, sondern musste tragisch enden. Zudem ist zu bedenken, dass das Libretto zum „Land des Lächelns" 1929 entstand, als mit der wachsenden Macht des Nationalsozialismus rassistische Tendenzen in Deutschland und Österreich immer stärker spürbar wurden.

Victor Léons Libretto hingegen ist noch ganz ein Produkt der österreichisch-ungarischen Monarchie mit einem von Multiethnizität geprägten Weltbild. Denn das Resümee aus der „Gelben Jacke" lautet: Eine Beziehung wie jene von Lea und Sou-Chong kann zwar in China nicht bestehen, in Wien, der Hauptstadt des Vielvölkerstaates, hingegen schon. Das entsprach zu einem gewissen Grad durchaus der Realität. Doch während Léon an seinem Libretto arbeitete, zerfiel die österreichisch-ungarische Monarchie, und als die Operette dann am 9.2.1923 uraufgeführt wurde, konnte die Geschichte von Lea und Sou-Chong nur noch als Nostalgie verstanden werden. So sah es auch Ludwig Hirschfeld in seiner Premierenkritik in der „Neuen Freien Presse":

„Die ‚Gelbe Jacke' ist eine wienerisch-chinesische Operette, und diese etwas verwunderliche Mischung ist diesmal das Problem. Welche Beziehungen bestehen eigentlich zwischen Wien und Peking, zwischen Oesterreich und China? In früheren Jahren hätte man sich darüber aus Thronreden informiert, in denen gewöhnlich die beruhigende Versicherung gegeben wurde, daß unsere Beziehungen zum gesamten Ausland, also auch zu China, die denkbar besten seien. Oder man hätte darüber in den diplomatischen Rot-, Blau- und Gelbbüchern nachgelesen. Jetzt, wo wir uns den Luxus einer Weltpolitik nicht mehr erlauben können, ist man da ausschließlich auf die Operettenbücher angewiesen".²⁵

Der Titel, den Victor Léon der Operette gegeben hatte, „Die gelbe Jacke", mag aus heutiger Sicht nicht besonders aussagekräftig erscheinen, für das Publikum des frühen 20. Jahrhunderts aber war er gut gewählt, da er sofort eine assoziative Verbin-

---

24 Die Fackel, Nr. 820-826, Ende Oktober 1929, S. 47f.
25 Neue Freie Presse, 10.2.1923, S. 9.

dung zu China schuf. Denn dass die gelbe Jacke in China ein Symbol für politische Macht und kaiserliche Gunst darstellte, war damals verbreitetes Wissen – und es kann bezweifelt werden, dass Léon, wie sein Enkel Franz Marischka meinte, diesbezüglich der Erklärungen eines chinesischen Prinzen bedurfte. Denn ab den 1890er Jahren brachten die Zeitungen Deutschlands und Österreich-Ungarns zahlreiche Artikel über die Bedeutung der gelben Jacke. Die Beiträge standen vor allem in Zusammenhang mit Berichten über General Li Hongzhang, der, als einer der mächtigsten und bekanntesten chinesischen Politiker jener Zeit, Träger der gelben Jacke war und der 1896 eine vielbeachtete Reise durch Europa und Amerika unternahm. Zu finden ist die gelbe Jacke als typisch chinesisches Machtattribut aber auch in der Belletristik der Zeit. So etwa schrieb Ludwig Ganghofer in seiner 1905 erschienenen Erzählung „Hans Dauerhaft" über einen Jäger: „Sein besonderer Stolz war sein alter Wettermantel. Den trug er mit einer Würde wie ein chinesischer Vizekönig die gelbe Jacke trägt."[26] Auch als Titel eines Theaterstückes war „Die gelbe Jacke" bereits vor Léons Operettenlibretto bekannt: 1912 brachten die beiden amerikanischen Autoren George Cochrane Hazelton und Joseph Henry Benrimo in New York das Stück „The Yellow Jacket" heraus. Das Werk war aus Szenen aus verschiedenen chinesischen Quellen zusammengestellt und wurde – gemäß dem Untertitel „A Chinese Play given in the Chinese Manner" – in einer von der chinesischen Theaterpraxis beeinflussten Weise auf der Bühne umgesetzt. 1913 wurde „The Yellow Jacket" zunächst in London und dann in Übersetzungen in zahlreichen weiteren europäischen Städten gezeigt. Ab 31.3.1914 war es, inszeniert von Max Reinhardt, in den Kammerspielen des Deutschen Theaters in Berlin zu sehen, worüber die Wiener Theaterzeitschrift „Der Humorist" ausführlich berichtete.[27] Es ist anzunehmen, dass Victor Léon um den Erfolg von „The Yellow Jacket" wusste und dies ebenso wie die Bekanntheit der Jacke als Machtsymbol bei seiner Titelwahl einkalkulierte.

Die Uraufführung der „Gelben Jacke" fand am 9.2.1923 „unter allen Zeichen eines stürmischen Erfolges"[28] im Theater an der Wien statt. Die Kritiken waren, bis auf wenige Ausnahmen, wohlwollend bis begeistert. Viel Lob gab es für Franz Lehár, der die Aufführung dirigierte, für die Darsteller und Darstellerinnen – Hubert Marischka als Sou-Chong, Betty Fischer als Lisa, Louise Kartousch als Mi und Josef König als Claudius – und vor allem für Regie und Ausstattung:

„Die Inszenierung bildet diesmal einen wesentlichen Teil des Werkes, um so mehr, als sie im zweiten Akt mit der Operettenschablone nahezu völlig bricht. Hier hat die einfallsreiche Märchenphantastik Professor Haas-Heyes[29] wirklich einen chinesischen Zaubergarten geschaffen, in Linie und Farbe, in Glanz und Fülle ein für sich sehenswertes Bild, das es auf einer Operettenbühne wohl noch nie gesehen [!] hat. Die ganze, von Viktor Léon und Oberregisseur Emil Guttmann geleitete Inszenierung zeigt, auch in den beiden Wiener Akten, Gediegenheit und eleganten Geschmack"[30].

---

26 Ganghofer, Ludwig: Hans Dauerhaft. In: Neuigkeits-Welt-Blatt, 16.4.1908, S. 19.
27 Der Humorist, 10.4.1914, S. 6, und 20.4.1914, S. 4.
28 Neues 8 Uhr-Blatt, 10.2.1923, S. 6.
29 Otto Haas-Heye, geb. 16.12.1879 in Heidelberg, gest. 9.6.1959 in Mannheim, war Modeschöpfer und Kostümbildner.
30 Neue Freie Presse, 10.2.1923, S. 9.

schrieb Ludwig Hirschfeld in der „Neuen Freien Presse". Ebenso beeindruckt gab sich auch der mit „R. H-r." zeichnende Rezensent der „Wiener Zeitung": „Massenaufzüge, die das chinesische Volksleben und Hofgepränge zeigen, erfüllen die Bühne: Mandarinen, Ehrenschirmträger, Hochzeitsmädchen, Hüter und Träger der gelben Jacke – eine volkskundliche Schau über ostasiatische Kultur!"[31]

„Die gelbe Jacke", die sich „des regsten Interesses der wiener [!] und auswärtigen Operettenfreunde erfreut[e]"[32], blieb bis Mitte Mai 1923 auf dem Spielplan des Theaters an der Wien. Zwar gab es insgesamt 105 En-suite-Aufführungen, doch war dies, gemessen an den damals üblichen Aufführungszahlen von Lehár-Operetten, eher wenig. Der scheinbar geringe Erfolg darf aber nicht oder zumindest nicht ausschließlich auf die mangelnde Wirkung des Stückes zurückgeführt werden, sondern war auch die Folge von Zerwürfnissen, in deren Mittelpunkt Hubert Marischka stand.

Am 27.11.1918 war Marischkas Ehefrau Lizzy an den Folgen einer Blinddarmentzündung gestorben. 1921 heiratete Marischka Lilian Karczag, die Tochter des Direktors des Theaters an der Wien, Wilhelm Karczag. Dieser machte Marischka zum Ko-Direktor, und als Karczag am 11.10.1923 starb, wurde Hubert Marischka zum alleinigen Pächter und Direktor des Theaters, das er dann in den Folgejahren den bisherigen Eigentümern abkaufte.[33] Außerdem übernahm er den Bühnenverlag Karczag, den ihm Wilhelm Karczag testamentarisch vermacht hatte. Schon als Ko-Direktor des Theaters nahm Hubert Marischka deutlichen Einfluss auf die Programmlinie, der er, wie Marie-Theres Arnbom schreibt, eine neue Richtung gab: „Marischka hatte sich für Kálmán als Hauskomponisten entschieden – und nicht für Lehár. Dies ist auch als Statement für die Moderne zu sehen: Kálmán und Granichstaedten repräsentierten die moderne Jazz-Operette mit internationaler Ausrichtung. Und dies war ganz in Marischkas Sinne, um Broadway-Flair nach Wien zu bringen, Glamour und Revue in den Mittelpunkt zu stellen und sich nicht nur an Wien zu orientieren."[34]

Diesem neuen Programmkonzept entsprechend folgte auf „Die gelbe Jacke", ab 18.5.1923, die Operette „Die Bacchusnacht" mit der Musik von Bruno Granichstaedten. Das Libretto dazu hatte Hubert Marischkas Bruder Ernst Marischka gemeinsam mit (dem in den meisten Ankündigungen allerdings ungenannt gebliebenen) Alexander Engel verfasst. Höhepunkt des im antiken Rom spielenden Stückes – in dem Hubert Marischka die Hauptrolle, den Kaiser Nero, verkörperte – war ein großes Fest im Cäsarenpalast, bei dem auch ein „Original Nigger-Ensemble" auftrat, das je-

---

31 Wiener Zeitung, 10.2.1923, S. 5.
32 Der Humorist, 8.4.1923, S. 3.
33 Hubert Marischkas spätere Ehefrau Gertrud schreibt dazu in ihrer Marischka-Biografie: „Käuflich erworben wurde die erste Hälfte dieses Besitzes von Hubert und seiner Gattin erst am 8. März 1924, zu gleichen Teilen, während die andere Hälfte noch bei Helene Waldberg verblieb, bis diese sie am 1.1.1930 ebenfalls an die Beiden [!], wieder zu gleichen Teilen, verkaufte." (Marischka, Gertrud: Biographie – Hubert Marischka. Unveröffentlichtes Typoskript. Österreichisches Theatermuseum, Nachlass Hubert Marischka, S. 79).
34 Arnbom, Marie-Theres: „Mit frommen Schauder in Marischkas Girlkirche...". Hubert Marischkas Operetten-Imperium 1923 bis 1935. In: Arnbom, Marie-Theres – Kevin Clarke – Thomas Trabitsch (Hg.): Welt der Operette. Glamour, Stars und Showbusiness. Wien 2011. S. 96.

weils danach, ab neun Uhr abends, im Prater Jazz-Konzerte gab.[35] Als nächste Premieren des Theaters an der Wien folgten am 17.11.1923 die Operette „Die Perlen der Cleopatra" mit der Musik von Oscar Straus und dem Libretto von Julius Brammer und Alfred Grünwald und am 28.2.1924 Emmerich Kálmáns „Gräfin Mariza", zu der ebenfalls Brammer und Grünwald das Textbuch geschrieben hatten. „Die gelbe Jacke" tauchte nicht mehr im Programm auf, denn Franz Lehárs Werke passten nicht in Marischkas Konzept, was schließlich zum Bruch zwischen den beiden Künstlern führte. In der Folge wurde keine Lehár-Operette mehr am Theater an der Wien uraufgeführt.

1927 plante Franz Lehár eine Radiofassung der „Gelben Jacke". Allerdings kam die Produktion nicht zustande – und auch das hatte mit Hubert Marischka zu tun. Die Operette sollte vom Sender Radio Wien der österreichischen „Radio Verkehrs AG" (Ravag) ausgestrahlt werden, der jeweils an den Samstag- und Sonntagabenden ein speziell auf Sprech- und Musiktheater ausgerichtetes Programm brachte. Dabei gab es hin und wieder Übertragungen aus der Wiener Staatsoper und im Sommer von den Salzburger Festspielen, vor allem aber sendete man aus den eigenen Studios Produktionen mit durchwegs renommierter Besetzung. Der Bogen reichte dabei von Sprechstücken und Opern bis zu zahlreichen Operetten. Musikalisch geleitet wurden die Radioaufführungen meist von Wiener Theaterkapellmeistern, und es kam eher selten vor, dass ein Komponist sein Werk selbst dirigierte. Als Franz Lehár für die Operettenaufführung vom 11.12.1927 verpflichtet werden konnte, wurde dies daher in der Programmzeitschrift „Radio-Wien" mit Fettdruck besonders hervorgehoben.[36] Offenbar hatte man Lehár auch die Wahl des Stückes überlassen, denn am 26.11.1927 schrieb er an Victor Léon: „Ich wollte am 11./12 im Radio die ‚Gelbe Jacke' bringen" – setzte dann allerdings fort: „Marischka sagte zu ... aber verlangte 10 Millionen. Dir. Ast[37] sagte, sie haben noch niemand, weder Selma Kurz – Lehmann Slezak Piccaver ... etc. so viel bezahlt ... Er dürfe diese Summe nicht ausgeben"[38]. Wofür Hubert Marischka den tatsächlich aberwitzig hohen Betrag von zehn Millionen verlangt hatte, ob für sich oder für das gesamte Ensemble, bleibt offen, seine Forderung aber führte dazu, dass am 11.12.1927 Franz Lehár nicht „Die gelbe Jacke", sondern seine Operette „Paganini" (Libretto Paul Knepler und Bela Jenbach) für Radio Wien dirigierte.

Noch tiefer als der Riss in den Beziehungen zwischen Hubert Marischka und Franz Lehár war jener zwischen Marischka und Victor Léon. Das letzte gemeinsame Projekt war der Film „Dorela", der im März 1921 in den Wiener Kinos anlief und unter dem Titel „Dorela. Der verräterische Klang" auch in Deutschland zu sehen war. Victor Léon und Hubert Marischka schrieben das (nicht erhalten gebliebene) Drehbuch, und Franz Lehár komponierte für den Film (d.h. für die Klavierbegleitung zum Stummfilm) ein Lied mit dem Titel „Do-Re-La". Regie bei „Dorela" führte Ernst Marischka, in dessen Filmfirma der Streifen auch produziert wurde, die Hauptrollen spielten Hubert Marischka und Ernst Marischkas Ehefrau Lilly Marischka. Einen

---

35 Siehe Ankündigung in: Neues 8 Uhr-Blatt, 19.5.1923, S. 5.
36 Radio Wien. Illustrierte Wochenschrift der Österreichischen Radioverkehrs AG., 2.12.1927, S. 345.
37 Max Ast, der Musikchef der Ravag.
38 Franz Lehár: Brief an Victor Léon, 26.11.1927. Léon-Nachlass 24/2.1.2.76.

Eindruck vom Inhalt des Films, für den zunächst der Titel „Töte sie!" vorgesehen war[39], gibt eine Besprechung im Linzer „Tagblatt":

„Das liebebedürftige Weib ist Trägerin dieses wohlaufgebauten Wiener Filmstückes, dessen Handlung vom Anfang bis zum Schlusse in stets steigender Spannung erhält. Rücksichtslos läßt das Weib seine herauflodernde Leidenschaft in die Zügel schießen; Ehe und Schwur bricht es ohne Bedenken, Liebesglück und Leben anderer vernichtet es mit bestialischer Ruhe und dabei ist es so schön und lieb, so daß sich der arglose Mann im Banne dieser Schönheit und dieses Liebreizes belügen und betrügen läßt und jeden noch so mächtig aufdringenden Verdacht erstickt, bis die furchtbare Wahrheit in grausamer Nacktheit vor ihm steht und das unerbittliche, rächende Schicksal beide verschlingt, das tückische, leidenschaftliche Weib und den geblendeten liebenden Mann."[40]

Nach „Dorela" gab es keine weitere Zusammenarbeit mehr von Victor Léon und Hubert Marischka. Marischkas vierte Ehefrau Gertrud Marischka schreibt dazu: „Er [Victor Léon], der so aufgeschlossen und klug war, hat es auch nie verwunden, daß Hubert sich wieder verheiratet hatte. Auch der begütigende und vernünftige Zuspruch seiner Gattin konnte daran nichts ändern und eine Entfremdung zwischen den beiden Männern blieb bis an sein Lebensende bestehen."[41] Unerwähnt lässt Getrud Marischka, dass das Zerwürfnis auch mit der „Gelben Jacke" zu tun hatte. Nach dem Tod ihrer Tochter Lizzy hatten Ottilie und Victor Léon die Enkelkinder Elisabeth, Franz und Viktor bei sich aufgenommen, und alle drei blieben bis ins Erwachsenenalter bei den Großeltern. Jene seiner Tochter „zugedachten 10% der Tantiemen" von „Die gelbe Jacke" ließ Victor Léon, so hielt er später fest,

„nun auf ihre Kinder übergehen. Es wurde mit Hubert Marischka vereinbart, dass bei der Anglo-Bank ein Kinderkonto, lautend auf die Namen der Kinder, errichtet werde, auf welches die abreifenden 10% der Tantiemen immer sofort erlegt werden sollten. Von dieser Vereinbarung wurde auch meine Frau in Kenntnis gesetzt. […] In den mir vom Verlag Karczag erstatteten Tantiemenabrechnungen wurden mir die besagten zehn Prozent für die Kinder stets abgezogen und ich hatte keinen Zweifel, dass die entfallenden Beträge auf das Kinderkonto erlegt würden.
Inzwischen erfuhr ‚die gelbe Jacke' [!] eine Umarbeitung, die unter dem Titel ‚Das Land des Lächelns' im Herbst 1929 in Berlin zur Aufführung kam und einen erfolgreichen Weg über zahlreiche Bühnen nahm und nimmt. Von einer nicht durch den Verlag gehenden, sondern direkt an mich erfolgten Zahlung sandte ich im Oktober 1929 eintausend Mark an die Anglobank, jetzt zur Creditanstalt geworden, für das Conto von Elisabeth, Viktor und Franz Marischka. Ich machte hievon auch Hubert Marischka gleichzeitig briefliche Mitteilung.

---

39 Dass „Töte sie!" ident ist mit „Dorela" kann aus zeitgenössischen Filmzeitschriften erschlossen werden, die 1920 die baldige Vollendung von „Töte sie!" ankündigen (s. Neue Kino-Rundschau, 20.3.1920, S. 26), dann 1921 mit exakt denselben Angaben zu Buch, Musik, Besetzung und Regie „Dorela" als neues Werk präsentieren, während „Töte sie!" nirgendwo mehr aufscheint.
40 Tagblatt, 1.5.1921, S. 9.
41 Marischka: Biographie – Hubert Marischka, S. 76.

Da Elisabeth Marischka inzwischen grossjährig geworden war und Anspruch auf ihren Drittel-Anteil des Kinderkontos hatte, wovon sie jedoch nichts wusste, interessierte es mich, den Stand des Kinderkontos zu erfahren. Ich fragte im März 1930 bei der Creditanstalt (Wechselstube Wienzeile 6) an und erfuhr, dass sich auf dem Kinderkonto nur jene 1000 M. (gleich 1700 Schilling) befinden, die ich erlegt hatte. Es stellte sich heraus, dass das Kinderkonto gar nicht existiere, nie errichtet worden war, dass auch nicht ein Heller seitens des Karczagverlages auf dieses zu errichten gewesene Konto eingezahlt wurde, trotzdem die Beträge mir seit 1923 bis heute konsequent abgezogen worden waren."[42]

Als sich herausstellte, dass die Geldbeträge auf Hubert Marischkas Konto überwiesen worden waren, ließ Victor Léon rechtliche Schritte gegen seinen Ex-Schwiegersohn einleiten. Dieser verteidigte sich damit (wie aus einem Schreiben seines Anwalts Otto Mahler hervorgeht), dass ihm der Tantiemenanteil zustehe, da er gemeinsam mit seiner Ehefrau das Konzept zur „Gelben Jacke" verfasst habe:

„Herr Direktor Marischka hat mir [...] folgende von seiner Hand geschriebene Schriftstücke vorgelegt:
1.) Den ersten Akt des Szenariums einer Operette mit dem Titel ‚Der exotische Mann', in welcher der chinesische Gesandtschaftsattaché Su Chonk die Hauptrolle spielt. Der Inhalt dieses Szenariums deckt sich fast vollständig mit dem betreffenden Teil der ‚Gelben Jacke'.
2.) Eine von der Hand Ihrer verstorbenen Frau Tochter geschriebene Niederschrift, welche den zweiten Akt beinhaltet.
3.) Eine Reihe weiterer handschriftlicher, denselben Gegenstand behandelnde Entwürfe."[43]

Victor Léon schrieb daraufhin zwei Tage später in seinem Antwortbrief an Marischkas Anwalt, dass er nie bestritten habe, dass die Idee zu „Die gelbe Jacke" von seiner Tochter stamme:

„Sogar in dem Textbuch, das dem Publikum zugänglich ist, steht an der Spitze:
‚Dem Andenken meiner Tochter Lizzi gewidmet, der ich Anregung und Idee zu diesem Stücke verdanke.'
Dass Herr Director Marischka ein Scenarium verfasst haben soll oder verfasst hat, ist mir neu. Ich habe es nie gesehen, ebenso wenig wie die ‚Niederschrift' meiner Tochter, deren Existenz mir gleichfalls eine Neuheit ist wie auch die ‚Reihe weiterer handschriftlicher Entwürfe'. All dies wäre, hätte man mir es je gegeben, ohne Zweifel in meinem Besitze geblieben.
Und wenn Herr Director Marischka dieses Scenarium niederschrieb, geschah es sicherlich erst dann, nachdem ich – was ich bei der damaligen Innigkeit unserer Beziehung oft tat – ihm meine Ideen mitgeteilt habe. Dies geht schon daraus hervor, dass der Held ein Chinese ist (meine Tochter schlug einen Japaner vor) und noch mehr daraus, dass dieser Chinese Sou Chong heisst, der Name eines speziellen Bekannten, den ich erst während meiner Arbeit wählte."[44]

---

[42] Victor Léon: Schreiben an das Bezirksgericht Hietzing (übermittelt und mit Briefkopf von Rechtsanwalt Paul Klemperer), o.D. Léon-Nachlass 30/2.2.3.
[43] Otto Mahler: Brief an Victor Léon, 16.6.1930. Léon-Nachlass 27/2.1.5.17.
[44] Victor Léon: Brief an Otto Mahler, 18.6.1930, Kopie. Léon-Nachlass 29/2.2.2.

Am selben Tag schrieb Victor Léon auch einen Brief an Hubert Marischka. Darin war er sichtlich darum bemüht, seinem Ex-Schwiegersohn einen Ausweg aus der Affäre zu eröffnen, indem er so tat, als wäre alles ein Fehler von Marischkas Büro:

„Lieber Hubert,
Herr Dr. Mahler hat – in Deinem Auftrage an meinen Anwalt einen Brief geschrieben, der mich als Dir feindselig und Friedensstörer und dergleichen hinstellt.
Den Frieden habe nicht <u>ich</u> gestört. Würdest Du die Correspondenz kennen, die ich gezwungen war, mit Deinem Bureau seit April zu führen, so würdest Du nicht mir sondern Deinem Bureau Vorwürfe machen, was zweifelsohne mehr am Platze und mehr in Deinem Interesse wäre.
Ich recapituliere, so kurz es möglich ist, Ursache und Ereignisse, die der nun geschaffenen Situation zugrunde liegen.
Ich schrieb Dir Ende October vorigen Jahres, dass ich auf das Kinderconto vorläufig 1000 Mark erlegt und Dir – irrtümlich – 900 Mark als Provision überwiesen habe. Ich erfahre später durch einen puren Zufall, dass das Kinderconto, welches im Jahre 1920 hätte bereits errichtet werden sollen, <u>gar nicht existiert</u>, dass daher auch nicht ein Heller seitens Deines Bureaus eingezahlt wurde, wohl aber die betr. Beträge mir abgezogen wurden.
Was hättest <u>Du</u> zu einer solchen Entdeckung gesagt?
Ich habe Dein Bureau um Aufklärung ersucht und um die unterlassenen Einzahlungen. Die Aufklärung bestand in einer mir unbegreiflichen kaufmännischen Wendung. Von einer Einzahlung der früheren und jetzt wieder eingelaufenen Beträge auch nicht die mindeste Spur.
Was hättest <u>Du</u> dazu gesagt?
Neuerliches Ersuchen meinerseits die Sache in honoriger Weise in Ordnung zu bringen. Endlich eine flüchtige, briefliche Aufstellung der nicht eingezahlten Beträge. Von Einzahlung derselben noch immer keine Spur.
Ich wende mich nach mehrfachem Hin und Her an Dr. Mahler. Er bringt mir eine etwas ausführlichere, aber durchaus nicht genügende Aufstellung. Und was tut Gott? Dr. Mahler selbst constatiert, dass die Aufstellung, die <u>er</u> brachte, mit jener <u>brieflichen</u> in <u>keiner Weise</u> übereinstimmt. Eine von den beiden musste also falsch sein, wenn nicht beide.
Was hättest <u>Du</u> dazu gesagt?
Dr. Mahler hatte die von ihm gebrachte Aufstellung wieder mitgenommen.
Nach einigen Tagen bekam ich einen Brief von Deinem Bureau, in welchem ich ersucht werde, den Brief mit der ersten fehlerhaften Aufstellung als <u>nicht existierend</u> zu betrachten.
Was hättest <u>Du</u> dazu gesagt?
Es wäre doch leicht möglich gewesen, dass ich diese falsche Aufstellung als <u>richtig</u> hätte hinnehmen können und die Kinder wären schwer benachteiligt gewesen. Es hätte doch auch möglich sein können, dass ich <u>vor</u> der Entdeckung, dass gar kein Kinderconto existiert, gestorben wäre. Was dann?
Eine dritte Aufstellung erfolgte. Auch diese ist – nach fachmännischer Beurteilung und nach jener meines Anwalts – total ungenügend, mangelhaft und in der Berechnung falsch.
Was hättest <u>Du</u> dazu gesagt?
Es handelt sich da nicht um mich sondern um die Kinder. Diese zu schützen ist mir unabweisbare Pflicht. Und dieser Pflicht gehorche ich.
Ueberdies hat Liesel bereits Anspruch auf ein Drittel des Kindercontos.

Diese Umstände also waren Ursache und Beginn meiner sogenannten ‚feindseligen Stellungnahme' und Friedensstörung."[45]

Seinen noch um einiges umfangreicheren Brief – in dem er auch darlegte, dass er in Bezug auf die Vergabe der Filmrechte von „Das Land des Lächelns" von Marischkas Karczag-Verlag übervorteilt worden sei – schloss Victor Léon mit einem weiteren Hinweis auf das Schreiben von Hubert Marischkas Anwalt. Dieser habe gemeint, dass durch Léons Beharren in Sachen Kinderconto die freundschaftlichen Beziehungen zwischen Léon und Marischka „getrübt, ja zerstört würden": „Unsere Beziehungen – Du lieber Himmel – existieren sie denn? Wir sind ja seit Jahren so auseinander, wie man nicht auseinanderer sein kann. An mir lag es nicht. Wahrhaftig nicht. Und noch einmal, lieber, einst guter und nun leider nicht zum Erkennen veränderter Hubert, lasse es des Kindercontos wegen nicht zu weit kommen."

Zwar bemühte sich Hubert Marischka in der Folge darum, die Sache zu kalmieren und bat in einem Brief[46] den „lieben Papa" Victor Léon, sich nicht von den Anwälten „verhetzen" zu lassen, und er ließ auch die „liebe Mama" Ottilie Léon wissen, dass er ein „gütliches Arrangement"[47] wolle. Allerdings hatte er damit keinen Erfolg, und Victor Léon machte ein Gerichtsverfahren gegen ihn anhängig. Léons Anwalt in der Sache war Ernst Brunner, der seinem Klienten am 11.5.1931 schrieb:

„Herr Dr. Mahler teilt mir nunmehr mit, dass Herr Direktor Marischka im Zusammenhange mit der von Ihnen eingeleiteten Aktion nicht gewillt sei, seinen Kindern gegenüber auf die 10%ige Courtage zu verzichten […] Der Nachsatz seines Schreibens: ‚Inwieferne sich aber mein Klient als Vater seiner Kinder veranlasst sehen würde, n a c h Erledigung des von Herrn Léon in die Wege geleiteten gerichtlichen Verfahrens, diesen Kindern freiwillig eine Zuwendung zu machen, kann gegenwärtig nicht Gegenstand einer Diskussion sein' charakterisiert Herrn Direktor Marischka einwandfrei. Er sollte doch den Mut offener Ablehnung haben und sich nicht wie ein Jesuit um die Sache herumdrehen!"[48]

Am 6.7.1931 konnte Brunner dann mitteilen, dass das Bezirksgericht Wien-Hietzing entschieden habe, dass Hubert Marischka eine Abrechnung vorlegen und die seinen Kindern zustehenden Beträge zurückzahlen müsse. Nicht stattgegeben wurde Victor Léons Antrag, Marischka in Hinkunft die Verwaltung des Vermögens der noch minderjährigen Söhne Viktor und Franz Marischka zu entziehen. Es sei, so hieß es, davon auszugehen, dass Hubert Marischka in Zukunft die „als Vater und Vermögensverwalter begangenen Unterlassungen"[49] wiedergutmachen werde.

---

45 Victor Léon: Brief an Hubert Marischka, 18.6.1930 (Kopie). Léon-Nachlass 29/2.2.1.3.
46 Hubert Marischka: Brief an Victor Léon, 15.8.1930. Léon-Nachlass 23/2.1.1.14.
47 Hubert Marischka: Brief an Ottilie Léon, 3.10.1930. Léon-Nachlass 23/2.1.1.14.
48 Ernst Brunner: Brief an Victor Léon, 11.5.1931. Léon-Nachlass 27/2.1.5.3.
49 Ernst Brunner: Brief an Victor Léon, 6.7.1931. Léon-Nachlass 27/2.1.5.3.

„Der so schwierige Boden des Burgtheaters":
Das Schauspiel „Ein dunkler Ehrenmann"

Mit 61 hatte es Victor Léon endlich geschafft: Eines seiner Stücke wurde im Burgtheater aufgeführt. Er, der schon in seiner Jugend „nach der Classik des Burgtheaters gravitierte"[1] und dem einst sein „Mentor" Camillo Walzel bei der gemeinsam erarbeiteten Burgtheaterproduktion „Die Büste" die Namensnennung unterschlagen hatte, gab nun sein „offizielles" Debut an der renommiertesten Wiener Sprechtheaterbühne. Sein Stück, das am 15.5.1919 Premiere hatte, trug den Titel „Ein dunkler Ehrenmann", und Léon führte bei der Produktion, gemeinsam mit Carl von Zeska, Regie.

Das dreiaktige Stück spielt im Verlauf von zwei Tagen in einem kleinen oberösterreichischen Dorf. Dort übt der Apotheker Perlmoser auch die Funktion eines Landarztes aus, wobei er seine mangelnde medizinische Ausbildung durch althergebrachte Behandlungsmethoden und das Vertrauen auf die „Roßnatur" der Bauern, „die sich gewöhnlich von selbst kuriert"[2], zu kompensieren versucht. Seine Tochter Martina charakterisiert ihn daher mit dem aus Goethes „Faust" entnommenen Zitat: „Mein Vater war ein dunkler Ehrenmann, / Der über die Natur und ihre heil'gen Kreise / In Redlichkeit, jedoch auf seine Weise, / Mit grillenhafter Mühe sann"[3].

Martina hat in Wien Medizin studiert und ist dort nun als Assistenzärztin an der Universitätsklink tätig. Sie kommt nach längerer Abwesenheit erstmals wieder zu Besuch in ihren Heimatort und muss gleich nach ihrer Ankunft feststellen, dass ihr Vater nicht erkannt hat, dass einer seiner Patienten an Typhus leidet. Perlmoser weigert sich, die Diagnose seiner Tochter anzuerkennen, was zu einer heftigen Auseinandersetzung zwischen ihm und Martina führt. Perlmoser will den Krankheitsfall verheimlichen, da sein Ansehen als „Arzt" und damit auch seine materielle Existenz ruiniert wären, sollte sich der Typhusverdacht bestätigen. Martina hingegen will zunächst den Fall, wie es bei Epidemiegefahr vorgeschrieben ist, offiziell melden, unterlässt dies dann aber aufgrund des Drucks und der Bitten ihrer Eltern und ihrer Schwester. Dennoch hat sich das Gerücht von Martinas Diagnose im Dorf verbreitet, und die Bauern wenden sich empört gegen die junge Frau, deren medizinische Kenntnisse sie nicht anerkennen wollen und die, wie sie sagen, durch ihre „Lügen"

---

1   Léon: Allerlei aus meinem Theaterleben. Léon-Nachlass 4/1.2.4.
2   Léon, Victor: Ein dunkler Ehrenmann. Berlin 1917. S. 15.
3   Ebd. S. 55.

die Sommergäste vertreibe. Das Stück endet damit, dass sich der Typhusverdacht bestätigt, Martina die medizinische Leitung übernimmt und ihren verzweifelten Eltern versichert, dass sie, die demnächst einen Universitätsprofessor heiraten werde, auch für die zukünftige finanzielle Versorgung der Familie sorgen wolle.

„Ein dunkler Ehrenmann" ist deutlich von Henrik Ibsens Drama „Ein Volksfeind" beeinflusst, in dessen Mittelpunkt ein Arzt steht, der als „Volksfeind" diffamiert wird, weil er festgestellt hat, dass das Heilwasser eines Kurortes verseucht sei. Das 1882 entstandene Stück war am 23.10.1890 erstmals in Wien, am Burgtheater, zu sehen gewesen. Schon damals habe Victor Léon, gemeinsam mit Heinrich von Waldberg, erste Skizzen zu einem von Ibsen inspirierten Werk entworfen, wusste der Kritiker Max Kalbeck anlässlich der Premiere von „Ein dunkler Ehrenmann" zu berichten.[4] Allerdings hätten Léon und Waldberg damals eine „Ibsenparodie" in Form eines „Volksstück[s] mit Gesang und Tanz" geplant. Da das Interesse an Ibsens „Volksfeind" aber „so schnell wieder abgeflaut [sei], daß die Parodie schon 1891 nicht mehr hätte wirken können" (– was eine gewaltige Fehleinschätzung der Rezeption des „Volksfeinds" durch Max Kalbeck war), hätten Léon und Waldberg das Projekt wieder aufgegeben. Jahre später habe Léon dann „die Skizzen aus dem Riesenpapierkorb seines Gedächtnisses" hervorgeholt und daraus „Ein dunkler Ehrenmann" gemacht. Woher Kalbeck seine Informationen über die Genese des Stückes hatte, ist nicht bekannt. Im Léon-Nachlass findet sich kein Hinweis auf eine Beschäftigung mit einer „Volksfeind"-Parodie, und im „Dunklen Ehrenmann" sind keine parodistischen Elemente zu entdecken. Hingegen kann das Werk durchaus als „Volksstück" klassifiziert werden, auch wenn Victor Léon selbst bei der Burgtheaterproduktion und auf der Buchausgabe die neutralere Bezeichnung „Schauspiel" bevorzugte. Als das Werk aber am 9.12.1919 im Stadttheater Klagenfurt aufgeführt wurde, trug es die Genrebezeichnung „Schwank".[5]

Inhaltlich gehört „Ein dunkler Ehrenmann" in die Reihe jener „Zeitbilder", in denen Léon aktuelle gesellschaftliche Themen aufgriff. Wieder stellte er, wie so oft in seinen Werken, eine selbstbewusste Frau in den Mittelpunkt. Als Ärztin, die noch dazu an der Universitätsklinik tätig ist, repräsentierte Martina zu jener Zeit noch eine Minderheit: 1913 waren in Österreich 18.474 Männer, aber nur 125 Frauen im Arztberuf tätig[6], und auch wenn die Zahl der Medizinerinnen im Verlauf des Ersten Weltkriegs deutlich zunahm, bildeten Ärztinnen vor allem außerhalb der Städte noch lange Zeit eine Ausnahme. Reaktionen wie jene im kleinen Bauerndorf des „Dunklen Ehrenmannes", wo man nicht glauben will, dass Martina „jetzt a g'lernter Dokter sein soll"[7] und sie für eine Art Hebamme hält, waren zur Zeit der Uraufführung des Stückes daher durchaus realistisch.

Die Kritiken, die Victor Léon für „Ein dunkler Ehrenmann" erhielt, waren mittelmäßig bis schlecht. Immerhin meinte der Kritiker der „Arbeiter-Zeitung", Otto Koenig:

---

4 Neues Wiener Tagblatt, 16.5.1919, S. 3f.
5 Rudan, Helmar u. Othmar: Das Stadttheater in Klagenfurt. Vorgeschichte und Entwicklung. Klagenfurt 1960. S. 252.
6 Salzburger Chronik, 28.2.1913, S. 4.
7 Léon, Victor: Ein dunkler Ehrenmann. S. 24.

„Daß der Verfasser von mehr als einem Dutzend Bühnenwerken leichten Kalibers, der gewiegte Theaterroutinier Viktor Leon, wohl bewandert in der Technik, die richtige Figur an die richtige Stelle zu setzen und Szenen geschickt zu führen, wieder ein gut gebautes, bühnenwirksames Stück auf die Beine bringen wird, war vorauszusetzen und diese Voraussetzung wurde auch nicht enttäuscht. Das Stück [...] ist sogar sehr wirksam"[8].

Aber, so schränkte Koenig ein, näher betrachtet sei es „doch nichts weiter als eine unterhaltsame Bauernkomödie, eine seichte Familiengeschichte, deren Erfolg und Wirkung ganz und gar auf ihrem Reichtum an guten Charaktertypen beruht." Hans Brecka, der Rezensent der christlichsozialen „Reichspost", sah sich zwar veranlasst festzustellen: „Zugegeben: Hier ist ganz prächtig ein Milieu gezeichnet"[9], fand aber die sprachliche Gestaltung – das Stück ist zum größten Teil im Dialekt gehalten – nicht passend. Dabei klingen in Breckas Kritik auch rassistische Vorbehalte gegen Léon an: „So mag man in jüdischen Literaturkaffeehäusern von den Bauern reden, aber in der Familie eines Landarztes hört sich so etwas übel genug an." Wenig Gefallen fand Brecka auch an der Figur der Martina: Sie sei eine „naseweise Dame", der man „am liebsten über den Schnabel fahren [möchte] und wundert sich über den alten Mann [Martinas Vater], daß er es nicht selber tut." Auch dem Schriftsteller Otto Stoessl, der für die „Wiener Zeitung" einen Feuilletonbeitrag über „Ein dunkler Ehrenmann" schrieb, missfiel die junge Ärztin, deren ersten Auftritt im Stück er ironisch als „den Eintritt des modernen Weibes und den Triumph der siegreichen Frauenbildung"[10] kommentiert.

Der Schriftsteller Alfred Polgar hat „Ein dunkler Ehrenmann" in seine „Stücke und Spieler" betitelte Sammlung von Theaterkritiken aufgenommen. Dass auch Polgar dem Stück nur wenig Positives abgewinnen konnte, zeigt sich daran, dass seine Kritik nichts anderes als eine Inhaltangabe ist, die Polgar jedoch mit feiner Ironie formuliert hat – so etwa, wenn er den Schauplatz des „Dunklen Ehrenmannes" beschreibt als: „Eine sanfte schuhplattelnde Gegend, Heimstatt für Menschen einfachen Zitherschlages."[11] Sein Resümee zieht Polgar in einem letzten, vom übrigen Text abgesetzten Satz folgendermaßen: „Aber im Ganzen ist es, wie der Bürgermeister[12] sagt: ‚Saudumme G'schicht' verfluchte!'"[13]

Einig waren sich die Kritiker darin, dass „Ein dunkler Ehrenmann" nicht ins Burgtheater passe. Vielleicht wäre das Stück an einer anderen Bühne – wie etwa dem Raimund-Theater, in dem die meisten „Zeitbilder" Léons gezeigt worden waren – tatsächlich besser platziert gewesen. Sicher aber hat zum Urteil, dass das Werk nicht burgtheatertauglich sei, auch die Tatsache beigetragen, dass es vom umstrittenen Burgtheaterdirektor Max von Millenkovich zur Aufführung angenommen worden war. Millenkovich, der zuvor Kunstreferent im Unterrichtsministerium gewesen war, wurde im April 1917 zum Theaterdirektor bestellt. Für Aufsehen und Empörung sorgte er gleich bei seinem Amtsantritt, als er sich als „Deutschösterreicher"

---

8 Arbeiter-Zeitung, 16.5.1919, S. 6.
9 Reichspost, 16.5.1919, S. 8.
10 Wiener Abendpost (Beilage zur Wiener Zeitung), 16.5.1919, S. 1.
11 Polgar, Alfred: Stücke und Spieler. Berlin 1926. S. 273.
12 Gemeint ist der Bürgermeister des Ortes, in dem „Ein dunkler Ehrenmann" spielt.
13 Polgar: Stücke und Spieler, S. 276.

vorstellte, „der das christlich-germanische Schönheitsideal im Herzen trägt" und alle „pöbelhafte", „quälende" und „ungesunde" Kunst ablehne.¹⁴ Es war dies eine Haltung, in der sich bereits Millenkovichs späteres nationalsozialistisches Engagement, als er unter anderem Mitarbeiter des „Völkischen Beobachters" war, ankündigte. Als Theaterdirektor setzte Millenkovich einen Programmschwerpunkt auf österreichische Autoren, wie etwa Ludwig Anzengruber, Karl Schönherr oder auch Ferdinand Raimund, dessen Zaubermärchen „Der Bauer als Millionär" unter Millenkovichs Direktion am 15.2.1918 erstmals im Burgtheater aufgeführt wurde. Die Hauptrolle, den Fortunatus Wurzel, spielte Alexander Girardi, den Millenkovich an das Burgtheater engagiert hatte. In dieses Programmkonzept passte auch Victor Léons „Dunkler Ehrenmann", zumal die Rolle des Landarztes Girardi zugedacht gewesen war. Am 8.8.1917 teilte Millenkovich Victor Léon in einem Brief mit, dass er das Stück zur Uraufführung annehme, die aber „leider nicht vor Herbst 1918 stattfinden könnte"¹⁵. Bis zu dem von Millenkovich avisierten Premierentermin sollte allerdings einiges geschehen, was die Situation vollkommen veränderte: Am 20.4.1918 starb Alexander Girardi, dessen Rolle in „Ein dunkler Ehrenmann" dann von Hans Marr übernommen wurde. Vor allem aber geriet Max von Millenkovich immer mehr in die Kritik, die sich hauptsächlich gegen seine Spielplangestaltung richtete:

„Gewiß! Jeder Burgtheaterdirektor (auch der beste) hat irgendeinmal geschmacklich gefehlt. Aber es war meist der Irrtum eines Augenblicks. Bei Direktor v. Millenkovich jedoch ist diese Auswahl düster-ernste Ueberzeugung. [...] Deshalb bedeutet der einheitlich und kräftig geäußerte Protest der Kritik mehr als die Ablehnung eines Stückes. Es ist ein letztes Ringen um den verlassenen, einst so sorgsam gehüteten Besitz – Burgtheater!"¹⁶

Bald war die Rede von einer „Direktionskrise"¹⁷, und am 7.7.1918 wurde der Rücktritt Millenkovichs bekanntgegeben. Für einige Monate übernahm ein Dreierkollegium (Hermann Bahr, Max Devrient und Robert Michel) die Leitung des Burgtheaters, dann wurde der Schauspieler und Regisseur Albert Heine zum Direktor ernannt. Heine änderte den Spielplan, akzeptierte aber Victor Léons „Dunklen Ehrenmann". Dem Stück blieb jedoch der Ruf anhaften, aus der Ära Millenkovich zu stammen, was im „Neuen 8 Uhr-Blatt" zu dem hämischen Kommentar führte: „Man fragt sich fassungslos, warum Herrn Heine, der doch so viele von Herrn Millenkovich angenommene Theaterstücke wieder entfernt hat, gerade dieses durchgerutscht ist. [...] Es kann nur sein, daß Direktor Heine einmal ganz sinnfällig zum Ausdruck bringen wollte: ‚Seht, so war mein Vorgänger im Amte!'"¹⁸

Nachdem „Ein dunkler Ehrenmann" nur vier Mal (am 15.5., 16.5., 18.5. und 21.5.1919) im Burgtheater aufgeführt worden war, wandte sich Victor Léon an den

---

14 Die Antrittserklärung Millenkovichs wurde in den meisten Wiener Zeitungen in Auszügen zitiert und ausführlich kommentiert – z.B. Neues Wiener Journal, 12.4.1917, S. 8; Wiener Allgemeine Zeitung, 12.4.1917, S. 1.
15 Max von Millenkovich: Brief an Victor Léon, 8.8.1917. Léon-Nachlass 26/2.1.3.1.
16 Wiener Allgemeine Zeitung, 4.2.1918, S. 3.
17 Z.B. Neues Wiener Journal, 12.6.1918, S. 7.
18 Neues 8 Uhr-Blatt, 16.5.1919, S. 3.

"Verband deutscher Bühnenschriftsteller", dessen Mitglied er war, und fragte an, ob man ihm „in einer Sache gegen das Burgtheater" Rechtsschutz gewähren könne:

„Es handelt sich um mein Stück ‚Ein dunkler Ehrenmann', das Director Heine nach vier Vorstellungen bei einer Gesamteinnahme von nahezu 35.000 Kr. – also fast 9000 Kr. Durchschnittseinnahmen pro Vorstellung – aus persönlichen Gründen abgesetzt hat. Ich habe in meiner mehr als 40jährigen Tätigkeit als Bühnenschriftsteller, von dem wohl an die 200 Bühnenstücke aufgeführt wurden, niemals Einspruch gegen die Absetzung eines Stückes erhoben. Ich war auch nicht dazu veranlaßt. Aber dieser Gewaltact, der einen Schriftsteller künstlerisch und materiell auf's Schwerste und Empfindlichste schädigt, verlangt es direct, daß man gegen derartige directoriale Absolutismen seine Stimme erhebe. – Will dies der Verband für mich tun, dann werde ich mir erlauben, ihm das bezügliche Material im weitesten Ausmaße zur Verfügung zu stellen."[19]

Es folgte ein mehrmonatiger Schriftverkehr zwischen Victor Léon und dem in Berlin ansässigen Syndikus des Schriftstellerverbandes, Wenzel Goldbaum, der Léon am 8.5.1920 mitteilte: „In der Sache gegen Burgtheater habe ich noch immer nichts unternehmen können und zwar deshalb, weil die Rechtsverhältnisse der österreichischen Bühnen noch durchaus ungeklärt sind. Es schweben Verhandlungen darüber. Zur Zeit lässt sich also keine Klage in der Angelegenheit erheben, da man nicht weiss, dass das angerufene Gericht auch zuständig ist."[20] Aufgrund dieser unklaren Rechtssituation in den Jahren nach dem Ersten Weltkrieg, als das ehemalige k.k. Hofburgtheater, das dem Hofmarschallamt unterstellt gewesen war, zu einer Institution der Republik Österreich wurde, entschied sich Victor Léon, die Sache nicht weiter zu verfolgen. Dass ihm der Misserfolg am Burgtheater aber nahe ging, ist einem Brief zu entnehmen, den ihm die Schauspielerin Annie Rosar, die in „Ein dunkler Ehrenmann" die Martina spielte, am Tag vor der letzten Aufführung des Stückes schrieb:

„Sehr geehrter, lieber Herr Leon!
Haben Sie recht herzlichen Dank für die so freundlichen Worte, die Sie nach der Premiere Ihres Stückes an mich gerichtet haben. – Es ist gewiß für mich ein Glück gewesen, die Martina verkörpern zu dürfen, und ich bin mit meinem Erfolge zufrieden. – Aber auch Sie Verehrter dürfen es sein. – Der so schwierige Boden des Burgtheaters vergönnt weder einem Dichter noch einem Schauspieler gleich den vollen Erfolg von Seiten des Publikums wie der Kritik. – Ein Teil lässt immer zu wünschen übrig. – Das nächste Mal werden Sie sicher <u>ganz</u> zufrieden sein. –
Ich habe mich sehr gefreut, mit Ihnen und unter Ihrer so hervorragenden Regie arbeiten und schaffen zu dürfen, und hoffe nur, dass es nicht das erste und letzte Mal war! –
Ich begrüße [!] Sie herzlichst mit dem Ausdrucke meiner vollsten Hochschätzung
Annie Rosar."[21]

---

19 Victor Léon: Brief an den Verband deutscher Bühnenschriftsteller, 29.8.1919. Léon-Nachlass 38/4.1.1.4.
20 Wenzel Goldbaum: Brief an Victor Léon, 8.5.1920. Léon-Nachlass 38/4.1.1.4.
21 Annie Rosar: Brief an Victor Léon, 20.5.1919. Léon-Nachlass 25/2.1.2.110.

Wenn Annie Rosar in ihrem Brief auf die „hervorragende Regie" verweist, so zeigt dies, dass Victor Léon es auch im Burgtheater verstanden hatte, die Inszenierung souverän zu leiten. Nicht nur bei den Mitwirkenden, sondern auch bei den Kritikern war er als Regisseur weitgehend unbestritten, und so fanden die Rezensenten auch im Fall des „Dunklen Ehrenmanns" nichts an der Inszenierung auszusetzen. Max Kalbeck spendete sogar Lob für die „außerordentlich feine und mit Liebe ausgearbeitete Vorstellung"[22]. Auf dem „so schwierigen Boden des Burgtheaters" aber gab es für Victor Léon weder als Autor noch als Regisseur ein „nächstes Mal".

Am selben Abend, an dem „Ein dunkler Ehrenmann" zum ersten Mal im Burgtheater zu sehen war, also am 15.5.1919, sollte das Stück auch im Berliner Lessing-Theater gezeigt werden – so zumindest hatte, wenn auch ein Jahr vor der Wiener Uraufführung, eine entsprechende Ankündigung im „Neuen Wiener Journal" gelautet.[23] Kurz vor der Burgtheaterpremiere meldete dann die „Berliner Börsenzeitung", dass das Stück für Berlin angekauft worden sei, ein Aufführungstermin aber wurde nicht angegeben.[24] Offenbar wollte man im Lessing-Theater abwarten, wie „Ein dunkler Ehrenmann" in Wien ankam. Erschließbar ist dies aus einem umfangreichen Brief, den Victor Léon am 27.6.1919 an den Dramaturgen Moriz Ehrlich schrieb[25] und der eine Antwort auf ein – im Léon-Nachlass nicht vorhandenes – Schreiben Ehrlichs ist. Es sei nicht richtig, so Léon, wenn Ehrlich meine, dass das Stück in Wien kein Bühnenerfolg gewesen sei, denn immerhin sei er bei der Premiere 17 Mal vor den Vorhang gerufen worden. Wenn das Stück bei der Kritik nicht entsprechend angekommen sei, so hänge das damit zusammen, dass es „von dem vielgehassten, vielverfolgten Millenkovich angenommen wurde". Ausführlich legte Léon dann die Intention seines Stückes dar, „das auch durchaus keine ‚Satire' ist, für die Sie es nehmen, sondern ein Schauspiel, ein Stück Leben." Für „die unvergleichliche" Ilka Grüning, die in Berlin die Martina spielen sollte, sei er aber bereit „humoristische Lichter aufzusetzen", und er willigte sogar ein, den Schluss zu ändern: „Bitte: ich opfere die Versöhnung, ich opfere auch die direkte Tröstung durch die Tochter, ich streiche die ganze Schlussrede der Martina, ich verzichte auf die Rührung und die so gerne geweinten Tränen des Publikums."

Léon legte, so ist seinem Brief zu entnehmen, bereits eine geänderte Fassung des Schlusses bei und bat Ehrlich, „mir mitzuteilen, bis wann spätestens ich die für die Grüning aufzuputzende Rolle einzusenden hätte?" Eine Antwort darauf ist jedoch nicht vorhanden. Möglicherweise waren Léons Änderungsvorschläge nicht überzeugend genug, denn die Produktion von „Ein dunkler Ehrenmann" im Lessing-Theater kam nicht zustande.

---

22 Neues Wiener Tagblatt, 16.5.1919, S. 4.
23 Neues Wiener Journal, 12.5.1918, S. 10.
24 Berliner Börsenzeitung, 13.5.1919, S. 4.
25 Victor Léon: Brief an Moriz Ehrlich, 27.6.1919. Kopie. Léon-Nachlass, alte Sign. ZPH 906/16.

„Mit mitarbeiterlicher Verständnisinnigkeit":
Victor Léon und Heinz Reichert

„Ein interessanter Urheberrechtsstreit" wurde am 25.3.1918 im Titel eines Artikels in der „Wiener Sonn- und Montagszeitung" angekündigt: „Der Sachverhalt ist folgender: Der Schriftsteller Viktor Leon hat gemeinschaftlich mit dem Librettisten Heinz Reichert eine Operette verfaßt, in der eine Szene vorkommt, die sich beinahe wörtlich im Singspiel ‚Hannerl' vorfindet. Das letztgenannte Werk hat aber die Herren Reichert und Willner zu Verfassern."[1]

„Hannerl", uraufgeführt am 8.2.1918 im Wiener Raimund-Theater, war die Fortsetzung zu dem zwei Jahre zuvor herausgekommenen Singspiel „Das Dreimäderlhaus", zu dem ebenfalls Reichert und Willner das Textbuch geschrieben hatten. Welche Gemeinschaftsarbeit mit Victor Léon es war, aus der Heinz Reichert eine Szene in „Hannerl" übernommen hatte, wird im Artikel der „Wiener Sonn- und Montagszeitung" nicht erwähnt. Victor Léon jedenfalls wollte die Sache nicht auf sich beruhen lassen und stellte daher an Reichert „die Forderung, er müsse ihn an den Tantièmen von ‚Hannerl' beteiligen, da er kein Recht hatte, eine Szene aus einer, wenn auch gemeinschaftlich geschriebenen Bühnenarbeit für ein Stück zu benützen, an dem er (Leon) nicht mitgearbeitet habe. Viktor Leon verlangt von den Autoren des ‚Hannerl' zehn Prozent ihres Tantièmenanteils."[2]

Es war dies eine ziemlich hohe Forderung, die auch zu einem entsprechenden Kommentar in der „Wiener Sonn- und Montagszeitung" führte: „Wenn man in Betracht zieht, daß die Herren Reichert und Willner mit dem ‚Dreimädlerlhaus' ungefähr eine Million verdient haben, so ist der Anspruch Leons für eine einzige Szene nicht gerade bescheiden zu nennen." Die Sache wurde beim Schiedsgericht der Autorengesellschaft ausgetragen. Zur Frage, ob Léons Tantiemenanspruch von Reichert erfüllt wurde, gibt es keinen Zeitungsbericht (und auch keinen Hinweis im Léon-Nachlass). Auf jeden Fall aber dürfte die Angelegenheit keine tiefere Verstimmung zwischen den beiden Librettisten hinterlassen haben, denn bald nach dem Rechtsstreit machten sie sich an ein weiteres Gemeinschaftswerk. Es war die Operette „Hol'

---

1 Wiener Sonn- und Montagszeitung, 25.3.1918, S. 6.
2 Ebd.

mich der Teufel", die, mit der Musik von Leopold Reichwein[3], am 30.10.1920 im Wiener Bürgertheater erstmals aufgeführt wurde.

Im Mittelpunkt der Handlung, die in Paris spielt, steht ein Marquis, der „die ideale Reincultur eines Pariser Viveurs"[4] ist und der sein gesamtes Vermögen in Lebemannmanier verjubelt. Die junge Amerikanerin Ellinor, die er in einer Hotelbar gegen einen zudringlichen Verehrer verteidigt, verliebt sich in ihn, er aber interessiert sich zunächst nicht für sie. Eine vom Marquis immer wieder benutzte Floskel ist „Hol' mich der Teufel". Als er damit, in der Hotelbar, auch seinen finanziellen Ruin kommentiert, erscheint plötzlich ein „mysteriöser Herr", der ihm für seine „arme Seele täglich eine Million Francs"[5] anbietet, die aber stets bis Mitternacht zur Gänze aufzubrauchen sei. Der Marquis geht auf den Pakt ein, bezahlt seine Schulden und veranstaltet ein paar Tage später in seinem Palais ein prunkvolles Fest, bei dem auch Ellinor anwesend ist. Kurz vor Mitternacht drückt sie dem Marquis ein Goldstück in die Hand. Da erscheint der „mysteriöse Herr", um den Marquis, der sich nun in der Gewalt des Teufels glaubt, mitzunehmen, da er nicht alles Geld ausgegeben habe. Schließlich aber stellt sich heraus, dass der „mysteriöse Herr" der reiche Vater Ellinors ist, deren Gefühle der Marquis mittlerweile erwidert. Die Idee mit dem Teufel sei, so Ellinor, entstanden, weil sich der Marquis so oft auf diesen berufe, und ihr Vater sei darauf eingegangen, weil er die Schulden seines zukünftigen Schwiegersohns ohnehin hätte bezahlen müssen und dies nun „eben im Voraus getan"[6] habe.

„Das Buch der Herren Viktor Léon und Heinz Reichert ist gar nicht schlecht. Wir loben aufrichtig den Versuch, von dem nachgerade unerträglich gewordenen sentimentalisch-kitschigen Operettenunsinn loszukommen"[7], schrieb die „Neue Freie Presse", die allerdings „ebenso aufrichtig" „tadelte", „daß alle verheißungsvollen Ansätze befreienden Humors im Keime erstickt werden". Lob gab es in der „Neuen Freien Presse" für die Musik und für Victor Léons Regie, die „einen aufs Aparte gerichteten Geschmack" zeige. Im Mittelpunkt dieser und auch aller anderen Premierenkritiken stand jedoch die Besetzung, die man im Bürgertheater aufgeboten hatte. „Hugo Thimig als Operettenstar"[8] titelte das „Neuigkeits-Welt-Blatt", denn der renommierte Burgschauspieler hatte die Rolle des Vaters von Ellinor übernommen. Die „Arbeiter-Zeitung" schrieb dazu:

„Es braucht gar nicht erst gesagt zu werden, daß die Rolle dieses Teufelspapas Thimig Gelegenheit gab, den unerschöpflichen Reichtum seiner Kunst in der Form eines wunderbaren Ge-

---

3   Leopold Reichwein, geb. 16.5.1878 in Breslau (Wrocław/Polen), gest. 8.4.1945 in Wien, Komponist und Dirigent. Reichwein war 1909-1913 Kapellmeister in Karlsruhe und wurde 1913 als Dirigent an die Wiener Oper berufen. 1921-1927 war er, gemeinsam mit Wilhelm Furtwängler, Konzertdirektor der Wiener Gesellschaft der Musikfreunde, von 1926-1938 leitete er die Bochumer Symphoniker. Reichwein gehörte ab 1932 der NSDAP an und veröffentlichte u.a. im „Völkischen Beobachter" Hetzartikel gegen jüdische Komponisten.
4   Léon, Victor – Heinz Reichert: Hol' mich der Teufel. Zensur-Textbuch, NÖ Landesarchiv, NÖ Reg. Präs Theater TB K 651/12. 1. Akt, S. 11.
5   Ebd., 1. Akt, S. 26.
6   Ebd., Epilog, S. 9.
7   Neue Freie Presse, 31.10.1920, S. 11.
8   Neuigkeits-Welt-Blatt, 3.11.1920, S. 7.

misches von entzückender Jovialität und komischer Dämonie über das ganze Stück auszugießen und es dadurch weit über seine bodenständige Trivialität emporzuheben. Das kam auch darin zum Ausdruck, daß sich die Aufführung zu einer Feier für Thimig gestaltete, dem die lebhaftesten Ovationen dargebracht wurden."[9]

Den Marquis spielte Hubert Marischka, und wenn das „Neuigkeits-Welt-Blatt" nach der Premiere meinte, dass diese Besetzung „dem Bürgertheater ganz zweifellos viel Publikum zuführen wird"[10], sollte es recht behalten: Denn „Hol' mich der Teufel" blieb über Monate erfolgreich auf dem Spielplan.

Auch bei „Hol' mich der Teufel" gab es Unstimmigkeiten in Bezug auf die Urheberschaft – diesmal allerdings nicht zwischen Victor Léon und Heinz Reichert, sondern zwischen Léon und Alexander Engel, der sich veranlasst sah, an Léon zu schreiben:

„Ich bin erstaunt, sogar sehr erstaunt, daß Sie meinen Stoff, den ich Ihnen vor circa vier Jahren im Café Graben – wo ich Ihnen damals drei Sujets erzählte – für eine Comödie vorschlug, nun für Ihre Operette: ‚Hol' mich der Teufel!' verwendet haben, ohne mir auch nur ein Wort zu sagen.
Dort handelte es sich um einen ruinierten Cavalier, der ausruft: ‚Herr Gott, wenn ich mein Leben von vorne anfangen könnte, würde ich keine Dummheiten mehr machen'. In diesem Augenblick erscheint ein mysteriöser Herr, Mr. Bluff, der diesen Ausruf gehört hat. Er bietet ihm ein Checkbuch. ‚Drei Dummheiten gebe ich Ihnen frei, bei der vierten wird der Check von der Idealistenbank nicht mehr eingelöst.' Mr. Bluff erklärt, daß ihn dieses philosophische Experiment von der Dummheit so sehr interessiert – aus diesem Grunde riskiere er die große Summe. Zum Schlusse stellt sich heraus, daß Mr. Bluff der Vater eines Mädchens ist, das den leichtsinnigen Cavalier schwärmerisch liebt!
Dieser Stoff u. speziell die Schlußpointe, die sehr gefiel, ist folgenden Herren bekannt [Nennung von neun Namen] und vieln [!] andern, die mir im Augenblick nicht einfallen.
Bei der Generalprobe wollte ich mit Ihnen nicht darüber sprechen, auch hatte ich da den ‚Epilog' nicht gesehen."[11]

Victor Léons Antwort an Alexander Engel ist in Form eines handschriftlichen Briefentwurfes erhalten geblieben.[12] Den Stoff zu „Hol' mich der Teufel" habe ihm, so Léon, Heinz Reichert gebracht. Engels Stoff sei ihm „daher gar nicht in den Sinn" gekommen. Mehrfach betont Léon, dass er es bedauere, dass Engel wegen dieser Sache verärgert sei, und er schließt den Brief „in unveränderter Herzlichkeit und alter Freundschaft, deren Fortbestand ich mir auch von Ihnen erbitte". Eine Reaktion von Alexander Engel auf Léons Schreiben ist im Léon-Nachlass nicht zu finden.

Gemeinsam mit Heinz Reichert schuf Victor Léon in den folgenden Jahren noch einige weitere Werke. Am 11.2.1921 kam im Wiener Carl-Theater die Operette „Der Herzog von Reichstadt" heraus, zu der Peter Stojanovits die Musik komponiert hatte.

---

9 Arbeiter-Zeitung, 31.10.1920, S. 8.
10 Neuigkeits-Welt-Blatt, 3.11.1920, S. 7.
11 Alexander Engel: Brief an Victor Léon, o.D. Léon-Nachlass 24/2.1.2.20.
12 Léons Briefentwurf ist im Nachlass dem Schreiben von Alexander Engel beigelegt. Léon-Nachlass 24/2.1.2.20.

Das Libretto war schon einige Jahre zuvor verfasst worden[13], „noch in der Zeit des alten Regimes"[14], wie es Ludwig Hirschfeld in seinem Premierenbericht in der „Neuen Freie Presse" formulierte. Damals aber, zu Zeiten der österreichisch-ungarischen Monarchie, wäre das Libretto, so Hirschfeld, „sicherlich verboten worden […]. Aber jetzt, wo alles erlaubt ist und wo man sich noch mehr erlauben kann, steht der Operettenkarriere des ‚Adlerjungen', dessen sentimentales Schicksal schon so oft erzählt, dramatisiert und verfilmt wurde, nichts mehr im Wege."

Der Text, in dem es um eine Liebesbeziehung des am Wiener Kaiserhof lebenden Napoleon-Sohnes Franz (der den Titel Herzog von Reichstadt trug) zu einer Schauspielerin geht, wäre zu Zeiten der Monarchie sicher vor allem deshalb verboten worden, weil Léon und Reichert auch den österreichischen Kaiser Franz I. (der der Großvater des Herzogs von Reichstadt war) auf die Bühne brachten und ihn als wenig gefühlvollen Taktiker präsentierten. Zwar meinte Ludwig Hirschfeld in seinem Beitrag in der „Neuen Freie Presse", dass Victor Léon und Heinz Reichert den „dankbaren Stoff" „geschickt und effektvoll gestaltet" hätten, und die „Reichspost" lobte, dass das Libretto „in dem Rahmen guten Geschmackes gehalten" sei und „Bilder von lebendiger Gestaltungskraft aus vergangenen schönen Tagen"[15] bringe, insgesamt aber kam das Werk in den Wiener Zeitungen nicht besonders gut weg. Kritik gab es vor allem an der Musik von Peter Stojanovits. Wie auch schon bei der ersten Zusammenarbeit von Léon und Stojanovits, der Operette „Liebchen am Dach", wurde auch diesmal die Komposition als zu wenig originell und zu wenig eigenständig bemängelt.

Negativ vermerkt wurde in mehreren Zeitungen außerdem, dass im Laufe der Aufführung zwei Arien nach Dacapo-Rufen aus dem Publikum wiederholt wurden, „obschon der Theaterzettel den Vermerk trug: ‚Die einzelnen Gesangnummern werden aus Zeitersparnis nicht zur Wiederholung gebracht'"[16]. Diese Kritik steht im Zusammenhang mit einer zu jener Zeit aktuellen Diskussion über die Länge von Theatervorstellungen. Den Anstoß dazu hatte während des Ersten Weltkriegs die Forderung nach einer Reduzierung des Verbrauchs von künstlichem Licht gegeben. Theatervorstellungen sollten um sieben oder halb acht Uhr abends beginnen und nicht, wie damals vielfach üblich, erst um acht Uhr oder noch später, und sie sollten auch nicht über Gebühr verlängert werden. Ein genereller Verzicht auf Dacapos aber war nicht durchzusetzen. Als beim „Herzog von Reichstadt" die Ankündigung auf dem Theaterzettel, dass es keine Wiederholungen geben werde, nicht eingehalten wurde, schloss Ludwig Hirschfeld seine Besprechung in der „Neuen Freien Presse" mit der resignativen Bemerkung: „Und mancher Premierenbesucher hatte sich auf diese humane Neuerung schon so gefreut…"[17].

Im Wiener Carl-Theater stand der „Der Herzog von Reichstadt" bis Ende Mai 1921 nahezu jeden Abend auf dem Programm. In der folgenden Saison war die

---

13 Ein Vertrag für das Werk, das ursprünglich „Frühlingsrausch" betitelt war, wurde am 6.4.1916 von Léon und Reichert mit dem Theaterverlag Otto Eirich abgeschlossen (Léon-Nachlass 35/3.1.).
14 Neue Freie Presse, 12.2.1921, S. 9.
15 Reichspost, 13.2.1921, S. 9.
16 Neues 8 Uhr-Blatt, 12.2.1921, S. 3.
17 Neue Freie Presse, 12.2.1921, S. 9.

Operette unter anderem im Landestheater Linz und im Stadttheater von Baden bei Wien zu sehen, 1922 und 1923 auch in Klagenfurt und Wiener Neustadt. Bald aber verschwand das Werk von den Spielplänen. 1934 gab es dann Bemühungen um eine Neuproduktion. Die Idee dazu kam vom Schauspieler Hans Jaray[18], der die Rolle des Herzogs übernehmen wollte, für die weibliche Hauptrolle hatte Paula Wessely zugesagt. Victor Léon jedoch verweigerte seine Zustimmung – und zwar deshalb, weil die Produktion im Theater an der Wien herauskommen sollte. „Massgebend" für Léons Weigerung waren, wie Heinz Reichert in einem Brief feststellte, „private Gründe": Denn offenbar wollte Léon nicht, dass die Operette im Theater seines Ex-Schwiegersohns Hubert Marischka aufgeführt werde.

Annähernd drei Jahre, nachdem „Der Herzog von Reichstadt" am Carl-Theater uraufgeführt worden war, kam, am 4.12.1923, an derselben Bühne wieder ein Werk von Victor Léon und Heinz Reichert heraus. Es war die Operette „Glück bei Frauen", zu der Bruno Granichstaedten[19] die Musik komponiert hatte. Das Werk sollte zunächst, wie dem der Zensur vorgelegten Textbuch zu entnehmen ist[20], den Titel „Der neue Doktor" tragen und damit gleich auf eine der Hauptpersonen verweisen: Es ist der neue Gemeindearztes eines kleinen Dorfes in Böhmen, der von drei jungen Frauen umschwärmt wird und nach einigen Verwicklungen die Nichte des Ortsvorstehers heiratet. Die Wiener Kritik konnte dieser Handlung nur wenig abgewinnen: „Glück bei Frauen" sei, so das „Neue 8 Uhr-Blatt", eine „landläufige Wald- und Wiesenoperette"[21], „wohl idyllisch", so die „Wiener Zeitung", „doch wenig erlustigend"[22]. Für Aufsehen – und einen großen Premierenerfolg – aber sorgte die Besetzung. Denn die populäre Komikerin Gisela Werbezirk spielte eine der Hauptrollen, eine ältere jüdische Geschäftsfrau, die ihre Tochter an den „richtigen" Mann, einen böhmischen Händler, dargestellt vom damaligen Publikumsliebling Ernst Tautenhayn, zu bringen versteht. Die „Ausbeutung der Beliebtheit" von Werbezirk und Tautenhayn sei, so schrieb „Der Humorist" „wohl der beste Einfall der Autoren [gewesen], denn er sicherte ihrem Stücke die Aufführungsmöglichkeit und ein lebhaftes Interesse des Publikums"[23].

„Glück bei Frauen" war bis zum 31.1.1924 in 56 En-suite-Aufführungen im Carl-Theater zu sehen. Wenig später stand das Werk im Mittelpunkt einer gerichtlichen Klage, über die das „Prager Tagblatt" am 3.5.1924 unter dem Titel „Der Werdegang einer Operette" berichtete:

„Die bekannten Operettentextdichter Viktor Leon und Heinz Reichart [!] verhandelten 1918 mit dem tschechischen Komponisten Anatol Provazník wegen eines Textes für eine nationale

---

18 Lt. Heinz Reichert war „das ganze Projekt [...] von Herrn Jaray ausgegangen" (Heinz Reichert: Brief an Victor Léon, 9.5.1934. Léon-Nachlass 25/2.1.2.105).
19 Bruno Granichstaedten, geb. 1.9.1879 in Wien, gest. 30.5.1944 in New York, komponierte zahlreiche Operetten und schrieb auch einige Libretti. 1938 musste er, da er jüdischer Herkunft war, emigrieren.
20 Léon, Victor – Heinz Reichert: Der neue Doktor. Zensur-Textbuch, NÖ Landesarchiv, NÖ Reg. Präs Theater TB K 275/16.
21 Neues 8 Uhr-Blatt, 5.12.1923, S. 8.
22 Wiener Zeitung, 5.12.1923, S. 4.
23 Der Humorist, 9.12.1923, S. 2.

Operette, die den Titel ‚Tři šumari' führen sollte. Leon und Reichart lieferten vertragsmäßig den ersten und den zweiten Akt, während sie auf den dritten warten ließen. Sie schrieben Provazník, er möge ihnen zuerst den Vertrag einer großen Bühne sichern, der die Sicherheit böte, daß das Stück tatsächlich aufgeführt und zahlreiche Aufführungen erleben werde. Provazník bemühte sich, dieser Forderung nachzukommen. Unter anderem wandte er sich auch an das tschechische Nationaltheater, jedoch erfolglos. Leon und Reichart verkauften dann alle drei Akte dem Komponisten Bruno Granichstädten, der daraus die Operette ‚Glück bei Frauen' machte. Provazník überreichte nun gegen die Textdichter die Klage auf Einhaltung des Vertrages"[24].

Die Verhandlung fand am Prager Zivillandesgericht statt, über den Ausgang der Sache wurde allerdings nicht berichtet.[25]

Am 30.12.1925 wurde die nächste Léon-Reichert-Operette im Wiener Carl-Theater uraufgeführt. Sie hatte den Titel „Donna Gloria", und die Musik stammte von Oskar Nedbal[26]. Wie bei „Glück bei Frauen" verkörperte Ernst Tautenhayn auch in der Operette „Donna Gloria", die in Spanien spielt, die männliche Hauptrolle. Es ist ein Baron, der, weil er irrtümlich politisch verfolgt wird, den Pass eines totgeglaubten Grafen kauft. Unter dem falschen Namen heiratet er, dann aber taucht unvermutet der Graf auf und besteht darauf, dass er, als der echte Namensträger, nun auch der rechtmäßige Ehemann sei. Dies führt zu einigen dramatischen Situationen und letztlich zu einem Happy End. Wie die Idee zu dem Stück entstanden ist, davon berichtet Victor Léon in einem Text, der sich in seinem Nachlass befindet[27] und den Titel „Wie ‚Donna Gloria' entstand. Oder: Die zwei Arrestanten" trägt:

„Vor drei Jahren in einer deutschen Mittelstadt. Auf der Rückreise nach Wien mit dem Zug, gemeinsam mit Reichert; wegen eines Zugszusammenstoßes in Kreiensen gab es vorderhand keine Weiterfahrt; neun Uhr vormittags, gingen durch die Stadt, sahen ein interessantes Gebäude ‚barockes Refugium inmitten tödlich uniformer Moderne', gingen hinein, es war das Gerichtsgebäude. Gingen in einen Verhandlungssaal.
Erst war uns die Sache höchst gleichgiltig [!]. Bald aber wurde unsere Aufmerksamkeit provoziert. Das Interesse angestachelt bis zur Spannung. Es drehte sich um Eigenartiges. Ein junges Mädchen hatte sich verheiratet mit einem Mann, der dies unter falschem Namen getan mit Hilfe fremder Papiere. Das neugebackene Paar veröffentlichte – wie dies ja allgemein üblich – seine Vermählung durch eine Zeitungsannonce. Nach etlicher Zeit erschien in ihrer Wohnung ein Herr, der ebenso hieß, wie sich der junge Ehemann fälschlich nannte. Nur mit dem Unterschiede, daß dieser Herr wirklich so hieß. Dem gefiel die junge Frau. Und da der Trauschein

---

24 Prager Tagblatt, 3.5.1924, S. 5.
25 Zu Provazníks Klage findet sich im Léon-Nachlass (27/2.1.5.16) ein Schreiben des Prager Rechtsanwaltes Jan Löwenbach, der Provazník vertrat. Allerdings gibt es auch darin keinen Hinweis auf den Ausgang des Verfahrens.
26 Oskar Nedbal, geb. 26.3.1874 in Tábor (Tschechien), gest. 24.12.1930 in Zagreb, begann seine Karriere in Prag und übersiedelte 1906 nach Wien, wo er bis 1919 das von ihm gegründete Wiener Tonkünstler-Orchester leitete. Nedbal komponierte Operetten, Ballette, eine Oper, sowie Lieder und Instrumentalwerke.
27 Léon-Nachlass 19/1.10.2.

auf seinen Namen lautete, war ja er eigentlich der Gatte, betrachtete sich auch als solcher und machte seine ehelichen Rechte geltend.

Reichert und ich stießen uns mit mitarbeiterlicher Verständnisinnigkeit an. Tuschelten. Im Publikum wurden Pst hörbar. Wir überhörten sie. Tuschelten weiter. Da eine imperative Stimme: ‚Ruhe im Auditorium!' Der Vorsitzende hatte es in den Saal gedröhnt. Ich zuckte zusammen. Reichert, um den Verdacht des Schwätzens von sich abzulenken, zischte ein sehr vernehmliches, infames Pst auf mich herunter mit vorwurfsvoller Strenge. Ich schwieg äußerlich. Innerlich war's mir unmöglich. Und als die Anklage nun in's Urteil ging, in wahrhaft dramatisches Detail, rief ich auf einmal unwillkürlich und überlaut: ‚Das ist ein glänzender Stoff!' Reichert, dem es sicher ebenso erging wie mir, entgegnete selbstvergessen und nicht minder forte: ‚Und ob es einer ist!'

Darauf große Unruhe im Auditorium. Drohende Blicke von allen Seiten. Der Vorsitzende donnerte: ‚Gerichtsdiener, weisen Sie diese zwei Ruhestörer hinaus!'

Ich hatte das ganz überhört. Mein Gehirn arbeitete weiter. Reichert machte eine kritisierende Bemerkung zu mir, worauf ich in meinem ungezügelten Temperament ungezogen auffuhr: ‚Das ist ja bodenloser Unsinn! Was der tut' (ich meinte nämlich den Ehemann mit dem falschen Namen) ‚was der tut, ist einfach frech!' Diese Worte schlossen sich zufällig dem Befehl des Vorsitzenden unmittelbar an. Er bezog sie auf sich, begann wieder zu donnern: ‚Das ist eine unqualifizierbare Respektlosigkeit! Eine strafbare Ungehörigkeit gegenüber dem Gerichtshof! Ich ordne die Verhaftung der beiden Schuldigen an und verhänge über sie eine sofort in Kraft tretende Ordnungsstrafe von 24 Stunden Arrest!'

Darauf brausender Applaus, wie wir ihn uns für ein Theaterstück wünschen würden.

Es half kein Demonstrieren. Wir wurden abgeführt. Mussten brummen. Bei dieser Gelegenheit entwarfen wir den Plan zu ‚Donna Gloria'. Spätere Aufklärung des Missverständnisses verschaffte uns nach mehr als sechs Stunden Arrest die Freiheit. Wir reisten ab mit ‚Donna Gloria' dem Kind der Sträflinge."

Das so entstandene Buch zur Operette fand allerdings bei der Kritik nicht allzu viel Gefallen. Es sei, so urteilte die „Wiener Zeitung", „weit vornehmer als es unterhaltend ist"[28], da die Verfasser „auf alle volkstümliche Wirkung" verzichtet hätten und die „drollige Grundlage zu einer musikalischen Konversationskomödie schaffen" wollten. Ähnlich formulierte es die „Neue Freie Presse", die meinte, dass die Librettisten „offenbar den Ehrgeiz hatten, eine aparte Lustspieloperette zu schreiben, eine Operette ohne Chor, leider auch ohne Humor."[29]

Im Nachlass von Victor Léon finden sich die Manuskripte zu einigen weiteren Gemeinschaftsarbeiten von Léon und Heinz Reichert, für die keine Aufführungen eruiert werden konnten und die teilweise nur in Form von Entwürfen vorliegen. So etwa der als „Scenischer Entwurf zu einer Operette" bezeichnete Text „Comoedianteliebe"[30], der den Titelzusatz „frei nach Dumas' ‚Kean'" und den Vermerk „Copyright 1925 by Victor Leon und Heinz Reichert" trägt. Ebenfalls in der ersten Hälfte der 1920er Jahre – so ist aus dem Inhalt zu erschließen – schrieben Léon und Reichert ein als „heiteres Stück in 3 Akten" beziehungsweise „Zeitbild" bezeichnetes Werk, das in mehreren Exemplaren und unter zwei verschiedenen Titeln – „Noch

---

28 Wiener Zeitung, 1.1.1926, S. 6.
29 Neue Freie Presse, 1.1.1926, S. 13.
30 Léon-Nachlass 7/1.6.11 u. 7/1.6.12.

einmal, Elisabeth"[31] und „Tempi passati"[32] erhalten ist. Das Stück spielt 1918 und 1919 und thematisiert den gesellschaftlichen Wandel jener Zeit am Beispiel eines jungen Wiener Adeligen und einer Industriellentochter, die einander heiraten wollen. Zunächst ist die Familie des jungen Mannes gegen die nicht ‚standesgemäße' Verbindung, dann, nach dem Ende der Monarchie, lehnt der Vater der jungen Frau den nunmehr verarmten Adeligen, der nach den Gesetzen der Republik seinen Titel nicht mehr führen darf, als Schwiegersohn ab. Keine Datierungshinweise finden sich in dem mit „Die Hochzeit des Prinzen von Braganza"[33] betitelten Stückentwurf, in dessen Mittelpunkt ein Mädchen und ein Gymnasialprofessor stehen, die unwillentlich in die Filmaufnahme der Hochzeit des Prinzen von Braganza geraten und damit diverse komische Verwicklungen auslösen. Undatiert sind auch die beiden Texte „Jou-Jou"[34] und „Zaza"[35], die beide eine französische Varietékünstlerin zur Protagonistin haben.

Ein weiteres Projekt kündigte Léon im Juni 1933 im „Neuen Wiener Journal" an. Die Zeitung brachte unter dem Titel „Woran arbeiten Sie" die Antworten auf eine entsprechende Umfrage bei Komponisten und Schriftstellern. Victor Léon ließ wissen: „Ich arbeite mit Heinz Reichert an einem musikalischen Lustspiel ‚Skandal im Schloß'. Der Komponist – ein total neuer Mann – dürfte eine besondere Entdeckung bedeuten"[36]. Bei dem „total neuen Mann" handelte es sich um den Schweizer Carlo Loebnitz[37], der 1937 dann noch einmal mit Léon zusammenarbeitete. Zu dem für das Stück[38] titelgebenden „Skandal im Schloß" kommt es, weil ein Leutnant irrtümlicherweise für den Liebhaber einer Fürstin gehalten wird. Er wird gezwungen, deren Zofe zu heiraten, und als er später die Erlaubnis bekommt, sich wieder scheiden zu lassen, hat er sich bereits so sehr in seine Frau verliebt, dass er die Trennung verweigert. Obwohl sich, wie der im Léon-Nachlass enthaltenen Korrespondenz[39] zu entnehmen ist, vor allem Carlo Loebnitz intensiv um eine Produktion von „Skandal im Schloß" bemühte, kam eine Aufführung dieser letzten gemeinsamen Arbeit von Victor Léon und Heinz Reichert nicht zustande.

---

31 Léon-Nachlass 14/1.6.105.
32 Léon-Nachlass 16/1.6.117 u. 16/1.6.118.
33 Léon-Nachlass 12/1.6.64 u. 12/1.6.65.
34 Léon-Nachlass 13/1.6.91.
35 Léon-Nachlass 17/1.6.130.
36 Neues Wiener Journal, 4.6.1933, S. 10.
37 Carlo Loebnitz, geb. 8.12.1905, gest. 31.7.1970. Wuchs in Zürich auf, studierte dort Musik, war als Cellist, Pianist und Arrangeur im Bereich der Unterhaltungsmusik tätig und wirkte später jahrelang als „Hauskomponist" und Produktionsleiter von Radio Bern.
38 Léon-Nachlass 16/1.6.114-16/1.6.116.
39 Léon-Nachlass 24/2.1.2.79 u. 24/2.1.2.80.

Bühnenstücke und Radioarbeiten gemeinsam mit Ernst Decsey

„Victor L., immer gleich brausend und heftig, schrie unsere Vorschläge nieder, dichtete in Wutanfällen sogleich neue Szenen und Aktschlüsse, und als ich gegen Abend die gastliche Villa verlies [!], stand die Skizze eines ersten Aktes auf dem Papier."[1] So erinnerte sich der Autor Ernst Decsey[2] an den Beginn der Arbeit an dem Anton Bruckner-Stück „Der Musikant Gottes". Decsey war von Victor Léon und dessen Frau Ottilie am Ostermontag 1923 zu einem Mittagessen eingeladen worden[3], und dabei hatte Ottilie Léon im Gespräch über einen Artikel, den Decsey über Bruckner geschrieben hatte, gemeint, dass sich die Biografie des Komponisten für eine dramatische Gestaltung eigne. „Bald war eine Diskussion in Gang", so Decsey, an der sich Victor Léon in der beschriebenen, für ihn typischen dominant-temperamentvollen Weise beteiligte.

Victor Léon und Ernst Decsey kannten einander seit langem. Decsey war in seiner Jugend mit Léons Bruder Leo befreundet gewesen und hatte zur selben Zeit wie dieser das Gymnasium in der Wiener Wasagasse besucht. Der um zwölf Jahre ältere Victor Léon war damals bereits schriftstellerisch tätig, „und man sah zu ihm auf wie zu den dreistöckigen Zinspalästen um den Schlickplatz"[4]. Schon 1914 hatten Decsey und Léon geplant, gemeinsam ein Operetten-Libretto zu verfassen, „das vorläufig be-

---

1   Decsey, Ernst: Musik war sein Leben. Lebenserinnerungen. Wien 1962, S. 132.
2   Ernst Decsey, geb. 13.4.1870 in Hamburg, gest. 12.3.1941 in Wien. Decsey absolvierte ein Jusstudium und eine musikalische Ausbildung am Wiener Konservatorium, war 1899-1921 Musikkritiker der Grazer „Tagespost" und ab 1908 Chefredakteur des Blattes. Ab 1921 war er Musik- und Theaterkritiker des „Neuen Wiener Tagblatts", am 30.4.1938 wurde er wegen seiner jüdischen Herkunft fristlos entlassen. Decsey verfasste Musikerbiografien, u.a. über Anton Bruckner, Johann Strauss und Franz Lehár, und schrieb eine Reihe von Romanen, Erzählungen und Theaterstücken.
3   Decsey erwähnt in seinen Erinnerungen, dass das gemeinsame Mittagessen am Ostermontag stattfand, nennt aber kein Jahr. Da im Sommer 1923 in einigen Zeitungen darüber berichtet wurde, dass Léon und Decsey ein Bühnenstück über Bruckner abgeschlossen hätten (z.B. Prager Tagblatt, 26.8.1923, S. 7), kann daraus das Jahr 1923 erschlossen werden.
4   Decsey: Musik war sein Leben, S. 131. Der Schlickplatz befindet sich unweit der Wasagasse.

titelt ist: „Der reichste Mann der Welt"["]5 – so Decsey in einem Brief an Léon. Das Projekt, zu dem im Léon-Nachlass außer diesem Brief keine weiteren Dokumente zu finden sind, scheint nicht zustande gekommen zu sein (was daran liegen könnte, dass Decsey im Ersten Weltkrieg als Frontsoldat verpflichtet und daher nicht in Wien war). Das erste nachweisbare Gemeinschaftswerk von Decsey und Léon war dann „Der Musikant Gottes". Gearbeitet wurde daran, so erinnerte sich Decsey, in der Villa Léons:

> „Es war ein Vergnügen, mit Victor Léon zu arbeiten, aber es fiel mir schwer. Ich hatte bereits einen Arbeitsvormittag hinter mir, wenn ich ankam. Wir gingen dann in den Garten, planend, gustierend, spazieren, dann setzten wir uns zu Tisch. Léon wurde danach frisch wie ein neu begossenes Gesträuch und immer frischer, ich immer matter und schläfriger. Plenus venter ... Es kostete mich große Überwindung. Aber ich setzte mich gegen mich durch. Es galt schließlich Anton Bruckners Persönlichkeit. Sie mußte herausgearbeitet werden, während Léon dem ‚Bauernstück' einen köstlichen sardouhaften Dialog angedeihen ließ."[6]

Victor Léon war also für die dramatische Gestaltung des Stoffes zuständig, wobei sich Decseys Bezeichnung „Bauernstück" vor allem darauf bezog, dass Bruckner und noch einige andere Personen des Stückes relativ starken oberösterreichischen Dialekt sprechen. Die Aufgabe Ernst Decseys, der bei Bruckner studiert und eine große, 1919 veröffentlichte Bruckner-Biografie geschrieben hatte, bestand darin, für die Stimmigkeit des Inhalts zu sorgen, worunter er allerdings, wie sich zeigen sollte, nicht unbedingt biografische Korrektheit verstand.

In den „Vier volkstümlichen Bildern aus dem Leben Anton Bruckners" (so der Untertitel des Stückes) ist der Komponist zunächst am Beginn seiner Karriere zu sehen, als Organist im oberösterreichischen Stift Sankt Florian. Der Prälat des Stiftes will es nicht zulassen, dass Bruckner die ihm angebotene Stelle als Domorganist in Linz annimmt, willigt aber schließlich doch ein, da sich die Fürstin Abensperg, die Bruckner fördert, für den Komponisten einsetzt. Die folgenden Bilder spielen – innerhalb eines Zeitraums von elf Jahren – in Wien, wo sich Bruckner mit seinen Kompositionen nur schwer durchsetzen kann. Erst zu seinem 60. Geburtstag wird er allgemein gewürdigt. Auch die Tochter der Fürstin Abensperg kommt, um ihn zu beglückwünschen. Bruckner kennt die junge Frau seit ihrer Kindheit und macht sich nun, da sie immer liebevoll-freundlich zu ihm war, Hoffnungen auf eine Heirat mit ihr. Als er aber erfährt, dass sie sich demnächst mit einem Prinzen verloben werde, wendet er sich enttäuscht der Arbeit an seinem „Te Deum" zu.

Ernst Decsey und Victor Léon ließen in ihrem Stück eine Reihe von historischen Persönlichkeiten auftreten: So etwa Gustav Mahler oder Bruckners Verleger Albert J. Gutmann, dessen Name zu Goldmann verändert wurde. Bruckners vehementester Gegner heißt im Stück Peter Leitner, und in dieser Figur ist unschwer der Kritiker Eduard Hanslick zu erkennen. Decsey und Léon änderten aber nicht nur manche Namen, sondern sie hielten sich in vielem nicht an die genauen historischen Fakten. So sind eine Reihe von Datierungen nicht korrekt: wenn etwa das erste Bild in den 1860er Jahren spielt, Bruckner aber schon ab 1855 Linzer Domorganist war; wenn

---

5 Ernst Decsey: Brief an Victor Léon, 19.4.1914. Léon-Nachlass 24/2.1.2.14.
6 Decsey: Musik war sein Leben, S. 132.

im dritten und vierten Bild Bruckners Schwester Maria Anna (im Stück Nanni genannt) ihrem Bruder noch zu einer Zeit den Haushalt führt, als sie in Wirklichkeit schon einige Jahre tot war; oder wenn Bruckner im letzten Bild, 1884, zum Ehrenbürger seiner Heimatgemeinde Ansfelden gemacht wird, die Ernennung aber schon 1870 erfolgte. Frei erfunden hatten Decsey und Léon, dass zum Zeitpunkt von Bruckners 60. Geburtstag auch Richard Wagner in Wien gewesen und von Bruckner besucht worden sei. Bruckner, der Wagner sehr verehrte, hatte den Komponisten 1873 in Bayreuth besucht – 1884 aber, als Bruckner 60 wurde, war Wagner bereits mehr als ein Jahr tot.

„Fürwahr, was hier an Bruckner gesündigt wird, spricht allem bisher Dagewesenen Hohn"[7], schrieb dazu der Wiener Publizist Theodor Haas in der „Neuen Musik-Zeitung". Haas war nicht nur über die biografischen Unkorrektheiten empört, sondern vor allem auch über die Tatsache an sich, dass Decsey und Léon aus Bruckner eine Bühnenfigur gemacht hatten:

„Es gibt wohl schwerlich eine bühnenwidrigere Erscheinung als diesen in stiller Zurückgezogenheit tätig gewesenen, christlichen Künstler, dessen äußerer Mensch im Vergleiche zu seinem unermeßlichen Seelenreichtum nichts zu bedeuten hat. Die Verfasser haben es leider nicht verstanden, diese innere Größe des österreichischen Tonmeisters dramatisch darzustellen. Was übrig bleibt, ist das kleine Menschlein, sein wenig vorteilhaftes äußere [!] Wesen und nur *dieses* hat man, noch dazu in wenig geschmackvoller Weise, zur Titelfigur einer bei Gott! traurigen Posse gemacht. [...] Das Ganze ist ein läppisches, ungeschickt zusammengeleimtes Operettenlibretto im Stile des ‚Poldi Huber'",

ereiferte sich Haas, der seinen Artikel mit dem Wunsch schloss: „Gebe Gott, daß sich nie ein Theaterdirektor fände, der dieses erbärmliche Sakrileg szenisch darstellte." Ernst Decsey, gegen den die Kritik von Theodor Haas vorrangig gerichtet war, reagierte wenig später ebenfalls mit einem Artikel in der „Neuen Musik-Zeitung", in dem er zu den Attacken von Haas vermerkte:

„‚Der Musikant Gottes' ist nicht, wie Herr Haas den Lesern der N. M.-Z. weismachen will, eine Posse oder Operette oder Stück mit Musik, sondern das Gegenteil: ein Sprechstück, ein volkstümliches Schauspiel, das in einer Reihe von fröhlichen oder gefühlvollen Szenen den mühseligen Aufstieg eines künstlerisch begnadeten Menschen aus bäuerlichen Tiefen schildert, und zwar auch für die Volksangehörigen, die nicht Symphoniekonzerte besuchen. Freilich redet darin der ‚Gottesmusikant' nicht Hebbelsche Verse oder Georg Kaiser-Prosa, sondern seine oberösterreichische Mundart, spricht wie ihm der Schnabel gewachsen, sagt ‚Grüaß Gott' wie alle andern Menschen und ist dennoch – durch sein Tun – ein großer Mann, während Herr Haas veraltet genug, sich einen bedeutenden Geist nur auf dem Sockel seines eigenen Denkmals stehend vorzustellen vermag. [...]
Bedauerlich, daß sich heute Snobs finden, die Bruckner ‚schützen' zu müssen vorgeben, während die gleiche Mentalität ihn vor dreißig Jahren noch begeisterte. Ich, als Schüler des Meisters, weiß wohl, was ihn erhöht oder schändet; ich habe eine Handlung erfunden, die er zwar nicht biographisch erlebte, die aber ihn erleben läßt."[8]

---

7   Neue Musik-Zeitung, 1925, Heft 7, S. 166.
8   Neue Musik-Zeitung, 1925, Heft 12, S. 289f.

Datiert ist Decseys Zeitungsbeitrag mit 13.2.1925. Zu diesem Zeitpunkt hatte es bereits einige Aufführungen von „Der Musikant Gottes" gegeben – allerdings keine in Wien. Als Ort der Uraufführung wird in der Fachliteratur stets das Stadttheater Klagenfurt angegeben, und auch Decsey schreibt in seinen Erinnerungen, dass das Stück in Klagenfurt zum allerersten Mal gezeigt worden sei. Tatsächlich war „Der Musikant Gottes" dort am 17.12. und am 18.12.1924 im Rahmen eines Gastspiels des Wiener Schauspielers Wilhelm Klitsch zu sehen gewesen. Klitsch hatte das Stück durch Victor Léon kennengelernt und sich bereit erklärt, es in sein Klagenfurter Programm[9] aufzunehmen und die Hauptrolle zu spielen. Am 20.12. und 21.12.1924 gastierte Klitsch dann als „Musikant Gottes" in Salzburg.

Schon mehr als einen Monat zuvor aber, Ende Oktober oder Anfang November 1924, war das Stück im Stadttheater Reichenberg (Liberec/Tschechien) aufgeführt worden. Dies ist der Theaterzeitschrift „Der Humorist" vom 10.11.1924 zu entnehmen, in der es unter dem Titel „Aus Reichenberg wird uns berichtet" heißt: „Leon Decseys[10] ‚Musikant Gottes', vier volkstümliche Bilder aus dem Leben Anton Bruckners, brachte es zu einem schönen Erfolge, der zunächst der glänzenden Leistung des Oberspielleiters Otto Frieberg als Anton Bruckner gutzuschreiben ist."[11] Das Stadttheater Reichenberg kann somit als Uraufführungsort angenommen werden. Ernst Decsey erwähnt in seinem Beitrag in der „Neuen Musik-Zeitung" zwar eine Aufführung in Reichenberg, reiht sie aber in seiner Aufzählung nach Klagenfurt und Salzburg und gibt kein Datum an.[12] Dies mag mit falscher Erinnerung zusammenhängen – oder aber damit, dass Wilhelm Klitsch als „erster" Bruckner-Darsteller dem Stück in der Retrospektive wesentlich mehr Prestige gab als der über Reichenberg hinaus kaum bekannte Otto Frieberg. Außerdem dürfte die Information über die Produktion in Reichenberg keine weite Verbreitung gefunden haben, denn auch in einigen der Zeitungen, die vom Klitsch-Gastspiel in Klagenfurt berichteten, wird in Bezug auf „Der Musikant Gottes" von einer Uraufführung gesprochen.[13]

Eigentlich hätte „Der Musikant Gottes" schon im März oder April 1924 im Wiener Raimund-Theater herauskommen sollen. Für die Anton Bruckner-Rolle war dabei der deutsche Schauspieler Eugen Klöpfer vorgesehen, der zu jener Zeit ein Gastspiel am Raimund-Theater gab.[14] Ein Hinweis auf diese geplante Produktion findet sich auch im Tagebuch von Arthur Schnitzler, der am 12.3.1924 mit Bezug auf seinen Sohn, den Schauspieler Heinrich Schnitzler, notierte: „Heini hätte in einem Stück von Decsey und Léon den – Gustav Mahler als jungen Menschen spielen sollen; refusirte in einem sehr würdigen Brief."[15] Am 15.3.1924 reichte das Raimund-Theater das Stück bei der Zensurbehörde ein und erhielt, ohne Streichungen, die Auf-

---

9 Bei seinem Gastspiel in Klagenfurt spielte Klitsch außerdem die Titelrolle in Goethes „Egmont" (15.12.1924) und den Gesellen Peter in dem Lustspiel „Die goldene Eva" von Franz von Schönthan und Franz Koppel-Ellfeld (16.12.1924).

10 Der Verfasser des Berichtes aus Reichenberg, ein Dr. J. Morche, nahm offensichtlich an, dass der Autor von „Der Musikant Gottes" Leon Decsey heiße.

11 Der Humorist, 10.11.1924, S. 3.

12 Neue Musik-Zeitung, 1925, Heft 12, S. 290.

13 Z.B. Tages-Post (Linz), 21.12.1924, S. 9; Arbeiterwille (Graz), 21.12.1924, S. 9.

14 Siehe: Kikeriki, 2.4.1924, S. 6.

15 Schnitzler: Tagebuch 1923-1926, S. 133f.

führungsgenehmigung.[16] Dennoch wurde „Der Musikant Gottes" – aus unbekannten Gründen – nicht im Raimund-Theater gezeigt. Eine für August 1924 angekündigte Aufführung im Wiener Volkstheater[17] kam ebenfalls nicht zustande, und auch von Seiten des Linzer Landestheaters gab es eine Ablehnung.[18]

Noch bevor das Stück irgendwo gezeigt worden war, kam es, im August 1924, als Buch heraus[19] – und löste in dieser Form, so erinnerte sich Decsey, eine Art Negativwerbung aus: „Ein Buchhändler in der Gumpendorfer Straße hing es in die Auslage und klebte dazu eine kritische Würdigung, worin er vor dem Ankauf dieser ‚nichtswürdigen Posse' warnte. Ich mußte mit der Klage drohen, damit dieser Aushang verschwand."[20]

Erst am 11.1.1926 wurde „Der Musikant Gottes" zum ersten Mal in Wien gezeigt, und zwar im Neuen Wiener Stadttheater[21] als Produktion der Theatergruppe Exl-Bühne. Den Anton Bruckner spielte, als Gast, wieder Wilhelm Klitsch. Die Premierenkritiken in den Wiener Zeitungen waren durchwegs gut: Klitsch wurde als „Seele der Aufführung"[22] gefeiert und das Stück als „bühnenwirksam, fesselnd und interessant"[23] gelobt. Sowohl die sozialistische „Arbeiter-Zeitung" wie auch die christlich-konservative „Reichspost" hoben es als positiv hervor, dass es Decsey und Léon mit ihrem Werk unternommen hatten, Bruckner „der Allgemeinheit näher zu bringen"[24]. Die „Reichspost" ging dabei auch auf die Problematik der teilweise mangelnden biografischen Faktentreue ein und schrieb:

„Nun könnten wir es ja allerdings verstehen, wenn ein sehr schwärmerischer Verehrer der Kunst Bruckners in Zorn geriete und fände, daß die imposante, herbe Erscheinung dieses Titanen hier ein wenig gar zu süß mit Rosenranken aufgeputzt wird. Selbstverständlich führt der Weg zur Erkenntnis Bruckners lediglich durch seine Werke. Aber da Bruckner auch heute, fast dreißig Jahre nach seinem Tod, noch lange nicht eine Herzensangelegenheit des Oesterreichers geworden ist, so kann es keinesfalls schaden, wenn jetzt auch einmal im Theater (dessen Sprache, namentlich wenn sie so volkstümlich gehalten ist, dem Normalwiener verständlicher klingt als die erhabene Sprache der Töne) von Bruckner die Rede ist."[25]

„Der Musikant Gottes" kam nicht nur bei der Kritik, sondern auch beim Publikum gut an. Das Stück wurde bis zum 28.4.1926 102 Mal im Neuen Wiener Stadttheater

---

16 Decsey, Ernst – Victor Léon: Der Musikant Gottes. Zensur-Textbuch, NÖ Landesarchiv, NÖ Reg. Präs Theater TB K 620/05.
17 Siehe: Tages-Post (Linz), 1.8.1924, S. 8.
18 Decsey: Musik war sein Leben, S. 133.
19 Decsey, Ernst – Victor Léon: Der Musikant Gottes. Wien 1924.
20 Decsey: Musik war sein Leben, S. 133. Auch Theodor Haas berichtet über diese Aktion des Buchhändlers (Neue Musik-Zeitung, 1925, Heft 7. S.166, und Heft 12, S. 290), bei dem es sich um Karl M. Danzer, Gumpendorfer Straße 51, handelte.
21 Das Neue Wiener Stadttheater befand sich in der Skodagasse 20 (8. Bezirk). Es bot rund 1400 Plätze, war 1912/13 errichtet worden und wurde 1961 abgerissen.
22 Arbeiter-Zeitung, 13.1.1926, S. 9.
23 Der Humorist, 10.2.1926, S. 2.
24 Arbeiter-Zeitung, 13.1.1926, S. 9.
25 Reichspost, 13.1.1926, S. 7.

gezeigt. Im Juni und Juli 1927 folgten am Wiener Volkstheater einige weitere Aufführungen, bei denen wieder Wilhelm Klitsch die Hauptrolle spielte. Die Vorstellung vom 1.7.1927 wurde außerdem von der österreichischen Radio Verkehrs AG (Ravag) direkt übertragen.

Programm zur 100. Aufführung von „Der Musikant Gottes"

In der Saison 1926/27 wurde „Der Musikant Gottes" auch einige Male im Stadttheater Graz und im Jänner 1927 in Baden bei Wien gezeigt. Bald aber geriet das Werk in Vergessenheit. „Ins Ausland drang der ‚Musikant' nur spärlich vor – Schweiz, nordböhmische Badeorte –, gar nicht nach Deutschland"[26], vermerkte Ernst Decsey zu dem sowohl örtlich wie auch zeitlich begrenzten Erfolg (wobei ihm allerdings ein Irrtum unterlief, denn in Deutschland hatte es zumindest eine Aufführung des Stückes gegeben: Im Mai 1926 war es im Münchner Volkstheater gezeigt worden[27]).

1932 versuchte Victor Léon, das Raimund-Theater für den „Musikanten Gottes" zu interessieren. Die Hauptrolle hatte er dabei wieder Wilhelm Klitsch zugedacht,

---

26 Decsey: Musik war sein Leben, S. 137.
27 Wiener Zeitung, 30.5.1926, S. 2.

der, wie er Léon wissen ließ[28], bereit war, erneut den Bruckner zu spielen. Die Produktion kam jedoch nicht zustande. 1937 griff Léon die Sache nochmals auf und wandte sich an Ernst Decsey, um dessen Meinung zu den Möglichkeiten einer Aufführung zu erfahren. In einem Brief vom 2.5.1937 antwortete Decsey:

„Nach meinem Dafürhalten ist eine Aufführung des ‚Musikanten' in seiner bisherigen Form – leider – so ziemlich ausgeschlossen.
Der Nazismus dringt überall ein wie ein Giftgas, er drang auch in die Kreise der jetzt tonangebenden Internat. Bruckner-Gesellschaft, die sich um den Verlag Filser, Augsburg, gruppirt und die sog. ‚Urfassungen' herausgibt. Eine Figur wie der Jude Goldmann [Bruckners Verleger] würde angesichts dieser Umstände das Stück unmöglich machen.
Im ‚3. November' von Csokor wird – im Burgtheater – regelmässig die Stelle applaudirt, wo der Reserve-Off. (Herr Hennings) dem jüdischen Regiments-Artzt [!] (Heim), der ohnehin nichts sagt, in brüsker Weise als einem Juden den Mund verbietet.
Der Goldman[n] müsste durch eine andre Figur ersetzt, d.h. das ganze Stück umgearbeitet werden. The time is out of joint."[29]

Decsey schätzte es richtig ein, dass ein Jude als Bühnenfigur bei einem zunehmend nationalsozialistisch gesinnten Publikum problematisch gewesen wäre. Für unliebsame Reaktionen hätte dabei sicher jene Bemerkung gesorgt, die Anton Bruckner gegenüber seinem Freund Gollinger macht, als er am Ende des dritten Bildes erfährt, dass Goldmann ihm für den Druck der 3. Symphonie 500 Gulden zahlen werde: „Sixt es, Gollinger, die Herren Israeliten, das sind die einzigen, die noch was tun für die christliche Kunst..."[30].

In einem weiteren Brief an Victor Léon ging Ernst Decsey wenig später nochmals auf die Sache ein:

„Den ‚Musikanten Gottes' neu zu bearbeiten, wäre gar nicht schwer. Ich glaube, man müsste nur den Einfall haben, zu wissen, was ein nichtjüdischer Goldmann Schlagkräftiges am Schluss d. 3. Aktes sagt, und von da rückwärts gehend den Character ausbauen. Bis jetzt, gestehe ich, ist mir dafür nichts eingefallen, aber, wenn ich das Stück in den Ferien lese, geschieht viell. dies Wunder. Ich würde nicht zögern, Ihnen die Sache zu unterbreiten, und nach Ihrer Wolmeinung [!] weiterzugehn [!].
In den Fall ‚Musikant' mischt sich leider die Politik insofern, als Anton Bruckner eine neudeutsche Angelegenheit wurde. Vor einigen Tagen bekam ich die Einladung d. deutschen Reichsregierung und d. Oberbürger von Regensburg, der Aufstellung einer Bruckner-Büste in der Walhalla beizuwohnen. Allerdings, für österr. Bühnen kommt weder diese Richtung noch die Internat. Bruckner-Gesellschaft, Sitz München, in Betracht. Aber umgestaltet und gewappnet müsste das Stück für alle Fälle werden."[31]

Wie sehr Leben und Werk von Anton Bruckner von den Nationalsozialisten ideologisch vereinnahmt wurden, zeigte sich bei der von Decsey erwähnten Aufstellung ei-

---

28 Wilhelm Klitsch: Brief an Victor Léon, 14.9.1932. Léon-Nachlass 24/2.1.2.67.
29 Ernst Decsey: Brief an Victor Léon, 2.5.1937. Léon-Nachlass 24/2.1.2.13.
30 Decsey u. Léon: Der Musikant Gottes, S. 78.
31 Ernst Decsey: Brief an Victor Léon, 21.5.1937. Léon-Nachlass 24/2.1.2.13.

ner Bruckner-Büste in der Gedenkstätte „Walhalla" in Donaustauf bei Regensburg.³² Die Zeremonie, die am 6.6.1937 stattfand, war als monumentale Propagandaveranstaltung angelegt, an der Adolf Hitler, Propagandaminister Joseph Goebbels, Justizminister Franz Gürtner, Landwirtschaftsminister Walther Darré, SS-Führer Heinrich Himmler und zahlreiche weitere NS-Funktionäre teilnahmen. Beim Festakt, der musikalisch von den Münchner Philharmonikern und einem 800-köpfigen Chor gestaltet wurde, hielt Joseph Goebbels die „Weiherede". Einen kritischen Kommentar dazu brachte die Wiener „Reichspost", die (so wie die meisten deutschen und österreichischen Zeitungen) ausführlich über das Ereignis berichtete:

„Eingangs seiner Rede hielt Herr Reichsminister Dr. Goebbels ‚Ort und Stunde' für gegeben, ‚gegen eine vielfach betriebene Veräußerlichung des Wesens und Wirkens Anton Bruckners Einspruch zu erheben'. ‚Süßliche Schlagworte, wie ‚der Musikant Gottes' oder ‚der Sänger Unserer Lieben Frau", versicherte er, ‚müssen noch heute dazu herhalten, aus Bruckners schwerem Lebenskampf eine Art religiösen Märtyrertums zu machen!' […] Anknüpfend an Bruckners Wirken als Sinfoniker, in dem ‚der eigentliche Brucknerstil' zu erkennen sei, fuhr Dr. Goebbels fort:
‚Es bedeutet eine vollkommene Verkennung dieser Brucknerschen Musik, wenn versucht wird, seine Sinfonien insgesamt als religiöse Kunst, als eine Art absolute Kirchenmusik zu charakterisieren, ja sie schlechthin mit dem Begriff ‚Messen ohne Text' abzustempeln. Es ist an der Zeit, gegen diese falschen Deutungsversuche Front zu machen; denn Anton Bruckner läßt sich wie jedes Genie nicht in die Fesseln einer dogmatisch bestimmten Schablone hineinzwängen. Wir alle fühlen und wissen, daß seine tiefe Gottgläubigkeit längst alle konfessionellen Schranken gesprengt hat, und daß sie in dem gleichen heldischen Weltgefühl des germanischen Menschentums wurzelt, dem alle wahrhaft großen und ewigen Schöpfungen der deutschen Kunst entspringen.'
Es hätte nicht viel gefehlt, und Herr Dr. Goebbels hätte in seiner Begeisterung unseren Meister Bruckner zu einem Ehrenvorläufer der NSDAP gemacht."³³

Die in der Walhalla demonstrativ erfolgte Vereinnahmung Anton Bruckners durch die Nationalsozialisten war, wie der Musikwissenschaftler Albrecht Dümling schreibt, auch eine Art „symbolische Vorwegnahme"³⁴ des im Jahr darauf, 1938, erfolgten sogenannten „Anschlusses" Österreichs an Nazi-Deutschland. In dieser Konstellation war kein Platz mehr für ein Bruckner-Stück, das nicht nur den von Goebbels als „süßliches Schlagwort" diskreditierten Titel „Der Musikant Gottes" hatte, sondern das auch überdies von zwei dem Judentum entstammenden Autoren verfasst worden war.

---

32 Eine ausführliche Darstellung zu Vorgeschichte und Verlauf der Enthüllung der Bruckner-Büste hat die Musikhistorikerin Bettina Berlinghoff-Eichler unter dem Titel „‚... von mehr als nur künstlerischer Bedeutung'. Zur Enthüllung der Büste Anton Bruckners in der Walhalla am 6. Juni 1937" in der Online-Zeitschrift „Mälzels Magazin", Jg. 2005, Heft 1, veröffentlicht. Siehe: http://maelzels-magazin.de/2005/1_03_bruckner.html
33 Reichspost, 8.6.1937, S. 1.
34 Dümling, Albrecht: Der deutsche Michel erwacht. Zur Bruckner-Rezeption im NS-Staat. In: Riethmüller, Albrecht (Hg.): Bruckner-Probleme. Beihefte zum Archiv für Musikwissenschaft, Bd. 45. Stuttgart 1999, S. 204.

Auch nach 1945 und bis heute sind keine Aufführungen von „Der Musikant Gottes" nachweisbar, im Theater-Repertoire und in der Literaturgeschichte ist das Stück weitgehend vergessen. Bemerkenswert ist daher die Vehemenz, mit der es auch weiterhin von Teilen der Bruckner-Forschung kritisiert wird:

„Die Autoren stellen ein verkitschtes Zerrbild auf die Bühne. Platitüden [!] und emotional geladene Floskeln wechseln einander im Gartenlaube-Stil ab, dazwischen eingestreute Phantasieprodukte. Das Verhängnis beginnt schon mit dem Untertitel, der auf die Lebensnähe hinweist: Vier volkstümliche Bilder aus dem Leben Anton Bruckners. Hier ist – neben der Erfolgsorientierung – ein didaktischer Gedanke mit im Spiel, nämlich Bruckner dem Volk näher zu bringen. Zielstrebig haben Léon und Decsey das trivialste Bruckner-Porträt angefertigt, das nur irgend möglich war. Die Wirkung des entsagend-verklärten, aber doch auch bodenständigen Künstlers auf die breite Masse blieb nicht aus",

schrieb Erich Wolfgang Partsch 1991 in dem Band „Bruckner-Skizziert"[35]. Es ist zu hinterfragen, ob das Stück von Decsey und Léon tatsächlich das Bruckner-Bild der „breiten Masse" entscheidend verändert hat – oder ob ihm hier nicht eine Wirkung zugeschrieben wird, die es in der Realität nie erreicht hat. Denn die insgesamt nicht einmal 200 Aufführungen waren zwar durchaus ein Erfolg, der jedoch, wie gezeigt wurde, zeitlich und örtlich stark begrenzt war. Immer wieder ist in der Literatur zu Anton Bruckner auch zu lesen, dass Decsey und Léon mit ihrem Stück den Begriff des „Musikanten Gottes" geprägt und durch dieses Stereotyp die Bruckner-Rezeption entscheidend beeinflusst hätten. Erich Wolfgang Partsch meint, das Stück sei „jenes Schlüsselwerk, in dem die einschlägigen Begriffsfelder kulminieren"[36], und auch Herbert Koch schreibt über „das Klischee des ‚Musikanten Gottes', das auf einem 1924 uraufgeführten Theaterstück beruht"[37] (dessen Verfasser Koch allerdings nicht nennt). Zu vermerken ist dazu, dass Decsey und Léon nicht die ersten waren, die auf die betonte Religiosität Anton Bruckners hinwiesen. Vielmehr tauchte das Bild des frommen, göttlich inspirierten Künstlers bereits zu Lebzeiten des Komponisten auf und wurde von diesem teilweise auch gefördert. Decsey und Léon verarbeiteten in ihrem Stück also gängige – wenn auch klischeehafte – Bilder.

Ein Kuriosum in der Rezeption von „Der Musikant Gottes" findet sich in dem von Barbara Boisits verfassten Eintrag zu Ernst Decsey im Oesterreichischen Musiklexikon (OEM). Denn dort ist „Der Musikant Gottes" mit dem Untertitel „Vier volksdümmliche [!] Bilder aus dem Leben A. Bruckners"[38] – mit der [!]-Markierung im Original – angegeben. Eine derartige Schreibung konnte bei keinem der vorliegenden Manuskripte und in keiner Druckausgabe des Werkes gefunden werden und resultiert wohl aus den vielen Vorbehalten, die es gegenüber dem Stück von Decsey und Léon gibt.

---

35 Partsch, Erich Wolfgang: Der Musikant Gottes – Zur Analyse eines Stereotyps. In: Grasberger, Renate – Erich Wolfgang Partsch – Uwe Harten: Bruckner-Skizziert. Ein Porträt in ausgewählten Erinnerungen und Anekdoten. Wien 1991, S. 244.
36 Ebd., S. 243.
37 Koch, Herbert: Karrierist und Mystiker. Zum zeitgenössischen Bruckner-Bild. Berlin 2006. S. 158.
38 Oesterreichisches Musiklexikon online, http://www.musiklexikon.ac.at (Zugriff 4.3.2017).

Knapp zwei Jahre nach dem „Musikanten Gottes" brachten Ferdinand Exl und sein Ensemble wieder ein Theaterstück von Victor Léon und Ernst Decsey in Wien heraus. Das Werk trug den Titel „Mädchen für Alles"[39], Regie führte, wie schon bei „Der Musikant Gottes", Exls Oberspielleiter Eduard Köck. Die Uraufführung fand am 20.1.1928 im Raimund-Theater statt, dessen künstlerischer Leiter Ferdinand Exl von 1927 bis 1931 war.

Die titelgebenden „Mädchen für Alles" sind zwei junge Tirolerinnen, Monika und Cyrilla. Im Vorspiel zum Stück leben beide als Dienstmädchen in Wien. Durch einen Brief erfährt Cyrilla, dass sie von einer Verwandten eine kleine Bauernhütte und ein Stück Wiese in ihrem Heimatort St. Pankraz geerbt habe. Allerdings ist mit dem Erbe auch die Verpflichtung verbunden, dass Cyrilla das Anwesen selbst bewirtschaften müsse. Das aber wollen weder sie noch ihr Bräutigam. Deshalb überredet sie Monika, unter Cyrillas Namen das Erbe zu übernehmen. Da die „echte" Cyrilla schon seit Jahren nicht mehr in St. Pankraz war und sie daher dort niemand mehr erkenne, würde auch niemand den Tausch der Identitäten bemerken. Das folgende erste Bild spielt drei Jahre später in St. Pankraz. Monika – alias Cyrilla – hat geheiratet und führt mit ihrem Mann das Anwesen. Eine Nonne bringt ihr ein kleines Kind: Es ist der unehelich geborene Sohn Cyrillas, die Monika bitten lässt, den Knaben aufzunehmen, da sie selbst, die vollkommen verarmt ist, nach Amerika auswandern will, Kleinkinder aber nicht auf dem Überfahrtsschiff akzeptiert werden. Die beiden weiteren Bilder spielen 23 Jahre später. Monika und ihr Mann haben aus dem Anwesen einen reichen Bauernhof gemacht. Sie haben eine Tochter, und auch Cyrillas Sohn lebt immer noch auf dem Hof. Als eines Tages Cyrilla auftaucht, die in Amerika reich geheiratet hat, kommt es zu großer Verwirrung um Identitäten und Besitzverhältnisse. Monika fürchtet, dass Cyrilla nun ihr Erbe beanspruchen wolle, Cyrilla aber geht es vor allem um ihren Sohn, den sie mit sich nach Amerika nehmen möchte. Der junge Mann aber will mit seiner Mutter, die so lange nichts von sich hören ließ, nichts zu tun haben. Außerdem sind er und Monikas Tochter ineinander verliebt und wollen heiraten, was aber Monika nicht zulassen will, da sie wünscht, dass ihre Tochter Nonne werde. Es kommt zu einem heftigen Streit, der schließlich, zur Zufriedenheit aller, vom jüdischen Industriellen Jonas Lemberger geschlichtet wird. Lemberger besitzt im Dorf eine Villa, ist allseits beliebt und kennt Cyrilla und Monika noch aus Wien, wo sein Vater einen kleinen Trödlerladen geführt hatte.

Ernst Decsey und Victor Léon hatten als Genrebezeichnung für „Mädchen für Alles" „Volksstück" gewählt und sich damit der Gefahr ausgesetzt, dass das Werk schon allein dadurch als wenig zeitgemäß beurteilt werde. Denn das Volksstück galt als eine veraltete, nicht den Ansprüchen des modernen Theaters und den Wünschen des Publikums entsprechende Form. Daher richtete die Wiener Volkskunst-Verlagsgesellschaft, bei der das Soufflierbuch von „Mädchen für Alles" erschien, am 16.1.1928 an Victor Léon „die höfliche Anfrage", ob

„Sie uns die Erlaubnis erteilen das Stück ‚Komödie' und nicht ‚Volksstück' nennen zu können, natürlich nur falls dies nicht dem Wesen des Stückes widerspricht. Insbesondere in Deutsch-

---

[39] In den frühen Fassungen trug das Werk den Titel „Die glückhafte Mutter" (Léon-Nachlass 11/1.6.57-11/1.6.61).

land begegnet die Bezeichnung Volksstück grossen [!] Widerstand von Seiten der Direktoren und auch des Publikums, was uns Direktor RICHTER (Hamburg) wieder bestätigte."[40]

Victor Léon erteilte die Erlaubnis zwar für die Druckausgabe[41], bei den Aufführungen aber hatte „Mädchen für Alles" ein „Volksstück" zu bleiben. Gerade dieser Genreaspekt fand in den Kritiken besondere Beachtung. „Das Volksstück ist tot, es lebe das Volksstück"[42] leitete etwa der mit „-pp.-" zeichnende Rezensent des „Neuen Montagblatts" seinen Premierenbericht ein und setzte fort:

„Viktor Leon und Ernst Decsey, die erfolgreichen Autoren des ‚Musikant Gottes', haben, unbekümmert der ständigen Bulletins aus den Theaterkanzleien, die von dem endgültigen Absterben des Volksstückes und der Teilnahmslosigkeit des Publikums für diese dichterische Produktion wissen wollen, sich an ein neues Volksstück herangewagt, und siehe da, ein prachtvolles, nach jeder Richtung hin gelungenes Werk fand bei seiner freitägigen Uraufführung im Raimundtheater geradezu stürmische Aufnahme."

Wenn „Mädchen für Alles" in den konservativen Wiener Zeitungen – wie es auch das „Neue Montagblatt" eine war – durchwegs lobende Kritiken bekam und dabei der Volksstückcharakter besonders hervorgehoben wurde, so spiegelt sich darin auch die Zuspitzung der politischen Situation in Österreich. Dem sich verschärfenden Konflikt zwischen Sozialdemokraten und Christlichsozialen entsprachen dabei die Pole Stadt – Land und modern – traditionell. Das Städtische und Moderne wurde dabei aus konservativer Sicht oft auch als trist, ungesund, verworren und unverständlich beurteilt. Genau darauf bezieht sich auch ein Absatz in der sehr positiven Besprechung von „Mädchen für Alles" im „Neuen Wiener Tagblatt", der mit einem Hinweis auf die kurz zuvor erstmals in Wien gezeigte Oper „Jonny spielt auf" von Ernst Krenek beginnt:

„Gelegentlich der Aufführung von ‚Jonny spielt auf' wurde festgestellt, daß das Beste an diesem Werk wäre, daß es sich jedem sofort voll erschließe, daß es sich nicht mit Rätseln und Geheimnissen umwölke. Aehnliches gilt von diesem Volksstück. Wir sind in den letzten Jahren auf dem Theater heillos in die Literatur hineingeraten und finden aus dieser Sackgasse gar nicht mehr heraus. Stücke, die um der Bühne willen geschrieben werden, die wieder den Mut haben, nur Handlungen zu ersinnen und Menschen gestalten zu wollen (und das bleibt doch das höchste Ziel) – solche Stücke werden leider kaum mehr geschrieben. Möglich, sogar wahrscheinlich, daß hier vom Volksstück her die Gesundung, die Renaissance einsetzen kann. Jedenfalls aber von einem Volksstück, wie dieses es ist, das gekonnt ist bis in die letzte Szene, das erheitert und erschüttert, das eine bunte Fabel in den grauen Alltag spinnt und – was eigentlich nicht zuletzt erwähnt werden sollte – den Schauspielern so glänzende Rollen bietet, daß sie wieder einmal mit voller Freude an der Arbeit sind."[43]

---

40 Volkskunst-Verlagsgesellschaft: Brief an Victor Léon, 16.1.1928. Léon-Nachlass 27/2.1.4.27.
41 Decsey, Ernst – Victor Léon: Mädchen für Alles. Volkstümliche Komödie. Soufflierbuch mit sämtlichen Regiebemerkungen. Wien 1928.
42 Neues Montagblatt, 23.1.1928, S. 3.
43 Neues Wiener Tagblatt, 22.1.1928, S. 12.

Naturgemäß beurteilte die sozialdemokratische „Arbeiter-Zeitung" das Volksstück „Mädchen für Alles" ganz anders:

„Was man eben in der Theaterküche unter Volksstück versteht: einen Rührbrei mit heiteren Rosinen, hergestellt nach bewährten Rezepten mit Verwertung aufgewärmter Reste von früheren Mahlzeiten. Gestalten aus dem Volke, gesehen durch ein Theaterglas, setzen höchst unzweckmäßige Handlungen, aus denen ein zweckbewußter Zufall eine für Bühnenzwecke brauchbare Verwicklung gestaltet."[44]

Immerhin aber lobte die „Arbeiter-Zeitung" die Inszenierung und die Leistungen der Mitwirkenden, wobei sie vor allem auf Louis Treumann hinwies. Treumann, der als Gast an der Produktion mitwirkte, spielte die Rolle des Jonas Lemberger – und gerade in der Beurteilung dieser Figur zeigten sich auch noch andere aufkommende politische Haltungen. Am deutlichsten wird dies in der „Reichspost". Das christlichsoziale Blatt lobte zwar „Mädchen für Alles" als „rundherum gutgewachsenes und unterhaltliches Volksstück"[45], fügte aber als Kritik hinzu: „Unangenehm klingt der Ton süßlicher Jargongüte, den die Gestalt Jonas Lembergers in das Tiroler Bergdorf bringt. Solche Dörfer sind nicht nur in der Wirklichkeit, sondern auch auf der Bühne schöner, wenn man dort keinem Lemberger begegnet." In die Theaterkritik floss damit die in jenen Jahren immer stärker werdende antisemitische Ausgrenzungsrhetorik ein, mit der überdies auch auf aktuelle Entwicklungen verwiesen wurde: Denn seit der Mitte der 1920er Jahre geschah es immer öfters, dass jüdische Gäste in österreichischen Fremdenverkehrsorten als unerwünscht erklärt wurden.[46]

Die Uraufführung von „Mädchen für Alles" wurde, wie den Zeitungsberichten zu entnehmen ist, mit viel Beifall aufgenommen. Bald aber ließ das Publikumsinteresse an der Produktion merklich nach. Schuld daran seien, so Ernst Decsey am 13.2.1928 in einem Brief[47] an Victor Léon, die schlechte Bewerbung des Stückes und die Tatsache, dass es „aus politischen Gründen" nicht für das Kartenkontingent der „Sozialdemokratischen Kunststelle"[48] angekauft wurde. Decsey gelang es, den renommierten Literatur- und Theaterhistoriker Karl Glossy zu veranlassen, bei Rudolf Beer, dem Direktor des Raimund-Theaters, wegen zusätzlicher Vorstellungen von „Mädchen für Alles" zu intervenieren, was immerhin dazu führte, „dass B. das Stück diese Woche 3 Mal (Dienstag, Mittwoch, Sonntag) statt blos 2 Mal ansetzte, wobei er uns allerdings den jetzt ganz schlechten Sonntag (Fasching, Sporttag) gab." Außerdem

---

44 Arbeiter-Zeitung, 22.1.1928, S. 12.
45 Reichspost, 22.1.1928, S. 11.
46 Vgl. Lichtblau, Albert: Ambivalenzen der Faszination: Sommerfrische und Berge. In: Loewy, Hanno – Gerhard Milchram (Hg.): Hast du meine Alpen gesehen. Eine jüdische Beziehungsgeschichte. Hohenems 2009. S. 121ff.
47 Ernst Decsey: Brief an Victor Léon, 13.2.1928. Léon-Nachlass 28/2.1.8.
48 Die „Sozialdemokratische Kunststelle" wurde 1919 gegründet und 1934 infolge der politischen Entwicklung aufgelöst. Eine wesentliche Aktivität der als Verein organisierten „Kunststelle" war die Vermittlung preisgünstiger Karten für Theater- und Konzertaufführungen, um auch finanziell bedürftigen Bevölkerungsgruppen die Teilhabe am Kulturleben der Stadt zu ermöglichen. Dafür wurden – mit finanzieller Unterstützung durch die Gemeinde Wien – Kartenkontingente von Theatern und Konzertveranstaltern angekauft.

hatte Decsey sogar versucht, in Sachen „Mädchen für Alles" bei Bundespräsident Michael Hainisch vorzusprechen, aber „leider hat er einen Trauerfall in der Familie, kann nicht ins Theater gehen, hat mich aber für Samstag noch einmal bestellt, vielleicht geht er <u>doch</u>."

Die Bemühungen blieben vergebens: Sollte der Bundespräsident eine „Mädchen für Alles"-Vorstellung besucht haben (wovon jedoch nichts bekannt ist), so konnte auch das nicht verhindern, dass das Werk nach der 17. Aufführung, die am 26.2.1928 stattfand, aus dem Programm des Raimund-Theaters genommen wurde. Im Gespräch mit Karl Glossy hatte Rudolf Beer gesagt (so berichtet Decsey in seinem Brief): „Ich denke nicht daran, das Stück abzusetzen – den Orth [!] habe ich abgesetzt!" An diese Aussage knüpfte Decsey die Hoffnung, dass Beer die Produktion in das ebenfalls von ihm geleitete Volkstheater übernehmen werde, „denn Glossy und viele andre sagen: das Stück gehört dorthin, nicht ins entlegene Raimund-Theater und ausserdem klagt B. ja in einemfort [!], er habe keine zugkräftigen Stücke fürs D.V. [Deutsche Volkstheater]." Aber auch daraus wurde nichts. Über Vermittlung von Louis Treumann wurde „Mädchen für Alles" von 7.3. bis 21.3.1928 in der Wiener Roland-Bühne gezeigt, danach verschwand es endgültig aus den Spielplänen.

Nach „Der Musikant Gottes" und „Mädchen für Alles" brachten Victor Léon und Ernst Decsey kein weiteres gemeinsames Bühnenwerk mehr heraus. Geplant hatten sie 1926 ein Stück über Richard Wagner, das, wie einem Brief Decseys[49] zu entnehmen ist, den Titel „Die drei Frauen" tragen sollte. Bis auf zwei Inhaltskonzepte im Umfang von zwei beziehungsweise vier maschingeschriebenen Seiten, die dem Brief Decseys beigelegt sind, ist davon allerdings im Léon-Nachlass nichts enthalten.

Ihre Zusammenarbeit setzten Decsey und Léon in einem anderen Medium fort – in dem noch neuen und hochaktuellen Hörfunk. Eine Reihe von Postkarten und Briefen, die Ernst Decsey an Victor Léon schrieb[50], zeigt, dass die beiden ab den späten 1920er Jahren diverse gemeinsame Hörfunkprojekte planten. Beide waren damals auch unabhängig voneinander in dem neuen Medium präsent: Victor Léon hatte 1922 ein Volksstück mit dem Titel „Zufall & Co" geschrieben, das er eigentlich für das Wiener Raimund-Theater vorgesehen hatte, das aber von Direktor Rudolf Beer (der, so Léon, „überhaupt keine Neigung für Volksstücke"[51] hatte) abgelehnt worden war. Angenommen wurde das Werk vom Leiter der Literaturabteilung der Ravag, Hans Nüchtern. Ihm gefiel das „Volksstück in sechs Märchenbildern"[52], in dem die miteinander konkurrierenden allegorischen Figuren Glück, Zufall, Fleiß und Strebertum nach Wien kommen, um herauszufinden, wer von ihnen am meisten zum Erfolg eines Menschen beitragen könne. Dafür suchen sie sich ein Brüderpaar aus, von denen der eine fleißig und strebsam ist, während der andere sich vor allem auf sein Glück verlässt. Es kommt zu einer Reihe von Konflikten zwischen den beiden jungen Männern, deren Berufslaufbahn sehr unterschiedlich verläuft und an deren Beispiel sich am versöhnlichen Ende des Stückes zeigt, dass Glück, Zufall, Fleiß und Strebertum

---

49 Ernst Decsey: Brief an Victor Léon, 19.5.1926. Léon-Nachlass 24/2.1.2.14.
50 Léon-Nachlass 24/2.1.2.14.
51 „Zufall & Co. Ein Theaterstück fürs Volk von Viktor Léon. Ein Beitrag zu seiner Rezension und ein Interview mit seinem Dichter". In: Adaxl. Wienerische Rundschau. Nr. 46, 1929. S. 15.
52 Vorhanden in Form von mehreren Typoskripten im Léon-Nachlass 18/1.6.131-18/1.6.133.

bei jedem Menschen andere Auswirkungen haben, dass aber auf jeden Fall alle vier Elemente vorhanden sein müssen.

Uraufgeführt wurde „Zufall & Co" auf der „Radiobühne" (d.h. in einer Live-Übertragung aus dem Radiostudio) am 13.4.1929 unter der „Spielleitung" – also der Regie – von Hans Nüchtern. Victor Léon war bei der Aufführung zwar anwesend, allerdings nur als Zuhörer. „Ich war entzückt von der geistvollen, feinsinnigen Darstellung und Inszenierung meines Werkes"[53], berichtete er in einem Beitrag in der Zeitschrift „Adaxl" und gestand dabei auch, dass ihm, als er daranging, „den Wienern ein Hörspiel zu geben", „angst und bange" geworden sei, denn „als absoluter Theaterhas' sah ich immer die Bühne vor mir."

Wesentlich mehr Erfahrungen mit dem Medium Hörfunk hatte Ernst Decsey, der regelmäßig in Sendungen als „Vortragender" zu musikalischen und literarischen Themen auftrat. Von Decsey scheint auch die Initiative zu gemeinsamer Hörfunkarbeit gekommen zu sein. Nach einigen nicht realisierten Projekten (die Decsey in seinen Schreiben an Léon zwar erwähnt, aber keine Titel nennt) wurde die Sache dann im Herbst 1931 konkret. Damals startete die Ravag eine Serie von speziellen Hörfunkbearbeitungen musikalischer Bühnenwerke. Zwar hatte es Opern und vor allem auch Operetten seit der Gründung der Rundfunkanstalt im Jahr 1924 im Programmangebot gegeben, dabei handelte es sich aber meist entweder um konzertante Aufführungen, die live aus den Studios ausgestrahlt wurden, oder um sogenannte „Schallplattensendungen"; hin und wieder gab es auch Übertragungen aus Theatern. Was zunächst fehlte, waren theatrale Darbietungsformen, die gezielt auf die Bedingungen des Mediums Hörfunk abgestimmt waren. Im Oktober 1931 veröffentlichte Max Ast, der Musikdirektor der Ravag, dazu in der Zeitschrift „Radio-Wien" einen Artikel mit dem Titel „Die rundfunkmäßige Bearbeitung der Operette". Seine detaillierte Auseinandersetzung mit der Thematik schloss Ast mit der Ankündigung:

„Die nächsten Rundfunkaufführungen von Operetten durch die Ravag werden eine Reihe von Bearbeitungen bringen, wobei es den einzelnen Bearbeitern überlassen bleiben wird, nach ihren eigenen Ideen zu Werke zu gehen. – Es sollen verschiedene Wege versucht werden, – aber alle mit dem gemeinsamen Ziel, die Handlung des jeweils bearbeiteten Werkes dem Rundfunkhörer mit rein akustischen Mitteln derart deutlich und plastisch vorzuführen, daß das Fehlen des optischen Bühnenbildes nicht allzusehr vermißt oder störend empfunden wird."[54]

Mit den ersten beiden Bearbeitungen wurden Ernst Decsey und Victor Léon beauftragt. Sie hatten die Aufgabe, Franz Schuberts Singspiel „Der vierjährige Posten" und Franz von Suppés Operette „Die schöne Galathee" hörfunkgemäß zu adaptieren. Dass sie dabei offenbar tatsächlich, wie Max Ast in seinem Artikel angekündigt hatte, „nach ihren eigenen Ideen zu Werke" gehen konnten, bestätigt Ernst Decsey, der an Victor Léon schrieb: „Wir haben in d. Bearbeitung ganz freie Hand, wir können Szenen umstellen od. ganz streichen, ja auch ein neues Buch unterlegen."[55] Ausge-

---

53 „Zufall & Co. Ein Theaterstück fürs Volk von Viktor Léon. Ein Beitrag zu seiner Rezension und ein Interview mit seinem Dichter". In: Adaxl. Wienerische Rundschau. Nr. 46, 1929. S. 16.
54 Radio-Wien, 2.10.1931, S. 5.
55 Ernst Decsey: Brief an Victor Léon, 10.9.1931. Léon-Nachlass 24/2.1.2.14.

strahlt wurden „Der vierjährige Posten" und „Die schöne Galathee" am Abend des 24.10.1931. Decsey und Léon hatten, wie Decsey in Begleittexten zur Produktion darlegte, im Schubert-Werk die Musik „für unser Zeitgefühl gekürzt"[56] und bei Suppés Operette „die Handlung in unsere Zeit verlegt" und „von neuen psychologischen Gesichtspunkten aus betrachtet"[57].

An sich hatten Ernst Decsey und Victor Léon noch weitere gemeinsame Hörfunkprojekte geplant[58], allen voran eine Adaption der Operette „Das Modell", zu der Léon mehr als drei Jahrzehnte zuvor gemeinsam mit Ludwig Held das Libretto geschrieben und Julius Stern und Alfred Zamara ausgehend von Suppé-Werken die Musik komponiert hatten. Allerdings hatte Léon an der Zusammenarbeit mit Decsey einige Kritik anzubringen und schrieb ihm am 31.10.1931:

„Verehrter Professor Decsey,
eine gemeinsame Arbeit muss eine gemeinsame Arbeit sein. So wie wir uns über die musikalische Fassung vom ‚4jährigen Posten', ‚Galathee' und ‚Modell' besprachen, berieten und beschlossen, so hätte es auch bei der textlichen Fassung sein müssen und müsste weiterhin so sein. Sie aber überraschten mich mit einer fertigen Fassung des Buches ‚Galathee' und überliessen mir die Fassung der Gesangstexte. Ferner die Fassung vom ‚vierjähren Posten' nebst Gesangstexten. Nachdem Sie den ‚4jährigen Posten' erhielten, schrieben Sie mir überaus Schmeichelhaftes, worüber ich mich herzlich freute.[59]
Als ich mich nun an die Gesangstexte ‚Galathee' machte, benötigte ich hiezu auch das Buch. Sie sandten mir Ihre Fassung. Ich empfand – es war mein ganz privates Empfinden – dass diese anders sein müsse und schrieb sie neu. Ich war aber so loyal und selbstlos, es Ihnen anheim zu stellen, Ihre Fassung, die ich Ihnen unversehrt zurückschickte, der Ravag zu übergeben. Sie schrieben, dass Sie – ‚es dürfe da keine Eitelkeit geben' – meine Bearbeitung zwecksprechender fänden und ‚90%' von dieser benützt würden. –
Nun haben Sie, anstatt sich mit mir zu verständigen, auf der Probe, ohne mir auch nur eine Silbe zu sagen, Striche gemacht und sind verschwunden. Als ich dann noch eine Nachmittagsprobe abhielt, fand ich diese Striche, fand sie aber – mit dem ganzen Personale, inclusive Regisseur und Kapellmeister – als nicht vorteilhaft. Spontan, ganz ohne Aufforderung, begaben sich FLEMMING [Regisseur Viktor Flemming] und HOLZER [Kapellmeister Josef Holzer] mit mir zu Director AST, um Einspruch zu erheben. Director AST öffnete alle Striche bis auf Geringfügigkeiten confessioneller Natur, die ich mit Vergnügen eliminierte, umsomehr als die RAVAG ja nirgends ‚anstossen' darf, noch will.
Dieser historische Rückblick erschien mir notwendig.
Wie bei allen bisherigen Arbeiten, die wir miteinander machten, diese gemeinsam gemacht wurden, im gegenseitigen Einverständniss [!], so müsste und muss es auch bei diesen RAVAG-

---

56 Radio-Wien, 16.10.1931, S. 7.
57 Ebd., S. 30.
58 Siehe Ernst Decseys Briefe an Victor Léon vom 10.9.1931 und 13.10.1931 und seine Karte vom 15.10.1931, Léon-Nachlass 24/2.1.2.14.
59 Gemeint ist vermutlich jene Postkarte vom 30.9.1931, auf der Decsey an Léon schrieb: „Ihre Arbeit ist vorzüglich, Sie haben sich überraschend schnell eingefühlt." (Léon-Nachlass 24/2.1.2.14).

Arbeiten sein. Und ganz besonders bei Originalwerken von mir, wie ‚Das Modell' eines ist. Diese von Ihnen inaugurierte Separation ist da schon gar nicht am Platze."[60]

Dass bei Produktionen der Ravag nicht nur „Geringfügigkeiten confessioneller Natur" nicht erwünscht waren, sondern man auch mit anderen Dingen keinen Anstoß erregen wollte, geht aus dem von Léon erwähnten Brief Ernst Decseys hervor. Wie von Léon zitiert, schrieb Decsey, dass er für die Radiofassung der „Schönen Galathee" zu 90 Prozent Léons Text verwendet habe,

„da es in solchen Fragen keine Eitelkeiten gibt. Gewiss ist Ihre Fassung operettiger und populärer, während ich mich um eine mehr opernhafte und um Niveau bemühte. Die Sache, d.h. dem Erfolg u. der Verbreitung dient daher Ihr Vorschlag besser. Nur musste ich alles noch einmal überarbeiten. Breitner [d.i. der Wiener Finanzstadtrat Hugo Breitner] darf absolut nicht vorkommen, ebenso wenig erotische Deutlichkeiten".[61]

Auf Léons nachträgliche Beschwerde, dass bei der Probe weitere Streichungen in seiner Stückfassung vorgenommen worden waren, antwortete Decsey:

„Ich akzeptirte Ihre Bearbeitung, um Ihnen entgegenzukommen. Bei der Probe zeigte sich, dass die Bearbeitung meinem Geschmack, und nicht nur meinem, ganz widersprach. Ich bezeichnete ein paar eventuell zu tilgende Sätze und ging weg, um einem Streit mit Ihnen auszuweichen. Aus diesem friedliebenden Grund. Sie drehen jetzt die Sache um, und abermals – um meine Friedliebe zu betonen – erwidere ich weiter nichts."[62]

Victor Léons Ärger sollte noch weiter zunehmen. Denn auf seine Anfrage betreffend die Meinung von Max Ast zur Bearbeitung von „Das Modell", hatte ihm Decsey geschrieben, dass der Ravag-Musikdirektor die Produktion bereits im November (also schon als eine der nächsten Neubearbeitungen) ausstrahlen wolle und: „Er wünscht dabei, dass Sie die Gesangstexte übernehmen, die, z.T. wenigstens, erneuerungsbedürftig sind, während ich ausser der notwendigen musikalischen Bearbeitung die Revision der Prosa machen soll."[63]

Victor Léon war empört darüber, dass er nur den geringeren Teil der Bearbeitung seines eigenen Librettos übernehmen sollte, und sah darin eine Intrige Ernst Decseys gegen sich. Decsey reagierte mit einem ausführlichen Brief, der nicht nur Einblick in die Genese und die Bedingungen der gemeinsamen Hörfunkprojekte gibt, sondern auch gut erkennen lässt, wie Victor Léon – der ja selbst wiederholt von seinem „überschüssigen und überflüssigen Temperament" sprach – auf Zeitgenossen wirkte.

„Lieber Herr Léon! Hochgeschätzter Freund!
Ich habe wirklich keine phys. Zeit zu langen Korrespondenzen – Sie halten das für eine unhöfliche Phrase, weil Sie den mörderischen Existenzkampf nicht kennen, in dem man heute steht,

---

60 Victor Léon: Brief an Ernst Decsey, (Kopie mit handschr. Korrekturen) 31.10.1931. Léon-Nachlass 30/2.2.3.
61 Ernst Decsey: Brief an Victor Léon. Léon-Nachlass 24/2.1.2.14.
62 Ernst Decsey: Brief an Victor Léon, 2.11.1931. Léon-Nachlass 24/2.1.2.14.
63 Ernst Decsey: Brief an Victor Léon, 30.10.1931. Léon-Nachlass 24/2.1.2.14.

zumal wenn man für zwo Familien[64] zu sorgen hat! – aber es ist Wirklichkeit, und nur Ihnen zu liebe [!], od. eingedenk Ihrer Widmung auf Ihrem Porträt, antworte ich Ihnen eingehender auf Ihren letzten Brief. Und da möchte ich vor allem sagen: lassen Sie doch die unzeitgemässen Empfindlichkeiten beiseite, seien Sie doch der unangekränkelte, ‚menschliche' Mensch, der sich mit andern Menschen schlicht verständigt. Ich bin kein Verschwörer, kein jagoartiger Intrigant, ich habe Sie, <u>ohne Nötigung</u>, aus einer Regung des Gefühls heraus seinerzeit eingeladen, an den mir übertragnen [!] Operetten-Bearbeitungen mitzutun. Ich tat dies, weil ich Ihre Arbeitslust sah, und weil ich mit Ihnen zusammen den Erfolg des ‚Musikanten' hatte.

Denken Sie in erster Linie <u>daran</u>, und Sie werden alles in anderm [!] Lichte sehen. Dir. Ast sagte, was ich Ihnen mitteilte, denn er hatte mir ja ursprüngl. die Arbeit <u>ganz allein</u> übertragen. Um nun Ihre Mitwirkung vor dem Beirat irgendwie legitim zu machen, nahm er formell – pro foro externo – diese Teilung vor. Aber nicht mit den Geberden [!] eines aesthet. Richters: ‚L. darf nur das, nichts andres [!] machen!' (wie Sie sich das offenbar vorstellen), sondern ganz natürl., um eben einen modus procedendi vorzuschlagen. Und nur, weil Sie mich urgirten [!] und drängten, was A. gesagt habe, und weil es mich ärgerte, dass Sie sogar durch Ihr Dienstmädchen telefon. urgirten, teilte ich Ihnen seinen Wunsch wörtlich mit. Es ist ihm, wie ich ihn kenne, ganz einerlei, wie wir uns die Arbeit zurecht legen, er schätzt Sie nicht weniger als mich, es liegt, wie gesagt, darin kein abwägendes Kriterium, er hat, glaube ich, nicht einmal gewusst (oder es war ihm nicht bewusst), dass Sie der Text-Urautor sind!!! Daraufhin können Sie unmöglich in Trotz verfallen und erklären: so, jetzt arbeite ich gar nicht mehr mit! Welchen Eindruck würden Sie bei Ast hervorrufen!!! Hätten wir heute nicht den schweren Wiener Abend[65] (Probe von 5-8, dann Aufführung) so wäre ich zu ihm nochmals gegangen; aber ich will, wie ich schon einmal sagte, den schon genug überlaufnen [!] Mann nicht noch kopfscheu machen, und mit Autoren-Conflicten belasten – sonst gehen ihm viell. auch einmal die Nerven durch, und er überträgt die ganze Arbeit andern, die sich ohnehin schon schakalgleich am Rande der Wüste zeigen, um an der Beute mitzunagen. Also seien Sie natürlich, oder wie der Cherubinische Wandersmann sagt: ‚Mensch, werde wesentlich!' (was Sie nicht als Verletzung, sondern als Zitat betrachten sollen!)

Weiters dachte er daran, dass ich speziell in der Prosa-Fassung, als jahrelanger Verkehrsgast und Vortragender der ‚Ravag' schon eingeschusterter bin – von mir wird z.B. niemals wie von andern, auch von Specht [Richard Specht, Musikwissenschaftler], ein Manuscript <u>vor</u> dem Vortrag verlangt – und deshalb dachte er, das wird die Sache erleichtern. Dass ich nicht wiederum Ihre Prosa hernehme und ganz umkremple, ohne Ihnen ein Wort zu sagen, soll ich das betheuern? Ich liess ja auch – aus reiner Zuvorkommenheit seinerzeit, nicht zu Gunsten d. Ganzen, - Ihren Prosa-Entwurf z. Galathee stehen. Also. Sie haben bei normaler Einstellung zur Sache nicht den geringsten Grund zur ‚Beleidigung', und ich bitte Sie als Ihr alter Freund, den Sie nach Gemütsstimmung ‚Freund' oder ‚Professor' oder nur ‚Geehrter Herr' nennen: lassen Sie den alten Léon fahren und seien Sie der moderne, über den Dingen stehende, weisegewordene Autor, betrachten Sie nicht jede Probe als eine Schwurgerichtsverhandlung gegen Sie, und die Welt nicht als ein Nest von Verschwörern. Und alles wird leicht und glatt ablaufen.

Verzeihen Sie, dass ich als der Jüngere hier ins Predigen komme, nichts liegt mir ferner als Sie belehren zu wollen: ich will Ihnen die Dinge, die Sie immer schwarz sehen, erklären und Ihre geschätzte Kraft dem Werk erhalten. Gerne spreche ich bei der ersten passenden Gelegenheit

---

64 Decsey war zwei Mal verheiratet gewesen.
65 Am 5.11.1931 stand das „Musikalische Stimmungsbild" „Ein Abend in Grinzing" von Ernst Decsey und Edmund Skurawy auf dem Programm von „Radio-Wien".

mit Ast, und kein Zweifel, dass er mit allem einverstanden ist. Viell. richtet er auch einen Brief an Sie – ich kann über seine Zeit nicht verfügen – aber auf keinen Fall würde ich Ihnen zu einer Staatsaction raten.
Was Ihren Vorschlag wegen Prof. Z. [Alfred Zamara] betrifft, so ehrt er Ihre Pietät. Aber ich würde ehrlich davon <u>abraten</u>. Lieber Freund, die Musik, namentl. Operetten-Musik hat in den letzten dreissig Jahren eine so revolutionäre Entwickelung [!] genommen, dass wir nicht mit Vorteil einen älteren Musiker zuziehen. Ich weiss nicht einmal, ob meine Bearbeitung modern genug ist. Dagegen würde ich es begrüssen, wenn Z. von Ihnen od. uns zur letzten Probe eingeladen würde. Endlich weiss ich nicht, ob Ast mit einem neuen, musikalischen Bearbeiter einverstanden wäre.
Ich glaube, Sie können aus meiner Ueber-Ausführlichkeit sehen, dass ich wirklich besten Willens bin. (Wie viel dringende Arbeiten ich deshalb liegen liess, sei nicht exemplifizirt [!]) Bitte, tun Sie das Ihre: suchen Sie nicht nach letzten Beleidigungsmöglichkeiten, machen Sie einen Strich unter das Vorhergegangene und fassen Sie Ihren Entschluss. Seien Sie auch nicht verletzt, wenn ich nun sage, dass ich in dieser Angelegenheit keinen ähnlichen Brief mehr schreiben kann, denken Sie vielmehr an die scharfe jurist. Psychologie der Römer: violenti non fit injuria, man kann nur beleidigt werden, wenn man dazu den Willen hat.
Sollte ich Sie trotz allem nicht bekehrt haben, so bitte mir meine musikal. Skizzen einfach zurückzusenden oder sie zu vernichten. Ich unterlasse es, verehrter Meister, zu erwähnen, wie oft Sie – ohne es zu wissen – doch recht ausfällig sind, es liegt wol [!] an Ihrem Temperament, und ich möchte die Möglichkeit einer Harmonie nicht durch Beschwörung von Dissonanzen beeinträchtigen. Denken Sie über alles etwas grösser und folgen Sie ausnahmsweise einmal Ihrem Sie verehrenden Freund oder nur Professor E.D."[66]

Victor Léon ließ sich von Ernst Decsey offenbar nicht „bekehren", und die gemeinsame Bearbeitung von „Das Modell"[67] kam ebenso wenig zustande wie weitere geplante Hörfunkprojekte. Auch stellte Victor Léon seine Mitarbeit bei der Ravag bald wieder ein: Die letzte Produktion, an der er mitwirkte, war die Hörfunkbearbeitung seines Volksstückes „Wiener Volkssänger", die am 20.12.1931 unter Léons „Spielleitung" gesendet wurde.

---

66 Ernst Decsey: Brief an Victor Léon, 5.11.1931. Léon-Nachlass 24/2.1.2.14.
67 Am 18.3.1934 wurde „Das Modell" dann in einer „Rundfunkbearbeitung der ‚Ravag'" (Radio-Wien, 16.3.1934, S. 20) ausgestrahlt. Wer die Bearbeitung gemacht hatte, wurde nicht angegeben, die Spielleitung hatte Viktor Flemming.

Die letzte Operette und einige Tonfilm-Ambitionen

Es dauerte lange, bis sich Victor Léon und der Komponist Leo Ascher, die 1905 miteinander die Operette „Vergeltsgott" geschaffen hatten, wieder zu einem Projekt zusammenfanden. Erst 1928 kam das zweite – und letzte – Gemeinschaftswerk der beiden heraus. Es war die Operette „La Barberina", die am 8.3.1928 im Hamburger Operettentheater uraufgeführt wurde. Im Mittelpunkt des Werks steht eine historische Figur: Es ist die italienische Tänzerin Barbara Campanini, die in den 1740er Jahren unter dem Namen Barberina beziehungsweise Barbarina[1] europaweit erfolgreich war. Barbara Campanini war schon vor der Operette von Ascher und Léon im Mittelpunkt einer Reihe von Bühnenwerken und Romanen gestanden[2], wobei das Hauptinteresse der Beziehung der Tänzerin zum preußischen König Friedrich II. galt. Auch Victor Léon konzentrierte sich in seinem Libretto auf diesen Abschnitt der Biografie Campaninis.

Die Uraufführung von „La Barberina" in dem von Alexander und Carl Richter geleiteten Hamburger Operettenhaus wurde „ein großer, echter, ungemachter Erfolg"[3]. Wesentlich dazu beigetragen hatte der bejubelte Star der Produktion, Vera Schwarz, die in der Titelrolle zu sehen war. Die damals international in Opern und Operetten erfolgreiche Sopranistin, die kurz zuvor „in der weiblichen Hauptrolle mit zu dem großen Wiener Premierenerfolg von ‚Jonny spielt auf‘ beigetragen"[4] hatte, war, wie der „Hamburgische Correspondent" berichtete, „auf besonderem Wunsch Leo Aschers und Victor Leons" für die Titelpartie engagiert worden. Ein weiterer Star auf der Besetzungsliste war der Tenor Hans Heinz Bollmann, der den König

---

1   Dass Victor Léon und Leo Ascher für ihr Werk die Namensform „Barberina" wählten, mag damit zusammenhängen, dass es in Hamburg und in Berlin damals bekannte Tanz-Kabaretts mit diesem Namen gab und die Operette somit einen „klingenden" Titel hatte. Die Wiener „Edition Bristol", bei der das Werk verlegt wurde, forderte zwar in einem Brief (Léon-Nachlass 28/2.1.8.) die Änderung in „Barbarina", weil dies die historisch korrekte Form sei. Léon aber ging darauf nicht ein und beließ es beim ursprünglichen Titel.
2   Mit Barbara Campaninis Biografie beschäftigen sich u.a. das Lustspiel „Barbarina" von Ernst Alexander Mügge (1880); die Oper „Die Barbarina" von Otto Neitzel (1905) und der Roman „Die Tänzerin Barberina" von Adolf Paul (1915).
3   Hamburger Anzeiger, 9.3.1918, S. 4.
4   Hamburgischer Correspondent, 30.1.1928, S. 10.

verkörperte. Dirigiert wurde die Aufführung von Leo Ascher, die Inszenierung hatte Victor Léon besorgt. Der „Hamburger Anzeiger" vermerkte dazu: „Victor Leon war der verantwortliche Regisseur und sicherte dem Werk eine glanzvolle Aufführung. Direktor Richter war in der Ausstattung (der Szene und der Kostüme) beinahe verschwenderisch. Leo Ascher dirigierte mit sympathischer Zurückhaltung."[5]

Dass die Uraufführung von „La Barberina" ein großer Publikumserfolg war, belegt auch folgendes kurzes Schreiben: „Z.H. Herren Dr. Ascher und Leon! Zu dem kolossalen Erfolg anlässlich der ‚Barberina'-Premiere freuen auch wir uns und wünschen auch weiterhin Hals- und Beinbruch. Das Chorpersonal des Operettenhauses. Hamburg, den 8. März 28"[6]. Aufbewahrt hat Victor Léon auch eine „Ehrenschleife" mit dem Aufdruck: „Dem berühmten Operettenschöpfer Victor Léon zur Erinnerung seiner ‚Barberina' am 8. März 1928 im Operettenhaus Hamburg"[7]. „Victor Léons Dank" erschien dann – unter dieser Überschrift – am 20.3.1928 in Form eines im „Hamburgischen Correspondenten" abgedruckten Schreibens:

„Sehr geehrte Herren!
Ein telephonischer Anruf nötigte mich, unverzüglich zu Direktor Charell nach Berlin zu reisen. Durch diesen unverhofften Umstand war mir zu meinem herzlichsten Bedauern die Gelegenheit genommen, mich persönlich von Ihnen verabschieden zu können.
Ich beklage dies um so mehr, als es mir ein wahrhaftes Bedürfnis war, Ihnen aufrichtigsten Dank zu sagen für die so liebenswürdige Gastfreundschaft, die Sie mir in Ihrem Theater zuteil werden ließen, für das einsichtige Entgegenkommen, das Sie die Güte hatten, mir in vielen Fällen zu beweisen.
Ich darf wohl hoffen und wünsche es von Herzen, daß der große künstlerische Erfolg der ‚Barberina' Sie für alles, das Sie dem Werke widmeten, entschädigen wird, indem sich dasselbe auch materiell bewährt.
Ich erlaube mir, Sie zu bitten, Ihrem Personale, dem künstlerischen sowie dem technischen, den Dank, welchen ich demselben bereits zum Ausdruck brachte, aufs herzlichste wiederholen zu wollen. Es war in vielem Belang eine Prachtvorstellung, die nicht unerheblich zum schönen Gelingen beitrug.
Ich bin mit dem Ausdrucke vorzüglichster Hochachtung, Ihr, sehr geehrte Herren, verbindlichst ergebener gez. Victor Léon."[8]

Am 26.4.1928 fand die 50. Aufführung von „La Barberina" statt, über die der „Hamburgische Correspondent" schrieb:

„Erreicht ein Bühnenwerk in ununterbrochener Folge seine 25. Wiederholung, so weiß man, daß etwas an dem Stück ‚dran' ist. Kommt es aber gar an die goldene 50., dann ist damit der Schlager unter Beweis gestellt.
Die gestrige ‚Barberina'-Aufführung hatte in zwiefacher Beziehung Interesse: verband sich doch mit der Feier des goldenen Jubiläums zugleich der Abschied Hans Heinz Bollmanns. Wie immer bei dieser lustigen Operette war man im Hause in ausgelassenster Stimmung, aber das

---

5 Hamburger Anzeiger, 9.3.1918, S. 4.
6 Léon-Nachlass 28/2.1.8.
7 Léon-Nachlass, Foliobox/4.72.
8 Hamburgischer Correspondent, 20.3.1928, Abend-Ausgabe, S. 8.

wichtigste war dem Publikum doch der herzliche Abschied, den man dem beliebten Gast zuteil werden ließ. Und als die Ueberfülle an Blumen und Beifall gar noch mit tiefgefühlten Dankesworten Bollmanns erwidert wurde, da gab es in Dank und Jubel kein Halten mehr. Noch führt nun ‚Barberina' ihr Szepter graziös weiter, aber um die Ecke lugt schon die Nebenbuhlerin, die ‚goldene Meisterin' aus Wien."[9]

Mit dem Abgang der Stars – Vera Schwarz war schon zuvor, am 20.4., zum letzten Mal als Barberina zu sehen gewesen[10] – schwand das Publikumsinteresse an der Operette. Als ab 5.5.1928 im Operettenhaus „Die gold'ne Meisterin" (Musik Edmund Eysler, Libretto Julius Brammer und Alfred Grünwald) gezeigt wurde, wurde „La Barberina" auf den Nachmittag und später in die Hamburger Volksoper, die ebenfalls zum Theaterimperium von Vater und Sohn Richter gehörte, verlegt. In der Volksoper fand am 4.9.1928 die 75. Aufführung statt. Bis zum Ende der Saison 1928/29 gab es dann noch einige weitere Aufführungen, danach verschwand das Werk aus dem Repertoire der „Richter-Bühnen". Zwar wurde „La Barberina" auch an einigen anderen deutschsprachigen Bühnen gezeigt, so etwa in Nürnberg, Köln, Ulm, Halle, und, im Februar 1931, im Stadttheater von Baden bei Wien. „Von Wien selbst wurde sie nicht übernommen, da man sich völlig klar darüber war, daß sie in Wien nichts machen würde", schrieb Nelda Calliano, die Rezensentin der „Badener Zeitung". Das Werk, das in Baden nur wenige Male gegeben wurde, sei, so meinte sie, zu wenig humorvoll und vor allem sei „die Liebesepisode des ‚ollen Fritze', als er noch jung war,"[11] außerhalb Deutschlands nur von geringem Interesse.

Victor Léons Hoffnung, dass sich das Werk „auch materiell bewährt", erfüllte sich nicht. Am 10.12.1931 schrieb der Bühnen- und Musikverlag Edition Bristol an Léon: „Wir sind sehr enttäuscht darüber, dass im Gegensatz zu Ihren sonstigen erfolgreichen Werken, gerade die „Barberina" bis heute den [!] Verlag Einnahmen gebracht hat, die in keinem Verhältnis zu den Kosten stehen."[12] Schon die Abrechnung, die Léon im Februar 1931 von der Edition Bristol erhalten hatte[13], zeigte, dass das Werk, das in Hamburg so bejubelt wurde, finanziell ein Misserfolg war: Denn bis Ende 1930 hatte der Verlag aus dem Verkauf an Noten- und Textmaterial zu „La Barberina" 10.732,48 Schilling eingenommen, aber für Druck und Herausgabe des Werkes insgesamt 20.232,06 Schilling ausgegeben.

„La Barberina" war das letzte gemeinsame Bühnenstück von Leo Ascher und Victor Léon – und die Hamburger Premiere des Werkes wurde zur letzten Uraufführung einer Operette, zu der Victor Léon ein komplett neues Libretto geschrieben hatte. Denn bei der Operette „Der Fürst der Berge", die noch nach „La Barberina" herauskam, handelt es sich um eine Bearbeitung von „Das Fürstenkind", und keines der anderen Operettenprojekte, die Léon der Folge noch plante, wurde realisiert.

Der Kontakt zwischen Léon und Leo Ascher aber blieb weiterhin bestehen. Am 5.12.1931 berichtete Ascher in einem Brief, den er aus Berlin an Léon schickte, dass

---

9 Hamburgischer Correspondent, 27.4.1928, Abend-Ausgabe, S. 8.
10 Die Rolle der Barberina wurde von Grete Sedlitz und später von Grete Hartmann übernommen; auf Hans Heinz Bollmann folgte Igo Guttmann als Friedrich II.
11 Badener Zeitung, 11.2.1931, S. 5.
12 Edition Bristol: Brief an Victor Léon, 10.12.1931. Léon-Nachlass 28/2.1.8.
13 Léon-Nachlass 40/4.3.3.

er sich einem neuen Tätigkeitsbereich zugewandt habe: „Ich ‚arbeite' nun im Tonfilm, der unter Umständen dem Komponisten viel Anregung und sehr schöne Möglichkeiten bietet."[14] Vor kurzem habe er, so Ascher, die Komposition zur Verfilmung des Volksstückes „Mein Leopold"[15] erfolgreich beendet und sei

> „eben im Begriffe mit der Firma, die ‚Mein Leopold' produzierte, einen neuen Vertrag zu schliessen; wir suchen nach einem Stoffe. Als mir heute die Firma sagte, sie suchen einen ‚Volksstück'-artigen Stoff, ähnlich wie ‚Mein Leopold', fielen mir a tempo Ihre ‚Gebildeten Menschen' ein!
> Ich will nun sofort mich um das Placement Ihrer Komödie bemühen und bitte Sie, mir unverzüglich eine Option auf drei Monate zu senden, laut welcher ich – wie üblich – während dieser Zeit allein berechtigt sein soll, die Tonfilmrechte dieses Stückes zu vergeben."

Victor Léon reagierte schnell, und drei Tage später bedankte sich Leo Ascher für die Erteilung der Filmvergabeberechtigung. Außerdem berichtete Ascher, dass er Kontakt mit einer Reihe von weiteren Filmfirmen habe, die alle „krampfhaft nach Stoffen"[16] suchten. Er habe bereits eine Verfilmung von „La Barberina" vorgeschlagen, für die er die Chancen jedoch als nicht allzu hoch einschätze, denn „für Kostümstücke war bisher keine Konjunktur"[17]. Besser sehe es für die erste gemeinsam mit Léon geschaffene Operette aus: „Gerade heute habe ich bei einer Firma ‚Vergeltsgott' auf's Tapet gebracht und den Inhalt angedeutet. Der Betreffende äusserte sofort Interesse für den Stoff, da er ihn ‚modern' findet! (Wahrscheinlich wegen der jetzt so populären Pleite)." „Nun", so schrieb Ascher weiter, „kommt noch Etwas!": Man habe ihn aufgefordert,

> „einen Stoff für einen musikalischen Film vorzuschlagen, der schon Ende Januar mit Renate Müller[18] in der Hauptrolle gedreht werden soll. Inszeniert wird dieser Film von Wilhelm Thiele; (‚Liebeswalzer', ‚3 von der Tankstelle' u.s.w.).
> Ich weiss, dass Sie seit jeher für den Film sich interessierten und nehme an, dass Sie Renate Müller gesehen haben […]. Fraulich, warm, mit ein bischen [!] Herz und im Wesen heiter! Ist vielleicht unter Ihren vielen Prosastücken oder Entwürfen vielleicht ein Müller-Stoff?"[19]

Victor Léon ließ mit seiner Antwort nicht auf sich warten. Schon vier Tage später konnte sich Leo Ascher nicht nur für eine Synopsis von „Vergeltsgott" bedanken, sondern auch für die Information, dass Léon ein Lustspiel vollendet habe, „das eine

---

14 Leo Ascher: Brief an Victor Léon, 5.12.1931. Léon-Nachlass 24/2.1.2.3.
15 Das populäre, 1873 uraufgeführte Volksstück „Mein Leopold" von Adolph L'Arronge wurde schon vor der Tonfilmfassung zweimal, 1913 und 1924, als Stummfilm produziert.
16 Leo Ascher: Brief an Victor Léon, 8.12.1931. Léon-Nachlass 24/2.1.2.3.
17 Leo Ascher: Brief an Victor Léon, 5.12.1931. Léon-Nachlass 24/2.1.2.3.
18 Renate Müller, geb. 26.4.1906 in München, gest. 7.10.1937 in Berlin, begann ihre Laufbahn als Bühnenschauspielerin, wurde aber erst mit dem Tonfilm weithin bekannt. Sie wurde zunächst von den Nationalsozialisten, v.a. Propagandaminister Joseph Goebbels, gefördert, geriet aber dann, u.a. wegen Kontakten zu Juden, ins Visier der Gestapo und starb unter nicht restlos geklärten Umständen nach einem Sturz aus einem Fenster ihrer Villa.
19 Leo Ascher: Brief an Victor Léon, 8.12.1931. Léon-Nachlass 24/2.1.2.3.

richtige Renate Müller-Rolle enthält"[20]. Es ist nicht bekannt, welches Lustspiel Victor Léon für eine Verfilmung mit dem damaligen Filmstar Renate Müller für geeignet hielt und ob er die drei Exemplare, die sich Leo Ascher davon erbat, dann auch an diesen schickte. Im Léon-Nachlass gibt es keine weitere Korrespondenz zwischen Ascher und Léon – und es sind weder Tonfilmfassungen von „Gebildete Menschen", „Vergeltsgott" oder „La Barberina" entstanden, noch ein Renate Müller-Film mit Drehbuch von Victor Léon.

Während Leo Ascher, bevor er 1938 in die USA emigrieren musste, mit der 1935 erfolgten Verfilmung seiner Operette „Hoheit tanzt Walzer"[21] (Regie Max Neufeld) noch einmal mit einem Tonfilm erfolgreich war, konnte Victor Léon in diesem Bereich nicht reüssieren. Im Gegensatz zur Stummfilmära, in der Léon sowohl mit Verfilmungen von etlichen seiner Bühnenwerke als auch als Verfasser von Filmdrehbüchern präsent und auch finanziell erfolgreich gewesen war, konnte er sich, als Ende der 1920er Jahre das Tonfilmzeitalter anbrach, trotz entsprechender Bemühungen in dem neuen Genre nicht durchsetzen.

Im Nachlass von Victor Léon finden sich zahlreiche Konzepte und auch einige Drehbücher für Tonfilme. Neben Bearbeitungen vorhandener Stücke – wie etwa der Operetten „Der Rastelbinder"[22] oder „Der Herr Professor"[23] – handelt es sich dabei auch um speziell für eine Verfilmung verfasste Texte. Ein Beispiel dafür ist das mit „Weh dem, der lügt. Frei nach Grillparzer"[24] betitelte Manuskript. Die Handlung dabei ist ähnlich jener von Grillparzers Drama, spielt aber im 17. Jahrhundert in Amerika inmitten von Sioux-Indianern und englischen Siedlern. Als Koautor ist Franz Maring angegeben. Dass es sich dabei um Léons jüngeren Enkelsohn Franz Marischka handelte, geht aus einem entsprechenden Eintrag in einem von Léon zusammengestellten Werkverzeichnis hervor.[25]

Unter dem Titel „Filmstoffe" hat Victor Léon in dieses Werkverzeichnis noch drei weitere Texte aufgenommen: „Das Zigarettenmädel", „Venus unter den Nonnen" und „Benedetto". „Das Zigarettenmädel" ist in Form eines Exposés im Nachlass erhalten[26] und bringt die Geschichte einer jungen Frau, die in einer Zigarettenfabrik arbeitet und die, um den Chef auf sich aufmerksam zu machen, Zigarettenpackungen Fotos von sich beifügt. Das bringt – nach einigen Komplikationen – nicht nur das vom „Zigarettenmädel" erhoffte Happy End, sondern auch einen großen Verkaufszuwachs an Zigaretten. Um einiges umfangreicher als das „Zigarettenmädel"-Exposé ist das im Léon-Nachlass zu findende Material zu „Venus unter den Nonnen". Der „Filmstoff" basiert auf einem gleichnamigen, ebenfalls im Nachlass erhaltenen Roman, den Victor Léon 1928 veröffentlichte.[27]

---

20 Leo Ascher: Brief an Victor Léon, 12.12.1931. Léon-Nachlass 24/2.1.2.3.
21 Das Libretto zur 1912 uraufgeführten Operette „Hoheit tanzt Walzer" stammt von Julius Brammer und Alfred Grünwald.
22 Léon-Nachlass 9/1.6.42.
23 Als Filmentwurf betitelt „Die Reise nach Pompeji". Léon-Nachlass 4/1.2.18 und 12/1.6.68-12/1.6.70.
24 Léon-Nachlass 4/1.1.70 und 16/1.6.121.
25 Léon-Nachlass 37/3.24.
26 Léon-Nachlass 7/1.6.26.
27 Léon, Victor: Venus unter den Nonnen. Leipzig 1928. Léon-Nachlass 20/1.12.26.

Das Werk spielt im Filmmilieu und beginnt damit, dass die arme, hässliche Bauernmagd Maria Veronika die Heilige Maria um Schönheit anfleht. Der Wunsch geht in Erfüllung, allerdings mit der Bedingung, dass Maria Veronika nie einen Mann lieben dürfe. Die nunmehr überaus attraktive Frau ist bald ein international gefragter Filmstar. Als sie sich in einen in der Filmbranche tätigen Maler und Fotografen verliebt, will sie von ihrem Gelübde entbunden werden. Die Heilige Maria erscheint, sagt Begnadigung zu, jedoch müsse Maria Veronika den Sohn, den sie bekommen werde, an dessen dritten Geburtstag der Heiligen durch Ertränken opfern. In einer dramatischen Episode scheint Maria Veronika zur Mörderin ihres Sohnes zu werden, dann aber stellt sich nicht nur heraus, dass sie die Opferung des Kindes bloß geträumt hatte, sondern auch, dass die ganze Geschichte ein Filmstoff ist. Diesen hat, wie erst auf der letzten Seite des Romans klar wird, ein Regisseur gelesen und findet ihn – auf Nachfrage des Produzenten – als „modernes Filmmärchen"[28] so gut geeignet, dass er bereit ist, die Dreharbeiten zu übernehmen.

Der 231 Seiten-umfassende Roman „Venus unter den Nonnen" ist Victor Léons einziges großes Prosawerk. Allerdings war dem Buch kein Erfolg beschieden. Schon bald nach dem Erscheinen war der Leipziger Xenien-Verlag, in dem das Werk herausgekommen war, in finanzielle Schwierigkeiten geraten. Am 3.2.1931 schrieb der Leipziger Buchhändler und Verleger H. W. Carl Graef an Léon, dass er „sämtliche, von der Buchbinderei Vogel & Rausch mit Beschlag belegten Rohbestände und fertigen Exemplare der Verlagswerke des Xenien-Verlag [!] dort ausgelöst habe"[29]. Graef bot Léon an, ihm „den gesamten Rohbestand wie auch die fertigen Exemplare Ihres Romans ‚Venus unter den Nonnen' für netto RM 300.-" zu überlassen. Wie aus einem weiteren Schreiben des Buchhändlers hervorgeht[30], lehnte Léon jedoch den Preis als zu hoch ab, wollte nur zehn Exemplare um 30 Reichsmark kaufen und legte Graef außerdem nahe, den Restbestand von „Venus unter Nonnen" in den allgemeinen Verkauf zu bringen und Léon am Erlös zu beteiligen. Dazu wiederum war Graef, wie er schrieb, nur bereit, wenn er vorweg 250 bis 300 Reichsmark von Léon erhalte, „um die Ankündigungen etc. durchzuführen und haben Sie ebensowenig wie ich eine Sicherheit in der Hand, dass dann die Veröffentlichung auch einen befriedigenden Absatz erzielt, da gegenwärtig für Schöne Literatur als solche überhaupt kaum das geringste Interesse festgestellt werden kann und demzufolge mit grösster Wahrscheinlichkeit ein negativer Erfolg zu verzeichnen sein würde." Es kam tatsächlich zu dem von Graef prophezeiten „negativen Erfolg", und heutzutage ist der Roman nur in wenigen Exemplaren in Bibliotheken und im Antiquariatsbuchhandel zu finden.

Schon 1929, ein Jahr nachdem „Venus unter den Nonnen" in Buchform erschienen war, bemühte sich Victor Léon darum, die amerikanische Filmproduktionsgesellschaft Metro-Goldwyn-Mayer für eine Verfilmung des Romans zu interessieren. Als Vermittler fungierte der in den USA lebende deutsche Sänger und Impresario Andreas Dippel. Am 20.8.1929 schrieb Dippel an Léon, dass er soeben die Lehár-Operette „Zigeunerliebe" „plaziert" habe und nun versuchen werde, auch die Verfilmung von „Venus unter den Nonnen" durchzusetzen.[31] Allerdings kam die Produktion nicht zu-

---

28 Ebd., S. 231.
29 H.W. Carl Graef: Brief an Victor Léon, 3.2.1931. Léon-Nachlass 28/2.1.8.
30 H.W. Carl Graef: Brief an Victor Léon, 10.2.1931. Léon-Nachlass 28/2.1.8.
31 Dippel, Andreas: Brief an Victor Léon, 20.8.1929. Léon-Nachlass 28/2.1.8.

stande. 1930 kontaktierte Victor Léon dann die Berliner Ufa wegen einer Verfilmung von „Venus unter den Nonnen" und erhielt von der „Dramaturgischen Abteilung" die Antwort: „Ihr Roman ‚Venus unter den Nonnen' ist uns unbekannt. Wenn der Titel unsere Mutmaßung, daß es sich um ein mehr oder weniger zensurwidriges Sujet handelt, nicht bestätigt, so wären wir Ihnen verbunden, wenn Sie uns den Stoff zur Lektüre zur Verfügung stellen könnten."[32] Victor Léon schickte der Ufa das Buch, wie aus einer Empfangsbestätigung vom 3.5.1930 hervorgeht[33], eine Verfilmung kam aber nicht zustande. Ergebnislos blieben auch die 1931 über Vermittlung des Wiener Filmverleihs Wilhelm Luschinsky geführten Verhandlungen über eine französischsprachige Fassung[34], zu der sich ein Drehbuchentwurf im Léon-Nachlass findet.[35]

Keinen Erfolg hatte Victor Léon auch mit einem Filmprojekt, das sich unter zwei unterschiedlichen Titeln, nämlich „Benedetto" und „Karl Franz Josef", und in mehreren Exemplaren in seinem Nachlass findet.[36] Im Mittelpunkt der Handlung steht ein junger Offizier, der ohne Befehl einen Angriff leitet, daraufhin vor ein Kriegsgericht gestellt, zum Tode verurteilt und schließlich begnadigt wird. Der Unterschied zwischen den beiden Fassungen besteht darin, dass in „Benedetto" die Handlung größtenteils 1935/36 während des italienischen Abessinienkrieges spielt und in „Karl Franz Josef" während des preußisch-österreichischen Krieges von 1866. Bemerkenswert sind die Autoren- und Copyrightangaben, die Victor Léon bei „Benedetto" und „Karl Franz Josef" gemacht hat. Als Verfasserin des Textes wird auf einigen Exemplaren Léons langjährige Vertraute Anna – „Annie" –Stift genannt, ergänzt ist dies durch den Vermerk „Copyright 1937 by Victor Léon and Felix Meyer". Es kann jedoch angenommen werden, dass weder Anna Stift noch Felix Meyer an den Texten mitgearbeitet haben. Felix Meyer war der Repräsentant der New Yorker Niederlassung des Wiener Karczag Verlages, und Victor Léon hatte gehofft, dass Meyer in den USA eine Verfilmung von „Benedetto" initiieren werde. Am 19.6.1937 hatte er ihm das Drehbuch geschickt, rund drei Wochen später antwortete Meyer, dass zwei Experten den Text gelesen und unabhängig voneinander gemeint hätten, dass „dieses Sujet absolut garnichts fuer Amerika sei. Aus diesem Grunde hielten wir alsdann es fuer das Beste, Ihnen gleich klaren Wein einzuschenken und das Buch wieder prompt an Sie zurückzuschicken."[37]

Was Anna Stift, die nie schriftstellerisch tätig gewesen war, betrifft, findet sich in einer nach Léons Tod verfassten „Feststellung der Vermögenswerte aus dem urheberrechtlichen Nachlaß" die Anmerkung: „Bei ‚Benedetto' ist Fräulein Annie Stift als Autorin angegeben; bei ‚Bitte heirate mich' erscheint dieser Name ebenfalls, jedoch mit der handschriftlichen Hinzufügung, daß dasselbe [!] als Pseudonym für Victor

---

32 Dramaturgische Abteilung der Universum-Film Aktiengesellschaft [Unterschrift unleserlich]: Brief an Victor Léon, 26.4.1930. Léon-Nachlass 28/2.1.8.
33 Léon-Nachlass 28/2.1.8.
34 Wilhelm Luschinsky: Brief an Victor Léon, 20.5.1931. Léon-Nachlass 27/2.1.6.6.
35 Léon-Nachlass 10/1.6.51.
36 „Benedetto" ist im Léon-Nachlass in fünf maschinschriftlichen Exemplaren erhalten: Archivbox 4/1.1.72; 6/1.6.3. (2 Ex.) u. 6/1.6.4.; 39/4.2.11. Von „Karl Franz Josef" sind 3 Exemplare vorhanden: Archivbox 14/1.6.94 (2 Ex.) u.14/1.6.95.
37 Felix Meyer: Brief an Victor Léon, 12.7.1937. Léon-Nachlass 26/2.1.4.16.

Léon gelte."[38] Wahrscheinlich hatte Victor Léon gehofft, dass mit Stift als Autorin, die im Gegensatz zu ihm nicht jüdischer Herkunft war, das Werk eine höhere Chance hatte, in Österreich oder Deutschland verfilmt zu werden. Für ihn selbst war der Zugang zum deutschsprachigen Filmbereich zunehmend unmöglich geworden: zum einen, weil die deutsche Filmindustrie, allen voran die Ufa, ab den frühen 1930er Jahren stark antisemitisch geprägt war, und zum anderen, weil nach dem sogenannten Juliabkommen des Jahres 1936, mit dem die österreichische Regierung Hitlerdeutschland weitgehende Zugeständnisse einräumte, „Juden auch in Österreich aus dem Filmwesen gedrängt wurden"[39].

Dass keines der Tonfilmprojekte von Victor Léon realisiert wurde, lag teilweise auch daran, dass die Art der dramatischen Gestaltung in manchem nicht den aktuellen Anforderungen des Mediums entsprach. Léon aber war kaum zu Zugeständnissen bereit. Dies geht aus einem Brief hervor, den er im Juli 1937 vom Verlag Felix Bloch Erben erhielt. Das Schreiben bezieht sich auf eine Anfrage Léons nach den Möglichkeiten einer Verfilmung der Operette „Der fidele Bauer" in Großbritannien oder in den USA. Worin dabei die Schwierigkeiten bestanden, präzisierte der Verlag folgendermaßen:

„Verschiedene frühere Bemühungen wegen der Tonfilmrechte ‚Der fidele Bauer' scheiterten wie Sie wissen, zum Teil auch an der Honorarforderung.
Weitere Schwierigkeiten beim ausländischen Tonfilmabschluss bestehen darin, dass der Erwerber der Tonfilmrechte sich immer wesentliche Aenderungen und Ergänzungen auch in textlicher und musikalischer Hinsicht vorbehält, während Sie besonderen Wert darauf legen, auch in der Tonfilmwiedergabe möglichst das Original textlich und musikalisch berücksichtigt zu wissen."[40]

Außerdem habe, so der Verlag, Léon eine zu optimistische Sicht, was das Interesse für österreichische Werke in England und den USA betreffe.

Die politische Entwicklung brachte es mit sich, dass aus dem Desinteresse an Werken aus Österreich bald Ablehnung wurde – und am 7.3.1939 schrieb der New Yorker Karczak-Repräsentant Felix Meyer an Victor Léon: „Theatralisch ist hier momentan garnichts zu machen, da bei den veraenderten europaeischen Verhaeltnissen Niemand [!] vor der Hand etwas von drueben anfassen will""[41].

---

38 Verlassenschaftsakt Victor Léon, Wiener Stadt- und Landesarchiv.
39 Maryška, Christian: Bezwingend und kläglich. Die Ufa und Österreich. In: Mänz, Peter – Christian Maryška (Hg.): Das Ufa Plakat. Filmpremieren 1918 bis 1943. Heidelberg 1998. S. 19.
40 Verlag Felix Bloch Erben: Brief an Victor Léon, 27.7.1937. Léon-Nachlass 26/2.1.4.2.
41 Felix Meyer: Brief an Victor Léon, 7.3.1939. Léon-Nachlass 26/2.1.4.16.

„Der anonym bleibende Autor":
Zunehmende Resignation in den 1930er Jahren

„Annie, Dir, mein geliebtestes Kind, sei dieses, mein voraussichtlich letztes Werk, das besser hätte sein müssen, als es ist, eine Erinnerung! Du hättest das Beste verdient. Von ganzem Herzen Dein Victor."[1] In dieser an seine Freundin Anna Stift gerichteten Widmung, die Victor Léon auf die Titelseite eines der Exemplare des Filmdrehbuchs „Benedetto" schrieb, schwingt einiges von jener Resignation mit, die in so manchen Äußerungen Léons aus den 1930er Jahren spürbar ist. Dabei war Victor Léon auch in seinem achten Lebensjahrzehnt schriftstellerisch sehr aktiv: Neben den erwähnten Radioarbeiten und Filmdrehbüchern schrieb er zahlreiche Zeitungsbeiträge, so unter anderem seine Erinnerungen „Allerlei aus meinem Theaterleben", die 1933/34 als Serie im „Neuen Wiener Journal" erschienen. Außerdem arbeitete er in jener Zeit auch an einer Reihe von Bühnenwerken.

Ein interessantes Dokument ist in diesem Zusammenhang ein Brief, den der Schriftsteller Alexander Roda Roda[2] im Juli 1934 an Léon schrieb. „Hochverehrter Herr", leitete Roda Roda sein Schreiben ein (das in dem für ihn typischen satirischen Militärstil abgefasst ist), „ich melde gehorsamst, daß ich die nächsten Wochen hier in Altmünster (Katharinenhof) zu verbringen gedenke – stets bereit, Ihrem Ruf zur Mitarbeit an der ‚Wahlschwester' zu folgen. Schöne Grüße. In aufrichtiger Verehrung, Ihnen ergeben, Roda Roda"[3].

Das kurze Schreiben ist deshalb bemerkenswert, weil in der Literatur zu Roda Roda nirgendwo ein Hinweis auf eine Zusammenarbeit mit Victor Léon zu finden ist. Fest steht jedoch, dass Roda Roda Mitte der 1930er Jahre an einem musikalischen Bühnenwerk mit dem Titel „Die Wahlschwester" gearbeitet hat, zu dem auch ein Typoskript in dem in der Wienbibliothek aufbewahrten Teilnachlass des Schriftstellers vorhanden ist.[4] Allerdings sind darauf nur Roda Roda als Autor und Jaroslav Vogel

---

1   Léon-Nachlass 6/1.6.4.
2   Alexander Roda Roda (urspr. Sándor Friedrich Rosenfeld), geb. 13.4.1872 in Drnovice (Tschechien), gest. 20.8.1945 in New York, war v.a. mit satirischen Erzählungen und Theaterstücken über das Leben in der österreichisch-ungarischen Monarchie erfolgreich.
3   Alexander Roda Roda: Brief an Victor Léon, 15.7.1934. Léon Nachlass 25/2.1.2.108.
4   Wienbibliothek, Roda Roda-Teilnachlass, ZPH 670/5.

als Komponist angegeben.⁵ Auch als das Werk, das auf einer Erzählung des montenegrinischen Schriftstellers Mićun Pavićević basiert, am 30.3.1939 unter dem Titel „Jovana" an der von Jaroslav Vogel geleiteten Oper in Mährisch-Ostrau (Ostrava/Tschechien) uraufgeführt wurde, wurde Victor Léon nicht erwähnt und scheint auch nicht in Verzeichnissen der Werke Vogels auf.⁶ Es ist somit nicht feststellbar, wie groß Victor Léons Beitrag zum Text von „Die Wahlschwester" beziehungsweise „Jovana" war. Dass sein Name nirgendwo vorkommt, könnte daran liegen, dass die Zusammenarbeit mit Roda Roda nicht klappte und sich Léon frühzeitig aus dem Projekt zurückzog. Möglicherweise hatte er auch nicht genügend Zeit dafür. Dies legt ein Brief von Roda Rodas Ehefrau Elsbeth nahe, in dem diese ihrer Tochter Dana mitteilte: „Eben ist der Brief von Leon gekommen. Also er ist im Sommer verhindert die Arbeit mit Papa zu machen."⁷ Allerdings ist dieser Brief mit 26.6.1934 datiert, wurde also rund drei Wochen vor Alexander Roda Rodas Schreiben an Victor Léon verfasst. Aber er könnte immerhin ein Hinweis darauf sein, dass eine Zusammenarbeit mit Roda Roda für Léon kein vorrangiges Anliegen war und er sie deshalb bald wieder aufgab.

Es könnte aber auch sein, dass Victor Léon anonym bleiben wollte – so wie bei einigen anderen Werken, die er in den 1930er Jahren schrieb. Zum Beispiel bei jenem als „volkstümliche Groteske"⁸ oder als „Spaß in fünf Bildern"⁹ bezeichneten Stück, das sich in Form von einigen Typoskripten im Léon-Nachlass findet. „Weiland"¹⁰, „Vater contra ‚Sohn'"¹¹ und „Der letzte Wille"¹² – so lauten die unterschiedlichen Titel des mehrfach, aber stets nur geringfügig überarbeiteten Textes. Auslöser der humorvollen Handlung ist darin das Testament eines Grafen, der bestimmt hatte, dass sein Vermögen nicht an seinen Sohn, sondern an einen künftigen Enkel gehen solle. Der Grafensohn und dessen Ehefrau, die beide schon in fortgeschrittenem Alter sind, aber haben keine Kinder. Um trotzdem an das Erbe zu kommen, adoptieren sie einen jungen Mann, dessen Familie dann jedoch ebenfalls Ansprüche auf den gräflichen Besitz stellt. Es kommt zu Gerichtsverhandlungen, bis zum Schluss ein zweites, neueres Testament des Grafen auftaucht, in dem die Kinderklausel nicht enthalten ist.

Im Juni 1934 schickte Victor Léon ein Manuskript des Stückes an den Schauspieler Hans Moser. Aus dem Brief, den er beilegte, geht hervor, dass er hoffte, über Mosers Vermittlung das Werk an einem Wiener Theater unterzubringen:

---

5   Auf dem im Roda Roda-Nachlass enthaltenen Typoskript ist „Die Wahlschwester" als Operette bezeichnet, in Verzeichnissen der Werke von Jaroslav Vogel scheint das Stück (unter dem Titel „Jovana") als Oper auf.
6   Z.B. Gardavský, Čeněk (Hg.): Contemporary Czechoslovak Composers. Praha 1965, S. 494.
7   Elsbeth Roda Roda: Brief an Dana Becher-Roda, 26.6.1934. Wienbibliothek, Sign. H.I.N.-216326.
8   Léon-Nachlass 16/1.6.122.
9   Léon-Nachlass 17/1.6.123.
10 Léon-Nachlass 3/1.1.62; 16/1.6.122; 17/1.6.123; 21/1.13.1.14.
11 Léon-Nachlass 17/1.6.124.
12 Léon-Nachlass 17/1.6.125.

„Sehr verehrter Herr!
Sie werden sich wundern, dass Sie ein anonymes Stück zugeschickt bekommen, dessen Autor auch anonym bleiben will.
Sie würden sich noch mehr wundern, wenn Sie wüssten, dass dieses Stück von einem namhaften Bühnenschriftsteller verfasst ist, der sich rühmen kann, ein in der Welt vielaufgeführter Autor zu sein, der seit Jahren täglich in Paris gegeben, von dem gegenwärtig wieder ein Film in Hollywood gedreht[13] und von dem eben dieses anonyme Stück in der nächsten Saison gleichfalls in Paris zur Aufführung gelangen wird.[14]
Sie werden sich am meisten wundern, wenn dieser Autor sich das Vergnügen erlaubt, Ihnen, sehr verehrter Herr, das anonyme Stück zum Präsent machen zu dürfen, das heisst: dass die Tantièmen die damit von einer oder mehreren Wiener Bühnen verdient werden, Ihr unbeschränktes Eigentum sein sollen.
Es geschieht dies aus besonderster Verehrung und Hochschätzung Ihrer sublimen Künstlerschaft und mit dem sehnlichsten Wunsche sowie unter der Bedingung, die speziell für Sie geschriebene Rolle des Grafen auch von Ihnen gespielt zu sehen.
Sie haben Vollmacht, dieses Stück an welcher Wiener Bühne immer Sie wollen, zu plazieren.
Sie haben ferner Vollmacht, selbst einen Titel zu bestimmen, Striche und Aenderungen nach Ihrem künstlerischen Gutdünken zu machen.
Damit der anonym bleibende Autor aber auch erfährt, ob und wo Sie dieses Stück plaziert haben und spielen werden, sind Sie höflichst gebeten, bis spätestens 30. September 1934 in populären Wiener Zeitungen eine Notiz zu veröffentlichen, die ungefähr lauten soll:
‚Hans Moser wird im … Theater die komische Hauptrolle in fünf Grotesken von einem anonymen Autor spielen.'
Erscheint eine solche Notiz bis zu dem angegebenen Datum nicht, dann behält sich der anonyme Verfasser (den Sie übrigens persönlich kennen) das Recht vor, über sein Stück für Wien wieder frei verfügen zu können.
In verehrungsvollster Ergebenheit der anonyme Verfasser."[15]

Von einer Reaktion Hans Mosers auf diesen ist nichts bekannt, und es konnte auch keine entsprechende Zeitungsnotiz gefunden werden. Einen Interessenten für das Stück aber fand Victor Léon rund zwei Jahre später in Carl von Zeska[16]. Der ehemalige Burgschauspieler, der seit 1932 im Ruhestand war, hatte im Wiener Akademietheater Léons Zeitbild „Gebildete Menschen" (in der Inszenierung seines Sohnes Philipp Zeska) gesehen und danach, am 19.3.1936, an Léon geschrieben:

„Sehr geehrter Herr Leon.
Erinnere mich mit vielen Vergnügen [!] an Ihre – von mir in Scene gesetzte Komödie [‚Ein dunkler Ehrenmann'] – die vor Jahren im Burgtheater aufgeführt wurde. Haben Sie irgendeinen Stoff liegen – den Sie – aus irgendeinem Grund momentan nicht allein bearbeiten wollen oder

---

13 Anspielung auf den Film „The Merry Widow" mit Jeanette MacDonald und Maurice Chevalier, der, unter der Regie von Ernst Lubitsch, 1934 in den MGM-Studios gedreht wurde.
14 Eine Aufführung von „Weiland" bzw. „Vater contra ‚Sohn'" bzw. „Der letzte Wille" in Paris ist nicht nachweisbar.
15 Léon-Nachlass 30/2.2.3.
16 Carl von Zeska, geb. 31.10.1862, gest. 18.7.1938 in Wien. Zeska war 1892-1932 Mitglied des Wiener Burgtheaters und auch als Regisseur tätig.

mögen – so wäre es mir Ehre und Vergnügen mich daran durch Mitarbeit zu betheiligen zu können – da ich ja leider viel freie Zeit habe, könnte ich Ihnen gewiss dienlich sein. Nach meiner Meinung wäre auch die oben genannte Komödie – noch heute ein Erfolg für das Burgtheater – nur müsste die Epidemie eine leichtere Form haben – die in dem Stück genannt wird. Habe mich bei ‚Gebildete Menschen' wieder glänzend unterhalten.
Mit hochachtungsvollen Grüßen Ihr
Hofrat Carl von Zeska"[17]

Victor Léon schickte Zeska daraufhin sein Stück in der mit „Der letzte Wille" betitelten Fassung, und am 2.4.1936 ließ ihn Zeska wissen: „Bin von der ausgezeichneten Idee Ihres Stücks begeistert. Änderungen die ich in der jetzigen Zeit für nötig halte werde ich mir erlauben Ihnen demnächst zu unterbreiten."[18] Zu den Änderungen, die Zeska für nötig hielt, gehörte ein neuer Titel, da Zeska „Der letzte Wille" als missverständlich und düster empfand. Vor allem aber drängte Zeska darauf, dass nicht nur er selbst als Autor genannt werde, sondern auch Victor Léon. Während sich die beiden nach einigem brieflichen Hin und Her auf den Titel „Vater contra Sohn" einigten, ließ sich Léon nicht dazu bewegen, seinen Wunsch nach Anonymität aufzugeben. Zeska, der auf eine Aufführung im Akademietheater hoffte, legte daher im September 1936 das Stück lediglich unter seinem Namen dem für diese Bühne zuständigen Burgtheaterdirektor Hermann Röbbeling vor – und erhielt von diesem eine Ablehnung. In seinem Brief an Zeska (den dieser dann an Léon weiterleitete) schrieb Röbbeling:

„Nachdem ich Gelegenheit gefunden habe, mich mit dem Stück näher zu beschäftigen, muss ich sagen, daß es sich hier, rein theatermässig gesehen, um einen mit erprobten Mitteln aufgebauten Schwank handelt, der in seiner Durchführung, in der sicheren Gestaltung der Situationen und in der klugen Abwägung der Wirkungen die bewährte Hand eines erfahrenen Theatermannes zeigt. Die Möglichkeiten eines solchen Stückes sind im allgemeinen nicht zweifelhaft. Wenn ich im Zusammenhang mit dem Akademietheater dazu Stellung nehmen muss, kann ich allerdings nur sagen, daß auch das Publikum des Akademietheaters mit an sich gut gearbeiteten Stücken, die aber doch in konventionellen Bahnen bleiben, nicht mehr so leicht zufrieden gestellt wird. Ich muss daher bei der Auswahl der Neuheiten darauf sehen, daß hinsichtlich des Themas, durch das Milieu oder eine besondere Aufmachung irgendwie neue Wege beschritten werden, damit das Interesse des Publikums in genügendem Umfang geweckt wird. Ein Schwank wie der vorliegende lässt sich nun mit der Linie, die ich im Akademietheater einhalten möchte, leider doch nicht so recht vereinbaren."[19]

Carl von Zeska reichte das Stück daraufhin beim Theater in der Josefstadt ein, von dem er aber ebenfalls eine Ablehnung bekam.[20] Keinen Erfolg hatte er auch mit einem auf „Vater contra Sohn" basierenden Entwurf eines Filmdrehbuchs, den er mit der Bitte um Vermittlung an die österreichische Gesandtschaft in London schickte.

---

17 Carl von Zeska: Brief an Victor Léon, 19.3.1936. Léon-Nachlass 25/2.1.2.160.
18 Carl von Zeska: Brief an Victor Léon, 2.4.1936. Léon-Nachlass 25/2.1.2.160.
19 Herrmann Röbbeling: Brief an Carl von Zeska, 19.10.1936. Léon-Nachlass 25/2.1.2.160.
20 Carl von Zeska: Brief an Victor Léon, 24.11.1936. Léon-Nachlass 25/2.1.2.160.

Am 24.12.1936 berichtete er an Victor Léon, dass er von Botschafter Georg Albert von Frankenstein folgende Antwort erhalten habe:

„Ich bin gern bereit, Ihren Wunsch zu erfüllen und Ihre Filmsynopsis den ‚Denham Studio[s]' zu übermitteln. Ich glaube aber hinzufügen zu sollen – was Ihnen wohl auch bekannt ist – dass die hiesigen Filmstudios mit Manuscripten überschwemmt werden. Wie ich aus in ähnlichen Fällen gemachten Erfahrungen weiss, ist es trotz warmer Befürwortung sehr schwierig, selbst die Lesung eines Manuscriptes durch die kompetenten Persönlichkeiten zu erreichen."[21]

Zeska engagierte sich weiterhin dafür, „Vater contra Sohn" bei einem Theater unterzubringen, und erbat von Victor Léon „die Erlaubnis – mit Geheimhaltung Ihres Namens – das Stück dem Volkstheater einzureichen."[22] Allerdings, so fügte Zeska hinzu, glaube er kaum, „dass ich ohne Ihren Namen damit reüssieren werde." Möglicherweise hätte Victor Léons Name, den Zeska als „eine Hauptattraktion"[23] des gemeinsamen Projektes bezeichnete, tatsächlich den Ausschlag für die Annahme des Stückes gegeben – auf jeden Fall aber kam es auch am Volkstheater zu keiner Produktion von „Vater contra Sohn". Carl von Zeska bemühte sich danach nicht mehr weiter um eine Platzierung des Stückes, was auch daran lag, dass es zwischen ihm und Victor Léon zu einer Verstimmung gekommen worden war. Denn Léon hatte Zeskas Aktivitäten offenbar zunehmend als Einmischung in seine schriftstellerische Arbeit empfunden. Er wolle, so schrieb er an Zeska, wieder über seinen „ureigenen Originalstoff selbständig" verfügen[24] und kündigte an, das Stück zu überarbeiten, was er aber in der Folge nicht tat.

Kein Erfolg war auch jener „Musikalischen Komödie" beschieden, an der Victor Léon 1935/36 gemeinsam mit dem Schweizer Komponisten Carlo Loebnitz arbeitete.[25] Léon und Loebnitz kannten einander seit 1933, als sie, damals gemeinsam mit Heinz Reichert, das musikalische Lustspiel „Skandal im Schloss" schufen. Ihre zweite Gemeinschaftsproduktion, bei der Léon keinen Ko-Librettisten hatte, ist im Léon-Nachlass in Form von mehreren Typoskripten erhalten geblieben. Diese tragen unterschiedliche Titel, die teilweise durchgestrichen und handschriftlich durch wieder neue ersetzt wurden – so etwa: „Bitte, heirate mich!", „Bitte, heiraten Sie mich", „Hollywood oder Ein Heiratsrecord", „Nur eine Nacht" und „Schwarz oder weiß"[26]. Auch die Angabe des Autors hat Victor Léon geändert, indem er seinen eigenen Namen durchstrich und jenen von Anna Stift einsetzte. Inhaltlich unterscheiden sich die verschieden betitelten Texte nicht voneinander.

Im Mittelpunkt des während eines Abends und einer Nacht in Hollywood spielenden Stückes stehen eine junge Filmschauspielerin und ein reicher Lord. Dieser

---

21 Carl von Zeska: Brief an Victor Léon, 24.12.1936. Léon-Nachlass 25/2.1.2.160.
22 Carl von Zeska: Brief an Victor Léon, 9.4.1937. Léon-Nachlass 25/2.1.2.160.
23 Carl von Zeska: Brief an Victor Léon, 22.3.1937. Léon-Nachlass 25/2.1.2.160.
24 Victor Léon: Brief an Carl von Zeska (Entwurf), 15.3.1937. Léon-Nachlass 25/2.1.2.160.
25 Die das Werk betreffende Korrespondenz zwischen Léon und Loebnitz stammt aus den Jahren 1936-1938, allerdings ließ der Karczag Verlag/New York das Werk bereits am 16.5.1935 unter dem Titel „Schwarz oder weiss" in USA urheberrechtlich schützen. Siehe: Catalog of Copyright Entries for the Year 1935. Washington 1936. Part 1, Group 3, S. 185.
26 Alle in: Léon-Nachlass 6/1.6.5-6/1.6.9.

gerät wegen der Schauspielerin, in die er verliebt ist, in Streit und zieht bei einem so genannten amerikanischen Duell (bei dem die Kontrahenten zwischen zwei verdeckten Billardkugeln, einer weißen und einer schwarzen, wählen müssen) die schwarze Kugel. Damit ist er gezwungen, am nächsten Morgen Selbstmord zu begehen. Er überredet die Schauspielerin, ihn sofort zu heiraten, damit, als Hilfe für ihre weitere Karriere, sein adliger Name auf sie übergehe. Als die Umstände der Hochzeit bekannt werden, erhält die Schauspielerin umgehend ein lukratives Filmangebot – und das allgemeine Happy End bringt schließlich die Nachricht, dass das Duell ungültig war. Eingefügt in die Handlung ist ein großes Fest, dessen Höhepunkt ein Quiz rund um Stars und berühmte Filmfiguren wie Maurice Chevalier, Fred Astaire, Stan Laurel und Oliver Hardy, Shirley Temple und Mickey Mouse ist. Es war eine Einlage, die wohl als besondere Attraktion für das zeitgenössische Publikum konzipiert war – allerdings wurde sie, wie das gesamte Stück, nie realisiert. Vergeblich bemühte sich Carlo Loebnitz darum, wie aus seinen im Léon-Nachlass enthaltenen Briefen hervorgeht, deutschsprachige Bühnen für eine Produktion zu interessieren. Victor Léon wiederum versuchte, über den französischen Schriftsteller und Komponisten André Mauprey, mit dem er befreundet war, das Werk in Paris zu platzieren. Maupreys Antwort aber war negativ: Das einzige noch bestehende Operettentheater in Paris sei zu arm, um eine Neuproduktion herauszubringen: „Je dois vous confirmer que les affaires sont actuellement désastreuses. Il n'existe plus qu'un seul théâtre d'opérettes à Paris et il est tellement pauvre qu'il ne montera pas une seule nouveauté cette saison. Nous espérons que cela changera, mais pour l'instant je vous si exposé la situation dans toute sa noirceur."[27] Victor Léon informierte Loebnitz von Maupreys Brief und fügte einleitend hinzu: „Lieber Herr Loebnitz, das Nachfolgende schreibt mir Mauprey. Es ist direct zum Verzweifeln! Ich habe noch eine Idee, wie ich die Sache vielleicht in Amerika zustande bringe."[28] Aber auch Léons – nicht näher beschriebene – Idee einer Produktion in Amerika blieb erfolglos.

In dem in der Zentralbibliothek Zürich verwahrten Nachlass von Carlo Loebnitz befindet sich ein Klavierauszug zum Stück, das hier mit „Bitte, heiraten Sie mich" betitelt ist.[29] Beigelegt ist ein Zeitungsausschnitt[30], in dem es um eine 1945 erfolgte Produktion von Loebnitz' damals neuer Operette „Die Hochzeit am laufenden Band" (Libretto Max Kolpe) im Stadttheater Bern geht. Bei den Informationen über den Komponisten ist in dem Artikel unter anderem auch vermerkt: „Mit Victor Léon, dem Textautor der ,Lustigen Witwe', schrieb Carlo Loebnitz zwei Operetten ,Bitte heirate mich' und ,Spuk im Schloß', die aber aus unerfindlichen Gründen bis heute unaufgeführt geblieben sind. Vielleicht wird Loebnitz' neues Opus ein Erfolg und dann dürften sich auch unsere Theater für die früheren Werke des noch nicht vierzigjährigen Komponisten interessieren." Carlo Loebnitz war zwar später als Komponist durchaus erfolgreich, das Interesse für „die früheren Werke" aber blieb aus.

---

27 André Mauprey: Brief an Victor Léon, 2.11.1938. Léon-Nachlass 25/2.1.2.85.
28 Victor Léon: Notiz an Carlo Loebnitz, 4.11.1938. Léon-Nachlass 25/2.1.2.85.
29 Zentralbibliothek Zürich, Musikabteilung, Mus NL 54: B 16.
30 Der Ausschnitt ist weder datiert noch ist ein Zeitungsname angegeben. Aus dem Inhalt ist erschließbar, dass der Artikel 1945 erschienen ist.

„Ich bin gesund, aber etwas unnütz auf der Welt": Die letzten Lebensjahre

„Wie es in Wien zugeht, im Theaterleben wirst Du besser wissen als ich, der ich ja den Theatertratschkreisen immer ferne war und heute noch ferner bin. Miess ist es halt und stierer denn je."[1] Das schrieb Victor Léon im Mai 1931 an seinen damals in Berlin lebenden Freund, den Schauspieler Louis Treumann. Die schwere Wirtschaftskrise jener Zeit war auch im Theaterbereich stark spürbar: So etwa wurden in den frühen 1930er Jahren eine Reihe von österreichischen Bühnen aus finanziellen Gründen zeitweise oder dauerhaft geschlossen (u.a. in Wien das Bürgertheater, das Johann Strauss-Theater, die Kammerspiele, das Raimund-Theater und die Renaissancebühne, sowie die Landestheater in Linz und Klagenfurt und zahlreiche kleinere Bühnen). „Das Elend und die große Not, die in Wien, der Stadt der Lieder, im Kreise der Kunst, Theater, Varieté und Musik herrscht, ist katastrophal. Sogar prominente namhafte Künstler sind heute gezwungen, von der Arbeitslosen-Unterstützung zu leben und hungern"[2], beschrieb der „Österreichische Künstler-Verband" in einem Unterstützungs-Aufruf die Situation.

Auch für Victor Léon war es unter diesen Umständen schwierig, neue Projekte zu lancieren und Stücke zu platzieren. So etwa teilte ihm der Verleger Bernhard Herzmansky jun. im Oktober 1932 mit, dass er kein Interesse an einer Neufassung der Operette „Die geschiedene Frau" habe, da er „neue Materiale herstellen lassen müsste. Das Materialleihgeschäft ist infolge der katastrophalen Lage der Theater ein ausserordentlich schlechtes, sodass es fraglich ist, ob ich in der Lage bin, die Kosten hereinzubringen"[3].

Auf Victor Léons private Lebenshaltung aber wirkte sich die Wirtschaftskrise relativ gering aus. Er bezog allmonatlich Tantiemen aus ganz Europa, denn auch während der Krise standen jene Werke, die bereits zu „Klassikern" geworden waren – vor allem „Die lustige Witwe", „Wiener Blut" und „Der Rastelbinder" –, stets an einer oder auch an mehreren Bühnen auf dem Programm.[4] Außerdem hatte sich Victor Léon im Laufe der Jahre ein beträchtliches Privatvermögen erarbeitet, das ihm wei-

---

1 Victor Léon: Brief an Louis Treumann, 26.5.1931. Léon-Nachlass 30/2.2.3.
2 Österreichische Illustrierte Zeitung, 4.5.1930, S. 5.
3 Bernhard Herzmansky jun.: Brief an Victor Léon. Léon-Nachlass 26/2.1.4.6.
4 Siehe dazu die im Léon-Nachlass (Archivboxen 40, 41 u. 42) enthaltenen, detaillierten Abrechnungen.

terhin einen gehobenen Lebensstil ermöglichte. So etwa konnte er es sich auch in den Krisenjahren leisten, auf Reisen zu gehen. In den späten 1920er und frühen 1930er Jahren war Léon allsommerlich mehrere Wochen zur Kur im exklusiven Kurhotel Warmbad Villach[5] und reiste dazu 1931 per Flugzeug von Wien nach Klagenfurt an.[6] Im September desselben Jahres unternahm er dann eine „Luftfahrt durch Italien"[7], während der er auch einige Zeit lang Urlaub im „Hotel Excelsior" in Neapel[8] machte. Den Dezember 1929 hatte Léon in Monte Carlo verbracht[9], den August 1930 in Locarno.[10]

Von seiner Ehefrau Ottilie wurde Victor Léon auf seinen Reisen nicht begleitet. Sie verbrachte in den 1930er Jahren ausgedehnte Kuraufenthalte unter anderem in Abbazia, Bad Reichenhall und auf dem Semmering. Von ihren jeweiligen Aufenthaltsorten schrieben Ottilie und Victor Léon einander zahlreiche Briefe. Vor allem jene von Ottilie Léon sind meist recht ausführlich: Sie berichtete über ihre Kuraktivitäten, über Begegnungen, Beobachtungen und über ihre Lektüre. Wiederholt ging es dabei auch um Texte von Victor Léon, so etwa, als Ottilie Léon schrieb: „Liebster, ganz reizend, entzückend ist Dein Aufsatz über Lehár. Er verdient es gar nicht, daß man so sympathisch über ihn schreibt. Mich freut es nur, daß Du Dich beim Schreiben dabei unterhalten hast."[11] Ottilie Léon spielte damit auf den Artikel „Menagerie-Direktor Franz Lehar. Wahrheitsgetreue Reportage von Victor Léon" an, der am 25.7.1937 im „Neuen Wiener Journal" erschienen war und in dem Léon berichtete, dass Lehár in seinem Haus zahlreiche Tiere, so etwa Katzen, Hunde und Kanarienvögel, halte.

Sehr oft ist in den Briefen von den Enkelkindern die Rede, vor allem von den beiden Enkelsöhnen Franz und Viktor Marischka, die teilweise die Sommer bei der Großmutter in den Kurorten verbrachten. Auch Victor Léons Freundin Anna Stift kommt in einem der Briefe vor. Ottilie Léon übermittelte darin ihren Dank an Stift für die Zusendung eines „ausgezeichneten" Lippenstifts und eines „Kreuzerls" (vermutlich eine Halskette mit Kreuzanhänger), das ihr „fabelhaft" gefalle und das sie nun „unausgesetzt" trage.[12]

---

5   Nachweisbar sind die Aufenthalte durch zahlreiche im Léon-Nachlass enthaltene Briefe, die Léon in den Sommern der Jahre 1928-1932 nach Villach geschickt wurden. Léon selbst schrieb am 24.7.1931 in einem Brief an das Kurhotel, dass er sich auf den „fünften Sejour" in Villach freue (Victor Léon: Brief an das Kurhotel Warmbad Villach, Kopie, 24.7.1931. Léon-Nachlass 30/2.2.3).

6   Victor Léon: Brief an das Kurhotel Warmbad Villach, Kopie, 24.7.1931. Léon-Nachlass 30/2.2.3.

7   Victor Léon: Brief an Unbekannt (Kopie), 17.9.1931. Léon-Nachlass 30/2.2.3.

8   Erschließbar durch Briefe, die Léons Sekretärin Poldi Havlasek nach Neapel schickte, Léon-Nachlass 29/2.1.9.

9   Erschließbar durch Briefe, die der Verlag Felix Bloch Erben nach Monte Carlo schickte, Léon-Nachlass 26/2.1.4.2.

10 Erschließbar durch Briefe, die der Karczag Verlag nach Locarno schickte, Léon-Nachlass 26/2.1.4.16.

11 Ottilie Léon: Brief an Victor Léon, 25.7. [1937]. Léon-Nachlass 23/2.1.1.8.

12 Ottilie Léon: Brief an Victor Léon, o.D. Léon-Nachlass 23/2.1.1.8.

Anna Stift, Passfoto um 1940

Einen kleinen Einblick in das Verhältnis zwischen Victor Léon und Anna Stift, das zum Teil auch die Züge einer Vater-Tochter-Beziehung gehabt zu haben scheint, gibt der Entwurf zu einem englischsprachigen Brief, den Stift im Frühjahr 1934 vermutlich an eine Verwandte schickte.[13] Bemerkenswert ist, dass der Briefentwurf nicht von Anna Stift selbst, sondern, wie an der Handschrift erkennbar ist, von Victor Léon geschrieben wurde. Dies lässt vermuten, dass Léon auch den Inhalt des Schreibens zumindest teilweise mitbestimmt hat. Interessant ist dies auch deshalb, weil der Brief mit einem Hinweis auf den österreichischen Bürgerkrieg des Februar 1934 beginnt:

„The last weeks in Vienna have been very dangerous but, God thanks, not for us. Now whole Austria is quite quiet and the life is going the same silent way like before. You must not believe what papers are writing; they lie. – Mama and father are walking every day together and I and M. Léon do the same. I must be very diligent, for every evening he is teaching me the french

---

13 Der Name der Adressatin bzw. des Adressaten wird nicht genannt, jedoch finden sich im Léon-Nachlass (der auch Briefe aus dem Nachlass von Anna Stift enthält) einige englischsprachige Briefe an eine bzw. von einer Hilda Stift, die im gleichen Stil gehalten sind (Léon-Nachlass 31/2.3.1). Es liegt daher die Vermutung nahe, dass auch dieser Brief für Hilda Stift bestimmt war.

language and if I am a good and obedient child, we are visiting the cinemas, seeing bad and stupid films, and the theatres and restaurants."[14]

Direkte Aussagen von Victor Léon zur politischen Entwicklung in Österreich sind nicht in seinem Nachlass zu finden. Einiges aber lässt erkennen, dass er sich ab Mitte der 1930er Jahre um einen „geordneten" gesellschaftlichen Status bemühte. So etwa setzte Léon, der aufgrund seines Geburtsortes tschechoslowakischer Staatangehöriger war, 1935/36 Schritte zur Erlangung der österreichischen Staatsbürgerschaft und wollte die offizielle Namensänderung von Hirschfeld zu Léon beantragen. Warum beides nicht erfolgte, geht aus den im Nachlass erhaltenen Dokumenten nicht hervor. Erhalten aber ist ein Hinweis auf Victor Léons entsprechende Bemühungen in Form eines Schreibens, das Léon mit Datum 21.3.1936 an die Bezirkshauptmannschaft Wien-Hietzing richtete und in einer englischen Übersetzung vorliegt (weshalb das Schreiben übersetzt wurde, ist nicht bekannt). Darin heißt es unter anderem: „[M]y naturalization as well as the obtaining of citizenship on which is dependent the naturalization is now introduced and there will follow also a petition for change of name"[15].

Ein noch deutlicherer Versuch der Absicherung im Rahmen des klerikalautoritären Ständestaates war es, dass sich Victor Léon 1935 katholisch taufen ließ. Die jüdische Glaubensgemeinschaft hatte er bereits im Jahr 1900 verlassen[16], also zu einer Zeit, als jene Austrittswelle, die in den 1880er Jahren eingesetzt hatte, ihren Höhepunkt erreichte. Es war dies damals eine Entwicklung, die der Historiker Albert Lichtblau als den „scheinbar letzten Schritt der Assimilation" bezeichnet:

„Einerseits handelte es sich um eine Flucht aus dem Judentum, die sich spätestens 1938 als vergeblich herausstellen sollte, andererseits standen hinter dem Austritt pragmatische Gründe, wie der, sich den Weg einer Karriere im Staatsdienst nicht zu verstellen. Zum Teil waren es erste Anzeichen einer sich säkularisierenden Gesellschaft mit abnehmender Bedeutung der Religion für Lebensentscheidungen."[17]

Die Tendenz zur Säkularisierung, die eng mit dem Streben nach Modernität verbunden war, hatte Victor Léon bei seiner Entscheidung zum Austritt aus der jüdischen Glaubensgemeinschaft sicher beeinflusst und war mit ein Grund dafür, dass Léon vorerst konfessionslos blieb – im Gegensatz etwa zu seinem Bruder Leo Feld, der 1900 vom Judentum zum Protestantismus konvertierte.[18] Victor Léon gehörte damit einer Minderheit an, denn nur ein Fünftel der Ausgetretenen „entschloß sich, den

---

14 Anna Stift: Brief an Unbekannt, [1934]. Léon-Nachlass 33/2.3.5.
15 Léon-Nachlass 25/2.1.2.160 (Das Schreiben findet sich in der Mappe mit Briefen von und an Carl von Zeska, da Victor Léon die Blattrückseite später für einen Briefentwurf an Zeska benutzte).
16 Matriken der Israelitischen Kultusgemeinde Wien. Das Austrittsdatum von Victor Léon ist 3.11.1900.
17 Lichtblau, Albert (Hg.): Als hätten wir dazugehört. Österreichisch-jüdische Lebensgeschichten aus der Habsburgermonarchie. Wien 1999. S. 58.
18 Matriken der Israelitischen Kultusgemeinde Wien. Leo Feld war am 14.2.1900 aus der jüdischen Religionsgemeinschaft ausgetreten und wurde am 28.3.1900 evangelisch getauft.

Weg der Konfessionslosigkeit zu gehen"[19], während mehr als die Hälfte katholisch wurde. Dass Léon an seinem konfessionslosen Status zunächst nichts änderte, mag – neben einer gewissen Indifferenz gegenüber religiösen Fragen – auch mit der Erfahrung zusammengehangen haben, dass die Konversion ohnehin kein Schutz vor antisemitisch motivierten Attacken war. Mit dem Aufkommen des Nationalsozialismus aber wurde aus den Attacken eine existentielle Bedrohung, und daher war Léons Eintritt in die katholische Glaubensgemeinschaft vermutlich auch der Versuch einer Absicherung gegen den nationalsozialistischen Terror.

Victor Léon wurde am 20.11.1935 in der Pfarrkirche Wien-Hietzing getauft und am 2.6.1936 in der Kapelle der Kongregation „Notre Dame de Sion" (Wien 7, Burggasse 37) vom Wiener Erzbischof Theodor Innitzer gefirmt. Aus den Jahren 1936 bis 1938 ist eine Reihe von Briefen erhalten, die der Hietzinger Pfarrer Coelestin Schmidt an Léon schrieb.[20] Daraus geht hervor, dass Léon der Pfarre regelmäßig Geldspenden zukommen ließ und den Pfarrer mit Geschenken – wie etwa Büchern, Wein, Zigaretten und alljährlich mit einem „grossen Osterschinken" – bedachte. Coelestin Schmidt gehörte zu jenen Geistlichen, die den Nationalsozialismus ablehnten. Als Beispiel dafür verweist Michael Kraßnitzer in seinem Buch „Widerstand in Hietzing" auf die Propaganda für die Volksabstimmung vom 10.4.1938 über den Anschluss Österreichs an Hitlerdeutschland. Während in vielen anderen Pfarrblättern „begeistert für das ,Ja' bei der Volksabstimmung geworben"[21] wurde, fand das Votum in den von Schmidt herausgegebenen „Hietzinger Pfarrnachrichten" keinerlei Erwähnung. Der letzte Brief von Pfarrer Coelestin Schmidt an Victor Léon stammt aus dem Dezember 1938. Schmidt bedankte sich darin für Spenden und Feiertagswünsche, übermittelte Weihnachts- und Neujahrsgrüße und wünschte Léon „vor allem vollständige Wiederherstellung ihrer Gesundheit"[22].

Hinweise auf zunehmende physische und auch psychische Probleme Victor Léons finden sich Ende der 1930er Jahre immer wieder in der im Nachlass erhaltenen Korrespondenz. So etwa litt Léon unter „hochgradiger Nervosität"[23], hatte Gehbeschwerden[24], und im Sommer 1939 machte ihm lange Zeit eine schwere Bindehautentzündung zu schaffen.[25] Er zog sich in jenen Jahren mehr und mehr zurück und verließ kaum mehr sein Haus – auch wenn ihn seine Ehefrau wiederholt dazu ermunterte, irgendwohin auf Urlaub zu fahren, „weil ich fürchte, daß Du Dich in eine schlechte Laune hineinredest, wozu Du absolut keinen Grund hast und wenn es Dir doch so scheint, so darfst Du Dich nicht so vergraben, wie Du es oftmals tust."[26]

---

19 Lichtblau: Als hätten wir dazugehört, S. 60.
20 Léon-Nachlass 25/2.1.2.116.
21 Kraßnitzer, Michael: Widerstand in Hietzing. Wien 2004. S. 182.
22 Coelestin Schmidt: Brief an Victor Léon, 23.12.1938. Léon-Nachlass 25/2.1.2.116.
23 Carl von Zeska: Brief an Victor Léon, 22.3.1937. Léon-Nachlass 25/2.1.2.160. Zeska wünschte Léon „gute Besserung von Ihrer hochgradigen Nervosität".
24 Victor Léon: Brief an Ottilie Léon, 10.7.1939. Léon-Nachlass 29/2.2.1.2. Léon schrieb an seine Frau, dass es ihm „einige Atome besser" gehe als tags zuvor und er deshalb versuchen werde auszugehen, um zu sehen „wie es mir mit dem Gehen geht."
25 Victor Léon: Brief an Ottilie Léon, 31.7.1939. Léon-Nachlass 29/2.2.1.2.
26 Ottilie Léon: Brief an Victor Léon, 16.7. [1937 od. 1938]. Léon-Nachlass 23/2.1.1.8.

Ottilie Léon verbrachte in den späten 1930er Jahren die Sommer auf dem Semmering. 1939 logierte sie im Südbahnhotel, von wo sie am 11.7. an Victor Léon schrieb:

„Liebster Victor – ich denke ach so gern an die schöne Zeit die fern wo ich in Deinem Arbeitszimmer, das zugleich dein Schlaf- und Empfangszimmer war, auf dem großen Diwan mit hinaufgezogenen Beinen gesessen bin, und Du mir Deine Pläne erzähltest und ich mit glänzenden Augen und glühenden Wangen Dir zuhörte, dann schüchtern meine Ideen dazu gab, und daraus erstand so Manches was Deinen Ruhm und uns das erste Geld einbrachte. Das war die glücklichste Zeit meines Lebens.
Im ganzen Großen geht es mir gut, ich habe keine Wünsche als den der Ruhe. […] Angenehme Sachen, und daß es Dir gut geht, kannst Du mir immer mitteilen. Ich habe zwei herrliche Bücher von Cronin gekauft und 1 schon gelesen. Im Hause hoffentlich alles in Ordnung."[27]

Dass die Finanzierung der Kuraufenthalte allerdings zunehmend schwieriger wurde, geht aus einem Brief hervor, den Victor Léon seiner Ehefrau rund zwei Wochen später schickte:

„Liebste Ottilie,
mit gleicher Post sende ich dir wieder eintausend Reichsmark und kann mit bestem Willen die Bemerkung nicht unterdrücken, daß – bisher – zweitausend Mark sehr viel Geld ist und ich diese Fülle von Ausgaben nicht verstehe. Ist das Hotel so teuer? Ja, wenn die Zeiten so wären, wie ehedem, würde ich – du weißt es zu gut – nicht eine Silbe verlieren. Mehrfach habe ich dir geschrieben, daß mir gar kein Geld eingegangen ist, daß ich es sehnsüchtig erwarte. Wäre der Verdienst so wie früher oder der Eingang von mir schuldigen Zahlungen, so gäbe ich dir gern, so viel ich dir nur geben kann."[28]

Seinem Schreiben fügte Léon dann noch die Bemerkung hinzu: „Für die versprochenen Bücher dank ich dir sehr, ich fürchte aber, ich werde sie mit meinen jetzigen Augen nicht lesen können; und seit November vorigen Jahres habe ich das Haus nicht verlassen. Nebstbei: ich lebe sehr einfach." Ottilie Léon scheint auf den Brief ihres Ehemanns heftig reagiert zu haben, denn drei Tage später schrieb ihr Léon:

„Liebste Ottilie, […] Es tut mir sehr leid, daß Du dich in deinem letzten Briefe so echauffiert hast, was absolut unnötig war. Dieser Umstand soll dich keineswegs abhalten, so lange auf dem Semmering zu bleiben, als es dir angenehm ist. Mit den Augen geht es mir, dank eines neuen Medicamentes (das dritte) und der dunkeln Zeißbrille besser. Neuigkeiten sind mir fremder als fremd. Ich weiß gar keine.
Sei unernst! Dein Victor"[29]

Aufschlussreich ist eine Bemerkung in einem Brief, den Ottilie Léon im Juli 1937 an Victor Léon schickte. Sie, die offenbar viel las, berichtete: „Ich habe ein interessantes Buch gekauft, von Konrad Heiden ‚Ein Mann gegen Europa'. Du wirst es gewiß

---

27 Ottilie Léon: Brief an Victor Léon, 11.7.1939. Léon-Nachlass 29/2.1.9.
28 Victor Léon: Brief an Ottilie Léon, 28.7.1939. Léon-Nachlass 29/2.2.1.2.
29 Victor Léon: Brief an Ottilie Léon, 31.7.1939. Léon-Nachlass 29/2.2.1.2.

kennen oder davon gehört haben: Eine Biographie A. H ... s"[30]. „Ein Mann gegen Europa" war der zweite Band einer Biografie Adolf Hitlers (der erste Band hatte den Titel „Das Zeitalter der Verantwortungslosigkeit"), die der deutsche Journalist und Schriftsteller Konrad Heiden 1936/37 im Zürcher Europa Verlag herausgebracht hatte. Heiden, der ab 1933 im Exil – zunächst in Zürich, dann in Paris und ab 1940 in den USA – lebte, war einer der frühesten und pronociertesten publizistischen Gegner des Nationalsozialismus. In Deutschland waren seine Bücher, aufgrund ihrer antinationalsozialistischen Haltung und weil Heiden Jude war, verboten. Infolge der im „Juliabkommen 1936" initiierten teilweisen Annäherung von Österreich an Nazideutschland versuchte man von deutscher Seite auch Einfluss auf den österreichischen Buchmarkt zu nehmen: „Im Juli 1937 übergab die reichsdeutsche der österreichischen Delegation im Rahmen des ‚Unterausschusses für Buchfragen' eine Aufstellung ‚antideutscher Hetzliteratur' mit 14 Titeln, deren Verbreitung in Österreich untersagt werden sollte, da sie eine ‚Störung' der bilateralen Beziehungen darstelle."[31] Zu den 14 Titeln gehörten auch die beiden Bände von Heidens Hitler-Biografie, deren Verbreitung in Österreich ab Herbst 1937 verboten war.[32] Ottilie Léon las also ein hochaktuelles, politisch brisantes Buch.

An die ersten Auswirkungen des im März 1938 erfolgten „Anschlusses" Österreichs an Hitlerdeutschland auf die Familie von Victor Léon erinnerte sich dessen Enkel Franz Marischka in seiner Autobiografie:

„Das erste Warnsignal für uns war, als bekannt wurde, dass Göring oben auf dem Küniglberg einen Flugplatz plante und ‚sich zu diesem Behufe persönlich hinauf begeben' würde.[33]
Selbstverständlich hatte daher unsere liebe alte Wattmanngasse beflaggt zu werden. Selbstverständlich hatte bereits jedes Haus eine riesige Hakenkreuzfahne draußen hängen. Selbstverständlich wir nicht.
Kurze Zeit später stand auch schon ein SA-Mann in unserer Halle, um diese Fahnenlosigkeit lauthals zu monieren. Erschrocken wagte ich nicht, meine Großeltern zu informieren. Da kam Hilfe von unerwarteter Seite. Pepi, unsere böhmische Küchenhilfe, fragte den SA-Mann mit ihrem gemütlichen Akzent, auch Kuchelböhmisch genannt, ob er denn nicht wisse, dass die Herrschaften Tschechen seien. Man kann sich kaum vorstellen, wie erleichtert ich war, den SA-Mann mit dieser Nachricht loszuwerden."[34]

Auf die letztlich trügerische Hoffnung, dass die tschechoslowakische Staatsangehörigkeit vor Verfolgung schützen werde, baute auch Victor Léons Schwester Eugenie Hirschfeld. Am 18.3.1938, also wenige Tage nach dem „Anschluss", schrieb sie an ihren Bruder: „Liebster Victor, Ihr denkt gewiß daran, nicht wahr, daß es sehr er-

---

30 Ottilie Léon: Brief an Victor Léon, 23.7. [1937]. Léon-Nachlass 23/2.1.1.8.
31 Volsansky, Gabriele: Pakt auf Zeit. Das deutsch-österreichische Juli-Abkommen 1936. Wien 2001. S. 158.
32 Anzeiger für den Buch-, Kunst- und Musikalienhandel, 18.9.1937, S. 4, u. 27.11.1937, S. 2.
33 Der von Hermann Göring in Rahmen eines großen Festakts vorgenommene Spatenstich für einen Fliegerhorst auf dem Küniglberg im 13. Wiener Bezirk fand am 14.5.1938 statt.
34 Marischka: Immer nur lächeln, S. 60f.

sprießlich ist, ev. sofort a[uf die]³⁵ fremde Staatsbürgerschaft hinzuweisen, den Paß also zur Hand zu haben."³⁶

Mit seiner Schwester Eugenie verband Victor Léon eine enge Beziehung. Eugenie Hirschfeld lebte im 18. Wiener Bezirk (Schafberggasse 5) und teilte in den 1930er Jahren die Wohnung mit ihrer Schwester Adele Schmidt, die, wie aus wiederholten Bemerkungen in Hirschfelds Briefen hervorgeht, kränklich war und das Haus nicht verließ. Eugenie Hirschfeld aber war des Öfteren zu Gast bei ihrem Bruder und dessen Familie, und sie hatte mit ihm auch regen brieflichen Kontakt.³⁷ Am 27.5.1938 berichtete Victor Léon seiner Schwester in einem langen Brief unter anderem von seinen Enkelkindern:

„Liesl ist seit einer Woche mit ihrem herzigen Buben, der – 4½ Jahre – schon sehr gut, aber wirklich sehr gut, französisch spricht zum zweiten Male bei uns und ist vergnügt. Sie begibt sich mit ihm und ihrem Gatten nach Italien, wo sie einen Monat sich aufhalten wollen. – Zwetschi spielt im Reinhardt-Seminar Theater, hat sehr viele Proben und gefällt. Er dürfte in nächster Zeit nach London fahren, wo er – das Schicksal wolle es – Engagement an einer <u>englischen</u> Bühne zu erhalten hofft, wozu sich gute Aussichten bieten. Burli lernt weiter singen und will dann – zu gelegener Zeit – auch nach London."³⁸

Über sich selbst schrieb Victor Léon dann anschließend:

„Ich bin gesund, aber etwas unnütz auf der Welt. Du kannst dir schon denken, warum. Man spielt zwar Sachen, an denen ich beteiligt bin, im Reich, gibt sogar in den Wiener Festwochen im Theater an der Wien das uralte ‚Wiener Blut'; seltsamer Weise bestätigte mir der ‚Wiener Reichssender' (‚Radio') zwei Einacter, die ich seinerzeit dem nun abgebauten Dr. Nüchtern schickte. Diese ‚Bestätigung' dürfte auf einem Irrtum beruhen.
[...] Ich habe seit etwa 11 Wochen nicht viel mehr gesehen als einige Hietzinger Straßen bei Nacht, du verstehst."

Victor Léon besuchte allabendlich Anna Stift, die in der Nähe seiner Villa, in der Trauttmansdorffgasse, wohnte.³⁹ Auf dem Weg dorthin kam er, so berichtet Franz Marischka, einmal „an einer marschierenden Gruppe Hitlerjugend vorbei, die lauthals sang: ‚... wenn das Judenblut vom Messer spritzt...'."⁴⁰ Léon sei darüber sosehr in Aufregung geraten, dass er, „tobend", von einem Polizisten nach Hause gebracht wurde. Ottilie Léon habe ihrem Ehemann daraufhin verboten, das Haus zu verlassen und gefordert, dass in Hinkunft Anna Stift Léon besuchen müsse.

---

35 Dieser Teil des Schreibens wurde weggeschnitten. Dies ist bei vielen Briefen im Léon-Nachlass der Fall, bei denen durch das Ausschneiden der Briefmarken auch Teile der in den Kuverts befindlichen Briefbögen beschädigt wurden.
36 Eugenie Hirschfeld: Brief an Victor Léon, 18.3.1938. Léon-Nachlass 23/2.1.1.6.
37 Léon-Nachlass 23/2.1.1.6 u. 23/2.1.1.7.
38 Victor Léon: Brief an Eugenie Hirschfeld, 27.5.1938. Léon-Nachlass 29/2.2.1.1.
39 Anna Stift bewohnte das Haus in der Trauttmansdorffgasse 28 seit den frühen 1930er Jahren gemeinsam mit ihren Eltern. Franz Marischka schreibt, dass Victor Léon das Haus für sie gekauft habe (Marischka: Immer nur lächeln, S. 56).
40 Marischka: Immer nur lächeln, S. 62.

„Tatsächlich kam von diesem Tag an Anny Stift [...] jeden Tag in die Wattmanngasse. Diese äußerst skurrile Situation – man muss sich vorstellen: die beiden alten Juden mit der jungen ‚Arierin', praktisch eingeschlossen im Feindesland – hatte aber auch ihr Gutes. Da Juden bekanntlich völlig rechtlos waren, kein Dienstpersonal mehr haben und auch keinerlei Lebensmittelmarken beziehen durften, führte Anny den ganzen Haushalt so weiter, dass die beiden alten Leute kaum etwas von der grässlichen Umwelt zu spüren bekamen.
Durch Zufall erfuhr Anny Stift, dass die Großeltern auf einer Liste der Gestapo standen und abgeholt werden sollten. Sie informierte sofort Lehár, der wiederum beim damaligen Gauleiter Bürkel erreichte, dass der Autor der *Lustigen Witwe* und seine Frau von der Liste gestrichen wurden."[41]

Marischkas Darstellung, dass Ottilie und Victor Léon durch eine Intervention von Franz Lehár vor der Deportation bewahrt wurden, deckt sich im Wesentlichen mit dem Inhalt einer eidesstattlichen Erklärung, die Anna Stift am 7.2.1972 zugunsten von Franz Lehár abgab, dessen Werke damals in Israel boykottiert wurden. Man warf dem Komponisten vor, sich während der Nazizeit nicht für seine jüdischen Librettisten eingesetzt zu haben. Im Mittelpunkt stand dabei vor allem das Schicksal von Fritz Löhner-Beda, der 1942 in Auschwitz ermordet worden war. Stift schrieb in ihrer Erklärung:

„Als Universalerbin des (jüdischen) Schriftstellers und Operetten-Librettisten Viktor Leon kann ich nachstehenden Vorfall bezeugen, aus dem sich die Hilfsbereitschaft für seine [Lehárs] jüdischen Freunde, auch zur Zeit des Naziregimes ergibt:
Anfang 1939 wurde der damals 80-jährige kranke Viktor Leon von der SS aufgefordert binnen 3 Wochen seine Villa in Wien, XIII. Wattmanngasse 22 samt seiner Lebensgefährtin Ottilie Popper zu verlassen.
Da die beiden alten Leute entschlossen waren sich eher das Leben zu nehmen als sich diesem Befehl zu fügen, begab ich mich zu Franz Lehar und bat ihn um Hilfe. Lehar versprach trotz der eigenen Belastung mit seiner jüdischen Gattin, alles zu versuchen, um der bedrohten Familie zu helfen. Seine Intervention hatte auch vollen Erfolg. Viktor Leon konnte bis zu seinem Tod im Jahre 1940 und Ottilie Popper bis zu ihrem Ableben 1942 unangefochten in ihrer Villa bleiben."[42]

Victor Léon starb am 23.2.1940 zuhause an den Folgen einer Lungenentzündung, am 1.3.1940 wurde er in dem Grab auf dem Hietzinger Friedhof, in dem schon seine Tochter Lizzy bestattet war, beigesetzt. Ottilie Léon, die am 13.4.1942 verstarb, wurde zunächst auf dem Wiener Zentralfriedhof begraben und 1947 in das Familiengrab überführt.
    In seinem Testament[43], das er am 1.7.1939 verfasst hatte, vermachte Victor Léon je ein Drittel seines Barvermögens und künftiger Einnahmen aus seinen Werken an seine Ehefrau und an Anna Stift, das dritte Drittel ging an seine Enkelkinder.[44] Au-

---

41 Ebd., S. 63.
42 Léon-Nachlass 32/2.3.2.5.1.
43 Léon-Nachlass 37/3.21.
44 Weder im Testament noch in früheren, im Nachlass enthaltenen Dokumenten, hinterließ Victor Léon einen Hinweis auf seinen unehelichen Sohn Viktor Suchy. Suchy, der spätere

ßerdem verfügte er: „Alle diese [...] Personen sind verpflichtet, meinen Schwestern Adele Schmidt und Eugenie Hirschfeld ein Viertel des ihnen vermachten Drittel [!] zukommen zu lassen. Nach dem Ableben meiner zwei Schwestern beziehen die genannten Erben wieder das gesamte Drittel." Sein Eigentumsanteil an der Villa in der Wattmanngasse (das Haus hatte jeweils zur Hälfte Ottilie und Victor Léon gehört) sei „zu verkaufen und das Erträgnis ebenfalls zu dritteln." Seine Fotografiensammlung und seinen schriftstellerischen Nachlass vermachte Victor Léon Anna Stift – und diese Entscheidung resultierte vermutlich nicht nur aus persönlicher Verbundenheit, sondern Léon war sich wohl auch bewusst, dass unter den gegebenen politischen Umständen die Dokumente seines Schaffens in der Obhut einer „Arierin" besser geschützt waren als bei seiner Familie. Der Sorgsamkeit, mit der Anna Stift (ab April 1941 verheiratet mit dem Opernsänger Simon Hebein) den Nachlass verwahrte, ist es zu danken, dass ein umfangreiches Quellenmaterial vorhanden ist, das nicht nur die Basis der vorliegenden Werkbiografie bildet, sondern auch für weitere Forschungen zum Theater im Österreich des späten 19. und frühen 20. Jahrhunderts wichtige Aufschlüsse liefern kann.

Gründer der „Dokumentationsstelle für neuere österreichische Literatur", wurde am 28.11.1912 in Wien geboren (gest. 31.7.1997 in Wien), seine Mutter war die Opernsängerin Margit Suchy. Die Gründe dafür, dass Léon seinen Sohn nirgendwo erwähnte und offenbar keinen oder nur wenig Kontakt zu ihm hatte, sind aus den im Léon-Nachlass vorhandenen Dokumenten nicht erschließbar. Zur Vaterschaft von Victor Léon siehe: Pflegschaftsakt Viktor Suchy, Wien BG Innere Stadt, Aktenzahl 5P 14/1913.

Aufgeführte Bühnenwerke von Victor Léon

Die folgende Übersicht enthält, in chronologischer Reihenfolge, jene Bühnenwerke von Victor Léon, von denen eine Aufführung eindeutig nachweisbar ist (wobei Werkvarianten, bei denen keine wesentlichen Änderungen vorgenommen wurden, nicht berücksichtigt sind). Dokumentiert werden soll mit dieser Übersicht die beeindruckende Präsenz, die Victor Léon über mehrere Jahrzehnte im Bereich des deutschsprachigen Theaters, vor allem des sogenannten Unterhaltungstheaters, hatte.

Jahr	*Titel*	*Genre*	*Komponist (M) Koautor (A)*	*Uraufführungsort u. -datum*
1878	Falsche Fährte	Lustspiel		Wien, Sulkowskytheater, 15.3.1878
1878	Die Büste	Lustspiel	A: F. Zell	Wien, Burgtheater, 4.4.1878
1880	Beim Schützenfest in Wien	Posse	M: Max von Weinzierl	Wien, Ronacher-Theater im Prater, 17.7.1880
1881	D'Artagnan und die drei Musketiere	Operette	M: Rudolf Raimann	Hamburg, Carl Schultze-Theater, 19.9.1881
1883	Tizianello	Operette	M: Emil Rosé	Budapest, Deutsches Theater in der Wollgasse, 30.3.1883
1883	O diese Götter	Operette	M: Carl Stix	Wien, Ronacher-Theater im Prater, 8.8.1883
1883	Die Königin von Arragon	Operette	M: Alfred Zamara	Mödling, Sommertheater, 30.8.1883
1884	Tao-Ti-Ti	Operette	M: Franz Rumpel	Wien, Ronacher-Theater im Prater, 20.5.1884
1885	Die Sudanesen	Burleske	M: Wenzel Constantin Löw	Wien, Fürsttheater im Prater, 20.6.1885
1886	Die Rheintöchter	Schwank	M: Julius Stern A: Heinrich v. Waldberg	Teplitz-Schönau, Stadttheater, 10.4.1886

1886	Der Doppelgänger	Operette	M: Alfred Zamara	München, Theater am Gärtnerplatz, 18.9.1886
1887	Atelier Mazabon	Schwank	A: Heinrich v. Waldberg	Bad Ischl, Sommertheater, 30.7.1887
1887	Simplicius	Operette	M: Johann Strauss	Wien, Theater a.d. Wien, 17.12.1887
1888	Der Savoyarde	Singspiel	M: Ottokar Feith A: Franz Josef Brakl	München, Theater am Gärtnerplatz, 9.6.1888
1889	Capitän Wilson	Operette	M: William Schwenck Gilbert u. Arthur Sullivan A: Carl Lindau	Wien, Carl-Theater, 2.2.1889
1889	Der Herr Abbé	Operette	M: Alfred Zamara A: Franz Josef Brakl	München, Theater am Gärtnerplatz, 10.8.1889
1890	Der bleiche Gast	Operette	M: Josef Hellmesberger jun. u. Alfred Zamara A: Heinrich v. Waldberg	Hamburg, Carl-Schultze-Theater, 6.9.1890
1890	Mamsell Gigerl	Posse	M: Karl Kleiber A: Heinrich v. Waldberg	Wien, Theater i.d. Josefstadt, 13.9.1890
1890	Erminy	Operette	M: Edward Jakobowski A: Heinrich v. Waldberg	Wien, Carl-Theater, 7.11.1890
1891	Edelweiß	Volksoper	M: Karl Komzák A: Franz Josef Brakl	Salzburg, Stadttheater, 28.11.1891
1892	Gringoire	Oper	M: Ignaz Brüll	München, Hofoper, 19.3.1892
1892	Friedl mit der leeren Tasche	Oper	M: Max Josef Beer	Prag, Neues deutsches Theater, 24.3.1892
1892	Der Bajazzo	Operette	M: Alfons Czibulka A: Heinrich v. Waldberg	Wien, Theater a.d. Wien, 7.12.1892
1893	Man sagt	Lustspiel	A: Heinrich v. Waldberg	Berlin, Deutsches Theater, 12.10.1893
1893 (?)	Phryne	Operette	M: Bernhard Triebel	Uraufführungsdatum unsicher, event.: Wiesbaden, Residenz-Theater, 23.11.1893

1893	Schach dem König!	Oper	M: Ignaz Brüll	München, Nationaltheater, 24.11.1893
1894	Nordlicht (Északi fény)	Ballett	M: Eduard Poldini	Budapest, Königliches Opernhaus, 8.5.1894
1894	Die Chansonnette	Operette	M: Rudolf Dellinger A: Heinrich v. Waldberg	Dresden, Residenztheater, 16.9.1894
1894	Tata-Toto	Vaudeville	M: Antoine Banès A: F. Zell	Wien, Theater i.d. Josefstadt, 28.9.1894
1895	Der Mustergatte	Schwank		Wien, Theater i.d. Josefstadt, 8.1.1895
1895	Die eiserne Jungfrau	Vaudeville	M: Louis Varney u. Karl Kappeller	Wien, Theater i.d. Josefstadt, 7.4.1895
1895	Die Doppelhochzeit	Vaudeville	M: Josef Hellmesberger jun. A: Heinrich v. Waldberg	Wien, Theater i.d. Josefstadt, 21.9.1895
1895	Das Modell	Operette	M: Franz von Suppé, Julius Stern, Alfred Zamara A: Ludwig Held	Wien, Carl-Theater, 4.10.1895
1895	Gebildete Menschen	„Zeitbild"		Wien, Raimund-Theater, 12.11.1895
1895	Das Wettrennen	Schwank	A: Heinrich v. Waldberg	Berlin, Lessingtheater, 30.11.1895
1896	Alár	Oper	M: Géza Zichy	Budapest, Königliches Opernhaus, 11.4.1896
1896	Toledad	Vaudeville	M: Edmond Audran A: Heinrich v. Waldberg	Wien, Theater i.d. Josefstadt, 12.10.1896
1897	Die Unmoralischen	„Zeitbild"		Wien, Raimund-Theater, 2.1.1897
1897	Struwwelpeter	Ballett-Pantomime	M: Richard Heuberger	Dresden, Hoftheater, 5.1.1897
1897	Der Strike der Schmiede	Oper	M: Max Josef Beer	Augsburg, 18.2.1897
1897	Der Cognac-König	Operette	M: Franz Wagner A: Ludwig Held	Wien, Carl-Theater, 20.2.1897
1897	Tohu-Bohu	Vaudeville		Berlin, Thalia-Theater, Oktober 1897
1898	Der Opernball	Operette	M: Richard Heuberger A: Heinrich v. Waldberg	Wien, Theater a.d. Wien, 5.1.1898

1898	Die Pariserin	Operette	M: Franz von Suppé A: Ludwig Held	Wien, Carl-Theater, 26.1.1898
1898	Die lieben Kinder	„Zeitbild"		Wien, Raimund-Theater, 12.2.1898
1898	Der Husar	Oper	M: Ignaz Brüll	Wien, Theater a.d. Wien, 2.3.1898
1898	Die gute Partie	„Zeitbild"	A: Paul von Schönthan	Wien, Carl-Theater, 5.11.1898
1898	Katze und Maus	Operette	M: Johann Strauss jun. A: Ferdinand Groß	Wien, Theater a.d. Wien, 23.12.1898
1898	Clotildes Hochzeit	Oper	M: Hans von Zois	Regensburg, ?.?.1898
1899	Ihre Excellenz	Operette	M: Richard Heuberger A: Heinrich v. Waldberg	Wien, Theater a.d. Wien, 28.1.1899
1899	Brüderlein fein	Schwank	A: Heinrich v. Waldberg	Wien, Raimund-Theater, 18.2.1899
1899	Wiener Blut	Operette	M: Johann Strauss A: Leo Stein	Wien, Carl-Theater 26.10.1899
1899	Die Strohwitwe	Operette	M: Albert Kauders A: Heinrich v. Waldberg	Wien, Theater a.d. Wien, 4.11.1899
1900	Frau Lieutenant	Vaudeville	M: Gaston Serpette, Victor Roger, Rudolf Raimann A: Heinrich von Waldberg	Wien, Theater i.d. Josefstadt, 13.1.1900
1900	Der Sechs-Uhr-Zug	Operette	M: Richard Heuberger A: Leo Stein	Wien, Theater a.d. Wien, 20.1.1900
1901	Die verwunschene Prinzessin	Operette	M: Eduard Gärtner	Wien, Carl-Theater, 4.1.1901
1901	Töff-Töff	Schwank	A: Alexander Engel	Berlin, Schauspielhaus, 6.2.1901
1901	Der polnische Jude	Oper	M: Karel Weis A: Richard Batka	Prag, Neues deutsches Theater, 3.3.1901
1901	Das Medaillon	Operette	M: Walter Mortier	Berlin, Friedrich-Wilhelmstädtisches Theater, 31.3.1901
1901	Die Choristin	Volksstück		Wien, Raimund-Theater, 5.10.1901

1901	Der Hosenkönig	Burleske		Wien, Theater i.d. Josefstadt, 14.11.1901
1902	Die armen Mädchen	„Zeitbild"	A: Paul von Schönthan	Altona, Altonaer Stadttheater, 2.1.1902
1902	Tarok	Posse	M: Rudolf Raimann	Wien, Raimund-Theater, 8.2.1902
1902	Das gewisse Etwas	Operette	M: Carl Weinberger A: Leo Stein	Wien, Carl-Theater 15.3.1902
1902	Gräfin Pepi	Operette	M: Johann Strauss	Wien, Sommer-Theater „Venedig in Wien", 5.7.1902
1902	Die große Leidenschaft	Schauspiel	A: Rosa Balas	Wien, Raimund-Theater, 14.11.1902
1902	Der Rastelbinder	Operette	M: Franz Lehár A: Julius Wilhelm	Wien, Carl-Theater, 20.12.1902
1902	Der Detektiv	Schwank	A: Ernst Gettke	Wien, Raimund-Theater 22.12.1902
1903	Der Herr Professor	Operette	M: Béla von Ujj	Wien, Theater a.d. Wien, 4.12.1903
1904	Der Göttergatte	Operette	M: Franz Lehár A: Leo Stein	Wien, Carl-Theater, 20.1.1904
1904	Tischlein deck' dich!	„Zeitbild"		Wien, Volkstheater, 24.9.1904
1905	Fräulein Lehrerin	Volksstück	A: Leo Feld	Wien, Raimund-Theater, 9.2.1905
1905	Kaisermanöver	Operette	M: Béla von Ujj	Wien, Carl-Theater, 4.3.1905
1905	Die grünen Bücher	Lustspiel		Wien, Carl-Theater, 12.3.1905
1905	Barfüßele	Oper	M: Richard Heuberger	Dresden, Hofoper, 11.3.1905
1905	Vergeltsgott	Operette	M: Leo Ascher	Wien, Theater a.d. Wien, 14.10.1905
1905	Die lustige Witwe	Operette	M: Franz Lehár A: Leo Stein	Wien, Theater a.d. Wien, 30.12.1905
1907	Narciss Rameau	Oper	M: Julius Stern	Breslau, Stadttheater, 23.2.1907

1907	Der fidele Bauer	Operette		M: Leo Fall	Mannheim, Hoftheater, 27.7.1907
1907	Die Schönen von Fogaras	Oper		M: Alfred Grünfeld	Dresden, Hofoper, 7.9.1907
1907	Der Frauenmörder	„Melodramatische Szene"		M: Oscar Straus	Wien, Danzers Orpheum, 8.11.1907
1908	Die geschiedene Frau	Operette		M: Leo Fall	Wien, Carl-Theater, 23.12.1908
1909	Der große Name	Komödie		M: Robert Stolz A: Leo Feld	Wien, Volkstheater, 2.10.1909
1909	Das Fürstenkind	Operette		M: Franz Lehár	Wien, Johann Strauss-Theater, 7.10.1909
1909	Didi	Operette		M: Oscar Straus	Wien, Carl-Theater, 23.10.1909
1910	Das erste Weib	Operette		M: Bruno Hartl	Wien, Johann Strauss-Theater, 22.10.1910
1911	Der gute Kamerad	„Theaterstück für Musik"		M: Emmerich Kálmán	Wien, Bürgertheater, 27.10.1911
1911	Die eiserne Jungfrau	Operette		M: Robert Stolz	Wien, Raimund-Theater, 11.11.1911
1912	Der große Tenor	Lustspiel		A: Leo Feld	Wien, Volkstheater, 23.11.1912
1913	Die Studentengräfin oder Die stille Stadt	Operette		M: Leo Fall A: Georg Fuchs	Berlin, Theater am Nollendorfplatz, 17.1.1913
1913	Der Nachtschnellzug	Operette		M: Leo Fall A: Leo Stein	Wien, Johann Strauss-Theater, 20.12.1913
1914	Gold gab ich für Eisen	Operette		M: Emmerich Kálmán A: Leo Feld	Wien, Theater a.d. Wien, 17.10.1914
1915	Man steigt nach	Posse mit Gesang		M: Oscar Straus A: Heinz Reichert	Wien, Carl-Theater, 2.5.1915
1915	Das Lumperl	Operette		M: Robert Stolz	Stuttgart, Hoftheater, 31.7.1914
1915	Otto oder Otto	Singspiel		M: Friedrich Mayer	Wien, Apollo-Theater, 1.9.1915
1915	Im Apollo	„Variétéscherz"		M: Friedrich Mayer	Wien, Apollo-Theater, 31.12.1915
1916	Liebeszauber	Operette		M: Oscar Straus A: Leo Feld	Wien, Bürgertheater, 28.1.1916

1916	Fräulein Witwe	Schwank	A: Alexander Engel	Wien, Residenzbühne, 24.3.1916
1916	Die Wachsfigur	Singspiel	M: Oscar Stalla	Wien, Apollo-Theater, 1.4.1916
1917	Wiener Kinder	Singspiel	M: Johann Schrammel, Oscar Stalla A: Heinz Reichert	Wien, Johann Strauss-Theater, 16.5.1917
1917	Liebchen am Dach	Operette	M: Peter Stojanovits A: Leo Feld	Wien, Carl-Theater, 19.5.1917
1917	Der weiße Adler	Oper	M: Frédéric Chopin, Raoul Mader A: Heinrich Regel	Wien, Volksoper, 22.12.1917
1918	Der Millionendieb	Operette	M: Friedrich Mayer	Wien, Dorn's Künstlerbühne im Ronacher, 30.9.1918
1919	Ein dunkler Ehrenmann	Schauspiel		Wien, Burgtheater, 15.5.1919
1920	Wiener Volkssänger	Volksstück mit Gesang	M: Robert Mahler	Wien, Raimund-Theater, 21.5.1920
1920	Hol' mich der Teufel	Operette	M: Leopold Reichwein A: Heinz Reichert	Wien, Bürgertheater, 30.10.1920
1920	Kinder der Liebe	Schauspiel		Wien, Stadttheater, 3.11.1920
1921	Der Herzog von Reichstadt	Operette	M: Peter Stojanovits A: Heinz Reichert	Wien, Carl-Theater, 11.2.1921
1923	Die gelbe Jacke	Operette	M: Franz Lehár	Wien, Theater a.d. Wien, 9.2.1923
1923	Glück bei Frauen	Operette	M: Bruno Granichstaedten A: Heinz Reichert	Wien, Carl-Theater, 4.12.1923
1924	Der Musikant Gottes	„Volkstümliche Bilder"	A: Ernst Decsey	Reichenberg, Stadttheater, Okt./Nov. 1924
1925	Donna Gloria	Operette	M: Oskar Nedbal A: Heinz Reichert	Wien, Carl-Theater, 30.12.1925
1928	Mädchen für Alles	Volksstück	A: Ernst Decsey	Wien, Raimund-Theater, 20.1.1928

| 1928 | La Barberina | Operette | M: Leo Ascher | Hamburg, Operettentheater, 8.3.1928 |
| 1932 | Fürst der Berge | Operette | M: Franz Lehár
A: Alfred Grünwald | Berlin, Theater am Nollendorfplatz, 23.9.1932 |

Literatur

QUELLENMATERIAL

Die wesentlichste Quelle für die Abfassung dieser Arbeit ist der in der Handschriftensammlung der Wienbibliothek im Rathaus (www.wienbibliothek.at) verwahrte schriftliche Nachlass von Victor Léon.

Ausgewertet wurden außerdem Dokumente aus folgenden Sammlungen:
Archiv der Universität Wien
Archives de l'université de Genève
Archives de l'université de Lausanne
Bezirksgericht Mondsee, Grundbuch
Dokumentationsarchiv des österreichischen Widerstandes
Gesellschaft der Musikfreunde in Wien, Archiv
Israelitische Kulturgemeinde Wien, Matrikenamt
Landesarchiv Niederösterreich (NÖ Landesarchiv), Bestand „Theaterzensur"
Museum der Stadt Bad Ischl – Lehár Villa, Archiv
Office des archives de l'État de Neuchâtel
Oberösterreichisches Landesarchiv
Österreichische Nationalbibliothek (ÖNB), Literaturarchiv
Österreichische Nationalbibliothek (ÖNB), Musiksammlung
Österreichische Nationalbibliothek (ÖNB), Sammlung von Handschriften und alten Drucken
Österreichisches Staatsarchiv
Österreichisches Theatermuseum
Pfarre Maria Hietzing, Wien, Archiv
Universitätsbibliothek Basel, Matrikeln
Universitätsarchiv Bern, Matrikeln
Universität Zürich, Matrikeln
Wienbibliothek im Rathaus, Handschriftensammlung
Wienbibliothek im Rathaus, Musiksammlung
Wienbibliothek im Rathaus, Plakatsammlung
Wiener Stadt- und Landesarchiv
Zentralbibliothek Zürich, Musikabteilung

Verwendete Literatur (Auswahl)

About, Edmond: Le Buste. In: Ders.: Les Mariages de Paris. Paris 1920. S. 131ff.
Adel, Kurt: Der Freund. In: Lunzer, Heinz (Hg.): Viktor Suchy. Studien zur österreichischen Literatur. Wien 1992. S. 11ff.
Achtes Programm des k.k. Real- und Obergymnasiums auf der Landstraße in Wien für das Schuljahr 1876/7. Wien 1877.
Alexander, Manfred – Janko Prunk: „Kleines Volk" und politische Macht. Slowaken und Slowenen im 19. und 20. Jahrhundert im Vergleich. In: Alexander, Manfred – Frank Kämpfer – Andreas Kappeler (Hg.): Kleine Völker in der Geschichte Osteuropas. Stuttgart 1991. S. 76ff.
Alth, Minna von – Gertrude Obzyna: Burgtheater 1776-1976. Aufführungen und Besetzungen von zweihundert Jahren. 2 Bde. Wien [1977].
Antiquariat Inlibris (Hg.): Zur Geschichte der Wiener Operette. Autographen, Photographien und Dokumente aus den Nachlässen von Leo Fall, Viktor Léon, Heinz Reichert, Lotte Lehmann, Eduard Strauß, Gustav Lewy, K. A. Sachse, Ignaz Wild. Wien [1997].
Anzenberger, Friedrich: Alfons Czibulka. Militärkapellmeister und Komponist. Wien 2000.
Arnbom, Marie-Theres: Damals war Heimat. Die Welt des Wiener jüdischen Großbürgertums. Wien 2014.
Arnbom, Marie-Theres: „Mit frommen Schauder in Marischkas Girlkirche...". Hubert Marischkas Operetten-Imperium 1923 bis 1935. In: Arnbom, Marie-Theres – Kevin Clarke – Thomas Trabitsch (Hg.): Welt der Operette. Glamour, Stars und Showbusiness. Wien 2011. S. 74ff.
Arnheim, Josef: Der Lehrplan der Anstalt. In: Ders.: Bericht über die Jacobson-Schule in Seesen am Harz für die Zeit von Ostern 1867 bis Michaelis 1871. Hannover 1871. S. 46ff.
Arnheim, Josef: Zur Geschichte der Anstalt. In: Ders.: Bericht über die Jacobson-Schule in Seesen am Harz für die Zeit von Ostern 1867 bis Michaelis 1871. Hannover 1871. S. 35ff.
Ausstellungsleitung der Jubiläums-Ausstellung Mannheim 1907 (Hg.): Führer durch die Internationale Kunst- und Grosse Gartenbau-Ausstellung. Mannheim 1907.
Bachleitner, Norbert: Der englische und französische Sozialroman des 19. Jahrhunderts und seine Rezeption in Deutschland. Amsterdam 1993.
Bahr, Hermann: Tagebücher, Skizzenbücher, Notizhefte. Hg. v. Moritz Csáky. Band 2, 1890-1900. Wien 1996.
Baltzarek, Franz: Das territoriale und bevölkerungsmäßige Wachstum der Großstadt Wien im 17., 18. und 19. Jahrhundert. In: Wiener Geschichtsblätter. Wien 1980. Heft 1. S. 1ff.
Bauer, Anton: 150 Jahre Theater an der Wien. Wien 1952.
Bauer, Anton: Opern und Operetten in Wien. Verzeichnis ihrer Erstaufführungen in der Zeit von 1629 bis zur Gegenwart. Graz 1955.
Bauer, Anton – Gustav Kropatschek: 200 Jahre Theater in der Josefstadt. 1788-1988. Wien 1988.
Baumgartner, Marianne: Der Verein der Schriftstellerinnen und Künstlerinnen in Wien (1885-1935). Wien 2015.

Bautz, Friedrich Wilhelm (Hg.): Biographisch-bibliographisches Kirchenlexikon. Bd. 18. Herzberg 2001.

Becker, Tobias: Inszenierte Moderne. Populäres Theater in Berlin und London, 1880-1930. München 2014.

Beller, Steven: Wien und die Juden. 1867-1938. Wien 1993.

Berlinghoff-Eichler, Bettina: „... von mehr als nur künstlerischer Bedeutung". Zur Enthüllung der Büste Anton Bruckners in der Walhalla am 6. Juni 1937. In: Mälzels Magazin, Jg. 2005, Heft 1.
http://maelzels-magazin.de/2005/1_03_bruckner.html

Binal, Wolfgang: Deutschsprachiges Theater in Budapest. Von den Anfängen bis zum Brand des Theaters in der Wollgasse (1889). Wien 1972.

Bistron, Julius: Emmerich Kálmán. Wien 1932.

Bloom, Ken: Broadway. An Encyclopedia. New York 2004.

Bödeker, Hans Erich (Hg.): Biographie schreiben. Göttingen 2003.

Bordman, Gerald Martin: American Musical Theatre. A Chronicle. Oxford 2010.

Bordman, Gerald Martin – Thomas S. Hischak (Hg.): The Oxford Companion to American Theatre. 3. Aufl. Oxford 2004.

Botstein, Leon: Judentum und Modernität. Essays zur Rolle der Juden in der deutschen und österreichischen Kultur 1848 bis 1938. Wien 1991.

Botstein, Leon – Werner Hanak: quasi una fantasia. Juden und die Musikstadt Wien. Wien 2003.

Brämer, Andreas: Rabbiner und Vorstand. Zur Geschichte der jüdischen Gemeinde in Deutschland und Österreich 1808-1871. Wien 1999.

Brakl, Franz Josef – Victor Léon: Der Savoyarde. Gesangstexte. Hamburg o.J.

Brakl, Franz Josef: Edelweiß. Leipzig o.J.

Brakl, Franz Josef: Gedenkschrift anlässlich des 25jährigen Bestehens des Gärtnerplatztheaters. München 1890.

Brakl, Franz Josef: Moderne Spieloper. München 1886.

Brocke, Michael – Julius Carlebach (Hg): Biographisches Handbuch der Rabbiner. Teil 1. Die Rabbiner der Emanzipationszeit in den deutschen, böhmischen und großpolnischen Ländern 1781-1871. 2 Bde. München 2004.

Brusatti, Otto – Günter Düriegl – Regina Karner (Hg.): Johann Strauß. Unter Donner und Blitz. Begleitbuch und Katalog zur 251. Sonderausstellung im Historischen Museum der Stadt Wien. Wien 1999.

Casutt, Marcus: Häusliches Dienstpersonal (insbesondere Dienstmädchen) im Wien des 19. Jahrhunderts. Diss., Universität Wien, 1995.

Clarke, Kevin: ‚Der Walzer erwacht – die Neger entfliehen'. Erich Wolfgang Korngolds Operetten(bearbeitungen) von Eine Nacht in Venedig 1923 bis zur Stummen Serenade 1954. In: Frankfurter Zeitschrift für Musikwissenschaft, Jg. 12, 2009, S. 16ff.

Clarke, Kevin: Aspekte der Aufführungspraxis oder: Wie klingt eine historisch informierte Spielweise der Operette? In: Frankfurter Zeitschrift für Musikwissenschaft, Jg. 9, 2006, S. 21ff.

Claudon, Francis: Comédie de salon et opérette. La Veuve Joyeuse et sa source française. In: Gribenski, Jean (Hg.): D'un opéra l'autre. Hommage à Jean Mongrédien. Paris 1996. S. 77ff.

Csáky, Moritz: Der soziale und kulturelle Kontext der Wiener Operette. In: Finscher, Ludwig – Albrecht Riethmüller (Hg.): Johann Strauß. Zwischen Kunstanspruch und Volksvergnügen. Darmstadt 1995. S. 28ff.

Csáky, Moritz: Ideologie der Operette und Wiener Moderne. Ein kulturhistorischer Essay zur österreichischen Identität. Wien 1996.

Csendes, Peter – Ferdinand Opll (Hg.): Wien. Geschichte einer Stadt. Von 1790 bis zur Gegenwart. Wien 2006.

Czech, Stan: Franz Lehár. Weg und Werk. Berlin 1940.

Czech, Stan: Schön ist die Welt. Franz Lehárs Leben und Werk. Bern 1957.

Czech, Stan: Das Operettenbuch. Ein Führer durch die Operetten und Singspiele der deutschen Bühnen. 4. Aufl. Stuttgart 1960.

Czeike, Felix: Historisches Lexikon Wien. 6 Bde. Wien 1992-2004.

Dašić, Miomir: Montenegro bis 1918. In: Melčić, Dunja (Hg.): Der Jugoslawien-Krieg. Handbuch zu Vorgeschichte, Verlauf und Konsequenzen. 2. Aufl. Wiesbaden 2007. S. 110ff.

Decsey, Ernst – Victor Léon: Der Musikant Gottes. Wien 1924.

Decsey, Ernst: Franz Lehár. 2. Aufl. München 1930.

Decsey, Ernst: Johann Strauß. Ein Wiener Buch. Stuttgart 1922.

Decsey, Ernst: Johann Strauß. Ein Wiener Buch. Wien 1948.

Decsey, Ernst: Musik war sein Leben. Lebenserinnerungen. Wien 1962.

Delacour, Alfred – Alfred Hennequin: Die Rosa-Dominos. Leipzig o.J.

Denscher, Barbara: „Eines schönen Tages wird's vorbei sein" – Kulturelles Leben im Österreich der Zwischenkriegszeit. In: Patka, Marcus G. – Alfred Stalzer (Hg.): Alle meschugge. Jüdischer Witz und Humor. Wien 2013. S. 54ff.

Denscher, Barbara: Entdeckungen zur Wiener Theatergeschichte. Der Nachlass von Victor Léon in der Wienbibliothek. In: Danielczyk, Julia – Ulrike Tanzer: Unerwartete Entdeckungen. Beiträge zur österreichischen Literatur des 19. Jahrhunderts. Wien 2014. S. 230ff.

Denscher, Barbara: Fritz Löhner-Beda. Vom Land des Lächelns nach Buchenwald. In: Schaller, Wolfgang (Hg.): Operette unterm Hakenkreuz. Zwischen hoffähiger Kunst und „Entartung". Berlin 2007. S. 132ff.

Denscher, Barbara – Helmut Peschina: Kein Land des Lächelns. Fritz Löhner-Beda 1883-1942. Salzburg 2002.

Denscher, Barbara (Hg.): Kunst & Kultur in Österreich. Das 20. Jahrhundert. Wien 1999.

Denscher, Bernhard: Gold gab ich für Eisen. Österreichische Kriegsplakate 1914-1918. Wien 1987.

Diner, Dan: Gedächtniszeiten. Über jüdische und andere Geschichten. München 2003.

Dümling, Albrecht: Der deutsche Michel erwacht. Zur Bruckner-Rezeption im NS-Staat. In: Riethmüller, Albrecht (Hg.): Bruckner-Probleme. Beihefte zum Archiv für Musikwissenschaft, Bd. 45. Stuttgart 1999. S. 202ff.

Eckertz, Erich: Gegen die Wiener Operette. In: Neue Musik-Zeitung, 1911, Heft 9, S. 189f.

Eidam, Klaus: Robert Stolz. Biographie eines Phänomens. Berlin 1989.

Eisenberg, Ludwig: Großes biographisches Lexikon der deutschen Bühne im XIX. Jahrhundert. Leipzig 1903.

Eisenberg, Ludwig: Johann Strauss. Ein Lebensbild. Leipzig 1894.
Endler, Franz: Immer nur lächeln...: Franz Lehár – Sein Leben – Sein Werk. München 1998.
Engel, Erich Wilhelm: Johann Strauß und seine Zeit. Wien 1911.
Ennery, Adolphe d' – Jean Louis Marc-Fournier: Bajazzo! Berlin 1851.
Fassl, Peter: Die wirtschaftliche und soziale Stellung der Juden in Augsburg im 19. und beginnenden 20. Jahrhundert. In: Fassl, Peter (Hg.): Geschichte und Kultur der Juden in Schwaben. Sigmaringen 1994. S.129ff.
Fetthauer, Sophie: Musikverlage im „Dritten Reich" und im Exil. 2. Aufl. Hamburg 2007.
Fischer, Hermann – Theodor Wohnhaas: Die Orgel in bayerischen Synagogen im späten 19. Jahrhundert. In: Jahrbuch für fränkische Landesforschung 33. Stegaurach 1973. S. 1ff.
Flemming, Jens: „Krisen" und „Fragen". Zur Physiognomie der Jahrhundertwende. In: Grunewald, Michel – Uwe Puschner (Hg.): Krisenwahrnehmungen in Deutschland um 1900. – Zeitschriften als Foren der Umbruchszeit im wilhelminischen Reich. Bern 2010. S. 357ff.
Forschungs- und Dokumentationszentrum für Theaterwissenschaften und -betriebslehre –Theater in der Josefstadt und Kammerspiele (Hg.): Das Theater in der Josefstadt. Wien 2013.
Franceschina, John: Harry B. Smith: Dean of American Librettists. New York 2003.
Franz von Hohenegg: Operettenkönige. Ein Wiener Theaterroman. Berlin [1911].
Freese-Eberstaller, Helga: Das Ischler Theater. Diss., Universität Wien, 1948.
Freud, Sigmund: Der Witz und seine Beziehung zum Unbewussten. Leipzig – Wien 1905.
Frey, Stefan – Christine Stemprok – Wolfgang Dosch: Leo Fall. Spöttischer Rebell der Operette. Wien 2010.
Frey, Stefan: Franz Lehár oder das schlechte Gewissen der leichten Musik. Tübingen 1995.
Frey, Stefan: „Unter Tränen lachen". Emmerich Kálmán. Eine Operettenbiografie. Berlin 2003.
Frey, Stefan: „Was sagt ihr zu diesem Erfolg". Franz Lehár und die Unterhaltungsmusik des 20. Jahrhunderts. Frankfurt/Main 1999.
Friess, Hermann: Achtzig Jahre Krisen und Erfolge. Aus der wechselvollen Geschichte des Theaters am Gärtnerplatz zwischen 1865 und 1945. In: Bayerisches Staatstheater am Gärtnerplatz (Hg.): 100 Jahre Theater am Gärtnerplatz München. München 1965. S. 9ff.
Gabler, Anton: Karl Komzák (1850-1905). Ergänzt und bearbeitet von Monika Jaroš und Johanna Walch. Wien 2010.
Galoppi, Stefan: Die Tonträgermedien in Österreich von 1900-1918. Diss., Universität Wien, 1987.
Gänzl, Kurt: The Encyclopedia of the Musical Theatre. Oxford 1994.
Gardavský, Čeněk (Hg.): Contemporary Czechoslovak Composers. Praha 1965.
Gaugusch, Georg: Wer einmal war. Das jüdische Großbürgertum Wiens 1800-1938. Wien 2011.
Gettke, Ernst (Hg.): Almanach der Genossenschaft Deutscher Bühnen-Angehöriger. Zehnter Jahrgang 1882. Cassel – Leipzig 1882.

Glanz, Christian: Aspekte des Exotischen in der Wiener Operette am Beispiel der Darstellung Südosteuropas. In: Musicologica Austriaca 9. Föhrenau 1989. S. 75ff.

Glanz, Christian: Belustigung und Satire. Zur Wiener Unterhaltungskultur um 1900. In: Szabó-Knotik Cornelia (Hg.): Wien – Triest um 1900. Zwei Städte – eine Kultur? Wien 1993. S. 99ff.

Glanz, Christian: Himmelblaue Zeit. Alt-Wien in der Operette. In: Kos, Wolfgang – Christian Rapp (Hg.): Alt-Wien. Die Stadt, die niemals war. Wien 2004. S. 228ff.

Glanz, Christian: Weinberger, Charles. In: Finscher, Ludwig (Hg.): Die Musik in Geschichte und Gegenwart. Allgemeine Enzyklopädie der Musik. Stuttgart 2001. Bd. 17, Spalte 690ff.

Glossy, Karl: Vierzig Jahre Volkstheater. Ein Beitrag zur deutschen Theatergeschichte. Wien 1929.

Goble, Alan: The Complete Index to Literary Sources in Film. Berlin 1999.

Grieser, Dietmar: Nachsommertraum im Salzkammergut. Frankfurt/Main 1999.

Grünfeld, Richard, Ein Gang durch die Geschichte der Juden in Augsburg. Augsburg 1917.

Grun, Bernard: Gold und Silber. Franz Lehár und seine Welt. München 1970.

Grun, Bernard: Kulturgeschichte der Operette. München 1961.

Grunsky, Peter: Richard Heuberger. Der Operettenprofessor. Wien 2002.

Grunsky, Peter: Richard Heuberger. Leben und Werk. 3 Bd. Diss., Universität Wien, 1997.

Gürbich, C.: Chronologisches Verzeichnis der Schüler der Jacobson-Schule von 1868 bis 1885. In: Arnheim, Josef: Bericht über die Jacobson-Schule in Seesen am Harz für die Zeit von Ostern 1884 bis Michaelis 1885. Hannover 1885, S. 12ff.

Hadamowsky, Franz: Die Wiener Hoftheater (Staatstheater). Ein Verzeichnis der aufgeführten und eingereichten Stücke mit Bestandsnachweisen und Aufführungsdaten. Wien 1975.

Hadamowsky, Franz – Heinz Otte: Die Wiener Operette. Ihre Theater- und Wirkungsgeschichte. Wien 1947.

Hadamowsky, Franz: Wien. Theatergeschichte. Von den Anfängen bis zum Ende des Ersten Weltkriegs. Wien 1988.

Häusler, Wolfgang: Toleranz, Emanzipation und Antisemitismus. Das österreichische Judentum des bürgerlichen Zeitalters (1782-1918). In: Drabek, Anna – Wolfgang Häusler – Kurt Schubert – Karl Stuhlpfarrer – Nikolaus Vielmetti: Das österreichische Judentum. Voraussetzungen und Geschichte. 3. Aufl. Wien 1988. S. 83ff.

Haffner, Ingrid – Herbert Haffner: Immer nur lächeln... Das Franz Lehár Buch. Berlin 1998.

Hanslick, Eduard: Fünf Jahre Musik (1891-1895). Kritiken. 3. Aufl. Berlin 1896.

Hazelton, George – Benrimo: Die gelbe Jacke. Ein chinesisches Schauspiel in drei Akten für die Bühne der westlichen Länder gewonnen durch George Hazelton und Benrimo. Berlin 1913.

Heindl, Christian – Michael Publig – Walter Weidringer: 125 Jahre Musikverlag Doblinger. Wien 2001.

Heimann-Jelinek, Felicitas (Hg.): Hier hat Teitelbaum gewohnt. Ein Gang durch das jüdische Wien in Zeit und Raum. Wien 1993.

Hertel, Franz: Das Phänomen Robert Stolz. Zur Entwicklung der Operette im 20. Jahrhundert, gezeigt am Beispiel des Komponisten Robert Stolz. Diss., Universität Wien, 1978.
Herz, Peter: Die Librettisten der Wiener Operette. Viktor Léon. Wien 1973.
Herz, Peter: Gestern war ein schöner Tag. Liebeserklärung eines Librettisten an die Vergangenheit. Wien 1985.
Herzer, Ludwig – Fritz Löhner: Das Land des Lächelns. Wien 1929.
Herzl, Theodor: Der Judenstaat. Versuch einer modernen Lösung der Judenfrage. Leipzig 1896.
Holotík, L'udovít: Die Slowaken. In: Wandruszka, Adam – Peter Urbanitsch (Hg.): Die Habsburgermonarchie 1848-1918. Wien 1980, Band 3, 2. Teilband, S. 775ff.
Hofmeister, Friedrich (Hg.): Musikalisch-literarischer Monatsbericht über neue Musikalien, musikalische Schriften und Abbildungen für das Jahr 1888. Leipzig 1888.
Holzer, Rudolf: Die Wiener Vorstadtbühnen. Alexander Girardi und das Theater an der Wien. Wien 1951.
Holzinger, Dieter O.: 200 Jahre und eine Familie. Adler – Eisenschitz. Berndorf 2007.
Hornung, Maria: Wörterbuch der Wiener Mundart. Wien 1998.
Huemer-Strobele, Christiane – Schuster, Katharina: Das Theater in der Josefstadt. Eine Reise durch die Geschichte eines der ältesten Theater Europas. Wien 2011.
Hulfeld, Stefan: Modernist theatre. In: Wiles, David – Christine Dymkowski: The Cambridge Companion to Theatre History. Cambridge 2013. S. 15ff.
Hulfeld, Stefan: Theatergeschichtsschreibung als kulturelle Praxis. Wie Wissen über Theater entsteht. Zürich 2007.
Hyman, Alan: The Gaiety Years. London 1975.
Jäger-Sunstenau, Hanns: Johann Strauss. Der Walzerkönig und seine Dynastie. Familiengeschichte, Urkunden. Wien 1965.
John, Michael – Albert Lichtblau: Schmelztiegel Wien – einst und jetzt. Zur Geschichte und Gegenwart von Zuwanderung und Minderheiten. Wien 1990.
Jürgs, Michael: Gern hab' ich die Frau'n geküßt. Die Richard-Tauber-Biographie. München 2000.
Katus, László: Die Magyaren. In: Wandruszka, Adam – Peter Urbanitsch (Hg.): Die Habsburgermonarchie 1848-1918. Wien 1980, Band 3, 1. Teilband, S. 410ff.
Keller, Otto: Die Operette in ihrer geschichtlichen Entwicklung. Leipzig 1926.
Keller, Otto: Franz von Suppé. Der Schöpfer der Deutschen Operette. Leipzig 1905.
Kleinheins, Peter – Wolfgang Meighörner (Hg.): Die großen Zeppeline. Die Geschichte des Luftschiffbaus. 3. Aufl. Berlin 2005.
Klotz, Volker: Bürgerliches Lachtheater. Komödie, Posse, Schwank, Operette. 4. Aufl. Heidelberg 2007.
Klotz, Volker: Operette. Porträt und Handbuch einer unerhörten Kunst. Kassel 2004.
Kluge, Friedrich: Etymologisches Wörterbuch der deutschen Sprache. 23. Aufl., Berlin 1995.
Kolodin, Irving: The Metropolitan Opera 1883-1966. New York 1967.
Koch, Herbert: Karrierist und Mystiker. Zum zeitgenössischen Bruckner-Bild. Berlin 2006.
Kos, Wolfgang (Hg.): Wiener Typen. Klischees und Wirklichkeit. Wien 2013.

Kraßnitzer, Michael: Widerstand in Hietzing. Wien 2004.
Kraus, Karl: Die demolirte Litteratur. In: Ders.: Frühe Schriften 1892-1900. Hg von Joh. J. Braakenburg. München 1979. Bd. 2, S. 277ff.
Krivanec, Eva: Krieg auf der Bühne – Bühnen im Krieg. Zum Theater in vier europäischen Hauptstädten (Berlin, Lissabon, Paris, Wien) während des Ersten Weltkriegs. Diss., Universität Wien, 2009.
Lach, Robert: Geschichte der Staatsakademie und Hochschule für Musik und darstellende Kunst in Wien. Wien 1927.
Lappin, Eleonore: Juden in Wien. In: Eppel, Peter (Hg.): Wir. Zur Geschichte und Gegenwart der Zuwanderung nach Wien. Wien 1996. S. 57ff.
Knöfler, Markus: Die Schmach dieser bauernfeldpreisgekrönten Zeit. Literaturpreise. In: Amann, Klaus – Hubert Lengauer – Karl Wagner: Literarisches Leben in Österreich 1848-1890. Wien 2000. S. 250ff.
Láng, Attila E.: Melodie aus Wien. Robert Stolz und sein Werk. Wien 1980.
Langer-Ostrawsky, Gertrude: Der Strich des Zensors. Die Theaterzensur-Abteilung im Niederösterreichischen Landesarchiv. In: Brandtner, Andreas – Max Kaiser – Volker Kaukoreit: Sichtungen. Archiv – Bibliothek – Literaturwissenschaft. 6./7. Jg., 2003/2004. Wien 2005. S. 223ff.
Laufs, Carl – Jean Kren: Oberst Pemperton. Schwank in 3 Akten. Berlin 1899.
Lehár, Anton von: Unsere Mutter. Wien 1930.
Lehár, Franz: Bekenntnis. Zürich 1946.
Leiser, Erwin: „Deutschland, erwache!" Propaganda im Film des Dritten Reiches. Reinbek bei Hamburg 1978.
Leitinger, Sandra: Das Sommertheater Bad Ischl. Diplomarbeit, Universität Wien, 2001.
Léon, Victor: D'Artagnan und die drei Musketiere. Wien 1881.
Léon Victor – Ludwig Held: Das Modell. Leipzig [1895].
Léon, Victor – Ludwig Held: Der Cognac-König. Leipzig – Wien [1897].
Léon, Victor: Der fidele Bauer. Vollständiges Soufflierbuch mit sämtlichen Regiebemerkungen. Berlin [1907].
Léon, Victor: Der Frauenmörder. Berlin 1907.
Léon, Victor – Leo Feld: Der grosse Name. Berlin 1909.
Léon, Victor – Leo Stein: Der Nachtschnellzug. Soufflier- und Regiebuch. Leipzig 1914.
Léon, Victor – Heinrich von Waldberg: Die Chansonnette. Leipzig 1894.
Léon, Victor: Die gelbe Jacke. Soufflierbuch mit Regiebemerkungen. Wien 1923.
Léon, Victor: Die geschiedene Frau. Wien [1909].
Léon, Victor: Die Studentengräfin oder Die stille Stadt. München 1913.
Léon, Victor: Die Unmoralischen. Ein österreichisches Zeitbild in 3 Akten. München [1898].
Léon, Victor: Dramaturgisches Brevier. Ein populäres Hand- und Nachschlagebuch für Bühnenschriftsteller, Schauspieler, Kritiker und Laien. Excerpte aus sämmtlichen dramaturgischen Schriften Lessings. Nach Materien geordnet und mit Erläuterungen versehen. München 1894.
Léon, Victor: Ein dunkler Ehrenmann. Berlin 1917.
Léon, Victor – Leo Feld: Fräulein Lehrerin. Wien 1905.
Léon, Victor: Gebildete Menschen. Leipzig [1898].

Léon, Victor: Gesangs-Texte zu „Der Doppelgänger". Hamburg o.J.
[Léon, Victor – Heinrich von Waldberg]: Mamsell Gigerl. Wien o.J.
Léon, Victor: Postillon d'amour. Wien 1879.
Léon, Victor: Regie. Notizen zu einem Handbuch. München 1897.
Léon, Victor – Leo Stein – Adrian Ross: The Merry Widow. London [1907].
Léon, Victor: Venus unter Nonnen. Leipzig 1928.
Lichtblau, Albert: Ambivalenzen der Faszination: Sommerfrische und Berge. In: Loewy, Hanno – Gerhard Milchram (Hg.): Hast du meine Alpen gesehen. Eine jüdische Beziehungsgeschichte. Hohenems 2009. S. 116ff.
Lichtblau, Albert (Hg.): Als hätten wir dazugehört. Österreichisch-jüdische Lebensgeschichten aus der Habsburgermonarchie. Wien 1999.
Lichtfuss, Martin: Operette im Ausverkauf. Studien zum Libretto des musikalischen Unterhaltungstheaters im Österreich der Zwischenkriegszeit. Wien 1989.
Linhardt, Marion: Inszenierung der Frau – Frau in der Inszenierung. Operette in Wien zwischen 1865 und 1900. Tutzing 1997.
Linhardt, Marion: Residenzstadt und Metropole. Zu einer kulturellen Topographie des Wiener Unterhaltungstheaters (1858-1918). Tübingen 2006.
Linhardt, Marion: „Wer kommt heut' in jedem Theaterstück vor? Ä Jud!". Bilder des ‚Jüdischen' in der Wiener Operette des frühen 20. Jahrhunderts. In: Bayerdörfer, Hans-Peter – Jens Malte Fischer (Hg.): Judenrollen. Darstellungsformen im europäischen Theater von der Restauration bis zur Zwischenkriegszeit. Tübingen 2008. S. 191ff..
Linke, Norbert: Franz Lehár. Reinbek bei Hamburg 2001.
Linke, Norbert: Johann Strauß (Sohn) in Selbstzeugnissen und Bilddokumenten. 4. Aufl. Reinbek bei Hamburg 1996.
List, Rudolf: Oper und Operette in Graz. Ried im Innkreis 1966.
Lorenz, Dagmar: Wiener Moderne. 2. Aufl. Stuttgart 2007.
Maase, Kaspar – Wolfgang Kaschuba (Hg.): Schund und Schönheit. Populäre Kultur um 1900. Köln 2001.
Macqueen-Pope, Walter J. – David L. Murray: Fortune's Favourite. The Life and Times of Franz Lehár. London 1953.
Mailer, Franz: Weltbürger der Musik. Eine Oscar-Straus-Biographie. Wien 1985.
Marischka, Franz Zwetschi: „Immer nur lächeln". Geschichten und Anekdoten von Theater und Film. Wien 2001.
Marszałek, Agnieszka: Repertuar teatru polskiego we Lwowie 1881-1886. Kraków 1993.
Martel, Frédéric: Mainstream. Wie funktioniert, was allen gefällt. München 2010.
Marten, Christian: Die Operette als Spiegel der Gesellschaft. Franz Lehárs „Die lustige Witwe". Versuch einer sozialen Theorie der Operette, Frankfurt/Main 1988.
Maryška, Christian: Bezwingend und kläglich. Die Ufa und Österreich. In: Mänz, Peter – Christian Maryška (Hg.): Das Ufa Plakat. Filmpremieren 1918 bis 1943. Heidelberg 1998. S. 17ff.
Mayer, Anton: Franz Lehár – Die lustige Witwe. Der Ernst der leichten Muse. Wien 2005.
Meilhac, Henri: Der Gesandtschafts-Attaché. Wiener Theater-Repertoir 124. Wien 1864.
Meilhac, Henri: L'attaché d'ambassade. Paris 1861.

Michel, Johann – Richard Toeman: 100 Jahre Bühnen- und Musikalienverlag Josef Weinberger 1885-1985. Wien 1985.

Müller, Sven Oliver: Das Publikum macht die Musik. Musikleben in Berlin, London und Wien im 19. Jahrhundert. Göttingen 2014.

Musikverlag Doblinger (Hg.): Musikverlag Ludwig Doblinger (Bernhard Herzmansky) – Bühnenwerke. Hauptkatalog Operetten. Wien 1916.

Nachbaur, Ulrich: Lehrerinnenzölibat. Zur Geschichte der Pflichtschullehrerinnen in Vorarlberg im Vergleich mit anderen Ländern. Regensburg 2011.

Nieß, Ulrich: Mannheim und sein Stadtjubiläum 1907. In: Nationaltheater Mannheim (Hg.): Dominique Dumais – Tracing Isadora. Programmheft 26, 2013/2014. S. 26f.

Nipperdey, Thomas: Wie das Bürgertum die Moderne fand. Stuttgart 1988.

Opéra Paris (Hg.): Lehar. La Veuve joyeuse. L'Avant-Scène Opéra. Paris 1982.

Partsch, Erich Wolfgang: Der Musikant Gottes – Zur Analyse eines Stereotyps. In: Grasberger, Renate – Erich Wolfgang Partsch – Uwe Harten: Bruckner-Skizziert. Ein Porträt in ausgewählten Erinnerungen und Anekdoten. Wien 1991. S. 235ff.

Patka, Marcus G.: Wege des Lachens. Jüdischer Witz und Humor aus Wien. Weitra 2010.

Peteani, Maria von: Franz Lehár. Seine Musik – Sein Leben. Wien 1950.

Petzholdt, Julius: Aus dem Kreise des Colportagehandels. In: Neuer Anzeiger für Bibliographie und Bibliothekswissenschaft. 34. Jg. (1873).

Pemmer, Hans – Nini Lackner: Der Wiener Prater einst und jetzt. Leipzig 1935.

Pflicht, Stephan: Robert Stolz Werkverzeichnis. München 1981.

Piketty, Thomas: Das Kapital im 21. Jahrhundert. 2. Aufl. München 2014.

Platt, Len: Berlin/London : London/Berlin – an outline cultural transfer, 1890-1914. In: Platt, Len – Tobias Becker – David Linton (Hg.): Popular Musical Theatre in London and Berlin. 1890 to 1939. Cambridge 2014. S. 25ff.

Postlewait, Thomas: The Cambridge Introduction to Theatre Historiography. Cambridge 2009.

Pötzl, Eduard: Großstadtbilder. Reportagen und Feuilletons. Wien um 1900. Hg. und kommentiert von Peter Payer. Wien 2012.

Polgar, Alfred: Stücke und Spieler. Berlin 1926.

Pressler, Gertraud: Jüdisches und Antisemitisches in der Wiener Volksunterhaltung. In: Musicologica Austriaca 17. Wien 1998. S. 63ff.

Racek, Fritz: Johann Strauss. Zum 150. Geburtstag. Wien 1975.

Raffeiner, Rosina: Zweihundert Jahre Theater in der Josefstadt. Wien 1988.

Rathkolb, Oliver – Peter Autengruber – Birgit Nemec – Florian Wenninger: Straßennamen Wiens seit 1860 als „Politische Erinnerungsorte". Wien 2013. http://www.wien.gv.at/kultur/abteilung/pdf/strassennamenbericht.pdf

Rauscher, Otto: Der Bauernfeld-Preis. Grillparzer-Jahrbuch, Bd. 34, 1937. S. 79ff.

Rieckmann, Jens: Aufbruch in die Moderne. Die Anfänge des Jungen Wien. Österreichische Literatur und Kritik im Fin de Siècle. Königstein/Ts. 1985.

Roser, Hans-Dieter: Franz von Suppé. Werk und Leben. Wien 2007.

Rosner, Leopold: Fünfzig Jahre Carl-Theater (1847-1897). Ein Rückblick. Wien 1897.

Rub, Otto: Das Burgtheater. Statistischer Rückblick auf die Tätigkeit und die Personalverhältnisse während der Zeit vom 8. April 1776 bis 1. Januar 1913. Wien 1913.
Rudan, Helmar u. Othmar: Das Stadttheater in Klagenfurt. Vorgeschichte und Entwicklung. Klagenfurt 1960.
Sabler, Wolfgang: Das Theater des Nachbarn. Zur ungleichen Rezeption deutscher und französischer Bühnenwerke in Paris und Wien im letzten Jahrzehnt des 19. Jahrhunderts. In: Fritz, Bärbel – Brigitte Schultze – Horst Turk (Hg.): Theaterinstitution und Kulturtransfer. 1. Fremdsprachiges Repertoire am Burgtheater und auf anderen europäischen Bühnen. Tübingen 1997. S. 193ff.
Sandgruber, Roman: Traumzeit für Millionäre. Die 929 reichsten Wienerinnen und Wiener im Jahr 1910. Wien 2013.
Schlögl, Friedrich: Wiener Blut. Kleine Culturbilder aus dem Volksleben der alten Kaiserstadt an der Donau. Wien 1873.
Schnitzler, Arthur: Briefe 1875-1912. Hg. von Therese Nickl und Heinrich Schnitzler. Frankfurt/Main 1981.
Schnitzler, Arthur: Tagebuch 1879-1892. Wien 1987.
Schnitzler, Arthur: Tagebuch 1893-1902. Wien 1989.
Schnitzler, Arthur: Tagebuch 1903-1908. Wien 1991.
Schnitzler, Arthur: Tagebuch 1909-1912. Wien 1981.
Schnitzler, Arthur – Richard Beer-Hofmann: Briefwechsel 1891-1931. Wien 1992.
Schönherr, Max – Eugen Brixel: Karl Komzák. Vater – Sohn – Enkel. Ein Beitrag zur Rezeptionsgeschichte der österreichischen Popularmusik. Wien 1989.
Schuster, Mauriz: Alt-Wienerisch. Ein Wörterbuch veraltender und veralteter Wiener Ausdrücke und Redensarten. Wien 1984.
Schweitzer, Marlis: „Darn that Merry Widow hat": The on- and offstage life of a theatrical commodity, circa 1907-1908. In: Theatre Survey – The Journal of the American Society for Theatre Research, Vol. 50, 2009. S. 189ff.
Scott, Derek B.: German operetta in the West End and on Broadway. In: Platt, Len – Tobias Becker – David Linton (Hg.): Popular Musical Theatre in London and Berlin. 1890 to 1939. Cambridge 2014. S. 62ff.
Segel, Binjamin: Rumänien und seine Juden. Berlin 1918.
Semrau, Eugen: Robert Stolz. Sein Leben. Seine Musik. Salzburg 2002.
Smith, Cecil Michener – Glenn Litton: Musical Comedy in America. 2. Aufl. New York 1981.
Spaeth, Sigmund – Cecil Cowdrey: The Polish Jew. Published by Fred Rullman, Inc., at the Theatre Ticket Office, 111 Broadway, New York. New York 1921.
Stahl, Ernst Leopold: Das Mannheimer Nationaltheater. Ein Jahrhundert Theaterkultur im Reich. Mannheim 1929.
Starr, Jeremy Christian: Performance edition of Franz von Suppé's Overture to Das Modell. Diss. University of Iowa, 2010.
Stein, Fritz: 50 Jahre Die lustige Witwe. Wien 1955.
Stieger, Franz: Opernlexikon. Teil II: Komponisten. 3 Bde. Tutzing 1977-1978.
Stolz, Robert und Einzi: Servus Du. Robert Stolz und sein Jahrhundert. München 1980.
Strauss, Adele (Hg.): Johann Strauss schreibt Briefe. Berlin 1926.

Strauss, Johann: Leben und Werk in Briefen und Dokumenten. Im Auftrag der Johann-Strauß-Gesellschaft Wien gesammelt und kommentiert von Franz Mailer. 10 Bde. Tutzing 1983ff.

The New Grove. Dictionary of Music and Musicians. 2. Aufl. London 2001.

Timms, Edward: Dynamik der Kreise, Resonanz der Räume. Die schöpferischen Impulse der Wiener Moderne. Weitra 2013.

Traubner, Richard: Operetta. A Theatrical History. New York 2003.

Treadway, John D.: The Falcon and the Eagle. Montenegro and Austria-Hungary, 1908-1914. West Lafayette 1998.

Tyler, Don: Music of the First World War. Santa Barbara 2016.

Verein der „Freunde der Musikakademie in Wien" (Hg.): 100 Jahre Wiener Schauspielschule. Wien 1952.

Vernik-Eibl, Sabine: Leben und Werk der Komponisten Georg Jarno und Leo Ascher. Diss., Universität Wien, 2011.

Vocelka, Karl: Geschichte Österreichs. Kultur – Gesellschaft – Politik. 6. Aufl. München 2002.

Volsansky, Gabriele: Pakt auf Zeit. Das deutsch-österreichische Juli-Abkommen 1936. Wien 2001.

Wagner, Renate: Arthur Schnitzler. Wien 1981.

Wandruszka, Adam – Peter Urbanitsch (Hg.): Die Habsburgermonarchie 1848-1919. Band 3: Die Völker des Reiches. 2 Teilbände. Wien 1980.

Weigel, Hans – Walter Lukan – Max D. Peyfuss (Hg.): Jeder Schuß ein Ruß. Jeder Stoß ein Franzos. Literarische und graphische Kriegspropaganda in Deutschland und Österreich 1914-1918. Wien 1983.

Weissweiler, Eva: Ausgemerzt! Das Lexikon der Juden in der Musik und seine mörderischen Folgen. Köln 1999.

Wiener Stadt- und Landesbibliothek (Hg.): Weiber, Weiber, Weiber, Weib! Ach! 100 Jahre Die lustige Witwe. Wien 2005.

Wilke, Carsten: „Den Talmud und den Kant". Rabbinerausbildung an der Schwelle zur Moderne. Hildesheim 2003.

Wilson, Albert E.: Edwardian Theatre. London 1951.

Williams, Gordon: British Theatre in the Great War. London 2003.

Wimmer, J.: Der Prater. Führer für Fremde und Einheimische. Wien 1873.

Wladika, Otto: Von Johann Fürst zu Josef Jarno. Die Geschichte des Wiener Pratertheaters. Diss., Universität Wien, 1960.

Würzl, Eberhard: Johann Strauss. Höhen und Tiefen der Meisterjahre 1884-1894. 3 Bde. Diss., Universität Wien, 1987.

Wulf, Joseph: Musik im Dritten Reich. Eine Dokumentation. Frankfurt/Main 1989.

Yates, W[illiam] E[dgar]: Theatre in Vienna. A Critical History, 1776-1995. Cambridge 1996.

Zimmerli, Walter: Leo Fall – Meister der Wiener Operette. Eine Studie. Zürich 1957.

Zoch-Westphal, Gisela: Aus den sechs Leben der Mascha Kaléko. In: Kaléko, Mascha: Die paar leuchtenden Jahre. Hg. von Gisela Zoch-Westphal. München 2003. S. 219ff.

Zöllner, Erich: Geschichte Österreichs. 4. Aufl. Wien 1970.

Bildnachweis

S. 12: Victor Léon und Franz Lehár. Österreichische Nationalbibliothek/Bildarchiv (Foto: Wenzel Weis)
S. 29: Titelkopf der Zeitschrift „Die Hausfrau", 1877. Österreichische Nationalbibliothek/ANNO
S. 38: Camillo Walzel alias F. Zell. Archiv der Autorin
S. 67: Léon und Zamara auf dem Titelblatt der Zeitschrift „Die Bombe", 2.10.1887. Österreichische Nationalbibliothek/ANNO
S. 105: Porträt von Victor Léon und Heinrich von Waldberg, „Der Humorist", 10.10.1894. Österreichische Nationalbibliothek/ANNO
S. 140: Olga Dwořak als Toto. Victor Léon photograph collection. Houghton Library, Harvard University, Cambridge/Massachusetts
S. 155: Notentitelblatt „Im Chambre Séparée". Archiv der Autorin
S. 195: Filmankündigung „Der polnische Jude", „Kinematographische Rundschau", 28.2.1915. Österreichische Nationalbibliothek/ANNO
S. 208: Postkarte von Jakob Heinrich Hirschfeld, 6.7.1902. Wienbibliothek im Rathaus, Handschriftensammlung, Léon-Nachlass 23/2.1.1.3
S. 229: Karikatur aus der Zeitschrift „Kikeriki", 12.11.1899. Österreichische Nationalbibliothek/ANNO
S. 233: Plakatwerbung für „Gräfin Pepi", 1902. Archiv der Autorin
S. 261: Mizzi Günther als Suza und Louis Treumann als Pfefferkorn. Archiv der Autorin
S. 282: Louis Treumann, Elli Wolf und Phila Wolff in „Vergeltsgott". Victor Léon photograph collection. Houghton Library, Harvard University, Cambridge/Massachusetts
S. 290: Victor Léon, Leo Stein und Franz Lehár, 1907. Österreichische Nationalbibliothek/Bildarchiv (Foto: Ludwig Gutmann)
S. 307: Louis Treumann und Mizzi Günther in „Die lustige Witwe", 1906. Österreichische Nationalbibliothek/Bildarchiv
S. 316: Lily Elsie mit „Merry Widow Hat", 1907. Archiv der Autorin
S. 329: Postkarte mit „Lisi" und „Heinerle". Archiv der Autorin
S. 334: Annie Dirkens in der Rolle der Gonda. Österreichische Nationalbibliothek/Bildarchiv (Foto: Atelier Schmoll)
S. 345: Leo Fall. Österreichische Nationalbibliothek/Bildarchiv
S. 349: Alexander Girardi und Gerda Walde in „Der Nachtschnellzug". Victor Léon photograph collection. Houghton Library, Harvard University, Cambridge/Massachusetts

S. 355: Fassadenentwurf für Victor Léons Villa in der Wattmanngasse 22. Wienbibliothek im Rathaus, Handschriftensammlung, Léon-Nachlass Foliobox/4.67

S. 359: Leo Feld. Österreichische Nationalbibliothek/Bildarchiv (Foto: Winkler)

S. 360: Autograph von Victor Léon. Archiv der Autorin

S. 371: Franz Lehár als Werkelmann. Kikeriki, 23.1.1910. Österreichische Nationalbibliothek/ANNO

S. 388: Zeichnung aus Neues Wiener Journal, 30.1.1916. Österreichische Nationalbibliothek/ANNO

S. 408: Victor Léons ehemalige Villa in Unterach am Attersee. Archiv der Autorin

S. 440: Programm zur 100. Aufführung von „Der Musikant Gottes". Wienbibliothek im Rathaus, Handschriftensammlung, Léon-Nachlass 45/4.42

S. 469: Anna Stift, Passfoto um 1940. Wienbibliothek im Rathaus, Handschriftensammlung, Léon-Nachlass 46/4.58.6.2.

Personenregister

About, Edmond 40, 42f., 369
Abraham, Paul 339f.
Albers, Hans 340
Altmann, Adolf 371
Aman, Andreas 259
Antony, Friedrich 144
Anzengruber, Ludwig 94, 424
Arnau, Karl 22
Arnbom, Marie-Theres 25, 415
Ascher, Leo 280, 283f., 356, 453-457, 481, 484
Ascher, Wilhelm 381
Ast, Max 416, 448-452
Audran, Edmond 131, 479
Auerbach, Berthold 196
Ausch, Pauline 16
Bacher, Eduard 96
Badeni, Kasimir Felix 179
Bahr, Hermann 125f., 133, 141, 146, 169, 204, 217, 356, 361f., 424,
Bakonyi, Karl 392, 396
Balas, Rosa 246-248
Balogh, Béla 284
Banès, Antoine 131, 138, 479
Banville, Théodore de 181f.
Barach, Rosa 30
Barré, Albert 131,138
Bartsch, Rudolf Hans 402
Basch, Felix 329
Batka, Richard 190-193, 480
Bauer, Anton 149f.
Bauer, Julius 11, 67f., 121, 123
Bauernfeld, Eduard von 204
Baumeister, August 369
Baumeister, Bernhard 398
Bayard, Jean-François 180
Beckmann, Friedrich 397
Beer, August 187
Beer, Max Josef 185, 478f.

Beer, Rudolf 446f.
Beer-Hofmann, Richard 126, 142, 356
Behrens, Peter 326
Beissier, Fernand 144
Bellamy, Claxson 117
Benatzky, Ralph 54
Benedix, Roderich Julius 23
Benkhoff, Fita 162-164
Benrimo, Joseph Henry 414
Berg, O.F. 112, 262
Berger, Alfred von 116
Bergmann, Adolf 259
Berla, Anton 98
Berlinghoff-Eichler, Bettina 442
Bernard, Tristan 238
Bernauer, Rudolf 319
Bernhardt, Sarah 121
Berry, William Henry 312
Berté, Heinrich 402
Bess, Jane 338
Biedermann, Therese 120f., 157, 237
Bilhaud, Paul 131, 138
Birch-Pfeiffer, Charlotte 34
Bismarck, Otto von 298
Bisson, Alexandre 122, 143
Blaas, Karl von 95
Blank, Fritz 328
Blasel, Carl 27, 98, 113, 118, 137, 241, 336
Bloch, Ernst 356
Blum, Ernest 131
Blum, Robert 397f.
Bodanzky, Robert 220, 371, 390
Bödeker, Hans Erich 13
Bohnen, Michael 374, 378
Bois, Curt 329
Boisits, Barbara 443
Bollmann, Hans Heinz 453-455
Bolten-Baeckers, Heinrich 131, 238
Bolváry, Géza von 162
Boullard, Marius 165
Bracco, Roberto 387
Brachvogel, Albert Emil 200
Brakl, Adolf 99f.
Brakl, Franz Josef 63-65, 68, 99-104, 211, 478
Brammer, Julius 271, 274, 416, 455, 457
Brandl, Johann 37
Brecka, Hans 423

Breitner, Hugo 450
Brian, Donald 314
Bruckner, Anton 435-439, 441-443
Brüll, Friederike 182
Brüll, Hermine 182
Brüll, Ignaz 152, 181-185, 409, 478-480
Brummer, Eduard 100
Brunner, Ernst 407, 420
Buchbinder, Bernhard 61, 98, 189, 217, 236, 244, 389
Buchholz, Robert 382
Bukovics, Emmerich 116
Bulwer-Lytton, Edward 33, 276
Burnett, Frances Hodgson 185
Busnach, William 238
Caillavet, Gaston Arman de 294
Caïn, Henri 192
Calliano, Nelda 455
Carena, Lola 310
Carré, Albert 143
Carré, Fabrice 122, 131
Carro, Carl von 237
Caruso, Enrico 314
Caryll, Ivan 136
Cavar, Alfred 365f.
Charell, Erik 454
Charlé, Gustav 346f., 355
Chatrian, Alexandre 188, 192
Chevalier, Maurice 463, 466
Chiavacci, Vinzenz 95
Chopin, Frédéric 483
Choudens, Paul de 137f.
Christen, Ada 30
Christians, Mady 339f.
Clairville, Charles 144
Clairville, Louis François 26
Conried, Heinrich 142f., 200
Coppée, François 23, 185
Costa, Karl 177
Cowdrey, Cecil 193
Coyne, Joseph 311f.
Csáky, Moritz 111, 297f.
Csokor, Franz Theodor 441
Czech, Stan 251f.
Czibulka, Alfons 118-120, 478
Dam, Henry Jackson Wells 136
Danzer, Eduard 381
Danzer, Karl M. 439

Darré, Walther 331, 442
David, Jakob Julius 204
Davis, Gustav 123
Debrit, Henri 238
Decsey, Ernst 252, 254, 403, 435-452, 483
Delacour, Alfred 151, 153, 159
Delibes, Leo 45
Dellinger, Rudolf 98, 121, 123, 479
Desvallièrs, Maurice 136
Devrient, Max 398, 424
Dingelstedt, Franz von 32, 41
Dippel, Andreas 458
Dirkens, Annie 123, 149, 157-159, 241, 334-336
Dóczi, Ludwig 87f., 116
Dohm, Will 162
Donat, Julius 336
Dörmann, Felix 94, 126, 204, 235f., 356, 371, 384
Dorn, Egon 406
Dreher, Konrad 65, 101
Duff-Gordon, Lucy 316
Dumas, Alexandre 33, 53-55, 58, 103, 433
Dümling, Albrecht 442
Duncan, Isadora 326
Dworak, Olga 139-141, 144f.
Ebner-Eschenbach, Marie von 94
Eckertz, Erich 10
Edelhofer, Moritz 260
Edward VII., König von Großbritannien 310
Edwardes, George 311f., 337
Eggebrecht, Axel 231
Egger-Lienz, Albin 326
Ehrlich, Moriz 426
Eibenschütz, Siegmund 355, 365, 394
Eisenberg, Ludwig 87
Eisenschitz, Otto 136, 239, 387
Elsie, Lily 311f., 316
Endler, Franz 252, 258
Endtresser, Carl 109
Engel, Alexander 229, 235, 362-364, 389, 415, 429, 480, 483
Engländer, Ludwig 35-37, 39, 229
Ennery, Adolphe d' 119
Erckmann, Émile 188, 192
Erlanger, Camille 192
Ernst II., Herzog von Sachsen-Coburg 82, 185
Eschig, Max 294
Exl, Ferdinand 444
Eysler, Edmund 220, 281, 356, 455

F. Zell siehe: Walzel, Camillo
Fall, Leo 10f., 168, 195, 209, 213, 253, 319-328, 330f., 333, 336, 339, 343-346, 348-354, 356f., 482
Fall, Richard 319
Fall, Siegfried 319
Falzari, Felix 250
Feiler, Hertha 164
Feith, Ottokar 99, 478
Feld, Leo siehe: Hirschfeld, Leo
Felix, Hugo 229
Ferdinand, König von Bulgarien 310
Ferenczy, Jose 242
Ferrier, Paul 135
Ferron, Adolf 177
Feydeau, Georges 136
Finkenzeller, Heli 162
Fischer, Betty 414
Fischl, Ludwig 131
Fleck, Jakob 373
Flemming, Jens 240
Flemming, Viktor 449, 452
Flers, Robert de 294
Forst, Willi 232
Forster, Josef 185
Forster, Walter 338
Frankenstein, Georg Albert von 465
Franz Joseph, Kaiser von Österreich 106, 108, 172, 242, 310, 354
Freese-Eberstaller, Helga 108
Freihardt, Mizzi 336
Frenssen, Gustav 204
Freud, Sigmund 129, 132
Freund, Erich 200
Freund, Grete 329
Frey, Johanna 157f.
Frey, Stefan 254, 268, 294, 311, 317, 323, 327, 350, 356, 392
Frieberg, Otto 438
Friedrich, Erzherzog von Österreich 277
Fröden, Adolf 206
Fromm, Josef 263
Fuchs, Georg 346, 482
Furpille, Eugène 45
Furtwängler, Wilhelm 428
Gabillon, Louis 22
Gábor, Andor 405
Ganghofer, Ludwig 95, 414
Gärtner, Eduard 242, 244, 480
Gaugusch, Georg 16

Genée, Richard 33, 38f., 44f., 79, 97f., 102, 114, 118, 161, 220, 271
George Sand 33
Germain, Auguste 381
Gettke, Ernst 245-248, 385, 481
Gheusi, Pierre-Barthélémy 192
Giesrau, Theodor 113, 137
Gilbert, William Schwenck 73, 97, 200, 335, 478
Gille, Philippe 45
Girardi, Alexander 65f., 84-86, 90, 95, 120, 245f., 276f., 279-281, 324, 326, 348f., 398, 424
Glanz, Christian 241
Glawatsch, Franz 277, 308
Glossy, Blanka 398
Glossy, Karl 446f.
Godlewsky, Carl 157
Goebbels, Joseph 442, 456
Goldbaum, Wenzel 425
Golz, Arnold 229
Golz, Emil 229
Graef, H.W. 458
Granichstaedten, Bruno 370f., 415, 431, 483
Graves, George 312
Greisenegger, Ernst 237
Grieser, Dietmar 321
Grillparzer, Franz 21, 208, 457
Groß, Ferdinand 126, 217, 234, 480
Groß, Franz 331
Grun, Bernard 251f., 327
Grünbaum, Fritz 325, 340
Grünfeld, Alfred 95, 198f.
Grünfeld, Ludwig 198
Grüning, Ilka 426
Grunsky, Peter 151f., 166, 169, 197, 289
Grünwald, Alfred 271, 274, 281, 376-378, 416, 455, 457, 484
Günther, Anton 42
Günther, Mizzi 261, 269, 273, 278f., 305-309, 311f., 318, 350, 370, 386, 406
Gürtner, Franz 442
Gutmann, Albert J. 436
Guttmann, Emil 414
Guttmann, Igo 455
Haas, Theodor 437, 439
Haas-Heye, Otto 414
Habernal, Erik 92
Haffner, Herbert 252, 288
Haffner, Ingrid 252, 288
Haffner, Karl 79, 98, 161
Hainisch, Michael 447

Hallenstein, Konrad 22
Halm, Margarethe 30
Hammerstein-Equord, Wilhelm von 157
Hannak, Jacques 260
Hanslick, Eduard 182, 436
Hardt-Warden, Bruno 167
Harell, Marte 162
Harrison, Rex 311
Hartl, Bruno 482
Harvey, James Clarence 361
Hasemann, Wilhelm 148
Hassler, Silke 232
Häusler, Wolfgang 25
Hawel, Rudolf 214
Hazelton, George Cochrane 414
Hebein, Anna siehe: Stift, Anna
Hebein, Simon 476
Heesters, Johannes 164, 338
Heiden, Konrad 472f.
Heine, Albert 424f.
Held, Ludwig 172, 174, 177, 179f., 183, 219, 449, 479f.
Heller, Josef 198f.
Hellmesberger, Josef jun. 58, 115, 128, 134, 478f.
Hellmesberger, Josef sen. 23
Heltai, Jenő 273
Hennequin, Alfred 151, 153, 159, 165, 222
Hennequin, Maurice 239
Hertzka, Emil 356
Hervé 114
Herz, Peter 12, 20
Herzer, Ludwig 376, 410-412
Herzl, Theodor 25, 85, 94, 156, 413
Herzmansky, Bernhard 288f., 322f., 356, 359, 367f., 370, 372, 382f., 467
Hesse, Hermann 204
Heuberger, Richard 10, 12, 105, 125, 151-153, 156-158, 162f., 165f., 181, 184, 188, 196f., 202, 221f., 228, 285-289, 294, 356, 479-481
Hevesi, Ludwig 95
Heyse, Paul 32
Himmler, Heinrich 442
Hirschel, Hermann 135
Hirschfeld, Adele 17, 474, 476
Hirschfeld, Amalie 28
Hirschfeld, Emanuel Isak 16
Hirschfeld, Eugenie 17f., 214, 473f., 476
Hirschfeld, Felicitas 76, 91, 93, 202, 249-254, 321, 335, 350, 354f., 408-410, 415, 417f., 475
Hirschfeld, Jakob Heinrich 15-20, 25-29, 41f., 106, 208, 268

Hirschfeld, Josef 16, 27f.
Hirschfeld, Leo 18, 208, 214, 343, 351, 357-359, 361-364, 372, 396, 404, 470, 481-483
Hirschfeld, Ludwig 413, 415, 430
Hirschfeld, Maximilian 16, 27
Hirschfeld, Moritz 16
Hirschfeld, Ottilie 13, 76, 91-93, 324, 354f., 407, 409f., 417, 420, 435, 468, 472-476
Hirschfeld, Robert 16, 188
Hirt, Ursel-Renate 362
Hitler, Adolf 442, 473
Hoffmann, Josef 326
Hofmannsthal, Hugo von 15, 126, 356, 392
Hoganson, Kristin 317
Hollaender, Victor 356
Hollenberg, Heinrich 325
Holzer, Josef 449
Hood, Basil 310
Hörbiger, Paul 162
Horst, Julius 199, 220, 389
Hugo, Victor 182
Hyman, Alan 312
Ibsen, Henrik 422
In der Maur, Carl 186
Innitzer, Theodor 471
Isabella, Erzherzogin von Österreich 277
Jackson, Ethel 314
Jacobson, Benno 143
Jacobson, Israel 19
Jacobson, Leopold 235, 384f.
Jacoby, Georg 338
Jadasson, Alexander 323
Jakobowski, Edward 117, 478
Janson, Victor 338
Jaray, Hans 431
Jarno, Josef 135f., 149f., 355
Jauner, Franz 27, 65, 73, 77-79, 81, 85, 87, 90, 95, 137, 156, 171-174, 177f., 180, 189, 219, 229f., 259
Jenbach, Bela 220, 248, 384, 402, 416
Jensen, C.E. 361
Johann II., Fürst von Liechtenstein 186
Johnson Young, Rida 395
Jókai, Mór 61
Josephi, Josef 65, 85f., 95
Judic, Anna 165f.
Kalbeck, Max 89f., 123, 162, 169, 189, 422, 426
Kaléko, Mascha 93
Kálmán, Emmerich 220, 318, 364, 384, 390, 392-396, 402, 415f., 482

Kappeller, Karl 145, 479
Karczag, Lilian 415
Karczag, Wilhelm 230, 277, 280, 285, 290f., 305, 325, 355, 386, 415
Karl, C. 263
Karpath, Ludwig 262, 306, 356
Kartousch, Louise 366, 394, 414
Kauders, Albert 167f., 480
Kautsky, Fritz 173
Kautsky, Hans 173
Kautsky, Jan 173
Kautsky, Karl 173
Keller, Otto 263, 274, 284, 371, 388, 395, 402
Keplinger, Dora 308, 310
Kleiber, Karl 48, 112f., 478
Klimt, Gustav 326
Klitsch, Wilhelm 438-440
Klöpfer, Eugen 438
Klotz, Volker 37, 111, 162, 204
Knaack, Wilhelm 27, 97
Knepler, Paul 416
Kober, Leo 273
Koch, Herbert 443
Köck, Eduard 444
Koenig, Otto 422f.
Köhler, Louis 237
Kohn, Isidor Siegmund 124-126, 141, 143f., 166, 168, 180, 400
Kolberg, Emil 35
Kolm-Fleck, Luise 373
Kolpe, Max 340f., 466
Komzák, Karl 104, 478
König, Josef 414
Koning, Victor 26
Konradin, Karl Ferdinand 404
Kopácsi-Karczag, Julie 149, 175, 241
Korngold, Erich Wolfgang 338-342
Korngold, Julius 338
Korngold, Luise 341f.
Kotzebue, August von 236
Krägel, Ernst Josef 65
Kraßnitzer, Michael 471
Kratky-Baschik, Anton 121
Kraus, Karl 126f., 189, 217f., 356, 394, 400, 412
Kremser, Eduard 189
Kren, Jean 150
Krenek, Ernst 445
Kreuder, Peter 162
Kreysler, Dorit 164

Krivanec, Eva 389, 400
Kropatschek, Gustav 149f.
Künneke, Eduard 362
Kurz, Selma 416
Kuschar, Rudolf 237
L'Arronge, Adolph 456
Labiche, Eugène 32, 128
Landesberg, Alexander 11, 131
Lang, Georg 65, 167
Langer, Anton 26
Langkammer, Margarete 204
Lanske, Hermann 232
Lantz, Adolf 338, 374
Laube, Heinrich 33
Laufs, Carl 150
Le Bargy, Charles 308
Lecocq, Charles 26, 38
Legouvé, Ernest 234
Lehár, Christine 357
Lehár, Franz 9-12, 14, 168, 209, 249-255, 258, 262f., 271-275, 285, 287, 289-292, 298, 305-312, 317, 323, 327f., 332, 334, 352, 356f., 367, 371-379, 386, 409f., 412-416, 435, 468, 475, 482-484
Lehár, Franz sen. 250
Lehmann, Lotte 416
Lehner, Fritz 201
Leiser, Erwin 231
Leitenberger, Johanna 30
Léon, Felicitas siehe: Hirschfeld, Felicitas
Léon, Ottilie siehe: Hirschfeld Ottilie
Leoncavallo, Ruggero 119f.
Lesser, Stanislaus 61
Lewy, Gustav 51, 76, 78, 80
Li Hongzhang 414
Lichtblau, Albert 470
Liedtke, Harry 374
Ligne, Charles Joseph de 224
Lincke, Paul 238
Lindau, Carl 35, 88, 96f., 136, 144, 200, 229, 281, 293, 335, 389
Lingen, Theo 162-164, 231
Linhardt, Marion 57, 84, 118, 134, 142, 175f., 270, 279f.
Linke, Norbert 87f., 219, 258, 370f.
Liorat, Armand 131
Liquier, Gabriel 93
Liszt, Franz 53
Loebnitz, Carlo 434, 465f.
Löhner-Beda, Fritz 339, 374-377, 410-413, 475
Löw, Wenzel Constantin 51, 477

Löwenbach, Jan 432
Lubitsch, Ernst 463
Lucile siehe: Duff-Gordon, Lucy
Ludwig II., König von Bayern 21
Lueger, Karl 262
Lunzer, Fritz 36
Luschinsky, Wilhelm 459
Maaß, Otto 27
MacDonald, Jeanette 463
Mader, Raoul 201, 405, 483
Maderthaner, Wolfgang 230
Mahler, Gustav 188, 197, 359-361, 436, 438
Mahler, Otto 418-420
Mahler, Robert 244, 483
Mailer, Franz 73, 75, 83
Mannheim, Lucie 340-342
Maran, Gustav 133, 145
Marc-Fournier, Jean Louis 119
Marischka, Elisabeth 408, 417-419, 474
Marischka, Ernst 162-164, 231, 415f.
Marischka, Franz 92, 293, 321, 408, 410, 414, 417, 420, 457, 468, 473-475
Marischka, Gertrud 415, 417
Marischka, Hubert 162, 253, 309f., 331, 335, 350, 355f., 365f., 385, 401f., 408f., 414-420, 429, 431
Marischka, Lilian siehe: Karczak, Lilian
Marischka, Lilly 416
Marischka, Viktor 92, 417, 420, 468, 474
Marr, Hans 424
Mars, Antony 135f., 239
Marsan, Maurice de 381
Matzner, Gustav 318, 336
Mauprey, André 466
Mayer, Friedrich 401, 405f., 482f.
Meilhac, Henri 9f., 85f., 114, 138, 209, 222, 271, 294-296, 299f., 302-304
Meinrad, Josef 164
Meisel, Will 340
Meissl, Jetty 329
Meissl, Klara 329
Mell, Max 204
Mendès, Catulle 93
Merstallinger, Rudolf 363
Messter, Oskar 196
Méténier, Oscar 381
Meyer, Felix 459f.
Michel, Robert 424
Mierendorff, Hans 196
Mikszáth, Kálmán 198f.

Millaud, Albert 114, 165f., 222
Millenkovich, Max von 423f., 426
Millöcker, Carl 38, 79, 84, 98, 102, 123f., 209, 240, 271
Milow, Stephan 204
Mitterwurzer, Friedrich 22, 32, 44
Molnár, Franz 362
Monti, Max 336, 350
Morche, J. 438
Mortier, Arnold 85
Mortier, Walter 480
Morton, Edward 310
Mosenthal, Salomon Hermann 182
Moser, Gustav von 32
Moser, Hans 162, 164, 231, 260, 462f.
Moser, Kolo 326, 356
Mügge, Alexander 453
Müller, Adolf 67, 218-220, 227f.
Müller, Leopold 259, 370
Müller, Poldi 387
Müller, Renate 456f.
Müller, Robert 59
Musset, Alfred de 61
Muzzarelli, Adele 397
Nachbaur, Ulrich 215
Natzler, Sigmund 230
Nedbal, Oskar 220, 409, 432, 483
Neidhart, August 389
Neitzel, Otto 453
Nessel, Erik 404
Nessler, Victor Ernst 89f.
Nestroy, Johann 133
Neufeld, Max 457
Neumann, Angelo 190f., 194f.
Niklas, Valentin 23, 63
Norini, Emil 263
Novelli, Ermete 238
Nüchtern, Hans 447f., 474
Oberländer, Hans 196
Offenbach, Jacques 36-38, 84, 102, 271, 274
Oliven, Fritz 379
Ordonneau, Maurice 148
Österreicher, Rudolf 35
Ottmann, Marie 157, 318, 336
Pagin, Ferdinand 237
Pallenberg, Max 330
Pálmay, Ilka 109, 157-159, 166, 184, 241
Paoli, Betty 94

Partsch, Erich Wolfgang 443
Patka, Marcus G. 128
Paul, Adolf 453
Paulton, Harry 117
Pavićević, Mićun 462
Peteani, Maria von 251f.
Piccaver, Alfred 394, 416
Pick, Gustav 226
Piketty, Thomas 300
Pineles, Hirsch Mendel 106
Poincaré, Raymond 294
Poldini, Eduard 201f., 221f. 479
Polgar, Alfred 423
Popper, Amalie siehe: Hirschfeld, Amalie
Popper, Julius 29, 31, 93
Popper, Ottilie siehe: Hirschfeld, Ottilie
Popper, Sigmund 28f.
Pötzl, Eduard 112
Powell, Felix 395
Powell, George Henry 395
Prèger, Miksa 338-342
Priester, Josef 69-71, 73, 77, 80-82
Provazník, Anatol 431f.
Raimann, Rudolf 53, 58-60, 103, 135, 245, 477, 480f.
Raimund, Ferdinand 424
Rajdl, Maria 340
Rajna, Franz 336
Ramler, Ludwig 354f.
Ranck, E.C. 316
Regel, Heinrich 201, 483
Reichert, Elly 341
Reichert, Heinz 248, 339, 341, 384f., 399f., 402f., 427-434, 465, 482f.
Reichsberg, Hansi 157
Reichwein, Leopold 428, 483
Reinhardt, Max 414
Reiterer, Ernst 232f.
Renan, Ernest 197
Richter, Alexander 374f., 445, 453, 455
Richter, Carl 374f., 445, 453, 455
Rideamus siehe: Oliven, Fritz
Ritte, Georg 104
Röbbeling, Hermann 464
Roda Roda, Alexander 461f.
Roger, Victor 135, 148
Rökk, Marika 338
Romberg, Sigmund 395f.
Ronacher, Anton 47-51

Rosar, Annie 425
Rosé, Emil 61f., 477
Ross, Adrian 310, 313, 337
Ross, Diana 317
Roth, Louis 45f.
Rotter, Alexander 356
Rotter, Alfred 375f.
Rotter, Fritz 375f.
Rottonara, Angelo 173
Rozier, Willy 369
Rumpel, Franz 51, 477
Rusitschka, Anton 408
Rußka, Ida 387
Ruys, Cor 361
Saar, Ferdinand von 94
Sabler, Wolfgang 137
Salten, Felix 9f., 94, 126, 209, 260, 344
Sandgruber, Roman 351f.
Sardou, Victorien 382
Sassmann, Hanns 339
Savage, Henry W. 314f., 373
Schanzer, Rudolph 54
Scharang, Elisabeth 232
Schaufert, Hippolyt August 183
Schelcher, Rudolf 153
Scher, Franz 390
Schlesinger, Sigmund 307
Schlögl, Friedrich 226f.
Schmidt, Adele siehe: Hirschfeld, Adele
Schmidt, Coelestin 92, 471
Schnitzer, Ignaz 71-74, 307
Schnitzler, Arthur 94, 126, 132, 142, 203f., 353, 356, 409, 438
Schnitzler, Heinrich 438
Schönerer, Alexandrine von 63, 65, 90, 123f., 140, 152, 156-158, 166, 218f., 227f.
Schönherr, Karl 204, 424
Schönherr, Max 104
Schönhofer, Alfons 408
Schönhofer, Marie 408
Schönthan, Franz von 213, 438
Schönthan, Paul von 126, 213, 480f.
Schoßleitner, Mathias 321
Schrammel, Johann 403f., 483
Schubert, Franz 402f., 448
Schuch, Ernst von 198
Schütz, Carl 48
Schütz, Friedrich 116
Schwarz, Julius 182

Schwarz, Vera 453, 455
Schweighofer, Felix 60, 203
Schweitzer, Marlis 317
Scott, Derek B. 311
Scribe, Eugène 180, 183, 209, 234
Sedlitz, Grete 455
Serpette, Gaston 135, 480
Shen Chen Lin 410
Sikorski, Hans 231
Sima, Martin 289
Simon, Josef 75
Simons, Rainer 197, 348
Singer, Richard von 157
Siraudin, Paul 26
Skorna, Bohuslav 195
Skurawy, Edmund 451
Slezak, Leo 342, 416
Sliwinski, Adolf 336, 379f.
Smith, Cecil 35
Smith, Harry Bache 229, 337
Sonnenthal, Adolf von 22, 41f.
Spaeth, Sigmund 193
Specht, Richard 380, 451
Spielmann, Julius 176, 178
Stalla, Oscar 402f., 483
Starr, Jeremy Christian 172, 177
Stein, Fritz 221, 293, 315
Stein, Leo 9, 11, 168, 218, 220-232, 238f., 241f., 245f., 271, 273f., 281, 285, 288-290, 292-296, 304, 306f., 311, 313, 348-350, 356, 362f., 367, 371, 384, 396, 402, 480-482
Stein, Leo Walter 385
Steinbrecher, Alexander 112
Steiner, Franz 60, 62, 98
Steiner, Gabor 233
Steininger, Emil 280, 287
Sterk, Wilhelm 381
Stern, Julius 107, 172, 200, 218, 449, 477, 479, 481
Stift, Anna 13, 92, 459-461, 465, 468f., 474-476
Stift, Hilda 469
Stillfried, Heinz 381
Stix, Carl 49, 477
Stoessl, Otto 423
Stojan, Betty 175, 178
Stojanovits, Peter 364, 404, 429f., 483
Stolz, Robert 308f., 327, 344, 351, 357, 364-366, 401, 482
Storm, Otto 365f.
Stössel, Ludwig 340

Straus, Oscar 11, 209, 235, 248, 297, 351f., 356, 364, 379-388, 400, 416, 482
Strauss, Adele 75, 77, 80, 88, 94f., 227f.
Strauss, Eduard 233f.
Strauss, Johann 10f., 38, 57, 69-90, 94f., 98, 102, 119, 121, 123, 161, 217-220, 222f., 225, 227, 229, 233, 240, 271, 309, 370, 379, 435, 478, 480
Strauss, Johann jun. 126, 233f., 480
Strauss, Richard 392
Streitmann, Karl 65, 77, 85
Strisower, Bernhard 182, 409
Strisower, Therese 409
Stritzko, Josef 307
Strobl, Karl 263
Stubel, Lori 157
Suchy, Margit 475f.
Suchy, Viktor 475f.
Sulkowski, Ludwig 23
Sullivan, Arthur 73, 97, 200, 335, 478
Suppé, Franz von 37-39, 79, 84, 102, 119, 172-174, 177f., 209, 218f., 240, 271, 324, 448f., 479f.
Susman, Käthe 236
Suttner, Bertha von 94
Szeps, Moritz 95
Szirmai, Albert 336
Tann-Bergler, Ottokar 213f., 263, 364
Tauber, Elsa 387f.
Tauber, Richard 376-378
Taufstein, Louis 11
Taussig, Theodor von 218
Tautenhayn, Ernst 431f.
Thaller, Willi 52, 209
Theren, Mila 298
Thiele, Wilhelm 456
Thilda, Jeanne 93
Thimig, Hugo 428f.
Tieber, Ben 402
Tilgner, Viktor 95
Toché, Raoul 131
Traubner, Richard 335, 373
Treadway, John D. 296
Trébor, Robert 381
Treumann, Louis 237, 241, 259, 261f., 269, 278-283, 286-288, 297, 305-310, 318, 325f., 330f., 335, 352, 370, 386, 406, 446f., 467
Treumann, Stefanie 259
Triebel, Bernhard 49, 478
Turrini, Peter 232
Tuschl, Karl 380
Ujj, Béla von 275-278, 481

Ulbach, Louis 93
Umlauft, Paul 185
Valabrègue, Albin 143, 238
Varney, Louis 144, 479
Vaucaire, Maurice 203
Veber, Pierre-Eugène 362
Verdi, Giuseppe 68, 181
Vernik-Eibl, Sabine 280
Viebig, Clara 198
Vocelka, Karl 224
Vogel, Jaroslav 461f.
Vogel, Rudolf 164
Vogt, Felix 192
Voitus van Hamme, Eduard 328
Vulpius, Christian August 36
Vymětal, Josef 193
Wagner, Franz 180
Wagner, Otto 381
Wagner, Richard 21, 166, 181, 379, 437, 447
Waldberg, Alexander 170
Waldberg, Anna von 106
Waldberg, Heinrich von 105-133, 135-137, 151-153, 155f., 158-170, 172, 200, 217, 271, 356, 364, 422, 477-480
Waldberg, Helene 415
Waldberg, Julius von 106
Waldberg, Max von 106
Waldberg, Moses von 106
Walde, Gerda 349, 381
Wallner, Karl 230, 277, 279f., 285, 290f., 305f., 308, 313, 324f.
Walter, Gottlieb 369
Walter, Gustav 338
Walther, Oscar 98, 121
Walzel, Camillo 32f., 37-45, 65f., 76, 79, 86, 97, 102, 131, 138, 220, 271, 421, 477, 479
Wartenegg von Wertheimstein, Wilhelm 116
Wedekind, Erika 199
Wedekind, Frank 199
Wedekind, Joachim 338
Weinberger, Carl 123, 220, 236-239, 241f.
Weinberger, Helene 236
Weinberger, Josef 188, 218f., 227f., 230, 275f., 324
Weiner, Jakob 26
Weingartner, Felix 361, 403
Weinzierl, Max von 48, 477
Weis, Karel 187-195, 480
Weiße, Adolf 344
Welisch, Ernst 54, 319

Wells, Carolyn 136, 373
Werbezirk, Gisela 431
Werginz, Rosy 387
Wessely, Paula 431
West, Moritz 174
Weymann, Victor von 171
Wichert, Ernst 184
Wiener, Hugo 232
Wild, Ignaz 93, 104, 108f., 135-139, 141, 143f., 146-149, 171
Wilder, Billy 340
Wilhelm, Julius 150, 255f.
Willner, Alfred Maria 220, 248, 325, 371, 390, 402, 427
Wilson, Albert E. 311f.
Wimmer, Josef 112-114
Wittmann, Hugo 67f., 121, 123, 236
Wolf, Elli 282
Wolff, Carl Heinz 230
Wolff, Phila 282, 308
Wolter, Charlotte 32
Wreede, Fritz 340, 375f.
Wulf, Joseph 331
Würzl, Eberhard 73, 76, 82-84
York, Eugen 164
Zamara, Alfred 50, 63-67, 71-75, 98, 102, 115, 172, 218, 449, 452, 477-479
Zappert, Bruno 165
Zeller, Carl 84, 174, 240
Zemlinsky, Alexander von 239, 244, 257, 276, 284, 361
Zeska, Carl von 398, 421, 463-465
Zeska, Philipp 209, 463
Zichy, Géza 186f., 479
Ziehrer, Carl Michael 98, 356, 381
Ziemann, Sonja 164
Zimmerli, Walter 327
Zimmermann, Robert 116
Zindler, Rudolf 167
Zoch-Westphal, Gisela 93
Zois, Hans von 98, 186, 221f., 480
Zola, Émile 94, 133
Zschokke, Heinrich 115
Zweig, Stefan 356, 362
Zwerenz, Mizzi 241, 335

Dank

Besonderer Dank gilt Stefan Hulfeld (Universität Wien), der als Betreuer meiner Dissertation das Projekt mit großem Interesse und vielfältigen Anregungen unterstützt hat.

Für Hinweise und Informationen bedanke ich mich bei: Peter Back-Vega (Wien), Josef Berger (Unterach), Elisabeth Boeckl-Klamper (Dokumentationsarchiv des österreichischen Widerstandes, Wien), Julia Danielczyk (Kulturabteilung der Stadt Wien), Wolf-Erich Eckstein (Israelitische Kultusgemeinde, Wien), Joachim Frassl (Seesen), Georg Gaugusch (Wien), Monika Meister (Universität Wien), Matthias Meyer (Universität Wien), Gabriela Nedoma (Wolkersdorf), Walter Obermaier (Wien), Birgit Peter (Universität Wien), Kurt Rosenkranz (Wien), Maria Sams (Museum der Stadt Bad Ischl), Elena Shekerletova (Botschaft der Republik Bulgarien in Österreich), Michael Spotka (Augsburg).

Zu danken ist auch den Mitarbeiterinnen und Mitarbeitern der Wienbibliothek im Rathaus und des Niederösterreichischen Landesarchivs in St. Pölten.

Theater- und Tanzwissenschaft

Marc Wagenbach, Pina Bausch Foundation (Hg.)
Tanz erben
Pina lädt ein

2014, 192 S., kart., zahlr. Abb., 29,99 € (DE),
ISBN 978-3-8376-2771-8
E-Book: 26,99 € (DE), ISBN 978-3-8394-2771-2

Marc Wagenbach, Pina Bausch Foundation (eds.)
Inheriting Dance
An Invitation from Pina

2014, 192 p., 29,99 € (DE),
ISBN 978-3-8376-2785-5
E-Book: 26,99 € (DE), ISBN 978-3-8394-2785-9

Gabriele Klein (Hg.)
Choreografischer Baukasten. Das Buch

2015, 280 S., kart., zahlr. Abb., 29,99 € (DE),
ISBN 978-3-8376-3186-9
E-Book: 26,99 € (DE), ISBN 978-3-8394-3186-3

Leseproben, weitere Informationen und Bestellmöglichkeiten
finden Sie unter www.transcript-verlag.de

Theater- und Tanzwissenschaft

*Milena Cairo, Moritz Hannemann,
Ulrike Haß, Judith Schäfer (Hg.)*
Episteme des Theaters
Aktuelle Kontexte von Wissenschaft,
Kunst und Öffentlichkeit
(unter Mitarbeit von Sarah Wessels)

Oktober 2016, 664 S., kart., zahlr. Abb., 39,99 € (DE),
ISBN 978-3-8376-3603-1
E-Book: 39,99 € (DE), ISBN 978-3-8394-3603-5

Katharina Kelter, Timo Skrandies (Hg.)
Bewegungsmaterial
Produktion und Materialität
in Tanz und Performance

Juni 2016, 396 S., kart., zahlr. z.T. farb. Abb., 39,99 € (DE),
ISBN 978-3-8376-3420-4
E-Book: 39,99 € (DE), ISBN 978-3-8394-3420-8

Tania Meyer
Gegenstimmbildung
Strategien rassismuskritischer Theaterarbeit

April 2016, 414 S., kart., zahlr. Abb., 39,99 € (DE),
ISBN 978-3-8376-3520-1
E-Book: 39,99 € (DE), ISBN 978-3-8394-3520-5

Leseproben, weitere Informationen und Bestellmöglichkeiten
finden Sie unter www.transcript-verlag.de